소프트웨어 요구사항 3
모든 프로젝트 이해관계자가 알아야 할 요구공학의 정석과 실천법

소프트웨어 요구사항 3
모든 프로젝트 이해관계자가 알아야 할 요구공학의 정석과 실천법

지은이 칼 위거스, 조이 비티
옮긴이 최상호, 임성국
펴낸이 박찬규   엮은이 이대엽   디자인 북누리   표지디자인 Arowa & Arowana
펴낸곳 위키북스   전화 031-955-3658, 3659   팩스 031-955-3660
주소 경기도 파주시 문발로 115, 311호(파주출판도시, 세종출판벤처타운)

가격 42,000   페이지 752   책규격 188 x 240mm

초판 발행 2017년 04월 28일
ISBN 979-11-5839-059-4 (93500)

등록번호 제406-2006-000036호   등록일자 2006년 05월 19일
홈페이지 wikibook.co.kr   전자우편 wikibook@wikibook.co.kr

© 2017 WIKIBOOKS Publishing Co.
Authorized Korean translation of the English edition of Software Requirements,
Third Edition (ISBN 9780735679665) © 2013 Karl Wiegers and Seilevel.
This translation is published and sold by permission of O'Reilly Media, Inc.,
which owns or controls all rights to publish and sell the same.

이 책의 한국어판 저작권은 저작권자와 독점 계약한 위키북스에 있습니다.
신저작권법에 의해 한국 내에서 보호를 받는 저작물이므로 무단 전재와 복제를 금합니다.
이 책의 내용에 대한 추가 지원과 문의는 위키북스 출판사 홈페이지 wikibook.co.kr이나
이메일 wikibook@wikibook.co.kr을 이용해 주세요.

이 도서의 국립중앙도서관 출판시도서목록 CIP는
서지정보유통지원시스템 홈페이지(http://seoji.nl.go.kr)와
국가자료공동목록시스템(http://www.nl.go.kr/kolisnet)에서 이용하실 수 있습니다.
CIP제어번호 CIP2017008530

Software Requirements ❸

소프트웨어 요구사항 3

모든 프로젝트 이해관계자가 알아야 할 요구공학의 정석과 실천법

칼 위거스, 조이 비티 지음 / 최상호, 임성국 옮김

Microsoft Press   위키북스

『소프트웨어 요구사항, 제3판』은 여러분이 접할 수 있는 가장 귀중한 요구사항 안내서다. 위거스와 비티는 오늘날의 비즈니스 분석가가 알고 있어야 하는 전반적인 실천 지침을 다룬다. 여러분이 이미 요구사항 명세서의 베테랑이든 아니면 첫 프로젝트에 참여한 초심자이든 항상 책상에 두거나 들고 다닐 필요가 있는 책이다.

— 개리 K. 에반스(Gary K. Evans), 애자일 코치 겸 유스케이스 전문가, Evanetics, Inc.

"삼연속 득점 성공! 칼 위거스와 조이 비티가 제3판으로 다시 득점했다. 1999년에 나온 초판에서부터 뒤이은 개정판까지 다룬 모든 소프트웨어 요구사항 지침은 나의 요구사항 컨설팅 실무의 기반이 됐다. 초심자와 경험이 풍부한 실무자 모두에게 추천하지 않을 이유가 없다."

— 록산느 밀러(Roxanne Miller), 사장, Requirements Quest

"더 나은 요구사항을 위한 최고의 책! 새로운 주제에 대한 제3판의 범위는 프로젝트 환경을 넓힌다. 애자일 환경에 참여하는 모든 이들은 신규 시스템이 어떤 일을 해야 하는지 이해해야 하기 때문에 요구사항을 활용하는 것은 가장 중요한 일이며, 애자일 개발자는 이제 이 책의 내용을 잘 이해해야만 한다."

— 스티브 윗올(Stephen Withall), 『소프트웨어 요구사항 패턴』의 저자

"드디어 『소프트웨어 요구사항』의 제3판이 나왔고 오래 기다린 보람이 있다. 모든 실용적인 지침은 독자로 하여금 현업에 유용한 실전 지침을 찾는 데 유용하다. 특히 실제 시나리오에서 쉽게 구현될 수 있는 예제와 다양한 실전 솔루션이 마음에 든다. 요구공학자와 분석가뿐만 아니라 프로젝트 관리자에게도 필독을 권한다."

— 크리스토프 에버트 박사(Dr. Christof Ebert), 전무 이사, Vector Consulting Services

"칼과 조이가 소프트웨어 요구사항에 대한 중요한 작업 중 하나를 업데이트했다. 이번 3판은 이전 판에서 모든 이들이 꼭 참조하는 부분은 유지하고, 오늘날의 복잡한 비즈니스 및 기술 환경이 직면한 도전 과제를 해결하기 위한 부분은 확장한다. 기술이나 비즈니스 도메인, 방법론, 프로젝트 유형과 상관 없이 여러분의 고객에게 더 나은 결과를 제공하는 데 도움될 것이다."

– 셰인 헤스티(Shane Hastie), 최고 지식 공학자, Software Education

"요구사항에 대한 칼 위거스와 조이 비티의 새 책은 훌륭한 문헌이다. 대규모 소프트웨어 애플리케이션을 위한 요구사항은 가장 어려운 비즈니스 주제 중 하나다. 이 새로운 책은 이처럼 매우 골치 아픈 주제를 매끄럽게 다루는 데 도움될 것이다."

– T. 케이퍼스 존(T. Capers Jones), 부사장 겸 CTO, Namcook Analytics LLC

"간단히 말해서 이 책은 소프트웨어 개발 프로젝트를 정의하고 관리하는 데 참여하는 모든 이들이 꼭 읽어야 하는 훌륭한 참고서가 될 것이다. 오늘날의 현대 소프트웨어 개발 세계에서 "자유로운" 애자일의 유혹을 위해 요구사항 실무 지침을 너무 자주 적용한다. 칼과 조이는 요구사항 관리를 위한 점진적인 방법과 소프트웨어를 전달하기까지 끊임없이 변화하는 접근법을 수용하는 방법을 상세히 설명했다."

– 마크 쿨락(Mark Kulak), 소프트웨어 개발 이사, 볼랜드, Micro Focus

"나는 칼 위거스와 조이 비티가 『소프트웨어 요구사항』의 개정판을 펴낸 것을 기쁘게 생각한다. 특히 우리 컨설턴트가 최근에 애자일 프로젝트에 바쁘게 참여하기 때문에 애자일 프로젝트에 효율적인 요구사항 실천 지침을 적용하는 방법에 대한 최근의 주제가 마음에 든다. 실용적인 지침과 다양한 요구사항 실천 지침의 실제 사례는 매우 유용하다."

– 도린 에반스(Doreen Evans), 요구사항 및 비즈니스 분석 지침 부문의 전무 이사, Robbins Gioia Inc.

"나는 칼의 고전인 『소프트웨어 요구사항』의 얼리어답터로서 지금까지 새로운 개정판을 간절히 기다렸고, 실망하지 않았다. IT 개발은 수년에 걸쳐 대규모, 신규 "그린필드" 프로젝트에서 기성 솔루션과 빠르게 출시하는 애자일 실천법의 도입으로 초점의 변화를 겪고 있다. 최신판에서 칼과 조이는 독단적인 주장이 아니라 깊은 실무 경험 기반의 값진 권고와 함께 요구사항 프로세스에 이 같은 새로운 개발 방법의 도입으로 인한 영향을 탐구한다."

– 하워드 포데스와(Howard Podeswa), CEO, Noble Inc., 『The Business Analyst's Handbook』의 저자

"소프트웨어 요구사항이란 무엇인가? 어떻게 만드는가? 어떻게 활용하는가?에 대한 실용적인 지침을 찾는다면 『소프트웨어 요구사항 제3판』이 답이다. 이 책은 유용하고 재미있는 글을 통해 일반적인 요구사항 관련 시나리오에 접근하는 방법을 정확히 안내한다. 다양한 이야기와 사례 연구, 일화, 예제를 함께 담아 읽기에 좋다."

– 로라 브란덴부르크(Laura Brandenburg), CBAP, Bridging the Gap 주인

"좋은 요구사항을 더 훌륭하게 만드는 방법은 무엇이 있을까? 칼과 조이가 그랬던 것처럼 제품 비전 통합, 기민한 문제 해결, 요구사항 재사용 대응, 패키지 소프트웨어 및 외주 소프트웨어 대응, 특정 사용자 클래스를 나타내는 콘텐츠를 추가하자. 프로세스 및 위험 문제를 해결하고 단순히 기능을 찾는 것 이상을 위해 요구사항 내/외부를 살펴봐야 할 수도 있다."

– 도널드 J. 리퍼(Donald J. Reifer), 사장, Reifer Consultants LLC

"이번 개정판은 제2판의 토대를 보강하고 분석가로 하여금 애자일 개발의 급증을 다루고, 범위 제어를 위한 기능을 사용하며, 도출 기법을 개선하고, 모델링을 확장하기 위한 현실적인 요령을 제공하는 등 비즈니스의 속도에 맞추고 있다. 위거스와 비티는 전문가의 필독서를 만들었다."

– 키스 엘리스(Keith Ellis), 사장 겸 CEO, Enfocus Solutions Inc., 『Business Analysis Benchmark』의 저자

다시 한번 나의 아내 크리스를 위해. 여덟 번째는 잘될 거야. - 칼 위거스
평생 저를 격려해준 부모님, 밥과 조앤을 위해 - 조이 비티

칼 위거스(Karl Wiegers)는 오레곤 포틀랜드에서 소프트웨어 프로세스의 컨설팅과 기업 교육을 하는 프로세스 임팩트(Process Impact)의 자문 컨설턴트다. 요구공학, 동료평가, 프로젝트 관리, 프로세스 개선이 주요 관심 분야다. 과거 이스트먼 코닥(Eastman Kodak Company)에서 사진 연구 과학자, 소프트웨어 개발자, 소프트웨어 관리자, 소프트웨어 프로세스 및 품질 개선 책임자로 18년을 근무했다. 칼은 일리노이 대학에서 유기화학 박사 학위를 받았다. 컴퓨터에 입문하기 전에는 와인 시음, 기타 연주, 작사/작곡, 봉사활동 등을 하며 지냈다.

칼은 소프트웨어 개발, 화학, 자기계발, 군대사 등에 관한 다양한 책과 글을 썼다. 저서로는 『소프트웨어 요구사항』(Microsoft Press, 1999, 2003) 외에도 『실용적인 소프트웨어 요구사항(More About Software Requirements)』(Microsoft Press, 2006), 『실용적인 프로젝트 개시(Practical Project Initiation)』(Microsoft Press, 2007), 『소프트웨어 동료평가(Peer Reviews in Software)』(Addison-Wesley, 2001), 『소프트웨어 공학 문화(Creating a Software Engineering Culture)』(Dorset House Publishing, 1996)가 있다. 또한 삶의 교훈에 대한 회고록인 『모래에서 진주(Pearls from Sand)』(Morgan James Publishing, 2011)의 저자이기도 하다. 칼은 IEEE 소프트웨어 매거진의 편집 위원과 소프트웨어 개발 매거진의 편집자를 역임하기도 했으며, 소프트웨어 요구사항에 관한 300개 이상의 세미나 및 교육 과정을 진행했다. www.processimpact.com이나 www.karlwiegers.com을 통해 칼과 연락할 수 있다. (사진 제공: 에밀리 다운, 자마 소프트웨어)

 **조이 비티**(Joy Beatty)는 고객이 소프트웨어 요구사항을 다시 정의할 수 있도록 돕는 오스틴의 전문 서비스 및 교육 기업인 셀리벨(Seilevel)의 부사장이다. 15년 동안 비즈니스 분석가로 일한 조이는 요구사항 도출 및 모델링 향상을 위한 새로운 방법을 만들고 고객이 최고의 실천 지침을 만들 수 있도록 도왔다. 포춘 500대 기업이 우수한 비즈니스 분석 센터를 구축할 수 있도록 지원했으며, 수백 명의 비즈니스 분석가에게 공인 비즈니스 분석 전문가(CBAP, Certified Business Analysis Professional) 교육을 했다. 조이는 퍼듀 대학교에서 컴퓨터 과학과 수학 학사 학위를 받았다. 조이는 요구사항 외에도 조정, 수영, 가족과의 외부 활동을 좋아한다.

조이는 요구사항 커뮤니티에 리더로서 적극 참여하고 있다. 국제 비즈니스 분석 협회(IIBA, International Institute of Business Analysis)와 비즈니스 분석 지식체계 지침(BABOK Guide, A Guide to the Business Analysis Body of Knowledge)을 만들기도 했다. 또한 저널이나 백서, 블로그에 요구사항 방법론에 대해 집필하기도 하며, 요구사항 관련 컨퍼런스에도 참석한다. 『소프트웨어 요구사항을 위한 시각 모델(Visual Models for Software Requirements)』(Microsoft Press, 2012)의 공동 저자이기도 하다. www.seilevel.com 이나 joy.beatty@seilevel.com을 통해 조이와 연락할 수 있다

최상호

소프트웨어를 개발하는 사람이라면 하루가 멀다 하고 바뀌는 기능과 이로 인한 일정 지연, 제때 프로젝트를 완수하기 위한 잦은 야근과 주말 근무를 경험하지 않은 사람은 별로 없을 것입니다. 이 와중에 여러 이해관계자와 관계가 좋으면 다행이지만 그렇지 않은 경우가 허다하죠. 엎친 데 덮친 격으로 열심히 참여한 프로젝트의 결과까지 좋지 않으면 자꾸만 치킨집으로, 커피숍으로 눈을 돌리게 됩니다. 다행히 최근 몇 년간 소프트웨어에 대한 관심도가 높아지고 수많은 애플리케이션이 만들어지는 만큼 개발 환경도 좋아졌습니다. 이러한 긍정적인 변화는 산전수전 다 겪은 선배님들의 현실적인 조언과 공유, 짧은 시간에 좀 더 실용적으로 일하고 빠르게 스스로를 증명하려 노력하는 젊은 IT 기업이나 스타트업 덕분이라 할 수 있을 것입니다.

이 책은 바로 이러한 경험과 변화의 정수를 담고 있습니다. 책 곳곳에 저자의 오랜 경험과 통찰이 녹아있으며, 이를 통해 더 좋은 환경을 구축하고 멋진 애플리케이션을 개발할 수 있는 기반 지식과 심리적인 토대를 마련할 수 있을 것입니다. 또한 책에서 구체적인 예를 통해 제안하는 방법이나 실천 사례를 실무에 적용함으로써 큰 효과를 얻을 수 있으리라 확신합니다. 단, 한 번에 이 많은 절차나 실천 사례를 적용하려고 시도하는 것은 그다지 좋은 방법이 아닙니다. 홀로 이 책의 내용을 자신의 것으로 만들기 위해 고군분투하는 것도 큰 도움이 되지 않을 것입니다. 본 책의 제목처럼 핵심은 "요구사항"입니다. 사용자의 요구사항에서 시작해서 필요한 지식과 실천 사례 먼저 실무에 적용해 보시길 바랍니다. 특히 소프트웨어에서 요구사항이 갖는 의미를 이해하고 동료들에게 이를 전파해주세요. 개발자에게는 사용자를 이해하며 개발하는 기쁨을, 비개발자에게는 개발자와 대화할 수 있는 마법 같은 방법을 터득할 수 있는 명쾌함을 전달해 주시기를 이 책을 읽는 독자 여러분들께 부탁드립니다.

이 책은 제가 처음으로 번역에 참여한 책입니다. 번역을 시작하며 어느 전문서적보다 쉽게 읽히는 책을 만들겠다 다짐했고, 번역을 진행할수록 책이 가진 깊이와 무게에 공감하며 이에 걸맞은 내용을 전달하기 위해 노력했습니다. 이 책을 저희에게 맡겨주시고 끝까지 믿어주신 위키북스 박찬규 사장님께 진심으로 감사드립니다. 일반적인 개발 서적과 달리 섬세하고 구체적인 표현 덕분에 번역에 어려움이 많았지만 이대엽 님의 꼼꼼한 리뷰 덕분에 저희의 능력보다 더 높은 품질의 번역서가 된 것 같습니다. 두 아들과 아내의 가장인 동시에 한 회사의 인프라를 지탱하면서도 이 책의 번역을 끝까지 완료할 수 있도록 응원해 주고 함께해준 공동 역자 성국이에게도 이 말을 전하고 싶습니다. "친구야 고맙다." 마지막으로, 대한민국의 소프트웨어 개발자로서 수많은 야근과 주말 근무도 모자라 틈만 나면 번역을 위해 커피숍으로 달려가던 저를 응원해주고 믿어준 나의 아내에게 미안하고 고마운 마음을 전합니다.

임성국

개발자의 고뇌를 재미있게 풀어놓은 인터넷 사진이 있습니다. 사진에는 개발자 혼자 땅을 파고 있고 주위에는 인사담당자, 마케팅 담당자, 보안, QA, 프로젝트 매니저 등이 개발자가 일하는 모습을 보고 있습니다.

특히 대다수 프로젝트의 마지막 즈음에는 요구사항이 계속 추가되고 변경 속도가 따라갈 수 없을 정도가 되어 정말 이 사진처럼 개발자들이 철야에 돌입하고, 이것도 부족해서 일정 지연이 발생하는 경우가 많습니다. 그러면서 "아, 다음번에는 처음부터 요구사항을 꼭 정리하고 가야지."라는 생각을 하게 됩니다.

하지만 전지전능한 신이 아닌 이상 초기에 요구사항을 모두 뽑아내기란 거의 불가능에 가까운 일입니다.

자신의 아내 그리고 음악과 더불어 소프트웨어 요구공학을 사랑하는 칼 위거스와 또 한명의 요구공학 전문가 조이 비티가 힘을 합쳐 쓴 이 책에는 프로젝트와 연관된 "이해관계자"와 "사용자"로부터 초기에, 그리고 지속적으로 "요구사항"을 도출해서 개발하고 "위험"을 관리하며 개발 후에는 이를 "검증"하기 위한 지침이 잘 정리돼 있습니다.

각자의 프로젝트의 상황에 따라 "요구사항"에서 "검증"까지 이 책의 일부라도 조금씩 적용함으로써 여러분과 여러분의 동료가 좋은 소프트웨어를 즐겁게 개발할 수 있게 되길 바랍니다.

마지막으로 이번 번역을 맡기고 기다려주신 위키북스 박찬규 대표님과 정성껏 리뷰해주신 이대엽 님, 주말을 반납하고 번역을 함께해준 친구 상호, 주말과 여유 시간에 남편과 아빠를 뺏겼지만 항상 응원해준 두 아이와 아내에게 감사를 전합니다.

Part 01 소프트웨어 요구사항: 무엇을, 왜, 누가

01 _ 필수 소프트웨어 요구사항

소프트웨어 요구사항의 정의 · 5
    "요구사항"의 여러 해석 · 5
    요구사항의 단계와 유형 · 6
    세 단계로 요구사항 작성하기 · 13
    제품 요구사항 vs. 프로젝트 요구사항 · 15

요구사항 개발과 관리 · 16
    요구사항 개발 · 17
    요구사항 관리 · 19

모든 프로젝트는 요구사항을 갖는다 · 20
좋은 사람이 나쁜 요구사항을 만날 때 · 21
    사용자 참여 부족 · 21
    부정확한 계획 · 22
    점점 늘어나는 사용자 요구사항 · 22
    모호한 요구사항 · 23
    금도금 · 23
    간과된 이해관계자 · 24

좋은 요구사항 프로세스의 이점 · 24

02 _ 고객 관점의 요구사항

기대치 차이 · 28
누가 고객인가? · 29
고객과 개발자 간의 협력 관계 · 32
    소프트웨어 고객을 위한 요구사항 권리장전 · 33
    소프트웨어 고객을 위한 요구사항 의무장전 · 36

요구사항을 존중하는 문화 만들기 · 40
의사결정자 식별하기 · 42
요구사항 합의에 도달하기 · 43
    요구사항 기준 · 44
    합의에 도달하지 못하면 어떻게 할까? · 45
    애자일 프로젝트에서 요구사항에 동의하기 · 45

03 _ 요구공학의 우수 사례

요구사항 개발 프로세스 프레임워크	51
우수 사례: 요구사항 도출	54
우수 사례: 요구사항 분석	57
우수 사례: 요구사항 명세	59
우수 사례: 요구사항 검증	60
우수 사례: 요구사항 관리	62
우수 사례: 지식	64
우수 사례: 프로젝트 관리	65
새로운 사례 시작하기	68

04 _ 비즈니스 분석가

비즈니스 분석가의 역할	72
비즈니스 분석가의 업무	74
분석가의 필수 역량	76
분석가의 필수 지식	81
비즈니스 분석가 육성	81
전직 사용자	82
전직 개발자나 테스터	83
전직(혹은 현직) 프로젝트 관리자	83
주제 전문가	84
초심자	84
애자일 프로젝트에서 분석가의 역할	85
협력적인 팀 구성하기	86

Part 02 요구사항 개발

05 _ 비즈니스 요구사항 정립하기

비즈니스 요구사항 정의하기   91
    원하는 비즈니스 이득 식별하기   91
    제품 비전 및 프로젝트 범위   92
    상충하는 비즈니스 요구사항   94

비전 범위 문서   95
    1. 비즈니스 요구사항   97
    2. 범위 및 한계   104
    3. 비즈니스 컨텍스트   106

범위 표현 기법   108
    컨텍스트 다이어그램   108
    생태계 맵   110
    기능 트리   111
    이벤트 목록   112

범위에 집중하기   113
    범위 결정을 위해 비즈니스 목표 활용하기   114
    범위 변경의 영향력 평가하기   114

애자일 프로젝트의 비전과 범위   115

완료 여부 결정을 위해 비즈니스 목표 활용하기   116

06 _ 고객의 목소리 찾기

사용자 클래스   120
    사용자 분류하기   120
    사용자 클래스 식별하기   123

사용자 페르소나   126

사용자 대표와 함께하기   127

제품 챔피언   128
    외부 제품 챔피언   130
    제품 챔피언에 대한 기대   130
    다수의 제품 챔피언   131
    제품 챔피언의 아이디어 수용하기   133
    피해야 할 제품 챔피언의 함정   134

애자일 프로젝트의 사용자 대표	134
상충하는 요구사항 해결하기	136

07 _ 요구사항 도출

요구사항 도출 기법	141
인터뷰	142
워크숍	144
포커스 그룹	147
관찰	148
설문지	149
시스템 인터페이스 분석	150
사용자 인터페이스 분석	151
문서 분석	151
프로젝트 요구사항 도출 계획	152
요구사항 도출 준비	154
요구사항 도출 활동 수행하기	156
요구사항 도출 후속 조치	159
노트 정리 및 공유	159
미해결 이슈 문서화하기	159
고객 의견 분류하기	160
요구사항 도출 완료 시점은 어떻게 알 수 있을까?	164
요구사항 도출 시 주의할 점	165
가정 요구사항과 암묵적 요구사항	166
누락된 요구사항 찾기	167

08 _ 사용자 요구사항 이해하기

유스케이스와 사용자 스토리	171
유스케이스 접근법	175
유스케이스와 사용 시나리오	177
유스케이스 식별하기	185
유스케이스 탐색하기	187

유스케이스 검증하기	189
유스케이스와 기능적 요구사항	190
피해야 할 유스케이스의 함정	192
사용 중심 요구사항의 장점	193

09 _ 규칙에 따르기

비즈니스 규칙의 분류체계	198
팩트	199
제약조건	200
동작 활성자	201
추론	203
계산	203
원자 수준의 비즈니스 규칙	204
비즈니스 규칙 문서화하기	205
비즈니스 규칙 발견하기	207
비즈니스 규칙 및 요구사항	209
모두 함께 묶기	210

10 _ 요구사항 문서화하기

소프트웨어 요구사항 명세서	215
요구사항 명명하기	217
불완전성 다루기	220
사용자 인터페이스와 SRS	221
소프트웨어 요구사항 명세서 템플릿	222
1. 소개	224
2. 전반적인 설명	225
3. 시스템 기능	227
4. 데이터 요구사항	227
5. 외부 인터페이스 요구사항	229
6. 품질 속성	231
7. 국제화 및 현지화 요구사항	232
8. [기타 요구사항]	232

부록 A: 용어사전	232
부록 B: 분석 모델	233
애자일 프로젝트에서의 요구사항 명세서	233

11 _ 좋은 요구사항 작성하기

좋은 요구사항의 특징	237
요구사항 문장의 특징	237
요구사항 모음의 특징	239
요구사항 작성을 위한 지침	241
시스템/사용자 관점	242
스타일에 따라 작성하기	243
세부 수준	246
표현 기법	248
모호함 피하기	249
불완전성 피하기	252
개선 전후의 요구사항 샘플	254

12 _ 백문이 불여일견

요구사항 모델 만들기	260
고객의 목소리로 분석 모델 만들기	262
올바른 표현 기법 선택하기	263
데이터 흐름 다이어그램	266
스윔레인 다이어그램	270
상태 전이 다이어그램과 상태표	272
대화상자 맵	275
의사결정 일람표와 의사결정 트리	280
이벤트 반응표	281
UML 다이어그램에 대한 몇 마디	284
애자일 프로젝트에서 모델 만들기	285
당부사항	286

13 _ 데이터 요구사항 명세화하기

데이터 관계 모델 만들기	288
데이터 사전	291
데이터 분석	295
보고서 명세화하기	296
보고서 요구사항 도출하기	297
보고서 명세의 고려사항	298
보고서 명세 템플릿	299
대시보드 보고서	301

14 _ 기능, 그 이상을 향해

소프트웨어 품질 속성	306
품질 속성 찾기	307
품질 요구사항 정의하기	312
외부 품질 속성	312
내부 품질 속성	327
Planguage로 품질 요구사항 명세화하기	333
품질 속성의 트레이드오프	334
품질 속성 요구사항 구현하기	336
제약조건	337
애자일 프로젝트에서 품질 속성 다루기	339

15 _ 프로토타이핑을 활용한 위험 감소

프로토타이핑: 무엇을 그리고 왜	344
목업과 개념 증명	345
일회성 프로토타입과 진화형 프로토타입	346
종이 프로토타입과 전자 프로토타입	350
프로토타입으로 작업하기	351
프로토타입 평가	355
프로토타이핑의 위험	357

프로토타입의 출시 압력	357
구제화 정도에 기인한 산만함	358
비현실적인 성능 예측	358
프로토타입에 과도한 노력 투자하기	359

프로토타이핑 성공 요소   359

16 _ 중요한 것 먼저: 요구사항 우선순위 할당하기

왜 요구사항의 우선순위를 나눠야 하는가?   362

몇 가지 우선순위 화용론   363

우선순위와 심리적 게임   365

몇 가지 우선순위 할당 기법   366
- 할까? 말까?   367
- 짝 비교와 순위 나누기   367
- 3단계 규모 조정   368
- MoSCoW   370
- 100달러   371

가치와 비용, 위험에 따른 우선순위 할당하기   372

17 _ 요구사항 검증하기

검증과 확인   380

요구사항 검토하기   381
- 검사 프로세스   382
- 결함 체크리스트   388
- 요구사항 검토 팁   390
- 요구사항 검토의 어려움   391

요구사항 프로토타이핑하기   393

요구사항 테스트하기   394

인수 기준에 따라 요구사항 검증하기   398
- 인수 기준   399
- 인수 테스트   400

18 _ 요구사항 재사용

왜 요구사항을 재사용하는가?	403
요구사항 재사용의 관점	404
재사용 범위	405
수정 범위	406
재사용 메커니즘	406
재사용을 위한 요구사항 정보의 종류	408
일반적인 재사용 시나리오	409
소프트웨어 제품군	409
시스템 리엔지니어링 및 교체	409
기타 재사용 기회	410
요구사항 패턴	411
재사용에 유용한 도구	412
요구사항을 재사용할 수 있게 만들기	413
요구사항 재사용 장벽과 성공 요소	415
재사용 장벽	415
재사용 성공 요소	417

19 _ 요구사항 개발, 그 이상을 향해

요구사항 노력 산정하기	421
요구사항을 기반으로 프로젝트 계획하기	425
요구사항을 기반으로 프로젝트 규모와 필요한 노력 산정하기	425
요구사항과 일정 산정	428
요구사항을 기반으로 설계 및 구현하기	429
아키텍처와 할당	429
소프트웨어 설계	431
사용자 인터페이스 설계	432
요구사항에서 테스트까지	434
요구사항에서 성공까지	436

Part 03 다양한 프로젝트 유형을 위한 요구사항

20 _ 애자일 프로젝트
폭포수 개발 방법의 한계 — 441
애자일 개발 방법론 — 442
요구사항에 대한 애자일 접근 방식의 필수 요소 — 443
    고객 참여 — 443
    문서의 상세 수준 — 444
    백로그와 우선순위 할당 — 444
    시기 — 445
에픽, 사용자 스토리, 기능, 맙소사! — 446
    변경 예측 — 447
애자일 프로젝트에 요구사항 사례 실천하기 — 448
애자일로 갈아타기: 이제 뭘 하지? — 448

21 _ 개선 프로젝트와 교체 프로젝트
예측 가능한 문제 — 451
기존 시스템에 적용할 수 있는 요구사항 기법 — 452
비즈니스 목표에 따라 우선순위 할당하기 — 453
    갭 주의하기 — 454
    성능 수준 유지하기 — 455
기존 요구사항이 존재하지 않을 때 — 456
    어떤 요구사항을 명세화해야 할까? — 457
    기존 시스템의 요구사항을 찾는 방법 — 459
신규 시스템 도입 장려하기 — 460
반복할 수 있을까? — 461

22 _ 패키지 솔루션 프로젝트

패키지 솔루션 선택을 위한 요구사항　464
- 사용자 요구사항 개발하기　465
- 비즈니스 규칙 고려하기　466
- 필요한 데이터 식별하기　466
- 품질 요구사항 정의하기　466
- 솔루션 평가하기　467

패키지 솔루션을 구현하기 위한 요구사항　470
- 구성 요구사항　470
- 통합 요구사항　471
- 확장 요구사항　471
- 데이터 요구사항　472
- 비즈니스 프로세스 변경　472

패키지 솔루션의 일반적인 문제　473

23 _ 외주 프로젝트

요구사항의 적절한 명세화 수준　475
인수자와 납품업체 간 상호작용　477
변경 관리　479
인수 기준　480

24 _ 비즈니스 프로세스 자동화 프로젝트

비즈니스 프로세스 모델 만들기　482
- 요구사항 도출을 위해 현재 프로세스 활용하기　483
- 미래의 프로세스 먼저 설계하기　485

비즈니스 성과 지표 모델 만들기　485
비즈니스 프로세스 자동화 프로젝트의 우수사례　487

25 _ 비즈니스 분석 프로젝트

비즈니스 분석 프로젝트의 개요	489
비즈니스 분석 프로젝트를 위한 요구사항 개발	491
의사결정을 활용해 작업에 우선순위 할당하기	492
정보가 사용되는 방법 정의하기	493
데이터 니즈 구체화하기	495
데이터를 변환하기 위한 분석 정의	498
분석의 진화적 특성	500

26 _ 임베디드 및 기타 실시간 시스템 프로젝트

시스템 요구사항, 아키텍처 및 할당	503
실시간 시스템 모델 만들기	505
컨텍스트 다이어그램	505
상태 전이 다이어그램	506
이벤트 반응표	507
아키텍처 다이어그램	509
인터페이스	510
타이밍 요구사항	512
임베디드 시스템을 위한 품질 속성	513
임베디드 시스템의 도전과제	519

Part 04 요구사항 관리

27 _ 요구사항 관리 사례

요구사항 관리 프로세스	523
요구사항 기준	525
요구사항 버전 관리	526
요구사항 속성	528
요구사항 상태 추적	529
요구사항 이슈 해결	532
요구사항 노력 측정	533
애자일 프로젝트에서 요구사항 관리	534
왜 요구사항을 관리하는가?	536

28 _ 변경의 발생

왜 변경을 관리하는가?	538
범위 추가 관리하기	539
변경 관리 정책	540
변경 관리 프로세스의 기본 개념	541
변경 관리 프로세스 기술서	542
1. 목적 및 범위	543
2. 역할과 책임	543
3. 변경 요청 상태	543
4. 시작 기준	544
5. 작업	544
6. 종료 기준	545
7. 변경 관리 상태 보고서	546
부록: 각 요청이 포함하는 속성	546
변경 관리 위원회	547
CCB 구성	547
CCB 헌장	548
합의 재협상하기	549
변경 관리 도구	549

변경 활동 측정하기	550
변경 영향 분석	552
영향 분석 절차	552
영향 분석 템플릿	555
애자일 프로젝트의 변경 관리	556

29 _ 요구사항의 연결 고리

요구사항 추적하기	560
요구사항 추적을 위한 동기부여	562
요구사항 추적 매트릭스	564
요구사항 추적을 위한 도구	567
요구사항 추적 절차	569
요구사항 추적은 타당한가? 정말 필요한 것인가?	570

30 _ 요구공학을 위한 도구

요구사항 개발 도구	574
요구사항 도출 도구	574
프로토타이핑 도구	575
모델링 도구	575
요구사항 관리 도구	576
RM 도구 사용의 이점	576
RM 도구의 기능	579
요구사항 도구의 선택과 구현	582
도구 선택하기	582
도구와 프로세스 준비하기	582
사용자의 도구 도입 촉진하기	584

Part 05 요구공학 구축하기

31 _ 요구사항 프로세스 개선하기

요구사항이 다른 프로젝트 프로세스와 연관되는 방법   589
요구사항 및 다양한 이해관계자 그룹   592
변경에 대한 합의 구하기   593
소프트웨어 프로세스 개선의 기본 원칙   595
근본 원인 분석   597
프로세스 개선 주기   598
    현재 방법 평가하기   599
    개선 활동 계획하기   600
    프로세스 만들기, 시험하기, 공개하기   601
    결과 평가하기   602
요구공학 프로세스 자산   603
    요구사항 개발 프로세스 자산   605
    요구사항 관리 프로세스 자산   606
아직 멀었나?   607
요구사항 프로세스 개선 로드맵 만들기   610

32 _ 소프트웨어 요구사항과 위험 관리

소프트웨어 위험 관리의 기본 원칙   613
    위험 관리 요소   614
    프로젝트 위험 문서화하기   615
    위험 관리 계획   618
요구사항 관련 위험   619
    요구사항 도출   619
    요구사항 분석   622
    요구사항 명세서   622
    요구사항 검증   623
    요구사항 관리   624
위험 관리는 여러분의 친구다   625

에필로그	626
부록 A _ 현재 요구사항 실천 지침에 대한 자기 평가	628
부록 B _ 요구사항 문제 해결 가이드	634
부록 C _ 요구사항 문서 샘플	652
용어사전	675
참고문헌	683

지난 수십 년에 걸친 경험에도 불구하고, 많은 소프트웨어 조직이 제품의 요구사항을 이해하고 문서화하며 관리하는 것을 힘들어한다. 사용자 의견 부족, 불완전한 요구사항, 요구사항 변경, 비즈니스 목표에 대한 잘못된 이해가 수많은 정보 기술 프로젝트가 완전히 성공하지 못하는 주된 이유다. 어떤 소프트웨어 팀은 고객 및 다른 출처로부터 요구사항을 도출하는 데 능숙하지 않기도 하다. 고객의 경우 요구사항 활동에 참여할 시간이 없거나 참을성이 부족한 경우도 있다. 대부분의 경우, 프로젝트 참가자들은 "요구사항"이 무엇인지에 대해서도 동의하지 않는다. 어떤 사람은 "엔지니어는 고객 요구사항을 해독하기보다 킹스맨(Kingmen)의 1963년 고전 파티 음악인 "Louie Louie"를 해독하는 게 낫나"라고 말하기도 했다.

『소프트웨어 요구사항』의 2차 개정판은 10년 전에 출판됐다. 기술 분야에서 10년은 긴 시간이다. 그동안 많은 것들이 변했지만 변하지 않은 것들도 있다. 지난 10년간 주요 요구사항 동향은 다음과 같다.

- 비즈니스 분석이 전문 분야로서 자리 잡고, 전문 자격증 및 국제 비즈니스 분석 협회(International Institute of Business Analysis) 및 국제 요구공학 위원회(International Requirements Engineering Board) 같은 단체가 생겨남
- 데이터베이스를 연동하는 요구사항 관리 도구와 프로토타이핑, 모델링, 시뮬레이션 등 요구사항 개발 활동을 지원하는 도구의 성숙
- 애자일 개발 방법론 사용의 증가 및 애자일 프로젝트에서 요구사항 처리 기술의 진화
- 요구사항 지식을 표현하기 위한 시각적인 모델 사용의 증가

그래서 변하지 않은 것은 무엇일까? 이 주제가 중요하고 의미 있게끔 만들어 주는 요소가 두 가지 있다. 첫째, 소프트웨어 공학 및 컴퓨터 과학의 여러 학부 교육과정에서 (요구사항 개발과 관리 모두를 아우르는) 요구공학의 중요성을 충분히 강조하지 않는다는 것이다. 둘째, 소프트웨어 분야에 종사하는 우리에게는 도전적인 기술과 프로세스 솔루션에 푹 빠져버리는 경향이 있다는 것이다. 종종 우리는 요구사항 도출이나 소프트웨어 및 시스템 프로젝트에서 하는 대부분의 작업이 주로 인간의 상호작용으로 이뤄진다는 사실을 인식하지 못할 때가 있다. 다양한 도구를 통해 지리적으로 떨어져 있는 사람들이 효율적으로 협업할 수 있기는 하지만 협업을 자동화하는 마법 같은 신기술은 없다.

우리는 요구사항 개발 및 관리를 위해 2차 개정판에서 제시했던 실천 지침들이 여전히 유효하고 다양한 소프트웨어 프로젝트에 적용 가능하다고 생각한다. 창조적인 비즈니스 분석가나 제품 관리자,

제품 주인은 특정 환경의 니즈에 잘 부합하도록 이러한 지침을 신중하게 도입하고 조율할 것이다. 3차 개정판에는 애자일 프로젝트에서 요구사항을 다루는 방법에 대한 장과, 여러 장에서 애자일 개발 환경에서 실천 사례를 도입하고 적용하는 방법을 설명하는 수많은 절이 새롭게 추가됐다.

소프트웨어 개발은 적어도 컴퓨터 처리만큼의 의사소통을 필요로 하지만 교육 과정과 프로젝트 활동 모두 의사소통보다는 컴퓨터 처리를 강조하는 경우가 많다. 이 책에서는 효율적인 요구공학 방법을 적용한 수십 개의 도구를 제공하며, 이러한 도구를 통해 의사소통을 용이하게 하고 소프트웨어 실무자나 관리자, 마케팅 담당자, 고객에게 도움을 준다. 이 책에서 제시하는 기법들은 주류 "우수 사례"의 툴킷으로 구성되며, 이국적인 신기술이나 모든 요구사항 문제를 해결하는 데 도움이 되는 정교한 방법론은 아니다. 이 책에서는 일반적인 요구사항 관련 경험을 이야기(다 맞는 말뿐인)하는 수많은 일화와 관련 기사를 제공한다(여러분도 이와 유사한 경험을 갖고 있을 것이다). 바로 우리 주변에 있고 다양한 프로젝트 경험에서 우러나온 실제 경험에 가까운 "진짜 이야기"를 찾아보라.

1999년에 초판이 출판된 이래로, 우리는 각자 다양한 프로젝트에 참여했고, 다양한 규모와 유형의 회사나 정부 기관에서 사람들에게 소프트웨어 요구사항에 대해 수백 번에 걸쳐 강의했다. 우리는 이러한 실천 사례가 프로젝트 규모와 상관없이, 신규 개발이든 개선 프로젝트이든, 현지 팀이든 분산된 팀이든, 전통적인 개발 방법을 사용하든 애자일 방법을 사용하든 상관없이 대부분의 모든 프로젝트에 유용하다는 사실을 발견했다. 그러한 기법들은 소프트웨어 프로젝트뿐 아니라 하드웨어 및 시스템 공학 프로젝트에도 적용할 수 있다. 여느 다른 기술 사례와 마찬가지로 이 방법을 제대로 사용하는 법을 학습하기 위해서는 식견과 경험을 활용해야 할 것이다. 이러한 실천 지침을 프로젝트에서 적절한 사람과의 효율적인 의사소통에 유용한 도구로 생각하자.

이 책이 제공하는 이점

여러분이 수행할 수 있는 모든 소프트웨어 프로세스 개선에서 요구사항 관련 개선이 가장 유익한 결과다. 이 책에서는 실용적이고 입증된, 여러분에게 도움이 될 수 있는 기법들을 설명한다.

- 프로젝트 초기부터 고품질의 요구사항을 작성해서 재작업을 최소화하고 생산성을 극대화
- 비즈니스 목표를 달성하는 고품질의 정보 시스템 및 상용 제품 전달
- 범위와 요구사항 모두를 예상 및 제어하에 두는 범위 추가와 요구사항 변경 관리
- 높은 고객 만족도 달성

- 유지보수, 개선, 지원 비용 절감

우리의 목표는 소프트웨어 제품 개발 주기에서 여러분이 요구사항 도출 및 분석, 요구사항 명세서 작성 및 검증, 요구사항 관리에 사용하는 프로세스를 개선할 수 있도록 돕는 것이다. 우리가 설명하는 기술은 실용적이고 현실적이다. 우리 모두 바로 이 기술을 여러 번 사용했고, 그때마다 항상 좋은 결과를 얻을 수 있었다.

대상 독자

소프트웨어를 포함한 모든 시스템의 요구사항을 정의하고 이해하는 데 참여하는 누구든지 이 책에서 유용한 정보를 찾을 수 있을 것이다. 주요 대상 독자는 개발 프로젝트에서 비즈니스 분석가나 요구공학 엔지니어의 역할을 하는 개인으로서, 전일제 전문가이거나 때때로 분석가 역할을 수행하는 다른 팀원이 될 수 있다. 그다음 대상 독자는 사용자 기대치를 이해하고 만족시켜야 하며, 효율적인 요구사항 생산 및 검토에 참여하는 아키텍트나 설계자, 개발자, 테스터, 혹은 기타 다른 기술 관련 구성원이다. 제품이 상업적으로 성공하기 위한 기능과 속성을 구체화해야 하는 마케팅 담당자 및 제품 관리자는 이러한 실천 지침이 가치 있다는 사실을 알게 될 것이다. 프로젝트 관리자는 제품의 요구사항 활동을 계획하고 추적하는 방법과 요구사항 변경을 다루는 방법을 배울 수 있다. 비즈니스나 기능, 품질 니즈를 충족하는 제품을 정의하는 데 참여하는 이해관계자 또한 대상 독자에 해당한다. 이 책은 최종 사용자와 소프트웨어 제품을 구입하거나 계약하는 고객, 여러 이해관계자가 요구사항 프로세스와 각자의 역할의 중요성을 이해하는 데 도움될 것이다.

이 책의 구성

이 책은 총 5부로 구성돼 있다. 1부 "소프트웨어 요구사항: 무엇을, 왜, 누가"에서는 몇 가지 정의로 시작한다. 만약 여러분이 기술적 측면에 가까운 사람이라면 핵심 고객에게 고객-개발 간 협력을 다룬 2장을 공유하자. 3장에서는 요구사항 개발 및 관리에 대한 수십 개의 "우수 사례" 및 요구사항 개발을 위한 전반적인 프로세스 프레임워크를 요약한다. 비즈니스 분석가의 역할(및 기타 다른 이름으로 불리는 역할)은 4장의 주제다.

2부 "요구사항 개발"은 프로젝트의 비즈니스 요구사항을 정의하는 방법으로 시작한다. 2부의 다른 장에서는 적절한 고객 대표를 찾는 방법과 이들로부터 요구사항을 도출하는 방법, 사용자 요구사항과 비즈니스 규칙, 기능적 요구사항, 데이터 요구사항, 비기능적 요구사항 등을 문서화하는 방법을 설명한다. 12장에서는 자연어로 작성된 글을 보완하기 위해 다양한 관점에서 요구사항을 표현하는 다양한 시각 모델을 설명하며, 15장에서는 위험을 줄이기 위해 프로토타입을 사용하는 방법을 설명한다. 2부의 나머지 장에서는 요구사항의 우선순위를 나누는 법, 검증하는 법, 재사용하는 법을 살펴본다. 요구사항이 프로젝트 작업의 다른 측면에 어떻게 영향을 미치는지 얘기하며, 2부가 끝난다.

3부는 이번 개정판에 처음으로 등장하며, 모든 유형의 제품을 개발하는 애자일 프로젝트, 개선 및 교체 프로젝트, 패키지 솔루션 통합 프로젝트, 외주 프로젝트, 비즈니스 프로세스 자동화 프로젝트, 비즈니스 분석 프로젝트, 임베디드 및 기타 실시간 시스템 등 다양한 유형의 프로젝트에서 가장 효과적인 요구사항 접근법을 제안하는 장을 포함하고 있다.

요구사항 관리의 원칙 및 실천 지침이 4부의 주제이며, 요구사항 변경을 다루는 기법에 중점을 둔다. 29장에서는 요구사항 추적이 개별 요구사항과 출처 및 하위 개발 산출물을 연결하는 방법을 설명한다. 4부는 팀이 요구사항을 개발하고 관리하는 방법을 향상시킬 수 있는 상용 도구를 설명하는 것으로 마무리한다.

이 책의 마지막인 5부 "요구공학 구축하기"에서는 개념적인 부분을 실천하는 데 도움될 것이다. 31장은 새로운 요구사항 기법을 여러분이 속한 그룹의 개발 프로세스에 통합하는 데 도움될 것이다. 일반적인 요구사항 관련 프로젝트 위험은 32장에서 설명한다. 부록 A의 자기 평가는 개선이 필요한 영역을 선택하는 데 도움이 된다. 다른 두 개의 부록은 요구사항 문제 해결 가이드와 요구사항 문서 예제를 제공하며 이를 통해 앞의 내용들이 모두 어떻게 적용되는지 확인할 수 있다.

사례 연구

이 책에서 설명하는 방법들을 설명하기 위해 화학약품 관리 시스템이라고 하는 중간 규모의 정보 시스템 등 실제 프로젝트를 기반으로 한 다양한 사례 연구의 예를 제공한다. 이 프로젝트를 이해하기 위해 화학에 대해 알아야 하는 것은 아니니 걱정하지는 말자. 사례 연구에 대한 참가자 간의 토론이 책 전반에 걸쳐 나온다. 조직이 어떤 유형의 소프트웨어를 개발하든 이러한 대화 내용과 관련 지을 수 있을 것이다.

원칙에서 실천으로

새로운 지식을 실제 행동으로 옮길 때 발생하는 장애물을 극복하기 위한 에너지를 모으는 데는 어려움이 따른다. 요구사항 개선을 위한 여행을 돕기 위해 대부분의 장에서는 해당 장의 내용을 즉시 적용하기 위해 바로 시작할 수 있는 행동을 담은 "다음 단계는"이라는 내용으로 마무리한다. 여러 장에서 요구사항 문서, 검토 체크리스트, 요구사항 우선순위 스프레드시트, 변경 관리 프로세스, 기타 다른 프로세스 자산 등의 템플릿을 제안한다. 이러한 내용은 이 책의 웹 사이트에서 내려받을 수 있다.

- http://aka.ms/SoftwareReq3E/files

여러분의 애플리케이션에서 바로 이러한 기법을 사용할 수 있도록 자료를 활용하자. 아주 작은 개선이라도 오늘 당장 시작하자.

어떤 사람들은 새로운 요구사항 기술을 시도하는 것을 주저할 것이다. 여러분의 동료나 고객, 관리자를 교육하는 데 이 책을 활용하자. 그들에게 이전 프로젝트에서 겪은 요구사항 관련 문제를 상기시키고 새로운 방법을 통해 얻을 수 있는 이점에 대해 논의하자.

더 나은 요구사항 실천 지침을 적용하기 위해 새로운 개발 프로젝트를 시작할 필요는 없다. 21장에서는 개선 및 교체 프로젝트에 다양한 기법을 도입하는 방법을 설명한다. 요구사항 실천 지침을 점진적으로 개발하는 것은 다음번 주요 프로젝트를 준비하기 위한 위험이 낮은 프로세스 개선 방법이다.

요구사항 개발의 목표는 팀이 허용 가능한 위험 수준으로 제품의 다음 단계를 설계 및 개발하기에 충분한 요구사항들을 축적하는 것이다. 재작업, 수용 불가능한 제품, 일정 증가의 위험을 최소화하기 위해 요구사항에 충분히 관심을 가질 필요가 있다. 이 책은 제대로 된 제품의 진짜 요구사항을 개발하기 위해 적절한 사람과 협력할 수 있는 도구를 제공한다.

정오표 및 도서 지원

우리는 이 책과 보조 자료의 정확성을 기하기 위해 모든 노력을 다했다. 이 책이 출판된 이후에 보고되는 오류는 oreilly.com의 마이크로소프트 프레스(Microsoft Press) 사이트에 실릴 것이다.

- http://aka.ms/SoftwareReq3E/errata

보고되지 않은 오류를 찾을 경우 위 페이지에 신고할 수도 있다.

추가 지원이 필요한 경우 마이크로소프트 프레스의 도서 지원 담당자(mspinput@microsoft.com)에게 이메일을 보내주길 바란다.

마이크로소프트 소프트웨어의 제품 지원은 위의 주소에서 하고 있지 않으므로 유의하기 바란다.

독자 의견

마이크로소프트 프레스에서는 독자의 만족이 최우선 과제이며, 피드백은 가장 소중한 자산이다. 이 책에 대한 여러분의 생각을 알려주기 바란다.

- http://aka.ms/tellpress

설문조사는 짧고, 우리는 여러분의 의견과 아이디어를 하나하나 읽어볼 것이다. 여러분의 의견에 미리 감사를 표한다!

기타 연락처

계속 대화를 이어가보자! 트위터에서 기다리겠다.

- http://twitter.com/MicrosoftPress

감사의 글

이 책은 두 명의 저자가 한 팀으로 협업해서 세상에 나올 수 있었습니다. 많은 분들이 전체 원고를 검토하고 개선을 위한 수많은 제안을 하는 데 시간을 투자해 주셨습니다. 깊이 감사 드립니다. 매우 귀중한 의견을 남겨 준 짐 브로소, 조앤 데이비스, 개리 K. 에반스, 조이시 그레입스, 티나 하이덴라이크, 켈리 모리슨 스미스, 조이스 스타츠 박사에게 특히 감사드립니다. 케빈 브레넌, 스티븐 데이비스, 앤 하틀리, 에밀리 아이엠, 매트 리치, 자닌 맥코넬, 야곱 모하메드, 존 파커로부터 추가 검토를 받았습니다. 각 분야의 전문가가 해당 절이나 장을 검토하기도 했으며 매우 상세한 의견을 주시기도 했습니다. 타냐 채버리, 마이크 콘, 알렉스 딘 박사, 엘렌 가티스디너, 쉐인 해스티, 제임스 홀건, 필 쿠프만 박사, 마크 굴락, 설리 사틴, 옵 시실리아, 베시 스톡데일에게 감사합니다. 록산느 밀러와 스티브 윗올의 깊은 통찰력과 큰 참여에 대해 특별히 감사의 인사를 드립니다.

우리는 여러 사람들과 책의 주제에 대해 논의했으며, 이들의 전문적인 경험과 전달해준 참고 자료로 더 많은 것을 배울 수 있었습니다. 짐 브로소, 나넷 브라운, 나이젤 버드, 캐서린 부시, 타냐 채버리, 제니퍼 도일, 개리 에반스, 스콧 프랜시스, 사라 게이츠, 데이비드 겔퍼린 박사, 마크 케린, 놈 커스, 스콧 메이어스 박사, 존 파커, 캐시 레이놀즈, 빌 트로스키, 리카르도 발레디 박사, 이안 왓슨 박사님께서 도움 주신 것에 감사 드립니다. 또한 우리에게 자신의 일화인 "진짜 이야기"를 들려 주신 많은 분들께 감사 드립니다.

셀리벨의 많은 직원이 이 책에 도움을 주셨습니다. 특정 절을 검토하고, 빠르게 의견을 주고 설문조사에 참여했으며, 직접 작성한 블로그 자료를 공유하고, 여러 장에 대한 최종 편집과 그림, 그리고 다양한 운영 문제에 도움을 줬습니다. 아제 바드리, 제이슨 벤필드, 앤소니 첸, 켈 콘돈, 앰버 데이비스, 제레미 고어, 조이시 그레입스, 존 제르슨, 멜라니 노렐, 데이비드 라인하르트, 베시 스톡데일, 크리스틴 월머스에게 감사 드립니다. 덕분에 수월하게 작업할 수 있었습니다. 캔데스 호칸슨의 편집에 대단히 감사 드립니다.

원고 검토 편집자인 데번 머스그레이브, 프로젝트 편집자인 캐롤 딜링햄, S4Carlisle 퍼블리싱 서비스의 프로젝트 편집자인 크리스티앙 홀드너, 교열 편집자 캐시 크라우스, 교정자 니콜 슐럿, 색인 작성자 모린 존슨, 식자공 삼바시범 샌가란, 제작 아티스트인 발라가네산 M.과 스리니바산 R., 가네스 바부 G. 칼 등 마이크로소프트 프레스의 많은 분들께 감사 드립니다. 데번 머스그레이브와 벤 라이언의 오랜 관계와 우정에 특별히 감사 드립니다.

지난 수년 동안 요구사항 교육 과정을 수강한 수백 명의 학생들이 전해준 의견과 질문은 요구사항 문제에 대한 우리의 생각을 자극하는 데 가장 큰 도움이 됐습니다. 우리의 컨설팅 경험과 독자에게 받은 많은 것을 생각하게 하는 질문은 실무자들이 매일 어떤 문제로 고군분투하는지 알 수 있게 했고, 이러한 어려운 주제에 대해 생각하는 데 이바지했습니다. 여러분의 경험을 공유하고 싶다면 karl@processimpact.com 또는 joy.beatty@seilevel.com으로 연락해 주시기 바랍니다.

언제나처럼 칼은 아내인 크리스 잠비토에게 고맙다는 말을 전합니다. 그녀는 언제나 참을성 있고 유머러스했습니다. 칼은 지속적으로 작업에 임할 수 있게 유도하고 훌륭히 공헌한 조이에게 감사의 인사를 전합니다. 그녀와의 작업은 매우 재미있었고, 덕분에 더욱 값진 책을 만들 수 있었습니다. 검토자가 고통받기 전에 아이디어를 내고, 어려운 의사결정을 내리며, 초안에 대해 끈질기게 잔소리를 해주는 누군가가 있어 좋았습니다.

조이는 작가의 꿈을 다시 꿀 수 있게 해준 남편 토니 해밀턴과 하루하루의 우선순위를 수월하게 유지할 수 있게 해준 딸 스카이, 가족이 즐거운 시간을 보내는 데 중심이 되어 준 션과 에스텔에게 감사의 인사를 전합니다. 조이는 소프트웨어 요구사항 분야를 적극 추진하기 위해 공헌하는 모든 셀리벨 직원들에게 특별한 감사의 말을 전합니다. 그녀는 두 명의 동료이자 친구, 이 책이 최고가 될 수 있게 도와준 앤소니 첸과 이러한 노력을 지속적으로 격려해준 롭 스팍스에게 고맙다는 말을 전합니다. 마지막으로 조이는 공동 저자가 될 수 있게 해주고, 매일매일 새로운 것을 알려줬으며, 함께 작업하는 것에 절대적인 기쁨을 느낄 수 있게 해준 칼에게 큰 감사의 인사를 드립니다.

01

소프트웨어 요구사항:
무엇을, 왜, 누가

1장 필수 소프트웨어 요구사항
2장 고객 관점의 요구사항
3장 요구공학의 우수 사례
4장 비즈니스 분석가

01
필수 소프트웨어 요구사항

"안녕하세요? 필. 인사팀의 마리아입니다. 당신이 개발한 인사시스템에 문제가 생겼어요. 시스템 상에서 이름이 스파클 스타라이트(Sparkle Starlight)인 직원의 이름을 변경할 수가 없네요. 도와주실 수 있나요?"

"그분이 스타라이트라는 남자와 결혼했나요?"

"아니요. 그냥 이름만 바꾼 거에요."라고 마리아는 대답했다. "그게 문제네요. 누군가와 결혼한 경우에만 이름을 변경할 수 있도록 개발됐을 거에요."

"음... 이름만 변경할 수도 있다는 것은 생각지도 못했네요. 시스템에 대해 얘기할 때 이런 가능성에 대해 들은 바가 없는 것 같아요."라고 필은 말했다.

"저는 직원들이 자기가 원할 때 언제든지 이름을 변경할 수 있다는 것을 아시는 줄 알았어요." 마리아가 말했다. "금요일까지 이 문제가 해결되지 않으면 스파클은 이번 달 급여를 받지 못할 거에요. 그때까지 버그를 고칠 수 있을까요?"

"이건 버그가 아닙니다!" 필은 반박했다. *"저는 이런 기능이 필요한지 전혀 몰랐어요. 지금은 신규 성과 평가 시스템 개발 때문에 바쁩니다. 이번 달 말까지 수정은 가능하겠지만 금요일까지는 무리에요. 미안합니다. 다음부터는 이런 사항들을 미리 얘기해 주시고 문서로 작성해 주세요."*

"스파클에게는 뭐라고 해야 할까요?" 마리아가 물었다. *"월급을 못 받으면 엄청 화낼 거에요."*

"이봐요 마리아, 이게 제 잘못이 아니잖아요." 필은 항의했다. *"누구나 언제든 이름을 변경할 수 있어야 한다고 애초부터 이야기해줬다면 이런 일은 발생하지 않았을 겁니다. 당신의 마음을 읽지 못한 걸 저보고 책임지라고 할 순 없어요."*

마리아는 흥분하며 화를 냈다. "정말 이런 문제들 때문에 컴퓨터가 싫어지네요. 가능한 한 빨리 해결하고 연락 줄 수 있나요?"

만약 여러분이 고객 입장에서 이런 대화를 나눈 경험이 있다면 소프트웨어 시스템이 꼭 필요한 일을 제대로 처리하지 않았을 때 얼마나 당황스러운지 알고 있을 것이다. 어쨌든 여러분은 중요한 수정 요청을 처리해줄 개발자에게 휘둘리기 싫을 것이다. 반면 개발자는 시스템을 개발한 후에야 사용자가 기대하는 기능이 무엇이었는지 알 수 있다는 것에 좌절한다. 애초에 명확했어야 했을 것들이 나중에서야 시스템 수정 요청으로 나타나 진행 중인 프로젝트를 방해하는 것은 개발자를 짜증나게 한다.

소프트웨어 세계의 많은 문제점들은 사람이 제품의 요구사항을 학습하고, 문서화하며, 합의하고, 수정하는 과정에서 발생하는 미흡함이 원인이 된다. 필과 마리아의 경우처럼 비공식적인 정보 취합, 암시적인 기능, 잘못 전달된 가정, 형편없이 구체화된 요구사항, 대충 처리하는 변경 프로세스 등이 일반적인 문제 영역이다. 소프트웨어 제품에서 발견되는 결함의 40~50%는 요구사항 단계에서 발생한다고 다수의 연구를 통해 밝혀졌다(Davis 2005). 충분하지 않은 사용자 기초 자료와 고객 요구사항 구체화 및 관리의 부족은 실패하는 프로젝트의 주요 원인이 된다. 이러한 증거에도 불구하고 많은 조직들은 여전히 비효율적인 요구사항 방법론을 사용한다.

요구사항만큼 프로젝트의 모든 이해관계자의 이익이 교차하는 곳은 어디에도 없다. (이해관계자에 대한 자세한 내용은 2장 "고객 관점의 요구사항"을 참고한다.) 고객, 사용자, 비즈니스 분석가, 개발자 등이 이해관계자에 포함된다. 이러한 접점을 잘 다루면 고객을 기쁘게 하고 개발자를 만족스럽게 한다. 그러나 이를 잘 다루지 못하면 제품의 품질과 비즈니스 가치를 떨어뜨리는 오해와 갈등의 원인이 된다. 요구사항은 소프트웨어 개발과 프로젝트 관리 활동의 토대가 되기 때문에 모든 이해관계자는 품질이 우수한 제품을 만들기 위해 요구사항 실천 지침들을 적용하는 데 충실해야 한다.

그러나 요구사항을 만들고 관리하는 건 어려운 일이다! 어디에도 지름길이나 마법 같은 해법은 없다. 한 가지 다행인 점은 수많은 조직이 같은 문제를 해결하고자 노력했기 때문에 다양한 상황에 적용할 수 있는 기법을 찾을 수 있다는 것이다. 수십 개의 실천 지침이 담긴 이 책이 도움될 것이다. 이러한 실천 지침은 마치 전에 없던 새로운 시스템을 만드는 것처럼 보이기도 한다. 그러나 이들 중 대부분은 개선이나 교체, 리엔지니어링(21장 "개선 프로젝트와 교체 프로젝트" 참조) 프로젝트에 적용할 수도 있으며, 상용 패키지 솔루션(22장 "패키지 솔루션 프로젝트" 참조)을 통합하는 프로젝트에도 적용할 수 있다. 애자일 개발 프로세스에 따라 점진적으로 제품을 개발하는 프로젝트 팀 역시 각 단계를 진행하기 위해 요구사항을 이해할 필요가 있다(20장 "애자일 프로젝트" 참조).

이번 장에서는 다음과 같은 같은 도움을 얻을 수 있을 것이다.

- 소프트웨어 요구사항 도메인에서 사용되는 핵심 용어의 이해
- 제품 요구사항과 프로젝트 요구사항 구분
- 요구사항 개발과 요구사항 관리 구분
- 발생할 수 있는 요구사항 관련 문제에 대비

중요 이 책에서는 기업의 내부적인 용도나 상업용, 계약을 통해 제공되는 소프트웨어 또는 소프트웨어를 포함하는 모든 것들에 대해 "시스템", "제품", "애플리케이션", "솔루션"과 같은 용어를 두루 사용한다.

요구사항 수준 진단하기

현재 진행 중인 프로젝트에서 아래의 요소 중 몇 개가 해당하는지 확인해 봄으로써 여러분이 속한 조직의 요구사항 실무 수준을 간단히 파악할 수 있다. 3~4개 이상의 항목이 해당한다면 이 책이 여러분에게 크게 도움될 것이다.

- 프로젝트의 비즈니스 목표, 비전, 범위가 명확히 정의된 적이 없었다.
- 고객이 너무 바빠 요구사항에 대해 분석가나 개발자들과 시간을 보내기가 어려웠다.
- 팀이 요구사항을 이해하기 위해 고객 대표와 직접 이야기할 수 있는 방법이 없었다.
- 고객이 모든 요구사항을 중요하다고 생각해 우선순위를 할당할 수 없었다.
- 코드를 작성할 때 모호하거나 누락된 정보로 인해 개발자가 추측에 의존해 개발해야만 했다.
- 개발자와 이해관계자의 의사소통이 소프트웨어에 대한 고객의 니즈보다는 사용자 인터페이스와 기능에 집중돼 있었다.
- 고객이 요구사항을 절대 승인하지 않았다.
- 고객이 제품 출시나 이를 위한 반복주기와 관련된 요구사항에 동의한 후에도 계속 요구사항을 변경했다.

- 요구사항 변경 승인으로 인해 프로젝트의 범위가 증가했지만 필요한 자원이 추가되지 않고 기능 삭제가 이뤄지지 않아 일정에 차질이 생겼다.
- 요구사항 변경 요청이 제대로 관리되지 않아 아무도 변경 요청의 상태를 알지 못했다.
- 고객의 요구에 따라 개발자가 기능을 구현했지만 아무도 사용하지 않았다.
- 프로젝트 종료 시점에 모든 명세는 만족했지만, 고객이나 비즈니스 목표를 충족시키지는 못했다.

소프트웨어 요구사항의 정의

사람들이 요구사항에 대한 논의를 시작할 때 처음부터 용어 문제에 봉착하곤 한다. 각기 다른 관찰자는 단순한 문장으로 사용자 요구사항, 소프트웨어 요구사항, 비즈니스 요구사항, 기능적 요구사항, 시스템 요구사항, 제품 요구사항, 프로젝트 요구사항, 사용자 스토리, 기능, 제약조건 등을 설명할 것이다. 다양한 요구사항 산출물에 사용하는 이름 또한 다양하다. 요구사항에 대한 고객의 정의가 개발자에게는 상위 제품 콘셉트처럼 들릴 수도 있다. 또한 개발자가 생각하는 요구사항이 사용자에게는 좀 더 자세한 사용자 인터페이스를 설계하는 것처럼 들릴 수도 있다. 이 같은 다양한 해석은 혼란과 좌절을 야기한다.

"요구사항"의 여러 해석

컴퓨터 프로그래밍이 탄생한 지 수십 년이 지난 지금도 소프트웨어 전문가들은 "요구사항"이 무엇인지에 대해 여전히 격렬한 논쟁을 벌이고 있다. 이 책에서는 이런 논쟁에 합류하기보다는 우리가 찾은 몇 가지 유용한 정의를 소개한다.

컨설턴트인 브라이언 로렌스는 요구사항이란 "설계안을 도출하기 위한 모든 것"이라고 제안했다(Lawrence 1997). 많은 종류의 정보가 이 범주에 속하므로 나쁘지 않은 정의다. 결국 요구사항 개발에서 가장 중요한 것은 최후에는 고객의 니즈를 만족시킬 수 있는 적절한 설계안을 이끌어내는 것이기 때문이다. 요구사항의 또 다른 정의는 요구사항이란 제품이 반드시 이해관계자에게 가치를 제공해야 한다는 특성이라는 것이다. 이 역시 나쁘지는 않지만 그리 정확한 의미도 아니다. 우리가 가장 선호하는 정의 중 하나는 이안 소머빌과 피트 소이어의 정의다(Ian Sommerville and Pete Sawyer 1997).

요구사항이란 무엇을 구현해야 하는가에 대한 명세다. 요구사항은 시스템이 동작하는 방법이나 시스템 속성 혹은 특성을 설명한 것이다. 이는 시스템 개발 프로세스의 제약조건이라고 볼 수도 있다.

이 정의는 다양한 유형의 정보가 "요구사항"이라고 포괄적으로 이야기한다. 요구사항은 외부에서 시스템의 동작을 바라보는 사용자 관점과 내부 특성을 바라보는 개발자 관점 모두를 아우른다. 이는 특정 조건에서의 시스템 동작과 예정된 운영자가 시스템을 제대로(심지어 즐겁게) 사용하기 위한 속성 모두를 포함한다.

> **함정** 프로젝트의 모든 이해관계자가 요구사항에 대해 동일한 개념을 가지고 있다고 가정하지 말자. 먼저 정의를 정확히 짚고 넘어가야 항상 같은 관점에서 얘기할 수 있다.

"요구사항"의 사전적 의미

소프트웨어 분야에 종사하는 사람들은 "요구사항"의 의미를 뭔가 요구되는 것이나 필요한 것, 필요나 필요성과 같은 사전적 정의 그대로 사용하지 않는다. 사람들은 우선순위가 낮은 요구사항은 구현되지 않을 수도 있으므로 요구사항에 우선순위를 할당해야 하는지에 대해 궁금해하기도 한다. 정말 필요하지 않다면 요구사항이 아니라고 주장하기도 한다. 그렇다면 이런 정보 조각들을 뭐라고 불러야 할까? 현재 진행 중인 프로젝트에서 아직 구체화되지 않은 요구사항을 다음 배포 시점으로 미룬다면 여전히 이 요구사항에 대해 고려해야 할까? 당연히 고려해야 할 것이다.

소프트웨어 요구사항은 시간 차원을 포함한다. 요구사항은 현재 시제로 현 시스템의 기능을 설명한다. 가까운 미래(높은 우선순위), 좀 더 먼 미래(중간 우선순위), 아주 먼 미래(낮은 우선순위)일 수도 있다. 심지어 어떤 필요에 의해 정의됐다가 폐기되어 과거 시제가 될 수도 있다. 비록 어떤 비즈니스적인 이유로 구현될 리 없다는 것을 알고 있더라도 이것이 요구사항인지에 대해 논의하느라 시간을 낭비하지 말자. 요구사항은 말 그대로 요구사항일 뿐이다.

요구사항의 단계와 유형

요구사항 정보에는 수많은 유형이 있으므로 먼저 "요구사항"이라는 단어가 내포하고 있는 일련의 형용사에 대해 알아둘 필요가 있다. 이번 절에서는 요구사항 도메인에서 주로 접하게 되는 몇 가지 용어의 정의를 설명한다(표 1-1 참조).

표 1-1 요구사항 정보의 일부 유형

용어	정의
비즈니스 요구사항	제품 개발 조직이나 제품을 구매하는 고객의 고수준 비즈니스 목표
비즈니스 규칙	어떤 비즈니스 양상을 정의하거나 제약하는 정책이나 지침, 표준, 규정. 이 자체만으로도 소프트웨어 요구사항이면서 다양한 소프트웨어 요구사항의 근원이기도 하다.
제약조건	개발자가 제품을 설계하거나 구현하며 선택이 필요할 때 이에 영향을 미치는 제약
외부 인터페이스 요구사항	소프트웨어 시스템과 사용자나 기타 다른 소프트웨어 시스템, 하드웨어 장비와의 관계에 대한 설명
기능	사용자에게 가치를 제공하고 일련의 기능적 요구사항에 기술된 한 가지 이상의 논리적으로 연계된 시스템 기능
기능적 요구사항	특정 조건에서 발생하는 소프트웨어 시스템 동작에 대한 설명
비기능적 요구사항	시스템이 꼭 제공해야 하는 속성이나 특징, 혹은 시스템이 고려해야 하는 제약조건에 대한 설명
품질 속성	제품의 서비스나 성능 특성을 기술하는 비기능적 요구사항의 한 종류
시스템 요구사항	소프트웨어로만 구성되거나 하드웨어와 같이 구성되는 등 다수의 서브시스템을 포함하는 제품의 최상위 요구사항
사용자 요구사항	특정 사용자 클래스가 시스템을 통해 반드시 수행해야 하는 목표나 태스크, 혹은 원하는 제품 속성

소프트웨어 요구사항은 비즈니스 요구사항, 사용자 요구사항, 기능적 요구사항의 세 단계로 나뉜다. 그뿐만 아니라 모든 시스템은 다수의 비기능적 요구사항을 갖고 있다. 그림 1-1의 모델은 이처럼 다양한 유형의 요구사항에 대해 생각해 볼 수 있게 한다. 통계학자 조지 박스(George E. P. Box) 박사가 한 유명한 말이 있다. "기본적으로 모든 모델은 틀렸다. 그러나 그중 몇몇은 유용하다."(Box and Draper 1987) 그림 1-1도 마찬가지다. 이 모델이 모두 다 포함하고 있지는 않지만 여러분에게 필요한 요구사항 지식을 정리하는 데 유용한 지침을 제공한다.

그림 1-1의 타원형은 요구사항 정보의 유형을 나타내며, 직사각형은 이러한 정보를 담는 문서를 나타낸다. 또한 실선 화살표는 일반적으로 해당 정보의 유형이 화살표가 가리키는 문서에 담겨 있음을 의미한다. (소프트웨어 요구사항에서 비즈니스 규칙과 시스템 요구사항은 각각 비즈니스 규칙 카탈로그나 시스템 요구사항 명세서로 별도로 저장된다.) 점선 화살표는 하나의 정보 유형이 요구사항의 근원이거나 다른 요구사항에 영향을 미치는 것을 의미한다. 데이터 요구사항은 이 다이어그램에서는 명확히 보여지지 않는다. 기능이 데이터를 생성하므로 데이터 요구사항은 세 단계 여기저기에 나타날 수 있다. 7장 "요구사항 도출"에서 다양한 유형의 요구사항 정보에 대해 다수의 예제와 함께 알아보겠다.

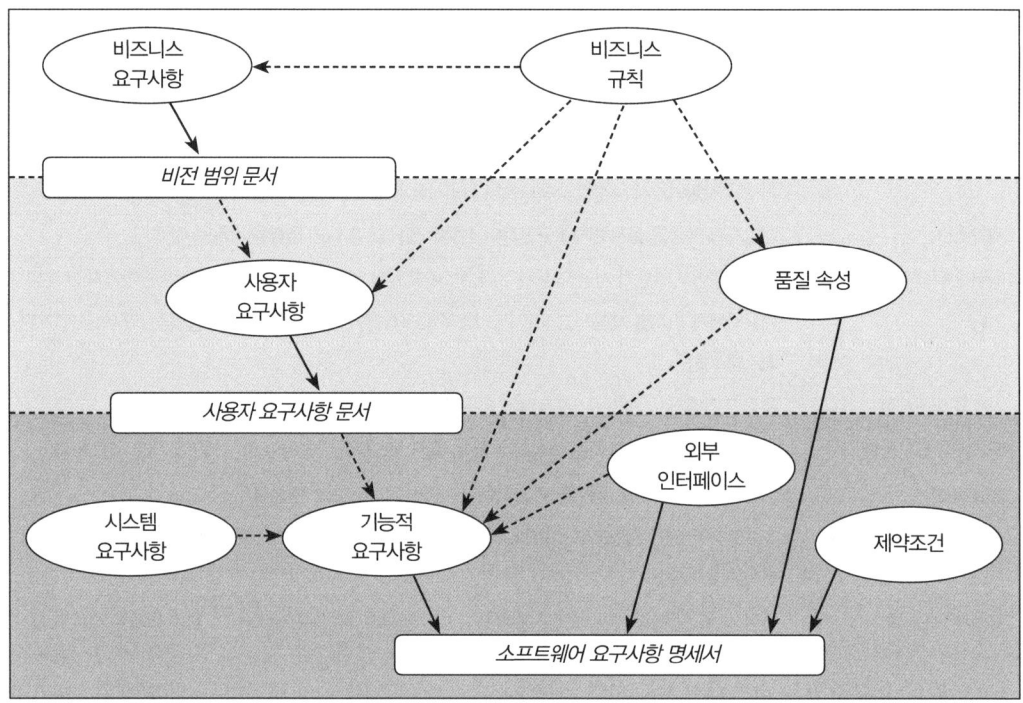

그림 1-1 여러 유형의 요구사항 정보 관계도. 실선 화살표는 "저장됨"을 의미하며, 점선 화살표는 "근원이 됨"이나 "영향을 미침"을 의미한다.

중요 이 책에서 이야기하는 요구사항은 대부분 문서를 뜻하지만 그림 1-1과 같이 전통적인 종이 문서나 전자 문서일 필요는 없다. 대신 요구사항 지식을 담기 위한 그릇으로 생각하자. 이런 그릇은 보통 전통적인 문서일 수도 있으나 스프레드시트나 다이어그램, 데이터베이스, 요구사항 관리 도구 혹은 이것들을 조합한 것이 될 수도 있다. 이 책에서는 이러한 그릇을 지칭할 때 편의상 "문서"라는 용어를 사용할 것이다. 또한 형식과 상관 없이 각 그룹에 저장할 정보 유형을 식별할 수 있는 템플릿을 제공할 것이다. 각 산출물에 대한 호칭은 조직이 이것들의 이름과 각 산출물에 저장되는 정보의 유형, 정보가 구성되는 방법에 동의하는 것보다 덜 중요하다.

비즈니스 요구사항은 조직이 성취하고자 하는 비즈니스 성과와 같이 조직이 시스템을 구현하는 이유를 설명한다. 조직이나 고객(시스템을 요청하는)의 비즈니스 목표가 주안점이다. 어떤 항공사에서 공항 창구 직원을 유지하는 비용의 25%를 절감하고 싶다고 해보자. 이 목표를 달성하기 위해 승객들이 공항에서 비행기 탑승 수속을 밟을 수 있는 키오스크를 개발하면 될 것이라고 생각할 수 있다. 비즈니스 요구사항은 일반적으로 프로젝트의 자금 스폰서나 대상 고객, 실사용자의 관리자, 마케팅 부서, 제품 혜안가(product visionary)로부터 나온다. 우리는 비즈니스 요구사항을 비전 범위 문서에 기록하는 것을 선호한다. 때때로 프로젝트 헌장(project charter)이나 비즈니스 사례, 시장 또는 마케팅 요구사항 문서 등과 같은 전략적 지침 문서가 이러한 목적으로 사용되기도 한다. 비즈니스 요구사항을 구체화하는 과정은 5장 "비즈니스 요구사항 정립하기"에서 다룬다. 이 책의 목표를 위해 비즈니스 니즈나 시장 기회는 이미 확인된 것으로 가정한다.

사용자 요구사항은 누군가에게 가치를 제공하기 위해 사용자가 제품을 통해 수행해야만 하는 목표나 태스크를 설명한다. 사용자 요구사항의 범위는 사용자의 만족도에 중대한 영향을 미치는 제품 속성이나 특징에 대한 설명도 포함한다. 사용자 요구사항을 표현하는 방법으로 유스케이스(Kulak and Guiney 2004), 사용자 스토리(Cohn 2004), 이벤트 반응표 등이 있다. 이상적인 경우 실제 사용자 대표가 이런 정보를 제공한다. 사용자 요구사항은 사용자가 시스템으로 무엇을 할 수 있는지를 기술한다. 항공사 웹사이트나 공항 키오스크를 이용한 "비행기 탑승 수속"을 유스케이스의 한 가지 예로 들 수 있다. 동일한 요구사항을 사용자 스토리로 작성하면 "나는 승객으로서 비행기에 탑승하기 위해 비행기 탑승 수속을 하고 싶다."라고 읽을 것이다. 대부분의 프로젝트가 여러 사용자 클래스를 갖고 있으며, 요구사항을 도출하는 이해관계자도 가지고 있다는 사실을 기억하자. 8장 "사용자 요구사항 이해하기"에서 이런 모델을 살펴볼 것이다. 어떤 이는 사용자로부터 직접 요구사항을 얻기보다는 다양한 이해관계자로부터 습득하는 게 더 현실적이라는 의미로 "이해관계자 요구사항"이라는 좀 더 넓은 범위의 용어를 사용하기도 한다. 확실히 맞는 말이긴 하지만 우리는 실사용자가 제품을 통해 달성하고자 하는 바가 무엇인지를 이해하는 수준에 모든 관심을 집중한다.

기능적 요구사항은 특정 조건하에서의 소프트웨어의 동작을 구체화한다. 이 요구사항은 사용자가 태스크(사용자 요구사항)를 완료할 수 있도록 개발자가 구현해야 하는 것을 기술하기 때문에 비즈니스 요구사항을 만족한다. 프로젝트의 성공을 위해서는 세 단계의 요구사항을 정리하는 것이 꼭 필요하다. 기능적 요구사항은 "승객은 탑승 수속을 마친 모든 비행 편에 대한 탑승권을 인쇄할 수 있어야 한다." 또는 "만약 승객의 프로파일에 선호 좌석이 지정돼 있지 않으면 예약 시스템은 좌석을 지정해야 한다."와 같이 대개 "~해야 한다"의 형태로 작성된다.

비즈니스 분석가(BA; Business Analyst)[1]는 소프트웨어 시스템의 예상 동작을 필요한 만큼 최대한 기술하는 소프트웨어 요구사항 명세서(SRS; Software Requirements Specification)에 기능적 요구사항을 작성한다. SRS는 개발, 테스트, 품질 보증, 프로젝트 관리, 관련 프로젝트 기능에 사용된다. 사람들은 이런 산출물을 비즈니스 요구사항, 기능 명세, 요구사항 문서 등 각기 다른 이름으로 부른다. SRS는 요구사항 관리 도구에 저장된 정보를 기반으로 만든 보고서로서 산업 표준 용어이기

---

[1] "비즈니스 분석가"는 프로젝트에서 요구사항 관련 활동을 이끄는 데 가장 큰 책임을 가진 프로젝트 내 역할을 의미한다. BA의 역할은 다양한 이름으로 불린다. 비즈니스 분석가의 역할에 대한 자세한 내용은 4장 "비즈니스 분석가"를 참조한다.

때문에 이 책에서는 SRS라고 일관되게 표현할 것이다(ISO/IEC/IEEE 2011). SRS에 대한 자세한 내용은 10장 "요구사항 문서화하기"를 참조한다.

시스템 요구사항은 다수의 구성요소나 서브시스템으로 이뤄진 제품에 대한 요구사항을 설명한다(ISO/IEC/IEEE 2011). 이러한 맥락에서 "시스템"이란 용어가 단순히 정보 시스템만을 의미하지는 않는다. 시스템은 소프트웨어로만 이뤄질 수도 있지만 소프트웨어와 하드웨어 서브시스템을 포함할 수도 있다. 사람과 프로세스 모두 시스템의 일부이기 때문에 특정 시스템 기능이 사람의 행동에 대응될 수도 있다. 어떤 이들은 "시스템 요구사항"이란 용어를 소프트웨어 시스템의 상세 요구사항이라는 의미로 사용하지만 이 책에서는 그렇게 사용하지 않는다.

"시스템"의 좋은 예는 슈퍼마켓 점원의 단말기다. 슈퍼마켓에는 휴대용 바코드 스캐너도 있고 저울이 달린 바코드 스캐너도 있다. 점원은 키보드와 모니터, 금전 등록기를 가지고 있다. 고객카드와 신용카드 또는 현금카드를 위한 카드 리더기와 숫자 키보드(PIN pad), 그리고 동전 자동 교환기도 있을 것이다. 구매 영수증 출력용 프린터, 신용카드 영수증 프린터뿐만 아니라 일반적으로 별로 신경 쓰지 않는 쿠폰을 출력하기 위한 프린터 등 최대 세 가지의 프린터도 찾아볼 수 있을 것이다. 이러한 하드웨어 장치는 모두 소프트웨어의 통제하에 상호작용한다. 시스템 또는 제품 전반에 대한 요구사항은 비즈니스 분석가로 하여금 특정 구성요소 서브시스템에 할당해야 하는 기능을 도출하고 그러한 구성요소 서브시스템 간의 인터페이스를 이해하도록 이끈다.

비즈니스 규칙은 기업 정책이나 정부 규제, 산업 표준, 계산 알고리즘을 포함한다. 9장 "규칙에 따르기"에서 확인하겠지만 비즈니스 규칙은 어떤 특정 소프트웨어 애플리케이션의 범주 바깥에 존재하기 때문에 소프트웨어 요구사항 자체를 말하지는 않는다. 그러나 종종 관련 규칙을 준수하기 위해 시스템이 꼭 포함해야 하는 기능에 대해 이야기하기도 한다. 어떨 때는 기업 보안 정책과 같이 비즈니스 규칙이 기능에 구현돼야 하는 특정 품질 속성의 근원이 되기도 한다. 따라서 특정 비즈니스 규칙까지 어떤 기능적 요구사항의 근원을 추적할 수 있다.

SRS는 기능적 요구사항뿐 아니라 각종 비기능적 요구사항도 포함한다. 품질 속성은 품질 요소, 서비스 요구사항의 품질, 제약조건으로도 알려져 있으며, "~성"으로 끝나는 단어로도 알려져 있다. 이는 성능, 안전성, 가용성, 이식성과 같은 다양한 측면에서 사용자나 개발자, 유지보수 담당자에게 중요한 제품의 특징을 설명한다. 다른 비기능적 요구사항에서는 시스템과 외부 세계 사이의 인터페이스를 설명한다. 이들은 통신 인터페이스뿐 아니라 기타 다른 소프트웨어 시스템, 하드웨어 구성요소, 사용자 간의 연결을 포함한다. 설계와 구현 제약조건은 제품을 개발하는 동안 개발자의 선택권을 제한한다.

> **만약 뭔가 비기능적이라면 과연 그것은 무엇인가?**
>
> 수년 동안 소프트웨어 제품을 위한 요구사항은 기능적 또는 비기능적인 것 중 하나로 폭넓게 분류됐다. 기능적 요구사항은 명확하다. 기능적 요구사항은 다양한 조건에서 관찰할 수 있는 시스템 동작을 설명한다. 반면 많은 사람들은 "비기능적"이란 용어를 싫어한다. 이 형용사는 요구사항이 아니라고 설명하지만 그것이 무엇인지는 설명하지 않는다. 우리는 이 문제에 공감하지만 완벽한 해결책을 갖고 있지는 않다.
>
> 기능적 요구사항과 달리 비기능적 요구사항은 시스템이 무엇을 수행하는지가 아니라 시스템이 어떻게 잘 수행하는지를 설명한다. 시스템의 중요한 특징이나 특성을 설명할 수도 있다. 이러한 시스템의 가용성, 사용성, 보안, 성능 및 기타 다른 특징들은 14장 "기능, 그 이상을 향해"에서 다룬다. 혹자는 비기능적 요구사항을 품질 속성과 동의어로 생각하기도 하지만 이는 지나치게 제한적인 생각이다. 예를 들면, 설계와 구현 제약조건 또한 외부 인터페이스 요구사항처럼 비기능적 요구사항이다.
>
> 여전히 다른 비기능적 요구사항은 플랫폼, 이식성, 호환성, 제약조건과 같이 시스템이 운영되는 환경을 말한다. 많은 제품들 또한 규정 준수나 규제, 인증 요구사항의 영향을 받는다. 문화나 언어, 법, 통화, 용어, 맞춤법, 기타 사용자의 특성을 고려해야 하는 제품을 위한 현지화 요구사항이 있을 수도 있다. 이러한 요구사항이 비기능적이란 용어로 구체화됐다 하더라도 비즈니스 분석가는 일반적으로 시스템이 지닌 동작과 속성을 모두 보장하기 위해 무수한 기능 조각들을 찾아낼 것이다.
>
> 이러한 한계에도 불구하고 적절하고 포괄적인 대안이 없다 보니 이 책에서는 "비기능적 요구사항"란 용어를 사용하고 있다. 이런 종류의 정보를 정확히 뭐라 부를지 걱정하기보다 이것들이 요구사항 도출 및 분석 활동의 일부인지 확실히 확인하자. 모든 필요한 기능을 갖고 있어도 (종종 언급하던) 품질 기대치에 부합하지 않아 사용자의 마음에 들지 않을 수도 있다.

하나의 기능(feature)은 하나 이상의 논리적으로 연관된 시스템 기능(capability)으로 이뤄지며, 각 기능(capability)은 사용자에게 가치를 제공하고 일련의 기능적 요구사항으로 설명된다. 고객이 필요로 하는 제품 기능 목록은 사용자 작업과 관련된 요구를 설명한 것과 다르다. 웹 브라우저 즐겨찾기, 맞춤법 검사, 어떤 운동 장비의 사용자 맞춤 프로그램 정의 기능, 안티 멀웨어 제품의 바이러스 서명 자동 갱신 등의 기능을 예로 들 수 있다. 기능은 다양한 사용자 요구사항을 포함할 수 있으며, 각각은 사용자가 각 사용자 요구사항에 기술돼 있는 작업을 수행할 수 있도록 특정 기능적 요구사항이 구현돼야 함을 암시한다. 그림 1-2는 기능을 특정 사용자 요구사항과 관련돼 있고 일련의 기능적 요구사항으로 구체화할 수 있는 일련의 계층적인 소기능으로 분리하는 방법을 보여주는 분석 모델인 기능 트리를 보여준다(Beatty and Chen 2012).

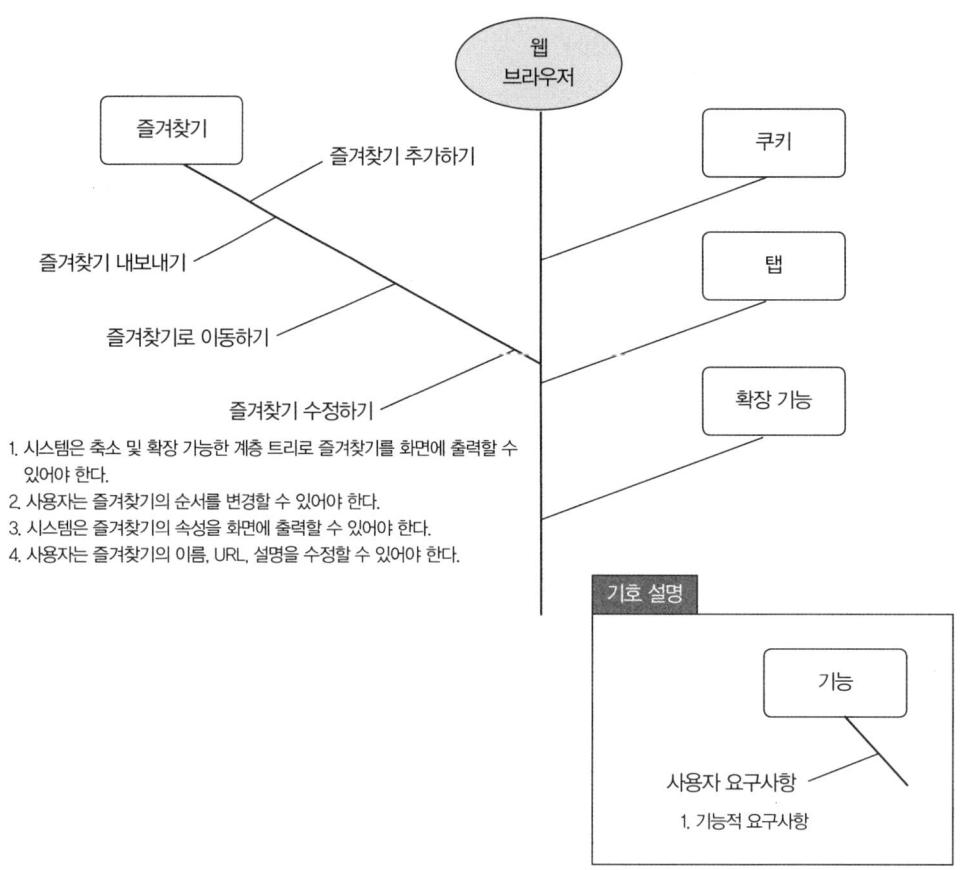

그림 1-2 기능, 사용자 요구사항, 기능적 요구사항 간의 관계

이처럼 다양한 종류의 요구사항을 설명하기 위해 텍스트 편집기 프로그램의 차기 버전을 개발하는 프로젝트에 대해 생각해보자. 비즈니스 요구사항으로 "미국 외 판매량을 6개월 안에 25% 증가시켜야 한다."를 들 수 있다. 마케팅 담당자는 경쟁사 제품이 영어 맞춤법 검사만 제공한다는 것을 파악하고 자사의 신규 버전에서 다국어 맞춤법 검사 기능을 추가하기로 결정했다. 이에 따라 사용자 요구사항에 "맞춤법 검사를 위한 언어 선택", "맞춤법 오류 찾기", "사전 단어 추가" 등의 작업이 포함될 수 있다. 맞춤법 검사에는 철자가 틀린 단어 강조하기, 자동 교정, 교체 제안 단어 출력, 문서 전체에서 철자가 틀린 단어를 올바른 단어로 교체하는 전역 교정 등 다양한 기능적 요구사항을 가지고 있다. 사용성 요구사항은 소프트웨어가 특정 언어와 문자 집합을 사용하기 위해 현지화하는 방법을 구체화한다.

세 단계로 요구사항 작성하기

그림 1-3은 다양한 이해관계자가 세 단계의 요구사항 도출에 어떻게 참여하는지 보여준다. 각기 다른 조직은 이들 활동에 필요한 역할을 다양한 이름으로 부른다. 조직 내에서 누가 이런 활동을 하는지 생각해보자. 회사 내부의 별도 조직에서 개발하는지, 아니면 독립적인 상용 소프트웨어 개발 회사인지에 따라 역할의 이름이 달라진다.

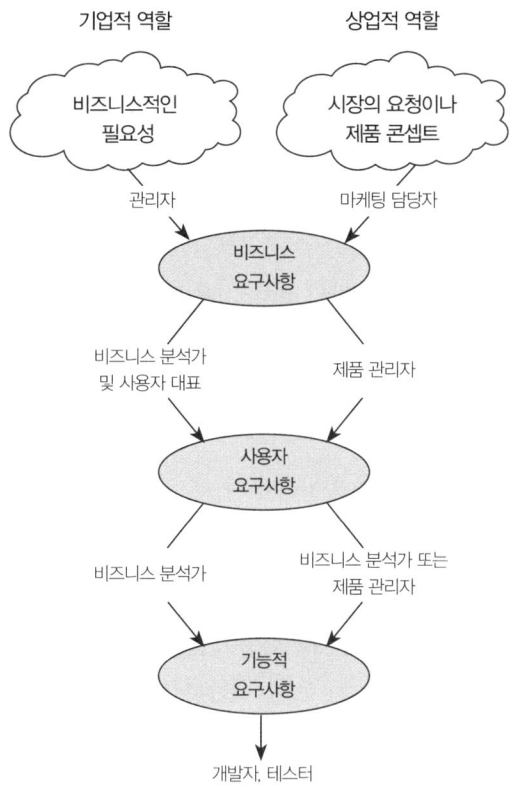

그림 1-3 각 이해관계자가 요구사항 개발에 참여하는 방법의 예

관리자나 마케팅 담당자는 확인된 비즈니스 니즈나 시장 니즈, 흥미로운 신규 제품 콘셉트를 기반으로 기업을 효율적으로 운영하거나(사내 정보 시스템) 시장에서 성공적으로 경쟁하는 데(상용 제품) 도움이 되는 소프트웨어의 비즈니스 요구사항을 정의한다. 기업 환경에서 비즈니스 분석가는 사용자 요구사항을 식별하기 위해 일반적으로 사용자 대표와 함께 일한다. 상용 제품을 개발하는 기업은 제품 관리자를 임명해 새로운 제품에 포함할 기능을 결정한다. 각 사용자 요구사항과 기능은 비즈니스 요구사항 달성을 목표로 해야 한다. BA나 제품 관리자는 사용자 요구사항으로부터 사용자가 목

표를 달성할 수 있는 기능을 도출한다. 개발자는 제약조건 내에서 필요한 기능을 구현하는 솔루션을 설계하기 위해 기능적/비기능적 요구사항을 사용한다. 테스터는 요구사항이 정확하게 구현됐는지 확인하는 방법을 결정한다.

필수적인 요구사항 정보를 팀이 대충 모여 구두로 전달하는 것보다 공유할 수 있는 형태로 기록하는 것이 더욱 가치 있음을 인식하는 것이 중요하다. 나는 개발팀이 계속 바뀌는 프로젝트에 참여한 적이 있다. 주요 고객은 새로운 팀이 올 때마다 "요구사항에 대해서 얘기해봐야 할 것 같아요."라는 말에 신물이 날 지경이었다. 개발팀의 요구에 그는 이렇게 반응했다. "이미 전임자에게 내 요구사항을 전달했어요. 이제 시스템을 개발해주세요." 안타깝게도 아무도 요구사항도 문서화하지 않았기 때문에 새로운 팀은 맨땅에서 시작해야만 했다. 이메일과 음성 메시지, 포스트잇, 회의록, 막연하게 모아둔 대화를 모두 가지고 있다고 "요구사항을 가지고 있다"고 자신한다면 큰 오산이다. BA는 프로젝트에 대한 포괄적인 요구사항 문서를 만드는 방법을 결정하기 위한 판단 능력을 키워야 한다.

앞서 등장했던 그림 1-1에서 세 가지 주요 요구사항 산출물(비전 범위 문서, 사용자 요구사항 문서, 소프트웨어 요구사항 명세서)을 살펴봤다. 각 프로젝트에서 세 가지 요구사항 산출물 각각을 따로 만들 필요는 없다. 특히 소규모 프로젝트에서는 종종 이런 정보들이 섞여 있기도 한다. 그래도 이 세 가지 산출물이 서로 다른 목적과 대상 고객을 위해 각기 다른 정보를 포함하고, 프로젝트 안에서 다른 관점으로 개발되며, 다른 사람에 의해 개발될 수도 있다는 것을 알아야 한다.

그림 1-1의 모델은 요구사항 정보의 흐름을 간단히 하향식으로 보여준다. 실제로도 비즈니스, 사용자, 기능적 요구사항 간의 순환과 반복을 예상해야 한다. 누군가가 새로운 기능이나 사용자 요구사항, 작은 기능을 제안할 때 분석가는 "이게 이번 범위에 포함되나요?"라고 항상 되물어봐야 한다. 만약 "네"라고 대답한다면 요구사항이 명세에 포함된다. 그러나 "아니오"라고 대답한다면 그건 요구사항이 아니거나 적어도 이번 출시나 반복주기의 대상은 아니다. 또 다른 대답이 나올 수도 있다. "아니오, 하지만 비즈니스 목표를 보조하기 때문에 지원돼야 합니다." 이러한 경우 프로젝트 스폰서, 프로젝트 관리자, 제품 주인 등 누구든 프로젝트 범위를 제어할 수 있는 사람이 새로운 요구사항을 수용하기 위해 현 프로젝트나 반복주기의 범위를 확대할지 여부를 결정해야 한다. 이는 프로젝트의 일정이나 예산에 영향을 줄 수 있는 의사결정으로서, 다른 기능과의 절충과 타협이 필요할 수도 있다. 영향 분석을 포함하는 효과적인 변경 프로세스는 적임자로 하여금 어떤 변화를 수용할지, 시간이나 자원, 기능상의 절충과 타협과 관련된 문제가 해결됐는지에 대한 적절한 비즈니스 의사결정을 내릴 수 있게 한다.

제품 요구사항 vs. 프로젝트 요구사항

지금까지는 개발할 소프트웨어 시스템의 속성을 기술하는 요구사항에 대해 논의했다. 이를 제품 요구사항이라고 부르자. 프로젝트는 분명 기대와 다르고 개발팀이 개발한 소프트웨어의 일부가 아닌 산출물을 갖고 있을 수도 있지만 전체 프로젝트를 성공적으로 완료하기 위해서는 필요하다. 이는 프로젝트 요구사항이긴 하지만 제품 요구사항은 아니다. SRS는 제품 요구사항을 포함하지만 (알려진 제약조건보다) 상세한 설계나 구현, 프로젝트 일정, 테스트 계획이나 이와 유사한 정보를 포함하면 안 된다. 요구사항 개발 활동이 팀이 무엇을 개발해야 할지 이해하는 데 집중할 수 있도록 이들 항목을 분리하자. 프로젝트 요구사항은 다음을 포함한다.

- 워크스테이션, 특수한 하드웨어 장비, 테스트 실험실 및 장비, 팀 공간, 화상 회의 장비 등 개발팀에게 필요한 물리 자원
- 필요한 직원 교육 과정
- 교육 자료, 튜토리얼, 참조 설명서, 릴리스 노트[2]를 포함하는 사용자 문서
- 고객 지원 센터 자원과 하드웨어 장비의 현장 유지보수 및 서비스 정보 등의 지원 문서
- 운영 환경에 필요한 인프라 변경
- 제품 출시를 비롯해 운영 환경에 제품을 설치 및 구성하고, 설치 테스트를 위한 요구사항 및 절차
- 데이터 마이그레이션 및 변환 요구사항이나 보안 설정, 제품 컷오버(cutover)[3], 기술 격차 감소를 위한 교육과 같이 기존 시스템에서 새로운 시스템으로의 전환을 위한 요구사항 및 절차. 전이 요구사항이라고도 불림(IIBA 2009).
- 제품 인증 및 규정 준수 요구사항
- 수정된 정책이나 프로세스, 조직 구조, 기타 이와 유사한 문서
- 서드파티 소프트웨어 및 하드웨어 구성 요소에 대한 소싱이나 인수, 라이선스 취득
- 베타 테스트나 제조, 패키지, 마케팅, 배포 요구사항
- 고객 서비스 수준 협약
- 소프트웨어와 관련된 지적 재산권에 대한 법적 보호(특허권이나 상표권, 저작권) 취득을 위한 요구사항

이 책에서는 더 이상 프로젝트 요구사항에 대해 논의하지 않을 것이다. 이는 소프트웨어 제품 요구사항 개발 및 관리를 다루는 이 책의 주요 범위를 벗어났을 뿐, 그 내용이 중요하지 않다는 의미는 아니다. 프로젝트 요구사항을 식별하는 것은 BA와 프로젝트 관리자 공동의 책임이다. 이들은 제품

---

2 (옮긴이) 소프트웨어 제품의 매뉴얼이 완성된 후에 추가된 정보
3 (옮긴이) 기존에 운영되던 시스템을 완전히 중단시키고 새로 구축된 시스템을 사용하는 것

요구사항 도출 과정에 참여하기도 한다. 프로젝트 요구사항 정보는 예상되는 모든 프로젝트 활동 및 산출물을 항목별로 정리하는 프로젝트 관리 계획에 포함하는 것이 좋다.

특히 비즈니스 애플리케이션에서 사람들은 종종 "솔루션"을 제품 요구사항(주로 비즈니스 분석가가 담당)과 프로젝트 요구사항(주로 프로젝트 관리자가 담당) 모두를 아우르는 것으로 말하기도 한다. 이들은 "솔루션 범위"라는 용어를 "프로젝트를 성공적으로 완수하기 위해 수행해야 하는 모든 것"이라고 얘기할 것이다. 그러나 이 책에서는 최종 산출물이 상용 소프트웨어 제품이나 소프트웨어가 내장된 하드웨어 장치, 기업 정보 시스템, 정부 위탁 소프트웨어인지 등과는 상관 없이 제품 요구사항에 초점을 맞춘다.

요구사항 개발과 관리

요구사항 용어에 대한 혼란은 모든 분야를 어떻게 불러야 하는지까지 이어진다. 어떤 저자는 전체 도메인을 요구공학이라고 부르기도 한다(우리의 관점과 같음). 또 어떤 이들은 모든 것을 요구사항 관리라고 말하기도 한다. 또 다른 저자는 여전히 이러한 활동을 광범위한 비즈니스 분석 도메인의 부분집합으로 이야기하기도 한다.

우리는 요구공학을 요구사항 개발(2부에서 논의)과 요구사항 관리(4부에서 논의)로 분리하는 것이 유용하다는 사실을 깨달았다. 프로젝트가 어떤 개발 수명주기를(폭포수, 단계별, 반복적, 점진적, 애자일, 또는 둘 이상 결합) 따르든지 간에 요구사항과 관련된 일들을 해야 한다. 개발 수명주기에 따라 프로젝트에서 각기 다른 시간에 다양한 깊이와 수준으로 이들 활동을 수행할 것이다.

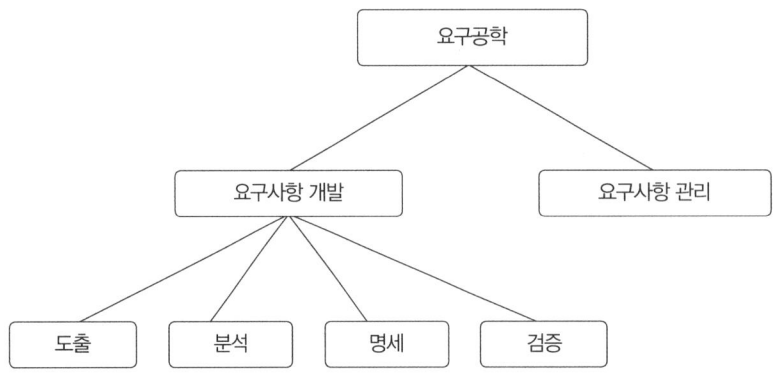

그림 1-4 소프트웨어 요구공학의 하위 분야

요구사항 개발

그림 1-4와 같이 요구사항 개발을 도출, 분석, 명세 및 검증으로 세분화했다(Abran et al. 2004). 각 분야는 제품에 대한 요구사항 분석, 평가, 문서화, 확정과 관련된 모든 활동을 포함한다. 각 하위 분야의 필수 활동은 다음과 같다.

도출

요구사항 도출은 인터뷰, 워크숍, 문서 분석, 프로토타이핑 등과 같이 요구사항을 찾아내기 위한 모든 관련 활동을 포함한다. 핵심 활동은 다음과 같다.

- 제품의 예상 사용자 클래스와 기타 다른 이해관계자 식별하기
- 사용자 태스크 및 목표와 이들 작업과 연계되는 비즈니스 목표 이해하기
- 신규 제품이 사용될 환경에 대해 학습하기
- 해당 기능에 대한 필요성과 품질 기대치를 이해하기 위해 각 사용자 클래스를 대표하는 개인과 작업하기

> **사용 중심 vs. 제품 중심?**
>
> 요구사항을 도출할 때 선택할 수 있는 전략이 몇 가지 있지만 일반적으로 사용 중심(usage-centric) 방식 또는 제품 중심(product-centric) 방식 중 하나를 선택한다. 사용 중심 전략은 필수적인 시스템 기능을 도출하기 위해 사용자 목표를 이해하고 분석하는 데 집중한다. 제품 중심 전략은 시장이나 비즈니스의 성공으로 이어질 것이라고 예상되는 기능 정의에 초점을 맞춘다. 제품 중심 전략의 문제는 그 당시에는 좋은 아이디어처럼 생각했더라도 실제로 많이 사용되지 않을 기능을 구현하게 될 수도 있다는 것이다. 먼저 비즈니스 목표와 사용자 목표를 이해하고, 그 결과로 도출된 통찰력을 활용해 적절한 제품 기능이나 특징을 결정하기를 권장한다.

분석

요구사항 분석에서는 각 요구사항을 더욱 자세하고 정확하게 이해하며, 일련의 요구사항을 다양한 방법으로 표현하는 것을 포함한다. 주요 활동은 다음과 같다.

- 기능적 요구사항, 품질 기대치, 비즈니스 규칙, 제안된 솔루션, 기타 정보 등으로부터 사용자의 태스크 목표를 찾기 위해 사용자로부터 얻은 정보 분석하기
- 고수준 요구사항을 적절한 세부 수준으로 분해하기
- 기타 다른 요구사항 정보로부터 기능적 요구사항 도출하기
- 품질 속성의 상대적 중요성 이해하기

- 시스템 아키텍처에 정의된 소프트웨어 구성 요소에 요구사항 할당하기
- 구현 우선순위 협상하기
- 요구사항의 불일치나 정의된 범위에서 불필요한 요구사항 식별하기

명세

요구사항 명세는 지속적이고 체계적인 방식으로 수집된 요구사항에 대한 지식을 표현하고 보관하는 것을 포함한다. 주요 활동은 다음과 같다.

- 의도한 대상 고객이 이해하고 평가하고 사용할 수 있도록 수집된 사용자 니즈를 실제 요구사항 문서와 적절한 다이어그램으로 변환하기

검증

요구사항 검증은 개발자가 비즈니스 목표에 부합하는 솔루션을 개발하는 데 필요한 올바른 요구사항 정보가 준비됐는지 확인한다. 주요 활동은 다음과 같다.

- 개발 그룹에게 전달하기 전에 모든 문제를 바로잡기 위해 요구사항 문서 검토하기
- 요구사항에 따라 개발된 제품이 고객의 니즈를 충족시키고 비즈니스 목표를 달성하리라는 것을 확인하기 위한 인수 테스트 및 기준 개발하기

반복은 성공적인 요구사항 개발에 가장 중요한 요소다. 반복적으로 요구사항을 찾고, 점진적으로 고수준 요구사항을 더욱 정확하고 세세하게 개선해 나가며, 사용자에게 이들의 정확성을 확인받을 수 있도록 계획하자. 이 작업은 시간을 필요로 하고 그 과정에서 좌절할 수도 있다. 그럼에도 이러한 작업은 신규 소프트웨어 시스템을 정의할 때 발생하는 어렴풋한 불확실성을 다루는 본질적인 방법이다.

중요 완벽한 요구사항이란 존재하지 않는다. 현실적인 관점에서 보면 요구사항 개발의 목표는 허용 가능한 수준의 위험 안에서 다음 단계의 제품 개발을 진행할 수 있을 만큼(전체의 1%~100%) 요구사항에 대한 공통의 이해를 충분히 모으는 것이다. 주요 위험요소는 팀이 설계 및 구현을 시작하기 전에 다음 작업에 필요한 요구사항을 충분히 이해하지 못해 예정에 없던 지나친 재작업을 해야 한다는 것이다.

요구사항 관리

요구사항 관리의 주요 활동은 아래와 같다.

- 특정 시기에 일련의 기능적/비기능적 요구사항에 대한 합의, 검토, 승인을 나타내는 스냅숏과 같은 요구사항 기준 정의하기. 종종 특정 제품 출시나 개발 반복주기를 위해 사용된다.
- 요구사항 변경 제안의 영향을 평가하고 통제할 수 있는 범위 내에서 승인된 변경 요청을 프로젝트에 반영하기
- 요구사항 증가에 따라 프로젝트 계획을 최신으로 유지하기
- 요구사항 변경으로 인해 예상되는 영향을 기반으로 새로운 합의안 협상하기
- 요구사항 간에 존재하는 관계 및 의존성 정의하기
- 개별 요구사항에 해당하는 설계, 소스 코드, 테스트 추적하기
- 프로젝트 전반에 대해 요구사항 상태와 변경 활동 추적하기

요구사항 관리의 목표는 변경을 억압하거나 어렵게 만드는 것이 아니다. 프로젝트에 미치는 영향을 최소화하기 위해 예상 가능한 실제 변경을 예측하고 수용하는 것이다.

그림 1-5는 요구사항 개발과 요구사항 관리의 경계에서 또 다른 관점을 제공한다. 이 책에서는 요구사항 도출과 분석, 명세, 검증, 관리를 수행하기 위한 다양하고 구체적인 사례를 설명한다.

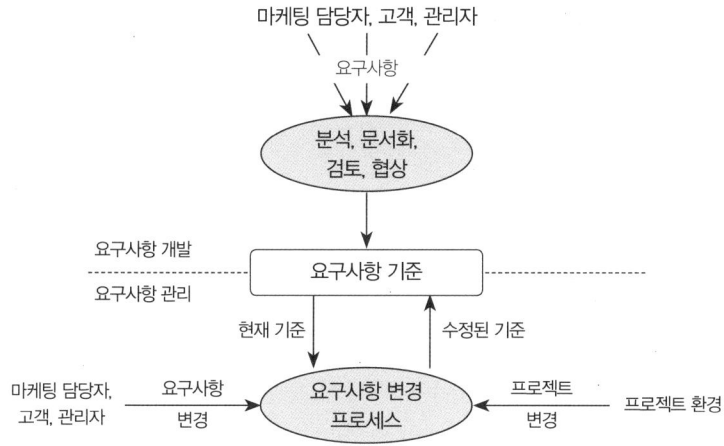

그림 1-5 요구사항 개발과 요구사항 관리 사이의 경계

모든 프로젝트는 요구사항을 갖는다

프레더릭 브룩스(Frederick Brooks)는 1987년에 작성한 『특효약은 없다: 소프트웨어 공학의 본질과 사고(No Silver Bullet: Essence and Accidents of Software Engineering)』라는 가장 유명한 에세이에서 소프트웨어 프로젝트에서의 요구사항의 핵심 역할을 잘 묘사했다.

소프트웨어 시스템 개발에서 가장 어려운 부분은 무엇을 만들지 정확하게 결정하는 것이다. 사람, 기계 및 기타 소프트웨어 시스템에 대한 모든 인터페이스를 포함하는 상세 기술 요구사항을 만드는 것만큼 어려운 것은 없다. 제대로 식별되지 않는다면 완성된 시스템은 제대로 동작하지 않을 것이다. 시간이 지날수록 바로잡기가 더 어렵다.

모든 소프트웨어 내장 시스템은 시스템에 의존하는 이해관계자를 갖고 있다. 이들의 니즈를 이해하는 데 시간을 보내는 것은 프로젝트 성공 가능성을 높일 수 있는 투자다. 프로젝트 팀이 이해관계자가 동의하는 요구사항 문서를 갖고 있지 않다면 개발자가 어떻게 이해관계자를 만족시킬 수 있겠는가?

설계 및 구현을 시작하기 전에 기능적 요구사항을 완벽히 구체화하는 것은 불가능하거나 불필요하다고 하기도 한다. 이러한 경우 한 번에 요구사항 중 한 부분을 구현하고 다음 단계를 수행하기 전에 고객의 피드백을 얻는 반복적 또는 점진적 방식을 사용할 수 있다. 신중하게 우선순위를 할당하고 출시 계획을 세우는 데 필요한 만큼의 요구사항만을 학습해 팀이 가능한 한 빨리 가치 있는 소프트웨어를 제공하기 시작할 수 있게 하는 것이 애자일 개발의 핵심이다. 하지만 이는 다음 증분에 대한 요구사항을 고민하기 전에 코드를 작성하려는 구실은 아니다. 코드를 반복적으로 구현하는 것은 개념을 반복적으로 정립하는 것보다 큰 비용이 든다.

간혹 사람들은 소프트웨어 요구사항을 작성하는 데 시간을 소비하는 것을 꺼리기도 한다. 하지만 요구사항 작성은 어렵지 않다. 요구사항을 결정하는 것이 어려울 뿐이다. 요구사항을 작성하는 것은 학습한 내용을 명확히 하고, 정교화하며, 기록하는 문제다. 제품 요구사항을 확실히 이해함으로써 팀은 적절한 문제에 대해 작업하고, 그 문제에 대한 최상의 해결책을 고안할 수 있다. 요구사항을 모른 채로는 프로젝트가 언제 끝날지 이야기할 수 없으며, 목적에 맞게 개발됐는지 판단할 수도 없고, 범위 조정이 필요할 때 절충과 타협을 위한 의사결정을 내릴 수 없다. 요구사항에 사용되는 시간을 꺼려하기보다 요구사항에 충분히 집중하지 않은 프로젝트에서 비용이 낭비되는 것을 꺼려야 한다.

좋은 사람이 나쁜 요구사항을 만날 때

요구사항 문제로 인한 주요 결과는 개발 종반이나 출시 후에 발생하는 재작업이다(이미 완료한 사항을 다시 반복하는 것). 연구에 따르면 전체 개발 비용의 30~50%를 재작업에 사용하고(Shull, et al. 2002; GAO 2004) 이 가운데 70~85%에 달하는 비용이 요구사항 문제로 인한 것이라고 한다(Leffingwell 1997). 일부 재작업은 가치를 더하고 제품을 향상시키지만 과도한 재작업은 낭비이고 감당하기도 어렵다. 재작업을 반으로 줄일 수 있다면 당신의 인생이 어떻게 바뀔지 상상해보라! 팀 구성원은 더 좋은 제품을 더 빨리 만들고, 심지어 정해진 시간에 퇴근할 수도 있을 것이다. 더 나은 요구사항을 만드는 것은 단순 지출이 아닌 투자다.

프로젝트가 한참 진행된 후에 결함을 찾아 수정하면 개발 초기에 이를 찾아 수정하는 것보다 많은 비용이 들 수 있다. 요구사항 관련 작업을 수행하는 동안 하나의 요구사항 결함을 찾아 고치기 위해 1달러(상대적 기준)가 든다고 가정해보자. 만약 설계에서 결함을 발견한다면 요구사항을 수정하는 데 1달러와 함께 잘못된 요구사항을 기반으로 설계된 다른 내용을 수정하기 위해 2~3달러가 추가로 들 것이다. 심지어 사용자가 문제를 이야기하기 전까지 아무도 결함을 발견하지 못했다고 가정하자. 시스템 유형에 따라 다르겠지만 운영 중에 발견된 요구사항 결함을 수정하는 비용은 상대적인 규모에 따라 100달러 이상이 될 수도 있다(Boehm 1981; Grady 1999; Haskins 2004). 내 컨설팅 고객 중 하나는 소프트웨어 검사라는 품질 기법(일종의 동료 평가)을 이용해 정보 시스템의 결함을 찾아 수정하는 데 평균 200달러의 인건비를 사용하기로 결정했다(Wiegers 2002). 반면 사용자에 의해 보고된 하나의 결함을 수정하는 데는 21배나 높은 평균 4200달러를 사용했다. 요구사항 오류를 예방하고 조기에 명확히 발견하는 것은 재작업을 줄이는 데 큰 효과가 있다.

요구사항 실천 지침의 단점은 성공적인 프로젝트, 즉 합의된 비용과 기간 내에서 사용자의 기능 및 품질 기대치를 만족하는 제품을 제공하기까지 수많은 위험을 야기한다는 것이다. 32장 "소프트웨어 요구사항과 위험 관리"에서 프로젝트 실패를 예방하기 위해 이러한 위험을 관리하는 방법을 설명한다. 일반적으로 발생하는 요구사항 위험 사례는 다음 절에서 설명한다.

사용자 참여 부족

종종 고객은 요구사항 도출 및 품질 보장에 공들이는 것이 중요한 이유를 이해하지 못할 때가 있다. 개발자의 경우 이미 사용자 니즈를 이해하고 있다고 생각하기 때문에 사용자 참여를 강조하지 않을 수도 있다. 어떤 경우에는 제품의 실사용자에 대한 정보를 얻기 어렵고, 사용자를 가정해 봐야 사용자가 실제로 필요로 하는 것을 항상 이해할 수는 없다. 사용자 참여 부족은 뒤늦게 발견되는 요구사항의 원인이 되며, 이로 인해 재작업과 일정 지연이 발생하기도 한다.

특히 요구사항을 검토하고 검증할 때 사용자 참여가 부족할 경우 발생할 수 있는 위험은 비즈니스 분석가가 실제 비즈니스나 고객의 니즈를 제대로 이해하지 못하고 이를 기록하지도 못할 수 있다는 것이다. 어떤 경우에는 BA가 "완벽한" 요구사항에 필요한 것들을 구체화시켜 나가고, 개발자가 이를 구현하지만, 애초에 비즈니스 문제점을 잘못 이해했기 때문에 아무도 그 솔루션을 사용하지 않는다. 사용자와의 지속적인 대화는 이런 위험을 완화할 수 있지만 사용자가 요구사항을 주의 깊게 검토하지 않는다면 여전히 문제가 남아있을 수 있다.

부정확한 계획

"제 신제품 아이디어 보내드릴게요. 언제쯤 완료될까요?" 이미 문제에 대해 논의한 것을 알기 전까지 아무도 이 질문에 대답할 수 없을 것이다. 모호하고 제대로 이해하지 못한 요구사항은 지나치게 낙관적인 견적으로 이어지며, 불가피하게 이를 초과할 때 여러분을 괴롭히러 돌아올 것이다. 평가자의 신속한 추측은 듣는 사람에게 신빙성 있는 내용으로 들린다. 형편 없는 소프트웨어 비용 산정에 가장 크게 기여하는 것은 잦은 요구사항 변경, 요구사항 누락, 불충분한 사용자와의 대화, 빈약한 요구사항 명세, 불충분한 요구사항 분석 등이다(Davis 1995). 요구사항을 기반으로 프로젝트에 필요한 노력 및 기간을 산정한다는 것은 요구사항의 규모와 개발팀의 생산성을 이미 알고 있어야 한다는 것을 의미한다. 요구사항을 기반으로 하는 산정 방법은 『More about Software Requirements』 (Wiegers 2006)[4]의 5장을 참조하라.

점점 늘어나는 사용자 요구사항

개발하는 동안 증가하는 요구사항으로 인해 (거의 항상 너무 낙관적으로 잡은) 계획한 일정과 예산을 초과하기도 한다. 범위 추가를 관리하는 것은 프로젝트의 비즈니스 목표와 전략적인 비전, 범위, 제한사항, 성공 기준을 명시하는 것에서부터 시작하자. 모든 신규 기능이나 요구사항 변경은 이 기준에 따라 평가하자. 요구사항은 변화하고 성장할 것이다. 프로젝트 관리자는 첫 번째 새로운 요구사항이 나타났을 때 일정에 벗어나지 않도록 일정에 여유를 둬야 한다(Wiegers 2007). 애자일 프로젝트는 반복주기에 할당된 예상과 기간에 맞게 범위를 수정하는 접근법을 사용한다. 새로운 요구사항이 생기면 우선 보류 작업으로서 백로그에 담아두고, 우선순위에 따라 앞으로의 반복주기에 할당된다. 성공에 있어 변경은 매우 중요하지만 항상 비용을 동반한다.

---

[4] 한국어판: 『실용적인 소프트웨어 요구사항: 까다로운 문제와 핵심적인 조언』(정보문화사, 2006)

모호한 요구사항

모호한 요구사항으로 인한 증상 중 하나는 읽는 사람마다 각기 다른 방식으로 요구사항 명세를 해석할 수 있다는 것이다(Lawrence 1996). 또 다른 증상은 여러 독자가 요구사항의 의미를 각기 다르게 이해할 수도 있다는 것이다. 11장 "좋은 요구사항 작성하기"에서 독자가 요구사항을 이해하는 데 부담이 되는 모호성을 유발하는 다양한 단어와 문장을 소개한다.

모호성은 다양한 이해관계자들이 각기 다른 기대를 하게 만든다. 이들 중 일부는 결과물이 무엇이든지 놀랄 것이다. 모호한 요구사항은 개발자가 잘못된 문제에 대한 솔루션을 개발하게 함으로써 시간 낭비의 원인이 된다. 제품이 개발자가 개발한 것과는 다르게 행동할 거라 예상하던 테스터는 이들의 차이를 분석하는 데 시간을 소비하게 된다.

모호성을 찾기 위한 방법 중 하나는 서로 다른 관점을 가진 사람이 요구사항을 검사하는 것이다 (Wiegers 2002). 17장 "요구사항 검증하기"에서 설명하겠지만 비공식적인 동료 평가로는 검토자가 요구사항을 대충 읽기 때문에 모호성을 발견하지 못할 수도 있다. 만약 각기 다른 검토자가 서로 다른 방법으로 요구사항을 해석해도 의미가 통한다면 모호성을 찾을 수 없을 것이다. 공동의 요구사항 도출과 검증은 이해관계자로 하여금 워크숍 그룹에서처럼 요구사항에 대해 토론하고 이를 명확히 하게 만든다. 요구사항에 대한 테스트 작성과 프로토타입 개발은 모호성을 찾아내는 또 다른 방법이다.

금도금

금도금은 개발자가 요구사항 명세에는 없지만(혹은 범위를 벗어나지만) "사용자가 좋아할 것 같아" 라고 생각하는 기능을 추가할 때 발생한다. 하지만 사용자가 이 기능에 관심이 없다면 여기에 들인 시간은 낭비가 된다. 개발자와 BA는 그저 신규 기능을 추가하기보다 이해관계자가 공감할 수 있는 창의적인 아이디어와 함께 제시해야 한다. 개발자는 이해관계자의 동의 없이 요청 범위를 넘지 말고 가벼움과 단순함을 위해 노력해야 한다.

고객은 종종 보기에는 좋지만 별다른 가치를 주지는 못하는 특정 기능이나 사용자 인터페이스를 요구하기도 한다. 모든 개발에는 시간과 비용이 동반되기 때문에 가치를 극대화해야 한다. 금도금의 위협을 줄이기 위해서는 모든 사람이 각 기능이 추가된 이유를 알 수 있게 각 기능의 필요성과 비즈니스 타당성을 추적하자. 구체화 및 개발 중인 것들이 프로젝트 범위를 벗어나지 않도록 꼭 확인하자.

간과된 이해관계자

대부분의 제품은 각기 다른 세부 기능을 사용하거나 각기 다른 사용 빈도를 보이는, 다양한 경험 수준을 가진 여러 사용자 그룹을 갖고 있다. 제품 초기에 중요한 사용자 클래스를 식별하지 않는다면 일부 사용자의 니즈를 충족하지 못하게 될 것이다. 모든 사용자 클래스를 식별하고 나면 6장 "고객의 목소리 찾기"에서 논의하는 바와 같이 각 사용자 클래스의 의견을 확인하자. 명확한 사용자 다음에는 기능적 요구사항 및 비기능적 요구사항에 대한 각자의 요구사항을 갖고 있는 유지보수 및 현장 지원 직원을 고려하자. 기존 시스템의 데이터를 변환해야 하는 담당자는 최종 소프트웨어 제품에 영향을 미치지는 않지만 솔루션의 성공에 큰 영향을 미치는 전이 요구사항을 갖고 있을 것이다. 시스템에 영향을 줄 수 있는 표준을 제정하는 정부기관과 같이 프로젝트의 존재 자체를 모르는 이해관계자도 있을 것이다. 이들이 누구인지, 프로젝트에 어떤 영향을 미치는지 파악하자.

좋은 요구사항 프로세스의 이점

종종 단순히 요구사항을 논의한 시간만큼 일정이 지연된다고 잘못 생각하는 사람들이 있다. 이는 요구사항 활동에 대한 투자가 아무 이득이 없다는 것을 가정한다. 하지만 실제로는 좋은 요구사항에 투자하는 것은 거의 항상 투자 비용 이상의 결과를 돌려줄 것이다.

좋은 요구사항 프로세스는 프로젝트 전반에 걸쳐 이해관계자와 협력하는 협업적인 제품 개발 방식을 강조한다. 요구사항 도출은 개발팀이 사용자 집단이나 시장에 대한 이해를 높일 수 있는 중요한 성공 요인이다. 겉으로만 번지르르한 기능보다 사용자 작업에 집중함으로써 팀이 아무도 사용하지 않을 코드를 개발하는 것을 방지할 수 있다. 고객 참여는 고객이 정말 필요로 하는 것과 개발자가 제공하는 것 사이의 기대치 차이를 줄일 수 있다. 결국엔 고객의 기초 자료를 입수하겠지만 제품을 전달한 이후보다는 제품을 개발하기 전에 고객이 정말 필요로 하는 것이 무엇인지 이해함으로써 더 많은 비용을 아낄 수 있다. 2장에서 고객과 개발자 간 협력관계의 본질에 대해 논의할 것이다.

다양한 소프트웨어 및 하드웨어, 인적 서브시스템에 시스템 요구사항을 명시적으로 할당하는 것은 제품공학에 대한 체계적인 접근법을 강조한다. 효과적인 변경 관리 프로세스는 요구사항 변경으로 인한 부정적인 영향을 최소화할 것이다. 명확하게 문서화된 요구사항은 시스템 테스트를 매우 용이하게 한다. 이 모든 것들이 모든 이해관계자를 만족시키는 고품질 제품을 제공할 기회를 높인다.

좋은 요구사항 실천 지침을 사용함으로써 얻을 수 있는 구체적인 투자 대비 이득은 어느 누구도 약속할 수 없다. 더 나은 요구사항이 팀에게 도움이 될 수 있는 방법을 고민하기 위해 분석적 사고 과정을 사용해 볼 수도 있다(Wiegers 2006). 새로운 절차와 문서 템플릿 개발, 팀 교육, 도구 구입 등이 더 나은 요구사항을 위한 비용에 포함된다. 특히 프로젝트 팀이 요구공학 작업에 실제로 투여한 시간이 가장 큰 투자다. 잠재적인 성과는 다음과 같다.

- 요구사항과 납품한 제품에 포함된 결함의 수 감소
- 개발 재작업 감소
- 더 빠른 개발 및 납품
- 불필요하거나 사용되지 않는 기능 감소
- 더 낮은 개선 비용
- 더 적은 오해
- 범위 추가 감소
- 프로젝트 혼란 감소
- 고객과 팀 구성원의 더 높은 만족도
- 예상대로 작동하는 제품

이러한 성과를 정량화할 수 없더라도 이는 분명 사실이다.

> **다음 단계는**
> - 현재 또는 이전 프로젝트에서 직면한 요구사항 관련 문제를 적어보자. 각각을 요구사항 개발과 요구사항 관리 문제로 구분하자. 각 문제의 근본 원인과 프로젝트에 미치는 영향을 설명하자.
> - 현재 또는 이전 프로젝트에 존재하는 요구사항 관련 문제와 이들의 영향 및 근본 원인에 대해 팀 구성원과 기타 다른 이해관계자 간의 토론을 권장하자. 이러한 문제를 해결할 수 있는 현재의 요구사항 실천 지침의 변화에 대한 아이디어를 모으자. 부록 B의 요구사항 문제 해결 가이드가 도움될 것이다.
> - 여기서 추천하는 모든 범주를 다루고 있는지 확인하기 위해 조직에서 사용되는 요구사항 관련 전문 용어와 산출물을 이번 장에서 배운 것과 연결해 보자.
> - 여러분의 팀이 개선해야 하는 명확한 영역을 찾기 위해 기존 요구사항 문서에 대해 간단히 평가해보자. 이 평가는 객관적인 외부인이 수행할 때 매우 유용할 것이다.
> - 전체 프로젝트 팀을 대상으로 소프트웨어 요구사항에 대한 교육을 마련하자. 주요 고객, 마케팅 직원, 관리자, 개발자, 테스터, 기타 다른 이해관계자의 참여를 요청하자. 교육을 통해 프로젝트 참여자에게 공통의 어휘를 제공할 수 있다. 효과적인 기법과 행동에 대한 공감대를 형성함으로써 모든 팀 구성원이 공통의 도전과제에 대해 좀 더 효과적으로 협력할 수 있을 것이다.

02
고객 관점의 요구사항

콘토소 제약의 고위 관리자인 게르하르트는 콘토소 사의 IT 부서 관리자인 신디아와 회의를 하고 있었다. "화학약품 관리 정보 시스템 개발이 필요해요."라고 게르하르트가 말문을 열었다. "이 시스템은 이미 우리 창고와 실험실에 있는 모든 화학 용기들을 추적할 수 있어야 합니다. 화학자는 이를 이용해 항상 새 화학약품을 구입하지 않고 이미 갖고 있는 누군가에게 얻을 수 있게 됩니다. 그럼 많은 돈을 절약할 수 있겠죠. 또한 보건 안전 부서가 지금보다 쉽게 화학약품 이용 및 폐기에 대한 정부 보고서를 출력하는 기능이 필요해요. 규정 준수 감사에 대비해서 5개월 안에 시스템 개발이 가능할까요?"

"이 프로젝트가 왜 중요한지는 알겠어요."라고 신디아가 말했다. "하지만 일정에 대한 얘기를 하기 전에 화학약품 관리 시스템의 요구사항에 대해 이해해야 할 것 같아요."

게르하르트는 당황했다. "무슨 뜻이죠? 이미 내 요구사항을 말했잖아요."

"실제로는 이 프로젝트의 일반적인 비즈니스 목표 중 몇 가지만 설명했을 뿐이죠."라고 신디아는 설명했다. "어떤 소프트웨어를 만들지, 시간이 얼마나 걸릴지 파악하기 위한 정보로는 한참 부족합니다. 시스템에 대한 사용자의 니즈를 이해하기 위해 우리 비즈니스 분석가가 사용자 일부와 작업을 좀 했으면 합니다."

"화학자들은 바쁜 사람들이에요." 게르하르트는 항의했다. "개발을 시작하기 전에 모든 세부 사항에 대해 얘기할 시간이 없어요. 그쪽 사람들이 뭘 만들지 파악해 줄 수 없나요?"

신디아는 "사용자가 시스템으로 뭘 할지 아무리 최선을 다해 추측해서 개발한다 하더라도 우리가 제대로 만들어낼 수는 없을 겁니다. 우리는 소프트웨어 개발자이지 화학자가 아니에요. 우리가 문제를 이해하는 데 시간을 투자하지 않으면 어느 누구도 결과에 만족하지 않는다는 것을 이미 경험을 통해 알고 있어요."라고 답했다.

게르하르트는 고집스럽게 얘기했다. "우리는 그럴 시간이 없다고요. 난 이미 내 요구사항을 전달했으니 그냥 시스템 개발을 시작해 주세요. 진행 상황은 계속 공유해 주시고요."

소프트웨어 세계에서 이런 대화는 흔히 일어나는 일이다. 신규 시스템을 요청하는 고객은 종종 제안된 시스템의 실사용자 및 기타 이해관계자로부터 기초 자료를 구하는 것의 중요성을 이해하지 못한다. 좋은 제품 콘셉트를 가진 마케팅 담당자는 충분히 잠재적인 구매자의 이익을 제시할 수 있다고 생각한다. 하지만 실제로 제품을 사용하게 될 사람으로부터 직접 요구사항을 도출하는 것을 대체할 수는 없다. 일부 애자일 개발 방식에서는 제품 주인이라 불리는 현장 고객 담당자와 개발 팀이 긴밀하게 협력하는 것을 추천하기도 한다. 애자일 개발에 대한 어떤 책에서는 "프로젝트의 성공은 고객과 개발자의 협력에 좌우된다."라고 말하기도 한다(Jeffries, Anderson, and Hendrickson 2001).

요구사항 문제의 일부는 1장 "필수 소프트웨어 요구사항"의 비즈니스, 사용자, 기능적 요구사항에서 설명한 요구사항의 서로 다른 단계에 대한 혼란에서 비롯된다. 게르하르트는 비즈니스 목표의 일부로서 새로운 화학약품 관리 시스템의 도움으로 콘토소 사가 이득을 얻을 수 있을 것이라고 언급했다. 비즈니스 목표는 비즈니스 요구사항의 핵심 요소다. 하지만 게르하르트는 시스템의 대상 사용자가 아니기 때문에 모든 사용자 요구사항을 설명할 수는 없다. 사용자는 시스템에서 수행해야 하는 작업을 순서대로 설명할 수는 있지만 이러한 작업을 완수하기 위해 개발자가 구현해야 하는 모든 기능적 요구사항을 이야기 할 순 없다. 비즈니스 분석가는 이를 깊이 있게 이해하기 위해 사용자와 협업해야 한다.

이번 장에서는 성공적인 소프트웨어 프로젝트에 매우 중요한 고객과 개발자 간의 관계에 대해 이야기한다. 우리는 소프트웨어 고객을 위한 요구사항 권리장전과 이에 대응하는 소프트웨어 고객을 위한 요구사항 의무장전을 제안한다. 이들 목록은 요구사항 개발에 고객이 참여하는 것, 특히 최종 사용자가 참여하는 것의 중요성을 강조한다. 또한 이번 장에서는 특정 출시 또는 개발 반복주기를 위해 계획된 일련의 요구사항에 대한 합의에 도달하기 위한 주요 이슈에 대해 설명한다. 6장 "고객의 목소리 찾기"에서는 고객과 사용자의 다양한 유형과 요구사항 도출에 적절한 사용자 대표의 참여를 유도하기 위한 방법에 대해 논의한다.

> **산출물: 거절**
>
> 나는 어느 기업의 IT 부서에 방문했을 때 슬픈 얘기를 들은 적이 있다. 어느 개발자가 최근에 사내에서 사용하기 위한 새로운 정보 시스템을 개발했다. 그는 프로젝트를 시작하며 사용자로부터 아주 약간의 기초 자료를 얻었다. 개발자가 자랑스럽게 신규 시스템을 공개한 날, 사용자는 그대로 받아들일 수 없다며 거절했다. 개발자는 사용자 니즈라 인식하고 있던 것을 만족시키기 위해 열심히 작업했기에 이는 충격이었다. 그래서 그는 어떻게 했을까? 시스템을 수정했다. 회사는 요구사항이 잘못되면 항상 시스템을 수정하지만 여기에는 항상 처음부터 사용자 대표를 참여시킨 것보다 더 많은 비용이 든다.
>
> 개발자는 당연히 정보 시스템의 결함을 수정하는 데 필요한 시간을 사전에 계획하지 않았기 때문에 팀의 다음 프로젝트는 기다려야만 했다. 결국 이는 모든 이가 손해를 보게 되는 상황을 초래한다. 개발자는 유감스럽게 생각했고, 사용자는 신규 시스템을 기대한 시점에 이용할 수 없어 불만스러웠으며, 경영진은 엄청난 예산 낭비와 다른 프로젝트 지연에 따른 기회비용으로 인해 심란해했다. 처음부터 광범위하고 지속적인 고객 참여를 통해 프로젝트의 불행한(하지만 생각보다 자주 발생하는) 결과를 사전에 예방할 수 있다.

기대치 차이

적절한 고객 참여가 없을 경우 프로젝트 종료와 함께 피할 수 없는 결과는 고객이 정말로 필요로 하는 것과 프로젝트를 시작하며 들은 것을 기반으로 개발자가 실제로 제공한 것 간의 격차, 즉, 기대치 차이다(Wiegers 1996). 이는 그림 2-1에서 파선으로 표시돼 있다. 앞서 얘기한 바와 같이 기대치 차이는 모든 이해관계자에게 낯선 충격으로 다가온다. 우리의 경험에 빗대어 보면 소프트웨어에서 놀라움은 좋은 소식인 적이 없다. 비즈니스에서 변화는 수시로 발생하기 때문에 요구사항이 쓸모 없어질 수도 있다. 그래서 고객과의 지속적인 상호 협력은 매우 중요하다.

이러한 기대치 차이를 최소화하는 가장 좋은 방법은 적절한 고객 담당자와 자주 연락하는 방안을 마련하는 것이다. 이 방안은 인터뷰나 대화, 요구사항 검토, 사용자 인터페이스 설계 검토회, 프로토타입 평가, (애자일 개발에서 실행 가능한 소프트웨어의 작은 증분에 대한) 사용자 피드백 등의 형태가 될 수 있다. 각 방안은 기대치 차이를 줄일 수 있는 기회를 제공하며, 결국 개발자가 개발하는 것이 고객의 니즈와 거의 부합하게 된다.

물론 고객 담당자와의 연락 후에 개발이 진행하면 그 차이는 다시 증가할 것이다. 연락을 더 자주 함으로써 좀 더 쉽게 상태를 유지할 수 있다. 그림 2-1에 표시된, 점진적으로 작아지는 작은 회색 삼각형과 같이 일련의 연락을 통해 프로젝트 종반에는 기대치 차이가 훨씬 더 작아지며, 솔루션은 실제 고객의 니즈에 훨씬 가까워질 것이다. 이것이 개발자와 고객 사이의 지속적인 대화가 애자일 개발 원칙 중 하나인 이유다. 이 원칙은 어떤 프로젝트에서도 훌륭한 원칙이다.

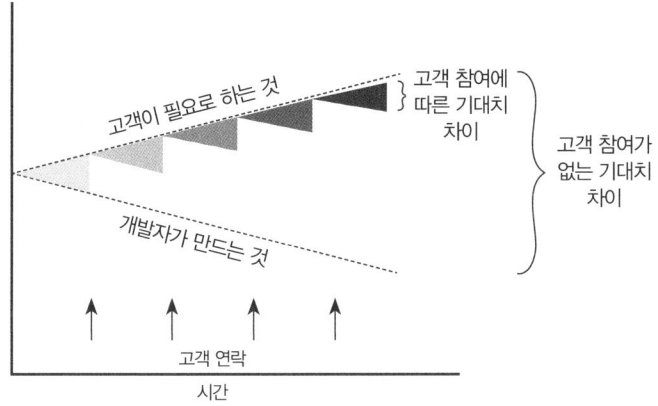

그림 2-1 잦은 고객 참여를 통한 기대치 차이 감소

누가 고객인가?

고객에 대해 이야기하기 전에 이해관계자에 대해 먼저 논의할 필요가 있다. 이해관계자는 프로젝트에 적극 참여하거나 프로세스나 결과에 영향을 받는, 혹은 영향을 줄 수 있는 사람이나 그룹, 조직을 말한다. 이해관계자는 프로젝트 팀과 개발 조직의 내부 또는 외부일 수 있다. 그림 2-2는 이런 범주를 토대로 잠재적인 이해관계자를 구분한 것이다. 물론 이러한 구분이 모든 프로젝트나 상황에 적용되는 것은 아니다.

이해관계자 분석은 요구사항 개발에 중요하다(Smith 2000; Wiegers 2007; IIBA 2009). 특정 프로젝트의 잠재적인 이해관계자를 찾을 때는 몇 개의 중요 집단을 간과하지 않기 위해 폭넓게 봐야 한다. 그래야 프로젝트의 모든 요구사항과 제약조건을 정확히 이해해서 팀이 올바른 솔루션을 제공할 수 있도록 정말 필요한 자료를 제공할 수 있는 이해관계자 후보 목록에 집중할 수 있다.

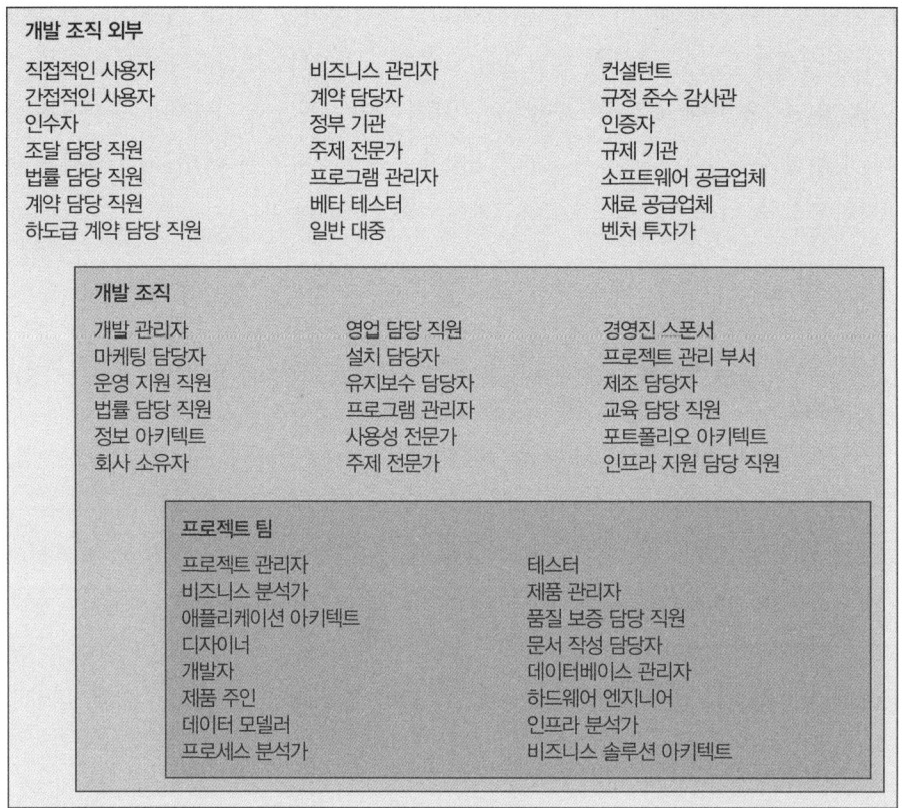

그림 2-2 프로젝트 팀, 개발 조직 내부 및 외부의 잠재적인 이해 관계자

고객은 이해관계자 중 하나다. 고객은 제품에서 직간접적인 혜택을 얻는 개인이나 조직이다. 소프트웨어 고객은 소프트웨어 제품을 요청하고, 비용을 지불하며, 선택하고, 지정하고, 사용하고, 제품이 생성한 결과를 얻을 수 있다. 그림 2-2에서 볼 수 있듯이 직접적인 사용자, 간접적인 사용자, 경영진 스폰서, 조달 담당 직원, 인수자가 고객에 포함된다. 이해관계자들 중 법률 담당 직원, 규정 준수 감사관, 공급업체, 계약 담당 직원, 벤처 투자가 등은 고객에 속하지 않는다. 앞서 만난 관리자인 게르하르트는 프로젝트에 돈을 지불하는 경영진 스폰서를 나타낸다. 게르하르트 같은 고객은 프로젝트를 위한 지침 프레임워크와 프로젝트를 시작하기 위한 비즈니스 근거를 수립하는 비즈니스 요구사항을 제공한다. 5장 "비즈니스 요구사항 정립하기"에서 논의하는 바와 같이 비즈니스 요구사항은 고객이나 회사, 기타 이해관계자가 달성하고자 하는 비즈니스 목표를 설명한다. 그 밖의 모든 제품 요구사항은 목표로 삼은 비즈니스 결과를 달성하는 데 부합해야 한다.

사용자 요구사항은 제품을 직간접적으로 사용하는 실제 사람으로부터 구한 것이어야 한다. 최종 사용자라고도 불리는 이들 사용자 또한 고객의 일부다. 직접적인 사용자는 손수 제품을 사용할 것이다. 간접적인 사용자는 아무런 개입 없이 시스템의 결과만 받는 사용자로서, 자동으로 생성되는 일별 창고 활동 보고서를 이메일로 받아보는 창고 관리자 등이 여기에 속한다. 사용자는 제품을 통해 수행할 작업과 필요한 결과물, 제품에 기대하는 품질 특성을 설명할 수 있다.

> **이해관계자가 누락된 경우**
>
> 요구사항 도출이 거의 끝나가는 시점에서 프로세스 흐름을 검토하던 중 비즈니스 분석가(BA)가 이해관계자에게 물었다. "이 흐름에서 세금 계산 단계가 제대로 된 건가요?" 이해관계자가 답했다. "나도 모르죠. 세무는 내 담당이 아니에요. 그건 세무 부서 소관입니다." 팀은 수개월 동안 프로젝트를 진행하며 세무 부서의 누구와도 이야기하지 않았다. 심지어 세무 부서가 있다는 것도 몰랐다. BA는 즉시 세무 부서와 회의를 했고, 세무 관련 기능을 구현하는 중 법률 관련 사항에서 누락된 기다란 요구사항 목록을 찾았다. 결국 프로젝트는 수개월이나 지연됐다. 신규 시스템에 영향을 받게 될 모든 이해관계자를 찾을 때 조직도를 사용하면 이러한 문제를 회피할 수 있다.

비즈니스 요구사항을 제공하는 고객은 종종 실사용자를 위한 것이라 주장한다. 그러나 때때로 그들은 정확한 사용자 요구사항을 제공하는 일과는 크게 동떨어져 있다. 기업 정보 시스템이나 계약에 의한 개발, 사용자 정의 애플리케이션 개발 등을 위한 비즈니스 요구사항은 제품을 사용하며 얻을 거라 기대하는 비즈니스 가치를 궁극적으로 책임지는 사람에게서 찾아야 한다. 사용자 요구사항은 직접 키를 누르고 화면을 터치하거나 결과를 받는 사람으로부터 나와야 한다. 프로젝트에 투자하는 고객과 최종 사용자 간의 심각한 단절은 분명 주요한 문제를 야기할 것이다.

일반적으로 고객과 사용자가 동일한 상용 소프트웨어 개발인 경우에는 상황이 조금 다르다. 마케팅 담당자나 제품 관리자와 같은 고객 대리인은 고객이 찾는 매력적인 것이 무엇인지 알아내려 한다. 7장 "요구사항 도출"에서 설명하는 바와 같이 아무리 상용 소프트웨어일지라도 사용자 요구사항 개발 프로세스에서 최종 사용자의 참여를 이끌어내야 한다. 그렇게 하지 않는다면 적절한 사용자 기초 자료를 통해 피할 수 있었던 제품의 단점을 지적하는 후기를 읽게 될 것이다.

프로젝트 이해관계자 사이에 갈등이 생길 수도 있다. 비즈니스 요구사항은 종종 사용자는 잘 알 수 없는 조직의 전략이나 예산에 대한 제약조건을 반영한다. 관리자에 의해 강제로 신규 정보 시스템을 사용하게 된 사용자는 소프트웨어 개발자에게 협조하려고 하지 않고 원하지 않는 미래의 불길한 징조 정도로 볼 것이다. 이러한 사람들을 "패자 그룹"이라 부르기도 한다(Gause and Weinberg 1989). 이러한 잠재적인 갈등을 관리하기 위해, 공감을 얻고 악감정을 피할 수 있는 프로젝트 목표 및 제약조건에 대한 의사소통 전략을 사용해보자.

고객과 개발자 간의 협력 관계

훌륭한 소프트웨어 제품은 우수한 요구사항을 기반으로 잘 만들어진 설계로부터 나온다. 우수한 요구사항은 개발자와 고객, 특히 실사용자와의 효율적인 협력의 결과다. 협력은 관련된 모든 당사자들이 성공하기 위해 필요한 게 무엇인지 알고, 협력자가 성공하기 위해 필요로 하는 것에 대해 이해하고 존중할 때 이뤄질 수 있다. 프로젝트의 압박이 증가함에 따라 모든 이해관계자에게 적절한 비즈니스 가치와 보상을 제공하는 제품을 만들기 위한 공통의 목표를 공유하는 것을 망각하기 쉽다. 일반적으로 비즈니스 분석가는 이러한 공동 협력 관계를 구축하는 핵심 인물이다.

표 2-1의 소프트웨어 고객을 위한 요구사항 권리장전은 프로젝트 요구공학 활동 가운데 고객이 BA나 개발자와 상호 교류하며 정당하게 요구할 수 있는 10가지 사항을 보여준다. 이러한 권리는 각각 BA나 소프트웨어 개발자에게 이에 상응하는 의무가 있음을 내포한다. 권리와 의무에서 언급되는 "여러분"이란 단어는 소프트웨어 개발 프로젝트의 고객을 의미한다.

권리의 반대는 의무이기 때문에 표 2-2는 요구사항 프로세스에서 고객이 BA와 개발자에 대해 갖는 10가지 의무를 나열한다. 여러분은 이를 개발자의 권리장전으로 보고자 할 수도 있다. 이 목록이 조직과 제대로 맞지 않으면 현지 문화에 맞게 수정하자.

표 2-1 소프트웨어 고객을 위한 요구사항 권리장전

여러분은 다음에 대한 권리를 갖는다.
1. BA에게 여러분의 언어로 이야기하기를 요구한다.
2. BA에게 여러분의 비즈니스와 목표에 대해 배우기를 요구한다.
3. BA가 적절한 형태로 요구사항을 기록하도록 요구한다.
4. 요구사항 실천 지침 및 산출물에 대한 설명을 들을 수 있다.
5. 요구사항을 변경할 수 있다.
6. 상호 존중하는 환경을 요구한다.
7. 여러분의 요구사항과 이에 대한 솔루션을 위한 아이디어와 대안을 들을 수 있다.
8. 제품을 사용하기 쉽게 만드는 특성을 설명할 수 있다.
9. 재사용을 통해 개발 속도를 높이기 위한 요구사항 조율 방법에 대해 들을 수 있다.
10. 여러분의 기능적 요구사항과 품질 기대치를 충족하는 시스템을 받을 수 있다.

표 2-2 소프트웨어 고객을 위한 요구사항 의무장전

여러분은 다음에 대한 의무를 갖는다.
1. BA와 개발자에게 여러분의 비즈니스에 대해 교육한다.
2. 요구사항을 제공하고 명확히 하기 위해 시간을 할애한다.
3. 요구사항에 대한 기초 자료를 제공할 때 구체적이고 정확해야 한다.
4. 요구사항에 대해 질문할 때 시기적절한 의사결정을 내린다.
5. 개발자가 산정한 비용과 평가한 요구사항 타당성을 존중한다.
6. 개발자와 함께 현실적인 요구사항 우선순위를 설정한다.
7. 요구사항을 검토하고 프로토타입을 평가한다.
8. 인수 기준을 설정한다.
9. 요구사항 변경 시 즉시 이야기한다.
10. 요구사항 개발 프로세스를 존중한다.

기업 내부를 위해 개발되거나, 계약에 의한, 혹은 주요 고객이 알려진 고객을 위한 소프트웨어일 경우 이들 권리와 의무는 실제 고객에게 적용된다. 대중 시장을 위한 제품 개발의 경우 권리와 의무는 제품 관리자와 같은 고객 대리인에게 좀 더 적용된다.

핵심 고객과 개발 이해관계자는 프로젝트 계획의 일환으로 이 두 가지 목록을 검토하고 합의를 위해 협상해야 한다. 요구사항 개발에 참여하는 사람들이 각자의 의무를 이해하고 받아들여야 한다. 이러한 이해를 통해 한쪽이 다른 쪽에게 그들이 꺼려하거나 제공할 수 없는 뭔가를 기대할 때 생기는 마찰을 줄일 수 있다.

> **함정** 프로젝트 참가자가 요구사항 개발에 협력하는 방법을 본능적으로 알고 있을 거라 가정하지 말자. 참가자들이 가장 효과적으로 함께 일할 수 있는 방법에 대해 논의할 수 있는 시간을 갖자. 프로젝트에서 발생하는 요구사항 이슈에 접근하고 관리하는 방법을 기록하는 것도 좋은 생각이다. 이는 프로젝트 전반에 걸쳐 중요한 의사소통 도구가 될 것이다.

소프트웨어 고객을 위한 요구사항 권리장전

다음은 요구사항 이슈에 대해 고객이 요구할 수 있는 10가지 권리다.

권리 #1: BA가 여러분의 언어로 이야기하기를 요구하자.

요구사항을 논의할 때는 비즈니스 용어를 사용하고, 비즈니스 니즈와 작업에 초점을 맞춰야 한다. BA에게 비즈니스 용어에 대한 용어사전을 전달하는 것도 좋다. BA와 이야기할 때 전문용어를 사용해 이야기를 어렵게 만들 필요가 없다.

권리 #2: BA가 여러분의 비즈니스와 목표에 대해 배우기를 요구하자.

BA는 여러분과 요구사항 도출을 위해 소통하면서 여러분의 비즈니스 업무와 현실에 적합한 시스템을 만드는 방법을 더 잘 이해할 수 있다. 이를 통해 개발자는 여러분의 니즈에 부합하는 솔루션을 만들 수 있을 것이다. 여러분과 여러분의 동료가 하는 업무를 관찰할 수 있도록 BA와 개발자를 초대하라. 새로운 시스템이 기존 시스템을 대체하는 경우, BA는 여러분이 사용하는 방식 그대로 기존 시스템을 사용해봐야 한다. 이렇게 하면 여러분의 워크플로우와 비교해 보고 개선할 부분을 확인할 수 있을 것이다. 단지 BA가 여러분의 모든 비즈니스 활동 및 용어를 이미 알고 있을 거라 생각하지 말자(의무 #1 참조).

권리 #3: BA가 적절한 형태로 요구사항을 기록하도록 요구하자.

BA는 이해관계자가 제공하는 모든 정보를 살펴보고, 비즈니스 규칙과 기능적 요구사항, 품질 목표, 기타 다른 항목과 사용자 요구사항을 구분하기 위해 후속 질문을 요청할 것이다. 이러한 분석의 최종 산출물은 소프트웨어 요구사항 명세서나 요구사항 관리 도구와 같은 적절한 형태로 저장된 일련의 정제된 요구사항이다. 이러한 요구사항 모음은 개발할 제품의 기능, 품질, 제약조건에 대한 이해관계자 간의 합의로 여겨진다. 요구사항은 쉽게 이해할 수 있도록 작성하고 구성돼 있어야 한다. 이러한 명세서와 시각적인 분석 모델과 같은 기타 다른 요구사항 표현법을 검토해보면 여러분의 니즈가 정확히 반영됐는지 확인하는 데 도움이 된다.

권리 #4: 요구사항 실천 지침 및 산출물에 대한 설명을 듣자.

다양한 실천 지침을 통해 요구사항 개발 및 관리 모두 효율적이고 효과적으로 관리할 수 있으며, 요구사항 지식을 다양한 형태로 표현할 수 있다. BA는 본인이 추천하는 실천 지침과 각 산출물에 필요한 정보에 대해 설명해야 한다. 예를 들어, BA는 글로 작성된 요구사항을 보완하기 위해 다이어그램을 만들 수 있다. 이 다이어그램이 낯설고 복잡하게 느껴질 수도 있지만 이해하기 어려운 표기법은 아닐 것이다. BA는 각 다이어그램의 목적, 기호의 의미, 다이어그램 오류 검사 방법에 대해 설명해야 한다. BA가 이러한 설명을 하지 않는다면 언제든지 BA에게 물어보자.

권리 #5: 여러분의 요구사항을 변경하자.

BA나 개발자에게 모든 요구사항을 미리 고려하도록 요구하거나 요구사항을 개발주기 전반에 걸쳐 그대로 두도록 요구하는 것은 비현실적이다. 여러분에게는 비즈니스가 발전함에 따라, 팀이 이해관계자로부터 더 많은 기초 자료를 수집함에 따라, 니즈를 좀 더 신중히 고민함에 따라 요구사항을 변경할 권리가 있다. 그러나 변화는 항상 비용을 동반한다. 새로운 기능의 추가는 다른 기능이나 프로젝트 일정 혹은 예산에 대한 절충과 타협을 필요로 한다. 변경의 영향을 평가하고 관리하고 전달하는 것은 BA의 중요한 의무 중 하나다. BA와 함께 변경을 간단하지만 효과적으로 다룰 수 있는 프로세스에 대해 협의하자.

권리 #6: 상호 존중하는 환경을 요구하자.

때때로 고객과 개발자 사이의 관계는 적대적이다. 참가자가 서로를 이해하지 않으면 요구사항 논의가 불만족스러울 수 있다. 모두 함께 작업하며 각 그룹이 직면하는 문제에 대해 참가자들이 눈뜨게 할 수 있다. 요구사항 개발에 참여하는 고객은 BA와 개발자가 서로를 존중하도록 요구하고 프로젝트 성공을 위해 투자하는 시간에 감사할 권리가 있다. 마찬가지로, 고객은 개발팀 구성원을 존중하고 모두가 성공적인 프로젝트라는 서로간의 목표를 위해 협력한다는 것을 보여줘야 한다. 여기서 모든 사람은 같은 편이다.

권리 #7: 여러분의 요구사항과 이에 대한 솔루션을 위한 아이디어와 대안을 듣자.

BA가 신규 시스템에서 비효율적이거나 더 이상 쓸모 없는 프로세스를 자동화하지 않도록 기존 시스템에서 여러분의 비즈니스 프로세스에 잘 맞지 않는 부분을 알려주자. 그것이 바로 여러분이 피하고 싶어하는 "아무 이유 없이 따라가기"[1]다. BA는 여러분의 비즈니스 프로세스를 개선하는 방안을 제안할 수 있다. 또한 창의적인 BA는 고객이 상상조차 하지 않은 새로운 기능을 제안함으로써 가치를 더할 수 있다.

권리 #8: 제품을 사용하기 쉽게 만드는 특성을 설명하자.

여러분은 BA가 여러분의 기능적 니즈 이상의 소프트웨어의 특성을 물어보도록 요청할 수 있다. 이러한 특성이나 품질 속성은 소프트웨어를 더욱 쉽고 즐겁게 사용할 수 있게 하며, 이를 통해 사용자는 좀 더 효율적으로 작업을 완수할 수 있다. 사용자는 종종 제품이 사용자 친화적이거나 견고했으

---

1 (옮긴이) 원문은 "paving the cow path"로서 소가 지나가면서 제멋대로 만들어진 길을 그대로 개척하는 것을 말한다.

면 좋겠다고 요청하는데, 이러한 용어가 개발자에게 도움이 되기에는 너무 주관적이다. 대신 분석가는 "사용자 친화적" 혹은 "견고한"이라는 용어가 의미하는 구체적인 특성에 대해 문의한다. 현 애플리케이션에서 "사용자 친화적"인 부분과 그렇지 않은 부분이 어느 부분인지 여러분의 입장에서 BA에게 얘기하자. 만약 BA와 이들 특성에 대해 논의하지 않았는데도 제품이 원하던 대로 나왔다면 정말 운이 좋은 것이다.

권리 #9: 재사용을 통해 개발 속도를 높이기 위한 요구사항 조율 방법에 대해 듣자.

보통 요구사항은 어느 정도 유연하다. BA는 여러분이 설명한 니즈를 거의 만족하는 기존 소프트웨어 구성요소나 요구사항을 알고 있다. 이러한 경우, 개발자가 해당 구성 요소를 재사용할 수 있게 요구사항을 수정하거나 불필요한 수정을 피할 수 있는 방법을 제안해야 한다. 합리적인 재사용 기회가 있을 경우 요구사항을 조정하면 시간과 비용을 절약할 수 있다. 상용 패키지는 요구하는 특성을 정확하게 가지고 있지 않기 때문에 제품에 상용 패키지(COTS; Commercial Off-the-Shelf)를 통합하려는 경우 몇 가지 요구사항에 대한 유연성이 필수적이다.

권리 #10: 여러분의 기능적 요구사항과 품질 기대치를 충족하는 시스템을 받자.

이는 고객의 궁극적인 권리지만 개발자가 제품을 제대로 개발할 수 있도록 정보를 명확히 제공했을 때, 개발자가 여러분에게 선택사항과 제약조건에 대해 전달할 때, 모두 이에 합의할 때만 가능하다. 여러분이 갖고 있는 모든 가정과 기대를 반드시 명시하자. 그렇지 않으면 개발자는 그것을 적절하게 처리할 수 없다. 고객은 종종 스스로 당연한 지식이라고 믿고 있는 것을 명확히 표현하지 못할 때가 있다. 그러나 프로젝트 팀 내에서 공통의 이해를 확인하는 것은 뭔가 새로운 것을 표현하는 것만큼 중요하다.

소프트웨어 고객을 위한 요구사항 의무장전

권리에 대응하는 말은 의무이므로 다음은 자신의 프로젝트 요구사항을 정의하고 관리할 때 고객 대표가 갖는 10가지 의무다.

의무 #1: BA와 개발자에게 여러분의 비즈니스에 대해 교육하자.

개발팀은 여러분이 여러분의 비즈니스 개념을 그들에게 교육하고, 비즈니스 용어를 정의해 줄 것으로 믿는다. 이런 의도는 BA를 비즈니스 전문가로 탈바꿈시키려는 것이 아니라 그들이 여러분의 문제와 목표를 이해하는 데 도움을 주기 위해서다. 여러분과 여러분의 동료가 당연하다고 여기는 지식을 BA는 모를 수도 있다.

의무 #2: 요구사항을 제공하고 명확히 하기 위해 시간을 할애하자.

고객은 바쁜 사람이다. 특히 요구사항 작업에 참여하는 사람은 가장 바쁜 사람 중 한명일 수도 있다. 그렇다 해도 여러분은 워크숍이나 인터뷰, 기타 다른 요구사항 도출 및 검증 활동에 시간을 할애할 의무가 있다. BA는 요점을 잘 이해했다고 생각하기도 하지만, 시간이 지나면 더 명확한 이해가 필요하다는 사실을 깨달을 것이다. 요구사항 개발 및 개선을 위해 이와 같은 반복적인 접근법을 사용하며 조급해하지 말자. 이는 복잡한 인간 소통의 본질이며, 성공적인 소프트웨어의 핵심이다. 몇 주 동안 조금씩 시간을 허비하는 것보다 단 몇 시간이라도 집중하면 필요한 전체 시간은 작아진다.

의무 #3: 요구사항에 대한 기초 자료를 제공할 때 구체적이고 정확하게 제공하자.

세부사항을 결정하는 일은 지루하고 시간이 많이 소요되고, 누군가는 결정에 책임지고 싶어하지 않아 요구사항을 애매모호하게 남기고 싶다는 유혹에 빠진다. 하지만 어느 시점에는 누군가가 모호성과 불명확성을 해결해야만 한다. 여러분이 바로 의사결정을 내리기에 가장 적합한 사람이다. 그렇지 않으면 BA나 개발자가 정확하게 추측하기만을 바래야 한다. 추가 확인이나 정보가 필요하다는 것을 나타내기 위해 요구사항에 임시로 추후 결정(TBD; to be determined)이라고 표시하는 것도 괜찮다. 그뿐만 아니라 특정 요구사항이 해결하기 너무 어렵거나 이를 다루려는 사람이 아무도 없는 경우에도 TBD를 사용하기도 한다. BA가 요구사항을 정확하게 표현할 수 있도록 각 요구사항의 의미를 명확히 얘기하려고 노력하자. 이것이 바로 여러분의 니즈에 부합하는 제품을 만드는 가장 좋은 방법이다.

의무 #4: 요구사항에 대해 질문할 때 시기적절한 의사결정을 내리자.

여러분이 꿈꾸는 멋진 집을 짓는 건설업자처럼, BA는 여러분에게 많은 것을 결정하도록 요청할 것이다. 다수의 고객에게 전달받은 요구사항 중 서로 상충하는 요구사항을 해결하고, 양립할 수 없는 품질 속성 중 하나를 선택하며, 정보의 정확성을 평가하는 일들이 여기에 포함된다. 이러한 결정을 내릴 권한이 있는 고객은 문의사항에 신속하게 답변해야 한다. 여러분이 의사결정을 내리기 전까지 개발자가 확신을 가지고 개발을 진행할 수 없기 때문에 이를 기다리느라 개발이 지연되는 경우도 있다. 시간에 대한 투자가 부담스러워지기 시작하면 여러분을 위한 시스템이 개발 중이라는 것을 떠올리자. 비즈니스 분석가는 의사결정에 도움을 줄 수 있는 전문가인 경우가 많으므로 문제가 발생할 경우 이들에게 도움을 요청하자.

의무 #5: 개발자가 산정한 비용과 평가한 요구사항 타당성을 존중하자.

모든 소프트웨어 기능에는 비용이 든다. 개발자는 이러한 비용을 산정하기에 가장 좋은 위치에 있다. 어떤 기능은 기술적으로 개발 불가능하거나 놀라울 정도로 큰 비용이 들 수도 있다. 또 어떤 요구사항은 특정 운영 환경에서 달성하기가 불가능한 성능을 요구하거나, 시스템에서 사용할 수 없는 데이터에 접근하도록 요구하기도 한다. 개발자가 개발 가능성이나 비용에 대한 부정적인 소식을 전달할 수도 있다. 비록 여러분의 요청을 생각하던 형태로 전달받지 못할 수 있더라도 이들 개발자의 판단을 존중해야 한다. 어떨 때는 좀 더 현실성 있거나 저렴한 비용으로 개발할 수 있도록 요구사항을 다시 작성해야 할 수도 있을 것이다. 예를 들면, "즉시" 어떤 행동을 요구하는 것은 불가능할 수 있지만 "50 밀리초 이내"와 같이 좀 더 정밀한 시점에 대한 요구사항은 가능할 수도 있다.

의무 #6: 개발자와 함께 현실적인 요구사항 우선순위를 설정하자.

고객이 원하는 모든 기능을 구현할 만큼 시간과 자원이 충분한 프로젝트는 거의 없다. 필수 기능이나 유용성, 불필요 여부 등을 결정하는 것은 요구사항 분석에 중요하다. 여러분은 요구사항의 우선순위 결정을 주도하는 역할을 겸하고 있다. 개발자는 요구사항의 최종 우선순위를 결정하는 데 도움이 되는 각 요구사항이나 사용자 스토리에 대한 비용과 위험에 대한 정보를 제공할 수 있다. 여러분이 현실적으로 우선순위를 설정한다면 개발자가 가장 낮은 비용으로 적절한 시기에 최대의 가치를 제공하는 데 도움이 된다. 모두 함께 요구사항에 우선순위를 할당하는 것은 애자일 프로젝트의 핵심이며, 이를 통해 개발자는 가능한 한 빨리 유용한 소프트웨어를 전달하기 시작할 수 있다.

요청한 기능 중 가용한 시간과 자원 제약조건 내에서 완료할 수 있는 기능 규모에 대한 개발팀의 판단을 존중하자. 프로젝트라는 상자 안에 여러분이 원하는 모든 것을 담을 수 없다면 의사결정자는 우선순위에 따라 프로젝트 범위를 축소하거나, 일정을 연기하거나, 추가 비용이나 인력을 투입해야 할 것이다. 모든 요구사항의 우선순위를 최우선으로 설정하는 것은 현실적이지도 않고, 협력적이지도 않다.

의무 #7: 요구사항을 검토하고 프로토타입을 평가하자.

17장 "요구사항 검증하기"에서 얘기하겠지만 요구사항에 대한 동료평가는 소프트웨어 품질 활동 중 가장 강력한 활동이다. 고객이 검토에 참여하는 것은 요구사항이 완전하고 정확하며 필요한 특성을 설명하는지 여부를 평가하는 중요한 방법이다. 또한 검토는 고객 담당자가 BA의 작업이 프로젝트 요구사항에 얼마나 부합하는가를 평가할 수 있는 기회이기도 하다. 바쁜 고객은 요구사항 검토에 시간을 소비하는 것을 꺼리기도 하지만 그럴 만한 충분한 가치가 있다. 요구사항 작업이 "완료"됐을 때

BA는 요구사항을 엄청나게 두꺼운 책 같은 형태로 제공하지 말고, 요구사항 도출 프로세스를 통해 여러분이 검토 가능한 수준으로 요구사항을 만들어 제공해야 한다.

글로 쓰여진 요구사항만 가지고 소프트웨어가 동작하는 방법을 머릿속으로 잘 그리기는 어렵다. BA나 개발자는 여러분의 니즈를 더 잘 이해하고 만족시킬 수 있는 최선의 방법을 찾기 위해 대상 제품의 프로토타입을 만들기도 한다. 이러한 선행적, 부분적, 혹은 탐험적인 구현에 대한 여러분의 피드백은 개발자에게 유용한 정보를 제공한다.

의무 #8: 인수 기준을 설정하자.

개발자는 개발 완료 시점을 어떻게 알 수 있을까? 개발자는 자신들이 개발한 소프트웨어가 다양한 고객군의 기대치를 충족할 것이라고 어떻게 알 수 있을까? 고객으로서의 의무 중 하나는 제품의 인수 가능 여부를 판단하기 위해 반드시 충족해야 하는, 사전에 정의된 조건인 인수 기준을 설정하는 것이다. 이러한 기준에는 사용자가 제품으로 중요한 비즈니스 작업을 정확하게 수행할 수 있는지 여부를 평가하는 인수 테스트가 포함된다. 그 밖의 다른 인수 기준은 예상되는 잔여 결함 수준, 운영 환경에서 특정 작업의 성능, 외부 인증 요구사항 충족 기능 등을 다룬다. 애자일 프로젝트는 사용자 스토리를 더 구체화하기 위해 문서로 작성된 요구사항 대신 인수 테스트에 크게 의지한다. 테스터는 특정 요구사항이 올바르게 구현됐는지 여부를 판단할 수 있지만 여러분이 생각하는 인수할 결과물이 무엇인지에 대해서는 항상 정확히 알지는 못한다.

의무 #9: 요구사항 변경 시 즉시 이야기하자.

지속적인 요구사항 변경은 개발팀이 일정 내에 고품질의 제품을 제공할 가능성에 심각한 위험을 가져다 준다. 변경은 불가피하고 어떨 때는 가치 있을 수도 있지만 개발 후반부에 변경이 발생하면 그 영향이 더 커진다. 요구사항 변경이 필요하면 즉시 BA에게 알리자. 변경으로 인한 부정적인 영향을 최소화하려면 프로젝트에서 정의한 변경 관리 프로세스를 따르자. 변경 관리 프로세스는 변경 요청을 빠트리지 않고, 각 변경에 대한 영향 범위를 분석하며, 모든 변경 제안을 일관된 방식으로 고려하게 한다. 이를 통해 비즈니스 이해관계자는 프로젝트의 적절한 진행 단계에 적절한 변경을 포함시키는 등의 비즈니스 의사결정을 내릴 수 있다.

의무 #10: 요구사항 개발 프로세스를 존중하자.

요구사항 도출 및 명세화는 소프트웨어 개발에서 가장 큰 어려움 중 하나다. 요구사항 개발에 대한 BA의 접근법에는 이유가 있다. BA의 접근법이 불만스러울 수도 있지만 요구사항을 이해하는 데 시간을 할애하는 것은 훌륭한 투자다. BA가 사용하는 방법을 존중한다면 요구사항 개발 프로세스가 덜 고통스러울 것이다. 그들이 여러분에게 특정 정보를 요구하는 이유나 여러분이 몇몇 요구사항 관련 활동에 참여해야 하는 이유가 궁금하다면 편하게 BA에게 설명해 달라고 요청하자. 서로간의 접근 방식과 니즈에 대한 이해 및 존중은 효과적인 협력, 심지어는 즐거운 협업에 큰 도움을 줄 것이다.

요구사항을 존중하는 문화 만들기

기업의 요구사항 조직 책임자가 다음과 같이 말하며 문제를 제기했다. "일부 개발자에게 요구사항 개발에 참여하도록 동의를 얻는 과정에 문제가 있어요. 어떻게 하면 개발자들에게 요구사항 개발에 참여함으로써 얻을 수 있는 가치를 이해시킬 수 있을까요?" 또 다른 조직의 경우, BA는 회계 시스템에 대한 상세한 기초 자료를 찾고자 하는 개발자와 특정 요구사항 도출 기법을 사용하지 않고 단순히 브레인스토밍을 통해 요구사항을 찾고자 하는 IT 관리자 간의 충돌을 경험했다. 이 BA는 나에게 "당신의 독자들이 문화적 갈등을 감수하려 할까요?"라고 물었다.

이 질문은 공동의 요구사항 협력 관계에 BA와 개발자, 고객을 참여시키려 할 때 발생할 수 있는 전형적인 문제의 예다. 여러분은 요구사항의 기초 자료를 제공하는 사용자가 스스로 원하는 것을 얻을 가능성이 더 클 것이라 생각할 것이다. 개발자는 요구사항 문서가 산으로 가버려 나중에 후회하기보다 직접 프로세스에 참여함으로써 삶이 더 편해질 것이라는 것을 인지해야 한다. 분명 모두가 여러분처럼 요구사항 작업을 즐거워하지는 않을 것이다. 하지만 만약 그런 사람이 있다면 모두 비즈니스 분석가가 될 수 있을 것이다.

요구사항 작업을 하는 팀은 빈번하게 문화적 충돌에 봉착한다. 최소한의 혹은 텔레파시를 이용한 의사소통을 통해 도출한 요구사항을 기반으로 소프트웨어를 개발하면 많은 위험에 노출된다고 알고 있는 사람들이 있다. 요구사항이 불필요하다고 생각하는 사람도 있다. 구형 시스템 교체와 같은 프로젝트에 대해 사용자가 본인의 비즈니스 문제와 관련이 없다고 생각하거나, 시간을 투자할 가치가 없다고 생각한다면 비즈니스 측면의 협력을 얻는 것은 어려울 수 있다. 사람들이 요구사항 개발에 참여하길 꺼리는 이유를 이해하는 것이 이 문제를 해결하기 위한 첫걸음이다.

누군가가 요구사항을 개발하는 데 참여하길 거부한다면 아마도 믿을 만한 요구사항 실천 지침을 겪어보지 못했을 가능성이 있다. 아니면 형편없는 요구사항 개발 프로세스와 방대하고 불완전하며 무의미한 요구사항 명세를 만들던 프로젝트로 인해 고통받았을 수도 있다. 그런 경험은 누구에게나 요구사항 개발에 대해 안 좋은 인상을 남겼을 것이다. 대개 이런 거부자는 실천 지침들이 효율적으로 수행됐을 때의 가치를 이해하거나 인정하지 않는다. 그들은 과거 무성의하고 체계화되지 않은 환경에서 작업하며 지불한 비용을 알지 못할 수도 있다. 그런 비용은 대부분 납품 지연이나 형편없는 소프트웨어의 원인이 되는 예기치 못한 재작업으로 나타난다. 이러한 재작업은 프로젝트 참여자의 일상 생활에 묻혀버려 심각한 비효율로 인식되지 않는다.

만약 여러분이 개발자, 관리자, 고객 모두를 얻고자 한다면 이들 모두가 요구사항 문제로 인해 조직과 조직의 고객이 과거에 겪었던 고통을 이해할 수 있게 하자. 스스로 고통을 느끼지 못하는 경우 이로 인한 영향을 보여주는 예를 찾자. 금액이나 시간, 고객 불만, 비즈니스 기회 손실과 같이 조직에 의미 있는 단위로 비용을 표현하는 것도 좋다. 개발 관리자는 수준 낮은 요구사항이 팀의 생산성을 얼마나 크게 저해하는지 항상 인지하고 있지는 않는다. 이를 위해 관리자에게 수준 낮은 요구사항이 얼마나 설계 속도를 늦추는지, 얼마나 과도한 방향 전환이 일어나는지, 얼마나 큰 비용이 드는지 보여주자.

개발자는 프로젝트의 이해관계자지만 의견이 인정받지 못할 때도 있고 그들에게 떠넘겨진 요구사항의 "피해자"가 되기도 한다. 그래서 개발자는 요구사항 문서를 가급적 유용하고 의미 있게 만들어 주는 기초 자료를 제공함으로써 혜택을 얻을 수 있다. 나는 개발자가 개발을 진행하며 요구사항을 검토하는 것을 좋아한다. 그렇게 개발자들은 어떤 요구사항이 추가될지, 어떤 부분이 좀 더 명확해야 하는지 알게 된다. 사용자에게는 보이지 않는 내부 품질 속성을 명세화하는 과정에 개발자의 의견도 필요하다. 개발자는 뭔가를 더 쉽게 할 수 있는 방법, 개발에 아주 많은 시간이 소비되는 기능, 불필요하게 부과된 설계 제약조건, 예외 처리 방법 등 누락된 요구사항, 기술의 이점을 활용한 창의적인 기회 등 누구도 생각하지 못했던 것을 제안할 수 있다.

품질 보증 직원과 테스터도 훌륭한 요구사항에 중요한 기여를 한다. 프로젝트 후반까지 기다리지 말고, 날카로운 눈을 가진 이들을 처음부터 반복적인 요구사항 검토에 참여시키자. 그들은 테스트 케이스나 테스트 시나리오를 개발하는 것처럼 요구사항에서 모호하거나 서로 상충하는, 걱정되는 많은 부분을 찾아낼 것이다. 또한 테스터는 검증 가능한 품질 속성 요구사항을 구체화하기 위한 기초 자료를 제공한다.

프로세스나 문화의 변화에 대한 저항은 공포나 불확실성, 또는 지식의 부족으로 인해 나타날 수 있다. 저항의 원인을 찾아낼 수 있다면 안심이 되는 말이나 구체적인 설명, 교육을 통해 이에 대응할 수 있다. 참여를 통해 스스로의 이익을 극대화시킬 뿐만 아니라 결국 더 좋은 결과를 가져올 것이라는 점을 사람들에게 보여주자.

조직의 리더십은 조직이 전략적인 핵심 역량으로서 효과적인 비즈니스 분석과 요구공학 능력을 가져야 하는 필요성을 이해해야 한다. 프로젝트에 국한되거나 국지적인 풀뿌리 환경의 노력도 중요하지만 관리에 대한 노력 없이는 프로젝트가 종료되거나 조직이 개편된 후에도 개선이나 이점이 지속될 수 없을 것이다.

의사결정자 식별하기

소프트웨어 프로젝트에는 수백 개의 의사결정이 있을 수 있는데, 보통은 프로젝트를 지속하기 위한 중요한 길목에 있다. 여러분은 갈등을 해결하거나, 제안된 변경사항을 승인 혹은 거절하거나, 특정 배포에 대한 일련의 요구사항을 승인해야 할 수도 있다. 프로젝트 초기에 요구사항의 의사결정자가 될 사람은 누구인지, 어떻게 의사결정을 내릴 것인지 결정하자. 내 친구이자 노련한 프로젝트 관리자인 크리스는 말했다. "보통 프로젝트에는 한 명의 주요 의사결정자가 있는데 대부분 그가 조직의 핵심 스폰서라는 사실을 발견했어. 나는 그 사람이 누구인지 찾기 전까지 쉬지 않았고, 그가 항상 프로젝트의 진행상황을 인식하고 있다고 확신했어." 누가 중요한 결정을 내려야 하는지에 대한 정답은 없다. 일반적으로 관리, 고객, 비즈니스 분석, 개발, 마케팅과 같이 주요 분야를 대표하는 소그룹이 가장 잘 동작한다. 28장 "변경의 발생"에서는 제안된 요구사항 변경을 위한 의사결정자 역할을 하는 변경 관리 위원회에 대해 설명한다.

의사결정 그룹은 그룹의 리더를 찾고 결단에 이르는 방법을 설명하는 의사결정 규칙을 세워야 한다. 다음과 같이 선택할 수 있는 수많은 의사결정 규칙이 있다(Gottesdiener 2001).

- 의사결정 리더는 다른 이들과 논의 후에 결정할지 아니면 혼자 결정할지 선택한다.
- 그룹은 투표 후 다수결 원칙에 따른다.
- 그룹은 투표를 하지만 결과를 수용하기 위해 만장일치가 나와야 한다.
- 그룹은 합의에 도달하기 위해 토론하고 협상한다. 그룹원 모두 의사결정을 수용하고 이를 지원하는 데 전념할 수 있다.
- 의사결정 리더는 개개인 스스로 의사결정을 내릴 수 있도록 권한을 위임한다.
- 그룹이 의사결정을 내렸더라도, 몇몇은 이미 내려진 결정에 대해 거부권을 가진다.

전 세계적인 차원에서 유효하거나 적절한 의사결정 규칙이란 건 없다. 하나의 의사결정 규칙으로는 모든 상황에 대응할 수 없다. 그래서 그룹은 투표가 필요할 때, 합의를 이뤄야 할 때, 위임해야 할 때 등을 알 수 있는 지침을 수립해야 한다. 각 프로젝트에서 요구사항 관련 의사결정을 내리는 사람은 중요한 첫 번째 의사결정에 직면하기 전에 의사결정 규칙을 설정해야 한다.

요구사항 합의에 도달하기

개발할 제품이나 제품의 일부에 대한 요구사항 합의에 도달하는 것은 고객과 개발자 간의 협력 관계에 있어 핵심이다. 이러한 합의에는 여러 당사자가 포함돼 있다.

- 고객은 요구사항이 그들의 니즈를 충족함에 동의한다.
- 개발자는 요구사항을 이해하고 개발 가능함에 동의한다.
- 테스터는 요구사항이 검증 가능함에 동의한다.
- 관리자는 요구사항이 비즈니스 목표를 달성하리라는 데 동의한다.

많은 조직에서 요구사항에 대해 이해관계자의 승인을 얻었다는 의미로 "서명했다"[2]는 말을 사용한다. 모든 요구사항 승인 과정에 참여한 사람들은 서명의 의미가 무엇인지, 어떤 문제가 뒤따를지 정확히 알고 있어야 한다. 그러한 문제 중 하나는 요구사항의 서명을 의미 없고 의례적인 것이라 평가하는 고객 대표나 관리자가 있다는 것이다.

"내 이름이 적힌 종이 한 장을 받았는데, 서명을 하지 않으면 개발자가 코딩을 시작하지 않기 때문에 내 이름 위에 서명을 했습니다." 이는 개인이 추후 요구사항 변경을 원하거나 결과물을 보고 놀랐을 때 발생할 문제의 원인이 될 수 있다. "내가 그 요구사항에 서명한 것은 맞지만 다 읽어볼 시간은 없었어요. 그래도 당신을 믿었는데 실망스럽네요!"

이와 마찬가지로 개발 관리자가 서명을 요구사항을 동결시키는 수단으로 보는 것도 문제다. 변경 요청이 발생할 때마다 다음과 같이 항의할 수도 있다. "하지만 당신이 이 요구사항에 서명했잖아요. 그래서 우리는 개발을 진행했다고요. 뭔가 다른 걸 원했다면 그때 얘기를 했어야죠."

이러한 두 가지 태도 모두 프로젝트 초기에 모든 요구사항을 알기는 어렵다는 것과 시간이 지나면 요구사항이 반드시 변경될 것이라는 현실을 무시한다. 일련의 요구사항을 승인하는 것은 요구사항 개발의 일부 단계를 끝내는 적절한 조치다. 어쨌든 참여자는 본인이 서명한 내용에 대해 정확히 동의해야 한다.

---

[2] (옮긴이) signing off 라는 용어를 사용하지만 '서명했다'로 옮김

중요 서명을 무기로 사용하지 말자. 서명을 이끌어내는 행동에 대한 명확한 공통의 이해와 차후에 있을 변경에 미칠 영향을 포함해서 이를 마일스톤처럼 다루자. 의사결정자가 요구사항 전체를 읽을 필요가 없다면 필수 요소를 요약하고 신속하게 합의에 도달할 수 있도록 프레젠테이션 같은 의사소통 기법을 선택하자.

요구사항 기준

서명 행위보다 더 중요한 것은 요구사항 합의에 대한 기준, 즉 특정 시점에 대한 스냅숏을 설정하는 개념이다(Wiegers 2006). 요구사항 기준은 앞으로의 개발을 위한 토대로 제공되는, 검토되고 합의된 일련의 요구사항이다. 팀이 공식적인 서명 프로세스를 사용하든, 아니면 기타 다른 식의 요구사항 합의 과정을 사용하든 합의에 대한 저의는 다음과 같이 들려야 한다.

"저는 이러한 일련의 요구사항이 우리가 이 프로젝트의 다음 부분을 위한 요구사항을 잘 이해하고 있다는 것을 보여주고, 오늘 이해한 대로 요구사항에서 설명하는 솔루션이 우리의 니즈를 충족하리라는 데 동의합니다. 추후 본 기준에 변경이 발생하면 프로젝트에서 정의한 변경 프로세스를 통해 변경할 것임을 동의합니다. 저는 변경에 드는 비용과 자원, 일정 합의에 대한 재협상이 필요할 수 있음을 알고 있습니다."

어떤 조직은 서명 페이지에 이 문구를 넣어 요구사항 승인자가 서명의 의미를 정확히 알 수 있게 한다.

이러한 기준에 대한 공통의 이해는 프로젝트가 진행되는 동안 간과한 요구사항이 발견되거나 시장과 비즈니스의 요구가 증가하며 발생할 수 있는 마찰을 줄이는 데 도움이 된다. 유의미한 기준 설정 프로세스는 다음과 같은 방법으로 모든 주요 이해관계자에게 신뢰를 제공한다.

- 고객 관리자 및 마케팅 담당자는 고객이 범위 변경에 대한 의사결정을 관리하기 때문에 프로젝트 범위가 통제 범위를 벗어나지 않을 것을 확신한다.
- 사용자 대표는 개발을 시작하기 전에 모든 요구사항을 생각하지 못했더라도 정확한 솔루션을 전달하기 위해 개발팀과 함께 작업하리라는 것을 확신한다.
- 개발 관리자는 프로젝트가 목표 달성에 집중하는지 지속적으로 확인하고, 일정, 비용, 기능, 품질을 균형 있게 조정하는 비즈니스 파트너가 개발팀에 있어서 확신을 가질 수 있다.
- 비즈니스 분석가 및 프로젝트 관리자는 혼란을 최소화하기 위해 프로젝트에서 변경을 관리할 수 있음을 확신한다.
- 품질 보증 및 테스트 팀은 확신을 갖고 테스트 스크립트를 개발할 수 있으며, 프로젝트 활동 지원을 위해 확실하게 준비할 수 있다.

의사결정자가 기준을 정의하고 나면 BA는 요구사항을 변경 관리하에 둬야 한다. 이를 통해 팀은 필요할 때 일정과 기타 다른 성공 요소에 대한 각 변경 제안의 영향을 분석하는 것을 비롯해 통제 가능한 방법 내에서 범위를 수정할 수 있다. 명확히 합의된 초기 요구사항 개발 활동을 봉인함으로써 성공적인 프로젝트로 가는 고객과 개발자 간의 협력 관계를 구축하는 데 이바지한다.

합의에 도달하지 못하면 어떻게 할까?

관련된 모든 이해관계자에게 서명을 받기가 어려울 수 있다. 복잡한 계획이나 바쁜 일정, 협의나 추후 책임지는 것을 꺼려하는 사람 등이 이러한 장벽에 포함된다. 만약 이해관계자가 요구사항을 승인하고 나면 요구사항을 변경할 수 없을까봐 두려워한다면 승인을 질질 끌 것이다. 이는 정보 과다로 인한 분석 마비의 함정에 빠지는 원인이 된다. 많은 팀들은 다음과 같은 이메일을 보내곤 한다. "다음 주 금요일까지 변경사항에 대한 서명을 회신하지 않으면 이 요구사항을 승인한 것으로 간주하겠습니다." 이는 하나의 선택일 수 있지만 실제로는 합의에 도달하지 못한 것과 같다. 또한 암묵적인 승인을 가정해서 이해관계자와의 관계를 압박하는 것은 위험하다. 이해관계자들이 서명을 불편해하는 이유와 이를 직접 설명하지 않는 이유를 이해하려고 노력하자.

이런 상황에서는 반대하는 이해관계자의 동의를 받지 못했다고 가정하고 조심스럽게 진행하는 편이 더 낫다. 요구사항 중 일부가 누락되거나 잘못된 경우의 영향과 마찬가지로 특정 이해관계자가 요구사항에 서명하지 않은 사실을 위험 목록으로서 문서화하자. 또한 그 사람들을 위기 관리의 일부로 처리하자. 긍정적인 방식으로, 그들이 요구사항을 승인하지 않은 건 알고 있지만 진행 상황이 지연되지 않도록 프로젝트는 해당 요구사항을 기준으로 계속되고 있다고 얘기하자. 그들이 뭔가를 변경하고자 한다면 변경을 위한 프로세스가 존재한다는 것을 알려주자. 기본적으로는 이해관계자가 요구사항을 정말 동의한 것처럼 행동하더라도 긴밀한 소통 관계를 유지하자.

애자일 프로젝트에서 요구사항에 동의하기

애자일 프로젝트에는 공식적인 서명 행위가 포함돼 있지 않다. 애자일 프로젝트는 일반적으로 요구사항을 제품 백로그에서 사용자 스토리의 형태로 관리한다. 제품 주인과 팀은 계획 기간에 다음 반복주기에 어떤 사용자 스토리를 개발할지에 대해 합의한다. 사용자 스토리는 우선순위와 팀의 속도(생산성)에 따라 선택된다. 포함될 사용자 스토리가 결정되고 승인되고 나면 반복주기에 포함된 사용자 스토리는 변경되지 않는다. 변경 요청은 차후에 있을 반복주기에 고려된다. 그럼에도 애자일 프로젝트에서 사전에 요구사항 전체 범위에 대한 이해관계자의 승인을 얻으려는 시도는 없다. 애자일 프로젝트에서 전체 기능은 시간이 지남에 따라 식별되지만 비전과 기타 다른 비즈니스 요구사항은 프로젝트 착수 시기에 설정돼야 한다. 애자일 프로젝트에서 요구사항을 처리하는 방법에 대해서는 20장 "애자일 프로젝트"에서 논의한다.

나는 애자일 개발 방법론을 따르지만 요구사항에 대한 서명을 요구하는 고객과 일한 적이 있다. 팀은 전통적으로 서명하지 않는 상황에서 이 작업을 수행하는 방법을 생각해냈다. BA 팀은 사용자 스토리와 프로세스 흐름과 상태표 등의 기타 다른 모델의 형태로 요구사항 도출 및 검토를 위해 사용자와 밀접하게 일했다. 우리는 사용자에게 그들이 알고 있는 주요 요구사항이 빠지지 않았고, 우리가 그들이 알고 있던 것에 대해 작성한 문서에 아무런 주요 이슈가 없을 때 이를 확인하는 "서명"을 요청했다. 사용자가 요구사항 활동에 참여했기 때문에 개발은 기준과 동떨어진 솔루션을 만들지는 않을 것이다. 그러나 "서명"이라는 개념에도 뭔가 새로운 것이 필요하거나 뭔가 잘못됐다는 것을 나중에 이야기할 수 있는 권리는 열어둔다.

"사전에 모든 요구사항을 승인받고 확정한다"는 전통적인 의미의 서명과는 대조적으로 이 접근법은 어느 누구에게도 거의 이해하지도 못한 거대한 요구사항 문서에 스스로의 인생을 담보하도록 강요하지 않는다. 어떠한 고객도 요구사항이 완벽에 가깝고 처음부터 모든 것이 언급됐음에 동의하도록 강요받을 수 없다. 이러한 의미의 서명은 애자일 방법론의 정신을 널리 퍼지게 한다. 앞서 언급한 서명 프로세스와 같이 가장 중요한 것은 다음 개발 주기에 특정 요구사항에 대한 합의(기준)를 보는 것이다(그 합의가 실제로 무엇을 의미하는지 모두가 명확하게 이해한 상태에서).

일반적으로 애자일 프로젝트에서의 제품 주인은 스토리 집합과 이에 수반되는 인수 기준 및 인수 테스트로 구성된 반복주기 동안 요구사항을 공개적으로 승인하거나 거절한다. 궁극적인 "서명"은 반복주기의 결과물이며, 동작하고 테스트가 완료된 소프트웨어를 인수하는 것을 말한다.

컨설턴트인 나넷 브라운(Nanette Brown)은 다음과 같이 지적했다. "애자일 환경일지라도 서명의 개념이 유효한 기능을 채울 수 있다. 애자일은 우리에게 "변화를 포용하라"고 말하지만 변경이라는 개념은 기준점이 있는 경우에만 존재한다. 심지어 팀 내에서의 긴밀한 소통 속에서도 사람들은 현재 계획과 상태에 대해 서로 다르게 해석할 수 있다. 어떤 사람의 '변경'이 다른 사람에게는 이미 합의된 것이라 생각될 수도 있다. 하지만 여러분이 서명을 '우리가 여기 있어요.' 정도의 가벼운 의식 정도로 사용한다면 상관없다고 생각한다. 오늘 '우리가 여기 있어요'라고 해서 내일은 다른 곳에 있을 수 없다는 의미는 아니지만, 그건 적어도 공통의 이해와 기준점은 보장한다."

> **다음 단계는**
>
> - 여러분의 프로젝트에서 비즈니스 요구사항 및 사용자 요구사항을 제공해야 하는 책임을 가진 최종 사용자를 포함해서 고객을 식별하자. 권리장전과 의무장전 중 어떤 항목을 이들 고객이 수용하고 수행해야 하는가? 수용하고 수행하지 말아야 할 항목은 무엇인가?
>
> - 여러분의 주요 고객이 어떠한 권리도 없다고 느끼지는 않는지 확인하기 위해 권리장전에 대해 논의하라. 의무장전 중 합의에 도달하기 위해 그들이 수용해야 할 책임이 무엇인지에 대해 논의하라. 모든 구성원이 함께 일하는 방법에 동의하도록 권리장전과 의무장전을 적절히 수정하자. 이해관계자가 권리와 의무 사이의 균형을 잘 관리하고 있는지 확인하자.
>
> - 여러분이 소프트웨어 프로젝트에 참여하고 있고 여러분의 요구사항 권한이 충분히 존중받고 있지 못하다고 생각한다면 프로젝트 관리자나 BA와 함께 권리장전에 대해 논의하자. 좀 더 협력적인 작업 관계를 만들기 위해 노력하는 만큼 의무장전을 만족시키기 위한 부분을 제안하자.
>
> - 여러분의 조직이 공식적인 서명 프로세스를 사용한다면 오늘날 서명의 의미가 무엇인지 생각하자. 서명이 요구사항 승인 프로세스에서 갖는 의미에 대한 합의에 도달하기 위해 개발자 및 고객(혹은 마케팅) 관리자와 함께 작업하자.
>
> - 현재나 과거의 프로젝트 중 필요한 수준의 고객 참여가 없었던 예를 하나 찾자. 어떤 영향이 있었는지 생각해 보자. 뒤늦은 요구사항 변경의 횟수, 제품 전달 후 제품을 고치는 데 들이는 시간, 비즈니스 기회 상실 등의 위기를 정량화할 수 있는지 확인하자. 추후 이러한 경험을 교훈으로 삼거나 고객 참여가 필수인 이유를 설득하는 데 사용하자.

03
요구공학의 우수 사례[1]

"사라, 우리 팀에 합류한 것을 환영해요." 프로젝트 관리자인 크리스틴이 말했다. "이번 프로젝트의 요구사항에 도움을 줄 것이라 기대하고 있어요. 내가 알기로는 이전에 비즈니스 분석가로 일했었다고 들었는데요. 어떻게 시작하는 게 좋을까요? 좋은 생각이 있으면 얘기해 주세요."

사라가 대답했다. "그럼 우리 사용자들이 무엇을 원하는지 인터뷰를 하면 좋을 것 같네요. 원하는 걸 듣고 받아 적을 거에요. 그럼 개발자들이 시작하기에 좋은 지점을 알 수 있을 거에요. 이게 바로 우리가 가장 먼저 했어야 하는 일이죠. 혹시 제가 얘기해볼 수 있는 사용자를 알 수 있을까요?"

"음... 이런 유형의 프로젝트에서 그 정도면 충분할 거라고 생각하나요?" 크리스틴이 되물었다. "우리도 그렇게 해 봤지만 별 소용이 없었어요. 저는 여러 명을 인터뷰하는 것보다 BA로서 당신의 경험을 살린 모범 사례가 있을 거라 생각했거든요. 당신이 찾은 특별히 도움될 법한 특정 기법이 없을까요?"

사라는 당황했다. "사용자들과 얘기하고 명확한 명세를 받아 적는 것보다 더 나은 특별한 요구사항 접근법이 있는지는 잘 모르겠네요. 마지막으로 했던 일도 제 비즈니스 경험을 살려 최선을 다했을 뿐입니다. 제가 뭘 할 수 있을지 한번 보죠."

---

1 (옮긴이) 원서에서 practice로 이야기하는 이 용어는 다양한 방법이나 안 등을 말하며, 본 책에서는 "사례", "실천 지침"이라는 두 가지 용어로 표현한다.

모든 소프트웨어 전문가는 각 프로젝트의 도전과제에 사용할 수 있는 기법들을 내것으로 만들어야 한다. 이것이 부족한 실무자는 그 순간 합리적으로 보이는 어떤 방법이든 찾아내야 한다. 하지만 이같은 임시방편은 좋은 결과를 가져오지는 않는다. 어떤 사람들은 특정 소프트웨어 개발방법론과 프로젝트 도전과제에 포괄적인 솔루션을 제공하는 기술 패키지 집합을 지지하기도 한다. 그러나 단순히 모든 상황에서 작동하는 표준 프로세스의 스크립트를 따르는 것도 그다지 효과적이지는 않다. 우리는 업계의 모범 사례를 확인하고 적용하는 편이 더 효과적이라는 사실을 발견했다. 모범 사례 접근법은 다양한 문제에 적용할 수 있는 여러 기법과 소프트웨어 툴킷을 포함한다.

모범 사례라는 개념에는 논쟁의 여지가 있다. "모범"이라는 것은 누가 결정하고 무엇을 근거로 하는가? 접근법 중 하나는 다양한 조직에서 프로젝트를 분석하는 업계 전문가들을 소집하는 것이다. 이들 전문가들은 효율적인 작업이 프로젝트의 성공과 관련 있는 사례가 있는지, 실패한 프로젝트에서 작업이 덜 효율적이었거나 전혀 효율적이지 않았던 사례는 없었는지를 찾는다. 이러한 방법을 통해 전문가들은 지속적으로 높은 성과를 만들어 내는 활동에 대한 합의점에 도달하고 이를 모범 사례라 명명한다.

표 3-1은 어떤 개발팀이라도 요구사항 관련 활동을 더 잘 하는 데 도움이 되는 7가지 범주로 분류된 50개 이상의 사례를 보여준다. 어떤 사례는 하나 이상의 범주에 기여하기도 하지만 각 사례는 표에 한 번씩만 나타난다. 대부분의 사례는 프로젝트 이해관계자들의 효과적인 의사소통에 도움이 된다. 이번 장의 제목이 "모범 사례"가 아니라 "요구공학의 우수 사례"라는 것에 주목하자. 이들 사례가 적절한 목적을 위해 체계적으로 평가될 수 있을지는 의심해 볼 필요가 있다. 그럼에도 많은 실무자들은 이런 기법들이 효과적이라는 사실을 발견했다(Sommerville and Sawyer 1997; Hofmann and Lehner 2001; Gottesdiener 2005; IIBA 2009).

표 3-1 요구공학의 우수 사례

도출	분석	명세	검증
▪ 비전과 범위 정의하기	▪ 애플리케이션 환경 모델 만들기	▪ 요구사항 문서 템플릿 도입하기	▪ 요구사항 검토하기
▪ 사용자 클래스 식별하기	▪ 프로토타입 구현하기	▪ 요구사항 근원 식별하기	▪ 요구사항 테스트하기
▪ 제품 챔피언 선택하기	▪ 타당성 분석하기	▪ 각 요구사항에 고유 이름 할당하기	▪ 인수 기준 정의하기
▪ 포커스 그룹 운영하기	▪ 요구사항 우선순위 할당하기	▪ 비즈니스 규칙 기록하기	▪ 요구사항 시뮬레이션하기
▪ 사용자 요구사항 식별하기	▪ 데이터 사전 만들기	▪ 비기능적 요구사항 명세화하기	
▪ 시스템 이벤트 및 반응 식별하기	▪ 요구사항 모델 만들기		
▪ 요구사항 도출 인터뷰 시행하기	▪ 인터페이스 분석하기		
▪ 요구사항 도출 촉진 워크숍 시행하기			

도출	분석	명세	검증
▪ 사용자가 수행하는 작업 관찰하기 ▪ 설문지 배포하기 ▪ 문서 분석하기 ▪ 문제 보고서 검토하기 ▪ 기존 요구사항 재사용하기	▪ 서브시스템에 요구사항 할당하기		

요구사항 관리	지식	프로젝트 관리
▪ 변경 관리 프로세스 수립하기 ▪ 변경 영향 분석하기 ▪ 요구사항 집합의 기준을 설정하고 버전 관리하기 ▪ 변경 이력 관리하기 ▪ 요구사항 상태 추적하기 ▪ 요구사항 이슈 추적하기 ▪ 요구사항 추적 매트릭스 관리하기 ▪ 요구사항 관리 도구 활용하기	▪ 비즈니스 분석가 교육하기 ▪ 이해관계자에게 요구사항에 대해 교육하기 ▪ 개발자에게 애플리케이션 도메인에 대해 교육하기 ▪ 요구공학 프로세스 정의하기 ▪ 용어사전 구축하기	▪ 적절한 수명주기 선택하기 ▪ 요구사항 접근법 계획하기 ▪ 요구사항 노력 산정하기 ▪ 요구사항에 대한 기본 계획 수립하기 ▪ 요구사항 의사결정자 식별하기 ▪ 기존 합의 재협상하기 ▪ 요구사항 위험 관리하기 ▪ 요구사항 노력 추적하기 ▪ 과거에 습득한 교훈 검토하기

이번 장에서는 각 우수 사례를 간략히 설명하고 여러 기법에 대해 학습할 수 있도록 이 책에서 참고할 만한 장이나 외부 참고자료를 제공한다. 이 사례들이 모든 상황에 적합하지는 않으므로 현명한 판단이나 상식, 경험을 기반으로 삼자. 심지어 모범 사례를 선택적으로 적용하더라도 숙련된 비즈니스 분석가에 의해 적절한 상황에 신중하게 적용해야 한다. 각기 다른 사례는 특정 프로젝트의 여러 부분에 대한 요구사항을 이해하는 데 적절하다. 예를 들어, 유스케이스와 사용자 인터페이스 프로토타입은 클라이언트 측면에 도움되는 반면, 인터페이스 분석은 서버 측면에 더 유용하다.

해당 사례를 수행하거나 책임지는 사람은 사례나 프로젝트에 따라 달라질 것이다. 그중에서 비즈니스 분석가(BA)는 중요한 역할을 수행하지만 모든 프로젝트에 BA가 존재하는 것은 아니다. 애자일 프로젝트에서는 제품 주인이 이들 사례 중 일부를 수행할 수 있다. 하지만 여전히 다른 사례들은 프로젝트 관리자의 권한 아래에 있다. 다음 프로젝트에서 실제 팀을 이끌거나 참여할 만한 사람은 어떤 사람일까? 한번 생각해 보자.

 중요 만약 적합하지 않은 사람과 일하게 된다면 어떠한 기법도 제대로 작동하지 않을 것이다. 고객이나 관리자, IT 직원들이 적합하지 않아 보일 때도 있는데, 어쩌면 아직 충분한 지식을 갖고 있지 못한 것일 수도 있다. 이들은 왜 여러분이 어떤 사례를 사용하려 하는지 모르고 익숙하지 않은 용어나 활동을 불편해할 것이다. 동료들에게 사용하고자 하는 사례와 여러분이 해당 사례를 사용하려는 이유, 각자의 성공에 협업이 중요한 이유를 교육하자.

요구사항 개발 프로세스 프레임워크

1장 "필수 소프트웨어 요구사항"에서 살펴본 바와 같이 요구사항 개발에는 요구사항 도출 및 분석, 명세, 검증 과정이 포함된다. 이런 활동이 단순히 선형적이고 단방향으로 진행될 것이라 기대하지 말자. 실제로 이들 활동은 그림 3-1과 같이 뒤얽혀 있으며 점진적이고 반복적이다. 무엇이 필요한지에 대한 초기 콘셉트에서 더 명확히 이해하고 표현하는 단계로 넘어갈 때 "세부사항의 점진적인 정제"는 요구사항 개발을 나타내는 핵심적인 표현이다.

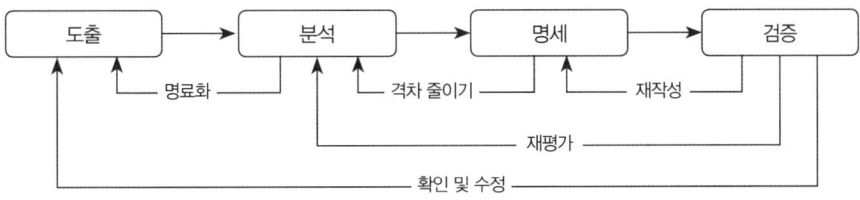

그림 3-1 요구사항 개발은 반복적인 프로세스다.

만약 여러분이 BA라면 고객에게 질문을 하고, 답을 듣고, 그들이 어떻게 하는지 지켜볼 것이다(도출). 또한 이들 정보를 이해하고, 다양한 범주로 분류하며, 고객의 니즈를 실질적인 소프트웨어 요구사항과 연관 짓기 위한 과정을 거칠 것이다(분석). 그리고 분석을 통해 어떤 요구사항을 좀 더 명확히 할 필요가 있다는 것을 깨닫고, 도출 과정으로 다시 돌아가 요구사항을 좀 더 도출해 볼 수 있을 것이다. 그런 다음 고객의 초기자료와 이를 통해 도출된 요구사항을 요구사항 명세서와 다이어그램으로 구조화할 것이다(명세). 요구사항을 작성하는 동안 부족한 부분을 채우기 위해 전 단계로 돌아가 추가적인 분석을 진행해야 할 수도 있다. 다음으로 여러분이 포착한 것들이 정확하고 문제가 없는지 확인하고 잘못된 부분을 바로잡기 위해 이해관계자들과의 대화를 통해 확인해야 할 것이다(검증). 여러분은 소프트웨어 개발을 시작하는 데 가장 중요하고 시기적절한 요구사항들을 추려내기 위해 이 같은 일련의 작업을 하게 될 것이다. 검증을 통해 아직 명확하지 않은 요구사항을 다시 작성해야 할 수도 있고, 분석 활동을 조금 더 해야 할 수도 있다. 어쩌면 요구사항 도출 과정으로 돌아가 추가적인 도출 작업을 수행해야 할지도 모른다. 그런 다음 프로젝트의 다음 부분으로 이동해서 이 모든 과정을 다시 수행할 것이다. 이러한 반복적인 프로세스는 요구사항 개발 기간과 아마도 프로젝트 전체 기간 동안(특히 애자일 프로젝트의 경우) 계속될 것이다.

소프트웨어 개발 프로젝트와 조직 문화의 다양성으로 인해 정형화된 요구사항 개발 방식은 존재하지 않는다. 그림 3-2는 적절히 수정해서 여러 프로젝트에 적용 가능한 요구사항 개발을 위한 프로세스 프레임워크를 제안한다. 그림 3-2에서 볼 수 있듯이 비즈니스 니즈나 시장 기회는 프로세스보다 선행돼야 한다. 이들 단계는 대체로 순차적으로 진행되지만 프로세스는 꼭 그렇지는 않다. 처음 일곱 단계는 일반적으로 프로젝트 초기에 일괄 수행된다(물론 팀이 이 모든 단계를 정기적으로 반복해야 할 수도 있지만 말이다). 남은 단계는 각 출시나 개발 반복주기에 맞춰서 수행된다. 이들 중 많은 활동이 반복적으로 수행될 수 있으며, 필요에 따라 서로 뒤얽혀서 수행될 수도 있다. 예를 들어, 8, 9, 10번 단계만 간략히 수행하고, 검토(12단계)는 각 반복주기가 종료된 후에 수행할 수도 있다.

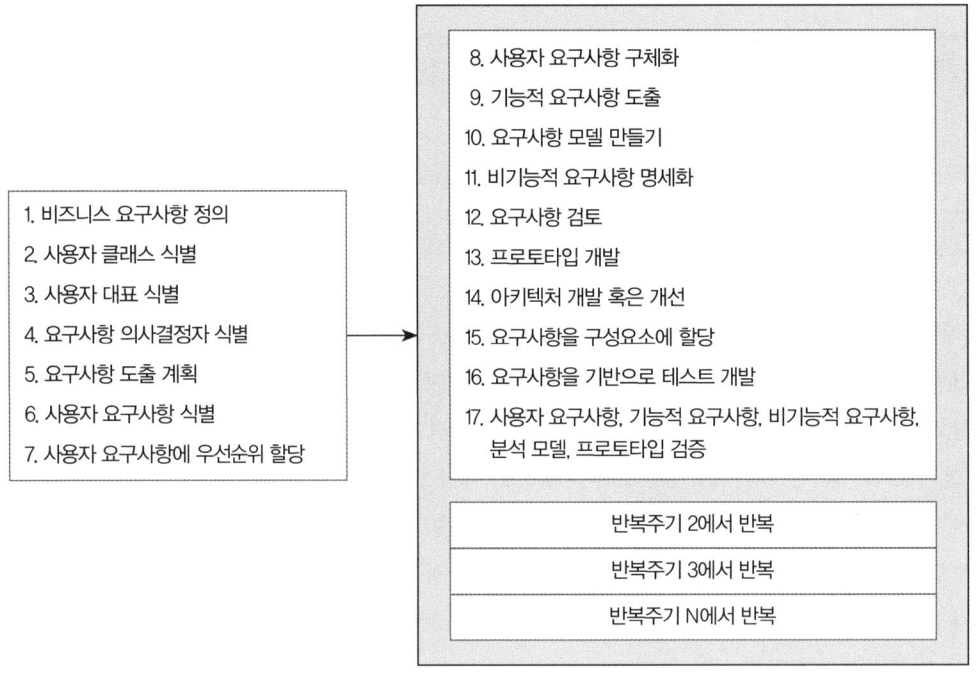

그림 3-2 대표적인 요구사항 개발 프로세스

요구공학의 다섯 번째 하위 분야는 요구사항 관리다. 요구사항 관리는 여러분이 요구사항을 전달받은 후 요구사항을 처리하는 데 도움이 되는 사례를 망라한다. 이러한 사례는 버전 관리나 기준 잡기, 변경 관리, 요구사항 상태 추적, 기타 시스템 요소와 관련된 요구사항 추적 등을 포함한다. 요구사항 관리는 프로젝트 전반에 걸쳐 조금씩 수행될 것이다.

그림 3-3은 몇 가지 공통적인 소프트웨어 개발 수명주기에서 제품을 개발하는 기간 동안 요구사항에 대한 노력을 어떻게 할당하는지 보여준다. 다른 수명주기를 따르더라도 요구사항 노력의 총합은 크게 다르지 않을 수도 있지만 요구사항 작업 시기의 분포는 매우 다르다. 순수한 폭포수 개발 수명주기에서는 한 번의 제품 출시만 계획하므로 요구사항 개발 노력의 대부분이 프로젝트 초기에 할당

돼 있다(그림 3-3의 실선). 이 방법은 여전히 상당수 프로젝트에서 사용되며, 어떤 경우에는 적합하다. 하지만 프로젝트를 시작하며 설계 전에 전통적인 "요구사항 개발 단계"를 계획하더라도 프로젝트 전반에 걸쳐 몇 개의 추가 요구사항이 있을지 계산해 볼 수 있다.

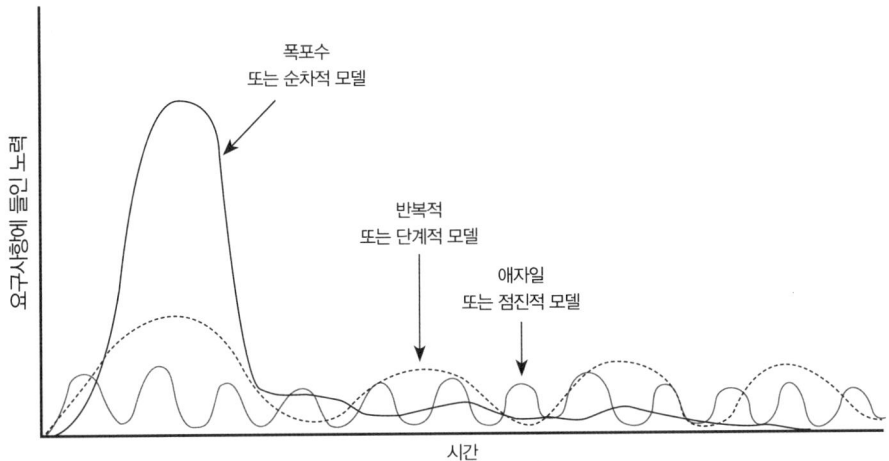

그림 3-3 각기 다른 개발 수명주기를 따르는 프로젝트에서 시간별 요구사항 개발 노력 분포

RUP(Rational Unified Process)와 같이 반복적인 개발 프로세스를 따르는 프로젝트는 개발 프로세스의 모든 반복주기에서 요구사항 개발 절차를 수행하는데(Jacobson, Booch, and Rumbaugh 1999), 특히 첫 번째 반복주기에서 많은 노력을 한다(그림 3-3의 파선). 여러분이 연속된 단계적인 출시를 계획하고 있고, 각 출시 때마다 제품의 궁극적인 기능 중 중요한 일부가 전달되는 경우가 이 사례에 속한다.

애자일이나 기타 다른 점진적인 개발 프로젝트는 특정 주 단위의 기능 단위 출시를 목적으로 한다(Larman 2004). 그림 3-3의 점선에서처럼 이러한 프로젝트에서는 작지만 자주 요구사항 개발 노력을 수행한다. 이러한 프로젝트는 먼저 사용자가 시스템을 통해 달성하고자 하는 주요 목표를 설명하는 단순한 사용자 스토리 형태로 요구사항을 수집하며 시작한다. 이 방법에서는 스토리를 정확히 파악해야 개발에 들어가는 노력을 산정하고 우선순위를 할당할 수 있다. 사용자 요구사항에 우선순위를 할당함으로써 어떤 요구사항을 어느 개발 증분(반복주기나 스프린트)에 할당할지 결정할 수 있다. 할당된 요구사항은 각 개발 주기의 적절한 시기에 자세히 조사할 수 있다.

여러분은 프로젝트가 따르는 수명주기와 상관없이 그림 3-2의 활동 중 어떤 것이 각 출시나 반복주기에 가치를 더하거나 위험을 줄여줄 것인지 자문해야 한다. 요구사항 개발을 위한 17단계를 모두 끝냈다면 시스템의 일부를 개발할 준비가 완료된 것이다. 다음 사용자 요구사항을 위해 8단계에서 17단계를 반복함으로써 다음 출시나 증분을 위한 토대를 마련할 수 있을 것이다.

우수 사례: 요구사항 도출

1장에서 비즈니스와 사용자, 기능적으로 총 세 단계의 요구사항에 대해 논의했다. 이러한 단계는 프로젝트 수행 기간 동안 각기 다른 순간에 서로 다른 출처에서 비롯된다. 또한 서로 다른 대상 고객이나 목표를 가지고, 각기 다른 방법으로 문서화돼야 한다. 적절한 출처로부터 다양한 관점의 품질 기대치와 같은 비기능적 요구사항도 도출해야 한다. 다음은 요구사항 정보의 무수히 많은 유형을 도출하는 데 도움이 되는 몇 가지 사례다.

제품 비전과 프로젝트 범위 정의하기

비전 범위 문서는 제품의 비즈니스 요구사항을 담는다. 비전 선언문은 모든 이해관계자에게 제품의 결과에 대한 공통의 이해를 돕는다. 범위는 특정 출시나 반복주기 안팎에 대한 경계를 정의한다. 비전과 범위는 제시된 요구사항을 평가하기 위한 기준을 제공한다. 비전은 프로젝트 전반에 걸쳐 비교적 안정적으로 유지해야 하나 계획된 각각의 출시나 반복주기에는 해당 출시나 반복주기를 위한 범위 기술서가 필요하다. 더 자세한 내용은 5장 "비즈니스 요구사항 정립하기"를 참조하자.

사용자 클래스 및 특징 식별하기

어떠한 사용자 커뮤니티의 니즈도 놓치지 않으려면 먼저 제품 사용자의 다양한 그룹을 식별해야 한다. 사용 빈도나 사용하는 기능, 권한 수준, 경험 등이 다를 수도 있다. 제품 설계에 영향을 미칠 수 있는 고유 업무나 태도, 위치, 개인적 특성 측면에서 이들을 설명하자. 사용자 페르소나나 특별한 사용자 클래스를 대표하는 가상의 인물도 만들어 보자. 더 자세한 내용은 6장 "고객의 목소리 찾기"를 참조하자.

각 사용자 클래스의 제품 챔피언 선택하기

각 사용자 클래스를 위한 고객의 목소리를 정확히 전달할 수 있는 사람을 식별한다. 제품 챔피언은 사용자 클래스의 니즈를 제시하고 대신 결정을 내린다. 이는 동료 직원이 사용자인 내부 정보 시스템을 개발할 때 유용한 방법이다. 상용 제품을 개발하는 경우 적절한 제품 챔피언을 찾기 위해 주요 고객이나 베타 테스트 사이트를 통해 관계를 형성하자. 더 자세한 내용은 6장을 참조하자.

대표적인 사용자들과 함께 포커스 그룹 운영하기

기존 제품이나 유사한 제품의 사용자를 대표할 만한 사용자와 함께 그룹을 만들자. 이들로부터 현재 개발 중인 제품을 위한 기능이나 품질 속성에 대한 기초 자료를 수집하자. 특히 포커스 그룹은 규모가 크고 다양한 고객 기반이 필요한 상용 제품을 개발하는 데 유용하다. 제품 챔피언과는 달리 포커스 그룹은 일반적으로 의사결정 권한을 갖고 있지 않다. 더 자세한 내용은 7장 "요구사항 도출"을 참조하자.

사용자 요구사항을 식별하기 위해 사용자 대표와 함께 일하기

사용자 대표와 함께 이들이 소프트웨어를 통해 완수하고자 하는 작업이나 성취하고자 하는 가치가 무엇인지 찾자. 사용자 요구사항은 유스케이스나 사용자 스토리, 시나리오 형태로 표현될 수 있다. 사용자가 각 작업을 완료할 수 있게 하는 사용자와 시스템 간의 상호작용에 대해 논의하자. 더 자세한 내용은 8장 "사용자 요구사항 이해하기"를 참조하자.

시스템 이벤트 및 반응 식별하기

시스템이 경험할 수 있는 외부 이벤트와 각 이벤트의 예상 반응을 나열한다. 외부 이벤트에는 세 가지 클래스가 있다. 신호(signal) 이벤트는 관리 신호나 외부 하드웨어 장치로부터 수신된 데이터를 말한다. 시간(temporal) 혹은 시간 기반(time-based) 이벤트는 시스템이 매일 밤 같은 시간에 생성하는 외부 데이터 피드(feed)와 같은 반응을 이끌어낸다. 비즈니스 이벤트는 비즈니스 애플리케이션의 유스케이스를 이끌어낸다. 더 자세한 내용은 12장 "백문이 불여일견"을 참조하자.

요구사항 도출 인터뷰 시행하기

인터뷰는 일대일로 이뤄지거나 이해관계자로 이뤄진 작은 그룹과 함께 진행될 수도 있다. 보통은 특정 요구사항을 중요하게 생각하는 사람만 만나 요구사항을 도출하는 것이 너무 많은 이해관계자의 시간을 빼앗지 않아 더 효율적이다. 인터뷰는 갈등을 해결하기 위해 함께 모이는 워크숍 준비에 필요한 사람들의 요구사항을 개별적으로 이끌어내는 데 유용하다. 더 자세한 내용은 7장을 참조하자.

요구사항 도출 촉진 워크숍 시행하기

분석가와 고객이 협업할 수 있는 환경을 제공하는 요구사항 도출 촉진 워크숍은 사용자의 니즈를 찾고 요구사항 문서 초안을 작성할 수 있는 강력한 방법이다(Gottesdiener 2002). 이런 워크숍은 합동 애플리케이션 설계(JAD; Joint Application Design) 세션이라 불리기도 한다(Wood and Silver 1995). 더 자세한 내용은 7장을 참조하자.

사용자 수행 작업 관찰하기

사용자의 실제 업무를 관찰함으로써 신규 애플리케이션의 잠재적인 활용과 관련된 컨텍스트를 확보할 수 있다. 간단한 프로세스 흐름 다이어그램으로 각 절차와 이에 동반되는 의사결정을 묘사할 수 있으며, 사용자 그룹 간 상호작용의 차이를 보여줄 수도 있다. 비즈니스 프로세스 흐름을 문서화하면 프로세스를 지원하기 위한 솔루션의 요구사항을 식별하는 데 도움될 것이다. 더 자세한 내용은 7장을 참조하자.

설문지 배포하기

설문조사는 대규모 사용자 그룹이 원하는 것이 무엇인지 조사하기 위한 방법이다. 특히 설문조사는 흩어져 있는 그룹에 도움이 된다. 설문지를 잘 작성해서 설문조사를 진행하면 니즈에 대한 분석적인 정보를 빠르게 확인할 수 있다. 추가적인 요구사항 도출 노력의 필요 여부는 설문조사 결과에 따라 결정될 수 있다. 더 자세한 내용은 7장을 참조하자.

문서 분석하기

기존 문서를 통해 현재 시스템이 동작하는 방법이나 앞으로 필요한 것을 알 수 있다. 현재 시스템, 비즈니스 프로세스, 요구사항 명세서, 경쟁사 분석, COTS(commercial off-the-shelf) 패키지 사용 설명서 등의 문서가 문서화 범주에 포함된다. 문서를 검토하거나 분석함으로써 계속 제공돼야 하거나 더 이상 사용되지 않는 기능은 무엇인지, 사람들은 현재 어떻게 사용하는지, 경쟁사는 무엇을 제공하는지, 판매업체는 소프트웨어에 대해 어떻게 설명하는지 식별할 수 있다. 더 자세한 내용은 7장을 참조하자.

요구사항에 대한 아이디어를 위해 현 시스템의 문제 보고서 검토하기

사용자의 문제 보고서와 개선 요청서는 다음에 출시하는 제품이나 신규 제품이 제공해야 하는 기능에 대한 풍부한 아이디어를 제공한다. 또한 고객 지원 센터나 고객지원 직원은 향후 개발 작업을 위해 요구사항에 가치 있는 정보를 제공할 수 있다.

기존 요구사항 재사용하기

고객이 기존 제품에서 제공하는 기능과 비슷한 기능을 요청한다면 요구사항(그리고 대상 고객)이 기존 소프트웨어 구성요소를 재사용하거나 그대로 도입하기에 충분히 유연한지 확인하자. 프로젝트는 보안 요구사항과 같은 조직의 비즈니스 규칙을 따르는 요구사항이나 접근성(accessibility) 요구사항과 같은 정부 규정을 준수하는 요구사항을 재사용할 수 있다. 기타 재사용 가능한 후보로는 용어 사전, 데이터 모델 및 정의, 이해관계자 프로파일, 사용자 클래스 기술서, 페르소나 등이 있다. 더 자세한 내용은 18장 "요구사항 재사용"을 참조하자.

우수 사례: 요구사항 분석

요구사항 분석은 모든 이해관계자들이 이해하기 쉽게 요구사항을 정제하고, 오류나 누락, 부족한 요구사항이 없도록 면밀히 검토하는 것을 말한다. 상위 요구사항을 적절한 수준으로 분해하거나 프로토타입 구현, 타당성 평가, 우선순위 협상 등이 분석에 포함된다. 요구사항 분석의 목표는 관리자가 현실적인 프로젝트 견적을 내거나 기술 직원들이 설계나 구현, 시험을 수행할 수 있을 정도의 충분한 품질과 정확도를 가진 요구사항을 개발하는 것이다.

요구사항의 일부를 문자 형태와 시각적인 형태 모두를 사용하거나, 요구사항과 테스트 형태를 동시에 보여주는 등 다양한 방법으로 표현하는 것이 중요하다(Wiegers 2006). 이 같은 다양한 관점을 통해 단 하나의 관점이 보여주지 못하는 통찰력과 문제를 발견할 수 있을 것이다. 또한 다양한 관점은 모든 이해관계자가 제품이 전달될 때 무엇을 얻을 수 있는지에 대한 공통의 이해와 공유 비전에 이를 수 있게 돕는다.

애플리케이션 환경 모델 만들기

컨텍스트 다이어그램은 새로운 시스템이 대상 환경에 얼마나 적합한지 보여주는 단순한 분석 모델이다. 이 다이어그램은 개발 중인 시스템과 사용자, 하드웨어 장비, 기타 시스템 등과 같은 외부 개체들 간의 경계와 인터페이스를 정의한다. 생태계 맵은 문제 해결 공간에 존재하며, 각기 상호작용하는 다양한 시스템과 이들이 상호 연결돼 있는 방법을 보여준다(Beatty and Chen 2012). 더 자세한 내용은 5장을 참조하자.

사용자 인터페이스와 기술적인 프로토타입 구현하기

개발자나 사용자가 요구사항에 대한 확신이 없을 때 개념이나 가능성을 가시화하기 위해 프로토타입(부분 프로토타입이나 가능성 프로토타입, 혹은 사전 구현 프로토타입)을 구현하자. 프로토타입은 요구사항을 검증하는 데 도움될뿐더러 개발자와 사용자가 해결해야 할 문제에 대한 상호 이해에 도달하게 한다. 더 자세한 내용은 15장 "프로토타이핑을 활용한 위험 감소"를 참조하자.

요구사항의 타당성 분석하기

BA는 각 요구사항이 의도하는 운영 환경에서 허용 가능한 비용과 성능 수준으로 구현 가능한지에 대한 타당성을 평가하기 위해 개발자와 함께 일해야 한다. 이를 통해 이해관계자는 다른 요구사항과의 상충 및 의존 여부, 외부 요소에 대한 의존 여부, 기술적 장벽 등 각 요구사항 구현과 관련된 위험을 이해할 수 있다. 기술적으로 불가능하거나 비용이 많이 드는 요구사항은 단순화하는 방법으로 프로젝트의 비즈니스 목표를 달성하는 데 기여하게 할 수 있을 것이다.

요구사항에 우선순위 할당하기

팀이 가장 높은 가치를 제공하거나 가장 먼저 제공돼야 하는 기능을 구현할 수 있게 요구사항에 우선순위를 할당하는 것은 중요하다. 제품 기능이나 유스케이스, 사용자 스토리, 기능적 요구사항 등의 상대적인 구현 우선순위를 결정하기 위해 분석적인 방법을 적용한다. 우선순위를 기반으로 각 출시나 증분에 어떤 기능이나 요구사항을 포함해야 할지 결정하자. 신규 요구사항이 제안되거나 새로운 고객 니즈나 시장 상황, 비즈니스 목표가 변화함에 따라 프로젝트 전반에 걸쳐 우선순위를 조정해야 한다. 더 자세한 내용은 16장 "중요한 것 먼저: 요구사항 우선순위 할당하기"를 참조하자.

데이터 사전 만들기

시스템과 관련된 데이터 항목 및 구조에 대한 정의를 데이터 사전에 정리하자. 이를 통해 프로젝트에 참여하는 모든 사람이 일관된 데이터 정의를 사용할 수 있다. 요구사항이 개발되면 고객과 개발팀 간의 소통이 원활하도록 데이터 사전에 문제 도메인의 데이터 항목을 정의해야 한다. 더 자세한 내용은 13장 "데이터 요구사항 명세화하기"를 참조하자.

요구사항 모델 만들기

분석 모델은 문자로 표현된 기능적 요구사항 목록과는 달리 요구사항을 시각적으로 묘사하는 다이어그램이다. 모델은 부정확하거나 일관성 없는, 누락된, 불필요한 요구사항 등을 나타낼 수 있다. 데이터 흐름 다이어그램, 개체 관계 다이어그램, 상태 전이 다이어그램, 상태표, 대화상자 맵, 의사결정 트리 등이 이러한 모델에 포함된다(Beatty and Chen 2012). 모델링에 대한 더 자세한 내용은 5장을 참조하자.

시스템과 시스템 외부 사이의 인터페이스 분석하기

모든 소프트웨어는 외부 인터페이스를 통해 외부 세계와 연결된다. 정보 시스템은 사용자 인터페이스를 가지며 종종 다른 소프트웨어 시스템과 데이터를 교환한다. 임베디드 시스템은 소프트웨어와 하드웨어 구성요소 간의 상호 연결을 포함한다. 네트워크에 연결된 애플리케이션 역시 통신 인터페이스를 갖고 있다. 이러한 분석을 통해 애플리케이션을 해당 환경에 원활하게 적용할 수 있을지 확인할 수 있다. 더 자세한 내용은 10장 "요구사항 문서화하기"를 참조하자.

서브시스템에 요구사항 할당하기

다수의 서브시스템을 포함하는 복잡한 제품의 요구사항은 다양한 소프트웨어나 하드웨어, 인적 자원 및 구성요소에 분배해야 한다. 자기 또는 광학 인식표, 스캐너, 비디오 카메라 및 레코더, 현관 잠금장치, 경비원 등 건물 보안 시스템의 접근을 제어하는 제품을 이러한 예로 들 수 있다. 더 자세한 내용은 26장 "임베디드 및 기타 실시간 시스템 프로젝트"를 참조하자.

우수 사례: 요구사항 명세

요구사항 명세의 기본은 각기 다른 유형의 요구사항을 대상 독자가 쉽게 이해할 수 있게 일관성 있고, 접근이 용이하며, 검토 가능한 방법으로 문서화하는 것이다. 비전 범위 문서에 비즈니스 요구사항을 기록할 수도 있다. 일반적으로 사용자 요구사항은 유스케이스나 사용자 스토리 형태로 표현된다. 기능적, 비기능적 요구사항의 세부 내용은 소프트웨어 요구사항 명세서(SRS)나 요구사항 관리 도구 같은 기타 저장소에 기록한다.

요구사항 문서 템플릿 도입하기

조직에서 요구사항을 문서화하기 위해 5장의 비전 범위 문서 템플릿, 8장의 유스케이스 템플릿, 10장의 SRS 템플릿 등과 같은 표준 템플릿을 도입하자. 템플릿은 다양한 요구사항 관련 정보 그룹을 기록하기 위한 일관된 구조를 제공한다. 요구사항을 일반적인 문서 형태로 보관하지 않은 경우라도 템플릿은 찾고 기록해야 하는 다양한 요구사항 정보를 상기시켜 줄 것이다.

요구사항 근원 식별하기

모든 이해관계자가 각 요구사항이 필요한 이유를 알 수 있도록 각 요구사항에 대한 근원을 추적, 확인하자. 유스케이스나 기타 다른 고객의 기초 자료, 상위 시스템 요구사항, 비즈니스 규칙 등이 여기에 해당할 것이다. 각 요구사항에 영향을 받는 이해관계자를 기록해 두면 변경이 발생했을 때 누구에게 연락을 취해야 할지 알 수 있다. 요구사항의 근원은 추적 가능한 링크나 이런 목적으로 정의한 요구사항 속성을 통해 식별할 수 있다. 요구사항 속성에 대한 자세한 정보는 27장 "요구사항 관리 사례"를 참조하자.

각 요구사항에 고유 이름 할당하기

각 요구사항을 식별할 수 있는 고유 이름을 부여하는 규칙을 정의하자. 이 규칙은 시간이 지남에 따라 요구사항에 발생하는 추가, 삭제, 변경을 견딜 수 있을 만큼 충분히 견고해야 한다. 요구사항에 고유 이름을 할당하면 요구사항에 추적성을 부여할 수 있고 발생하는 변경을 기록할 수 있다. 더 자세한 내용은 10장을 참조하자.

비즈니스 규칙 기록하기

비즈니스 규칙에는 기업 정책, 정부 규제, 표준, 계산 알고리즘 등이 포함된다. 비즈니스 규칙은 보통 특정 프로젝트의 범위를 넘기 때문에 프로젝트의 요구사항과 별도로 문서화하자. 즉, 비즈니스 규칙을 프로젝트 수준의 자산이 아닌 전사적인 수준의 자산으로 다루자. 일부 규칙은 이를 구현하는 기능적 요구사항으로 이어질 수 있기 때문에 이들 요구사항과 이에 상응하는 규칙 간에 추적 가능한 링크를 정의해야 한다. 더 자세한 내용은 9장 "규칙에 따르기"를 참조하자.

비기능적 요구사항 명세화하기

해야 할 일은 정확히 수행하지만 사용자의 품질 기대치는 충족하지 못하는 솔루션을 개발할 수도 있다. 이 문제를 방지하려면 기능에 대한 논의를 넘어 성공에 중요한 품질 속성을 이해해야 한다. 성능, 신뢰성, 사용성, 수정 용이성 등이 이 속성에 포함된다. 개발자는 이러한 품질 속성의 상대적인 중요성에 대한 고객의 기초 자료를 참고해서 적절한 설계 의사결정을 내릴 수 있다. 또한 외부 인터페이스 요구사항, 설계 및 구현 제약조건, 국제화 이슈, 기타 비기능적 요구사항 등을 명세화해야 한다. 더 자세한 내용은 14장 "기능, 그 이상을 향해"를 참조하자.

우수 사례: 요구사항 검증

검증은 요구사항이 정확한지 확인하고, 필요한 품질 특성을 보여주며, 최종적으로 고객의 니즈를 만족시킬 것이다. 막상 확인할 때는 괜찮아 보이는 요구사항이라도 개발자들과 함께 작업하다 보면 모호하거나 빈틈이 있는 부분을 발견할 수 있을 것이다. 요구사항이 설계나 최종 시스템 테스트 및 사용자 인수 테스트를 위한 신뢰할 수 있는 기초를 제공해야 한다면 이런 문제를 바로잡아야 한다. 17장 "요구사항 검증하기"에서 이 주제에 대해 알아보겠다.

요구사항 검토하기

엄격한 평가 중 하나로서 검사(inspection)라고도 불리는 요구사항의 동료평가는 가장 가치 있는 소프트웨어 품질 사례 중 하나다(Wiegers 2002). 분석가, 고객, 개발자, 테스터 등 각기 다른 시각을 가진 검토자로 소규모 팀을 구성한 후, 작성된 요구사항, 분석 모델, 결함과 관련된 정보를 신중하게 검토한다. 요구사항을 개발하며 진행하는 비공식 사전 검토도 유용하다. 팀 구성원에게 효율적으로 요구사항 검토를 수행하는 방법을 교육시키거나, 조직에 검토 프로세스를 도입하는 것이 중요하다. 더 자세한 내용은 17장을 참조하자.

요구사항 테스트하기

테스트는 요구사항의 다른 관점을 구성한다. 테스트를 작성하려면 예상 기능이 올바르게 구현됐는지 확인하는 방법을 고민해야 한다. 특정 조건하에서 제품의 예상 동작 방식을 문서화하기 위해 사용자 요구사항으로부터 테스트를 도출하자. 테스트가 사용자의 기대를 반영하고 있는지 확인하기 위해 고객과 함께 진행하자. 빠트린 요구사항은 없는지, 모든 요구사항의 테스트가 준비됐는지 확인하기 위해 각 테스트와 기능적 요구사항을 1:1로 연결해 두자. 분석 모델 및 프로토타입의 정확성을 확인하기 위해 테스트를 사용하자. 애자일 프로젝트에서는 구체적인 기능적 요구사항 대신 인수 테스트를 활용하기도 한다. 더 자세한 내용은 17장을 참조하자.

인수 기준 정의하기

사용자에게 솔루션이 그들의 니즈를 만족하고 있는지, 사용하기에 적합한지 여부를 결정하는 방법을 물어보자. 인수 기준은 사용자 요구사항을 기반으로 정의된 일련의 인수 테스트를 통과하는지, 특정 비기능적 요구사항의 만족 여부를 증명하는지, 미해결 결함이나 이슈를 추적하고 있는지, 출시를 위한 인프라나 교육이 준비됐는지 등을 복합적으로 포함한다. 더 자세한 내용은 17장을 참조하자.

요구사항 시뮬레이션하기

프로젝트 팀은 요구사항 명세서를 대신하거나 보강하기 위해 제안된 시스템의 시뮬레이션에 상용 도구를 이용할 수 있다. 시뮬레이션은 BA와 사용자의 협업을 통해 시스템의 실행 가능한 목업(mock-up)을 빠른 시간 안에 만들기 위해 다음 단계를 위한 프로토타이핑을 이용한다. 사용자는 요구사항을 검증하고, 설계에 대한 의사결정을 내리기 위해 시뮬레이션된 시스템과 상호작용할 수 있으며, 코드를 구체화하기 전에 요구사항에 생명을 불어넣는다. 시뮬레이션은 신중한 요구사항 도출이나 분석을 대체하지는 않지만 강력한 보조자료를 제공한다.

우수 사례: 요구사항 관리

본격적인 개발을 시작하기 위한 초기 요구사항을 완성한 후에는 개발하는 동안 발생하는 고객, 관리자, 마케팅팀, 개발팀 등의 불가피한 변경 요구에 대처해야 한다. 효율적인 변경관리는 변경 제안, 프로젝트에 미치는 잠재적인 비용과 영향 평가, 수용할 변경에 대한 적절한 이해관계자의 분별력 있는 비즈니스 의사결정 확인 프로세스를 필요로 한다.

안정적인 형상 관리(configuration management) 방법은 효율적인 요구사항 관리를 위한 전제조건이다. 코드 관리에 사용하는 것과 동일한 버전 관리 도구는 요구사항 문서도 관리할 수 있다. 하지만 요구사항 관리를 위한 다양한 기능을 제공하는 요구사항 관리 도구에 요구사항을 저장하는 편이 더 낫다.

요구사항 변경 관리 프로세스 수립하기

변경을 억누르거나 변경이 발생하지 않을 거라고 기대하기보다는 혼란의 원인이 되는 급격한 변경을 예방하기 위한 방안을 수립해야 한다는 사실을 인정하자. 변경 프로세스에서는 요구사항 변경을 제안하는 방법, 분석하는 방법, 해결하는 방법을 정의해야 한다. 모든 변경 제안은 이 프로세스를 통해 관리하자. 결함 추적 도구는 변경 관리 프로세스를 지원할 수 있다. 요구사항 변경 제안을 평가하고, 어떤 변경 제안을 수락할지 결정하고, 구현 우선순위나 출시 대상을 설정하기 위해 프로젝트 이해관계자로 구성된 소그룹에 변경 관리 위원회(CCB; Change Control Board)와 같은 권한을 부여하라. 더 자세한 내용은 28장 "변경의 발생"을 참조한다.

요구사항 변경에 대한 영향 분석하기

영향 분석은 변경 프로세스에서 CCB가 정보에 입각한 비즈니스 의사결정을 내리는 데 도움이 되는 중요한 요소다. 변경이 프로젝트에 미칠 영향을 가늠하기 위해 각 요구사항 변경 요청을 평가하자. 수정이 필요한 다른 요구사항, 설계 요소, 소스코드, 테스트를 식별하기 위해 요구사항 추적 매트릭스를 사용하자. 변경사항을 구현하는 데 필요한 작업을 식별하고, 여기에 필요한 노력을 산정하자. 더 자세한 내용은 28장을 참조한다.

요구사항의 기준을 설정하고 버전 관리하기

일반적으로 기준은 특정 출시나 반복주기에 반영하기로 동의한 일련의 요구사항을 정의한다. 요구사항 기준이 정립되고 나면 프로젝트의 변경 관리 프로세스를 통해서만 변경을 처리할 수 있다. 초안과 기준안, 이전 버전과 현재 버전 간의 혼란을 피하기 위해 요구사항 명세서의 모든 버전에 고유한 식별자를 부여하자. 이에 대한 더 자세한 사항은 2장 "고객 관점의 요구사항"과 27장을 참조하자.

요구사항 변경 이력 관리하기

개별 요구사항에 대한 변경 이력을 유지하자. 간혹 요구사항을 이전 버전으로 되돌려야 하거나 현재 형태로 만들어진 경로를 알고 싶을 때가 있다. 요구사항이 변경된 날짜, 변경사항, 각 변경의 담당자, 변경 사유를 기록하자. 버전 관리 도구나 요구사항 관리 도구가 이러한 작업에 도움이 될 수 있다.

각 요구사항 상태 추적하기

구현에 영향을 미치는 모든 유형의 개별 요구사항에 대해 하나의 레코드 저장소를 구축하자. 각 요구사항에 대한 핵심 속성과 이들의 상태(제안됨, 승인됨, 구현됨, 검증됨 등)를 저장하면 언제든지 각 상태 범주의 요구사항 수를 추적 관찰할 수 있다. 개발 및 시스템 테스트를 진행하며 각 요구사항의 상태를 추적하는 것은 전반적인 프로젝트 상태에 대한 통찰력을 제공한다. 더 자세한 내용 27장을 참조하자.

요구사항 이슈 추적하기

바쁜 사람들이 복잡한 프로젝트에 참여할 때는 해결이 필요한 요구사항에 대한 질문, 제거해야 할 차이, 요구사항 검토 중 발생하는 이슈 등 발생하는 많은 이슈를 놓치기 쉽다. 이슈 추적 도구를 이용하면 이러한 항목을 놓치지 않고 관리할 수 있다. 각 이슈를 한 명의 소유자에게 할당하자. 요구사항의 전반적인 상태를 확인하기 위해 요구사항 이슈 상태를 추적 관찰하자. 더 자세한 내용은 27장을 참조하자.

요구사항 추적 매트릭스 관리하기

각 기능적 요구사항을 해당 요구사항을 구현하는 설계 및 코드 요소, 그리고 이를 검증하는 테스트와 연결하는 일련의 링크를 취합하는 것은 중요하며, 꼭 필요할 때도 있다. 이러한 요구사항 추적 매트릭스는 모든 요구사항의 구현 및 검증 여부를 확인하는 데 도움이 된다. 요구사항을 수정해야 할 때와 같은 유지보수 시에도 유용하다. 요구사항 추적 매트릭스는 기능적 요구사항을 해당 요구사항이 파생된 상위 요구사항이나 기타 관련된 요구사항과 연결할 수도 있다. 이 매트릭스는 개발 막판이나 완료 후에 만들지 말고 개발을 진행하며 만들자. 요구사항 추적 매트릭스를 관리할 때는 아주 소규모 프로젝트를 제외한 모든 프로젝트에서 도구를 사용하는 것이 필수다. 더 자세한 내용은 29장 "요구사항의 연결 고리"를 참조하자.

요구사항 관리 도구 활용하기

상용 요구사항 관리 도구를 사용하면 다양한 유형의 요구사항을 데이터베이스에 저장할 수 있다. 이러한 도구는 이번 절에서 설명하는 다양한 요구사항 관리 사례를 수행하고 자동화하는 데 도움이 된다. 더 자세한 내용은 30장 "요구공학을 위한 도구"를 참조하자.

우수 사례: 지식

다양한 팀 구성원이 참여하는 프로젝트에서 비즈니스 분석가 역할을 수행할 수도 있지만, 몇몇 소프트웨어 실무자는 정식으로 요구공학 교육을 받기도 한다. 비즈니스 분석은 스스로의 지식을 백분 활용하는 전문적이고 도전적인 역할이다(IIBA 2009). 모든 기술 분야와 마찬가지로 경험을 대체할 수 있는 것은 없다. 모든 사람이 의사소통 집약적인 요구공학에서 작업에 본능적으로 능숙할 것이라 예상하기는 어렵다. 교육이 분석가로서의 숙련도나 안정성 수준을 향상시킬 수 있지만 대인 관계 능력의 부재나 역할에 대한 관심 부족을 보완할 수는 없다.

비즈니스 분석가 교육하기

"비즈니스 분석가"라는 직책과 상관없이 BA 업무를 수행하는 모든 팀 구성원들은 요구공학 교육을 받아야 한다. 비즈니스 분석 전문가가 되기 위해서는 수일에 걸친, BA가 일반적으로 수행하는 다양한 활동과 관련된 교육이 필요하다. 이 교육은 그들 스스로 경험을 쌓을 수 있는 견고한 토대와 전문적인 교육을 제공한다. 능숙한 분석가는 기법에 대한 광범위한 툴킷을 보유하고 있을 뿐만 아니라 참을성 있고 잘 준비돼 있으며, 효과적인 대인관계 및 의사소통 능력을 가지고 있고 애플리케이션 도메인을 이해한다. 이와 같은 중요 역할에 대한 자세한 내용은 4장 "비즈니스 분석가"를 참조하자.

이해관계자에게 요구사항에 대해 교육하기

가장 효과적인 요구사항 교육 과정은 BA만 대상으로 하는 게 아니라 프로젝트의 여러 직무 영역을 대상에 포함시키는 것이다. 소프트웨어 개발에 참여할 사람들은 요구사항에 대해 하루 이틀에 걸친 교육을 받아야 하며, 이를 통해 용어나 핵심 콘셉트 및 사례, 프로젝트의 성공에 그들이 중요한 이유를 이해할 수 있을 것이다. 개발 관리자 및 고객 관리자 또한 이런 정보의 유용함을 알 수 있을 것이다. 소프트웨어 요구사항 과정에 다양한 이해관계자를 참여시키는 것은 효과적인 팀 구축 활동이 될 수도 있다. 전체 구성원은 상대방이 직면한 도전과제와 모든 팀원의 성공을 위해 참가자에게 필요한 것이 무엇인지에 대해 더 잘 알 수 있을 것이다. 우리의 요구사항 과정에 참가한 어떤 사용자는 본 과정을 통해 소프트웨어 개발자에 대해 더 공감하게 됐다고 말했다.

개발자에게 애플리케이션 도메인에 대해 교육하기

개발자의 애플리케이션 도메인에 대한 기본적인 이해를 돕기 위해 고객의 비즈니스 활동과 용어, 개발하는 제품이 제공해야 할 목표에 대한 세미나를 준비하자. 이를 통해 앞으로 발생할 수 있는 혼란이나 오해, 재작업을 줄일 수 있다. 개발자가 사용자의 작업 방법을 지켜보는 "일상생활"의 경험은 일종의 투자와 같다. 프로젝트 전반에 걸쳐 개발자에게 실제로 사용하는 전문 용어를 해석해주고 비즈니스 콘셉트를 설명해 줄 수 있는 "사용자 친구"를 연결시켜 줄 수도 있을 것이다. 6장에서 논의하는 바와 같이 제품 챔피언이 이런 역할을 수행할 수 있을 것이다.

요구공학 프로세스 정의하기

조직이 요구사항 도출 및 분석, 명세화, 검증하는 과정을 문서화하자. 핵심적인 단계를 수행하는 방법에 대한 지침을 제공하면 분석가가 일관성 있게 업무를 수행하는 데 도움될 것이다. 또한 프로젝트의 요구사항 개발 및 관리 업무, 일정, 필요한 자원 산정을 더 쉽게 계획할 수도 있다. 프로젝트 관리자는 프로젝트 계획에 산재된 요구사항 활동을 통합해야 한다. 더 자세한 내용은 31장 "요구사항 프로세스 개선하기"를 참조하자.

용어사전 구축하기

애플리케이션 도메인의 전문 용어를 정의하는 용어사전은 오해를 최소화할 것이다. 동의어, 두문자어 또는 약어, 여러 의미를 가질 수 있는 용어, 특정 도메인과 일상의 의미 모두를 포함하는 용어 등이 여기에 포함된다. 용어사전은 재사용 가능한 전사적인 수준의 자산이 될 수도 있다. 용어사전을 구축하는 것은 익숙하지 않은 용어 때문에 큰 혼란을 겪을 수도 있는 새로운 팀 구성원을 위한 활동이라 볼 수도 있다. 용어사전에 대한 더 자세한 내용은 10장을 참조하자.

우수 사례: 프로젝트 관리

소프트웨어 프로젝트 관리 방법은 프로젝트의 요구사항 프로세스와 밀접하게 엮여있다. 프로젝트 관리자는 프로젝트 일정과 자원, 구현할 요구사항에 대한 합의를 기반으로 한다. 또 다른 전략은 팀이 고정 기간의 반복주기에 가능한 일의 범위를 산정할 수 있도록 개발 주기를 특정 시간으로 고정하는 타임박스 개발 주기다. 이는 애자일 개발 프로젝트가 채택하고 있는 방법이다. 범위는 일정 안에서 조정 가능하다고 간주한다. 이는 범위 추가(scope creep)를 "범위 선택"으로 바꾸고 제품 주인이 무엇이든 원하는 만큼 요청할 수 있으나 우선순위를 기반으로 해야 한다. 또한 팀은 할당된 시간 안에 개발을 끝내야 한다. 그런 다음 팀은 나머지 요구사항에 대한 후속 출시를 계획한다.

적절한 소프트웨어 개발 수명주기 선택하기

조직은 다양한 프로젝트 유형과 요구사항 불확실성의 차이 수준에 적합한 몇 가지 개발 수명주기를 선택해야 한다(Boehm and Turner 2004). 각 프로젝트 관리자는 프로젝트에 가장 적합한 수명주기를 선택하고 적용해야 한다. 선택한 수명주기의 정의에 맞게 요구사항 활동을 포함하자. 가능하면 일련의 기능을 점진적으로 명세화하고 구현하자. 이를 통해 고객에게 가능한 한 빨리 유용한 소프트웨어를 전달할 수 있을 것이다(Larman 2004; Schwaber 2004; Leffingwell 2011).

요구사항 접근법 계획하기

각 프로젝트 팀은 요구사항 개발 및 관리 활동을 어떻게 다뤄야 할지 계획해야 한다. 요구사항 도출 계획은 가장 적합한 방법을 이용해 프로젝트의 적절한 단계에 적절한 이해관계자로부터 기초 자료를 식별하고 얻을 수 있도록 돕는다. BA와 프로젝트 관리자는 프로젝트 관리 계획에 따라 요구공학과 관련된 작업 및 산출물을 도출하기 위해 협업해야 한다. 자세한 내용은 7장을 참조하자.

요구사항 노력 산정하기

이해관계자는 프로젝트의 요구사항을 개발하는 데 얼마나 걸릴지 혹은 요구사항 개발과 관리를 위해 전체 노력 중 얼마나 할애해야 하는지 궁금해하기도 한다. 물론 이는 여러 가지 요인에 따라 달라진다. 요구사항 개발을 위한 견고한 토대를 마련하기 위해 평균보다 조금 더 혹은 덜 시간을 보내야 함을 나타내는 요소를 고려하자(Wiegers 2006). 자세한 내용은 19장 "요구사항 개발, 그 이상을 향해"를 참조하자.

요구사항에 대한 기본 프로젝트 계획 수립하기

프로젝트의 범위와 구체적인 요구사항이 명확해짐에 따라 계획과 일정을 반복적으로 개발하자. 초기 제품 비전과 프로젝트 범위에 맞는 사용자 요구사항을 개발하는 데 필요한 노력을 산정하는 것부터 시작하자. 애매한 요구사항을 기반으로 한 초기 비용 및 일정 산정은 매우 불확실하겠지만 요구사항에 대해 점점 더 잘 이해함으로써 이러한 산정 결과도 개선될 수 있다. 애자일 프로젝트에서 타임박스를 기반으로 한 반복은 고정된 일정 및 자원 제약조건 안에 범위를 맞추는 작업을 계획에 포함시키는 것을 의미한다. 자세한 내용은 19장 "요구사항 개발, 그 이상을 향해"와 20장 "애자일 프로젝트"를 참조하자.

요구사항 의사결정자 식별하기

소프트웨어 개발은 수많은 의사결정을 요구한다. 상충되는 사용자 기초 자료를 해결해야 하고, 상용 패키지 구성요소를 선택해야 하며, 변경 요청을 평가하는 등의 일이 필요하다. 수많은 의사결정은 요구사항 이슈를 동반하기 때문에 중요한 의사결정에 직면하기 전에 의사결정자를 식별하고 의사결정자에게 권한을 부여하는 것이 꼭 필요하다. 자세한 내용은 2장을 참조하자.

요구사항 변경에 따른 프로젝트 합의 재협상하기

정해진 일정 및 예산 내에 일련의 요구사항을 전달하기 위해 프로젝트 팀은 이에 합의해야 한다. 프로젝트에 신규 요구사항을 포함시키면서 가용 자원에 대한 현재 협의가 유효한지 여부도 평가해야 한다. 합의가 유효하지 않다면 관리 주체에게 프로젝트의 현 상황을 전달하고 재협상해서 실현 가능한 합의를 이뤄내야 한다(Wiegers 2007; Fisher, Ury, and Patton 2011). 초기 구현 예측과 함께 불안정하게 시작된 요구사항을 검증된 요구사항으로 정리하는 과정에서 기존 합의에 대한 재협상이 필요할 수도 있다.

요구사항 관련 위험의 분석 및 문서화, 관리하기

예기치 못한 사건이나 상태는 준비되지 않은 프로젝트에 큰 혼란을 줄 수 있다. 프로젝트 위험 관리 활동의 일환으로 요구사항과 관련된 위험을 식별하고 문서화하자. 이런 위험을 완화하거나 방지하기 위한 브레인스토밍 접근법은 완화 활동을 이행하고 이들 활동의 진행 상황이나 효과를 추적한다. 자세한 내용은 32장 "소프트웨어 요구사항과 위험 관리"를 참조하자.

요구사항에 소비한 노력 추적하기

앞으로 진행할 프로젝트에서 요구사항 작업에 필요한 자원 산정 능력을 향상시키기 위해 팀이 요구사항 개발과 관리 활동에 들인 노력을 기록하자(Wiegers 2006). 요구공학에 대한 투자 대비 효과를 판단하는 데 도움을 줄 수 있도록 프로젝트의 요구사항 활동에 들인 노력을 추적 관찰하라. 자세한 내용은 27장을 참조하자.

다른 프로젝트의 요구사항 과정에서 습득한 교훈 검토하기

완료된 프로젝트나 앞서 종료된 현 프로젝트의 반복주기에서 얻은 교훈을 수집하기 위해 학습 조직은 정기적인 회고를 수행하자(Kerth 2001; Derby and Larsen 2006; Wiegers 2007). 기존 요구사항 경험으로부터 얻은 교훈을 학습함으로써 프로젝트 관리자와 비즈니스 분석가는 앞으로 더 자신감 있게 프로젝트를 진행할 수 있을 것이다.

새로운 사례 시작하기

표 3-2는 이번 장에서 다룬 요구공학의 우수 사례를 대부분의 프로젝트에 적용할 수 있는 상대적인 가치와 적용 난이도를 기준으로 분류했다. 이들 분류가 절대적인 것은 아니며 여러분의 경험 또한 다를 것이다. 모든 사례가 유용할 수도 있지만, 프로젝트 성공에 가장 큰 도움이 되고 상대적으로 적용하기 쉬운 사례를 선택해서 시작하자.

표 3-2 요구공학 우수 사례 적용하기

가치	난이도		
	높음	중간	낮음
높음	▪ 요구공학 프로세스 정의하기 ▪ 요구사항에 대한 기본 계획 수립하기 ▪ 기존 합의 재협상하기	▪ 비즈니스 분석가 교육하기 ▪ 요구사항 접근법 계획하기 ▪ 제품 챔피언 선정하기 ▪ 사용자 요구사항 식별하기 ▪ 요구사항 도출 인터뷰 시행하기 ▪ 비기능적 요구사항 명세화하기 ▪ 요구사항 우선순위 할당하기 ▪ 비전과 범위 정의하기 ▪ 변경 관리 프로세스 수립하기 ▪ 요구사항 검토하기 ▪ 서브시스템에 요구사항 할당하기 ▪ 요구사항 관리 도구 활용하기 ▪ 비즈니스 규칙 기록하기	▪ 개발자에게 애플리케이션 도메인에 대해 교육하기 ▪ 요구사항 문서 템플릿 도입하기 ▪ 사용자 클래스 식별하기 ▪ 애플리케이션 환경 모델 만들기 ▪ 요구사항 근원 식별하기 ▪ 요구사항의 기준을 설정하고 버전 관리하기 ▪ 요구사항 의사결정자 식별하기

가치	난이도		
	높음	중간	낮음
중간	▪ 요구사항 추적 매트릭스 관리하기 ▪ 요구사항 도출 촉진 워크숍 시행하기 ▪ 요구사항 노력 산정하기 ▪ 기존 요구사항 재사용하기	▪ 이해관계자에게 요구사항에 대해 교육하기 ▪ 포커스 그룹 운영하기 ▪ 프로토타입 구현하기 ▪ 타당성 분석하기 ▪ 인수 기준 정의하기 ▪ 요구사항 모델 만들기 ▪ 인터페이스 분석하기 ▪ 변경 영향 분석하기 ▪ 적절한 수명주기 선택하기 ▪ 시스템 이벤트 및 반응 식별하기 ▪ 요구사항 위험 관리하기 ▪ 과거에 습득한 교훈 검토하기 ▪ 요구사항 노력 추적하기	▪ 데이터 사전 만들기 ▪ 사용자 수행 작업 관찰하기 ▪ 요구사항 테스트하기 ▪ 요구사항 상태 추적하기 ▪ 문서 분석하기 ▪ 요구사항 이슈 추적하기 ▪ 각 요구사항에 고유 이름 할당하기 ▪ 용어사전 구축하기
낮음		▪ 설문지 배포하기 ▪ 변경 이력 관리하기 ▪ 요구사항 시뮬레이션하기	▪ 문제 보고서 검토하기

다음 프로젝트부터 이런 모든 기법을 적용하려고 시도하지는 말자. 그 대신 이러한 우수 사례를 요구사항 도구의 신규 항목으로 활용하는 것을 고려하자. 프로젝트가 개발 주기 중 어디에 있느냐와 상관 없이 변경 관리를 다루는 특정 사례를 사용함으로써 시작할 수도 있다. 요구사항 도출 사례는 다음 프로젝트나 반복주기를 시작할 때 더 유용할 것이다. 여전히 다른 사례들은 현 프로젝트나 조직 문화, 가용 자원에 적합하지 않을 것이다. 31장과 부록 A에서 조직의 현재 요구공학 수준을 평가하는 방법을 설명한다. 31장은 이번 장에서 이야기한 사례를 기반으로 여러분의 요구사항 프로세스에서 선택한 개선사항을 적용하기 위한 로드맵을 고안하는 데 도움될 것이다. 더 나은 사례의 테스트 프로젝트, 출시, 도입을 촉진하기 위한 변화 리더십을 기반으로 새로운 요구사항 기법의 도입을 조직의 소프트웨어 프로세스 개선 활동에 통합하자. 각 개발팀은 기회가 있을 때 무엇이든 새롭고 더 나은 시도를 해야 한다.

다음 단계는

- 1장의 "다음 단계는"에서 식별한 요구사항 관련 문제로 돌아가 보자. 이번 장에서 이야기한 사례 중 여러분이 식별한 각 문제에 도움이 되는 우수 사례를 찾아보자. 각 사례를 조직에 미치는 영향력의 높음, 중간, 낮음에 따라 분류해 보자. 여러분의 조직이나 문화 내에서 각 사례를 적용하는 데 방해가 되는 장벽을 찾아보자. 누가 이러한 장벽을 제거하는 데 도움을 줄 수 있는가? 이전보다 더 잘 시작하기 위한 활동을 하나 꼽을 수 있는가?

- 가장 유용할 것이라 생각되는 사례로부터 얻을 수 있는 혜택의 산정 방법을 결정하자. 개발 후반부에 더 적은 요구사항 결함 발견, 불필요한 재작업 감소, 더 나은 프로젝트 일정 준수, 더 높은 고객 만족도나 제품 판매 달성, 기타 다른 장점 등을 발견할 수 있는가?

- 첫 단계에서 식별한 모든 요구사항 우수 사례를 나열해 보자. 각각에 대해 프로젝트 팀의 현 수준을 전문가(expert), 숙련가(proficient), 초심자(novice), 생소함(unfamiliar)으로 평가해보자. 만약 팀이 어떤 사례에 대해서도 최소한 숙련가 수준이 아니라면 각 사례에 대해 더 배우고 배운 바를 공유하기 위해 프로젝트에 참여하고 있는 누군가에게 물어보자.

04
비즈니스 분석가

몰리는 한 보험회사에서 7년간 일한 수석 비즈니스 분석가다. 그녀가 경력에서 뛰어난 성과를 보였기 때문에 관리자는 그녀에게 다른 부서원들이 우수한 BA 커리어 패스(career path)를 밟을 수 있게 도와달라고 요청했다. 그는 몰리에게 신규 BA 채용 방법이나 이미 채용된 BA를 교육하기 위한 아이디어에 대해 물었다. 몰리는 뿌듯해했다. 그녀는 본인의 산 경험 중 공유할 만한 것이 있을지 스스로의 커리어 패스를 되돌아 봤다.

몰리는 대학교에서 컴퓨터 과학 학위를 받았는데, 소프트웨어 개발에 대한 기술적인 부분에 집중했을 뿐 요구사항에 대한 과정은 포함돼 있지 않았다. 그녀의 첫 번째 직업은 전사 소프트웨어 개발자였다. 1년이 채 지나기도 전에 그녀는 그 일이 본인에게 맞지 않음을 깨달았다. 몰리는 칸막이로 막힌 작은 공간에 갇혀 코드를 작성하는 데 대부분의 시간을 보냈고, 다른 사람들과 대화하기를 간절히 원했다. 몇 년 후 그녀는 BA 역할을 할 정도로 발전했지만 여전히 개발자라고 불렸다. 결국 그녀는 좀 더 적절한 직책을 부여하고 공식적으로 그녀의 역할을 재정의해 달라고 관리자를 설득했다. 또한 기본적인 것들을 배우기 위해 소프트웨어 요구사항 기초 강좌도 수강했다. 그 이후로 그녀는 다양한 사례를 시도하고 더 경험 있는 멘토로부터 배울 수 있는 프로젝트에 자원해서 참여했다. 그녀는 2년이 채 되기도 전에 회사에 필요한 요구사항 프로세스를 개발할 수 있었다. 몰리는 상주 비즈니스 분석 전문가가 된 것이다.

몰리는 신규 비즈니스 분석가를 채용할 때 특정 교육 배경을 기대하지 말아야 한다는 것을 알고 있다. 그녀는 BA에게 가장 중요한 소프트 스킬(Soft skill)을 알아보는 데 인터뷰 초점을 맞출 것이다. 그녀의 교육 개발 프로그램에서는 비즈니스 분석의 기본과 핵심적인 소프트 스킬의 적용 방법을 강조한다. 마지막으로, 그녀는 초급 BA를 위한 멘토링 프로그램을 도입할 것이다.

모든 소프트웨어 프로젝트에서는 누군가가 명시적 또는 암묵적으로 비즈니스 분석가(BA)의 역할을 수행한다. 비즈니스 분석가는 이해관계자에게 가치를 제공하는 니즈를 정의하고 솔루션을 추천함으로써 조직 상황의 변화를 가져온다. 분석가는 다른 사람의 관점을 도출하고 분석하며, 수집된 정보를 요구사항 명세로 변환하고, 기타 다른 이해관계자에게 정보를 전달한다. 분석가는 이해관계자로 하여금 그들이 필요하다고 말하는 것과 정말 필요한 것의 차이를 찾는 데 도움을 준다. 분석가는 교육하고(educate), 질문하며(question), 경청하고(listen), 정리하고(organize), 배운다(learn). 이는 어려운 일이다.

이번 장에서는 BA가 수행하는 필수 기능, 효과적인 분석가에게 필요한 역량과 지식, 조직에서 이러한 사람을 키우는 방법을 자세히 알아볼 것이다(Wiegers 2000; IIBA 2011). 랄프 영은 요구사항 분석가를 위한 직무기술서를 제안했는데(Ralph Young 2004), 이 책의 부록에 있는 BA 직무기술서 예시를 참고할 수 있다.

비즈니스 분석가의 역할

비즈니스 분석가는 프로젝트 이해관계자들의 니즈에 대한 도출 및 분석, 문서화, 검증을 일차적으로 책임지는 사람이다. 그림 4-1과 같이 분석가는 고객 커뮤니티와 소프트웨어 개발팀 간의 요구사항 흐름 안에서 주요 통역사 역할을 한다. 다양한 의사소통 경로가 있기 때문에 분석가가 프로젝트의 정보 교환 책임만 맡는 것은 아니다. 프로젝트 관리자가 프로젝트 정보의 의사소통에 앞장서는 반면 BA는 제품 정보를 수집하고 전파하는 데 중심적인 역할을 한다.

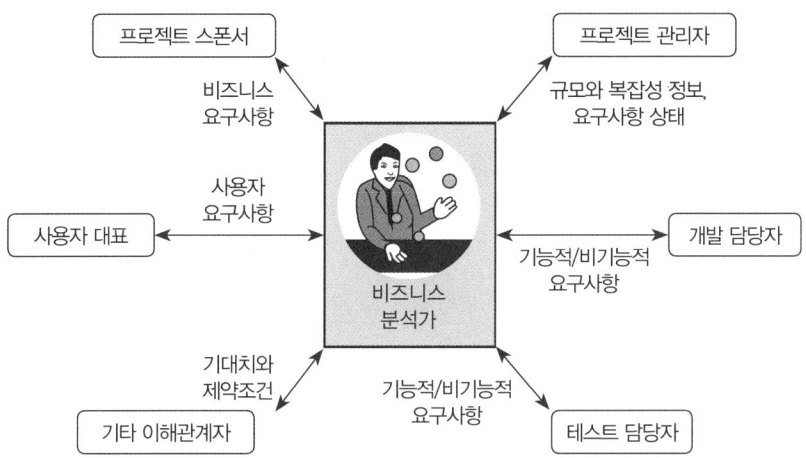

그림 4-1 비즈니스 분석가는 고객과 개발 이해관계자 간의 의사소통의 가교 역할을 한다.

비즈니스 분석가는 직책으로 필요하기보다는 프로젝트 역할로서 필요하다. 비즈니스 분석가는 요구사항 분석가, 시스템 분석가, 요구공학자, 요구사항 관리자, 애플리케이션 분석가, 비즈니스 시스템 분석가, IT 비즈니스 분석가 등과 같은 의미이며, 단순히 분석가라고 하기도 한다. 이러한 직책은 조직 간에 일관성 없이 사용된다. 어떤 프로젝트에서 한 명 이상의 전담 전문가가 해당 역할을 수행할 수 있으며, 다른 직군의 팀 구성원에게 할당할 수도 있다. 프로젝트 관리자나 제품 관리자, 제품 주인, 주제 전문가(SME; Subject Matter Expert), 개발자, 심지어 사용자도 이런 역할을 수행할 수 있다.

프로젝트에서 다른 역할을 하는 사람이 비즈니스 분석가 역할도 겸할 경우 이 사람이 두 가지 역할을 한다는 것을 인식하는 것이 중요하다. 프로젝트 관리자가 BA도 겸하는 것에 대해 생각해 보자. 프로젝트 관리자는 BA가 정의한 것을 기반으로 일정과 필요한 자원을 계획하고 관리해야 한다. 프로젝트 관리자는 범위를 관리하고, 범위 변경에 따라 일정을 조정해야 한다. 잠시 프로젝트 관리자 역할을 한 다음에는 역할을 바꿔 분석가 역할을 수행할 것이다. 그러나 이는 서로 다른 역량을 필요로 하는 별개의 역할이다.

소비자 제품을 개발하는 조직에서는 분석가 역할을 제품 관리자나 마케팅 직원이 책임지기도 한다. 기본적으로 BA 역할을 하는 제품 관리자는 시장 상황의 이해와 외부 사용자의 니즈 예측을 좀 더 강조한다. 만약 프로젝트에 제품 관리자와 BA가 둘 다 있다면 제품 관리자는 일반적으로 외부 시장과 사용자 니즈에 집중하고, BA는 이를 기능적 요구사항으로 변환한다.

애자일 프로젝트에서도 비즈니스 분석 역량을 필요로 한다. 이 프로젝트에서는 제품 주인과 같은 역할이 전통적인 BA 업무를 수행할 것이다. 어떤 팀에서는 누군가가 분석가 역할을 하는 것이 유용하다는 사실을 발견하기도 했다(Cohn 2010). BA는 이번 장의 후반부에서 설명하는 전통적인 BA 활동을 수행하는 중에 사용자를 대표해서 그들의 니즈를 이해하는 데 도움을 줄 수 있다. 직책과 관계없이 분석가 업무를 수행하는 사람은 역할 수행을 잘 하기 위해 역량, 지식, 개성을 지녀야 한다.

> **함정** 유능한 개발자나 유식한 사용자가 교육이나, 참고 자료, 코칭 없이 스스로 알아서 효과적인 비즈니스 분석가가 될 것이라고 가정하지 말자.

유능한 분석가는 성공할 프로젝트와 힘겨워하는 프로젝트를 구분할 수 있다. 어떤 회사는 숙련된 분석가가 작성한 요구사항 명세가 결함이 더 적기 때문에 초심자가 작성한 명세보다 2배 빨리 검사할 수 있음을 발견했다. 프로젝트 산정에 유명한 Cocomo II 모델에서는 분석가의 경험과 능력이 프로젝트의 노력과 비용에 큰 영향을 미친다(Boehm et al. 2000). 고도로 숙련된 분석가를 활용하면 경험이 부족한 분석가가 참여한 유사 프로젝트 대비 전반적인 프로젝트 노력을 1/3로 감소시킬 수 있다.

비즈니스 분석가의 업무

먼저 분석가는 프로젝트의 비즈니스 목표를 이해한 후 팀이 프로젝트를 산정 및 계획하고, 제품을 설계, 구현, 검증할 수 있도록 사용자 요구사항과 기능적/비기능적 요구사항을 정의해야 한다. 또한 BA는 소프트웨어 팀이 작업을 진행할 수 있도록 막연한 고객의 생각을 명확한 명세로 변환하는 리더이자 전달자다. 이번 절에서는 여러분이 분석가 역할을 하는 동안 수행해야 하는 일반적인 활동에 대해 설명한다.

비즈니스 요구사항 정의하기

BA로서의 여러분의 업무는 비즈니스 스폰서나 자금 스폰서, 제품 관리자, 마케팅 관리자가 프로젝트의 비즈니스 요구사항을 정의하는 것을 도우면서 시작된다. 여러분은 비전 범위 문서의 양식을 제안하거나(5장 "비즈니스 요구사항 정립하기" 참조) 비전을 가진 사람이 이를 명확히 표현할 수 있도록 도울 수 있다.

요구사항 접근법 계획하기

분석가는 프로젝트 전반에 걸쳐 요구사항 도출 및 분석, 문서화, 검증, 관리를 위한 계획을 수립해야 한다. 이들 계획을 전체 프로젝트 계획에 할당하고 프로젝트 목표를 달성할 수 있도록 프로젝트 관리자와 긴밀하게 협력하자.

프로젝트 이해관계자 및 사용자 클래스 식별하기

각 사용자 클래스를 위한 적절한 대표를 선정(6장 "고객의 목소리 찾기" 참조)하고 이들에게 참여를 요청하며, 이들의 책임을 조율하기 위해 비즈니스 스폰서와 함께 협업한다. 공동 작업자인 고객으로부터 원하는 바에 대해 설명하고, 각각의 적절한 참여 수준에 대해 합의하자.

요구사항 도출하기

선행 분석가는 다양한 정보 수집 기법을 이용해 사용자로 하여금 비즈니스 목표를 달성하는 데 필요한 시스템 기능을 명확히 표현할 수 있도록 돕는다. 더 자세한 내용은 7장 "요구사항 도출"과 8장 "사용자 요구사항 이해하기"를 참조하자.

요구사항 분석하기

고객의 요청에 대한 논리적 결과로서 파생된 요구사항과 고객이 말하지 않아도 그들이 기대할 거라 생각되는 암시적인 요구사항을 찾자. 패턴을 파악하고, 요구사항에 대한 격차를 파악하며, 상충하는 요구사항을 찾고, 모든 요구사항이 범위 내에서 구체화됐음을 확인하기 위해 요구사항 모델을 사용하자. 사용자 요구사항과 기능적 요구사항을 구체화하기 위한 세부 수준을 결정하기 위해 이해관계자와 협력하자.

요구사항 문서화하기

분석가는 고객 문제를 해결할 솔루션을 명확히 설명할 수 있도록 요구사항을 잘 정리하고 잘 작성해야 할 책임이 있다. 표준 템플릿을 사용하면 BA에게 사용자 대표와 논의해야 하는 주제를 상기시켜 요구사항 개발을 가속화할 수 있다.

요구사항 전달하기

모든 구성원에게 요구사항을 효과적이고 효율적으로 전달해야 한다. BA는 언제 문자보다 여러 종류의 시각적인 분석 모델(5, 12, 13장에서 논의), 표, 수학 공식, 프로토타입(15장 "프로토타이핑을 활용한 위험 감소"에서 논의) 등의 방법을 사용하는 것이 요구사항을 표현하는 데 효과적인지 결정해야 한다. 전달은 단순히 요구사항을 종이에 적고 벽에 붙이는 것에 지나지 않는 문제가 아니다. 팀이 여러분이 전달하는 정보를 잘 이해할 수 있도록 팀과 함께하는 지속적인 협력이 수반된다.

요구사항 검증 이끌기

BA는 요구사항 명세서가 11장 "좋은 요구사항 작성하기"에서 논의한 필요 속성을 담고 있는지, 이 요구사항 기반의 솔루션이 이해관계자의 니즈를 만족할 수 있을지 확인해야 한다. 분석가는 요구사항 검토의 가장 중요한 참가자다. 또한 요구사항이 올바르게 해석됐는지 확인하기 위해 요구사항에서 도출된 설계와 테스트도 검토해야 할 것이다. 만약 애자일 프로젝트에서 구체적인 요구사항 대신 인수 테스트를 작성한다면 이 또한 검토해야 한다.

수월하게 요구사항 우선순위 할당하기

비즈니스 목표 달성에 부합하는 합리적인 우선순위 결정을 위해 분석가는 다양한 이해관계자와 개발자 사이의 협력이나 협상을 중개해야 한다.

요구사항 관리하기

비즈니스 분석가는 소프트웨어 개발 수명주기 전반에 걸쳐 참여하며, 프로젝트의 요구사항 관리 계획을 만들고, 검토하고, 실행하는 것을 도와야 한다. 정해진 제품 출시나 개발 반복주기를 위한 요구사항 기준을 수립한 후 BA는 이러한 요구사항의 상태 추적, 제품에 대한 만족도 확인, 요구사항 기준의 변경 관리 등으로 초점을 전환해야 한다. 분석가는 여러 동료의 의견을 통해 개별 요구사항과 기타 시스템 구성요소를 연결하는 추적 정보를 수집한다.

분석가의 필수 역량

충분한 교육이나 지도, 경험이 없는 사람들에게 분석가의 역할을 기대할 수는 없다. 잘 할 수도 없을 뿐더러 좌절만 경험할 것이다. 이 역할에는 기술적이기보다는 사람과 관련된 많은 "소프트 스킬"을 필요로 한다. 분석가는 다양한 요구사항 도출 기법의 사용법이나 자연어 이외의 형태로 정보를 표현하는 방법을 알아야 한다. 효과적인 BA는 우수한 의사소통 능력, 퍼실리테이션 능력, 대인 관계 기술을 기술 및 비즈니스 도메인 지식과 업무에 대한 적절한 태도와 결합시켜야 한다. 인내와 동료들에 대한 진심 어린 태도는 핵심적인 성공 요인이다. 이번 절에서 설명하는 능력은 특히 중요하다. 영은 초급과 중급, 고급 요구사항 분석가에게 적합한 포괄적인 역량표를 제시한다(Young 2004).

청취 능력

양방향 소통에 능숙해지기 위해서는 효과적으로 듣는 법을 배워야 한다. 산만함을 제거하고, 상대방에게 주의를 기울이는 태도를 유지하고 시선을 맞추며, 제대로 이해했는지 확인하기 위해 요점을 되묻는 것 등이 적극적인 청취에 포함된다. 사람들이 무슨 얘기를 하는지 정확히 이해해야 하며, 이들이 말하기를 주저하고 있는 것을 찾기 위해 속뜻을 읽어야 한다. 공동작업자가 선호하는 의사소통 방식을 배우고, 고객의 의견을 색안경 쓰고 듣지 않아야 한다. 타인으로부터 전해 들은 것이나 자의적인 해석을 통한 근거 없는 가정에 주의하자.

인터뷰 및 질문 능력

대부분의 요구사항 기초 자료는 토론을 통해 얻어지기 때문에 BA는 다양한 개인이나 그룹의 니즈에 공감할 수 있어야 한다. 고급 관리자 혹은 매우 독단적이거나 공격적인 개인과 일하는 것이 두려울 수도 있다. 필수 요구사항 정보를 표면화하기 위해 올바른 질문을 해야 한다. 예를 들면, 사용자는 자연스럽게 시스템의 정상적인 행동이나 예측 가능한 행동에 초점을 맞춘다. 하지만 많은 코드가 예외를 처리하기 위해 작성된다. 따라서 오류 조건을 식별하고 이 상황에 시스템이 응답하는 방법을 결정하는 데 집중해야 한다. 경험을 통해 불확실성과 의견 충돌, 가정, 암묵적인 기대를 찾아 이를 명확히 하는 예술적인 경지의 질문 기술을 습득할 수 있을 것이다(Gause and Weinberg 1989).

임기응변

비즈니스 분석가는 항상 기존 정보를 알고 있어야 하며, 이와 관련된 새로운 정보를 처리할 수 있어야 한다. 모순된 것이나 불확실한 것, 모호한 것, 가정 등을 찾아 적절한 순간에 논의할 수 있어야 한다. 인터뷰를 위해 완벽한 스크립트를 준비할 수도 있지만 예상하지 못한 질문이 필요할 때도 있을 것이다. 좋은 질문을 던지고, 답변을 명확히 듣고, 신속하고 현명하게 다음 질문을 이어가거나 대화를 진행하자. 때로는 질문을 계속 하기보다 이해관계자가 다음 질문을 생각할 수 있도록 적절한 예를 제시할 수도 있을 것이다.

분석력

효과적인 비즈니스 분석가는 높은 수준의 추상화와 낮은 수준의 추상화를 모두 할 수 있으며, 언제 추상화 수준을 옮겨야 할지도 알고 있다. 때로는 상위 정보에서 구체적인 정보로 드릴 다운(drill down)해야 할 때도 있다. 어떤 경우에는 한 사용자가 설명한 구체적인 니즈를 다양한 이해관계자를 만족시키는 일련의 요구사항으로 일반화해야 할 것이다. BA는 다양한 소스에서 나온 복잡한 정보를 이해해야 하며, 이와 관련된 어려운 문제를 해결해야 한다. 갈등을 조정하고 진정한 니즈로부터 사용자가 원하는 바를 분리하며, 요구사항으로부터 솔루션 아이디어를 구분하기 위해 정보를 비판적으로 평가해야 한다.

시스템 사고 능력

비즈니스 분석가는 꼼꼼하고 세부적인 것을 중요시해야 하지만 하지만 큰 그림을 볼 수도 있어야 한다. BA는 기업 전체, 비즈니스 환경, 애플리케이션에 대해 자신이 알고 있는 바와 요구사항 간의 불일치와 영향을 찾기 위해 요구사항을 확인해야 한다. 또한 BA는 시스템과 관련된 사람과 프로세스, 시스템 간 상호작용과 관계를 이해해야 한다(IIBA 2009). 고객이 기능적인 영역에 대한 요구사항을 요청한다면 BA는 해당 요구사항이 예상치 못하게 다른 부분에 영향을 미치지는 않는지 판단해야 한다.

학습 능력

분석가는 새로운 요구사항 접근법이나 애플리케이션 도메인에 대한 새로운 자료를 빠르게 학습해야 한다. 이러한 새로운 지식을 실무에 효율적으로 적용할 수 있어야 한다. 분석가는 수많은 자료 속에서 꼭 필요한 것을 빠르게 파악해야 하기에 효율적인 동시에 비판적인 독자여야 한다. 스스로 도메인 전문가가 될 필요는 없기 때문에 명확히 질문하는 것을 망설이지 말자. 그저 모르는 것에 대해 솔직해야 한다. 모두 다 알지 못하는 것은 괜찮아도 무지를 숨기면 안 된다.

퍼실리테이션 능력

분석가에게 요구사항 논의 및 도출 워크숍을 효과적으로 운영하는 능력은 중요한 자질이다. 퍼실리테이션(facilitation)은 그룹을 성공적으로 이끄는 행위로서 다수가 협력을 통해 요구사항을 정의하고, 각 니즈의 우선순위를 정하며, 갈등을 해결할 때 퍼실리테이션이 꼭 필요하다. 능숙한 질문과 관찰, 퍼실리테이션 기술을 가진 중립적인 퍼실리테이터는 그룹이 신뢰를 형성하고 비즈니스 및 IT 담당 직원 간의 긴장 관계를 개선하는 데 도움을 줄 수 있다. 7장에서는 요구사항 도출 활동을 촉진하기 위한 지침을 제시한다.

리더십 능력

유능한 분석가는 이해관계자 그룹이 공동의 목표를 달성하기 위한 방향을 설정하는 데 영향을 미칠 수 있다. 리더십은 프로젝트 이해관계자 간의 합의를 조율하고, 갈등을 해결하며, 의사결정을 내리기 위한 다양한 기법을 이해하도록 요구한다. 분석가는 각자의 동기나 니즈, 제약조건을 이해하지 못하는 다양한 이해관계자 그룹 간에 신뢰를 형성하는 협력적인 환경을 만들어야 한다.

관찰력

관찰력 있는 분석가는 무심코 지나쳐버린 중요할 수 있는 의견을 감지할 것이다. 훌륭한 관찰자는 본인의 업무를 수행하거나 애플리케이션을 사용하는 사용자를 지켜보며 사용자가 얘기할 생각이 없던 민감한 부분을 감지할 수 있다. 능숙한 관찰력은 새로운 요구사항 도출 논의가 필요한 영역을 발견할 수 있게 함으로써 추가적인 요구사항을 드러내 보이기도 한다.

의사소통 능력

요구사항 개발의 주요 산출물은 고객과 마케팅 담당자, 관리자, 기술 담당 직원 간에 효과적으로 소통할 수 있는 일련의 요구사항 문서다. 분석가에게는 말과 글을 통한 탄탄한 언어 구사 능력과 복잡한 아이디어를 명확히 표현할 수 있는 능력이 필요하다. 요구사항을 검증해야 하는 고객이나 개발을 위해 명확하고 정확한 요구사항이 필요한 개발자 등 다양한 대상을 위해 문서를 작성할 수 있어야 한다. BA는 현지 용어와 지역 차이로 인한 방언을 사용해 알기 쉽게 이야기해야 한다. 또한 의사소통 대상의 세부 수준에 따라 정보를 요약하고 표현할 수 있어야 한다.

조직 능력

BA는 요구사항 도출 및 분석 과정에서 수집된 방대하고 뒤죽박죽인 정보와 씨름해야 한다. 급변하는 정보에 대응하고 모든 조각을 일관성 있게 구조화하려면 특출난 조직화 능력과 모호함과 혼란을 바로잡을 수 있는 인내와 끈기를 필요로 한다. 분석가는 프로젝트의 성장과 함께 증가하는 프로젝트 정보를 관리하기 위한 정보 아키텍처를 제시할 수 있어야 한다(Beatty and Chen 2012).

모델링 능력

구조적 분석 모델(데이터 흐름 다이어그램, 개체 관계 다이어그램, 기타 유사 다이어그램)과 같은 오래된 순서도에서부터 통합 모델링 언어(UML; Unified Modeling Language) 표기법에 이르는 이러한 모델은 모든 분석가가 어느 정도는 다뤄야 한다(Beatty and Chen 2012). 이 가운데 일부는 사용자와 소통할 때 유용할 것이며, 또 다른 일부는 개발자와 소통할 때 유용할 것이다. 하지만 이들 중 몇 가지는 BA가 요구사항을 개선하기 위한 분석에 온전히 사용될 것이다. BA는 부가 가치를 기반으로 특정 모델을 언제 선택해야 할지 알고 있어야 한다. 또한 다른 이해관계자에게 모델을 사용하며 얻을 수 있는 가치나 이러한 모델을 읽는 방법을 교육해야 할 것이다. 좀 더 다양한 분석 모델 유형에 대한 개요는 5, 12, 13장을 참조하자.

대인 관계 기술

분석가는 비록 경쟁상대일지라도 사람들이 하나의 팀으로 일하게 할 수 있어야 한다. 분석가는 조직의 다양한 직무나 직급의 개인들과 편하게 얘기해야 한다. BA는 대화 상대의 언어로 이야기해야 하며, 비즈니스 이해관계자에게 기술적인 용어를 사용하면 안 된다. 또한 위치나 시간대, 문화, 모국어가 다른 구성원으로 이뤄진 가상의 팀과 일해야 할 수도 있다. BA는 팀 구성원과의 의사소통이 원활해야 하며, 소통 과정은 명확하고 일관성 있어야 한다.

창의력

BA는 단지 고객의 이야기를 말하는 대로 기록하는 서기관이 아니다. 최고의 분석가는 고객이 고려하는 잠재적인 요구사항을 발명한다(Robertson 2002). 이들은 혁신적인 제품의 기능을 마음속으로 그리며, 새로운 시장과 비즈니스 기회를 상상하고, 고객을 놀라게 하고 즐겁게 하기 위한 방법을 고민한다. 정말 능력 있는 BA는 심지어 사용자 스스로도 알지 못하는 그들의 요구를 만족시킬 수 있는 창의적인 방법을 찾는다. 분석가는 사용자처럼 문제 해결에 가까이 있지 않기 때문에 새로운 아이디어를 제공할 수도 있다. 분석가는 솔루션에 금도금 현상이 일어나는 것을 방지하기 위해 신중해야 하며, 고객의 동의 없이 단순히 새로운 요구사항을 명세에 추가하지 말아야 한다.

> **아는 대로 실천하기**
>
> 숙련된 BA와 개발자는 스스로 길을 찾는다. 나는 친구이자 동료인 타냐에게 내 웹 사이트에 필요하다고 생각하는 소프트웨어 서비스에 대해 이야기한 적이 있다. 나는 그녀에게 내가 받은 이메일을 추출해서 특정 정보를 분석할 수 있는 스크립트가 필요하다고 말했다. 하지만 나는 스크립트를 작성할 줄 몰랐기 때문에 타냐에게 어떻게 하면 좋을지 알려달라고 했다.
>
> 타냐는 답했다. "그런데 칼, 내 생각에는 이게 실제 요구사항이 아닌 것 같아. 메일함에 메일이 도착하면 수동으로 읽고 처리하지 않고 뭔가 다른 방법으로 필요한 정보를 얻는 게 진짜 요구사항인 것 같은데?" 그녀는 정확하게 맞췄다. 나는 솔루션을 요구사항으로 지정하려는 사용자의 지극히 평범한 함정에 빠져버린 것이다. 다행히도 관찰력 있는 BA가 내 실수를 발견했다. 타냐는 조금 뒤로 물러서서 바로 근본적인 문제를 파악했다. 만약 여러분이라면 문제를 해결하는 방법은 다양하고 이들 중 어떤 것은 처음에 생각한 것보다 낫다는 사실을 발견할 수 있을 것이다. 내 똑똑한 친구인 타냐는 눈에 보이는 솔루션보다 기저에 있는 실제 사용자의 목표를 이해하는 것이 숙련된 BA에게 얼마나 중요한지 상기시켜줬다.

분석가의 필수 지식

비즈니스 분석가에게는 특별한 능력이나 개인적인 특성뿐 아니라 경험을 통해 얻는 것 이상의 폭넓은 지식이 필요하다. 비즈니스 분석가는 현대적인 요구공학 실천지침을 이해하고 이를 다양한 소프트웨어 개발 수명주기에 맞게 적용하는 방법을 알아야 한다. 또한 도입이 결정된 요구사항 실천 지침에 익숙하지 않은 사람들을 교육시키고 설득해야 할 수도 있다. 효과적인 분석가는 다양한 기술 도구를 직접 사용할 수 있으며, 이를 언제 사용하고 언제 사용하지 말아야 할지 알고 있다.

BA는 전체 프로젝트 수명주기 안에서 요구사항 개발과 관리 활동을 해 나가야 한다. 프로젝트 관리, 개발 수명주기, 위기 관리, 품질 공학을 올바르게 이해하는 분석가는 프로젝트를 그르치게 하는 요구사항 이슈를 사전에 예방할 수 있다. 상용 개발 환경에서는 BA에게 제품 관리 개념에 대한 지식이 도움될 것이다. 아키텍처와 운영환경에 대한 기초 지식은 BA에게 도움이 되며, 이를 기반으로 우선순위 할당과 비기능적 요구사항에 대한 기술적인 대화에 참여할 수 있다.

비즈니스와 산업, 조직에 대한 지식은 효과적인 BA에게 강력한 자산이다(IIBA 2009). 비즈니스에 정통한 분석가는 사용자와의 의사소통에서 오해를 최소화할 수 있다. 조직과 비즈니스 도메인을 이해하고 있는 분석가는 종종 무언의 가정이나 함축된 요구사항을 발견하기도 한다. 그들은 사용자가 비즈니스 프로세스를 개선하거나 다른 이해관계자가 생각하지 못한 중요한 기능을 제안할 수 있게 도움을 줄 수 있다. 업계의 도메인을 이해하는 것은 상업적인 환경에 특히 도움이 되기 때문에 분석가는 시장 및 경쟁 제품의 분석 결과를 제공할 수 있다.

비즈니스 분석가 육성

훌륭한 비즈니스 분석가는 다양한 교육 배경과 업무 경험을 통해 성장하기 때문에 각자의 지식과 역량에는 차이가 있을 수 있다. 모든 분석가는 이번 장에서 설명하는 지식과 역량 중 어떤 것이 스스로의 상황과 관련 있는지 결정해야 하며, 이를 통해 적극적으로 부족한 부분을 보강해 나가야 할 것이다. 국제 비즈니스 분석 협회(IIBA; International Institute of Business Analysis)는 입문(entry-level), 초급(junior), 중급(intermediate), 고급(senior) 비즈니스 분석가가 일반적인 BA 활동을 통해 발휘해야 하는 주요 역량을 설명하고 있다(IIBA 2011). 모든 신규 BA는 더 경험 많은 BA의 멘토링과 코칭을 통해 도움을 받게 될 것이며, 이는 견습생 형태가 될 수도 있다. 이제 각기 다른 배경을 가진 사람들이 어떻게 분석가의 역할을 하게 되는지 알아보고, 이들이 직면하게 될 몇 가지 도전과제와 위험을 알아보자.

전직 사용자

기업의 IT 부서에는 종종 이전에는 사업 부서에서 일하는 정보 시스템의 사용자였지만 비즈니스 분석가가 된 사람이 있다. 이들은 비즈니스와 업무 환경을 이해하고 있기 때문에 옛 동료들로부터 쉽게 신뢰를 얻을 수 있다. 이들은 보통 사용자의 언어로 이야기하며, 기존 시스템과 비즈니스 프로세스를 알고 있다.

문제는 이제 막 BA가 된 전직 사용자는 소프트웨어 공학이나 기술 분야의 사람들과 소통하는 방법을 잘 알지 못한다는 것이다. 모델링 기법을 잘 알지 못한다면 모든 정보를 글로 설명해야 할 것이다. BA가 된 사용자는 소프트웨어 개발의 기술적인 측면을 배워야 하며, 이를 통해 다양한 대상에게 가장 적절한 형식으로 정보를 표현할 수 있다.

일부 전직 사용자는 현재 사용자보다 본인이 무엇이 필요한지 더 잘 알고 있다고 생각해서 실제로 새 시스템을 사용하게 될 사용자에게 기초 자료를 요청하거나 존중하려 하지 않기도 한다. 최근 사용자는 현재 일하는 방식의 틀 안에 갇혀있어 새로운 정보 시스템의 비즈니스 프로세스 개선으로부터 얻을 기회를 못 볼 수도 있다. 또한 전직 사용자는 요구사항을 사용자 인터페이스 관점으로만 생각하기 쉽다. 솔루션 아이디어에 초점을 맞추다 보면 불필요한 설계 제약조건에 노출될 수도 있고 실제 문제를 해결하는 데 실패할 수도 있다.

> **임상병리사부터 비즈니스 분석가까지**
>
> 한 대기업의 의료장비 부서 수석 관리자가 문제에 봉착했다. "저는 고객의 니즈를 대변하기 위해 2년 전 세 명의 임상병리사를 고용했습니다. 그들은 훌륭하게 일을 완수해 왔지만 이제는 더 이상 의료공학 분야에서 일하지 않습니다. 그래서 요즘 우리 고객이 원하는 게 무엇인지 정확하게 얘기하지 못해요. 이제 그들에게 적합한 커리어 패스는 무엇일까요?"라고 그가 말했다.
>
> 이 관리자의 전직 임상병리사들은 비즈니스 분석가가 될 수 있는 좋은 후보였다. 비록 그들이 병원 연구소 내의 최근 소식은 모를지라도 여전히 다른 의료 기술자와 소통할 수 있었다. 제품 개발 환경에서 보낸 2년이라는 시간 동안 전직 임상병리사들은 다른 의료 기술자와의 소통이 어떻게 이뤄지는지 충분히 이해할 수 있었다. 요구사항 작성 기법에 대한 몇 가지 교육이 필요하기는 하지만 그들은 효과적인 분석가가 될 수 있는 다양한 경험을 쌓아왔다. 이들 전직 사용자는 완벽하고 성공적으로 BA로 전환했다.

전직 개발자나 테스터

전담 BA가 부족한 프로젝트 관리자는 개발자가 이런 역할을 해주기를 기대하기도 한다. 안타깝게도 요구사항 개발에 필요한 역량이나 성향은 소프트웨어 개발에 필요한 것과는 다르다. 어떤 개발자는 사용자에 대한 인내심은 적지만 코드를 작성하고 기술적인 매력을 뽐내는 것을 선호한다. 물론 많은 개발자는 요구사항 프로세스의 중요성을 인지하고, 필요할 때 분석가로서의 역할을 수행할 수 있다. 훌륭한 비즈니스 분석 전문가의 후보는 소프트웨어 개발에 필요한 니즈를 이해하기 위해 고객과의 협업을 즐기는 사람이다.

개발자 출신의 분석가는 비즈니스 도메인에 대해 좀 더 배워야 할지도 모른다. 개발자는 고객의 니즈보다 소프트웨어 개발에 집중해서 기술적인 사고와 전문용어에 빠지기 쉽다. 이들은 요구공학의 현 모범 사례를 어느 정도 습득해야 할 것이다. 이번 장에서 앞서 이야기했듯이 개발자는 최고의 분석 대가로부터 다양한 소프트 스킬에 대한 교육과 멘토링을 받으며 도움을 받을 수 있을 것이다.

일반적으로 테스터는 분석가 역할을 수행하길 요구받지 않는다. 하지만 훌륭한 BA가 가지고 있을 법한 분석가적인 사고 방식을 갖고 있는 테스터도 있다. 이미 테스터는 예외와 해결 방법, 요구사항의 빈 틈을 찾기 위한 유용한 툴에 대해 고민하고 있다. 전직 개발자와 마찬가지로 테스터 또한 요구공학의 모범 사례에 대해 배워야 할 것이다. 비즈니스 도메인에 대한 지식도 더 많이 습득해야 할 것이다.

전직(혹은 현직) 프로젝트 관리자

프로젝트 관리자가 비즈니스 분석가의 빈 자리를 메꿔야 하기도 하는데, 아마도 이 두 역할이 동일한 역량이나 도메인 지식을 요구하기 때문일 것이다. 이는 효과적인 역할 변경일 수 있다. 프로젝트 관리자는 이미 적절한 팀과 일한 경험이 있고, 조직이나 비즈니스 도메인에 대해 이해하고 있으며, 능숙한 의사소통 능력을 검증받았다. 이들은 청취, 협상, 퍼실리테이션에 능할 것이다. 또한 우수한 조직 관리 능력과 문서 작성 능력도 갖추고 있을 것이다.

그래도 전직 프로젝트 관리자는 요구공학 실천 지침에 대해 좀 더 공부해야 할 것이다. 계획을 세우거나 자원을 할당하고, 분석가와 팀의 다른 구성원 간에 활동을 조정하는 것은 전혀 다른 일이다. 스스로 비즈니스 분석가 역할을 수행하는 것 또한 전혀 다른 문제다. 전직 프로젝트 관리자는 시간표, 자원 및 예산 제약에 초점을 두기보다는 비즈니스 니즈를 이해하고 기존 프로젝트 일정 내에서 우선순위를 정하는 데 집중해야 한다. 또한 이들은 프로젝트 관리보다 덜 중요하기는 하지만 BA로서의 성공에 꼭 필요한 분석, 모델링, 인터뷰 능력을 개발해야 한다.

주제 전문가

영은 비즈니스 분석가가 일반적인 사용자가 되기보다는 애플리케이션 도메인 전문가나 SME가 되길 바랬다(Young 2001): "SME는 다양한 분야에서 요구사항이 합리적인지 여부, 기존 시스템을 확장하는 방법, 제안된 아키텍처를 설계하는 방법, 사용자에게 미치는 영향을 본인의 경험에 근거해서 결정한다." 어떤 제품 개발 조직은 분석가나 사용자의 대리인으로서 자사 제품에 익숙하고 광범위한 도메인 경험이 있는 사용자를 고용하기도 한다.

이 방법에도 위험이 존재한다. 도메인 전문가인 비즈니스 분석가는 다양한 사용자 클래스에 적합한 니즈보다는 본인의 성향에 따라 시스템의 요구사항을 구체화할 것이다. 요구사항에 대해 고민하며 장님처럼 잘 보지 못하고 새로운 아이디어를 제안하는 데 덜 창조적일 것이다. SME는 "현행(as-is)" 시스템을 이해하는 데 전문가이며 "목표(to-be)" 시스템을 상상하는 데 어려움을 겪기도 한다. 핵심 사용자 대표나 제품 챔피언 역할을 하는, 개발팀에서 전향한 BA와 SME가 함께 일하는 것이 더 효과적일 때도 있다. 제품 챔피언에 대한 내용은 6장에서 설명한다.

초심자

졸업 직후나 비관련 직종에서 전직해서 비즈니스 분석가가 되는 것은 정보 기술 분야에 진출하기 위한 좋은 시작점이다. 이제 막 졸업한 졸업생은 아직 관련 경험이나 지식이 부족할 것이다. 하지만 이들 스스로가 좋은 분석가에게 필요한 다양한 역량을 증명할 수 있다면 BA로 고용될 수 있을 것이다. 초심자를 BA로 고용함으로써 얻을 수 있는 장점은 그들이 요구사항 프로세스의 동작 방식에 대한 선입견을 적게 갖고 있다는 것이다.

이제 막 졸업한 사람은 관련 경험이나 지식이 부족하기 때문에 BA 업무를 수행하는 방법이나 복잡한 사례를 많이 학습해야 할 것이다. 최근에 졸업한 사람 또한 개발자, 테스터, 기타 팀 구성원이 직면하는 도전과제를 이해하기 위해 소프트웨어 개발 프로세스에 대해 충분히 학습해야 하며, 이를 통해 효과적으로 협업할 수 있을 것이다. 멘토링은 초보 BA의 학습곡선을 완화할 수 있으며, 처음부터 자연스럽게 좋은 습관을 들일 수 있다.

배경과는 상관 없이 창의적인 비즈니스 분석가는 스스로의 효율성을 향상시키기 위해 여러 방법을 적용할 수 있다. 더 능숙한 분석가가 되기 위해 본인에게 부족한 지식이나 능력을 습득하고, 경험을 축적하며, BA의 업무 수행을 연습할 필요가 있다. 이러한 모든 노력을 통해 균형 잡힌 BA를 양성할 수 있다(그림 4-2).

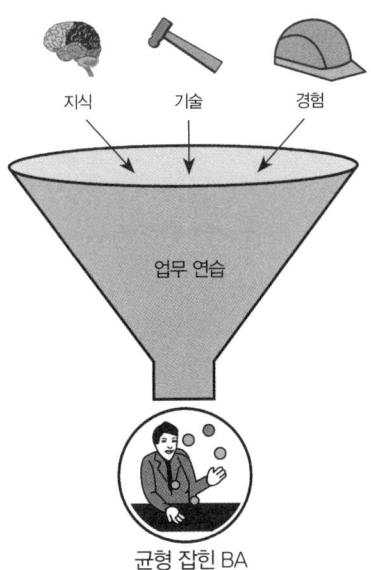

그림 4-2 효과적인 비즈니스 분석가를 양성하는 데는 지식, 기술, 경험이 필요하다.

애자일 프로젝트에서 분석가의 역할

애자일 개발 방법론을 사용하는 프로젝트에서도 비즈니스 분석가의 기능은 필요하지만 이 역할을 하는 사람을 BA라 부르지는 않는다. 어떤 애자일 방법론에서는 제품 주인이라 부르는 핵심 팀 구성원이 있다. 이 역할을 하는 사람은 전통적인 비즈니스 분석 활동의 일부를 수행하며, 제품 비전 제공, 제약 사항에 대한 논의, 잔여 업무에 대한 제품 백로그의 우선순위 할당, 제품에 대한 최종 결정 등을 수행한다(Cohn 2010). 또 다른 프로젝트에서는 제품 주인과 별도로 비즈니스 분석가 역할을 유지한다. 개발자 같은 다른 팀 구성원이 비즈니스 분석가 역할의 일부를 수행하기도 한다. 요점은 프로젝트의 개발 방식에 상관 없이 BA역할과 관련된 업무가 수행되고 있다는 것이다. 팀에 비즈니스 분석가의 역량을 보유한 구성원이 있으면 도움될 것이다.

애자일 개발 방식으로 전향하는 조직에서 BA가 프로젝트에 효과적으로 공헌하는 방법에 대한 확신을 갖지 못하는 경우가 있다. 애자일 개발 정신은 분석가가 "비즈니스 분석가"의 선구자로서 기꺼이 앞으로 나아가야 하며, 성공적인 제품을 전달하기 위해 도움을 줄 수 있는 부분을 찾아 기여해야 한다고 이야기한다. 엘렌 가티스디너는 전통적인 비즈니스 분석가 활동 중에서 애자일 환경에 적용할 수 있는 구체적인 목록을 제시한다(Ellen Gottesdiener 2009). 다음은 애자일 프로젝트에서 BA가 능력을 발휘할 수 있을 만한 것 중 일부다.

- 가볍고 유연한 요구사항 프로세스를 정의하고 이를 프로젝트 보증서로 채택하기.
- 요구사항 문서가 너무 많지도 적지도 않은 적절한 수준인지 확인하기(모든 명세를 너무 자세히 문서화하려는 경향이 있는 BA가 많다. 애자일 프로젝트에서 요구사항 문서가 필요 없거나 아주 적어야 한다고 얘기하는 순수주의자도 있다. 하지만 어느 양 극단도 바람직하지 않다).
- 스토리 카드나 정형화된 도구 중 어떤 방법이 가장 적절한지를 비롯해 백로그 문서화에 가장 적합한 방법을 결정할 수 있도록 돕기.
- 이해관계자들이 서로에게 요구사항에 대한 니즈나 궁금한 사항, 우려하는 부분에 대해 자주 얘기할 수 있도록 퍼실리테이션과 리더십 기술 적용하기.
- 고객의 니즈가 제품 백로그에 정확하게 표현됐는지 검증하고 우선순위를 할당할 수 있도록 돕기.
- 요구사항과 우선순위에 대한 고객의 생각이 바뀌었을 때 고객과 함께 작업하며 변경 기록 등을 돕기. 다른 팀과 함께 변경 사항이 반복주기와 출시 일정에 미치는 영향을 확인해야 한다.

개발 전반에 걸쳐 제품 주인과 같이 사용자를 대표하는 역할이 있다는 것은 매우 중요하고 유용하다. 하지만 제품 주인의 역할을 하는 사람이 비즈니스 분석가의 모든 능력을 가지고 있지 않거나 모든 관련 업무를 수행할 시간이 없을 수도 있다. BA는 팀에 이러한 중요한 능력을 제공해 줄 수 있을 것이다.

협력적인 팀 구성하기

소프트웨어 프로젝트에서 분석가나 개발자, 사용자, 관리자, 마케팅 담당자는 서로 불편한 관계를 경험할 수도 있다. 같은 배를 탔다고 해도 항상 서로의 동기를 신뢰하는 것은 아니며, 각자의 니즈나 제약조건을 인정하지도 않는다. 하지만 사실상 소프트웨어 제품의 생산자와 소비자는 공통의 목표를 공유한다. 기업 정보 시스템을 개발하는 경우 모든 구성원이 같은 회사에 근무하기 때문에 기업의 수익성 개선을 통해 모두가 혜택을 누릴 수 있다. 상용 제품의 경우 고객을 행복하게 함으로써 생산자는 수익을 얻고, 개발자는 만족감을 얻는다.

비즈니스 분석가에게는 사용자 대표와 기타 프로젝트 이해관계자 간의 협력 관계를 구축할 중요한 책임이 있다. 효과적인 분석가는 비즈니스 이해관계자와 기술 부문의 이해관계자들이 직면하는 모든 도전 과제를 인정하고, 매 순간 그들의 공동작업자에 대한 존중을 증명한다. 분석가는 프로젝트 참가자로 하여금 다음과 같이 모두가 만족할 수 있는 결과를 도출하는 요구사항 합의로 이끈다.

- 고객이 제품을 통해 기쁨을 느낀다.
- 개발 조직이 비즈니스 성과에 행복을 느낀다.
- 모든 팀 구성원이 도전적이고 보람찬 프로젝트에 참여한 것을 자랑스러워한다.

다음 단계는

- 좀 더 개발이 필요한 영역을 찾기 위해, 이번 장에서 이야기한대로 BA 역량에 대한 자기 평가를 수행하고 스스로의 역량이나 지식을 비교해 보자. IIBA의 자기 평가(self-assessment)가 이를 위한 좋은 도구가 될 것이다(IIBA 2010). 부족한 부분을 채우기 위한 개인적인 로드맵을 만들어 보자.

- 부족한 능력 중 향상시킬 두 개의 특정 영역을 찾아 선택한 후 능력을 향상시키기 위해 지금 바로 책을 읽거나, 연습하고, 멘토를 찾거나, 강의를 듣자.

- 현재 종사하고 있는 비즈니스, 산업, 조직에 대해 여러분이 지닌 현재 지식 수준을 평가하고 추후 개선을 위해 주제 전문가를 찾아보자. 해당 주제와 관련된 글이나 여러분에게 가르침을 줄 수 있는 전문가를 찾아보자.

02

요구사항 개발

5장 비즈니스 요구사항 정립하기
6장 고객의 목소리 찾기
7장 요구사항 도출
8장 사용자 요구사항 이해하기
9장 규칙에 따르기
10장 요구사항 문서화하기
11장 좋은 요구사항 작성하기
12장 백문이 불여일견
13장 데이터 요구사항 명세화하기
14장 기능, 그 이상을 향해
15장 프로토타이핑을 활용한 위험 감소
16장 중요한 것 먼저: 요구사항 우선순위 할당하기
17장 요구사항 검증하기
18장 요구사항 재사용
19장 요구사항 개발, 그 이상을 향해

05
비즈니스 요구사항 정립하기

카렌은 회사의 고객 서비스 담당자가 사용할 신규 온라인 제품 카탈로그를 개발하는 프로젝트의 비즈니스 분석가다. SRS 초안이 검토 중인 상황에서 마케팅 관리자가 "이 제품이 좋아요" 기능이 추가되기를 원했다. 카렌은 본능적으로 이를 미뤄야 한다고 생각했다. 이미 현재의 요구사항 집합에 대한 회의 일정이 논의 중이기 때문이다. 하지만 그녀는 이 기능을 통해 고객 서비스 담당자가 다른 고객이 가장 좋아할 만한 제품을 홍보하는 데 도움이 될 수 있기 때문에 추가할 만한 기능이라는 것을 깨달았다. 그녀가 이 기능을 위한 기능적 요구사항을 도출하고 문서화하기 전에 이 기능이 범위 안에 추가돼야 하는지에 대한 목표 분석이 필요하다.

그녀가 마케팅 관리자에게 이 요청에 대한 추가 분석의 필요성을 설명했지만 그는 이렇게 답했다. "어쨌든 개발자가 금방 코드를 수정할 거에요. 그냥 작은 기능 하나 추가하는데 뭐가 어렵겠어요?" 카렌의 분석으로는 제안된 기능이 프로젝트 범위를 벗어난다고 판단했다. 고객 서비스 담당자의 평균 통화 시간 감소라는 비즈니스 목표에도 도움되지 않을 것이며, 구현하기도 쉽지 않을 것이다. 카렌은 비즈니스 목표를 고려하지 않는 마케팅 관리자에게 이 기능이 범위에 포함되면 안 되는 이유에 대해 분명하고 명확하게 설명할 수 있어야 한다.

1장 "필수 소프트웨어 요구사항"에서 봤듯이 비즈니스 요구사항은 요구사항 연결고리의 최상단을 나타낸다. 또한 비즈니스 요구사항은 솔루션의 비전과 솔루션 구현 프로젝트의 범위를 정의한다. 사용자 요구사항과 기능적 요구사항은 비즈니스 요구사항에서 정립한 컨텍스트 및 목표와 부합해야 한다. 프로젝트의 비즈니스 목표 달성에 도움이 되지 않는 요구사항은 구현해서는 안 된다.

방향이 명확히 정의되거나 조율되지 않은 프로젝트는 재난을 초래할 것이다. 프로젝트 참가자가 저마다 서로 다른 목표와 우선순위를 가지고 있다면 자신도 모르는 사이에 서로 다른 일을 하고 있을 것이다. 프로젝트의 비즈니스 목표에 대한 공통의 이해가 부족하다면 이해관계자는 요구사항에 절대로 동의하지 않을 것이다. 이런 이해를 최우선으로 하지 않는다면 올바른 제품을 만들기 위해 팀이 고군분투하고 이로 인해 프로젝트를 제때 완료할 수 없으며, 예산이 초과하게 될 것이다.

이번 장에서는 프로젝트의 비즈니스 요구사항을 담은 산출물인 비전 범위 문서에 대해 설명한다. 이번 장 후반부의 그림 5-3은 비전 범위 문서의 템플릿을 제시한다. 템플릿을 사용하기 전에 "비즈니스 요구사항"이 의미하는 바를 먼저 알아보자.

비즈니스 요구사항 정의하기

"비즈니스 요구사항"은 솔루션과 기대하는 궁극적인 비즈니스 성과를 제공하는 하나 이상의 프로젝트에 대한 니즈를 설명하는 종합적인 일련의 정보를 말한다. 비즈니스 요구사항은 비즈니스 기회, 비즈니스 목표, 성공지표, 비전 선언문으로 구성된다.

비즈니스 요구사항의 문제는 기능적/비기능적 요구사항의 구체화가 끝나기 전에 해결돼야 한다. 프로젝트의 범위 및 한계에 대한 문장은 제안된 기능과 목표로 하는 출시에 대해 논의하는 데 큰 도움이 된다. 비즈니스 요구사항은 제안된 요구사항 변경 및 개선에 대한 의사결정의 참조를 제공한다. 제안된 요구사항이 범위를 벗어나지는 않는지 팀이 빠르게 판단할 수 있도록 요구사항 도출을 위한 모든 자리에서 비즈니스 목표와 비전, 범위를 강조해서 화면에 보여주기를 권장한다.

원하는 비즈니스 이득 식별하기

비즈니스 요구사항은 프로젝트를 수행하며 이루고자 하는 비즈니스 이득에 대한 컨텍스트를 설정해야 하며, 이는 측정할 수 있어야 한다. 조직은 비즈니스 측면의 가치 창출을 명확하게 이해하지 않고는 프로젝트를 시작할 수 없다. 비즈니스 목표와 함께 측정 가능한 대상을 설정하고 실제 목표를 잘 따라가고 있는지 측정할 수 있는 성공지표를 정의하자.

비즈니스 요구사항은 자금 스폰서나 기업 경영진, 마케팅 관리자, 제품 혜안가로부터 도출될 수 있다. 하지만 비즈니스 이득을 식별하고 이에 대해 이야기하는 것은 쉽지 않다. 팀 구성원이 프로젝트에서 성취하고자 하는 바가 무엇인지 확실히 알지 못하는 경우도 있다. 또한 스폰서가 측정 가능한 방법으로 목표를 설정하는 것을 원치 않거나 심지어 목표 달성에 대한 책임을 지지 않으려 하기도 한다. 목표의 필요성에 동의하지 않는 주요 이해관계자가 다수 존재할 수도 있다. 비즈니스 분석가는 적합한 이해관계자가 비즈니스 요구사항을 설정하고 요구사항 도출, 우선순위 할당, 갈등 해결을 원활하게 할 수 있도록 도움을 줄 수 있다. 칼 위거스는 비즈니스 요구사항 도출을 위해 BA가 요청할 수 있는 몇 가지 질문을 제시한다(Karl Wiegers 2006).

비즈니스 이득은 프로젝트의 스폰서와 제품의 고객에게 진정한 가치를 제공해야 한다. 예를 들어, 두 개의 시스템을 단순히 하나로 통합하는 것은 합리적인 비즈니스 목표가 아니다. 고객은 애플리케이션이 몇 개의 시스템으로 구성돼 있는지 신경 쓰지 않는다. 단지 수익 증대와 비용 감소만 걱정할 뿐이다. 두 시스템의 통합이 해결책의 일부가 될 수도 있지만 진정한 비즈니스 목표에 완벽히 부합하는 경우는 별로 없다. 규정 및 법률 준수 프로젝트 또한 명확한 비즈니스 목표를 가지고 있다. 소송이나 비즈니스 실패를 피하는 것 같은 위험 회피도 목표가 될 수 있다.

제품 비전 및 프로젝트 범위

비즈니스 요구사항의 두 가지 핵심 요소는 비전과 범위다. 제품 비전은 제품이 궁극적으로 달성해야 하는 비즈니스 목표를 간단명료하게 설명한 것이다. 제품은 비즈니스 요구사항에 대한 완벽한 해결책이나 솔루션의 일부를 제공해야 한다. 비전은 무엇을 위한 제품인지, 궁극적으로 어떤 결과를 내놓을지에 대해 설명한다. 또한 제품의 수명이 다할 때까지 의사결정에 대한 컨텍스트를 제공함으로써 모든 이해관계자들이 같은 시각으로 바라볼 수 있게 해준다. 프로젝트 범위는 현 프로젝트나 개발 주기에 다루는 제품 비전을 식별한다. 범위 선언문은 프로젝트 안팎에 대한 경계를 그린다.

중요 제품 비전을 통해 우리 모두는 궁극적으로 이루고자 하는 목표를 알 수 있다. 반면 프로젝트 범위는 진행 중이거나 앞으로 진행할 프로젝트 혹은 반복주기에 대해 모두 동일한 관점으로 이야기할 수 있게 한다.

> **비전은 반드시 문제를 해결해야 한다**
>
> 어떤 교육 과정에서는 학생에게 비즈니스 문제와 이에 대한 비즈니스 목표를 주기도 한다. 실습하는 동안에는 주기적으로 요구사항에 대한 추가 세부사항을 제공한다. 각 단계마다 학생에게 주어진 정보를 가지고 문제를 해결하도록 요청한다. 실습이 끝난 후 확인해 보면 모든 학생의 솔루션 아이디어가 비슷할 뿐만 아니라 어느 누구도 좀처럼 실제 문제를 해결하지 못한다!
>
> 이는 실제 프로젝트에서도 마찬가지다. 팀은 명확한 목표를 설정해야 하고 다시금 목표를 확인하지 않아도 시스템을 구체화하고, 개발 및 테스트할 수 있어야 한다. 이해관계자는 본인이 원하는 "빛나는" 기능을 가져올 것이다. 팀은 이 기능이 괜찮아 보이고 흥미 있어 보여 추가한다. 결국 몇 달 후 개발된 시스템을 보면 모든 멋진 기능이 구현됐지만 원래의 문제를 해결하지는 못한다.

비전은 제품 전체에 적용된다. 제품의 전략적 포지셔닝이나 회사의 비즈니스 목표와 같이 비전 또한 시간이 지남에 따라 천천히 변화해야 한다. 그림 5-1과 같이 범위는 다음 증분 분량의 제품 기능을 구현하는 특정 프로젝트나 반복주기에 적용된다. 이해관계자가 주어진 일정이나 예산, 자원, 품질 제약조건 안에서 각 출시에 대한 콘텐츠를 조율하기 때문에 범위는 비전보다 좀 더 유동적이다. 현재 출시의 범위는 명확해야 하지만 추후 출시에 대한 범위는 생각보다 모호할 것이다. 팀의 목표는 제품의 전략적인 비전에 대해 하위 비전을 정의한 것처럼 특정 개발이나 개선 프로젝트의 범위를 관리하는 것이다.

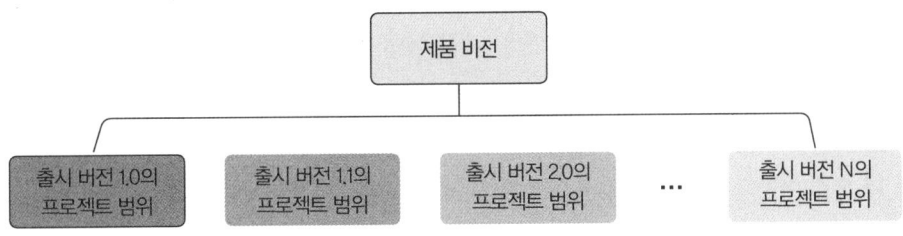

그림 5-1 제품 비전은 계획 중이지만 구체화는 덜 된 각 일정의 범위를 포함한다.

> **교차 범위**
>
> 연방관청은 대규모 정보 시스템 개발 5개년 계획에 착수했다. 연방관청에서는 프로세스 초기에 시스템의 비즈니스 목표와 비전을 정의했으며, 이는 추후 몇 년 동안 크게 변경되지 않을 것이다. 또한 최종 시스템에 대해 버전에 따른 15번의 출시를 계획했으며, 각각은 고유한 범위 기술서를 가진 프로젝트 팀으로 분리 할당됐다. 일부 프로젝트는 다른 프로젝트에 비해 비교적 독립적이며, 상대적으로 오래 진행되기 때문에 병렬로 동시에 진행되기도 한다. 각 범위 문서는 전반적인 제품 비전을 담고 있어야 하며, 무심코 누락되는 것이 없게 만들고 책임의 한계를 명확히 하기 위해 다른 프로젝트의 범위와 교차하고 있어야 한다.

상충하는 비즈니스 요구사항

여러 소스를 통해 수집한 비즈니스 요구사항은 충돌하기 마련이다. 소매점의 고객이 사용하는 키오스크에 대해 생각해 보자. 그림 5-2는 키오스크 개발자, 소매업자, 고객 등 각 이해관계자가 현재의 비즈니스 방식 내에서 키오스크가 제공할 거라 기대하는 이해관계를 보여준다.

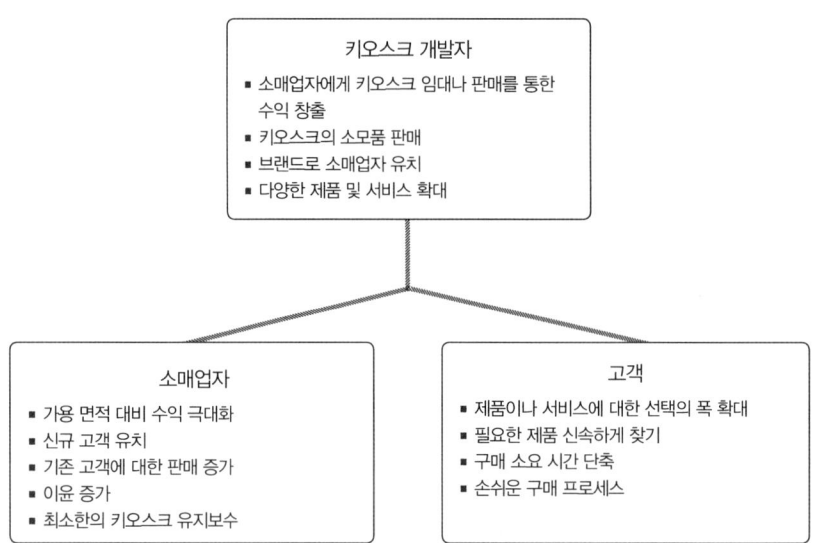

그림 5-2 키오스크의 모든 이해관계자들이 항상 동일한 이해관계를 갖지는 않는다.

다양한 이해관계자의 목표가 일치하는 경우도 있다. 예를 들면, 키오스크 개발자와 고객 모두 키오스크를 통해 이용할 수 있는 제품이나 서비스가 다양하길 원한다. 비즈니스 목표의 일부가 상충하는 경우도 있다. 고객은 상품이나 서비스 구매에 소비되는 시간을 줄이고 싶어하지만, 소매업자는 고객이 매장에 좀 더 오래 머물고 더 많이 지출하기를 원한다. 서로 다른 목표나 제약조건을 가진 이해관계자들 간의 갈등이 상충하는 비즈니스 요구사항의 원인이 될 수도 있다. 프로젝트의 의사결정자는 분석가가 키오스크의 요구사항을 구체화하기 전에 이를 해결해야 한다. 주요 이해관계자에게 주는 비즈니스 가치를 극대화하는 데 초점을 맞추는 것이 중요하다. 제품의 특성이 실제 비즈니스 목표를 해결하지 못할 정도로 명확하지 못하다면 산만해지기 쉽다.

프로젝트의 의사결정자는 소프트웨어 팀이 다양한 이해관계자 간의 갈등을 해결할 수 있을 것이라 기대하면 안 된다. 다양한 관심사를 가진 지지자가 늘어날수록 범위 또한 증가할 것이다. 새로운 시스템을 이해관계자의 모든 관심사를 만족시키기 위한 것으로 가득 채워 범위 추가를 제어하기 힘든 상황이 되어 버리면 프로젝트가 감당할 수 있는 무게를 넘어 결국 무너지게 될 것이다. BA는 가정이 상충하거나 다를 수 있는 잠재적인 영역을 표면화하고, 비즈니스 목표가 상충하는 부분을 파악하며, 요청된 기능이 목표를 만족시키지 못한다면 무시하고, 갈등 해소를 촉진함으로써 이를 도울 수 있다. 이러한 이슈를 해결하는 것은 종종 정치적이며 세력 다툼을 야기하기도 하는데, 이는 이 책의 범위를 벗어나므로 다루지 않겠다.

장기 프로젝트에서는 의사결정자가 바뀌는 경우도 있다. 실제로 이런 일을 겪게 된다면 즉시 새로운 의사결정자와 함께 비즈니스 요구사항 기준을 다시 확인하자. 그들은 기존 비즈니스 요구사항 가운데 수정이 필요한 것을 인지하고 있어야 한다. 만일 수정해야 한다면 프로젝트 관리자는 예산과 일정, 자원을 조정해야 하며, BA는 이해관계자와 함께 사용자 요구사항 및 기능적 요구사항을 갱신하고 우선순위를 다시 할당해야 할 것이다.

비전 범위 문서

비전 범위 문서(vision and scope document)는 비즈니스 요구사항을 모아서 차후 개발 업무 단계에 필요한 하나의 산출물로 만든 것이다. 일부 조직에서는 프로젝트 헌장(Wiegers 2007)이나 이와 비슷한 목적의 비즈니스 사례 문서를 만들기도 한다. 또한 상용 소프트웨어를 개발하는 조직은 시장(또는 마케팅) 요구사항 문서(MRD; Market Requirements Document)를 만드는 경우도 있다. MRD는 세부적인 표적 시장과 상업적인 성공과 관련된 이슈에 대해 구체적으로 접근한다.

비전 범위 문서는 프로젝트의 경영진 스폰서(executive sponsor)나 자금 지휘권자(funding authority), 혹은 이와 비슷한 역할을 수행하는 사람이 소유한다. 비즈니스 분석가는 비즈니스 요구사항을 명확하게 표현하고 비전 범위 문서를 작성하기 위해 이들 개개인과 협업할 수 있다. 비즈니스 요구사항의 기초 자료는 프로젝트에 참여하는 뚜렷한 목표 의식이 있는 사람들로부터 도출돼야 한다. 고객이나 개발 조직의 선임 관리자, 제품 혜안가, 제품 관리자, 주제 전문가, 마케팅 부서의 구성원 등이 여기에 포함될 것이다.

그림 5-3은 비전 범위 문서의 템플릿을 보여준다. 다음 절에서 템플릿 각각의 제목에 대해 자세히 알아보자. 일반적인 템플릿과 마찬가지로 이 템플릿 또한 현재 진행 중인 프로젝트의 특정 요구를 충족시킬 수 있도록 적용해야 한다. 만약 이러한 정보의 일부를 이미 다른 공간에 기록했다면 비전 범위 문서에 이를 중복 기재하지 말자. 비즈니스 목표나 비즈니스 위험, 이해관계자 프로파일 등 비전 범위 문서 요소 중 일부는 여러 프로젝트에서 재사용될 수도 있다. 부록 C에 본 템플릿에 따라 작성된 비전 범위 문서의 예가 포함돼 있다.

```
1. 비즈니스 요구사항
    1.1 배경
    1.2 비즈니스 기회
    1.3 비즈니스 목표
    1.4 성공지표
    1.5 비전 선언문
    1.6 비즈니스 위험
    1.7 비즈니스 가정 및 의존성
2. 범위 및 한계
    2.1 주요 기능
    2.2 초기 출시 범위
    2.3 후속 출시 범위
    2.4 제한 및 제외
3. 비즈니스 컨텍스트
    3.1 이해관계자 프로파일
    3.2 프로젝트의 우선순위
    3.3 배포 고려사항
```

그림 5-3 비전 범위 문서의 템플릿 제안

비전 범위 문서는 고수준 범위만 정의하며, 세부적인 내용은 팀이 정의한 각 출시 기준에 의해 작성된다. 주요 신규 프로젝트는 완전한 비전 범위 문서와 SRS 모두 가지고 있어야 한다. (SRS 템플릿은 10장 "요구사항 문서화하기" 참조.) 계속 발전하는 제품의 각 반복주기나 출시, 개선 프로젝트의 경우 별도의 비전 범위 문서를 만들기보다는 각 프로젝트의 요구사항 문서 안에 범위 기술서를 포함시킨다.

> **템플릿 전략**
>
> 다른 프로젝트로 프로젝트를 전환할 때 템플릿은 정보를 구성하는 일관된 방법을 제공한다. 또한 백지에서부터 작업을 시작할 때 간과할 수 있는 정보를 상기시켜 줄 것이다.
>
> 나는 템플릿을 순차적으로 채워 넣지 않는다. 대신 프로젝트 전반에 걸쳐 정보를 수집하며, 여러 절(Section)을 채운다. 비어있는 절은 현재 지식 수준의 빈 틈을 나타낸다. 문서 템플릿 중 "비즈니스 위험"이라는 절이 있다고 가정하자. 프로젝트를 수행하는 도중 나는 이 절이 비어 있음을 깨달았다. 이 프로젝트에는 정말 아무런 비즈니스 위험이 없을까? 비즈니스 위험을 식별해 놓고 다른 곳에 기록해 둔 것은 아닐까? 아니면 아직 이해관계자와 발생할 만한 위험에 대해 얘기한 적이 없는 걸까? 템플릿에서 비어있는 절은 중요한 프로젝트 정보에 대해 더 많이 찾아볼 수 있게 한다. 해당 절의 내용을 도출하기 위해 사용되는 일반적인 질문이 있다면, 다른 곳에서 재활용할 수 있게 템플릿의 적절한 절에 숨김 글자 형태로 포함시키는 것도 고려하자.

> 템플릿 작업을 할 때 나는 "딱 맞게 축소"라는 용어를 사용한다. 나는 템플릿 작업을 시작할 때 중요할 수 있는 다양한 범주의 풍부한 템플릿을 선택한다. 다음으로 각 상황의 필요성에 맞게 대상을 축소한다. 비즈니스 위험과 같은 템플릿의 특정 절이 현재 프로젝트에 적용하기에는 적합하지 않다고 가정해보자. 문서에서 해당 절을 제거할 수도 있고, 아니면 내용 없이 제목만 놔둘 수도 있을 것이다. 이 두 가지 선택지 모두 독자가 허점을 발견하고 정말 아무런 비즈니스 위험이 없는지 의문을 갖게 할 수 있다. 가장 좋은 해결책은 "아무런 비즈니스 위험도 확인되지 않음"이라고 해당 절에 명확한 메시지를 남기는 것이다.
>
> 만약 템플릿에서 특정 절이 거의 사용되지 않는다면 삭제할 수도 있다. 대규모 신규 개발 프로젝트나 소규모 웹사이트, 개선 프로젝트 등에 각각 적절한 SRS 템플릿을 사용하듯이 서로 다른 유형의 프로젝트에 사용하기 위해 템플릿 중 일부만 필요할 수도 있다. 요구사항을 전통적인 문서가 아니라 전용 저장소에 저장하는 경우에도 템플릿은 프로젝트에서 수집해야 하는 모든 요구사항 정보를 고려하는 데 도움이 된다.
>
> 어떤 프로젝트 관리자는 자신의 팀에 요구사항 문서 템플릿을 적용하면서 얻은 효과에 대해 다음과 같이 얘기했다: "템플릿을 채워나가는 일은 많은 시간을 투자해야 하는 일입니다. 처음 한두 시간은 문서를 만들었는데, 우선 문서가 힘을 발휘하기 위해 필요한 세부 정보의 양에 놀랐고, 문서를 검토하고 정리하거나, 모호함을 제거하고, 빈틈을 채우는 등에 드는 작업량에 놀랐습니다. 하지만 충분히 가치 있는 일이었죠. 요구사항 문서를 도입한 후 개발한 두 개의 제품은 제때 출시될 수 있었고 이전보다 훨씬 품질이 높았습니다."

1. 비즈니스 요구사항

프로젝트는 제품의 개발이나 개선을 통해 누군가에게는 가치 있는 이득을 제공하고 투자자에게는 적절한 수익을 줄 것이라는 믿음에서 시작된다. 비즈니스 요구사항은 신규 시스템이 스폰서나 구매자, 사용자에게 제공할 주요 이득을 설명하자. 비즈니스 요구사항은 개발해야 하는 사용자 요구사항과 진행 순서에 직접적으로 영향을 미친다.

1.1 배경

새로운 제품이나 기존 제품의 변경에 대한 이론적 근거나 컨텍스트를 요약하자. 제품 개발을 결정하게 된 기록이나 상황 또한 설명하자.

1.2 비즈니스 기회

기업 정보 시스템의 경우 시스템이 사용되는 환경뿐 아니라 해결하는 비즈니스 문제, 개선하는 프로세스 등을 설명하자. 상용 제품의 경우에는 기존의 비즈니스 기회와 제품이 경쟁하게 될 시장에 대해 설명하자. 이 절에서는 제시한 제품이 매력적인 이유와 제공하는 장점을 나타내기 위해 기존 제품과의 비교 평가를 포함할 수도 있다. 또한 가시적인 해결책 없이 해결될 수 없는 문제에 대해 설명하자. 시장 동향이나 기술의 진화, 기업 전략 방향에 얼마나 부합하는지 보여주자. 완전한 고객 솔루션을 제공하는 데 필요한 모든 기술이나 프로세스, 자원을 나열해야 한다.

일반 고객이나 표적 시장의 니즈를 설명하자. 신규 제품이 해결하는 고객의 문제를 제시하자. 고객이 제품을 사용하는 것을 예로 들어 제공하면 좋다. 알려진 중요한 인터페이스나 품질 요구사항을 정의하고 설계나 구현 관련한 세부 사항은 생략하자.

1.3 비즈니스 목표

제품이 제공하는 중요한 비즈니스 이득을 정량적이고 측정 가능한 방법으로 요약하자. 진부한 이야기("세계적인 〈무언가로〉 인정받는다.")나 모호한 상태의 개선("좀 더 의미 있는 고객 경험을 제공한다.")는 유용하지도 않고 검증할 수도 없다. 표 5-1은 재무적/비재무적 비즈니스 목표에 대한 몇 가지 간단한 예를 보여준다(Wiegers 2007).

표 5-1 재무적/비재무적 비즈니스 목표의 예

재무적	비재무적
▪ Y개월 안에 X%의 시장 점유율을 달성한다.	▪ Y개월 안에 배포하는 버전에서 최소한 X만큼의 고객 만족도를 달성한다.
▪ Z개월 안에 W개국에서 시장 점유율을 X%에서 Y로 향상시킨다.	▪ 트랜잭션 처리 생산성을 X% 향상시키고 데이터 오류율을 Y% 이하로 감소시킨다.
▪ Z개월 안에 X 단위의 판매나 $Y의 매출을 달성한다.	▪ 관련 제품군을 위한 확장 가능한 플랫폼을 개발한다.
▪ Y개월 안에 X%의 투자 수익률을 달성한다.	▪ 특정 핵심 기술 역량을 개발한다.
▪ Y개월 안에 제품에 대한 현금 흐름 흑자를 달성한다.	▪ 특정일에 공개되는 제품 평가의 신뢰도 영역에서 최고 제품으로 평가받는다.
▪ 많은 유지보수를 필요로 하는 구형 시스템의 비용 지출을 1년에 $X씩 절약한다.	▪ 특정 연방 및 주 규정을 준수한다.
▪ Z개월 안에 기존 $X의 월 단위 지원 비용을 $Y로 줄인다.	▪ 배송 후 Z개월 안에 제품당 X번 이하의 서비스 전화와 Y번 이하의 품질 관련 전화를 받는다.
▪ 기존 비즈니스에 대한 매출 총이익을 1년 안에 X%에서 Y%로 향상시킨다.	▪ X 시간에 Y%의 지원 전화를 처리할 수 있도록 처리 시간을 감소시킨다.

조직은 일반적으로 문제를 해결하거나 기회를 발굴하기 위해 프로젝트를 수행한다. 비즈니스 목표 모델은 관련된 비즈니스 문제와 측정 가능한 비즈니스 목표를 계층적으로 보여준다(Beatty and Chen 2012). 문제에서는 현재 목표를 달성함으로써 비즈니스가 지켜나갈 수 있는 것을 설명하는 반면, 목표에서는 목표 달성을 측정하는 방법을 정의한다. 문제와 목표는 서로 뒤얽혀 있기 때문에 무엇이든 하나라도 이해하게 되면서 다른 것들이 나타나기도 한다.

비즈니스 목표로부터 더 자세한 비즈니스 문제를 식별하기 위해 다음과 같이 질문하자. "목표를 달성함으로써 우리가 지켜나갈 수 있는 것은 무엇인가?" 아니면 최상위 비즈니스 문제나 기회를 좀 더 잘 이해하기 위해 다음과 같이 질문하자. "왜 우리가 그 목표에 관심을 가져야 하는가?" 비즈니스 문제로부터 측정 가능한 목표를 식별하기 위해 다음과 같이 물어보자. "문제 해결 여부를 어떻게 평가할까?" 문제를 해결하고 목표를 달성하는 데 도움이 되는 기능 목록이 나타날 때까지 문제와 목표를 순환하는 과정이 반복된다.

비즈니스 문제와 목표 식별을 위한 비즈니스 분석가와 경영진 스폰서의 대화는 그림 5-4와 비슷할 것이다. 이 그림은 2장 "고객 관점의 요구사항"에서 소개한 콘토소 제약의 화학약품 관리 시스템에 대한 대화의 일부다. 이러한 질문에 대한 경영진의 답변을 바탕으로 BA는 그림 5-5와 같은 화학약품 관리 시스템의 비즈니스 목표 모델을 구축할 수 있을 것이다.

분석가의 질문 / 경영진의 대답

- 분석가: 화학약품 관리 시스템에 관심을 갖게 된 계기는 무엇인가요?
- 경영진: 화학약품 재고 창고를 수동으로 관리하는 데 비용이 너무 많이 들고 비효율적이다 보니 고려하게 됐습니다.
- 분석가: 화학약품에 대한 지출을 얼마나 줄이고자 하나요?
- 경영진: 1년 안에 25% 줄이고자 합니다.
- 분석가: 비용을 25% 절감하면 무엇을 지킬 수 있을까요? 높은 비용과 비효율을 초래하는 원인이 무엇일까요?
- 경영진: 재고에 어떤 화학약품이 남아있는지 모르다 보니 필요 없는 화학약품까지 구입하고 있습니다. 결국 유통기한이 지난 너무 많은 새 화학약품을 폐기하게 되죠.
- 분석가: 제가 알아야 할 것이 또 있을까요?
- 경영진: 주문이 복잡하다 보니 오래 걸리더군요. 그리고 정부 보고서를 수동으로 만드는데, 이 또한 너무 오래 걸립니다.

그림 5-4 비즈니스 분석가와 경영진 스폰서 간의 대화 예

1.4 성공지표

프로젝트의 성공을 정의하고 측정하기 위해 이해관계자가 사용할 지표를 명시하자(Wiegers 2007). 조직의 통제 권한 안팎의 요인을 포함해 성공에 가장 큰 영향을 미치는 요소를 식별하자.

프로젝트가 완료되기 전까지 비즈니스 목표를 완벽하게 측정할 수 없는 경우도 있다. 또 어떤 경우에는 비즈니스 목표를 달성하는 것이 이후의 프로젝트에 따라 달라질 수도 있다. 어찌됐든 개별 프로젝트의 성공 여부를 평가하는 것은 중요하다. 성공지표는 프로젝트가 비즈니스 목표 달성을 위해 잘 진행되고 있는지 여부를 나타낸다. 이 지표는 테스트 중이나 제품 출시 직후 추적될 수 있다. 화학약품 관리 시스템의 경우 테스트 중이거나 출시 직후부터 평균 주문 시간을 측정할 수 있으며, 성공지표 중 하나는 그림 5-5의 비즈니스 목표 3, "전체 화학약품 주문 건의 80%에 대해 주문시간을 10분으로 감소시킬 것"과 같을 것이다. 또 다른 성공지표는 출시 후 1년 미만의 시간 동안 측정 가능한 시간과 관련된 것으로서 비즈니스 목표 2와 관련이 있다. "4주 안에 60%의 독자적인 화학 용기와 50%의 독점 화학 약품을 관리할 것"

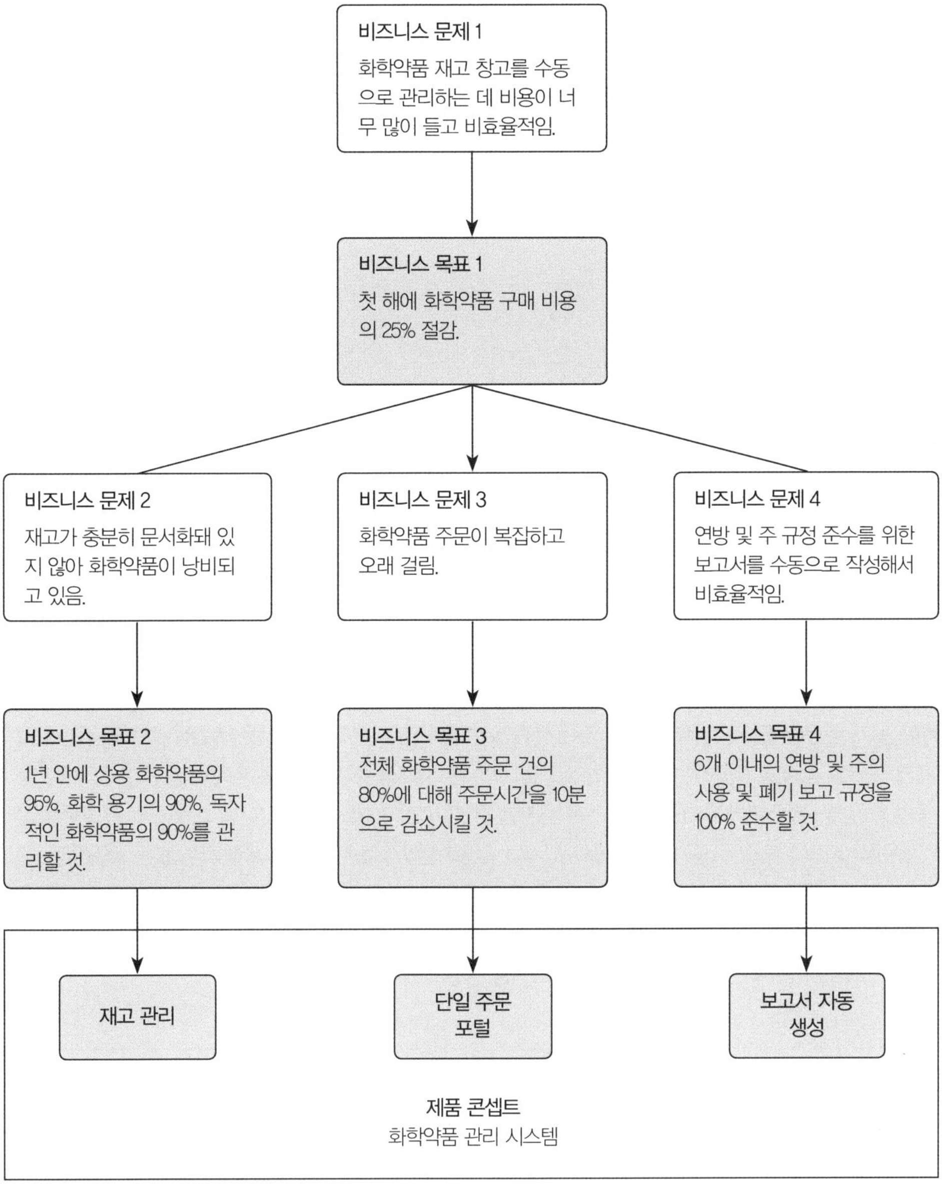

05 _ 비즈니스 요구사항 정립하기

```
┌─────────────────────┐
│ 비즈니스 문제 1      │
│ 화학약품 재고 창고를 수동│
│ 으로 관리하는 데 비용이 너│
│ 무 많이 들고 비효율적임.│
└─────────┬───────────┘
          ↓
┌─────────────────────┐
│ 비즈니스 목표 1      │
│ 첫 해에 화학약품 구매 비용│
│ 의 25% 절감.         │
└─────────────────────┘
```

그림 5-5 화학약품 관리 시스템을 위한 비즈니스 목표 모델의 예

(비즈니스 문제 2: 재고가 충분히 문서화돼 있지 않아 화학약품이 낭비되고 있음. / 비즈니스 문제 3: 화학약품 주문이 복잡하고 오래 걸림. / 비즈니스 문제 4: 연방 및 주 규정 준수를 위한 보고서를 수동으로 작성해서 비효율적임.)

(비즈니스 목표 2: 1년 안에 상용 화학약품의 95%, 화학 용기의 90%, 독자적인 화학약품의 90%를 관리할 것. / 비즈니스 목표 3: 전체 화학약품 주문 건의 80%에 대해 주문시간을 10분으로 감소시킬 것. / 비즈니스 목표 4: 6개 이내의 연방 및 주의 사용 및 폐기 보고 규정을 100% 준수할 것)

제품 콘셉트: 화학약품 관리 시스템 (재고 관리 / 단일 주문 포털 / 보고서 자동 생성)

 중요 성공지표를 현명하게 선택하자. 측정하기 쉬운 것뿐만 아니라 비즈니스에 중요한 것을 측정해야 한다. "제품 개발 비용 20% 감소"는 측정하기 쉬운 성공지표다. 이는 또한 직원을 해고하거나 혁신을 위한 투자를 줄여 쉽게 달성할 수도 있다.

101

1.5 비전 선언문

장기적인 목적과 제품의 의도를 요약해서 비전 선언문을 함축적으로 작성하자. 비전 선언문은 다양한 이해관계자의 기대를 충족할 수 있도록 균형 잡힌 시각을 반영해야 한다. 다소 이상적일 수도 있지만 기존 시장이나 예상 시장, 전사 아키텍처, 기업 전략 방향, 자원 제약 등에 대한 현실에 기초해야 한다. 다음의 키워드 템플릿은 제품 비전 선언문을 작성하는 데 유용할 것이다(Moore 2002).

- [대상 고객]에게(For)
- [니즈나 기회를 서술하는 문장]이 필요한(Who)
- [제품 이름]은(The)
- [제품 범주]이며(Is)
- [주요 경쟁 대안, 현재 시스템, 현재 비즈니스 프로세스]와는 달리(Unlike)
- [주요 기능, 주요 혜택, 구매 또는 사용해야 하는 설득력 있는 이유]를 제공하는(That)
- 우리 제품은 [신규 제품의 주요 차별점과 장점을 서술하는 문장]입니다(Our product)

다음은 화학약품 관리 시스템의 비전 선언문 예시이며 굵게 표시돼 있는 것이 키워드다.

[For] 화학 용기 주문이 필요한 *[Who]* 과학자에게 *[The]* 화학약품 관리 시스템은 *[That]* 화학약품 창고나 공급업체와의 단일 접점을 제공하는 *[Is]* 정보 시스템이다. 본 시스템은 사내의 모든 화학 용기 위치, 재고 수량, 각 용기 위치 및 사용 내역에 대한 모든 기록을 저장할 것이다. 이 시스템은 사내의 이용 가능한 화학약품을 모두 사용할 수 있게 하고, 사용 빈도가 떨어지거나 유통기한이 지난 용기를 폐기하며, 표준 화학약품 구매 프로세스를 사용함으로써 화학약품에 대한 회사의 지출을 25% 절약할 것이다. *[Unlike]* 기존의 수동 주문 프로세스와는 달리 *[Our product]* 우리 제품은 화학약품 사용 및 보관, 폐기 현황 보고를 의무화하는 연방 및 주 정부 규정을 준수하는 데 필요한 모든 보고서를 생성할 것이다.

제품 비전 작성하기

나는 내 컨설팅 사업에서도 비전 선언문을 사용한다. 오랜 고객 중 하나인 빌과 나는 죽이 잘 맞는데, 빌은 가끔 나에게 조금 다른 신규 프로젝트를 맡아달라고 부탁할 때가 있다. 만약 그가 나에게 원하는 걸 명확히 알지 못한다면 나는 비전 선언문을 작성해 달라고 요청한다. 강제로 스스로 예상하는 정확한 결과에 대해 신중하게 생각해야 하기 때문에 빌은 항상 조금 투덜거린다. 하지만 빌의 비전 선언문은 우리가 달성해야 하는 것이 무엇인지에 대해 언제나 명확한 아이디어를 제공하기 때문에 우리는 효율적으로 일할 수 있다. 이는 분명 시간을 투자할 가치가 있는 일이다.

> 어떤 경우에는 비전 선언문을 다 같이 작성하지 않고, 각 주요 이해관계자가 각각의 비전 선언문을 작성하는 경우도 있다. 이들의 비전 선언문을 비교하는 것은 각자의 프로젝트 목표에 대한 이해의 차이를 파악하기 좋은 방법이다. 이들이 작성한 비전 선언문을 비교하며 서로 다른 부분을 찾아보면 프로젝트의 목표에 대해 서로 달리 이해하고 있는 부분을 쉽게 알 수 있을 것이다. 또한 비전 선언문은 언제 작성해도 늦지 않다. 프로젝트를 진행하는 중에 비전 선언문을 작성하면 남은 기간에 프로젝트가 궤도를 벗어나지 않고 안정적으로 진행될 수 있다. 비전 선언문 초안을 빨리 작성할 수도 있지만 제대로 된 비전 선언문을 작성하고 주요 이해관계자의 동의를 얻기 위해서는 좀 더 시간이 필요할 것이다.

1.6 비즈니스 위험

제품 개발 및 개발과 관련 없는 기타 다른 업무와 관련된 주요 비즈니스 위험에 대해 요약하자. 위험의 범주에는 시장 경쟁, 시기 문제, 사용자 허용, 구현 문제, 비즈니스에 대한 부정적인 영향 등이 있다. 비즈니스 위험은 가용 자원이나 기술적인 요소 등을 포함하는 프로젝트 위험과는 다르다. 각 위험으로 인한 잠재적인 손실, 발생 가능성, 모든 가능한 완화 활동 등을 추정하자. 이 주제에 대한 자세한 내용은 32장 "소프트웨어 요구사항과 위험 관리"를 참조하자.

1.7 비즈니스 가정 및 의존성

가정이란 증명이나 명확한 지식은 없지만 참(true)이라 여겨지는 문장을 말한다. 비즈니스 가정은 특히 비즈니스 요구사항과 관련이 있다. 잘못된 가정이 비즈니스 목표 달성을 어렵게 만들 수도 있기 때문이다. 예를 들어, 경영진 스폰서가 신규 웹 사이트가 매달 100,000달러의 수익을 증가시킬 것이라는 비즈니스 목표를 설정했다고 하자. 스폰서는 이 목표 수익을 설정하기 위해 신규 사이트가 하루에 200명의 추가적인 순방문자를 유치할 것이며, 각 방문자는 평균 17달러를 지출할 것이라고 가정했다. 만약 신규 사이트가 충분한 방문자를 유치하지 못하거나 각 방문자당 평균 수익이 충분히 높지 않다면 프로젝트는 비즈니스 목표를 달성하지 못할 수도 있다. 만약 특정 가정에 문제가 있다는 것을 알게 된다면 범위를 변경하거나 일정을 조정해야 하며, 아니면 이 목표를 달성하기 위한 다른 프로젝트를 시작해야 할 수도 있을 것이다.

프로젝트를 구상하고 이를 위한 비전 범위 문서를 작성할 때 이해관계자가 근거하는 가정을 기록하자. 종종 가정이 다른 이들과 공유되지 않기도 한다. 만약 여러분이 가정을 기록하고 검토한다면 혼란이 발생하거나 상황이 더 악화되는 것을 방지할 수 있을 것이다.

또한 프로젝트의 외부 요소에 대한 주요 의존성을 기록하자. 계류 중인 산업 표준이나 정부 규정, 다른 프로젝트의 산출물, 서드파티 공급업체, 개발 파트너 등을 예로 들 수 있다. 비즈니스 가정이나 의존성 일부가 갑자기 프로젝트 관리자가 정기적으로 추적 관찰해야 하는 위험으로 돌변하는 경우도 있다. 무너진 의존성은 프로젝트 지연의 일반적인 원인이기도 하다. 이해관계자로 하여금 이에 대한 중요성을 이해하는 데 도움을 주기 위해 가정이 틀렸거나 의존성이 무너졌을 때의 영향을 참고하자.

2. 범위 및 한계

화학자가 어떤 화학약품을 다른 물질로 변형시키는 새로운 반응을 발명할 경우, 화학자는 해당 반응이 할 수 있는 것과 하지 못하는 것에 대한 "범위 및 한계"를 특정 절에 포함해서 작성한다. 소프트웨어 프로젝트에서도 마찬가지로 고유의 범위 및 한계를 정의해야 한다. 솔루션에 개발되거나 개발되지 않는 것 모두 명시해야 한다.

많은 프로젝트에서 점점 더 많은 기능을 추가하다 보니 걷잡을 수 없는 범위 추가로 인해 고통받는다. 범위 추가를 통제하는 첫 번째 단계는 프로젝트의 범위를 정의하는 것이다. 범위는 제시된 솔루션의 개념 및 범위를 설명한다. 한계에는 누군가 제품이 제공할 거라 예상하지만 실제로는 제공하지 않는 특정 기능을 항목별로 적는다. 고객이 비용이 너무 많이 들거나 의도한 프로젝트 범위와 상관없는 기능을 요청하는 경우도 있기 때문에 범위 및 한계는 이해관계자로 하여금 현실적인 기대치를 설정할 수 있도록 돕는다.

범위는 다양한 방법으로 표현될 수 있다(이번 장 후반부의 "범위 표현 기법" 참조). 가장 높은 수준의 범위는 고객이 대상으로 하는 비즈니스 목표를 결정할 때 정의된다. 반면 낮은 수준의 범위는 기능이나 사용자 스토리, 유스케이스, 이벤트와 이에 상응하는 반응 수준에서 정의된다. 범위는 결국 특정 출시나 반복주기에 구현하기로 한 일련의 기능적 요구사항에 의해 정의된다. 각 수준의 범위는 해당 수준의 상위 수준 내에서 유지돼야 한다. 예를 들어, 범위 안의 사용자 요구사항은 비즈니스 목표와 연결돼야 하며, 기능적 요구사항은 해당 범위 안의 사용자 요구사항과 연결돼야 한다.

> **비현실적인 요구사항**
>
> 범위 추가로 인한 대재앙에 임박해서 고통받고 있는 어느 제품 개발 회사의 관리자가 어느 날 비탄에 잠겨 내게 말했다. "비현실적인 요구사항이 너무 많아요." 누가 말만 하면 그 아이디어가 요구사항에 포함됐다는 말이다. 이 회사는 확고한 제품 비전을 갖고 있었지만 출시 일정과 이에 대한 범위를 관리하지 못했고 결국 제안된 기능 일부가 다음 출시로(어쩌면 무기한) 연기됐다. 이 팀은 결국 개발 4년 만에야 제품을 출시할 수 있었다. 추후에 고려할 수 있도록 비현실적인 요구사항을 기록해 두는 것이 도움될 수도 있다. 하지만 신중한 범위 관리와 점진적인 개발 방식이 팀으로 하여금 좀 더 빨리 유용한 제품을 출시하는 데 더 도움될 것이다.

2.1 주요 기능

제품의 주요 기능이나 사용자 기능을 나열하고, 기존 제품이나 경쟁 제품과의 차별점을 강조하자. 목록이 완벽한지, 혹은 좋은 생각인 듯해도 정작 고객에게 가치를 제공하지 않는 불필요한 기능이 포함되지는 않았는지 확인하기 위해 사용자가 기능을 어떻게 활용할지에 대해 생각해 보자. 각 기능은 다른 시스템 요소가 추적할 수 있도록 고유하고 영구적인 이름을 갖고 있어야 한다. 이번 장 후반부에서 설명할 기능 트리 다이어그램을 포함할 수도 있다.

2.2 초기 출시 범위

제품의 첫 출시에 포함될 기능을 요약하자. 범위는 일반적으로 기능 관점에서 정의되지만 사용자 스토리나 유스케이스, 유스케이스 흐름, 외부 이벤트 관점에서 정의될 수도 있다. 또한 제품이 다양한 사용자 클래스에게 의도한 대로 혜택을 제공할 수 있도록 품질 특성에 대해서도 설명하자. 개발에 집중하고 적절한 프로젝트 일정을 유지할 수 있도록 모든 잠재 고객이 1.0 버전에서 제공했으면 하는 기능 전부를 포함하고자 하는 유혹은 피하자. 블로트웨어(bloatware)나 일정 지연은 나도 모르게 발생하는 범위 추가의 일반적인 결과다. 합당한 비용으로 광범위한 커뮤니티에 가장 먼저 제품을 출시하기 위해 가장 가치 있는 기능에 집중하자.

이에 대한 일화 중 하나로, 최근의 프로젝트 팀은 소프트웨어 애플리케이션의 첫 번째 출시 버전을 사용자에게 발송해서 사용할 수 있게 하기로 결정했다. 버전 1은 빠르지도 않고 예쁘지도 않으며 사용하기도 어려웠지만 신뢰성이 높았고, 이 부분이 바로 팀이 가장 집중했던 부분이었다. 초기 출시 버전은 시스템의 기본 목표를 달성했다. 향후 출시 버전에는 추가적인 기능이나 설정, 사용성 지원이 추가될 것이다. 하지만 초기 버전의 비기능적 요구사항을 등한시하지 않도록 주의해야 한다. 특히 개발 초기에 아키텍처에 직접적인 영향을 미치는 것을 다루는 것이 중요하다. 품질 결함을 해결하기 위해 아키텍처를 수정하는 것은 거의 모두 다시 하는 것만큼 많은 비용이 들 수도 있기 때문이다. 소프트웨어 품질 속성에 대한 자세한 내용은 14장 "기능, 그 이상을 향해"를 참조하자.

2.3 후속 출시 범위

만약 여러분이 제품에 대한 단계적인 발전을 고려한다거나 반복적 혹은 점진적 수명 주기를 따른다면 기능의 지연 여부나 적절한 후속 출시 시기를 표시하는 출시 로드맵을 만들자. 후속 출시 버전에서는 초기 버전의 기능 개선뿐 아니라 추가적인 유스케이스 및 기능을 구현한다. 더 멀리 생각할수록 범위 기술서는 더 모호해질 것이며, 시간이 지남에 따라 더 많이 변경해야 할 것이다. 출시 버전에 포함될 계획된 기능을 다른 버전으로 옮긴다거나 사전에 예상하지 못한 기능을 추가해야 할 수도 있음을 늘 염두에 두자. 짧은 출시 주기는 고객의 피드백을 기반으로 학습하고 발전할 수 있는 기회를 자주 제공한다.

2.4 제한 및 제외

이해관계자가 기대하고 있지만 제품이나 특정 출시에 포함되지 않는 모든 기능이나 특성을 나열하자. 범위에서 제외된 항목을 나열해 두면 범위를 결정할 때 잊혀지지 않을 것이다. 어떤 사용자가 책상 앞에서도 휴대폰으로 시스템에 접근할 수 있는 기능을 요청했지만 이 기능은 범위에 해당하지 않는 것으로 간주됐다. 이에 대해 이 절에서 다음과 같이 명확하게 명시한다. "신규 시스템은 모바일 플랫폼을 지원하지 않을 것이다."

3. 비즈니스 컨텍스트

이 절에서는 주요 이해관계자 유형의 프로파일과 프로젝트 관리 우선순위, 솔루션 개발 계획 중에 고려해야 할 몇 가지 요소에 대한 요약 등을 이야기한다.

3.1 이해관계자 프로파일

이해관계자는 프로젝트에 적극적으로 참여하거나 프로젝트 결과물에 영향을 받는, 혹은 영향을 줄 수 있는 사람이나 그룹, 조직을 말한다(Smith 2000; IIBA 2009; PMI 2013). 이해관계자 프로파일은 프로젝트의 고객과 기타 다른 주요 이해관계자의 다양한 유형에 대해 설명한다. 웹 사이트 개발 프로젝트에서 관련 규정 준수 여부를 확인하는 법무사 등과 같은 모든 이해관계자 그룹을 설명할 필요는 없다. 각기 다른 유형의 고객이나 표적 시장 세그먼트(segment), 그리고 각 세그먼트에 속하는 다양한 사용자 유형에 초점을 맞춰야 한다. 각 이해관계자 프로파일은 다음과 같은 정보를 포함해야 한다.

- 이해관계자가 제품에서 얻을 수 있는 주요 가치나 이득. 이해관계자의 가치는 다음 관점에서 정의될 수 있다.
  - 생산성 향상
  - 재작업 및 낭비 감소
  - 비용 절감
  - 비즈니스 프로세스 간소화
  - 기존 수동 작업의 자동화
  - 완전히 새로운 작업을 수행할 수 있는 능력
  - 관련 표준이나 규정 준수
  - 기존 제품 대비 사용성 향상

- 제품에 대한 태도나 사고방식
- 주요 기능이나 특징에 대한 관심
- 반드시 수용해야 하는 알려진 제약조건

각 프로파일에 해당하는 주요 이해관계자의 이름과 조직 내에서 이해관계자 사이의 관계를 보여주는 조직도를 포함해야 하는 경우도 있다.

3.2 프로젝트의 우선순위

효과적인 의사결정을 위해 이해관계자는 프로젝트의 우선순위에 대해 합의해야 한다. 이를 위한 방법 중 하나는 기능, 품질, 일정, 비용, 인력 등 다섯 가지 관점에 대해 고려하는 것이다(Wiegers 1996). 어떤 프로젝트에서도 각 기준은 다음의 세 가지 범주 중 하나에 해당한다.

- **제약조건**(constraint): 프로젝트 관리자가 반드시 고려해야 하는 제한 요소
- **추진 요인**(driver): 제한된 유연성 안에서 조정을 위해 중요한 성공 목표
- **자유도**(degree of freedom): 기타 다른 관점과 비교해서 이를 조정하거나 균형을 맞추는 데 있어 프로젝트 관리자가 갖는 자유 요소

제약조건으로 인한 한계 안에서 프로젝트의 성공 추진 요인을 달성하기 위해 자유도를 적절히 조정하는 것은 프로젝트 관리자의 도전과제다. 갑자기 마케팅 담당자가 일정보다 한달 빨리 제품을 출시하자고 요청했다고 하자. 여러분은 어떻게 대응할 것인가? 여러분은

- 특정 요구사항을 이후 출시로 연기할 것인가?
- 계획된 시스템 테스트 주기를 단축시킬 것인가?
- 개발 속도를 높이기 위해 직원에게 추가근무를 요구하거나 하청업체를 고용할 것인가?
- 도움을 얻기 위해 다른 프로젝트로부터 자원 지원을 요청할 것인가?

프로젝트에 우선순위를 할당함으로써 만일의 사태가 발생했을 때 적절한 행동을 취할 수 있다. 현실에서는 변경이 발생했을 때 변경 요청에 대한 가장 적절한 행동을 취하기 위해 주요 이해관계자와의 대화가 필요할 것이다. 예를 들어, 마케팅 담당자는 기능 추가나 일정 단축을 원하는 대신 기꺼이 특정 기능은 추가를 미루고자 할 것이다. 프로젝트의 우선순위를 문서화하는 방법의 예는 부록 C를 참조하자.

 중요 다섯 가지 관점 모두가 제약조건이 될 수는 없으며 추진 요인이 될 수도 없다. 요구사항이나 프로젝트의 실제 상황이 변화할 때 프로젝트 관리자가 적절히 대응하기 위해 어느 정도의 자유도는 필요하다.

3.3 배포 고려사항

운영 환경에서 솔루션을 효과적으로 개발하는 데 필요한 정보와 활동에 대해 요약하자. 사용자가 여러 시간대에 분산돼 있든 서로 가까이 있든 상관 없이, 시스템을 이용하는 데 필요한 접근 권한에 대해 설명하자. 여러 장소에 있는 사용자가 언제 시스템에 접근해야 하는지 언급하자. 만약 기능이나 네트워크 연결, 데이터 저장소, 데이터 마이그레이션 등에 대한 소프트웨어 니즈를 위해 인프라가 변경돼야 한다면 이러한 변화를 설명하자. 신규 솔루션 배포와 함께 이에 대한 교육을 준비하거나 비즈니스 프로세스를 변경하는 사람들에게 필요한 모든 정보를 기록하라.

범위 표현 기법

이번 절에서 설명하는 모델은 다양한 방법으로 프로젝트 범위를 표현하는 데 사용될 수 있다. 모든 모델을 만들 필요는 없다. 각 프로젝트에 가장 유용한 통찰력을 제공하는 모델을 선택하자. 모델은 비전 범위 문서에 포함되거나 어딘가에 저장하고 필요한 곳에서 참조할 수도 있다.

컨텍스트 다이어그램, 생태계 맵, 기능 트리, 이벤트 목록과 같은 도구의 목적은 프로젝트 이해관계자 간의 명확하고 정확한 의사소통 분위기를 조성하는 것이다. 일반적으로 명료성은 "정확한" 다이어그램을 위한 규칙을 고수하는 것보다 중요하다. 우리는 다이어그램을 그리기 위한 표준으로서 앞으로의 예에서 설명하는 표기법을 도입하길 강력하게 권장한다. 컨텍스트 다이어그램을 예로 들면, 시스템을 표현하기 위해 원 대신 삼각형을 사용했고, 외부 개체를 나타내기 위해 직사각형 대신에 타원형을 사용했다고 가정하자. 팀 표준보다 개인적인 선호에 따라 작성한 다이어그램은 동료들이 이를 읽는 데 어려움을 겪을 수 있다.

컨텍스트 다이어그램, 생태계 맵, 기능 트리, 이벤트 목록은 범위를 시각적으로 표현하기 위한 가장 일반적인 방법이다. 물론 다른 기법들도 사용된다. 영향을 받는 비즈니스 프로세스를 식별함으로써 범위의 경계를 정의하는 데 도움이 될 수도 있다. 유스케이스 다이어그램은 유스케이스와 행위자 간의 범위 경계를 묘사할 수 있다(8장 "사용자 요구사항 이해하기" 참조).

컨텍스트 다이어그램

범위 기술서는 개발 중인 시스템과 세상의 모든 것들 간의 경계와 연관성을 설정한다. 컨텍스트 다이어그램은 이러한 경계를 시각적으로 보여준다. 이를 통해 시스템 바깥에 있는 외부 개체(종단이라고도 불림)를 식별하며, 시스템과 종단 간의 데이터, 제어, 자료의 흐름도 식별할 수 있다. 컨텍스트 다이어그램은 구조적 분석 원리에 따른 데이터 흐름 다이어그램의 최상위 다이어그램일 뿐만 아니라(Robertson and Robertson 1994) 모든 프로젝트에 유용한 모델이다.

그림 5-6은 화학약품 관리 시스템의 컨텍스트 다이어그램 중 일부다. 전체 시스템은 하나의 원으로 묘사되며, 컨텍스트 다이어그램은 의도적으로 시스템의 내부 객체나 프로세스, 데이터를 노출하지 않는다. 원 안의 "시스템"은 소프트웨어나 하드웨어, 인적 자원의 어떤 조합이든 망라할 수 있다. 따라서 수작업을 전체 시스템의 일부로서 포함할 수 있다. 직사각형 안에 있는 외부 개체는 사용자 클래스(화학자, 구매자), 조직(보건 안전 부서), 기타 시스템(교육 데이터베이스)이나 하드웨어 장비(바코드 리더)를 나타낼 수 있다. 다이어그램의 화살표는 시스템과 외부 개체 간의 데이터 흐름(화학약품 요청 등)이나 물리적인 항목(화학 용기 등)을 나타낸다.

이 다이어그램에서 화학약품 판매업체는 외부 개체라고 예상할 수 있다. 결국 회사는 임무 완수를 위해 판매업체에게 주문을 전송할 것이며, 판매업체는 콘토소 제약에 화학 용기와 송장을 발송하고, 콘토소 제약의 구매부서는 판매업체에게 비용을 지불할 것이다. 그러나 이러한 프로세스는 구매 및 인수 부서의 작업의 일환으로 화학약품 관리 시스템의 범위 밖에서 일어난다. 컨텍스트 다이어그램에서 이 같은 프로세스가 없다는 것은 판매업체에 발주하거나, 제품을 받고 비용을 지불하는 것을 시스템이 직접 처리하지 않는다는 것을 분명하게 보여준다.

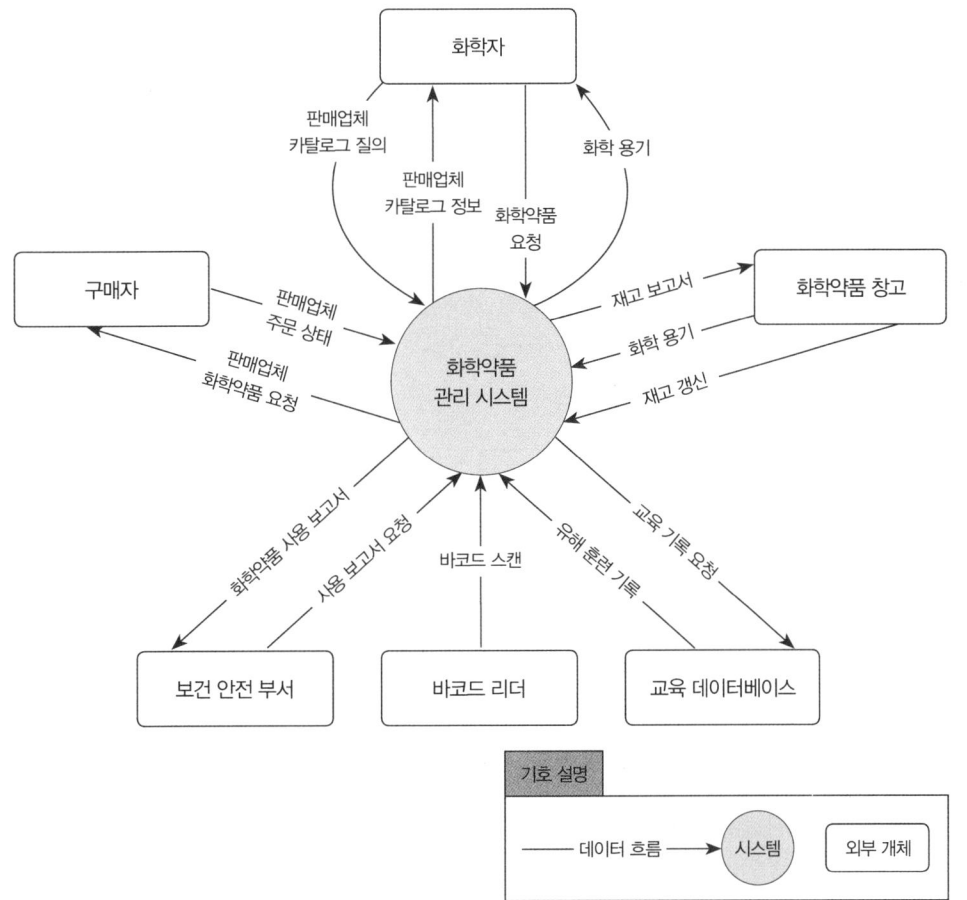

그림 5-6 화학약품 관리 시스템의 컨텍스트 다이어그램 중 일부

생태계 맵

생태계 맵은 서로 상호작용하는 데 관심을 갖는 관련된 모든 시스템과 이러한 상호작용의 본질을 보여준다(Beatty and Chen 2012). 생태계 맵은 상호 연결돼 있는 모든 시스템을 보여줌으로써 범위를 표현하며, 신규 시스템을 도입할 경우 이를 수정해야 할 수도 있다. 생태계 맵은 직접적인 인터페이스가 있든 없든 현재 작업 중인 시스템과 관련된 기타 다른 시스템도 보여주는 컨텍스트 다이어그램과는 다르다. 전달한 데이터를 소비하는 시스템이 무엇인지 찾음으로써 영향을 받는 시스템을 식별할 수 있다. 만약 프로젝트가 어떤 추가 데이터에도 영향을 미치지 않는 상황에 도달한다면 솔루션에 참여하는 시스템 범위의 경계를 찾았다고 볼 수 있다.

그림 5-7은 화학약품 관리 시스템에 대한 생태계 맵의 일부다. 모든 상자는 시스템을 말한다(구매 시스템이나 인수 시스템 등). 이 예제에서 우리가 개발 중인 주요 시스템(화학약품 관리 시스템)은 굵은 박스로 표시되는데, 솔루션에서 모든 시스템이 동일한 상태를 갖는다면 모두 같은 모양의 상자를 사용할 수도 있을 것이다. 선은 시스템 간의 인터페이스를 말한다(예를 들어, 화학약품 관리 시스템에 대한 구매 시스템의 인터페이스). 화살표와 이름이 있는 선은 한 시스템에서 다른 시스템으로 주요 정보가 전달되는 것을 말한다(예를 들어, "교육 기록"은 기업 교육 데이터베이스에서 화학약품 관리 시스템으로 전달된다). 이 같은 흐름 중 일부는 컨텍스트 다이어그램에서도 나타날 수 있다.

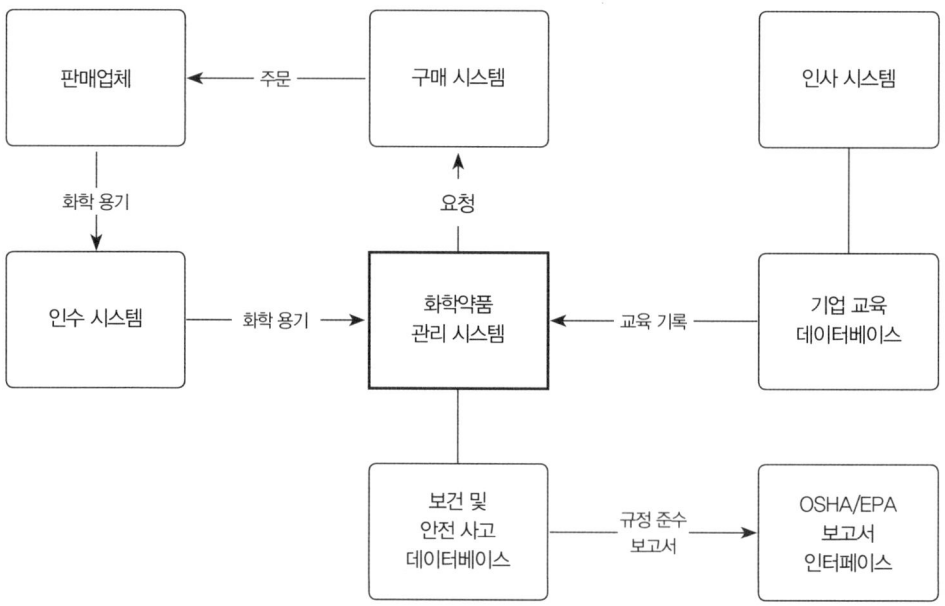

그림 5-7 화학약품 관리 시스템의 생태계 맵 일부

그림 5-7의 생태계 맵은 화학약품 관리 시스템이 OSHA/EPA 보고서 인터페이스와 직접 연결돼 있지 않음을 보여준다. 그래도 보건 및 안전 사고 데이터베이스에서 보고서 인터페이스에 이르는 데이터 흐름으로 인한 요구사항이 필요하지 않을지 생각해 볼 필요가 있다.

기능 트리

기능 트리는 제품의 각 기능을 더 세부적인 수준으로 분리함으로써 제품의 기능을 계층적이고 논리적으로 그룹화해서 시각적으로 표현한 것이다(Beatty and Chen 2012). 기능 트리는 프로젝트에서 계획한 모든 기능에 대한 함축적인 뷰를 제공하며, 프로젝트 범위를 한눈에 보고자 하는 경영진을 위한 이상적인 모델이다. 기능 트리는 기능을 세 가지 수준으로 보여줄 수 있으며, 각각은 일반적으로 레벨 1(L1), 레벨 2(L2), 레벨 3(L3)이라 표시한다. L2 기능은 L1 기능의 하위 기능이며, L3 기능은 L2 기능의 하위 기능이다.

그림 5-8은 화학약품 관리 시스템의 기능 트리 중 일부를 보여준다. 트리 중심부의 메인 브랜치는 제품이 개발 중임을 나타낸다. 각 기능은 메인 브랜치에서 파생된 선이나 또 다른 "브랜치"를 가진다. 색칠된 상자는 화학약품 주문이나 재고 관리와 같은 L1 기능을 나타낸다. L1 브랜치에서 시작하는 선은 L2 기능이며, 검색 및 화학약품 요청은 화학약품 주문의 하위 기능이다. L2 브랜치에서 파생된 브랜치는 L3 기능이며, 지역 연구소 검색은 검색의 하위 기능이다.

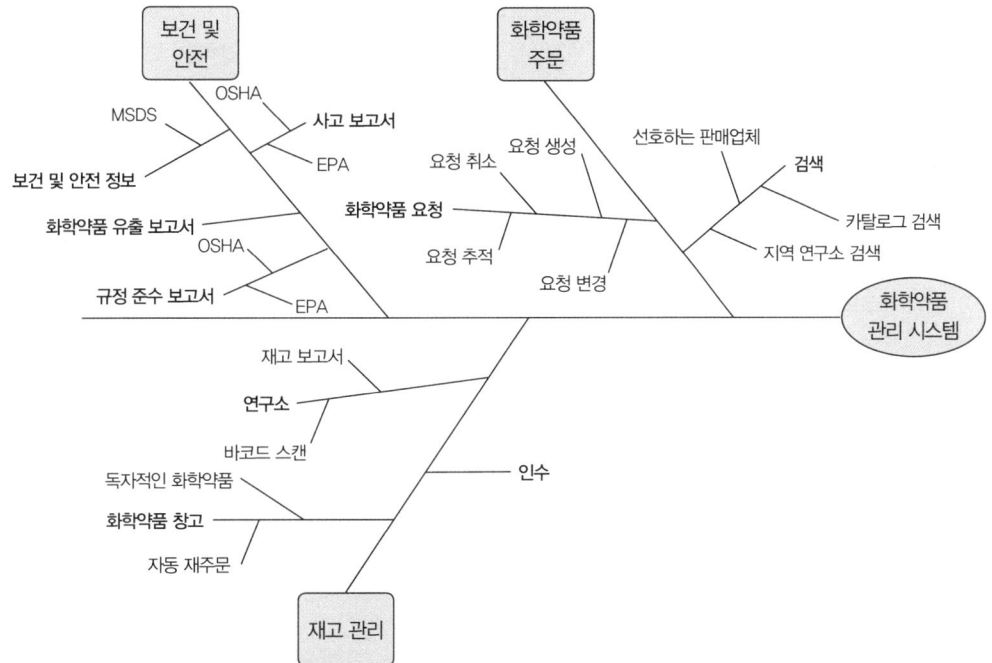

그림 5-8 화학약품 관리 시스템의 기능 트리 중 일부

출시나 반복주기를 계획할 때, 구현할 명확한 기능 집합 및 하위 기능을 선택함으로써 해당 범위를 정의할 수 있다(Nejmeh and Thomas 2002; Wiegers 2006). 특정 출시에 모든 기능을 구현할 수도 있지만 L2나 L3의 하위 기능 중 일부를 선택해서 구현할 수도 있을 것이다. 향후 출시는 최종 제품에 각 기능이 완벽히 구현될 때까지 L2와 L3 하위 기능을 추가함으로써 기본적인 구현 수준을 향상시킬 것이다. 따라서 특정 출시의 범위는 기능 트리에서 선택된 L1이나 L2, L3의 기능 집합으로 구성된다. 출시에 할당된 기능을 표현하기 위해 다양한 색과 폰트를 사용해 기능 트리 다이어그램을 표시할 수 있다. 또한 각 출시에 계획된 하위 기능 목록을 나열하는 기능 로드맵 표를 만들 수도 있다(Wiegers 2006).

이벤트 목록

이벤트 목록은 시스템에 어떤 동작을 유발하는 외부 이벤트를 식별한다. 이벤트 목록은 사용자에 의해 유발될 수 있는 비즈니스 이벤트, 시간에 의해 촉발될 수 있는 (시간) 이벤트, 하드웨어 장치와 같은 외부 구성 요소로부터 전달받는 신호 이벤트 등에 이름을 붙임으로써 시스템의 범위 경계를 보여준다. 이벤트 목록에서는 이벤트에 이름을 지어줄 뿐이다. 시스템이 이벤트에 반응하는 방법을 설명하는 기능적 요구사항은 이벤트 반응표를 이용해 SRS에 자세히 설명될 것이다. 이벤트 반응표에 대한 자세한 내용은 12장 "백문이 불여일견"을 참조하자.

그림 5-9는 화학약품 관리 시스템의 이벤트 목록 중 일부다. 목록의 각 항목에는 이벤트 행동뿐 아니라 무엇이 이벤트를 촉발시키는지("화학자"가 무엇을 한다거나, 무언가 도착하는 "시간")에 대해서도 명시한다. 특정 이벤트를 특정 제품 출시나 개발 반복주기에 할당할 수도 있기 때문에 이벤트 목록은 유용한 범위 도구다.

화학약품 관리 시스템의 외부 이벤트
- 화학자가 화학약품을 요청한다.
- 화학 용기의 바코드가 스캔된다.
- OSHA 규정 준수 보고서를 생성할 때가 됐다.
- 판매업체가 신규 화학약품 카탈로그를 발행한다.
- 새로운 독자적인 화학약품이 시스템에 등록됐다.
- 판매업체가 화학약품이 이월됐음을 알린다.
- 화학자가 본인의 화학약품 노출 보고서 생성을 요청한다.
- EPA로부터 갱신된 물질안전보건자료를 전달받았다.
- 선호하는 판매업체 목록에 신규 업체가 추가됐다.
- 판매업체로부터 화학 용기를 전달받았다.

그림 5-9 화학약품 관리 시스템의 이벤트 목록 일부

이벤트 목록이 어떻게 컨텍스트 다이어그램과 생태계 맵을 보완하는지 주목하자. 컨텍스트 다이어그램과 생태계 맵은 외부 행위자와 이들이 사용하는 시스템을 종합적으로 기술하는 반면 이벤트 목록은 이들 행위자와 시스템이 시스템에 명시돼 있는 행동 중 무엇을 발생시키는지 보여준다. 다음과 같이 정확성과 완전성을 위한 컨텍스트 다이어그램과 생태계 맵에 대한 이벤트 목록을 확인할 수 있다.

- 컨텍스트 다이어그램의 각 외부 개체가 이벤트의 원인이 되는지 고려할 것: "화학약품 관리 시스템에서 화학자가 촉발시켜야 하는 행동이 있을까?"
- 생태계 맵의 시스템 중에서 여러분의 시스템 이벤트로 연결되는 것이 있는지 고려할 것.
- 각 이벤트에 대해 컨텍스트 다이어그램의 외부 개체나 생태계 맵의 시스템과의 관련 여부를 고려할 것: "만약 판매업체로부터 화학 용기를 받을 수 있다면 컨텍스트 다이어그램이나 생태계 맵에 판매업체가 표시돼야 할까?"

만약 연결이 끊긴 부분이 있다면 누락된 모델 요소가 있는지 확인하자. 이 케이스의 경우, 화학약품 관리 시스템이 판매업체에 직접적인 인터페이스를 제공하지 않기 때문에 판매업체가 컨텍스트 다이어그램에 표시되지 않았다. 그러나 생태계 맵에는 포함돼 있다.

범위에 집중하기

범위의 정의는 구속하는 것이 아니라 구조화하는 것이다. 비즈니스 요구사항과 고객이 제품을 어떻게 사용하는지 이해하면 범위 변경을 다루기 위한 가치 있는 도구를 얻을 수 있다. 프로젝트에서 변화하는 고객의 니즈를 만족시켜 나갈 수 있다면 범위 변경이 나쁜 것만은 아니다. 비전 범위 문서의 정보를 통해 제안된 요구사항이 프로젝트에 추가하기 적합한지 평가할 수 있다. 적절한 사람이 올바른 비즈니스 이유와 이에 대한 트레이드오프를 이해하고 수용한다면 미래의 반복주기나 전체 프로젝트에 대한 범위를 조정할 수도 있다.

누구든 새로운 요구사항을 요청한다면 분석가는 항상 "이게 범위에 포함되나요?"라고 물어봐야 한다는 것을 기억하자. 분명 요구사항이 명백하게 범위를 벗어났다고 대답하는 경우가 있을 것이다. 흥미로울 수도 있지만 아마도 추후 배포 버전이나 다른 프로젝트에서 해결돼야 할 것이다. 요청이 확실히 정의된 프로젝트 범위 안에 있는 경우도 있을 것이다. 범위에 포함되는 신규 요구사항 중 이미 승인된 다른 요구사항들보다 상대적으로 우선순위가 높은 경우 현재 진행 중인 프로젝트에 포함될 수도 있다. 신규 요구사항을 포함하는 것은 프로젝트 기간을 연장하지 않는 한 이미 계획된 요구사항을 수정하거나 취소해야 하는 등의 의사결정을 동반하기도 하다.

세 번째 가능한 선택은 제안된 신규 요구사항이 범위를 벗어나긴 하지만 상당히 좋은 생각일 경우 이를 수용하기 위해 범위를 확대하고 이에 상응하도록 예산이나 일정, 인력을 변경할 수도 있다는 것이다. 즉, 사용자 요구사항과 비즈니스 요구사항 사이의 순환 고리가 발생하는 것이다. 이 경우 기존에 기준이 되어 변경 관리하에 있던 비전 범위 문서를 갱신해야 할 것이다. 반복되더라도 요구사항이 거절된 이유를 계속 기록하라. 27장 "요구사항 관리 사례"에서 요구사항 속성을 활용해 거절되거나 연기된 요구사항을 추적하는 방법을 설명한다.

범위 결정을 위해 비즈니스 목표 활용하기

비즈니스 목표는 범위를 결정할 때 고려해야 할 가장 중요한 요소다. 비즈니스 목표 관점에서 제안된 기능이나 사용자 요구사항 중 가장 큰 가치를 제공하는 것이 무엇인지 결정하고, 이를 초기 출시 일정에 포함하자. 이해관계자가 기능 추가를 원하는 경우 제안된 변경이 비즈니스 목표 달성에 어떤 도움이 되는지 고려해야 한다. 예를 들어, 키오스크를 통한 수익의 극대화라는 비즈니스 목표는 고객에게 더 많은 제품이나 서비스를 판매할 수 있는 기능이 빨리 구현돼야 한다는 것을 내포한다. 소수의 기술에 목마른 고객에게만 어필하거나 주요 비즈니스 목표에 도움이 되지 않는 화려한 기능의 우선순위는 높지 않아야 한다.

비즈니스 목표에 대한 기능의 기여도를 가급적 정량화한다면 사람들은 감정보다 사실에 근거해서 범위를 결정할 수 있을 것이다(Beatty and Chen 2012). 특정 기능이 비즈니스 목표에 약 1,000달러나 100,000달러, 1,000,000달러만큼의 기여를 할 것인가? 경영진이 주말에 생각해낸 기능을 추가해 달라고 요청한다면 이를 추가하는 것이 올바른 의사결정인지 판단하기 위해 정량 분석(Quantitative analysis)을 활용할 수 있을 것이다.

범위 변경의 영향력 평가하기

프로젝트의 범위가 증가하는 경우 프로젝트 관리자는 보통 계획된 예산이나 자원, 일정, 인력에 대해 재협상하게 된다. 이상적으로는 비상시를 고려해 신중하게 고민해서 포함한 여유 일정 덕분에 기존 일정과 자원은 일정 변화를 수용할 수 있을 것이다(Wiegers 2007). 수용할 수 없다면 요구사항 변경이 승인된 후에 다시 계획을 해야 할 것이다.

범위 변경의 일반적인 결과는 이미 완료한 활동을 변경에 대해 다시 수행해야 한다는 것이다. 할당된 자원이나 시간이 증가하지 않으면 신규 기능을 추가한 후 품질이 나빠지기도 한다. 비즈니스 요구사항을 문서화해두면 시장이나 비즈니스 니즈의 변경에 따른 범위 증가를 적당히 관리하기 쉽다.

또한 이것은 영향력 있는 사람이 상당히 제한적인 프로젝트를 더 많은 기능으로 채우려 할 때 "안 됩니다."라거나 최소한 "아직 안 돼요."라고 대답하느라 곤욕스러워하는 프로젝트 관리자에게 도움이 된다.

애자일 프로젝트의 비전과 범위

고정된 타임박스의 연속적인 반복주기로 개발되는 애자일 프로젝트에서는 범위 관리를 위해 다른 방법을 사용한다. 각 반복주기의 범위는 동적으로 변하는 제품 백로그에서 선택된 사용자 스토리로 구성되며, 제품 백로그는 각 타임박스에 대해 상대적인 우선순위와 팀이 산정한 개발 수용 능력(혹은 규모)을 기반으로 선택된다. 팀은 범위 추가와 씨름하기보다 기존의 백로그 항목에서 새로운 요구사항의 우선순위를 할당하고 차후의 반복주기에 이를 포함시켜야 한다. 반복주기의 횟수와 전체 프로젝트 기간은 여전히 구현해야 하는 기능의 총합에 비례하나 각 반복주기의 범위는 제때 완료될 수 있도록 통제된다. 어떤 애자일 프로젝트는 전반적인 프로젝트 기간은 고정하지만 범위는 조정하기도 한다. 반복주기 횟수는 동일하겠지만 남은 반복주기에서 다뤄지는 범위는 기존에 정의된 사용자 스토리와 새로 추가된 사용자 스토리의 상대적인 우선순위에 따라 변경된다.

팀은 프로젝트를 시작할 때 반복주기의 최상위 로드맵을 정의할 수 있지만 각 반복주기에 대한 사용자 스토리 할당은 반복주기를 시작할 때 수행될 것이다. 팀이 각 반복주기의 범위를 설정하며 비즈니스 요구사항을 참조함으로써 프로젝트가 비즈니스 목표를 충족하는 제품을 만들어 내는 데 도움될 것이다. 타임박스 개발 프로세스를 따르는 모든 프로젝트에 이와 동일한 전략이 사용될 수 있다(아래의 "범위 관리 및 타임박스 개발"을 참조).

> **범위 관리 및 타임박스 개발**
>
> 리트웨어 주식회사의 프로젝트 관리자인 엔리케는 리트웨어에서 개발한 플래그십 포트폴리오 관리 소프트웨어의 웹 버전을 제작해야 했다. 이미 충분히 개발된 애플리케이션을 완전히 대체하는 데 2년 정도가 필요했지만 리트웨어는 지금 바로 필요로 했다. 엔리케는 타임박스 개발 방식을 선정해 90일마다 새로운 버전을 출시하기로 약속했다. 마케팅 팀은 요구사항의 우선순위를 신중하게 할당했다. 각 분기별 출시를 위한 SRS에는 시간이 허용하는 한 구현할 우선순위가 낮은 "늘어난" 요구사항 목록뿐 아니라 신규 및 개선 기능들이 포함됐다. 엔리케의 팀은 출시할 때마다 늘어난 모든 요구사항을 포함하지는 못했지만 범위 관리를 위한 일정 기반 접근법을 이용해 3달마다 안정적으로 출시해낼 수 있었다. 타임박스 프로젝트에서 일정과 품질은 일반적으로 제약조건에 속하며 범위는 자유도에 해당한다.

애자일 프로젝트에서는 정형적인 비전 범위 문서를 만들지는 않지만 성공적인 제품을 전달하는 데 있어 그림 5-3에 있는 템플릿의 내용은 의미가 있으며 꼭 필요하다. 여러 애자일 프로젝트에서는 선행 계획 반복주기(반복주기 0)를 수행하며, 프로젝트에서 가장 중요한 제품 비전과 비즈니스 요구사항을 정의한다.

개발 방식과 상관없이 모든 소프트웨어 프로젝트에서 비즈니스 요구사항을 정의해야 한다. 비즈니스 목표는 프로젝트 외부에서 도출한 예상 가치에 대해 설명하며, 애자일 프로젝트에서는 비즈니스 목표가 비즈니스 가치가 가장 큰 것을 가장 빠른 반복주기에 제공하기 위해 백로그에 우선순위를 할당하는 데 사용된다. 반복주기의 결과물이 출시될 수 있도록 성공지표가 정의돼야 하며, 이를 통해 성공이 측정될 수 있고, 이에 따라 남은 백로그가 조정된다. 비전 선언문은 반복주기가 종료된 후의 제품에 대한 장기 계획을 설명한다.

완료 여부 결정을 위해 비즈니스 목표 활용하기

기능 구현을 중단해야 할 때를 어떻게 알 수 있을까? 전통적으로 프로젝트 관리자는 프로젝트를 완료하기 위해 이를 관리한다. 그러나 비즈니스 분석가는 비즈니스 목표를 상세히 알고 있고, 기대하는 가치가 언제 제공돼야 하는지, 이를 위한 작업이 언제 완료돼야 하는지 결정하는 데 도움을 줄 수 있다.

솔루션에 대한 명확한 비전을 가지고 시작하고, 각 출시나 반복주기가 전체 기능 중 일부를 제공하도록 범위가 정해져 있다면 계획한 반복주기가 모두 종료됐을 때 일을 끝마칠 수 있을 것이다. 완료된 반복주기는 비즈니스 목표를 충족하는 제품 비전을 완전히 실현하도록 이끌어야 한다.

그러나 반복적인 개발 방식의 경우 최종 완료 시점이 모호할 수 있다. 각 반복주기 내에서는 해당 주기에 대한 범위가 정의된다. 프로젝트가 계속되면서 완료하지 않은 남은 백로그가 점점 줄어든다. 항상 남은 기능 전부를 구현해야 하는 것은 아니다. 뚜렷한 비즈니스 목표를 갖는 것은 중요하며, 이를 통해 추가적인 정보가 주어졌을 때 점진적으로 이 목표를 만족시킬 수 있을 것이다. 성공지표가 비즈니스 목표 달성을 위한 좋은 때가 됐음을 나타낼 때 프로젝트는 완료된다. 모호한 비즈니스 목표는 언제 끝날지 모르는 무기한 프로젝트를 야기할 것이다. 자금 스폰서는 프로젝트의 예산이나 일정, 계획을 알 수 없기 때문에 이를 좋아하지 않는다. 고객 역시 정해진 예산 내에서 제때 솔루션을 인수받더라도 솔루션이 필요한 가치를 제공하지 못할 수 있기 때문에 이를 좋아하지 않는다. 프로젝트 중간에 비즈니스 목표를 수정하지 않는 한 처음부터 명확하게 정의되지 않은 제품에 대한 작업을 수행하는 것은 위험을 초래할 것이다.

모든 프로젝트에서 명확한 비즈니스 요구사항을 정의하는 데 집중하자. 그렇지 않으면 종착점에 도달하기 위한 어떠한 방법도 찾지 못하고 그저 뭔가 유용한 것을 달성하고자 목적 없이 방황하게 될 것이다.

다음 단계는

- 비전 선언문을 작성하기 위해 각 프로젝트의 다양한 이해관계자에게 이번 장에서 설명한 키워드 템플릿을 이용해 질문하자. 비전과 얼마나 유사한지 확인하자. 모든 단절을 바로잡고 모든 이해관계자가 동의하는 단 하나의 비전 선언문을 찾아내자.

- 신규 프로젝트 출시가 다가오거나 한창 개발 중이더라도 그림 5-3의 템플릿을 이용해 비즈니스 요구사항을 작성하자. 아니면 간단히 비즈니스 목표 모델을 만들고 나머지 팀이 이를 검토하게 하자. 이를 통해 팀이 프로젝트 목표나 범위를 서로 동일하게 이해하고 있지 않음을 드러낼 수 있을 것이다. 지금 바로 문제를 바로잡자. 만약 때를 놓치면 해결하기가 더 힘들어질 것이다. 또한 이 활동은 조직의 프로젝트에 대한 요구를 최대한 만족시키기 위해 템플릿 수정을 제안하기도 할 것이다.

- 측정 가능한 비즈니스 목표를 프로젝트 기간 동안에 여는 회의에서 쉽게 공유할 수 있는 형태로 작성하자. 다음 요구사항 관련 회의에 이를 가지고 들어가 팀이 유용할 만한 사항을 찾기 위해 기억을 되새겨 볼 때 이를 보여주자.

06
고객의 목소리 찾기

제레미는 콘토소 제약 회사의 신약 개발 부문 임원인 루스 길버트의 사무실로 갔다. 루스는 콘토소의 연구 조직을 지원하는 정보 기술팀에게 화학 연구원의 신약 연구를 가속화하는 데 도움이 되는 신규 애플리케이션 개발을 요청했다. 제레미는 프로젝트의 비즈니스 분석가로 배정됐다. 자기 소개 및 프로젝트에 대한 개괄적인 논의를 한 후, 제레미는 "시스템에 대한 요구사항을 이해하기 위해 화학 연구원과 얘기해 보고 싶습니다. 어떤 분과 먼저 얘기하는 것이 좋을까요?"라고 루스에게 물었다.

"3년 전 이 부문 임원이 되기 전까지 5년 동안 같은 일을 해왔습니다. 다른 사람들과 얘기할 필요까지는 없어요. 프로젝트에 대해 알아야 할 모든 것을 제가 말씀드릴 수 있습니다."라고 루스는 대답했다.

제레미는 걱정스러웠다. 과학적 지식과 기술은 빠르게 변화하기 때문에 루스가 이 복잡한 애플리케이션 사용자의 현재와 앞으로의 니즈를 충분히 표현할 수 있을지 확신할 수 없었다. 제레미와 실제 사용자 사이에 완충지대를 만드는 데 있어 보이지 않는 내부 정책이 있을 수도 있고 루스에게 합당한 이유가 있을 수도 있다. 몇 번의 논의 끝에 루스가 그녀의 연구원 중 누구도 프로젝트에 직접적으로 관여하는 것을 원하지 않는다는 것이 명확해졌다.

"네, 알겠습니다." 제레미는 마지못해 동의했다. *"문서 분석을 좀 하고 당신에게 문의할 질문을 정리해야 시작할 수 있을 것 같습니다. 과학자들이 신규 시스템으로 무엇을 해야 하는지 당신이 기대하는 바를 이해하기 위해 몇 주 동안 인터뷰 일정을 잡을 수 있을까요?"*

*"미안하지만, 지금은 너무 바쁩니다."*라고 루스는 대답했다. *"당신이 모르는 것들을 정리하는 데 저는 약 3주 동안 몇 시간 정도만 할애할 수 있습니다. 그냥 요구사항 작성을 시작해 주세요. 다음에 만날 때 그때까지 궁금한 것들에 대해 물어볼 수 있을 겁니다. 그렇게 해서 프로젝트를 잘 시작할 수 있길 바래요."*

고객 참여가 우수한 소프트웨어를 제공하는 데 중요한 요소라는 우리의 의견에 공감한다면 여러분은 프로젝트의 비즈니스 분석가(BA)와 프로젝트 관리자로 하여금 처음부터 적절한 고객 대표의 참여를 적극적으로 이끌어내도록 할 것이다. 소프트웨어 요구사항의 성공, 결국 소프트웨어 개발의 성공은 개발자 귀에 들려오는 고객의 목소리에 달렸다. 고객의 목소리를 얻으려면 다음의 단계를 따르자.

- 제품에 대한 사용자 클래스를 식별한다.
- 각 사용자 클래스와 기타 이해관계자 그룹을 대표하는 개인을 선택하고 이들과 함께 일한다.
- 프로젝트의 요구사항 의사결정권자를 누구로 할지 합의한다.

2장 "고객 관점의 요구사항"에서 설명한 바와 같이 고객 참여는 고객이 기대하는 것과 개발자가 만들어내는 것의 불일치, 즉 기대치 차이를 방지하는 가장 좋은 방법이다. 이는 코드 작성을 시작하기 전에 소수의 고객이나 관리자에게 무엇을 원하는지 한두 번 간단히 물어보는 것만으로는 충분하지 않다. 고객은 정말로 무엇이 필요한지 잘 모르는 경우가 많기 때문에 만약 개발자가 고객이 초기에 요구한 것 그대로 개발한다면 아마 다시 개발해야 할 것이다. 게다가 BA가 적절한 사람에게 말하지 않거나 적절한 질문을 하지 않았을 수도 있다.

사용자가 "원한다"고 내비친 기능이 새로운 제품에서 수행해야 하는 작업과 꼭 동일한 기능은 아니다. 사용자 요구사항에 대한 좀 더 정확한 관점을 얻으려면 비즈니스 분석가는 넓은 범위의 사용자 의견을 수집, 분석 및 이를 명확히 하고, 사용자가 자신의 작업을 수행하는 데 필요한 요구사항이 무엇인지 구체화해야 한다. BA는 신규 시스템의 필수 기능과 특성을 기록하고 다른 이해관계자들에게 그 정보를 전달해야 할 책임이 있다. 이것은 시간이 필요한 반복적인 과정이다. 만약 만들고자 하는 제품에 대한 이러한 공통의 비전과 같은 공통의 이해를 위해 시간을 투자하지 않는다면 분명 재작업, 일정 지연, 비용 초과, 고객 불만을 초래하게 된다.

사용자 클래스

대부분의 사람들은 소프트웨어 시스템을 위한 "사용자"에 대해 이야기할 때 모든 사용자가 유사한 특성과 요구사항을 가진 단순 그룹에 속한 것처럼 이야기한다. 현실에서는 규모와 상관없이 대부분의 제품들은 서로 다른 기대치와 목표를 가진 다양한 사용자들을 가지고 있다. "사용자"를 단수로 간주하는 것보다 여러분의 제품에 대한 여러 사용자 클래스와 클래스별 역할과 권한을 파악하는 시간을 갖자.

사용자 분류하기

2장에서는 프로젝트에 존재할 수 있는 여러 종류의 이해관계자에 대해 설명했다. 그림 6-1에서와 같이 사용자 클래스는 제품 사용자의 부분집합이며, 제품 사용자는 제품 고객의 부분집합이고 제품 고객은 이해관계자의 부분집합이다. 개인은 여러 사용자 클래스에 속할 수 있다. 예를 들면, 애플리케이션 관리자는 가끔 일반 사용자로 상호작용할 수 있다. 제품 사용자는 다음과 같은 측면에서 다를 수 있고, 그러한 차이에 따라 사용자 그룹을 몇 개의 사용자 클래스로 구분할 수 있다.

- 사용자의 접근 권한이나 보안 등급(예: 일반 사용자, 게스트 사용자, 관리자 등)
- 경영 활동 중에 수행하는 업무
- 사용하는 기능
- 제품을 사용하는 빈도
- 애플리케이션의 도메인 경험과 컴퓨터 시스템에 대한 전문 지식
- 사용하게 될 플랫폼(데스크톱 PC, 노트북 PC, 태블릿, 스마트폰, 특수 장치)
- 모국어
- 시스템과 직접 또는 간접적으로 상호작용하는지 여부

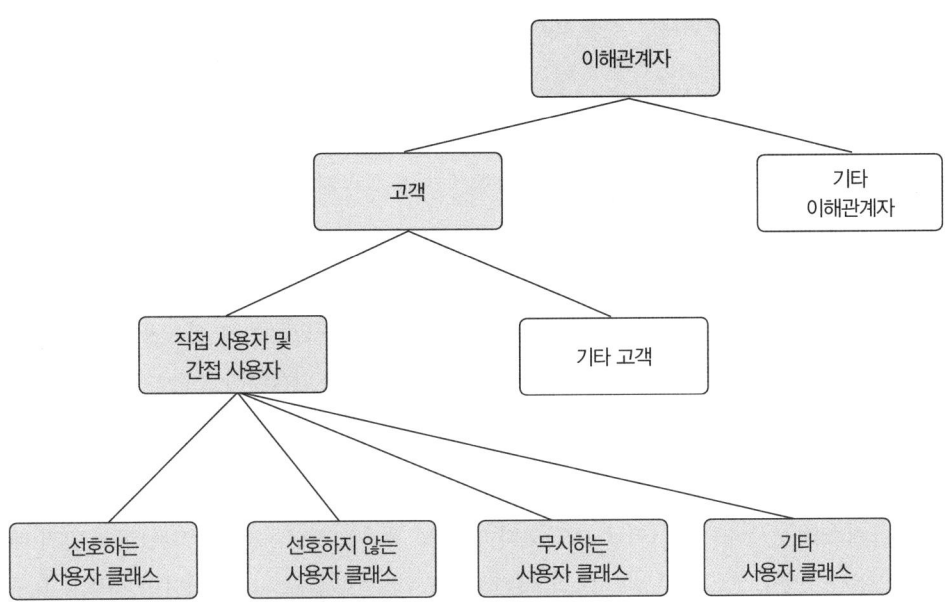

그림 6-1 이해관계자, 고객, 사용자, 사용자 클래스의 계층 구조

지리적 위치나 근무 중인 회사의 유형에 따라 사용자 그룹을 사용자 클래스로 묶을 수 있다. 금융업에서 사용되는 소프트웨어를 만든 한 회사는 초기에 대형 상업 은행, 소규모 상업 은행, 저축 대부 기관, 또는 신용 조합에서의 근무 여부에 따라 사용자를 구분하는 방법을 고려했다. 이러한 구분은 시장 구분을 대표하지만 사용자 클래스와는 다르다.

사용자 클래스를 식별하는 더 좋은 방법은 다양한 사용자가 시스템에서 수행할 작업에 대해 생각하는 것이다. 해당 유형의 금융기관에는 창구 직원, 대출 담당 직원, 기업 은행가 등이 공통적으로 있을 것이다. 이러한 활동을 수행하는 직책이 있거나 또는 그냥 역할만 가진 개인은 어느 금융 기관이든지 시스템에 대한 유사한 기능적 니즈를 가질 것이다. 창구 직원은 모두 거의 비슷한 일을 해야 하고, 기업 은행가도 마찬가지로 거의 비슷한 일을 한다. 따라서 은행 시스템에 대한 좀 더 논리적인 사용자 클래스 이름에는 창구 직원, 대출 담당 직원, 기업 은행가 및 지점장이 포함될 수 있다. 유스 케이스, 사용자 스토리, 프로세스 흐름, 그리고 그것들을 누가 수행할 수 있는지 생각함으로써 추가 사용자 클래스를 발견할 수 있다.

특정 프로젝트에서는 특정 사용자 클래스가 다른 클래스보다 중요할 수 있다. 선호하는 사용자 클래스의 만족이 프로젝트 비즈니스 목표 달성에 가장 밀접하게 연관된다. 서로 다른 사용자 클래스의 요구사항에 발생하는 충돌을 해결하거나 우선순위를 결정할 때 선호하는 사용자 클래스가 우대를 받는다. 이것은 시스템에 비용을 지불하는 고객(사용자가 아닐 수도 있다)이나 정치적 영향력이 가장 큰 사람을 반드시 선호해야 한다는 것을 의미하진 않는다. 이는 어떠한 비즈니스 목표를 지지하느냐에 관한 문제다.

선호하지 않는 사용자 클래스는 법률, 보안 또는 안전 이유로 제품을 사용하지 않는다고 가정하는 그룹이다(Gause and Lawrence 1999). 선호하지 않는 사용자가 하지 말아야 할 일을 의도적으로 어렵게 만드는 기능을 구축할 수 있다. 이러한 예로 접근 보안 메커니즘, 사용자 권한 수준, (사람이 아닌 사용자를 위한) 맬웨어 방지 기능 및 사용 현황 로깅이 있다. 네 번의 로그인 실패 시 사용자의 계정을 잠그는 것은 건망증이 있는 합법적인 사용자에게 불편을 주지만 "가짜 사용자"라는 선호하지 않는 사용자 클래스의 접근을 막아준다. 거래 은행이 내 컴퓨터를 인식하지 못하는 경우, 로그인하기 전에 입력해야 하는 일회용 접근 코드를 메일로 내게 보낸다. 이 기능은 "내 계좌 정보를 훔칠 수도 있는 사람"이라는 선호하지 않는 사용자 클래스 때문에 구현된 것이다.

다른 사용자 클래스를 무시하도록 선택할 수도 있다. 그들도 제품을 사용하겠지만 그들에게 맞춰 제품을 만들지 않는다. 만약 선호 여부를 모르고, 무시하지도 않는 사용자 그룹이 있다면 제품의 요구사항을 정의하는 데 있어 똑같이 중요한 그룹이다.

각 사용자 클래스는 클래스별로 수행해야 하는 작업에 대한 요구사항들을 가지고 있다. 서로 다른 사용자 클래스의 요구사항 사이에는 중복이 있을 수 있다. 예를 들면, 창구 직원, 기업 은행가, 대출 담당 직원 모두 은행 고객의 계좌 잔액을 확인할 수 있어야 한다. 또한 서로 다른 사용자 클래스는 사용자 인터페이스 디자인에 대한 선택을 이끌어내는 사용성과 같은 각기 다른 품질 기대치를 가질 수도 있다. 신규 또는 자주 사용하지 않는 사용자에게는 시스템을 얼마나 쉽게 익힐 수 있는지가 관건이다. 이러한 사용자는 메뉴, 그래픽 사용자 인터페이스, 정리된 화면 표시, 마법사 및 도움말과 같은 화면을 좋아한다. 시스템에 대해 알수록 사용자는 효율성에 더 관심을 보인다. 그들은 키보드 단축키, 사용자 정의 옵션, 도구 모음, 스크립트 기능에 가치를 준다.

> **함정** 간접 사용자 클래스를 간과하면 안 된다. 여러분의 애플리케이션은 사용하지 않지만 대신 다른 애플리케이션이나 보고서를 통해 데이터나 서비스에 접근할 수 있다. 한번 멀어진 고객도 여전히 고객이다.

사용자 클래스가 사람일 필요는 없다. 봇(특정 업무를 반복 수행하는 프로그램)과 같이 인간 사용자를 대신해 서비스를 수행하는 소프트웨어 에이전트도 사용자 클래스가 될 수 있다. 소프트웨어 에이전트는 상품과 서비스에 대한 정보를 위한 네트워크 검색, 개인화된 뉴스 피드, 수신 이메일 처리, 물리적 시스템과 네트워크의 문제나 불법 침입 대응을 위한 모니터링 또는 데이터 마이닝을 수행할 수 있다. 웹 사이트의 취약점을 찾거나 스팸 메일을 생성하는 인터넷 에이전트는 인간이 아닌 선호하지 않는 사용자 클래스다. 이러한 선호하지 않는 사용자를 식별하면 그러한 사용자를 막을 수 있는 특정 요구사항을 지정할 수 있다. 예를 들면, CAPTCHA 같은 도구를 통해 사용자가 실제 사람이 접근하는지 검증함으로써 시스템이 거절해야 하는 인간 외 사용자의 접근을 막을 수 있다.

사용자는 고객의 부분집합이고 고객은 이해관계자의 부분집합이라는 것을 기억해야 한다. 단순히 직간접 사용자 클래스보다 훨씬 넓은 범위로 요구사항의 잠재적인 소스를 고려해야 한다. 예를 들어, 개발팀의 구성원이 개발 중인 시스템의 최종 사용자는 아닐지라도 14장 "기능, 그 이상을 향해"에서 설명한 효율성, 수정 용이성, 이식성, 재사용성 등 내부 품질 속성에 대한 개발팀의 의견이 필요하다. 한 회사는 "설치관리자"라는 사용자 클래스를 도입하기 전까지 자사 제품의 모든 설치 비용이 최악이었다는 것을 알고 자사 제품의 맞춤형 아키텍처 구조 개발과 같은 요구사항에 집중할 수 있었다. 요구사항에 대한 의견이 필요한 이해관계자를 식별하는 경우 명백한 최종 사용자 외에도 잘 살펴봐야 한다.

사용자 클래스 식별하기

프로젝트 초기에 제품에 대한 다양한 사용자 클래스를 식별하고 각각을 특징 지으면 각 중요 클래스의 대표로부터 요구사항을 도출할 수 있다. 이를 위한 유용한 기술은 엘렌 가티스디너가 개발한 "확장 후 축소"라는 협력 패턴이다(Gottesdiener 2002). 우선 시스템을 사용할 것으로 기대되는 프로젝트 스폰서가 누구인지 물어보는 것부터 시작한다. 그다음 생각할 수 있는 여러 사용자 클래스에 대해 자유롭게 토론한다. 이 단계에서 사용자 클래스가 수십 가지라도 걱정할 필요는 없다(나중에 압축 및 분류할 것이다). 누군가가 최종 솔루션이 자신의 요구사항을 만족하지 않는다고 불평하며 문제를 야기할 수 있는 사용자 클래스를 간과하지 않는 것이 중요하다. 다음으로, 합칠 수 있거나 몇 개의 하위 클래스를 하나의 주요 사용자 클래스로 처리할 수 있는, 요구사항이 비슷한 그룹을 찾는다. 고유한 사용자 클래스 목록을 15개나 그 이하로 간추린다.

약 65개 기업 고객을 위한 특별한 제품을 개발한 한 회사에서는 초기에 각 회사를 각기 고유한 요구사항을 가진 사용자로 간주했다. 고객을 단지 6개의 사용자 클래스로 그룹화해서 요구사항 문제를 크게 단순화했다. 도널드 고즈와 제럴드 와인버그는 잠재적인 사용자 식별하기, 사용자 목록 줄이기, 프로젝트에 참여하는 특정 사용자 찾기를 위한 광범위한 방법에 대한 많은 조언을 제공한다(Donald Gause and Gerald Weinberg 1989).

다양한 분석 모델은 사용자 클래스를 식별하는 데 도움을 줄 수 있다. 컨텍스트 다이어그램(5장 "비즈니스 요구사항 정립하기")에서 시스템 외부에서 나타나는 외부 개체는 사용자 클래스의 후보다.

기업 조직도는 잠재적 사용자 및 기타 이해관계자를 발견하는 데 도움을 줄 수 있다(Beatty and Chen 2012). 그림 6-2는 콘토소 제약 회사의 조직도 일부를 보여준다. 잠재적인 시스템 사용자의 대부분을 이 조직도에서 발견할 수 있다. 이해관계자와 사용자 분석을 수행하는 동안 조직도에서 다음과 같은 내용을 찾아봐야 한다.

- 비즈니스 프로세스 참여 부서
- 비즈니스 프로세스에 의해 영향받는 부서
- 사용자가 직접 또는 간접적으로 발견될 수 있는 부서 또는 역할 이름
- 여러 부서에 걸친 사용자 클래스
- 회사 외부 이해관계자에 대한 인터페이스를 가진 부서

조직도 분석은 조직 내의 중요 사용자 클래스를 간과할 가능성을 줄일 수 있다. 조직도 분석은 특정 사용자 클래스의 잠재적인 대표가 어디에 있는지 뿐 아니라 핵심 요구사항 결정자가 누구인지 파악하는 데도 도움을 준다. 한 부서 내에서도 다양한 요구를 가진 여러 사용자 클래스를 찾을 수 있다. 반대로 여러 부서에서 동일한 사용자 클래스를 인식하는 것은 요구사항 도출을 단순화할 수 있다. 조직도를 공부하는 것은 광범위한 사용자 커뮤니티 요구사항을 완전히 이해하기 위해 얼마나 많은 사용자 대표와 일해야 하는지 판단하는 데 도움을 준다. 또한 각 부서의 사용자가 조직에서의 역할과 프로젝트에 대한 부서의 관점을 기반으로 어떤 유형의 정보를 제공하는지 이해하려고 노력하자.

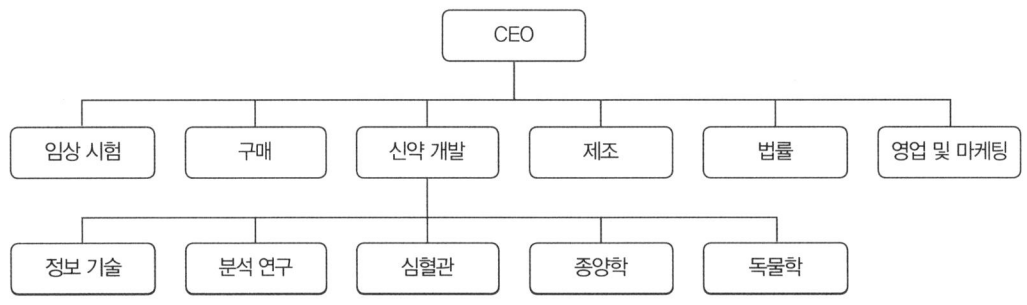

그림 6-2 콘토소 제약 회사의 조직도

사용자 클래스 및 이들의 특성과 책임, 실제 위치를 프로젝트의 요구사항 명세서(SRS)나 요구사항 계획에 문서화하자. 상충되는 내용이나 중복을 피하기 위해 문서화된 정보와 비전 범위 문서의 이해관계자 프로파일을 확인하라. 각 사용자 클래스 간의 상대적 또는 절대적 크기와 클래스의 선호 여부 등 갖고 있는 모든 관련 정보를 포함하자. 이러한 정보는 팀이 변경 요청의 우선순위를 정하고 나

중에 영향 평가를 수행하는 데 도움이 된다. 시스템 트랜잭션의 규모와 종류를 추정하는 것은 테스터가 시스템에 대한 사용량 프로파일을 개발해서 검증 활동을 계획할 수 있게 해준다. 이전 장에서 살펴본 화학약품 관리 시스템의 프로젝트 관리자와 비즈니스 분석가는 표 6-1과 같이 사용자 클래스와 특성을 식별했다.

표 6-1 화학약품 관리 시스템을 위한 사용자 클래스

이름	숫자	설명
화학자(선호)	6개의 건물에 약 1,000명	화학자는 공급 업체와 화학 창고에서 화학약품을 요청한다. 화학자는 주로 화학약품 요청 및 화학 용기에 들어있는 화학약품과 실험실 밖으로 나간 화학약품이 무엇인지 추적하기 위해 하루에도 몇 번씩 시스템을 사용한다. 화학자는 판매업체의 카탈로그에서 화학 구조를 그리는 도구로 입력한 특정 화학 구조를 검색할 수 있어야 한다.
구매자	5명	구매 부서의 구매자는 화학약품 요청을 처리한다. 구매자는 외부 판매업체로 주문하고 주문을 추적할 수 있다. 구매자는 화학에 대한 약간의 지식을 가지고 판매업체 카탈로그를 검색하기 위한 간단한 쿼리 기능을 필요로 한다. 구매자는 시스템의 용기 추적 기능을 사용하지 않을 것이다. 각 구매자는 하루 평균 25번 정도 시스템을 사용한다.
화학약품 창고 직원	6명의 기술자, 1명의 관리자	화학약품 창고 직원은 50만 개 이상의 화학 용기의 재고를 관리한다. 그들은 3개의 창고로부터 용기를 공급하고, 판매업체에게 신규 화학약품을 요청하며, 창고에서 들어오고 나가는 용기를 추적한다. 그들은 재고 보고 기능의 유일한 사용자다. 트랜잭션 규모가 크기 때문에 화학약품 창고 직원들만 사용하는 기능은 자동화되고 효율적이어야 한다.
보건 및 안전 부서 직원(우대)	1명의 관리자	보건 및 안전 부서 직원은 연방 및 주 화학약품 사용 및 폐기 보고 규정을 준수하는지에 대한 사전 정의된 분기 보고서를 생성하기 위해서만 시스템을 사용한다. 보건 및 안전 부서 관리자는 정부 규제의 변화에 따라 정기적으로 보고서의 변경을 요청한다. 이 보고서의 변경은 가장 높은 우선순위를 가지며, 개발에 있어 시간이 관건이다.

여러 애플리케이션에 걸쳐 등장하는 사용자 클래스의 카탈로그를 구축하는 것을 고려해보자. 전사 수준에서 사용자 클래스를 정의하면 향후 프로젝트에서 이러한 사용자 클래스 기술서를 재사용할 수 있다. 여러분이 개발하는 다음 시스템은 새로운 사용자 클래스의 요구를 충족해야 할 수도 있지만 아마도 이전 시스템에서 사용했던 사용자 클래스가 그대로 사용될 것이다. 프로젝트의 SRS에 사용자 클래스 기술서를 포함할 경우, 재사용 가능한 사용자 클래스 카탈로그를 참조 항목에 넣고 애플리케이션에 고유한 새 그룹에 대한 설명만 작성하면 된다.

사용자 페르소나

사용자 클래스에 생동감을 주기 위해 각 사용자 클래스의 대표적인 구성원을 기술한 페르소나를 만들어 보자(Cooper 2004; Leffingwell 2011). 페르소나는 유사한 특성이나 니즈를 가진 사용자 그룹의 표본을 보여주는 가상의 일반적인 사람에 대한 설명이다. 요구사항을 이해하고 특정 사용자 커뮤니티의 요구를 최대한 충족하기 위한 UX(User eXperience)를 설계하는 데 페르소나를 활용할 수 있다.

BA가 실제 사용자 대표를 만날 수 없는 경우 페르소나는 대리자 역할을 할 수 있다. 진행을 중지하기보다 BA가 특정 작업을 수행하는 페르소나를 상상하거나 페르소나의 선호도가 무엇인지 가늠하기 위해 노력함으로써 실제 사용자와 접촉할 수 있을 때 확인할 수 있는 요구사항 초안을 작성할 수 있다. 상용 고객을 위한 페르소나의 상세 내용에는 사회 및 인구 통계학적 특성과 행동, 선호도, 불만사항, 유사 정보가 포함된다. 여러분이 만든 페르소나가 진정으로 시장, 인구 통계학 및 민족학 연구를 기반으로 해당 사용자 클래스의 대표인지 확인하자.

다음은 화학약품 관리 시스템의 한 사용자 클래스에 대한 페르소나의 예다.

> *프레드, 41세, 14년 전 박사학위를 받은 이후 콘토소 제약회사에서 화학자로 근무해오고 있다. 컴퓨터에 대한 인내심이 부족하며, 보통 화학 분야에서 한 번에 두 개의 프로젝트에 참여한다. 프레드의 연구실은 300병의 화학약품과 가스 실린더를 보유하고 있다. 프레드는 창고에서 하루 평균 4개의 새로운 화학약품을 필요로 한다. 이들 중 두 개는 창고에 있는 상용 화학약품이고, 나머지 하나는 주문이 필요하며, 마지막 하나는 콘토소의 독점 화학약품 샘플로서 공급될 것이다. 경우에 따라, 프레드는 안전한 취급을 위해 특별한 교육이 필요한 위험 화학약품을 필요로 한다. 처음으로 화학약품을 구입하는 경우 프레드는 자동으로 자동으로 물질안전보건자료를 이메일로 받길 원한다. 매년 프레드는 약 20개의 새로운 독점 화학약품을 합성해서 창고에 보관할 것이다. 프레드는 자신의 화학약품 노출을 모니터링할 수 있도록 지난달 화학약품 사용에 대한 보고서를 자동으로 생성해서 이메일로 받기를 원한다.*

비즈니스 분석가가 화학자의 요구사항을 살펴본 것 같이 프레드를 사용자 클래스의 전형이라고 생각하고 "프레드라면 필요한 게 뭘까?"라고 질문해보자. 단순히 정체불명의 사람들이 무엇을 원할지 생각하는 것보다 페르소나를 가지고 작업하는 것은 요구사항 사고 프로세스를 훨씬 가시적으로 만들어 준다. 어떤 이는 페르소나를 좀 더 사실적으로 만들기 위해 적절한 성별의, 임의의 인간 얼굴을 선택하기도 한다.

딘 레핑웰은 애플리케이션을 사용하기 위한 페르소나에 설명된 개인이 사용하기 쉽도록 시스템을 설계하는 것을 제안한다(Dean Leffingwell 2011). 즉, 한 사람의(가상의) 요구사항 충족에 초점을 맞춘다. 사용자 클래스를 정확하게 나타내는 개인 페르소나를 만들면 전체 클래스의 니즈와

기대치를 만족시키는 데 도움이 된다. 한 동료는 "동전 투입식의 자동판매기 프로젝트에서 나는 정비공 돌리와 창고 관리자 랄프를 소개했어. 우리는 그들에 대한 시나리오를 작성했고 그들은 가상으로 프로젝트 팀의 일부가 됐지."

사용자 대표와 함께하기

모든 종류의 프로젝트(기업 정보 시스템, 상용 애플리케이션, 임베디드 시스템, 웹 사이트, 계약 소프트웨어)에는 사용자 목소리를 제공하는 적절한 대표가 필요하다. 이러한 사용자는 프로젝트 초기 요구사항 단계뿐만 아니라 개발 수명 주기 전체에 참여해야 한다. 각 사용자 클래스는 그것을 말할 수 있는 이가 필요하다.

회사 내 배포용 애플리케이션을 개발하는 경우 실제 사용자에 접근하기가 가장 쉽다. 상용 소프트웨어를 개발하는 경우에는 개발 프로세스 초기에 최대한 빨리 요구사항을 제공받기 위한 베타 테스트나 초기 배포 사이트에 사람들이 참여해야 한다. (이번 장 후반부의 "외부 제품 챔피언" 절을 참조). 여러분의 제품이나 경쟁사 제품의 현재 사용자로 포커스 그룹을 설정하는 것이 좋다. 사용자가 무엇을 원하는지 추측하지 말고 그들 중 일부에게 직접 물어보라.

한 회사는 포커스 그룹에게 다양한 디지털 카메라와 컴퓨터를 가지고 특정 작업을 수행해 달라고 요청했다. 결과적으로 회사의 카메라 소프트웨어는 가장 일반적인 동작을 수행하는 데도 너무 오랜 시간이 걸렸는데, 이는 덜 중요한 시나리오까지 수용하기 위해 내려진 의사결정 때문이었다. 회사는 속도에 대한 고객의 불만을 줄이기 위해 차기 카메라 소프트웨어를 변경했다.

포커스 그룹은 제품 개발을 이끌어 나갈 사용자 유형을 대변해야 한다. 전문가와 경험이 적은 고객 모두를 포함하라. 포커스 그룹이 단지 얼리어답터나 공상가만 대변하는 경우 결국 소수의 고객만이 필요로 하는 정교하고 기술적으로 어려운 요구사항으로 끝날 수 있다.

그림 6-3은 개발자에게 사용자의 목소리를 전달하는 몇 가지 의사소통 수단을 보여준다. 한 연구에서 개발자와 사용자 사이에 좀 더 다양하고 직접적인 의사소통 수단을 확보하는 것이 프로젝트를 좀 더 성공적으로 이끄는 것으로 나타났다(Keil and Carmel 1995). 가장 직접적인 의사소통은 개발자가 적합한 사용자와 이야기할 수 있을 때 이뤄지며, 이는 개발자도 비즈니스 분석가 역할을 수행하고 있음을 의미한다. 이는 아주 작은 프로젝트에서 개발자가 적절한 BA 기술을 갖추고 있는 경우에는 문제가 없지만 수천 명의 잠재 사용자와 수십 명의 개발자가 함께하는 대규모 프로젝트까지 확장되지는 않는다.

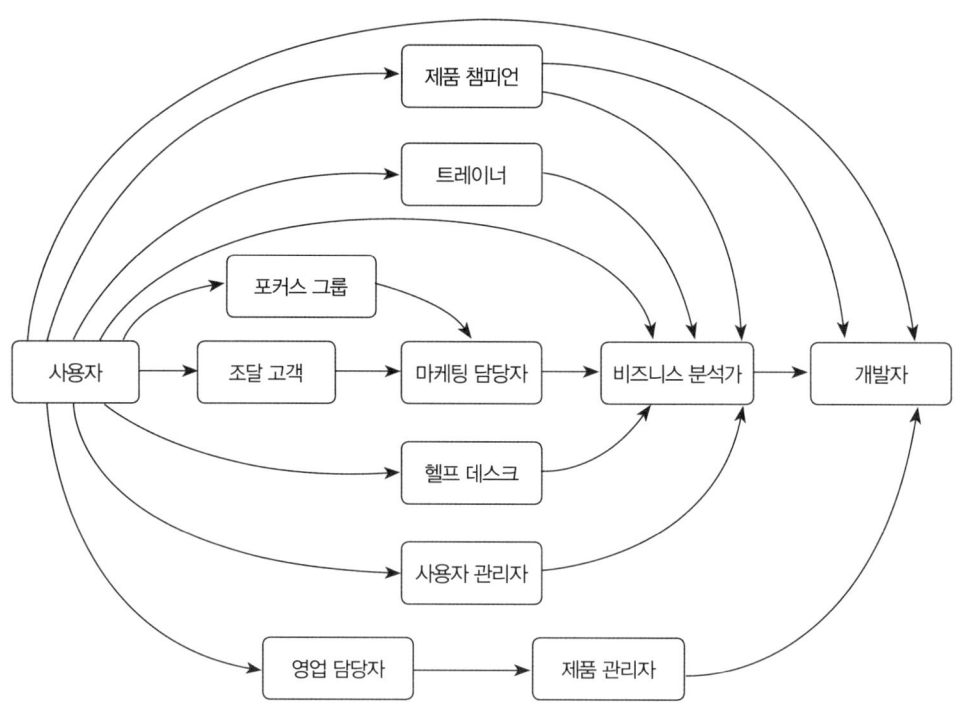

그림 6-3 사용자와 개발자 사이에 가능한 의사 소통 경로

아이들이 하는 "Telephone(귓속말 전달하기)" 게임처럼 사용자와 개발자 사이에 중간 계층을 두는 것은 오해와 지연 가능성을 늘린다. 숙련된 BA가 사용자 또는 다른 참여자의 요구를 수집, 평가, 정제, 구성하기 위해 일하는 것과 같이 중간 계층의 일부이긴 하지만 가치를 더해주는 것도 있다. 마케팅 담당자, 제품 관리자, 주제 전문가 또는 다른 이를 통해 실제 사용자의 목소리를 추정하는 것의 위험성을 인지해야 한다. 사용자 표현을 최적화하며 맞닥뜨리는 장애물과 비용에도 불구하고 최고의 정보를 제공할 수 있는 이와 대화하지 않는다면 여러분의 제품과 고객은 고통을 겪게 될 것이다.

제품 챔피언

몇 년 전 대기업에서 과학 연구 활동을 지원하는 작은 소프트웨어 개발 그룹에서 근무한 적이 있다. 각 프로젝트마다 요구사항을 제공하기 위한 사용자 커뮤니티의 주요 구성원이 몇 명 포함돼 있었다. 우리는 이들을 제품 챔피언이라고 불렀다(Wiegers 1996). 제품 챔피언 접근법은 2장에서 설명한 모든 중요 고객의 개발 협력 파트너십을 구성하는 효과적인 방법을 제공한다.

각 제품 챔피언은 단일 사용자 클래스의 구성원과 프로젝트의 비즈니스 분석가 사이에서 주요 접점 역할을 한다. 이상적으로 챔피언은 자금 스폰서, 마케팅 직원, 사용자 관리자 또는 소프트웨어 개발자 같이 사용자의 대리인이 아니라 실사용자일 수 있다. 제품 챔피언은 자신이 대표하는 사용자 클래스의 다른 구성원으로부터 요구사항을 수집하고 모순을 조정한다. 그러므로 실제로는 BA가 요구사항 문서를 작성해야 하지만 요구사항 개발은 BA와 선택된 사용자의 공동 책임이 된다. 요구사항 작성을 업으로 하는 사람에게도 좋은 요구사항 작성은 충분히 어려운 일이다. 심지어 요구사항 작성 경험이 없는 사람에게 좋은 결과를 기대하는 것은 비현실적이다.

최고의 제품 챔피언은 새로운 시스템에 대한 명확한 비전을 가지고 있다. 그들은 자신과 동료에게 새로운 시스템이 얼마나 도움이 될지 알 수 있기 때문에 열성적이다. 챔피언은 다른 동료들에게 존중받는 유능한 커뮤니케이터가 돼야 한다. 그들은 애플리케이션 도메인과 솔루션의 운영 환경에 대해 철저히 이해해야 한다. 훌륭한 제품 챔피언은 다른 과제에서도 수요가 많기 때문에 프로젝트 성공을 위해 왜 특정 개인이 중요한지에 대한 설득력 있는 사례를 구축해야 한다. 예를 들어, 제품 챔피언은 사용자 커뮤니티가 애플리케이션을 채택하도록 할 수 있으며, 이는 관리자가 높이 평가할 수 있는 성공 지표가 될 수 있다. 훌륭한 제품 챔피언은 프로젝트에서 큰 차이를 만들어낸다는 사실을 알게 됐으며 그들의 공헌에 대해 공적 보상과 인정을 제공한다.

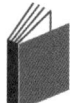

우리 소프트웨어 개발팀은 제품 챔피언 접근법으로 추가 이득을 얻었다. 여러 프로젝트에서 고객이 소프트웨어가 아직 완료되지 않은 이유를 궁금해 할 때 우리를 대신해서 이야기할 훌륭한 챔피언이 있었다. "그건 걱정 마십시오", 챔피언은 자신의 동료와 관리자에게 이야기했다. "소프트웨어 공학을 위한 소프트웨어 팀의 접근법을 이해하고 동의합니다. 요구사항에 들이는 시간은 우리가 정말 필요로 하는 시스템을 얻는 데 도움이 되고 장기적으로는 시간을 절약하게 될 것입니다." 이러한 협력은 고객과 개발팀 간에 발생할 수 있는 긴장을 완화하는 데 이바지한다.

제품 챔피언 접근법은 각 챔피언이 그가 대표하는 사용자 클래스에 대한 결정을 내릴 완전한 권한을 부여받는 경우에 가장 효과적이다. 챔피언의 결정이 다른 사람에 의해 반복적으로 뒤집힌다면 그의 시간과 선의가 낭비되고 있는 것이다. 그러나 챔피언은 스스로가 유일한 고객이 아니라는 것을 기억해야 한다. 핵심 연락책을 담당한 이가 동료와 적절히 소통하지 않고 본인의 요구와 아이디어만 전달할 경우 문제가 발생한다.

외부 제품 챔피언

상용 소프트웨어를 개발할 때는 회사 외부에서 제품 챔피언을 찾기 어려울 수 있다. 상용 제품을 개발하는 기업은 종종 알려지지 않았거나 실제로 참여하기 어려운 실제 사용자의 대리자 역할을 하는 내부 주제 전문가 또는 외부 컨설턴트에 의지할 때가 있다. 만약 몇몇 주요 기업 고객과 긴밀한 협력 관계를 맺고 있다면 그들은 요구사항 도출에 참여할 수 있는 기회를 환영할 수도 있다. 여러분은 외부 제품 챔피언에게 참여에 대한 경제적인 인센티브를 줄 수 있다. 제품 할인이나 요구사항 작업에 들인 시간에 대한 수당을 지급하는 것을 고려하자. 여러분은 여전히 챔피언의 요구사항만이 아니라 다른 이해관계자의 요구도 들어야 하는 도전에 직면하고 있다. 고객 기반이 다양할 경우, 먼저 모든 고객에게 공통적인 핵심 요구사항을 식별한다. 그런 다음 개별 기업 고객, 시장 세그먼트, 또는 사용자 클래스에 고유한 추가 요구사항을 정의한다.

또 다른 대안은 적절한 배경을 가진 제품 챔피언을 고용하는 것이다. 특정 산업의 소매 매장 및 백 오피스 시스템을 개발하는 한 회사에서는 제품 챔피언 역할을 풀타임으로 수행할 세 명의 매장 관리자를 고용했다. 또 다른 예로, 내 오랜 주치의였던 아트는 의료 소프트웨어 회사에서 의사의 목소리를 대변하기 위해 의료계를 떠났다. 아트의 새로운 고용주는 다른 의사들이 도입할 만한 소프트웨어를 개발하는 데 의사를 고용하는 비용이 가치가 있다고 믿었다. 세 번째 회사는 주요 고객사 중 하나에서 전 직원을 여러 명 고용했다. 이들은 가치 있는 도메인 전문 지식뿐 아니라 고객 조직의 정치에 대한 통찰력을 제공했다. 어떤 회사는 대안 계약 모델(alternative engagement model)을 이용하기 위해 자사의 송장 시스템을 광범위하게 사용하는 여러 기업 고객을 갖고 있었다. 개발 회사는 고객으로부터 제품 챔피언을 데려오기보다 고객 사이트에 BA를 보냈다. 고객은 BA가 새 송장 시스템에 대한 올바른 요구사항을 얻을 수 있도록 기꺼이 자신의 업무 시간 일부를 사용했다.

제품 챔피언이 이전 사용자이거나 가상 사용자이면 언제라도 챔피언의 인식과 실제 고객의 현재 니즈 사이의 단절이 발생할 수 있음에 주의해야 한다. 어떤 도메인은 빠르게 변화하지만 어떤 도메인은 좀 더 안정적이다. 이와 상관 없이 사람들이 더 이상 역할 내에서 움직이지 않는다면 그들은 단순히 일상 업무의 복잡성을 잊어버린 것일지도 모른다. 근본적인 문제는 제품 챔피언의 배경이나 현재 직업이 무엇이든 상관없이 오늘날 실제 사용자의 니즈를 정확하게 나타낼 수 있는지 여부다.

제품 챔피언에 대한 기대

제품 챔피언의 성공을 위해 챔피언에게 기대하는 점이 무엇인지 기록해야 한다. 작성된 기대치는 주요한 역할을 만족하기 위한 특정 개인에 대한 사례를 구축하는 데 이바지할 수 있다. 표 6-2는 제품 챔피언이 수행할 수 있는 활동을 보여준다(Wiegers 1996). 모든 챔피언이 이 모든 작업을 수행할 수는 없다. 아래 표를 각 챔피언의 책임에 대한 협상의 출발점으로 사용하자.

표 6-2 가능한 제품 챔피언 활동

범주	활동
계획	▪ 제품의 범위와 한계를 세밀하게 정의한다. ▪ 상호작용하는 다른 시스템을 파악한다. ▪ 비즈니스 운영에 대한 새로운 시스템의 영향력을 평가한다. ▪ 현재 애플리케이션이나 수동 작업에서 전이 경로를 정의한다. ▪ 관련 표준 및 인증 요구사항을 확인한다.
요구사항	▪ 다른 사용자로부터 요구사항에 대한 조언을 수집한다. ▪ 사용 시나리오, 유스케이스 및 사용자 스토리를 개발한다. ▪ 사용자 클래스에서 제안된 요구사항 간의 갈등을 해결한다. ▪ 구현 우선순위를 정의한다. ▪ 성능에 대한 조언과 기타 다른 품질 요구사항을 제공한다. ▪ 프로토타입을 평가한다. ▪ 다양한 이해관계자의 요구사항 간 충돌을 해결하기 위해 다른 의사결정자와 협력한다. ▪ 특화된 알고리즘을 제공한다.
검증과 확인	▪ 요구사항 명세서를 검토한다. ▪ 인수 기준을 정의한다. ▪ 사용 시나리오로부터 사용자 인수 테스트를 개발한다. ▪ 실제 환경으로부터 얻은 테스트 데이터를 제공한다. ▪ 베타 테스트 또는 사용자 인수 테스트를 수행한다.
사용자 지원	▪ 사용자 설명서와 도움말의 일부를 작성한다. ▪ 교육 자료나 튜토리얼에 기여한다. ▪ 동료에게 시스템을 시연한다.
변경 관리	▪ 결함 수정 및 기능 개선 요청을 평가하고 우선순위를 정한다. ▪ 향후 배포나 반복주기의 범위를 동적으로 조정한다. ▪ 사용자와 비즈니스 프로세스의 변경안에 대한 영향을 평가한다. ▪ 변경에 대한 의사결정에 참여한다.

다수의 제품 챔피언

한 사람이 애플리케이션의 모든 사용자에 대한 요구사항을 기술할 수는 없다. 화학약품 관리 시스템에는 네 가지 주요 사용자 클래스가 있고, 그래서 콘토소 제약 회사의 내부 사용자 커뮤니티로부터 선택된 네 명의 제품 챔피언이 필요했다. 그림 6-4는 프로젝트 관리자가 적절한 곳에서 올바른 요구사항을 도출하기 위한 BA 및 제품 챔피언 팀을 만들어내는 방법을 보여준다. 이 챔피언들은 풀타임으로 근무하는 것은 아니지만 각각 주당 몇 시간 정도는 프로젝트를 위해 일했다. 세 명의 BA는 요구사항 도출, 분석 및 문서화를 위해 네 명의 제품 챔피언과 함께 일했다. (구매자와 보건 안전 부서 사용자 클래스가 규모가 작고 요구사항도 많지 않았기 때문에 한 BA는 두 명의 제품 챔피언과 일했다.) BA 중 한 명은 통합된 SRS에 모든 의견을 취합했다.

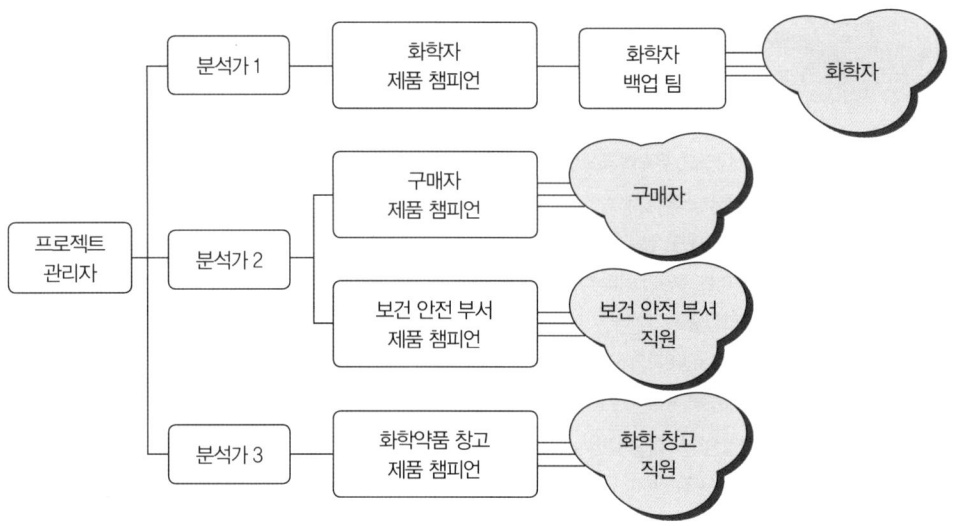

그림 6-4 화학약품 관리 시스템을 위한 제품 챔피언 모델

우리는 단 한 사람이 콘토소에서 근무하는 수백 명의 화학자를 위한 모든 요구사항을 제공하길 기대하진 않았다. 화학자 사용자 클래스에 대한 제품 챔피언인 돈은 회사의 다른 부서 화학자 다섯 명으로 백업 팀을 구성했다. 그들은 광범위한 화학자 사용자 클래스 내의 하위 클래스를 나타낸다. 이러한 계층적인 접근법은 요구사항 개발에 추가 사용자를 참여시키는 반면 대규모 워크숍이나 수십 번에 걸친 개별 인터뷰에 드는 비용을 방지한다. 돈은 항상 합의를 위해 노력했다. 하지만 합의가 이뤄지지 않은 경우에는 기꺼이 필요한 결정을 내림으로써 프로젝트는 전진할 수 있었다. 사용자 클래스가 한 개인이 그룹의 요구를 나타내기에 충분할 만큼 작거나 응집돼 있을 때는 백업 팀이 필요하지 않다.[1]

---

[1] 이 이야기에 대한 재미있는 뒷이야기가 있다. 이 프로젝트에서 일한 지 일년 후, 내가 가르치던 반의 한 사람이 콘토소 제약에 화학약품 관리 시스템을 구축하기로 계약한 회사에서 근무했었다고 이야기했다. 개발자는 제품 챔피언 모델을 토대로 만든 요구사항 명세서가 개발에 견고한 기반이 된다는 사실을 발견했다. 시스템은 성공적으로 납품됐고 몇 년 동안 콘토소에서 사용됐다.

> **목소리를 내지 않는 사용자 클래스**
>
> 휴몽거스 보험사의 비즈니스 분석가는 영향력 있는 사용자인 레베카가 새로운 클레임 처리 시스템의 제품 챔피언 역할에 동의한 것에 기뻤다. 레베카는 시스템 기능과 사용자 인터페이스 디자인에 대한 많은 아이디어를 가지고 있었다. 전문가의 지도를 받게 되어 너무나도 기쁜 개발팀은 레베카의 요청에 기꺼이 따랐다. 그런데 시스템을 전달한 후 시스템을 사용하는 것이 얼마나 어려운지에 대한 많은 불만에 충격을 받았다.
>
> 레베카는 고급 사용자였다. 그녀는 전문가에게 유용한 요구사항을 명시했지만 비전문가인 사용자의 90%에게는 시스템이 직관적이지 않고 배우기 어려웠다. BA는 클레임 처리 시스템에 적어도 두 가지 사용자 클래스가 있다고 생각하지 않았다. 대부분의 일반 사용자 그룹은 요구사항 및 사용자 인터페이스 설계에서 고려되지 못했다. 회사에서는 값비싼 재설계에 많은 비용을 지불했다. BA는 적어도 여러 비전문 사용자 클래스를 대표하는 한 명 이상의 제품 챔피언을 참여시켜야 했다.

제품 챔피언의 아이디어 수용하기

프로젝트에 제품 챔피언을 둬야 한다는 여러분의 아이디어는 반대에 부딪힐 것이다. "사용자가 너무 바쁩니다." "관리부서에서 의사결정을 내리고 싶어 합니다." "제품 챔피언은 저희를 지연시킬 겁니다." "저희는 제품 챔피언을 감당할 여건이 되지 않습니다." "제품 챔피언은 미친 듯이 날뛸 것이고 범위가 폭증할 겁니다." "제품 챔피언과 뭘 해야 할지 모르겠습니다." 일부 사용자는 일하는 방식을 바꿔야 하거나 심지어 자신의 일자리를 위협할 거라는 이유로 프로젝트에 협력하지 않을 것이다. 간혹 관리자가 일반 사용자에게 요구사항에 대한 권한을 위임하기를 꺼리기도 한다.

사용자 요구사항을 비즈니스 요구사항에서 분리하면 이러한 불편을 완화할 수 있다. 실제 사용자로서 제품 챔피언은 비즈니스 요구사항의 제한 범위 내에서 사용자 요구사항을 결정한다. 관리부서 스폰서는 제품의 비전이나 프로젝트 범위, 비즈니스 관련 우선순위, 일정, 예산에 영향을 미치는 결정을 내릴 수 있는 권한을 보유한다. 각 제품 챔피언의 역할과 책임을 문서화하고 협의할 경우 챔피언 후보는 적절한 수준에서 무엇을 해야 할지 파악할 수 있다. 제품 챔피언은 프로젝트의 비즈니스 목표를 달성하기 위해 기여하는 중요한 공헌자라는 사실을 경영진에게 상기시켜야 한다.

반대에 부딪히는 경우 불충분한 사용자 참여가 소프트웨어 프로젝트 실패의 주요 원인이 된다는 점을 지적해야 한다. 반대자에게 이전 프로젝트에서 불충분한 사용자의 조언 탓에 경험했던 문제를 상기시키자. 모든 조직은 사용자 요구사항을 만족하지 않거나 무언의 가용성이나 성능 기대치를 충족하는 데 실패한 새로운 시스템에 대한 무서운 스토리를 가지고 있다. 여러분은 요구사항을 이해하는 사람이 없어서 측정이 불가한 시스템을 재구축하거나 폐기할 여유가 없다. 제품의 챔피언은 고객이 실망하고 개발자가 지쳐가는 프로젝트의 끝이 아닌, 제때 모든 중요 고객의 조언을 얻을 수 있는 하나의 방법을 제공한다.

피해야 할 제품 챔피언의 함정

제품 챔피언 모델은 다양한 환경에서 성공했다. 그것은 제품 챔피언이 자신의 책임을 이해하고 수용하며, 사용자 요구사항 수준에서 결정을 내릴 수 있는 권한을 가지고 작업을 수행할 시간을 누릴 때에만 비로소 이뤄진다. 다음과 같은 잠재적 문제를 조심하자.

- 관리자가 자격을 갖추고 정식으로 허가된 제품 챔피언의 결정을 무시한다. 아마도 관리자가 막판에 허황된 새로운 아이디어를 가지거나 사용자의 니즈가 무엇인지 알고 있다고 생각할 수도 있다. 이러한 행위는 관리조직이 그들을 신뢰하지 않는다고 느끼게 만들어 당황한 제품 챔피언과 불만스러운 사용자를 야기하기도 한다.

- 다른 고객을 대표한다는 사실을 잊고 오직 자신의 요구사항만을 제시하는 제품 챔피언은 제대로 일하지 못할 것이다. 그는 그 결과에 행복해할 수도 있지만 다른 이들은 그렇지 않을 것이다.

- 새로운 시스템에 대한 명확한 비전이 부족한 제품 챔피언은 BA에게 결정을 미룰지도 모른다. BA의 모든 생각이 챔피언에게 괜찮다면 챔피언은 그다지 도움이 되지 않는 것이다.

- 고급 사용자는 시간이 부족해서 경험이 적은 사용자를 챔피언으로 지정할 수 있다. 이 경우 여전히 프로젝트 방향에 강력하게 영향을 미치고자 하는 고급 사용자의 쓸데없는 참견을 가져올 수 있다.

사용자 클래스에 속하지 않으면서 사용자 클래스를 대변하는 사용자를 조심하자. 가끔 개인이 어떤 이유로든 이상적인 연락책과 일하려는 BA를 적극적으로 저지하려 할 수 있다. 화학약품 관리 시스템에서 전직 화학자이자 화약약품 창고 직원에 대한 제품 챔피언은 처음에 그녀의 생각이 화학자 사용자 클래스의 니즈였다고 주장했다. 하지만 불행하게도 그녀가 제공한 현재 화학자의 니즈에 대한 의견은 정확하지 않았다. 화학자의 사용자 클래스를 도출하는 것이 그녀의 업무가 아니라는 것을 납득시키기 어려웠지만 BA는 그녀가 그를 위협하게 두지 않았다. 프로젝트 관리자는 화학자 커뮤니티의 요구사항을 훌륭하게 수집하고 평가하며 전달한 다른 제품 챔피언을 내세워야 했다.

애자일 프로젝트의 사용자 대표

프로젝트 팀 구성원과 고객 간의 잦은 대화는 고객이 필요로 할 때 요구사항 명세서를 구체화하고 많은 요구사항 이슈를 해결하기 위한 가장 효과적인 방법이다. 자세하게 작성된 문서라도 지속적인 의사소통을 대체하기에는 부족하다. 초기 애자일 개발 방법론 중 하나인 익스트림 개발의 기본 원칙은 이러한 논의를 위해 전일제로 근무하는 현장 고객이 존재한다는 것이다(Jeffries, Anderson, and Hendrickson, 2001).

어떤 애자일 개발 방법론에는 고객 목소리와 같은 역할을 제공하기 위해 팀 내에서 제품 주인이라고 불리는 이해관계자의 대표자 한 명이 포함돼 있다(Schwaber 2004; Cohn 2010; Leffingwell 2011). 제품 주인은 제품의 비전을 정의하고 제품 백로그의 내용을 개발하고 우선순위을 할당할 책임이 있다. (백로그는 우선순위가 할당된 제품의 사용자 스토리(요구사항) 목록이며, 스크럼이라고 불리는 애자일 개발 방법론에서는 이러한 스프린트가 할당된 다음 반복주기를 스프린트라고 한다.) 그러므로 제품 주인은 비즈니스, 사용자, 기능의 세 가지 요구사항에 걸쳐 있다. 기본적으로 제품 주인은 제품 챔피언과 비즈니스 분석가 역할, 고객을 대표하면서 제품의 기능을 정의하고 이러한 기능의 우선순위를 할당하는 등의 역할을 수행한다. 결국 누군가가 제품이 제공해야 할 기능이 무엇이고 언제 전달해야 하는지를 결정해야 한다. 스크럼에서는 그것이 제품 주인의 책임이다.

한 명의 제품 주인을 두는 이상적인 상태가 언제나 가능하진 않다. 보험 비즈니스를 수행하기 위한 패키지 솔루션을 구현한 회사가 하나 있는데, 이 회사에서는 한 사람이 개발에 대한 모든 의사결정을 내릴 정도로 자세히 알기에는 조직이 너무 크고 복잡했다. 그 대신 고객은 부서에서 사용할 기능의 우선순위를 결정하기 위해 각 부서에서 제품 주인을 지정했다. 회사의 CIO는 선임 제품 주인으로 기여했다. CIO는 전체 제품의 비전을 이해했기에 그 비전을 전달하기 위해 각 부서가 제대로 일하고 있음을 확신할 수 있었다. 그는 부서 차원의 제품 주인 간에 불화가 있을 때 의사결정에 대한 책임을 지고 있었다.

애자일 방법론이 지지하는 현장 고객 및 개발자와 고객의 밀접한 협력이라는 전제는 확실히 바람직해 보인다. 사실 우리는 모든 개발 프로젝트에서 이러한 사용자 참여를 강조하는 것이 확실히 정당하다고 느낀다. 그렇지만 여러분이 목격한 바와 같이 규모가 작은 거의 모든 프로젝트에는 여러 사용자 클래스뿐 아니라 각각의 이익을 대표해야 하는 부가적인 이해관계자들이 있다. 대부분의 경우 한 개인이 모든 사용자 클래스의 요구사항을 적절히 이해하고 설명하거나 제품 정의와 관련된 모든 의사결정을 내릴 수 있을 것으로 기대하는 것은 비현실적이다. 특히 기업 내부 프로젝트의 경우 일반적으로 적절한 사용자 참여를 보장하기 위해 제품 챔피언 모델과 같은 대표적인 구조를 사용하는 것이 좋다.

제품 주인과 제품 챔피언 방식은 상호 배타적이지 않다. 제품 주인이 스스로를 대변하는 이해관계자가 아니라 비즈니스 분석가 역할을 하는 경우 가장 적합한 소스를 제공하는 의견을 찾기 위해 한 명

이상의 제품 챔피언이 포함된 구조를 조직할 수 있다. 아니면 제품 주인은 이해관계자의 요구사항을 이해하기 위해 이해관계자와 함께 일하게 될 한 명 이상의 비즈니스 분석가와 협력할 수도 있다. 그렇게 되면 제품 주인은 최종 결정권자 역할을 할 것이다.

> **"시야 내의" 고객**
>
> 한번은 내 책상에서 3미터 정도 떨어져 앉아 있는 연구 과학자를 위한 프로그램을 작성한 적이 있다. 존은 내 질문에 즉각적으로 답변하고, 사용자 인터페이스 디자인에 대한 피드백을 주며, 비공식적 요구사항을 명확하게 만들어 줬다. 어느 날 존은 30미터 정도 떨어진 같은 건물의 같은 층의 모퉁이 쪽에 위치한 새 사무실로 자리를 옮겼다. 존의 조언을 얻는 시간 지연 때문에 프로그래밍 생산성이 급격하게 떨어졌다는 사실을 깨달았다. 가는 길에 적응하기 전에 잘못된 길로 진입하는 바람에 문제 해결에 더 많은 시간을 소비하는 경우도 있었다. 현장과 "시야 내"에서 개발자가 지속적으로 만날 수 있는 적절한 고객을 대체할 수단은 없다. 그렇지만 너무 잦은 방해는 본연의 업무에 다시 집중하는 데 방해가 되므로 조심해야 한다. 다시 높은 생산성을 내면서 집중하는 데는 최대 15분까지 걸릴 수 있다(DeMarco and Lister 1999).

현장 고객은 원하는 결과를 보장하지 않는다. 프로젝트 관리자이자 내 동료인 크리스는 물리적 장벽을 최소화하고 두 제품 챔피언을 참여시키는 개발팀 환경을 만들었다. 크리스는 이 보고서에서 "가까이 있는 동안에는 개발팀을 위해 일하는 것처럼 보였지만 제품 챔피언과 함께한 결과는 엇갈렸습니다. 한 명은 우리 가운데에 앉았지만 여전히 우리 모두를 피할 수 있었습니다. 새로운 챔피언은 개발자와의 상호작용을 훌륭하게 수행해서 소프트웨어의 신속한 개발을 가능하게 했습니다." 올바른 태도, 올바른 장소, 적절한 역할, 적합한 사람을 대체할 수 있는 아무것도 없다.

상충하는 요구사항 해결하기

누군가는 서로 다른 사용자 클래스에서의 요구사항 충돌 해결, 모순 해결, 발생할 수 있는 범위의 문제를 중재해야 한다. 제품 챔피언 또는 제품 주인이 이러한 일들 중 상당 부분을 처리하지만 모든 경우를 처리할 수는 없다. 프로젝트 초기에는 2장에서 설명한 요구사항 이슈에 대해 의사결정자를 누구로 할 것인지 결정해야 한다. 누가 이 결정을 내려야 할 책임이 있는지 명확하지 않거나 권한을 받은 개인이 자신의 책임을 회피하는 경우 기본적으로 이 같은 결정은 개발자나 분석가에게 떨어질 것이다. 그렇지만 그들 대부분은 최고의 비즈니스 의사결정을 내리기 위한 지식과 관점을 갖추고 있지 않다. 때때로 분석가는 가장 큰 목소리를 내는 사람이나 먹이 사슬에서 가장 높은 사람을 따른다. 이해는 가지만 최선의 전략은 아니다. 결정은 이슈에서 가장 가깝고 해당 이슈를 잘 알고 있는 사람 중 가능한 한 조직에서 낮은 위치에 있는 사람이 내려야 한다.

표 6-3은 프로젝트에서 발생할 수 있는 요구사항 충돌을 식별하고 처리하는 방법을 제안한다. 프로젝트의 리더는 이러한 상황이 발생할 때 누가 무엇을 해야 할지, 합의에 도달하지 못할 경우 누구를 호출할지, 필요 시 중요 이슈에 대해 누구에게 추가로 보고해야 할지 결정해야 한다.

표 6-3 요구사항 분쟁 해결을 위한 제안

의견 충돌	해결 방법
개별 사용자	제품 챔피언 또는 제품 주인이 결정
사용자 클래스	선호 사용자 클래스가 우선순위를 얻음
수요자층	비즈니스 성공에 가장 큰 영향을 주는 수요자층이 우선순위를 얻음
기업 고객	비즈니스 목표가 방향을 지시
사용자 및 사용자 관리자	제품 주인 또는 사용자 클래스에 대한 제품 챔피언이 결정
개발 및 고객	고객을 우선하지만 비즈니스 목표에 따라 정렬
개발 및 마케팅	마케팅이 우선순위를 얻음

> **함정** "고객은 항상 옳다"라는 것 때문에 고객의 요구가 무엇이든지 간에 수행하는 것을 정당화해서는 안 된다. 우리 모두는 모든 고객이 항상 옳지는 않다는 사실을 알고 있다(Wiegers 2011). 때때로 고객은 불합리하고 잘 모르거나 기분이 나쁠 수 있다. 고객은 항상 이견을 가지고 있지만 소프트웨어 팀은 그 점을 이해하고 존중해야 한다.

이러한 협상이 항상 분석가가 원하는 대로 이뤄지는 것은 아니다. 어떤 고객은 합리적인 대안과 다른 관점에 대한 모든 시도를 거부할 수도 있다. 고객의 요청을 실행할 수 없거나 비용이 많이 드는데도 절대 안 된다고 대답하지 않는 마케팅 담당자를 본 적이 있다. 팀은 이러한 유형의 이슈에 직면하기 전에 프로젝트 요구사항에 대한 의사결정을 내릴 사람을 지정해야 한다. 그렇지 않으면 망설임과 이전 결정을 반복함으로써 끝없는 논쟁으로 프로젝트를 지연시킬 수 있다. 여러분이 이런 딜레마에 빠진 BA라면 의견 충돌을 헤쳐나가기 위해 조직 구조와 프로세스에 의지하라. 그러나 전에 경고했듯이 여러분이 진정 불합리한 사람들과 함께 일하는 경우에는 쉬운 해결책이란 없다.

다음 단계는

- 그림 6-3은 여러분이 처한 환경에서 사용자의 목소리에 귀를 기울이는 방법과 관련이 있다. 현재의 의사소통 경로에 문제가 있는가? 미래의 사용자 요구사항을 도출하는 데 사용할 수 있는 가장 짧고 효과적인 의사소통 경로를 알아보자.

- 프로젝트의 다른 사용자 클래스를 찾아보자. 어떤 클래스를 선호하는가? 선호하지 않는 사용자 클래스가 있다면 어떤 것인가? 각 중요 사용자 클래스의 훌륭한 제품 챔피언을 누가 결정하는가? 이미 진행 중인 프로젝트일지라도 팀에 제품 챔피언이 참여한다면 이득을 얻을 수 있을 것이다.

- 표 6-2를 시작으로 제품 챔피언이 수행해야 하는 활동을 정의해보자. 각 제품 챔피언 후보와 관리자와 함께 제품 챔피언의 구체적인 참여에 대해 협상하자.

- 프로젝트 요구사항 이슈에 대한 의사결정자를 결정하자. 현재의 의사결정 방식이 얼마나 효과적인가? 어디에서 문제가 발생하는가? 적합한 사람이 의사결정을 내리고 있는가? 그렇지 않다면 누가 그 일을 해야 할 것인가? 의사결정자가 요구사항 이슈에 대한 합의에 도달하기 위해 사용해야 하는 프로세스를 제안하자.

07
요구사항 도출

"좋은 아침이에요, 마리아. 저는 우리가 구축할 예정인 신규 직원 정보 시스템의 비즈니스 분석가 필입니다. 이 제품의 제품 챔피언이 되어 주셔서 감사합니다. 당신의 의견이 우리에게 많은 도움이 될 거에요. 그럼 원하시는 게 무엇인지 얘기해 줄 수 있을까요?"

"흠, 제가 뭘 해야 할까요?" 마리아는 사색에 잠겼다. "어디서부터 시작해야 할지 모르겠네요. 새로운 시스템은 기존 것보다 훨씬 더 빨라야 합니다. 그리고 직원의 이름이 길 경우 기존 시스템에 문제가 생겼고 헬프 데스크에 전화를 걸어 이름을 입력해 달라고 요청해야 했죠. 새로운 시스템은 아무 문제 없이 긴 이름을 입력할 수 있어야 합니다. 그리고 새로운 법에서는 직원 ID로 더 이상 사회 보장 번호를 사용할 수 없게 됐기 때문에 새로운 시스템에서는 ID를 모두 바꿔야 할 것입니다. 아, 맞아요. 각 직원들이 그동안 받은 교육 시간을 보여주는 보고서를 얻을 수 있으면 좋겠네요."

필은 마리아가 한 얘기를 모두 적었고 머리는 빠르게 회전했다. 마리아의 욕구는 흩어져 있었으며, 마리아의 모든 요구사항을 이끌어냈다고 생각하지 않았다. 마리아의 요구가 프로젝트의 비즈니스 목표에 부합하는지 알 수 없었다. 또한 그는 부분적인 정보를 가지고 무엇을 해야 할지 명확히 알지 못했다. 필은 이제 어떤 질문을 해야 할지 확신하지 못했다.

요구사항 개발의 핵심은 소프트웨어 시스템을 위한 다양한 이해관계자들의 요구와 제약사항을 식별하는 프로세스인 요구사항 도출이다. 도출은 "요구사항 모음"과는 다르다. 사용자의 얘기를 해석하는 것은 간단한 문제가 아니다. 도출은 요구사항을 수집, 발견, 추출, 정의하는 활동을 포함하는 협업적이고 분석적인 프로세스다. 도출은 다른 유형의 정보와 함께 비즈니스, 사용자, 기능 및 비기능적 요구사항을 발견하는 데 사용된다. 아마도 요구사항 도출은 소프트웨어 개발에서 가장 도전적이며 중요하고, 오류가 발생할 가능성이 많으며 의사소통 집약적인 활동일 것이다.

요구사항 도출 프로세스에 사용자를 참여시키는 것은 프로젝트를 위해 도움을 주고받을 수 있는 방법이다. 만약 여러분이 비즈니스 분석가라면 요구사항 뒤에 있는 사용자의 상태에 대해 생각하는 프로세스를 이해하려고 노력하라. 사용자의 업무에 대한 의사결정 프로세스를 둘러보고 이에 따른 논리를 추출하라. 시스템이 특정 기능을 수행해야 하는 이유를 모두가 이해하고 있는지 확인하라. 더 이상 필요 없거나 비효율적인 프로세스 혹은 신규 시스템에 통합되면 안 되는 규칙에 관한 요구사항을 찾아라.

BA는 제품에 대해 철저히 탐구하는 데 도움이 되는 환경을 만들어야 한다. 명확한 의사소통이 가능하도록 고객이 기술적인 전문용어를 이해하도록 강요하기보다 비즈니스 도메인의 어휘를 사용하라. 모든 참가자가 같은 정의를 공유할 거라 예상하지 말고 중요한 애플리케이션 도메인 용어를 용어사전에 기록하라. 고객은 가능한 기능에 대해 논의한다고 해서 이를 제품에 포함시키고자 하는 약속은 아니라는 점을 반드시 이해해야 한다. 브레인스토밍과 가능성을 상상하는 것은 우선순위나 타당성, 실현 가능성을 분석하는 것과는 별도의 문제다. 이해관계자들이 비현실적인 희망 목록에 우선순위를 할당하는 것은 빠르면 빠를수록 좋다. 그렇게 하면 유용한 기능을 아무것도 제공하지 않는 거대한 프로젝트 정의를 미리 차단할 수 있다.

요구사항 개발의 결과는 다양한 프로젝트 이해관계자의 요구에 대한 공통의 이해다. 개발자가 이러한 요구를 이해하면 해결하기 위한 대체 솔루션을 찾아볼 수 있다. 요구사항 도출 참가자들은 문제를 이해하기 전까지 시스템을 설계하려는 유혹을 견뎌야 한다. 그렇지 않으면 요구사항이 정제될 때마다 설계의 상당 부분을 재작업해야 할 것이다. 사용자 인터페이스보다 사용자 업무를 강조하고, 소망보다 진정한 요구에 집중하면 팀이 조급하게 세부 설계를 구체화해서 엉뚱한 길로 빠지는 것을 방지할 수 있다.

그림 7-1에서 볼 수 있듯이 요구사항 개발의 본질은 순환이다. 여러분은 아마 어떤 요구사항을 도출하고, 배운 것을 공부하며, 요구사항을 작성하고, 뭔가 빠진 정보를 확인하며, 추가적인 요구사항을 도출하는 등의 작업을 할 것이다. 단지 몇 번에 걸친 요구사항 도출 워크숍을 통해 승리를 선언하고 넘어가서는 안 된다.

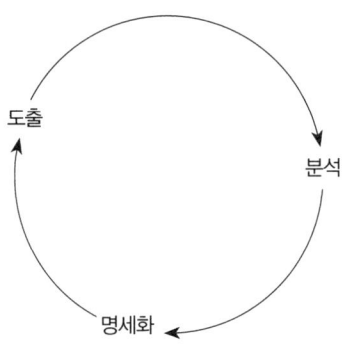

그림 7-1 요구사항 도출, 분석, 명세화의 순환

이번 장에서는 효과적인 다양한 도출 기법과 각 기법에 대한 팁, 어려움 및 사용 시기에 대해 설명한다. 나머지 부분에서는 도출 활동 계획하기부터 세션 결과물 정리하기까지의 전반적인 도출 프로세스를 설명하겠다. 다음 장에서는 요구사항을 도출하는 동안 조심해야 할 몇 가지 함정과 누락된 요구사항을 식별하기 위한 특정 제안 사항에 대해 얘기할 것이다. 그림 7-2는 단일 요구사항 도출 활동을 보여준다. 이 프로세스를 살펴보기 전에 몇 가지 유용한 요구사항 도출 기법에 대해 알아보자.

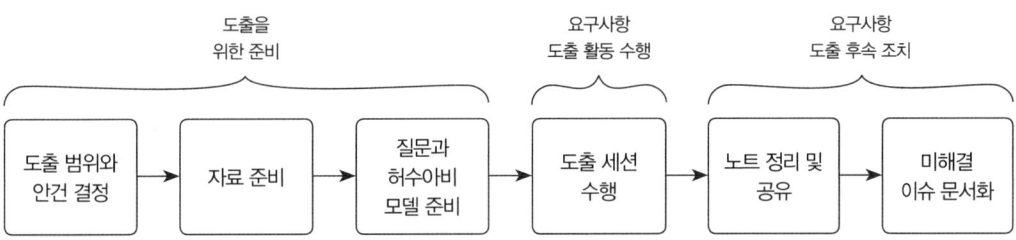

그림 7-2 단일 요구사항 도출 세션 활동

요구사항 도출 기법

소프트웨어 프로젝트에는 다수의 도출 기법을 사용할 수 있다. 사실 어떤 프로젝트 팀도 단 하나의 도출 기법만 사용할 수는 없을 것이다. 발견될 수 있는 정보의 유형은 항상 다양하며, 이해관계자마다 각기 다른 접근법을 선호할 것이다. 어떤 사용자는 시스템 사용법을 분명하게 설명할 수 있지만 여러분이 이와 동일한 이해 수준에 도달하기 위해서는 다른 사람이 일을 수행하는 것을 관찰해야 할 것이다.

도출 기법은 요구사항 도출을 위해 이해관계자들과의 상호작용을 촉진하는 활동과 본인에게 필요한 정보를 찾기 위한 독립적인 활동을 모두 포함한다. 촉진 활동은 주로 비즈니스 요구사항과 사용자 요구사항을 발견하는 데 초점을 맞춘다. 사용자 요구사항은 사용자가 시스템으로 수행해야 하는 업무를 포함하기 때문에 사용자와 직접 작업해야 한다. 비즈니스 요구사항을 도출하기 위해서는 프로젝트 스폰서와 같은 사람들과 일해야 할 것이다. 독립적인 도출 기법은 최종 사용자가 인지하지 못할 수도 있지만 필요한 기능을 사용자가 제시하고 드러내게 해서 요구사항을 보강한다. 대부분의 프로젝트는 촉진 활동과 독립 활동을 조합해서 사용한다. 각 기법은 각기 다른 요구사항을 탐구하게 하거나 심지어 완전히 다른 요구사항을 드러낼 수도 있다. 이어지는 절에서는 요구사항 도출에 일반적으로 사용되는 몇 가지 기법을 설명하겠다.

인터뷰

사용자에게 필요한 소프트웨어 시스템이 무엇인지 찾는 가장 확실한 방법은 사용자에게 물어보는 것이다. 인터뷰는 모든 소프트웨어 개발 접근법을 통틀어 상용 제품과 정보 시스템 모두를 위해 요구사항을 추가할 수 있는 전통적인 정보원이다. 대부분의 BA는 프로젝트의 요구사항을 도출하기 위해 개인이나 소그룹 인터뷰를 마련할 것이다. 애자일 프로젝트는 사용자를 직접 참여하게 하는 장치로서 인터뷰를 광범위하게 사용한다. 인터뷰는 요구사항 워크숍 같은 대규모 그룹 활동보다 일정이나 통솔 측면에서 쉽다.

만약 애플리케이션 도메인에 생소하다면 전문가와 함께하는 인터뷰를 통해 신속하게 애플리케이션 도메인을 습득할 수 있을 것이다. 이를 통해 다른 인터뷰나 워크숍에서 사용하기 위한 요구사항과 모델 초안을 준비할 수 있을 것이다. 인터뷰 대상자와 친밀감을 형성할 수 있다면 특히 민감한 주제에 대해 대규모 워크숍보다 일대일이나 소그룹에서 의견을 공유할 때 더 편안함을 느낄 수 있을 것이다. 또한 대규모 그룹보다 일대일이나 소그룹 인터뷰 상황에서 프로젝트에 대한 참여나 기존 요구사항 검토에 대한 사용자의 도움을 얻기도 쉽다. 인터뷰는 시간이 많지 않은 임원진으로부터 비즈니스 요구사항을 도출하기에 적합하다.

사용자 인터뷰를 수행하는 방법에 대한 지침은 이안 알렉산더와 예르카 뷰두킥(Ian Alexander and Ljerka Beus-Dukic, 2009), 하워드 포데스와(Howard Podeswa, 2009)를 참고한다. 인터뷰를 수행하기 위한 몇 가지 제안은 다음과 같다. 또한 이것은 요구사항 도출 워크숍을 수행하는 데 유용한 팁이기도 하다.

친밀감 형성하기

인터뷰를 시작하면 우선 참석자가 당신을 모른다면 자기 소개를 하고, 안건을 확인하며, 세션의 목표를 참가자에게 알리고, 사전 질문이나 참가자의 관심사에 대해 얘기하라.

범위 유지하기

모든 도출 세션과 마찬가지로 세션의 목적에 초점을 맞춰 논의해야 한다. 단 한 명의 사람이나 소그룹과 이야기하는 경우에도 인터뷰의 주제를 벗어날 수 있다.

질문과 허수아비 모델 미리 준비하기

대화를 유도하기 위한 질문 목록 등 사전에 생각할 수 있는 모든 자료를 미리 준비하라. 초기 자료는 사용자가 생각할 수 있는 출발점을 제공한다. 사람들은 종종 내용을 만들기보다 비평하는 것을 쉽게 할 수 있다. 질문을 준비하고 허수아비 모델을 고안하는 것은 이번 장 후반부의 "도출을 위한 준비"에서 설명하겠다.

아이디어 제안하기

창조적인 BA는 도출하는 동안 단순히 고객이 하는 말을 기록하기보다 아이디어와 대안을 제시한다. 때때로 사용자는 개발자가 제공할 수 있는 능력을 알지 못하기 때문에 여러분이 시스템을 유용하게 만들 수 있는 기능을 제안한다면 사용자는 좋아할 것이다. 사용자가 자신의 진짜 요구를 설명하지 못한다면 여러분이 사용자가 일하는 모습을 지켜보고 업무의 일부를 자동화할 수 있는 방법을 제안해야 할 것이다(이번 장 후반부의 "관찰" 참조). BA는 문제 도메인에 너무 가까이에 있는 사람을 제한하는 생각의 틀 바깥에서 생각할 수 있다.

경청하기

적극적인 청취(몸을 가까이 숙이기, 인내심 발휘하기, 구두로 피드백 주기, 모호한 부분에 대해 질문하기)와 의역(내용에 대한 이해를 드러내기 위해 발표자 이야기의 주요 아이디어를 다시 말하기)의 기술을 연습하자.

워크숍

워크숍은 요구사항 정의에 대한 이해관계자의 협업을 장려한다. 엘렌 가티스디너는 요구사항 워크숍이란 "사용자 요구사항을 표현하는 산출물(모델이나 문서 등)을 정의하고 생성하며, 정제를 통해 완성시킬 목적으로 신중하게 선택된 이해관계자나 내용 전문가로 구성된 그룹이 함께 일하는 회의"라 정의했다(Ellen Gottesdiener 2002). 워크숍은 다양한 이해관계자들과 퍼실리테이터나 서기와 같은 공식적인 역할을 맡은 사람들이 함께하는 세션이다. 워크숍에는 사용자부터 개발자, 테스터까지 다양한 유형의 이해관계자가 참여한다. 이를 통해 다양한 이해관계자의 요구사항을 동시에 도출할 수 있다. 그룹 워크숍은 개별적으로 사람들과 얘기하기보다는 의견 충돌을 해결하는 데 더 효과적이다. 또한 워크숍은 일정으로 인한 제약 때문에 빠른 도출이 필요할 때도 도움이 된다.

일설에 의하면 "퍼실리테이션(facilitation)[1]이란 모든 참가자에게 참여도, 주인의식, 생산성을 독려해서 목표를 합치시키는 프로세스를 통해 사람을 이끄는 법"(Sibbet 1994)이다. 퍼실리테이터는 워크숍을 계획하고 참가자를 선택하며 이들을 성공적인 결과로 유도하는 중요한 역할을 한다. 비즈니스 분석가는 흔히 도출 워크숍을 촉진시킨다. 팀이 요구사항 도출을 위한 새로운 접근법을 사용할 때는 초기 워크숍을 촉진하기 위한 외부 퍼실리테이터나 또 한 명의 선임 BA를 고려하자. 이 방법을 통해 선임 BA가 논의에 전력할 수 있다. 한 명의 BA가 퍼실리테이터의 역할까지 한다면 논의할 때 퍼실리테이터로서 얘기할 때와 참가자로서 얘기할 때를 염두에 둬야 한다. 서기는 논의 중에 발생하는 주제를 수집해서 퍼실리테이터를 보좌한다. 촉진, 기록, 참여를 동시에 하기란 매우 어려운 일이지만 세 가지 모두 잘 해야 한다.

워크숍은 한 번에 수 일 동안 다수의 참가자를 필요로 하는 등 자원 집약적일 수 있다. 이런 워크숍은 시간 낭비를 피하기 위해 잘 계획해야 한다. 워크숍을 시작하기 전에 자료의 초안을 미리 준비해서 낭비되는 시간을 최소화하자. 예를 들어, 전체 그룹이 함께 초안 작업을 하기보다 그룹이 검토할 수 있는 유스케이스 초안을 미리 준비할 수 있을 것이다. 완전히 백지 상태에서 워크숍을 시작하는 것은 의미가 없다. 워크숍 이전에 다른 도출 기법을 사용해 이해관계자가 꼭 필요한 부분에서 함께 할 수 있게 만들자.

요구사항 도출에 일반적인 퍼실리테이션 실천 지침이 적용된다(Schwarz 2002). 요구사항 도출 워크숍 촉진에 적절한 최고의 자료는 가티스디너가 얘기한 협업에 의한 요구사항이다(Gottesdiener 2002). 그녀는 워크숍 촉진을 위한 다양한 기법과 도구를 설명한다. 다음은 효과적인 도출 워크숍을 수행하기 위한 몇 가지 팁이며, 이 가운데 대부분은 인터뷰에도 적용할 수 있다.

---

1 (옮긴이) 본 책에서는 "퍼실리테이션", "촉진" 모두 동일한 의미로 사용된다.

기본 규칙 수립 및 적용하기

워크숍 참가자들은 몇 가지 기본 운영 원칙에 동의해야 한다. 제때 시작하고 끝내기, 휴식시간 종료 후 즉시 돌아오기, 전자기기는 진동으로 전환하기, 한 번에 하나의 대화만 하기, 모두 기여할 거라 기대하기, 개인보다는 이슈에 대해 이야기하고 비평하기 등을 예로 들 수 있다. 규칙을 설정한 후에는 참가자들이 이를 따라야 한다.

팀의 모든 역할 채우기

퍼실리테이터는 워크숍에 참석한 사람들이 노트 필기, 시간 엄수, 범위 관리, 기본 규칙 관리, 경청하기와 같은 활동을 수행하는지 반드시 확인해야 한다. 서기는 다른 사람들이 시계를 확인하는 동안 무슨 일이 일어나고 있는지 기록할 수 있을 것이다.

안건 계획하기

이번 장 후반부의 "도출을 위한 준비" 절에서 얘기하겠지만 각 워크숍에서는 명확한 계획이 필요하다. 일정과 워크숍 안건을 미리 만들어 참가자들과 대화하면 이들이 목표를 알고 할 일을 예측할 수 있으며, 이에 따라 준비할 수 있다.

범위 유지하기

제시된 사용자 요구사항이 현 프로젝트 범위 내에 속하는지 확인하기 위해 비즈니스 요구사항을 참조하라. 각 워크숍이 해당 세션의 목표에 맞는 적절한 추상화 수준에 집중하게 하라. 그룹은 요구사항을 논의하는 동안 세부 내용이 쉽게 분산된다. 이러한 토론은 그룹이 더 높은 수준의 사용자 요구사항을 이해하고 개발하며 보내야 하는 시간을 소비하게 해서 세부 논의는 지연될 것이다. 퍼실리테이터는 요구사항 도출 참가자들이 해당 주제에 집중할 수 있도록 정기적으로 이들을 이끌어야 할 것이다.

> **함정** 요구사항 도출 세션 동안 설계를 고민하는 것과 같이 주제를 벗어난 논의를 조심하라. 발생하는 다른 이슈에 대해서는 또 다른 기회가 있을 것이라는 확신을 줘서 참가자가 세션의 목표에 집중할 수 있게 해야 한다.

추후에 논의할 항목 수집을 위해 주차장[2] 사용하기

요구사항 도출 논의 중에 정리되지 않은 품질 속성, 비즈니스 규칙, 사용자 인터페이스 아이디어 등 중요한 정보가 발견될 것이다. 이러한 정보를 플립차트(주차장)에 정리해서 잃어버리지 않게 하고 의견을 제시한 참가자들을 존중한다는 것을 보여주자. 그들이 아무리 이목을 끌더라도 주제를 벗어난 논의를 하는 것에 주의를 빼앗기지 말자. 다음 회의에서 주차장에 있는 이슈를 어떻게 할 것인지 설명하자.

타임박스 논의

각 논의 주제에는 일정한 시간을 할당하는 것이 좋다. 논의가 늦게 끝날 수도 있는데 타임박스는 첫 번째 주제에 대해 의도한 시간보다 너무 많은 시간을 소비해서 다른 중요한 주제를 완전히 무시하게 되는 것을 방지할 수 있다. 타임박스 논의가 끝날 때는 주제를 종료하기 전에 상태와 다음 단계를 요약해야 한다.

올바른 이해관계자를 포함하는 소규모 팀 유지하기

소규모 그룹은 규모가 큰 팀보다 훨씬 빠르게 작업할 수 있다. 대여섯 명 이상의 적극적인 참가자가 함께하는 도출 워크숍은 경로 이탈이나 동시 대화, 말다툼 등으로 인해 궁지에 몰릴 수 있다. 서로 다른 사용자 클래스의 요구사항을 찾기 위해 여러 개의 워크숍을 동시에 병렬로 운영하자. 제품 챔피언과 다른 사용자 대표, 혹은 주제 전문가나 BA, 개발자, 테스터 등이 워크숍 참가자에 포함될 수 있다. 도출 워크숍에 참석하기 위해서는 의사결정을 위한 지식, 경험, 권한이 필요하다.

> **너무 많은 요리사**
>
> 참가자가 너무 많은 요구사항 도출 워크숍은 의견 수렴이 늦어질 수 있다. 내 동료인 데비는 자신이 촉진한 웹사이트 프로젝트의 첫 번째 유스케이스 워크숍에서 부진한 진행에 좌절했다. 12명의 참가자는 불필요한 논의로 이야기를 확대했으며, 각 유스케이스의 사례에는 동의하지도 않았다. 데비가 참가자 수를 분석가, 고객, 시스템 아키텍트, 개발자, 시각 디자이너 등 핵심 역할을 하는 대표자를 중심으로 여섯 명으로 줄였더니 팀의 진척도에 가속이 붙었다. 워크숍에 더 작은 팀을 도입하면서 일부 자원을 잃었지만 손실을 보상하는 성과를 얻었다. 워크숍 참가자들은 워크숍에 참가하지 못한 동료와 정보를 교환하고 수집한 추가 정보를 워크숍에 가져와야 한다.

---

[2] (옮긴이) 회의 진행 중에 나오는 항목 중 오늘 당장 다뤄야 할 필요는 없지만 향후 논의가 필요한 주요 이슈들을 담아둔 목록

모두 참여하기

때로는 특정 참가자가 논의에 참여하는 것을 중단하기도 한다. 이 사람은 여러 가지 이유로 좌절했을 것이다. 아마도 다른 참가자들이 그다지 흥미로운 점을 찾지 못해서 그의 노력이 심각하게 받아들여지지 않았거나 그룹이 지금까지 한 일을 방해하지 않기 위해서일 수도 있다. 또한 내성적인 이해관계자는 더 적극적인 참가자나 고압적인 분석가를 따를 것이다. 퍼실리테이터는 보디 랭귀지(눈을 마주치지 못함, 안절부절 못함, 한숨, 시간 확인)를 읽어야 하며, 누군가가 프로세스에 흥미를 잃은 이유를 이해하고 다시 참여할 수 있게 해야 한다. 만약 여러분이 원격 회의를 통해 촉진한다면 시각적인 신호가 불가능하므로 참여하지 않는 사람을 구분하고 사용되는 어조를 파악하기 위해 주의깊게 들어야 한다. 참여하지 않는 사람들에게 논의에 대해 공유하고자 하는 생각이 있는지 개개인에게 직접 물어보고 확인해야 할지도 모른다. 퍼실리테이터는 모두가 듣고 있는지 반드시 확인해야 한다.

포커스 그룹

포커스 그룹은 제품의 기능적 요구사항과 품질 요구사항에 대한 결과물이나 아이디어를 만들기 위해 촉진된 도출 활동에 소집된 사용자의 대표 그룹이다. 포커스 그룹 세션은 양방향이어야 하며, 모든 사용자가 본인의 생각을 얘기할 수 있어야 한다. 포커스 그룹은 사용자의 태도, 인상, 성향, 요구를 찾는 데 유용하다(IIBA 2009). 이들은 상용 제품을 개발하거나 사내에서 최종 사용자를 만날 준비가 안 됐을 때 특히 가치가 있다.

> **갈등이 폭발할 때**
>
> 관점, 우선순위, 성격 차이는 갈등과 심지어 분노로 이어질 수도 있다. 이런 경우는 즉시 처리해야 한다. 갈등이나 분노를 표현하는 비언어적 단서를 찾아 원인을 이해해보자. 그룹 내 갈등의 원인이 분명하다면 필요한 경우에 해결책을 찾을 수 있을 것이다.
>
> 어떤 개인이 정말로 생산적인 방법에 참여하지 않는다면 그의 존재가 그룹이 나아가는 것을 방해하지 않는지 사적으로 대화해 보라. 그렇다면 시간을 내어 준 것에 감사를 표하고 그 사람 없이 계속해야 할 수도 있다. 때때로 이것은 선택이 아니며, 정말로 세션이나 주제를 완전히 포기해야 한다. 갈등 관리는 개발하기가 복잡한 역량이며, 이를 위한 다양한 자료가 있다(Fisher, Ury, and Patton 2011; Patterson et al. 2011).
>
> 나는 신규 영업부장으로부터 비즈니스 요구사항을 도출하기 위한 회의 일정을 예약한 적이 있다. 그는 적대적인 성향을 가진 것으로 알려져 있어 그가 바라는 것을 경청하고 이해하기 위한 준비를 한 후에 참석했다. 회의 시작부터 그는 나에게 이 회의를 하는 이유를 물으며 고함치기 시작했다. 그는 "당신이 누구

> 길래 내게 비즈니스 목표를 물어보는 거죠?"라고 말했다. 나는 깊은 한숨을 쉬었고, 한동안 침묵이 흘렀다. 나는 왜 내가 그의 비즈니스 목표를 이해해야 하는지에 대해 그가 없다면 팀이 개발할 때 고객의 바람을 충족시키는 데 필요한 것이 무엇인지 추측해야 하고, 그 결과에 대해 그가 몹시 실망할 것이라고 설명했다. 그는 화가 난 것만큼이나 그 말이 무슨 뜻인지 빨리 깨달았다. 그는 주저하지 않고 자신의 비즈니스 목표에 대해 줄줄 얘기하기 시작했다. 나는 그의 완전히 변한 모습에 당황했지만 고맙게도 나의 서기가 그의 의견을 받아 적었다.

종종 다양하고 큰 규모의 사용자 기반에서 끌어내야 하기 때문에 포커스 그룹 구성원을 신중하게 선택해야 한다. 기존 버전이나 개발 중인 것과 비슷한 제품을 사용한 사용자를 포함하자. 동일한 유형의 사용자 풀을 선택(서로 다른 사용자 클래스를 위한 여러 포커스 그룹을 운영)하거나, 전체 사용자 클래스를 대표하는 풀을 선택해서 모든 사람이 동등하게 표현되게 하자.

포커스 그룹은 효과적으로 운영돼야 한다. 그들이 주제에 집중할 수 있게 해야 하지만 의사 표현에 영향을 줘서는 안 된다. 세션 내용을 녹음하면 다시 주의 깊게 들어보고 평가할 수 있을 것이다. 포커스 그룹에서 정량적인 분석을 기대하지 말고 요구사항이 개발됨에 따라 이에 대해 추가 평가와 우선순위 할당이 가능한 수많은 주관적인 피드백을 기대하자. 포커스 그룹을 통한 도출 세션은 이전의 워크숍에서 설명한 바와 같은 수많은 팁을 이용해 혜택을 얻을 수 있다. 포커스 그룹의 참가자는 일반적으로 요구사항에 대한 의사결정 권한을 갖고 있지 않다.

관찰

사용자에게 일하는 법을 설명해 달라고 요청하면 그들은 뭔가를 놓치거나 잘못 얘기하는 등 명확히 말하는 데 어려움을 겪을 것이다. 작업이 복잡하고 모든 세부사항을 기억하기는 어렵기 때문에 종종 이런 일이 일어난다. 한편으로는 작업에 너무 익숙하지만 모든 것을 정확하게 설명하기 어려운 경우도 있다. 아마도 생각하지 않고도 할 수 있을 만큼 작업이 체화됐기 때문일 것이다. 때로는 상당 부분을 사용자가 작업을 수행하는 방법을 잘 관찰하며 배우기도 한다.

관찰에는 시간이 소요되므로 모든 사용자나 작업에 적합하지는 않다. 사용자의 균형 잡힌 업무 활동을 방해하지 않으려면 각 관찰 시간을 2시간 이내로 제한해야 한다. 관측을 위해 중요하거나 위험도가 높은 작업과 다양한 사용자 클래스를 선택하라. 만약 애자일 프로젝트에서 관찰 기법을 사용한다면 사용자에게 다음 반복주기와 이에 관련된 특정 작업만 보여주자.

업무 환경에서 사용자의 워크플로우를 관찰함으로써 BA는 다른 소스로부터 정보를 검증할 수 있고, 인터뷰를 위한 새로운 주제를 식별할 수 있으며, 현 시스템의 문제를 찾을 수 있고, 신규 시스템이 더 나은 워크플로우를 제공하는 방법을 파악할 수 있다. 수집된 요구사항을 부분이 아니라 전체로서 사용자 클래스에 적용하기 위해 BA는 사용자 활동의 관찰 결과를 추상화하고 일반화해야 한다. 또한 숙련된 BA는 사용자의 현 비즈니스 프로세스 향상을 위해 아이디어를 제안할 수도 있다.

> **내가 케이크 만드는 법을 보여주자**
>
> 관찰의 위력을 보여주기 위해 친구에게 믹스를 이용해 케이크를 굽는 방법을 단계별로 말해보자. 케이크를 만드는 단계는 다음과 같을 것이다. 오븐을 켜고 필요한 접시와 기구를 꺼내 각 재료를 담아 섞은 다음, 팬을 준비해서 반죽을 올리고 굽다가 끝나면 오븐에서 케이크를 꺼낸다. 그러나 친구에게 각 재료를 담으라고 얘기할 때 케이크 믹스가 담겨있는 주머니를 열라고 얘기하는 것을 잊진 않았는가? 계란을 깨서 속만 넣고 껍데기는 버리라고 말하는 것을 잊지는 않았는가? 이처럼 겉보기에 명백한 단계라도 제빵 경험이 없는 사람에게는 그렇지 않을 수 있다.

관찰에는 조용한 방법과 상호작용적인 방법이 있다. 사용자가 바빠 방해할 수 없을 때는 조용한 관찰이 적절하다. 상호작용 관찰에서는 BA가 사용자의 업무를 중단시키고 질문을 할 수 있다. 이는 사용자가 선택을 한 이유를 바로 이해하거나, 어떤 행동을 취했을 때 사용자가 생각한 것을 물어보는 데 유용하다. 세션이 종료된 후에는 추후 분석을 위해 관찰 사항을 문서화하자. 정책상 허용하는 경우 추후 기억을 되살리기 위해 세션을 녹화할 수도 있다.

나는 고객이 주문하고자 하는 제품을 찾기 위해 출력된 카탈로그의 페이지를 넘기던 고객 서비스 담당자(CSR)를 위해 콜센터 애플리케이션을 개발한 적이 있다. BA팀은 신규 애플리케이션의 유스케이스를 도출하기 위해 여러 명의 CSR을 만났다. 각자 고객이 얘기한 제품을 찾기 위해 여러 카탈로그를 넘기는 것이 얼마나 힘든 일인지 얘기했다. CSR이 전화주문을 받는 동안 각 BA는 서로 다른 CSR 옆에 앉았다. 우리는 그들을 직접 관찰하면서 그들이 먼저 카탈로그를 날짜순으로 찾은 다음, 제품의 위치를 찾으면서 직면하는 어려움을 목격했다. 관찰 세션을 통해 우리는 온라인 제품 카탈로그에 필요한 기능을 이해할 수 있었다.

설문지

설문지는 대규모 사용자 그룹의 요구를 이해하기 위한 조사 방법이다. 설문지는 저렴하며 대규모 사용자 집단으로부터 정보를 도출하기 위한 논리적인 선택을 이끌어내고, 지리적인 경계를 넘어 쉽게 관리할 수 있다. 설문지의 분석 결과는 다른 도출 기법의 기초 자료로 활용될 수도 있다. 예를 들어, 사용자가 기존 시스템을 사용하며 가장 고통스러워하는 문제를 파악하고, 워크숍에서 의사결정자와 우선순위에 대해 논의하기 위해 설문 결과를 사용하는 등 설문지를 활용할 수 있을 것이다. 상용 제품에 대한 사용자 피드백을 위해서도 설문지를 사용할 수 있다.

설문지에서는 잘 쓰여진 질문을 준비하는 것이 가장 큰 문제다. 설문지 작성과 관련된 다양한 팁이 있는데(Colorado State University 2013), 여기서는 이 가운데 가장 중요한 것을 제안한다.

- 답변에 대해 가능한 전체 반응을 포함하는 선택지를 제공하라.
- 상호배타적(겹치지 않는 숫자 범위)이고 완벽한 보기(가능한 모든 보기를 나열하고 필요에 따라 생각하지 못한 선택을 적을 수 있는 공간을 제공)를 만들어라.
- "올바른" 대답을 암시하는 구문으로 질문하지 마라.
- 등급을 이용하는 경우 설문지 전반에 걸쳐 일관되게 사용하라.
- 설문 결과를 통계적인 분석에 사용하고 싶다면 두 개 이상의 보기를 가진 폐쇄형 질문을 사용하라. 개방형 질문은 사용자가 원하는 대로 응답할 수 있기 때문에 결과에 대한 공통점을 찾기 어렵다.
- 적절한 사람에게 옳은 질문을 하기 위해 설문지 설계 및 관리 전문가의 자문을 고려하라.
- 설문지를 배포하기 전에 항상 검사하자. 질문이 모호하거나 중요한 질문이 누락된 것을 뒤늦게서야 발견하는 것은 짜증나는 일이다.
- 항목이 너무 많거나 사람들이 응답하지 않을 질문은 하지 마라.

시스템 인터페이스 분석

인터페이스 분석은 여러분의 시스템과 연결되는 시스템에 대한 검사를 수반하는 독립적인 도출 기법이다. 시스템 인터페이스 분석은 시스템 간 데이터와 서비스 교환에 대한 기능적 요구사항을 보여준다(IIBA 2009). 컨텍스트 다이어그램과 생태계 맵(5장 "비즈니스 요구사항 정립하기" 참조)은 앞으로의 연구를 위한 인터페이스 탐색을 시작하기에 좋다. 실제로 요구사항과 관련이 있지만 다이어그램으로 표현되지 않는 인터페이스를 찾는다면 다이어그램이 불완전하다는 의미다.

여러분의 시스템과 인터페이스가 연결된 시스템 중 여러분의 시스템의 요구사항으로 이어지는 다른 시스템의 기능을 파악하라. 이러한 요구사항은 다른 시스템에 전달되는 데이터, 다른 시스템으로부터 전달받은 데이터, 그리고 검증 기준과 같은 각 데이터의 규칙을 설명할 수 있다. 또한 이미 존재해서 시스템에 구현할 필요가 없는 기능도 발견할 수 있을 것이다. 전자상거래 웹 사이트에서 장바구니 주문을 주문 관리 시스템으로 전달하기 전에 주문에 대한 검증 규칙을 구현하는 것을 고려 중이라고 가정해보자. 시스템 인터페이스 분석을 통해 여러 시스템이 검증 작업을 수행하는 주문 관리 시스템으로 주문을 전달하는 것을 알 수 있을 것이며, 따라서 이 기능을 구현할 필요가 없을 것이다.

사용자 인터페이스 분석

사용자 인터페이스(UI; User Interface) 분석은 사용자 및 기능적 요구사항을 찾기 위해 기존 시스템을 연구하는 독립적인 도출 기법이다. 기존 시스템을 직접 사용해 보는 것이 좋지만 어쩔 수 없는 상황이라면 스크린샷을 사용할 수도 있다. 패키지 소프트웨어의 구매자용 사용설명서를 만들면서 스크린샷을 포함시키는 것은 좋은 출발점이 될 수 있다. 기존 시스템이 없다면 유사 제품의 사용자 인터페이스를 볼 수 있을 것이다.

패키지 솔루션이나 기존 시스템으로 작업할 경우 UI 분석은 잠재 기능을 발견하는 데 유용한 화면의 전체 목록을 파악하는 데 도움될 것이다. 기존 UI 탐색을 통해 사용자가 시스템에서 행동하는 공통적인 단계를 학습하고 사용자와 검토할 유스케이스 초안을 작성할 수 있을 것이다. UI 분석을 통해 사용자에게 표시해야 하는 데이터 조각을 찾을 수도 있다. 이는 (이를 위한 많은 훈련을 필요로 하지 않는 경우) 기존 시스템의 작동법을 습득할 수 있는 좋은 방법이다. 이를 통해 사용자에게 시스템 사용법 및 이를 위한 과정을 물어보지 않고 스스로 기초적인 사항들을 이해할 수 있을 것이다.

단지 기존 시스템에서 발견했다는 이유만으로 신규 시스템에 특정 기능이 필요하다 가정해서는 안 된다. 그뿐만 아니라 현재 시스템의 UI나 흐름이 이미 구현됐다는 이유만으로 앞으로의 시스템에서도 그대로 구현돼야 한다고 생각하면 안 된다.

문서 분석

문서 분석에는 잠재적인 소프트웨어 요구사항에 대한 기존 문서에 대한 검토가 수반된다. 기존 애플리케이션이나 유사 애플리케이션의 요구사항 명세, 비즈니스 프로세스, 교훈 모음, 사용 설명서 등이 가장 유용한 문서다. 문서는 반드시 따라야 하는 기업 표준이나 산업 표준 혹은 제품이 준수해야 하는 규정을 설명할 수 있다. 기존 시스템을 교체할 경우 예전 문서를 통해 더 이상 필요 없는 기능뿐 아니라 계속 유지해야 하는 기능도 찾을 수 있다. 패키지 솔루션을 구현하는 경우 판매업체 문서에서 사용자에게 필요한 기능을 언급하긴 하지만 패키지 솔루션을 대상 환경에 구현하는 방법은 좀 더 분석해야 할 것이다. 비교 검토는 다른 제품 대비 경쟁우위 확보를 위해 해결해야 하는 단점을 지적한다. 헬프 데스크나 실무 지원 부서 직원이 사용자로부터 수집한 문제 보고서 및 개선 요청서는 시스템의 추후 배포 버전에서 제공할 개선사항에 대한 아이디어를 제공한다.

문서 분석은 기존 시스템이나 신규 도메인에 대한 정보를 습득할 수 있는 방법 중 하나다. 미리 몇 가지 연구를 수행하고 요구사항 초안을 작성해두면 도출 회의에 필요한 시간을 단축할 수 있다. 문서 분석은 사람들이 그렇게 생각하지 않거나 미처 인지하지 못해 얘기하지 않은 정보를 제공한다.

예를 들어, 신규 콜센터 애플리케이션을 구축할 때 기존 시스템의 사용설명서에 기록된 복잡한 비즈니스 로직을 찾을 수 있을 것이다. 사용자는 아마도 이러한 로직에 대해서는 알지 못할 것이다. 이러한 분석에 대한 결과를 사용자 인터뷰의 기초 자료로 활용할 수 있을 것이다.

이 기법에서 참고하는 문서가 최신이 아닐 수 있다는 것은 위험 요인이 될 수 있다. 명세서 갱신 없이 요구사항이 변경되거나 신규 시스템에 필요 없는 기능이 문서에 기록될 수 있다.

프로젝트 요구사항 도출 계획

프로젝트 초반에 비즈니스 분석가는 프로젝트의 요구사항 도출 접근법을 계획해야 한다. 심지어 단순한 행동 계획을 통해 성공 기회를 높이고 이해관계자에게 현실적인 기대치를 설정할 수 있다. 도출 자원, 일정, 산출물에 대한 명시적인 협의를 얻어내는 것만으로도 참가자가 딴짓하는 것을 막을 수 있다. 도출 계획에는 사용할 기법과 시기, 목적이 포함된다. 어떤 계획에서라도 프로젝트에서 이를 지침과 알림으로 사용하되 프로젝트 중에 계획을 변경해야 할 수도 있다는 것을 기억하라. 계획은 다음과 같은 항목을 다뤄야 한다.

- **도출 목표**
  전체 프로젝트에 대한 도출 목표와 계획된 각 도출 활동의 목표를 계획하자.

- **도출 전략 및 계획 기법**
  서로 다른 다양한 이해관계자 그룹마다 각각 어떤 기법을 사용할지 결정하자. 접촉하는 이해관계자나 시간 제약, 기존 시스템에 대한 여러분의 지식 수준에 따라 설문지, 워크숍, 고객 방문, 개별 인터뷰 및 기타 다른 기법을 조합해서 사용해야 할 것이다.

- **일정 및 자원 추정**
  필요한 노력이나 시간 일정과 함께 다양한 도출 활동에 참여하는 고객과 개발자를 파악하자. 우선 특정 개인과 관련되지 않은 사용자 클래스를 식별할 수 있겠지만 관리자가 곧 필요한 자원 요구에 대한 계획을 시작하게 할 수 있을 것이다. 도출을 준비하는 시간과 후속 분석에 소요되는 시간을 포함해서 BA 시간을 산정하자.

- **독립적인 도출에 필요한 문서와 시스템**
  문서나 시스템 인터페이스, 사용자 인터페이스에 대해 분석 중이라면 막상 필요할 때 준비할 수 있도록 필요한 자료를 파악하자.

- **도출 노력에 대한 예상 제품**
  유스케이스 목록이나 SRS, 설문지 분석 결과, 품질 속성 명세서를 만들어야 한다는 것을 인지하고 있으면 올바른 이해관계자, 주제, 세부사항을 겨냥하는 데 도움이 된다.

- **도출 위험**

    도출 활동을 지연시키는 요소를 파악하고, 각 위험 정도를 산정해서 이를 완화시키거나 제어하는 방법을 결정하자. 위험 관리에 대한 자세한 내용은 32장 "소프트웨어 요구사항과 위험 관리"를 참조하라. 일반적인 도출 문제에 대한 증상, 근본 원인, 가능한 해결책에 대해서는 부록 B, "요구사항 문제 해결 가이드"를 참조하자.

많은 BA가 "선호하는" 도출 기법(인터뷰와 워크숍이 일반적임)을 갖고 있으며, 필요한 자원을 줄이거나 발견된 정보의 품질을 높이기 위한 다른 기법은 고려하지 않는다. BA가 프로젝트에서 단 하나의 도출 기법만 사용해서 최고의 결과를 얻는 것은 드문 일이다. 도출 기법은 개발 방식의 스펙트럼 전반에 걸쳐 적용된다. 도출 기법은 프로젝트의 특성에 따라 선택한다.

그림 7-3은 다양한 유형의 프로젝트에서 유용할 만한 도출 기법을 제안한다. 여러분이 참여하는 프로젝트의 특성과 맞는 하나 이상의 행을 선택하고, 가장 유용할 법한 도출 기법을 나타내는 우측 내용을 보자(X로 표시). 예를 들어, 신규 애플리케이션을 개발 중이라면 이해관계자 인터뷰와 워크숍, 시스템 인터페이스 분석의 조합으로 최선의 결과를 얻을 수 있을 것이다. 대부분의 프로젝트에서는 인터뷰와 워크숍을 사용할 수 있다. 대중 시장을 겨냥하는 소프트웨어는 대표자에 접근하기 힘든 대규모 외부 사용자 기반을 대상으로 하므로 워크숍보다 포커스 그룹이 더 적합하다. 도출 기법에 대한 이러한 제안은 단지 제안일 뿐이다. 예를 들어, 대중 시장 프로젝트에 사용자 인터페이스 분석을 적용해야 한다는 결론을 내릴 수도 있다.

	인터뷰	워크숍	포커스 그룹	관찰	설문지	시스템 인터페이스 분석	사용자 인터페이스 분석	문서 분석
대중 시장 소프트웨어	X		X		X			
사내 소프트웨어	X	X	X	X		X		X
기존 시스템 교체	X	X		X		X	X	X
기존 시스템 개선	X	X				X	X	X
신규 애플리케이션	X	X				X		
패키지 소프트웨어 구현	X	X		X				X
임베디드 시스템	X	X				X	X	
지리적으로 분산된 이해관계자	X	X			X			

그림 7-3 프로젝트 특성에 따른 도출 기법 제안

요구사항 도출 준비

효과적인 요구사항 도출 세션은 모든 사람의 시간을 최대한 활용할 준비가 돼 있어야 한다. 세션 참가자의 규모가 클수록 준비가 더 중요하다. 그림 7-4는 단일 요구사항 도출 세션을 준비하는 활동을 강조해서 보여준다.

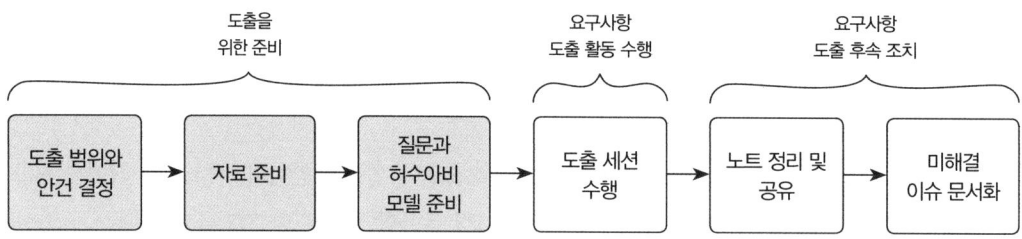

그림 7-4 단일 도출 세션에 대한 준비 활동

세션에 대한 범위 결정, 안건에 대한 논의, 질문 준비, 세션 동안 유용할 만한 자료 초안 작성 등을 통해 각 세션을 준비하라. 다음 팁이 도출을 준비하는 데 도움될 것이다.

세션 범위 및 안건 계획하기

가용 시간을 고려해 도출 세션의 범위를 결정하라. 일련의 주제나 질문을 활용해 세션 범위를 결정하거나 찾아야 하는 특정 프로세스 흐름이나 유스케이스 목록을 만들어야 할 것이다. 세션 범위를 비즈니스 요구사항에 정의돼 있는 전체 프로젝트 범위와 맞추면 주제에 대한 대화의 일관성을 유지할 수 있다. 안건에는 다뤄야 하는 주제, 각 주제에 대한 시간, 대상 목표를 항목별로 적어야 한다. 사전에 이해관계자와 세션 안건을 공유하자.

자료 준비하기

객실이나 회의실, 프로젝터, 화상회의 번호 및 장비 등 필요한 물리적 자원을 예약해두자. 또한 모든 사람과 같은 지역에 있는 게 아니라면 시차에 민감한 참가자와 일정을 잡아두자. 지리적으로 흩어져 있는 그룹의 경우 특정 지역의 사람들만 불편하지 않도록 만날 때마다 일정을 변경하자. 다양한 소스로부터 문서를 수집하자. 필요에 따라 시스템에 접근할 수도 있다. 기존 시스템에 대해 배울 수 있는 온라인 교육을 수강하자.

이해관계자에 대해 알아보기

세션과 관련 있는 이해관계자를 파악하자(6장 "고객의 목소리 찾기" 참조). 회의를 위해 이해관계자의 문화적 지리적 성향에 대해 알아보자. 참가자 중 일부가 세션에서 사용되는 언어를 모국어로 하지 않는다면 슬라이드와 같은 보조 자료를 미리 제공해서 읽어보거나 따라해 볼 수 있게 하는 것을 고려하자. 슬라이드에는 회의 중 질문할 구체적인 질문 목록을 나열하거나 단순히 구두로 전달할 수 있는 세션의 컨텍스트를 제공할 수 있다. "우리"와 "그들" 간의 긴장감을 조성하지 말자.

질문 준비하기

모든 촉진된 도출에 준비된 일련의 질문을 가지고 참여하자. 질문의 소스로 허수아비 모델(다음 절에서 설명)의 불확실성 영역을 사용하라. 만약 인터뷰나 워크숍을 준비하고 있다면 해결되지 않은 질문을 파악하기 위해 기타 다른 도출 기법의 결과를 활용하라. 다양한 소스에서 도출을 위한 질문을 제안하고 있다(Wiegers 2006; Miller 2009).

고객이 의도하지 않은 답변을 하거나 특정 답안을 유도하지 않도록 질문하자. 분석가로서 고객의 진정한 요구를 이해하기 위해서는 고객이 표현하는 요구사항의 내면을 살펴야 한다. 사용자에게 그저 "당신이 원하는 게 뭔가요?"라고 질문한다면 마구잡이로 만들어진 정보의 덩어리로 인해 분석가를 당황하게 할 것이다. "당신이 해야 하는 게 뭔가요?"는 더 나은 질문이다. "왜"에 대해 여러 번 질문하면 현 솔루션에서 해결해야 하는 문제를 온전히 이해함으로써 논의를 발전시킬 수 있다. 개방형 질문은 사용자의 현재 비즈니스 프로세스를 이해하는 데 도움이 되고 신규 시스템이 어떻게 사용자의 성과를 향상시킬 수 있을지 확인할 수 있다.

스스로 사용자의 업무를 배우거나 실제로 사용자의 지시에 따라 일한다고 상상해보자. 여러분은 어떻게 작업을 수행할 것인가? 어떤 질문을 할까? 또 다른 방법은 고급 사용자로부터 배워가는 견습생 역할을 하는 것이다. 그러고 나면 인터뷰하는 사용자가 논의를 진행하고 어떤 주제가 논의에 중요한 주제인지 설명하게 된다.

예외 상황에 대해 살펴보자. 사용자가 작업을 성공적으로 완료하는 데 방해가 되는 것은 무엇인가? 다양한 오류 상황에 대해 시스템이 어떻게 반응해야 할까? "~ 하는 것 외에 다른 것은요?", "~ 하면 어떤 일이 발생하죠?", "~ 하는 게 필요할까요?", "~은 어디서 얻을 수 있나요?", "왜 ~ 하죠(혹은 하지 않죠)?", "아무도 ~ 한 적이 없나요?" 같은 형식으로 질문하자. 각 요구사항의 소스를 문서화하면 개발 활동에 대한 특정 고객 요구사항이 어디서 시작됐는지 알아야 하거나 추적해야 할 때 추가 설명을 얻을 수 있다.

모든 개선 활동과 마찬가지로 현 상황에 대한 불만은 새로운 상황이나 추후 개선할 상황에 대한 훌륭한 재료가 된다. 기존 시스템에 대한 대체 프로젝트를 수행 중이라면 사용자에게 "기존 시스템에서 가장 성가시던 것 세 가지만 말해줄래요?"라고 물어보자. 이 질문은 후속 시스템에 대한 사용자의 기대를 표면화한다.

인터뷰나 워크숍에 사용할 완벽한 스크립트는 가질 수도 없고 필요하지도 않다. 준비된 질문으로 문제가 발생할 경우 도움을 얻을 수 있다. 질문은 대화하는 것과 같이 자연스럽고 편안해야 하며, 심문하는 것 같아 보이면 안 된다. 세션 5분만에 논의에 중요한 부분이 빠졌다는 것을 깨달을 수도 있다. 필요한 경우 질문을 포기할 준비가 돼 있어야 한다. 미처 생각하지 못한 주제를 찾기 위해 세션 마지막에 "질문 있으신 분 계신가요?"라고 물어보자.

허수아비 모델 준비하기

분석 모델은 도출 세션 동안 사용자가 더 나은 요구사항을 제공하는 데 도움을 주기 위해 사용될 수 있다. 유스케이스, 프로세스 흐름은 사람들이 본인의 일에 대해 생각하는 방법과 가장 유사하기 때문에 가장 유용한 모델이다. 도출 세션에 앞서 허수아비 모델이나 모델 초안을 만들자. 허수아비는 여러분이 주제에 대해 배우고 사용자가 아이디어에 대한 영감을 얻을 수 있는 출발점을 제공한다. 처음부터 만드는 것보다 모델 초안을 수정하는 편이 더 쉽다.

만약 프로젝트 도메인을 처음 접한다면 스스로 모델 초안을 작성하기는 어려울 것이다. 작업하기에 충분한 지식을 습득하기 위한 다른 도출 기법을 사용하자. 출발점으로서 기존 문서를 읽고 재사용할 수 있는 기존 시스템의 모델을 만들어 보거나 시작할 수 있을 만큼 충분히 학습하기 위해 주제 전문가와 일대일 인터뷰를 하자. 그리고 함께 일하는 그룹에게 이렇게 얘기해 보자. "이 모델은 아마도 잘못된 것 같네요. 이것들을 나눠서 어떻게 보여야 하는지 얘기해주실래요? 어떤 이야기라도 전 괜찮아요."

요구사항 도출 활동 수행하기

그림 7-5는 단일 요구사항 도출 세션에서 도출을 수행하는 활동을 강조해서 보여준다.

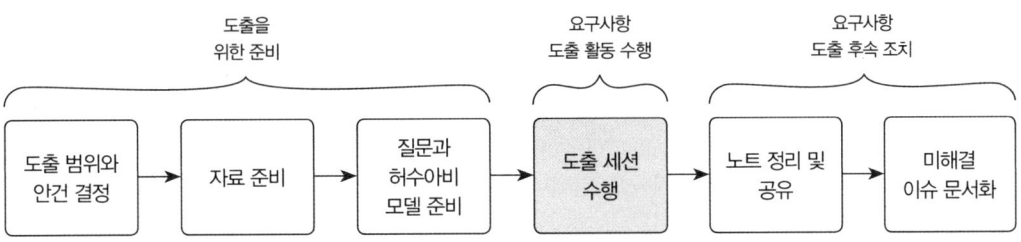

그림 7-5 단일 도출 세션에 대한 도출 활동 수행 단계

인터뷰 시에는 사람에게 질문을 하고 문서 분석 시에는 문서를 읽는 등 도출 활동 수행 자체는 상대적으로 명확하다. 그럼에도 도출 활동을 촉진할 때는 다음과 같은 팁이 유용할 것이다.

이해관계자 교육하기

이해관계자에게 사용하는 도출 기법과 이를 선택한 이유를 교육하자. 유스케이스나 프로세스 흐름 같은 앞으로 사용할 탐색 기법과 더 나은 요구사항을 위해 이해관계자가 기여할 수 있는 방법을 설명하자. 정보 추출 방법을 설명하고 세션 종료 후 검토할 수 있는 자료를 제공하자.

노트에 잘 받아적기

논의에 적극적으로 참여하지 않고 정확하게 받아적는 데 집중할 수 있도록 서기를 참석시키자. 참가자 목록, 초대받았지만 참석하지 않은 사람, 결정된 사항, 앞으로 취할 행동과 각 행동의 주체, 미결 이슈, 핵심 논의 중 가장 중요한 부분 등이 세션 노트에 포함돼야 한다. 안타깝게도 가끔은 BA가 서기 없이 도출 세션 촉진 활동을 개최하면서 직접 서기 역할을 하기도 한다. 만약 이런 상황을 맞이하게 된다면 빨리 기록할 수 있는 방법을 준비해서 빨리 타이핑하거나 참가자들이 동의할 경우 녹음 장비를 이용하자. 오디오 펜을 사용하면 수기로 작성한 노트를 논의를 녹음한 것처럼 관리하고 사용할 수 있다. 화이트보드나 벽에 종이를 붙여 기록하고 사진을 찍어 기록할 수도 있다.

대화를 순조롭게 진행하기 위해 현장에서 즉석에서 고민하는 일이 없도록 질문을 미리 준비할 필요가 있다. 사람들이 얘기하는 동안 갑자기 생각난 질문을 빨리 기록할 수 있는 방법을 준비해두면 기회가 있을 때 신속하게 주제를 전환할 수 있을 것이다. 다이어그램을 도출할 때는 복잡한 다이어그램 소프트웨어를 사용하지 말고 간단히 스케치한 다이어그램을 사진으로 찍거나 손으로 빠르게 그리자.

물리적 공간 이용하기

대부분의 방에는 네 개의 벽이 있으므로 다이어그램을 그리거나 목록을 만드는 것을 촉진할 때 이를 활용하자. 화이트보드를 사용할 수 없는 경우에는 벽에 큰 종이를 붙이자. 포스트잇이나 마커를 이용할 수 있을 것이다. 다른 참가자들도 일어나서 벽에 하는 작업에 동참할 수 있게 하고 돌아다니며 사람들을 독려하자. 가티스디너는 이 기법을 "생각의 벽" 협업 패턴이라 말한다(Gottesdiener 2002). 허수아비 모델이나 기존 요구사항, 기존 시스템 등 기존 자료들이 있을 경우 프로젝터를 이용해 벽에 출력하자.

참가자들이 여러 곳에 흩어져 있는 상황에서 협업 세션을 촉진해야 하는 경우에는 좀 더 창의력이 필요하다. 슬라이드를 공유하고 상호작용을 제공하는 온라인 회의 도구를 사용할 수 있을 것이다. 여러 참가자가 같은 방안에 있다면 화상 회의 도구를 사용해 원격지의 참가자가 벽과 화이트보드를 볼 수 있게 하자.

> **이해관계자를 활동적으로 만들기**
>
> 나는 십여 명의 엔지니어와 반도체 제조 공정에 대한 프로세스 흐름 도출 워크숍을 촉진한 적이 있다. 우선 화이트보드에 우리의 이야기를 플로우로 그리면서 작업을 시작했다. 플로우를 완성할 때마다 다음으로 넘어가기 전에 사진 촬영을 위해 회의를 중단했다. 첫 번째 세션 중반에 엔지니어 중 한 명이 화이트보드를 사용해도 되는지 물었다. 나는 기꺼이 그에게 마커를 줬다. 그는 순서도 표기법을 배운 적이 있었고 이미 시스템에 대한 전문가였기 때문에 쉽게 보드에 흐름을 그릴 수 있었다. 그는 동료에게 질문하면서 각 단계를 검증하고 보정하며 우리를 이끌었다. 그는 프로세스를 주도했고 나는 면밀한 질문과 노트에 기록하는 데 집중할 수 있었다. 곧 모든 엔지니어들이 마커를 전달받아 참여할 수 있었다.

문화적으로 적절한 경우 참가자의 생각을 자극하기 위해 장난감을 사용하거나 손으로 조작할 수 있는 뭔가를 제공하자. 단순한 장난감이 아이디어에 대한 영감을 떠올리는 데 도움될 수 있다. 어떤 팀에서 프로젝트의 비즈니스 목표 설정을 위한 브레인스토밍 세션을 열었다. 세션 시작을 위해 나는 모든 참가자에게 약간의 점토를 주고 더 이상의 설명 없이 이를 사용해 제품 비전을 만들어 보라고 얘기했다. 이를 통해 정신을 가다듬고 창의적인 생각을 할 수 있게 했으며, 즐겁게 참여할 수 있었다. 그리고 나서 우리는 그 에너지를 실제 제품의 비전을 작성하는 것으로 전환할 수 있었다.

요구사항 도출 후속 조치

각 도출 활동이 끝난 후에도 여전히 해야 할 일이 많이 있다. 먼저 노트를 정리해서 공유하고 미해결 이슈를 문서화하며, 새로 수집된 정보를 분류해야 한다. 그림 7-6은 단일 요구사항 도출 세션이 종료된 후의 후속 조치 활동을 강조해서 보여준다.

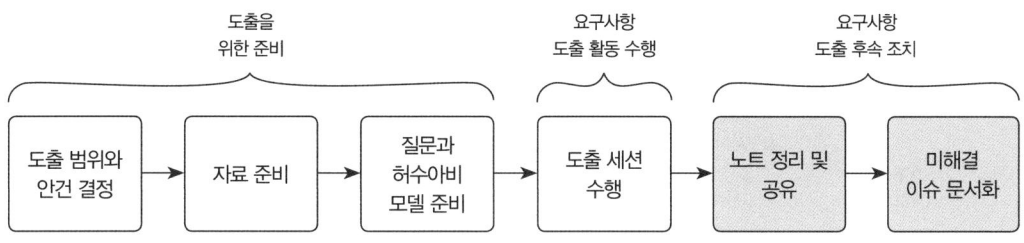

그림 7-6 도출 세션 이후의 후속 조치 활동

노트 정리 및 공유

만약 여러분이 인터뷰나 워크숍을 주도했고, 독립적인 도출 활동 중에 정보를 정리해야 했다면 노트 정리에 더 많은 노력이 필요할 것이다. 또한 다양한 소스로부터 기초 자료를 보강해야 한다. 세션 종료 직후 논의 내용이 머릿속에 생생하게 기억될 때 노트를 검토하고 갱신하자.

도출 노트를 수정하는 것은 위험하다. 의미를 부정확하게 기억해서 잘못된 의미로 수정할 수도 있다. 필요할 때 참고할 수 있도록 원본 노트를 보관하자. 각 인터뷰나 워크숍 종료 후 세션 내용을 정확하게 기록했는지 확인하기 위해 참가자에게 보강한 노트를 공유하고 검토해달라고 요청하자. 요구사항을 제공한 사람들만이 정확성을 판단할 수 있기 때문에 성공적인 요구사항 개발을 위해 초기 검토는 필수다. 불일치를 해결하고 공백을 채우기 위해 추가 논의를 진행하자. 세션에 참석하지 않은 프로젝트의 다른 이해관계자와 보완된 노트를 공유하면 그들이 진행상황을 인지하는 데 도움될 것이다. 또한 즉시 다른 이슈나 우려를 표현할 수 있는 기회를 제공하기도 한다.

미해결 이슈 문서화하기

도출 활동 중에 추후 추가 작업이 필요하거나 지식의 격차를 줄여야 하는 항목을 발견할 수도 있을 것이다. 아니면 노트를 검토하는 중에 새로운 질문을 찾게 될 수도 있다. 이슈 추적 도구에 기록된 미해결 이슈를 위해 도출 세션의 모든 주차장을 검사하자. 각 이슈에 대해 이슈 해결과 관련된 모든 노트, 진행 상황, 소유자, 기한을 기록하자. 개발팀과 테스트팀에서 사용할 수 있도록 동일한 이슈 추적 도구를 사용하자.

고객 의견 분류하기

고객이 요구에 대해 간결하고 완전하며 잘 정리된 목록을 표현할 거라 기대하지 마라. 분석가는 적절한 방식으로 문서화하고 사용할 수 있도록 직접 들은 수많은 요구사항 정보 조각들을 다양한 범주로 분류해야 한다. 그림 7-7은 이를 위한 9개의 범주를 보여준다. 도출 활동 중 접하는 정보의 일부가 이들 범주에 속한다면 노트에 빠르게 표기하라. 예를 들어, 데이터 정의(data definition)를 인지했다면 작은 원 안에 "DD"라고 적어라.

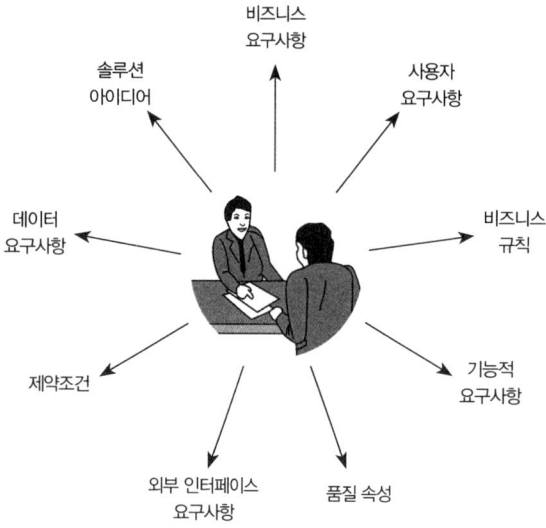

그림 7-7 고객 의견 분류하기

다른 범주화와 마찬가지로 수집된 정보가 9가지 항목에 정확하게 맞지 않을 수도 있다. 아마도 분류 후에 정보의 일부가 남아 있을 것이다. 이러한 범주에 적합하지 않는 것들은 다음과 같을 것이다.

- 신규 시스템의 사용자 교육에 대한 요구 등 소프트웨어 개발과 관련 없는 프로젝트 요구사항
- 이번 장에서 설명하는 설계나 개발 제약사항 외에 비용이나 일정 제한 등의 프로젝트 제약사항
- 가정이나 의존관계
- 과거 이력, 컨텍스트 설정 또는 서술적 유형에 대한 추가 정보
- 가치를 더하지 않는 외부 정보

도출 참가자가 "이게 비즈니스 요구사항입니다."라고 간단하게 말하지는 않을 것이다. 분석가라면 들은 얘기를 기반으로 어떤 유형의 정보인지 직접 판단해야 한다. 다음 내용에서 분류 과정에 도움이 되는 몇 가지 구문을 제시한다.

비즈니스 요구사항

재무, 시장, 고객이나 개발 조직이 제품에서 얻고자 하는 비즈니스 혜택이 바로 비즈니스 요구사항이다(5장 참조). 다음과 같이 소프트웨어의 구매자나 사용자가 얻는 가치에 대한 문장에 귀 기울이자.

- "X 지역의 시장 점유율을 Z개월 안에 Y% 향상시킵니다."
- "현재 비효율적인 단위로 낭비되고 있는 전기를 일년에 $X 절약합니다."

사용자 요구사항

사용자 목표나 사용자가 수행해야 하는 비즈니스 업무를 표현한 일반적인 문장이 사용자 요구사항이며, 일반적으로 유스케이스, 시나리오, 사용자 스토리로 표현된다(8장 "사용자 요구사항 이해하기" 참조). "저는 〈어떤 무엇을〉 해야 합니다."라고 말하는 사용자는 아마 다음 예제와 같은 사용자 요구사항을 얘기하고 있을 것이다.

- "저는 패키지에 붙일 우편물 라벨을 출력해야 합니다."
- "저는 선임 장비 관리자로서, 매일 아침 펌프 컨트롤러를 조정해야 합니다."

비즈니스 규칙

고객이 특정 조건하에서는 특정 사용자만 어떤 활동을 수행해야 한다고 말한다면 이는 비즈니스 규칙을 얘기하는 것이다(9장 "규칙에 따르기"). 이것은 소프트웨어 요구사항은 아니지만 여기서 규칙을 강제하는 기능적 요구사항을 이끌어내야 할 것이다. "반드시 준수해야 하는 ~", "만약 〈어떤 조건이 참〉이라면 〈어떤 일이 발생〉한다.", "반드시 ~에 따라 계산돼야 한다." 등과 같은 구문은 사용자가 비즈니스 규칙을 얘기한다고 볼 수 있다. 다음은 이에 대한 몇 가지 예다.

- "신규 고객은 컨설팅 비용과 여행 경비의 30%를 미리 지불해야 합니다."
- "휴가 승인은 반드시 사내 HR 휴가 정책을 준수해야 합니다."

기능적 요구사항

기능적 요구사항은 특정 조건하에서 시스템이 보여주거나 사용자가 시스템을 사용할 수 있게 하는 행동을 식별할 수 있는 행위를 가리킨다. 다음은 사용자로부터 들을 수 있는 기능적 요구사항에 대한 몇 가지 예다.

- "압력이 40.0 psi를 초과할 경우 고압 경고등이 켜져야 합니다."
- "사용자는 프로젝트 목록을 알파벳 순이나 역순으로 정렬할 수 있어야 합니다."

이러한 문장은 사용자가 일반적으로 기능적 요구사항을 드러내는 방식을 설명하지만 기능적 요구사항을 작성하기 위한 좋은 방법을 나타내지는 않는다. BA는 이를 좀 더 명확한 명세로 기술해야 한다. 기능적 요구사항 작성에 대한 지침은 11장 "좋은 요구사항 작성하기"를 참조한다.

품질 속성

시스템이 무엇을 얼마나 잘 제공하느냐에 대한 설명이 품질 속성이다(14장 "기능, 그 이상을 향해" 참조). 빠르게, 쉽게, 사용자 친화적인, 신뢰할 수 있는, 안전한 등 바람직한 시스템 특성을 설명하는 단어에 집중하자. 이러한 모호하고 주관적인 용어가 의미하는 것이 무엇인지 이해하기 위해 사용자와 시간을 보내야 할 것이며, 이를 통해 명확하고 검증된 품질 목표를 작성할 수 있을 것이다. 다음 예제는 사용자가 얘기할 법한 품질 속성을 나타낸다.

- "모바일 소프트웨어는 사용자의 터치 명령에 빠르게 반응해야 합니다."
- "장바구니 메커니즘은 고객이 구매를 포기하지 않도록 사용하기 쉬워야 합니다."

외부 인터페이스 요구사항

이 범주의 요구사항은 시스템과 시스템을 제외한 모든 것 사이의 연결을 설명한다. 10장 "요구사항 문서화하기"의 SRS 템플릿에는 사용자와 하드웨어, 기타 소프트웨어 시스템의 인터페이스에 관한 절이 포함돼 있다. "~로부터 신호를 읽어야 한다.", "〈포맷〉의 파일을 읽을 수 있어야 한다.", "사용자 인터페이스 요소는 〈표준〉을 준수해야 한다." 등과 같은 구문은 고객이 외부 인터페이스 요구사항을 이야기하는 것을 나타낸다. 다음은 이에 대한 몇 가지 예다.

- "제조 실행 시스템은 웨이퍼 분류기를 제어해야 합니다."
- "모바일 앱은 제가 입금하는 수표를 촬영하고 나면 그 이미지를 은행에 전송할 수 있어야 합니다."

제약조건

설계 및 구현 제약조건은 개발자가 내릴 수 있는 선택을 정당한 방법으로 제한한다(14장 참조). 임베디드 소프트웨어를 포함하는 장비는 크기나 무게, 인터페이스 연결과 같은 물리적인 제약조건을 고려해야 한다. "〈특정 프로그래밍 언어〉로 작성돼야 한다.", "〈어떤 한계〉를 초과해서는 안 된다.",

"〈특정 사용자 인터페이스 제어〉를 사용해야 한다." 등이 고객이 얘기하는 설계나 구현 제약조건을 나타내는 구문이다. 다음은 고객이 얘기할 만한 제약조건의 예다.

- "컴퓨터를 통한 파일 전송은 크기가 10MB를 초과할 수 없습니다."
- "브라우저는 모든 보안 처리에 256비트 암호화를 사용해야 합니다."

기능적 요구사항과 마찬가지로 제약조건을 표현한 사용자의 문장을 그대로 적어서는 안 된다. 제약조건이 존재하는 이유를 물어보고 검증해서 요구사항에 대한 근거로 기록하라.

데이터 요구사항

고객이 데이터 요소에 대한 포맷이나 타입, 허용된 값, 기본값 혹은 복잡한 비즈니스 요구사항의 조합이나 보고서 출력 등을 설명할 때 데이터 요구사항도 나타난다(13장 "데이터 요구사항 명세화하기" 참조). 데이터 요구사항의 예는 다음과 같다.

- "우편번호는 5자리이며 '-'와 함께 기본값이 0000인 4자리 숫자를 추가로 포함할 수 있습니다."
- "주문은 고객 식별자, 배송 정보, 하나 이상의 제품, 각 제품의 고유번호, 제품별 수량, 가격, 가격의 총합으로 구성돼 있습니다."

솔루션 아이디어

사용자로부터 얻는 대부분의 "요구사항"은 실제로 솔루션 아이디어다. 누군가가 어떤 행동을 수행하기 위해 시스템과 상호작용하는 특정 방법을 설명한다면 솔루션을 제안한다고 볼 수 있다. 비즈니스 분석가는 실제 요구사항을 얻기 위해 솔루션 아이디어의 내면을 조사할 필요가 있다. 사용자가 "왜" 이 방법을 필요로 하는지 반복적으로 묻다 보면 진정한 니즈가 드러날 것이다(Wiegers 2006). 예를 들어, 비밀번호는 단지 보안 요구사항을 구현하기 위한 여러 방법 중 하나다. 아래의 솔루션 아이디어에 대한 두 가지 예를 보자.

- "그런 다음 저는 드롭다운 목록에서 소포를 보내고 싶은 주를 선택합니다."
- "전화는 화면 간 탐색을 위해 사용자가 손가락으로 스와이프할 수 있어야 합니다."

첫 번째 예제에서 드롭다운 목록에 대한 구절은 특정 사용자 인터페이스 제어를 설명하므로 솔루션 아이디어임을 나타낸다. 신중한 BA라면 "왜 드롭다운 목록이어야 하죠?"라고 물을 것이다. 만약 사용자가 "그냥 좋은 방법 같아 보여서요."라고 말한다면 실제 요구사항은 "시스템은 사용자가 소포를 보내기 위해 특정 주를 지정하는 것을 허용해야 한다."와 같을 것이다. 어쩌면 사용자가 "다른 여러 위치에서도 같은 과정을 거치는데 일관된 방법이었으면 좋겠어요."라고 얘기할 수도 있다. 드롭다운 목록은 사용자가 잘못된 값을 입력하는 것을 방지할 수도 있다. 이는 특정 솔루션을 지정하는 데 대한 정당한 이유가 된다. 하지만 요구사항에 솔루션을 포함시키면 요구사항에 대한 설계 제약을 노출하게 된다는 것을 알아두자. 이는 요구사항이 단 한 가지 방법으로 구현되도록 제한한다. 이것이 꼭 잘못됐거나 나쁜 것만은 아니지만 제약에 대한 적절한 이유가 있는지 확인하자.

고객 참여를 분류하는 것은 요구사항 명세를 작성하는 과정의 시작에 불과하다. 아마도 여러분은 명확하고 잘 조직화된 요구사항 모음을 위해 여전히 정보를 수집해야 할 것이다. 정보를 처리하는 작업을 할 때는 명확한 단일 요구사항을 기술하고 팀의 문서 템플릿이나 저장소의 적당한 곳에 저장하라. 각 문장이 11장에서 설명하는 바와 같이 고품질 요구사항의 특성에 보여주는지 확인하려면 이 정보를 통해 추가 단계를 만들어두자. 도출 노트를 작성하는 것과 같이 정보들이 적절한 장소에 보관됐을 때 항목이 완료된 것으로 표시하자.

요구사항 도출 완료 시점은 어떻게 알 수 있을까?

요구사항 도출이 완료됐음을 나타내는 단순한 신호는 없다. 사실 완전히 끝내는 것은 불가능할 것이며, 애자일 프로젝트에서처럼 의도적으로 시스템을 점진적으로 개발한다면 특히 어려울 것이다. 사람들이 매일 아침 샤워를 하면서 고민하고 동료들과 이야기를 나누면서 추가 요구사항에 대한 아이디어를 생각하고 이미 완료한 것 중 일부를 변경하고자 할 것이다. 다음의 신호는 최소한 현 상황에서는 요구사항 도출에 대한 성과가 감소하는 시점에 도달했음을 나타낸다. 만약 다음 사항에 부합한다면 여러분이 할 일은 끝났다고 볼 수 있다.

- 사용자가 유스케이스나 사용자 스토리를 더 이상 생각해낼 수 없다. 사용자는 중요성을 낮춰가며 사용자 요구사항을 식별하는 경향이 있다.
- 사용자가 새로운 시나리오를 제안하지만 아무런 기능적 요구사항으로도 이어지지 않는다. "새로운" 유스케이스는 이미 파악한 유스케이스의 대안 흐름이 될 수도 있다.
- 사용자가 이미 이전의 논의에서 다룬 이슈를 반복한다.
- 제안된 모든 새로운 기능이나 사용자 요구사항, 기능적 요구사항이 범위를 벗어난 것 같다.
- 제안된 모든 새로운 요구사항의 우선순위가 낮다.
- 사용자가 "지금 우리가 얘기하고 있는 특정 제품"보다 "제품 사용 중 언젠가" 포함돼야 할 기능을 제안한다.
- 요구사항을 검토 중인 개발자와 테스터로부터 질문이 거의 없다.

유스케이스나 SRS 템플릿의 각 장 등 구조화된 조직 체계 없이 다양한 사용자의 요구사항에 대한 의견을 통합하는 것은 어려운 일이다. 모든 요구사항을 찾기 위한 최선의 노력에도 이루기 어렵기 때문에 진행 과정 중 변화를 예상해야 한다. 허용 가능한 위험 수준 안에서 다음 배포 버전이나 증분 개발을 진행하기에 충분한 요구사항에 대해 공통의 이해를 축적하는 것이 목표라는 것을 기억하자.

요구사항 도출 시 주의할 점

도출 논의를 수행하는 능력은 경험 혹은 인터뷰나 그룹 퍼실리테이션, 분쟁 해결, 기타 유사 활동에 대한 훈련을 통해 얻는다. 그러나 몇 가지 주의사항을 통해 학습 곡선을 줄일 수 있을 것이다.

균형 잡힌 이해관계자 대표

너무 적은 수의 대표로부터 의견을 수집하거나 가장 목소리가 크거나 독선적인 사람의 의견만 듣는 것은 문제다. 이는 특정 사용자 클래스의 중요한 요구사항을 간과하게 하거나 주요 사용자의 니즈를 대변하지 못하는 요구사항을 포함하게 할 수 있다. 최적의 균형은 각자가 대변하는 사용자 클래스에 대한 목소리를 낼 수 있는 최소한의 제품 챔피언과 이들을 도와줄 수 있는 동일한 사용자 클래스의 대표자를 포함하는 것이다.

적절한 범위의 정의

요구사항을 도출하는 중에 프로젝트의 범위가 너무 크거나 작아 잘못 정의됐다는 사실을 알게 될 수 있다. 범위가 너무 큰 경우 충분한 비즈니스 가치와 고객 가치 제공을 위해 필요 이상의 요구사항을 수집해야 할 것이며, 도출 과정이 지연될 것이다. 프로젝트 범위가 너무 작은 경우 고객은 현재 프로젝트에 설정돼 있는 제한 범위를 넘어서지만 중요한 요구사항을 제시할 것이다. 현재 범위가 만족스러운 제품을 만들어내기에 너무 작을 수 있다. 따라서 사용자 요구사항을 도출하는 중에 제품 비전이나 프로젝트 범위를 수정해야 할 필요가 있을 것이다.

요구사항 vs. 설계 논쟁 피하기

보통 요구사항은 시스템이 해야 하는 일에 대한 것이며, 솔루션이 구현되는 방법은 설계의 영역이라고 얘기한다. 물론 잘 축약하고 있긴 하지만 이는 지나친 단순화다. 요구사항 도출은 실제로 무엇인가에 초점을 맞춰야 하지만 분석과 설계 간에 뚜렷하게 경계를 나누지 못하는 애매한 영역이 존재한다(Wiegers 2006). 가설은 사용자의 니즈에 대한 이해를 명확히 하고 구체화하는 데 도움이 된다.

분석 모델이나 화면 스케치, 프로토타입은 요구사항을 도출하는 동안 표출된 니즈를 좀 더 가시화하거나 오류나 누락 여부를 찾는 데 도움이 된다. 사용자에게 이러한 화면과 프로토타입이 실례일 뿐이며, 최종 솔루션에 필수는 아니라는 것을 명확히 해야 한다.

적절한 범위의 연구

탐험적 연구를 수행하는 것은 종종 요구사항 도출을 방해하기도 한다. 아이디어나 제안이 발생하더라도 제품을 위해 고려해야 하는지 여부를 평가하기 위한 광범위한 연구가 필요하다. 이러한 타당성이나 가치에 대한 탐구를 스스로의 권한 안에서 프로젝트에 대한 작업으로 간주해야 한다. 프로토타이핑은 이 같은 이슈를 탐구할 수 있는 한 가지 방법이다. 프로젝트가 광범위한 연구를 필요로 한다면 작고 덜 위험한 요구사항을 탐험할 수 있는 점진적인 개발 방식을 사용하라.

가정 요구사항과 암묵적 요구사항

시스템을 위한 요구사항을 전부 문서화하지는 않을 것이다. 하지만 구체화하지 않은 요구사항은 프로젝트가 이해관계자가 기대한 것과는 다른 솔루션을 전달할지도 모르는 위험을 야기한다. 기대치에 못 미칠 수 있게 하는 두 개의 주요 범인은 가정 요구사항과 암묵적 요구사항이다.

- 가정 요구사항은 사람들이 명확한 설명 없이 기대하는 것을 말한다. 가정을 확신하더라도 다른 개발자들의 가정과 동일하지 않을 수 있다.
- 암묵적 요구사항은 다른 요구사항 때문에 필요하지만 명시적으로 언급되지는 않은 것을 말한다. 개발자들은 알지 못하는 기능을 구현하지 못한다.

이러한 위험을 줄이기 위해 가정 요구사항과 암묵적 요구사항으로 채워질 만한 지식 격차를 파악해야 한다. 숨겨진 생각을 표면화할 수 있게 도출 세션에서 "우리가 가정하고 있는 게 무엇입니까?"라고 질문하자. 요구사항 논의 중에 어떤 가정을 발견하면 이를 기록하고 유효성을 확인하라. 사람들은 종종 기존 시스템이나 비즈니스 프로세스에 너무 익숙해져 있기 때문에 항상 하던 방식으로 하면 된다고 가정한다. 만약 대체 시스템을 개발하는 경우 대체 시스템에서 정말 필요로 하는지 판단하기 위해 기존 시스템의 기능을 검토해야 한다.

암묵적 요구사항을 파악하려면 불완전 영역을 식별하기 위한 초기 도출 세션의 결과를 연구해야 한다. 모든 이해관계자가 이해할 수 있도록 모호한 상위 요구사항이 구체화돼야 할까? 논리적인 집합의 일부인 요구사항(말하자면 완성되지 않은 웹 양식 저장하기 같은)에서 이에 대응하는 요구사항(추후 작업 시 저장된 양식 조회하기)이 누락되지는 않았는가? 누락된 요구사항을 찾기 위해 일부 동일한 이해관계자와 다시 인터뷰를 해야 할 수도 있다(Rose-Coutré 2007). 또한 주제를 알고 차이를 발견할 수 있는 새로운 이해관계자도 고려하자.

고객이 말하지는 않지만 포함되길 기대하는 기능이나 특성을 파악하기 위해 행간을 읽어야 한다. 비즈니스 문제와 잠재적인 솔루션 양쪽의 전역적인 특성에 대한 정보를 도출하기 위해 문맥 자유(context-free) 질문과 고수준/개방형 질문을 활용하라(Gause and Weinberg 1989). "제품에 어떤 종류의 정확도가 필요한가요?"나 "왜 미구엘의 답변에 동의하지 않는지 알려주시겠어요?"와 같은 '예/아니오'나 'A/B/C' 형태의 단순한 답을 원하지 않는 고객의 질문이 통찰력을 키워준다.

> **요구사항 가정하지 않기**
>
> 한번은 업로드나 수정, 웹사이트에 콘텐츠 출판하기 등 많은 것을 목표로 하는 콘텐츠 포털을 구현하는 개발팀과 충돌한 적이 있다. 거의 1,000개에 이르는 기존 콘텐츠 조각들이 계층적으로 구성돼 있었다. 콘텐츠 관리 팀은 사용자가 특정 콘텐츠 조각을 신속하기 찾기 위해 계층 구조를 탐색할 것이라 가정했다. 그들은 사용자 인터페이스 내비게이션에 대한 요구사항을 구체화하지 않았다. 그러나 개발자가 콘텐츠 탐색을 위한 사용자 인터페이스를 구현할 때 그들은 모든 콘텐츠를 계층적이 아니라 단일 수준으로 조직화했고 한 화면에 단 20개의 항목만 보여줬다. 특정 콘텐츠 조각을 찾으려면 사용자는 50개의 화면을 이동해야 할 수도 있다. 개발자와 콘텐츠 관리 팀 사이에 좀 더 상세한 명세와 대화가 오갔다면 상당한 재작업을 피할 수 있었을 것이다.

누락된 요구사항 찾기

누락된 요구사항은 요구사항 결함의 일반적인 유형이다. 누락된 요구사항은 눈에 보이지 않기 때문에 발견하기 어렵다! 다음 기법이 이전에 알려지지 않은 요구사항을 찾는 데 도움될 것이다.

- 상위 요구사항을 정확한 요구사항을 나타내기에 충분한 세부 사항으로 나눠라. 독자의 해석에 의지할 여지가 다분하고 모호한 상위 요구사항은 요구하는 사람의 생각과 개발 결과물 사이의 간극으로 이어질 것이다.
- 모든 사용자 클래스가 기여했는지 확인하자. 각 사용자 요구사항은 요구사항으로부터 가치를 얻는 최소 하나의 확인된 사용자 클래스를 가져야 한다.
- 필요한 모든 기능이 도출됐는지 확인하기 위해 시스템 요구사항과 사용자 요구사항, 이벤트 반응 목록, 비즈니스 규칙과 이에 상응하는 기능적 요구사항을 추적하자.
- 누락된 요구사항에 대한 경곗값(boundary value)을 확인하자. 요구사항 중 하나가 "만약 주문 가격이 100달러보다 낮다면 배송비는 5.95달러다."라거나 "만약 주문 가격이 100달러보다 높다면 배송비는 전체 주문 가격의 6퍼센트다."라고 가정하자. 그런데 주문 가격이 정확히 100달러라면 배송비는 얼마일까? 이런 사항이 정해져 있지 않기 때문에 요구사항이 누락됐거나 최소한 잘못 작성된 것이다.

- 요구사항 정보를 표현하는 방법에는 여러 가지가 있다. 수많은 글자 속에서 빠진 항목을 발견하기는 어렵다. 몇 가지 분석 모델은 높은 수준의 추상화(나무가 아닌 숲)를 통해 시각적으로 요구사항을 표현한다. 모델에 대한 학습을 통해 한 상자에서 다른 상자를 가리켜야 하는 화살표를 찾을 수 있을 것이며, 이 화살표가 누락된 요구사항을 나타낼 것이다. 분석 모델은 12장 "백문이 불여일견"에서 설명한다.

- 복잡한 불 논리(boolean logic, AND, OR, NOT)를 이용한 요구사항은 이따금 불완전할 때가 있다. 논리적 조건의 조합이 기능적 요구사항에 부합하지 않는다면 개발자는 시스템이 무엇을 해야 하는지 추론하거나 답을 추적해야 할 것이다. "Else" 조건은 자주 간과된다. 12장에서 설명하는 바와 같이 모든 상황을 포함하기 위해 의사결정 일람표나 의사결정 트리를 이용해 복잡한 로직을 표현해보자.

- 프로젝트를 위해 고려해야 할 일반적인 기능 영역에 대한 체크리스트를 만들자. 로깅, 백업 및 복원, 접근 보안, 보고서, 출력, 미리보기 기능, 사용자 설정 등이 이러한 예다. 간극을 찾기 위해 정기적으로 기존에 정의한 기능과 항목을 비교해 보자.

- 데이터 모델은 누락된 기능을 표시할 수 있다. 시스템에서 다루게 될 모든 데이터 개체는 각 개체를 생성하고 외부 소스에서 이를 읽으며 개체의 현재 값을 갱신하거나 개체를 삭제할 수 있는 기능을 가져야 한다. CRUD라는 약어가 이러한 네 가지 일반적인 동작을 나타내는 데 사용된다. 애플리케이션에서 CRUD가 필요한 모든 개체에 대해 이 동작을 수행하는 기능을 가지고 있는지 확인하자(13장 참조).

> **함정** 어떤 요구사항도 놓치지 않기 위해 요구사항 도출에 너무 많은 시간을 소비함으로써 발생할 수 있는 정보 과다로 인한 분석 마비에 주의하자.

제품에 대한 모든 요구사항을 발견할 수는 없겠지만 거의 모든 소프트웨어 팀은 이번 장에서 설명하는 방법을 적용해 요구사항 도출을 훌륭하게 해낼 수 있을 것이다.

> **다음 단계는**
> - 여러분이 마지막 프로젝트에서 뒤늦게 발견한 요구사항에 대해 생각해 보자. 왜 이러한 요구사항들이 요구사항 도출 과정에서 간과됐는가? 어떻게 하면 이러한 요구사항을 빨리 발견할 수 있을까? 이것들이 조직에 어떤 가치를 줄 수 있는가?
> - 프로젝트에서 문서화된 고객 의견 일부나 SRS의 절 중 하나를 선택하자. 그리고 요구사항 조각의 모든 항목을 그림 7-7의 범주로 분류하자. 잘못 정리된 항목을 찾을 경우 요구사항 문서의 올바른 위치로 옮기자.
> - 이전 혹은 현재 프로젝트에서 사용된 요구사항 도출 기법을 나열하자. 어떤 기법이 효과적이었는가? 그 이유는 무엇인가? 어떤 기법이 효과적이지 않았는가? 그 이유는 무엇인가? 더 효과적이라고 생각하는 도출 기법을 파악하고, 다음번에는 어떻게 적용할지 결정하자. 이러한 기법이 작동하는 데 장애가 되는 장벽을 파악하고 이를 극복하기 위한 브레인스토밍을 수행하자.

08 사용자 요구사항 이해하기

화학약품 관리 시스템 프로젝트는 화학자에게 필요한 시스템이 무엇인지 알아보기 위해 첫 번째 요구사항 도출 워크숍을 개최했다. 비즈니스 분석가인 로리와 화학자 대표인 제품 챔피언 팀, 그리고 또 다른 화학자 대표인 샌디와 피터, 개발 총책임자인 라비가 워크숍에 참여했다.

로리는 "팀과 샌디, 피터가 화학약품 관리 시스템을 사용할 때 화학자에게 필요한 14개의 유스케이스를 파악했습니다."라고 그룹에 얘기했다. "당신이 '화학약품 요청하기' 유스케이스가 가장 우선순위가 높다고 했고, 팀은 이에 대해 간략한 설명을 적었으니 이것부터 시작해 볼까요? 팀, 시스템으로 화학약품을 요청하는 프로세스를 어떻게 시각화할 수 있을까요?"

팀은 "우선, 연구실 관리자에게 권한을 부여받은 사람만 화학약품을 요청할 수 있는지 알아봐야 합니다."라고 말했다.

"좋네요, 그 말은 꼭 비즈니스 규칙처럼 들리네요."라고 로리가 대답했다. "다른 규칙이 있을지도 모르니 비즈니스 규칙 목록을 정리해 볼게요. 어쨌든 사용자가 승인 목록에 있는지 확인해야 한다는 말이네요." 그런 다음 로리는 그룹이 신규 화학약품 요청 방법을 어떻게 구체화할지에 대한 논의를 할 수 있도록 이어갔다. 그녀는 선행조건과 후행조건, 사용자와 시스템 간의 상호작용에 대한 정보를 수집하기 위해 플립차트와 포스트잇을 사용했다. 로리는 사용자가 화학약품 요청을 창고에 하지 않고 판매업체에게 요청하면 세션이 어떻게 달라지는지에 대해 물었다. 또한 발생할 수 있는 문제와 시스템이 각 오류 상태를 어떻게 처리해야 하는지 물었다. 약 30분 후 그룹은 사용자가 화학약품을 요청하는 방법에 대한 좋은 지침을 찾아냈다. 그러고는 다음 유스케이스로 넘어갔다.

사용자의 니즈에 맞는 소프트웨어를 설계하는 데 필요한 전제조건은 사용자의 의도를 이해하는 것이다. 어떤 팀은 제품 중심의 접근법을 사용한다. 소프트웨어에 구현해야 할 기능을 정의하는 데 초점을 맞추고 이 기능이 잠재 고객의 관심을 끌기를 기대한다. 그러나 대부분의 경우 요구사항 도출을 위해 사용자 중심(user-centric)이나 사용 중심(usage-centric)의 접근법을 사용하는 게 더 낫다. 사용자와 이들의 예상 활용법에 집중하면 필요한 기능을 찾는 데 도움이 되며, 누구도 사용하지 않을 기능 구현을 피하고 수월하게 우선순위를 할당할 수 있다.

1장 "필수 소프트웨어 요구사항"의 그림 1-1을 보면 요구사항에서 사용자 요구사항은 두 번째 단계에 해당함을 확인할 수 있다. 사용자 요구사항은 프로젝트 목표를 설정하는 비즈니스 요구사항과 개발자가 구현해야 하는 것을 설명하는 기능적 요구사항 사이에 있다. 이번 장에서는 사용자 요구사항을 찾을 때 가장 일반적으로 사용되는 기법인 유스케이스와 사용자 스토리라는 두 가지 기법에 대해 설명한다.

분석가는 사용자 요구사항을 도출하는 데 오래전부터 사용 시나리오를 이용해 왔다(Alexander and Maiden 2004). 사용 중심의 관점은 요구사항 모델링을 위한 유스케이스 접근법에 공식화됐다(Jacobson et al. 1992; Cockburn 2001; Kulak and Guiney 2004). 최근에는 애자일 개발 지지자들이 사용자의 요구를 명확하게 설명하고 이를 구체화하기 위한 대화를 이끌어내는 "사용자 스토리"라는 개념을 도입했다(Cohn 2004).

유스케이스와 사용자 스토리는 요구사항 도출 방식을 제품 중심의 관점에서 사용자가 원하는 것에 대해 논의하는 방식으로 전환시켰는데 이는 사용자가 시스템에 기대하는 바가 무엇인지에 대해 묻는 것과는 대조적이다. 이 방법의 목적은 사용자가 시스템으로 수행하고자 하는 작업이나 이해관계자에게 가치 있는 결과를 창출하는 사용자와 시스템 간의 상호작용을 기술하는 것이다. 이러한 이해를 바탕으로 BA는 사용 시나리오를 실현하기 위해 구현해야 할 필수 기능을 도출할 수 있다. 또한 이는 기능이 제대로 구현됐는지 여부를 확인하는 테스트까지 연결되기도 한다. 사용 중심의 도출 전략은 이미 사용 중인 다른 기법들보다 다양한 프로젝트 계층에 대한 사용자의 요구사항을 더욱 잘 이해할 수 있게 한다.

유스케이스와 사용자 스토리는 비즈니스 애플리케이션과 웹사이트, 키오스크, 사용자가 하드웨어의 일부를 제어하는 시스템 등의 요구사항을 탐색하는 데 적합하다. 하지만 특정 유형의 애플리케이션 요구사항을 이해하는 데는 불충분하다. 일괄 처리나 계산 집약 시스템, 비즈니스 분석, 데이터웨어하우스를 위한 애플리케이션은 유스케이스가 많지 않을 것이다. 이러한 애플리케이션의 복잡성은 계산(computation)에 의존해서 데이터를 찾아 처리하거나 보고서를 생성하며, 일반적인 사용자 시스템의 상호작용과는 다르다.

유스케이스와 사용자 스토리는 여러 임베디드 시스템이나 실시간 시스템을 명세화하기에 충분하지 않다. 자동 세차 시스템을 생각해 보자. 자동차 운전자는 세차라는 단 하나의 목표를 갖고 있으며, 하부 세차, 왁스, 광택 등 몇 개의 옵션을 선택할 수 있을 것이다. 그러나 세차는 많은 작업을 동반한다. 차를 옮기는 구동 메커니즘이나 다수의 모터나 펌프, 밸브, 스위치, 다이얼, 조명, 그리고 이러한 물리 요소의 작동을 제어하는 타이머나 센서 등이 필요할 것이다. 또한 고장 발견이나 안전 요구사항뿐만 아니라 물탱크가 거의 비었을 때 운영자에게 알려주는 등 진단 기능에 대해서도 고민해야 한다. 자동차가 세차기 안에 있는 상태에서 구동 메커니즘에 문제가 생기거나 송풍기의 모터가 고장난다면 어떤 일이 발생할까? 종종 실시간 시스템에 사용되는 요구사항 기법은 시스템이 반드시 반응해야 하는 반응 및 이에 상응하는 외부 이벤트를 나열하는 것이다. 이벤트 분석에 대한 자세한 내용은 12장 "백문이 불여일견"을 참조하자.

유스케이스와 사용자 스토리

유스케이스는 행위자가 어떤 중요한 결과를 성취하는 데 있어 결과를 만들어 내는, 시스템과 외부 행위자 간의 상호작용의 순서를 설명한다. 유스케이스의 이름은 목적어 뒤에 동사가 오는 형태로 기록된다. 유스케이스가 사용자에게 유용한 무엇인가를 제공할 것이라는 것을 분명히 하는 강력하고 서술적인 이름을 선택하라. 표 8-1은 다양한 애플리케이션에 대한 몇 가지 유스케이스 사례다.

표 8-1 다양한 애플리케이션의 유스케이스 사례

애플리케이션	유스케이스 사례
화학약품 관리 시스템	화학약품 요청
	물질안전보건자료 출력
	화학약품 요청 변경
	주문 상태 확인
	분기별 화학약품 사용 보고서 생성

애플리케이션	유스케이스 사례
공항 체크인 키오스크	항공편 체크인
	탑승권 출력
	좌석 변경
	수하물 검사
	업그레이드 구매
회계 시스템	송장 생성
	회계 명세서 조정
	신용카드 거래 입력
	판매업체용 세금 양식 출력
	특정 거래 검색
온라인 서점	고객 프로필 갱신
	상품 검색
	상품 구매
	물품 배송 추적
	배송되지 않은 주문 취소

애자일 개발 프로젝트에서 사용되는 사용자 스토리는 "시스템의 사용자나 고객과 같이 신규 기능을 필요로 하는 사람의 관점에서 서술하는 기능에 대한 간략하고 간단한 설명"이다(Cohn 2010). 사용자 스토리는 다음과 같은 템플릿에 따라 작성할 수 있으며, 다른 형식을 사용할 수도 있다.

〈사용자 유형〉으로서, 나는 〈어떤 이유〉로 인해 〈어떤 목표〉를 원한다.

두 가지 모두 사용자 목표를 언급하기는 하지만 이 템플릿을 사용하면 유스케이스 이름이 짧다는 것 이상의 이점이 있다. 바로 사용자 스토리는 사용자 클래스 및 시스템 기능 요구에 대한 근거 또한 식별한다는 것이다. 이는 충분히 값진 것이다. 사용자 스토리에서 사람의 개입이 필요하지 않은 사용자 클래스는 유스케이스의 주요 행위자에 해당한다(이번 장 후반부에서 설명한다). 이에 대한 근거는 유스케이스에서 간략히 설명해야 한다. 표 8-2는 표 8-1의 유스케이스 일부를 사용자 스토리로 정리하는 방법을 보여준다.

표 8-2 유스케이스의 몇 가지 사례와 이에 대한 사용자 스토리

애플리케이션	유스케이스 사례	해당 사용자 스토리
화학약품 관리 시스템	화학약품 요청	나는 화학자로서 실험을 수행할 수 있도록 화학약품을 요청하고자 한다.
공항 체크인 키오스크	항공편 체크인	나는 여행자로서 내 목적지로 비행할 수 있도록 항공편에 체크인하고자 한다.

애플리케이션	유스케이스 사례	해당 사용자 스토리
회계 시스템	송장 생성	나는 소규모 자영업자로서 고객에게 비용을 청구할 수 있도록 송장을 만들고자 한다.
온라인 서점	고객 프로필 갱신	나는 고객으로서 앞으로 새로운 신용카드로 비용이 청구될 수 있도록 내 고객 프로필을 갱신하고자 한다.

지금 수준에서는 유스케이스가 사용자 스토리와 매우 유사한 듯하다. 둘 다 각기 다른 사용자 유형이 소프트웨어 시스템과의 상호작용을 통해 무엇을 수행하고자 하는지 이해하는 데 초점을 맞추고 있다. 그러나 이들 두 프로세스는 그림 8-1과 같이 비슷한 시작점에서 시작하더라도 각기 다른 방향으로 진행된다. 두 방법 모두 시각적인 분석 모델과 같이 다른 산출물을 만들어 낼 수 있으며, 그림 8-1은 이들의 중요한 차이를 보여준다.

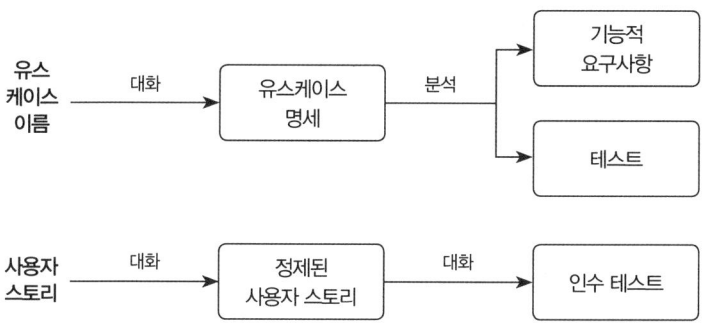

그림 8-1 유스케이스와 사용자 스토리를 이용해 사용자 요구사항으로부터 기능적 요구사항과 테스트를 도출하는 방법

유스케이스가 갖춰지면 다음 단계는 시스템이 유스케이스를 수행하기 위해 발생하는 상호작용을 어떻게 상상하고 있는지 이해하기 위해 BA가 사용자 대표와 함께 협력하는 것이다. BA는 유스케이스 템플릿에 따라 수집된 정보를 조직화하는데, 다음 장에서 이에 대한 예제를 확인할 수 있을 것이다. 템플릿은 유스케이스를 풍부하게 이해하는 데 도움되는 정보와 이들의 변형 정보, 관련 정보를 저장하기 위한 다양한 영역을 포함하고 있다. 만약 개발자가 간략한 명세일지라도 필요한 정보를 얻을 수 있다면 템플릿을 완벽하게 채울 필요는 없지만 요구사항을 도출하는 동안 템플릿을 참고하면 참가자로 하여금 모든 관련 정보를 발견하는 데 도움될 것이다. BA는 유스케이스 명세로부터 개발자가 꼭 구현해야 하거나 테스터가 테스트를 통해 유스케이스가 제대로 구현됐는지 판단하는 데 사용할 수 있는 기능적 요구사항을 도출할 수 있다. 개발자는 한 번의 출시나 반복주기에 반드시 전체 유스케이스를 구현해야 할 것이다. 아니면 규모나 우선순위에 따라 특정 유스케이스 일부를 먼저 구현하고 향후 출시에서 추가 개발할 수도 있다.

사용자 스토리가 애자일 프로젝트에서 사용되는 경우 이는 프로젝트에 참여 중인 개발자, 고객 대표, 비즈니스 분석가가 추후 JIT(just-in-time) 기반의 시기적절한 대화를 할 수 있는 주제를 표시하는 역할을 한다. 이 대화에서 개발자는 스토리를 구현할 때 꼭 알아야 하는 추가 정보를 알 수 있다. 대화를 통한 사용자 스토리 정제 과정을 통해 각 시스템의 기능 덩어리를 설명하는 더 작고 명확한 스토리를 수집할 수 있다. 애자일 개발 반복주기에서 개발하기에 너무 방대한 사용자 스토리는 에픽(epic)이라고 하며, 단일 반복주기에서 구현 가능한 더 작은 스토리로 분할된다. 에픽과 사용자 스토리에 대한 자세한 내용은 20장 "애자일 프로젝트"를 참조하자.

애자일 팀은 일반적으로 기능적 요구사항을 명세화하기보다 정제된 사용자 스토리를 스토리의 "충족 조건"을 종합적으로 설명하는 인수 테스트 모음으로 정리하는 데 공을 들인다. 초기 단계에서 테스트에 대해 고민하는 것은 어떠한 개발 방법론을 사용하느냐와 상관 없이 모든 프로젝트에서 훌륭한 생각이다. 테스트에 대한 고민은 기본적인 사용자 스토리(혹은 유스케이스)나 꼭 처리해야 하는 예외 조건, 성능이나 보안에 대한 고려 등과 같은 비기능적 요구사항의 변화를 식별하는 데 도움이 된다. 만약 개발자가 인수 테스트를 충족하는 데 필요한(혹은 충족 조건에 부합하는) 코드를 구현한다면 사용자 스토리가 제대로 구현된 것으로 간주된다.

사용자 스토리는 사용자의 니즈를 간략히 설명한다. 유스케이스는 목표 달성을 위해 사용자가 시스템과 어떻게 상호작용해야 하는지 조금 더 자세히 설명한다. 유스케이스는 구체적인 설계보다 사용자가 속으로 생각하는 상호작용에 집중해야 한다. 사용자 스토리는 단순함과 간결함이 이점이지만 이로 인한 트레이드오프가 있다. 유스케이스는 사용자 스토리에는 부족한 구조와 컨텍스트를 프로젝트 참가자에게 제공한다. 이는 BA가 계획과 논의를 시작하기 위해 사용자가 시스템으로 이루고자 하는 니즈를 단순히 수집하는 것을 넘어 요구사항 도출 논의를 이끌어내기 위한 조직적인 방법을 제공한다.

모두가 사용자 스토리가 규모가 크고 까다로운 프로젝트에서도 충분한 해결책이 될 것이라고 확신하는 것은 아니다(Gilb and Gilb 2011). 적절한 기능적/비기능적 요구사항을 찾거나 테스트 도출을 위해 각 유스케이스 요소(흐름, 선행조건, 후행조건 등)를 검사할 수 있다. 이를 통해 사용자가 유스케이스를 수행할 수 있도록 개발자가 반드시 구현해야 하는 요구사항을 놓치지 않을 수 있다. 하지만 사용자 스토리는 구조나 엄격함을 정확히 표현하지 않기 때문에 팀이 인수 테스트를 아쉬워하기 십상이다. 관련 기능을 놓치지 않기 위해서는 BA나 개발자의 효과적인 사용자 스토리 개발 경험이 꼭 필요하다. 유스케이스 분석을 통해 여러 가지 유스케이스에서 애플리케이션 내에서 일관된 방식의 오류 처리 전략으로 구현될 법한 비슷한 예외나 기타 다른 공통점이 포함된 것을 발견할 수도 있다. 하지만 사용자 스토리 모음 안에서는 이러한 공통점을 찾는 게 더 어렵다.

요구사항 탐색 시 사용자 스토리 도출 및 적용 방법에 대한 자세한 내용은 Cohn(2004)이나 Cohn(2010), Leffingwell(2011)을 참조하자. 이번 장의 나머지 부분에서는 유스케이스 기법에 초점을 맞추되 사용자 스토리 접근법과 유사한 부분과 다른 부분을 짚어나갈 것이다.

유스케이스 접근법

앞에서 언급한 바와 같이 유스케이스는 행위자에게 가치를 제공하는 결과를 도출하는 시스템과 외부 행위자 간의 일련의 상호작용을 설명한다. 행위자는 유스케이스를 수행하기 위해 시스템과 상호작용하는 사람 혹은 기타 다른 소프트웨어 시스템이나 하드웨어 장비를 말한다. 예를 들어, 화학약품 관리 시스템의 "화학약품 요청" 유스케이스는 요청자라는 이름의 행위자를 갖고 있다. 요청자(Requester)라는 CTS 사용자 클래스는 존재하지는 않는다. 화학자와 화학약품 창고의 직원 모두 화학약품을 요청할 수 있기 때문에 둘 중 어떤 사용자 클래스라도 요청자 역할을 수행할 수 있을 것이다. 다음은 사용자 대표가 행위자를 식별하는 데 도움이 되는 몇 가지 질문이다.

- 시스템 내에서 어떤 일이 발생했을 때 누구(혹은 무엇)에게 알리는가?
- 누가(혹은 무엇이) 시스템에 정보나 서비스를 제공하는가?
- 누가(혹은 무엇이) 시스템이 작업에 대응하거나 이를 완료하는 데 도움을 주는가?

> **사용자와 행위자**
>
> 사용자와 행위자를 구분하는 것은 혼동될 수 있다(Wiegers 2006). 사용자는 사용할 수 있는 여러 모자를 가지고 있고, 각각에 특정 유스케이스에 참여하는 것으로 시스템이 인식하게 해주는 행위자의 이름이 표시돼 있다고 생각해보자. 사용자는 시스템으로 특정 동작을 수행하고자 할 때 이에 적합한 모자를 쓴다. 이 사람이 수행하고자 하는 어떠한 유스케이스를 실행하더라도 시스템은 이를 모자에 명명된 행위자로 인식할 것이다. 화학자가 화학약품을 요청하고자 요청자 모자를 쓴다면 화학약품 관리 시스템은 그의 직책과 상관 없이 요청자라고 생각할 것이다. 즉, 그 순간 사용자는 요청자의 역할을 하는 것이다. 화학약품 창고 직원 역시 요청자 모자를 갖고 있다. 화학자와 화학약품 창고 직원 모두 CTS가 인지할 수 있는 다양한 이름을 갖는 행위자 모자를 갖고 있다. 물론 모든 모자를 준비하기 어려울 수도 있지만 분명 유스케이스에 대해 생각하는 데 유용한 방법일 것이다. 사용자는 실제 사람(또는 시스템)인 반면 행위자는 추상적이다.

유스케이스 다이어그램은 사용자 요구사항에 대한 고수준의 시각적 표현을 제공한다. 그림 8-2는 UML(Booch, Rumbaugh, Jacobson 1999; Podeswa 2010) 표기법을 이용한 CTS 유스케이스의 일부를 보여준다. 상자는 시스템의 경계를 나타낸다. 각 행위자(막대 그림)는 서로 상호작용할 유스케이스(원)에 화살표로 연결된다. 행위자로부터 유스케이스를 가리키는 화살표는 해당 행위자가 1차 행위자임을 나타낸다. 1차 행위자는 유스케이스를 최초 시작하며, 주요 가치를 이끌어낸다. 유스케이스는 어떻게든 유스케이스를 성공적으로 수행하는 데 참여하는 2차 행위자를 화살표로 가리킨다. 다른 소프트웨어 시스템이 유스케이스 수행에 내부적으로 기여하는 2차 행위자로서의 역할을 하기도 한다. 그림 8-2에서 교육 데이터베이스는 2차 행위자에 속한다. 이 시스템은 요청자가 위험 화학약품(안전하게 취급하는 숙련된 사람이 필요한)을 요청할 때 관여한다.

이 유스케이스 다이어그램을 5장 "비즈니스 요구사항 정립하기"의 그림 5-6에 있는 컨텍스트 다이어그램과 비교해 보자. 두 시스템 모두 시스템 외부와 내부 경계 범위를 정의한다. 유스케이스 다이어그램에서 상자는 시스템의 내부(유스케이스)를 외부 행위자로부터 분리한다. 컨텍스트 다이어그램의 경우 시스템 외부 객체는 묘사하지만 시스템 내부에 대한 가시성은 제공하지 않는다. 컨텍스트 다이어그램의 화살표는 시스템 경계를 넘나드는 데이터나 제어 신호를 나타내며, 만약 "시스템"이 수동 프로세스를 포함한다고 정의하는 경우 물리적인 자료의 흐름까지도 나타낸다. 반면 유스케이스 다이어그램의 화살표는 단순히 행위자와 이들이 참여하는 유스케이스 간의 연결 관계를 나타내며, 어떠한 흐름도 의미하지 않는다. 모든 요구사항 표현 형태와 마찬가지로 여러분이 만든 모델의 독자는 표기법에 대해 일관되게 이해해야 한다.

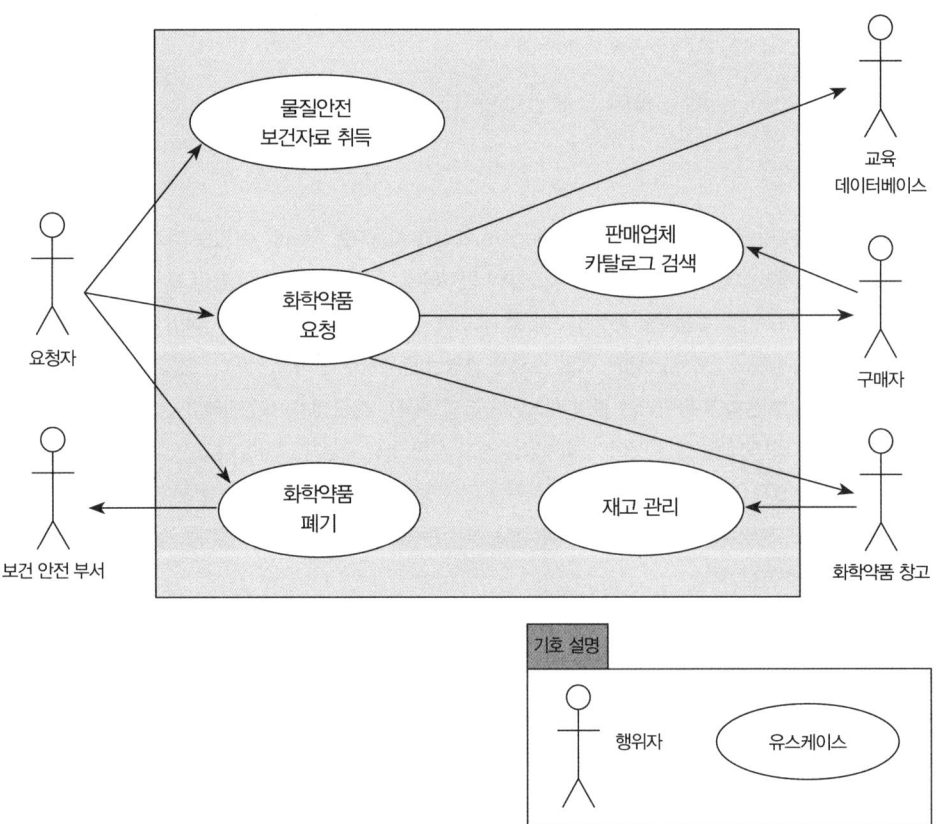

그림 8-2 화학약품 관리 시스템의 유스케이스 다이어그램 중 일부

유스케이스와 사용 시나리오

유스케이스는 행위자가 어떤 가치 있는 결과를 도출하기 위한 행위에 대한 별개의 독립적인 활동을 설명한다. 유스케이스는 공통의 목표를 가진 일련의 관련 활동을 포함할 수 있다. 시나리오는 시스템 사용에 대한 하나의 예를 설명한다. 따라서 유스케이스는 관련된 사용 시나리오의 집합이며, 시나리오는 유스케이스의 특정 요소다. 사용자 요구사항을 찾을 때는 보편적인 유스케이스 명세로 시작해서 좀 더 구체적인 유스케이스로 만들어 가거나 특정 시나리오 예제를 광범위한 유스케이스로 일반화할 수 있다.

그림 8-3은 화학약품 관리 시스템을 예로 들어 만든 포괄적인 유스케이스 템플릿을 보여준다. 부록 C에서 이 템플릿에 따라 작성한 더 많은 유스케이스 사례를 볼 수 있을 것이다. 여느 템플릿과 마찬가지로 하향식으로 템플릿을 완성할 필요는 없으며, 모든 유스케이스에 대해 템플릿 정보 전부가 꼭 필요하지도 않다. 이 템플릿은 단순히 유스케이스 논의 중 발생하는 정보를 저장하기 위한 조직적이고 일관된 방식의 구조일 뿐이다. 템플릿은 각 유스케이스에 대해 고려해야 하는 모든 정보를 생각할 수 있게 한다. 만약 템플릿의 정보가 이미 다른 곳에 존재하는 경우 그저 참고문서로 포함시키면 된다. 예를 들면, 템플릿의 유스케이스에 영향을 주는 각 비즈니스 규칙을 실제 문장 그대로 포함하지 말고 관련된 비즈니스 규칙의 식별자를 나열하면 독자가 필요할 때 해당 정보를 찾을 수 있을 것이다.

ID와 이름:	UC-4 화학약품 요청		
작성자:	로리	작성일:	2013-08-22
1차 행위자:	요청자	2차 행위자:	구매자, 화학약품 창고, 교육 데이터베이스
설명:	요청자는 요청이 필요한 화학약품을 화학약품의 이름이나 ID 번호를 입력하거나 화학약품 그림 도구에서 화학약품의 구조를 추가함으로써 지정한다. 시스템은 요청자에게 화학약품 창고에 있는 화학 용기를 제공하거나 요청자가 판매업체 중 하나에게 직접 주문할 수 있게 한다.		
촉발:	요청자가 화학약품 요청이 필요함을 알린다.		
선행조건:	PRE-1. 사용자 신원이 인증됐다. PRE-2. 사용자는 화학약품 요청 권한을 갖고 있다. PRE-3. 화학약품 재고 데이터베이스가 온라인 상태다.		
후행조건:	POST-1. 요청이 CTS에 저장된다. POST-2. 요청이 화학약품 창고나 구매자에게 보내진다.		
정상 흐름:	4.0 화학약품 창고에 화학약품 요청하기 1. 요청자는 필요한 화학약품을 지정한다. 2. 만약 필요한 화학약품이 화학약품 창고에 있는 경우 시스템은 요청된 화학 용기 목록을 나열한다. 3. 시스템은 요청자에게 모든 용기에 대한 용기 기록 조회를 옵션으로 제공한다. 4. 요청자는 특정 용기를 선택하거나 판매업체에 주문한다(4.1 참조). 5. 요청자는 요청을 완료하기 위해 기타 다른 정보를 입력한다. 6. 시스템은 요청을 저장하고 화학약품 창고에 알린다.		

대안 흐름:	**4.1 판매업체에게 화학약품 요청하기** 1. 요청자는 화학약품 판매업체의 카탈로그를 검색한다(4.1.E1 참조). 2. 시스템은 주문 가능한 용기의 크기, 등급, 가격과 함께 화학약품 판매업체 목록을 출력한다. 3. 요청자는 판매업체와 용기 크기, 등급, 수량을 선택한다. 4. 요청자는 요청을 완료하기 위해 기타 다른 정보를 입력한다. 5. 시스템은 요청을 저장하고 구매자에게 알린다.
예외:	**4.1.E1 화학약품을 구매할 수 없음** 1. 시스템이 메시지를 표시한다: 해당 화학약품을 취급하는 판매업체가 없습니다. 2. 시스템이 요청자에게 다른 화학약품을 주문할 것인지(3a) 아니면 종료할 것인지(4a) 물어본다. 3a. 요청자가 다른 화학약품을 요청한다. 3b. 시스템은 정상 흐름을 시작한다. 4a. 요청자가 종료를 요청한다. 4b. 시스템이 유스케이스를 종료한다.
우선순위:	높음
사용 주기:	각 화학자는 주당 5회, 화학약품 창고 직원은 주당 200회 사용
비즈니스 규칙:	BR-28, BR-31
기타 정보:	이 시스템은 화학약품 드로잉 패키지 중 하나에서 표준 형식으로 작성된 화학약품 구조를 가져올 수 있어야 한다.
가정:	가져온 화학약품 구조는 유효한 것으로 간주된다.

그림 8-3 화학약품 관리 시스템의 "화학약품 요청" 유스케이스 명세의 일부

유스케이스의 필수 요소는 다음과 같다.

- 사용자 목표를 명시하는 고유 식별자와 간결한 이름

- 유스케이스의 목적을 기술하는 간략한 설명

- 초기 유스케이스를 시작하는 조건

- 유스케이스가 시작되기 위해 꼭 만족해야 하는 0개 이상의 선행조건

- 유스케이스가 성공적으로 완료된 후 시스템 상태를 설명하는 0개 이상의 후행조건

- 선행조건에서 후행조건으로 이어지는 행위자와 시스템(대화상자) 간의 상호작용 순서를 보여주는 번호가 매겨진 단계의 목록

> **유스케이스 명명규칙**
>
> 유스케이스 명세는 정상 흐름과 대안 흐름, 예외, 선행조건, 후행조건 등 수많은 작은 정보 뭉치로 구성돼 있다. 그림 8-3은 이러한 요소를 유지하는 데 도움될 만한 단순한 명명규칙을 보여준다. 각 유스케이스는 'UC-4 화학약품 요청'과 같이 일련번호를 갖고 있으며, 사용자의 목표를 반영하는 의미 있는 이름을 갖고 있다. 이 유스케이스에서 정상 흐름의 식별자는 4.0이다. 대안 흐름은 소수점 우측 번호를 증가시키는 형태로 구분할 수 있으며, 첫 번째 대안 흐름은 4.1, 두 번째는 4.2와 같은 형태로 표현된다. 정상 흐름과 대안 흐름 모두 각각의 예외를 가질 수 있다. 4번 유스케이스의 정상 흐름에서 첫 번째 예외는 4.0.E1으로 표시된다. 이 유스케이스에서 첫 번째 대안 흐름의 두 번째 예외는 4.1.E2가 될 것이다.

선행조건과 후행조건

선행조건은 시스템이 유스케이스를 실행할 때 반드시 선행돼야 하는 전제조건을 정의한다. 시스템은 유스케이스를 처리할 수 있는지 확인하기 위해 모든 선행조건을 테스트할 수 있어야 한다. 선행조건은 "자동 인출기에서 현금을 인출하는 유스케이스에서 ATM은 반드시 현금을 갖고 있어야 한다."와 같이 시스템의 상태를 설명하지만 "나는 돈이 필요하다."와 같이 사용자의 의도를 설명하지는 않는다.

시스템이 사용자가 특정 유스케이스를 수행하길 원한다는 것을 알리는 촉발 이벤트를 감지하면 시스템은 (비록 사용자에게 필요하지 않을지라도!) 알아서 "선행조건을 확인하는 동안 잠시 기다려 주세요."라고 얘기한다. 촉발 이벤트 자체가 선행조건은 아니다. 모든 선행조건을 만족한다면 시스템이 유스케이스를 실행할 수 있으며, 만족하지 못한다면 실행할 수 없다. 선행조건을 확인하는 과정을 통해 유스케이스가 성공적으로 완료될 수 없음을 알고 있음에도 시스템이 그냥 실행해 발생하는 에러를 방지할 수 있다. 만약 ATM이 비어있다면 사용자가 출금 거래를 시작하지 못하게 해야 할 것이다. 이 방법은 애플리케이션을 더욱 견고하게 만들 것이다. 사용자가 유스케이스의 모든 선행조건을 인지하지는 못하기 때문에 BA는 다른 소스에서 기초 자료를 얻어야 한다.

후행조건은 유스케이스가 성공적으로 실행된 이후의 시스템 상태를 설명한다. 후행조건은 다음을 설명할 수 있다.

- 사용자가 관심을 가질 만한 것(시스템이 계좌 잔액을 표시).
- 실제 결과(ATM이 현금을 내어주고 영수증을 출력함).
- 내부 시스템 상태 변화(계좌에서 거래 수수료와 현금 인출 금액이 출금됨).

많은 후행조건은 "현금을 찾았다!"와 같이 사용자에게 가치를 제공하는 결과를 나타내므로 사용자에게 명확하다. 그러나 어떤 사용자도 BA에게 사용자의 출금 액수에 따라 ATM의 현금 잔액을 감소시켜야 한다는 것을 얘기하지는 않는다. 사용자는 내부의 이 같은 세부적인 사항에 대해 알지 못할뿐더러 관심도 없다. 하지만 BA는 주제 전문가 등과 협의하며, 이를 발견하고 추가적인 후행조건으로 기록해서 개발자나 테스터가 이에 대해 알 수 있게 해야 한다.

정상 흐름과 대안 흐름, 예외

유스케이스에서 하나의 시나리오는 이벤트의 정상 흐름을 통해 식별된다. 또한 중심 흐름(main flow), 기본 흐름(basic flow), 일반 과정(normal course), 기본 시나리오(primary scenario), 중심 성공 시나리오(main success scenario), 맑은날 시나리오(sunny-day scenario), 해피 패스(happy path)라고 부르기도 한다. "화학약품 요청" 유스케이스의 정상 흐름은 화학약품 창고에서 요청 가능한 화학약품을 신청하는 것이다. 그림 8-3에서 볼 수 있듯이 정상 흐름은 각 단계를 수행하는 요소(시스템이나 특정 행위자)를 가리키는 단계별 숫자 목록으로 작성된다.

유스케이스에 대한 또 다른 성공 시나리오는 대안 흐름이나 보조 시나리오라고 한다. 대안 흐름은 정상 흐름과 동일하거나 조금 다른 비즈니스 결과를 제공하는데, 작업 특성이나 달성하는 방법에 따라 더 적거나 낮은 우선순위 변화를 나타낸다. 정상 흐름은 일련의 상호작용 중 어떠한 의사결정 시점에 대안 흐름으로 분기할 수 있으며, 이후 다시 정상 흐름에 합류하거나 합류하지 않을 수도 있다. 정상 흐름에서는 사용자가 어느 단계에서 대안 흐름으로 분기하는지 나타낸다. "기본적으로 ~가 돼야 한다."고 말하는 사용자는 유스케이스의 정상 흐름을 설명하는 것이다. "사용자는 판매업체에게 화학약품을 주문할 수 있어야 한다."와 같은 문장은 그림 8-3의 4.1에서 볼 수 있는 바와 같이 정상 흐름의 4단계에서 분기되는 대안 흐름을 암시한다.

사용자 스토리가 사용자의 니즈에 대한 간결한 문장인 것과는 대조적으로 유스케이스는 풍부한 설명을 제공한다는 것을 기억하자. 애자일 세계에서 사용자 스토리는 전체 유스케이스와 동일한 범위를 다루기도 하지만 어떤 상황에서는 그저 하나의 시나리오나 대안 흐름을 나타내기도 한다. 만약 애자일 개발팀이 CTS의 요구사항에 대해 논의한다면 다음과 같은 사용자 스토리를 도출할 것이다.

나는 화학자로서 실험을 수행할 수 있도록 화학약품을 요청하고자 한다.

나는 화학자로서 바로 사용할 수 있도록 화약약품 창고에 화학약품을 요청하고자 한다.

나는 화학자로서 화학약품 창고에 있는 샘플의 순도를 믿지 못하기 때문에 판매업체에 화학약품을 요청하고자 한다.

세 가지 스토리 중 첫 번째 스토리는 전체 유스케이스에 해당한다. 두 번째와 세 번째 사용자 스토리는 그림 8-3과 같이 유스케이스의 정상 흐름과 첫 번째 대안 흐름을 나타낸다.

유스케이스의 성공을 방해할 가능성이 있는 조건을 예외라고 한다. 예외는 유스케이스를 실행하는 동안 발생할 것이라 예상되는 에러 조건과 처리 방법을 설명한다. 일부 사례에서는 잘못된 데이터를 재입력하는 방법으로 사용자가 예외를 복구할 수도 있다. 그러나 다른 상황에서는 성공 조건에 도달하지 못하고 유스케이스를 종료해야 한다. 그림 8-3에서 4.1.E1이라는 이름이 붙은 "화학약품을 구매할 수 없음"은 "화학약품 요청하기" 유스케이스의 예외 중 하나다. 요구사항을 도출하며 예외를 명시하지 않는다면 두 가지 결과를 맞이하게 될 것이다.

- 각 개발자는 각자가 찾은 예외를 처리할 방법을 최선을 다해 추측하겠지만 애플리케이션 전반에 걸친 일관되지 않은 에러로 인해 덜 견고한 소프트웨어가 될 것이다.
- 누구도 예외 상황에 관심을 두지 않기 때문에 사용자가 에러 조건에 도달할 때마다 시스템은 실패하게 될 것이다.

시스템에 문제가 생기는 것은 분명 사용자의 요구사항 목록에는 없을 것이다.

에러 조건 중 일부는 여러 유스케이스나 유스케이스의 정상 흐름 단계에 영향을 미칠 수 있다. 네트워크 연결 소실, 데이터베이스 운영 중 실패, 용지 걸림과 같은 물리적 장치 실패 등이 이러한 예다. 예외가 반복적으로 모든 요구사항에 잠재적인 영향을 미치도록 놔두기보다는 이를 추후 구현해야 하는 추가적인 기능적 요구사항으로 간주하자. 모든 알려진 기능을 유스케이스에 강제 적용하는 것이 목표는 아니다. 가능한 많은 필수 시스템 기능을 찾기 위해 사용 중심 도출을 도입하자.

유스케이스에서 식별한 모든 대안 흐름을 구현할 필요는 없다. 이후의 반복주기나 출시로 연기할 수도 있을 것이다. 그러나 성공적인 흐름을 방해할 수 있는 예외는 구현해야 할 것이다. 숙련된 프로그래머는 예외 처리에 많은 코딩 노력이 수반된다는 사실을 알고 있다. 예외를 간과하는 것은 요구사항 누락의 일반적인 사례다. 요구사항을 도출하며 예외 조건을 명세화함으로써 팀은 견고한 제품을 만들 수 있을 것이다. 정상 흐름의 각 단계는 예외가 발생할 수 있는 위치와 시스템이 예외를 처리하는 방법을 기술하는 유스케이스 템플릿의 절을 가리킨다.

사용자 스토리 방법을 도입한 애자일 프로젝트는 각 스토리에 대한 인수 테스트를 만들어 수행함으로써 예외를 해결한다. 위의 사용자 스토리 중 세 번째 사용자 스토리는 판매업체에게 화학약품을 요청하는 것에 관한 것이었다. 이 스토리에 대한 대화에서 "만약 필요한 화학약품을 판매업체에서 취급하지 않는다면 어떻게 하나요?"와 같은 질문이 제기될 수 있다. "어떠한 판매업체의 카탈로그에서도 화학약품을 찾을 수 없다면 이에 대한 메시지를 표시한다."와 같은 인수 테스트로 이어질 수 있을 것이다. 여느 훌륭한 테스트 방법과 마찬가지로 사용자 스토리의 인수 테스트는 예상 가능한 행동이나 잘못된 상황을 모두 포함해야 한다.

많은 유스케이스가 단순한 문장으로 기술되기는 하지만 그림 8-4와 같은 순서도나 UML 활동 다이어그램을 사용함으로써 복잡한 유스케이스의 논리적인 흐름을 시각적으로 표현할 수 있다. 순서도와 활동 다이어그램은 정상 흐름에서 대안 흐름으로 분기되는 의사결정 시점이나 조건을 보여준다.

그림 8-3의 예를 보면 행위자의 궁극적인 목표는 화학약품 요청하기로서 두 가지 상황에서 모두 동일하다. 따라서 창고나 판매업체에 화학약품을 요청하는 것은 별도의 유스케이스가 아니라 하나의 유스케이스에 대한 두 개의 시나리오라고 봐야 한다. 대안 흐름의 단계 중 일부는 정상 흐름과 동일하지만 대안 경로를 달성하기 위해 특정 행위가 필요하다. 이 대안 흐름은 사용자가 필요한 화학약품을 판매업체 카탈로그를 검색할 수 있게 한 후 4단계의 정상 흐름으로 병합해서 요청 프로세스를 계속 진행할 수 있게 한다.

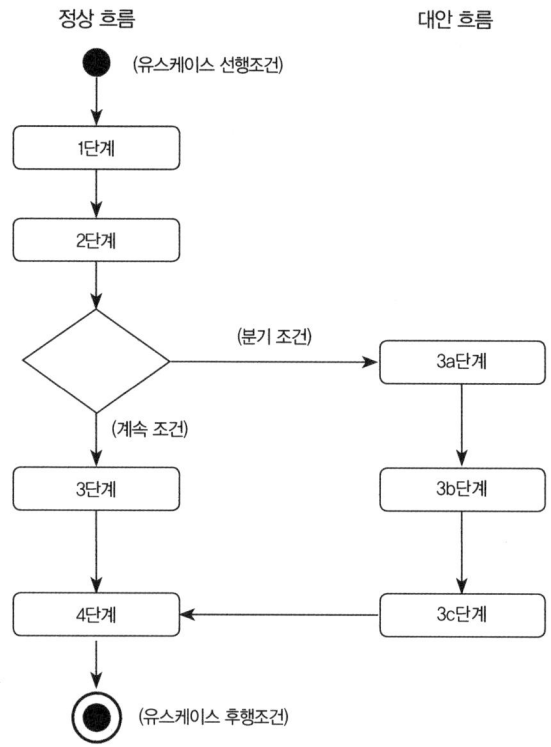
그림 8-4 유스케이스의 정상/대안 흐름의 각 단계 흐름을 나타낸 활동 다이어그램

> **유스케이스 갖추기**
>
> 항상 포괄적인 유스케이스 명세가 필요한 것은 아니다. 콕번은 가볍고 완벽히 갖춰진 유스케이스 템플릿을 작성했다(Cockburn 2001). 가벼운 유스케이스는 그림 8-3의 "설명" 절과 같이 사용자 목표와 시스템과의 상호작용을 단순히 글로써 설명한다. 그림 8-3에서 완성된 템플릿은 완벽히 갖춰진 유스케이스를 보여준다. 물론 여기서 모든 작업을 수행할 수 있다. 또한 모든 유스케이스가 동일한 수준으로 문서화될 필요도 없다. 때로는 유스케이스 이름과 요약 설명만으로도 구현해야 할 기능을 전달하기에 충분하다. 나중에 대안 흐름과 예외를 단순히 나열할 수는 있지만 그 이상 설명하지는 않는다. 어떤 경우에는 복잡한 유스케이스에 대한 좀 더 포괄적인 명세가 팀에 도움될 것이다. 완벽히 갖춰진 유스케이스는 다음과 같은 상황에서 가치가 있다.
>
> - 프로젝트에서 사용자 대표가 개발팀과 적극적으로 함께하지 않는다.
> - 애플리케이션이 복잡하고 시스템 장애 위험이 높다.
> - 유스케이스가 개발자에게 일반적이지 않은 새로운 요구사항을 나타낸다.
> - 유스케이스가 개발자가 접하게 되는 가장 상세한 요구사항이다.

- 사용자 요구사항을 기반으로 포괄적인 테스트 케이스를 개발하고자 한다.
- 원격 팀과의 협업에서 상세하고 공유 가능한 집단 기억 저장소(group memory)를 필요로 한다.

유스케이스가 얼마나 자세해야 하는지에 대해 독단적으로 판단하기보다는 목표가 무엇인지 기억하자. 목표는 개발자가 재작업으로 인한 위험을 낮게 유지할 수 있도록 사용자 목표를 충분히 이해하는 것이다.

확장 및 포함

유스케이스 다이어그램에서는 유스케이스 간의 관계를 확장과 포함이라고 하는 두 가지 유형의 관계로 표현할 수 있다. 그림 8-3에서 "화학약품 요청" 유스케이스에 대해 화학약품 창고에 화학약품을 요청하는 정상 흐름과 판매업체에게 요청하는 대안 흐름을 확인했다. 그림 8-2의 유스케이스 다이어그램에서 구매자에게는 "판매업체 카탈로그 검색"이라는 유스케이스가 있었다. 요청자도 대안 흐름의 일부로서 화학약품을 요청할 때 선택적으로 "판매업체 카탈로그 검색"과 동일한 유스케이스를 실행하길 원한다고 가정해보자. 이때 그림 8-5와 같이 유스케이스 다이어그램은 "판매업체 카탈로그 검색"과 같은 독립적인 유스케이스가 정상 흐름에서 대안 흐름으로 확장됨을 보여줄 수 있다 (Armour and Miller 2001).

그림 8-5 화학약품 관리 시스템에서 유스케이스 확장 관계에 대한 예

때로는 여러 유스케이스가 공통의 단계를 공유하기도 한다. 각 유스케이스에서 이러한 단계의 중복을 피하기 위해 서로 공유하는 기능을 포함하고 종속 유스케이스를 갖는 다른 유스케이스를 가리키는 별도의 유스케이스로 정의할 수 있다. 이는 컴퓨터 프로그램에서 공통 서브루틴을 호출하는 것과 유사하다. 회계용 소프트웨어 패키지에 대해 생각해보자. "청구서 지불"과 "신용카드 조정"과 같은 두 개의 유스케이스에서 사용자는 비용 지불을 위해 수표를 작성해야 할 것이다. 이때 수표 작성을 위한 공통의 단계를 포함하는 "수표 작성"이라는 별도의 유스케이스를 만들 수 있을 것이다. 그림 8-6의 표기법에서 볼 수 있듯이 이러한 두 개의 거래 관련 유스케이스는 "수표 작성"이라는 유스케이스를 포함한다. 또 다른 이가 회계 소프트웨어를 이용해 수행할 수 있는 작업이 존재하기 때문에 "수표 작성"은 독립적인 유스케이스다.

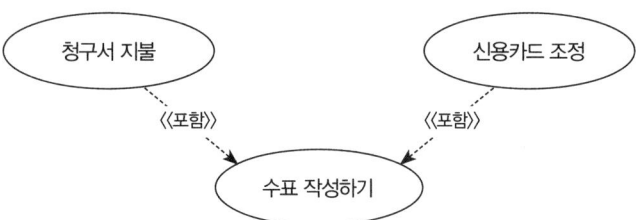

그림 8-6 회계 애플리케이션에서의 유스케이스 포함 관계에 대한 예

> **함정** 확장 및 포함 관계를 언제, 어떻게 사용할지 혹은 사용 여부에 대해 동료들과 오래 논쟁하지 말자. 유스케이스 관련 책의 저자 중 한 명은 내게 확장과 포함은 맥주를 한잔 하면서 논의하기에 좋은 소재라고 말했다.

선행조건과 후행조건 설정하기

여러 애플리케이션에서 사용자는 일련의 유스케이스 흐름을 더 큰 작업을 설명하는 "매크로(macro)" 유스케이스와 묶을 수 있다. 전자상거래를 위한 웹사이트의 유스케이스에는 "카탈로그 검색", "장바구니에 품목 추가", "장바구니 안의 품목 결제" 등이 있을 것이다. 만약 각 활동을 독립적으로 수행할 수 있다면 각각은 유스케이스다. 즉, 카탈로그를 검색한 하나의 세션이 있고, 검색하지 않고 장바구니에 품목을 추가한 또 하나의 세션이 있으며(아마 제품 번호를 직접 입력해서) 장바구니의 품목을 결제한 세 번째 세션이 있을 것이다(로그온 세션이 장바구니에서도 지속돼야 함을 나타냄). 또한 이러한 세 가지 활동은 하나의 흐름으로 수행될 수 있으며, 그림 8-7에서처럼 "제품 구입"이라는 큰 유스케이스로 부를 수 있을 것이다. "제품 구입" 유스케이스에 대한 설명은 앞서 얘기한 세 가지 유스케이스("카탈로그 검색", "장바구니에 품목 추가", "장바구니 안의 품목 결제")를 수행하는 것을 차례차례 얘기하면 될 것이다.

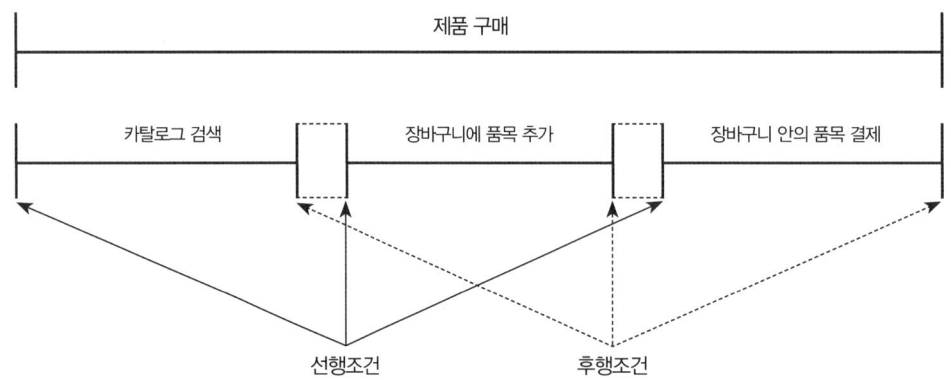

그림 8-7 선행조건과 후행조건은 더 큰 작업으로 묶인 각 유스케이스의 경계를 정의한다.

이 프로세스가 동작하려면 각 유스케이스는 사용자가 다음 유스케이스를 바로 시작할 수 있게 시스템 상태를 만들어야 한다. 즉, 각 유스케이스의 후행조건은 다음에 실행될 유스케이스의 선행조건을 충족해야 한다. 마찬가지로 ATM과 같은 거래 처리 애플리케이션에서는 각 유스케이스가 다음 거래를 시작할 수 있는 상태로 시스템을 만들어야 한다.

유스케이스와 비즈니스 규칙

유스케이스와 비즈니스 규칙은 서로 얽혀있다. 비즈니스 규칙 중 일부는 유스케이스 전부 혹은 일부를 수행할 수 있도록 역할을 제한한다. 아마도 일정 수준 이상의 권한을 가진 사용자만이 특정 대안 흐름을 수행할 수 있을 것이다. 즉, 규칙은 사용자 프로세스를 시작하기 전에 시스템이 테스트해야 한다는 선행조건을 부과할 수 있다. 비즈니스 규칙은 유효한 입력 값을 정의하거나 계산이 수행되는 방법을 강제함으로써 특정 정상 흐름 단계에 영향을 미칠 수 있다. 항공사가 특정 좌석을 선호하는 고객에게 할증료를 부과한다고 가정해보자. 승객이 항공사의 웹사이트에서 새로운 좌석을 선택하는 유스케이스를 실행하고 좌석을 선택하면 이와 관련된 비즈니스 규칙이 승객의 항공 요금을 변경할 것이다. 유스케이스를 명세화할 때 유스케이스에 영향을 주는 비즈니스 규칙에 대한 식별자를 기재하고 각 규칙이 어떤 유스케이스에 영향을 미치는지 정의해야 한다.

유스케이스를 살펴보면 적절한 비즈니스 규칙을 발견할 수 있을 것이다. 화학약품 관리 시스템의 요구사항 도출에 참여했던 화학자와 시스템에 저장된 주문내역 확인에 대한 유스케이스에 대해 논의했을 때 이들 중 한 명은 "프레드는 제 주문내역을 볼 수 없어야 하며, 저 또한 프레드의 주문내역을 보고 싶지 않습니다."라고 말했다. 즉, "사용자는 본인이 주문한 화학약품 내역만 볼 수 있어야 한다."라는 비즈니스 규칙이 생긴 것이다. 때때로 요구사항 도출과 분석 중에 비즈니스 규칙을 발견하기도 하고, 논의 중에 이미 조직에 내재된 관련 규칙을 발견하기도 하며, 시스템이 존중해야 하는 기존 규칙에 대해 이미 알고 있을 수도 있다.

유스케이스 식별하기

유스케이스는 다양한 방법으로 식별할 수 있다(Ham 1998; Larman 1998).

- 먼저 행위자를 식별하고 시스템이 제공해야 하는 비즈니스 프로세스를 배치한 다음 행위자와 시스템이 상호작용하는 활동에 대한 유스케이스를 정의한다.
- 각 비즈니스 프로세스를 묘사하는 특정 시나리오를 만들고 유스케이스에 맞게 일반화한 후 각각에 필요한 행위자를 식별한다.

- 비즈니스 프로세스 기술서를 활용해 "이 프로세스를 완수하거나 입력을 출력으로 전환하기 위해 시스템이 어떤 작업을 해야 하나요?"라고 질문한다. 여기서 나온 작업이 유스케이스가 될 것이다.
- 시스템이 꼭 반응해야 하는 외부 이벤트를 식별해 해당 이벤트에 참여하는 행위자와 연관 짓고 유스케이스로 구체화한다.
- 생성, 조회, 갱신, 삭제하거나 조작하는 유스케이스가 필요한 데이터 요소를 식별하기 위해 CRUD 분석을 사용하자(13장 "데이터 요구사항 명세화하기" 참조).
- 컨텍스트 다이어그램을 이용해 "이러한 각 외부 개체가 시스템의 도움을 받아 달성하고자 하는 목표가 무엇입니까?"라고 물어보자.

CTS 팀은 이번 장에서 앞으로 얘기할 프로세스를 이용해 첫 번째 방법을 따랐다. 세 명의 비즈니스 분석가는 일주일에 두 번 열리는 두 시간 짜리 유스케이스 도출 워크숍을 퍼실리테이션했다. 누구도 유스케이스에 대한 경험이 없었고 모두 함께 배워야 했기 때문에 부분적인 도출 워크숍을 선택했다. 또한 개별 인터뷰를 통한 워크숍 형식이 그룹이 시너지를 내는 데 도움될 것으로 봤다. 다양한 사용자 클래스로 구성된 구성원이 동시에 별도의 워크숍에 참여했으며, 각기 다른 BA와 함께했다. 여러 사용자 클래스에 공통으로 적용되는 유스케이스가 몇 개 없었기 때문에 문제 없이 운영할 수 있었다. 사용자 클래스의 제품 챔피언과 다른 선택받은 사용자 대표, 개발자가 각 워크숍에 참여했다. 도출 워크숍에 참여하는 것은 개발자에게 앞으로 개발해야 할 제품에 대한 시기적절한 통찰력을 제공한다. 또한 개발자는 제안된 요구사항이 불가능할 때 현실적인 목소리를 내는 역할도 한다.

워크숍을 시작하기 전에 각 BA는 사용자가 신규 시스템이 수행해야 하는 작업에 대해 생각할 수 있는 질문을 넌셔야 한다. 이러한 작업이 유스케이스 후보가 될 것이다. 이는 유스케이스 도출을 위한 상향식 접근법으로서, 시스템이 제공해야 하는 모든 비즈니스 프로세스를 식별하고 여기서부터 유스케이스를 발굴하는 하향식 전략을 보완할 수 있다. 각기 다른 프로세스를 통해 생성된 유스케이스 목록을 비교함으로써 유스케이스가 누락되는 것을 줄일 수 있다.

일부 후보는 범위를 벗어났고 더 이상 추적되지 않았다. 어떤 그룹은 워크숍에서 남아있는 유스케이스 중 범위에 포함되는 것을 찾다가 이들 중 일부가 더 일반적인 유스케이스로 통합될 수 있는 시나리오를 발견했다. 또한 초기 유스케이스 외의 추가적인 유스케이스도 발견했다. 계속 진행하는 동안 이런 종류의 조정을 수행할 수 있다.

일부 사용자는 "물질안전보건자료"와 같이 작업으로 표현할 수 없는 유스케이스를 제안했다. 유스케이스의 이름은 사용자가 달성하고자 하는 목표를 나타내야 하며, 동사로 끝나야 한다[1]. 사용자

---

1 (옮긴이) 영어에서는 동사로 시작하나, 한국어에서는 동사로 끝나게 된다.

가 물질안전보건자료의 요청, 조회, 출력, 다운로드, 정렬, 수정, 삭제, 생성을 원하는가? 때로는 제안된 유스케이스가 "바코드 읽기"와 같이 행위자가 프로세스의 일부로서 수행하는 단계 중 하나였을 수도 있다. BA는 사용자가 바코드를 읽으며 마음속으로 어떤 목표를 가지고 있는지 배워야 한다. BA는 "언제 화학약품 용기의 바코드를 읽나요? 달성하고자 하는 것은 무엇이죠?"라고 물어봐야 한다. "저는 화학자로서 제 실험실의 화학약품을 기록할 수 있도록 용기의 바코드를 스캔해야 합니다."라고 응답했다고 해보자(사용자 스토리 작성 형식에 명시된 방법을 참고). 따라서 실제 유스케이스는 "실험실에 화학약품 기록하기"가 된다. 바코드를 읽는 것은 실험실에 화학약품을 기록하기 위한 행위자와 시스템 간의 상호작용 중 한 단계에 불과하다.

누군가가 제안한 첫 번째 유스케이스를 너무 깊이 분석하려 하지 마라. 각 유스케이스를 충분히 학습하고 팀이 우선순위를 할당해서 앞으로의 출시나 반복주기에 배치할 수 있게 하자. 그러면 다음 개발 주기에 배치된 높은 우선순위의 유스케이스를 찾을 수 있고, 개발자는 가능한 한 빨리 개발을 시작할 수 있을 것이다. 낮은 우선순위의 유스케이스는 개발 일정 전까지 구체화하며 대기할 수 있을 것이다. 이는 애자일 프로젝트에서 사용자 스토리 작업을 할 때 추구하는 전략과 동일한 전략이다.

> **함정** 모든 요구사항을 유스케이스로 변환하려 하지 마라. 유스케이스는 대부분의 기능적 요구사항을 나타내지만 전부 나타내지는 않는다. BA가 구현돼야 하는 특정 기능을 이미 알고 있다면 단순히 기능 확보를 위해 유스케이스를 만드는 것은 크게 가치 있는 일이 아니다.

유스케이스 탐색하기

CTS 도출 워크숍의 참가자는 각 유스케이스로부터 이득을 얻는 행위자를 식별하고 요약 설명을 작성하면서 논의를 시작했다. 동시 사용량과 수용량 요구사항에 대한 초기 지표로부터 사용 주기를 산정했다. 그런 다음 이들은 유스케이스의 경계인 선행조건과 후행조건을 정의하기 시작했다. 모든 유스케이스의 각 단계는 이러한 경계 사이에서 발생한다. 선행조건과 후행조건은 논의 중에 발견된 부가정보로 인해 추후 조정됐다.

다음으로 BA는 참가자에게 시스템과 작업을 수행하는 데 필요한 가시적인 상호작용에 대해 물었다. 행위자의 행동 절차와 시스템의 반응은 유스케이스의 정상 흐름이 됐다. 각 참가자가 앞으로의 사용자 인터페이스에 대해 각기 다른 생각을 가지고 있더라도 그룹은 행위자-시스템 다이어그램의 필수 단계에 대한 공통의 비전에 도달할 수 있었다.

> **경계에 머물기**
>
> 8개의 단계로 구성된 정상 흐름 유스케이스를 검토하면서 다섯 번째 단계 이후에 후행조건을 만족한다는 것을 알았다. 6, 7, 8단계는 유스케이스의 경계를 벗어나 불필요해졌다. 마찬가지로 유스케이스의 선행조건은 정상 흐름의 1단계를 시작할 수 있도록 만족돼야 한다. 유스케이스 흐름을 검토할 때 선행조건과 후행조건이 적절한 범위 내에 있는지 확인하자.

BA는 행위자의 행동과 이에 상응하는 반응을 플립차트 시트 위에 있는 포스트잇에 기록했다. 포스트잇은 이러한 워크숍에 유용하다. 포스트잇은 논의가 진행되면서 다른 곳으로 옮기거나, 그룹으로 묶고, 교체하기 쉽다. 이런 워크숍을 수행하는 또 다른 방법은 유스케이스 템플릿을 컴퓨터와 연결된 큰 화면에 띄어놓고 논의와 동시에 작성하는 것이다. 도출 팀은 대안 흐름과 예외에 대한 유사한 질의응답을 만들었다. 분석가가 "갑자기 데이터베이스가 꺼졌을 때 어떤 일이 발생할까요?"라거나 "화학약품을 구입할 수 없으면 어떻게 해야 할까요?"와 같은 질문을 하면서 많은 예외가 발견됐다. 워크숍은 응답 시간, 가용성, 보안 요구사항, UI 디자인 제약사항 등 사용자의 품질 예측에 대해 논의하기에 좋은 시간이다.

워크숍 참가자가 각 유스케이스에 대해 기술한 후 변동이나 예외, 기타 정보에 대한 추가 제안이 없을 때 다음으로 넘어갔다. 그들은 한번의 마라톤 워크숍에서 모든 유스케이스를 다루거나 논의된 모든 유스케이스의 세부사항 전부를 파악하려고 하지 않았다. 그 대신 겹겹의 유스케이스를 찾고 우선순위가 높은 유스케이스에 집중해서 개발 우선순위에 따라 반복적으로 정제하기 시작했다.

그림 8-8은 CTS 유스케이스 도출 프로세스를 진행하는 동안 만들어진 작업 산출물 생성 순서를 보여준다. 워크숍 후, 분석가는 그림 8-3에서 나온 템플릿과 각 유스케이스에 필요한 템플릿 완료 여부에 대한 판단에 따라 각 유스케이스를 작성했다.

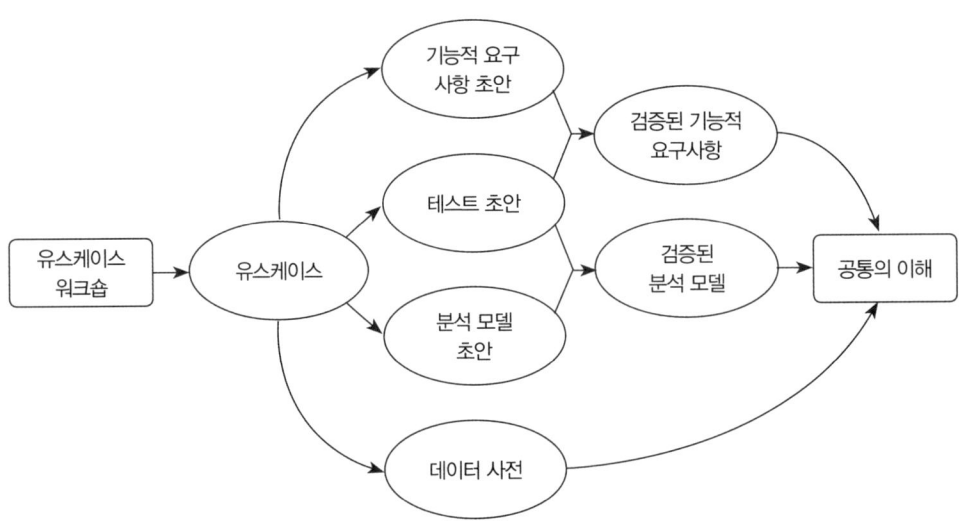

그림 8-8 유스케이스 도출 작업의 산출물

유스케이스 흐름의 각 단계를 작성할 때 특정 사용자 인터페이스 상호작용을 지칭하는 말은 피해야 한다. "요청자는 원하는 화학약품을 명시한다."는 잘 일반화됐으며 UI 독립적이다. 요청하는 화학약품을 가리키는 사용자의 의도를 충족시키기 위한 방법으로 화학약품 ID 입력하기, 파일에서 화학약품 구조 추가하기, 마우스(혹은 태블릿의 스타일러스)로 화면에 구조 그리기, 목록에서 화학약품 선택하기 등 다양한 방법이 있다. 특정 상호작용의 세부사항에 대해 너무 빨리 진행하다 보면 워크숍 참가자의 생각을 제한하게 된다.

유스케이스는 종종 템플릿의 어떠한 절에도 적합하지 않은 추가 정보나 요구사항을 포함하기도 한다. 적절한 성능과 기타 품질 요구사항, 제약조건, 외부 인터페이스 지식을 기록하기 위해 "기타 정보" 절을 사용하자. 결국 이 모든 정보는 SRS나 요구사항 문서의 다른 항목을 향하고 있음을 알 수 있을 것이다. 또한 유스케이스를 완료하기 위해 보이지 않는 곳에서 소통하는 시스템의 필요성과 같이 사용자로부터 발견하지 못하는 정보에 주목하자.

유스케이스 검증하기

그림 8-8의 프로세스는 각 워크숍이 종료된 후 화학약품 관리 시스템의 BA가 유스케이스로부터 소프트웨어의 기능적 요구사항을 도출하는 과정을 보여준다(이에 대한 자세한 내용은 다음 절의 "유스케이스와 기능적 요구사항"을 참고하자). 또한 BA는 모든 가능한 화학약품 요청 상태와 허용되는 상태 변화를 보여주는 상태 전이 다이어그램 등 몇 가지 분석 모델을 그린다. 여러 개의 유스케이스로 화학약품 요청을 다룰 수 있으므로 여러 유스케이스에 걸쳐 있는 정보와 동작이 함께 다이어그램에 나타나야 한다. 12장에서 그림 12-3의 상태 전이 다이어그램과 같은 CTS를 위한 여러 분석 모델을 다룬다.

각 워크숍을 개최한 지 하루 이틀 후 BA는 참가자에게 유스케이스와 기능적 요구사항을 전달해서 다음 워크숍 전까지 검토하게 했다. 이 비공식 검토는 이전에 발견하지 못한 대안 흐름이나 새로운 예외, 잘못된 기능적 요구사항, 누락된 대화상자 단계 등 많은 오류를 밝혀냈다. 팀은 연이은 워크숍 중에 적어도 하루는 여유 시간으로 둬야 한다는 것을 빠르게 배웠다. 하루나 이틀 후에 오는 정신적인 안정은 새로운 관점에서 이전 작업을 검토할 수 있게 한다. 일일 워크숍을 개최했던 BA는 참가자가 너무 최신 정보로 인해 자신들이 검토한 자료의 오류에 집중하는 데 어려움을 겪고 있는 것을 발견했다. 참가자들은 최근 논의한 내용을 심리적으로 재사용했고 오류를 찾지 않았다.

> **함정** 사용자나 개발자, 기타 다른 이해관계자로부터 검토 의견을 얻기 위해 요구사항 명세가 완료될 때까지 기다리지는 말자. 초기 검토는 다음 요구사항 작업을 개선하는 데 도움이 된다.

요구사항 개발 초기에는 유스케이스로부터 개념 테스트(구현과 사용자 인터페이스 세부사항과는 독립적인)를 만드는 것으로 시작해서 화학약품 관리 시스템의 테스트를 진행했다(Collard 1999). 이러한 테스트는 팀이 특정 시나리오에서 시스템이 동작하는 방법을 모두가 이해하는 데 도움이 됐다. 테스트는 사용자가 각 유스케이스를 수행하는 데 필요한 기능이 다 도출됐는지 BA가 검증할 수 있게 했다. 최종 도출 워크숍을 진행하는 동안 유스케이스가 작동하는 방법에 모두가 동의할 수 있도록 참가자는 테스트도 함께 진행했다.

이러한 초기 개념 테스트는 코드를 작성해서 시스템의 일부를 구현하고, 테스트를 수행한 다음 요구사항의 문제를 발견하는 것보다 훨씬 저렴하고 빠르다. 이는 인수 테스트를 통해 사용자 스토리에 살을 붙이는 애자일 접근법과 유사하지만 CTS 팀은 기능적 요구사항을 작성하며 테스트를 동시에 수행했다. 코드를 작성하기 전에 이러한 두 가지 방법에서 발견된 오류를 비교해 보자. 17장 "요구사항 검증하기"에서 요구사항으로부터 테스트를 생성하는 것에 대해 설명한다.

CTS 팀은 기능적 요구사항 목록과 이에 상응하는 테스트 집합, 분석 모델, 유스케이스에 대한 모든 기반 등 식별한 요구사항에 대해 다양한 표현을 만들었다. 요구사항에 대해 이러한 다른 관점을 비교하는 것은 강력한 품질 보장 기법이다(Wiegers 2006). 팀은 요구사항 집합으로 "실행"될 수 없는 테스트와 테스트로 검사되지 않은 요구사항을 찾기 위해 기능적 요구사항을 검증하는 테스트를 이용했다.

만약 요구사항에 대해 하나의 표현이나 관점을 정했다면 이를 신뢰해야 한다. 오류나 격차, 해석에 대한 이견을 찾기 위해 비교할 대상이 없기 때문이다. 애자일 프로젝트 팀은 일반적으로 기능적 요구사항을 문서화하기보다 인수 테스트를 작성하길 선호한다. 요구사항을 찾는 동안 테스트에 대해 고민하는 것도 좋지만 요구사항에 대해 여러분이 맞다고 생각하고 신뢰할 수 있는 하나의 표현만 남겨두는 것이 좋다. 기능적 요구사항 집합을 만들고 프로젝트 후반에 테스트를 진행하는 전통적인 프로젝트 팀도 이와 유사하게 단 하나의 표현만 갖고 있어야 한다. 이를 통해 요구사항, 테스트, 분석 모델, 프로토타입의 적절한 조합으로 최선의 결과를 얻을 수 있을 것이다.

유스케이스와 기능적 요구사항

소프트웨어 개발자는 비즈니스 요구사항이나 사용자 요구사항을 구현하는 것이 아니다. 시스템 행동 중 일부인 기능적 요구사항을 구현할 뿐이다. 어떤 참가자는 유스케이스가 기능적 요구사항이라고 생각하기도 한다. 하지만 우리는 개발자에게 단순히 유스케이스만 넘겨 문제가 생긴 조직을 많이 봐 왔다. 유스케이스는 시스템 외부에서 바라볼 수 있는 행동을 참고해서 사용자 관점에서 기술한다. 여기에는 개발자가 소프트웨어를 작성하는 데 필요한 모든 정보가 포함돼 있지 않다. ATM 사용자는 은행 컴퓨터와의 통신과 같은 백엔드 처리에 대해 전혀 알지 못한다. 이러한 세부사항은 사용자에게는 보이지 않지만 개발자는 알아야 하는 것이다. 심지어 잘 준비된 유스케이스를 전달받은 개발자조차 종종 많은 질문을 하기도 한다. 이러한 불확실성을 줄이기 위해 BA가 명시적으로 각 유스케이스를 구현하는 데 필요한 기능적 요구사항을 구체화하는 것을 고려해야 한다(Arlow 1998).

솔직히 많은 기능적 요구사항이 행위자와 시스템 간의 대화 단계에서부터 틀어지기 시작한다. "시스템은 각 요청에 대해 고유한 일련번호를 할당해야 한다."와 같이 일부는 명확하다. 유스케이스가 명확하다면 굳이 다른 곳에서 반복하는 것은 의미가 없다. 기타 다른 기능적 요구사항은 유스케이스 설명에 나타나지 않는다. 예를 들어, 일반적으로 유스케이스를 문서화하면서 선행조건이 만족되지 않았을 때 시스템이 수행해야 하는 일을 명시하지는 않는다. 이는 얼마나 많은 유스케이스가 개발자가 개발하는 데 필요한 모든 정보를 제공하지 않는지를 보여주는 사례 중 하나다. BA는 누락된 정보를 도출해서 개발자나 테스터에게 전달해야 한다(Wiegers 2006). 사용자 관점으로부터 개발자 관점에 이르는 요구사항에 대한 분석은 BA가 프로젝트에 가치를 더할 수 있는 여러 방법 중 하나다.

화학약품 관리 시스템에서는 필요한 기능적 요구사항을 나타내기 위한 주요 도구로 유스케이스를 채택했다. 분석가들은 덜 복잡한 유스케이스에 가벼운 설명만 더했다. 그런 다음 행위자가 유스케이스를 수행할 준비가 됐을 때 대안 흐름과 예외 처리를 포함하는 모든 기능적 요구사항을 도출했다. 분석가들은 도출된 기능적 요구사항을 제품 특징에 따라 구조화된 SRS로 문서화했다.

유스케이스와 관련된 기능은 다양한 방법으로 문서화할 수 있다. 다음의 방법 중 어떠한 것도 완벽히 마음에 들지 않는다면 프로젝트의 소프트웨어 요구사항을 문서화하고 관리하는 방법에 가장 잘 맞는 방법을 선택하자.

유스케이스만 사용

한 가지 방법은 아직 분명하지 않은 기능적 요구사항을 유스케이스 명세에 포함시키는 것이다. 하지만 비기능적 요구사항이나 아직 유스케이스와 연관되지 않은 기능적 요구사항은 문서화될 필요가 있다. 또한 여러 유스케이스가 동일한 기능적 요구사항을 필요로 할 수도 있다. 만약 다섯 개의 유스케이스가 사용자 인증을 필요로 하더라도 이를 위해 다섯 개의 코드 블록을 작성하고 싶지는 않을 것이다. 이를 중복하기보다는 여러 유스케이스에 있는 기능적 요구사항을 상호 참조하게 하자. 유스케이스는 사용자 요구사항 문서에서 취합할 수 있다.

유스케이스와 기능적 요구사항을 함께 사용

또 다른 방법은 유스케이스를 아주 단순하게 작성하고 SRS나 요구사항 저장소에서 도출된 각각을 기능적 요구사항으로 문서화하는 것이다. 이 방법에서는 유스케이스와 관련된 기능적 요구사항 간의 추적성을 확실히 해야 한다. 이렇게 하면 유스케이스가 변경되더라도 영향을 받는 기능적 요구사항을 빠르게 찾을 수 있을 것이다. 추적성을 관리하는 가장 좋은 방법은 요구사항 관리 도구를 사용하는 것이다.

기능적 요구사항만 사용

또 하나의 대안은 유스케이스나 기능에 따라 기능적 요구사항을 구성하고 SRS나 요구사항 저장소에 유스케이스와 기능적 요구사항을 모두 포함시키는 것이다. 이 방법은 CTS 팀이 사용한 방법이며, 동일한 방법으로 여러 웹사이트 개발 프로젝트를 수행하기도 했다. 우리는 대부분의 유스케이스를 매우 간결한 양식으로 작성했으며, 그림 8-3과 같이 템플릿을 완벽히 채우지는 않았다. 세부사항은 기능적 요구사항을 통해 구체화됐다. 이 방법은 별도의 사용자 요구사항 문서를 만들어내지 않는다.

유스케이스와 테스트

유스케이스 명세와 기능적 요구사항을 자세하게 작성하다 보면 정상 흐름의 주변에 일부 중복된 내용이 있음을 발견할 때가 있을 것이다. 동일한 요구사항을 두 번 작성하는 것은 그다지 가치 있는 일이 아니다. 여기서 선택할 수 있는 또 다른 전략은 유스케이스 명세를 매우 완벽하게 작성하되, 유스케이스의 기본 행동이나 대안 성공 흐름, 잘못될 수 있는 여러 가지 케이스를 시스템이 적절히 처리하고 있는지 판단하는 인수 테스트를 작성하는 것이다.

피해야 할 유스케이스의 함정

여느 소프트웨어 공학 기술과 마찬가지로 유스케이스 방법론 역시 이를 적용하는 과정에서 여러 가지 잘못된 길로 빠질 수 있다(Lilly 2000; Kulak and Guiney 2004). 다음과 같은 함정을 조심하자.

- **너무 많은 유스케이스**
  만약 너무 많은 유스케이스를 찾는다면 이를 적절히 추상화할 수 없을 것이다. 모든 가능한 시나리오를 별도의 유스케이스로 작성하려 하지는 말자. 일반적으로 비즈니스 요구사항과 기능보다 더 많은 유스케이스가 존재하며, 기능적 요구사항은 유스케이스보다도 더 많다.

- **너무 복잡한 유스케이스**

  나는 수많은 내부 로직과 분기 조건을 가진 4단계 대화상자에 대한 유스케이스를 검토한 적이 있다. 하지만 도저히 이를 이해할 수 없었다. 또한 유스케이스는 너무 길었고, 페이지를 넘겨도 넘겨도 끝이 없었다. 비즈니스 업무의 복잡성을 제어할 수는 없지만 어떻게 유스케이스에 표현해야 하는지는 제어할 수 있을 것이다. 유스케이스를 통해 하나의 성공 경로를 선택하고 정상 흐름을 호출하자. 성공으로 유도하기 위한 또 다른 로직 분기를 위해 대안 흐름을 사용하고, 실패를 유도하는 분기를 제어하기 위해 예외를 사용하자. 많은 대안이 있을 수 있겠지만 각각은 짧고 이해하기 쉬워야 한다. 만약 흐름의 길이가 10단계에서 15단계를 초과한다면 정말로 단 하나의 시나리오를 기술하고 있는지 확인해 봐야 한다. 자칫 단계가 너무 길어질 수 있으므로 임의로 긴 흐름을 분리하지는 말자.

- **유스케이스에 설계 포함하기**

  유스케이스는 사용자가 시스템의 도움으로 달성하고자 하는 니즈가 무엇인지에 집중해야 하며, 화면에 어떻게 보여야 할지 고민하면 안 된다. 행위자와 시스템 간의 개념적인 상호작용을 강조해야 한다. 예를 들어, "시스템이 드롭다운 목록을 보여준다."보다는 "시스템이 선택지를 제공한다."라고 얘기하자. UI 디자인이 요구사항 탐색을 지휘하게 하지 마라. 확고한 디자인 명세보다는 행위자-시스템 상호작용의 시각화를 돕기 위해 화면 스케치와 대화상자 맵(12장 참조)을 사용하자.

- **유스케이스에 데이터 정의 포함하기**

  유스케이스 탐색은 자연스럽게 데이터에 대한 논의를 유도하므로 상호작용하는 동안 어떤 데이터 요소가 입출력으로 제공되는지에 대해 생각해 보자. 어떤 유스케이스 작성자는 유스케이스 명세에 적절한 데이터 요소의 정의를 포함하기도 한다. 이 방법은 어떤 유스케이스가 각 데이터 정의를 포함하고 있는지 명확하지 않기 때문에 정보를 찾기가 어려워진다. 또한 하나의 요소를 수정했지만 다른 요소는 수정하지 않아 동기화에 실패할 경우 정의가 중복될 수도 있다. 프로젝트 전반에 사용되는 데이터 사전과 데이터 모델에 데이터 정의를 보관하는 방법은 13장에서 설명할 것이다.

- **사용자가 이해할 수 없는 유스케이스**

  사용자가 비즈니스 프로세스나 목표를 유스케이스와 연관 짓지 못한다면 이는 문제다. 시스템 관점이 아닌 사용자 관점에서 유스케이스를 작성하고 사용자에게 직접 검토해 달라고 부탁하자. 명확하고 효과적인 의사소통을 지속하는 동안 유스케이스를 가능한 한 단순하게 유지하자.

사용 중심 요구사항의 장점

유스케이스와 사용자 스토리를 동시에 사용하면서 얻을 수 있는 위력은 사용자 중심과 사용 중심의 관점에서 시작된다. 기능 중심 접근법을 사용한다면 신규 시스템에서 무엇이 가능할지 사용자는 명확하게 예상할 것이다. 여러 인터넷 개발 프로젝트의 고객 대표는 유스케이스가 어떤 방문자가 웹사이트를 이용할지에 대한 개념을 명확하게 해준다는 것을 알았다. 유스케이스는 BA와 개발자가 사용자의 사업을 이해하는 데 도움을 준다. 개발 프로세스 초기부터 행위자-시스템 간의 상호작용에 대해 고민하다 보면 모호성과 애매모호함만 생기며, 유스케이스로부터 테스트를 만드는 것도 마찬가지다.

요구사항에 대해 너무 빨리 과도하게 명세화를 진행한다거나 생각할 수 있는 모든 기능을 포함하려 한다면 이는 불필요한 요구사항 구현으로 이어질 수 있다. 사용 중심 접근법은 사용자가 알려진 어떤 작업을 수행하게 함으로써 기능을 유도한다. 이를 통해 좋은 생각인 것처럼 보이지만 사용자의 목표와 직접적으로 연관되지 않아 아무도 사용하지 않는 "고아 기능(orphan functionality)"을 예방할 수도 있다.

사용자의 요구사항을 개발하는 것은 요구사항의 우선순위를 할당하는 데도 도움이 된다. 우선순위가 가장 높은 기능적 요구사항은 최우선 사용자 요구사항에서 발생한 것들이다. 유스케이스나 사용자 스토리는 다음과 같은 여러 가지 이유로 높은 우선순위가 될 수 있다.

- 시스템이 제공하는 핵심 비즈니스 프로세스를 설명한다.
- 많은 사용자가 자주 이용할 것이다.
- 주요 사용자 클래스가 요청했다.
- 규정 준수에 필요하다.
- 존재 여부가 다른 시스템 기능에 영향을 미친다.

> **함정** 유스케이스를 구체화하는 데 너무 많은 시간을 소비하지 마라. 개발을 시작하기도 전에 변경되거나 사라질 가능성이 높다.

유스케이스를 사용함에 따른 기술적인 장점도 있다. 유스케이스는 일부 중요한 도메인 객체와 이들 각각에 대한 책임을 나타낸다. 객체지향 설계 방법을 사용하는 개발자는 유스케이스를 클래스나 시퀀스 다이어그램과 같은 객체 모델로 설정할 수 있다. 비즈니스 프로세스가 변화함에 따라 특정 사용자의 요구사항을 포함하는 작업도 바뀐다. 상위 사용자 요구사항(사용자의 목소리)으로부터 기능적 요구사항, 설계, 코드, 테스트를 추적하는 경우 전체 시스템을 단계적으로 수정하기 쉬울 것이다.

다음 단계는

- 그림 8-3의 템플릿을 이용해 현재 진행 중인 프로젝트에 대해 몇 개의 유스케이스를 작성해 보자. 대안 흐름과 예외를 포함시켜 보자. 사용자가 각 유스케이스를 성공적으로 완료할 수 있게 하는 기능적 요구사항을 식별하자. 프로젝트의 요구사항 저장소가 이러한 모든 요구사항을 포함하고 있는지 확인해 보자.

- 여러분의 조직이 애자일 기법의 도입을 고려하고 있다면 기존 방법과 애자일이라는 두 가지 방법의 차이점을 확인하기 위해 유스케이스 중 하나를 골라 사용자 스토리로 다시 작성해 보자.

- 유스케이스를 만들면서 각 단계마다 선행조건, 후행조건, 비즈니스 규칙, 기타 다른 요구사항 등으로부터 필요한 기능을 도출해 보자.

- 유스케이스에서 각 단계가 올바른지, 정상 흐름의 변화가 고려됐는지, 예외가 고객이 합리적이라고 생각하는 방식으로 발생하고 처리됐는지 확인하기 위해 고객과 함께 유스케이스를 검토하자.

09
규칙에 따르기

"팀, 안녕하세요. 재키입니다. 화학약품 관리 시스템에 문제가 있어 요청 드리러 왔어요. 연구실 관리자가 이 문제에 대해 문의해 달라고 하더군요. 당신이 이 시스템의 요구사항 중 많은 부분을 제공한 제품 챔피언이었다고 얘기하더라고요."

"네, 맞습니다. 문제가 있나요?"라고 팀은 대답했다.

"지금 진행하고 있는 연구 프로젝트에 포스겐이 좀 더 필요해요"라고 재키가 말했다. "그런데 시스템이 제 요청을 허가하지 않네요. 제가 1년 이상 위험 화학약품 취급 교육을 받지 않아서 그렇다고 해요. 이게 다 무슨 말이에요? 1년 동안 아무 문제 없이 포스겐을 사용하고 있었거든요. 더 구할 수 없는 이유가 뭘까요?"

"콘토소에서는 위험 화학약품 취급 안전 교육을 매년 다시 받게 돼 있다는 걸 알고 계실 거에요."라고 팀은 지적했다. "이것은 OSHA 규정에 따른 회사의 정책입니다. 화학약품 관리 시스템도 단지 이를 따를 뿐이지요. 창고 직원들이 당신이 원하는 대로 해줬다는 걸 알고 있지만 더 이상은 그럴 수 없어요. 불편을 드려 죄송합니다만 시스템에서 포스겐을 주문할 수 있도록 재교육을 받으셔야 합니다."

모든 조직은 광범위한 정책, 법률 및 산업 표준하에 움직인다. 은행, 항공, 의료기기 제조 등과 같은 산업은 정부 규정을 준수해야 한다. 이러한 통솔 원리는 비즈니스 규칙 또는 비즈니스 로직으로 통칭된다. 비즈니스 규칙은 정책 및 절차를 직접 정립함으로써 적용되기도 한다. 그럼에도 많은 경우 소프트웨어 애플리케이션에도 이러한 규칙을 적용해야 한다.

대부분의 비즈니스 규칙은 특정 소프트웨어 애플리케이션 컨텍스트의 외부에 기인한다. 모든 화학 약품 구입 및 분배가 수동으로 수행되는 경우에도 위험 화학약품 취급 연례 훈련을 요구하는 기업 정책이 적용된다. 표준 회계 절차는 디지털 컴퓨터가 발명되기 오래 전부터 사용됐다. 비즈니스 규칙은 사업의 속성이기 때문에 그 자체가 소프트웨어 요구사항은 아니다. 그러나 시스템은 반드시 규칙을 따라야 하는 속성을 갖고 있기 때문에 비즈니스 규칙은 요구사항을 위한 풍부한 정보원이 된다. 1장 "필수 소프트웨어 요구사항"의 그림 1-1은 비즈니스 규칙이 다양한 요구사항 유형의 근원이 될 수 있음을 보여준다. 표 9-1은 비즈니스 규칙이 다양한 요구사항 유형에 영향을 미치는 방법을 실례와 함께 보여준다.

표 9-1 비즈니스 규칙이 다양한 소프트웨어 요구사항 유형에 영향을 미치는 방법

요구사항 유형	비즈니스 규칙의 영향력에 대한 실례	예시
비즈니스 요구사항	정부 규제는 프로젝트에 필요한 비즈니스 목표로 이어질 수 있다.	화학약품 관리 시스템은 5개월 안에 모든 연방 및 주의 화학약품 사용 및 폐기 보고 규정을 준수하도록 설정해야 한다.
사용자 요구사항	개인 정보 보호 정책은 사용자에 대한 시스템의 특정 작업의 수행 가능 여부를 좌우한다.	연구실 관리자만이 본인 외의 다른 사람을 위해 화학약품 노출 보고서를 생성할 수 있다.
기능적 요구사항	회사 정책상 모든 판매업체는 송장이 지급되기 전에 등록 및 승인돼야 한다.	등록되지 않은 판매업체로부터 송장을 받은 경우 납품업체 시스템은 판매업체에게 수정 가능한 PDF 버전의 접수 양식과 W-9 양식을 이메일로 발송해야 한다.
품질 속성	OSHA나 EPA와 같은 정부 기관의 규정은 시스템 기능에 반드시 적용해야 하는 안전 요구사항을 좌우한다.	사용자가 위험 화학약품을 요청하기 전에 적절히 훈련돼 있음을 보장하기 위해 시스템은 안전 훈련 기록을 유지해야 한다.

사람들은 때로는 비즈니스 규칙과 비즈니스 프로세스나 요구사항을 혼동하기도 한다. 5장 "비즈니스 요구사항 수립하기"에서 본 바와 같이 비즈니스 요구사항은 소프트웨어 솔루션을 개발하거나 인수받는 조직의 바람직한 결과나 상위 목표를 말한다. 비즈니스 요구사항은 프로젝트 수행에 대해 정당성을 부여하는 역할을 한다. 비즈니스 프로세스는 특정 결과를 달성하기 위해 입력을 출력으로 전환하는 일련의 활동을 설명한다. 정보 시스템은 주기적으로 비즈니스 프로세스를 자동화해서 효율성과 비즈니스 요구사항을 달성하는 기타 다른 혜택으로 이어질 수 있게 한다. 비즈니스 규칙은 어

휘 확립이나 제한 부과, 행동 촉발, 계산 방법에 대한 관리 등에 의해 비즈니스 프로세스에 영향을 미친다. 동일한 비즈니스 규칙을 다양한 수동 혹은 자동화된 프로세스에 적용할 수 있다는 것은 왜 비즈니스 규칙을 별도의 정보 집합으로 처리하는 것이 가장 좋은 방법인가에 대한 이유 중 하나다.

모든 기업이 필수 비즈니스 규칙을 가치 있는 전사 자산으로 여기는 것은 아니다. 특정 부서가 내부 규칙을 문서화할 수는 있지만 많은 기업은 IT 조직이 접근 가능한 공통 저장소에 비즈니스 규칙을 문서화하려는 통합적인 노력이 부족하다. 이런 필수 정보를 회사의 전통으로 여기는 것은 다양한 문제를 야기한다. 만약 비즈니스 규칙이 제대로 문서화되지 않고 관리되지 않을 경우 선택적인 개인의 머릿속에만 존재할 뿐이다. BA는 자신의 프로젝트에 영향을 미치는 규칙을 배우기 위해 누구에게 연락해야 하는지 알아야 한다. 서로 다른 소프트웨어 애플리케이션에 동일한 비즈니스 규칙을 일관성 없게 적용하거나 전체적으로 무시해 버릴 경우 각 개인은 규칙을 이해하는 데 충돌이 발생할 수 있다. 비즈니스 규칙의 마스터 저장소를 확보해 두면 특정 규칙에 영향을 받는 모든 프로젝트가 이를 학습하고 일관된 방식으로 구현하기 쉽게 한다.

> **함정** 특정 전문가만 알고 있는 비즈니스 규칙을 문서화하지 않은 상태에서 해당 전문가가 조직을 떠나면 지식의 공백이 야기된다.

예를 들어, 조직에 정보 시스템의 접근을 제어하는 보안 정책이 마련돼 있다고 하자. 이러한 정책은 비밀번호에 대한 최소/최대 길이 및 허용 가능한 문자를 명시하고 패스워드 변경 주기를 알려야 하며, 계정이 잠기기 전에 몇 번의 로그인 실패가 시도됐는지 등을 알려줘야 한다. 조직이 개발하는 애플리케이션은 이러한 정책(비즈니스 규칙)을 일관되게 적용해야 한다. 각 규칙과 이를 구현한 코드를 추적할 경우 시스템이 비밀번호 변경 주기 변경 등의 규칙 변화를 따르도록 갱신하는 것이 쉬워진다. 또한 서로 다른 프로젝트 간의 코드 재사용도 용이해진다.

비즈니스 규칙의 분류체계

비즈니스 규칙 그룹(Business Rules Group 2012)은 비즈니스적인 관점과 이를 위한 정보 시스템의 관점 모두로부터 비즈니스 규칙에 대한 정의를 제공한다.

- 비즈니스 관점: "비즈니스 규칙은 특정 활동이나 영역 안에서 지휘나 행동, 관행, 절차에 대한 책무가 있음을 안내한다." (규칙에 대한 명확한 동기를 부여해야 함은 물론, 집행 방법이나 규칙이 깨졌을 때 발생할 결과에 대해 이해해야 한다.)
- 정보 시스템 관점: "비즈니스 규칙은 일부 비즈니스 측면에 대한 정의나 제약조건의 명세다. 이는 비즈니스 구조를 강조하거나 비즈니스의 행위를 조종하거나 비즈니스의 행위에 영향을 미칠 것이다."

전체적인 방법론은 비즈니스 규칙의 발견과 문서화, 그리고 자동화된 비즈니스 규칙 시스템의 구현을 통해 개발돼 왔다(von Halle 2002; Ross 1997; Ross and Lam 2011). 아주 엄격한 규칙 주도 시스템을 구축하지 않는 이상 정교한 방법론은 필요하지 않을 것이다. 시스템에 존재하고 이미 구현한 특정 요구사항과 연관 지은 규칙을 간단하게 식별하고 문서화하면 된다.

비즈니스 규칙을 구성하기 위해 수많은 분류체계가 제안돼 왔다(Ross 2001; Morgan 2002; von Halle 2002; von Halle and Goldberg 2010). 그림 9-1에 나온 다섯 가지 유형의 규칙과 같은 단순한 분류체계는 대부분의 상황에 작동할 것이다. 여섯 번째 범주는 비즈니스에 중요한 용어나 정의된 단어, 구문, 약어다. 용어를 사실에 입각한 비즈니스 규칙으로 그룹화할 수 있을 것이다. 용어집은 용어를 정의하기에 좋은 또 하나의 장소다.

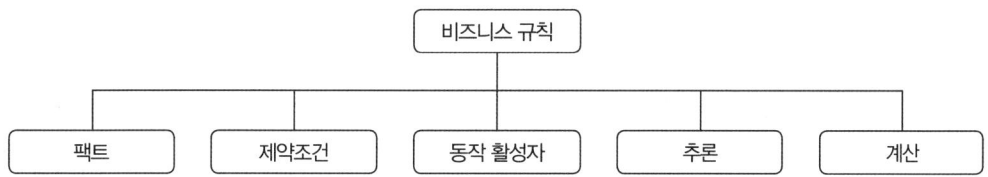

그림 9-1 단순한 비즈니스 규칙 분류체계

비즈니스 규칙 각각을 명확하게 분류하느라 논쟁이 가열되는 것보다 일관된 방법으로 기록하는 것이 더 중요하다. 그럼에도 분류체계는 생각지 못한 비즈니스 규칙을 파악하는 데 유용하다. 규칙을 분류하는 것은 이를 소프트웨어에 적용하는 방법에 대한 아이디어를 제공하기도 한다. 예를 들어, 제약조건은 종종 시스템의 기능을 제한하며, 동작 활성자는 특정 조건하에서 기능이 발생하게 한다. 이러한 비즈니스 규칙의 다섯 가지 유형에 대한 예를 확인해 보자.

팩트

팩트는 단순히 특정 시점의 비즈니스에 대한 사실 명세다. 팩트는 중요한 비즈니스 용어 간의 연계나 관계를 설명한다. 시스템에 중요한 데이터 개체에 대한 팩트는 데이터 모델에 표시될 수 있다(데이터 모델링에 대한 자세한 내용은 13장 "데이터 요구사항 명세화하기"를 참조). 팩트의 예는 다음과 같다.

- 모든 화학 용기는 고유한 바코드 식별자를 갖고 있다.
- 모든 주문에는 배송료가 있다.
- 판매 세금은 배송료에 포함되지 않는다.

- 환불 불가 항공권의 구매자가 일정을 변경하는 경우 수수료가 부과된다.
- 높이가 16인치보다 긴 책은 도서관 특대 구역의 선반에 보관된다.

물론 비즈니스 주변에는 셀 수 없이 많은 팩트가 있다. 관련성이 없는 팩트를 수집하는 것은 비즈니스 분석을 늪에 빠지게 할 수 있다. 만약 그게 사실이라 해도 개발팀이 그 정보를 어떻게 사용해야 할지는 불분명할 수 있다. 완벽한 비즈니스 지식의 모음을 축적하기보다 프로젝트의 범위에 해당하는 팩트에 집중하자. 각 팩트를 컨텍스트 다이어그램의 입출력이나 시스템 이벤트, 알려진 데이터 객체, 특정 사용자 요구사항으로 연결하자.

제약조건

제약조건은 시스템이나 이를 사용하는 사용자가 수행할 수 있는 행동에 대한 제한을 기술한 명세다. 비즈니스 규칙에 대한 제한을 설명하는 사람은 특정 행동이 수행돼야 하거나, 수행되지 않아야 하거나, 수행되지 않을 수 있다거나 특정 사람이나 역할만이 특정 행동을 수행할 수 있다고 말할 것이다. 다양한 상황에 대한 제약사항의 몇 가지 예는 다음과 같다.

조직의 정책

- 대출 신청자가 18세 이하일 경우 연대 보증인으로서 부모나 법적 보호자가 필요하다.
- 도서관 후원자는 언제든지 최대 10개의 품목을 대여할 수 있다.
- 보험 통지서에는 계약자의 사회보장번호가 네 자리 이상 표시되지 않을 수 있다.

정부 규제

- 모든 소프트웨어 애플리케이션은 시각 장애인의 사용에 대한 정부 규정을 준수해야 한다.
- 항공사의 조종사는 매 24시간마다 8시간 동안 연속으로 휴식해야 한다.
- 개별 연방 소득세 신고서는 연장이 허용되지 않는 한 4월 14일 이후 첫 번째 업무일 새벽까지 우편 소인이 찍혀있어야 한다.

산업 표준

- 주택 담보 대출 신청자는 연방 주택기관 자격 기준을 충족해야 한다.
- 웹 애플리케이션은 HTML5 표준에서 사용되지 않는 HTML 태그나 속성을 포함할 수 없다.

> **너무 많은 제약조건**
>
> 소프트웨어 프로젝트에는 수많은 제약조건이 있다. 프로젝트 관리자는 일정이나 직원, 예산의 한계 내에서 일해야 한다. 이러한 프로젝트 수준의 제약조건은 프로젝트 관리 계획에 속한다. 제품 설계 및 구현 제약조건은 솔루션을 구축하는 사람의 재량과는 별개로 부과된 예상 가능한 조건을 나타낸다. 개발자의 선택에 대한 이런 제약은 SRS나 설계 명세에 속한다. 특정 비즈니스 규칙은 비즈니스 운영 방식에 대한 제약조건을 부과하며, 이는 비즈니스 규칙 저장소에 저장돼야 한다. 이러한 제약조건이 소프트웨어 요구사항에 반영될 때마다 관련 규칙을 파생된 각 요구사항의 근거로 나타내자.

비즈니스 규칙을 제약하면 기능으로 직접 변환하지 않아도 소프트웨어 개발에 영향을 줄 수 있다. 50달러 이상의 환불은 감독자와 관리자에게만 허용된다는 소매 상점의 정책에 대해 생각해보자. 매장 점원들이 사용할 POS(point-of-sale) 애플리케이션을 개발한다면 이 규칙은 각 사용자는 권한을 갖고 있어야 한다는 사실을 내포한다. 이 소프트웨어는 현재 사용자가 특정 행동(점원이 고객에게 환불할 수 있도록 금전등록기를 열 수 있는지와 같은)을 수행하기에 충분히 높은 수준의 권한을 갖고 있는지 확인해야 한다.

제약사항 형식의 많은 비즈니스 규칙은 어떤 사용자 유형이 기능을 수행할 수 있는지를 다루기 때문에 어떤 규칙을 문서화하는 간편한 방법은 역할 및 권한 매트릭스를 사용하는 것이다(Beatty and Chen 2012). 그림 9-2는 공공 도서관의 정보시스템을 사용하는 다양한 사용자에 대한 매트릭스를 보여준다. 역할은 직원과 비직원으로 분리돼 있다. 시스템 기능은 시스템 운영, 후원자 기록을 처리하는 작업, 개별 도서관 품목을 처리하는 작업 등으로 분류된다. X로 표시된 부분은 해당 열에 명명된 역할이 행에 있는 작업을 수행할 수 있는 권한이 있음을 나타낸다.

동작 활성자

특정 조건이 참일 때 어떤 행위를 수행하게 하는 규칙을 동작 활성자(action enabler)라고 한다. 사람이 수동 프로세스로 작업을 수행할 수도 있다. 또는 시스템에서 촉발 이벤트를 감지했을 때 애플리케이션이 올바른 동작을 수행하도록 소프트웨어 기능을 지정하는 규칙이 생길 수도 있다. 행동으로 이어지는 조건은 참과 거짓으로 이뤄진 개별 조건의 복잡한 조합이 될 수 있다. 의사결정 일람표(12장 "백문이 불여일견"에서 설명)는 광범위한 로직이 동반되는 행동-활성 비즈니스 규칙을 문서화하는 단순한 방법을 제공한다. "만약 〈어떤 조건이 참이거나 어떤 이벤트가 발생하면〉 〈어떤 일이 일어난다〉"와 같은 형태의 문장은 누군가 동작 활성자에 대해 설명하고 있다는 단서가 된다. 화학약품 관리 시스템에 대한 동작-활성 비즈니스 규칙의 예는 다음과 같다.

- 화학약품 창고에 요청받은 화학 용기의 재고가 있는 경우 요청자에게 보유 중인 용기를 제공한다.
- 분기의 마지막 날, 해당 분기에 대해 위임받은 화학약품 취급 및 처리에 대한 OSHA과 EPA 보고서를 생성한다.
- 화학 용기의 유통기간이 만료된 경우 해당 용기의 현 보유자에게 통지한다.

기업은 종종 상업적인 성공률을 높이기 위한 정책을 개발한다. 온라인 서점에서 고객이 특정 제품에 대한 구매 요청 이후 고객의 충동적인 구매 욕구를 자극하기 위해 다음과 같은 비즈니스 규칙을 어떻게 사용하는지 확인해 보자.

- 고객이 주문한 책의 저자가 여러 책을 저술한 경우, 주문 완료 전에 해당 저자의 다른 책을 제안한다.
- 고객이 책을 장바구니에 담은 후, 해당 책을 구입한 다른 고객이 함께 구매한 관련 도서를 표시한다.

역할 및 권한 매트릭스	직원	관리자	순환 직원	도서관 조수	비직원	자원 봉사자	후원자
시스템 운영							
도서관 시스템 로그인		X	X	X			
신규 직원 설정		X					
예약 목록 출력		X	X	X			
후원자 기록							
후원자 기록 조회		X	X				
후원자 기록 수정		X	X				
후원자 본인 기록 조회		X	X	X		X	X
도서관 카드 발행		X	X				
연체료 수납		X	X				
품목 운영							
도서관 카탈로그 검색		X	X	X		X	X
품목 대여		X	X				
품목 반납		X	X	X		X	
품목 지점 이동		X	X	X		X	
품목 예약		X	X	X		X	X

그림 9-2 비즈니스 규칙의 제약사항은 종종 역할 및 권한 매트릭스로 표현되기도 한다.

> **제약조건에 의한 무효화**
>
> 최근에 나는 아내인 크리스의 항공권을 구입하기 위해 블루 욘더 항공의 우수 고객 마일리지를 사용했다. 구입을 완료하려 하자 BlueYonder.com에서는 문제가 발생해서 항공권을 발급할 수 없다고 했다. 시스템은 바로 항공사에 전화하라고 알려줬다. 나랑 얘기했던 예약 상담원은 나에게 (드디어!) 항공사는 크리스와 내가 이름이 다르기 때문에 우편이나 이메일로 마일리지 보너스 항공권을 발급할 수 없다고 했다. 나는 공항의 발권 카운터에 가서 티켓 발급을 위해 신분증을 제시했다.
>
> 이 사건은 다음과 같은 일이 발생했을 때에 대한 비즈니스 규칙 제약조건의 결과다. "만약 승객의 이름이 마일리지 환매인의 이름과 다르다면 환매인은 항공권을 직접 수령해야 한다." 이는 아마 사기를 예방하기 위한 것일 것이다. 블루 욘더 웹사이트의 소프트웨어는 규칙을 적용했지만 사용성의 문제와 고객 불편을 야기했다. 이름이 다른 것에 대해 단순히 문제를 얘기하고 어찌해야 하는지 얘기하지 않고, 시스템은 에러 메시지를 출력했다. 이는 불필요한 전화 통화로 인해 나와 예약 상담원의 시간을 허비했다. 신중하지 못한 비즈니스 규칙의 개발은 고객과 비즈니스에 좋지 않은 영향을 미칠 수 있다.

추론

유추한 지식이나 도출된 사실이라고도 불리는 추론은 다른 팩트로부터 새로운 팩트를 만든다. 추론은 종종 동작-활성 비즈니스 규칙과 같은 "만약/그러면" 패턴으로 작성되는데, 추론의 "그러면" 절에서는 발생하는 동작이 아니라 지식의 일부를 제공한다. 추론의 예는 다음과 같다.

- 만약 만기일 후 30일 안에 비용을 지불하지 않는다면 계좌가 채무를 불이행한 것이다.
- 판매업체가 주문받은 품목을 접수한 후 5일 안에 발송하지 못한다면 품목이 이월된 것으로 간주된다.
- 생쥐에게 5mg/kg보다 낮은 LD_{50} 유독 화학약품은 위험한 것으로 간주된다.

계산

비즈니스 규칙의 다섯 번째 범주는 구체적인 수식이나 알고리즘을 사용해 기존 데이터를 새로운 데이터로 변환하는 계산을 정의한다. 대부분의 계산은 소득세 원천징수 공식과 같은 기업 외부의 규칙을 따른다. 다음은 텍스트 형식으로 작성된 계산 비즈니스 규칙의 예다.

- 무게가 2파운드 이상인 주문에 대한 국내 지상 배송비는 4.75달러 외에 온스당 12센트가 추가되거나 부분 계산된다.
- 주문의 총 금액은 주문한 각 품목의 가격과 할인액의 합이며, 배송 지역의 세금이나 배송비, 추가 보험 비용이 포함된다.
- 6개에서 10개는 10퍼센트, 11개에서 20개는 20퍼센트, 20개 이상은 30퍼센트씩 각각의 단가가 감소한다.

이처럼 계산 방법을 자연어로 표현하는 것은 장황하거나 혼란을 야기할 수 있다. 이에 대한 대안으로, 수학 공식과 같은 상징적인 형식이나 명확하고 관리하기 쉬운 규칙 일람표로 표현할 수 있을 것이다. 표 9-2는 앞에서 얘기한 단가 할인 계산 규칙을 명확한 방식으로 나타낸다.

표 9-2 표를 이용해 계산 비즈니스 규칙을 표현

ID	구입 단위 수량	할인률(%)
DISC-1	1 ~ 5개	0
DISC-2	6 ~ 10개	10
DISC-3	11 ~ 20개	20
DISC-4	20개 이상	30

> **함정** 비즈니스 규칙이나 범위를 정의하는 요구사항 집합을 작성할 때 경곗값이 중복되는 것을 조심하라. 무심코 1-5, 5-10, 10-20과 같이 범위를 정의하기 쉬우며, 이런 상황에서 5와 10이 어떤 범위에 속하는지에 대해 모호함을 야기할 것이다.

원자 수준의 비즈니스 규칙

거주지역의 친한 사서에게 무엇인가 물어보러 간다고 가정하자. "DVD를 며칠 동안 대여할 수 있나요?"라고 사서에게 물었다. 사서는 "DVD나 블루레이 디스크는 일주일간 대여할 수 있으며, 다른 고객이 예약하지 않았을 경우에만 3일마다 두 번 연장할 수 있습니다."라고 대답했다. 사서의 대답은 도서관의 비즈니스 규칙을 기반으로 한다. 그러나 이 대답은 여러 개의 규칙을 하나의 문장으로 조합했다. 이 같은 조합은 이해하거나 유지하기 어려울 수 있다. 또한 가능한 모든 조건을 포함하고 있는지 확인하기도 어렵다. 만약 기능 중 일부가 이 복잡한 규칙과 연결된다면 나중에 규칙이 단 하나만 바뀌어도 적절한 코드를 찾고 수정하는 데 많은 시간이 걸릴 수 있다.

더 나은 전략은 여러 개의 세부 사항을 조합해서 하나의 규칙으로 만들기보다 원자 수준의 비즈니스 규칙을 작성하는 것이다. 이를 통해 규칙을 짧고 단순하게 유지할 수 있다. 또한 다양한 방법으로 규칙을 재사용하거나 수정, 조합을 용이하게 한다. 유추한 지식과 동작-활성 비즈니스 규칙을 원자 수준으로 작성하려면 "만약/그러면" 구조의 왼편에 "or" 논리를 사용하면 안 되며, 우측에 "and" 논리를 사용하는 것을 피해야 한다(von Halle 2002). 표 9-3과 같이 복잡한 도서관 규칙을 여러 개의 원자 수준 비즈니스 규칙으로 쪼개야 한다(10장 "요구사항 문서화하기"에서 표 9-3에서 보여주는 구조적인 명명법을 설명한다). 이러한 비즈니스 규칙은 더 이상 분해될 수 없기 때문에 원자 수준이라고 불린다. 이러한 작업을 통해 여러 개의 원자 수준의 비즈니스 규칙을 도출할 것이며, 기능적 요구사항은 비즈니스 규칙의 여러 조합에 따라 결정될 것이다.

표 9-3 도서관의 일부 원자 수준의 비즈니스 규칙

ID	규칙
Video.Media.Types(비디오.미디어.유형)	DVD 디스크와 블루레이 디스크는 비디오 품목이다.
Video.Checkout.Duration(비디오.대여.기간)	비디오 품목은 한 번에 일주일간 대여할 수 있다.
Renewal.Video.Times(연장.비디오.횟수)	비디오 품목은 두 번 연장할 수 있다.
Renewal.Video.Duration(연장.비디오.기간)	비디오 품목을 연장하면 만료일이 3일 연장된다.
Renewal.HeldItem(연장.예약)	또 다른 고객이 예약 중일 경우 고객은 품목을 연장할 수 없을 것이다.

원자 수준의 비즈니스 규칙을 이용해 유지보수를 용이하게 함으로써 보여주고 싶은 것은 차세대 비디오 기술이 탄생하거나 도서관의 모든 DVD 디스크를 폐기할 때 도서관은 Video.Media.Types 규칙만 갱신하면 되며, 다른 규칙에는 영향을 미치지 않는다는 것이다.

비즈니스 규칙 문서화하기

비즈니스 규칙은 여러 애플리케이션이나 조직에 영향을 미칠 수 있기 때문에 전사적인 수준의 자산으로 관리해야 한다. 초기에는 단순한 비즈니스 규칙 카탈로그 정도면 충분하다. 만약 요구사항 관리 도구를 사용한다면 비즈니스 규칙을 요구사항 형식으로 저장하고 모든 소프트웨어 프로젝트에 제공할 수 있다. 대규모 조직이나 운영 및 정보 시스템이 비즈니스 규칙을 중심으로 운영되는 조직은 비즈니스 규칙 데이터베이스를 구축해야 한다. 규칙 카탈로그의 규모가 커져서 워드프로세서나 스프레드시트, 위키, 기타 협업 도구를 사용하기가 힘들다면 상용 규칙 관리 도구가 유용할 것이다. 어떤 비즈니스 규칙 관리 시스템은 애플리케이션의 규칙을 자동으로 생성해 주는 규칙 엔진을 포함하기도 한다. 비즈니스 규칙 그룹(Business Rules Group 2012)은 비즈니스 규칙을 관리하기 위한 제품의 목록을 보유하고 있다. 애플리케이션 관련 작업을 하는 중에 새로운 규칙을 파악하고 특정 애플리케이션의 문서에 포함하거나 바로 코드로 작성하기보다는 카탈로그에 추가하자. 안전이나 보안, 금융, 규제 준수와 관련된 규칙이 관리되지 않거나 적절히 적용되지 않을 경우 커다란 위험을 야기한다.

> **함정** 비즈니스 규칙 카탈로그를 필요 이상으로 복잡하게 만들지 마라. 개발팀이 효과적으로 사용할 수 있도록 비즈니스 규칙 문서에 단순한 형식을 사용하라. 사업체는 IT 부서나 프로젝트 팀 외부에 고유한 규칙 저장소가 있어야 한다.

비즈니스 규칙을 식별 및 문서화하는 경험을 쌓으면 다양한 형식의 규칙을 정의하는 구조화된 템플릿을 적용할 수 있다(Ross 1997; von Halle 2002). 이러한 템플릿은 일관된 방식으로 규칙을 구조화하기 위한 키워드와 조항에 대한 패턴을 설명한다. 이는 규칙을 데이터베이스나 상용 비즈니스 규칙 관리 도구, 비즈니스 규칙 엔진에 저장하기 쉽게 만든다. 관련 규칙 집합은 의사결정 트리나 의사결정 일람표(특히 복잡한 로직이 동반될 경우), 역할 및 권한 매트릭스와 같은 도구를 이용해 표현할 수 있다. 표 9-4에 설명된 단순한 형식을 이용해 시작해 보자(Kulak and Guiney 2004).

표 9-4 비즈니스 규칙 카탈로그 항목에 대한 일부 예

ID	규칙 정의	규칙의 유형	정적/동적	출처
ORDER-5	고객이 저서가 많은 저자의 도서를 주문할 경우, 주문 완료 전에 저자의 다른 책을 제안한다.	동작 활성자	정적	마케팅 정책 XX
ACCESS-8	모든 웹사이트 이미지는 시각 장애인을 위한 접근성 요구사항을 충족하기 위해 전자 읽기 장비가 판독할 수 있는 대체 문구를 포함해야 한다.	제약조건	정적	접근 가능한 디자인을 위한 ADA 표준
DISCOUNT-13	할인율은 표 BR-060에 정의된 내용을 기준으로 현 주문량에 따라 계산된다.	계산	동적	기업 가격 정책 XX

각 비즈니스 규칙에 고유한 식별자를 할당함으로써 요구사항을 특정 규칙에 연결할 수 있다. 예를 들어, 유스케이스의 일부 템플릿은 유스케이스에 영향을 미치는 비즈니스 규칙에 대한 항목을 포함하고 있다. 유스케이스 설명에 규칙 정의를 포함하기보다는 단순히 관련 규칙의 식별자를 입력하자. 각 ID는 비즈니스 규칙의 최상위 인스턴스에 대한 포인터 역할을 한다. 이 방법은 규칙이 변화해서 더 이상 필요 없어진 유스케이스 명세에 대해 걱정할 필요가 없게 한다.

"규칙의 유형" 열은 팩트, 제약조건, 동작 활성자, 추론, 계산과 같은 각 비즈니스 규칙을 나타낸다. "정적/동적" 열은 규칙이 시간이 지남에 따라 변화하는 방법을 나타낸다. 이 정보는 개발자에게 유용하다. 만약 개발자들이 특정 규칙이 주기적으로 변경될 수 있다는 것을 안다면 영향을 받는 기능이나 데이터를 쉽게 개선할 수 있도록 소프트웨어를 구조화할 것이다. 소득세 계산법은 거의 매년 바뀐다. 만약 개발자가 소득세 정보를 소프트웨어에 하드코딩하지 않고 표나 데이터베이스에 구조화한다면 필요할 때 손쉽게 변경할 수 있을 것이다. 열역학의 법칙을 기반으로 한 계산과 같이 자연현상에 대한 것은 직접 코드로 입력하는 것이 안전하며, 인간사회의 법률은 훨씬 더 변덕스럽다.

> **분리의 법칙**
>
> 항공 교통 관제(Air Traffic Control, ATC) 시스템은 충돌을 피하기 위해 네 가지 측면(고도, 종측, 횡측, 시간)에서 항공기 사이에 최소한의 분리가 확실히 이뤄지게 한다. 기내 항공 시스템과 조종사, 지상 관제, ATC 시스템은 어떤 항공기가 다른 항공기와 위험하게 붙어있을 경우 수백 개의 소스로부터 비행 경로 및 속도 정보를 조합해야 한다. 많은 비즈니스 규칙은 최소한의 법적 이격 거리 및 시간을 통제한다. 이러한 규칙은 동적이다. 즉, 기술이 발전하고(예: GPS 위치 vs. 레이더) 규제가 갱신되면 주기적으로 바뀐다. 이것은 시스템이 정기적인 일정, 규칙의 자기 일관성과 완전성 검증 등 새로운 규칙 집합을 수용하고 조종사와 제어기가 동시에 새로운 규칙으로 전환할 수 있어야 한다는 것을 의미한다. 어떤 ATC 프로젝트는 프로젝트 초기 현 비즈니스 규칙 집합을 정적이라 생각하고 소프트웨어에 직접 코드로 넣었다. 이해관계자가 필수 안전 규칙에 대한 정기적인 변경에 대응해야 한다는 사실을 깨달았을 때는 심각한 재작업이 필요했다.

표 9-4의 마지막 열은 각 규칙의 출처를 나타낸다. 비즈니스 규칙의 출처로는 기업 및 관리 정책, 주제 전문가와 기타 개인, 정부 법령 및 규정과 같은 문서가 있다. 출처를 알아두면 규칙에 대한 추가 정보가 필요하거나 변경사항에 대해 알아야 할 때 어디서 찾아야 하는지 알 수 있다.

비즈니스 규칙 발견하기

"요구사항이 무엇입니까?"라고 물어보는 것은 사용자 요구사항 도출에 거의 도움이 되지 않으며, 사용자에게 "비즈니스 규칙이 뭔가요?"라고 물어보는 것은 오히려 정답과 더 멀어지게 한다. 비즈니스 규칙은 어떤 일을 하는 도중 발견되기도 하며, 요구사항 논의 중에 나타나기도 하고 직접 찾아야 하기도 한다. 바바라 폰 할레는 비즈니스 규칙을 발견하기 위한 종합적인 프로세스를 설명한다(Barbara von Halle 2002). 규칙을 찾을 수 있는 일반적인 장소 및 방법은 다음과 같다(Boyer and Mili 2011).

- 조직의 "일반적인 지식(상식)"은 오랫동안 일하고 일이 어떻게 돌아가는가에 대한 세부사항을 알고 있는 개인으로부터 수집된다.
- 구형 시스템은 요구사항과 코드에 비즈니스 규칙이 들어있다. 적절한 규칙을 이해하기 위해 요구사항이나 코드에 숨어있는 이론적 근거에 대한 역공학이 필요하다. 때때로 이를 통해 비즈니스 규칙에 대한 불완전한 지식을 얻을 수 있다.
- 분석가가 제약사항이나 촉진 이벤트, 계산 규칙 관련 팩트 등 각 프로세스 단계에 영향을 주는 규칙을 찾는 데 사용되는 비즈니스 프로세스 모델링
- 프로젝트 초기의 요구사항 명세서, 규정, 산업 표준, 회사 정책 문서, 계약서, 비즈니스 일정 등과 같은 기존 문서 분석

- 데이터 객체가 가질 수 있는 다양한 상태나 사용자 혹은 시스템 이벤트가 객체의 상태를 변경할 수 있는 조건과 같은 데이터 분석. 그림 9-2에서 보여준 바와 같이 사용자 권한 수준 및 보안과 관련된 규칙의 정보를 제공하기 위해 이러한 권한은 역할 및 권한 매트릭스로 표현될 수 있다.

- 규제 대상 시스템을 구축하는 회사의 규정 준수 부서

이러한 출처에서 몇 가지 비즈니스 규칙들을 발견했더라도 현재 프로젝트에 적용해야 하거나 꼭 유효한 것은 아니다. 기존 애플리케이션의 코드에 구현된 계산 공식은 무용지물이 될 수 있다. 예전 문서와 애플리케이션에서 수집된 규칙을 갱신할 필요가 있는지 여부를 확인하자. 발견한 규칙의 적용 범위를 산정하자. 규칙이 현재 프로젝트에 국한된 것인가? 아니면 비즈니스 도메인이나 기업 전체에 걸쳐 있는가?

종종 프로젝트 이해관계자가 이미 애플리케이션에 영향을 미치는 비즈니스 규칙에 대해 알고 있는 경우가 있다. 일부 직원이 특정 유형이나 클래스의 규칙을 처리하기도 한다. 여러분의 환경이 그런 경우라면 누가 이런 사람인지 찾아 그들과 논의할 수 있게 해야 한다. BA는 기타 다른 요구사항 산출물과 모델을 정의하는 도출 활동에서 비즈니스 규칙을 모을 수 있다. 인터뷰와 워크숍에서 BA는 사용자가 제시하는 요구사항과 제약조건의 이론적 근거를 찾기 위한 질문을 할 수 있다. 이러한 논의를 통해 이론적 근거를 바탕으로 비즈니스 규칙을 이끌어낸다.

그림 9-3은 규칙의 일부 잠재적인 근원을 나타낸다. 또한 다양한 요구사항 이슈에 대한 논의 중에 BA가 사용자에게 요청할 수 있는 질문을 제안한다.

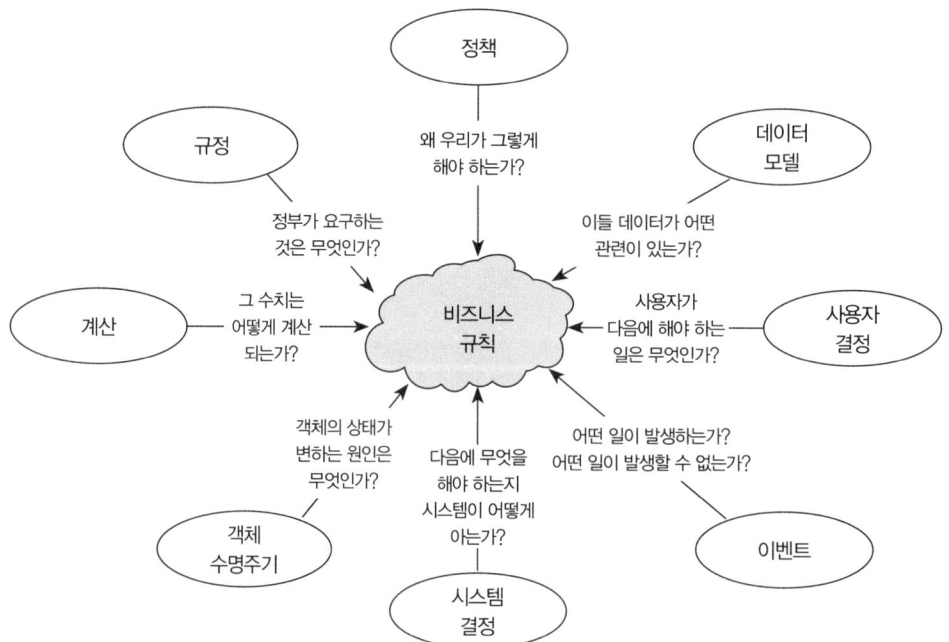

그림 9-3 다양한 관점의 질문을 통해 비즈니스 규칙 발견하기

비즈니스 규칙 및 요구사항

비즈니스 규칙을 파악하고 문서화한 후 어떤 규칙이 소프트웨어에 구현돼야 하는지 결정해야 한다. 비즈니스 규칙과 이에 대한 기능적 요구사항은 종종 많이 닮아 있다. 그러나 규칙은 소프트웨어에 적용돼야 하는 정책의 외부 명세로서 시스템의 기능을 이끈다. 모든 BA는 어떤 규칙이 애플리케이션에 존재해야 하고, 어떤 규칙이 소프트웨어에 적용돼야 하며, 어떻게 적용해야 하는지 결정해야 한다.

사용자가 위험한 화학약품을 요청하기 전에 훈련 기록이 유효해야 한다는 화학약품 관리 시스템의 제약조건 규칙을 떠올려 보자. 분석가는 이 규칙을 준수하기 위해 훈련 기록 데이터베이스가 화학약품 관리 시스템에서 접근 가능한지 여부에 따라 서로 다른 기능적 요구사항을 도출할 수 있을 것이다. 만약 가능하다면 시스템이 사용자의 훈련 기록을 조회할 수 있기 때문에 요청을 수락하거나 거절할 수 있을 것이다. 그러나 실시간으로 확인할 수 없다면 시스템은 화학약품 요청을 임시로 저장하고 요청을 허락하거나 거절할 수 있는 훈련 담당자에게 메시지를 전달할 것이다. 규칙은 어떤 상황에서도 동일하지만 소프트웨어 기능(비즈니스 규칙 실행 중 동반되는 행동)은 시스템의 환경에 따라 달라진다.

다른 상황에서는 다음과 같은 규칙을 고려해 보자.

- 규칙 #1(동작 활성자): "화학 용기의 유통기한이 만료된 경우 현재 해당 용기를 소유한 사람에게 이 사실을 알린다."
- 규칙 #2(팩트): "폭발성 분해생성물을 형성할 수 있는 화학 용기는 생산일로부터 1년 후에 만료된다."

규칙 #1은 "만료된 화학약품 소유자 알림"이라는 시스템 기능의 근원으로 작용한다. #2와 같은 추가 규칙은 시스템이 어떤 용기의 유통기한이 다 돼 가는지 확인하고 제때 소유자에게 알려줄 수 있게 한다. 예를 들어, 열려있는 에테르 용기는 공기 중의 산소로 인해 폭발 부산물을 만들어낼 수 있기 때문에 안전하지 않다. 이러한 규칙에 따라 유통기한이 있고 안전한 처리를 위해 적절한 사람에게 용기를 반환해야 한다는 사실을 알릴 수 있도록 화학약품 관리 시스템이 화학 용기의 상태를 추적 관찰해야 함을 명확하게 알 수 있다. BA는 다음과 같은 기능을 위해 몇 가지 기능적 요구사항을 도출할 수 있다.

Expired.Notify.Before(만료.알림.이전)

유통기한이 있는 화학 용기의 상태가 처분되지 않은 경우, 시스템은 만료일 일주일 전에 현 소유자에게 이를 통보할 것이다.

Expired.Notify.Date(만료.알림.당일)

유통기한이 있는 화학 용기의 상태가 처분되지 않은 경우, 시스템은 만료일에 현 소유자에게 이를 통보할 것이다.

Expired.Notify.After(만료.알림.이후)

유통기한이 있는 화학 용기의 상태가 처분되지 않은 경우, 시스템은 만료일 일주일 후에 현 소유자에게 이를 통보할 것이다.

Expired.Notify.Manager(만료.알림.관리자)

유통기한이 있는 화학 용기의 상태가 처분되지 않은 경우, 시스템은 만료일 이주일 후에 현 소유자의 관리자에게 이를 통보할 것이다.

이와 매우 유사한 요구사항 집합을 접할 때는 목록 대신 표 형태로 표현하는 것을 고려하자(Wiegers 2006). 이 방법이 좀 더 간편하고 검토나 이해, 수정하기 쉽다. 표는 상위 요구사항 이름 표의 접미사만 보여주기 때문에 요구사항에 이름을 붙이기 위한 좀 더 간결한 방법을 제공한다. 다음은 앞에서 본 4가지 기능적 요구사항을 다른 식으로 표현한 것이다.

Expired.Notify(만료.알림)

유통기한이 있는 화학 용기의 상태가 좋지 않은 경우, 시스템은 다음의 표에 있는 개인에게 지정된 시간에 통보할 것이다.

요구사항 ID	통보 대상	통보 시기
.Before(이전)	용기의 현 소유자	만료일 일주일 전
.Date(당일)	용기의 현 소유자	만료일
.After(이후)	용기의 현 소유자	만료일 일주일 후
.Manager(관리자)	용기의 현 소유자의 관리자	만료일 이주일 후

모두 함께 묶기

중복 방지를 위해 요구사항 문서에서 비즈니스 규칙 카탈로그의 규칙을 복제하지 말아야 한다. 대신 특정 기능이나 알고리즘의 소스로서 규칙을 다시 참조한다. 다음의 세 가지 방법으로 기능적 요구사항과 이것들의 상위 비즈니스 규칙의 연관관계를 여러 방법으로 정의할 수 있을 것이다.

- 요구사항 관리 도구를 사용한다면 "근원(Origin)"이라고 하는 요구사항 속성을 만들고 도출된 기능적 요구사항의 근원으로서 규칙을 나타내자(27장 "요구사항 관리 사례" 참조).

- 요구사항 추적 매트릭스나 요구사항 매핑 매트릭스에서 기능적 요구사항과 연결된 비즈니스 규칙 간 추적 가능한 링크를 정의하자(Beatty and Chen 2012). 비즈니스 규칙이 요구사항과 동일한 저장소에 저장돼 있는 경우 이 방법이 가장 쉬운 방법이다(29장 "요구사항의 연결 고리" 참조).

- 비즈니스 규칙과 요구사항이 워드프로세서나 스프레드시트 파일에 저장돼 있다면 요구사항의 비즈니스 규칙 ID 참조를 다른 곳에 저장된 비즈니스 규칙의 설명으로 하이퍼링크 형태로 정의하자. 수집된 규칙의 위치가 변경되는 경우 하이퍼링크가 단절될 수 있음을 명심하자.

요구사항은 단순히 규칙의 상위 인스턴스를 가리키기만 하기 때문에 이러한 링크는 규칙이 바뀌어도 요구사항을 최신 내용으로 유지한다. 규칙이 변경되면 이에 따라 변경해야 하는 요구사항(혹은 구현된 기능)을 찾기 위해 연결된 규칙 ID를 검색할 수 있다. 규칙은 단 하나의 애플리케이션을 위해 문서화한 것이 아니기 때문에 이처럼 링크를 사용하면 여러 장소나 프로젝트에서 동일한 규칙을 재사용하는 데 용이하다. 그래도 SRS를 읽는 개발자는 구체적인 규칙을 확인하기 위해 상호참조된 링크를 참조해야 할 것이다. 이는 중복 정보를 선택하지 않음으로써 발생하는 트레이드오프다(Wiegers 2006).

요구공학의 수많은 산출물과 마찬가지로, 모든 상황에서 작동하는 비즈니스 규칙을 관리하는 간단하고 완벽한 해결책은 없다. 그러나 비즈니스 규칙을 적극적으로 찾고, 기록하고, 적용한다면 모든 이해관계자에게 애플리케이션 개발 선택의 이면에 있는 이론적 근거가 명확해질 것이다.

> **다음 단계는**
> - 현재 진행 중인 프로젝트에서 그림 9-1의 분류체계로부터 각 비즈니스 규칙 유형을 최소 한 개씩 식별해 보자.
> - 현재 진행 중인 프로젝트와 관련된 규칙으로 비즈니스 규칙 카탈로그를 만들어 보자. 그림 9-1의 방식에 따라 규칙을 분류하고 각 규칙의 근원을 확인하자.
> - 어떤 기능적 요구사항에 여러분이 식별한 비즈니스 규칙을 적용할 수 있는지를 보여주는 추적 매트릭스를 작성하자.
> - 기타 다른 내재된 비즈니스 규칙을 발견할 수 있도록 기능적 요구사항의 이면에 있는 이론적 근거를 확인하자.

10
요구사항
문서화하기

한 상용 소프트웨어 회사에서 차세대 주력 제품을 구축하기 위한 대규모 프로젝트를 시작하며 수석 매니저가 종일 진행된 "고객의 목소리 워크숍"에 60여 명의 직원을 소집했다. 이 직원들은 퍼실리테이터와 신규 제품의 아이디어를 찾았다. 매니저는 브레인스토밍 세션의 결과를 100페이지 분량의 문서로 만들었다. 매니저는 이를 요구사항 명세서라고 했지만 사실 그것은 정보의 더미에 지나지 않았다.

모든 현명한 사람들의 두뇌에서 모인 정보는 여러 범주로 분류되지도 않았고, 논리적으로 구성되지도 않았으며, 분석되지도, 제안된 소프트웨어 솔루션에 대해 기술하는 어떠한 것으로 처리되지도 않았다. 거대한 아이디어 모음으로부터 개발자는 신규 프로젝트에 대해 알아야 하는 것을 얻을 수 없었다. 분명 쓸모 없는 것들 사이에 묻혀있는 가치 있는 요구사항 덩어리가 있었다. 그러나 단순히 원초적인 아이디어와 요구를 수집해서 목록으로 정리하는 것은 소프트웨어 요구사항을 문서화하고 소통하기 위한 효과적인 방법이 아니다.

요구가 있는 사람과 솔루션을 구상할 수 있는 사람과 이들 솔루션을 구현하고 검증할 수 있는 사람 간의 명확하고 효과적인 의사소통은 요구사항 개발의 핵심 원칙이다. 숙련된 비즈니스 분석가는 요구사항 정보의 유형에 따라 각 대상 고객과 소통할 수 있는 가장 효과적인 방법을 선택할 것이다.

요구사항 개발의 결과는 개발해야 하는 프로젝트에 대한 이해관계자 간의 문서화된 합의다. 이전 장에서 본 것처럼 비전 범위 문서는 비즈니스 요구사항과 유스케이스나 사용자 스토리와 같은 형식으로 정리된 사용자 요구사항을 담고 있다. 제품의 기능적 요구사항과 비기능적 요구사항은 솔루션을 설계하거나 구현, 검증해야 하는 사람들에게 전달될 소프트웨어 요구사항 명세서 혹은 SRS에 저장되기도 한다. 요구사항을 주요 프로젝트 이해관계자가 쉽게 검토할 수 있는 조직적인 형태로 기록하면 이들이 어떤 부분에 동의하고 있는지 파악하는 데 도움이 된다.

이번 장에서는 SRS의 목적과 구조, 내용에 대해 알아보겠다. 여기서는 SRS를 문서로 얘기하겠지만 전통적인 워드프로세서 문서 형태여야 하는 것은 아니다. 실제로 문서는 수많은 한계를 드러낸다.

- 문서에서 요구사항과 함께 속성을 설명하기는 어렵다.
- 변경 관리가 불편하다.
- 버전별 요구사항을 유지하기가 어렵다.
- 특정 반복주기에 할당된 요구사항의 일부를 분리하거나 승인 후 연기되거나 취소된 이러한 요구사항을 추적하기란 쉽지 않다.
- 다른 개발 산출물에 대한 요구사항 추적은 어렵다.
- 논리상 여러 장소에 맞는 요구사항을 복제함으로써 유지보수에 문제가 발생한다.

문서의 대안으로 정보를 스프레드시트(문서와 유사한 제약이 많음)나 위키, 데이터베이스, 요구사항 관리(RM; Requirements Management) 도구에 저장해 둘 수 있다(30장 "요구공학을 위한 도구" 참조). 요구사항 정보를 저장할 수 있는 각종 저장소나 보관함에 대해 생각해 보자. 어떤 유형의 요구사항 저장소를 사용하더라도 여전히 같은 종류의 정보가 필요할 것이다. 여기서 설명하는 SRS 템플릿은 정보를 수집하고 구조화하는 방법을 상기시켜 줄 것이다.

요구사항을 문서화하는 시간의 가치에 대해 모든 사람이 동의하는 것은 아니다. 또한 솔루션의 최종 모습이 어떻게 될지 알 수 없는 예비 혹은 휘발성이 높은 프로젝트에서 구체적인 요구사항의 변화를 알기 위해 노력해 봐야 얻을 수 있는 가치는 적다. 그러나 지식을 기록하는 비용은 지식을 수집하거나 추후 특정 시점에 다시 만드는 것보다 비용이 적게 든다. 명세나 모델을 만드는 역할은 프로젝트 참여자가 충분히 생각하고 중요한 것을 분명히 말할 수 있게 도와서 논의 중에 발생하는 모호함을 제거한다. 만약 어떤 이해관계자도 본인의 단기 기억 지속시간 동안 특정 정보 조각이 필요하지 않으리라는 것을 100% 확신한다면 이를 기록할 필요는 없을 것이다. 그렇지 않다면 집단 기억 저장소와 같은 공간에 저장해야 한다.

완벽한 요구사항을 얻기란 거의 불가능하다. 특정 대상을 위한 요구사항을 작성해야 한다는 것만 기억하자. 세부 사항의 양, 제공한 정보의 종류, 구성 방법 등 이 모든 것은 대상 고객의 니즈를 만족시키기 위한 것이다. 분석가는 본인의 관점에서 아주 자연스럽게 요구사항을 작성할 수도 있지만 요구사항을 이해해야 하는 사람들을 대상으로 이들에게 가장 의미 있게 작성해야 한다. 따라서 고객의 대표가 요구사항을 검토해서 그들의 니즈를 충족하는지 확인하는 것이 중요하다.

세부사항을 점진적으로 정제하는 것은 효과적인 요구사항 개발의 핵심 원칙이다. 대부분의 프로젝트에서 프로젝트 초기에 모든 세부 요구사항을 파악하는 것은 현실적이지 않으며 필요하지도 않다. 대신 계층이라는 용어에 대해 생각해 보자. 요구사항에 대해 대략적인 우선순위를 할당하고 앞으로의 배포 버전이나 반복주기에 할당할 수 있도록 충분히 학습할 필요가 있다. 그런 다음 개발자에게 충분한 정보를 제공해서 과도하고 불필요한 재작업을 방지할 수 있도록 요구사항 그룹에 시기적절한 방법으로 임무를 할당할 수 있다.

프로젝트 전반에 걸친 지속적인 논의를 대체할 수 있는 높은 품질의 요구사항 문서를 기대하지 말자. BA와 개발팀, 고객 대표, 기타 다른 이해관계자 간의 열린 소통 채널을 유지하면 앞으로 발생할 수 있는 무수한 문제를 신속하게 해결할 수 있을 것이다.

> **함정** 견고한 요구사항 명세서 사례를 대체하기 위해 텔레파시나 투시력에 의존하지 마라. 어떤 소프트웨어 프로젝트에서는 그것들이 기술적인 기반이 될 것처럼 보인다 하더라도 제대로 동작하지 않을 것이다.

소프트웨어 요구사항은 다음과 같은 여러 가지 방법으로 표현할 수 있다.

- 잘 구조화되고 신중하게 작성된 자연어
- 변환 프로세스, 시스템 상태와 각 상태 간의 변화, 데이터 관계, 로직 흐름, 기타 등등을 그린 시각적인 모델
- 아주 정밀한 명세 언어를 이용해 요구사항을 정의하는 정형 명세서

정형 명세서는 엄격함과 정밀함을 보여주지만 소수의 소프트웨어 개발자만이 이를 잘 알고 있고, 이를 아는 고객은 거의 없다. 대부분의 프로젝트에서는 이 정도 수준의 형식을 요구하지 않지만 원자력 발전소 제어 시스템과 같은 고위험 시스템의 설계자는 정형 명세 방법을 사용해야 할 것이다. 시각적인 모델과 기타 다른 표현 기법(표, 목업, 사진, 수학 공식 등)으로 보강된 구조적인 자연어는 여전히 대부분의 소프트웨어 프로젝트에서 요구사항을 문서화하는 가장 현실적인 방법이다. 이번 장의 나머지 부분에서는 소프트웨어 요구사항 명세서의 정보를 구조화하는 방법을 이야기할 것이다. 11장 "좋은 요구사항 작성하기"에서는 고품질 요구사항의 특징을 설명하고, 여러 작성법을 제안할 것이다.

소프트웨어 요구사항 명세서

소프트웨어 요구사항 명세서는 다양한 조직에서 다양한 이름으로 불리며, 조직은 이를 가리킬 때 동일한 용어를 사용하지 않는다. 이를 비즈니스 요구사항 문서(BRD; Business Requirements Document)나 기능 명세서, 제품 명세서, 시스템 명세서, 아니면 단순히 요구사항 문서라 부르기도 한다. "소프트웨어 요구사항 명세서"는 업계 표준 용어이기 때문에 여기서는 이렇게 부를 것이다 (ISO/IEC/IEEE 2011).

SRS는 소프트웨어 시스템이 반드시 제공해야 하는 기능과 능력, 특징과 꼭 고려해야 하는 제약조건을 명시한다. 여러 조건하에서 필요한 모든 시스템 동작뿐 아니라 성능, 보안, 사용성 등과 같은 목표 시스템의 품질 또한 기술해야 한다. SRS는 후속 프로젝트 계획, 설계, 구현을 위한 기반일 뿐만 아니라 시스템 테스트와 사용자 문서의 토대가 된다. 그러나 여기에는 알려진 설계 및 구현 제약사항 외에 설계나 구현, 테스트, 프로젝트 관리에 대한 세부사항이 포함되면 안 된다. 애자일 프로젝트에 참여하는 사람들도 잘 만들어진 SRS에서 정보를 찾는다. 이들은 일반적으로 잘 정리된 산출물에서 모든 정보를 얻지는 않지만 SRS 템플릿은 어떤 종류의 지식을 찾아야 하는지에 대한 간편한 단서를 제공한다. 이번 장 후반부에서는 애자일 프로젝트에서 요구사항 명세서를 다루는 일반적인 방법에 대해 다룰 것이다.

> **중요** 보통 단 하나의 요구사항 산출물로 모든 대상 고객의 니즈를 충족할 수는 없다. 어떤 사람들은 비즈니스 목표만 알면 되지만 어떤 사람들은 고수준의 큰 그림만을 원하고, 또 어떤 사람들은 사용자의 관점만 볼 수 있으면 되며, 누군가는 모든 세부 사항을 필요로 하기도 한다. 바로 이런 이유로 비전 범위 문서나 사용자 요구사항 문서, 소프트웨어 요구사항 명세서라고 부르는 산출물을 만들려고 하는 것이다. 모든 사용자 대표가 상세한 SRS를 읽을 것이라 기대하면 안 되며, 개발자가 유스케이스나 사용자 스토리 집합에 필요한 모든 것을 학습할 것이라고도 기대하지 말자.

수많은 대상 고객은 SRS에 의존한다.

- 고객, 마케팅 부서, 영업 직원은 각자가 어떤 제품을 받을 거라 예상하는지 알아야 한다.
- 프로젝트 관리자는 요구사항에 대한 일정이나 노력, 자원의 예측을 기반으로 한다.
- 소프트웨어 개발팀은 무엇을 개발해야 하는지 알아야 한다.
- 테스터는 SRS를 이용해 요구사항 기반 테스트, 테스트 일정, 테스트 절차를 개발한다.
- 유지보수 및 고객지원 직원은 제품의 각 부분이 어떤 일을 하는지 이해하기 위해 SRS를 사용한다.
- 문서 작성자는 SRS와 사용자 인터페이스 디자인을 기반으로 사용 설명서와 도움말 화면을 작성한다.

- 교육 담당자는 SRS와 사용자 문서를 사용해 교육 자료를 개발한다.
- 법무팀 직원은 요구사항이 해당 법률과 규정을 준수할 수 있게 한다.
- 하청업체는 자신의 업무를 토대로 법적으로 명시된 요구사항을 충족시킬 수 있다.

필요한 기능이나 품질이 요구사항 약관에 표시되지 않은 경우 누구도 제품이 이러한 기능이나 품질을 담고 있을 것이라 기대하지 못할 것이다.

얼마나 많은 명세서가 있는가?

대부분의 프로젝트에서는 단 하나의 소프트웨어 요구사항 명세서만 만든다. 그러나 대규모 프로젝트의 경우에는 이것이 적합하지 않다. 대규모 시스템 프로젝트는 소프트웨어와 하드웨어 요구사항 명세서를 분리하며, 별도의 시스템 요구사항 명세서를 작성하기도 한다(ISO/IEC/IEEE 2011). 어떤 회사에서는 100명 이상의 사람들과 수년 동안 매우 복잡한 공정 제어 애플리케이션을 구축했다. 이 프로젝트는 시스템 요구사항 명세서에 800여 개의 고수준 요구사항을 갖고 있었다. 이 프로젝트는 20개의 하위 프로젝트로 나눠졌으며, 각각은 시스템 요구사항에서 파생된 800~900여 개의 요구사항이 포함된 고유의 소프트웨어 요구사항 명세서를 갖고 있었다. 결국 수많은 문서를 만들어야 했고, 분할 정복 접근법을 이용하지 않으면 이 대규모 프로젝트는 관리하기가 어려워질 게 뻔했다.

또 다른 극단에서 한 회사는 중간 규모의 각 프로젝트를 위한 단일 지침 문서를 만들고 "명세(The Spec.)"라고 단순하게 불렀다. 명세에는 요구사항, 추정, 프로젝트 계획, 품질 계획, 테스트 계획, 테스트 등 프로젝트 정보의 알려진 모든 단편들을 담고 있었다. 이러한 모든 항목을 포함하는 문서의 변경 관리 및 버전 관리는 악몽과 같다. 모든 대상 고객에게 필요한 요구사항 정보 전체를 담은 문서는 없다.

애자일 개발 방식을 채택하기 시작한 세 번째 회사에서는 모든 공식적인 문서 작성을 중단했다. 그 대신 회사 사무실 벽에 포스트잇을 붙이며 대형 프로젝트의 사용자 스토리를 작성했다. 그러나 안타깝게도 포스트잇의 접착력이 점차 떨어졌다. 두 달 정도 지나면 누군가가 벽에 붙인 포스트잇이 바닥에 떨어지는 것은 당연했다.

또 다른 회사는 중도적인 방법을 사용했다. 프로젝트 규모가 크지 않고 40~60페이지 정도로 정리할 수 있었지만 어떤 팀원들은 일괄 처리에 대한 SRS 하나, 보고서 엔진 하나, 10여 개의 각 보고서 같은 식으로 SRS를 가능한 한 많은 문서로 나누고자 했다. 이러한 문서의 급격한 증가는 변화를 추적하고 최신 버전으로 유지하거나 적절한 사람에게 필요한 정보를 효율적으로 제공하기 어렵기 때문에 두통을 유발시킨다.

30장에 기술한 바와 같이, 이 모든 상황에 대해 더 나은 대안은 요구사항을 요구사항 관리 도구에 저장하는 것이다. RM 도구는 다수의 제품 배포나 개발 반복주기를 계획할 때 단일 SRS가 적합한지, 아니면 다수의 명세가 적합한지에 대한 문제를 해결하는 데 큰 도움이 된다(Wiegers 2006). 제품의 일부 혹은 특정 반복주기에 대한 SRS는 특정 질의 기준에 따라 데이터베이스 콘텐츠로부터 생성된 보고서에 해당한다.

개발을 시작하기 전에 전체 제품에 대한 SRS를 작성할 필요는 없지만 증분을 개발하기 전에는 각 증분에 대한 요구사항을 도출해야 한다. 점진적 개발은 일부 기능을 사용자에게 빨리 전달하고자 하는 경우에 적합하다. 초기 증분에 대한 피드백을 통해 프로젝트의 나머지를 만들어 나갈 수 있을 것이다. 그러나 모든 프로젝트에서 팀이 이를 구현하기 전에 각 요구사항 집합에 대한 기준의 합의에 이르러야 하는 것은 아니다. 기준을 잡는 것은 개발 중인 SRS를 검토되거나 승인된 상태로 전환하는 프로세스다. 합의된 요구사항 집합을 기반으로 하면 오해와 불필요한 재작업을 최소화할 수 있다. 2장 "고객 관점의 요구사항" 및 27장 "요구사항 관리 사례"에서 기준에 대해 좀 더 자세히 살펴보겠다.

다양한 이해관계자가 이를 이해할 수 있게 SRS를 체계적으로 작성하는 것이 중요하다. 다음과 같은 가독성 향상 방법을 참고하자.

- 필요한 모든 정보를 체계적으로 정리하기 위해 적절한 템플릿을 사용하자.
- 절, 하위 절, 개별 요구사항에 일관성 있는 이름과 형식을 부여하자.
- 일관되고 신중하게 시각적으로 강조하자. 색상으로 강조할 경우에 색맹이거나 흑백으로 출력한 사람들은 이를 인지할 수 없으리라는 점을 기억하자.
- 독자가 필요한 정보를 손쉽게 찾아볼 수 있도록 목차를 만들어 두자.
- 모든 그림과 표에 숫자를 할당하고 캡션으로 연결해 두자.
- 요구사항을 문서에 저장한다면 쪽 번호나 절의 번호를 그냥 적지 말고 문서의 다른 위치를 참조하는 워드프로세서의 상호 참조 기능을 사용하라.
- 문서를 사용한다면 독자가 SRS나 기타 다른 파일의 관련 절로 바로 이동할 수 있도록 하이퍼링크를 정의하자.
- 요구사항을 도구에 저장한다면 독자가 관련 정보를 찾아갈 수 있도록 링크를 사용하자.
- 가능한 한 쉽게 이해할 수 있게 정보를 시각적으로 표현하자.
- 문서가 논리정연하고, 일관된 어휘와 레이아웃을 사용하도록 숙련된 편집자에게 협조를 요청하자.

요구사항 명명하기

모든 요구사항은 유일하고 영구적인 식별자가 필요하다. 이를 통해 변경 요청이나 수정 이력, 상호 참조, 요구사항 추적 매트릭스에 대한 특정 요구사항을 참조할 수 있다. 또한 여러 프로젝트에서 요구사항을 재사용할 수 있다. 고유하게 식별되는 요구사항은 동료평가와 같은 팀 구성원 간 요구사항 논의에서 구성원 간의 협업을 촉진한다. 간단히 번호나 글머리 기호를 붙인 목록은 이러한 목적에 적절하지 않다. 몇 가지 요구사항 명명법의 장단점을 살펴보자. 현 상황에 가장 적합한 기법을 선택하자.

> **글머리 기호와 숫자 8**
> 언젠가 긴 비행시간 동안 옆자리 동석자와 이야기를 나눈 적이 있다. 데이브 또한 소프트웨어 사업가라는 사실을 알게 됐다. 내가 요구사항에 관심이 있다는 것을 언급했더니 데이브는 서류가방에서 SRS를 꺼냈다. 비상시나 다른 목적 때문에 항상 가지고 다니는지는 잘 모르겠다. 데이브의 요구사항 문서는 계층적으로 구성돼 있으나 모든 목록은 글머리 기호로 돼 있었다. 문서는 8단계의 글머리 기호 계층구조로 표시돼 있었고 각각은 모두 다른 기호(○, ■, ◆, ✓, ❏, ➪ 등)가 사용됐으나 기호 외에 다른 의미를 가진 이름표는 없었다. 글머리 기호 항목을 참조하거나 이에 대한 설계 요소나 코드 일부, 테스트 단계를 추적하는 것은 불가능했다.

일련번호

모든 요구사항에서 가장 간단한 방법은 UC-9나 FR-26과 같은 고유한 일련번호를 부여하는 것이다. 상용 요구사항 관리 도구는 사용자가 신규 요구사항을 데이터베이스에 추가할 때 이런 방식으로 식별자를 할당한다. FR이 기능적 요구사항임을 말하는 것과 같이 접두사는 요구사항 유형을 가리킨다. 요구사항이 삭제되더라도 번호는 재사용되지 않으므로 기존 FR-26과 새로운 FR-26을 독자가 혼란스러워할 일은 없다. 이처럼 단순한 번호 접근법은 요구사항에 대한 어떠한 논리적, 계층적 집합도 제공하지 않으며, 번호는 어떠한 순서도 의미하지 않고, 이름표는 각 요구사항이 무엇에 대한 것인지에 대한 아무런 단서도 제공하지 않는다. 이로써 요구사항을 문서로 옮길 때 고유한 식별자를 쉽게 유지할 수 있다.

계층 번호

대부분 공통적으로 사용되는 규칙에서 만약 기능적 요구사항이 SRS의 3.2절에 나타난다면 모든 이름표는 3.2로 시작한다. 이후의 숫자는 하위 요구사항과 같은 좀 더 자세한 것을 나타내는데, 3.2.4.3은 3.2.4의 하위 요구사항이라는 것을 알 수 있다. 이 방법은 단순하고 간략하며, 잘 알려져 있다. 워드프로세서에서는 자동으로 번호를 할당할 수 있을 것이다. 일반적으로 요구사항 관리 도구는 계층 번호를 지원한다.

그러나 계층 번호는 몇 가지 문제를 드러낸다. 중간 규모의 SRS일지라도 이름표는 여러 자릿수로 커질 수 있다. 숫자 이름표는 요구사항의 어떠한 의도도 알려주지 않는다. 워드프로세서를 사용할 경우 일반적으로 이런 방법으로는 영구적인 이름표를 생성할 수 없다. 신규 요구사항을 중간에 추가

한다면 해당 절에 있는 다음 요구사항 번호가 자동으로 증가할 것이다. 요구사항을 삭제하거나 다른 곳으로 옮긴다면 마찬가지로 해당 절의 이후 번호는 자동으로 감소할 것이다. 전체 절을 삭제하거나 삽입, 병합, 이동한다면 많은 이름표가 변경될 것이다. 이 같은 변화는 시스템 어딘가를 참조하는 요구사항에 지장을 초래할 것이다.

> **함정** 언젠가 BA가 나에게 "사람들이 요구사항을 추가하게 할 수 없습니다. 번호를 망쳐놓을 거예요."라고 진지하게 얘기한 적이 있다. 비효율적인 방법이 효과적이고 현명하게 작업하는 것을 방해하게 둬서는 안 된다.

계층 번호를 개선하는 방법은 요구사항의 주요 절은 계층적인 번호를 사용하되 각 절에 있는 각 기능적 요구사항에는 일련번호 뒤에 짧은 문자 코드를 사용하는 것이다. 예를 들어, SRS는 "3.5절 - 편집기 기능"을 포함하지만 각 절의 요구사항은 ED-1, ED-2 등과 같이 명명하는 것이다. 이 방법은 이름표를 짧게 유지하면서 의미를 부여하지만 위치에 대한 의존성은 줄임으로써 어느 정도 계층 구조와 조직화를 제공한다. 그러나 일련번호에 대한 모든 문제를 해결하는 것은 아니다.

계층적 문자 태그

컨설턴트인 톰 길브는 각 요구사항 이름표에 대한 문자 기반의 계층적 태깅 방식을 제안했다(Tom Gilb 1988). "시스템은 10부 이상 출력할 경우 이에 대한 확인을 사용자에게 요청해야 한다"와 같은 요구사항에 대해 생각해 보자. 이 요구사항은 Print.ConfirmCopies(인쇄.매수확인)과 같은 태그를 갖고 있을 것이다. 이는 요구사항이 인쇄 기능의 일부이며, 출력 매수에 관한 것임을 나타낸다. 계층적 문자 태그는 구조적이며, 의미를 갖고, 기타 요구사항의 추가, 삭제, 이동의 영향을 받지 않는다. 이 책의 다른 예제와 같이 부록 C의 샘플 SRS에서 이 명명 기법을 볼 수 있다. 이 방법은 비즈니스 규칙을 위해 전용 비즈니스 규칙 저장소나 도구를 사용하지 않고 수동적으로 의미를 부여하는 경우의 명명법으로도 유용하다.

이 같은 계층적 문자 태그를 사용하면 또 다른 문제를 해결하는 데 도움이 된다. 어떤 계층적 조직을 사용하더라도 요구사항 간의 부모-자식 관계를 갖게 될 것이다. 부모 요구사항이 기능적 요구사항으로 작성된 경우, 자식과 부모 간의 관계에 혼란이 일어날 수 있다. 좋은 규칙은 부모 요구사항을 기능적 요구사항으로 보이기보다는 제목이나 주제, 기능 이름처럼 보이게 작성하는 것이다. 부모 요구사항의 자식 요구사항은 전체적으로 부모 요구사항에 기술된 기능을 제공한다. 다음은 주제와 4개의 기능적 요구사항을 포함하는 예다.

Product(제품): 웹 사이트에서 제품 주문하기

- .Cart(장바구니) 웹 사이트에서는 고객이 구입하려는 제품을 담을 수 있는 장바구니를 사용해야 한다.
- .Discount(할인) 장바구니는 한 개의 할인코드 입력창을 제공해야 한다. 각 할인코드는 장바구니에 담긴 특정 상품에 대한 특정 할인률이나 할인액을 제공한다.
- .Error(에러) 만약 고객이 잘못된 할인코드를 입력하면 웹 사이트에서는 에러 메시지를 표시해야 한다.
- .Shipping(배송) 고객이 우편으로 발송해야 하는 제품을 주문한다면 장바구니는 배송비를 추가해야 한다.

각 요구사항에 대한 전체 고유 ID는 바로 위에 있는 부모의 이름표에 각 행의 이름표를 추가해서 만들어진다. 제품 명세는 별개의 요구사항이 아닌 제목처럼 작성된다. 첫 번째 기능적 요구사항은 Product.Cart(제품.장바구니)로 태그된다. 세 번째 요구사항의 전체 ID는 Product.Discount.Error(제품.할인.에러)다. 이 계층 구조는 계층적 번호를 통한 유지보수 문제를 방지할 수 있지만 태그는 더 길고 관련 기능으로부터 이름을 만들어야 하는 등 의미 있는 이름에 대해 고민해야 한다. 특히 다수가 일련의 요구사항을 다뤄야 하는 경우, 고유 ID를 유지하는 것이 어려울 수도 있다. 소규모 요구사항 집합의 경우 Product.Cart.01(제품.장바구니.01), Product.Cart.02(제품.장바구니.02) 등과 같이 계층적 명명 기법과 접미사로서의 일련번호를 조합해서 단순화할 수도 있다. 갖가지 다양한 기법을 활용할 수 있다.

불완전성 다루기

때때로 특정 요구사항에 대한 정보의 일부가 누락된 것을 알고 있을 것이다. 이러한 격차를 표시하기 위해 TBD 표기법을 사용하게 하자. 요구사항들을 구현하기 전에 모든 TBD를 해결하기 위한 계획을 세우자. 남아있는 어떠한 불확실성도 개발자나 테스터가 에러를 만들고 재작업하게 되는 위험성을 높인다. 개발자가 TBD를 발견하면 이를 해결하기 위해 요구사항의 근원을 추적하려 하기보다는 (비록 항상 정답은 아니더라도) 최대한 추측할 것이다. TBD가 남아있는 상태에서 차기 제품 증분 개발을 강행해야 한다면 해결되지 않은 요구사항의 구현을 연기하거나 미해결 이슈를 해결한 후 수정하기 쉽도록 제품을 설계해야 한다. 이슈 목록에 TBD와 기타 다른 요구사항 질문을 기록하자. 미해결 이슈의 개수가 줄어드는 것은 요구사항이 안정화되는 것을 의미한다. 27장에서 미해결 이슈의 관리 및 해결에 대해 설명할 것이다.

> **함정** TBD는 스스로 해결되지 않는다. TBD에 번호를 부여하고 각 이슈 해결에 대한 책임자 및 예상 완료 시기를 함께 기록해서 이들의 상태를 정기적으로 확인하고 완료 시까지 추적하자.

사용자 인터페이스와 SRS

사용자 인터페이스 디자인을 SRS에 통합하는 것은 장단점을 모두 갖고 있다. 장점으로는 종이 프로토타입을 이용한 가용 사용자 인터페이스 탐색, 작동하는 목업, 와이어프레임, 시뮬레이션 도구 등을 통해 사용자와 개발자에게 요구사항을 현실화한다는 것이 있다. 15장 "프로토타이핑을 활용한 위험 감소"에서 설명하는 바와 같이 이것들은 요구사항을 도출 및 검증하기 위한 강력한 기법이다. 제품의 사용자가 제품의 일부가 어떤 외형을 지니는지 예상하고 있다면 이러한 예상은 요구사항 영역에 포함돼야 한다(만약 예상을 만족시키지 못한다면 고객은 실망하게 될 것이다).

단점으로는 화면 이미지와 사용자 인터페이스 아키텍처가 솔루션을 설명할지라도 실제 요구사항은 아닐 수 있다는 것이다. 이것들을 SRS에 포함하면 문서의 규모가 커지고, 이러한 요구사항 문서는 사람들을 질려버리게 한다. UI 디자인이 완료될 때까지 SRS의 기준 설정을 지연시키면 개발 속도를 더디게 하고 요구사항과 관련해서 이미 많은 시간을 소비한 사람들의 인내심을 시험하게 할 수 있다. 요구사항에 UI 디자인을 포함하면 기능적 차이로 이어지는 시각적인 디자인의 요구사항으로 발전하게 될 수 있다. 요구사항을 작성하는 사람에게는 사용자 인터페이스 디자인에 대한 뛰어난 능력이 필요하지 않다. 또한 이해관계자들은 SRS의(혹은 어딘가에 있는) 사용자 인터페이스를 본 후 이를 "잊지" 않을 것이다. 이른 시각화는 요구사항을 명확히 할 수 있지만 장기적인 UI 개선에 방해가 될 수 있다.

화면 레이아웃이 글로 작성된 사용자 요구사항이나 기능적 요구사항을 대체하지는 않는다. 개발자가 스크린샷만 보고 기본 기능이나 데이터 관계를 유추할 수 있을 거라 기대하지 말자. 한 인터넷 개발 회사에서는 팀이 일상적으로 8시간의 시각 디자인 워크숍에 참여하기로 고객과 직접 계약했기 때문에 반복적으로 문제가 발생했다. 그들은 사용자가 개발된 각 웹 사이트에서 무엇을 하려 하는지 한번도 제대로 이해한 적이 없었고, 고객에게 인수한 후에도 사이트를 수정하느라 많은 시간을 허비해야 했다.

만약 특정 UI 컨트롤과 화면 레이아웃에서 어떤 기능을 구현하고자 한다면 SRS에 디자인 제약조건을 정보로 포함시키는 것이 적절하며 중요할 것이다. 디자인 제약조건은 사용자 인터페이스 디자이너의 선택 범위를 제한한다. 그냥 불필요한, 섣부른, 혹은 잘못된 이유로 인한 제약조건은 없는지 확인하자. 만약 SRS가 기존 시스템의 개선점을 명시하고 있다면 구현해야 하는 화면을 포함하는 것도 의미가 있다. 개발자가 이미 기존 시스템의 현실에 얽매여 있다면 수정된 혹은 신규 화면이 출력해야 하는 화면을 미리 알 수도 있다.

합리적인 균형은 모델을 따라 정확하게 구현할 필요가 없는 요구사항에서 선택된 화면의 개념적인 이미지(나는 얼마나 잘 그렸는지와 상관없이 스케치라고 부른다)를 포함하는 것이다. 웹페이지 스케치의 샘플은 그림 10-1을 참조하자. 스케치가 화면 디자인에 적용되지는 않을지라도 SRS에 이러한 스케치를 통합함으로써 요구사항에 대한 또 다른 관점을 전달하는 데 유용하다. 예를 들어, 복잡한 대화상자에 대한 예비 스케치는 요구사항 그룹의 숨은 의도를 그려내지만 시각 디자이너는 사용성 향상을 위해 이를 탭 대화상자로 바꿀 수 있다.

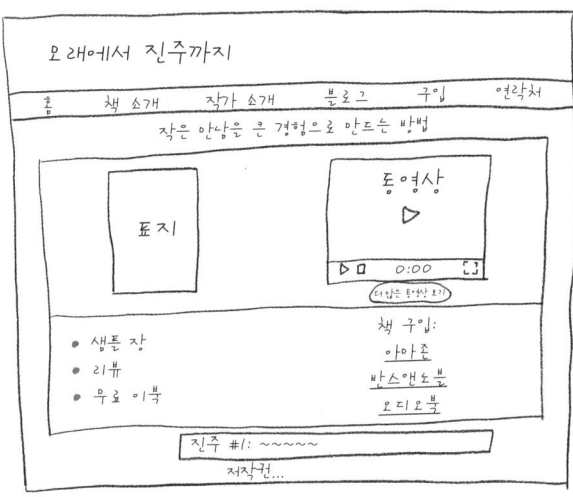

그림 10-1 요구사항 문서에 포함하기 적합한 사용자 인터페이스 "스케치"의 예

화면이 많은 프로젝트를 수행하는 팀은 이를 별도의 사용자 인터페이스 명세에서 구체화하거나 UI 디자인 도구나 프로토타이핑 도구를 사용해 문서화하는 데 더 많은 관리 노력이 필요하다는 사실을 알 수 있을 것이다. 화면 요소의 이름이나 속성, 구체적인 행동을 기술하기 위해 화면-행동-응답 모델과 같은 기법을 사용하자(Beatty and Chen 2012).

소프트웨어 요구사항 명세서 템플릿

모든 소프트웨어 개발 조직은 프로젝트에 대해 하나 이상의 표준 SRS 템플릿을 도입해야 한다. SRS 템플릿은 여러 종류가 있다(참고 예: ISO/IEC/IEEE 2011; Robertson and Robertson 2013). 만약 조직이 기존 시스템에 대한 사소한 개선뿐 아니라 신규 혹은 대규모 시스템 개발과 같은 다양한 유형이나 규모의 프로젝트를 겪게 된다면 각 주요 프로젝트 유형에 맞는 SRS 템플릿을 도입하라. 효과적인 문서 템플릿 사용법에 대한 고민은 5장 "비즈니스 요구사항 정립하기"의 "템플릿 전략" 부분을 참조하자.

그림 10-2는 여러 유형의 프로젝트에서 유용하게 사용할 수 있는 SRS 템플릿을 보여준다. 부록 C에 이 템플릿을 이용한 샘플 SRS가 수록돼 있다. 이 템플릿과 각 절에 대한 지침은 이 책의 공식 웹사이트에서 내려받을 수 있다. 어떤 사람들은 마이크로소프트 워드에서 해당 지침을 "숨김"으로 설정하기도 한다. 이런 방법으로 문서의 지침(프롬프트)을 남겨둘 수 있다. 다시 내용을 확인하고 싶다면 정보를 보기 위해 숨긴 문자를 보이게 하면 된다.

```
1. 소개
   1.1 목적
   1.2 문서 규칙
   1.3 프로젝트 범위
   1.4 참조
2. 전반적인 설명
   2.1 제품 관점
   2.2 사용자 클래스 및 특징
   2.3 운영 환경
   2.4 설계 및 구현 제약조건
   2.5 가정 및 의존성
3. 시스템 기능
   3.x 시스템 기능 X
   3.x.1 설명
   3.x.2 기능적 요구사항
4. 데이터 요구사항
   4.1 논리 데이터 모델
   4.2 데이터 사전
   4.3 보고서
   4.4 데이터 수집, 무결성, 보존 및 폐기
5. 외부 인터페이스 요구사항
   5.1 사용자 인터페이스
   5.2 소프트웨어 인터페이스
   5.3 하드웨어 인터페이스
   5.4 통신 인터페이스
6. 품질 속성
   6.1 사용성
   6.2 성능
   6.3 보안
   6.4 안전
   6.x [기타]
7. 국제화 및 현지화 요구사항
8. 기타 요구사항
부록 A: 용어사전
부록 B: 분석 모델
```

그림 10-2 소프트웨어 요구사항 명세서에 대한 템플릿 제안

때때로 정보의 조각은 논리적으로 여러 개의 템플릿 절에 기록될 수 있다. 하나의 절을 선택하고 프로젝트의 정보 종류에 따라 일관성 있게 사용하자. 정보가 다수의 절에 논리적으로는 적합하다 하더라도 여러 개의 절에 정보가 중첩되는 것은 피하자(Wiegers 2006). 상호 참조와 하이퍼링크는 독자가 필요한 정보를 쉽게 찾는 데 도움이 된다.

요구사항 문서를 만들 때 모든 독자가 현재 어떤 버전을 읽고 있는지 확실히 알 수 있게 효과적인 버전 관리 방법과 도구를 사용하자. 변경 기록을 제공하기 위해 문서에 변경한 사람, 시기, 이유와 함께 변경 이력을 포함하자(27장 참조). 이번 절의 나머지 부분에서는 SRS의 각 절이 포함해야 하는 정보에 대해 설명한다.

> **중요** SRS의 정보를 중첩하는 대신 이미 존재하는 프로젝트 문서를 참조해서 자료를 통합할 수 있다. 문서 간의 하이퍼링크는 요구사항 관리 도구에서 정의하는 추적 링크와 함께 이를 위한 방법 중 하나다. 하이퍼링크 사용 시 문서 폴더 구조가 변경될 때 링크가 깨질 수 있다는 점에 주의하자. 18장 "요구사항 재사용"에서 기존 요구사항 지식을 재사용하기 위한 다양한 기법에 대해 살펴보겠다.

1. 소개

소개에서는 독자가 SRS의 구조와 사용법을 이해하는 데 도움을 줄 수 있는 개요를 제공한다.

1.1 목적

변경 번호나 배포버전 번호를 포함해서 문서에서 요구사항이 구체화하는 제품이나 애플리케이션을 식별한다. SRS가 복잡한 시스템의 일부와 관련이 있다면 해당 부분이나 서브시스템을 식별하라. 개발자, 프로젝트 관리자, 마케팅 직원, 사용자, 테스터, 문서 저술가 등 문서가 의도하는 독자 유형을 설명한다.

1.2 문서 규칙

특정 문자 스타일이나 강조, 표기법의 의미를 포함해서 사용하는 모든 표준이나 조판 규칙을 설명한다. 요구사항의 이름을 직접 정한다면 추후 다른 사람이 새로운 요구사항을 추가하기 쉽도록 요구사항 명명 형식을 구체적으로 설명해야 한다.

1.3 프로젝트 범위

구체화해야 하는 소프트웨어에 대한 간략한 설명과 목적을 제공한다. 소프트웨어는 사용자나 회사의 목표, 혹은 비즈니스 목표나 전략과 관련돼 있다. 비전 범위 문서나 이와 유사한 문서가 별도로 존재한다면 동일한 내용을 중첩하기보다는 참조할 수 있게 하자. 진화하는 제품에 대한 점진적인 배포를 명시하는 SRS는 장기 전략 제품 비전의 하위 요소로서 고유한 범위 기술서를 포함해야 한다. 배포 버전에 포함된 주요 특징이나 이를 위해 중요한 기능에 대한 대략적인 요약을 제공해야 할 수도 있다.

1.4 참조

본 SRS가 참조하는 모든 문서나 기타 자료 목록을 나열한다. 변하지 않는 주소를 갖고 있는 경우 하이퍼링크도 포함한다. 사용자 인터페이스 스타일 가이드, 인터페이스 명세, 관련 제품의 SRS가 여기에 포함될 수 있을 것이다. 제목이나 저자, 버전, 일자, 소스, 저장 위치, URL 등 충분한 정보를 제공해서 독자가 각 참조에 접근할 수 있게 하자.

2. 전반적인 설명

본 절에서는 제품과 제품이 사용되는 환경, 기대 사용자, 알려진 제약조건이나 가정, 의존성 등 고수준의 개요를 보여준다.

2.1 제품 관점

제품의 컨텍스트와 기원을 설명하자. 제품이 발전하는 제품군의 다음 멤버이거나, 이미 성숙한 시스템의 차기 버전, 기본 애플리케이션의 대안, 아니면 완전히 새로운 제품인가? SRS에서 더 큰 시스템의 구성 요소를 정의한다면 이 소프트웨어와 전반적인 시스템의 관계를 설명하고 이들 간 주요 인터페이스를 식별하자. 제품과 다른 시스템 간의 관계를 표현하기 위해 컨텍스트 다이어그램이나 생태계 맵(5장 참조)과 같은 시각적인 모델을 포함하는 것도 고려하자.

2.2 사용자 클래스 및 특징

프로젝트에서 사용할 것이라 예상하는 다양한 사용자 클래스를 식별하고 이들의 특징을 기술하자(6장 "고객의 목소리 찾기" 참조). 일부 요구사항은 특정 사용자 클래스에만 관련이 있을 것이다. 이런 특별한 클래스를 식별하자. 사용자 클래스는 비전 범위 문서에 기술된 이해관계자의 그룹 중 일부를 대변한다. 사용자 클래스 설명은 재사용 가능한 자원이다. 마스터 사용자 클래스 카탈로그가 있다면 정보를 중복 기술하지 않고 사용자 클래스 설명에 대해 카탈로그를 가리키는 것만으로 표시할 수 있다.

2.3 운영 환경

하드웨어 플랫폼을 비롯해 소프트웨어가 작동할 환경을 기술하자. 운영체제 및 버전, 사용자, 서버 및 데이터베이스의 지리적 위치, 관련 데이터베이스, 서버 및 웹 사이트를 호스팅하는 조직이 여기에 포함된다. 시스템과 평화롭게 공존해야 하는 모든 소프트웨어 구성 요소나 애플리케이션을 나열하자. 신규 시스템 개발과 함께 광범위한 기술적인 인프라 작업이 수행돼야 한다면 이를 자세히 설명하는 별개의 인프라 요구사항 명세서를 만드는 것도 고려할 수 있다.

2.4 설계 및 구현 제약조건

특정 프로그래밍 언어나 필요에 의해 오랜 시간 개발된 특정 코드 라이브러리 등을 사용해야 할 때가 있다. 개발자의 선택을 제한하는 모든 요소와 각 제약조건의 이론적 근거를 기술하자. 니즈보다는 솔루션 아이디어의 형태로 통합되거나 작성된 요구사항은 설계 제약조건에 포함하는 데 불필요한 경우도 있으므로 이를 주의하자. 제약조건은 14장 "기능, 그 이상을 향해"에서 자세히 설명한다.

2.5 가정 및 의존성

가정이란 증명이나 명확한 지식 없이 참이라 여겨지는 구문이나 표현을 말한다. 문제는 가정이 잘못되거나 쓸모 없는 경우, 공유되지 않는 경우, 변경되는 경우 발생하므로 이런 가정은 프로젝트 위험으로 고려된다. 어떤 SRS 독자가 제품이 특정 사용자 인터페이스 규칙을 따라야 한다고 가정할 수 있지만 또 다른 독자는 이와 다르게 가정할 수도 있다. 개발자는 이 애플리케이션에 대한 특정 기능 집합을 직접 구현할 거라 가정할 수 있지만 비즈니스 분석가는 기존 프로젝트로부터 재사용한다고 가정할 수 있고, 프로젝트 관리자는 상용 기능 라이브러리를 구입할 거라 예상할 수도 있다. 여기에 포함된 가정은 시스템 기능과 관련된 것으로 비즈니스 관련 가정은 비전 범위 문서에 포함된다(5장 참조).

개발 중인 프로젝트나 시스템의 제어 영역 바깥의 외부 요소나 구성 요소에 대한 모든 의존성도 식별하자. 예를 들어, 제품이 실행되기 전에 마이크로소프트의 .NET 프레임워크 4.5 이상의 버전이 설치돼야 한다면 이 또한 의존성이다.

3. 시스템 기능

그림 10-2의 템플릿은 시스템 특징별로 정리된 기능적 요구 사항을 보여주며, 시스템 기능을 구성하기 위한 방법 중 하나일 뿐이다. 기능 영역이나 프로세스 흐름, 운영 방식, 사용자 클래스, 자극, 반응에 따라 기능적 요구사항을 정리할 수도 있다. 사용자 클래스 내에서 유스케이스를 정리하는 등 이들 요소의 계층적인 조합 또한 가능하다. 정답이 있는 것은 아니므로 독자가 제품이 의도한 기능을 이해하기 쉬운 구조적인 방법을 선택하자. 우리는 예로서 기능 구조를 설명하겠다.

3.x 시스템 기능 X

"3.1 맞춤법 검사"와 같이 특징의 이름을 몇 개의 단어로 표현한다. 각 시스템 기능에서 3.x절의 하위 절은 3.x.1과 3.x.2와 같이 반복하자.

3.x.1 설명

기능에 대한 간략한 설명과 함께 높음, 중간, 낮음 등의 우선순위를 제공하자(16장 "중요한 것 먼저: 요구사항 우선순위 할당하기" 참조). 우선순위는 종종 동적이며 프로젝트 진행에 따라 변화한다. 요구사항 관리 도구를 사용할 경우 요구사항의 속성으로서 우선순위를 정의하자. 요구사항 속성은 27장과 30장의 요구사항 관리 도구에서 설명한다.

3.x.2 기능적 요구사항

해당 특징과 관련된 특정 기능적 요구사항을 항목별로 나열하자. 이는 사용자가 특징에 해당하는 서비스를 이행하거나 유스케이스를 수행하기 위해 꼭 구현해야 하는 소프트웨어의 기능이다. 예상되는 에러 상황이나 잘못된 입력, 행동에 대한 제품의 반응을 설명하자. 본 장의 앞에서 설명한 바와 같이 각 기능적 요구사항에 고유한 이름을 붙이자. 요구사항 관리 도구를 사용하는 경우 각 기능적 요구사항에 이론적 근거, 기원, 상태 등과 같은 여러 속성을 할당할 수 있다.

4. 데이터 요구사항

정보 시스템은 데이터를 다뤄 가치를 제공한다. 시스템이 데이터를 입력으로 사용하거나 어떤 방식으로 처리, 출력으로 생성하는 등 데이터의 다양한 측면을 설명할 때 본 템플릿 절을 이용하자. 13장 "데이터 요구사항 명세화하기"에서 이 주제에 대해 좀 더 자세히 다룬다. 스티브 윗올은 데이터(지식이라고 알려져 있기도 함) 요구사항을 정확하게 문서화하기 위한 다양한 패턴을 설명한다(Stephen Withall 2007).

4.1 논리 데이터 모델

13장에서 설명하는 바와 같이 데이터 모델은 시스템이 처리하거나 서로 관계가 있는 데이터 객체 및 모음에 대한 시각적인 표현이다. 개체 관계 다이어그램, URL 클래스 다이어그램 등 데이터 모델링을 위한 수많은 표기법이 존재한다. 시스템에 의해 운영되는 비즈니스나 시스템이 다뤄야 할 데이터의 논리적인 표현을 위해 데이터 모델을 포함해야 할 것이다. 이는 데이터베이스 설계를 통해 실현되는 데이터 모델 구현과는 다르다.

4.2 데이터 사전

데이터 사전은 데이터 구조와 이를 구성하는 데이터 요소의 의미, 유형, 크기, 형식, 허용값의 조합을 정의한다. 상용 데이터 모델링 도구는 데이터 사전 구성 요소를 포함하기도 한다. 많은 경우에 데이터 사전을 SRS 중간에 삽입하기보다 별도의 산출물로 저장하는 것이 더 낫다. 다른 프로젝트에서의 재사용 가능성을 증가시킬 수 있다. 13장에서 데이터 사전에 대해 얘기하겠다.

4.3 보고서

애플리케이션이 보고서를 생성해야 한다면 여기서 명시하고 특징을 설명하자. 보고서가 미리 정의된 특정 레이아웃을 준수해야 하는 경우에 제약조건을 정하고 이에 대한 예를 함께 보여줄 수도 있다. 아니면 보고서 레이아웃의 구체화를 설계 단계로 미루고, 보고서 콘텐츠, 정렬 순서, 전반적인 수준 등에 대한 논리적인 기술에 초점을 맞출 수도 있다. 13장에서 보고서를 명세화하는 지침을 제공한다.

4.4 데이터 수집, 무결성, 보존 및 폐기

본 절과 관련된 경우 데이터 수집 및 유지 방법에 대해 설명하자. 데이터 재고 피드를 시작한다고 했을 때, 처음에는 수신 시스템에 모든 재고 데이터의 초기 데이터 덤프를 수행하고 이후부터는 변경사항으로만 구성된 다음 피드를 수신받을 것이다. 시스템의 데이터 무결성 보호에 필요한 모든 요구사항을 기술하자. 백업, 체크포인팅, 미러링, 데이터 정확성 검증과 같이 필요한 모든 기법을 명시하자. 임시 데이터, 메타데이터, 잔여 데이터(삭제된 기록), 캐시 데이터, 지역 복사본, 기록, 중간 백업본 등에 대한 데이터의 보존 및 폐기와 관련해서 시스템이 시행해야 하는 정책을 기술하자.

5. 외부 인터페이스 요구사항

본 절은 시스템이 사용자나 외부 하드웨어/소프트웨어 구성 요소와 제대로 소통할 수 있는 정보를 제공한다. 내부 및 외부 시스템 인터페이스에 대한 합의에 도달하는 것은 소프트웨어 산업의 모범 사례로서 확인할 수 있다(Brown 1996). 여러 개의 하위 구성요소로 이뤄진 복잡한 시스템은 별도의 인터페이스 명세나 시스템 아키텍처 명세를 작성해야 한다. 인터페이스 문서는 기타 다른 문서의 참조 자료로서 통합할 수 있다. 예를 들어, 장비가 소프트웨어에 전달하는 에러 코드 목록이 포함된 하드웨어 장비 설명서를 가리킬 수 있다.

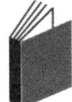

> **인터페이스 전쟁**
>
> 두 소프트웨어 팀이 A. 데이텀 사의 주력 제품을 개발하기 위해 협력했다. 지식 기반 팀은 C++로 복잡한 인터페이스 엔진을 개발했고, 애플리케이션 팀은 자바로 사용자 인터페이스를 구현했다. 이 두 개의 서브시스템은 API(Application Programming Interface)를 통해 소통했다. 안타깝게도 지식 기반 팀은 주기적으로 API를 수정했고, 결국 전체 시스템이 제대로 구현되거나 실행되지 않았다. 애플리케이션 팀은 발견된 각 문제의 원인을 찾는 데 많은 시간을 허비해서 API의 변동이 문제의 근본 원인이라는 결론에 도달했다. 이러한 변경 사항에 대해 두 팀이 합의하지 않았고, 영향을 받는 당사자들에게 전달되지 않았으며, 이에 상응하는 자바 코드의 수정이 동반되지 않았다. 인터페이스의 변경은 인터페이스 반대편에 위치한 개인, 그룹, 시스템과의 의사소통을 필요로 한다. 인터페이스는 시스템 구성요소(사용자도 포함)를 연결하기 때문에 인터페이스의 세부사항을 문서화하고 프로젝트의 변경 관리 프로세스에 따라 수정사항이 반영돼야 한다.

5.1 사용자 인터페이스

시스템에 필요한 각 사용자 인터페이스의 논리적 특성을 설명한다. 사용자 인터페이스의 일부 특성은 6.1 사용성 절에 포함돼 있다. 여기서 얘기할 만한 항목은 다음과 같다.

- 프로젝트가 따르는 사용자 인터페이스 표준이나 제품군 스타일 가이드에 대한 참조
- 폰트, 아이콘, 버튼 레이블, 이미지, 색 구성표, 필드 탭 이동 순서, 일반적으로 사용되는 컨트롤, 상표 이미지, 저작권 및 개인정보 보호 공지 등에 대한 표준
- 화면 크기나 레이아웃, 해상도 제약조건
- 도움말 버튼처럼 모든 화면에 나타나는 표준 버튼이나 기능, 탐색 링크
- 단축키
- 메시지 표시 및 표현 규칙

- 데이터 유효성 검증 지침(입력값 제약, 필드 내용의 검증 시기 등)
- 소프트웨어의 현지화를 위한 레이아웃 표준
- 시각 장애인, 색맹, 기타 제약이 있는 사용자를 위한 조정

5.2 소프트웨어 인터페이스

이 제품과 애플리케이션, 데이터베이스, 운영체제, 도구, 라이브러리, 웹 사이트, 통합된 상용 구성요소 등을 포함하는 다른 소프트웨어 구성 요소(이름과 버전으로 구분 가능) 간의 연결 관계를 기술한다. 소프트웨어 구성 요소 간에 주고받는 메시지, 데이터, 제어값에 대한 목적과 형식, 내용을 설명하자. 시스템 간에 주고받는 입출력 데이터의 연관관계와 하나의 시스템이 다른 시스템으로부터 얻는 데이터를 생성하는 모든 전환과정을 명시하자. 외부 소프트웨어 구성 요소에 필요한 서비스나 내부 구성요소 간 소통의 본질을 설명하자. 소프트웨어 구성 요소 간에 교환하거나 공유하는 데이터를 식별하자. 반응시간이나 주기, 보안 혹은 보안 제어나 제한에 대한 서비스 수준과 같이 인터페이스에 영향을 미치는 비기능적 요구사항을 명시하자. 일부 정보는 4절의 데이터 요구사항이나 6절 품질 속성의 상호운용성 요구사항에서 구체화될 수도 있다.

5.3 하드웨어 인터페이스

시스템이 존재한다면 이 시스템의 소프트웨어 구성요소와 하드웨어 구성요소 간의 각 인터페이스의 특성을 기술하자. 이 설명에는 지원하는 장비 유형, 소프트웨어와 하드웨어 간의 데이터 및 제어 작용, 사용되는 통신 프로토콜이 포함될 수 있다. 입출력과 이들의 형식, 유효값이나 범위, 개발자가 알고 있어야 하는 타이밍 이슈를 나열하자. 이들 정보가 광범위한 경우 별도의 인터페이스 명세 문서를 만드는 것이 좋다. 하드웨어를 포함하는 시스템의 요구사항을 명세화하는 방법에 대한 자세한 내용은 26장 "임베디드 및 기타 실시간 시스템 프로젝트"를 참조하라.

5.4 통신 인터페이스

이메일, 웹브라우저, 네트워크 프로토콜, 전자서식 등 제품이 사용하는 모든 통신 기능에 대한 요구사항을 기술하자. 모든 관련 메시지 형식을 정의하자. 통신 보안 및 암호화 이슈, 데이터 전송 속도, 핸드셰이킹, 동기화 메커니즘을 명시하라. 특정 형식의 이메일 첨부 파일이 허용 가능한지에 대한 여부 등 이들 인터페이스와 관련된 모든 제약조건을 기술하자.

6. 품질 속성

본 절에는 이미 2.4절에 기록한 제약조건이나 5절에 기록한 외부 인터페이스 요구사항보다는 비기능적 요구사항을 명시한다. 이러한 품질 요구사항은 구체적이어야 하며, 정량적이고 검증 가능해야 한다. 쉬운 학습보다 쉬운 사용, 성능보다 보안 등 다양한 속성에 대한 상대적인 우선순위를 나타내자. Planguage 같은 풍부한 명세 표기법은 각 품질의 필요한 수준에 대해 단순한 기술 명세보다 훨씬 명확하다(14장의 "Planguage로 품질 요구사항 명세화하기"절 참조). 14장에서 품질 속성 요구사항에 대한 더 자세한 정보와 이에 대한 다양한 예제를 제공한다.

6.1 사용성

사용성 요구사항에서는 학습의 용이함, 쉬운 사용, 오류 방지 및 복구, 상호작용의 효율성, 접근 용이성 등을 다룬다. 여기서 설명하는 사용성 요구사항은 사용자 인터페이스 디자이너가 최적의 사용자 환경을 만드는 데 도움이 된다.

6.2 성능

다양한 시스템 운영에 대한 구체적인 성능 요구사항을 기술한다. 서로 다른 기능적 요구사항이나 특성이 각기 다른 성능 요구사항을 갖는다면 단순히 본 절에 뭉뚱그려 모아두기보다는 각 기능적 요구사항에 상응하는 성능 목표를 구체화하는 것이 적절하다.

6.3 보안

제품에 대한 접근이나 사용을 제한하는 보안이나 개인정보 보호 이슈에 관한 모든 요구사항을 구체화하자. 이는 물리적, 데이터, 소프트웨어 보안과 관련이 있을 수도 있다. 보안 요구사항은 비즈니스 규칙으로부터 발생하기도 하므로 제품이 준수해야 하는 모든 보안 혹은 개인정보 보호 정책이나 규정을 식별하자. 만약 이러한 요구사항이 비즈니스 규칙 저장소에 문서화돼 있다면 참조하기만 하면 된다.

6.4 안전

제품을 사용하다 발생할 수 있는 손실이나 손상, 피해에 대한 요구사항을 구체적으로 설명하자. 꼭 예방해야 하는 잠재적인 위험 행동뿐 아니라 반드시 수행해야 하는 모든 안전조치나 행동을 정의하자. 제품이 준수해야 하는 모든 안전 인증, 정책, 규정을 확인하자.

6.x [기타]

SRS에 추가적인 제품 품질 속성 각각에 대해 고객이나 개발자, 유지보수 담당자에게 중요한 특성을 기술하기 위한 별도의 절을 만들자. 가용성, 효율성, 설치 용이성, 무결성, 상호운용성, 수정 용이성, 휴대성, 신뢰성, 재사용성, 안정성, 확장성, 검증 가능성 등이 가능하다. 14장에서 특정 프로젝트에서 가장 중요한 이러한 특성에 집중하는 절차를 설명한다.

7. 국제화 및 현지화 요구사항

국제화 및 현지화 요구사항에서는 제품이 만들어진 곳 이외의 국가나 문화, 지리적인 위치에서 사용하기에 적합하게 한다. 이러한 요구사항은 화폐 단위의 차이를 비롯해 날짜, 숫자, 주소, 전화번호, 언어, 동일 언어에 대한 국가별 맞춤법 관습(미국식 영어와 영국식 영어 등), 사용되는 기호, 문자 집합의 형식, 성과 이름의 순서, 시간대, 국제 법률 및 규정, 문화와 정치적 이슈, 종이 크기, 도량형, 전기 전압 및 플러그 모양 등의 문제를 해결해야 할 것이다. 국제화 및 현지화 요구사항은 프로젝트 간에 재사용될 수 있다.

8. [기타 요구사항]

SRS의 어디에도 다뤄지지 않은 요구사항을 정의한다. 법률이나 규제, 금융 규정 준수 및 표준 요구사항이나 제품 설치, 설정, 구동, 종료에 대한 요구사항, 로깅, 모니터링, 감사 추적 요구사항이 이러한 예가 될 수 있다. 이 모든 요구사항을 "기타"에 포함시키기보다는 템플릿에 프로젝트와 관련된 새로운 절을 추가하자. 모든 요구사항이 다른 절에 포함돼 있다면 본 절은 생략해도 된다. 기존 시스템에서 신규 시스템으로 마이그레이션하는 데 필요한 전이 요구사항의 경우 해당 시스템이 작성 중인 소프트웨어(데이터 변환 프로그램의 경우)를 포함한다면 여기에 포함될 수 있지만 그렇지 않다면(개발이나 배송 훈련의 경우) 프로젝트 관리 계획에 포함돼야 한다.

부록 A: 용어사전

두문자어나 약어 등 독자가 SRS를 이해하기 위해 알아야 할 모든 전문 용어를 정의하자. 각 두문자어를 간단히 설명하고 정의를 제공하자. 여러 프로젝트에 걸쳐 재사용 가능한 전사 수준의 용어사전을 구축해서 프로젝트에 존재하는 모든 용어를 참조하는 형식으로 통합하자. 각 SRS에는 전사 수준의 용어사전에 정의되지 않은 용어만 정의하면 될 것이다. 단, 데이터 정의는 용어사전이 아닌 데이터 사전에 포함된다는 것을 기억해 두자.

부록 B: 분석 모델

본 절은 선택적인 절로서, 데이터 흐름 다이어그램, 기능 트리, 상태 전이 다이어그램, 개체 관계 다이어그램과 같은 분석 모델을 포함하거나 가리킨다(12장 "백문이 불여일견" 참조). 특정 모델을 명세서의 마지막에 모아두기보다 관련 절에 포함하는 게 독자에게 더 유용할 때도 있다.

애자일 프로젝트에서의 요구사항 명세서

애자일 개발 수명 주기를 따르는 프로젝트는 요구사항을 명세화하기 위해 지금까지 이야기한 방법과는 다른 다양한 접근법을 사용한다. 8장 "사용자 요구사항 이해하기"에서 본 바와 같이 많은 애자일 프로젝트는 요구사항을 도출하는 동안 사용자 스토리를 사용한다. 각 사용자 스토리는 사용자 니즈나 사용자나 시스템 구매자에게 가치를 제공하는 기능에 관한 문장이다(Cohn 2004; Cohn 2010). 팀은 각 사용자 스토리에 대한 충분한 정보를 써내려감으로써 애자일 프로젝트의 명세를 시작할 것이며, 이해관계자는 스토리에 대한 일반적인 이해를 갖추고 있어 다른 스토리 대비 상대적인 우선순위를 할당할 수 있다. 이로써 팀은 반복주기에 할당할 특정 스토리를 계획하기 시작할 수 있다. 팀은 관련 스토리에 대한 그룹을 모아 제품을 배포하기 이전에 완벽히 구현돼야 하는 "최소 시장 기능"을 만들고, 이러한 기능이 예상 고객 가치를 제공할 것이다.

사용자 스토리는 프로젝트 전반에 걸쳐 동적인 제품 백로그에 축적되고 우선순위가 할당된다. 중요한 기능을 포함하지만 규모가 커서 단일 반복주기에 구현되기 어려운 스토리는, 여러 반복주기에 걸쳐 할당되고 구현되는 더 작은 스토리로 나눌 수 있다(20장 "애자일 프로젝트" 참조). 사용자 스토리는 전통적인 문서보다는 색인 카드와 같은 단순한 곳에 기록할 수 있다. 어떤 애자일 팀은 다른 사람이 다음에 구현할 때 이를 유지하지 않더라도 자신의 스토리를 스토리 관리 도구에 저장하기도 한다.

팀은 각 반복주기에 들어가면서 제품 주인이나 비즈니스 분석가 역할, 개발자, 테스터의 역할을 수행하는 사람, 사용자와의 대화를 통해 반복주기에 할당된 각 스토리에 살을 붙일 것이다. 즉, 명세 작업에는 프로젝트의 적절한 단계에 대한 세부 내용을 점진적으로 정제하는 일이 수반되며, 이는 모든 프로젝트에서 좋은 사례가 된다. 이러한 세부 내용은 일반적으로 SRS에서 기능적 요구사항을 식별하는 것에 해당한다. 그러나 애자일 프로젝트는 이러한 세부사항을 스토리가 제대로 구현됐을 경우의 시스템 행동을 기술한 사용자 인수 테스트의 형식으로 표현한다. 스토리의 테스트는 스토리가 구현되는 반복주기 동안에 수행되며, 이후의 반복주기에서는 회귀 테스트가 수행된다. 모든 테스트와 마찬가지로 예상되는 동작뿐 아니라 예외 조건도 포함해야 한다. 이러한 인수 테스트는 테스트 도구와 같은 오랫동안 저장할 수 있는 형식뿐 아니라 카드 형식으로 작성될 수도 있다. 테스트는 신속하고 완전한 회귀 테스트를 보장하기 위해 자동화돼야 한다. 팀이 기존 사용자 스토리를 폐기하기로 결정했다면 요구사항의 영구 문서가 도구에 저장돼 있을 때만 인수 테스트가 될 수 있다.

마찬가지로, 비기능적 요구사항은 사용자 스토리가 아닌 제약조건으로 카드에 기록될 수 있다(Cohn 2004). 아니면 팀은 특정 사용자 스토리와 관련된 비기능적 요구사항을 특정 품질 속성 목표의 달성 여부를 검증하기 위한 인수 기준이나 테스트의 형식으로 구체화할 수도 있다. 예를 들어, 보안 테스트는 특정 사용자만 사용자 스토리에 기술된 기능에 대한 접근이 허가돼 있고 다른 사용자는 시스템에 접근할 수 없음을 입증해야 한다. 애자일 팀에게는 분석 모델이나 데이터 사전 등 요구사항 지식을 표현하기 위한 다른 방법을 사용할 수 있는 여지가 있다. 이들은 본인이 속한 문화나 프로젝트에 관례적이고 적절한 표현 기법을 선택해야 한다.

소프트웨어 요구사항을 명세화하기 위해 가장 적합한 형식을 선택하는 것은 각 프로젝트 팀에 달렸다. 요구사항 개발에 있어 가장 중요한 목표를 기억하라. 바로 허용 가능한 위험수준 내에서 다음 단계의 제품 개발을 진행할 수 있는 충분한 공통의 이해를 축적하는 것이다. 요구사항을 문서화하는 적절한 수준의 형식상 절차 및 구체화 정도는 다음과 같은 요인에 따라 달라진다.

- 고객과 개발자 간의 시기적절한 비공식적인 언어적 및 시각적 의사소통을 통해 각 사용자 요구사항을 올바르게 구현하는 데 필요한 세부 사항을 공급할 수 있음
- 비공식적인 커뮤니케이션 방안을 통해 시간과 공간을 초월해 팀을 지속적으로 단일화할 수 있음
- 추후 개선 및 유지보수, 애플리케이션 리엔지니어링, 검증, 법률 및 감사 권한, 제품 인증, 계약된 만족도 등을 위한 요구사항 지식 유지에 가치 있거나 필요한 정도
- 예상 시스템의 기능이나 동작에 대한 설명을 효과적으로 대체할 수 있는 인수 테스트의 규모
- 서면 기록을 대체할 수 있는 인간의 기억력 수준

팀이 구축하고 있는 제품의 종류나 따르고 있는 개발 수명 주기, BA가 사용 중인 도출 기법과 상관없이 효과적인 요구사항 명세서는 성공을 위한 필수 요소다. 이를 달성하는 방법은 여러 가지다. 고품질의 요구사항을 구체화하지 못한다면 소프트웨어의 결과는 상자 안의 초콜릿이나 마찬가지라는 것을 기억하자. 즉, 무엇을 얻을지 절대 알 수 없을 것이다.

다음 단계는

- 요구사항에 프로젝트와 관련된 모든 절이 포함돼 있다면 그림 10-2의 템플릿과 비교해서 프로젝트의 요구사항 집합을 검토하자. 이번 장에서는 특정 템플릿의 내용을 줄이는 것보다 성공적인 프로젝트에 필요한 정보를 축적하는 것을 보장하는 데 더 많은 지면을 할애했다. 템플릿은 유용한 참고자료다.

- 조직이 이미 표준 SRS 템플릿을 갖고 있는 경우, 이를 도입하기 위한 소규모 그룹을 소집하자. 그림 10-2의 템플릿으로 시작하고, 조직의 프로젝트와 제품에 대한 니즈를 가장 잘 만족시킬 수 있게 하자. 개별 요구사항의 명명규칙에 대한 동의도 얻자.

- 요구사항을 전통적인 문서가 아닌 요구사항 관리 도구와 같은 다른 방식으로 저장한다면 그림 10-2의 SRS 템플릿을 살펴보고 현재 도출하거나 기록하지 않고 있는 요구사항 정보 카테고리가 있는지 확인하자. 이러한 카테고리를 통합하기 위해 저장소를 수정하면 저장소는 추후 있을 요구사항 도출 활동에 대한 알림을 제공할 수 있다.

11
좋은 요구사항 작성하기

"가우탐 씨, 안녕하세요. 오스틴 지점의 루스입니다. 최근 저희는 온라인 음악 상점의 웹 사이트 소프트웨어에서 문제를 발견했습니다. 노래의 미리듣기 기능에 대해 물어보고 싶습니다. 그게 제가 생각했던 대로 동작하지 않더군요."

가우탐은 "그것에 대해 보낸 요구사항을 찾아보죠. 여기 있네요. 사용자 스토리에서는 '고객 입장에서 어느 것을 구매할지 결정하기 위해 음악을 미리 듣고 싶습니다.'라고 이야기했네요. 이것에 대해 논의한 내 노트에는 각 노래의 샘플이 최대 30초 정도이고 그것은 저희의 내장 MP3 플레이어를 사용해야 하기 때문에 고객은 다른 플레이어가 구동될 때까지 기다릴 필요가 없다고 이야기 했었네요. 이게 제대로 작동하지 않는지요?"

루스는 이렇게 대답했다. "음, 맞아요 그건 모두 잘 동작해요. 하지만 문제가 있어요. 샘플을 재생하기 위해 재생 아이콘을 클릭할 수 있지만 일시중지나 중지할 수 있는 방법이 없습니다. 무조건 30초 샘플을 다 들어야 해요. 게다가 모든 샘플은 곡의 시작 부분에서 시작합니다. 어떤 노래는 도입부가 길어서 정말 좋아하는 부분을 처음부터 들을 수가 없습니다. 샘플은 사람들이 정말 좋아하는 부분을 들을 수 있도록 노래의 중간 어딘가에서 시작해야 합니다. 그리고 샘플은 최대 볼륨에서 재생을 시작하고 갑자기 정지합니다. 고객의 스피커가 꽤 큰 경우 깜짝 놀랄 수 있습니다. 각 샘플별로 점점 커지다가 점점 작아지는 게 낫다고 생각합니다."

가우탐은 조금 당황했다. "이전에 이야기할 때 당신이 이 모든 걸 이야기하길 바랬습니다. 주신 건 진행할 만큼 충분하지 않아 제 나름으로 최대한 추측해서 만들었습니다. 요청하신 걸 다 개발할 수는 있지만 며칠이 걸릴 거에요."

고품질의 정보를 담고 있지 않다면 세계 최고의 요구사항 저장소도 쓸모 없다. 이번 장에서는 요구사항 및 요구사항 문서의 바람직한 특징을 설명한다. 요구사항의 결함과 이에 도움이 되는 제안에 대한 많은 예시와 함께 요구사항 작성을 위한 여러 지침을 제공한다. 이러한 권장 사항은 다양한 프로젝트를 위해 다양한 개발 생명주기를 따라 만들어진 요구사항에 적용된다. 각 프로젝트의 요구사항 작성자는 요구사항의 정확성과 세부 사항의 적절한 수준을 판단해야 하지만 명확한 의사소통을 대신할 수는 없다.

좋은 요구사항의 특징

좋은 요구사항과 문제가 있는 요구사항을 어떻게 구분할 수 있을까? 이번 절에서는 전체적으로 요구사항 집합의 바람직한 특성을 따라 개별 요구사항 문장이 보여야 하는 여러 특성에 대해 설명한다(Davis 2005; ISO/IEC/IEEE 2011). 요구사항이 원하는 속성을 가지고 있는지 여부를 판단하는 가장 좋은 방법은 여러 이해관계자로 하여금 그것을 검토하게 하는 것이다. 이해관계자는 저마다 다른 종류의 문제를 발견할 것이다. 17장 "요구사항 검증하기"에서는 검토자의 공통적인 요구사항 결함을 상기시키기 위해 체크리스트를 사용하는 방법을 설명한다.

요구사항 문장의 특징

이상적으로는 모든 개별 비즈니스, 사용자, 기능적, 비기능적 요구사항은 다음 절에서 설명하는 특징을 나타낸다.

완전함(complete)

각 요구사항은 독자가 이해하는 데 필요한 모든 정보를 포함해야 한다. 기능적 요구사항의 경우, 개발자가 그것을 정확하게 구현하는 데 필요한 정보를 제공하는 것을 의미한다. 만약 특정 정보가 부족할 때는 이러한 차이를 강조하기 위해 TBD를 사용하거나 나중에 이를 추적하기 위해 이슈 추적 시스템에 등록하자. 개발자는 해당 부분의 개발을 진행하기 전에 요구사항의 각 부분의 TBD를 해결해야 한다.

정확함(correct)

각 요구사항은 어떤 이해관계자의 니즈를 만족하는 능력인지 정확하게 묘사하고 개발해야 하는 기능을 명확하게 설명해야 한다. 여러분은 이에 대한 정확성을 확인하기 위해 요구사항의 출처를 찾아야 한다. 이는 초기 요구사항을 제공한 사용자, 높은 수준의 시스템 요구사항, 유스케이스, 비즈니스 규칙, 또는 다른 문서일 수도 있다. 상위 요구사항과 충돌하는 낮은 수준의 요구사항은 잘못된 것이다. 사용자 요구사항의 정확성을 평가하기 위해 사용자 대표나 이에 준하는 대리자가 이를 검토해야 한다.

실현 가능함(feasible)

시간, 예산, 직원과 같은 프로젝트 제약조건 뿐만 아니라 시스템과 시스템 운영 환경에서 알려진 기능과 제한 안에서 구현할 수 있어야 한다. 요구사항 도출에 참여하는 개발자는 기술적으로 가능한 것, 가능하지 않은 것, 추가적 비용이나 노력이 있어야 가능한 것에 대한 현실적인 검토 의견을 제공할 수 있다. 점진적인 개발 접근법과 개념 증명 프로토타입은 요구사항의 실현 가능성을 평가하는 두 가지 방법이다. 실현 가능하지 않기 때문에 한 요구사항을 삭제해야 한다면 프로젝트의 비전 및 범위에 주는 영향을 파악해야 한다.

필요함(necessary)

각 요구사항은 비즈니스 기대 가치를 이해관계자에게 제공하거나, 시장에서의 제품 차별화에 대해서나 외부 표준, 정책 또는 규정 준수를 위해 요구되는 능력을 설명해야 한다. 모든 요구사항은 요구사항을 제공할 수 있는 권한을 가진 출처에서 유래된다. 유스케이스나 사용자 스토리와 같은 특정 사용자 기초 자료에 대한 기능적, 비기능적 요구사항을 추적해야 한다. 여러분은 왜 그것이 필요한지 명확하게 나타내는 비즈니스 목표에 각 요구사항을 연관시킬 수 있어야 한다. 만약 누군가가 특정 요구사항이 포함된 이유에 대해 묻는다면 그에 대한 제대로 된 답변이 있어야 한다.

우선순위 할당됨(prioritized)

요구되는 가치를 달성하기 위해 가장 중요한 순으로 비즈니스 요구사항에 우선순위를 할당할 수 있다. 각 기능적 요구사항, 사용자 요구사항, 유스케이스 흐름이나 기능에 특정 제품 출시를 위해 얼마나 중요한지를 나타내기 위해 구현 우선순위를 정하자. 모든 요구사항이 똑같이 중요하다면 프로젝트 관리자는 일정 초과, 인력 손실이나 미래의 신규 요구사항에 대해 최선의 처리 방안을 알 수 없다. 요구사항에 우선순위를 할당하는 것은 여러 이해관계자 관점이 동반된 협업을 필요로 한다. 16장 "중요한 것부터 먼저: 요구사항 우선순위 할당하기"에서 우선순위에 대해 좀 더 자세하게 설명한다.

모호하지 않음(unambiguous)

자연 언어는 두 가지 유형의 모호성을 가지는 경향이 있다. 요구사항을 하나 이상의 의미로 해석할 수 있다고 생각할 경우 스스로 하나의 의미를 찾아낼 수 있다. 다른 유형의 모호함은 포착하기 어렵다는 것이다. 그런 경우는 서로 다른 사람들이 요구사항을 읽고 서로 다르게 해석할 때다. 서로 의미가 통하는 요구사항일지라도 각각의 의미가 다른 경우도 있다. 검사(inspection)는 모호성을 발견할 수 있는 좋은 방법이다(Wiegers 2002). 요구사항을 스스로 확인할 수 있도록 단순히 개인에게 전달하는 것과는 대조적으로, 검사 같은 공식적인 동료평가는 참가자로 하여금 각 요구사항에 대해 이해한 바를 다른 사람과 비교해 볼 수 있는 기회를 제공한다. "이해할 수 있는"은 "모호하지 않은"과 관련이 있다. 즉, 독자는 각 요구사항이 무엇을 이야기하는지 이해해야 한다. 17장에서는 소프트웨어 동료평가 프로세스에 대해 설명한다.

여러분은 요구사항으로부터 모든 모호성을 제거할 수는 없을 것이다. 그것은 인간 언어의 본질이다. 대부분의 합리적인 사람은 약간 애매한 요구사항에서도 올바른 결론을 도출할 수 있다. 동료들로부터 평가를 통해 약간의 도움을 받는다면 수많은 최악의 이슈를 정리할 수 있을 것이다.

검증 가능함(verifiable)

테스터가 각 요구사항이 제대로 구현돼 있는지 확인하는 시험이나 다른 검증 방법을 고안할 수 있는가? 요구사항을 검증할 수 없다면 제대로 수행됐는지 여부는 객관적인 분석이 아닌 견해상의 문제가 돼 버린다. 불완전하고, 일관성이 없고, 실행 불가능하거나 모호한 요구사항도 확인할 수 없다. 테스터는 검증 가능성에 대한 요구사항 검증에 능숙해야 한다. 조기에 문제를 포착하기 위해 요구사항 동료평가에 테스터들을 포함하자.

요구사항 모음의 특징

우수한 개별 요구사항 문장으로는 부족하다. 특정 배포나 반복주기에 대한 기준으로 그룹화된 요구사항 집합은 SRS 문서, 요구사항 관리 도구, 사용자 스토리 및 인수 테스트나 다른 형태로 기록되든 아니었든 간에 다음 절에서 설명하는 특징을 보여줘야 한다.

완전함(complete)

없어도 괜찮은 요구사항이나 불필요한 정보가 없어야 한다. 실제로 여러분은 어떤 시스템에 대한 모든 개별 요구사항을 문서화하지는 못할 것이다. 명시적으로 언급한 요구사항보다 더 많은 위험을 가지지만 몇 가지 가정이나 묵시적인 요구사항은 항상 존재한다. 누락된 요구사항은 작성되지 않았기 때문에 찾아내기 어렵다. 이번 장 후반부의 "불완전성 피하기" 절에서는 누락된 요구사항을 파악하는 몇 가지 방법을 제안한다. 어떠한 명세라도 TBD가 포함된 것은 불완전한 것이다.

일관됨(consistent)

일관된 요구사항은 같은 유형의 다른 요구사항이나 상위 수준의 비즈니스 사용자 또는 시스템 요구사항과 충돌하지 않는다. 개발을 시작하기 전에 요구사항 사이에 모순이 해결되지 않는 경우, 개발자는 이를 처리해야 한다. 각 요구사항의 발기인을 기록해 두면 충돌을 발견할 때 누구와 이야기를 나눠야 하는지 알 수 있다. 비전 범위 문서, 그리고 요구사항 관리 도구와 같이 관련 정보가 다른 위치에 저장될 때는 이러한 모순을 발견하기 어려울 수 있다.

수정 용이함(modifiable)

언제나 요구사항은 다시 작성할 수 있지만 특히 그것이 기준이 된 이후에는 각 요구사항의 변경 이력을 유지해야 한다. 또한 여러분은 함께 변경해야 하는 모든 요구사항을 찾을 수 있도록 요구사항 간의 연결관계와 의존관계를 알아야 한다. 수정 용이성은 각 요구사항에 고유한 이름을 명명하고, 다른 것과 분명하게 나타낼 수 있도록 별도로 표시하게 한다. 요구사항에 이름표를 붙이는 다양한 방법에 대해서는 10장 "요구사항 문서화하기"를 참조하자.

수정 용이성을 위해서는 요구사항 중복을 피해야 한다. 논리적으로 여러 곳에서 요구사항을 반복하면 문서는 쉽게 조회할 수 있지만 유지하기는 어려워진다(Wiegers 2006). 불일치를 피하기 위해 여러 벌의 요구사항은 모두 동시에 수정해야 한다. SRS의 관련 항목을 상호 참조하면 내용이 바뀌었을 때 동기화를 유지하는 데 도움이 된다. 개별 요구사항을 요구사항 관리 도구에서 단 한 번만 저장해 두면 중복 문제를 해결하고 여러 프로젝트의 공통 요구사항을 재사용하기 쉬워진다. 18장 "요구사항 재사용"에서는 요구사항 재사용을 위한 몇 가지 전략을 제공한다.

추적 가능함(traceable)

추적 가능한 요구사항은 그 출처의 이전 버전과 파생된 요구사항, 설계 요소, 구현 코드, 구현을 검증하기 위한 테스트와 모두 연결돼 있다. 요구사항에 요구사항을 추적할 수 있게 해주는 속성을 가지기 위해 추적 링크를 모두 정의할 필요는 없다. 추적 가능한 요구사항은 영구적인 고유 식별자로 명명돼 있다. 이들은 긴 이야기 단락이 아닌 구조화되고 세분화된 방식으로 작성된다. 각각의 요구사항으로 서로 다른 개발 구성요소까지 추적할 수 있기 때문에 하나의 문장에 여러 요구사항을 섞지 말아야 한다. 29장 "요구사항의 연결 고리"에서는 요구사항 추적에 대해 설명한다.

이 모든 이상적인 속성들을 설명하는 요구사항이 담긴 완벽한 문서를 만들 수는 없다. 하지만 요구사항을 작성하고 검토할 때 이러한 마음가짐을 갖게 되면 더 나은 요구사항 명세서와 소프트웨어를 만들어 낼 것이다.

요구사항 작성을 위한 지침

훌륭한 요구사항을 작성하기 위한 정형화된 방법은 없다. 요구사항을 제시하는 사람들의 경험과 피드백이 가장 좋은 스승이다. 예리한 시각을 가진 동료로부터 건설적인 피드백을 받음으로써 이들이 지적한 부분을 제대로 작성했는지 여부를 확인할 수 있기 때문에 큰 도움이 된다. 이는 요구사항 문서에 대한 동료평가가 매우 중요한 이유다. 평가를 시작하기 위해 비즈니스 분석가와 친분을 쌓고 요구사항을 교환하기 시작하자. 다른 BA가 요구사항을 작성하는 방법을 배울 수도 있으며, 가능한 한 빨리 오류와 이를 개선할 수 있는 기회를 찾음으로써 팀의 공동작업을 개선할 수 있다. 다음 절에서는 독자가 명확하게 이해할 수 있는 요구사항, 특히 기능적 요구사항을 작성하기 위한 다양한 팁을 제공한다. 벤자민 코비츠(Benjamin Kovitz 1999)와 이안 알렉산더(Ian Alexander 2002), 칼 위거스(Karl Wiegers 2006)는 좋은 요구사항 작성을 위한 다양한 권장사항 및 예제를 제공한다.

우리가 "요구사항을 작성한다"라고 말하면 사람들은 그저 자연어로 쓰여진 요구사항 문장을 생각한다. "요구사장 작성하기"보다 "요구사항 지식 표현하기"라고 해석하는 편이 정신적으로 낫다. 많은 경우 대체 표현 기법이 문자보다 정보를 좀 더 효과적으로 표현할 수 있다(Wiegers 2006). BA는 이해관계자의 니즈와 구현해야 할 솔루션에 대한 명확한 공통의 이해를 위해 의사소통 방식의 적절한 조합을 선택해야 한다.

여기서 제시한 요구사항 샘플은 언제든 개선될 여지가 있으며, 항상 이를 설명하는 다른 방법이 존재한다. 요구사항을 작성하는 두 가지 중요한 목표는 다음과 같다.

- 요구사항을 읽는 누구나 다른 독자와 동일하게 해석한다.
- 각 독자의 해석은 저자가 말하려는 의도와 일치한다.

이러한 목표는 스타일을 온전히 따른다거나 일부 제멋대로의 규칙이나 관습을 천편일률적으로 따르는 것보다 더 중요하다.

시스템/사용자 관점

시스템이나 사용자 관점에서 기능적 요구사항을 작성할 수도 있다. 효과적인 의사소통이 무엇보다 중요한 목표이기 때문에 어느 쪽이든 분명한 스타일로 각 요구사항을 작성함으로써 이러한 스타일을 적절히 섞어 사용해도 상관없다. 요구사항은 "시스템은 무엇무엇을 해야 한다" 혹은 "사용자는 무엇무엇을 해야 한다"에서 무엇무엇의 위치에 동작 동사나 관측 가능한 결과가 오도록 일관된 방식으로 작성하자. 시스템이 구체적인 행동을 수행하게 하는 촉발 행동이나 조건을 명세화하자. 시스템 관점에서 작성된 요구사항의 일반적인 템플릿은 다음과 같다(Mavin et al. 2009).

[선택적 전제 조건][선택적 촉발 이벤트] 시스템은 [예상 시스템 반응]을 해야 한다.

이 템플릿은 약식 요구사항 구문(EARS; Easy Approach to Requirements Syntax)이다. 또한 EARS는 이벤트 주도나 원치 않은 행동, 상태 주도, 선택적, 복잡한 요구사항을 작성하기 위한 추가적인 템플릿을 포함한다. 다음은 템플릿을 사용해 시스템 행동에 대한 단순한 기능적 요구사항을 설명하는 예다.

요청된 화학약품이 화학약품 창고에서 발견되면 시스템은 현재 창고에서 이용 가능한 모든 화학 용기 목록을 출력해야 한다.

이 예는 선행조건을 포함하지만 촉발 이벤트는 포함하지 않는다. 어떤 요구사항 저자는 "시스템은 해야 한다" 구문을 생략하기도 한다. 이들은 요구사항이 시스템의 행동을 기술하기 때문에 "시스템은 해야 한다"라는 말을 반복적으로 사용할 필요가 없다고 주장한다. 이 예에서는 "시스템은 해야 한다"라는 말을 삭제해도 혼란스럽지 않다. 그러나 때때로 시스템 관점보다는 사용자의 행동에 대한 요구사항 구문이 더 자연스러울 때가 있다. "해야 한다"를 포함하는 적극적인 말투는 어떤 개체가 행동하는 것을 말하는지 더욱 명확하게 한다.

사용자 관점에서 기능적 요구사항을 작성할 때 다음과 같은 구조는 잘 동작한다(Alexander and Stevens 2002).

[사용자 클래스 혹은 행위자 이름]은 [어떤 목표를 위해][무엇인가를][자격 조건이나 응답 시간, 품질 명세]할 수 있어야 한다.

이것의 대체 구문은 "시스템은 [특정 사용자 클래스 이름]이 [무엇인가를] 할 수 있도록 (허용, 수락, 가능)해야 한다"다. 다음은 사용자 관점에서 쓰여진 기능적 요구사항의 예다.

화학자는 세부 주문 내역을 조회하고 수정해서 과거에 주문했던 모든 화학약품을 재정렬할 수 있어야 한다.

이 요구사항에서 "사용자" 대신 사용자 클래스인 화학자를 사용했음을 주목하자. 가능한 한 명시적인 요구사항을 작성함으로써 잘못된 해석의 가능성을 줄일 수 있다.

스타일에 따라 작성하기

요구사항을 작성하는 것은 소설이나 실화를 글로 쓰는 것과는 다르다. 학교에서 배운 주요 아이디어를 제시하고, 사실을 근거로 결론을 내리는 작성 방식은 적절하지 않다. 요구사항이나 기능과 같이 핵심이 되는 구절을 먼저 제시하고 구체적인 내용(이론적 근거나 기원, 우선순위, 기타 요구사항 속성)을 쓰도록 글을 작성하는 스타일을 바로잡자. 이러한 구조는 자세한 내용을 원하는 독자뿐 아니라 문서를 빠르게 훑어보는 독자에게도 유용하다. 표나 구조화된 목록, 다이어그램, 기타 시각적인 요소는 단조롭고 장황한 기능적 요구사항을 환기시키는 데 도움이 되며, 다양한 방법으로 학습하는 사람들에게 더욱 풍부한 의사소통을 제공한다.

요구사항 문서는 창의적인 작문 실력을 연습할 수 있는 곳은 아니다. 자료를 더 재미있게 읽을 수 있도록 능동태와 수동태를 번갈아 사용하는 것은 피하자. 다양성을 위해 동일한 개념을 여러 가지 용어(고객, 계정, 후원자, 사용자, 클라이언트)로 표현하지 마라. 읽기 쉽고 이해하기 쉽게 유지하는 것은 잘 작성된 요구사항의 필수 요소다. 흥미는 솔직히 덜 중요하다. 만약 여러분이 숙련된 전문 작가가 아니라면 독자가 여러분이 전달하고자 하는 바를 이해하지 못할 수도 있다는 것을 예상해야 한다. 의사소통 효율을 극대화하기 위해 요구사항 명세서에 다음과 같은 팁을 염두에 두자.

명료성 및 간결성

적절한 문법과 철자, 구두점을 사용해 요구사항을 완전한 문장으로 작성하자. 문장과 단락을 짧고 직설적으로 유지하자. 은어를 피하고 사용자 도메인에 적합한 단순하고 명확한 언어를 사용해 요구사항을 작성하라. 전문 용어는 용어사전에 정의하자.

또 다른 좋은 지침은 간결하게 작성하는 것이다. "사용자에게 능력을 제공할 필요가 있다"와 같은 절은 "해야 한다"로 함축해서 표현할 수 있다. 요구사항 집합에서 각 정보에 대해 "독자가 이 정보로 무엇을 할 것인가?"라고 자문하자. 일부 이해관계자가 그 정보를 통해 가치를 찾을 것이라 확신할 수 없다면 이는 필요 없는 정보일 것이다. 특히 명료성은 간결함보다 더 중요하다.

정확하게 명시된 요구사항은 사람들이 기대하는 바를 접할 수 있는 기회를 높이고, 덜 구체적인 요구사항은 개발자로 하여금 해석에 대한 여유를 갖게 한다. 구체성의 부족은 때때로 괜찮지만 어떤 때에는 변동성이 높은 결과로 이어질 수 있다. 만약 SRS를 검토하는 개발자가 고객의 의도를 명확히 알지 못한다면 추후 발생할 위험을 사전에 줄이기 위해 추가적인 정보를 포함하는 것도 고려하자.

"해야 한다"라는 키워드

전통적으로 "해야 한다"라는 키워드는 일부 시스템 기능을 설명하는 데 쓰인다. 사람들은 때때로 "해야 한다"라는 단어에 반대한다. "이는 사람들이 말하는 방식이 아니다"라고 항의한다. 그럼 어떻게 할까? "해야 한다" 문장은 명확하고 효과적인 커뮤니케이션이라는 장대한 목표와 일치하도록 원하는 기능을 정확히 나타내야 한다. 보통은 "해야만 한다"라고 하거나 "할 필요가 있다", 아니면 이와 유사하게 말하는 것을 선호하지만 일관성을 유지해야 한다. 나는 종종 "해야 한다", "해야만 한다", "하는 것이 좋다", "해도 된다", "할 필요가 있다", "꼭 해야 한다", "제공해야 한다" 등과 같은 요구사항 동사를 무작위로 사용하거나 혼란스럽게 섞여 있는 명세서를 읽곤 한다. 이러한 동사는 내포하는 의미에 차이가 있더라도 알기 어렵다. 각기 다른 동사 간의 뉘앙스는 다문화 팀이 문서를 일관성 있게 해석하기를 훨씬 더 어렵게 만든다. "해야 한다"라는 키워드를 고집하는 것이 더 낫다.

어떤 요구사항의 저자는 의도적으로 미묘한 차이를 내포하는 각기 다른 동사를 사용하기도 한다. 이들은 우선순위를 암시하기 위해 특정 키워드를 사용하는데, "해야 한다(shall)"는 꼭 필요함을 나타내며, "해야 할 것이다(should)"는 뭔가를 원함을 나타내고, "해야 할 수도 있다(may)"는 필요할 수도 있음을 의미한다(ISO/IEC/IEEE 2011). 우리는 이러한 규칙이 위험하다는 점을 유념해야 한다. 항상 "해야 한다" 혹은 "꼭 해야 한다"와 같이 얘기하고, 높음, 중간, 낮음과 같은 우선순위를 명시적으로 할당하는 편이 명확하다. 또한 우선순위는 반복적으로 변경되기 때문에 이를 요구사항 구절과 엮지 말자. 오늘의 "꼭 해야 한다"가 내일에는 "했어야 한다"가 될 수도 있다. 또 어떤 저자는 요구사항을 나타내기 위해 "해야 한다"를 사용하며, 설계에 대한 기대를 나타내기 위해 "힐 것이다"를 사용하기도 한다. 이러한 규칙은 일부 독자가 일상적인 대화에서 사람들이 번갈아가며 사용하는 단어 간의 차이를 이해하지 못할 수 있는 위험을 야기하는데, 이를 피하는 것이 최선의 방법이다.

> **함정** 어떤 재치 있는 컨설턴트는 속으로 "하는 것이 좋다"를 "하지 않을 것이다(probably won't)"로 바꿔야 한다고 제안했다. 이런 요구사항을 수용할 수 있겠는가? 그렇지 않다면 "하는 것이 좋다"를 좀 더 명확한 의미로 대체하자.

능동태

어떤 요소가 행동을 설명하는지 분명히 하기 위해 능동태로 작성하자. 많은 비즈니스 및 과학 분야의 글쓰기는 수동태로 쓰여지지만 생각보다 능동태로 쓰여진 것보다 명확하거나 직접적이지 않다. 다음 요구사항은 수동태로 작성된 것이다.

제품 업그레이드 출하 시 계약서 상의 일련번호가 갱신될 것이다.

"갱신될 것이다"라는 구문은 수동태를 나타낸다. 이는 행동을 하는 사람이 아니라 행동을 받아들이는 사람을 나타낸다. 즉, 이 구문은 누가 혹은 무엇인가가 일련번호를 갱신하는지에 대해 아무런 단서를 제공하지 않는다. 시스템이 자동으로 갱신하거나 사용자가 일련번호를 갱신할 거라 예상하는가? 이 요구사항을 능동태로 다시 작성하면 행위자를 분명히 하고 촉발 이벤트를 명확히 할 수 있다.

제품 업그레이드 출하가 확인되면 시스템은 고객의 계약서에 있는 제품 일련번호를 새 번호로 갱신해야 한다.

개별 요구사항

여러 요구사항을 포함하는 장문의 단락은 피하자. 독자는 자유로운 서술적 언어 속에 내재된 개별 요구사항을 모을 필요가 없다. 배경이나 전후 맥락에 대한 정보로부터 개별 요구사항을 구분하자. 이러한 정보가 독자에게 가치 있더라도 실제 요구사항 문장을 분명하게 인식할 필요가 있다. 언젠가 긴 단락으로 작성된 대규모의 요구사항 명세를 검토한 적이 있다. 전체 페이지를 읽고 이해할 수 있긴 했지만 각 요구사항을 골라내기 위해 많은 작업을 해야만 했다. 어떤 독자는 글자 더미에 숨어있는 요구사항이 무엇을 말하는지에 대해 각기 다른 결론에 도달할 수도 있다.

요구사항에서 "및"이나 "또는", "게다가", "또한"은 몇 가지 요구사항이 결합돼 있을 가능성을 시사한다. 이는 요구사항에서 "및"을 사용할 수 없다는 의미가 아니고 접속사가 각기 다른 두 요구사항이 아닌 하나의 요구사항에 대한 두 부분을 연결해야 한다는 것이다. 어떤 두 부분을 검증하는 데 서로 다른 테스트를 사용해야 한다면 각기 다른 요구사항으로 분리하자.

요구사항에 "및/또는"을 사용하지 말자. 이 경우 다음과 같은 경우처럼 독자의 판단에 맡기게 된다.

시스템은 주문번호 및/또는, 송장번호, 고객의 구매 주문번호로 검색할 수 있게 해야 한다.

이 요구사항은 사용자가 한번의 검색에 하나에서 세 개까지의 숫자를 입력할 수 있게 한다. 이 상황에서는 의도가 무엇인지 알 수 없을 것이다.

"아니면"이나 "제외하고", "그러나" 또한 여러 요구사항을 나타낸다.

신용카드가 만료되지 않았다면 파일에 있는 구매자의 신용카드로 지불을 청구해야 한다.

"아니면" 절이 참일 때 어떤 일이 발생할지 명시하지 않는 것은 요구사항 누락의 일반적인 원인으로 작용한다. 신용카드 활성화 및 만료라는 두 가지 조건에 대한 행동을 다루기 위해 이를 두 개의 요구사항으로 분리하자.

파일에 있는 구매자의 신용카드가 활성화돼 있는 경우, 시스템은 해당 카드로 지불을 청구해야 한다.

및

파일에 있는 구매자의 신용카드가 만료된 경우, 시스템은 구매자가 현재 신용카드 정보를 갱신하게 하거나, 새로운 신용카드 지불 정보를 입력하게 해야 한다.

세부 수준

요구사항은 개발자나 테스터가 제대로 개발하기에 충분한 정보를 제공할 수 있게 정밀한 수준을 명시해야 한다.

적절한 세부 사항

요구사항 분석에서 중요한 부분은 요구사항을 명확히 하고 구체화하기 위해 고수준 요구사항을 충분히 구체적인 세부사항으로 분해하는 것이다. "요구사항은 얼마나 구체적이어야 하는가?"라는 일반적인 질문에 명확한 해답은 없다. 오해로 인한 위험을 최소화하기 위해 개발 팀의 지식이나 경험을 기반으로 충분한 세부 사항을 제공하자. 요구사항 이슈에 대해 논의할 기회가 적다면 요구사항 집합에 좀 더 구체적인 명세가 필요하다는 것이다. 개발자가 요구사항을 충족시키기 위한 여러 가지 방법을 고안하고 모두가 괜찮아 한다면 구체성 및 세부사항이 적절한 것이다. 다음과 같은 상황에서는 좀 더 구체적인 세부사항을 포함시켜야 한다(Wiegers 2006).

- 작업이 외부 클라이언트에 의해 수행되고 있다.
- 개발이나 테스트는 외부 업체에 맡겨질 것이다.
- 프로젝트 팀 구성원이 지리적으로 분산돼 있다.
- 시스템 테스트는 요구사항을 기반으로 진행될 것이다.
- 정확한 추정이 필요하다.
- 요구사항 추적이 필요하다.

다음과 같은 상황에서는 덜 구체적이어도 괜찮다.

- 작업이 사내에서 수행되고 있다.
- 고객이 광범위하게 참여하고 있다.
- 개발자가 풍부한 도메인 경험을 갖고 있다.

- 기존의 애플리케이션을 교체할 때 사용한 선례를 활용할 수 있다.

- 패키지 솔루션이 사용될 것이다.

일관된 입도

요구사항의 저자는 종종 기능적 요구사항 작성을 위한 정확한 수준의 입도(granularity)를 찾기 위해 고군분투하기도 한다. 모든 요구사항을 동일한 수준으로 구체화할 필요는 없다. 예를 들어, 다른 영역보다 위험이 높은 영역의 경우 좀 더 깊이 파고들 수 있을 것이다. 관련 요구사항 집합이라면 기능적 요구사항을 일관된 수준의 입도로 작성하려고 노력하는 것이 좋다.

한 가지 유용한 지침은 각각 테스트 가능한 요구사항을 작성하는 것이다. 소프트웨어 제품의 규모에 따라 테스트 가능한 요구사항의 수를 계산하는 방법이 제안돼 오고 있다(Wilson 1995). 요구사항이 제대로 구현됐는지 검증하기 위한 테스트 케이스가 적다고 생각한다면 아마도 요구사항이 적절한 입도로 작성된 것일 것이다. 그러나 여러 다양한 테스트를 생각하고 있다면 여러 요구사항이 섞여 있어 이를 분리해야 할 것이다.

나는 동일한 SRS 안에서 여러 범위에 걸쳐 있는 요구사항 문장을 본 적이 있다. 예를 들어, 다음의 두 기능은 각각 두 개의 요구사항으로 나눠져 있었다.

1. *시스템은 Ctrl + S 키 조합을 파일 저장으로 해석해야 한다.*
2. *시스템은 Ctrl + P 키 조합을 파일 인쇄로 해석해야 한다.*

이 두 요구사항은 매우 세분화돼 있다. 요구사항이 제대로 동작하는지 검증하기 위해 몇 가지 테스트만 필요할 것이다. 이처럼 지루하고 긴 유사 요구사항 목록을 단축키 조합의 목록과 이를 시스템이 어떻게 해석하는지 표로 좀 더 잘 표현하는 것도 생각할 수 있을 것이다.

그럼에도 동일한 SRS는 범위보다 약간 큰 듯한 기능적 요구사항도 포함한다.

제품은 음성 명령으로 수정할 수 있어야 한다.

외견상으로는 SRS의 어떤 요구사항보다 크거나 작지 않은 이러한 단일 요구사항은 복잡한 음성 인식 서브시스템(사실상 스스로 동작할 수 있는 온전한 제품)을 포함하고 있음을 규정한다. 이 하나의 요구사항을 검증하는 데는 수백 번에 걸친 테스트가 필요할 수 있다. 여기에 명시된 요구사항은 비전 선언문이나 시장 요구사항 문서에서나 찾을 수 있는 고수준 추상화에 적합하지만 음성 인식 요구사항은 더 자세한 기능적 요구사항을 필요로 한다.

표현 기법

복잡하고 따분한 글이 빽빽하게 있거나 비슷해 보이는 요구사항의 긴 목록을 접하면 독자는 눈을 어디에 둘지 모르게 된다. 대상 청중에 각 요구사항을 전달하는 가장 효율적인 방법을 고려하자. 자연어로 작성된 요구사항의 대안으로는 목록이나 표, 시각적인 분석 모델, 차트, 수학 공식, 사진, 사운드 클립, 비디오 클립 등이 있다. 이는 다양한 상황을 요구사항으로 작성하기에 충분하지 않지만 독자의 이해를 향상시키기 위한 훌륭한 보충 정보를 제공한다.

한번은 다음과 같은 패턴에 맞는 요구사항 집합을 본 적이 있다.

텍스트 편집기는 〈관할〉법에 정의된 〈형식〉의 문서를 분석할 수 있어야 한다.

〈형식〉에 가능한 값은 3개, 〈관할〉에 가능한 값은 4개로 총 12개의 유사한 요구사항이 있었다. SRS는 실제로 12개의 요구사항을 포함하고 있었지만 하나의 조합이 누락됐고, 다른 하나는 중복됐다. 이들 요구사항을 좀 더 간소화되고 요구사항 목록보다 덜 지루한 표로 표현하면 앞서 발생한 오류를 방지할 수 있다. 일반적인 요구사항은 다음과 같이 명시할 수 있다.

Editor.DocFormat 텍스트 편집기는 표 11-1의 관할 법령에 규정된 다양한 형식의 문서를 분석할 수 있어야 한다.

표 11-1 문서 분석을 위한 요구사항

관할	지정된 형식	지정되지 않은 형식	ASCII 형식
연방 정부	.1	.2	.3
주	.4	.5	.6
준주	.7	N/A	.8
국제	.9	.10	.11

각 표의 셀은 단지 주 요구사항의 식별자 뒤에 붙을 접미사만 포함하고 있다. 예를 들어, 첫 번째 줄의 세 번째 요구사항은 다음과 같다.

Editor.DocFormat.3 텍스트 편집기는 연방 정부법이 정의하는 ASCII 문서를 분석할 수 있어야 한다.

일부 논리적인 이유로 인해 어떠한 조합도 기능적 요구사항에 해당하지 않는다면 해당 셀에 N/A(해당사항 없음)을 넣자. 이는 긴 목록에서 관련이 없는 조합을 생략해서 독자가 지정된 형식에서 준주법을 포함하는 문서를 분석하기 위한 요구사항이 없는 이유를 궁금해 하는 것보다 훨씬 더 명확하다. 또한 이 기법은 모든 셀이 가득 차 있다면 어떠한 것도 놓치지 않았음을 알 수 있기 때문에 요구사항 집합의 완전성을 보장한다.

모호함 피하기

요구사항 품질은 저자가 아닌 독자의 눈에 있다. 분석가는 작성한 요구사항이 매우 명료하고 모호함이나 어떠한 문제도 없다고 믿을지도 모른다. 그러나 만약 독자가 질문을 한다면 요구사항에 추가 작업이 필요하다. 동료평가는 요구사항에서 모든 대상 독자에게 명확하게 이해되지 않는 부분이 어디인지 찾을 수 있는 최선의 방법이다. 이번 절에서는 요구사항의 모호성이 발생하는 몇 가지 일반적인 원인에 대해 설명한다.

알쏭달쏭한 단어

용어사전에 정의된 용어를 일관되게 사용하자. 동의어와 유사 동의어를 조심하자. 어떤 프로젝트에서는 하나의 요구사항 문서에서 동일한 항목에 대해 4개의 각기 다른 용어를 사용한 적도 있다. 하나의 용어를 선택해서 이를 일관되게 사용하고, 용어사전에 동의어를 기재해서 각기 다른 이름으로 항목을 부르는 데 익숙한 사람들이 이들의 관계를 볼 수 있게 하자.

앞에서 언급된 무엇인가와 관련된 대명사를 사용하는 경우 선행 사례가 매우 명료한지 확인하자. 부사는 주관성을 설명하고 역시 모호성을 야기한다. '합리적으로'라거나 '적절하게', '일반적으로', '대략', '보통', '체계적으로', '신속하게'와 같은 단어는 독자가 이를 어떻게 해석해야 할지 확신할 수 없으므로 자제하자.

모호한 언어는 증명할 수 없는 요구사항을 야기하므로 너무 모호하고 주관적인 용어는 피하자. 표 11-2는 여러 용어를 나열하며 모호성을 줄이는 방법을 제안하고 있다. 이러한 단어 중 일부는 비즈니스 요구사항에 적합하지만 구현해야 하는 솔루션을 설명하는 사용자 요구사항이나 특정 기능적 요구사항에는 적합하지 않다.

표 11-2 요구사항에서 피해야 할 모호한 용어

모호한 용어	개선 방법
적합한, 충분한	적합성을 구성하는 것이 무엇인지, 시스템이 이를 어떻게 판단하는지 정의하자.
및/또는	"및", "또는"을 말하는지, 아니면 "조합"을 말하는지 명시해서 독자가 추측하지 않게 하자.
가능한 현실적으로	개발자가 현실적인 결정을 하도록 방치하지 말자. TBD로 설정하고 구체화할 예상 날짜를 설정하자.
최소한, 최소한도로, 많아야, 최대한	최소 및 최대 허용 값을 지정하자.
최고의, 최대의, 가장	요구되는 성취 수준과 이에 대한 최소 허용 수준을 설정하자.
~사이에, X에서 Y로	범위에 종단점이 포함되는지 정의하자.

모호한 용어	개선 방법
~에 따라	의존 관계에 대한 본질을 설명하자. 다른 시스템으로부터 입력을 제공받으므로 소프트웨어를 실행하기 전에 해당 소프트웨어를 설치해야 한다거나, 시스템이 어떤 계산을 수행하거나 기타 다른 서비스를 제공하는 등 다른 시스템에 의존하지는 않는가?
효율적	시스템이 자원을 얼마나 효율적으로 사용하는지, 특정 동작을 얼마나 빨리 수행하는지, 사용자가 시스템에서 특정 작업을 얼마나 빨리 수행할 수 있는지 정의하자.
빨리, 빠르게, 급격히	시스템이 어떤 작업을 수행할 때의 최소 허용 시간을 명시하자.
유연한, 다양한	시스템이 운영에 대한 조건이나 플랫폼, 비즈니스 요구 변동에 적응할 수 있어야 하는 방식을 설명하자.
i.e., e.g.	많은 사람들이 "i.e."(항목의 전체 목록이 뒤에 나열됨을 의미)이나 "e.g."(몇 가지 예가 뒤에 나열됨을 의미)가 의미하는 바가 무엇인지 명확히 알지 못한다. 혼동하기 쉬운 라틴어 약어를 사용하기보다는 "즉, 예를 들어"와 같이 모국어에 있는 단어를 사용하자.
향상된, 더 나은, 더 빠른, 우수한, 고품질의	특정 기능 영역이나 품질 요소에 대해 충분한 향상을 말하는 것이 얼마나 나은지 또는 빠른지를 정량화하자.
포함한, 포함하지만 이에 국한되지 않는, 등등, 이와 같은, 예를 들어	단지 예뿐이 아닌 모든 가능한 값이나 기능을 나열하거나, 독자가 전체 목록을 참조할 수 있게 하자. 이렇게 하지 않으면 독자들이 전체 항목 집합이 어떤 것을 포함하는지, 혹은 목록이 어디에서 끝나는지에 대해 각기 다르게 해석할 수 있다.
대부분의 경우, 일반적으로, 보통, 거의 항상	명시된 조건이나 시나리오가 적용되지 않으면 어떤 일이 발생하는지 명확히 하자. 사용자나 시스템이 각 사례를 구별할 수 있는 방법을 설명하자.
일치하는, 동일한, 마찬가지로	텍스트 비교 시 대소문자 구분 여부나 "~을 포함한다", "~로 시작한다", "정확히 일치한다"를 의미하는지 명확히 정의하자. 실수의 경우 비교를 위한 정밀도를 명시하자.
최대화, 최소화, 최적화	일부 매개변수에 대한 최대 혹은 최소 허용 값을 명시하자.
일반적으로, 이상적으로	비정상적이거나 비이상적인 조건을 파악하고 해당 조건에서 시스템의 행동을 설명하자.
선택적으로	개발자의 선택인지, 시스템의 선택인지, 아니면 사용자의 선택을 의미하는지 명확히 하자.
아마도, 의무가 있다, 해야 할 수도 있다.	해야 하는가? 아니면 하지 말아야 하는가?
합리적인, 필요한 경우, 적용 가능한 경우, 가능하다면, 적절하다면	개발자나 사용자가 이를 판단할 수 있는 방법을 설명하자.
견고한	시스템이 예외를 처리하는 방법이나 예상치 못한 운영 조건에 대응하는 방법을 정의하자.
원활한, 투명한, 우아한	사용자에게 "원활한"이나 "우아한"이 무엇을 의미하는가? 사용자의 기대를 관찰 가능한 구체적인 제품 속성으로 변환해서 얘기하자.
여러 가지, 몇 가지, 많은, 몇몇, 여러, 수많은	얼마나 많은지, 혹은 최대 및 최소 범위를 명시하자.

모호한 용어	개선 방법
~하지 말아야 한다, 하지 말아야 할 것이다	시스템이 어떤 작업을 수행하는지 설명하면서 긍정적으로 요구사항을 명시하려고 노력하자.
최신의	이 구절이 이해관계자에게 어떤 의미인지 정의하자.
충분한	얼마나 많은 것이 충분한지 구체적으로 명시하자.
지원하다, 가능하게 하다	어떤 "지원" 능력을 이용해 시스템이 그 기능을 수행하는지 정확히 정의하자.
사용자 친화적인, 간단하게, 쉽게	고객의 필요성과 사용성에 대한 기대치를 만족시키기 위한 시스템 특성을 설명하자.

A/B 구조

많은 요구사항 명세서는 두 개의 연관된 용어(혹은 동의어나 반의어)가 슬래시로 합쳐진 "A/B"의 형태로 된 표현을 포함한다. 이러한 표현은 모호할 때가 많다. 다음은 이러한 표현의 예다.

시스템은 배송/출하 팀으로부터 대량으로 발행된 라이선스 키 데이터의 자동화된 정보 모음을 제공해야 한다.

이 문장은 여러 가지 방식으로 해석될 수 있다.

- 팀 명칭이 배송/이행 팀이다.
- 배송과 출하는 동의어다.
- 어떤 프로젝트에서는 그 그룹을 배송팀이라 부르고, 어떤 프로젝트에서는 출하팀이라고 부른다.
- 배송팀 혹은 출하팀 모두 대량으로 발행할 수 있으므로 슬래시의 의미는 "혹은"이 된다.
- 배송팀과 출하팀이 공동으로 대량으로 발행하므로 슬래시의 의미는 "~와"가 된다.

때때로 저자는 자신이 무엇을 염두에 두고 있는지 확신하지 못하기 때문에 A/B 구조를 사용하기도 한다. 안타깝게도 이것은 독자 개개인이 요구사항이 어떤 의미인지 해석해야 함을 나타낸다. 여러분이 말하려는 의도에 따라 적절한 단어를 정확히 결정하는 것이 좋다.

경곗값

요구사항과 비즈니스 규칙 모두 특정 수치 범위의 경계에서 많은 모호성이 발생한다. 다음을 고려하자.

최장 5일간의 휴가는 승인이 필요 없다. 5에서 10일간의 휴가는 관리자의 승인이 필요하다. 10일 이상의 휴가는 경영진의 승인을 필요로 한다.

이 문장에서는 어떤 종류의 휴가 요청이 정확히 5일과 10일에 속하는지 불분명하다. 또한 5.5일의 휴가와 같이 소수점이 발생하면 더 혼란스러워진다. "~내내"나 "포함해서", "제외하고" 등의 단어는 숫자 범위의 양쪽 끝에 걸쳐있는 종단을 명확하게 한다.

5일이나 그 이하의 휴가 요청은 승인이 필요 없다. 5일부터 10일을 넘지 않는 휴가는 관리자의 승인이 필요하다. 10일을 초과하는 휴가는 경영진의 승인을 필요로 한다.

부정적인 요구사항

때때로 사람들은 요구사항에 시스템은 무엇을 하기보다 하지 말아야 한다고 작성하기도 한다. 어떻게 하면 하지 말라는 요구사항을 구현할 수 있을까? 이중, 삼중의 부정은 특히 판단하기 까다롭다. 부정적인 요구사항을 행동의 제약을 명확히 설명하는 긍정적인 의미로 바꿔보자. 다음은 이러한 예다.

계약이 불완전하다면 사용자에게 계약 활성화를 막는다.

이러한 이중 부정문("불완전"과 "막는다")을 긍정문으로 바꿔보자.

시스템은 계약이 완전할 때만 사용자가 계약을 활성화할 수 있게 해야 한다.

특정 기능이 범위를 벗어남을 알리기 위해 부정적인 요구사항을 사용하기보다는 5장 "비즈니스 요구사항 정립하기"에서 이야기한 비전 범위 문서의 제한 및 면책 절에 제약사항을 포함하자. 특정 요구사항이 범위 안에 있었지만 삭제됐다면 (언젠가 다시 포함될 수 있으므로) 이 내용 자체를 잃어버리고 싶지는 않을 것이다. 요구사항을 문서로 관리한다면 삭제된 요구사항에 취소선 서식을 사용하자. 이러한 삭제된 요구사항을 처리하는 가장 좋은 방법은 요구사항 관리 도구의 요구사항 상태 속성이다. (요구사항 속성 및 상태 추적에 대한 자세한 내용은 27장 "요구사항 관리 사례"를 참조)

불완전성 피하기

우리는 모든 요구사항을 찾았다고 확신할 수 있는 방법을 모른다. 7장 "요구사항 도출"에서는 누락된 요구사항을 식별하기 위한 여러 방법을 제안한다. 시스템 기능보다 사용자 태스크 도출에 집중하면 기능을 놓치지 않는 데 도움이 된다. 또한 분석 모델을 사용하면 누락된 요구사항을 발견할 수도 있다(12장 "백문이 불여일견" 참조).

대칭

대칭적인 작업은 요구사항 누락의 일반적인 원인이다. 나는 예전에 검토한 SRS에서 다음과 같은 요구사항을 발견했다.

사용자는 수동 계약 설정 중 언제라도 계약서를 저장할 수 있어야 한다.

명세서 어디서도 사용자가 나중에 작업하기 위해 완료되지 않았지만 저장된 계약서를 조회할 수 있다는 요구사항을 찾지 못했다. 아마도 요구사항이 누락됐을 것이다. 시스템이 저장하기 전 완료되지 않은 계약서의 데이터 요소를 검증해야 하는지조차 명확하지 않았다. 암시적인 요구사항이었을까? 개발자는 알아야 했다.

복잡한 논리

복합 논리 표현은 종종 정의되지 않은 결정값의 특정 조합이 발생하게 한다. 다음과 같은 요구사항을 생각해 보자.

프리미엄 약정이 선택되지 않고 보험 증명이 제공되지 않으면 사용자에게 기본 약정이 자동으로 선택돼야 한다.

이 요구사항은 조합했을 때 네 가지 결과로 이어지는 두 가지 이진 결정을 가리킨다. 그러나 명세서에서는 단 하나의 조합만 설명하고 있다. 여기서는 다음과 같은 상황에서 어떻게 해야 하는지 얘기하지 않는다.

- 프리미엄 약정이 선택되고 보험 증명이 제공되지 않았다.
- 프리미엄 약정이 선택되고 보험 증명이 제공됐다.
- 프리미엄 약정이 선택되지 않고 보험 증명이 제공됐다.

이것을 읽는 사람은 이 세 가지 조건에 대해 시스템이 어떠한 행동도 취하지 않는다고 판단할 수밖에 없다. 이렇게 하는 게 맞을 수도 있지만 암시적인 판단보다 명시적인 판단이 더 낫다. 복잡한 논리를 표현하고 어떠한 변동도 놓치지 않기 위해 의사결정 일람표나 의사결정 트리를 사용하자.

누락된 예외

모든 것이 문제 없을 때 시스템이 해야 할 일이 명시된 각 요구사항에는 필요에 따라 예외가 발생한 경우에 대한 반응을 기술한 요구사항도 동반해야 한다. 다음과 같은 요구사항을 생각해보자.

사용자가 기존 파일에서 작업 중 파일 저장을 선택하면 시스템은 동일한 이름으로 저장해야 한다.

이 요구사항은 파일을 동일한 이름으로 저장할 수 없을 때 시스템이 어떻게 해야 하는지 나타내지 않는다. 첫 번째 요구사항 다음으로 올 수 있는 요구사항은 다음과 같을 것이다.

시스템이 특정 이름으로 파일을 저장할 수 없다면 시스템은 사용자에게 다른 이름으로 저장하거나 저장을 취소할 수 있는 옵션을 제공해야 한다.

개선 전후의 요구사항 샘플

이번 장에서는 고품질 요구사항의 몇 가지 특성을 살펴봤다. 이러한 특성을 포함하지 않은 요구사항은 혼란이나 노력의 낭비, 재작업을 야기하므로 모든 문제를 조기에 해결하기 위해 노력해야 한다. 다음은 이상적이지 않은 실제 프로젝트에서 가져온 몇 가지 기능적 요구사항이다. 문제를 발견할 수 있는지 확인하기 위해 품질 속성에 대한 각 문장을 검사하자. 검증 가능성은 좋은 출발점이다. 요구사항이 제대로 구현됐는지 말할 수 있는 테스트를 고안할 수 없다면 아마 모호하거나 필요한 정보가 부족하기 때문이다.

각 예에서 이러한 요구사항의 문제와 개선점에 대한 몇 가지 발견을 제시한다. 추가 검토를 통해 더 개선되리라는 것은 의심할 여지가 없지만 어떤 시점에서는 소프트웨어를 작성해야 한다. 엉성한 요구사항의 재작성에 대한 더 많은 예는 아이비 훅스와 크리스틴 페리(Ivy Hooks and Kristin Farry 2001), 알 플로렌스(Al Florence 2002), 이안 알렉산더와 리처드 스티븐스(Ian Alexander and Richard Stevens 2002), 칼 위거스(Karl Wiegers 2006)의 글에서 찾아볼 수 있다. 이처럼 요구사항을 컨텍스트 바깥으로 빼면 최악의 요구사항을 뽑아볼 수 있음에 주목하자. 이를 통해 원래 환경에서 더 이치에 맞게 만들 수 있을 것이다. 또한 비즈니스 분석가(와 모든 팀 구성원)가 매일 매 순간 그들이 아는 한도 안에서 가능한 최선의 일을 한다고 가정하므로 여기서는 원 저자는 괴롭히지 않겠다.

> **함정** 분석 마비에 주의하자. 이번 장의 모든 "사후" 샘플은 더 향상될 수 있지만 완벽한 요구사항을 위해 끊임없이 노력할 수는 없다. 여러분의 목표는 팀이 허용 가능한 수준의 위험 내에서 설계 및 개발을 달성하기에 충분한 요구사항을 작성하는 것이라는 점을 잊지 말자.

예시 1

백그라운드 작업 관리자는 최소한 매 60초마다 정기적으로 상태 메시지를 제공해야 한다.

상태 메시지란 무엇인가? 사용자에게 어떤 조건하에서 어떤 방식으로 제공되는가? 화면에 표시하는 경우 얼마나 오래 노출돼야 하는가? 0.5초 깜박이는 것 정도로 괜찮을까? 시간 간격이 명확하지 않고 "매"라는 단어는 문제를 혼란스럽게 만든다. 요구사항을 평가하는 한 가지 방법은 터무니없지만 합당한 해석이 모든 사용자에게 적합한지 여부를 확인하는 것이다. 적합하지 않다면 요구사항에 추가 작업이 필요한 것이다. 이 예에서 상태 메시지 사이의 간격이 최소한 60초일 때 새로운 메시지가 1년에 한번 제공돼도 괜찮을까? 아니면 메시지 사이의 간격이 최대 60초 경과하도록 의도한다면 1/1000초 간격은 너무 짧을까? 이러한 극단적인 해석은 원래의 요구사항과 일치할 수도 있지만 사용자 생각과는 정확히 맞아떨어지지 않을지도 모른다. 이러한 문제 때문에 이 요구사항은 검증 가능하지 않다.

이러한 단점을 해결하기 위해 고객에게서 더 많은 정보를 얻은 후 앞의 요구사항을 재작성하는 방법 중 하나는 다음과 같다.

1. *백그라운드 작업 관리자(BTM; Background Task Manager)는 사용자 인터페이스의 지정된 영역에 상태 메시지를 표시해야 한다.*
1.1. *BTM은 백그라운드 작업 처리가 시작된 이후 매 60초(플러스 마이너스 5초)마다 메시지를 갱신해야 한다.*
1.2. *백그라운드에서 처리하는 동안 메시지는 지속적으로 계속 표시돼야 한다.*
1.3. *BTM은 백그라운드 작업 진행 상태를 퍼센트로 표시해야 한다.*
1.4. *BTM은 백그라운드 작업이 완료되면 "완료" 메시지를 표시해야 한다.*
1.5. *BTM은 백그라운드 작업이 정지한 경우 메시지를 표시해야 한다.*

정보 누락으로 인해 결함이 있는 요구사항을 재작성하는 데 오래 걸리기도 한다. 각 요구사항이 별도의 테스트를 필요로 할 수 있으므로 이를 여러 하위 요구사항으로 분리할 수도 있다. 이를 통해 각각을 개별적으로 추적할 수도 있다. 이것들은 BTM이 표시해야 하는 추가 상태 메시지가 될 것이다. 만약 이것들이 인터페이스 명세와 같이 문서 어딘가에 존재한다면 복사하지 않고 참조로서 정보를 통합하자. 수많은 기능적 요구사항을 작성하기보다 표에 조건과 이에 상응하는 메시지를 나열하면 더 간결할 것이다.

수정된 요구사항은 상태 메시지가 표시되는 방법을 명시하지 않고 단지 "사용자 인터페이스의 지정된 영역"만을 명시한다. 이러한 표현은 메시지의 배치를 디자인 이슈에 따르게 하는데, 이는 수많은

케이스에서 문제가 없다. 요구사항에서 표시 위치를 명시한다면 이는 개발자에게 설계 제약조건이 된다. 불필요한 제약이 가해진 설계 옵션은 프로그래머를 좌절하게 하고 차선의 제품 설계를 야기할 수 있다.

사용자가 중요 메시지를 보기 편한 위치에 이미 상태표시줄이 배치된 기존 애플리케이션에 이 기능을 추가한다고 가정해 보자. 기존 애플리케이션의 일관성을 위해 BTM의 상태 메시지를 상태표시줄에 표시하도록 규정하는 것이 완벽한 방법일 것이다. 즉, 분명 좋은 이유로 인해 의도적으로 설계 제약을 설정할 수 있다.

예시 2

> 기업 프로젝트 과제 번호는 가능한 경우 마스터 기업 과제 번호 목록에 대해 온라인으로 검증돼야 할 것이다.

"가능하다면"이라는 말은 모호하다. "기술적으로 가능할 경우"(개발자에 대한 질문)를 의미하는가? 아니면 "마스터 과제 번호 목록을 실시간으로 접근할 수 있는 경우"를 의미하는가? 요청된 기능이 제공될 수 있는지 확신할 수 없는 경우 해결되지 않은 이슈를 의미하는 TBD를 사용하자. 조사 후 TBD가 사라지거나 아니면 요구사항이 사라진다. 이 요구사항은 검증 통과나 실패의 경우 어떻게 해야 하는지 명시하지 않는다. 또한 "해야 할 것이다"와 같은 애매한 단어를 자제하자. 다음은 이 요구사항을 수정한 버전이다.

> 요청자가 과제 번호를 입력했을 때 과제 번호가 마스터 기업 과제 번호 목록에 존재하지 않는다면 시스템은 에러 메시지를 표시해야 한다.

관련 요구사항은 검증을 시도할 때 마스터 기업 과제 번호 목록을 이용할 수 없는 경우에 대한 예외 조건 상황을 해결해야 할 것이다.

예시 3

> 장비 테스터는 펄스 발생기나 전압계, 용량계, 사용자 정의 프로브 카드 등을 포함해서 사용자가 추가 구성 요소에 쉽게 접근할 수 있게 해야 한다.

이 요구사항은 여러 종류의 측량 장비를 테스트하는 데 사용되는 임베디드 소프트웨어를 포함하는 제품을 위한 것이다. "쉽게"라는 단어는 사용성 요구사항을 내포하지만 측정 용이성이나 검증 가능성을 말하지는 않는다. "포함해서"라는 말은 테스터와 연결돼야 하는 완전한 외부 장치 목록을 뜻하는지가 명확하지 않다. 아마도 우리가 모르는 많은 것들이 있을 것이다. 다음과 같이 의도적인 설계 제약을 포함하는 대안 요구사항을 생각해 보자.

1. 장비 테스터는 사용자가 USB 연결을 지원하는 어떠한 측정 장비와도 연결할 수 있는 USB 포트를 포함해야 한다.
2. USB 포트는 숙련된 운영자가 측정 장비를 10초 이내에 연결할 수 있도록 전면 패널에 설치돼야 한다.

비즈니스 분석가는 자의적으로 설계 제약을 부과하는 형태로 요구사항을 재작성해서는 안 된다. 대신 결함이 있는 요구사항을 감지하고 팀 및 적절한 이해관계자와 토론해서 명확히 할 수 있다.

예시 4

시스템은 활성 계정 로그(Active Account Log)와 계정 관리자(Account Manager) 아카이브 간의 계정 정보 불일치를 확인해야 한다. 이를 비교하기 위해 사용되는 로직은 기존 일관성 점검 도구의 로직을 기반으로 해야 한다. 즉, 새로운 코드는 처음부터 개발될 필요가 없다. 개발자는 현재 사용 중인 점검 도구의 코드를 기초로 활용해야 한다. 그러나 여기에 어떤 데이터베이스가 신뢰할 수 있는 소스인지 식별하기 위한 추가적인 로직을 더해야 한다. 새로운 기능은 불일치가 발생한 위치와 이를 해결한 방법에 대한 데이터를 테이블에 기록하는 것을 포함할 것이다. 또한 코드는 보안 도구 데이터베이스에 대해 예외 시나리오를 확인해야 한다. 자동 이메일 알림은 불일치가 발견될 때마다 보안 준수 팀(Security Compliance Team)에 이메일을 발송해야 한다.

이는 연습하기에 좋은 사례다. 이번 절에서 일부 문제를 살펴 볼 텐데, 부족한 점을 메우기 위해 필요한 만큼 가정을 추가해서 개선된 형태로 재작성하고 싶을지도 모른다. 여러분이 해결해야 할 문제는 다음과 같다.

- 개별적으로 분리해야 하는 수많은 요구사항이 있다.
- 비교 로직이 기존의 일관성 점검 도구에 "기초"한다면 코드 중 정확히 어떤 부분을 재사용할 수 있고, 어떤 부분을 변경해야 할까? 신규 시스템과 기존 도구에서 서로 다른 기능은 무엇인가? 더 필요한 "추가적인 로직"은 어떤 것이 있는가? "어떤 데이터베이스가 신뢰할 수 있는 소스인가"를 정확히 결정하기 위해 시스템이 어떤 일을 할 수 있는가?
- 신규 기능으로 테이블에 데이터를 기록하는 것을 "포함한다"는 말은 이것이 신규 기능 전부임을 말하는가? 아니면 여기에 명시적으로 언급되지 않은 다른 기능도 "포함되는 것"을 말하는가?
- 불일치를 해결할 때는 "어떻게/어디서"의 의미를 분명히 하자.
- "해야 한다"가 여기저기서 사용된다.
- "예외 시나리오"와 "불일치"의 관계는 무엇인가? 만약 동의어인 경우 하나의 단어를 선택해서 사용하자. 용어사전을 통해 이러한 용어가 같은지 여부나 관련 여부를 명확히 할 수 있다.
- 시스템이 불일치를 발견했을 때 보안 준수 팀에 어떤 정보를 전송해야 하는가?

앞서 말했듯이 절대 완벽한 요구사항을 얻을 수는 없을 것이다. 그러나 숙련된 BA는 더 나은 요구사항을 만드는 데 거의 항상 도움이 될 수 있다.

> **다음 단계는**
>
> - 프로젝트에서 현재 수준의 요구사항 문서를 평가하고, 특정 영역에 구체적인 내용을 더하거나 덜 필요가 있는지 결정해서 더 나은 요구사항을 만들기 위해 고객이나 개발자, 테스터와 지속적으로 토론하자.
> - 각 문장이 훌륭한 요구사항의 특성을 갖추고 있는지 확인하기 위해 프로젝트의 요구사항 집합에서 기능적 요구사항의 각 페이지를 확인하자. 이번 장에 설명한 문제 유형을 찾아보자. 부합하지 않는 요구사항은 다시 작성하자.
> - 프로젝트의 SRS를 검사하기 위해 3~6명의 프로젝트 이해관계자를 소집하자(Wiegers 2002). 각 요구사항이 이번 장에서 논의한 바람직한 특성을 입증하는지 확인하자. 명세서에서 서로 다른 요구사항 간에 상충되는 부분이나 누락된 요구사항, SRS에서 누락된 절을 찾아보자. 이러한 요구사항을 기반으로 SRS나 하위 작업 산출물에서 결함이 수정됐는지 확인하자.

12
백문이 불여일견

화학약품 관리 시스템 프로젝트 팀은 첫 번째 요구사항 검토 회의를 개최했다. 데이브(프로젝트 관리자), 로리(비즈니스 분석가), 헬렌(개발 책임자), 라메쉬(테스트 책임자), 팀(화학자의 제품 챔피언), 록산느(화학약품 창고 직원의 제품 챔피언) 등이 회의에 참가했다. 팀은 "전체 문서를 읽어봤는데요, 대부분의 요구사항은 괜찮아 보이는데 몇몇 절의 요구사항은 목록이 너무 길어서 이해하기가 힘들더군요. 그리고 화학약품 요청 프로세스의 모든 단계가 잘 식별됐는지 확신하기도 좀 어렵네요."라고 말하며 검토 회의를 시작했다.

"요청에 대한 모든 상태 변화를 포함해야 하는 전체 테스트에 대해 생각하기가 좀 어려웠어요."라고 라메쉬가 거들었다. "상태 변화에 대한 요구사항이 문서 전반에 걸쳐 흩어져 있는데 도통 무엇이 빠졌는지 알 수가 없네요. 두어 개의 요구사항은 서로 상충하는 것 같아요."

록산느 역시 비슷한 문제가 있었다. "화학약품 요청 방법을 읽어봤는데 좀 혼란스럽더군요. 제가 진행해야 하는 단계를 시각화하는 데 문제가 있었어요."라고 말했다.

검토자들이 몇 가지 문제를 제기한 후, 로리는 "이 문서가 우리가 시스템에 대해 알아야 하는 모든 것을 말해주지 못하는 것 같네요. 요구사항을 시각화하고 발견된 문제 영역의 구체화 여부를 확인하는 데 도움될 만한 몇 가지 다이어그램을 만들어 볼게요. 의견 주셔서 감사합니다."라며 검토 회의를 마쳤다.

요구사항 분야의 권위자인 앨런 데이비스가 지적했듯이 요구사항을 단 하나의 관점으로 바라봐서는 요구사항을 완전하게 이해할 수 없다(Davis 1995). 의도하는 시스템의 전체 그림을 그리기 위해서는 각기 다른 수준으로 추상화된 문자 형태의 표현이나 시각적인 요구사항 표현을 모두 조합해야 한다. 기능적 요구사항 목록, 표, 시각적인 분석 모델, 사용자 인터페이스 프로토타입, 인수 테스트, 의사결정 트리, 의사결정 일람표, 사진, 동영상, 수학 공식 등이 요구사항의 다양한 뷰가 될 수 있다(Wiegers 2006). 이상적으로는 각기 다른 사람들이 모여 다양한 요구사항 표현을 만든다. 비즈니스 분석가는 기능적 요구사항을 작성하고 일부 모델을 그리는 반면, 사용자 인터페이스 디자이너는 프로토타입을 구현하고 테스트 책임자는 테스트 케이스를 작성한다. 다양한 사고 과정과 표기법으로 요구사항 표현을 비교하면 하나의 뷰에서는 발견하기 어려운 모순이나 모호함, 가정, 누락을 보여줄 수 있다.

다이어그램은 특정 유형의 정보를 문자보다 효과적으로 전달한다. 그림은 팀 구성원 간의 언어와 어휘 장벽의 단절을 넘어서는 데 도움이 된다. BA는 사용되는 모델과 표기법의 목적을 초기에 다른 이해관계자에게 설명해야 한다. 요구사항의 시각적인 표현을 만들기 위해 수많은 다이어그램과 모델링 기법을 선택할 수 있다. 이번 장에서는 더 자세한 내용을 위한 그림과 다른 소스의 참조를 비롯해 다양한 요구사항 모델링 기법을 설명한다.

요구사항 모델 만들기

비즈니스 분석가는 시스템의 모든 요구사항을 하나의 전체적인 모습으로 묘사할 수 있는 단 하나의 기법이 있었으면 하고 생각할 것이다. 안타깝게도 모든 것을 포괄하는 다이어그램 같은 것은 없다. 사실, 전체 시스템을 하나의 다이어그램으로 모델링할 수 있다고 해도 그 다이어그램은 긴 요구사항의 목록만큼이나 무용지물이 될 것이다. 구조화된 시스템 분석의 초기 목표는 전통적인 기능 명세를 좀 더 정형화되고 서술적인 문장의 다이어그램과 표기법으로 대체하는 것이었다. 그러나 분석 모델은 자연어로 작성된 요구사항 명세를 대체하는 것이 아니라 보강해야 한다는 것을 경험을 통해 알게 됐다. 개발자와 테스터는 여전히 요구사항 문서가 제공하는 구체적이고 정확한 내용으로 인한 혜택을 누리고 있다.

시각적인 요구사항 모델은 누락되거나 관련 없는, 혹은 모순된 요구사항을 식별하는 데 이바지할 수 있다. 인간이 가진 단기 기억 능력의 한계로 인해 수천 개의 요구사항에 대한 모순, 중복, 관련 없는 요구사항을 분석하는 것은 거의 불가능하다. 15번째 요구사항을 확인하는 동안 처음 몇 개의 요구사항은 이미 잊어버렸을 것이다. 단순히 문자 형태의 요구사항을 검토함으로써 모든 오류를 찾을 확률은 낮다.

이 책에서 설명하는 시각적인 요구사항 모델은 다음과 같다.

- 데이터 흐름 다이어그램(DFD; Data Flow Diagram)
- 스윔레인(swimlane) 다이어그램과 같은 프로세스 흐름 다이어그램
- 상태 전이 다이어그램(STD; State-transition Diagram) 및 상태표
- 대화상자 맵
- 의사결정 일람표와 의사결정 트리
- 이벤트 반응표
- 기능 트리(5장 "비즈니스 요구사항 정립하기"에서 논의)
- 유스케이스 다이어그램(8장 "사용자 요구사항 이해하기"에서 논의)
- 활동 다이어그램(8장에서 논의)
- 개체 관계 다이어그램(ERD; Entity-relationship Diagram) (13장 "데이터 요구사항 명세화하기"에서 논의)

여기에 제시된 표기법은 프로젝트 참여자들이 사용할 수 있는 일반적인 산업 표준 언어를 제공한다. 자신만을 위한 모델링 표기법을 찾는 것은 표준 표기법을 도입하는 것보다 오해로 인한 더 많은 위험을 노출하게 된다.

이러한 모델은 요구사항을 찾고 정교화하는 것뿐만 아니라 소프트웨어 솔루션을 설계하는 데도 유용하다. 이것들을 분석에 사용할지, 아니면 설계 단계에 사용할지 여부는 모델링 시기나 의도에 따라 달라진다. 요구사항 분석의 경우라면 이러한 다이어그램은 문제 도메인에 대한 모델을 만들거나 신규 시스템을 개념적으로 묘사하는 데 사용될 수 있다. 이것들은 문제 도메인의 데이터 구성 요소, 교환 및 변환, 현실 세계의 객체, 시스템의 상태 변화 등의 논리적인 측면을 묘사한다. 문자 형태의 요구사항을 각기 다른 관점으로 표현하기 위해 모델을 사용할 수 있으며, 사용자의 기초 자료를 기반으로 한 고수준 모델을 통해 기능적 요구사항을 도출할 수도 있다. 설계를 진행하는 동안 모델은 구축해야 하는 실제 데이터베이스나 인스턴스화해야 하는 객체 클래스, 개발해야 하는 코드 모듈 등 구현하고자 하는 시스템을 표현한다. 분석과 설계 다이어그램의 경우 동일한 표기법을 사용하므로 작성하는 모델이 분석 모델(개념적)인지 설계 모델(무엇을 구축할 것인지)인지를 명확히 파악해야 한다.

이번 장에서 설명하는 분석 모델링 기법은 상용 모델링 도구, 요구사항 관리 도구, 마이크로소프트 비지오 같은 그리기 도구 등 다양한 도구의 지원을 받는다. 전용 모델링 도구는 범용 그리기 도구보다 더 많은 이점을 제공한다. 첫째, 반복을 통해 쉽게 다이어그램을 개선할 수 있다. 한번에 제대로

된 모델을 얻을 확률은 매우 낮기 때문에 반복은 성공적인 모델링의 핵심이다. 도구에서는 각 도구가 지원하는 모델링 방법에 규칙을 적용할 수 있다. 또한 도구는 다이어그램을 검토하는 사람들이 볼 수 없는 문법 오류 및 모순을 식별할 수 있다. 모델링을 지원하는 요구사항 관리 도구는 요구사항으로부터 모델을 추적할 수 있다. 일부 도구는 여러 다이어그램을 서로 묶을 수도 있으며, 관련된 기능적 요구사항과 데이터 요구사항에 연결하기도 한다. 도구에서 표준 기호를 사용하면 여러 모델을 일관되게 유지하는 데 도움이 된다.

우리는 요구사항 모델을 사용할 때 "우리 시스템은 모델링하기에 너무 복잡해요"부터 "일정이 너무 빠듯해서 요구사항을 모델링할 시간이 없어요"까지 여러 주장을 접해왔다. 모델은 모델링하는 시스템보다 더 단순하다. 만약 모델의 복잡성을 처리할 수 없다면 시스템의 복잡성은 어떻게 처리할 수 있겠는가? 대부분의 모델을 만드는 것은 요구사항 명세를 작성하고 이슈를 분석하는 데 보내는 시간보다 훨씬 더 많은 시간을 필요로 하지는 않는다. 요구사항 분석 모델을 사용하며 보낸 추가 시간들은 시스템 구축에 앞서 요구사항 오류를 찾아냄으로써 만회할 수 있을 것이다. 모델이나 모델의 일부는 다양한 프로젝트에서 재사용될 수 있으며, 최소한 차기 프로젝트의 요구사항 도출을 위한 허수아비 모델의 출발점을 제공한다.

고객의 목소리로 분석 모델 만들기

비즈니스 분석가는 고객이 요구사항을 어떻게 표현하는지 경청함으로써 이를 특정 모델 요소로 변환할 수 있는 키워드를 선택할 수 있다. 표 12-1은 고객의 단어 선택을 통해 이번 장의 후반부에 설명하는 모델 구성 요소로 연결하는 연관 표를 제안한다. 고객의 기초 자료를 요구사항과 모델로 작성하면서 각 모델 구성 요소를 특정 사용자 요구사항으로 연결할 수 있을 것이다.

표 12-1 고객의 목소리를 분석 모델 구성 요소와 연관 짓기

단어 유형	예	분석 모델 구성 요소
명사	사람, 조직, 소프트웨어 시스템, 데이터 요소, 존재하는 객체	▪ 외부 개체, 데이터 저장소, 데이터 흐름(DFD) ▪ 행위자(유스케이스 다이어그램) ▪ 개체 혹은 개체의 속성(ERD) ▪ 레인(스윔레인 다이어그램) ▪ 상태를 가진 객체(STD)

단어 유형	예	분석 모델 구성 요소
동사	행동, 사용자나 시스템이 할 수 있는 일, 발생할 수 있는 이벤트	- 프로세스(DFD) - 프로세스 단계(스윔레인 다이어그램) - 유스케이스(유스케이스 다이어그램) - 관계(ERD) - 전이(STD) - 활동(활동 다이어그램) - 이벤트(이벤트 반응표)
조건문	만약/그렇다면(if/then)과 같은 조건부 논리문	- 의사결정(의사결정 트리, 의사결정 일람표, 활동 다이어그램) - 분기(스윔레인 다이어그램, 활동 다이어그램)

예를 들어, 화학약품 관리 시스템을 만든다고 할 때 다음 단락에 나오는 화학자의 사용자 클래스를 대표하는 사람인 제품 챔피언이 제공하는 사용자 니즈를 고려하자. 중요한 고유 명사는 굵은 글씨로 강조돼 있으며, 동사는 *이탤릭체*, 조건문은 ***굵은 이탤릭체***로 표시돼 있다. 이러한 키워드를 이번 장 후반부의 분석 모델에서 찾아보자. 더 나은 묘사를 위해 다음 단락이 포함하는 것보다 더 많은 정보를 보여주는 모델도 있지만 여기에 나타난 정보의 일부만 보여주는 모델도 있다.

> **화학약품 창고 직원**인 **화학자**나 **구성원**이 ***요청자의 권한을 갖고 있는 경우*** 하나 이상의 **화학약품**을 *요청*할 수 있다. 요청은 화학약품 창고의 **재고**로 남아있는 **화학 용기**를 *전달*하거나, 외부 **판매업체**에 새로운 용기를 *주문*함으로써 *이뤄질* 수 있다. ***위험 화학약품의 경우*** 화학약품은 *훈련된 사용자에게만* 전달될 수 있다. 요청하는 **사람**은 요청을 *준비*하며, 온라인 **판매업체 카탈로그**로 특정 화학약품을 *검색*해야 한다. 시스템은 모든 화학약품 요청 **상태**를 준비 시점부터 요청이 완료되거나 *취소*될 때까지 추적해야 한다. 또한 **회사**가 화학 용기를 수령한 후 전량 *사용*되거나 *폐기*될 때까지 모든 화학 용기 요청 **이력**을 추적해야 한다.

> **함정** 고객이 이미 비즈니스 모델을 읽는 방법을 알고 있다고 가정하거나 이해할 수 없을 거라 판단하지 말자. 제품 챔피언에게 핵심을 포함해서 각 모델의 목적이나 표기법을 설명하자. 각 다이어그램을 검토하는 방법을 학습하는 데 유용한 샘플 모델을 살펴보자.

올바른 표현 기법 선택하기

팀이 전체 시스템의 완벽한 분석 모델을 만들어야 하는 상황은 거의 없다. 시스템에서 가장 복잡하고 위험이 큰 부분과 모호함이나 불확실성에 대해 가장 많이 논의되고 있는 부분을 모델링하는 데 집중하자. 필수 안전(safety-critical), 필수 보안(security-critical), 필수(mission-critical) 시스템 요소는 결함으로 인한 영향이 너무 크기 때문에 모델링하기에 좋은 대상이다. 또한 모든 모델이 완전하다는 것을 보장하는 데 도움되는 모델을 선택하자. 예를 들면, DFD의 데이터 객체를 조사하다 보면 ERD상에 누락된 개체를 발견할 수도 있다. DFD의 모든 프로세스를 고려함으로써 스윔레인 다이어그램을 만드는 것이 유용하리라는 것을 발견할 수도 있다. 이번 장의 나머지 부분에서는 이 같은 식으로 서로를 잘 보완하는 모델에 대해 제안한다.

칼 위거스가 작업한 표 12-2에서는 보고, 분석하고, 찾고자 하는 정보의 유형에 따라 사용할 수 있는 표현 기법을 제안한다(Wiegers 2006). 조이 비티와 앤서니 첸(Joy Beatty and Anthony Chen 2012)은 프로젝트 단계나 프로젝트의 특징, 모델의 대상 독자에 따라 만들어야 하는 요구사항 모델에 대한 추가 사항을 제공한다. 이번 장의 나머지 부분에서는 표 12-2의 모델 중 가장 일반적으로 사용되지만 이 책의 다른 부분에서는 다루지 않는 일부 모델에 대해 설명한다.

표 12-2 가장 적절한 표현 기법 선택하기

묘사되는 정보	표현 기법
시스템 외부 인터페이스	▪ 컨텍스트 다이어그램과 유스케이스 다이어그램은 시스템 외부와 연결되는 객체를 식별한다. 컨텍스트 다이어그램과 데이터 흐름 다이어그램은 시스템의 입출력을 고수준으로 추상화해서 도식화한다. 생태계 맵은 상호작용할 수 있는 시스템을 식별하며, 직접 연결되지 않는 시스템의 일부도 포함한다. 스윔레인 다이어그램은 시스템 간의 상호작용 과정에서 발생하는 것들을 보여준다. ▪ 외부 인터페이스의 세부 사항은 입출력 파일 포맷이나 보고서 형식으로 기록될 수 있다. 소프트웨어와 하드웨어 구성 요소를 모두 포함하는 제품은 데이터 속성을 정의하는 인터페이스 명세를 갖기도 하는데, 애플리케이션 프로그래밍 인터페이스나 하드웨어 장비를 위한 특정 입출력 신호와 같은 형식일 것이다.
비즈니스 프로세스 흐름	▪ 최상위 데이터 흐름 다이어그램은 비즈니스 프로세스가 고수준의 추상화를 통해 데이터를 다루는 방법을 표현한다. 스윔레인 다이어그램은 비즈니스 프로세스 흐름 내 여러 단계를 수행하는 데 참여하는 역할을 보여준다. ▪ 정제된 데이터 흐름 다이어그램 또는 스윔레인 다이어그램은 비즈니스 프로세스 흐름을 상당히 자세하게 표현할 수 있다. 마찬가지로 순서도나 활동 다이어그램은 일반적으로는 프로세스의 세부사항을 정의하는 데 사용되지만 고수준이나 저수준 추상화 모두에서 사용될 수 있다.
데이터 정의와 데이터 객체 관계	▪ 개체 관계 다이어그램은 데이터 객체(개체) 간의 논리적인 관계를 보여준다. 클래스 다이어그램은 객체 클래스와 이와 관련된 데이터 사이의 논리적인 연결 관계를 보여준다. ▪ 데이터 사전은 데이터 구조와 각 데이터 항목에 대한 상세 정의를 포함한다. 복잡한 데이터 객체는 점진적으로 이를 구성하는 하위 데이터 요소로 분해된다.

묘사되는 정보	표현 기법
시스템 및 객체 상태	■ 상태 전이 다이어그램과 상태표는 시스템이나 객체의 가능한 상태와 특정 상황에서 발생할 수 있는 이러한 상태 간의 변화에 대한 고수준의 추상화 뷰를 표현한다. 이러한 모델은 여러 개의 유스케이스가 특정 객체를 조작(및 상태 변경)하는 경우 유용하다. ■ 어떤 분석가는 제품 범위의 경계를 정의하는 데 도움이 되는 외부 이벤트를 식별하기 위해 범위 지정 도구로서 이벤트 반응표(event-response table)를 만들기도 한다. 시스템이 외부 이벤트와 시스템 상태의 각 조합에 따라 어떻게 반응하는지 자세히 정리하는 이벤트 반응표를 이용해 각 기능적 요구사항을 구체화할 수도 있다. ■ 기능적 요구사항은 사용자와 시스템 행동이 어떤 상태 변화를 야기하는지에 대한 세부사항을 제공한다.
복잡한 논리	■ 의사결정 트리는 관련 의사결정이나 조건으로부터 가능한 결과를 보여준다. 의사결정 일람표는 일련의 의사결정 혹은 조건에 대한 참/거짓 결과의 다양한 조합과 관련된 고유한 기능적 요구사항을 식별한다.
사용자 인터페이스	■ 대화상자 맵은 다양한 화면 요소와 각 요소 간의 가능한 내비게이션 경로를 보여주는 인터페이스 혹은 실제 사용자 인터페이스의 고수준 뷰를 제공한다. ■ 스토리보드와 충실도가 낮은(low-fidelity) 프로토타입은 정확한 내용을 묘사하지 않고 각 화면이 무엇을 포함해야 하는지를 보여줌으로써 대화상자 맵을 구체화한다. 화면-행동-응답 모델은 각 화면의 출력 및 행동 요구사항을 설명한다. ■ 구체적인 화면 레이아웃과 충실도가 높은(high-fidelity) 프로토타입은 화면이 보여줘야 하는 모습이 무엇인지를 나타낸다. 데이터 필드 정의와 사용자 인터페이스 제어 설명은 추가적인 세부사항을 제공한다.
사용자 작업 설명	■ 사용자 스토리와 시나리오, 유스케이스 명세는 다양한 수준의 사용자 작업을 설명한다. ■ 스윔레인 다이어그램은 비즈니스 프로세스나 여러 행위자와 시스템 간의 상호작용을 도식화한다. 순서도와 활동 다이어그램은 유스케이스 대화상자와 분기 흐름을 대안 흐름과 예외로 좀 더 시각적으로 묘사한다. ■ 기능적 요구사항은 가치 있는 결과를 달성하기 위해 시스템과 사용자가 상호작용하는 방법에 대한 세부 설명을 제공한다. 테스트 케이스는 특정 입력 조건, 시스템 상태, 특정 행동하에서 예상되는 시스템 행동에 대해 선택 가능한 저수준의 추상화 뷰를 제공한다.
비기능적 요구사항(품질 속성, 제약조건)	■ 품질 속성과 제약조건은 일반적으로 자연어 문자 형식으로 작성되지만 정확성과 완전성이 부족할 때도 있다. 14장 "기능, 그 이상을 향해"에서는 비기능적 요구사항을 정확히 명세화할 수 있는 확실한 방법인 Planguage에 대해 설명한다(Gilb 2005).

데이터 흐름 다이어그램

데이터 흐름 다이어그램은 구조 분석을 위한 기본적인 도구다(DeMarco 1979; Robertson and Robertson 1994). DFD는 시스템의 변환 프로세스, 시스템이 다루는 데이터나 물리적인 자료 모음(저장소), 프로세스나 저장소, 외부 세상 간의 데이터나 자료의 흐름 등을 식별한다. 데이터 흐름 모델링은 시스템 분석을 위해 복잡한 문제를 지속적으로 세부 수준으로 분해하는 기능 분해 접근법을 사용한다. 이는 트랜잭션 처리 시스템이나 기타 기능 위주의 애플리케이션에 적합하다. DFD 기법은 제어 흐름 요소를 추가하면서 실시간 시스템의 모델링이 가능하도록 확장돼 왔다(Hatley, Hruschka, and Pirbhai 2000).

DFD는 시스템에서 데이터가 이동하는 방법에 대해 다른 모델에서는 잘 보이지 않는 큰 그림의 뷰를 제공한다. 다양한 사람이나 시스템이 데이터를 사용하거나 조작, 생성하는 프로세스를 실행하기 때문에 단일 유스케이스나 스윔레인 다이어그램은 데이터 조각의 전체 수명 주기를 표시할 수 없다. 또한 프로세스에 의해 여러 데이터 조각이 서로 협력하고 변환될 수 있을 것이다(예를 들어, 장바구니의 콘텐츠와 배송 정보, 결제 정보 모두 주문 객체로 변환된다). 다시 말하지만, 이는 다른 모델에서는 보여주기 어렵다. 하지만 DFD가 단독 모델링 기법으로서 충분한 것은 아니다. 데이터가 어떻게 변환되는지에 대한 세부 사항은 유스케이스나 스윔레인 다이어그램을 사용하는 프로세스의 각 단계에 더 잘 표시된다.

비티와 첸은 요구사항 분석을 위해 DFD를 만들고 사용하는 데 유용한 팁을 제안한다(Beatty and Chen 2012). DFD는 사용자의 비즈니스 활동에 대해 논의하는 동안 화이트보드에 낙서하듯 쓰기 쉽기 때문에 고객 인터뷰에서 종종 사용된다. DFD는 누락된 데이터 요구사항을 식별하기 위한 기법으로서 사용될 수도 있다. 프로세스나 데이터 저장소, 외부 개체 사이를 지나가는 데이터는 ERD로 모델링되고 데이터 사전에서 설명될 수 있다. 또한 DFD는 화학약품 요청하기와 같이 사용자가 특정 작업을 수행하는 방법에 따라 기능적 요구사항에 컨텍스트를 제공한다.

데이터 흐름 다이어그램은 넓은 범위의 추상화에 걸쳐 시스템을 표현할 수 있다. 고수준 DFD는 정확도나 기능적 요구사항에 기술된 세부사항을 보완하는 데이터와 다중 단계 활동의 처리 구성 요소에 대한 전체적인 조감도를 제공한다. 5장의 그림 5-6에 있는 컨텍스트 다이어그램은 최상위 수준의 DFD 추상화를 표현한다. 컨텍스트 다이어그램은 전체 시스템을 원(버블)으로 묘사한 단일 블랙박스 프로세스로 표현한다. 또한 시스템에 연결되는 외부 개체나 종단, 시스템과 외부 개체 간의 데이터나 자료 흐름 등을 보여주기도 한다. 컨텍스트 다이어그램의 흐름은 데이터 사전에 정의된 복잡한 데이터 구조를 나타내기도 한다.

컨텍스트 다이어그램을 시스템을 주요 프로세스로 분할하는 레벨 0 DFD(데이터 흐름 모델의 최상위 수준)로 자세히 기술할 수도 있다. 그림 12-1은 화학약품 관리 시스템의 레벨 0 DFD를 보여준다. 이 모델은 요든-드마르코(Yourdon-DeMarco)의 DFD 표기법을 사용한다. 이와 조금 다른 기호를 사용하는 표기법도 있다.

컨텍스트 다이어그램에서 완전한 화학약품 관리 시스템을 나타내던 하나의 원은 여섯 개의 주요 프로세스(프로세스 버블)로 나뉜다. 컨텍스트 다이어그램과 마찬가지로 외부 개체는 직사각형으로 표현된다. 컨텍스트 다이어그램에서 시작하는 모든 데이터 흐름(화살표)은 레벨 0 DFD에도 나타난다. 또한 레벨 0 다이어그램은 다수의 데이터 저장소를 포함하고 있으며, 나란히 그어진 수평선의 쌍으로 표현된다. 이 저장소들은 시스템 내부에서만 쓰이므로 컨텍스트 다이어그램에는 나타나지 않는다. 버블에서 저장소를 향하는 흐름은 데이터가 저장소에 보관됨을 말하며, 저장소 바깥을 향하는 흐름은 읽기 작업을 말하고, 저장소와 버블 사이의 양방향 화살표는 갱신 작업을 나타낸다.

레벨 0 다이어그램에서 각 버블로 나타나는 프로세스는 기능을 좀 더 자세히 표현하기 위해 나중에 별도의 DFD로 확장될 수도 있다. BA는 최하위 수준의 다이어그램이 원초적인 프로세스 동작만 포함해서 서술적인 문장이나 의사코드, 스윔레인 다이어그램, 활동 다이어그램으로 명확히 표현될 수 있을 때까지 이러한 점진적인 정제 과정을 계속한다. 기능적 요구사항은 각 원초적인 프로세스 안에서 어떤 일이 발생하는지 정확하게 정의한다. DFD의 각 레벨은 하위 다이어그램의 모든 입출력 흐름이 상위 다이어그램의 흐름과 일치하도록 상위 레벨과 균형이 맞고 일관성을 지녀야 한다. 고수준 다이어그램의 복잡한 데이터 구조는 데이터 사전에 정의된 바와 같이 낮은 수준의 DFD에서 각 구성 요소로 분리될 수도 있다.

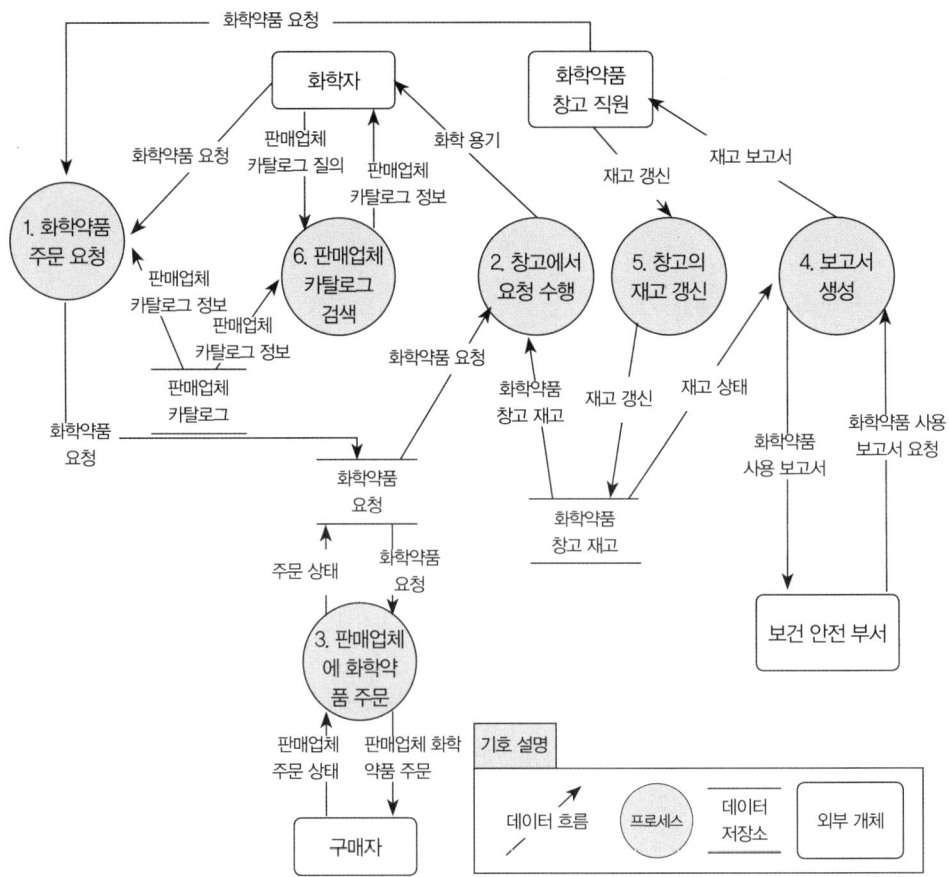

그림 12-1 화학약품 관리 시스템에 대한 레벨 0 데이터 흐름 다이어그램의 일부

그림 12-1은 언뜻 보면 복잡해 보인다. 그러나 어떤 하나의 프로세스에 대한 주변 환경을 조사하는 경우 프로세스가 소비하거나 생산하는 데이터 항목, 그리고 이것들의 진원지나 목적지를 확인할 수 있을 것이다. 프로세스가 데이터 항목을 사용하는 방법을 정확히 확인하려면 좀 더 자세한 하위 DFD를 그리거나 해당 시스템 일부의 기능적 요구사항을 참조해야 할 것이다.

다음은 데이터 흐름 다이어그램을 그리는 데 필요한 몇 가지 규칙이다. 모두가 동일한 규칙을 준수하지는 않지만(예를 들어, 일부 BA는 컨텍스트 다이어그램의 외부 개체만 표시함) 도움이 되는 부분을 찾을 수 있을 것이다. 프로젝트 참가자들의 의사소통을 향상시키기 위해 모델을 사용하는 것은 이러한 원칙을 무조건 따르는 것보다도 더 중요하다.

- 프로세스는 프로세스 간에 직접적인 흐름이 존재하지 않고, 데이터 저장소를 통해 통신한다. 마찬가지로 데이터는 저장소 간에 혹은 외부 개체와 데이터 저장소 간에 직접 흐르지 않으며 프로세스 버블을 통과해야 한다.

- DFD에 처리 순서를 포함하려 하지 말자.
- 각 프로세스의 이름을 목적어 + 동사 형태로 동작에 대해 간략히 설명할 수 있도록 지정하자(예: 보고서 생성). 고객에게 의미 있으면서 비즈니스나 문제 도메인에 타당한 이름을 사용하자.
- 프로세스에 고유하고 계층적인 번호를 붙이자. 레벨 0 다이어그램에서 각 프로세스에 정수로 된 번호를 붙이자. 만약 프로세스 3에 대한 하위 DFD를 만든다면 하위 다이어그램에 3.1, 3.2와 같이 번호를 붙이자.
- 그리기 어렵거나 변경하거나 이해하기 어려울 수 있으므로 하나의 다이어그램에 8~10개 이상의 프로세스를 표시하지 말자. 더 많은 프로세스가 있는 경우 관련 프로세스를 더 높은 수준의 프로세스로 묶은 또 다른 추상화 계층을 도입하자.
- 들어오기만 하거나 나가기만 하는 흐름에 대한 버블은 의심해야 한다. DFD 버블을 표현하는 처리는 일반적으로 입력과 출력 흐름을 필요로 한다.

고객 대표가 DFD를 검토할 때는 모든 알려진, 관련 데이터 조작 프로세스가 표현됐는지, 프로세스에 누락되거나 불필요한 입출력은 없는지 확인해야 한다. DFD 검토를 통해 기존에 인지하지 못했던 사용자 클래스나 비즈니스 프로세스, 기타 다른 시스템과의 연결 관계를 발견할 수도 있다.

소프트웨어보다는 문제 모델링하기

나는 비즈니스 프로세스의 리엔지니어링을 진행하던 팀의 IT 담당자로 재직했던 적이 있다. 우리의 목표는 신규 화학약품을 현장에서 사용하기까지 걸리는 시간을 10포인트까지 감소시키는 것이었다. 리엔지니어링 팀은 다음과 같은 화학약품 상용화에 필요한 다양한 기능의 대표들을 팀에 포함시켰다.

- 처음으로 신규 화학약품을 만드는 합성 화학자(실제 사람이며 합성 화학자이기도 함)
- 화학약품의 대규모 일괄 처리 프로세스를 개발하는 스케일 업(scale-up) 화학자
- 화학약품의 순도 분석 기법을 고안하는 분석 화학자
- 특허 보호에 전념하는 특허 변호사
- 정부로부터 소비자 제품에 대한 화학약품 사용 승인을 얻는 보건 안전 담당자

우리는 화학약품 상용화 활동을 급속도로 가속화할 수 있을 거라 믿는 신규 프로세스를 만들기 위해 함께 일했으며, 이를 스웜레인 다이어그램으로 모델링했다. 그런 다음 리엔지니어링 팀에서 각 프로세스 단계를 담당하는 사람을 인터뷰했다. 나는 각 소유자에게 다음과 같은 두 가지 질문을 했다.

- 이 단계를 수행하려면 어떤 정보가 필요하죠?
- 이 단계에서 생성하는 정보 중 우리가 보관해야 하는 게 있을까요?

전체 단계의 프로세스에 대한 응답을 정리하면서 누구도 사용할 수 없는 데이터를 필요로 하는 단계를 발견했다. 어떤 단계는 아무도 필요하지 않은 데이터를 생산하기도 했다. 결국 우리는 이 같은 모든 문제를 해결했다.

> 다음으로는 신규 화학약품 상용화 프로세스를 표현하기 위한 데이터 흐름 다이어그램과 데이터의 관계를 모델링하기 위한 개체 관계 다이어그램(13장)을 그렸다. 데이터 사전(13장)에는 우리가 사용하는 모든 데이터 항목을 정의했다. 이 분석 모델은 팀 구성원이 신규 프로세스에 대한 공통의 이해에 도달하는 데 도움이 되는 유용한 의사소통 도구로서 제공된다. 또한 모델은 프로세스 일부를 지원하는 소프트웨어 애플리케이션의 요구사항의 범위를 정하고 명세화를 시작하는 데 중요한 출발점이다.

스윔레인 다이어그램

스윔레인 다이어그램은 비즈니스 프로세스나 제안된 소프트웨어 시스템 운영에 필요한 각 단계를 표현하는 방법을 제공한다. 이는 순서도의 변종으로서, 레인이라고 하는 시각적인 하위 구성 요소로 세분화해서 표현한다. 레인은 프로세스의 각 단계를 수행하는 서로 다른 시스템이나 행위자를 표현할 수 있다. 스윔레인 다이어그램은 일반적으로 비즈니스 프로세스나 워크플로우, 시스템과 사용자의 상호작용 등을 보여주는 데 사용된다. 이는 UML 활동 다이어그램과 유사하다. 스윔레인 다이어그램은 종종 교차 기능 다이어그램이라 불리기도 한다.

스윔레인 다이어그램은 DFD의 프로세스 버블 안에서 일어나는 일을 보여줄 수도 있다. 사용자가 특정 작업을 수행할 수 있게 하는 기능적 요구사항을 묶는 데도 도움이 된다. 또한 각 프로세스 단계를 지원하는 요구사항을 식별하기 위해 상세한 분석을 수행하는 데 사용될 수도 있다(Beatty and Chen 2012).

스윔레인 다이어그램은 표기법이 간단하고 보편적으로 사용되기 때문에 이해관계자가 이해하기에 가장 쉬운 모델 중 하나다. 24장 "비즈니스 프로세스 자동화 프로젝트"에서 이야기하는 바와 같이 비즈니스 프로세스를 스윔레인 다이어그램으로 만드는 것은 요구사항 도출을 위한 대화의 좋은 출발점이다. 스윔레인 다이어그램은 추가적인 도형을 포함할 수도 있지만 가장 일반적으로 사용되는 요소는 다음과 같다.

- 프로세스 단계: 직사각형으로 표시됨
- 프로세스 단계 간의 전이: 두 개의 직사각형을 연결하는 화살표로 표시
- 의사결정: 다이아몬드로 표시되며 각 다이아몬드에서 분기되는 여러 개의 가지를 포함하고, 의사 선택은 다이아몬드에서 출발하는 화살표에 텍스트 라벨로 표시
- 프로세스를 세분화하는 스윔레인: 페이지에서 수직 혹은 평행선으로 표시. 레인은 가장 일반적인 규칙, 부서, 시스템 등을 말함. 각 레인의 단계를 실행하는 사람이나 사물을 표시.

그림 12-2는 CTS의 스윔레인 다이어그램의 일부다. 이 예제의 스윔레인은 역할이나 부서를 나타내며 판매업체로부터 화학약품을 주문하기 위해 비즈니스 프로세스의 각 단계를 어떤 그룹이 수행하는지 보여준다. 기능적 요구사항을 식별하기 위해 첫 번째 박스인 "화학약품 요청 생성하기"로부터 이 단계를 위해 시스템이 꼭 제공해야 하는 기능이나 "화약약품 요청"을 위한 데이터 요구사항이 무엇인지 생각해 보자. "송장 수신 및 승인" 다음 단계에서 팀이 송장 처리에 대한 요구사항을 식별할 수 있을 것이다. 송장을 어떻게 받을 것인가? 어떤 형식인가? 송장 처리는 수동인가? 아니면 시스템이 일부 혹은 전체를 자동으로 처리하는가? 송장 정보를 다른 시스템에 전달해야 하는가?

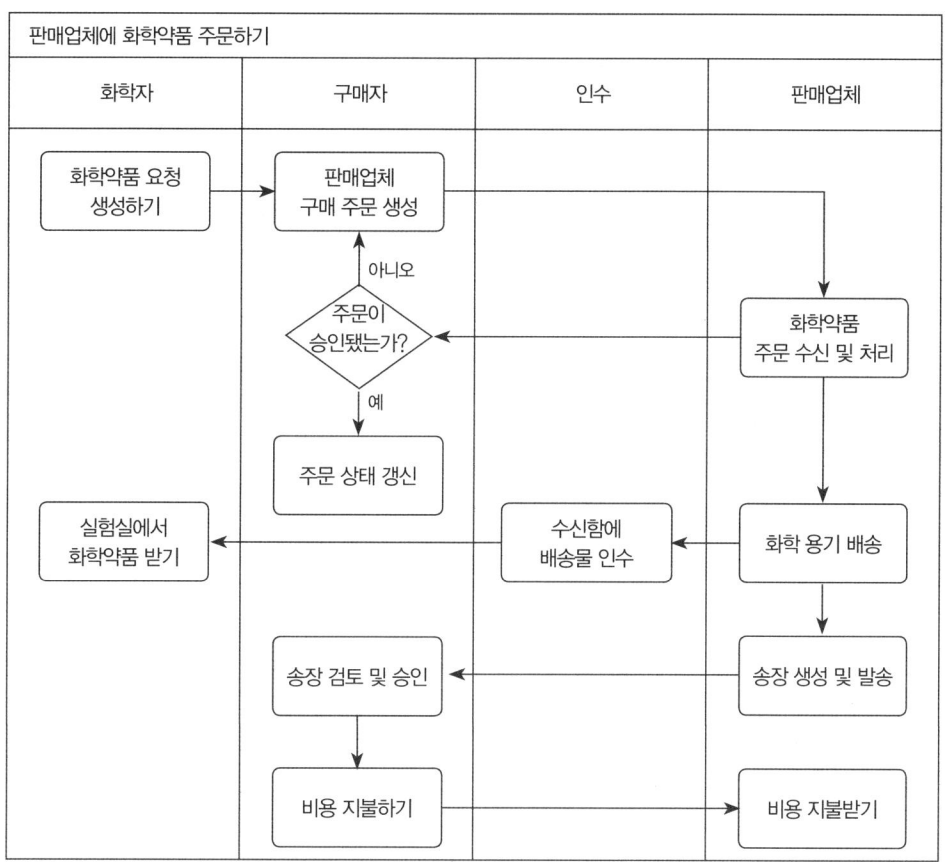

그림 12-2 화학약품 관리 시스템 프로세스의 스윔레인 다이어그램

전체 비즈니스 프로세스는 소프트웨어 시스템의 범위 내에서 완전히 적합하지 않을 수도 있다. 인수 부서는 화학약품 관리 시스템과 직접적으로 교류하지 않기 때문에 스윔레인 다이어그램에서 인수 부서가 프로세스의 일부임에도 컨텍스트 다이어그램이나 DFD에서는 찾을 수 없다는 점에 유의하

자. 앞서 5장에서 보여준 그림 5-7의 생태계 맵을 검토한 결과, 팀은 비즈니스 프로세스에 인수가 존재한다는 것을 깨달았다. 또한 팀은 이들 모델이 동일한 데이터를 소비하고 생산하는지 확인하기 위해 DFD(그림 12-1의 프로세스 3)의 프로세스 버블로부터 발생하는 입출력 데이터를 검토하고, 발견된 모든 오류를 수정했다. 이는 개발하는 시스템에 대한 좀 더 풍부한 이해를 얻기 위해 각기 다른 프로세스를 이용해 여러 가지 방식으로 표현하는 모델링의 힘을 보여준다.

상태 전이 다이어그램과 상태표

소프트웨어 시스템에는 기능적인 동작, 데이터 조작, 상태 변화 조합 등이 수반된다. 실시간 시스템과 프로세스 제어 애플리케이션에는 특정 시간 동안 제한된 횟수의 상태가 존재할 수 있다. 상태 변화는 특정 조건하에서 어떤 입력 자극을 수신하는 등 잘 정의된 기준을 만족했을 때만 일어날 수 있다. 자동차 센서, 회전 보호 차선, 보행자 횡단보도 버튼 및 신호 등을 포함하는 고속도로 교차로를 예로 들 수 있다. 대부분의 정보 시스템은 연속된 상태나 상황을 포함하는 생명주기와 함께 비즈니스 목표를 다루는데, 판매 주문이나 송장, 재고 항목 등이 이에 속한다.

복잡한 상태 변화를 자연어로 기술하다 보면 허용하는 상태 변화를 간과하거나 허용되지 않은 변화를 포함하게 될 가능성이 높다. SRS의 구성 방법에 따라 상태 주도 행동과 관련이 있는 요구사항이 SRS 전체에 흩어져 있을 수 있다. 이 때문에 전반적인 시스템의 동작 방식을 이해하기 어려울 수 있다.

상태 전이 다이어그램과 상태표는 객체나 시스템의 상태에 대해 간결하고 완전하며 모호하지 않게 표현하는 두 개의 상태 모델이다. 상태 전이 다이어그램(STD; State-transition Diagram)은 상태 간의 가능한 전이를 시각적으로 보여준다. 이와 관련된 기술로서 풍부한 표기법을 제공하며 객체가 생존하는 동안 거치는 상태를 모델링할 수 있는 통합 모델링 언어(UML; Unified Modeling Language)에 포함된 상태 기계 다이어그램(state machine diagram)이 있다(Ambler 2005). STD는 세 가지 유형의 요소를 포함한다.

- 가능한 시스템 상태: 직사각형으로 표시됨. 어떤 표기법은 상태를 표현하기 위해 원을 사용하기도 한다(Beatty and Chen 2012). 원이나 직사각형 중 어떤 것을 사용해도 문제는 없지만 일관성 있게 사용하자.
- 허용된 상태 변화나 전이: 두 개의 직사각형을 연결하는 화살표로 표시됨
- 각 전이를 발생시키는 이벤트나 조건: 각 전이 화살표에 텍스트 라벨로 표시. 라벨은 이벤트와 이에 상응하는 시스템 반응을 모두 식별할 수도 있다.

정의된 생명 주기를 거치는 객체에 대한 STD는 객체가 가질 수 있는 최종 상태값을 표현하는 하나 이상의 종료 상태를 가질 것이다. 종료 상태에는 들어오는 전이 화살표는 있지만 나가는 화살표는 없다. 고객은 박스와 화살표 등 간단한 표기법에 대한 약간의 훈련을 통해 STD를 읽는 법을 배울 수 있다.

8장에서 봤듯이 화학약품 관리 시스템의 주요 기능이 요청자라 불리는 행위자가 화학약품을 요청하고 화학약품 창고의 재고나 외부 판매업체에 주문을 통해 이를 달성하게 하는 것임을 떠올려 보자. 각 요청은 요청이 생성되고 나서 달성되거나 취소(두 개의 종료 상태)될 때까지의 연속된 상태를 거칠 것이다. 따라서 STD는 그림 12-3과 같이 화학약품 요청의 생명주기를 모델링한다.

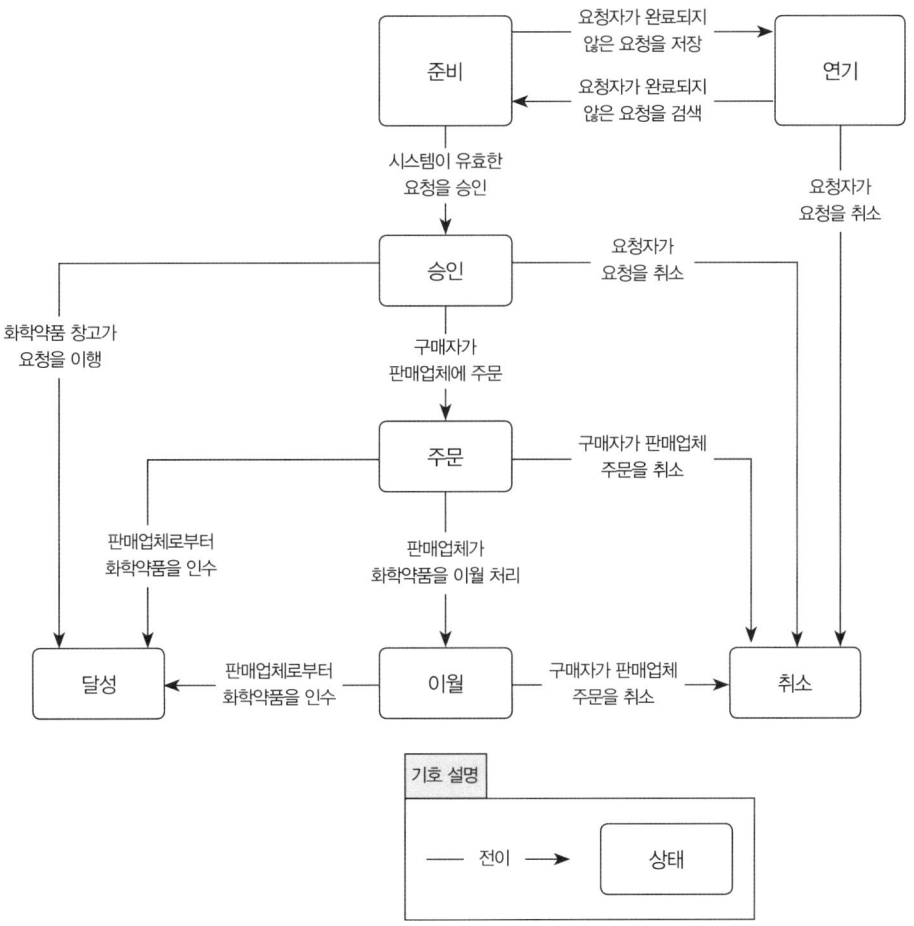

그림 12-3 화학약품 관리 시스템 중 화학약품 요청에 대한 상태 전이도

이 STD는 개별 요청이 다음과 같은 7가지 상태 중 하나일 수 있음을 보여준다.

- **준비**: 요청자는 시스템의 다른 부분에서 제공하는 기능을 수행할 신규 요청을 만든다.
- **연기**: 요청자는 추후 완료를 위해 시스템에게 요청을 제출하거나 요청 작업을 취소하지 않고 일부 요청을 저장한다.
- **승인**: 요청자는 완성된 화학약품 요청을 제출하고, 시스템은 이를 처리하기 위해 승인한다.
- **주문**: 외부 판매업체에 의해 요청이 충족되어 구매자가 판매업체에 주문한다.
- **달성**: 화학 용기가 화학약품 창고에서 요청자에게 배송되거나 판매업체가 제공한 화학약품의 영수증을 받아 요청이 충족된다.
- **이월**: 판매업체가 제공할 수 있는 화학약품이 없어 구매자가 추후 배송받을 수 있도록 통보했다.
- **취소**: 요청자가 요청이 달성되기 전에 승인된 요청을 취소하거나, 구매자가 요청이 달성되기 전이나 이월되는 동안 판매업체의 주문을 취소했다.

화학약품 관리 시스템의 사용자 대표는 화학약품 요청에 대한 초기 STD를 검토하면서 필요 없는 상태 하나와 누락된 필수 상태 두 개, 잘못된 전이 두 개를 찾았다. 해당 기능적 요구사항을 검토하면서 아무도 이 오류를 발견하지 못했었다. 이를 통해 한 단계 이상의 추상화를 거쳐 요구사항 정보를 표현하는 것이 얼마나 중요한지 알 수 있다. 구체적인 수준에서 한 발 물러나 분석 모델이 제공하는 큰 그림을 보면 문제를 발견하기 쉽다. 그럼에도 STD는 개발자가 소프트웨어를 개발하며 알아야 할 정도로 충분히 세부 사항을 제공하지는 않는다. 따라서 화학약품 관리 시스템의 SRS는 화학약품 요청과 이들의 가능한 상태 변화 처리와 관련된 기능적 요구사항을 포함했다.

상태표는 상태 간의 가능한 모든 전이를 매트릭스 형태로 보여준다. 비즈니스 분석가는 매트릭스의 모든 셀을 분석해서 모든 전이가 식별됐다는 것을 확인하기 위해 상태표를 사용할 수 있다. 모든 상태는 첫 번째 열에 작성되며, 표의 첫 번째 행에서부터 반복된다. 각 셀은 좌측의 상태로부터 상단의 상태로 전이되는 것이 타당한지 여부를 나타내며, 상태 간의 전이 이벤트를 식별한다. 그림 12-4는 그림 12-3의 상태 전이 다이어그램과 일치하는 상태표를 나타낸다. 이러한 두 다이어그램은 동일한 정보를 보여주지만 표 형식은 어떠한 전이도 놓치지 않도록 도와주며, 다이어그램 형식은 이해 관계자가 가능한 전이의 흐름을 시각화할 수 있게 돕는다. 두 모델을 모두 만들 필요는 없다. 하지만 이미 하나를 만든 경우, 두 개의 관점으로부터 상태 변화를 분석하고자 한다면 다른 하나 역시 쉽게 만들 수 있다. 그림 12-4에서 모두 "아니오"라는 값을 갖는 두 열은 모두 화학약품 요청이 달성되거나 취소된 상태로서 더 이상 전이할 수 없는 종료 상태다.

상태 전이 다이어그램과 상태표는 하나의 상태에서 다른 상태로의 전이를 수행해야 하는 여러 유스 케이스나 사용자 스토리에 걸친 고수준 관점을 제공한다. 상태 모델은 시스템이 수행하는 구체적인 처리 과정을 보여주지는 않으며, 처리 결과를 통한 가능한 상태 변화만을 보여준다. 이를 통해 개발자가 시스템의 의도된 행동을 이해하는 데 도움을 준다. 테스터가 모든 허용된 전이 경로를 다루는 STD로부터 테스트를 도출할 수 있기 때문에 모델은 초기 테스트를 용이하게 하기도 한다. 이러한 두 모델은 모든 필요한 상태와 전이가 기능적 요구사항에 기술된 대로 올바르고 완벽하도록 보장하는 데 유용하다.

	준비	연기	승인	주문	이월	달성	취소
준비	아니오	사용자가 완료되지 않은 요청을 저장	시스템이 유효한 요청을 승인	아니오	아니오	아니오	아니오
연기	사용자가 완료되지 않은 요청을 조회	아니오	아니오	아니오	아니오	아니오	아니오
승인	아니오	아니오	아니오	구매자가 판매업체에 주문	아니오	화학약품 창고가 요청을 이행	요청자가 요청을 취소
주문	아니오	아니오	아니오	아니오	판매업체가 화학약품을 이월 처리	판매업체로부터 화학약품을 인수	구매자가 판매업체 주문을 취소
이월	아니오	아니오	아니오	아니오	아니오	판매업체로부터 화학약품을 인수	구매자가 판매업체 주문을 취소
달성	아니오	아니오	아니오	아니오	아니오	아니오	아니오
취소	아니오	아니오	아니오	아니오	아니오	아니오	아니오

그림 12-4 화학약품 관리 시스템의 화학약품 요청에 대한 상태표

대화상자 맵

대화상자 맵은 높은 수준의 추상화를 통해 사용자 인터페이스 디자인을 표현한다. 맵은 시스템의 대화상자 요소와 이들 간의 내비게이션 링크를 보여주지만 구체적인 화면 디자인은 보여주지 않는다. 사용자 인터페이스는 연속된 상태 변화로 간주될 수 있다. 사용자 입력에 주어진 시간 동안 단 하나의 대화상자 요소(메뉴, 작업 공간, 대화상자, 명령줄, 터치스크린 화면 등)만 사용 가능하다. 사용자는 활성화된 입력 위치에서 수행한 행동에 따라 다른 대화상자 요소를 찾아갈 수 있다. 복잡한 시스템에서는 내비게이션 경로가 많을 수도 있지만 언젠가는 끝나며 일반적으로 선택권은 알려져 있다. 대화상자 맵은 단지 상태 전이 다이어그램의 형태로 모델링된 사용자 인터페이스일 뿐이다

(Wasserman 1985; Wiegers 1996). 래리 콘스탄틴과 루시 록우드는 내비게이션 맵이라고 하는 유사한 기법에 대해 설명했는데, 이는 서로 다른 유형의 상호작용 요소와 컨텍스트 전이를 표현하기 위해 좀 더 풍부한 표기법을 포함한다(Larry Constantine and Lucy Lockwood, 1999). 사용자 인터페이스 흐름은 대화상자 맵과 유사하지만 스윔레인 다이어그램 형태로 사용자 인터페이스 화면 간의 내비게이션 경로를 보여준다(Beatty and Chen 2012).

대화상자 맵은 요구사항의 이해에 따른 가상의 사용자 인터페이스 개념을 탐색할 수 있게 한다. 사용자와 개발자는 사용자가 작업을 수행하기 위해 시스템과 상호작용하는 방법에 대한 공통의 비전에 도달하기 위해 대화상자 맵을 연구할 수 있다. 대화상자 맵은 웹사이트의 시각적인 구조를 모델링하는 데도 유용하다. 웹사이트에 구축하는 내비게이션 링크는 대화상자 맵의 전이로 나타난다. 물론 사용자는 브라우저의 앞으로, 뒤로 버튼뿐 아니라 URL 입력 필드를 통한 추가적인 내비게이션 선택지를 갖기도 하지만 대화상자 맵은 이를 보여주지 않는다. 대화상자 맵은 각 화면의 목적에 대한 요약 설명을 포함하는 시스템 스토리보드와도 관련이 있다(Leffingwell and Widrig 2000).

대화상자 맵은 팀이 구체적인 화면 레이아웃의 수렁에 빠지지 않게 하고 사용자-시스템 간의 상호작용과 작업 흐름의 본질을 담아낸다. 사용자는 대화상자 맵을 통해 누락되거나 부정확한, 불필요한 내비게이션 및 이로 인해 누락되거나 부정확한, 불필요한 요구사항을 추적할 수 있다. 요구사항을 분석하는 중에 만들어진 추상적이고 개념적인 대화상자 맵은 사용자 인터페이스 디자인을 구체화하기 위한 지침을 제공한다.

일반적인 상태 전이 다이어그램과 마찬가지로 대화상자 맵은 각 대화상자 요소를 상태(직사각형)처럼 보여주고, 허용하는 내비게이션 선택을 전이(화살표)처럼 보여준다. 사용자 인터페이스 내비게이션을 촉발시키는 조건은 전이 화살표 위에 문자 라벨로 표시된다. 촉발 조건의 유형은 다음과 같은 여러 가지가 있다.

- 기능 키 누르기, 하이퍼링크 클릭하기, 터치스크린에 제스처 취하기 등의 사용자 행동
- 에러 메시지를 출력하게 하는 유효하지 않은 사용자 입력 값과 같은 데이터 값
- 프린터에 용지가 없음을 감지하는 등의 시스템 상태
- 메뉴에 해당하는 숫자를 입력하고 엔터 키를 누르는 등 여러 조건의 조합

대화상자 맵은 순서도와 조금 비슷해 보이지만 다른 목적을 갖고 있다. 순서도는 처리 단계와 의사 결정 시점을 명시적으로 보여주는 반면, 사용자 인터페이스 화면은 보여주지 않는다. 대화상자 맵은 이와 대조적으로 대화상자 요소를 연결하는 전이 선을 따라 발생하는 처리는 보여주지 않는다. 의사 결정(일반적으로 사용자가 선택하는)의 분기는 대화상자 맵에서 직사각형으로 표시되는 화면과, 화면을 출력한다거나, 전이에 명명돼 있는 등의 조건 뒤에 숨어있다.

대화상자 맵을 단순화하기 위해 각 대화상자 요소에서 도움말 화면을 호출하기 위해 F1 키를 누르는 등의 전역적인 기능은 생략한다. 사용자 인터페이스에 대한 SRS 절에서는 이 기능을 이용할 수 있다는 것을 명시해야 할 것이다. 하지만 너무 많은 도움말 화면을 대화상자에 추가하면 모델을 엉망으로 만드는 반면 얻을 수 있는 가치는 거의 없다. 웹 사이트 모델링과 마찬가지로 각 페이지에 표시될 표준 내비게이션 링크를 포함할 필요는 없다. 웹 브라우저의 뒤로가기 버튼이 내비게이션을 처리하므로 웹 페이지 내비게이션 순서에서 반대로 향하는 전이는 생략할 수 있다.

대화상자 맵은 유스케이스가 설명하는 행위자와 시스템 간의 상호작용을 표현하는 데 훌륭한 방법이다. 대화상자 맵은 정상 흐름에서 분기하는 대안 흐름을 묘사할 수 있다. 요구사항 도출 워크숍에서 작업 종료를 위한 행위자의 행동과 시스템 반응 순서를 찾을 때 화이트보드에 대화상자 맵의 일부를 그려보는 것이 유용하다는 사실을 발견했다. 이미 종료된 유스케이스 및 프로세스 흐름의 경우, 각 단계를 수행하는 데 필요한 모든 기능을 UI 내비게이션에서 모두 접근할 수 있는지 확인하기 위해 이를 대화상자 맵과 비교했다.

8장에서 "화학약품 요청하기"라고 하는 화학약품 관리 시스템의 유스케이스를 확인했다. 이 유스케이스의 정상 흐름은 화학약품 창고에 화학 용기를 요청하는 것을 포함한다. 대안 흐름은 판매업체에게 화학약품을 요청하는 것이다. 이를 요청하는 사용자는 선택을 결정하기 전에 가용한 창고의 화학 용기 기록을 볼 수 있는 옵션을 원했다. 그림 12-5는 매우 복잡한 유스케이스의 대화상자 맵을 보여준다. 이 대화상자 맵의 출발점은 "요청 진행 요구"라는 검은 원에서 출발하는 전이 선이다. 사용자는 선을 따라 다른 UI 영역에서 애플리케이션의 사용자 인터페이스 영역으로 진입할 것이다. UI의 다른 영역으로 되돌아가기 위한 대화상자 맵의 종료 지점은 큰 원 안에 검은 원으로 끝나는 전이 선으로서 "전체 요청 취소"나 "확인, 요청 기능 종료"다.

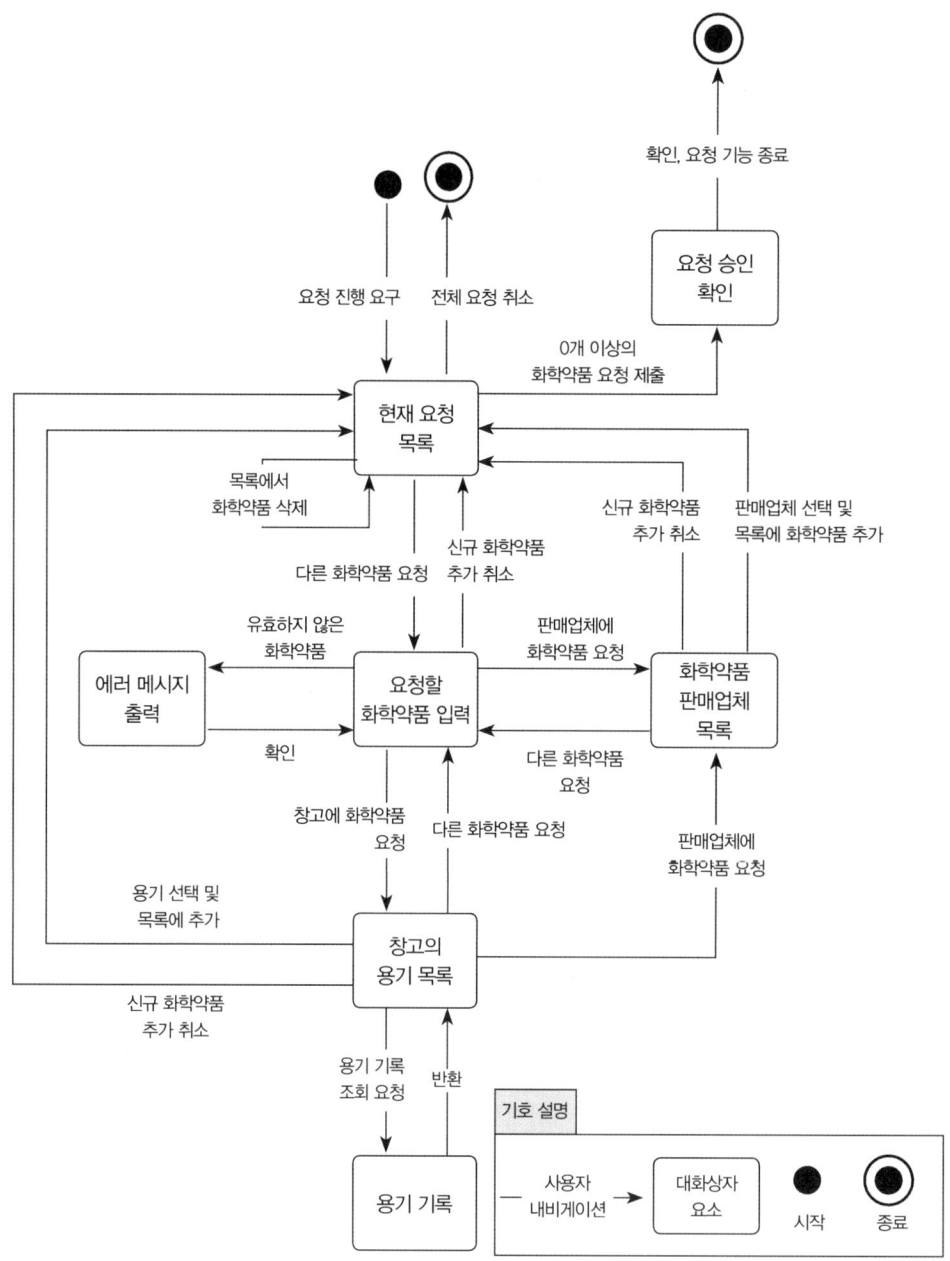

그림 12-5 화학약품 관리 시스템의 "화학약품 요청" 유스케이스에 대한 대화상자 맵

이 그림은 처음에는 복잡해 보일 수 있지만 한 번에 하나의 박스와 선만 따라간다면 이해하기 어렵지 않다. 사용자가 화학약품 관리 시스템의 메뉴 중 하나를 통해 화학약품 요청 진행을 요구함으로

써 이 유스케이스는 시작한다. 이 행동은 사용자를 대화상자 맵 왼쪽 위에 있는 화살표를 따라 "현재 요청 목록"이라고 하는 박스로 이동시킨다. 해당 박스는 사용자가 요청한 화학약품 목록과 함께 이 유스케이스에 대한 주요 작업공간을 나타낸다. 대화상자 맵의 박스에서 시작하는 화살표는 해당 컨텍스트에서 다음과 같은 사용자가 선택할 수 있는 모든 내비게이션 옵션 및 기능을 보여준다.

- 전체 요청 취소
- 목록에 최소 한 개 이상의 화학약품이 포함된 경우 화학약품 요청을 제출
- 요청 목록에 새로운 화학약품을 추가
- 목록에서 화학약품 삭제

마지막 동작인 화학약품 삭제는 다른 대화상자 요소와 연관돼 있지 않으며, 사용자가 변경을 가한 후 단순히 현재 요청 목록을 갱신하기만 한다.

이 대화상자 맵을 추적하다 보면 "화학약품 요청하기" 유스케이스의 나머지 부분을 반영하는 요소를 찾을 수 있을 것이다.

- 판매업체에게 화학약품을 요청하는 하나의 흐름 경로
- 화학약품 창고에서 달성하기 위한 또 다른 경로
- 화학약품 창고의 용기 기록을 볼 수 있는 선택적인 경로
- 유효하지 않은 화학약품 식별자나 발생 가능한 기타 오류 조건을 처리하기 위한 에러 메시지 표시

대화상자 맵의 전이 중 일부는 사용자가 동작을 중단할 수 있다. 진행 도중 마음이 바뀌었는데도 강제로 작업을 완료해야 한다면 사용자는 짜증날 것이다. 대화상자 맵에서 중단이나 취소 옵션을 전략적으로 설계함으로써 사용성을 극대화할 수 있다.

이 대화상자 맵을 검토하는 사용자가 누락된 요구사항을 발견할 수도 있다. 예를 들어 조심스러운 사용자가 실수로 인한 데이터 손실을 피하기 위해 전체 요청을 취소하는 동작을 원할 수 있다. 이러한 새로운 기능을 추가하는 것은 완성된 제품에 추가로 개발하기보다 분석 단계에서 적용하는 편이 더 적은 비용이 든다. 대화상자 맵은 사용자와 시스템 간의 상호작용에 동반되는 가능한 요소를 개념적인 관점에서 표현하기 때문에 요구사항 단계의 모든 구체적인 사용자 인터페이스 디자인을 이해하려고 하지 않는다. 대신 프로젝트의 이해관계자가 시스템의 의도된 기능에 대한 공통의 이해에 도달하는 것을 돕기 위해 이 모델을 사용하자.

의사결정 일람표와 의사결정 트리

소프트웨어 시스템은 종종 다양한 시스템 행동을 유발하는 조건의 다양한 조합으로 이뤄진 복잡한 논리의 지배를 받는다. 예를 들어, 자동차 운전자가 크루즈 컨트롤 시스템에 있는 가속 버튼을 눌렀을 때 자동차가 현재 크루즈 상태라면 시스템이 자동차의 속도를 증가시키지만 크루즈 상태가 아니라면 입력은 무시된다. 개발자는 모든 가능한 조건의 조합하에서 시스템이 수행해야 하는 행동을 기술하는 기능적 요구사항을 필요로 한다. 그러나 이러한 조건들은 요구사항 누락으로 인해 쉽사리 간과된다. 이러한 간극은 글로 작성된 명세서 검토를 통해 발견하기 어렵다.

의사결정 일람표와 의사결정 트리는 복잡한 논리와 의사결정을 필요로 할 때 시스템이 해야 하는 일을 표현하는 두 가지 대안 기법이다(Beatty and Chen 2012). 의사결정 일람표는 행동에 영향을 미치고 각 요소의 조합에 대한 시스템의 예상 행위를 가리키는 모든 요소에 대한 다양한 값을 나열한다. 요소는 "예"나 "아니오"로 답할 수 있는 질문이나, 참이나 거짓으로 이뤄진 문장, 두 개 이상의 값을 갖는 질문 등으로 표시될 수 있다.

그림 12-6은 화학약품 관리 시스템이 신규 화학약품 요청을 수락하거나 거절하는 데 필요한 논리와 관련된 의사결정 일람표를 보여준다. 다음과 같은 네 가지 요소가 의사결정에 영향을 미친다.

- 요청을 생성한 사용자에 대해 화학약품 요청 권한이 있는지 여부
- 화학약품이 화학약품 창고나 판매업체에서 이용 가능한지 여부
- 화학약품이 안전한 취급을 위한 특별한 훈련을 필요로 하는 위험 화학약품 목록에 있는지 여부
- 요청을 생성한 사용자가 이러한 위험 화학약품 유형에 대한 교육을 받았는지 여부

요구사항 번호					
조건	1	2	3	4	5
사용자에게 권한이 있음	F	T	T	T	T
화학약품을 이용할 수 있음	–	F	T	T	T
화학약품이 위험함	–	–	F	T	T
요청자가 교육을 받음	–	–	–	F	T
행위					
요청을 수락			X		X
요청을 거절	X	X		X	

그림 12-6 화학약품 관리 시스템에 대한 의사결정 테이블 샘플

이 네 가지 요소는 각각 참 또는 거짓과 같은 두 가지 조건을 갖는다. 원칙적으로 이들은 잠재적인 16개의 명확한 기능적 요구사항에 대해 2^4개, 즉 16개의 참/거짓 조합을 발생시킨다. 하지만 실제로는 많은 조합이 동일한 시스템 응답을 갖게 된다. 만약 사용자에게 화학약품 요청 권한이 없다면 시스템은 요청을 수락하지 않을 것이기 때문에 다른 조건은 부적합하다(의사결정 테이블의 각 셀에 "-"로 표시). 표는 다양한 조합 중에서 오직 다섯 개의 기능적 요구사항이 발생함을 보여준다.

그림 12-7은 이와 동일한 논리를 보여주는 의사결정 트리를 보여준다. 다섯 개의 박스는 화학약품 요청 수락이나 거절에 대한 다섯 개의 가능한 결과를 가리킨다. 의사결정 일람표와 의사결정 트리 모두 어떠한 조건의 조합도 빼먹지 않고 요구사항을 문서화하기에 유용한 방법이다. 심지어 복잡한 의사결정 일람표나 트리가 무작위로 반복되는 글로 된 요구사항보다 읽기도 쉽다.

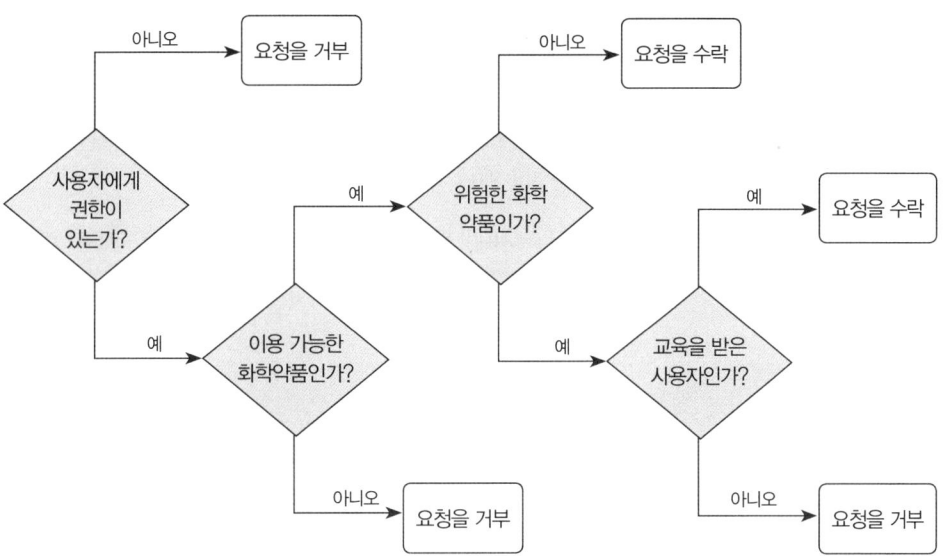

그림 12-7 화학약품 관리 시스템의 의사결정 트리 샘플

이벤트 반응표

유스케이스나 사용자 스토리가 항상 유용하지는 않으며 개발자가 반드시 구현해야 하는 기능적 요구사항을 찾기에 충분하지도 않다(Wiegers 2006). 실시간 시스템에서 특히 그러하다. 수많은 교통 신호나 보행자 신호등이 있는 복잡한 고속도로 교차로를 생각해 보자. 이런 시스템에는 유스케이스가 많지는 않다. 운전자는 신호에 따라 우회전이나 좌회전하려 할 것이다. 보행자는 길을 건너려

고 할 것이다. 또한 긴급 차량은 도움이 필요한 사람에게 한시라도 빨리 도착하고자 진행 방향의 교통 신호를 녹색으로 바꾸고 싶을 것이다. 법률 집행 기관은 신호를 위반한 차량의 번호판을 촬영하기 위해 교차로에 카메라를 설치할 수 있을 것이다. 이 정보만으로는 개발자가 기능을 올바르게 구축하기에 충분하지 않다.

사용자 요구사항의 또 다른 접근법은 시스템이 반드시 응답해야 하는 외부 이벤트를 식별하는 것이다. 이벤트란 소프트웨어 시스템에서 반응을 자극하는 사용자 환경에서 발생하는 어떤 변화나 활동을 말한다(Wiley 2000). 이벤트 반응표(이벤트 표나 이벤트 목록이라고도 한다)는 시스템이 각 이벤트에 대해 반응할 것으로 예상하는 모든 이벤트나 행동을 항목별로 나열한다. 그림 12-8과 같이 시스템 이벤트에는 세 가지 범주가 있다.

- **비즈니스 이벤트(Business Event)**: 비즈니스 이벤트는 사용자가 유스케이스를 시작할 때와 같이 소프트웨어에서 대화상자를 자극하는 인간 사용자에 의한 행동이다. 이벤트 반응 순서는 유스케이스나 스윔레인 다이어그램 단계와 일치한다.
- **신호 이벤트(Signal Event)**: 신호 이벤트는 시스템이 외부 하드웨어 장치나 기타 다른 소프트웨어 시스템으로부터 제어 신호나 데이터 읽기, 인터럽트 등을 전달받았을 때 등록되는데, 스위치 차단, 전압 변경, 다른 애플리케이션의 서비스 요청, 사용자가 태블릿 화면을 손가락으로 스와이프하는 동작 등이 여기에 속한다.
- **시간 이벤트(Temporal Event)**: 시간 이벤트는 컴퓨터의 시간이 특정 시간에 도달했을 때(자정에 데이터 내보내기 작업을 자동으로 시작하기)나 이전 이벤트로부터 미리 설정된 기간이 넘어갔을 때(매 10초마다 센서가 온도를 읽고 기록하는 시스템)와 같이 시간을 기반으로 한다.

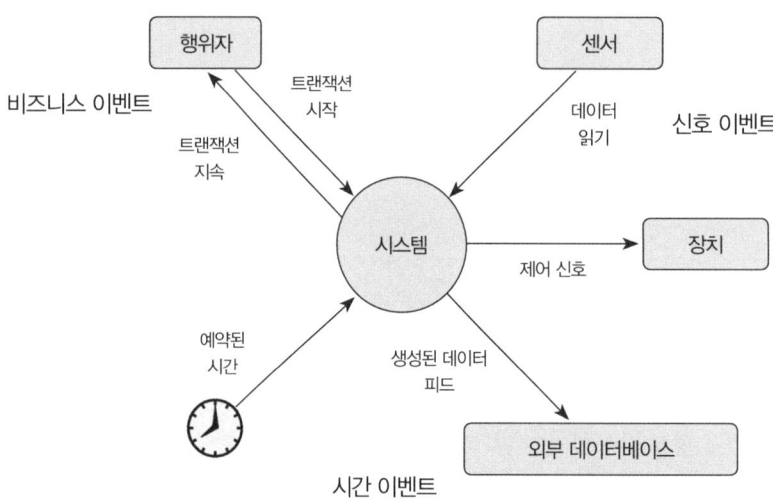

그림 12-8 비즈니스나 신호, 시간 이벤트에 반응하는 시스템

이벤트 분석 작업은 특히 실시간 제어 시스템을 명세화하는 데 적합하다. 이벤트를 식별하기 위해서는 먼저 분석하고 있는 객체와 관련된 모든 상태를 고려한 다음, 객체가 이러한 상태로 전이하게 하는 모든 이벤트를 식별하자. 행동을 시작(이벤트를 촉발)하거나 자동 응답을 필요(시간에 따른 이벤트 촉발이 필요)로 하는 모든 외부 개체에 대한 컨텍스트 다이어그램을 검토하자. 표 12-3은 자동차의 앞유리 와이퍼의 동작을 부분적으로 기술하는 이벤트 반응표의 일부다. 이벤트 6은 시간 이벤트이며, 이 밖에는 모두 신호 이벤트다. 예상 반응은 이벤트뿐 아니라 이벤트가 발생하는 시간의 시스템 상태에도 의존함에 유의하자. 예를 들어, 표 12-3의 이벤트 4와 5는 사용자가 와이퍼 설정을 간헐적 동작으로 설정했을 때의 와이퍼 상태에 따라 약간 다른 행동을 보인다. 반응은 단순히 내부의 시스템 정보를 변경할 수 있거나 외부에서 볼 수 있는 결과를 만들어낸다. 이벤트 반응표에 추가할 만한 기타 다른 정보는 다음과 같다.

- 이벤트 주기(특정 기간 동안 발생하는 이벤트의 횟수나 발생할 수 있는 횟수의 제한)
- 이벤트를 처리하는 데 필요한 데이터 요소
- 이벤트 반응 후의 시스템 상태(Gottesdiener 2005)

표 12-3 자동차 앞유리 와이퍼 시스템의 이벤트 반응표의 일부

ID	이벤트	시스템 상태	시스템 반응
1	와이퍼 제어를 저속으로 설정	와이퍼가 정지 상태이거나 고속 혹은 간헐적으로 움직이는 상태	와이퍼 모터 속도를 느리게 설정
2	와이퍼 제어를 고속으로 설정	와이퍼가 정지 상태이거나 저속 혹은 간헐적으로 움직이는 상태	와이퍼 모터 속도를 빠르게 설정
3	와이퍼 제어를 종료로 설정	와이퍼가 고속 상태이거나 저속 혹은 간헐적으로 움직이는 상태	1. 현재 와이퍼 주기를 완료 2. 와이퍼 모터 종료
4	와이퍼 제어를 간헐적으로 설정	와이퍼가 종료 상태	1. 하나의 와이퍼 주기 수행 2. 와이퍼 반복주기 설정 읽기 3. 와이퍼 타이머 시작
5	와이퍼 제어를 간헐적 설정	와이퍼가 저속이나 고속으로 움직이는 상태	1. 현재 와이퍼 주기 완료 2. 와이퍼 반복주기 설정 읽기 3. 와이퍼 타이머 시작
6	마지막 반복주기 완료 후 와이퍼 시간 주기 지남	와이퍼가 간헐적으로 움직이는 상태	저속으로 한 번의 와이퍼 주기 수행
7	와이퍼 반복주기를 간헐적으로 변경	와이퍼가 간헐적으로 움직이는 상태	1. 와이퍼 반복주기 설정 읽기 2. 와이퍼 타이머 시작

ID	이벤트	시스템 상태	시스템 반응
8	와이퍼 반복주기를 간헐적으로 변경	와이퍼가 종료 상태이거나, 고속 혹은 저속으로 움직이는 상태	반응 없음
9	신호를 받으면 와이퍼 작동	와이퍼가 종료 상태	한 번의 저속 와이퍼 주기 수행

시스템 경계를 넘나들어 이벤트 목록을 나열하는 것은 유용한 범위 설정 기법이다(Wiegers 2006). 예외 조건을 포함해서 이벤트와 상태, 반응의 모든 가능한 조합을 정의하는 이벤트 반응표는 시스템의 일부에 대한 기능적 요구사항의 역할을 할 수 있다. 이벤트와 시스템 상태의 가능한 모든 조합을 분석할 수 있도록 의사결정 일람표에서 이벤트 반응표를 모델링할 수 있다. 그래도 어쨌든 BA는 반드시 추가적인 기능적/비기능적 요구사항을 제공해야 한다. 고속이나 저속 설정에서 와이퍼가 분당 몇 번 왕복하는가? 간헐적 설정은 지속적으로 변하는가? 아니면 별도의 설정이 있는가? 간헐적 와이퍼 사이에 최소 혹은 최대 지연시간은 어떻게 되는가? 만약 이러한 종류의 정보를 생략할 경우 개발자는 이를 추적하거나 스스로 결정할 것이다. 목표는 개발자가 개발하기 위해 알아야 하거나 테스터가 이러한 기능이 제대로 구현됐는지 판단할 수 있도록 요구사항을 충분히 정확하게 구체화하는 것이라는 점을 기억하라.

표 12-3에 나열된 이벤트가 구체적인 구현이 아닌 이벤트의 본질을 설명하고 있음에 주목하자. 표 12-3은 앞유리 와이퍼 제어기의 외형이나 사용자가 조작하는 방법에 대해서는 어떠한 것도 표시하지 않는다. 설계자는 전통적으로 널리 알려진 와이퍼 제어에서부터 "와이퍼 동작", "와이퍼 빠르게", "와이퍼 힌 번만"과 같은 음성 명령 인식까지 이러한 요구사항을 충족시켜야 할 것이다. 이 같은 근본적인 수준에서 요구사항을 작성하면 불필요한 설계 제약에 노출되는 것을 피할 수 있다. 그럼에도 설계자의 생각을 돕기 위해 알려진 모든 설계 제약을 기록한다.

UML 다이어그램에 대한 몇 마디

많은 프로젝트에서 객체지향 분석, 설계, 개발 방법을 사용한다. 객체는 일반적으로 비즈니스나 문제 도메인에서 실제 항목에 해당한다. 이들은 클래스라고 불리는 일반적인 템플릿에서 파생된 개별 인스턴스를 나타낸다. 클래스에 기술되는 내용은 속성(데이터)과 이러한 속성과 함께 수행될 수 있는 동작을 포함한다. 클래스 다이어그램은 객체지향 분석을 통해 식별된 클래스와 클래스 간의 관계를 묘사하기 위한 시각적인 방법이다(13장 참조).

객체지향 방법론을 이용해서 개발된 제품은 특별한 요구사항 개발 방식을 필요로 하지는 않는다. 이는 요구사항이 어떻게 개발되느냐보다 사용자가 시스템을 사용하며 필요로 하는 것과 반드시 포함해야 하는 기능에 초점을 맞추고 있기 때문이다. 사용자는 객체나 클래스에 대해 신경 쓰지 않는다. 그러나 객체지향 기법을 이용해 시스템을 구축할 것이라는 점을 미리 알고 있다면 이는 요구사항 분석을 통해 클래스와 속성, 동작을 식별하기 위한 출발점으로 유용할 것이다. 설계자가 문제 도메인 객체를 시스템의 객체와 각 클래스의 상세한 속성이나 동작과 연계하기 때문에 분석에서 설계로 전환하기가 용이할 것이다.

표준 객체지향 모델링 언어는 통합 모델링 언어(Unified Modeling Language, Booch, Rumbaugh, and Jacobson 1999)다. UML은 주로 설계 모델을 만드는 데 사용된다. 요구사항 분석에 적합한 추상화 수준에서 몇 가지 유용한 UML 모델이 있다(Fowler 2003; Podeswa 2010).

- 애플리케이션 도메인과 관련된 객체 클래스. 이들의 속성이나 행동, 특성, 그리고 클래스 간의 관계를 보여주기 위한 클래스 다이어그램. 13장에서 도식화해본 바와 같이 클래스 다이어그램은 데이터 모델링에 사용될 수도 있지만 이러한 제한적인 활용은 클래스 다이어그램의 의미 전달 능력을 제대로 이용할 수 없게 한다.
- 행위자와 외부 시스템 간의 관계, 그리고 이들 간의 상호작용에 대한 유스케이스를 보여주는 유스케이스 다이어그램(8장 참조)
- 유스케이스 안의 다양한 흐름이 어떻게 얽혀 있는지, 혹은 어떤 역할이 특정 행동을 수행하는지 보여주거나, 비즈니스 프로세스 흐름을 모델링하기 위한 활동 다이어그램. 8장의 간단한 예를 참조하라.
- 시스템이나 데이터 객체가 취할 수 있는 각기 다른 상태나 상태 간에 허용된 전이를 표현하기 위한 상태(또는 상태 기계) 다이어그램

애자일 프로젝트에서 모델 만들기

프로젝트의 개발 방식이 무엇이든 모든 프로젝트는 다양한 관점의 요구사항을 분석하기 위해 요구사항 모델을 이용해야 한다. 각기 다른 개발 방법에서 사용되는 모델의 선택 가능성은 동일하다. 전통적인 프로젝트와 애자일 프로젝트에서 모델링을 수행하는 방법의 차이는 모델을 만드는 시기와 세부 사항의 수준과 관련이 있다.

예를 들어, 애자일 프로젝트에서는 초기에 레벨 0 DFD 초안을 작성할 수 있다. 그런 다음, 반복주기를 수행하는 동안 해당 반복주기의 범위를 포함하는 좀 더 자세한 DFD를 그려볼 수 있을 것이다. 또한 애자일 프로젝트에서는 전통적인 프로젝트보다 덜 지속적이고 덜 완벽한 형식의 모델을 만들기도 한다. 정형화된 요구사항 문서나 모델링 도구에 저장하지 않고 화이트보드에 분석 모델을 스케

치해서 이를 사진으로 찍을 수도 있다. 사용자 스토리가 만들어지면 반복주기에서 개발 중인 것이 무엇인지를 보여주고 그림을 완성하는 데 필요한 추가적인 사용자 스토리를 나타내는 모델로 업데이트할 수 있다(완료 여부를 표시하기 위해 색을 사용할 것이다).

애자일 프로젝트나 기타 다른 모든 프로젝트에서 분석 모델을 사용할 때의 핵심 요소는 프로젝트의 이해관계자가 요구사항을 충분히 이해하는 데 필요한 모델을 적절한 때에 필요한 수준으로 만드는 데 집중하는 것이다. 애자일 프로젝트에서 사용자 스토리가 필요한 세부 사항과 정확성을 확보하는 데 항상 충분하지는 않을 것이다(Leffingwell 2011). 애자일 프로젝트에서 작업 중이라면 어떠한 모델의 사용도 배제하지 말아야 한다.

당부사항

이번 장에서 설명하는 각 모델링 기법은 장점과 더불어 한계를 갖고 있다. 특정 뷰 하나로는 시스템의 모든 측면을 표현하기에 충분하지 않다. 또한 이들이 제공하는 뷰는 중복되기 때문에 프로젝트에서 모든 종류의 다이어그램을 만들 필요는 없을 것이다. 예를 들어, ERD와 데이터 사전을 만들었다면 클래스 다이어그램은 필요하지 않을 것이다. 문자 형태의 요구사항이나 요구사항이 제공할 수 있는 어떠한 단일 뷰를 넘어 이해와 소통의 수준을 제공하기 위해 분석 모델을 그려야 한다는 점을 명심하자.

> **다음 단계는**
> - 기존 시스템의 설계를 문서화하면서 이번 장에서 설명하는 모델링 기법 활용을 연습해 보자. 예를 들어, 여러분이 사용하는 현금 인출기나 웹사이트에 대한 대화상자 맵을 그려보자.
> - 현재 혹은 다음 프로젝트에서 문자 형식의 요구사항을 보완할 수 있는 모델링 기법을 선택하자. 작업이 제대로 진행되고 있는지 확인하기 위해 모델을 종이나 화이트보드에 한두 번 스케치한 후 현재 사용 중인 표기법을 지원하는 모델링 도구를 사용하자. 이전에 사용해보지 않은 하나 이상의 모델을 만들어 보자.
> - 다른 이해관계자와 협력해서 시각적 모델을 만들어 보자. 참여를 독려하기 위해 화이트보드나 포스트잇을 사용하자.
> - 특정 방식으로 동작하도록 시스템을 자극할 수 있는 외부 이벤트를 나열하자. 각 이벤트를 수신했을 때 시스템이 어떻게 반응하는지 시스템의 상태를 보여주는 이벤트 반응표를 만들어보자.

13 데이터 요구사항 명세화하기

오래전 나는 세 명의 개발자가 동일한 데이터 항목에 실수로 각기 다른 변수명이나 길이, 검증 기준을 사용하는 소프트웨어 프로젝트를 이끌었던 적이 있다. 사실 나는 내가 작성한 두 개의 프로그램에 사용자의 이름으로 된 각기 다른 길이의 변수를 사용했다. 서로 다른 길이의 데이터를 상호 변환할 때 나쁜 일이 발생할 수 있다. 다른 데이터를 덮어쓰거나, 끝에 잘못된 채움 문자를 가져오거나, 끝나지 않은 문자열을 가질 수도 있으며, 심지어 프로그램 코드를 덮어 쓸 수 있어 결국 충돌을 야기할 수 있다. 이는 나쁜 일이다.

우리가 진행한 프로젝트는 애플리케이션에서 사용되는 데이터 요소에 대해 의미나 구성 요소, 데이터 유형, 길이, 형식, 유효값을 정의하는 공유 저장소와 같은 데이터 사전의 결핍으로 인해 고통받았다. 곧바로 팀은 우리가 사용하는 데이터를 좀 더 체계적인 방식으로 정의하고 관리하기 시작했고 모든 문제는 사라졌다.

컴퓨터 시스템은 고객에게 가치를 제공하는 방식으로 데이터를 다룬다. 1장 "필수 소프트웨어 요구사항"의 그림 1-1에서 세 단계의 요구사항 모델이 명확히 표시되지는 않았지만 데이터 요구사항은 세 단계에 골고루 퍼져 있다. 어디에나 기능이 있고 데이터가 있다. 데이터가 비디오 게임의 픽셀이나 휴대폰 통화 시의 패킷, 회사의 분기별 매출액, 은행 계좌의 활동을 표현하는 것과는 상관 없이 소프트웨어의 기능은 데이터를 생성, 수정, 출력, 삭제, 처리 및 사용하게 돼 있다. 비즈니스 분석가는 요구사항을 도출하며 여기저기서 나타나는 데이터 정의를 수집해야 할 것이다.

시스템의 컨텍스트 다이어그램에서 확인할 수 있는 입출력 흐름은 이를 위한 좋은 출발점이다. 이러한 흐름은 주요 데이터 요소를 BA가 도출 과정을 통해 이를 구체적으로 정제할 수 있는 고수준으로 추상화해서 나타낸다. 요구사항 도출 과정에서 사용자가 언급하는 명사(예: 화학약품 요청, 요청자, 화학약품, 상태, 사용 보고서)는 보통 중요한 데이터 요소를 나타낸다. 이번 장에서는 애플리케이션 사용자에게 중요한 데이터를 찾고 표현할 수 있는 방법을 설명하며, 애플리케이션이 생성해야 하는 보고서나 대시보드를 명세화하는 방법도 함께 설명한다.

데이터 관계 모델 만들기

12장 "백문이 불여일견"에서 확인한 데이터 플로우 다이어그램이 시스템에서 발생하는 프로세스를 도식화하는 것과 같이 데이터 모델은 시스템의 데이터 관계를 묘사한다. 데이터 모델은 시스템의 데이터에 대한 고수준 뷰를 제공하며, 데이터 사전은 구체적인 시각을 제공한다.

ERD라고 하는 개체 관계 다이어그램은 일반적으로 사용되는 데이터 모델이다(Robertson and Robertson 1994). ERD가 문제 도메인으로부터 정보와 이러한 정보 간의 상호 연결에 대한 논리적인 그룹을 표현한다면 ERD를 요구사항 분석 도구로 사용하고 있는 셈이다. ERD를 분석하는 것은 심지어 제품이 데이터베이스를 필연적으로 포함할 것이라는 것과는 상관 없이 비즈니스나 시스템의 데이터 구성요소를 이해하고 소통하는 데 도움이 된다. 설계 과정에서 ERD를 만들 때 시스템의 데이터베이스에 대한 논리적 혹은 물리적(구현) 구조를 정의한다. 이러한 구현 관점은 분석 중에 시작된 시스템의 이해를 확장 또는 완성하고, 관계형 데이터베이스 환경에서의 구현을 최적화한다.

개체는 물리적인(사람도 포함하는) 항목 또는 분석 중인 비즈니스나 개발하려는 시스템에서 중요한 데이터 모음을 나타낸다. ERD에서 개체는 단수 명사로 명명하고 직사각형으로 표시된다. 그림 13-1은 여러 일반적인 ERD 모델링 표기법 중 하나인 피터 첸(Peter Chen)의 표기법을 이용한 화학약품 관리 시스템의 개체 관계 다이어그램을 나타낸다. 12장의 그림 12-1에 있는 데이터 흐름 다이어그램에서 화학약품 요청, 판매업체 카탈로그, 화학약품 창고 재고라 명명된 개체는 데이터 저장소로 나타난다. 다른 개체는 시스템과 상호작용하는 행위자(요청자)나 비즈니스 운영의 일부인 물리적인 항목(화학 용기), 레벨 0 DFD에서 보이지 않지만 저수준 DFD에서는 나타나는 데이터 블록(용기 이력, 화학약품)을 표현한다. 관계형 데이터베이스의 물리적인 데이터베이스 설계에서 일반적으로 개체는 테이블이 된다.

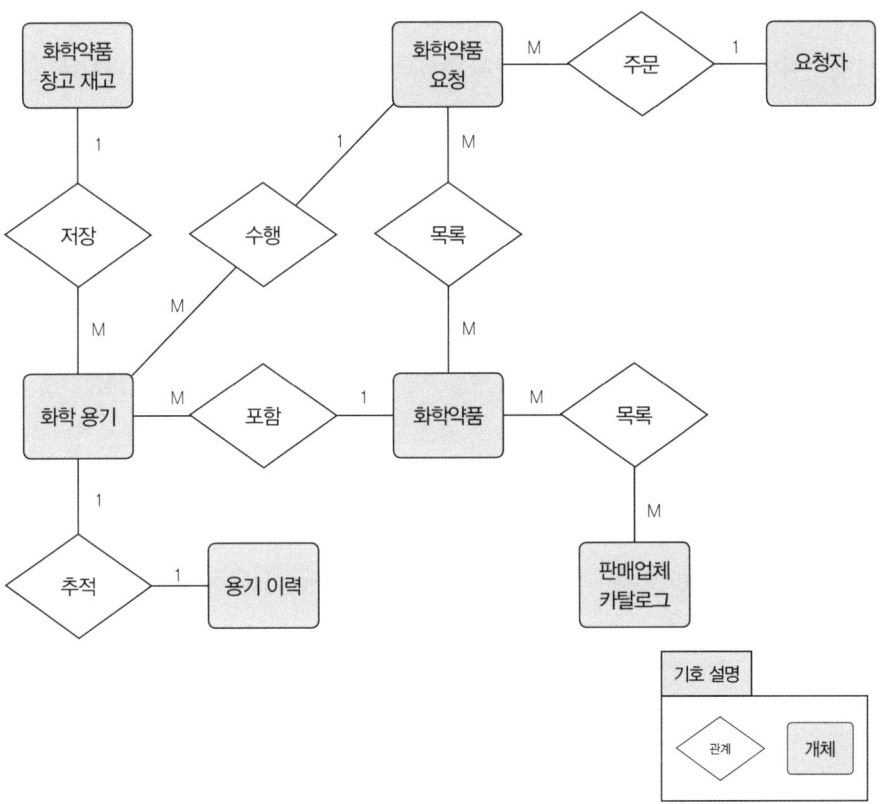

그림 13-1 화학약품 관리 시스템의 개체 관계 다이어그램

각 개체는 하나 이상의 속성으로 설명되며, 개체의 개별 인스턴스는 각기 다른 속성값을 가질 것이다. 예를 들어, 각 화학약품의 속성은 고유한 화학약품 식별자와 화학약품 이름, 화학약품 구조를 그래픽으로 나타낸 것을 포함한다. 데이터 사전은 ERD의 개체와 이에 상응하는 데이터가 동일하게 정의된 DFD에 저장될 수 있도록 이들 속성의 정확한 정의를 담는다.

ERD의 다이아몬드는 개체 쌍 사이의 논리적인 연관성을 식별하는 관계를 나타낸다. 관계는 연결의 특성을 설명할 수 있도록 명명된다. 예를 들어, 화학약품 요청과 요청자 간의 관계는 주문 관계다. 이 관계는 "화학약품 요청이 요청자로부터 주문되었다"(좌측에서 우측, 수동태) 혹은 "요청자가 화학약품 요청을 주문했다"(우측에서 좌측, 능동태)라고 읽을 수 있을 것이다. 일부 규칙에서는 관계 다이아몬드를 "~에 의해 주문되다"라고 명명해야 하며, 다이어그램을 좌에서 우로 읽을 경우에만 의미가 통할 것이다. 요청자와 화학약품 요청의 상대적인 관계가 뒤바뀌어 다이어그램을 다시 그려야 할 경우 왼쪽에서 오른쪽으로 읽으면 "~에 의해 주문되다" 관계명에 문제가 발생한다. "요청자가 화학약품 요청에 의해 주문됐다."는 잘못된 것이다. 관계를 "주문"이라고 하는 것이 더 나으며, 문장을 읽을 때 어떤 논리적인 문법("주문"이나 "~에 의해 주문되다")을 사용하든 "주문"의 위치를 재배치하면 된다.

고객에게 ERD 검토를 요청할 때 모든 관계가 정확하고 적절하게 사용됐는지 확인해 달라고 부탁하자. 또한 누락된 개체나 모델이 보여주지 않은 개체 간의 관계는 없는지도 찾아봐달라고 요청하자.

각 관계의 카디널리티(cardinality)나 다중성은 개체와 관계를 연결하는 선 위에 숫자나 문자로 표시된다. ERD 표기법마다 카디널리티를 표현하는 규칙이 다르다. 그림 13-1의 예에서는 하나의 공통된 접근법을 보여준다. 각 요청자는 여러 개의 요청을 주문할 수 있으므로 요청자와 화학약품 주문 사이에 일대다(one-to-many) 관계가 존재한다. 요청자와 주문의 관계를 연결하는 카디널리티는 선 위에 1이라고 표시되며, 화학약품 요청과 주문 관계인 경우에는 선 위에 M(for Many)이라고 표시된다. 또 다른 가능한 카디널리티로 일대일(one-to-one, 모든 화학 용기는 단 하나의 용기 이력에 의해 관리된다)과 다대다(many-to-many, 모든 판매업체 카탈로그는 다수의 화학약품을 나열하며, 일부 화학약품은 여러 판매업체 카탈로그에 나열된다)가 있다. 단순히 많다는 것보다 좀 더 정확한 카디널리티를 알고 있다면(한 명의 사람은 두 명의 친부모를 갖는다) 일반적인 M보다 특정 숫자나 숫자의 범위를 명시할 수도 있다.

ERD 표기법의 대안으로 개체와 관계를 연결하는 선에 카디널리티를 표시하기 위해 다른 기호를 사용하기도 한다. 그림 13-2의 제임스 마틴의 표기법에서는 개체가 여전히 직사각형으로 표시되지만 각 개체의 관계에 대한 이름은 개체를 잇고 있는 선 위에 표시된다. 화학약품 창고 재고의 옆에 있는 세로선은 카디널리티 1을 말하며, 화학 용기 옆의 삼발이 기호는 다수에 대한 카디널리티를 말한다. 삼발이 옆의 원은 화학약품 창고 재고에 0개 이상의 화학 용기가 있음을 의미한다.

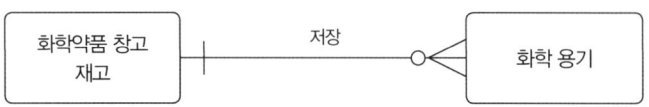

그림 13-2 개체 관계 다이어그램 표기법의 대안 중 하나

다양한 ERD 표기법 외에 여러 가지 데이터 모델링 규칙을 사용할 수 있다. 객체지향 개발 방법론을 적용하는 팀에서는 개별 클래스(ERD에서의 개체에 해당)의 데이터 속성과 클래스 사이의 논리적인 연결, 이들 연결의 카디널리티를 보여주는 UML 클래스 다이어그램을 그릴 것이다. 그림 13-3은 화학약품 관리 시스템의 클래스 다이어그램을 보여준다. 직사각형은 "클래스"를 말하며, 이들 각각에 해당하는 요청자와 화학약품 요청은 일대다 관계를 보여준다. "1..*" 표기는 "하나 이상"

을 의미하며, 다른 여러 카디널리티(혹은 다중성)의 표기법도 클래스 다이어그램에 사용될 수 있다 (Ambler 2005). 클래스 다이어그램에서는 직사각형의 가운데에 각 클래스와 관련된 속성을 나열한다는 점에 주의하자. 그림 13-3은 클래스 다이어그램 표기법의 단순화된 버전을 보여준다. 클래스 다이어그램이 객체지향 분석이나 설계에 사용될 경우 클래스를 나타내는 직사각형의 맨 아래 공간(본 예제에서는 비어있는)에는 일반적으로 클래스 객체가 수행할 수 있는 동작이나 행위를 표시한다. 하지만 데이터 모델링에서는 클래스를 나타내는 직사각형의 세 번째 공간은 비워둔다.

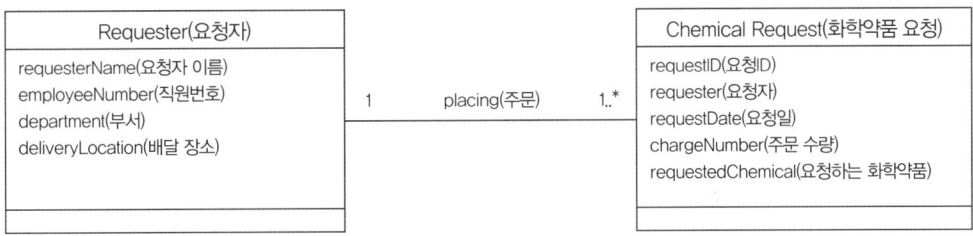

그림 13-3 화학약품 관리 시스템의 UML 클래스 다이어그램

데이터 모델링에 어떤 표기법을 사용하는지는 중요하지 않다. 중요한 것은 프로젝트에 참여하는 모든 이들이(이상적으로는 조직 내 모든 사람들이) 모델을 만드는 동일한 표기법 규칙을 따르고, 모델을 사용하거나 검토해야 하는 모두가 이를 해석하는 법을 알고 있어야 한다는 것이다.

물론 시스템은 데이터 작업을 수행하는 데 유용한 기능을 포함해야만 한다. 개체 간의 관계는 종종 기능을 나타내기도 한다. 그림 13-1은 화학 용기와 용기 이력 간에 "추적"이라는 관계가 존재한다는 것을 보여준다. 따라서 사용자가 해당 화학 용기의 기록에 접근할 수 있도록 유스케이스나 사용자 스토리, 프로세스 흐름 형태로 포착할 수 있는 기능을 필요로 할 것이다. 또한 데이터 모델의 도움을 받아 프로젝트 요구사항을 분석하는 과정에서 논의를 통해 공론화됐지만 어디서도 사용되지 않는 불필요한 데이터를 발견하게 될 수도 있다.

데이터 사전

데이터 사전은 애플리케이션에서 사용되는 데이터 개체에 대한 구체적인 정보의 모음이다. 구성 요소, 데이터 유형, 유효값 등에 대한 정보를 공유 자원으로 모음으로써 데이터 검증 기준을 파악하고 개발자가 프로그램을 정확하게 작성하고 통합 문제를 최소화할 수 있다. 데이터 사전은 애플리케이션 도메인이나 비즈니스 용어, 약어나 두문자어를 정의하는 프로젝트 용어사전을 보완한다. 우리는 데이터 사전과 용어사전을 각각 유지하는 것을 권장한다.

요구사항 분석 단계에서 데이터 사전의 정보는 애플리케이션 도메인에 대한 데이터 요소와 구조를 나타낸다(Beatty and Chen 2012). 이들 정보는 설계 단계에 데이터베이스 스키마, 테이블, 속성의 형태로 제공되며, 궁극적으로는 프로그램의 변수명으로 사용될 수 있다. 데이터 사전을 만드는 데 투자하는 시간은 프로젝트 참여자가 데이터를 서로 다르게 이해함으로써 발생할 수 있는 실수를 방지해서 더 큰 보상을 받을 수 있다. 데이터 사전을 최신 내용으로 유지하려고 노력한다면 시스템이 작동하는 동안이나 그 이후에도 가치 있는 도구로 남게 될 것이다. 그렇지 않으면 이는 유효기간이 넘어 잘못된 정보를 제안하게 될 테고, 팀 구성원은 더 이상 신뢰하지 않을 것이다. 데이터 사전을 관리하는 것은 품질에 대한 중대한 투자다. 데이터 정의는 애플리케이션 전반에 걸쳐, 특히 동일한 제품군 내에서 종종 재사용할 수 있다. 전사적으로 일관된 데이터 정의를 사용함으로써 통합 및 인터페이스 오류를 줄일 수 있다. 격차를 줄이기 위해 가능하면 더 작고 프로젝트에 특화돼 있는 집합을 사용하는 전사적인 지식 저장소에 들어있는 기존 표준 데이터 정의를 참고하자.

프로젝트 문서 전반에 흩어져 있는 데이터 정의와 달리 별도의 데이터 사전은 필요한 정보를 찾기 쉽게 한다. 이는 또한 중복과 불일치를 방지할 수 있게 한다. 나는 특정 데이터 구조를 만들어 데이터 요소를 식별하는 유스케이스 명세를 검토한 적이 있다. 아쉽게도 이 구성 요소는 이것들이 등장하는 모든 곳에서 동일하지 않았다. 이러한 불일치는 개발자나 테스터가 어쩔 수 없이 어딘가에 있을 올바른 정의를 추적하게 만든다. 복제된 데이터 구조가 진화하면 무결성을 유지하기가 어렵다. 이러한 정보를 엮고 통합해서 각 정의에 단 하나의 사례만 담음으로써 모든 이해관계자들이 쉽게 접근할 수 있게 하면 문제를 해결할 수 있다.

그림 13-4는 화학약품 관리 시스템의 데이터 사전 일부를 나타낸다. 다음 단락에서 여기에 사용한 표기법을 설명한다. 독자가 필요한 항목을 쉽게 찾을 수 있도록 데이터 사전을 알파벳 순(한글은 자음순)으로 구성하자.

데이터 요소	설명	구성 요소 또는 데이터 형식	길이	값
화학약품 요청	화학약품 창고나 판매업체로부터 신규 화학약품을 구하기 위한 요청	요청 ID + 요청자 + 요청일 + 주문 수량 + 1:10{요청하는 화학약품}		
배달 장소	요청하는 화학약품을 배달받을 장소	건물 + 연구실 번호 + 연구실 구역		

데이터 요소	설명	구성 요소 또는 데이터 형식	길이	값
용기 수량	요청하는 화학약품과 해당 용량의 용기 수량	양의 정수	3	
수량	요청하는 용기의 화학약품 수량	숫자	6	
수량 단위	요청하는 화학약품의 수량에 대한 단위	알파벳 문자	10	그램, 킬로그램, 밀리그램, 개당
요청 ID	요청에 대한 고유 식별자	정수	8	시스템이 생성하고 1부터 시작하는 순차적인 정수
요청하는 화학약품	요청 중인 화학약품에 대한 설명	화학약품 ID + 용기 수량 + 등급 + <u>수량</u> + 수량 단위 + (판매업체)		
요청자	화학약품 요청을 주문하는 개인에 대한 정보	요청자 이름 + 직원 번호 + 부서 + 배달 장소		
요청자 이름	요청을 제출한 직원의 이름	알파벳 문자(국내의 경우 한글)	40	공백, 하이픈(-), 마침표, 생략 부호(')를 포함할 수 있음

그림 13-4 화학약품 관리 시스템의 데이터 사전 중 일부

데이터 사전의 항목은 다음과 같은 데이터 요소의 유형을 나타낼 수 있다.

원시

원시 데이터 요소란 더 이상 분해할 수 없거나 분해할 필요가 없는 것을 말한다. 그림 13-4에 정의된 원시 데이터 요소로는 용기 수량, 수량, 수량 단위, 요청 ID, 요청자 이름 등이 있다. 각 원시 데이터 유형이나 길이, 수치 범위, 유효값(수량 단위와 같은), 기타 다른 부가적인 속성을 설명하기 위해 데이터 사전의 다른 열을 사용할 수 있다.

구조

데이터 구조(혹은 기록)는 여러 개의 데이터 요소로 구성된다. 그림 13-4에서는 화학약품 요청과 배달 장소, 요청하는 화학약품, 요청자가 데이터 구조에 해당한다. 데이터 사전에서 "구성 요소 또

는 데이터 형식" 열은 구조를 형성하는 요소를 더하기(+) 기호로 구분해서 나열하는 공간이다. 요청자 구조가 배달 장소 구조를 포함하는 것과 같이 구조 또한 다른 구조와 통합될 수 있다. 구조에 나타나는 데이터 요소는 데이터 사전에 반드시 정의돼 있어야 한다.

데이터 구조의 요소가 선택적인 경우(사람이나 시스템에 의해 꼭 제공될 필요는 없는 값) 괄호로 묶자. 요청하는 화학약품 구조에서 요청을 제출하는 사람이 화학약품을 공급하는 판매업체를 꼭 알아야 하거나 상관할 필요가 없기 때문에 판매업체 데이터 요소는 선택적이다.

하이퍼링크는 데이터 사전의 레이아웃에서 유용하다(이러한 링크를 정의할 수 있는 도구를 이용해서 정보를 저장하는 편이 더 낫긴 하지만). 그림 13-4의 요청하는 화학약품 데이터 구조에서 수량이라고 하는 데이터 항목이 하이퍼링크로 표시된다. 독자는 이 링크를 클릭해서 데이터 사전에서 수량을 정의한 곳으로 이동할 수 있다. 내비게이션 링크는 프로젝트의 데이터 사전이 전사적으로 사용되는 데이터 사전의 일부를 포함해서 여러 페이지나 여러 문서에 걸쳐 있어 광범위한 데이터 사전에서 매우 유용하다. 데이터 사전에 정의돼 있는 "구성 요소나 데이터 형식" 열의 모든 항목에 하이퍼링크를 포함하는 것도 좋다.

반복 그룹

특정 데이터 요소가 구조에 여러 번 나타날 수 있는 경우 중괄호({})로 묶자. 반복 가능한 횟수에 대해 여는 중괄호의 앞에서 최솟값:최댓값의 형식으로 보여주자. 예를 들어, 화학약품 요청 구조에서 요청하는 화학약품의 경우 반복 그룹으로서 1:10{요청한 화학약품}으로 표시된다. 이를 통해 화학약품 요청이 최소 한 개 이상의 화학약품을 포함하지만 10개를 넘을 수 없음을 보여줄 수 있다. 반복 필드에서 최댓값이 무제한인 경우에는 "n"이라고 표현하면 된다. 예를 들어, "3:n{어떤 것}"은 최소 3개 이상의 "어떤 것"을 포함하며, 최대로 가질 수 있는 수의 상한이 없는 데이터 구조를 정의하는 것을 의미한다.

데이터 요소를 정확히 정의하는 것은 이를 찾는 것보다 어렵다. 그림 13-4에서의 요청자 이름과 같이 데이터 유형을 알파벳 문자로 가급적 간단하게 표기하자. 또한 대소문자를 구분해야 할까? "Karl"과 "karl"은 서로 다를까? 시스템이 모두 대문자 혹은 소문자로 변환해야 할까? 아니면 사용자가 입력한 값 그대로 유지해야 할까? 아니면 예상하던 대소문자와 일치하지 않을 때 입력을 거부해야 할까? 이름을 표기할 때 영문 알파벳에서 사용되는 26개의 문자 외에 공백, 하이픈(-), 마침표(.), 생략 부호(')와 같은 다른 문자가 사용될 수 있을까? 영어 알파벳만 허용될까? 아니면 틸데(~), 움라우트(¨), 악센트(´), 억음 악센트( ), 세디야( ) 같은 발음 기호와 함께 사용할 수 있을까? 개발자가 입력된 데이터를 검증하는 방법을 정확히 알 수 있도록 이처럼 꼼꼼하게 정의하는 것은 필수다. 데이터 요소를 표시하는 데 사용되는 형식은 또 다른 형태의 변동성을 가져온다. 나라마다 사용하는 규칙이 다른 것처럼 타임스탬프나 날짜를 표현하는 방법 또한 여러 가지가 있다. 스티브 윗올은 다양한 데이터 유형을 명세화할 때 잊지 말고 고려해야 하는 것들을 설명한다(Stephen Withall 2007).

데이터 분석

데이터 분석을 수행할 때 격차와 오류, 불일치를 찾기 위해 다양한 정보 표현을 서로 매핑할 수 있다. 개체 관계 다이어그램의 개체는 데이터 사전에 정의돼 있을 것이다. DFD의 데이터 흐름과 저장소는 데이터 사전뿐 아니라 ERD에서도 발견된다. 보고서 명세에서 찾을 수 있는 출력 필드 또한 데이터 사전에 나타난다. 데이터를 분석하는 동안 오류를 식별하고 추후 데이터 요구사항을 정제하기 위해 이러한 상호보완적인 뷰를 비교할 수 있다.

CRUD 매트릭스는 누락된 요구사항을 찾기 위한 엄격한 데이터 분석 기법이다. CRUD는 생성(Create), 조회(Read), 갱신(Update), 삭제(Delete)를 말한다. CRUD 매트릭스는 각각의 중요한 데이터 개체가 생성, 조회, 갱신, 삭제되는 시기와 방법을 보여주기 위해 데이터 개체를 동반하는 시스템 행동과 관련돼 있다. (어떤 사람은 매트릭스에 목록 선택을 나타내는 엔티티를 의미하는 L(List), 하나의 위치에서 다른 위치로 데이터가 이동함을 나타내는 M(Move), 데이터의 복제를 의미하는 C(Copy)를 사용하기도 한다. 여기서는 단순한 표현을 위해 CRUD를 사용한다.) 다음과 같이 사용하는 요구사항 접근법에 따라 다양한 유형의 상관관계를 검토할 수 있다.

- 데이터 개체 및 시스템 이벤트(Ferdinandi 2002; Robertson and Robertson 2013)
- 데이터 개체 및 사용자 태스크 혹은 유스케이스(Lauesen 2002)
- 객체 클래스 및 유스케이스(Armour and Miller 2001)

그림 13-5는 화학약품 관리 시스템의 일부에 대한 개체/유스케이스 CRUD 매트릭스를 보여준다. 각 셀은 가장 왼쪽 열인 유스케이스가 다른 열의 각 데이터 개체를 사용하는 방법을 나타낸다. 유스케이스는 개체를 생성, 조회, 갱신, 삭제할 수 있다. CRUD 매트릭스를 만든 후 4개의 알파벳 중 셀 어디에도 나타나지 않는 것은 없는지 확인하자. 예를 들어, 개체를 갱신하는 곳은 있는데 생성하는 곳이 없다면 데이터는 어디서 나타난 것일까?

유스케이스 \ 개체	주문	화학약품	요청자	판매업체 카탈로그
주문하기	C	R	R	R
주문 변경	U, D		R	R
화학약품 재고 관리		C, U, D		
주문에 대한 보고서 작성	R	R	R	
요청자 수정			C, U	

그림 13-5 화학약품 관리 시스템에 대한 CRUD 매트릭스 예제

요청자(화학약품 주문을 요청하는 사람)라는 열 아래의 셀에 D가 포함되지 않은 것에 주목하자. 이 말은 그림 13-5의 어떤 유스케이스에서도 화학약품 요청자 목록에 있는 요청자를 삭제할 수 없다는 것을 말한다. 이는 세 가지로 해석할 수 있다.

1. 요청자를 삭제하는 것은 화학약품 관리 시스템에 예상되는 기능이 아니다.
2. 요청자 삭제가 유스케이스에서 누락됐다.
3. "요청자 수정" 유스케이스(또는 기타 다른 유스케이스)가 불완전하다. 이 말은 사용자가 요청자를 삭제할 수 있게 해야 하지만 현재 유스케이스에서 이 기능이 누락됐다는 것이다.

어떤 해석이 맞는 것인지는 모르지만 CRUD 분석은 이처럼 누락된 요구사항을 찾는 데 강력한 방법이다.

보고서 명세화하기

많은 애플리케이션은 하나 이상의 데이터베이스나 파일, 기타 다른 정보 소스로부터 보고서를 생성한다. 보고서는 데이터의 행과 열로 이뤄진 전통적인 표 형태, 모든 종류의 그래프나 차트 혹은 기타 다른 것들의 조합으로 구성된다. 보고서에 필요한 콘텐츠나 형식을 찾는 것은 요구사항 개발에서 중요한 요소다. 보고서 명세는 요구사항(보고서에 담겨야 하는 정보의 종류와 이러한 정보를 구성하는 방법)과 디자인(보고서의 모습)에 걸쳐 분포돼 있다. 이번 절에서는 질문 내용과 기록해야 하는 정보에 대한 보고서의 구체적인 요소를 제안한다. 보고서를 명세화하기 위한 템플릿도 포함할 것이다.

보고서 요구사항 도출하기

정보 시스템을 위한 보고서 요구사항을 정의하기 위해 고객과 함께 작업 중인 BA라면 다음과 같은 질문을 고려해 볼 수 있다.

- 현재 사용 중인 보고서는 무엇인가? (기존 시스템의 보고서나 사업상의 이유로 직접 작성하는 보고서의 경우 신규 시스템에 반영할 필요가 있을 것이다.)
- 수정돼야 하는 보고서가 있는가? (신규 혹은 개선된 정보 시스템 프로젝트는 현 니즈를 만족하지 못하는 보고서를 업데이트할 수 있는 기회를 제공한다.)
- 현재 생성할 수 있는 보고서 중 사용하지 않는 것이 있는가? (신규 시스템에서는 구축할 필요가 없을 것이다.)
- 일관된 룩앤필을 제공하거나 규정을 준수하는 등 보고서가 따라야 하는 부서나 조직 정부의 표준을 설명할 수 있는가? (이러한 표준의 사본과 이를 만족시키는 현재 보고서 샘플을 구하자.)

윗올은 보고서 요구사항을 명세화할 수 있는 패턴과 템플릿을 설명한다(Withall 2007). 조이 비티와 앤소니 챈도 보고서를 명세화하기 위한 광범위한 지침을 제공한다(Joy Beatty and Anthony Chen 2012). 다음은 각 고객이 요청하는 보고서를 찾기 위한 몇 가지 질문이다. 첫 번째 질문들은 보고서와 이러한 보고서의 사용법에 대한 컨텍스트를 다룬다.

- 보고서의 이름은 무엇인가?
- 보고서의 목적이나 사업 분야는 무엇인가? 보고서의 수신자가 정보를 어떻게 사용하는가? 보고서를 통해 내릴 수 있는 결정은 무엇이며, 누구에 의해 이뤄지는가?
- 보고서가 수동으로 생성되는가? 그렇다면 얼마나 자주 생성되고 어떤 범주의 사용자들이 생성하는가?
- 보고서가 자동으로 생성되는가? 그렇다면 얼마나 자주 생성되고 이를 발생시키는 조건이나 이벤트는 무엇인가?
- 보고서의 일반적인 규모와 최대 규모는 어떻게 되는가?
- 여러 개의 보고서나 그래프를 표시하는 대시보드가 필요한가? 그렇다면 사용자가 모든 대시보드 요소의 세부 내용을 찾아가거나 되돌아올 수 있어야 하는가?
- 생성된 보고서는 어떤 처리를 하는가? 보고서는 자동으로 화면에 출력되고 수신자에게 전송하고 스프레드시트로 저장하며 인쇄하는가? 보고서는 추후 활용하기 위해 어디엔가 저장되거나 보관되는가?
- 특정 개인이나 사용자 클래스에 대한 보고서 접근을 제한하거나, 보고서 작성자에 따라 보고서에 포함될 수 있는 데이터를 제한하는 보안, 개인정보 보호, 관리에 대한 규제가 있는가? 보안과 관련된 모든 관련 비즈니스 규칙을 확인하자.

다음은 보고서에 대한 정보를 도출하기 위한 질문이다.

- 데이터의 소스는 무엇이며 저장소에서 데이터를 선택하는 기준은 무엇인가?
- 사용자는 어떤 매개변수를 선택할 수 있는가?

- 계산이나 데이터 변환이 필요한가?

- 정렬, 페이지 분리, 합계를 위한 기준은 무엇인가?

- 보고서 생성 시 질의에 대해 반환되는 데이터가 없을 경우 시스템은 어떻게 응답해야 하는가?

- 사용자가 특정 목적의 보고를 위해 보고서의 기본 데이터를 이용할 수 있는가?

- 보고서가 이와 유사한 보고서를 위한 템플릿으로 사용될 수 있는가?

보고서 명세의 고려사항

다음의 제안은 BA가 보고서 요구사항을 찾는 데 유용할 것이다.

다른 변형 고려하기

사용자가 특정 보고서를 요청할 때 보고서를 변형시키거나 보강함으로써 비즈니스에 가치를 더할 수 있다면 BA는 확인할 수 있는 주제에 대한 변형을 제안할 수 있다. 변형 중 하나는 사용자의 초기 요청 후에 데이터 요소의 정렬 기능을 제공함으로써 단순히 데이터를 서로 다르게 나열하기만 한다. 사용자에게 열의 순서를 지정할 수 있는 도구를 제공하는 것도 좋다. 변형의 또 다른 유형으로는 요약이나 드릴 다운이 있다. 요약 보고서는 구체적인 결과를 좀 더 간결하고 높은 수준의 뷰로 정리한다. "드릴 다운"이란 요약 정보를 반영해서 부가 정보를 출력하는 보고서를 생성하는 것을 의미한다.

데이터 찾기

시스템에서 보고서를 생성하는 데 필요한 데이터를 사용할 수 있는지 확인하자. 사용자는 필요한 데이터를 사용할 수 있게 만드는 특정 기초 자료나 소스를 포함해서 원하는 결과를 만들 수 있다고 생각한다. 이 분석은 필요한 데이터에 접근하거나 이를 생성하는 데 필요한 이전에 알지 못했던 요구사항을 드러낼 수 있다. 결과 데이터를 산출하는 데 필요한 모든 비즈니스 규칙을 파악하자.

성장 예상하기

얼마나 많은 데이터, 혹은 매개변수가 필요한가에 대한 초기 구상에 따라 사용자는 특정 보고서를 요청할 수 있다. 소규모 데이터에서 문제가 없던 초기 보고서 구성은 시간이 지나고 시스템의 규모가 커지면 점차 다루기 힘들어진다. 예를 들어, 회사의 여러 부서를 위한 다중 행 레이아웃은 한 페이지에 잘 맞을 것이다. 그러나 부서가 두 배로 늘어나면 페이지를 나누기 곤란한 상황이 야기되거나, 보고서를 가로로 스크롤해야 할 것이다. 세로 방향의 레이아웃을 가로 방향으로 변경하거나 행 레이아웃의 데이터를 열로 옮겨야 할 것이다.

유사성 찾기

여러 사용자(심지어 한 명의 사용자)는 유사하지만 동일하지는 않은 보고서를 요청할 것이다. 이런 변화에 대해 중복 개발이나 유지보수 노력 없이 다양한 니즈를 충족하는 유연성을 제공하는 하나의 보고서로 통합할 수 있는 기회를 찾아보자. 때로는 변수를 매개변수로 처리해서 사용자 유연성을 제공할 수도 있다.

정적 보고서 및 동적 보고서의 구분

정적 보고서는 특정 시점을 기준으로 데이터를 인쇄하거나 출력한다. 반면 동적 보고서는 데이터에 대해 대화식 및 실시간 뷰를 제공한다. 기본 데이터가 변경되면 시스템은 화면에 출력된 보고서를 갱신한다. 회계 소프트웨어에 이런 기능이 있다. 만약 지출 보고서를 보고 최근에 작성한 수표를 입력하면 화면의 지출 보고서는 즉시 업데이트된다. 어떤 유형의 보고서를 요청하느냐에 따라 요구사항을 유연하게 적용하자.

프로토타입 보고서

사용자의 피드백을 자극할 수 있는 접근법을 제공하는 목업 보고서를 만들거나 필요한 레이아웃을 표현하는 기존과 유사한 보고서를 사용하는 것도 유용할 때가 있다. 요구사항에 대해 논의하는 동안 이런 프로토타입을 만들어 보면 요구사항 도출에 참가하는 사람들이 필요하거나 불필요한 디자인 제약조건을 알 수 있다. 또한 고객 피드백을 설계하고 수집하는 동안 개발자가 샘플 보고서 레이아웃을 만들어 볼 수도 있다. 프로토타입이 이를 평가하는 사용자에게 현실적인 경험을 제공할 수 있게 목업에 실제와 유사한 데이터를 사용하자.

보고서 명세 템플릿

그림 13-6은 보고서를 명세화하기 위한 템플릿을 제안한다. 이러한 보고서 요소의 일부는 요구사항 도출 과정에서 결정되며, 나머지는 설계 과정에서 결정된다. 요구사항은 보고서 콘텐츠를 구체화하는 반면 디자인 프로세스는 정확한 레이아웃과 서식을 설정한다. 기존 보고서 표준은 템플릿의 항목 중 일부를 해결할 수 있다.

이러한 모든 요소나 질문이 모든 보고서와 관련된 것은 아니다. 또한 이러한 요소가 배치될 장소도 제각각이다. 보고서 제목은 첫 페이지 상단이나 모든 페이지의 헤더에 나타나야 할 것이다. 그림 13-6에 있는 정보를 BA나 고객, 개발자, 테스터가 각 보고서의 요구사항과 디자인 제약사항의 이해를 돕기 위한 지침으로 사용하자.

보고서 요소	요소 설명
보고서 ID	보고서를 식별하거나 분류하는 데 사용되는 번호, 코드, 이름표
보고서 제목	▪ 보고서 이름 ▪ 페이지에서 제목의 위치 ▪ 보고서 생성에 사용되는 질의 매개변수 포함 여부(예: 날짜 범위)
보고서 목적	보고서에 대한 프로젝트나 배경, 컨텍스트, 비즈니스 니즈의 간략한 설명
보고서를 토대로 이뤄진 의사결정	보고서에 포함된 정보를 사용해서 내린 비즈니스 의사결정
우선순위	보고서 기능을 구현하기 위한 상대적 우선순위
보고서 사용자	보고서를 생성하거나 이를 사용해서 의사결정을 내리는 사용자 범주
데이터 소스	데이터를 추출하는 애플리케이션이나 파일, 데이터베이스, 데이터 웨어하우스
주기 및 처리	▪ 보고서가 동적인가? 아니면 정적인가? ▪ 보고서가 얼마나 자주 생성되는가? 주간이나 월간, 혹은 필요에 따라? ▪ 보고서를 생성할 때 얼마나 많은 데이터를 사용하는가? 얼마나 많은 트랜잭션이 필요한가? ▪ 보고서를 생성하게 하는 조건이나 이벤트는 무엇인가? ▪ 보고서가 자동으로 생성될 수 있는가? 아니면 수동으로 생성해야 하는가? ▪ 보고서를 받는 사람은 누구인가? 이들이 보고서를 이용하는 방법은? (애플리케이션 화면에 출력, 이메일 전송, 출력, 모바일 장치에서 조회)
대기 시간	▪ 사용자가 보고서를 요청할 때 얼마나 빨리 보고서가 이들에게 전달돼야 하는가? ▪ 보고서를 실행할 때 데이터를 최신 상태로 유지하려면 어떻게 해야 하는가?
시각적 레이아웃	▪ 가로 또는 세로 방향 ▪ 하드카피 보고서에 사용되는 종이 크기(혹은 프린터 유형) ▪ 보고서에 그래프가 포함된다면 그래프 유형이나 모양, 매개변수 정의: 제목이나 축 크기 및 이름표, 데이터 소스 등
머리글과 바닥글	다음 항목은 보고서의 머리글이나 바닥글 어디에나 위치할 수 있다. 이러한 각 요소는 페이지에서 각 요소의 위치와 글꼴, 글꼴 크기, 문자 강조, 색, 대소문자, 문자 맞춤 옵션 등과 같은 모양에 대한 명세를 포함한다. 제목이나 기타 다른 내용이 할당된 공간을 초과하는 경우 글을 잘라야 하는가? 단어를 다음 행으로 넘겨야 하는가? 아니면 어떻게 처리해야 하는가? ▪ 보고서 제목 ▪ 페이지 번호와 형식(예: "페이지 x" 혹은 "y페이지 중 x") ▪ 보고서 노트(예: "1개월 미만 재직한 자는 보고서에서 제외한다.")

보고서 요소	요소 설명
머리글과 바닥글	▪ 보고서를 실행한 타임스탬프 ▪ 보고서 생성자의 이름 ▪ 데이터 소스(특히 여러 소스로부터 통합한 데이터 웨어하우스 애플리케이션의 데이터 소스) ▪ 보고서 시작일 및 종료일 ▪ 조직 식별자(회사명, 부서, 로고, 기타 그래픽 이미지) ▪ 비밀 여부나 저작권 고지문
보고서 본문	▪ 항목 선택 기준(데이터 선택 및 배제 논리) ▪ 포함하는 필드 ▪ 필드 이름표를 직접 정의하기 위해 사용자가 지정한 문자나 매개변수 ▪ 행과 열의 제목 및 형식: 문자, 글꼴, 크기, 색, 강조, 대소문자, 문자 맞춤 옵션 ▪ 데이터 필드에 대한 행과 열의 레이아웃, 혹은 차트나 그래프의 위치나 매개변수 ▪ 각 필드의 출력 형식: 글꼴, 크기, 색, 강조, 대소문자, 문자 맞춤 옵션, 숫자 반올림, 숫자 및 서식, 특수 문자($, %, 쉼표, 소수점, 패드 문자의 시작이나 끝) ▪ 숫자나 텍스트 필드가 넘칠 때의 처리 방법 ▪ 데이터를 화면에 표시하기 위해 수행되는 계산이나 다른 변환 ▪ 각 필드의 정렬 기준 ▪ 보고서를 실행하기 전에 보고서 질의를 제한하는 데 사용되는 필터 조건이나 매개변수 ▪ 열을 벗어나는 총 합이나 소계의 서식을 포함하는 그룹 및 소계 ▪ 페이지 나눔 기준
보고서 끝 지시자	보고서의 끝을 나타내는 모든 지시자의 모양이나 위치
상호작용	▪ 보고서가 동적이거나 대화식으로 생성된다면 초기에 생성되는 보고서에서 사용자는 어떤 콘텐츠나 모양을 수정할 수 있는가(확장 및 축소 뷰, 다른 보고서 링크, 데이터 소스 드릴다운)? ▪ 사용자 세션하에서 지속될 것이라 예상되는 보고서의 설정은 무엇인가?
보안 접근 제한	보고서를 생성하거나 조회할 수 있는 개인이나 그룹, 조직, 또는 포함할 수 있는 데이터의 선택 여부에 관한 모든 제한사항

그림 13-6 보고서 명세 템플릿

대시보드 보고서

대시보드란 조직이나 프로세스의 현 상황에 대한 통합적이고 다양한 관점의 뷰를 제공하기 위해 데이터를 다양한 문자나 그래픽으로 표현하는 출력된 화면이나 인쇄된 보고서를 말한다. 기업은 매출, 지출, 핵심 성과 지표(KPI; Key Performance Indicator) 등을 함께 모은 대시보드를 사용한다.

주식 거래 애플리케이션은 숙련된 사람의 눈으로 한눈에 검색하고 처리할 수 있는 놀랄 만한 수의 차트와 데이터 집합을 출력한다. 대시보드의 특정 표시 내용은 입력 데이터가 변화함에 따라 실시간 및 동적으로 갱신될 것이다. 그림 13-7은 자선 재단의 가상 보고용 대시보드를 보여준다.

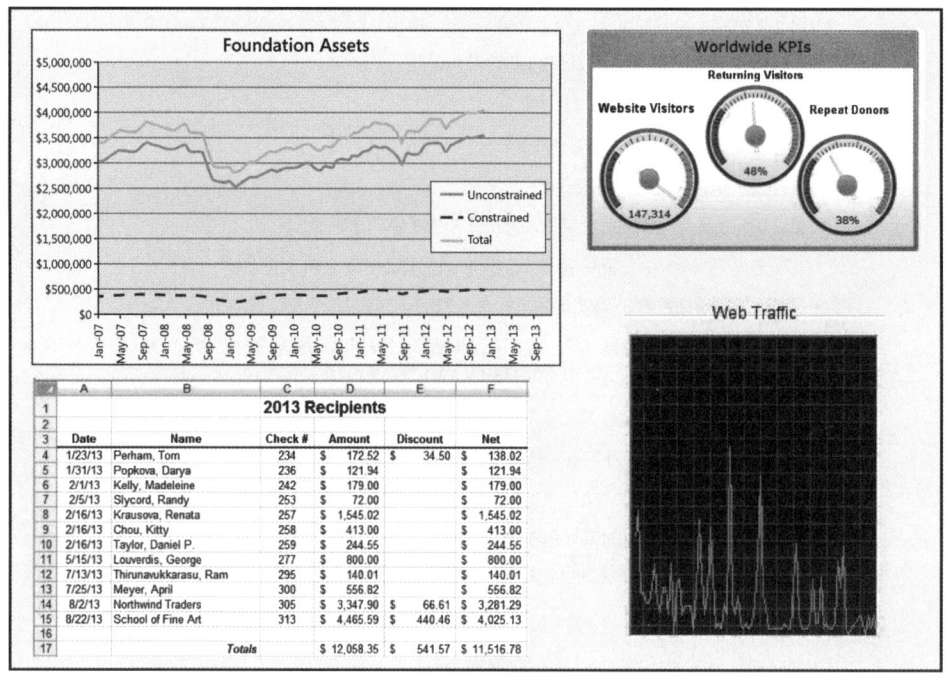

그림 13-7 자선 재단의 가상 보고용 대시보드

대시보드에 대한 요구사항을 명세화하는 것은 다음과 같은 순차적인 도출 및 분석 활동을 동반한다. 또한 이번 장의 앞에서 얘기한 바와 같이 이러한 여러 단계는 각 보고서를 명세화하는 데 유용하다.

- 대시보드 사용자가 어떤 의사결정을 내리거나 선택을 해야 할 때 필요로 하는 정보가 무엇인지 결정하자. 현 데이터가 사용되는 방법을 이해하면 가장 적합한 표현 방법을 선택하는 데 도움이 된다.
- 필요한 모든 데이터를 식별함으로써 애플리케이션이 이들에게 접근할 수 있게 하고 동적 혹은 정적 여부를 알 수 있다.
- 각각의 관련 데이터 집합에 대해 가장 적합한 출력 유형을 선택하자. 간단한 표, 수식을 포함하고, 수정 가능한 스프레드시트, 본문, 막대 그래프, 원 그래프, 선 그래프, 동영상, 혹은 정보를 표현할 수 있는 기타 다른 방법으로 이를 표시해야 하는가?
- 사용자가 정보를 접하고 적용하는 방법에 따라 대시보드에 출력되는 다양한 화면에 대해 최적의 레이아웃과 상대적인 크기를 결정하자.

- 대시보드에 출력되는 각 세부사항을 구체화하자. 즉, 각각을 작은 보고서로 다루게 하자. 이번 장 앞부분의 "보고서 요구사항 도출하기" 절에 나열된 질문과 그림 13-6의 템플릿은 이러한 논의에 유용할 것이다. 다음은 좀 더 찾아볼 만한 몇 가지 추가 항목이다.
  - 출력되는 데이터가 동적인 경우 데이터가 얼마나 자주 갱신되거나 추가돼야 하며 어떤 방법으로 처리돼야 하는가? 예를 들어, 새로운 정보를 좌측으로 스크롤하는 현 데이터가 고정폭 창의 우측 끝에 추가되는가?
  - 날짜 범위와 같이 사용자가 출력을 임의로 변경할 수 있게 하는 데 필요한 매개변수는 무엇인가?
  - 사용자는 데이터에 따라 출력 방식이 변화하는 조건부 서식을 필요로 하는가? 이는 진행 또는 상태 보고서를 만들 때 유용하다. 데이터가 "긍정적" 기준에 부합함을 나타내는 녹색, "주의"를 알리는 노란색, "완전 엉망"임을 나타내는 빨간색을 사용하자. 화면에 색을 사용할 때는 색을 잘 구분하지 못하는 사람이나 표시된 내용을 흑백으로 출력해 배포하는 사람들을 위해 패턴을 사용해야 할 수도 있음을 기억하자.
  - 어떤 화면에 가로나 세로 스크롤바가 필요한가?
  - 좀 더 자세한 내용을 확인하기 위해 사용자가 대시보드에서 모든 화면을 확대할 수 있어야 하는가? 화면 공간을 확보하기 위해 화면을 최소화하거나 닫을 수 있어야 하는가? 사용자의 개인화 설정을 세션 간에도 유지할 수 있는 방법은 무엇인가?
  - 표 화면과 그래픽 화면 사이를 전환하는 것과 같이 사용자가 화면의 형태를 변경하고자 할 것인가?
  - 사용자가 더 자세한 보고서나 기본 데이터를 확인하기 위해 화면에 대한 드릴다운을 필요로 하는가?

대시보드 프로토타이핑은 레이아웃과 출력 스타일이 이해관계자의 니즈를 충족시키도록 이해관계자와 함께 작업하기에 탁월한 방법이다. 이해관계자가 스스로 만족하는 레이아웃을 찾을 때까지 포스트잇에 가능한 화면 구성요소를 스케치할 수도 있다. 반복은 요구사항을 정제하고 디자인 대안을 찾는 데 중요하다.

일반적인 요구사항 명세서와 같이 보고서나 대시보드를 지정할 때 제공하는 세부 정보의 양은 결정을 내리는 사람과 시기에 따라 달라진다. 디자이너에게 위임하고자 하는 세부 사항이 많을수록 요구사항에서 제공해야 하는 정보는 적을 것이다. 또한 언제나처럼 BA와 사용자 대표, 개발자 간의 긴밀한 협업은 모두가 만족하는 결과를 이뤄내는 데 도움될 것이다.

> **다음 단계는**
> - 애플리케이션에 존재하는 적당히 복잡한 데이터 객체를 찾아 이번 장에서 설명한 데이터 사전 표기법을 사용해서 데이터 및 구성 요소를 정의하자.
> - 애플리케이션의 데이터 객체에 대한 개체 관계 다이어그램을 만들어보자. 사용할 만한 데이터 모델링 도구가 없다면 마이크로소프트 비지오를 사용해 보는 것도 좋을 것이다.
> - 실전에 앞서 기존 애플리케이션에서 제공하는 보고서를 그림 13-6에 있는 명세 템플릿에 따라 명세화해 보자. 애플리케이션에서 생성하는 보고서의 성격에 맞게 템플릿을 적절히 조정하자.

14
기능, 그 이상을 향해

"샘, 안녕하세요. 저는 클라리스라고 합니다. 오늘 새로운 강의실에서 강의를 했는데 난방 시스템이 너무 시끄럽네요. 팬 소리 때문에 크게 얘기하는 바람에 목이 쉬어버렸어요. 당신이 관리 책임자죠? 팬 소리가 왜 이렇게 큰 거죠? 고장 난 건가요?"

"정상적으로 작동하고 있어요"라고 샘은 대답했다. "이 난방 시스템의 엔지니어가 내게 준 요구사항에서는 문제가 없습니다. 분당 올바른 횟수로 회전하고, 60도에서 85도의 사이로 온도를 조절할 수 있으며, 모든 요구된 프로파일 프로그래밍 기능을 갖고 있습니다. 아무도 소음에 대해 얘기한 적이 없어서 요구사항을 만족하는 저렴한 시스템을 구입했어요."

클라리스는 "온도 조절은 잘 됩니다. 하지만 여기는 강의실이란 말입니다! 학생들이 내가 하는 말을 거의 알아들을 수가 없었어요. 우리는 PA 시스템을 설치하거나 좀 더 조용한 냉방 시스템을 구할 생각이에요. 어떻게 생각하세요?"

샘은 큰 도움을 주지 못했다. "클라리스, 시스템은 내가 받은 모든 요구사항을 만족합니다."라고만 반복했다. "소음 수준이 중요하다는 것을 알았더라면 다른 장비를 구입했을 테지만 지금 교체하기에는 너무 비용이 많이 들어요. 목이 상하지 않도록 목캔디를 먹는 게 좋을 것 같네요."

성공적인 소프트웨어에는 올바른 기능을 제공하는 것보다 더 중요한 것이 있다. 잘 언급하지는 않지만 사용자는 제품이 얼마나 잘 작동하는지에 대한 기대를 갖고 있다. 얼마나 사용하기 쉬운지, 실행 속도가 얼마나 빠른지, 얼마나 문제 확률이 낮은지, 예상치 못한 조건을 어떻게 다루는지, 심지어 얼마나 시끄러운지 등이 이런 기대에 포함된다. 시스템에서 비기능적 요구사항은 주로 품질 속성이나 품질 요소, 품질 요구사항, 서비스 품질 요구사항, "-성"이라고 알려져 있는 특성으로 이뤄진다. 사실 많은 사람들은 품질 속성이 비기능적 요구사항과 동의어라 여기지만 이는 지나친 단순화다. 비기능적 요구사항에는 제약조건(이번 장의 후반부에서 논의)과 외부 인터페이스 요구사항(10장 "요구사항 문서화하기"에서 논의)이라는 두 가지 클래스가 있다.

"비기능적 요구사항"이라는 용어에 대한 더 자세한 내용은 1장 "필수 소프트웨어 요구사항"의 "만약 무언가가 비기능적이라면 과연 그것은 무엇인가?"라는 사이드바를 참조하자.

사람들은 때때로 특정 니즈가 기능적 요구사항인지, 아니면 비기능적 요구사항인지에 대한 논쟁에 너무 심취한다. 분류하는 것은 요구사항을 식별하는 것보다 덜 중요하다. 이번 장은 발견하기 어려운 비기능적 요구사항을 찾고 명세화하는 데 도움될 것이다.

품질 속성으로 사용자에게 만족스럽지 않은 제품을 구분할 수 있다. 우수한 제품은 여러 상충하는 품질 속성 중에서 최적의 균형을 반영한다. 요구사항을 도출하는 동안 고객의 품질 예상치를 찾지 못했는데도 고객이 제품에 만족한다면 단지 운이 좋은 것일 뿐이다. 실망한 사용자와 좌절한 개발자는 이로 인한 결과의 전형적인 예다.

많은 기능적 요구사항은 품질 속성에서 시작한다. 또한 품질 속성은 중요한 아키텍처 및 설계에 대한 의사결정을 주도한다. 필수적인 품질 목표를 달성하기 위해 전체 시스템을 재구조화하는 데는 초기에 설계를 하는 것보다 훨씬 더 많은 비용이 든다. 운영체제 및 공통적으로 사용되는 애플리케이션의 판매업체가 정기적으로 출시하는 여러 보안 업데이트를 생각해 보자. 개발 시 보안에 대한 일부 추가 작업을 통해 많은 비용 지출과 사용자의 불편을 방지할 수 있다.

> **그건 아니다.**
> 품질 속성은 제품을 성공시킬 수도 있지만 망칠 수도 있다. 어떤 대기업이 녹색 화면의 콜센터 애플리케이션을 화려한 윈도우 기반의 제품으로 대체하면서 수십억 원을 지출했다. 투자가 끝난 후 사용법이 너무 어려워 콜센터 대표가 신규 시스템 도입을 거부했다. 고급 사용자들은 기존 시스템에서 효율적으로 사용하던 단축키들을 더 이상 쓸 수 없게 됐다. 이제 그들은 단축키보다 느린 마우스로 앱을 사용해야 했다. 기업의 지도자는 우선 "신규 앱을 사용하는 것을 의무화할 것입니다."라고 말하며 강경하게 대응했다.

> 그러나 콜센터 직원은 여전히 저항했다. 이런 상황이라면 여러분은 어떻게 하겠는가? 이들 고객의 주문을 접수하는 데 신규 시스템을 사용하지 않으면 주문을 잃게 될 위험이 있으므로 회사가 기존 시스템을 꺼버릴 수는 없었다. 사용자는 "새롭고 향상된" 시스템에 의해 생산성을 잃고 싶어하지 않는다. 개발팀은 사용자가 신규 소프트웨어를 받아들일 때까지 사용자 인터페이스를 새로 설계하고 기존의 키보드 단축키 기능을 추가했다.

소프트웨어 품질 속성

수십 가지의 제품 특성을 품질 속성이라 부를 수 있지만 대부분의 프로젝트 팀은 그중 몇 가지만 신중하게 고려하곤 한다. 개발자가 이 가운데 성공에 가장 중요한 특성이 무엇인지 알고 있다면 품질 속성을 만족할 수 있는 적절한 설계 및 개발 방법을 선택할 수 있다. 품질 속성은 다양한 방법에 따라 분류돼 왔다(DeGrace and Stahl 1993; IEEE 1998; ISO/IEC 2007; Miller 2009; ISO/IEC 2011). 일부 저자는 관련 속성을 주요 범주 그룹으로 분류하는 광범위한 계층 구조를 구축했다.

품질 속성을 분류하는 한 가지 방법은 소프트웨어를 실행해서 인식할 수 있는 특성(외부 품질)과 인식할 수 없는 특성(내부 품질)을 구분하는 것이다(Bass, Clements, and Kazman 1998). 외부 품질 요소는 기본적으로 사용자에게 중요한 반면 내부 품질은 개발 및 유지보수 직원에게 더 중요하다. 내부 품질 속성은 좀 더 쉬운 개선, 수정, 테스트 및 신규 플랫폼으로의 전환을 통해 고객 만족에 직접적으로 관여한다.

표 14-1은 모든 프로젝트에서 고려해야 하는 품질에 대한 여러 내부 및 외부 측면을 간략히 설명한다. 일부 속성은 특정 유형의 프로젝트에서 특히 중요하다.

- 임베디드 시스템: 성능, 효율성, 신뢰성, 견고성, 안전성, 보안, 사용성(26장 "임베디드 및 기타 실시간 시스템 프로젝트" 참조)
- 인터넷 및 기업 애플리케이션: 가용성, 무결성, 상호운용성, 성능, 확장성, 보안, 사용성
- 데스크톱 및 모바일 시스템: 성능, 보안, 사용성

또한 시스템의 다른 부분에서는 또 다른 품질 속성이 중요할 수 있다. 어떤 부분에서는 사용성이 가장 중요한 반면 어떤 구성 요소에는 성능이 가장 중요할 것이다. 어떤 환경에서는 여기서 다루지 않는 고유한 품질 속성을 갖고 있을 수도 있다. 예를 들어, 게임 회사는 소프트웨어에 감정에 대한 요구사항을 담고자 할 것이다(Callele, Neufeld, and Schneider 2008).

10장에서 설명한 SRS 템플릿의 여섯 번째 절은 품질 속성을 담는다. 일부 품질 요구사항이 특정 기능이나 구성 요소, 기능적 요구사항, 사용자 스토리에 해당하는 경우 이들은 요구사항 저장소의 적절한 항목과 관련된다.

표 14-1 소프트웨어 품질 속성 중 일부

외부 품질	간략한 설명
가용성	언제 어디서나 필요한 시스템 서비스를 사용할 수 있는 정도
설치 용이성	애플리케이션을 얼마나 쉽고 문제 없이 설치, 삭제, 재설치할 수 있는가
무결성	시스템이 데이터를 부정확함과 손실에서 보호할 수 있는 정도
상호운용성	시스템이 다른 시스템이나 구성 요소와 얼마나 쉽게 연결하고 데이터를 교환할 수 있는가
성능	시스템이 사용자 입력이나 기타 다른 이벤트에 얼마나 신속하게 반응하고 예측할 수 있는가
신뢰성	시스템 장애가 발생하기 전까지 얼마나 오래 동작하는가
견고성	예기치 못한 동작 조건에 얼마나 잘 응답하는가
안전	시스템이 피해나 손상으로부터 얼마나 잘 보호되는가
보안	시스템이 애플리케이션이나 데이터에 대한 인가되지 않은 접근으로부터 얼마나 잘 보호되는가
사용성	사람들에게 시스템을 학습하고 기억하고 사용하는 것이 얼마나 쉬운가
내부 품질	간략한 설명
효율성	시스템이 컴퓨터 자원을 얼마나 효율적으로 사용하는가
수정 용이성	시스템의 유지보수 및 변경, 재구성이 얼마나 쉬운가
이식성	시스템을 다른 운영 환경에서 얼마나 쉽게 작동하게 할 수 있는가
재사용성	어떤 구성 요소를 다른 시스템에서 사용할 수 있도록 확장할 수 있는가
확장성	시스템이 더 많은 사용자나 트랜잭션, 서버, 기타 다른 확장을 처리할 수 있도록 얼마나 쉽게 확장할 수 있는가
검증 가능성	개발자나 테스터가 소프트웨어가 올바르게 구현됐는지 얼마나 쉽게 확인할 수 있는가

품질 속성 찾기

이상적인 세계에서 모든 시스템은 시스템의 모든 속성을 가능한 최대 수준으로 경험하게 한다. 이 시스템은 언제나 이용 가능하며, 절대 실패하지 않고, 올바른 결과를 즉각적으로 제공하며, 인가되지 않은 모든 접근을 차단하고, 사용자들을 혼란스럽게 하지 않는다. 그러나 현실에서는 이 모든 것들을 동시에 극대화하지 못하게 하는 특정 속성 간의 트레이드오프와 충돌이 발생한다. 완벽함은 얻기 어렵기 때문에 프로젝트의 성공을 위해 표 14-1에서 어떤 속성이 가장 중요한지 결정해야 한다. 그다음에야 이러한 필수 속성에 대한 특정 품질 목표를 기술할 수 있으며, 설계자가 적절한 의사결정을 할 수 있다.

프로젝트마다 성공에 필요한 품질 속성들이 다를 것이다. 짐 브로소는 프로젝트에 가장 중요한 속성을 식별하고 명세화하기 위해 다음과 같은 실용적인 접근법을 권장한다(Jim Brosseau 2010). 그는 분석을 지원하기 위한 스프레드시트[1]를 제공한다.

1단계: 폭넓은 분류체계로 시작하기

표 14-1에 나열돼 있는 바와 같이 고려해야 하는 풍부한 품질 속성 집합으로 시작한다. 이러한 폭넓은 시작점은 중요한 품질 차원을 간과할 가능성을 줄인다.

2단계: 목록 다이어트하기

프로젝트에서 어떤 속성이 가장 중요할 것인지를 산정하기 위해 이해관계자의 단면을 파악하자(이해관계자의 광범위한 목록은 2장 "고객 관점의 요구사항"의 그림 2-2 참조). 공항 체크인 키오스크의 경우 사용성(대부분의 사용자가 자주 이용하기 때문)과 보안(결제를 처리하기 때문)을 강조할 필요가 있다. 프로젝트에 적용되지 않는 속성은 더 이상 고려할 필요가 없다. 특정 품질 속성에 대한 고려 여부를 결정하기 위해 이론적 근거를 기록하자.

품질 목표를 구체화하지 않는다면 제품이 기대치를 만족하지 못하는 것을 아무도 모를 수 있다. 이는 다양한 이해관계자의 참여가 중요한 이유다. 실제로 일부 속성은 범위 안에 속하는지 혹은 바깥에 속하는지가 명확할 것이며, 단지 일부만이 프로젝트에서 고려할 만한 가치가 있는지에 대해 논의가 필요할 것이다.

3단계: 속성에 우선순위 할당하기

앞으로 있을 요구사항 도출 논의에 좀 더 집중할 수 있게 적절한 속성 집합에 우선순위를 할당하자. 쌍으로 순위 비교하기(pairwise ranking comparison)를 통해 이 같은 소규모의 항목에 효율적으로 우선순위를 할당할 수 있다. 그림 14-1은 공항 체크인 키오스크의 품질 속성을 산정하기 위한 브로소의 스프레드시트 사용법을 보여준다. 두 개의 속성이 교차하는 각 셀은 "이들 속성 중 단 한 개만 선택할 수 있다면 어떤 것을 선택하겠는가?"라고 질문한다. 행의 속성이 좀 더 중요함을 나타내기 위해 셀에 〈 부등호를 입력할 수 있으며, ^은 열의 상단에 있는 속성이 더 중요함을 나타낸다. 예를 들어, 가용성과 무결성을 비교해 보면 나의 경우 무결성이 좀 더 중요하다는 결론을 내린다. 키오스크가 동작하지 않는다면 승객은 언제나 공항 창구에서 체크인을 할 수 있기 때문이다(여행자의

---

[1] www.clarrus.com/resources/articles/software-quality-attributes

줄이 길지라도 말이다). 그러나 만약 키오스크가 올바른 데이터를 정상적으로 표시하지 않는다면 승객에게 불편함을 야기할 것이다. 그래서 나는 가용성과 무결성의 교차 지점에 두 가지 중 상단에 있는 무결성이 더 중요함을 나타내는 ^ 기호를 셀에 입력했다.

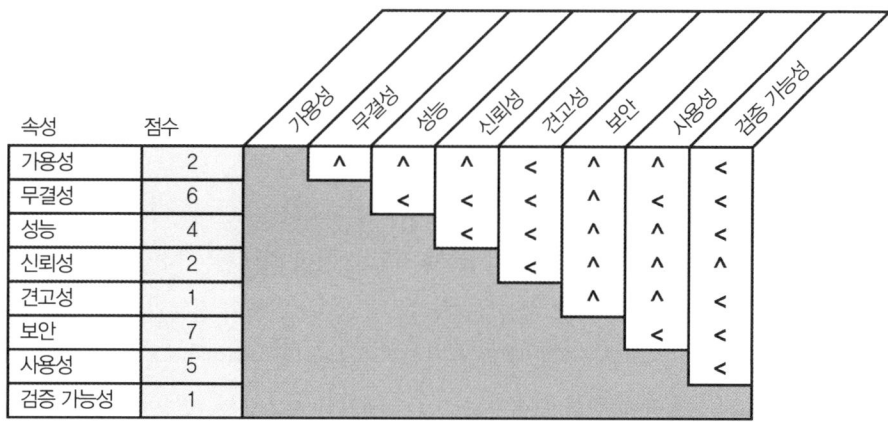

그림 14-1 공항 체크인 키오스크의 품질 속성 우선순위 예제

스프레드시트는 두 번째 열에 각 속성에 대한 상대 점수를 계산한다. 이 그림에서는 보안이 가장 중요(7점)하며, 무결성(6)과 사용성(5)이 그다음으로 중요하다. 사용자가 키오스크를 사용할 수 없거나 결제 도중 문제가 발생하는 게 좋은 상황은 아니기 때문에 성공을 위해 다른 요소 또한 중요할지라도 현실은 모든 속성이 가장 높은 우선순위를 가질 수 없다는 것이다.

우선순위 할당은 두 가지 방향에 도움을 준다. 첫째, 요구사항 도출 과정에서 프로젝트의 성공에 가장 중요한 요소로 설정된 속성에 집중할 수 있게 한다. 둘째, 품질 요구사항이 상충할 때 이에 대한 대응 방법을 알 수 있게 한다. 공항 체크인 키오스크의 예에서 요구사항 도출은 특정 보안 목표뿐 아니라 특정 성능 목표를 달성하고자 하는 바램이 있음을 보여준다. 보안 계층을 추가함으로써 트랜잭션의 속도가 느려질 수 있기 때문에 이러한 두 속성은 서로 충돌한다. 그러나 우선순위 할당 활동에서 보안(7점)이 성능(4점)보다 더 중요함을 나타내기 때문에 어떤 갈등에서도 보안을 선호하도록 유도해야 한다.

> **함정** 품질 속성을 찾을 때 유지보수 개발자와 기술 지원부서 직원과 같은 이해관계자를 방치하지 말자. 이들의 품질 우선순위는 다른 사용자들과 매우 다를 수 있다. 또한 품질 우선순위는 사용자 클래스마다 다를 수도 있다. 어떤 방법의 정확한 의도에 대해 이견이 발생했을 때 이를 드러내서 최소한의 비용과 고민을 통해 이를 해결할 수 있는 개발 수명 주기 초기에 이에 대한 작업을 할 수 있다.

4단계: 각 속성의 구체적인 기대치 도출하기

요구사항 도출 과정에서 사용자가 제시한 의견은 제품의 품질 특성에 대한 단서를 제공한다. 묘책은 사용자가 소프트웨어는 반드시 사용자 친화적이어야 하고 빠르고 믿을 수 있으며 견고해야 한다고 말할 때 사용자가 어떤 생각을 하는지 분석하는 것이다. 사용자의 기대치를 탐구함으로써 개발자가 즐거운 제품을 개발하는 데 도움이 되는 특정 품질 요구사항을 이끌어낼 수 있다.

사용자는 "상호운용성 요구사항이 무엇이라 생각하나요?" 혹은 "소프트웨어가 어떻게 신뢰를 얻을 수 있을까요?"와 같은 질문에 대답할 수 없다. 비즈니스 분석가는 상호운용성, 신뢰성 및 기타 속성을 탐구해서 사용자의 사고 프로세스를 안내하는 질문을 해야 한다. 록산느 밀러는 품질 속성을 도출하는 데 사용되는 제안 질문에 대한 광범위한 목록을 제공하며, 이번 장에서는 다양한 예를 들어 설명할 것이다(Roxanne Miller 2009). 도출 세션을 계획할 때 BA는 밀러의 질문과 같은 질문 목록을 가지고 시작해야 하며, 이 가운데 프로젝트에 가장 적절한 질문을 뽑아내야 한다. 이에 대한 예로서, 다음은 BA가 발명자가 제출한 특허를 관리하는 애플리케이션 시스템의 성능에 대한 사용자의 기대를 이해하기 위해 물어야 하는 몇 가지 질문이다.

1. 질의에 반응하는 일반 특허 검색 애플리케이션에서 합리적이거나 허용 가능한 응답 시간은 어떻게 되는가?
2. 일반적인 질의에 대해 사용자가 받아들일 수 없는 응답 시간은 얼마일까?
3. 평균적으로 얼마나 많은 동시 사용자를 기대하는가?
4. 예상하는 최대 동시 사용자는 어떻게 되는가?
5. 일간, 주간, 월간, 연간 중 어떤 시간대에 평소보다 더 많이 사용하는가?

요구사항 도출 참여자에게 사전에 이 같은 질문 목록을 보냄으로써 미리 대답을 고민해보거나 찾아볼 기회를 제공함으로써 빗발치는 질문 공세 속에서 급히 머리에 떠오르는 대로 답변하지 않게 할 수 있다. "논의해야 할 사항 중 제가 질문하지 않은 것들이 있나요?"는 어떠한 도출 논의에서도 훌륭한 마지막 질문이다.

사용자에게 그들이 허용할 수 있는 성능이나 보안, 신뢰성을 구성하는 것이 무엇인지 물어보는 것도 좋다. 즉, 인가되지 않은 사용자가 파일을 지우는 행위와 같이 사용자의 품질 기대치를 위반하는 시스템 속성을 구체화하자(Voas 1999). 허용할 수 없는 특성을 정의함으로써 시스템이 이러한 특성을 강제로 재현할 수 있는 테스트를 고안할 수 있다. 강제로 재현되지 않는다면 품질 목표를 달성한 것이나 마찬가지일 것이다. 신뢰성이나 생명 혹은 신체에 대한 위험을 초래할 수 있는 안전 허용 한계에 위협을 가하는 시스템과 같이 안전이 중요한 애플리케이션에서 이러한 접근법은 특히 유용하다.

또 다른 가능한 요구사항 도출 전략은 시스템을 개발 중인 이해관계자가 갖는 품질 목표로 시작하는 것이다(Alexander and Beus-Dukic 2009). 이해관계자의 품질 목표를 분석해서 기능적 및 비기능적 하위 목표를 제시할 수 있으며, 이로써 요구사항은 분해를 통해 더욱 구체적이고 측정하기 쉬워진다.

5단계: 품질 요구사항을 잘 구조화해서 명세화하기

"시스템은 사용자 친화적이어야 한다."라거나 "시스템은 밤낮 없이 작동해야 한다."와 같은 단순한 품질 요구사항은 유용하지 않다. 전자는 너무 주관적이고 모호하며, 후자 또한 비현실적이거나 그다지 필요하지 않다. 또한 양쪽 다 측정할 수 없다. 이러한 요구사항은 개발자에게 거의 지침을 제공하지 않는다. 그래서 마지막 단계는 각 품질 속성에 대해 도출된 정보로부터 구체적이고 검증 가능한 요구사항을 기술하는 것이다. 품질 요구사항을 작성할 경우 구체적이고(Specific), 측정 가능하며(Measurable), 달성 가능하고(Attainable), 실현 가능하며(Relevant), 시간을 고려(Time-sensitive)해야 함을 의미하는 SMART 원칙이 유용하다는 것을 염두에 두자.

품질 요구사항은 BA와 고객, 개발팀이 가진 기대치에 대해 명확히 동의할 수 있는 기준을 설정해서 측정 가능해야 한다. 이를 측정할 수 없다면 필요한 목표 달성 여부를 알 수 없기 때문에 명세화할 수도 없다. 테스터가 요구사항을 테스트할 수 없는 경우도 측정하기 어렵다. 각 속성 및 목표, 최소 및 최대 값에 대한 측정 단위 또는 척도를 나타낸다. 이번 장의 후반부에서 설명할 Planguage라는 표기법은 정확히 명세화하는 데 도움이 된다. 품질 요구사항에 대한 만족도를 산정하기 위한 명확하고 측정 가능한 기준을 파악하기 위해 사용자와 논의해야 할 수도 있다.

수잔과 제임스 로버트슨은 모든 기능적/비기능적 요구사항에 명세의 일부로서 "제품이 도달해야 하는 표준을 증명하는 정량적인 요구사항"과 같은 적당한 기준을 포함하기를 권장했다(Suzanne and James Robertson 2013). 이것은 훌륭한 조언이다. 적합성 기준이란 각 요구사항이 제대로 구현됐는지 여부의 측정 방법을 설명하는 것을 말한다. 이는 설계자가 목표를 달성할 거라 믿고, 테스터가 결과를 평가하는 데 유용한 해결책을 선택하는 데 도움을 준다.

잘 알려지지 않은 요구사항을 문서화하기 위해 자신만의 방법을 고안하는 대신 참고할 만한 기존의 요구사항 패턴을 찾자. 패턴은 상황에 대한 구체적인 세부 사항을 채울 수 있는 템플릿을 이용해 특정 유형의 요구사항을 작성하는 방법에 대한 지침을 제공한다. 스티브 윗올은 성능이나 가용성, 유연성, 보안, 사용자 접근성, 설치 용이성을 포함하는 품질 요구사항을 명세화하기 위한 다양한 패턴을 제공한다(Stephen Withall 2007). 다음과 같은 패턴은 초보 BA일지라도 건강한 품질 요구사항을 작성할 수 있게 돕는다.

품질 요구사항 정의하기

이번 절에서는 표 14-1의 각 품질 속성에 대해 설명하고 다양한 프로젝트의 품질 요구사항 중 일부를 보여준다. 소렌 루센(Soren Lauesen 2002)과 록산느 밀러(Roxanne Miller 2009)는 잘 구조화된 품질 속성 요구사항의 여러 추가적인 예를 제공한다. 모든 요구사항과 마찬가지로 각 품질 요구사항의 출처와 품질 목표 설정에 대한 이론적 근거가 명확하지 않다면 이를 기록하는 것이 좋다. 특정 목표의 필요성이나 비용이 정당화될 수 있는지에 대한 의문이 제기됐을 때 이론적 근거는 중요하다. 이번 장의 예에서 소스 정보의 유형은 생략했다.

외부 품질 속성

외부 품질 속성은 소프트웨어 실행 시 관찰되는 특성을 기술한다. 외부 품질 속성은 시스템 품질에 대한 사용자 경험과 사용자의 인식에 큰 영향을 미친다. 이번 장에서는 가용성과 설치 용이성, 무결성, 상호운용성, 신뢰성, 견고성, 안전, 보안, 사용성 등의 외부 품질 속성을 설명한다.

가용성(availability)

가용성은 서비스가 이용 가능하고 완벽하게 작동하는 기간에 대해 계획된 최대 시간의 척도다. 공식적으로, 가용성은 작동 시간과 작동하지 않은 시간의 총합에 대한 작동시간의 비율을 말한다. 좀 더 공식적으로, 가용성은 평균 무고장 시간(MTBF; Mean Time Between Failures)과 시스템에 장애가 발생한 후 평균 수리 시간(MTTR; Mean Time To Repair)의 합을 MTBF로 나눈 것을 말한다. 예정된 유지보수 기간 또한 가용성에 영향을 미친다. 가용성은 신뢰성과 밀접하게 관련돼 있으며, 수정 용이성의 하위 범주인 유지보수성에 큰 영향을 받는다.

어떤 작업은 다른 작업보다 시간이 좀 더 중요하다. 필수 작업을 완료하는 데 필요한 기능을 이용할 수 없다면 사용자는 좌절하며 심지어 격분하기도 한다. 사용자에게 정말 필요한 작동 시간 비율과 특정 시간 동안 얼마나 오래 시스템이 이용 가능해야 하는지 물어보자. 비즈니스 목표나 안전 목표를 달성하기 위해 가용성이 꼭 보장돼야 하는 기간이 있는지도 물어보자. 가용성 요구사항은 웹사이트나 클라우드 기반 애플리케이션, 여러 시간대에 흩어져 있는 사용자에게 제공되는 애플리케이션에서 특히 복잡하고 중요하다. 가용성 요구사항은 다음과 같이 표현될 수 있다.

AVL-1. 시스템은 평일 동부 시간 오전 6시와 자정 사이에 95% 이상, 오후 3시부터 5시 사이에는 99% 이상 이용할 수 있어야 한다.

이번 장에 나온 대부분의 예제와 마찬가지로 이 요구사항은 어느 정도 단순화된 것이다. 또한 가용성을 구성하고 있는 것들의 성능 수준을 정의하지는 않는다. 저하 모드(Degraded Mode) 상태의 네트워크에서 단 한 명의 사람만 시스템을 사용할 수 있다면 이를 가용한 것으로 간주할 수 있는가? 아마도 그렇지 않을 것이다.

가용성 요구사항은 간혹 서비스 수준 협약(SLA; Service Level Agreement)에 대한 계약으로 규정돼 있을 때도 있다. 서비스 제공자가 이런 협약을 만족시키지 못한다면 위약금을 지불해야 할 수도 있다. 이러한 요구사항은 가용한 시스템의 구성을 명확히 정의하며, 다음과 같은 문장을 포함할 수 있다.

AVL-2. 태평양 시간으로 오후 6시에서 다음날 새벽 3시 사이에 계획된 유지보수로 인한 서비스 중단 시간은 계산에서 제외된다.

> **품질 비용**
>
> 신뢰성이나 가용성과 같은 품질 속성의 예상 가치를 100%로 지정하는 것은 조심해야 한다. 이를 달성하는 것은 불가능하고, 노력한다 하더라도 많은 비용이 들 것이다. 항공 교통 관제 시스템과 같이 생존과 관계된 애플리케이션은 매우 엄격하고 적법한 가용성을 요구한다. 이러한 시스템 중 하나는 "5자리의 9"를 요구했는데, 이는 전체 시간의 99.999% 동안 시스템을 이용 가능해야 함을 의미한다. 즉, 이 시스템은 1년에 5분 15초 이상 정지되면 안 된다. 이 단 하나의 요구사항이 시스템 전체 비용의 거의 25%를 차지했다. 시스템에 이중화가 필요했고, 실시간 백업 및 복구 전략을 처리하기 위해 매우 복잡한 구조적 요소를 도입했기 때문에 사실상 하드웨어 비용의 두 배가 들었다.

가용성 요구사항을 도출할 경우 다음과 같은 이슈를 발견할 수 있는 질문을 하자(Miller 2009).

- 가용성을 제공하기 위해 시스템에서 가장 중요한 부분은 무엇인가?
- 사용자가 시스템을 사용하지 못함으로써 발생하는 비즈니스 결과는 무엇인가?
- 정기적으로 예약된 유지보수를 실시해야 하는 경우 예약 시기는 언제여야 하는가? 시스템 가용성에 미치는 영향은 무엇인가? 유지보수 기간의 최소 및 최대 기간은 어떻게 되는가? 유지보수 기간 동안 사용자의 접근 시도는 어떻게 관리해야 하는가?
- 시스템이 작동하는 중에 유지보수나 관리 활동을 수행해야 하는 경우 가용성에 미치는 영향은 무엇이고 이러한 영향을 최소화할 수 있는 방법은 무엇인가?
- 시스템을 이용할 수 없을 경우 사용자에게 필요한 알림은 무엇인가?
- 시스템에서 다른 요구사항보다 가용성 요구사항이 더 엄격히 적용돼야 하는 부분은 어디인가?
- 기능 그룹에서 가용성과 관련된 기능은 무엇인가?(예: 신용카드 인증 기능을 이용할 수 없을 경우 신용카드 구매를 허용하지 않는다)

설치 용이성(installability)

소프트웨어는 적절한 장치나 플랫폼에 설치되기 전까지는 유용하지 않다. 폰이나 태블릿에 앱을 다운로드하거나 PC에 있는 소프트웨어를 웹 서버로 옮기거나, 운영체제를 업데이트하거나, 전사 자원 관리 도구와 같은 대규모 상용 시스템을 설치하거나, 케이블 TV 셋톱 박스의 업데이트 펌웨어를 다운로드하거나, PC에 최종 사용자 애플리케이션을 설치하는 것 등이 소프트웨어 설치의 예다. 설치 용이성은 얼마나 쉽게 이런 동작을 제대로 수행할 수 있는지 기술한다. 시스템의 설치 용이성을 향상시키면 시간, 비용, 사용자 혼란, 에러 발생률, 설치에 필요한 역량 수준을 줄일 수 있다. 설치 용이성은 다음과 같은 활동을 다룬다.

- 초기 설치
- 불완전하거나 부정확한 설치, 혹은 사용자에 의한 설치 중단으로부터 복구
- 동일 버전의 재설치
- 신규 버전 설치
- 이전 버전으로 되돌리기
- 추가 구성 요소나 업데이트 설치
- 삭제

시스템의 설치 용이성을 측정하는 방법은 설치 시간의 평균을 구하는 것이다. 그러나 이것은 설치 관리자, 설치하는 컴퓨터의 속도, 소프트웨어 설치 매체(인터넷 다운로드, 로컬 네트워크, CD/DVD), 설치 중 수동 선택 단계 등 수많은 요인에 영향을 받는다. 테스트 표준 워킹그룹(Testing Standards Working Party)에서는 설치 용이성 요구사항과 이에 대한 구체적인 테스트 관련 지침과 고려사항을 제공한다[2]. 다음은 설치 용이성 요구사항의 일부 예다.

INS-1. 훈련받지 않은 사용자도 평균 10분 이내에 애플리케이션 초기 설치를 성공적으로 수행할 수 있어야 한다.

INS-2. 애플리케이션의 업그레이드 버전을 설치하는 경우 사용자 프로필에 저장된 모든 사용자 정의 설정이 유지돼야 하며, 필요한 경우 신규 버전의 데이터 형식으로 변환돼야 한다.

INS-3. 설치 프로그램은 설치 프로세스를 시작하기 전에 다운로드 파일의 무결성을 검증해야 한다.

INS-4. 서버에 소프트웨어를 설치하기 위해서는 관리자 권한이 필요하다.

---

[2] http://www.testingstandards.co.uk/installability_guidelines.htm

INS-5. 성공적으로 설치한 후, 설치 프로그램은 애플리케이션의 임시 파일, 백업 파일, 더 이상 쓸모 없는 파일, 불필요한 파일을 모두 삭제해야 한다.

다음은 설치 용이성 요구사항을 도출할 때 필요한 몇 가지 질문의 예다.

- 사용자의 세션을 방해하지 않고 수행돼야 하는 설치 작업은 무엇인가?
- 애플리케이션 재시작이 필요한 설치 작업은 무엇인가? 컴퓨터나 장치의 경우는 어떠한가?
- 설치 성공이나 실패 시 애플리케이션이 해야 하는 일은 무엇인가?
- 설치 유효성을 확인하는 데 필요한 작업은 무엇인가?
- 사용자가 애플리케이션의 일부만 설치, 제거, 재설치, 수리할 수 있는 있어야 하는가? 만약 필요하다면 어떤 부분인가?
- 설치를 수행하기에 앞서 종료해야 하는 애플리케이션은 무엇인가?
- 설치 관리자에게 허용 권한이나 접근 권한이 필요한가?
- 정전에 의한 중단이나 사용자 임의 중단 등으로 인한 불완전한 설치를 시스템이 어떻게 처리해야 하는가?

무결성(integrity)

무결성은 정보 손실을 방지하고 시스템에 입력된 데이터의 정확성을 지키는 문제를 다룬다. 무결성 요구사항은 오류에 엄격하다. 따라서 데이터는 양호한 상태로 보호되거나 보호되지 못하는 둘 중 하나의 상태를 가진다. 데이터는 갑작스러운 손실이나 손상, 실제로 일치하지 않지만 겉으로는 일치하는 것처럼 보이는 데이터 집합, 저장 장치의 물리적 손상, 실수로 인한 파일 삭제, 사용자에 의한 파일 덮어쓰기 등과 같은 위험으로부터 보호받아야 한다. 의도적인 데이터 손상이나 가로채기 등 고의적인 공격 또한 위험요소다. 일부 보안 요구사항은 인가되지 않은 사용자의 데이터 접근을 제한하는 것을 포함하기 때문에 보안을 무결성의 일부로 간주하기도 한다. 무결성 요구사항에서는 다른 시스템과 주고받은 데이터가 실제 데이터가 맞는지 확인해야 한다. 스스로 실행할 수 있는 소프트웨어의 경우 공격 주체가 될 수도 있으므로 이들의 무결성도 보장돼야 한다.

데이터 무결성은 데이터의 정확도 및 적절한 형식을 보장하기도 한다(Miller 2009). 날짜 필드의 형식, 올바른 데이터 유형이나 길이에 대한 제한, 유효값 확인, 어떤 필드에서 특정 값을 갖고 있을 때 관련된 다른 필드의 적절한 입력 확인 등이 여기에 포함된다. 다음은 무결성 요구사항의 일부 예다.

INT-1. 파일 백업을 수행한 후 백업한 복사본과 원본 파일을 비교해서 불일치할 경우 이를 보고해야 한다.

INT-2. 시스템은 인가되지 않은 데이터 추가, 삭제, 변경을 방지해야 한다.

INT-3. 화학약품 관리 시스템은 외부 화학약품 구조 드로잉 도구에서 임포트한 화학약품 구조가 유효한 화학약품 구조인지 확인해야 한다.

INT-4. 시스템은 허가되지 않은 코드가 추가됨으로써 애플리케이션 실행 파일이 변조되지 않았는지 매일 확인해야 한다.

무결성 요구사항에 대한 논의에서 고려해야 할 일부 요소는 다음과 같다(Withall 2007).

- 데이터의 변경이 완벽히 이뤄지거나 아니면 전혀 이뤄지지 않도록 보장한다. 이는 데이터 변경 작업 도중 장애가 발생할 경우 변경을 철회할 수 있음을 의미한다.
- 데이터 변경 내용의 지속성을 보장한다.
- 여러 데이터 저장소에서 이뤄지는 변화, 특히 변화가 동시에 일어날 때(여러 서버에서)와 특정 시간에 일어날 때(그리니치 표준시 기준 1월 1일 오전 12시에 여러 장소에서) 이를 조정한다.
- 컴퓨터와 외부 저장 장치의 물리적 보안을 보장한다.
- 데이터 백업을 수행한다(어떤 주기로? 자동? 아니면 필요에 따라? 어떤 파일이나 데이터베이스? 어떤 저장장치에? 압축과 검증을 해야 하는가?).
- 백업한 데이터를 복원한다.
- 데이터 보관: 어떤 데이터를 언제, 얼마 동안 보관해야 하며, 삭제 조건은 무엇인가?
- 사용자가 접근할 수 없는 클라우드에 저장되거나 백업된 데이터를 보호한다.

상호운용성(interoperability)

상호운용성은 시스템이 다른 소프트웨어 시스템과 얼마나 쉽게 데이터와 서비스를 교환할 수 있는가와 외부 하드웨어 장비와 손쉽게 통합할 수 있는가를 나타낸다. 상호운용성을 평가하기 위해서는 사용자가 제품과 함께 사용할 다른 애플리케이션을 알아야 하며, 이러한 애플리케이션과 어떤 데이터를 교환해야 할지 파악해야 한다. 화학약품 관리 시스템의 사용자는 여러 상용 도구를 이용해서 화학약품 구조를 그리는 데 익숙했으며, 다음과 같은 상호운용성 요구사항을 제시했다.

IOP-1. 화학약품 관리 시스템은 ChemDraw(13.0 버전 이상)와 MarvinSketch(5.0 버전 이상) 도구에서 그린 유효한 화학약품 구조를 추가할 수 있어야 한다.

이를 외부 인터페이스 요구사항으로 표현하고 화학약품 관리 시스템이 가져올 수 있는 정보 형식으로 정의하는 편이 더 바람직할 수도 있다. 또한 가져오기 작업을 다루는 여러 기능적 요구사항을 정의할 수도 있다. 이러한 요구사항을 식별하고 문서화하는 것은 이를 정확히 분류하는 것보다 더 중요하다.

> **함정** 논리적으로 맞다 할지라도 동일한 요구사항을 여러 장소에 보관하지 마라. 예를 들어, 상호운용성 요구사항을 변경한 후 동일한 요구사항을 기능적 요구사항과 외부 인터페이스 요구사항에 적용하지 않는다면 이는 불일치를 유발하는 지름길이 될 것이다.

상호운용성 요구사항에는 다른 소프트웨어 시스템과의 정보 교환을 촉진하는 데 사용될 수 있는 표준 데이터 교환 형식을 담을 수도 있다. 화학약품 관리 시스템에 대한 요구사항은 다음과 같다.

IOP-2. 화학약품 관리 시스템은 SMILES(Simplified Molecular-Input Line-entry System) 표기법으로 생성된 모든 화학약품 구조를 가져올 수 있어야 한다.

품질 속성의 관점에서 시스템에 대해 생각하다 보면 때때로 이전에 명시되지 않은 요구사항을 찾을 수 있다. 사용자는 외부 인터페이스나 시스템 기능에 대한 논의에서 이러한 화학약품 구조의 상호운용성에 대한 니즈를 표현하지 않았다. BA는 즉시 화학약품 관리 시스템과 연계되는 다른 시스템에 대해 물었는데, 제품 챔피언은 두 개의 화학약품 구조 드로잉 패키지에 대해 바로 대답했다.

다음은 상호운용성 요구사항을 찾는 데 사용할 수 있는 몇 가지 질문이다.

- 이 인터페이스는 어떤 시스템과 연계되는가? 이들은 어떤 서비스나 데이터를 교환하는가?
- 다른 시스템과 데이터를 교환하는 데 필요한 표준 데이터 형식은 무엇인가?
- 시스템과 연결되는 하드웨어 구성요소는 무엇인가?
- 다른 시스템이나 장비로부터 전달받거나 처리하는 메시지나 코드는 무엇인가?
- 상호운용성을 가능하게 하는 데 필요한 표준 통신 규약은 무엇인가?
- 시스템이 만족해야 하는 외부 상호운용성 요구사항은 무엇인가?

성능(performance)

성능은 사용자가 진정 원하는 품질 속성 중 하나다. 성능은 사용자의 조회 및 동작에 대한 시스템 민첩도를 말하며, 표 14-2와 같이 그 이상을 포함한다. 윗올은 성능 요구사항의 여러 범주에 대한 명세화 패턴을 제공한다(Withall 2007).

낮은 성능은 요청 결과가 화면에 표시되기만 기다리는 사용자를 짜증나게 만든다. 성능 문제는 실시간 공정 제어 시스템에 과부하가 걸렸을 때와 같은 상황에서 안전에 대한 심각한 위험을 유발할 수 있다. 엄격한 성능 요구사항은 소프트웨어 설계 전략과 하드웨어 선택에 큰 영향을 미치므로 운영 환경에 적합한 성능 목표를 정의하자. 모든 사용자는 애플리케이션이 즉시 실행되기를 원하지만 미사일 레이더 유도 시스템과 맞춤법 검사 기능의 실제 성능 요구사항은 서로 다르다. 성능 요구사항은 사용하는 컴퓨터나 네트워크, 기타 다른 하드웨어 구성요소의 속도 등 수많은 외부 요소에 영향을 받기 때문에 이를 만족시키기란 쉽지 않다.

표 14-2 성능에 대한 몇 가지 측면

성능 차원	예
응답 시간	웹 페이지를 표시하는 데 걸리는 시간 (초)
처리량	초당 신용카드 거래량
데이터 용량	데이터베이스에 저장된 레코드의 최대 수
동적 용량	소셜 미디어 웹 사이트의 최대 동시 사용자 수
실시간 시스템의 예측 가능성	항공기 비행 관제 시스템의 엄격한 타이밍 요구사항
대기 시간	음악 녹음 및 제작 소프트웨어의 시간 지연
성능 저하 모드 또는 과부하 조건에서의 동작	비상 전화 시스템에 엄청난 양의 통화를 유발하는 자연재해

성능 요구사항을 문서화할 때는 개발자가 적절한 설계 방식을 선택할 수 있게 이론적 근거도 포함하자. 예를 들어, 엄격한 데이터베이스 응답 시간에 대한 요구는 설계자가 여러 지리적 위치에 있는 데이터베이스를 복제하게 할 수 있다. 실시간 시스템의 경우 초당 수행하는 트랜잭션 수, 반응 시간, 태스크 스케줄 관계 등을 명시하자. 또한 메모리와 디스크 공간 요구사항, 동시 사용자 부하, 데이터베이스 테이블의 최대 행 수 등도 명세화해야 한다. 사용자 및 BA가 모든 정보를 알 수는 없으므로 품질 요구사항을 좀 더 기술적인 측면에서 연구할 수 있는 다양한 이해관계자와 협력할 수 있는 계획을 세우자. 다음은 성능 요구사항의 일부 예다.

PER-1. ATM 인출 요청의 권한 부여는 2.0초 이상을 소요할 수 없다.

PER-2. 잠금 방지 브레이크 시스템(ABS; Anti-lock Braking System)의 속도 센서는 매 2밀리초마다 0.1밀리초를 초과하지 않는 범위 내에서 휠의 속도를 보고해야 한다.

PER-3. 웹 페이지는 30Mb/s의 인터넷 연결 상태에서 평균 3초 이내에 완전히 다운로드돼야 한다.

PER-4. 최소한 거래 시스템 전체 사용 시간의 98%는 각 거래 종료 후 1초 이내에 트랜잭션 상태 화면을 갱신해야 한다.

성능은 프로그램의 실행시간에만 발견될 수 있으므로 외부 품질 속성이다. 이는 사용자가 경험하는 성능에 큰 영향을 미칠 수 있는 인터넷 품질 속성의 효율과 밀접하게 관련돼 있다.

신뢰성(reliability)

소프트웨어가 실행되는 특정 시간 동안 장애가 발생하지 않을 확률을 신뢰성이라고 한다(Musa 1999). 신뢰성 문제는 잘못된 입력이나 소프트웨어 코드 오류, 필요한 상황에 이용할 수 없는 구성요소, 하드웨어 장애로 발생할 수 있다. 견고성 및 가용성이 신뢰성과 밀접한 관련이 있다. 소프트웨어 신뢰성은 온전히 완료된 작업의 비율이나 시스템에 문제가 발생하기 전까지의 평균 시간(평균 무고장 시간, MTBF), 특정 시간 동안 허용 가능한 최대 장애 가능성을 통해 명세화하고 측정할 수 있다. 장애가 얼마나 심각한 영향을 미치는가와 최대 신뢰성을 보장하는 데 따르는 비용이 얼마나 되는가에 따라 정량적인 신뢰성 요구사항을 수립하자. 높은 신뢰성을 필요로 하는 시스템은 신뢰성을 위협할 수 있는 결함을 쉽게 발견할 수 있는 높은 검증 가능성을 전제로 설계돼야 한다.

우리 팀은 희소하고 값비싼 화학약품을 사용해 온종일 실험을 수행하는 실험실 장비를 제어하기 위해 소프트웨어를 작성했다. 사용자는 실제로 매우 높은 신뢰성을 갖고 실행할 수 있는 소프트웨어 구성요소를 요구했다. 주기적으로 온도 데이터를 기록하는 것과 같은 다른 시스템 기능은 덜 중요했다. 이 시스템의 신뢰성 요구사항은 다음과 같다.

REL-1. 소프트웨어 장애로 인한 실험 누락은 1,000번의 실험 중 5번을 넘을 수 없다.

어떤 시스템 장애는 다른 어떠한 장애보다도 심각할 때가 있다. 장애가 발생할 경우 사용자가 강제로 애플리케이션을 재시작하거나 저장된 데이터를 복구할 수 있게 해야 한다. 이는 성가시긴 하지만 재앙은 아니다. 데이터베이스 트랜잭션 커밋에 실패하는 경우와 같이 데이터 유실이나 손상을 가져오는 장애는 더 심각하다. 에러를 방지하는 편이 이를 감지하고 복구하게 하는 것보다 낫다.

여타 다른 품질 요구사항과 마찬가지로 신뢰성은 후행 지표이기 때문에 시스템 운영에 아주 잠시 문제가 없었다 하더라도 이를 달성했다고 말할 수 없다. 다음 예제를 살펴보자.

REL-2. 카드 판독기 구성 요소의 평균 무고장 시간은 최소 90일이어야 한다.

이 경우 90일이 지나기 전까지는 시스템이 요구사항을 만족했다고 말할 수 없다. 오히려 카드 판독기 구성요소가 90일 이내에 한 번 이상 실패한 경우 충분한 신뢰성을 입증하지 못했다고 말해야 할 것이다.

다음은 신뢰성 요구사항을 도출할 때 사용자 대표에게 물을 수 있는 몇 가지 질문이다.

- 시스템이 충분한 신뢰성을 갖는지 여부를 어떻게 판단하는가?
- 시스템이 특정 작업을 수행하는 도중 장애가 발생했을 때 이에 대한 결과는 무엇인가?

- 성가신 일이 아닌 심각한 장애는 무엇이라 생각하는가?
- 어떤 조건에서 장애가 비즈니스 운영에 심각한 영향을 주는가?
- 어느 누구도 시스템 문제를 좋아하지는 않지만 절대적으로 신뢰할 수 있어야 하는 시스템의 특정 부분이 있는가?
- 시스템이 중단된 경우 비즈니스 운영에 영향을 미치기까지 얼마나 정지돼 있을 수 있는가?

신뢰성 요구사항을 이해함으로써 아키텍트, 설계자, 개발자는 각자에게 필요한 신뢰성을 달성하는 데 필요한 행동을 할 수 있다. 요구사항 관점에서 신뢰할 수 있고 견고한 시스템을 만드는 길은 예외 조건과 이를 처리하는 방법을 명세화하는 것이다. 예외를 제대로 처리하지 않으면 사용자는 신뢰성과 사용성이 낮다는 인식을 갖게 된다. 단 하나의 잘못된 입력 때문에 사용자가 폼에 입력한 정보를 모두 지워버리는 웹사이트는 사용자를 화나게 만든다. 어떤 사용자도 절대 본인이 수용할 수 있는 행동을 구체적으로 설명하지 않는다. 모든 입력 데이터 값의 유효성을 검사하거나 디스크 쓰기 작업이 성공적으로 완료됐는지를 확인하는 등 개발자는 방어적인 프로그래밍 기법을 통해 시스템을 좀 더 신뢰할 수 있게 만들어야 한다.

견고성(robustness)

한 고객이 다음 제품인 측정 장비를 "탱크처럼 튼튼하게" 만들고자 하는 어떤 회사에 대해 말한 적이 있다. 이를 개발하는 회사는 약간의 농담을 보태 "탱크성"이라는 새로운 품질 속성을 채택했다. "탱크성"이란 견고성을 말하는 일상적인 방법이다. 견고성은 적절하지 못한 입력을 받거나 연결된 소프트웨어/하드웨어 구성요소에 결함이 발생하거나, 외부로부터 공격을 받거나, 예상치 못한 동작 조건하에서도 시스템이 기능을 계속 수행하는 정도를 말한다. 견고한 소프트웨어는 문제 상황에서 정상적으로 복구하고 사용자의 실수를 용서한다. 이는 최종 사용자 경험에 영향을 주지 않으면서 내부 장애로부터 복구하는 것을 말한다. 소프트웨어 오류가 사용자를 성가시게 하지 않고 합리적이라고 인식하는 방식으로 처리된다. 견고성과 관련된 다른 속성으로는 내고장성(사용자의 입력 오류를 발견해서 고쳐주는가?), 생존 가능성(카메라를 특정 높이에서 떨어뜨려도 손상되지 않는가?), 복구 가능성(운영체제 업데이트 중 전원이 꺼져도 PC가 적절한 동작을 재개할 수 있는가?) 등이 있다.

견고성 요구사항을 도출할 때 사용자에게 시스템에서 발생할 수 있는 오류 조건과 이에 대한 반응을 질문하자. 시스템 장애를 발생시킬 여지가 있는 결함을 찾아 이를 사용자에게 보고하고 장애로부터 복구하는 방법에 대해 고민하자. 다른 작업(다른 컴퓨터 시스템에 데이터 전송)이 시작되기 전에 하나의 동작이 올바르게 완료(데이터 전송 준비)돼야 한다는 것을 이해하자. 다음은 견고성 요구사항의 예다.

ROB-1. 사용자 파일을 저장하기 전 문서 편집기에 문제가 발생한다면 동일한 사용자가 다음번에 애플리케이션을 실행했을 때 장애가 발생하기 최대 1분 전에 수정했던 내용을 복구해야 한다.

이러한 요구사항은 개발자로 하여금 데이터 손실을 최소화하기 위해 시작 시점에 저장된 데이터를 찾고 이를 복구하는 기능과 함께 검사 시점이나 주기적인 자동 저장을 구현하게 할 수 있다. 여러분 스스로 견고성 요구사항에 대한 정밀한 메커니즘을 규정하고 싶지는 않을 것이다. 이러한 기술적 의사결정은 개발자에게 넘기자.

> **내 탓이로소이다**
>
> 이번 장을 쓰는 도중 나는 견고한 소프트웨어를 경험했다. 나는 초안을 출력하고 모든 데이터가 프린터에 스풀링됐다고 생각해 출력이 다 되기 전에 컴퓨터를 절전 모드로 변경했다. 그러나 인쇄 작업은 스풀링되지 않았다. 내가 컴퓨터를 절전 모드에서 깨웠을 때 스풀러는 어떻게 에러를 복구할 수 있을까? 스풀러가 나머지를 출력하지 않고 종료해야 할까? 아니면 남은 부분을 다시 출력하거나 아예 전부 다 다시 출력해야 할까? 나는 나머지 부분만 계속 출력했으면 했지만 프린터는 전체를 다시 출력했다. 비록 종이를 낭비하긴 했지만 최소한 스풀러는 내 실수를 복구하고 작업을 계속 진행했다.

그래픽 엔진(Graphic Engine)이라고 하는 재사용 가능한 소프트웨어 구성요소를 개발하는 프로젝트를 이끌었던 적이 있는데, 이 엔진은 사전 정의된 그래픽 플롯의 데이터 파일을 해석해서 전용 장치에 출력하는 일을 했다. 플롯을 만드는 여러 애플리케이션에서는 그래픽 엔진을 호출한다. 애플리케이션이 그래픽 엔진에 제공하는 데이터를 개발자가 제어할 수는 없었기 때문에 견고성은 핵심적인 품질 요소였다. 견고성 요구사항 중 하나는 다음과 같았다.

ROB-2 모든 플롯 서술 매개변수는 입력 데이터가 누락되거나 유효하지 않을 경우 그래픽 엔진이 사용할 지정된 기본값을 갖고 있어야 한다.

어떤 애플리케이션이 엔진에서 제공하지 않는 선 유형을 요청하더라도 이 요구사항으로 인해 프로그램에 충돌이 발생하지는 않을 것이다. 그래픽 엔진은 기본 실선을 제공하고 실행을 계속할 것이다. 하지만 이 또한 사용자에게 기대하는 결과를 제공할 수 없기 때문에 여전히 제품 장애로 남기는 한다. 그러나 이 같은 견고한 설계를 통해 잘못된 선 스타일을 생성함으로써 프로그램 충돌로 인한 장애의 심각성은 줄일 수 있는데 이것이 바로 내고장성의 예다.

안전(safety)

안전 요구사항은 시스템이 사람을 부상당하게 하거나 재산에 손실을 입히는 것을 방지하는 것을 다룬다(Leveson 1995; Hardy 2011). 안전 요구사항은 정부 규정이나 기타 다른 규칙에 의해 좌우되며, 법적 또는 인증 이슈가 이러한 요구사항 만족과 관련돼 있을 수 있다. 안전 요구사항은 일반적으로 시스템이 발생하지 않게 하는 조건이나 행동의 형태로 기록된다.

사람이 스프레드시트를 펼친다고 해서 부상을 입는 일은 거의 없다. 그러나 소프트웨어가 제어하는 하드웨어 장비는 분명 신체에 위험을 초래할 수 있다. 독립적인 소프트웨어 애플리케이션일지라도 알 수 없는 어떤 안전 요구사항을 가질 수도 있다. 사람들이 식당에서 음식을 주문할 때 이용하는 애플리케이션은 다음과 같은 안전 요구사항을 포함할 수 있다.

> *SAF-1. 사용자는 모든 메뉴의 식재료 목록을 볼 수 있어야 하며, 북미 인구의 0.5% 이상에게 알레르기를 유발할 수 있다고 알려진 것은 강조해서 알려줘야 한다.*

특정 기능이나 URL 접근을 제한하는 자녀 보호(Parental Controls) 기능과 같은 웹 브라우저의 기능은 안전이나 보안 요구사항으로 간주할 수 있다. 하드웨어를 포함하는 시스템의 일반적인 안전 요구사항은 다음과 같다.

> *SAF-2. 원자로 용기의 온도가 분당 5℃ 이상 상승할 경우 화학약품 원자로 제어 시스템은 재료의 가열을 중단하고 운영자에게 경고 신호를 보내야 한다.*
>
> *SAF-3. 치료 방사선 장비는 적절한 필터를 장착했을 때만 방사를 허용해야 한다.*
>
> *SAF-4. 탱크의 압력이 지정된 최대 압력의 90%를 초과할 경우 시스템은 1초 안에 작업을 종료해야 한다.*

안전 요구사항을 도출할 경우 운영 환경에 대해 잘 알고 있는 주제 전문가나 프로젝트 위험에 대해 많은 생각을 갖고 있는 사람들과 인터뷰해야 할 수도 있다. 이때 다음과 같은 질문을 고려하자.

- 어떤 조건이 이 제품을 사용하는 사람에게 피해를 줄 수 있을까? 어떻게 시스템이 이러한 조건을 발견할 수 있을까? 그러한 조건에 어떻게 대응해야 하는가?
- 잠재적인 손상을 입힐 가능성이 있는 실패의 최대 허용 빈도는 어떻게 되는가?
- 피해나 재산 손실을 일으킬 가능성이 있는 장애는 무엇인가?
- 어떤 운영 행동이 실수로 인한 피해나 재산 손실을 일으킬 가능성이 있는가?
- 사람이나 재산에 위험을 초래할 수 있는 운영 상태는 무엇인가?

보안(security)

보안은 소프트웨어를 악성 코드 공격 등에서 보호하기 위해 인가되지 않은 접근으로부터 시스템 기능이나 데이터를 차단한다. 보안은 인터넷 소프트웨어에 있어 주요 문제다. 전자 상거래 시스템 사용자는 신용카드 정보가 안전하게 취급되기를 바란다. 또한 웹 서핑을 하는 사람들은 개인정보나 사이트 이용 기록이 부적절하게 사용되는 것을 원하지 않는다. 회사는 그들이 운영하는 웹사이트를 서비스 거부 공격(DoS; Denial-of-Service)이나 해킹으로부터 보호하기를 원한다. 무결성 요구사항과 함께 보안 요구사항 또한 에러에 대한 내성은 없다. 다음은 보안 요구사항을 도출할 때 검토해야 할 몇 가지 고려사항이다.

- 사용자 권한 부여 및 특권 레벨(일반 사용자, 방문자, 관리자), 사용자 접근 제어(그림 9-2에 설명된 역할 및 권한 매트릭스가 유용할 것이다).
- 사용자 식별 및 인증(비밀번호 생성 규칙, 비밀번호 변경 주기, 보안 질문, 로그인 이름이나 비밀번호 분실 처리 절차, 생체 인식, 실패한 접근 시도에 따른 계정 잠금, 인식할 수 없는 컴퓨터)
- 데이터 개인정보 보호(누가 어떤 정보를 생성, 조회, 변경, 복제, 출력, 삭제할 수 있는가)
- 고의적인 데이터 파괴 및 손상, 도난
- 바이러스나 웜, 트로이 목마, 스파이웨어, 루트킷 및 기타 악성 코드로부터의 보호
- 방화벽 및 기타 다른 네트워크 보안 이슈
- 보안 데이터 암호화
- 수행 행동 및 접근 시도의 감사 추적 구축

다음은 보안 요구사항의 몇 가지 예다. 이러한 요구사항이 올바로 구현됐는지 검증하는 테스트를 설계하는 것은 어렵지 않다.

SEC-1. 시스템은 5분 이내에 4번의 연속된 로그인 시도 실패 시 5분간 사용자의 계정을 잠가야 한다.

SEC-2. 시스템은 충분한 특권 레벨을 갖지 못한 사용자가 보안 데이터에 접근할 경우 이러한 모든 시도를 로그로 기록해야 한다.

SEC-3. 사용자는 처음 보안 담당자가 할당한 임시 비밀번호로 로그인한 후 이전에 사용하지 않은 비밀번호로 즉시 변경해야 한다.

SEC-4. 성공적인 보안 신원 조회를 통해 결과를 공개한 후 0.5초의 허용 범위 안에서 8초 동안 문을 열어둬야 한다.

SEC-5. 실행 중인 백신 소프트웨어는 내부로 들어오는 모든 알려지거나 의심스러운 바이러스 서명의 특성을 보이는 인터넷 트래픽을 격리해야 한다.

SEC-6. 자력계는 1%를 초과하지 않는 위양성률 내에서 최소 99.9% 이상의 금지 개체를 탐지해야 한다.

보안 요구사항은 다음 예와 같이 기업 보안 정책과 같은 비즈니스 규칙에서 유래하기도 한다.

SEC-7. 감사 접근 권한이 있는 사용자만이 고객의 거래 내역을 볼 수 있어야 한다.

보안 요구사항을 내재된 설계 제약 사항에 따라 작성하지 않도록 하자. 접근 제어에 대한 비밀번호를 명세화하는 것은 이러한 사례 중 하나다. 실제 요구사항은 시스템에 대한 접근을 인가된 사용자로 제한하는 것이다. 비밀번호는 (가장 일반적인 방법이기는 하지만) 단지 이러한 목적을 위한 방법 중 하나일 뿐이다. 보안 요구사항은 어떤 사용자 인증 방법을 선택하느냐에 따라 인증 방법 구현에 대한 기능적 요구사항을 명세화할 수 있게 한다.

다음은 보안 요구사항 도출에 필요한 몇 가지 질문이다.

- 인가되지 않은 접근으로부터 반드시 보호해야 하는 민감한 데이터는 무엇인가?
- 민감한 데이터를 볼 수 있는 사람은 누구인가? 구체적으로 권한을 가질 수 없는 사람은 누구인가?
- 인가된 사용자가 기능에 접근할 수 있는 비즈니스 조건이나 작동 시간 구간은 어떻게 되는가?
- 사용자가 애플리케이션을 안전한 환경에서 동작시키는지 확인하기 위해 어떤 검사를 수행해야 하는가?
- 백신이 얼마나 자주 바이러스 검사를 해야 하는가?
- 반드시 사용돼야 하는 특정 사용자 인증 방법이 있는가?

사용성(usability)

사용성은 사람들이 사용자 친화적, 손쉬운 사용, 인체공학적이라고 말하는 것들에 관한 수많은 요인을 해결한다. 분석가와 개발자는 "친절한" 소프트웨어에 대해 얘기하기보다는 오히려 효과적이고 독립적인 사용성을 설계하는 것에 관해 얘기해야 한다. 사용성은 시스템의 입력을 준비하고 동작시키며 출력을 해석하는 데 드는 노력을 측정한다.

소프트웨어 사용성은 수많은 문헌이 존재할 정도로 방대한 주제다(Constantine and Lockwood 1999; Nielsen 2000; Lazar 2001; Krug 2006; Johnson 2010 등). 사용성은 손쉬운 사용 외에 학습 용이성, 기억 용이성, 오류 방지/처리/복원성, 상호작용의 효율성, 접근성, 인체공학 등 여러 하위 도메인을 포함한다. 이러한 범주 간에 충돌이 발생할 수도 있다. 예를 들어, 학습 용이성은 손쉬운 사용과 상충할 수 있다. 신규 사용자나 자주 사용하지 않는 사용자가 시스템을 쉽게 사용할 수 있도록 설계자가 해야 하는 일이, 무엇을 해야 하는지 정확히 알고 효율성을 간절히 바라는 고급 사용자에게는 거슬리는 장애물이 될 수 있다. 동일한 애플리케이션의 서로 다른 기능 또한 각기 다른 사용성 목표를 가지고 있다. 이는 데이터를 상당히 효율적으로 입력할 수 있을 뿐만 아니라 사용자 정의 보고서를 쉽게 출력할 수 있게 하는 데 중요하다. 표 14-3은 이러한 사용성 설계 접근법의 일부를 묘사한다. 다른 사용자보다 특정 사용자 클래스에 대한 사용성을 최적화할 때 발생할 수 있는 문제를 확인할 수 있을 것이다.

> **중요** 사용성 및 기타 품질 속성의 핵심 목표는 단 하나의 커뮤니티뿐 아니라 전체 사용자군에게 적합하도록 사용성에 대한 최적의 균형을 이루는 것이다. 이는 특정 사용자가 결과에 대해 원하는 만큼 행복할 수 없다는 것을 의미하기도 한다. 사용자 정의 옵션은 애플리케이션의 매력을 확대할 수 있다.

표 14-3 학습 용이성과 손쉬운 사용에 대해 가능한 설계 접근법

학습 용이성	손쉬운 사용
자세한 안내	키보드 단축키
마법사	풍부한 사용자 정의 메뉴 및 도구 모음
눈에 띄는 메뉴 옵션	동일한 기능에 접근할 수 있는 여러 방법
의미 있으면서 평이한 메시지	항목 자동 완성
도움말 화면 및 툴팁	오타 자동 수정
익숙한 다른 시스템과의 유사성	매크로 기록 및 스크립팅 기능
제한된 수의 옵션과 위젯	이전 거래 정보를 통해 수행할 수 있는 능력
	폼 필드 자동 채우기
	명령줄 인터페이스

다른 품질 속성과 마찬가지로 "사용자 친화적"의 여러 측면 또한 측정 가능하다. 사용성 지표는 다음과 같다.

- 특정 유형의 사용자가 어떤 태스크를 온전히 완료하는 데 필요한 평균 시간
- 특정 기간 동안 사용자가 온전히 완료할 수 있는 트랜잭션 수
- 사용자가 별도의 도움 없이 온전히 완료할 수 있는 일련의 작업 비율
- 태스크 완료 시 사용자가 발생시킬 수 있는 에러의 양
- 메뉴 어딘가에 묻혀 있는 특정 기능을 찾는 등 사용자가 특정 테스트를 완수하는 데 필요한 시도 횟수
- 작업 수행에 필요한 지연 혹은 대기 시간
- 일부 정보를 얻거나 작업을 완수하는 데 필요한 상호작용(마우스 클릭, 키 입력, 터치화면 제스처 등)의 수

> **뭐가 문제인지 그냥 말해**
>
> 사용성의 결점이 정말 짜증스러울 때가 있다. 최근 나는 웹사이트의 피드백 폼을 사용하는 것과 관련된 문제점을 보고한 적이 있다. "특수문자는 허용되지 않습니다."라는 에러 메시지를 받았지만 웹사이트에서는 어떤 문자가 원인인지는 얘기해 주지 않았다. 물론 이를 감지한 소프트웨어는 나쁜 문자가 무엇인지 알고 있었다. 자세한 피드백이 아니라 일반적인 에러 메시지를 보여주는 것은 내가 문제를 해결하는 데 도움이 되지 않았다. 나는 결국 소프트웨어가 내 메시지에 포함된 인용부호를 거부한다는 사실을 알아냈다. 인용부호가 특수문자로 간주된 적이 한 번도 없었기 때문에 "특수 문자"라는 말은 애매하고 모호하다. 사용자의 사용성 기대를 100% 만족시킬 수 있게끔 개발자의 결정을 돕기 위해 BA는 구체적인 사용성 요구사항을 작성해야 하며, 개발자는 가능한 한 명확한 에러 피드백을 제공해야 한다.

사용자들의 사용성 기대를 찾기 위해 화학약품 관리 시스템의 비즈니스 분석가는 제품 챔피언에게 "화학약품 요청을 위해 기꺼이 통과할 수 있는 단계는 몇 단계인가요?"와 "화학약품 요청 완료에 필요한 시간은 얼마 정도 될까요?"라고 물었다. 이것들이 손쉬운 소프트웨어를 만들기 위한 수많은 특징을 정의하는 데 필요한 시작점이다. 사용성에 대한 논의는 다음과 같은 측정 가능한 목표로 이어질 수 있다.

> *USE-1. 숙련된 사용자는 판매업체 카탈로그의 화학약품을 평균 3분 이내에 요청할 수 있어야 하며, 95%의 요청에 대해서는 최대 5분 안에 요청할 수 있어야 한다.*

신규 시스템이 사용자 인터페이스 표준이나 규칙을 준수해야 하는지 여부나 사용자 인터페이스가 자주 사용하는 시스템과 유사해야 하는지 여부를 확인하자. 아마 다음과 같은 사용성 요구사항을 접하게 될 것이다.

> *USE-2. 파일 메뉴의 모든 기능은 컨트롤 키와 다른 키의 조합으로 이뤄진 단축키를 갖고 있어야 한다. 메뉴 명령어(마이크로소프트 워드에도 있는)는 워드에서 사용하는 것과 동일한 기본 단축키를 사용해야 한다.*

이러한 일관된 사용법은 자주 사용하지 않는 애플리케이션에서 다른 의미로 사용되는 습관적인 손가락 행동으로 인해 발생하는 불편한 오류를 피할 수 있게 돕는다. 다음과 같은 예를 통해 학습 용이성 목표가 정량화 및 측정 가능하다는 것을 알 수 있다.

> *USE-3. 화학약품 관리 시스템을 사용한 적이 없는 화학자의 95%는 15분 이내의 간단한 교육을 통해 화학약품을 제대로 요청할 수 있어야 한다.*

다양한 차원의 사용성에 대한 요구사항을 신중하게 명세화하면 애플리케이션을 사용하면서 눈살을 찌푸리거나 아예 사용을 거부하는 사용자와 즐거워하는 사용자를 구분하는 데 도움될 것이다.

내부 품질 속성

내부 품질 속성은 소프트웨어 실행 중에 직접 발견할 수는 없다. 수정하거나 재사용할, 혹은 다른 플랫폼으로 옮길 설계나 코드를 찾는 데 필요한 개발자나 유지보수 담당자 관점의 속성이다. 내부 속성은 추후 신규 기능의 추가가 어렵거나 내부 비효율로 인해 성능 저하가 일어날 경우 제품 품질에 대한 소비자의 인식에 간접적으로 영향을 미칠 수 있다. 이어지는 절에서는 소프트웨어 설계자나 개발자, 유지보수 담당자나 기타 기술 담당자에게 특히 중요한 품질 속성에 대해 설명한다.

효율성(efficiency)

효율성은 성능에 대한 외부 품질 속성과 밀접하게 연관돼 있다. 효율성은 시스템이 프로세서 자원이나 디스크 용량, 메모리, 통신 대역폭을 얼마나 잘 활용하는지에 대한 척도다. 시스템이 너무 많은 가용 자원을 소비한다면 사용자는 성능 저하를 경험하게 될 것이다.

효율성과 성능은 계산이나 기능을 다른 시스템 구성요소로 분산시키는 것을 결정하는 방법에 영향을 미치는 시스템 구조의 주요 요소다. 효율성 요구사항은 여타 다른 품질 속성을 달성하는 데 좋지 않은 영향을 미치기도 한다. 효율성 및 용량, 성능 목표를 정의할 때 최소한의 하드웨어 구성을 고려하자. 예기치 못한 조건이나 확장성에 영향을 미칠 수 있는 미래의 성장에 대비해 공학적인 여유를 보장하기 위해 다음과 같은 것들을 명세화해야 한다.

EFF-1. 계획된 최대 부하 조건에서 애플리케이션은 최소 30%의 프로세서 자원과 메모리를 이용할 수 있어야 한다.

EFF-2. 시스템은 사용 부하가 최대 자원 허용치의 80%를 초과하면 운영자에게 경고 메시지를 제공해야 한다.

사용자는 효율성 요구사항에 대해 기술 용어를 사용해서 언급하지는 않을 것이며, 그 대신 응답 시간이나 기타 다른 관점에서 생각할 것이다. BA는 허용 가능한 성능 저하, 수요 정점, 예상 성장률에 대한 사용자의 기대치를 발굴하기 위해 질문해야 한다. 다음은 이를 위한 질문의 예다.

- 현재 최대 동시 사용자는 어떻게 되며, 향후 예상 수치는 어떻게 되는가?
- 응답 시간이나 기타 다른 성능 지표가 얼마나 감소하면 사용자나 비즈니스에 불리한 결과를 가져오게 되는가?
- 정상 혹은 극한의 동작 조건에서 시스템이 얼마나 많은 명령을 동시에 수행할 수 있어야 하는가?

수정 용이성(modifiability)

수정 용이성은 소프트웨어 설계나 코드가 얼마나 이해하기 쉽고, 수정하기 쉬우며, 확장이 용이한가에 대해 다룬다. 수정 용이성은 소프트웨어 유지보수의 다른 형태와 관련된 기타 여러 품질 속성 용어를 포함하며, 표 14-4에서 이를 보여준다. 이는 검증 가능성과 밀접한 관련이 있다. 향후 많은 개선이 예상되는 경우 개발자는 소프트웨어의 수정 용이성을 극대화할 수 있는 설계 방식을 택할 수 있다. 증분을 활용하거나 점진적인 수명 주기를 이용하는 개발 등을 통해 빈번하게 변경되는 시스템의 경우 높은 수정 용이성이 중요하다.

표 14-4 수정 용이성의 일부 측면

유지보수 유형	수정 용이성 차원	설명
수정	유지보수성, 이해 용이성	결함 수정
완전성	유연성, 확장성, 확대성	신규 비즈니스 니즈와 요구사항을 만족시키도록 기능 향상 및 수정
적응성	유지보수성	새로운 기능을 추가하지 않고 변경된 운영 환경에서 작동하도록 시스템을 수정
현장 지원	지원성	해당 운영 환경에서 고장 수리 및 장치 정비, 수리

기능을 추가하거나 문제를 해결하는 데 드는 평균 시간과 제대로 해결된 비율을 통해 수정 용이성을 측정할 수 있다. 화학약품 관리 시스템은 다음과 같은 수정 용이성 요구사항을 포함한다.

MOD-1. 시스템의 유지보수 개발자는 연방 정부가 규정한 화학약품 보고 규정 준수를 위해 10시간 이하의 개발을 통해 기존 보고서를 수정할 수 있어야 한다.

그래픽 엔진 프로젝트의 경우 증가하는 사용자의 니즈를 만족시키기 위해 소프트웨어에 자주 대수술을 가해야 하리라는 것을 알았다. 숙련된 개발자인 우리는 프로그램의 이해 용이성과 유지보수성 향상을 위해 개발자의 코드 작성에 도움이 되는 설계 지침을 도입했다.

MOD-2. 함수 호출은 두 단계 이상 중첩할 수 없다.

이러한 설계 지침은 의도한 목표는 아니지만 개발자가 그대로 조심스럽게 따르다가 좌절하지 않도록 신중하게 적용돼야 한다. BA는 코드의 어떤 속성이 이를 수정하고 결함을 해결하는 데 유용한지 이해하기 위해 유지보수 개발자와 함께해야 한다.

임베디드 소프트웨어를 포함하는 하드웨어 장비는 현장 지원성에 대한 요구사항이 있기도 한다. 이러한 요구사항은 보통 하드웨어 설계에 영향을 미치는 반면 일부는 소프트웨어 설계의 선택으로 이어지기도 한다. 다음은 전자의 예다.

SUP-1. 공인 수리 기술자는 10분 이내에 스캐너 모듈을 교체할 수 있어야 한다.

또한 사용자의 삶을 더 쉽게 만드는 데 도움이 되는 지원성 요구사항은 다음과 같다.

SUP-2. 교체 잉크 카트리지가 적절한 슬롯에 삽입되지 않은 경우 프린터는 에러 메시지를 표시해야 한다.

이식성(portability)

소프트웨어를 하나의 운영 환경에서 다른 환경으로 마이그레이션하는 데 드는 노력은 이식성을 측정하기 위한 방법이다. 일부 실무자는 이식성이라는 이름하에 국제화 및 지역화 기능을 포함하기도 한다. 소프트웨어의 이식성을 설계하는 방식은 이를 재사용하는 방식과 비슷하다. 윈도우나 맥, 리눅스, 혹은 iOS나 안드로이드, PC나 태블릿, 폰 등 반드시 다양한 환경에서 동작해야 하는 애플리케이션에서 이식성은 점차적으로 중요해지고 있다. 또한 데이터 이식성 요구사항도 중요하다.

이식성 목표는 다른 환경으로 이식해야 하는 제품의 일부분을 식별할 수 있어야 하며, 대상 환경을 설명해야 한다. 화학약품 분석에 사용되는 제품 중 하나는 두 개의 서로 다른 환경에서 실행된다. 한 버전은 화학 박사가 실험실에서 여러 분석용 기기를 제어하는 소프트웨어에서 돌아간다. 두 번째 버전은 기술적인 교육을 많이 받지 못한 사람에 의해 송유관 현장에서 사용되는 휴대용 장치에서 실행된다. 이 두 버전의 핵심 기능은 대체로 동일했다. 이러한 제품은 처음부터 최소한의 개발로 양쪽 환경에서 동작할 수 있게 설계돼야 한다. 개발자가 이식성에 대한 고객의 기대를 알고 있다면 제품의 이식성을 적절하게 향상시킬 수 있는 개발 방법을 선택할 수 있다. 다음은 이식성 요구사항의 몇 가지 예다.

POR-1. iOS 버전의 애플리케이션을 안드로이드용으로 수정하는 것은 전체 소스코드 중 10% 이하의 수정만으로 가능해야 한다.

POR-2. 사용자는 파이어폭스, 인터넷 익스플로러, 오페라, 크롬, 사파리로부터 북마크를 복사할 수 있어야 한다.

POR-3. 플랫폼 마이그레이션 도구는 사용자의 행동 없이도 사용자 정의 사용자 프로필을 새로 설치한 환경으로 전송할 수 있어야 한다.

이식성에 대해 조사할 때는 다음과 같은 질문이 도움될 수 있다.

- 이 소프트웨어가 현재뿐만 아니라 앞으로 어떤 플랫폼에서 실행돼야 하는가?
- 다른 부분보다 높은 이식성을 위해 설계돼야 하는 부분은 어디인가?
- 시스템에서 이식성이 필요한 파일, 프로그램 구성 요소 및 기타 다른 요소는 무엇인가?
- 소프트웨어의 이식성을 개선함으로써 손상되는 품질 속성은 어떤 것이 있는가?

재사용성(reusability)

재사용성은 소프트웨어 구성요소를 다른 애플리케이션에서 사용하기 위해 변환하는 데 필요한 상대적인 노력을 나타낸다. 재사용 가능한 소프트웨어는 모듈화돼 있어야 하고 잘 문서화돼 있어야 하며, 특정 애플리케이션이나 운영 환경에 독립적이어야 하고, 다소 일반적인 기능을 갖추고 있어야 한다. 수많은 프로젝트 산출물은 요구사항, 아키텍처, 설계, 코드, 테스트, 비즈니스 규칙, 데이터 모델, 사용자 클래스 기술서, 이해관계자 프로파일, 용어사전 등과 같은 잠재적인 재사용 가능성을 제공한다(18장 "요구사항 재사용" 참조). 요구사항과 설계 명세, 철저한 코딩 표준 고수, 잘 관리되는 테스트 케이스의 회귀 스위트(regression suite) 및 재사용 가능한 구성 요소의 표준 라이브러리를 통해 소프트웨어를 재사용 가능하게 만들 수 있다.

재사용성 목표는 측정하기 어렵다. 신규 시스템에서 재사용 가능하게 구축해야 하는 요소를 구체화하거나 프로젝트와 분리해서 구현해야 하는 재사용 가능한 구성요소를 명시하자. 다음은 이에 대한 몇 가지 예다.

REU-1. 화학약품 구조 입력 기능은 다른 애플리케이션의 목적 코드 수준에서 재사용 가능해야 한다.

REU-2. 애플리케이션 아키텍처에서 최소 30%는 인증된 참조 아키텍처를 재사용해야 한다.

REU-3. 가격 알고리즘은 미래의 매장 관리 애플리케이션에서 재사용할 수 있어야 한다.

프로젝트의 재사용성 요구사항을 학습하기 위해서는 다음과 같은 질문에 대해 논의하자.

- 기존 애플리케이션에서 어떤 요구사항, 모델, 설계 구성 요소, 데이터, 테스트를 재사용할 수 있을까?
- 관련 애플리케이션의 어떤 기능이 이 애플리케이션에 대한 특정 요구사항을 충족할 수 있을까?
- 애플리케이션에서 어디서든 재사용 가능하기에 좋은 부분은 어디인가?
- 애플리케이션의 일부를 재사용 가능하게끔 만드는 데 필요한 특별한 행동은 무엇인가?

확장성(scalability)

확장성 요구사항은 성능이나 정확성의 저하 없이 더 많은 사용자, 데이터, 서버, 지리적 위치, 트랜잭션, 네트워크 트래픽, 검색, 기타 다른 서비스를 수용할 수 있는 애플리케이션의 능력을 나타낸다. 확장성은 하드웨어와 소프트웨어 모두에 영향을 미칠 수 있다. 시스템 확장이란 더 빠른 컴퓨터 도입이나 메모리나 디스크 공간 추가, 서버 추가, 데이터베이스 미러링, 네트워크 용량 증가를 의미할 수 있다. 여러 프로세서를 이용한 분산 컴퓨팅, 데이터 압축, 알고리즘 최적화 및 기타 성능 튜닝 기법 등이 소프트웨어 접근 방식에 포함된다. 견고성의 범주 중 하나로서 시스템이 성능 한계에 근접하거나 초과했을 때의 행동을 다루기 때문에 확장성은 수정 용이성이나 견고성과 관련이 있다. 다음은 확장성 요구사항의 몇 가지 예다.

SCA-1. 긴급 전화 시스템의 수용 능력은 12시간 이내에 하루에 500통에서 2,500통으로 증가할 수 있어야 한다.

SCA-2. 웹사이트는 최소 2년 이상 분기당 30%의 페이지 뷰 성장을 처리할 수 있어야 하며, 사용자는 성능 저하를 인지하지 못해야 한다.

SCA-3. 분배 시스템은 최대 20개의 신규 창고를 수용할 수 있어야 한다.

비즈니스 분석가는 특정 애플리케이션에 대한 향후 확장 계획에 대해 감각이 뛰어나지 못할 수도 있다. 사용자 층이 얼마나 되는지나 데이터 규모는 얼마나 되는지, 혹은 시간이 지남에 따라 성장하는 다른 어떤 변수가 있는지에 대한 감을 얻기 위해 프로젝트 스폰서나 주제 전문가와 함께할 필요도 있을 것이다. 다음은 이러한 주제에 도움될 수 있는 질문이다.

- 향후 수 개월, 여러 분기, 수년 동안 처리해야 하는 총 사용자 혹은 동시 사용자는 어느 정도로 예측하는가?
- 앞으로 시스템에 필요한 데이터 수용력이 얼마나 성장할 것인지, 그리고 왜 성장할 것인지 설명할 수 있는가?
- 사용자 수에 관계 없이 반드시 충족해야 하는 최소 성능 기준은 무엇인가?
- 시스템을 실행하는 데 필요한 서버, 데이터 센터, 개별 설치에 대해 어떤 성장 계획을 갖고 있는가?

> **기다려요. 제발 떠나지 마세요!**
>
> "사이버 먼데이"는 매년 11월 추수감사절 다음 월요일을 말하는 마케팅 용어다. 이 날은 휴가 시즌에 온라인으로 쇼핑할 수 있는 일상적인 날이 됐다. 이러한 고객이 2000년대 중반 뿌리를 내렸을 때는 수많은 전자상거래 웹 사이트는 할인 쇼핑을 즐기는 고객들의 엄청난 트래픽과 트랜잭션을 감당할 준비가 돼 있지 않았다. 서버에는 문제가 발생했고, 비밀번호를 인식할 수 없었으며, 구매가 완료되기까지 너무 오랜 시간이 걸렸다. 많은 구매자들은 접속하려던 온라인 상점을 포기하고 다른 상점을 찾아 아마도 결코 돌아오지 않을 것이다. 구매자의 개인 정보를 훔치기 위해 유사 웹 사이트로 트래픽을 우회시키는 노상강도 같은 컴퓨터 범죄도 탄생했다.
>
> 이러한 문제는 얽히고설킨 불만족스러운 소프트웨어 품질 요구사항을 드러낸다. 불충분한 확장성 때문에 시스템은 가용성 악화의 원인이 되는 폭발적인 웹사이트 방문자와 같은 신뢰성 문제에 시달린다. 더 나은 소프트웨어는 회사의 재무 현황에 직접적인 영향을 미치고 있다.

검증 가능성(verifiability)

검증 가능성은 테스트 용이성에 대한 좁은 의미로서 소프트웨어 구성요소나 통합 제품에 기대하는 시스템 기능 구현 여부를 얼마나 잘 평가할 수 있는지를 나타낸다. 제품이 복잡한 알고리즘이나 로직을 포함하거나 예민하게 상호 연관된 기능을 포함하는 경우 검증 가능성을 설계하는 것은 매우 중요하다. 또한 제품이 자주 변경되는 경우 변화가 기존의 기능에 문제를 야기시키지는 않는지 확인하기 위해 자주 회귀 테스트를 받아야 하기 때문에 검증 가능성이 중요하다. 높은 수준의 검증 가능성을 제공하는 시스템은 효과적이고 효율적으로 테스트할 수 있다. 검증 가능한 소프트웨어를 설계한다는 것은 소프트웨어에 필요한 사전 테스트 적용과 테스트에 필요한 데이터 제공, 테스트 결과의 관찰이 쉽다는 것을 의미한다. 다음은 검증 가능성 요구사항의 일부 예다.

VER-1. 재현하기 어려운 테스트 실패를 피하기 위해 테스트 구성 환경은 개발 환경 구성과 동일해야 한다.

VER-2. 테스터는 테스트 중에 기록해야 할 실행 결과를 구성할 수 있어야 한다.

VER-3. 개발자는 디버깅을 위해 어떠한 알고리즘 그룹이라도 중간 결과를 표시할 수 있도록 연산 모듈을 설정할 수 있어야 한다.

우리 팀과 나는 그래픽 엔진을 반복적으로 개선하는 동안 여러 번 테스트해야 한다는 사실을 알고 있었기 때문에 검증 가능성을 향상시키기 위해 다음과 같은 설계 지침을 따르기로 했다.

VER-4. 모듈의 최대 순환 복잡도는 20을 초과하지 않아야 한다.

순환 복잡도는 모듈의 소스코드에서 분기된 논리의 수를 측정함으로써 알 수 있다. 모듈에 더 많은 분기와 루프를 추가하면 소스코드의 이해나 테스트, 유지보수가 어려워진다. 일부 모듈의 순환 복잡도가 24이더라도 프로젝트가 실패하지는 않았겠지만 이러한 지침을 문서화함으로써 개발자가 원하는 품질 목표를 달성할 수 있었다.

검증 가능성 요구사항을 정의하는 것이 어려울 수도 있다. 이를 위해 다음과 같이 질문해 보자.

- 어떤 계산이 예상된 결과를 제공하는지 확인하는 방법은 무엇인가?
- 시스템에서 제대로 동작하지 않고 올바른 결과를 확인하기 어려워 최종 결과를 만들지 못하는 부분이 있는가?
- 요구사항이나 개발 결과에서 확률적으로 가능한 많은 오류를 발견할 수 있는 테스트 데이터 집합을 구성할 수 있는가?
- 시스템이 결과물을 제대로 출력하고 있는지 검증하기 위해 사용할 수 있는 기준 보고서나 결과물이 있는가?

Planguage로 품질 요구사항 명세화하기

품질 요구사항이 애매모호하다면 제품이 이를 만족하는지 평가할 수 없을 것이다. 검증할 수 없는 품질 요구사항은 검증할 수 없는 기능적 요구사항과 다를 바 없다. 단순한 품질 및 성능 목표 또한 비현실적일 수 있다. 데이터베이스 질의에 대해 1초 미만의 반응시간으로 명세화하는 것은 로컬 데이터베이스를 단순히 조회할 때는 괜찮지만 지리적으로 떨어져 있는 서버의 관계형 테이블에서 여섯 단계로 조인할 때는 비현실적이다.

모호하고 불완전한 비기능적 요구사항의 문제를 해결하기 위해 톰 길브(Tom Gilb 1997; 2005)는 품질 속성과 기타 다른 프로젝트 목표에 대한 정확한 명세를 가능하게 하는 풍부한 키워드 집합을 가진 언어인 Planguage를 개발했다(Simmons 2001). 다음은 수많은 Planguage 키워드 중 일부를 이용해 성능 요구사항을 표현하는 방법의 예다. 전통적인 형태로 표현할 경우 이 요구사항은 다음과 같을 것이다. "시스템이 사전에 정의된 회계 보고서 중 하나를 화면에 출력하는 데 소비되는 시간은 적어도 98%에 대해 8초 이하여야 한다."

- TAG
  Performance.Report.ResponseTime(성능.보고서.반응시간)

- AMBITION
  기본 사용자 플랫폼에 대한 회계 보고서 생성 시 빠른 응답 시간

- SCALE
  보고서 요청을 위해 엔터 키나 OK 버튼을 클릭한 후 보고서를 화면에 출력하기 시작하는 데까지 걸린 시간

- METER
  현장 사무실 회계사를 위해 사전에 정의된 사용 운영 프로파일을 대변해서 30개의 테스트 보고서를 수행하는 초시계 테스트

- GOAL
  보고서의 95%에서 8초 이상 소요되지 않는다. ← 현장 사무실 관리자

- STRETCH
  미리 정의된 보고서는 2초 이상 소요되면 안 되며, 모든 보고서는 5초를 초과하지 않아야 한다.

- WISH
  모든 보고서는 1.5초 이상 소요되지 않아야 한다.

- DEFINED(정의된 기본 사용자 플랫폼)
  쿼드 코어 프로세서, 8GB 램, 윈도우 8, QueryGen 3.3, 단일 사용자, 최소 50%의 가용 램과 70%의 가용 CPU 자원, 최소 30Mbps 이상의 네트워크 연결 속도

각 요구사항은 10장에서 설명한 계층적인 명명규칙을 사용하는 고유 태그 또는 라벨을 부여받는다. Ambition은 요구사항을 필요로 하는 시스템의 목적이나 목표를 말한다. Scale은 측정 방법을 설명하기 위한 측정이나 계량 단위를 정의한다. 모든 이해관계자는 "성능"에 대해 동일한 이해 수준을 지녀야 한다. 사용자가 예에서와 같은 보고서가 화면에 출력되기 시작할 때가 아닌 엔터 키를 누른 직후부터 완전히 나타날 때까지 걸린 시간으로 측정하는 것으로 해석한다고 가정하자. 개발자는 요구사항을 만족했다고 말하겠지만 사용자는 그렇지 않다고 주장할 것이다. 명확한 품질 요구사항과 측정은 이러한 논쟁을 방지한다.

Planguage의 장점 중 하나는 측정돼야 하는 수량에 대한 몇 가지 목푯값을 정할 수 있다는 것이다. 목표 기준은 최소 허용 성취 수준이다. 모든 목표 조건을 완벽히 만족시키지 않는 한 요구사항이 만족된 것이 아니기 때문에 실제 비즈니스 니즈 측면에서 목표가 정당화될 수 있는지 확인해야 한다. 목표 요구사항을 명시하는 다른 방법은 Fail(또 다른 Planguage 키워드) 조건, 즉 "모든 보고서의 5% 이상에서 8초 이상 소요."를 정의하는 것이다. Stretch 값은 더 바람직한 성능 목표와 이상적인 결과를 가져오는 값을 나타낸다. 원 성능 목표를 노출하는 것을 고려하자. 목표 기준 다음에 나타나는 "←" 표기법은 현장 사무실 관리자로부터 왔음을 말한다. Planguage 문의 모든 전문 용어는 독자가 분명하게 이해할 수 있도록 정의된다. 이 예에서는 테스트가 시행돼야 하는 기본 사용자 플랫폼이라고 하는 것에 대한 정의를 제공한다.

Planguage는 명확한 품질 속성 요구사항 및 비즈니스 목표를 명세화할 때 유연성과 정확성을 제공하기 위해 다양한 추가적인 키워드를 포함한다. 다양한 성취 목표를 명세화함으로써 단순히 흑백 혹은 예/아니오가 가져올 수 있는 것보다 품질 요구사항에 대한 훨씬 더 풍부한 문장을 얻을 수 있다. Planguage를 사용하면서 얻게 되는 단점은 단순한 품질 요구사항 문장보다 요구사항 결과의 부피가 훨씬 커진다는 것이다. 그러나 풍부한 정보는 불편을 능가하는 풍요로움을 제공한다. 품질 요구사항을 작성할 때 Planguage 형식 전체를 사용하지 않더라도 사람들이 말하는 "fast"가 정확히 어떤 의미인지 알기 위해 키워드를 사용함으로써 훨씬 정확하고 모두가 공유할 수 있는 기대치를 얻을 수 있을 것이다.

품질 속성의 트레이드오프

특정 속성의 조합에서 트레이드오프는 피할 수 없다. 사용자와 개발자는 어떤 속성이 더 중요한지 결정해야 하며, 이들이 의사결정할 때는 우선순위를 존중해야 한다. 앞에서 설명한 기법인 "3단

계: 속성에 우선순위 할당하기"가 이를 위한 분석에 도움될 수 있다. 그림 14-2는 일부 예외가 있을 수 있지만 표 14-1에 나온 품질 요구사항 간의 연관성 중 일부를 보여준다(Charette 1990; Glass 1992; IEEE 1998). 셀에 있는 더하기 기호는 행에 있는 속성이 열에 있는 속성에 긍정적인 영향을 미친다는 것을 나타낸다. 예를 들어, 소프트웨어 구성 요소의 이식성을 향상시키는 설계 접근법은 소프트웨어가 다른 소프트웨어 구성 요소에 더 쉽게 연결되고 재사용하기 쉬우며 테스트가 용이하게 한다.

	가용성	효율성	설치 용이성	무결성	상호운용성	수정 용이성	성능	이식성	신뢰성	재사용성	견고성	안전	확장성	보안	사용성	검증 가능성
가용성									+		+					
효율성	+			−	−	+	−				−		+		−	
설치 용이성	+							+						+		
무결성			−		−				−		+			+	−	
상호운용성	+	−	−			−	+	+		+	−			−		
수정 용이성	+	−						+	+				+			+
성능		+			−			−								
이식성		−			+	−					+			−		+
신뢰성	+	−		+		+					+	+		+		+
재사용성		−			−	+		+	+					−		+
견고성	+	−	+	+	+			−	+			+	+	+	+	
안전		−		+	+				+				+		−	−
확장성	+	+		+			+	+	+	+						
보안	+			+		−	−		+	+	+				−	
사용성			−	+				−	−	+	+					−
검증 가능성	+		+	+		+		+	+	+	+		+	+		

그림 14-2 선택적인 품질 속성 간의 긍정적/부정적 관계

셀의 빼기 기호는 행의 속성이 열의 속성에 일반적으로 좋지 않은 영향을 미친다는 것을 의미한다. 빈 셀은 행의 속성이 열의 속성에 거의 영향을 미치지 않음을 나타낸다. 성능 및 효율성은 다른 여러 속성에 부정적인 영향을 미친다. 만약 코딩 트릭을 사용하고 부작용에 의존함으로써 너무 간소화하고 빠르게 코드를 작성한다면 유지보수나 개선에 큰 어려움을 겪게 될 가능성이 높다. 또한 코드를 특정 운영 환경에 최적화할 경우 다른 플랫폼으로 이식하기가 어려워질 수도 있다. 이와 비슷하게 손쉬운 사용을 위해 최적화한 시스템이나 재사용성 혹은 다른 소프트웨어/하드웨어 구성요소와의 상호운용성을 고려해서 설계한 시스템은 성능 저하 문제를 초래하기도 한다. 사용자 정의 그래픽 코

드를 포함하는 기존 애플리케이션에 비해 빈약한 성능을 제공하게 된 이유를 구성하기 위해 이번 장의 앞부분에서 설명한 범용 그래픽 엔진 구성요소를 사용하자. 합리적인 트레이드오프를 만들어 내기 위해 제안한 해결책을 통해 얻을 수 있는 이득 대비 발생할 수 있는 성능(혹은 기타 요소의) 저하에 대해 균형을 맞춰야 한다.

A에 영향을 미치는 속성 B가 있을 때 B가 반드시 A에게 동일한 영향을 미치지는 않기 때문에 그림 14-2는 대칭형이 아니다. 그림 14-2는 시스템 성능 향상을 위한 설계가 보안에 어떠한 영향도 미치지 않음을 보여준다. 하지만 보안은 시스템이 사용자 인증, 암호화, 바이러스 검사 등 더 많은 계층을 통과하게 하므로 성능 저하의 원인이 된다.

제품 속성에 대해 최적의 균형을 이루기 위해 요구사항 도출 과정에서 해당 품질 속성을 식별하고, 명세화하며, 우선순위를 부여해야 한다. 프로젝트에서 가장 중요한 품질 속성을 정의하고, 상충하는 목표에 대한 합의에 도달하기 위해 그림 14-2를 활용하자. 이에 대한 몇 가지 예는 다음과 같다.

- 소프트웨어가 최소한의 수정을 통해 다양한 플랫폼에서 구동(이식성)돼야 한다면 사용성을 최대화하려고 하지 마라. 플랫폼 및 운영체제마다 제약조건이나 사용성 특징이 다르다.
- 고도의 보안 시스템에서 무결성 요구사항을 완벽하게 테스트하기는 어렵다. 재사용된 범용 구성 요소는 보안 메커니즘을 손상시킬 수 있다.
- 매우 견고한 코드는 데이터 검증 및 오류 검사 수행으로 인한 성능 저하를 유발할 수 있다.

기대하는 시스템에 대해 지나치게 제약하거나 상충하는 요구사항을 정의하면 개발자가 요구사항을 완벽히 충족시키기가 불가능해진다.

품질 속성 요구사항 구현하기

설계자와 프로그래머는 각 품질 요구사항을 만족시킬 수 있는 최선의 방법을 결정해야 한다. 품질 속성 요구사항은 비기능적 요구사항이지만 바라던 제품 특성을 만들어내는 기능적 요구사항이나 설계 지침, 기타 다른 기술 정보 등으로 이어질 수 있다. 표 14-5는 각기 다른 유형의 품질 속성이 만들어 낼 수 있는 기술 정보의 범주를 나타낸다. 예를 들어, 엄격한 가용성과 신뢰성 요구사항을 필요로 하는 의료 장비는 제품이 배터리 전원으로 동작 중이거나 배터리 부족 등을 나타내는 기능적 요구사항과 함께 보조 배터리 전원 공급 (아키텍처) 또한 포함해야 한다. 외부 품질 요구사항이나 내부 품질 요구사항을 이에 상응하는 기술 정보로 번역하는 것은 요구사항 분석 및 고수준 설계 프로세스의 일부다.

표 14-5 품질 속성을 기술 명세로 번역하기

품질 속성	가능한 기술 정보 범주
설치 용이성, 무결성, 상호운용성, 신뢰성, 견고성, 안전, 보안, 사용성, 검증 가능성	기능적 요구사항
가용성, 효율성, 수정 용이성, 성능, 신뢰성, 확장성	시스템 아키텍처
상호운용성, 보안, 사용성	설계 제약조건
효율성, 수정 용이성, 이식성, 신뢰성, 재사용성, 확장성, 검증 가능성, 사용성	설계 지침
이식성	구현 제약조건

개발 경험이 부족한 비즈니스 분석가는 품질 요구사항에 대한 기술적 의미를 알지 못한다. 따라서 BA는 기술적 의미에 대한 지식을 갖고 있으면서 이를 다른 협업자에게 알려줄 수 있는 적절한 이해관계자를 참여시켜야 한다. 아키텍처와 설계에 큰 영향을 받을 만한 확장성을 고려하자. 확장성 요구사항은 개발자가 시스템 성능을 저하시키지 않고도 달갑지 않은 잠재적인 증가를 수용할 수 있게 성능 버퍼(디스크 공간, CPU 소비, 네트워크 대역폭)를 유지하게 한다. 확장성에 대한 예측은 개발자들이 하드웨어 및 운영 환경을 결정하는 데 영향을 미칠 수 있다. 이는 확장성 요구사항을 빨리 도출하고 문서화하는 것이 중요한 이유이며, 개발자는 제품이 예측대로 성장하고 지속적인 적절한 성능 유지를 보장할 수 있다. 또한 이것은 개발자를 요구사항 도출 및 검토에 빨리 참여시키는 것이 중요한 이유 중 하나다.

제약조건

제약조건은 개발자가 설계나 구현에 관련된 선택에 앞서 제한을 정하는 것을 말한다. 제약조건은 외부 이해관계자나 현재 개발 중이거나 유지보수 중인 시스템과 상호작용하는 다른 시스템, 또는 이전이나 유지보수와 같은 시스템과 관련된 기타 다른 생명 주기 활동에 의해 설정될 수 있다. 다른 제약조건으로는 기존 합의나 경영 또는 기술 의사결정에 의해 정해지는 것들이 있다(ISO/IEC/IEEE 2011). 제약조건은 다음과 같은 곳에서 올 수 있다.

- 반드시 사용하거나 피해야 하는 특정 기술이나 도구, 언어, 데이터베이스
- 사용되는 운영 환경 혹은 웹 브라우저의 유형이나 버전 등 제품의 운영 환경이나 플랫폼에 의한 제한
- 요구되는 개발 규칙 또는 기준(고객의 조직이 소프트웨어를 유지보수할 경우 조직은 외주 업체가 따라야 하는 설계 표기법과 코딩 기준을 명시해야 할 것이다.)
- 특정 데이터 파일을 만드는 데 사용된 소프트웨어 버전 등과 같은 이전 제품에 대한 하위 호환성과 잠재적인 상위 호환성

- 규정이나 기타 다른 비즈니스 규칙에 의한 제한 혹은 규정 준수 요구사항
- 타이밍 요구사항, 메모리나 프로세서 제약, 크기나 중량, 재료, 비용 등과 같은 하드웨어 제한
- 운영 환경이나 사용자의 특성, 제약에 의한 물리적인 제한
- 기존 제품을 개선할 경우 기존의 인터페이스 규칙 따르기
- 데이터 형식이나 통신 프로토콜과 같은 다른 기존 시스템에 대한 인터페이스
- 태블릿이나 휴대폰에서 실행될 때와 같이 화면 크기에 따른 제약
- XML이나 e-비즈니스를 위한 로제타넷(RosettaNet) 등과 같은 표준 데이터 교환 형식

이러한 제약조건은 외부 자원에 기인하는 경우가 많으며, 반드시 준수해야 한다. 또한 제약조건은 실수로 발생할 수도 있다. 사용자에게 요구사항이란 일반적으로 사용자의 니즈를 충족하기 위해 상상할 수 있는 하나의 특정 방법을 설명하는 실제 솔루션 아이디어다. BA는 이 같은 솔루션 아이디어를 포함하는 요구사항을 감지하고, 솔루션이 가진 제약사항으로부터 근본적인 니즈를 구분해야 한다. 제약조건이 완벽하게 타당할 경우 솔루션이란 사용자에게 문제를 해결하기 위한 이상적인 방법일 것이다. 실제 니즈는 보통 숨겨져 있으며, BA는 솔루션을 제시하기 위해 생각을 분명히 이야기하는 사용자와 함께 작업해야 한다. "왜"를 몇 번만 물어봐도 실제 요구사항을 이끌어낼 수 있을 것이다.

어떤 사람들은 품질 속성이 바로 제약조건이라고 말하기도 한다. 우리는 보통 특정 품질 요구사항이 설계나 구현 제약조건으로부터 시작된다고 생각하는 것을 선호한다. 표 14-5가 나타내는 바와 같이 상호운용성과 사용성 요구사항은 설계 제약 조건의 잠재적인 근원이다. 이식성은 애플리케이션이 하나의 플랫폼이나 운영 환경에서 다른 곳으로 쉽게 이동할 수 있도록 구현 제약조건을 부과하기도 한다. 예를 들어, 정수를 32비트 길이로 정의하는 컴파일러와 64비트로 정의하는 컴파일러가 있다고 해보자. 이식성 요구사항을 충족시키기 위해 개발자는 32비트의 부호 없는 정수인 WORD라고 하는 데이터 유형을 심볼릭하게 정의하고 컴파일러의 기본 정수 데이터 유형 대신 WORD 데이터 유형을 사용해야 할 것이다. 이를 통해 모든 컴파일러가 WORD 유형의 데이터 항목을 동일한 방법으로 다룰 수 있게 되고, 이는 시스템이 서로 다른 운영 환경에서 예상대로 동작하는 것을 보장하는 데 이바지한다.

다음은 제약조건의 몇 가지 예다. 이를 통해 아키텍트와 설계자, 개발자가 선택할 수 있는 옵션을 제한하는 방법을 알 수 있을 것이다.

CON-1. 사용자가 정렬 순서를 바꾸기 위해 프로젝트 목록 상단을 클릭한다. [기능적 요구사항에서 설계 제약조건으로 부과되는 특정 사용자 인터페이스 제어]

CON-2. 제품을 개발할 때 오픈소스 소프트웨어는 GNU GPL(General Public License)하에서만 이용 가능하다. [구현 제약조건]

CON-3. 애플리케이션은 반드시 마이크로소프트 닷넷 프레임워크(.NET framework) 4.5를 사용해야 한다. [구조 제약조건]

CON-4. ATM은 20만 달러의 지폐를 가지고 있어야 한다. [물리적 제약조건]

CON-5. 온라인 결제는 페이팔(PayPal)을 통해서만 이뤄질 수 있다. [설계 제약조건]

CON-6. 애플리케이션에서 사용되는 모든 문자 데이터는 XML 파일의 형태로 저장해야 한다. [데이터 제약조건]

이러한 제약조건 중 일부는 어쩌면 명시되지 않았을 수도 있는 품질 기대치를 부합시키기 위해 존재하기도 한다. 왜 잠재적인 품질 요구사항에 도달하고자 각 제약조건을 강제한 것인지 물어보자. CON-2에서는 왜 오픈소스 소프트웨어를 사용해야 할까? 아마도 수정 용이성 증가에 대한 기대로 인해 이러한 제약조건이 요구사항이 됐을 것이다. CON-3에서는 왜 닷넷의 특정 버전을 명시했을까? 아마도 암묵적인 이식성이나 신뢰성 요구사항 때문일 것이다. 제약조건은 지각된 해결책임을 기억하라. 해결책의 일부인 요구사항을 이끌어낼 수 있도록 "왜?"라고 물어보자.

애자일 프로젝트에서 품질 속성 다루기

제품 개발 후반에 원하는 품질 요구사항으로 개조하는 것은 어렵고 비용이 많이 들 수 있다. 이는 소규모 증분에서 요구사항을 개발하고 기능을 제공하는 애자일 프로젝트일지라도 프로젝트 초기에 중요한 품질 요구사항과 제약조건을 명세화해야 하는 이유이기도 하다. 이를 통해 개발자는 필요한 요구사항 특성의 기본이 되는 적절한 구조 및 설계 의사결정을 내릴 수 있다. 비기능적 요구사항은 사용자 스토리와 함께 우선순위를 갖고 있어야 하며, 다음 반복주기로 구현을 미룰 수 없다.

이는 스토리 형식으로 품질 속성을 명세화함으로써 가능하다.

헬프 데스크 기술자로서 나는 고객이 실망하지 않고 요청을 중단하지 않도록 쿼리 응답을 5초 안에 할 수 있는 지식 기반을 필요로 한다.

그러나 품질 요구사항은 사용자 스토리와 동일한 방법으로 구현되지 않는다. 품질 요구사항은 여러 개의 스토리와 반복주기로 확대될 수 있다. 누구나 항상 여러 반복주기에서 사용자 스토리로서 구현될 수 있는 작은 덩어리로 쉽게 나눌 수 있는 것은 아니다.

개발자는 항상 비기능적 요구사항을 개별 사용자 스토리에서 구현할 수도 있음을 고려해야 한다. 반복주기가 진행되는 동안 더 많은 기능이 추가되고 시스템 효율과 성능이 악화될 수도 있다. 성능 목표를 명시하고 반복주기 초반에 성능 테스트를 수행하면 이를 바로잡기 위한 적절한 행동을 빨리 취할 수 있을 것이다.

표 14-5에서 봤듯이 일부 품질 속성은 필요한 요구사항의 소스이기도 하다. 애자일 프로젝트에서 품질 요구사항은 제품 백로그에 새로운 항목을 파생시킬 수도 있다. 다음과 같은 보안 요구사항을 생각해 보자.

> *계정 소유자로서 나는 금전적인 손실을 예방하기 위해 인가되지 않은 사용자가 내 계정에 접근하는 것을 방지하고 싶다.*

이 요구사항은 프로젝트의 제품 주인이나 비즈니스 분석가로부터 보안 관련 기능을 기술하는 다양한 사용자 스토리를 도출할 수 있게 할 것이다. 이 스토리는 평소와 같이 특정 반복주기에 구현하기 위해 백로그에 추가되고 계획될 수 있다. 이러한 요구사항을 초기에 이해하게 되면 팀이 적절한 시기에 보안 요구사항을 구현함을 보장할 수 있다.

사용자 스토리와 마찬가지로 품질 요구사항에 대한 인수 테스트를 작성하는 것도 가능하다. 이는 품질 속성을 정량화하는 방법이기도 하다. 성능 목표가 단순히 "지식 기반은 검색 결과를 빨리 반환해야 한다."와 같다면 "빨리"의 구성요소를 정의하는 테스트를 작성할 수 없을 것이다. 더 나은 인수 테스트는 다음과 같다.

> *지식 기반은 5초 안에 키워드 검색 결과를 반환해야 하며, 가급적이면 3초 이하여야 한다.*

이러한 형식으로 작성된 인수 테스트는 이번 장의 앞에서 살펴본 Planguage에서 사용되는 Goal, Stretch, Wish 키워드 등과 같이 요구사항에 허용되는 여러 만족도를 표현할 수 있다. Scale이나 Meter와 같은 Planguage 키워드를 사용해 "결과를 반환"한다는 의미와 테스트를 수행하는 방법과 결과를 평가하는 방법을 좀 더 정확하게 정의할 수도 있다.

반복주기 종료의 판단 기준 중 일부는 관련 비기능적 요구사항의 만족 여부를 평가하는 것이다. 다른 것보다 더 중요한 결과를 포함하는 수용 가능한 성능의 범위가 있는 경우도 있다. 다른 소프트웨어 개발 방식과 마찬가지로 품질 요구사항을 만족시키는 것으로 애자일 프로젝트의 실망과 기쁨을 구별할 수 있다.

다음 단계는

- 현재 진행 중인 프로젝트에서 표 14-1에 있는 여러 품질 속성 중 사용자에게 중요할 만한 것들을 파악하자. 각 속성에 대해 사용자가 그들의 기대를 분명히 표현하는 데 도움될 만한 몇 가지 질문을 공식화하자. 사용자 응답에 따라 각 중요 속성에 대해 한두 줄의 명확한 요구사항을 작성하자.

- 여러분의 프로젝트에서 문서화된 품질 요구사항 중 일부가 정확한지 검사하자. 정확하지 않다면 예상 품질 결과가 제품에 부합하는지 산정할 수 있도록 다시 작성하자.

- 중요한 품질 속성에 순위를 매기기 위해 이번 장의 "품질 속성 찾기" 절로 돌아가 그곳에서 설명하고 있는 스프레드시트 접근법을 활용해 보자. 프로젝트에서 도출했던 속성 간의 트레이드오프가 우선순위 분석과 일치하는가?

- 이번 장의 품질 속성 예제 일부를 Planguage를 사용해서 다시 작성하고 예시를 위해 필요한 가정을 만들자. Planguage를 이용해 좀 더 정확하고 덜 모호한 품질 요구사항을 기술할 수 있는가?

- 충돌 가능성과 이의 해결을 위해 시스템에 대한 사용자의 품질 기대치를 시험하자. 트레이드오프를 결정하는 데 선호하는 사용자 클래스가 가장 큰 영향을 미쳐야 한다.

- 구현하는 데 필요한 기능적 요구사항과 설계, 구현에 대한 제약조건이나 구조 혹은 설계 선택에 대한 품질 속성 요구사항을 추적하자.

15
프로토타이핑을 활용한 위험 감소

비즈니스 분석가인 로리는 "샤론, 오늘은 신규 화학약품 관리 시스템에서 구매 부서의 구매자 요구사항에 대해 얘기하고 싶습니다."라며 대화를 시작했다. "시스템이 무엇을 할 수 있었으면 하는지 얘기해 줄 수 있어요?"

샤론은 "뭐라고 말해야 할지 모르겠네요."라고 애매하게 대답했다. "제가 필요한 게 뭔지 설명할 수는 없지만 실제로 보면 알 수 있을 것 같아요."

IKIWISI(I'll know it when I see it; 보면 알 수 있을 것 같아요)라는 말은 비즈니스 분석가를 소름 돋게 만든다. 이는 "그게 아니에요. 다시 하세요."라고 말하는 고객과 함께 올바른 소프트웨어를 개발하기 위해 최대한 상상의 나래를 펼치는 개발팀을 상기시킨다. 미래의 소프트웨어 시스템을 상상하고 이를 위한 요구사항을 설명하는 것이 어렵다는 것은 분명하다. 사람들은 눈앞에 두고 직접 보지 않고는 스스로의 니즈를 설명하는 데 어려움을 겪는다. 보통 비평이 상상보다 쉽다.

소프트웨어 프로토타이핑은 가설 단계를 솔루션 공간으로 확장한다. 이를 통해 요구사항을 더욱 현실화하고 유스케이스에 생명을 불어넣으며, 요구사항 이해의 격차를 줄인다. 프로토타이핑은 사용자의 생각을 자극하고 요구사항에 대한 대화를 촉진시킬 수 있도록 목업이나 신규 시스템의 초기 부분을 사용자가 경험할 수 있게 한다. 프로토타입에 대한 이른 피드백은 고객 불만족에 대한 위험을 감소시킬 수 있으며, 이해관계자가 시스템의 요구사항에 대한 공통의 이해에 도달할 수 있게 돕는다.

이전 장에서 설명한 요구사항 개발 사례를 적용하더라도 고객이나 개발자에게 요구사항의 일부는 여전히 불분명하거나 불명확할 것이다. 이 문제를 해결하지 않는다면 제품에 대한 사용자의 비전과 개발 결과물에 대한 개발자의 이해 사이에 기대치 차이가 생길 것이다. 프로토타이핑은 2장 "고객 관점의 요구사항"에서 설명한 기대치 차이를 줄임으로써 이 모든 중요 고객 접점을 제공하기 위한 강력한 방법이다. 글로 된 요구사항을 읽거나 분석 모델을 연구함으로써 소프트웨어가 어떻게 동작할 것인지를 정확히 시각화하기는 어렵다. 사용자는 (지루한) SRS를 읽기보다는 (더 재미있는) 프로토타입을 사용해보려 할 것이다. 사용자로부터 IKIWISI라는 말을 들었을 때는 사용자가 니즈를 분명히 표현하도록 만드는 방법이 무엇인지, 사용자가 어떤 생각을 갖고 있는지 더 잘 이해하기 위한 방법이 무엇인지 생각해 보자(Boehm 2000). 또한 프로토타입은 요구사항 검증에 유용한 도구다. 비즈니스 분석가는 프로토타입 기반의 제품이 실제 사용자 니즈를 만족하는지 확인할 수 있도록 프로토타입과 상호작용하는 사용자와 함께할 수 있다.

프로토타입이란 단어는 다양한 의미를 지니고 있으며, 프로토타입 활동의 참가자는 매우 다양한 기대를 가질 수 있다. 프로토타입 비행기는 새 비행기 유형의 첫 번째 사례로서 실제로 날아다닌다. 반면 소프트웨어 프로토타입은 실제 시스템의 일부이거나 모델이며, 이것들은 모든 면에서 유용한 작업을 하지 않을 수 있다. 소프트웨어 프로토타입은 정적인 설계이거나 동작하는 모델일 수 있으며, 빠르게 스케치한 것이거나 매우 구체적인 화면일 수도 있고, 시각적인 표현이거나 완전한 기능 조각일 수도 있으며, 시뮬레이션일 수도 있다(Stevens et al. 1998; Constantine and Lockwood 1999).

이번 장에서는 프로토타입이 프로젝트에 가치를 제공하는 방법과 각기 다른 목적에 필요한 다양한 종류의 프로토타입에 대해 설명한다. 또한 요구사항을 개발하는 중에 이러한 프로토타입을 사용하는 방법과 프로토타이핑을 소프트웨어 공학 프로세스의 일부로서 효과적으로 사용하는 방법에 대한 지침을 제공한다.

프로토타이핑: 무엇을 그리고 왜

소프트웨어 프로토타입은 제안된 신규 제품의 일부이거나 가능성이 있는, 혹은 선행 구현체다. 프로토타입은 세 가지 주요 목표를 제공할 수 있으며, 각 목표는 처음부터 명확해야 한다.

- **요구사항을 명확히 하고 완벽하게 만들며 검증하기**
  요구사항 도구로서 사용되는 프로토타입은 합의를 도출하고 오류나 누락을 발견하며, 요구사항의 정밀도나 품질의 평가를 지원한다. 프로토타입에 대한 사용자 평가는 실제 제품을 개발하기 전에 저렴한 비용으로 바로잡을 수 있는 요구사항의 문제와 간과한 요구사항을 나타낸다. 이는 잘 이해하지 못했거나 위험한 또는 복잡한 시스템 일부에 특히 유용하다.

- **디자인 대안 찾아보기**
  디자인 도구로서 사용되는 프로토타입은 이해관계자로 하여금 다른 사용자 상호작용 기법을 찾고, 최종 제품을 마음속에 그리며, 시스템 사용성을 최적화하고, 잠재적인 기술 접근법을 평가할 수 있게 한다. 프로토타입은 동작하는 디자인을 통해 요구사항의 타당성을 입증할 수 있다. 이는 또한 실제 솔루션을 개발하기 전 요구사항에 대한 개발자의 이해를 확인하는 데 유용하다.

- **최종 제품으로 성장할 수 있는 서브셋 만들기**
  구축 도구로서 사용되는 프로토타입은 소규모 개발주기를 통해 완전한 제품으로 정교화될 수 있는 제품의 기능 구현 중 일부다. 이는 프로토타입이 최초에 의도한 최종 배포 버전으로서 신중하게 설계된 경우에 안전한 방법이다.

프로토타입을 만드는 주된 이유는 개발 프로세스 초기의 불확실성을 해결하기 위해서다. 전체 제품에 대한 프로토타입이 필요하지는 않다. 시스템의 어떤 부분을 프로토타입을 만들 것인지, 프로토타입 평가로부터 무엇을 얻고자 하는지를 결정하기 위해 고위험군이나 알려진 불확실성에 집중하자. 프로토타입은 요구사항에 존재하는 모호함과 불완전성을 발견하고 해결하는 데 유용하다. 사용자 및 관리자, 기타 비기술 기반의 이해관계자는 제품이 구체화되고 설계되는 동안 생각해야 하는 어떤 구체적인 것을 찾는다. 여러분이 만드는 각 프로토타입에 대해 왜 만들었고, 얻고자 하는 바가 무엇이며, 사람들이 이를 평가한 후에 이 프로토타입을 가지고 무엇을 할 것인지 확실히 전달하자.

혼란에 대한 위험 때문에라도 프로젝트 참여자가 왜, 언제 하나 혹은 여러 개의 프로토타입 유형을 만들어야 하는지 이해할 수 있도록 "프로토타입"이라는 단어를 사용하기 전에 간략히 설명하는 것이 중요하다. 이번 장에서는 세 가지 범주의 프로토타입 속성을 설명하며, 각각은 두 개의 대안을 갖고 있다.

- **범위**
  목업 프로토타입은 사용자 경험에 집중하며, 개념 증명 프로토타입은 제안된 방식의 기술적 건전성을 살펴본다.

- **추후 사용**
  일회성 프로토타입은 피드백을 받는 데 사용된 후 버려지는 반면, 진화형 프로토타입은 반복주기를 거쳐 최종 제품이 될 때까지 발전한다.

- **양식**

  종이 프로토타입은 종이나 화이트보드, 그리기 도구에 간단히 스케치한 것이다. 전자 프로토타입은 솔루션의 일부로서 동작하는 소프트웨어로 구성돼 있다.

각 프로토타입은 이러한 속성의 특정 조합을 갖고 있을 것이다. 예를 들어, 대상 화면을 간략히 그린 일회성 종이 목업을 고안할 수 있을 것이다. 아니면 필요한 기술 능력을 보여주는 동작하는 소프트웨어로서 진화형 전자 개념 증명을 만들어 볼 수도 있으며, 이를 고객에게 인도할 제품으로 발전시켜갈 수 있을 것이다. 특정 조합은 이해가 되지 않기도 한다. 예를 들어, 진화형 종이 개념 증명은 만들 수 없을 것이다.

목업과 개념 증명

사람들이 "소프트웨어 프로토타입"에 대해 말할 때는 보통 사용자 인터페이스에 대한 목업(Mock-up)을 생각한다. 목업은 수평적 프로토타입이라 하기도 한다. 이러한 프로토타입은 사용자 인터페이스의 일부에 초점을 맞추며, 모든 구성 계층이나 구체적인 기능을 다루지는 않는다. 이러한 유형의 프로토타입은 요구사항을 정제하는 목표와 함께 시스템의 구체적인 행동을 찾게 한다. 목업은 사용자가 프로토타입 기반의 시스템이 타당한 방법으로 작업을 수행할 수 있게 하는지 판단하는 데 도움이 된다.

목업은 실제로 구현하지 않은 행동을 내포한다. 이는 사용자 인터페이스 화면의 외형을 표시하며, 일부 내비게이션을 허용하지만 실제 기능은 약간만 포함하거나 아예 포함하지 않는다. 서부 영화 세트장에 대해 생각해보자. 카우보이는 술집으로 들어가고 난 후 마구간 밖으로 나오지만 건물 외관 뒤에는 아무것도 없기 때문에 술을 마시지도 않고, 말도 보이지 않는다.

목업은 사용자가 사용할 수 있는 선택 기능이나 사용자 인터페이스의 룩앤필(색, 구조, 그래픽, 조작), 내비게이션 구조 등을 입증할 수 있다. 내비게이션은 동작하겠지만 사용자는 특정 상황에서 실제 출력돼야 할 화면에 대한 설명을 메시지로 보거나 현재는 동작하지 않지만 제공될 동작을 찾을 수 있을 것이다. 데이터베이스 쿼리의 결과로 나타나는 정보는 가짜이거나 상수일 수 있으며, 보고서 내용은 하드코딩될 수 있다. 목업을 만든다면 샘플 화면이나 출력에 실제 데이터를 사용해 보자. 이는 실제 시스템의 모델로서 프로토타입의 유효성을 향상시킬 뿐 아니라 프로토타입 평가자가 실제가 아닌 시뮬레이션 화면이나 출력을 명확히 확인할 수 있다.

목업은 동작할 것 같아 보이지만 어떠한 유용한 작업도 수행하지 않는다. 사용자가 누락되거나 이상한, 혹은 불필요한 기능이 있는지 판단하기에 시뮬레이션 정도면 충분하기도 하다. 일부 프로토타입은 특정 유스케이스가 구현되는 방법에 대한 개발자의 콘셉트를 나타낸다. 프로토타입에 대한 사용자 평가는 유스케이스의 대안 흐름이나 누락된 상호작용 단계, 추가적인 예외, 간과한 후행조건, 적절한 비즈니스 규칙을 나타낼 수 있다.

일회성 목업 프로토타입을 작업할 때 사용자는 화면 요소의 정밀한 외형에 주의를 빼앗기지 말고 폭넓은 요구사항과 워크플로우 이슈에 초점을 맞춰야 한다(Constantine 1998). 이 단계에서 화면 요소가 정확히 어디에 배치돼야 하는지, 폰트는 무엇인지, 색은 어떻게 되는지, 그래픽 요소는 무엇인지 걱정하지 말라. 구체적인 사용자 인터페이스 디자인에 들어갈 시기는 요구사항을 명확히 하고 인터페이스의 일반적인 구조를 결정한 후다. 진화형 목업의 경우 개선이 진행될수록 릴리스할 수 있을 정도로 사용자 인터페이스가 점차 완성된다.

개념 증명(Proof of Concept)의 경우 수직적 프로토타입이라고도 하며, 모든 기술적인 서비스 계층을 통해 사용자 인터페이스로부터 애플리케이션 기능 조각을 구현한다. 실제 시스템처럼 동작하는 개념 증명 프로토타입은 모든 수준의 시스템 구현을 다루기 때문에 진짜로 동작해야 한다. 제안된 구조적인 접근법이 실현 가능한지, 그럴 듯한지 명확히 판단하기 어렵거나 알고리즘 최적화, 제안된 데이터베이스 스키마 평가, 클라우드 솔루션의 건전성 확인, 중요한 타이밍 요구사항 테스트 등을 원할 때 개념 증명을 개발한다. 결과를 의미 있게 만들기 위해 이러한 프로토타입은 운영 환경과 같은 제작 도구를 사용해서 구성된다. 개념 증명은 특정 사용자 스토리나 기능 블록을 구현하는 데 수반되는 노력을 평가하는 팀의 능력을 향상시키기 위한 정보를 수집하는 데도 유용하다. 애자일 개발 프로젝트는 개념 승명 프로토타입을 "스파이크(Spike)"라고 표현하기도 한다.

나는 메인프레임 중심의 세계에서 네트워크로 연결된 유닉스 서버와 워크스테이션 기반의 애플리케이션 환경으로 변화하는 전통적인 전략의 일부로서 당시 일반적이지 않던 클라이언트/서버 아키텍처로 구현하기를 원했던 팀에서 일한 적이 있다(Thompson and Wiegers 1995). 사용자 인터페이스 클라이언트 일부(메인프레임의)와 이에 상응하는 서버 기능(유닉스 워크스테이션)을 구현한 개념 증명 프로토타입 덕분에 우리가 제안한 아키텍처의 통신 구성요소나 성능, 신뢰성 등을 평가할 수 있었다. 이 실험은 성공했으며, 그 아키텍처를 기반으로 한 최고의 구현이었다.

일회성 프로토타입과 진화형 프로토타입

프로토타입을 개발하기 전, 프로토타입이 탐구의 목적인지 아니면 납품하는 제품의 일부가 될 것인지에 대한 명시적이고 잘 논의된 의사결정을 내리자. 이에 대한 해답으로 일회성 프로토타입을 만들면 불확실성을 해결하고 요구사항 품질을 향상시킬 수 있다(Davis 1993). 일회성 프로토타입은 목적을 달성한 후 폐기할 것이기 때문에 필요할 때 빠르고 저렴하게 개발할 수 있다. 프로토타입에 투자하는 노력이 많아질수록 프로젝트 참가자가 이를 폐기하기가 어려워지고 실제 제품을 만드는 데 드는 시간이 줄어든다.

추후 사용할 만한 이유가 있다면 프로토타입을 버리면 안 된다. 그러나 납품하는 제품에 포함되지는 않을 것이다. 이러한 이유로 출시할 수 없는 프로토타입이라 부르는 편을 선호할 수도 있다.

개발자가 일회성 프로토타입을 개발할 때는 엄격한 소프트웨어 제작 기법은 무시한다. 일회성 프로토타입은 견고성, 신뢰성, 성능, 장기 유지보수성보다는 빠른 구현과 수정을 강조한다. 이러한 이유로 일회성 프로토타입의 저품질 코드가 프로덕션 시스템에 들어가는 것을 허용해서는 안 된다. 만약 그렇게 할 경우 사용자나 유지보수 담당자가 제품의 수명과 관련해서 좋지 않은 결과를 얻게 될 것이다.

일회성 프로토타입은 팀이 요구사항에 대해 불확실성이나 불명확성, 불완전성, 모호함을 발견하거나 요구사항만으로 시스템을 상상하기가 어려울 때 대부분 적합하다. 이러한 이슈를 해결함으로써 개발 진행에 따른 위험을 줄일 수 있다. 요구사항이 구현되는 방법을 시각화함으로써 사용자와 개발자를 돕는 프로토타입은 요구사항에 대한 격차를 드러낼 수 있다. 또한 사용자로 하여금 요구사항이 필요한 비즈니스 프로세스를 포함하는지 여부를 판단할 수 있게 한다.

> **함정** 일회성 프로토타입을 프로토타이핑 목표를 달성하는 것 이상으로 정교하게 만들 필요는 없다. 프로토타입에 좀 더 기능을 추가하고자 하는 유혹이나 사용자가 주는 압력을 뿌리치자.

와이어프레임은 사용자 인터페이스 디자인이나 웹사이트 디자인의 일회성 프로토타입에 흔히 사용되는 특별한 접근법이다. 다음과 같이 웹사이트의 세 가지 측면에 대해 더 잘 이해하기 위해 와이어프레임을 사용할 수 있다.

- 개념적인 요구사항
- 정보 아키텍처나 내비게이션 설계
- 고해상도의 구체적인 페이지 디자인

첫 번째 유형의 와이어프레임에서 개념적인 요구사항을 찾으며, 스케치한 페이지가 최종 화면과 유사해야 할 필요는 없다. 와이어프레임은 화면에서 수행하고자 하는 활동 유형을 이해하기 위한 사용자 작업에 유용하다. 이번 장 후반부에서 설명하는 바와 같이 종이 프로토타입이 이 목적에 적절할 수 있다. 두 번째 유형의 와이어프레임은 모든 페이지 디자인을 포함할 필요가 없다. 12장 "백문이 불여일견"에서 이야기한 대화상자 맵이라고 하는 분석 모델은 웹사이트의 페이지 내비게이션을 찾거나 반복하는 데 훌륭한 도구다. 세 번째 유형의 와이어프레임은 최종 페이지가 보여줘야 하는 모습의 세부 사항을 포함한다.

일회성 프로토타입과는 대조적으로 진화형 프로토타입은 요구사항이 명확해짐에 따라 제품을 점진적으로 개발하기 위한 단일 아키텍처 기반을 제공한다(McConnell 1996). 애자일 개발은 진화형 프로토타이핑의 예를 제공한다. 애자일 팀은 차후 개발 주기의 방향을 조정하기 위해 초기 반복에 대한 피드백을 이용한 일련의 반복주기를 통해 제품을 개발한다. 이것은 진화형 프로토타이핑의 본질이다.

천성이 빠르지만 지저분한 일회성 프로토타이핑과는 대조적으로, 진화형 프로토타입은 시작부터 견고하고 생산용 품질로 개발해야 한다. 따라서 진화형 프로토타입은 동일한 시스템 기능을 시뮬레이션하는 일회성 프로토타입보다 만드는 데 더 오래 걸린다. 진화형 프로토타입은 쉽게 발전하고 자주 향상될 수 있도록 설계돼야 하므로 개발자는 소프트웨어 아키텍처와 엄격한 설계 원칙을 강조해야 한다. 곧바로 품질 높은 진화형 프로토타입을 만들어낼 수 있는 왕도란 없다.

초기 요구사항의 일부를 구현하는 파일럿 버전으로서 진화형 프로토타입의 첫 번째 반복주기에 대해 생각해 보자. 사용자 인수 테스트와 초기 사용에서 배운 것으로부터 다음 반복주기의 수정 사항이 도출됐다. 전체 제품은 진화형 프로토타이핑 주기 과정의 정점이다. 이러한 프로토타입은 유용한 기능을 사용자의 손에 빠르게 전달한다. 진화형 프로토타입은 애플리케이션이 지속적으로 발전할 거라 알고 있는 경우에 잘 동작할 뿐만 아니라 계획된 모든 기능이 구현되지 않은 상태에서도 사용자에게 도움될 수 있다. 종종 애자일 프로젝트는 반복주기의 마지막에 개발이 중단될 수도 있으나 제품이 완벽하지 않은 상태에서도 고객에게 유용한 제품이 될 수 있도록 계획된다.

진화형 프로토타입은 웹 개발 프로젝트에도 매우 적합하다. 어떤 프로젝트에서 우리 팀은 유스케이스 분석을 통해 도출한 요구사항을 기반으로 계속해서 네 개의 프로토타입을 만들었다. 여러 사용자가 각 프로토타입을 평가했으며, 우리의 질문에 대한 응답을 기반으로 각각을 개선했다. 네 번째 프로토타입을 평가한 후 다음 버전은 프로덕션 웹 사이트로 이어졌다.

그림 15-1은 프로토타이핑을 소프트웨어 개발 프로세스에 포함하기 위한 여러 가지 방법을 보여준다. 예를 들어, 요구사항을 개선하기 위해 일회성 프로토타입으로부터 습득한 지식을 사용할 수 있으며, 순차적인 진화형 프로토타이핑을 통해 점진적으로 개발할 수 있을 것이다. 그림 15-1에서 사용자 인터페이스 디자인을 완성하기에 앞서 요구사항을 구체화하기 위해 일회성 목업을 대안 흐름으로 사용하며, 이와 동시에 개념 증명 프로토타이핑은 아키텍처와 핵심 알고리즘을 검증한다. 의도

적인 저품질의 일회성 프로토타입을 프로덕션 시스템이 요구하는 만큼 견고하게 유지할 수 있게 하는 것은 성공할 수 없을 것이다. 또한 소수의 동시 사용자를 위한 작업을 처리하는 프로토타입을 주요 구조를 변경하지 않고 수천 명의 사용자를 처리할 수 있도록 확장할 수는 없을 것이다. 표 15-1은 일반적인 일회성, 진화형, 목업, 개념 증명 프로토타입 애플리케이션의 일부를 요약한 것이다.

표 15-1 소프트웨어 프로토타입의 일반적인 응용

	일회성	진화형
목업	▪ 사용자 및 기능적 요구사항을 명확히 하고 정제하기 ▪ 누락된 기능 식별하기 ▪ 사용자 인터페이스 접근법 살펴보기	▪ 핵심적인 사용자 요구사항 구현하기 ▪ 우선순위에 따라 추가적인 사용자 요구사항 구현하기 ▪ 웹사이트 구현 및 수정하기 ▪ 급격히 변화하는 비즈니스 요구에 시스템을 적용하기
개념 증명	▪ 기술적인 타당성 입증하기 ▪ 성능 평가하기 ▪ 개발 견적 예측을 향상시키기 위해 지식 습득하기	▪ 핵심적인 다중 계층 기능과 커뮤니케이션 계층 구현 및 확장하기 ▪ 핵심 알고리즘 구현 및 최적화하기 ▪ 성능 테스트 및 튜닝하기

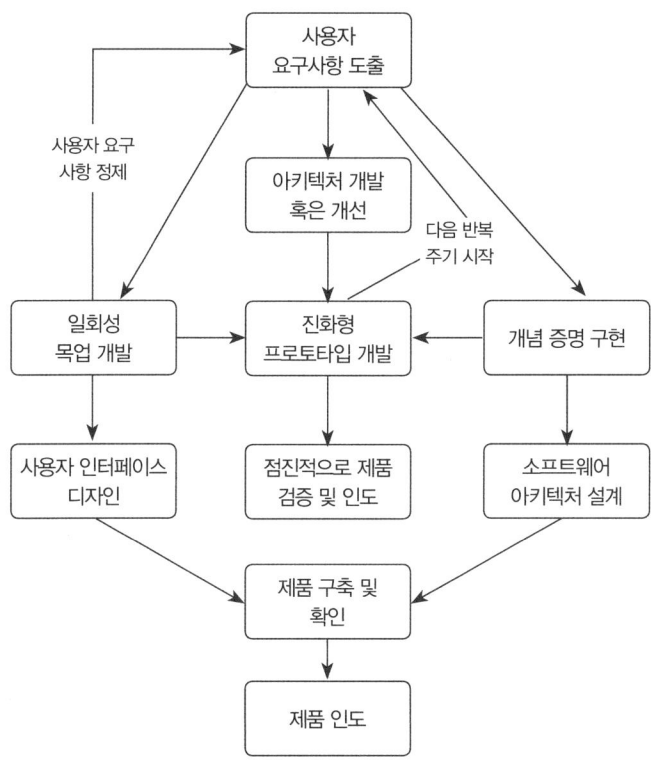

그림 15-1 프로토타이핑을 소프트웨어 개발 프로세스에 포함하기 위한 여러 가지 방법

종이 프로토타입과 전자 프로토타입

요구사항의 불확실성을 해결하기 위해 항상 실행 가능한 프로토타입이 필요한 것은 아니다. 종이 프로토타입(충실도가 낮은(low-fidelity) 프로토타입이라고도 함)은 구현된 시스템의 일부가 어떤 모습일지 확인하기 위한 저렴하고, 기술이 거의 필요하지 않은 방법이다(Rettig 1994). 종이 프로토타입은 사용자와 개발자가 요구사항에 대한 공통의 이해를 갖고 있는지 여부를 테스트할 수 있게 한다. 이를 통해 프로덕션 코드를 개발하기 전에 시안 단계나 저위험 단계를 가능한 솔루션 영역으로 가져올 수 있게 한다. 이와 유사한 산출물을 스토리보드라고 한다(Leffingwell and Widrig 2000). 기능과 흐름을 찾기 위해서는 충실도가 낮은 프로토타입을 사용하고, 좀 더 정밀한 외형을 결정하기 위해서는 충실도가 높은(high-fidelity) 프로토타입을 사용하자.

종이 프로토타입을 만들 때는 종이나 색인 카드, 포스트잇, 화이트보드보다 복잡하지 않은 도구를 사용한다. 디자이너는 정확히 컨트롤러가 어디에 있어야 하는지, 어떻게 보여야 하는지 고민하지 않고 화면 아이디어를 스케치한다. 사용자는 종이에 그려진 디자인에 대해 기꺼이 피드백을 제공하는 반면 개발자가 엄청난 시간을 투자한 사랑스러운 컴퓨터 기반의 프로토타입을 비판하는 데는 덜 열정적일 때가 있다. 개발자 역시 신중하게 제작된 전자 프로토타입에 대한 상당한 변화에 반대할 것이다.

충실도가 낮은 프로토타입이 평가될 때 사용자가 평가 시나리오를 밟는 동안 누군가는 컴퓨터 역할을 할 것이다. 사용자는 특정 화면에서 하고자 하는 바를 큰 소리로 말하며 행동을 시작한다. "저는 파일 메뉴에서 출력 미리보기를 선택할 겁니다." 컴퓨터 역할을 하는 사용자는 종이나 사용자가 행동을 취했을 때 출력되는 화면을 나타내는 색인 카드를 보여준다. 사용자는 실제 예상한 응답인지, 출력된 항목이 올바른 요소를 포함하고 있는지 판단할 수 있다. 뭔가 잘못됐다면 빈 종이나 색인 카드를 가지고 다시 해보자.

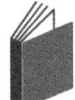

> **마법사를 찾기 위한 출발**
>
> 대규모 상용 복사기를 설계한 개발팀이 이전 복사기에 사용성 문제가 있었다며 나에게 한탄을 한 적이 있다. 일반적인 복사 동작은 사용자에게 익숙하지 않은 다섯 단계를 요구한다. "우리가 복사기를 설계하기 전에 행동을 프로토타이핑했으면 좋았을 텐데."라며 개발자는 아쉬워했다.
>
> 복사기와 같이 복잡한 제품의 프로토타입은 어떻게 만들 수 있을까? 우선 냉장고를 구입하자. 냉장고가 들어있었던 상자 옆에 복사기라고 써서 붙이자. 누군가가 상자 안에 들어가서 사용자에게 상자 바깥에서 복사기 활동을 흉내 내보라고 부탁하자. 상자 안에 있는 사람은 예상한 복사기 행동대로 반응하고, 사용자 대표는 본인이 생각한대로 반응하는지 관찰하자. 오즈의 마법사 프로토타입이라고 부르기도 하는 이 같은 단순하고 재미있는 프로토타입은 개발팀이 효율적으로 설계 의사결정을 내릴 수 있도록 초기에 사용자의 피드백을 자극한다. 게다가 냉장고를 얻게 될 것이다.

프로토타입을 아무리 잘 사용하더라도 종이나 화이트보드에 화면을 스케치하는 게 더 빠르다. 종이 프로토타입은 빠른 반복주기를 용이하게 하며, 요구사항 개발에 있어 반복은 핵심적인 성공 요인이다. 종이 프로토타입은 구체적인 사용자 인터페이스를 설계하거나 진화형 프로토타입을 만들거나, 혹은 전통적인 설계/구축 활동을 시작하기 전에 요구사항을 정제하기 위한 훌륭한 기법이다. 또한 개발팀이 고객의 기대를 관리하는 데도 유용하다.

일회성 전자 프로토타입을 만들고자 한다면 수많은 도구를 사용할 수 있다. 이러한 도구는 마이크로소프트 비지오나 파워포인트 같은 단순한 드로잉 도구에서부터 상용 프로토타입 도구와 그래픽 사용자 인터페이스 빌더에 이르기까지 다양하다. 도구는 웹사이트의 와이어프레임을 만드는 데 특히 유용하다. 이러한 도구는 인터페이스 뒤에 있는 임시 코드가 얼마나 비효율적인지와 상관없이 사용자 인터페이스 구성요소를 쉽게 만들고 수정할 수 있게 한다. 물론 진화형 프로토타입을 만들 경우에는 처음부터 프로덕션 개발 도구를 사용해야 한다. 도구와 이러한 도구를 제작하는 업체는 매우 빨리 변화하기 때문에 하나를 딱 집어 제안하지는 않겠다.

다양한 도구를 유료로 이용할 수 있으며, 실제로 개발하기 전에 시뮬레이션해볼 수 있다. 애플리케이션 시뮬레이션은 화면 레이아웃이나 사용자 인터페이스 제어, 내비게이션 흐름, 기능적 요구사항을 개발하고자 하는 제품과 매우 유사한 수준으로 빠르게 조합할 수 있게 한다. 시뮬레이션을 반복할 수 있는 능력은 요구사항을 명확히 하고 해결책에 대한 생각을 수정할 목적으로 사용자 대표와 상호작용하기 위한 귀중한 메커니즘을 제공한다.

종이 프로토타입이나 와이어프레임, 전자 프로토타입, 시뮬레이션 등 어떠한 유형의 프로토타입이라도 비즈니스 분석가는 성급하게 정밀한 사용자 인터페이스 디자인이 그려지지 않도록 주의해야 한다. 프로토타입 평가자는 종종 다음과 같은 피드백을 제공하기도 한다. "이 글자 색을 약간 어두운 붉은색으로 할 수 있을까요?", "이 상자 위치를 약간 위로 이동하면 어떨까요?", "이 폰트는 마음에 안 드네요". 프로토타입의 목적이 구체적인 화면이나 웹페이지 디자인이 아니더라도 이러한 의견은 집중을 방해한다. 만약 애플리케이션이 사용자의 비즈니스 업무를 제대로 지원하지 않는다면 색이나 폰트, 상자 위치는 중요하지 않다. 필요한 기능을 잘 이해하고 있음을 확신하기 전까지 시각적인 디자인보다 요구사항을 정제하는 데 프로토타이핑 노력을 집중하자.

프로토타입으로 작업하기

그림 15-2는 일회성 프로토타입의 도움으로 유스케이스에서 구체적인 사용자 인터페이스 설계로 이동하는 개발 활동 시퀀스 중 하나를 보여준다. 각 유스케이스 기술서에는 사용자 인터페이스 아키

텍처를 묘사하기 위해 대화상자를 사용해서 모델링할 수 있는 행위자 행동과 시스템 반응 순서를 포함한다. 일회성 프로토타입이나 와이어프레임은 대화상자 요소를 구체적인 화면이나 메뉴, 대화상자 박스로 자세히 설명한다. 사용자가 프로토타입을 평가할 때 사용자의 피드백은 유스케이스 기술서의 변경("대안 흐름이 발견됐다"와 같은)이나 대화상자 맵의 변경으로 이어질 수 있다. 요구사항이 다듬어지고 화면이 스케치된 후에 각 사용자 인터페이스 요소는 사용성을 위해 최적화될 수 있다. 이러한 활동은 엄격한 순서로 수행될 필요가 없다. 유스케이스나 대화상자 맵, 와이어프레임을 반복하는 것은 허용 가능하고 모두 동의할 만한 사용자 인터페이스 디자인 접근법에 최대한 빨리 다다를 수 있는 최고의 방법이다.

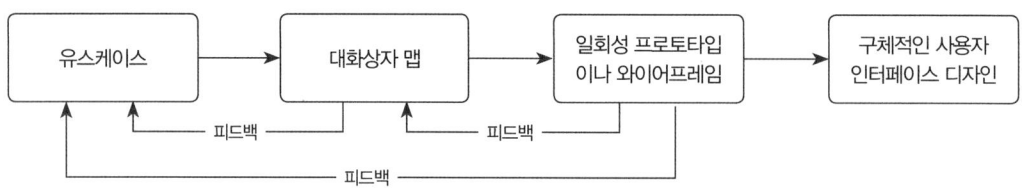

그림 15-2 일회성 프로토타입을 사용한 유스케이스부터 사용자 인터페이스 디자인까지의 활동 시퀀스

이러한 진보적인 정제 방법은 유스케이스 기술서로부터 완전한 사용자 인터페이스 구현체에 직접 뛰어들어 이로 인해 광범위한 재작업이 필요한 주요 이슈를 발견하는 것보다 비용이 적게 든다. 사용자 인터페이스 디자인상의 실수로 인한 위험을 가능한 한 줄이기 위해서는 이 과정의 단계들을 가능한 한 많이 수행할 필요가 있다. 여러분의 팀이 요구사항을 이해했다는 자신감에 차 있다면 요구사항이 충분히 완성된 것이며, 올바른 UI를 만들 좋은 수단을 갖게 된 것이고, 그때는 프로토타입이 의미가 없다. 또한 오류로 인한 큰 위험이나 문제로 인해 큰 영향을 받은 사용자 요구사항의 프로토타입에 집중할 수도 있다. 한번은 수백만 명이 사용하는 주요 기업의 전자상거래 웹사이트 리뉴얼 프로젝트를 수행한 적이 있다. 팀은 처음부터 똑바로 할 수 있도록 온라인 카탈로그나 장바구니, 결제 프로세스 등 웹사이트의 핵심 요소를 프로토타이핑했다. 그들은 예외 경로와 덜 일반적으로 사용되는 시나리오를 찾는 데 더 적은 시간을 보냈다.

전체 프로세스를 좀 더 가시적으로 볼 수 있도록 인생의 교훈을 담은 회고록인 『모래에서 진주까지』라는 책을 홍보하는 소규모 웹사이트를 실제 예로 살펴보자. 이 책의 저자는(실제로는 칼(Karl)) 방문자가 웹사이트에서 할 수 있어야 하는 여러 가지를 생각했고, 그것들은 각각 유스케이스에 해당한다. 다른 사용자 클래스를 위한 추가적인 유스케이스는 다음과 같다(표 15-2).

표 15-2 PearlsFromSand.com의 유스케이스 일부

사용자 클래스	유스케이스
방문객	책에 대한 정보 얻기
	저자에 대한 정보 얻기
	샘플 장 읽기
	블로그 읽기
	저자에게 문의하기
고객	상품 주문하기
	전자 상품 다운로드하기
	문제에 대한 도움 요청하기
관리자	제품 목록 관리하기
	고객에게 환불하기
	이메일 목록 관리하기

다음 단계는 웹사이트에서 제공해야 하는 페이지와 이러한 페이지 간의 내비게이션 경로에 대한 고민이었다. 최종 웹사이트는 모든 페이지를 각각 구현하지 않을 수 있다. 일부 페이지는 함께 요약될 수 있으며, 어떤 것은 팝업이나 한 페이지를 수정한 것일 수도 있다. 그림 15-3은 개념적인 페이지 구조를 그리는 대화상자 맵의 일부를 보여준다. 각 상자는 유스케이스에서 식별한 서비스를 제공하는 데 기여하는 페이지를 나타낸다. 화살표는 하나의 페이지에서 다른 페이지로의 이동을 가능하게 하는 링크를 나타낸다. 대화상자 맵을 그리는 동안 사용자가 수행하고자 하는 새로운 행위를 발견할 수 있을 것이다. 유스케이스를 통해 작업하는 동안 사용자 경험을 단순화하고 간소화할 수 있는 방법을 찾을 수도 있다.

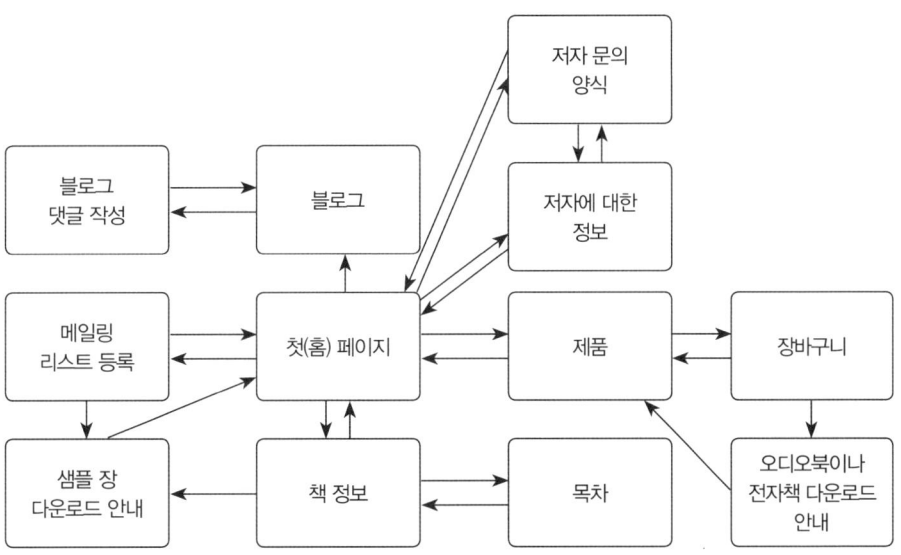

그림 15-3 PearlsFromSand.com의 대화상자 맵 중 일부

다음 단계는 시각 디자인 접근법을 이해하기 위해 선택한 페이지에 대한 일회성 프로토타입이나 와이어프레임을 만드는 것이다. 이들 각각은 종이에 손으로 그리거나(10장 "요구사항 문서화하기"에 있는 그림 10-1의 예제 참고), 선묘(선으로 그린 그림) 혹은 전용 프로토타이핑 도구나 시각 디자인 도구로 만들어진 목업 등이 될 수 있다. 그림 15-4에 표현된 와이어프레임은 단 몇 분만에 파워포인트를 이용해서 그려졌다. 이러한 단순한 다이어그램은 페이지를 이해하기 쉽고 사용하기 쉽게 만드는 데 광범위하게 영향을 미치는 페이지 레이아웃이나 시각적 특징들을 사용자 대표에게 이해시키는 데 사용할 수 있는 도구다.

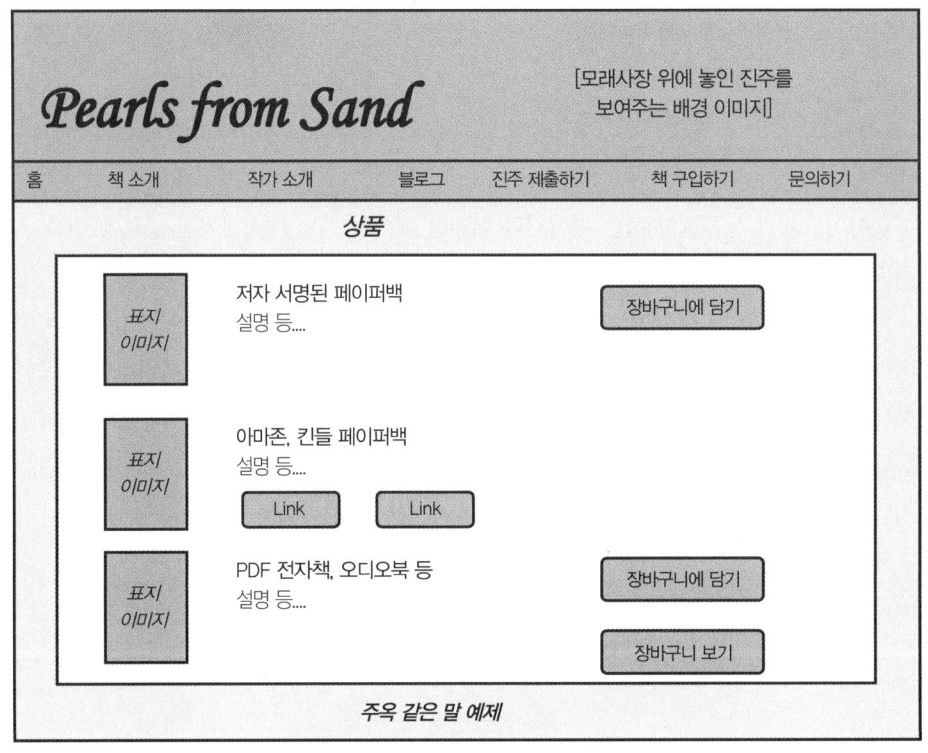

그림 15-4 PearlsFromSand.com의 페이지 중 하나의 와이어프레임 예제

그림 15-2에 표시된 마지막 네 번째 단계는 구체적인 사용자 인터페이스 화면 디자인을 만드는 것이다. 그림 15-5는 PearlsFromSand.com 웹 사이트의 완성된 페이지 하나를 보여주는데, 요구사항 분석 및 프로토타입 개발 활동의 정점은 바로 이 직전이다. 이 사용자 인터페이스 디자인에 대한 반복적인 접근법은 다양한 사용자 범주에 속한 구성원이 웹 사이트에 방문했을 때 원하는 것이 무엇인지에 대한 명확한 이해 없이 고해상도 페이지 디자인에 바로 뛰어드는 것보다 더 나은 결과를 만들어낸다.

그림 15-5 PearlsFromSand.com의 최종 완성 페이지

프로토타입 평가

프로토타입 평가는 사용성 테스트와 관련이 있다(Rubin and Chisnell 2008). 사용자가 프로토타입에 대해 어떻게 생각하는지 물어보는 것보다 직접 프로토타입을 다루는 것을 지켜보면서 더 많은 것을 배울 수 있다. 사용자의 손가락이나 마우스 포인터가 무의식적으로 움직이는 방향을 지켜보자. 프로토타입이 평가자가 사용하는 다른 애플리케이션 행동과 충돌하는 지점을 찾아보자. 평가자는 잘못된 단축키를 누르려 하거나 마우스를 여기저기 움직이며 정확한 메뉴 옵션을 누르려 한다. 이제 뭘 해야 하는지, 원하는 장소로 이동하려면 어떻게 하는지, 애플리케이션의 다른 기능을 사용하려면 어떻게 해야 하는지 결정하지 못하는 어리둥절한 사용자의 주름진 이마를 찾자. 프로토타입에서 사용자가 웹사이트에 양식을 제출했을 때 막다른 골목이 있는지 찾아보자.

제대로 된 사람들이 적절한 관점에서 프로토타입을 평가하게 하자. 유경험자와 무경험자를 포함해서 다양한 계층의 사용자 구성원을 포함하자. 평가자에게 프로토타입을 공개할 때 이 프로토타입이 기능 중 일부만을 해결하며, 나머지는 실제 시스템을 개발하며 구현할 것임을 강조하자.

> **함정** 여느 사용성 테스트와 마찬가지로 프로토타입 평가에 중요한 사용자 클래스를 누락하지 않도록 조심하자. 초심자는 손쉬워 보이는 프로토타입을 좋아할 수 있지만 좀 더 숙련된 사용자나 고급 사용자는 속도가 느려 싫어할 수 있다. 양쪽 그룹을 모두 대표하는지 확인하자.

사용자 인터페이스 프로토타입 평가를 개선하기 위한 일련의 작업에 대해 사용자에게 지침을 제공할 수 있는 스크립트를 작성하고, 여러분이 원하는 정보를 도출하는 데 필요한 구체적인 질문을 하자. 이는 "이 프로토타입을 어떻게 생각하는지 말해줄래요?"와 같은 일반적인 질문을 보완한다. 유스케이스나 사용자 스토리, 프로토타입이 해결하고자 하는 기능으로부터 평가 스크립트를 도출하자. 이 스크립트는 평가자에게 가장 불확실한 부분이 포함된 프로토타입에서 특정 작업을 수행하도록 요청한다. 각 작업 끝이나, 가능하다면 중간 지점에서 스크립트는 특정 작업과 관련된 질문을 한다. 다음과 같은 일반적인 질문을 할 수 있다.

- 프로토타입이 당신이 예상한 방식으로 기능을 구현했나요?
- 프로토타입에 누락된 기능은 무엇인가요?
- 당신이 생각하기에 프로토타입이 해결하지 않은 예외 조건이 있나요?
- 불필요한 기능이 존재하나요?
- 탐색이 얼마나 논리적이고 완벽해 보이나요?
- 너무 많은 상호작용 단계를 필요로 하는 작업을 단순화할 수 있는 방법이 있을까요?
- 다음에 해야 할 일을 확신할 수 없던 적이 있나요?

평가자에게 프로토타입을 사용하는 중에 그들의 생각을 얘기해 줄 수 있는지 물어보면 이들이 어떤 생각을 갖고 있는지를 이해하고, 프로토타입이 제대로 다루지 못한 이슈를 찾을 수 있을 것이다. 평가자가 자유롭게 자신들의 생각이나 아이디어, 의견을 표현할 수 있는, 일방적인 판단을 하지 않는 환경을 만들자. 사용자가 올바른 방법으로만 프로토타입 기능을 사용하게끔 유도하지 않게 하자.

프로토타입 평가로부터 배운 내용을 문서화하자. 요구사항을 개선할 수 있도록 목업 프로토타입 정보를 사용하자. 특정 상호작용 기법 선택 등과 같이 평가자가 사용자 인터페이스에 대한 의사결정 일부를 이끌어낼 경우 결론과 도출 과정을 기록하자. 충분한 사고 과정을 거치지 않은 의사결정은 반복적으로 재검토되는 경향이 있다. 개념 증명의 경우 수행한 평가나 결과, 기술적인 접근 방식을 탐색하며 도출한 의사결정을 문서화하자. 특정 요구사항과 프로토타입 간에 발생한 모든 충돌을 해결하자.

프로토타이핑의 위험

비록 프로토타입이 단순할지라도 비용과 시간이 소요된다. 프로토타입이 소프트웨어 프로젝트의 실패 위험을 줄이기는 하지만 이번 절에서 설명하고 있는 일부 위험 요소를 갖고 있다.

프로토타입의 출시 압력

가장 큰 위험은 이해관계자가 일회성 프로토타입이 작동하는 것을 보고 제품이 거의 완성됐다고 결론 내리는 것이다. "오, 거의 다 된 것 같네요?"라고 열정적인 프로토타입 평가자는 말한다. "좋은데요? 이제 마무리하고 넘겨줄 수 있나요?"

한마디로, 아니올시다! 일회성 프로토타입은 얼마나 진짜처럼 보이느냐와 상관 없이 절대 실사용을 고려하지 않는다. 이것은 단지 모델이자 시뮬레이션이고, 실험적인 시도에 불과하다. 즉시 시장에 진출할 수 있을 만한 강력한 비즈니스 동기가 없다면 (그리고 관리자가 높은 유지보수 부담과 사용자의 불만을 수용할 수 있다고 승인하지 않는 한) 일회성 프로토타입을 제공하고자 하는 압력에 저항하자. 설계와 코드가 의도적으로 품질이나 내구성을 고려하지 않고 만들어졌기 때문에 프로토타입을 제공하면 프로젝트 완료를 지연시킬 확률이 높다. 기대치 관리는 성공적인 프로토타입의 핵심 요소다. 프로토타입을 보는 모든 사람은 그 목적과 한계를 이해하고 있어야 한다. 특정 목적의 프로토타입을 만드는 이유를 분명히 하고 최종 처리 방안을 결정해서 이와 관련된 이해관계자들에게 명확히 전달하자.

이른 출시 압력에 대한 두려움으로 프로토타입을 포기하지 않도록 하자. 프로토타입과 관련된 사람들에게 프로토타입은 출시를 위한 프로덕션 소프트웨어가 아님을 분명히 하자. 이러한 위험을 제어하는 한 가지 방법은 전자 프로토타입보다 종이 프로토타입을 사용하는 것이다. 종이 프로토타입을 평가하는 그 어느 누구도 제품이 거의 완성됐다고 생각하지 않을 것이다! 또 다른 방안은 실제 개발에서 사용되는 것과는 다른 프로토타이핑 도구를 사용하는 것이다. 아무도 간단한 페이지 전환이 가능한 파워포인트 목업이나 단순한 와이어프레임을 실제로 오해하는 실수를 하지는 않을 것이다. 이를 통해 "프로토타입을 그냥 마무리"해서 전달하고자 하는 압력에 저항하는 데 도움될 것이다. 프로토타입을 조금 대충의 상태로 두거나 덜 다듬은 채로 두는 것 또한 이러한 위험을 완화시킨다. 와이어프레임을 제작할 수 있는 수많은 도구 중 일부는 충실도가 높은 사용자 인터페이스를 빠르게 개발할 수 있게 한다. 이는 사람들이 소프트웨어가 거의 완성됐다고 기대할 수 있는 가능성을 높여 일회성 프로토타입을 진화형 프로토타입으로 전환하고자 하는 압력을 가중시킨다.

어떤 개발자는 사용자 인터페이스의 실행 가능한 프로토타입을 충격적인 핑크색 디자인으로 대충 만들었다. 그는 이에 대해 다음과 같이 말했다. "초반에 두 번의 반복주기를 거친 후 이 색상을 고객에게 보여줬을 때 아무도 제품이 거의 완성됐다고 생각하지 않았습니다. 저는 프로토타이핑 위험의 함정에 빠지지 않기 위해 이후 몇 번의 반복주기에서도 이런 혐오스러운 디자인을 유지했죠."

구제화 정도에 기인한 산만함

프로토타이핑의 또 다른 위험은 사용자가 사용자 인터페이스가 어떻게 보이는지, 어떻게 동작하는지에 대한 구체적인 사항에 집착한다는 것이다. 실제처럼 보이는 프로토타입으로 작업할 경우 사용자는 기본적으로 요구사항 단계에서의 개념 문제를 고려해야 한다는 사실을 잊어버리기 쉽다. 불확실한 요구사항을 정리하기 위해 프로토타입 출력이나 기능, 탐색 옵션을 제한하자.

> **목욕물의 아기[1]**
>
> 나는 수석 매니저가 프로토타입을 금지한 어떤 회사에 컨설팅을 한 적이 있다. 그는 고객이 개발자에게 초기 일회성 프로토타입을 예측 가능한 결과와 함께 완성품으로서 전달하도록 압력을 가하는 것을 본 적이 있다. 프로토타입은 사용자 오류나 잘못된 데이터 입력을 처리하지 못했으며, 사용자가 원하는 모든 설정을 제공하지 못했고 유지보수나 개선이 어려웠다. 이러한 불쾌한 경험으로 인해 수석 매니저는 프로토타이핑이 항상 문제만 야기시킨다고 결론지었다.
>
> 이번 장에서 본 바와 같이 고객에게 프로토타입을 전달하는 것은 폐기할 것을 의도한 것이며, 이를 제품으로 다루면 분명히 문제가 발생할 것이다. 그럼에도 프로토타입은 올바른 제품을 만드는 데 지속적으로 기여할 수 있는 강력한 기법을 제공한다. 프로토타입을 위험한 방법으로서 피하려 하기보다는 참여하는 모든 이들이 여러 종류의 프로토타입을 이해하고 특정 프로토타입을 만든 이유, 이에 대한 결과가 사용되는 방법을 확실히 하는 것이 중요하다.

비현실적인 성능 예측

세 번째 위험은 사용자가 프로토타입의 성능을 기반으로 완성품의 예상 성능을 추론하려는 것이다. 의도하는 프로덕션 환경에서 목업을 평가하지 않아야 한다. 인터프리터가 해석하는 스크립트와 컴파일되는 코드의 차이와 같이 프로덕션 개발 도구와 효율 측면에서 다른 도구나 언어를 이용해 이를 구축할 수 있다. 개념 증명 프로토타입은 조정된 알고리즘을 사용하지 않을 것이며, 최종적으로 성

---

[1] (옮긴이) 원문은 Baby with the bathwater로서, 목욕물이 더럽다고 아기까지 내다 버리지 말라(Don't throw the baby out with the bathwater.)는 서양 속담에 기인한다. 물이 귀하던 시기에 목욕물을 받으면 여러 번 재활용했는데, 물이 더러워져 아기가 있는것도 모르고 그냥 버리는 상황, 즉 다른 것에 가려 중요한 것을 못보고 지나쳐 버리는 상황을 빗대어 말하는 것이다.

능을 저하시킬 보안 계층이 누락돼 있을 수 있다. 평가자가 프로토타입에서 하드코딩된 샘플 쿼리 결과를 이용해서 시뮬레이션된 데이터베이스 쿼리의 빠른 반응을 보게 된다면 거대한 분산 데이터베이스하에서의 프로덕션 소프트웨어에서도 이와 동일한 훌륭한 성능을 기대하게 될 것이다. 완성품에 기대되는 행동을 더 현실적으로 시뮬레이션하기 위해 시간 지연을 적용하는 것을 고려하자. 아마도 이를 통해 프로토타입이 즉시 인도하기에는 덜 준비된 것처럼 보이게 될 것이다. 여러분은 화면에 최종 시스템을 반드시 대표하지는 않는다는 것을 명확히 할 수 있는 메시지를 넣어야 할 것이다.

애자일 개발과 기타 다른 진화형 프로토타입의 상황에서는 견고하고 확장 가능한 아키텍처를 설계해야 하며, 시작부터 고품질의 코드에 공들여야 한다. 언제나 프로덕션 소프트웨어 중 단지 일부를 개발하고 있는 것이다. 추후의 반복주기에 리팩터링을 통해 설계를 개선할 수 있지만 미래의 리팩터링이 오늘 생각한 설계를 대체하지 않는다.

프로토타입에 과도한 노력 투자하기

마지막으로, 개발팀에게 시간이 얼마 남지 않은 상황에서 프로토타입을 제품으로서 전달하거나 닥치는 대로 제품을 개발하는 것을 강요하는 등 프로토타이핑 활동에 과도한 노력을 소비하는 것을 조심하라. 이는 가장 명확하지 않거나, 위험이 높은, 혹은 복잡한 부분보다 전체 솔루션을 프로토타이핑하려 할 때 발생할 수 있다. 프로토타입은 실험으로서 다루자. 요구사항이 충분히 정의됐고 핵심적인 인간-컴퓨터 인터페이스와 구조적인 이슈가 해결되어 설계 및 개발이 진행될 수 있다는 가설을 시험하는 것이다. 가설을 시험하고, 질의응답하며, 요구사항을 정제하기 위한 충분한 프로토타이핑을 작업을 수행하자.

프로토타이핑 성공 요소

소프트웨어 프로토타이핑은 개발 일정을 단축하고, 고객을 만족시키며, 고품질의 제품을 생산할 수 있는 강력한 기술 집합을 제공한다. 프로토타이핑을 요구사항 프로세스의 효과적인 부분으로 만들기 위해 다음과 같은 지침을 따르자.

- 프로젝트 일정에 프로토타이핑 작업을 포함하자. 프로토타입의 개발 및 평가, 개선을 위한 시간과 자원을 계획하자.
- 프로토타입의 폐기(혹은 보관)나 프로토타입이 제공하는 지식 보유, 최종 솔루션으로 발전할 수 있도록 개발 등 각 프로토타입을 개발하기 전에 해당 목적을 명시하고 결과를 통해 확인할 수 있는 것이 무엇인지 설명하자. 프로토타입을 개발하는 사람과 이를 평가하는 사람 모두 이러한 의도를 이해하고 있는지 확인하자.

- 여러 프로토타입을 개발하도록 계획하자. 첫 번째 시도에서 제대로 된 프로토타입을 얻는 것은 아주 드물 것이다.

- 일회성 프로토타입은 가능하면 빠르고 저렴하게 만들자. 최소한의 노력으로 질문에 답하거나 불확실한 요구사항을 해결할 수 있게 하자. 일회성 프로토타입을 완벽하게 만들려고 하지 말자.

- 일회성 프로토타입에 입력 데이터 검증이나 방어 코딩 기법, 오류 처리 코드, 광범위한 코드 문서를 포함하지 않게 하자. 이것은 바로 폐기해야 하는 불필요한 노력이다.

- 설계 대안에 대한 탐색 외에 이미 이해하고 있는 요구사항을 프로토타입으로 만들지 말자.

- 프로토타입의 화면 출력이나 보고서에 그럴듯한 데이터를 사용하자. 평가자는 비현실적인 데이터로 인해 산만해질 수 있으며, 실제 시스템에서 보이는 방법과 동작하는 방법에 대한 모델로서의 프로토타입에 집중하지 못할 수 있다.

- 프로토타입이 작성된 요구사항을 대체할 것이라 기대하지 말자. 무대 뒤의 수많은 기능들은 프로토타입에 의해 함축적으로 포장돼 있으며, 온전하고, 구체적이며, 추적 가능하도록 SRS에 문서화돼 있어야 한다. 화면 이미지가 구체적인 데이터 필드 정의 및 검증 기준이나 각 필드 간의 관계(사용자가 다른 컨트롤에서 특정 선택을 하는 경우에만 나타나는 UI 컨트롤 등), 예외 처리, 비즈니스 규칙, 기타 필수 정보 일부를 제공하지는 않는다.

신중하게 적용되고 능숙하게 실행된 프로토타입은 요구사항 도출 및 검증, 니즈를 솔루션으로 마법처럼 전환하는 데 도움이 되는 귀중한 도구를 제공한다.

다음 단계는

- 프로젝트에서 요구사항이 혼란스럽거나 기능에 대한 위험이 높은 영역처럼 보이는 부분을 식별하자. 요구사항에 대한 여러분의 이해를 표현할 수 있는 사용자 인터페이스 일부를 스케치하자. 어떻게 구현할 수 있을까? 종이 프로토타입? 일부 사용자가 사용자 시나리오 수행을 시뮬레이션할 수 있도록 프로토타입을 사용하게 하자. 초기 요구사항이 불완전하거나 잘못된 부분을 확인하자. 이에 따라 프로토타입을 수정하고 단점이 수정됐다는 것을 확인하기 위해 사용자가 다시 사용하게 하자.

- 프로토타입 평가자가 프로토타이핑 활동에 대한 이론적 근거를 이해하는 데 도움을 주고, 결과에 대한 현실적인 기대에 도움되도록 이번 장을 요약하자.

- 여러분의 제품이 하드웨어 장치인 경우 물리적으로 시뮬레이션할 수 있는 방법을 생각해 보자. 이를 통해 사용자가 요구사항을 검증하고 보강하기 위해 상호작용할 수 있을 것이다.

16
중요한 것 먼저: 요구사항 우선순위 할당하기

화학약품 관리 시스템에 대한 대부분의 사용자 요구사항이 확인된 후, 프로젝트 매니저인 데이브, 비즈니스 분석가인 로리, 그리고 두 제품 챔피언이 만났다. 팀은 화학자 커뮤니티를, 록산느는 화학 창고 직원을 대표한다.

데이브는 "이제 여러분이 요구하는 주요 기능에 대한 아이디어를 가지고, 초기의 반복주기에 할당할 사용자 스토리에 대해 생각해봐야 합니다. 가능한 한 빨리 어떤 가치를 시스템에서 가져오기 위해 어디서부터 시작할 것인지에 대해 서로 동의하는 것이 중요합니다. 여러분에게 가장 중요한 것이 무엇인지 알기 위해 이 사용자 스토리 중 첫 번째 우선순위를 정합시다. 그러면 초기 기능에서 여러분이 기대하는 바가 무엇인지 정확하게 알 수 있습니다."

팀은 의아해했다. "왜 요구사항에 우선순위가 필요하죠? 그건 모두 중요한 것이고, 그렇지 않았다면 당신에게 전달하지 않았을 겁니다."

BA인 로리는 "모든 것이 중요한 건 저희도 알지만, 초기 반복주기에서 다뤄야 할 가장 중요한 요구사항을 먼저 해결해야 합니다."라고 설명했다. "초기에 반드시 포함돼야 할 요구사항과 아닌 것에 대해 구별할 수 있도록 도움을 요청하는 것입니다. 화학자 또는 다른 사용자 클래스에 즉시 큰 가치를 제공할 만한 기능이 있을까요?"

"정부에 제출할 보건 안전 부서가 만드는 보고서는 가능한 한 빨리 제공되지 않으면 회사가 곤경에 빠질 수 있습니다"라고 록산느는 지적했다. "필요하다면 현재 재고 시스템을 사용할 수 있습니다."

팀이 덧붙이길, "화학자들에게 시간 절약을 위해 온라인 카탈로그 검색 기능을 시스템에서 제공하기로 약속했습니다. 바로 제공할 수 있을까요? 완벽할 필요는 없지만 가능한 한 빨리 카탈로그에 접근하길 원합니다."

팀과 록산느는 프로젝트에서 동시에 원하는 기능을 제공할 수 없기 때문에 먼저 구현해야 하는 것에 대해 모두가 동의하는 것이 낫다는 것을 깨달았다. 사용자 스토리 중 초기에 구현할 것을 최우선 범주로 잡고 잠시 기다려도 될 나머지 것들을 분류하는 작업을 계속했다.

모든 이해관계자가 요구하는 모든 기능을 초기에 제공하는 소프트웨어 프로젝트는 거의 없다. 제한된 자원을 가진 모든 프로젝트는 요구되는 제품 기능의 상대적 우선순위를 정의할 필요가 있다. 우선순위는 요구사항 분류라고도 불리며(Davis 2005), 상충되는 목표를 드러내고, 충돌을 해결하며, 단계별 계획이나 점진적인 전달, 범위 변경 제어 그리고 필요한 절충안을 선택할 수 있게 도움을 준다. 이번 장에서는 요구사항 우선순위의 중요성을 이야기하고, 몇 가지 우선순위 기술에 대해서 설명하며, 가치, 비용, 위험을 기반으로 우선순위를 분석하기 위한 스프레드시트 도구를 보여주겠다.

왜 요구사항의 우선순위를 나눠야 하는가?

고객의 기대치가 높고 일정이 짧은 경우, 제품이 가장 중요하거나 가치 있는 기능을 가능한 한 빨리 제공할 수 있는지 확인해야 한다. 우선순위는 한정된 자원에 대해 상충되는 요구를 처리하는 방법이다. 각 제품 기능의 상대적 우선순위를 설정하며, 가장 낮은 비용으로 높은 가치를 제공할 수 있는 계획을 세울 수 있다. 우선순위는 상대적이기 때문에 두 번째 요구사항을 발견함으로써 우선순위를 정할 수 있다.

때때로 어느 것 하나도 낮은 우선순위를 가졌다고 생각하지 않기 때문에 고객은 요구사항 우선순위 설정을 싫어한다. 보통 원하는 것 모두를 얻지 못한다면 비즈니스 목표를 달성하기 위해 가장 중요한 기능을 확보해야 한다. 개발자가 요구사항 우선순위 할당을 싫어하는 경우도 있는데, 그것이 모든 것을 할 수 없다는 인상을 주기 때문이다. 적어도 현실에서는 그들이 이 모든 것을 한번에 할 수 없다. 우선순위는 프로젝트 제약조건 내에서 신속하게 최대의 비즈니스 가치를 제공하는 데 도움이 된다.

우선순위 할당은 지정된 태스크별 일정 속에서 제품을 개발하는 애자일이나 다른 프로젝트를 위한 중요한 전략이다. 프로젝트 팀은 사용자 스토리, 기능, 비즈니스 프로세스 및 결함 스토리(수정을 기다리는 버그)를 가지고 제품 백로그를 채울 수 있다. 고객은 백로그 안의 스토리들에 대한 우선순위를 정하고 각 개발 반복주기에서 어떤 것을 구현하고 싶은지 선택한다. 개발자는 각 스토리를 개발하는 데 필요한 노력을 계산하고 팀 속도로 측정된 경험적으로 입증된 납기 능력에 따라 각 반복주기에 몇 개의 스토리를 넣을 수 있는지 산출한다. 새로운 스토리가 제안되면 고객은 백로그의 콘텐츠에 대해 우선순위를 평가하기에 다가오는 반복주기에서는 동적으로 범위가 조정된다. 모든 프로젝트는 언제나 팀이 가능한 한 빠르게 사용자에게 유용한 소프트웨어를 제공하는 데 공을 들이기 위해 이렇게 해야 한다.

모든 프로젝트에서 프로젝트 관리자는 이상적인 프로젝트 범위와 일정, 예산, 직원과 품질 목표의 제약조건을 반드시 비교해봐야 한다(Wiegers 1996). 이 작업을 수행하는 한 가지 방법은 새롭고 좀 더 중요한 요구사항이 반영되거나 그 밖의 프로젝트 조건에 변화가 생겼을 때 낮은 우선순위의 요구사항을 지우거나 배포를 미루는 것이다. 즉, 우선순위 할당은 동적이고 계속 진행 중인 프로세스다. 고객이 중요성과 긴급성으로 요구사항을 구분하지 않는 경우, 프로젝트 관리자가 이러한 결정을 내려야 한다. 당연히 고객은 프로젝트 관리자가 설정한 우선순위에 동의하지 않을 수 있기에 기다릴 수 있는 것과 초기에 필요로 하는 것으로 요구사항을 분류해줘야 한다. 프로젝트 초기에는 성공적인 프로젝트를 위한 더 많은 유연성을 갖고 있으므로 초기에 우선순위를 설정하고 주기적으로 재논의해야 한다.

어떤 고객이라도 자신의 요구사항 중 최고 우선순위를 정하기는 어렵다. 다양한 기대를 가진 여러 고객 간의 합의를 얻기란 더 힘들다. 사람은 마음속으로 자신만의 관심사를 가지고 있고, 다른 이의 이익을 위해 자신의 요구사항을 타협하고 싶어하지 않는다. 하지만 요구사항 우선순위에 기여하는 것은 2장 "고객 관점의 요구사항"에서 설명한 고객과 개발의 협력관계에서의 고객의 책임 중 하나다. 단순히 요구사항 구현 순서를 정의하는 것 이상으로 우선순위에 대한 토의는 고객의 기대를 명확히 하는 데 도움이 된다.

몇 가지 우선순위 화용론

중간 정도 규모의 프로젝트라도 분석적이고 일관성 있게 분류하기에는 너무 많은 수십 개의 사용자 요구사항과 수백 개의 기능적 요구사항을 가질 수 있다. 이를 관리할 수 있도록 하기 위해 기능, 유스케이스, 사용자 스토리 또는 기능적 요구사항의 우선순위에 대한 적절한 추상화 수준을 선택한다. 유스케이스 내에서 일부 대안 흐름은 다른 것보다 높은 우선순위를 가질 수 있다. 기능 수준에서 초기 우선순위를 설정하고 그다음 특정 기능별로 기능적 요구사항에 대한 우선순위를 결정할 수도 있다. 일정을 미루거나 제거하는 작업은 핵심 기능을 구별하는 데 도움될 것이다. 5장 "비즈니스 요구사항 정립하기"와 같이 기능 우선순위는 범위와 배포 계획에 직접 반영된다. 지금 당장 분석할 게 없는 우선순위가 낮은 요구사항이라도 간과하면 안 된다. 우선순위는 나중에 변경될 것이므로 낮은 우선순위의 요구사항에 대해서 아는 것이 개발자의 향후 업그레이드 계획에 도움될 것이다.

고객 대표, 프로젝트 스폰서, 프로젝트 관리, 개발 그리고 그 밖의 관점을 대표하는 다양한 이해관계자들은 우선순위 할당에 참여해야 한다. 이해관계자 간에 협의가 되지 않는 경우를 위해 한 명의 최종 의사결정자가 필요하다. 우선순위 할당에 참가하는 사람들에게 좋은 시작점은 하나의 요구사항이 다른 것보다 높은 우선순위를 갖는지 판정하기 위한 몇 개의 기준 집합에 동의하는 것이다. 우선순위는 고객 가치, 비즈니스 가치, 비즈니스 및 기술 위험, 비용, 구현의 어려움, 시장에 내놓기까지 드는 시간, 규정 또는 정책 준수, 시장에서의 경쟁력을 가지는 장점, 그리고 계약상 의무를 포함한다(Gottesdiener 2005). 앨런 데이비스는 성공적인 우선순위 할당은 다음 여섯 가지 이슈에 대한 이해가 필요함을 지적했다(Alan Davis 2005).

- 고객의 요구사항
- 고객 요구사항의 상대적 중요성
- 기능이 제공돼야 하는 시기
- 다른 요구사항과 요구사항 간 다른 관계에 선행 역할을 하는 요구사항
- 그룹으로 구현돼야 하는 요구사항
- 각 요구사항을 만족하기 위한 비용

고객은 가장 큰 비즈니스나 사용성에 이점을 제공하기 위한 기능에 높은 우선순위를 둔다. 하지만 고객은 개발자가 특정 요구사항과 관련된 비용, 난이도, 기술적 위험이나 특정 요구사항과 관련된 트레이드오프를 지적한 후에는 처음 생각한 것이 정말 필요한 건 아니었다는 결론을 내릴 수 있다. 개발자는 시스템 아키텍처에 변화를 주고, 미래의 기능 개발을 큰 조정 없이 구현하기 위해 정말 낮은 우선순위를 가진 기능을 초기에 개발하려고 할 수 있다. 애플리케이션에 대한 규제 요구사항을 따르기 위해 어떤 기능은 높은 우선순위를 가지고 있어야 한다. 요구사항 개발의 모든 측면과 마찬가지로, 무엇보다 중요한 비즈니스 목표는 프로젝트 초기에 수행되도록 우선순위 의사결정을 이끌어야 한다.

어떤 요구사항들은 함께 또는 특정 순서대로 구현해야 한다. 반복하기 기능을 첫 번째 배포에 구현하면서 몇 달 후에나 되돌리기 기능을 개발하는 것은 말이 되지 않는다. 마찬가지로, 첫 번째 배포의 특정 유스케이스의 정상 흐름을 구현한다고 할 때 낮은 우선순위를 가진 대안 흐름은 미뤄두게 된다. 그것은 괜찮지만 각 성공 흐름 구현과 동시에 그에 대응하는 예외 처리는 구현해야 한다. 그렇지 않으면 카드의 유효성 확인, 분실에 따른 결제 거부 또는 기타 예외 처리를 해주지 않는 신용카드 결제를 수행하는 코드를 완성하게 된다.

우선순위와 심리적 게임

우선순위 할당 요청에 대한 고객의 반사적 반응은 "모든 기능이 필요해요. 그냥 다 해주세요"다. 우선순위가 프로젝트 성공에 도움이 된다는 것을 모른 채 모든 요구사항이 높은 우선순위를 가져야 한다고 느낄 수 있다. 모든 것을 동시에 시작할 수 없기에 먼저 중요한 것을 확인하려 한다는 것을 설명하는 것부터 시작하자. 고객이 낮은 우선순위의 요구사항이 구현되지 않을 수도 있다는 것을 알고 있다면 우선순위 할당 논의에 대해 납득시키기 어려울 수 있다. 한 개발자는 어떤 요구사항이 낮은 우선순위를 두고 있다고 이야기하는 것은 회사에서 허용되지 않는다고 이야기한다. 따라서 그들은 "높음", "정말 높음", "엄청나게 높음"이라는 우선순위 범주를 채택했다. BA역할을 하고 있는 또 다른 개발자는 SRS에 뭔가를 추가했다면 그것을 개발하려는 의도이기 때문에 우선순위는 필요하지 않다고 했다. 하지만 각 기능 조각을 개발한 후에도 이슈는 해결되지 않는다.

최근에 시간 내 프로젝트를 수행하는 데 큰 어려움을 겪는 한 회사를 방문했다. 관리부서에서는 여러 번의 애플리케이션 배포가 있을 것이기 때문에 우선순위가 낮은 요구사항도 기회가 있을 것이라고 주장했지만 실제로 각 프로젝트는 한 번의 배포만 했다. 결국, 모든 이해관계자는 필요로 하는 기능 전부를 얻을 수 있는 기회는 단 한 번뿐이라는 사실을 알았다. 그러므로 모든 요구사항은 높은 우선순위를 갖게 됐고, 팀이 감당할 수 있는 범위를 넘어버렸다.

실제로 비즈니스 목표를 달성하려는 관점에서 일부 시스템 기능은 다른 것보다 더 필수적이다. 이는 핵심 기능을 일정에 맞게 전달하기 위해 필수적이지 않은 기능을 제거하는 시기이면서 프로젝트 후반에 흔히 발생하는 "급격한 범위 줄임 단계"에서 분명해진다. 이 시점에서 사람들은 우선순위를 명확히 결정하기는 하지만 불안할 것이다. 프로젝트 초기에 우선순위를 할당하고, 변화하는 고객 선호도, 시장 상황 및 비즈니스 이벤트에 따라 이를 반영하게 되면 팀은 더 가치 있는 활동에 더 현명하게 시간을 보낼 수 있다. 필요 여부를 결론 내리기 전에 대부분의 기능을 구현하는 것은 낭비와 좌절을 가져온다.

우선순위 할당을 고객에게만 맡기면 85%는 높은 우선순위, 10%는 중간 우선순위, 나머지 5% 정도만 낮은 우선순위로 할당할 것이다. 이는 프로젝트 관리자에게 많은 유연성을 제공하지 못한다. 정말로 모든 요구사항이 최우선순위라면 여러분의 프로젝트는 완전히 성공할 수 없는 높은 위험성을 가지고 있는 것이다. 불필요하게 복잡한 것들을 단순화하고 중요하지 않은 것을 제거하기 위해 요구사항을 정리하자. 한 연구에 따르면 소프트웨어 시스템에서 개발된 기능 중 2/3가 거의 또는 전혀 사용되지 않는 것을 발견했다(The Standish Group 2009). 고객으로 하여금 어떤 요구사항이 낮은 우선순위를 갖는지 알기 위해 분석가는 다음과 같은 질문을 할 수 있다.

- 이 요구사항이 해결해주는 니즈를 만족하기 위한 다른 방법이 있는가?
- 이 요구사항을 제외하거나 미뤘을 때의 결과가 무엇인가?
- 이 요구사항이 몇 달 내 구현되지 않았을 때 비즈니스 목표에 미치는 영향이 무엇인가?
- 이 요구사항이 이후 배포로 미뤄졌을 때 고객이 불만족스러운 이유는?
- 이 기능이 같은 우선순위를 가진 다른 모든 기능의 배포를 지연할 만한 가치가 있는가?

중요 여러분이 우선순위 프로세스를 진행한 후 모든 요구사항이 동일한 우선순위를 갖는 것으로 드러났다면 여러분은 우선순위 할당을 하지 않은 것이나 마찬가지다.

우선순위를 평가할 때 요구사항 간의 연결성과 상호 관계를 살피고 프로젝트의 비즈니스 목표에 잘 부합하는지 확인해보자. 한 대규모 상용 프로젝트 관리 팀은 분석가의 요구사항 우선순위 할당 고집에 조바심을 냈다. 관리자는 종종 특정 기능은 없어도 되지만 이를 보완하기 위해 다른 기능을 보강해야 한다고 지적하기도 했다. 그들이 너무 많은 요구사항을 미룬다면 제품 결과물은 예상 수익을 달성하지 못할 것이다.

갈등은 자신의 요구사항이 가장 중요하다고 확신하는 이해관계자 간에 발생한다. 일반적으로, 우선순위 경쟁에서 선호하는 사용자 클래스의 구성원에게 우선권이 주어져야 한다. 이것이 프로젝트 초기에 사용자 클래스를 식별하고 평가하는 한 가지 이유다.

몇 가지 우선순위 할당 기법

소규모 프로젝트에서는 이해관계자는 형식에 구애받지 않고 요구사항의 우선순위를 합의할 수 있어야 한다. 많은 이해관계자들이 참여하는 대규모 또는 논쟁이 많은 프로젝트는 프로세스에서 감정,

정치, 추측을 어느 정도 제거해주는 구조화된 접근 방식을 요구한다. 몇 가지 분석 및 수학적 기법이 요구사항의 우선순위를 보조하기 위해 제안돼 왔다. 이러한 방법은 각 요구사항의 상대적 가치와 비용을 계산하는 방법들을 포함한다. 우선순위가 가장 높은 요구사항은 전체 비용 중 가장 작은 부분을 차지하지만 전체 제품 가치의 가장 큰 부분을 제공하는 것이다(Karlsson and Ryan 1997; Jung 1998). 이번 절에서는 요구사항의 우선순위를 할당하는 데 사용되는 몇 가지 기법을 설명한다. 기법이 효과적이라면 간단한 것이 더 좋다.

> **함정** 가장 큰 목소리를 내는 것이 높은 우선순위를 가지는 "데시벨 우선순위"와 정치적 힘이 센 이해관계자가 요구하는 건 무엇이든 얻게 되는 "위협 우선순위"를 피해야 한다.

할까? 말까?

모든 우선순위 할당 방법 중 가장 간단한 것은 요구사항 목록 작업을 수행할 이해관계자 그룹을 확보하고 이에 대해 할지 말지 양자택일하는 것이다. 첫 번째 배포를 위한 최소한의 필요한 목록만 남기기 위해 프로젝트의 비즈니스 목표를 지속적으로 참고하자. 해당 배포의 구현이 진행되면 이전에 하지 않기로 했던 요구사항으로 되돌아가 다음 배포를 위한 프로세스를 다시 밟을 수 있다.

> **요구사항이 터져나옴**
>
> 한 방에서 여섯 명의 직접 참가자와 네 명의 전화통화 참가자로 구성된 이해관계자와 워크숍을 연 적이 있었다. 400여 개에 달하는 요구사항에 우선순위를 할당해야 했다. 각각 할지 말지 단순히 결정하기로 했고, 하지 말기로 한 것은 다음 배포 때 처리하기로 생각했다. 몇 시간을 이 방에서 목록을 줄이는 데 보냈다. 충돌이 있을 때 임원인 한 이해관계자가 최종 우선순위를 결정했다. 회의를 시작한 지 얼마 지나지 않아 그는 오늘 하루가 길고 지루하리라는 것을 깨달았다. 그는 좀 재미있게 하기로 결정했다. 팀이 요구사항을 제거할 때마다 요구사항이 날라가는 것 같은 폭발음을 낸 것이다. 범위를 줄이는 재미있는 방법이었다.

짝 비교와 순위 나누기

종종 사람들은 각 요구사항에 고유한 우선순위 번호를 할당하려고 한다. 요구사항 목록의 순위를 나눌 경우(Rank Ordering) 모든 것들에 대해 짝 비교(Pairwise Comparison)를 하게 되므로 각 쌍의 구성원 중 어떤 것이 높은 우선순위인지 판단할 수 있다. 스프레드시트를 이용해 품질 속성의 짝 비교를 수행하는 14장 "기능, 그 이상을 향해"의 그림 14-1과 같은 전략은 기능 집합, 사용자 스토리, 또는 같은 종류의 다른 요구사항 집합에도 적용할 수 있다. 수십 개 이상의 요구사항에서는 이러한 비교를 수행하기가 어렵다. 전체 시스템의 모든 기능적 요구사항에 대해서는 아니지만 기능의 세분화 수준에서는 이 방법이 효과적일 수 있다.

실제로 우선순위에 따라 모든 요구사항의 순위를 매기는 것은 과하다. 모든 기능을 개별 배포에서 구현할 수 없다. 대신 이를 배포 또는 개발 타임박스별로 여러 묶음으로 그룹화할 것이다. 요구사항을 우선순위가 비슷하거나 함께 구현해야 하는 기능 또는 작은 요구사항 집합으로 그룹화하는 것만으로 충분하다.

3단계 규모 조정

일반적인 우선순위 할당 접근 방식은 요구사항을 세 가지 범주로 나누는 것이다. 어떻게 표시하든 세 가지 범주를 사용하게 되면 높음, 중간, 낮음 우선순위 그룹으로 요약된다. 이러한 우선순위 조정은 주관적이고 부정확하다. 이런 조정을 유용하게 하려면 이해관계자가 규모 조정에서 사용할 각 단계별 방법이 무엇인지 합의해야 한다.

우선순위를 평가하는 한 가지 방법은 중요성 및 긴급성이라는 두 항목을 고려하는 것이다(Covey 2004). 모든 요구사항은 비즈니스 목표 달성에 중요하거나 그렇지 않은 것으로, 긴급하거나 긴급하지 않은 것으로 생각할 수 있다. 이것은 절대적인 이분법이 아닌, 요구사항 집합 간의 상대적 평가다. 그림 16-1에서 볼 수 있듯이 이러한 대안은 우선순위 규모를 정의하는 데 사용할 수 있는 4가지 조합을 준다.

- 높은 우선순위의 요구사항은 긴급하고(다음 배포에 고객이 필요로 함) 중요하다(고객이 기능을 필요로 함). 또한 계약 또는 규정 준수 의무에 특정 요구사항이 포함돼야 함을 명시할 수도 있고, 즉시 구현해야 하는 확실한 비즈니스 근거가 있을 수 있다. 부정적인 결과 없이 차후 배포에 요구사항을 구현하도록 기다릴 수 있다면 그것은 이번 정의에서 이야기한 높은 우선순위는 아니다.
- 중간 우선순위 요구사항은 중요하지만(고객이 기능을 필요로 함) 긴급하지는 않은 것이다(고객이 차후 배포까지 기다릴 수 있음).
- 낮은 우선순위 요구사항은 중요하지도(필요하다면 고객은 그 기능이 없어도 됨) 긴급하지도 않다(고객은 영원히라도 기다릴 수 있음).
- 4사분면 안의 요구사항은 아마 정치적인 이유로 어떤 이해관계자에게 긴급하게 보이나 실제로 비즈니스 목표를 달성하는 데 중요하지 않다. 그것들은 제품에 충분한 가치를 주지 않기에 이런 것에 작업 시간을 낭비하지 마라. 중요하지 않다면 낮은 우선순위로 설정하거나 그것 전체를 지워라.

16 _ 중요한 것 먼저: 요구사항 우선순위 할당하기

	중요함	그렇게 중요하지 않음
긴급함	높은 우선순위	하지 말 것!
그렇게 긴급하지 않음	중간 우선순위	낮은 우선순위

그림 16-1 중요성과 긴급성을 기반으로 한 요구사항 우선순위 할당

사용자 요구사항 문서, SRS, 또는 요구사항 데이터베이스에서 요구사항 속성으로 각 요구사항의 우선순위를 포함하라. 고수준 요구사항에 할당된 우선순위가 세부적인 요구사항에까지 모두 반영됐는지, 혹은 모든 개별 기능적 요구사항이 각자의 우선순위를 속성으로 가지고 있는지를 독자가 알 수 있도록 규칙을 정하라.

대규모 프로젝트에서는 반복적으로 우선순위를 할당하고자 하는 경우도 있다. 팀에게 요구사항 우선순위를 높음, 중간, 낮음으로 평가하게 하라. 높은 우선순위의 요구사항 수가 예상보다 너무 많고 이들 모두 다음 배포에 전달해야 한다는 확신이 없다면 높은 우선순위의 것들을 세 개의 그룹으로 분류하는 2단계 분할을 진행하라. 필요하다면 요구사항이 원래 중요했음을 잊지 않도록 "높음", "더 높음", "가장 높음"이라고 부를 수 있다. "가장 높음"이라고 평가된 요구사항은 새로운 최우선순위 요구사항 그룹이 된다. "높음", "더 높음" 요구사항은 기존의 중간 우선순위 그룹이 된다(그림 16-2). "다음 배포에 반드시 포함해야 함, 혹은 다음 배포에 제공이 불가능함"과 같은 강경 노선을 취하면 팀이 정말 높은 우선순위의 기능에 집중하는 데 도움이 된다.

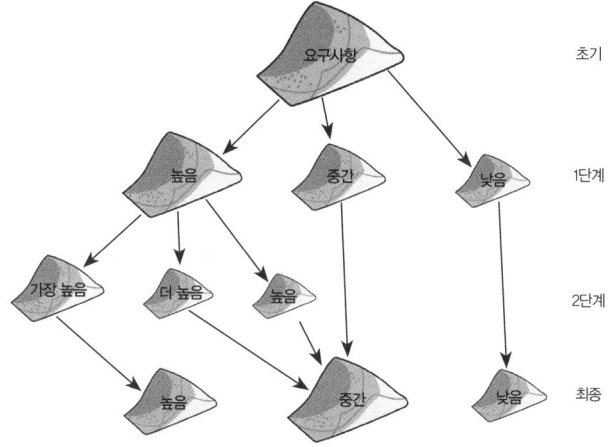

그림 16-2 최우선순위 요구사항 집합 관리에 집중하게 하는 다중 경로 우선순위 할당법

3단계 규모 조정으로 우선순위를 분석할 경우 요구사항의 의존성을 알고 있어야 한다. 우선순위가 높은 요구사항이 낮은 우선순위를 가진 요구사항에 의존성을 가짐으로써 나중에 구현되도록 계획되는 경우 문제에 부딪히게 된다.

MoSCoW

MoSCoW의 네 개의 대문자는 하나의 요구사항 집합을 위한 네 가지 우선순위 분류법 형식을 나타낸다(IIBA 2009).

- Must: 솔루션이 성공하기 위해 반드시 만족해야 하는 요구사항. (꼭 필요함)
- Should: 중요하고 가능하면 솔루션에 포함되어야 하지만 성공에 필수는 아닌 요구사항. (필요함)
- Could: 괜찮은 기능이지만 일정을 미루거나 제거해도 되는 요구사항. 시간이나 자원이 허용하는 경우에만 개발. (필요할 수도 있음)
- Won't: 지금 개발할 필요는 없는 요구사항이지만 다음번에는 포함될 수 있음. (필요없음)

MoSCoW 방식은 높음, 중간, 낮음의 3단계 규모를 4단계로 변경한다. 이 방법은 다른 요구사항과의 비교를 통해 우선순위를 평가할 수 있는 어떠한 이론적 근거도 제공하지 않는다. MoSCoW는 시기에 관해 모호한 편이며 특히 "Won't" 등급을 평가할 때 더 애매하다. "Won't"는 "다음 배포는 아님"이나 "절대 안 함"의 두 가지 의미를 가질 수 있다. 모든 이해관계자들이 특정 우선순위 평가의 의미에 대해 동일하게 이해하도록 이런 구분은 명확해야 한다. 앞에서 설명한, 중요성과 긴급성이라는 두 가지 측면의 분석에 의존하고 다가올 배포 혹은 개발 타임박스에 중점을 두는 3단계 규모 조정이 우선순위 고민을 위해 더 산뜻한 방법이다. 우리는 MoSCoW를 추천하진 않는다.

> **MoSCoW 이용 사례**
>
> 한 컨설턴트는 실제로 프로젝트에서 어떻게 기업 고객이 MoSCoW 방법을 사용했는지 설명했다. "수집된 거의 모든 기능이나 요구사항이 'M'을 받는 것에 모든 행동을 집중했습니다."라고 말했다. "'M'을 받지 못한 경우 대부분 개발되지 않습니다. 원래 목적이 우선순위 할당이기는 하지만 사용자들은 오래전부터 'M'을 받지 못한 어떠한 것도 제출하지 않아왔습니다. 사용자들이 'S', 'C', 'W'의 미묘한 차이를 이해할까요? 전 잘 모르겠습니다. 하지만 그들은 이들 순위의 의미를 알아버렸습니다. 사용자는 순위들을 모두 동일하게 취급하며, '금방 일어나지 않음'으로 이해합니다."

100달러

우선순위 할당은 조직이 프로젝트에 투자하는 것 대비 최대의 이익을 달성하기 위해 제한된 자원을 신중하게 분배하는 것이다. 우선순위 할당을 더욱 가시적으로 하는 방법 중 하나는 이를 실제 자원과 관련된 용어, 즉 돈과 같은 것으로 바꾸는 것이다. 이 경우 실제 돈이 아닌 게임 화폐를 가지고 하는 것이다.

우선순위 할당 팀에게 가상의 100달러를 준다. 팀 구성원은 전체 요구사항 후보들 중 개발하고자 하는 항목을 "구매"하기 위해 이 돈을 할당한다. 더 높은 우선순위의 요구사항에 더 많은 달러를 할당해 비중을 높인다. 어떤 이해관계자에게 한 요구사항이 다른 요구사항보다 3배로 중요한 경우, 첫 번째 요구사항에는 9달러를, 두 번째 요구사항에는 3달러를 할당할 것이다. 모든 우선순위 할당자들이 100달러는 가지지만 이를 다 쓰게 되면 적어도 현재 집중하고 있는 배포 일정 내에서 나머지는 구현할 수 없다. 한 가지 방법은 우선순위 할당 프로세스에서 서로 다른 참여자가 본인의 달러를 할당한 후, 각 요구사항에 할당된 달러를 모두 합해 가장 높은 우선순위를 갖는 게 무엇인지 확인해 보는 것이다.

100달러 접근법은 사람들이 우선순위에 따라 자원을 할당한다는 측면에서 생각하게 만들기에 나쁜 방법은 아니다. 그러나 데이비스는 참가자들이 결과를 왜곡하기 위해 이 과정에 "장난"칠 수 있는 몇 가지 방법을 지적했다(Davis 2005). 예를 들면, 정말 특별한 요구사항을 원하는 경우 요구사항 목록 상단에 올리기 위해 100달러 전부를 거기에 할당할 수 있다. 현실적으로 단 하나의 요구사항을 가진 시스템은 받아들여지지 않을 것이다. 이 방식은 그러한 요구사항 각각을 구현하는 데 필요한 노력의 상대적인 양을 전혀 고려하지 않는다. 15달러의 가치가 할당된 하나의 요구사항과 동일한 노력으로 각각 10달러의 가치가 할당된 3개의 요구사항을 얻을 수 있다면 3개의 요구사항을 선택하는 편이 낫다. 이 방법은 특정 이해관계자 집합에게 인지된 확실한 요구사항의 가치만을 기반으로 하며, 수많은 우선순위 기법의 한계이기도 하다.

또 다른 우선순위 기법은 게임 화폐가 아닌 진짜 돈을 기반으로 한다. 조이 비티와 앤소니 첸의 실증적인 연쇄(objective chain) 기법에서는 제안된 기능이 프로젝트의 비즈니스 목표를 이루기 위해 얼마나 공헌하는지 달러로 산출해서 할당한다(Joy Beatty and Anthony Chen 2012). 그런 다음 기능의 상대적 가치를 서로 비교하고 먼저 구현해야 할 것을 선택할 수 있다.

가치와 비용, 위험에 따른 우선순위 할당하기

이해관계자가 상대적으로 비정형 기법으로 할당된 요구사항 우선순위에 동의하지 않는 경우 분석적인 방법을 사용하는 것이 유용할 수 있다. 제시된 제품 기능에 고객 가치를 연관시키기 위한 거의 완벽하고 엄격한 방법은 품질 기능 전개, 즉 QFD(Quality Function Deployment)라고 하는 기법을 활용하는 것이다(Cohen 1995). QFD로부터 채용된 구조화된 우선순위 할당 방법이 유용하다고 입증은 됐지만 QFD의 엄격함을 기꺼이 수행하는 소프트웨어 조직은 거의 없다.

표 16-1은 일련의 요구사항에서 상대적인 우선순위를 평가하기 위한 스프레드시트 모델을 보여준다. 이 기법은 17가지 요구사항 우선순위 방법의 비교 평가에서 효율성 면에서 최상위로 선정됐다(Kukreja et al. 2012). 이 책의 보충 자료로 마이크로소프트 엑셀 스프레드시트가 포함돼 있다. 표 16-1의 예제는 화학약품 관리 시스템의 몇 가지 기능을 나열한다. 이 방법은 특정 제품 기능이 있을 때 고객에게 이익을 주는 것과 그 기능이 없을 때 불이익을 감수해야 한다는 고객 가치를 기반으로 한 QFD 개념으로부터 차용했다(Pardee 1996). 한 기능의 매력은 그것이 주는 가치에 정비례하고, 구현하기 위한 비용과 기술적 위험과는 반비례한다. 다른 모든 조건이 동일하다면 위험이 반영된 가치/비용 비율이 가장 높은 기능이 가장 높은 우선순위를 가져야 한다. 이 방법은 일련의 계산된 우선순위를 단 몇 개의 개별 수준 그룹으로 묶기보다 연속적인 목록 전체로 분배한다.

표 16-1 화학약품 관리 시스템에 대한 우선순위 매트릭스 샘플

상대적 가중치		2	1			1		0.5		
기능		상대적 이익	상대적 불이익	전체 가치	가치 %	상대적 비용	비용 %	상대적 위험	위험 %	우선순위
1.	물질안전보건자료 인쇄	2	4	8	5.2	1	2.7	1	3.0	1.22
2.	판매업체 주문 상태 조회	5	3	13	8.4	2	5.4	1	3.0	1.21
3.	화학약품 창고 재고 보고서 생성	9	7	25	16.1	5	13.5	3	9.1	0.89
4.	특정 화학 용기 이력 보기	5	5	15	9.7	3	8.1	2	6.1	0.87
5.	특정 화학약품에 대한 판매업체 카탈로그 검색	9	8	26	16.8	3	8.1	8	24.2	0.83
6.	위험 화학약품 목록 관리	3	9	15	9.7	3	8.1	4	12.1	0.68
7.	보류 중인 화학약품 요청 변경	4	3	11	7.1	3	8.1	2	6.1	0.64
8.	실험실 재고 보고서 생성	6	2	14	9.0	4	10.8	3	9.1	0.59

상대적 가중치		2	1		1		0.5		
9.	위험 화학약품 교육 기록에 대한 훈련 데이터베이스 확인	3	4	10	6.5	4	10.8	2	6.1	0.47
10.	구조 드로잉 도구에서 화학 구조 불러오기	7	4	18	11.6	9	24.3	7	21.2	0.33
	합계		53	49	155	100.0	37	100.0	33	100.0

누가 봐도 최우선순위가 아닌 독단적인 요구사항에 이 우선순위 할당 방법을 적용하라. 제품의 핵심 비즈니스 기능, 제품의 주요 차별점, 또는 규정 준수에 필요한 항목을 구현하는 것은 이 분석 항목에 포함되지 않는다. 제품에 무조건 포함돼야 해서 분명히 출시될 기능을 인지한 후, 나머지 기능의 상대적 우선순위의 규모를 조정하기 위해 표 16-1의 모델을 사용하자. 우선순위 결정 과정의 일반적인 참가자는 다음과 같다.

- 프로세스를 이끌고, 충돌에 대한 중재와 필요한 경우 다른 참여자들로부터 받은 우선순위 자료를 조정하는 프로젝트 관리자 또는 비즈니스 분석가
- 이익과 불이익에 대한 순위를 제공하는 제품 챔피언, 제품 관리자 또는 제품 주인과 같은 고객 대표
- 비용과 위험에 대한 순위를 제공하는 개발팀 대표

이 우선순위 모델을 사용하기 위해 다음 단계를 수행하자(사용하는 것보다 설명하는 것이 좀 더 복잡하다).

1. 스프레드시트에 각 우선순위를 정하고자 하는 모든 기능, 유스케이스, 유스케이스 흐름, 사용자 스토리 또는 기능적 요구사항의 목록을 적는다. 우리는 예시로 기능을 사용했다. 모든 항목은 동일한 추상화 수준이어야 한다. 즉, 기능, 유스케이스, 또는 사용자 스토리를 기능적 요구사항과 섞어서는 안 된다. 특정 기능은 논리적으로 연결돼 있거나(기능 A가 포함된 경우에만 기능 B를 구현) 의존성(기능 A는 기능 B보다 먼저 구현돼야 함)을 가지고 있을 수 있다. 그러한 경우 분석을 통해 영향력이 큰 기능만 넣는다. 이 모델은 수십 개의 항목만 가지고 진행하며 너무 많으면 다루기 어려워진다. 너무 많으면 관련 있는 항목별로 모아 감당할 수 있는 수준의 목록으로 만들자. 계층적 방법을 적용할 수도 있다. 기능을 예로 들면, 초기 우선순위를 할당한 후, 각 하위 기능이나 기능적 요구사항의 우선순위 설정을 위해 각 기능 안에서 한번 더 적용할 수 있다.

2. 고객 대표가 각 기능이 고객이나 비즈니스에 제공하는 상대적인 이익을 1등급에서 9등급으로 평가하게 하자. 1등급은 유용하지 않다는 것을 의미하고 9등급은 정말로 가치 있다는 것을 의미한다. 이러한 이익 평가는 제품의 기능과 비즈니스 목표의 부합 여부를 나타낸다.

3. 각 기능이 포함되지 않을 경우 고객이나 비즈니스가 겪게 될 불편에 대한 상대적 불이익을 산출하자. 다시 한번, 1등급에서 9등급을 사용한다. 1등급은 없어도 괜찮지만 9등급은 없으면 심각하게 어려워짐을 나타낸다. 이익과 불이익 모두 낮은 요구사항에는 비용이 들지만 가치는 적다. 때로는 한 기능을 많은 고객이 사용하지 않을 것이라면 매우 낮은 가치를 갖지만 경

쟁사 제품이 그 기능을 자랑하고, 심지어 사용할 계획이 없는 고객조차 당연히 있을 것으로 기대하는 경우 높은 불이익을 가져올 수 있다. 마케팅에서는 이런 것을 "체크박스 기능"이라고 한다. 즉, 대부분이 정말로 신경 쓰지 않더라도 가지고 있다고 해야 한다. 불이익 등급을 부여할 때는 이 기능이 빠질 때 어떤 일이 생길지 고려하자.

- 그 기능을 가진 다른 제품과 비교해 여러분의 제품이 손해를 보는가?
- 법적 또는 계약상 어떤 영향이 있는가?
- 정부 또는 업계 표준을 위반한 것인가?
- 사용자가 일부 필요하거나 기대하는 기능을 실행할 수 없게 되는가?
- 이 기능을 나중에 확장을 통해 추가하기가 많이 어려워지는가?
- 마케팅에서 일부 고객에게 약속한 기능이기에 문제가 생기는가?

4. 스프레드시트는 이익과 불이익 수치를 합한 것으로 각 기능의 전체 가치를 계산한다(이번 장의 후반부에서 설명하는 가중치를 적용받는다). 스프레드시트는 모든 기능의 가치를 합산하고 전체 가치에 대한 각 기능의 비율을 계산한다(가치 % 열). 이것은 단지 우선순위를 설정한 기능 집합에 대한 것이지, 전체 제품의 총 가치의 비율은 아니다.

5. 개발자가 각 기능을 구현하는 데 드는 상대적 비용을, 다시 한번 1(빠르고 쉬운)에서 9(오래 걸리고 비싼)등급으로 판단하게 하라. 스프레드시트는 전체 비용에서 각 기능이 기여하는 비율을 계산할 것이다. 개발자는 기능의 복잡성, 요구되는 사용자 인터페이스 작업 규모, 기존 코드를 재활용하기 위한 잠재 능력, 필요한 테스트 양 등을 기반으로 비용 등급을 추정한다. 애자일 팀에서는 이러한 비용 등급을 각 사용자 스토리에 할당한 스토리 포인트 개수를 기반으로 할 수 있다(애자일 프로젝트 평가에 대한 자세한 내용은 19장 "요구사항 개발, 그 이상을 향해"를 참조).

6. 이와 유사하게, 개발자가 1등급에서 9등급으로 각 기능과 관련된 상대적인 기술적 위험을(비즈니스는 아님) 평가하게 하라. 기술적 위험은 첫 번째 시도에서 즉시 기능을 얻지 못할 확률이다. 1등급은 잠을 자면서도 프로그래밍할 수 있음을 의미한다. 9등급은 실현 가능성, 팀에 전문 지식이 부족, 생소한 도구와 기술의 사용이나 요구사항 내에 숨겨진 복잡성의 양에 대해 심각한 염려를 나타낸다. 스프레드시트는 전체 위험에서 각 기능이 기여하는 비율을 계산할 것이다.

7. 스프레드시트에 모든 추정치를 입력한 후, 다음 공식을 이용해 각 기능에 대한 우선순위 값을 계산한다.

$$\text{우선순위} = \frac{\text{가치 \%}}{\text{비용 \% + 위험 \%}}$$

8. 마지막으로, 가장 오른쪽 열을 기준으로 계산된 우선순위에 따라 내림차순으로 기능 목록을 정렬하라. 목록에서 맨 위에 있는 기능은 가치, 비용, 위험 측면에서 가장 유리한 균형을 갖고 있으며, 다른 조건에 변동이 없다면 가장 높은 우선순위를 가져야 한다. 목록의 최상위 기능에 집중해서 토론함으로써 모두가 무엇을 원하는지 알지 못하더라도 사전에 정의한 순서를 이해관계자가 동의할 수 있는 우선순위 위주의 순서로 개선할 수 있다.

기본적으로 이익, 불이익, 비용 및 위험 조건은 똑같은 가중치를 가진다. 여러분의 팀이 우선순위 의사결정을 위해 생각한 프로세스를 반영하기 위해 스프레드시트 맨 위 행에 있는 네 가지 요소의 상대적 가중치를 변경할 수 있다. 표 16-1에서 모든 이익은 불이익의 두 배의 가중치를, 불이익과 비용은 동일한 가중치를, 위험은 비용과 불이익 항목의 절반에 해당하는 가중치를 갖는다. 모델에서 항목을 빼려면 가중치를 0으로 주면 된다.

이 스프레드시트 모델을 우선순위 할당에 참가하는 사람들과 이용할 때 표 16-1에서 표시된 특정 열(전체 가치, 가치 %, 비용 % 그리고 위험 %)을 숨기고 싶을 수 있다. 계산의 중간 결과를 보여주는 것은 집중하는 데 방해가 될 수 있다. 그것들을 숨기면 네 가지 평가 범주와 우선순위 가치 평가에 고객이 더 집중할 수 있을 것이다.

> **아니면 팔씨름으로**
>
> 이 스프레드시트를 기반으로 요구사항 우선순위 할당 절차를 도입한 한 회사에서는 프로젝트 팀이 교착상태를 뚫고 나가는 데 도움이 됐다는 사실을 발견했다. 큰 프로젝트에서 여러 이해관계자들은 어떤 것이 중요한 기능인지에 대한 서로 다른 의견들을 가지고 있었고 팀은 교착상태에 빠졌다. 스프레드시트 분석은 좀 더 객관적이고 덜 감정적으로 우선순위를 평가하게 만들었고, 팀으로 하여금 몇 가지 결론에 동의하고 순조롭게 진행할 수 있게 했다.
>
> 컨설턴트인 요한나 로스먼은 다음과 같이 발표했다(Johanna Rothman 2000). "의사결정을 위한 도구로 이 스프레드시트를 저희 고객에게 추천했습니다. 누구도 스프레드시트를 완벽하게 채우진 않았지만, 시뮬레이션된 것에 대한 토론이 서로 다른 요구사항의 상대적 우선순위를 결정하는 데 큰 도움이 된다는 것을 알았습니다." 즉, 우선순위에 대한 토론을 이끌어내기 위해 이익, 불이익, 비용, 위험이라는 틀을 사용할 수 있다. 이것은 전적으로 스프레드시트 분석과 계산된 우선순위 순서에만 의지하는 것보다 낫다. 요구사항과 우선순위는 시간에 따라 변경될 수 있기 때문에 해야 할 잔여 작업의 백로그 관리를 돕기 위해 프로젝트 전체에서 스프레드시트 도구를 사용하라.

이 우선순위 모델의 유용성은 각 항목에 대해 이익, 불이익, 비용, 위험을 추정하는 팀의 능력에 제한된다. 그러므로 지침대로만 계산된 우선순위를 사용하라. 이해관계자는 등급과 우선순위 순서에 따라 정렬된 결과에 합의하기 위해 완성된 스프레드시트를 검토해야 한다. 결과가 신뢰할 만한지 확실하지 않은 경우 이전 프로젝트에서 구현된 요구사항 집합을 개인 사용을 목적으로 사용해 이 모델을 교정하는 것을 고려하자. 계산된 우선순위 순서가 교정 집합의 요구사항이 과거 얼마나 중요했는지에 대한 사후 평가에 부합할 때까지 가중치 항목을 조정하자. 이는 여러분에게 프로젝트에서 우선순위를 결정하는 방법에 대한 예측 모델로서의 도구를 사용하는 데 자신감을 심어줄 것이다.

> **함정** 계산된 우선순위 번호의 사소한 차이를 지나치게 해석하지 말라. 이러한 반정량적인 방법은 수학적으로 엄격하지 않다. 우선순위 번호가 거의 같은 요구사항 집합을 함께 모아두자.

종종 이해관계자마다 특정 요구사항의 상대적 이익이나 요구사항 생략에 따르는 불이익에 대해 모순되게 생각하기도 한다. 우선순위 스프레드시트는 여러 사용자 클래스나 기타 이해관계자 그룹의 의견을 수용하는 가지각색의 변동을 포함한다. 내려받을 수 있는 스프레드시트의 다양한 이해관계자(Multiple Stakeholders) 워크시트 탭에 분석에 기여하는 각 이해관계자별 집합을 가질 수 있도록 상대적 이익(Relative Benefit)과 상대적 불이익(Relative Penalty) 열을 복제하자. 그다음 각 이해관계자별로 가중치 항목을 할당하는데, 프로젝트의 의사결정에 거의 영향을 주지 않는 그룹보다 선호하는 사용자 클래스에 더 많은 가중치를 할당하자. 각 이해관계자 대표가 각 기능에 대한 자신의 이익과 불이익 등급을 제공하게 하자. 최종 가치 점수를 계산할 때 스프레드시트는 이해관계자의 가중치를 통합한다.

이 모델은 추가로 제안된 요구사항을 평가할 때 상호보완적인 의사결정에 도움될 수 있다. 새로운 요구사항을 우선순위 스프레드시트에 추가하고, 기존 요구사항의 기준에서 우선순위를 어떻게 정렬할지 보면 적합한 구현 순서를 선택할 수 있다.

항상 이렇게 공을 들이는 방법을 사용할 필요는 없다. 우선순위 프로세스는 가능한 한 간결하게 유지하라. 하지만 지나치게 간단해서는 안 된다. 우선순위가 정치적, 감정적인 싸움으로부터 멀어지고 이해관계자가 정직하게 평가할 수 있게 노력하라. 이렇게 하면 개발 중인 제품이 최소의 비용으로 최대의 비즈니스 가치를 제공할 더 나은 기회를 줄 것이다.

> **다음 단계는**
> - 필요한 만큼 기다릴 수 있는 요구사항에서 다가올 배포에 정말 꼭 필요한 요구사항을 구분하기 위해 그림 16-1의 정의를 사용해 백로그 안의 요구사항을 재평가하자. 여러분의 우선순위를 변경해야 하는가?
> - 우선순위 할당을 위해 최근 프로젝트에서 10개 또는 15개의 기능이나 유스케이스, 사용자 스토리를 뽑아 표 16-1에서 설명한 스프레드시트 모델을 적용하자. 다른 방법으로 결정한 우선순위와 비교할 때 계산된 우선순위가 얼마나 잘 맞는가? 우선순위가 적절한지 여러분의 주관적인 판단과 비교하면 어떠한가?
> - 옳다고 생각하는 것과 모델의 우선순위가 일치하지 않는 경우 모델의 어느 부분이 합리적인 결과를 주지 못하는지 분석하자. 이익, 불이익, 비용 및 위험에 서로 다른 가중치를 사용해 보라. 기대하는 무엇과 일치하는 결과가 나올 때까지 모델을 조정하자. 그렇지 않으면 그 모델의 예측 능력을 믿을 수 없게 된다.
> - 우선순위 모델을 보정한 후 새로운 프로젝트에 반영하자. 의사결정 프로세스에 계산된 우선순위를 통합하라. 이해관계자로 하여금 이렇게 산출된 결과가 이전의 우선순위 접근법으로부터 나온 결과보다 더 만족을 주는지 확인하자.
> - 이전에 사용해보지 못했던 최근의 새로운 우선순위 기법 중 하나를 시도해보자. 예를 들어, 이미 MoSCoW를 사용했다면 3단계 방법을 사용한 후 서로 비교해보자.

17
요구사항 검증하기

테스트 책임자인 배리는 참가자가 소프트웨어 요구사항 명세를 신중히 검사하는 검사 회의의 모더레이터였다. 이 회의에는 두 사용자 클래스의 대표와 개발자인 제레미, SRS를 작성한 비즈니스 분석가인 트리쉬가 참석했다. 어떤 요구사항에는 "시스템은 교육 시스템에 접속하는 워크스테이션을 일정 시간 이상 사용하지 않을 경우 중단시키는 보안 기능을 제공해야 한다."고 명시돼 있었다. 제레미는 요구사항에 대해 본인이 이해한 바를 나머지 그룹에 설명했다. "이 요구사항은 사용자가 특정 시간 동안 활동이 없다면 교육 시스템에 연결된 모든 워크스테이션의 사용자를 시스템이 자동으로 로그오프한다는 뜻입니다".

제품 챔피언 중 한 명인 후이 리는 "터미널이 방치돼 있다는 것을 시스템이 어떻게 판단하나요? 몇 분 동안 사용자로부터 키보드나 마우스 입력이 없어 화면보호기가 작동하면 사용자를 로그오프시켜야 하나요? 사용자가 그저 다른 사람과 잠깐 이야기하는 중이었다면 오히려 짜증을 유발할 수도 있습니다."라고 대화에 끼어들었다.

트리샤는 "요구사항은 사용자 로그오프에 대해 아무것도 말하고 있지 않습니다. 제 생각에 타임아웃 보안은 로그오프를 의미하는 것 같습니다. 그러나 사용자가 계속 연결을 유지하고 싶다면 패스워드를 다시 입력해야만 하겠죠."라고 덧붙였다.

제레미 역시 혼란스러워했다. "모든 워크스테이션이 교육 시스템에 접근할 수 있다는 건가요? 아니면 그 순간 시스템에 로그인된 워크스테이션을 의미하는 건가요? 타임아웃 기한은 어떻게 될까요? 이런 유형에 대한 보안 지침이 있을지도 모르겠습니다."

배리는 검사 기록관이 모든 문제를 정확하게 기록했음을 확인했다. 그는 트리쉬가 모든 문제를 이해하고 그녀가 이 문제를 해결할 수 있도록 회의 후에도 함께 확인했다.

대부분의 소프트웨어 개발자는 모호하거나 불완전한 요구사항으로 인한 좌절을 경험해 왔다. 만약 개발자가 필요로 하는 정보를 얻지 못한다면 직접 해석해야 하고 이것이 항상 정확하지는 않을 것이다. 1장 "필수 소프트웨어 요구사항"에서 본 바와 같이 개발 후에 요구사항 오류를 발견해서 이를 해결하는 비용은 요구사항을 개발하는 중에 이를 찾아 해결하는 비용보다 훨씬 더 크다. 어떤 연구에서는 요구사항 단계에서 발견된 결함을 해결하기 위해 평균적으로 30분이 소비된다는 사실을 발견했다. 반면 시스템 테스트 기간 동안 발견된 결함을 해결하는 데는 5~17시간이 걸렸다(Kelly, Sherif, and Hops 1992). 요구사항 명세서의 오류를 검출하기 위해 어떠한 조치를 취하더라도 시간과 돈을 절약할 수 있으리라는 것은 분명하다.

수많은 프로젝트에서 테스트는 후기 활동이다. 요구사항과 관련된 문제는 많은 시간이 소요되는 시스템 테스트를 거쳐 모든 문제를 발견하거나 최악의 상황에서는 최종 사용자에 의해 발견될 때까지 제품에 계속 존재한다. 만약 테스트 일정 계획과 테스트 케이스 개발을 요구사항 개발과 함께 병렬적으로 진행한다면 많은 문제를 초기에 발견할 수 있을 것이다. 이를 통해 더 큰 피해를 방지하고 개발 및 유지보수 비용을 최소화할 수 있다.

그림 17-1은 소프트웨어 개발의 V 모델을 보여준다. 테스트 활동이 이에 대한 개발 활동과 동시에 병렬적으로 시작함을 보여준다. 이 모델은 인수 테스트가 사용자 요구사항에서 파생되고, 시스템 테스트는 기능적 요구사항을 기반으로 하며, 통합 테스트는 시스템의 아키텍처을 기반으로 한다는 것을 나타낸다. 이 모델은 테스트 중인 소프트웨어 개발 활동이 제품 전체나 특정 배포 버전, 단일 개발 증분과 상관없이 적용할 수 있다.

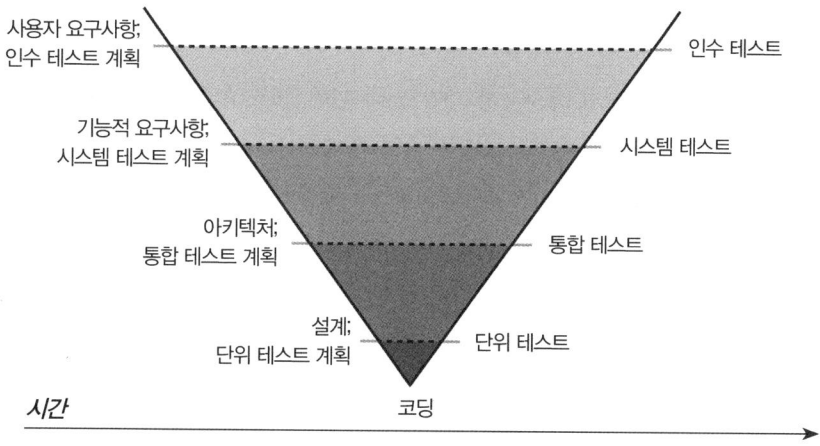

그림 17-1 테스트 일정 계획과 설계를 초기에 포함하는 소프트웨어 개발의 V 모델

이번 장의 후반부에서 이야기하겠지만 요구사항을 개발하는 동안 이러한 각 요구사항 유형을 검사하기 위해 테스트를 사용할 수 있다. 아직 동작하는 소프트웨어가 없기 때문에 요구사항을 개발하는 동안 어떠한 테스트도 실제로 수행할 수는 없을 것이다. 그러나 요구사항을 기반으로 한 개념(구현에 독립적인) 테스트는 팀이 코드를 작성하기 전에 문제가 있거나 모호한, 혹은 누락된 요구사항과 모델을 찾아줄 것이다.

프로젝트 참가자들은 종종 요구사항을 검토하고 테스트하는 데 시간을 쓰기를 주저하기도 한다. 그들의 직관은 요구사항의 품질을 향상시키기 위한 시간을 일정에 반영하게 되면 추가된 기간만큼 일정이 지연될 것이라고 말한다. 그러나 이러한 기대는 요구사항 검증에 대한 투자에 아무런 소득이 없음을 가정한다. 현실에서는 이러한 투자가 필요한 재작업을 줄이고 시스템 통합과 테스트를 촉진해서 실제로 납기를 단축시킬 수 있다(Blackburn, Scudder, and Van Wassenhove 1996). 더 나은 요구사항은 더 높은 제품 품질과 고객 만족을 초래하며, 유지보수와 개선, 고객 지원에 대한 제품의 전체 생산 비용을 감소시킨다. 일반적으로 요구사항 품질에 투자함으로써 훨씬 더 많이 절약할 수 있다.

요구사항의 정확성과 품질을 평가하기 위해 다양한 기법이 도움을 줄 수 있다(Wallace and Ippolito 1997). 한 가지 방법은 제안된 솔루션의 만족도 측정을 고민할 수 있게 각 요구사항을 정량화하는 것이다. 수잔과 제임스 로버트슨은 정량화를 설명하기 위해 적합한 기준(fit criteria)이라는 용어를 사용한다(Suzanne and James Robertson 2013). 이번 장에서는 정형/비정형 요구사항 검토에 대한 검증 기법과 요구사항에 대한 개발 테스트, 고객이 제품을 인수하기 위한 기준을 정의하는 것에 대해 설명한다.

검증과 확인

요구사항 검증은 도출, 분석, 명세와 함께 요구사항 개발의 네 번째 구성 요소다. 어떤 저자는 이 단계에서 "확인(verification)"이라는 용어를 사용한다. 이 책에서는 『소프트웨어의 지식 체계(Software Engineering Body of Knowledge)』(Abran et al., 2004)에서 언급된 용어를 채택했으며, 요구사항 개발의 이런 측면을 "검증(validation)"으로 표현했다. 고품질의 요구사항에 필요한 모든 속성을 갖는지 요구사항을 확인하는 것은 필수적인 활동이다. 정확하게 말하자면 소프트웨어 개발에 있어 검증과 확인은 두 개의 각기 다른 활동이다. 확인은 개발한 제품의 요구사항 충족 여부를 결정한다(제대로 동작하는가). 반면 검증은 제품이 고객의 니즈를 충족시키는지 평가한다(올바르게 동작하는가).

이러한 정의를 요구사항으로 확장하면 확인은 요구사항을 제대로 작성했는지 판단한다. 요구사항이 11장 "좋은 요구사항 작성하기"에서 설명한 바람직한 속성을 갖고 있는지 확인해보자. 요구사항의 검증은 올바른 요구사항을 작성했는지 평가한다. 이는 비즈니스 목표와 연계됐는지 확인하면 된다. 이러한 두 개념은 서로 밀접하게 얽혀있다. 이번 장에서는 이를 간략하게 설명하기 위해 요구사항 검증하기에 대해 얘기할 뿐 아니라 정확한 요구사항과 고품질의 요구사항에 도움이 되는 기법에 대해 설명한다.

요구사항을 검증함으로써 팀은 정해진 비즈니스 목표에 부합하는 정확한 솔루션을 개발할 수 있다. 요구사항 검증 활동은 다음을 보장한다.

- 소프트웨어 요구사항은 다양한 이해관계자의 니즈를 만족시키기 위해 목표 시스템의 기능과 속성을 정확하게 설명한다.
- 소프트웨어 요구사항은 비즈니스 요구사항과 시스템 요구사항, 비즈니스 규칙 및 기타 소스를 통해 정확하게 도출된다.
- 요구사항은 완전하고 실현 가능해야 하며 확인 가능해야 한다.
- 모든 요구사항은 필요하며, 전체 집합은 비즈니스 목표를 달성하기에 충분하다.
- 모든 요구사항의 표현은 일관돼야 한다.
- 요구사항은 설계 및 구현을 진행하기에 적절한 기반을 제공한다.

검증은 모든 요구사항을 도출하고 문서화한 후 혼자 수행될 수 있는 단일 단계가 아니다. 증가하는 요구사항 집합에 대한 증분 평가와 같은 일부 검증 활동은 반복적인 도출 및 분석, 명세 프로세스 전반에 걸쳐 진행된다. 정형 검사와 같은 활동은 요구사항 집합의 기준을 잡기에 앞서 최종 품질 관문을 제공한다. 프로젝트 계획에서 요구사항 검증 활동을 하나의 작업으로 포함하자. 물론 단지 누군가의 마음속에만 존재하는 암시적인 요구사항이 아니라 문서에 존재하는 요구사항만 검증할 수 있다.

요구사항 검토하기

작업물의 저자 외 누군가가 언제든 제품의 문제를 검사하고 동료 평가를 수행한다. 요구사항 평가는 모호하거나 입증할 수 없는 요구사항이나 설계를 시작하기에 충분히 정의되지 않은 요구사항, 또는 기타 다른 문제를 식별하기 위한 강력한 기법이다.

동료평가는 다양한 이름으로 구분된다(Wiegers 2002). 비정형 평가는 사람들에게 제품에 대해 교육할 때나 비정형적인 피드백을 수집할 때 유용하다. 그러나 이 방법은 체계적이지 않거나 빈틈이 있거나, 혹은 일관된 방식으로 수행되지 않는다. 비정형 검토 방법은 다음과 같다.

- 동료 탁상 평가(peer deskcheck): 한 명의 동료에게 여러분의 작업물을 살펴보도록 요청한다.
- 패스어라운드(passaround): 산출물이 만들어짐과 동시에 여러 동료를 초대해서 이를 검사한다.
- 검토회(walkthrough): 저자가 산출물에 대해 설명하고 이에 대한 의견을 구한다.

비정형 평가는 확연한 오류나 불일치, 격차를 잡아내는 데 좋다. 이를 통해 고품질 요구사항의 특성에 부합하지 않는 명세를 발견할 수 있다. 그러나 평가자 스스로 모호한 모든 요구사항을 찾아내기는 어렵다. 평가자는 요구사항을 읽고 이를 이해한 후 다시 생각하지 않고 바로 다음으로 넘어갈지도 모른다. 다른 평가자가 동일한 요구사항을 읽고 다르게 해석하더라도 이를 문제라고 생각하지 않을 것이다. 이들 두 명의 평가자가 요구사항에 대해 논의하지 않는다면 모호함이 다른 프로젝트까지 이어질 것이다.

정형 동료평가는 잘 정의된 프로세스를 따른다. 정형 요구사항 검토는 요구사항이 허용 가능한지 판단하기 위해 검사 자료와 평가자들, 평가팀의 판단 등을 알 수 있는 보고서를 생성한다. 주요 산출물은 평가 중 발견된 결함이나 제기된 문제의 요약이다. 산출물에 대한 품질 책임은 궁극적으로 저자에게 있지만 정형 검토팀의 구성원도 평가 품질에 대한 책임을 공유한다.

가장 잘 알려진 유형의 공식적인 동료평가는 검사(inspection)다. 요구사항 문서 검사는 가장 영향력 있는 소프트웨어 품질 기법 중 하나다. 일부 기업에서는 매 시간 요구사항 문서와 기타 다른 소프트웨어 산출물에 대해 검사를 수행해서 10시간이나 되는 업무시간을 절약할 수 있었다(Grady and Van Slack 1994). 투자 대비 1,000%의 수익은 얕볼 수 없다.

소프트웨어 품질을 극대화하고자 한다면 팀은 대부분의 요구사항을 검사할 것이다. 대량의 요구사항 집합을 구체적으로 검사하는 것은 지루하고 많은 시간이 걸린다. 그럼에도 요구사항 검사를 채택했던 팀은 지내온 매 순간이 가치 있었음에 동의한다. 모든 것을 검사할 시간이 없다면 위험 분석을 통해 덜 치명적이고, 덜 복잡하며, 덜 새로워 비정형 검토만으로 충분한 요구사항과 검사가 필요한 요구사항을 구분하자. 검사는 저렴하지 않다. 심지어 그리 재미있지도 않다. 그러나 뒤늦게 많은 노력과 고객의 관심으로 문제를 해결하는 것보다 더 저렴하고 더 재미있을 것이다.

> **가까이 다가가면 더 많은 것이 보인다.**
>
> 화학약품 관리 시스템 프로젝트에서 사용자 대표는 각 도출 워크숍 후에 증가한 SRS에 기여한 최근의 노력을 비공식적으로 평가했다. 이러한 빠른 평가를 통해 많은 오류를 발견했다. 요구사항 도출이 완료된 후, BA 중 한 명은 모든 사용자 클래스로부터 도출된 기초 자료를 50여 페이지와 부록으로 구성된 단 하나의 SRS로 통합했다. 두 명의 BA와 한 명의 개발자, 세 명의 제품 챔피언, 한 명의 테스터는 일주일 사이에 세 번에 걸친 두 시간짜리 검사 회의를 통해 SRS 전체를 검사했다. 검사관은 수십 개의 주요 결함을 포함해 223개의 추가 오류를 찾았다. 모든 검사관은 SRS에서 한 번에 하나의 요구사항에 대해 세세히 보낸 시간을 통해 프로젝트 팀이 장기간의 무수한 시간을 절약했음에 동의했다.

검사 프로세스

IBM에서 검사 프로세스를 개발한 마이클 페이건(Fagan 1976; Radice 2002)과 동료들은 이 방법을 확장하거나 수정해왔다(Gilb and Graham 1993; Wiegers 2002). 검사는 소프트웨어 산업의 모범 사례로 인식되고 있다(Brown 1996). 요구사항, 설계 문서, 소스코드, 테스트 문서, 프로젝트 계획 등 모든 소프트웨어 작업물은 검사될 수 있다.

검사는 잘 정의된 다단계 과정이다. 여기에는 결함을 찾기 위해 작업물을 신중히 확인하고 개선 기회를 찾는 적은 인원의 소규모의 팀이 참여한다. 검사는 프로젝트 산출물이 기준이 되기 전에 반드시 거쳐야 하는 품질 관문의 역할을 한다. 검사에는 여러 가지 형태가 있는데, 모든 것이 다 강력한 품질 기법이다. 다음 설명은 페이건(Fagan) 검사 기법을 기반으로 한다.

참가자

검사 회의를 진행하기 전에 필요한 모든 사람이 참석했는지 확인하자. 모든 사람이 참석하지 않은 경우 영향력 있는 누군가가 변경에 동의하지 않은 것을 뒤늦게 알고 이슈를 해결해야 할 수 있다. 검사 참가자들은 네 가지 관점을 대표한다(Wiegers 2002).

- **작업물의 저자 및 저자의 동료**
  요구사항 문서를 작성한 비즈니스 분석가가 이 관점을 제공한다. 가능하다면 어떤 종류의 요구사항 작성 오류를 찾아야 하는지 알고 있는 숙련된 다른 BA를 포함하자.

- **검사 항목을 제공한 정보 제공자**

    이들 참가자는 실제 사용자 대표이거나 선행 명세서의 저자일 것이다. 고수준 명세서가 없는 경우 요구사항이 고객의 니즈를 정확하고 올바르게 기술하고 있는지 확인하기 위해 검사 시 제품 챔피언과 같은 고객 대표를 포함해야 한다.

- **검사 항목을 기반으로 작업하는 사람**

    SRS를 위해 개발자와 테스터, 프로젝트 관리자, 사용자 문서 작성자를 포함해서 각 관점에서 서로 다른 문제를 찾을 수 있게 해야 한다. 테스터는 검증되지 않은 요구사항을 찾을 확률이 가장 높으며, 개발자는 기술적으로 실현 불가능한 요구사항을 발견할 수도 있을 것이다.

- **검사 항목에 영향을 받을 만한 시스템을 연동해야 할 책임이 있는 사람**

    이들은 외부 인터페이스 요구사항에서 문제를 찾을 것이다. 또한 검사하는 SRS의 요구사항을 변경함으로써 다른 시스템에 영향을 미치는 파급 효과를 발견할 수 있다.

가능한 한 팀은 7명 이내로 제한하자. 이는 모든 검사에서 일부 관점이 나타나지 않을 수 있다는 것을 의미할 수 있다. 대규모 팀은 정말 문제인지와는 상관 없이 토론이나 문제 해결, 논쟁 중에 쉽사리 수렁에 빠진다. 이 경우 검사에서 다루는 자료 범위의 비율이 떨어지고 각 결함을 찾는 데 드는 비용이 증가한다.

일반적으로 저자의 관리자는 프로젝트에 적극적으로 기여했고 저자들이 참석을 허용하더라도 검사 회의에 참여하지 않는다. 많은 결함을 발견하는 효과적인 검사는 혹평가인 관리자에게 저자에 대한 나쁜 인상을 줄 수 있다. 또한 관리자의 존재는 다른 참가자로 하여금 토론을 억압할 수 있다.

검사 역할

저자를 포함한 모든 검사 참가자들은 결함 및 개선 기회를 찾는다. 검사팀 구성원 중 일부는 다음과 같은 특정 역할을 수행한다(Wiegers 2002).

저자

저자는 검사 중 작업물을 만들거나 유지보수한다. 요구사항 문서의 저자는 일반적으로 고객의 니즈를 도출하고 요구사항을 작성하는 비즈니스 분석가다. 검토회와 같은 비정형 검토 중에는 종종 저자가 토론을 이끌기도 한다. 그러나 검사 중에는 저자가 좀 더 수동적인 역할을 담당한다. 저자는 모더레이터나 독자, 기록관 등 다른 이들에게 할당된 어떤 역할도 가정해서는 안 된다. 저자는 적극적인 역할을 갖지 않음으로써 다른 검사관으로부터 의견을 청취하고 논쟁이 아니라 질문에 답변하며 고민할 수 있다. 저자는 이러한 방법으로 다른 검사관들이 보지 못하는 오류를 발견할 수 있다.

모더레이터

모더레이터는 저자와 검사를 계획하고 활동을 조정하며, 검사 회의를 원활하게 진행한다. 모더레이터는 검사 회의가 열리기 며칠 전 참가자들에게 관련 선행 문서와 함께 검사할 자료를 분배한다. 모더레이터는 회의를 제때 시작하고, 모든 참가자로 하여금 회의에 참여할 수 있게 격려하며, 회의 중에 문제를 해결하려 하거나 중요하지 않은 서식 문제나 오탈자로 인해 산만해지지 않고 주요 결함을 찾는 데 집중하게 하는 데 책임이 있다. 모더레이터는 검사 중에 발견된 문제가 제대로 해결됐는지 저자와 함께 제안된 변경사항을 끝까지 확인한다.

독자

검사관 중 한 명이 독자 역할에 할당된다. 검사 회의 중에 독자는 검사할 요구사항과 모델 요소를 한 번에 하나씩 풀어 설명한다. 그런 다음 다른 참가자들은 그들이 찾은 잠재적인 결함이나 문제를 지적한다. 요구사항을 본인의 말로 서술함으로써 독자는 다른 검사관들이 이해하고 있는 것과는 다른 해석을 제공한다. 이것은 모호함이나 가능한 결함 또는 추정을 드러낼 수 있는 좋은 방법이다. 이는 또한 저자가 아닌 어떤 독자가 갖는 가치를 강조한다. 독자의 역할이 생략되는 덜 형식적인 동료 평가에서는 모더레이터가 팀과 함께 작업물을 다루고 한 번에 한 절에 대한 의견을 구한다.

기록관

기록관은 제기된 문제와 회의 중 발견된 결함을 문서화하기 위해 표준 양식을 사용한다. 기록관은 정확성을 확인하기 위해 작성한 소나 시각적인 공유 자료(프로젝터나 웹 컨퍼런스에서 공유된)를 검토해야 한다. 다른 검사관은 저자에게 문제의 위치와 유형을 명확히 전달함으로써 기록관이 각 문제의 본질을 기록하는 것을 도와야 하며, 기록관은 이를 효율적이고 올바르게 처리할 수 있을 것이다.

시작 기준

특정 전제조건을 충족한다면 요구사항 문서를 검사할 준비가 된 것이다. 이러한 시작 기준(entry criteria)은 검사를 준비하는 동안 저자가 따를 만한 명확한 기대치를 설정한다. 또한 검사에 앞서 검사팀이 문제를 해결하는 데 시간을 보내지 않게 한다. 모더레이터는 검사 진행을 결정하기 전에 시작 기준을 체크리스트로 사용한다. 요구사항 문서를 위해 제안하는 검사 시작 기준은 다음과 같다.

- 문서가 표준 템플릿을 준수하고, 맞춤법이나 문법, 서식 문제가 없다.
- 측정 위치 참조가 용이하도록 문서에 행 번호나 기타 다른 고유 식별자가 인쇄돼 있다.

☐ 모든 미해결 이슈가 TBD로 표시돼 있거나 이슈 추적 도구에서 접근할 수 있다.

☐ 모더레이터가 문서의 대표 샘플에 대한 10분간의 검사에서 세 개 이상의 주요 결함을 찾지 못했다.

검사 단계

그림 17-2가 표현하는 바와 같이 검사는 다단계 프로세스다. 한 번에 특정 개발 주기에 할당된 적은 요구사항 집합을 검사함으로써 결국 모든 요구사항을 포함할 수 있다. 이번 절에서는 각 검사 프로세스 단계의 목표를 간략히 요약 설명하겠다.

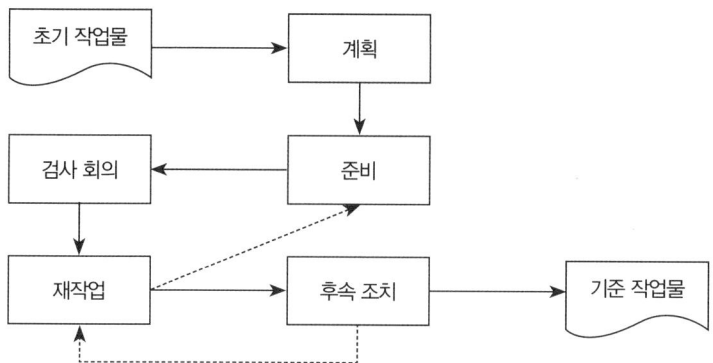

그림 17-2 검사는 다단계 과정이다. 점선은 광범위한 재작업으로 인해 재검사가 필요할 경우 검사 프로세스 중 일부가 반복될 수 있음을 나타낸다.

계획

저자와 모더레이터가 함께 검사를 계획한다. 이들은 참가자와의 검사 회의에 앞서 검사자가 사전에 받아야 할 자료, 모든 자료를 검토하는 데 필요한 회의 시간, 검사 일정을 결정한다. 시간당 검토할 페이지는 결함 발견 개수에 큰 영향을 미친다(Gilb and Graham 1993). 그림 17-3에서 볼 수 있듯이 요구사항 문서를 천천히 검토하면 대부분의 결함을 알 수 있다(자주 언급되는 이러한 관계를 달리 해석하면 결함이 많이 발생할수록 검사가 느려진다고도 볼 수 있다. 결함의 원인과 결과가 완전히 명확하지는 않다). 요구사항 검사에 무한정 시간을 보낼 수는 없기 때문에 주요 결함을 간과함으로써 발생하는 위험을 고려해서 적절한 검사 속도를 선택하자. 시간당 2~4페이지가 실용적인 지침이지만 최대 결함 감지 효율성을 위한 최적의 속도는 그 절반 정도다(Gilb and Graham 1993). 다음과 같은 요소에 따라 속도를 조정하자.

- 팀이 수행한 이전 검사 데이터(검사 효율을 속도 공식으로 보여주는)
- 각 페이지의 문자 길이

- 요구사항의 복잡도
- 오류를 발견하지 못할 가능성과 이에 따른 영향
- 자료 검사가 프로젝트 성공에 미치는 영향
- 요구사항 작성자의 숙련도

준비

검사 회의에 앞서 저자는 검사관에게 배경 정보를 공유해야 하며, 이를 통해 검사할 항목의 맥락을 이해하고 본 검사에 대한 저자의 목표를 알 수 있다. 각 검사관은 가능한 결함과 이슈를 식별하기 위해 이번 장의 후반부에 설명할 일반적인 요구사항 결함 체크리스트나 기타 다른 분석 기법을 이용해 제품을 검사한다(Wiegers 2002). 검사를 통해 발견하는 결함의 75%가 준비 중에 발견되므로 이 단계를 생략하지 말자(Humphrey 1989). 7장 "요구사항 도출"의 "누락된 요구사항 찾기" 절에서 설명한 기법이 준비에 유용하게 사용될 수 있다. 최소한 예정된 팀 검사 회의의 절반 이상을 계획에 투자하자.

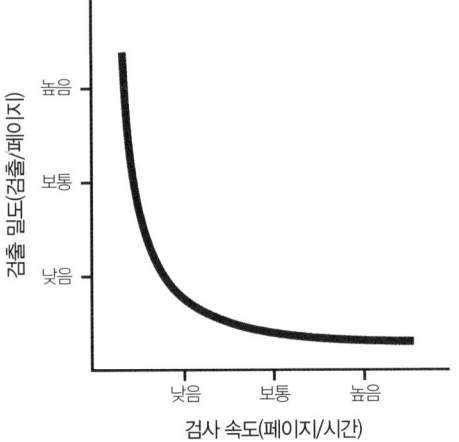

그림 17-3 검사 속도 대비 발견하는 결함의 수

> **함정** 참가자가 사전에 작업물을 검사하지 않은 경우 검사회의를 진행하지 말자. 비효율적인 회의는 잘못된 결론으로 이어져 결국 시간을 낭비하게 될 수 있다.

검사 회의

검사 회의가 진행되는 동안 독자는 문서와 함께 한 번에 하나의 요구사항을 본인의 언어로 설명하며 다른 검사관을 이끌어야 한다. 검사관은 가능성 있는 결함과 기타 다른 이슈를 이끌어내고, 기록관은 요구사항 저자를 위해 작업 항목 목록에 이것들을 기록한다. 회의의 목적은 가능한 한 많은 주요 결함을 식별하는 것이다. 검사 회의는 두 시간 이상 지속되지 않아야 한다. 검사관이 지치면 효율적인 검사가 어려워진다. 모든 자료를 검토하는 데 시간이 더 필요한 경우 추가 회의 일정을 잡자.

모든 자료를 검토한 후 팀은 현 상태의 요구사항 문서를 채택할지, 사소한 변경 후에 채택할지, 아니면 주요한 변경이 필요한지를 결정한다. "요구사항 개발 프로세스에 문제가 있음" 혹은 "요구사항을 작성한 BA에게 추가 교육이 필요함" 등이 "주요한 변경 필요"의 결과로 제안될 수 있다. 향후에 있을 명세 활동 프로세스의 개선 방법을 모색하기 위한 회고 회의 개최를 고려하자(Kerth 2001). 만약 주요한 변경이 필요할 경우 그림 17-2에서 재작업과 준비 사이의 점선과 같이 팀은 제품에서 광범위한 재작업을 필요로 하고 이로 인해 재검사가 필요한 부분을 뽑을 수 있다.

검사관은 종종 깊이 없고 허울뿐인 문제를 보고하기도 한다. 게다가 검사관은 문제가 진짜로 결함인지에 대해 논의하거나, 프로젝트의 범위 문제를 토론한다거나, 혹은 문제의 해결책에 대해 브레인스토밍하느라 쉽게 주제를 벗어난다. 이러한 행동은 유용할 수도 있지만 중요한 결함을 찾고 개선 기회를 찾기 위한 핵심 목표로부터 주의를 산만하게 한다.

재작업

거의 모든 품질 관리 활동은 몇 가지 결함을 밝혀낸다. 저자는 검사 회의에 따라 요구사항 재작업에 대한 계획을 세워야 한다. 교정되지 않은 요구사항 결함을 나중에 해결하는 데는 비용이 많이 들기 때문에 이 시간은 모호함을 해결하고 애매함을 제거해서 성공적인 개발 프로젝트를 위한 기틀을 마련하기에 좋다.

후속 조치

검사 절차의 마지막 단계에서는 모더레이터나 지정된 개인이 모든 미해결 이슈가 해결됐는지, 오류가 제대로 수정됐는지 저자와 확인한다. 후속 조치는 검사 프로세스를 종료하고 모더레이터가 검사 종료 기준이 충족됐는지 여부를 확인하게 할 수 있다. 그림 17-2에서 후속 조치와 재작업 사이의 점선과 같이 후속 조치 단계에서는 일부 수정 사항이 완벽하지 않다거나 제대로 수행되지 않아 추가적인 재작업이 필요하다는 사실을 발견할 수 있다.

종료 기준

검사 프로세스에서는 모더레이터가 전체 검사 프로세스가 완료됐음을 선언하기 전에 충족돼야 하는 종료 기준을 정의해야 한다. 다음은 요구사항 검사의 종료 기준으로 사용할 수 있는 것 중 일부다.

- 검사 중에 제기된 모든 문제가 해결됐다.
- 요구사항의 모든 변경사항과 관련된 작업물이 올바르게 수정됐다.
- 모든 미해결 이슈가 해결되거나 각 미해결 이슈의 해결 프로세스나 목표 날짜, 소유자가 기록됐다.

결함 체크리스트

검토자들이 제품을 검토하면서 일반적인 유형의 오류를 찾는 데 도움될 수 있도록 프로젝트에서 생성하는 각 요구사항 문서 유형에 대한 결함 체크리스트를 만들자. 이러한 체크리스트는 검토자들로 하여금 일반적으로 자주 발생하는 요구사항 문제에 주의를 기울일 수 있도록 주의를 환기시킨다. 체크리스트는 알림의 역할을 한다. 시간이 지나면서 사람들은 각 항목을 체득하고 각 습관을 벗어나 올바르게 검토하는 방법을 찾게 된다. 그림 17-4는 이 책의 보조 자료에 포함된 요구사항 검토 체크리스트를 보여준다. 특정 요구사항 표현이나 모델을 만들 경우 체크리스트의 항목을 좀 더 확실하게 확장할 수 있을 것이다. 비전 범위 문서와 같은 비즈니스 요구사항이 체크리스트를 보증할 수 있다. 세실 호프만과 레베카 버지스는 비즈니스 요구사항에 대한 소프트웨어 요구사항을 검증하기 위한 것들을 포함하는 구체적인 다양한 검토 체크리스트 제공한다(Cecilie Hoffman and Rebecca Burgess 2009).

누구도 긴 체크리스트의 모든 항목을 기억할 수는 없다. 목록에 대여섯 개 이상의 항목이 있다면 목록의 모든 것을 찾기 위해 여러 경로로 자료를 검토해야 할 것이다. 대부분의 검토자는 개의치 않을 것이다. 조직의 니즈를 충족시키기 위해 목록을 다듬고, 보통 요구사항에서 자주 발생하는 문제를 반영하기 위해 항목을 수정하자. 일부 연구자들은 모든 검토자가 동일한 체크리스트를 사용하면서 좋은 결과가 나오기를 기대하기보다 검토자들에게 특정 유형의 오류를 찾는 데 도움이 되도록 구조화된 사고 프로세스나 시나리오를 제공하는 등 결함 발견의 책임을 부여하는 게 더욱 효과적이라는 것을 밝혔다(Porter, Votta, and Basili 1995).

완전성

- □ 요구사항이 고객이나 시스템의 알려진 모든 니즈를 충족하는가?
- □ 필요한 정보 중에 누락된 것이 있는가? 만약 존재한다면 TBD로 체크했는가?
- □ 기능적 요구사항의 본질적인 알고리즘이 정의돼 있는가?
- □ 모든 외부 하드웨어 및 소프트웨어, 통신 인터페이스가 정의돼 있는가?
- □ 모든 예상된 오류 조건에 대해 예상되는 동작이 문서화됐는가?
- □ 요구사항이 설계 및 테스트에 충분한 기반을 제공하고 있는가?
- □ 각 요구사항의 구현 우선순위를 포함하고 있는가?
- □ 각 요구사항이 프로젝트나 배포, 반복주기를 위한 범위에 포함되는가?

정확성

- □ 다른 요구사항과 상충되거나 중복된 요구사항이 있는가?
- □ 각 요구사항이 명확하고 모호하지 않으며, 간결하고 문법적으로 정확한 언어로 작성돼 있는가?
- □ 각 요구사항이 테스트나 시연, 검토, 분석을 통해 검증 가능한가?
- □ 모든 특정 오류 메시지가 명확하고 의미를 잘 전달하는가?
- □ 모든 요구사항이 솔루션이나 제약사항이 아닌 실제 요구사항인가?
- □ 알려진 제약조건 안에서 요구사항이 기술적으로 무리가 없으며 구현 가능한가?

품질 속성

- □ 모든 사용성, 성능, 보안, 안전성 목표가 적절히 명시됐는가?
- □ 기타 다른 품질 속성이 허용 가능한 트레이드오프 안에서 문서화 및 정량화됐는가?
- □ 시간이 관건인 기능이 식별되고 이를 위한 시간 기준이 명시돼 있는가?
- □ 국제화와 지역화 문제가 적절히 해결돼 있는가?
- □ 모든 품질 요구사항이 측정 가능한가?

구성 및 추적성

- □ 요구사항이 논리적이고 접근 가능한 방식으로 구성됐는가?
- □ 다른 요구사항이나 문서에 대한 모든 상호 참조가 올바르게 돼 있는가?
- □ 모든 요구사항이 일관되며 적절한 구체화 수준으로 기록돼 있는가?
- □ 각 요구사항이 고유하고 명확하게 명명돼 있는가?
- □ 각 기능적 요구사항을 그 기원까지 추적할 수 있는가?(예를 들어, 시스템 요구사항이나 비즈니스 규칙 등)

기타 문제

- □ 누락된 유스케이스나 프로세스 흐름이 있는가?
- □ 유스케이스에서 누락된 대안 흐름이나 예외, 기타 정보가 있는가?
- □ 모든 비즈니스 규칙이 식별돼 있는가?
- □ 명료성과 완벽성을 제공해야 하는 시각 모델 중 누락된 것이 있는가?
- □ 필요한 모든 보고서 사양이 존재하며 완벽한가?

그림 17-4 요구사항 문서 검토를 위한 결함 체크리스트

요구사항 검토 팁

칼 위거스의 『실용적인 소프트웨어 요구사항: 골치 아픈 문제와 실용적인 조언(More About Software Requirements: Thorny Issues and Practical Advice)』(정보문화사, 2006)의 8장에서는 요구사항 평가를 개선하기 위한 제안을 제공한다. 다음의 팁은 프로젝트에 대한 정형/비정형 평가의 수행 여부나 요구사항을 전형적인 문서나 요구사항 관리 도구, 혹은 기타 다른 존재하는 유형으로 저장하는지 여부에 따라 적용된다.

시험 계획

누군가가 여러분에게 문서 검토를 요청한다면 1페이지 상단부터 순차적으로 읽어야 한다는 유혹이 시작된다. 그러나 그럴 필요는 없다. 요구사항 명세서의 소비자는 책 읽듯이 앞에서 뒤로 읽어나갈 수 없다. 검토자 역시 그렇게 하지 않아야 한다. 문서의 특정 절에 집중하기 위해 특정 검토자를 초대하자.

이른 시작

요구사항 작성이 "완료"됐다고 생각했을 때가 아니라 단 10%만 완료됐더라도 요구사항 검토를 시작하자. 단순히 결함을 찾는 데 그치지 않고 사전에 철저히 예방할 수 있는 방법으로 요구사항을 작성하기 위해 초기에 주요 결함을 검출하고 전체에 영향을 미치는 문제에 집중하자.

충분한 시간 할당

검토자에게 검토(및 이를 위한 노력)에 필요한 실제 시간과 일정에 대해 충분한 시간을 부여하자. 검토에 적합한 다른 중요 작업이 있을 것이다.

컨텍스트 제공

검토자들이 모두 동일한 프로젝트에 참여하고 있지 않다면 문서나 프로젝트의 컨텍스트를 제공하자. 스스로의 지식을 기반으로 유용한 관점을 제공할 수 있는 검토자를 찾자. 예를 들어, 프로젝트를 속속들이 알고 있지 않더라도 주요 요구사항의 격차를 찾는 데 매의 눈을 가진 다른 프로젝트의 동료를 알 수 있을 것이다.

검토 범위 설정

검토할 자료가 무엇이고 주의를 기울여야 할 부분이 어디인지, 어떤 이슈를 찾아야 하는지 검토자에게 얘기하자. 앞 절에서 다룬 결함 체크리스트를 사용하는 것을 제안하자. 각 검토자가 서로 다른 부분을 검토하거나 체크리스트의 다른 부분을 담당하게 해서 가용성과 역량을 극대화하고 싶을 것이다.

재검토 제한

동일한 자료를 세 번 이상 검토하도록 요청하지 말자. 검토자는 계속 검토하는 데 피로를 느끼고 "검토 피로"로 인해 세 번째 이후에는 주요 이슈를 발견하지 않을 것이다. 검토자 중 하나가 여러 번 검토해야 한다면 변경 범위를 공유하고 필요한 곳에 집중할 수 있게 하자.

검토 영역의 우선순위

요구사항에서 고위험군이나 자주 사용되는 기능에 대해 검토 우선순위를 정하자. 또한 요구사항에서 이미 소수의 이슈가 발견된 기록이 있는 부분을 찾아보자. 이것은 아직 검토되지 않았지만 문제에서 자유롭지 않은 부분임을 말할 것이다.

요구사항 검토의 어려움

동료평가는 기술적인 활동임과 동시에 사회적인 활동이다. 동료에게 여러분의 일이 무엇이 문제인지 물어보는 것은 본능이 아니라 일종의 학습된 행위다. 소프트웨어 조직에서 동료평가를 하나의 문화로 녹여내는 데는 많은 시간이 걸린다. 다음은 조직이 요구사항을 검토하는 중에 직면하는 공통된 어려움 중 일부로서 각각을 해결하는 방법에 대한 제언이며, 이 가운데 일부는 특별히 정형 검사에 적용할 수 있다(Wiegers 1998a; Wiegers 2002).

대량의 요구사항 문서

수백 페이지가 넘는 요구사항 문서를 철두철미하게 검토하기란 어려운 일이다. 전체 검토를 생략하고 개발을 진행하고자 하는 유혹에 빠질 수 있지만 이는 현명한 선택이 아니다. 심지어 주어진 문서가 중간 규모라도, 모든 검토자가 처음 일부만 주의 깊게 검토하고 소수의 충실한 검토자만 중간 부분을 검토하며, 믿기 힘들겠지만 나머지 부분을 확인하는 사람은 아무도 없을 것이다.

검토팀이 받는 압박을 방지하기 위해 요구사항 개발을 통한 증분 검토를 수행하자. 주의 깊게 검토해야 할 고위험 영역을 식별하고 덜 위험한 자료에는 비정형 검토를 사용하자. 모든 페이지를 새로운 시각으로 확인할 수 있게 특정 검토자에게 문서의 다른 부분에서 검토를 시작하도록 요청하자. 명세서 전체 검사가 정말 필요한지 판단하기 위해 대표 샘플을 검사하자(Gilb and Graham 1993). 발견한 에러의 개수와 유형이 전체 검사에 투자하는 것이 가치가 있는지 결정하는 데 도움될 것이다.

대규모 검사팀

많은 프로젝트 참가자와 고객이 요구사항에 지분을 보유하고 있기 때문에 요구사항 검사를 위한 수많은 잠재적인 참가자 목록을 갖고 있을 수 있다. 그러나 대규모 검토팀은 검토 비용을 증가시키며 회의 일정 조율을 어렵게 하고 이슈에 대한 합의 도달을 어렵게 한다. 나는 한 번에 13명의 검사관이 포함된 회의에 참여한 적이 있다. 14명의 사람들은 특정 요구사항이 정확한지에 대한 합의는커녕 과열된 방을 진화할 수도 없었다. 잠재적인 대규모의 검사팀을 다루기 위해 다음의 방법을 시도해 보자.

- 모든 참가자가 교육을 받거나 본인의 입장을 방어하기 위한 게 아니라 결함을 찾기 위해 모인 것임을 확실히 하자.
- 각 검사관이 어떠한 관점(예를 들어 고객, 개발자, 테스터 등)을 나타내는지 이해하자. 동일한 집단을 대표하는 다수의 사람들이 기초 자료를 수집해서 단 한 명의 대표자만 검사 회의에 참석시키자.
- 요구사항을 병렬적으로 검사하기 위한 다수의 소규모 팀을 조직해서 결함 목록을 수집하고 중복을 제거하자. 연구는 복수의 검사팀이 대규모 단일팀보다 더 많은 결함을 찾을 수 있음을 보여줬다(Martin and Tsai 1990; Schneider, Martin, and Tsai 1992; Kosman 1997). 병렬 검사의 결과는 불필요한 중복보다 도움이 되는 게 많다.

지리적으로 분산된 검토자들

종종 조직은 지리적으로 분산된 팀의 협력을 통해 제품을 구축한다. 이는 검토를 좀 더 어렵게 한다. 전화회의는 대면회의처럼 다른 검토자의 몸짓이나 표현을 나타내지 못하는데, 이러한 경우 화상회의가 효과적인 솔루션이 될 수 있다. 웹 컨퍼런스 도구는 검토자들이 토론하는 동안 모두 동일한 자료를 볼 수 있게 도와준다.

공유 네트워크 저장소에 위치한 전자문서 검토는 전통적인 검토 회의의 대안을 제공한다. 이 방법으로 검토자는 자신의 의견을 추가하기 위해 워드프로세서 기능을 이용할 수 있다(이 방법은 칼과 조이가 이 책을 집필하면서 서로의 작업을 검토한 방법이기도 하다). 각 의견에는 각 검토자의 이니셜이 라벨로 붙으며, 각 검토자는 이전의 검토자가 무슨 말을 했는지 볼 수 있다. 웹 기반의 협업 도구 또한 도움이 될 수 있다. 일부 요구사항 관리 도구는 실시간 회의 없이 분산 환경에서의 비동기 검토를 용이하게 하는 구성 요소를 제공한다. 만약 회의를 개최하지 않기로 한 경우 검토 효율이 낮아질 수는 있지만 아예 검토를 수행하지 않는 것보다는 확실히 나을 것이다.

준비되지 않은 검토

정형 검토회의의 전제조건 중 하나는 참가자가 사전에 자료를 검토하고, 개별적으로 초기 이슈 목록을 준비하는 것이다. 이러한 사전 준비가 없다면 회의 중 즉석에서 본인의 생각을 얘기하느라 정작 중요한 이슈들을 놓칠 위험이 있다.

어떤 프로젝트에서는 15명의 검토자들이 50페이지 분량의 SRS를 검토해야 했었는데, 효율적이거나 효과적인 것과는 거리가 멀었다. 모든 사람에게는 문서를 검토하고 저자에게 이슈를 보낼 수 있는 시간이 일주일이나 있었다. 당연히 대부분의 사람들은 전혀 문서를 보지 않았다. 그래서 BA 책임자는 검토자가 함께 문서를 검토하기 위한 필수 회의 일정을 잡았다. 그는 화면에 SRS를 띄우고 조명을 어둡게 하고 요구사항을 하나씩 읽기 시작했다(회의실에는 매우 밝은 조명 하나가 중앙에 있었는데 BA를 바로 비췄다).

검토회의가 시작된 지 두세 시간 만에 참가자는 지루해 하거나 집중력이 떨어지기 시작했다. 당연히 이슈 검출률은 떨어졌다. 모든 사람들이 회의가 끝나기를 기다렸다. BA는 참가자를 내보내며 다음 회의가 빨리 진행될 수 있도록 스스로 문서를 검토하는 것을 제안했다. 아니나 다를까 내내 지루했던 회의에서 이들이 스스로 작업을 수행할 수 있는 촉매제로 작용했다. 검토 회의에 참가자들이 지속적으로 참여할 수 있는 방법은 7장의 "워크숍" 절을 참조하자.

요구사항 프로토타이핑하기

단지 요구사항만 읽어서는 특정 상황에서 동작하는 시스템을 시각화하기 어렵다. 프로토타입은 요구사항이 실현 가능한지 검증하는 도구다. 사용자가 요구사항을 기반으로 한 시스템의 일부 측면을 경험할 수 있게 한다. 15장 "프로토타이핑을 활용한 위험 감소"에 프로토타입의 종류와 요구사항을 향상시키는 방법에 대한 더 많은 정보가 있다. 여기서는 프로토타입이 이해관계자로 하여금 요구사항에 따라 만들어진 제품이 이들의 니즈를 만족하는지, 혹은 요구사항의 완전성, 실현 가능성, 명확한 의사소통 여부를 판단하는 데 어떻게 도움이 되는지 설명한다.

모든 프로토타입을 통해 개발이나 테스트와 같이 더 비용이 많이 드는 활동을 시작하기 전에 누락된 요구사항을 찾을 수 있다. 누락되거나 잘못된 요구사항을 찾기 위해 유스케이스, 프로세스, 기능 작업에서 가능한 단순한 종이 목업이 사용될 수 있다. 또한 프로토타입은 이해관계자가 요구사항에 대한 공통의 이해를 갖고 있는지 확인하는 데 도움이 된다. 누군가가 요구사항에 대한 스스로의 이해를 기반으로 프로토타입을 개발하고자 한다면 프로토타입 평가자가 그의 해석에 동의하지 않을 때 요구사항이 명확하지 않다는 사실을 알게 될 것이다.

개념 증명 프로토타입은 요구사항의 가능성을 입증할 수 있다. 진화형 프로토타입은 사용자로 하여금 요구사항이 개발되면 어떻게 동작하는지 확인하고 결과가 예상한 바와 같은지 검증할 수 있게 한다. 시뮬레이션과 같은 더 세련된 수준의 프로토타입은 좀 더 정밀한 요구사항 검증을 가능하게 한다. 그러나 세련된 프로토타입은 더 많은 시간을 필요로 할 것이다.

요구사항 테스트하기

기능적 요구사항이나 사용자 요구사항에서 파생된 것을 기반으로 하는 테스트는 프로젝트 참가자로 하여금 예상하는 시스템 동작을 가시화할 수 있게 돕는다. 테스트를 설계하는 단순한 행위는 동작하는 소프트웨어에서 테스트를 실행하기 훨씬 이전에 많은 문제를 드러낸다. 기능 테스트를 작성함으로써 특정 조건하에서 시스템이 동작하는 방법에 대한 비전을 확고히 한다. 모호한 요구사항은 예상한 시스템 반응을 설명할 수 없게 하므로 여러분을 짜증나게 할 것이다. BA나 개발자, 고객이 함께 테스트하면 제품이 동작하는 방법에 대한 공통의 비전을 달성하고 요구사항의 정확성에 대한 신뢰가 향상될 것이다. 테스트는 요구사항을 검증하고 확인하기 위한 강력한 도구다.

> **함정** 요구사항이 완성되기 전에는 작업을 시작할 수 없다고 주장하는 테스터, 혹은 소프트웨어를 테스트하는 데 요구사항은 필요하지 않다고 주장하는 테스터를 조심하자. 테스트 및 요구사항 작업은 시스템에 대한 상호보완적인 관점을 보이며 서로 시너지를 내는 관계에 있다.

> **찰리를 행복하게 만들기**
>
> 나는 우리 그룹의 유닉스 스크립트 전문가인 찰리에게 우리가 도입한 상용 결함 추적 시스템을 위한 간단한 이메일 인터페이스 확장을 개발해 달라고 요청한 적이 있다. 나는 이메일 인터페이스의 동작을 설명하는 십여 개의 기능적 요구사항을 작성했다. 찰리는 감격했다. 그는 사람들에게 수많은 스크립트를 작성해줬지만 요구사항을 본 적이 없었던 것이다.
>
> 아쉽게도 나는 이메일 기능에 대한 테스트를 작성하기 위해 2주를 기다렸다. 아니나 다를까 요구사항에는 오류가 하나 있었다. 내가 예상했던 기능의 동작 방식을 설명하는 마음속으로 그린 그림이 20여 개의 테스트를 표현했고, 이 가운데 하나의 요구사항에 문제가 있었기 때문에 실수를 발견할 수 있었다. 나는 찰리가 구현을 마치기 전에 문제가 있는 요구사항을 수정해서 그가 스크립트를 전달해 줬을 때는 결함이 없었다. 개발 전에 오류를 찾는 것은 작은 승리일 뿐이지만 승리는 조금씩 늘어날 것이다.

개발 프로세스 초반에 사용자 요구사항으로부터 개념 테스트 도출을 시작할 수 있다(Collard 1999; Armour and Miller 2001). 기능적 요구사항, 분석 모델, 프로토타입을 평가하는 데 테스트를 사용하자. 테스트는 요구사항 도출 및 분석 과정에서 식별한 각 유스케이스, 대안 흐름, 예외에 대한 정상 흐름을 포함해야 한다. 마찬가지로 만약 비즈니스 프로세스 흐름을 식별한 경우 테스트는 비즈니스 프로세스 단계와 모든 가능한 의사결정 경로를 포함해야 한다.

이러한 개념 테스트는 구현에 독립적이다. 화학약품 관리 시스템의 유스케이스 중 하나인 "저장한 주문 보기"를 예로 들어보자. 일부 개념 테스트는 다음과 같다.

- 사용자가 보고자 하는 주문번호를 입력하고, 주문이 존재하며, 이것은 사용자가 주문한 것이다. 예상 결과: 주문내역을 보여준다.
- 사용자가 보고자 하는 주문번호를 입력하지만 해당 주문이 존재하지 않는다. 예상 결과: "죄송합니다. 주문내역을 찾을 수 없습니다."라는 메시지를 화면에 보여준다.
- 사용자가 보고자 하는 주문번호를 입력하고, 주문이 존재하지만 사용자가 주문한 것이 아니다. 예상 결과: "죄송합니다. 본인의 주문이 아닙니다."라는 메시지를 화면에 보여준다.

그림 17-5와 같이 이상적으로는 동일한 시작 지점인 사용자 요구사항에서 BA는 기능적 요구사항을 작성하고 테스터는 테스트를 작성한다. 사용자 요구사항의 모호함과 해석의 차이는 기능적 요구사항이나 모델, 테스트가 표현하는 관점 간의 불일치로 이어질 것이다. 모든 개발자는 요구사항을 사용자 인터페이스와 기술적인 설계로 번역하고, 테스터는 개념 테스트를 구체적인 테스트 절차로서 정교화할 수 있다(Hsia, Kung, and Sell 1997).

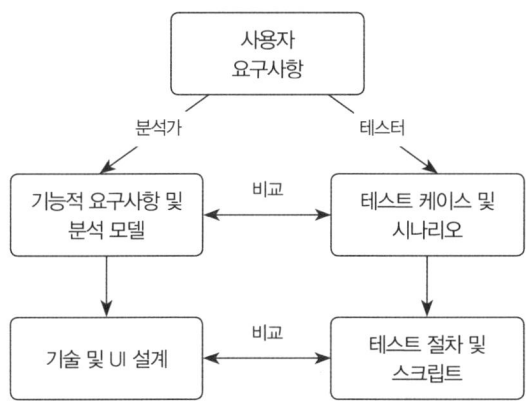

그림 17-5 개발 및 테스트 작업물은 공통 소스에서 도출된다.

화학약품 관리 시스템 팀이 테스트에 대해 고민하던 초기에 요구사항과 시각 모델을 연결한 방법을 살펴보자. 다음은 화학약품을 요청하는 작업과 관련된 요구사항 관련 정보의 여러 조각이다.

비즈니스 요구사항

5장 "비즈니스 요구사항 정립하기"에서 얘기한 바와 같이 화학약품 관리 시스템의 주요 비즈니스 목표 중 하나는 다음과 같다.

첫 해에 화학약품 구매 비용 25% 절감.

유스케이스

이 비즈니스 요구사항과 관련된 유스케이스는 "화학약품 요청"이다. 본 유스케이스는 사용자가 화학약품 창고에 재고가 있는 화학 용기를 요청했을 때 이를 허용하기 위한 경로를 포함한다. 다음은 8장 "사용자 요구사항 이해하기"의 그림 8-3에 있는 유스케이스 설명이다.

> 요청자는 요청이 필요한 화학약품을 화학약품의 이름이나 ID 번호를 입력하거나 화학약품 드로잉 도구로부터 화학약품의 구조를 추가함으로써 지정한다. 시스템은 요청자에게 화학약품 창고에 있는 화학약품 용기를 제공하거나 요청자가 판매업체 중 하나에게 주문할 수 있게 한다.

기능적 요구사항

다음은 이 유스케이스에서 도출된 기능 중 일부다.

1. 만약 요청한 화학약품 용기가 창고에 있다면 시스템은 가용한 화학약품 용기 목록을 표시한다.
2. 사용자는 표시된 목록에서 선택하거나 판매업체에 새로운 화학약품 주문을 요청해야 한다.

대화상자 맵

그림 17-6은 이 기능과 관련된 "화학약품 요청" 유스케이스를 위한 대화상자 맵 일부를 보여준다. 12장 "백문이 불여일견"에서 설명한 바와 같이 대화상자 맵의 상자는 사용자 인터페이스 출력을 나타내며, 화살표는 출력된 사용자 인터페이스 간에 가능한 내비게이션 경로를 나타낸다. 이 대화상자 맵은 요구사항 개발 중에 프로젝트 참가자가 특정 화면이나 메뉴, 대화상자 및 기타 요소를 식별하기 시작하면서 충분히 만들어지며, 각각에 이름을 부여하고 가능한 사용자 인터페이스 아키텍처에 대해 고민할 수 있을 것이다.

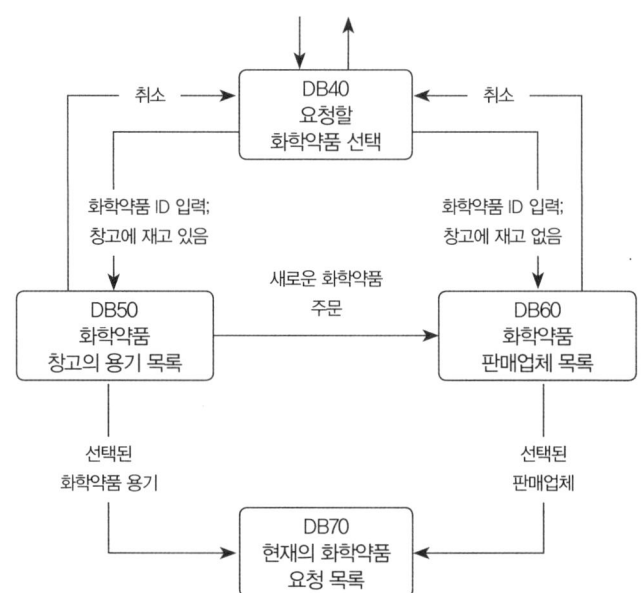

그림 17-6 "화학약품 요청" 유스케이스에 대한 대화상자 맵의 일부

테스트

이 유스케이스는 여러 가능한 실행 경로를 갖고 있기 때문에 정상 흐름과 대안 흐름, 예외를 해결하기 위해 다양한 테스트를 생각해 볼 수 있다. 다음은 화학약품 창고에 재고가 있는 화학 용기 목록을 사용자에게 보여주는 흐름에 대한 하나의 테스트다.

> 대화상자 DB40에서 유효한 화학약품 ID를 입력하되 화학약품 창고에는 두 개의 재고가 있다. 대화상자 DB50은 두 개의 재고가 있음을 나타낸다. 두 번째 화학용기를 선택하자. DB50이 닫히고 두 개의 화학약품 용기가 DB70 대화상자의 현재 화학약품 요청 목록 하단에 추가된다.

화학약품 관리 시스템의 테스트 책임자인 라메쉬는 유스케이스에 대한 본인의 이해를 바탕으로 이와 유사한 여러 개의 테스트를 작성했다. 이러한 추상적인 테스트는 구현 세부사항에 독립적이다. 이러한 테스트는 특정 필드에 데이터를 입력하거나 버튼 클릭, 기타 다른 특정 상호작용 기술 등에 대해 논의하지 않는다. 개발이 진행되면 테스터는 이러한 개념 테스트를 특정 테스트 절차로 구체화할 수 있다.

이제 재미있는 요구사항 테스트하기에 대해 알아보자. 라메쉬는 우선 각 테스트를 기능적 요구사항과 연결했다. 그는 존재하는 요구사항 집합을 거쳐 모든 테스트가 "실행되도록" 확실히 확인했다. 또한 적어도 하나의 테스트가 각 기능적 요구사항을 포함하게 했다. 다음으로 라메쉬는 대화상자 맵의 모든 테스트에 대한 예외 경로를 형광펜으로 칠하면서 추적했다. 그림 17-7에서 진하게 표시된 선이 대화상자 맵에 대한 선행 테스트를 추적하는 방법을 보여준다.

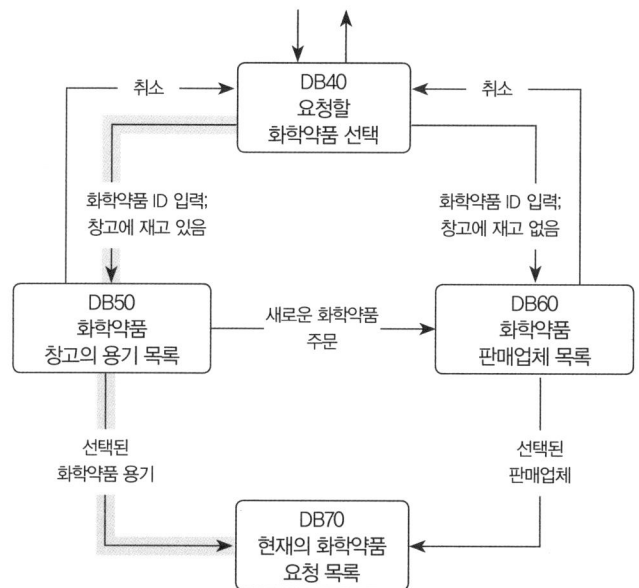

그림 17-7 "화학약품 요청" 유스케이스에 대한 대화상자 맵 테스트 추적하기

각 테스트의 실행 경로를 추적함으로써 잘못되거나 누락된 요구사항을 찾고 사용자의 내비게이션 옵션을 개선하며 테스트를 구체화할 수 있다. 이러한 방법으로 모든 테스트를 "실행"한 후 "새로운 화학약품 주문"이라고 명명된 DB50에서 DB60으로 이어지는 대화상자 맵 내비게이션 선을 강조하지 않았다고 가정하자. 이에 대한 두 가지 해석이 있다.

- 해당 내비게이션은 허용되지 않는 시스템 행동이다. BA는 대화상자 맵에서 이 선을 제거할 필요가 있다. 만약 SRS가 이러한 전이에 대한 요구사항을 포함하고 있다면 요구사항 또한 제거해야 한다.
- 내비게이션은 타당하지만 테스트에 이러한 행동의 증명이 누락됐다.

또 다른 시나리오로 사용자가 대화상자 맵 DB40에서 DB70으로 바로 이동할 수 있는 어떤 행동을 취할 수 있다는 유스케이스에 대한 본인의 해석을 기반으로 테스터가 테스트를 작성했다고 가정하자. 그러나 그림 17-6의 대화상자 맵은 이러한 내비게이션 선을 포함하지 않기 때문에 존재하는 요구사항 집합에서 테스트는 "실행"될 수 없다. 역시 여기에도 두 가지 해석이 존재한다. 이 가운데 어떠한 해석이 맞는지 결정해야 할 것이다.

- DB40에서 DB70에 이르는 내비게이션은 허용되지 않는 시스템 행동이다. 그러므로 테스트는 잘못됐다.
- DB40에서 DB70에 이르는 내비게이션은 타당하지만 대화상자 맵과 SRS에서 테스트에 의해 수행되는 요구사항이 누락됐다.

이 예제에서 BA와 테스터는 코드가 작성되기 훨씬 전에 누락되거나 잘못되거나, 혹은 불필요한 요구사항을 찾기 위해 요구사항 및 분석 모델과 테스트를 조합해서 사용한다. 소프트웨어 요구사항의 개념 테스트는 요구사항의 모호함과 오류를 초반에 발견함으로써 프로젝트의 비용과 일정을 제어하는 강력한 기법이다. 로스 콜라드가 지적한 바와 같이 유스케이스와 테스트 작업은 두 가지 방법으로 함께할 수 있다(Ross Collard 1999).

시스템에 대한 유스케이스가 완전하고, 정확하고, 명확하다면 테스트를 도출하는 과정은 간단하다. 또한 유스케이스가 제대로 갖춰지지 않은 경우 테스트 도출 시도가 유스케이스의 문제를 찾는 데 도움될 것이다.

인수 기준에 따라 요구사항 검증하기

소프트웨어 개발자들은 그들이 완벽한 제품을 만들었을 것이라 믿고 싶겠지만 이에 대한 결정은 고객이 할 것이다. 고객은 시스템이 사전에 정의한 인수 기준을 만족하는지 평가해야 한다. 인수 기준과 이에 대한 인수 테스트는 제품이 요구사항 문서를 충족하는지와 의도한 운영 환경에서 사용하는 데 적합한지 평가해야 한다(Hsia, Kung, and Sell 1997; Leffingwell 2011; Pugh 2011). 직접 인수 테스트를 고안하는 사용자는 효과적인 요구사항 개발에 중요한 기여자다. 인수 테스트 작성이 빠를수록 팀은 더 빨리 요구사항에서 결함을 걸러낼 수 있다.

인수 기준

고객과 인수 기준을 만들기 위해 작업함으로써 요구사항과 이를 위한 해결책을 검증하는 방법을 제공한다. 고객이 특정 요구사항에 대한 시스템의 만족도를 평가하는 방법을 설명할 수 없다면 요구사항이 충분히 명확하지 않은 것이다. 인수 기준은 애플리케이션 출시 고려를 위한 최소한의 조건을 정의한다.

인수 기준이 "시스템에 필요한 것이 무엇인가요?"에서 "솔루션이 니즈를 만족하는지 어떻게 판단하나요?"로 요구사항 도출 질문의 관점을 전환한다는 부분에 대해 생각해 보자. 인수 기준을 정의할 때 사용자로 하여금 SMART 원칙(구체적이고(Specific), 측정 가능하며(Measurable), 달성 가능하고(Attainable), 실현 가능하며(Relevant), 시간을 고려(Time-sensitive)해야 함)을 사용하도록 격려하자. 기준은 여러 객관적인 관찰자들이 만족 여부에 대해 동일한 결론에 도달할 수 있도록 명시적이어야 한다. 인수 기준은 이해관계자의 비즈니스 목표와 프로젝트 스폰서가 승리를 선언하기 위한 조건에 집중해야 한다. 이것은 그저 이해관계자의 비즈니스 문제를 제대로 해결하지 못하는 요구사항 명세서를 제공하는 것보다 중요하다.

모든 요구사항이 구현됐다거나 모든 테스트를 통과했다고 얘기하는 것보다 인수 기준을 정의하는 게 낫다. 인수 테스트는 단지 인수 기준의 일부로 여겨진다. 또한 인수 기준은 다음과 같은 범위를 포함할 수 있다.

- 제품이 승인되고 사용되기 전에 반드시 존재하고 제대로 작동해야 하는 높은 우선순위의 특정 기능(다른 계획된 기능은 아마도 나중에 제공돼도 되거나 잘 동작하지 않는 기능은 초기 출시를 지연시키지 않고 수정돼야 할 것이다).

- 반드시 충족해야 하는 필수적인 비기능적 기준이나 품질 매트릭스(사용성 개선, 심미성, 성능 튜닝은 지연될 수 있지만 일부 품질 속성은 적어도 최소한의 기준이 충족돼야 할 것이다. 제품은 최소한의 가용성과 같은 품질 지표를 만족해야 할 수도 있다.)

- 나머지 미해결 이슈와 결함(가벼운 버그는 여전히 존재하지만 높은 우선순위의 요구사항에 대해 특정한 심각도를 초과하는 결함이 없음을 명시해야 한다.)

- 구체적인 법적 조건이나 규제, 계약 조건(제품 승인을 고려하기 전에 이것들은 완벽히 만족해야 한다)

- 전환 지원, 인프라, 기타 다른 프로젝트 요구사항(아마도 훈련 자료는 사용할 수 있어야 하고, 솔루션이 출시되기 이전에 데이터 전환이 완료돼야 할 것이다)

이해관계자가 시스템이 아직 제공될 준비가 되지 않았다고 간주할 수 있는 평가 결과나 조건과 같은 "거절 기준"에 대해 생각하는 것도 가치 있을 수 있다. 어떤 것을 충족함으로써 다른 무언가를 충족하지 않게 하는 등 인수 기준이 서로 상충하지 않도록 주의하자. 사실 상충하는 인수 기준을 초기에 찾아보는 것은 상충하는 요구사항을 발견하는 방법이기도 하다.

애자일 프로젝트에서는 사용자 스토리를 기반으로 인수 기준을 만들 수 있다. 딘 레핑웰은 다음과 같이 지적했다(Dean Leffingwell 2011).

인수 기준은 기능 시험이나 단위 시험이라기보다는 시스템에 할당된 충족 조건이다. 기능 테스트와 단위 테스트는 모든 기능 흐름이나 예외 흐름, 경계 조건, 스토리와 관련된 기능을 테스트하는 데 가깝다.

원칙적으로 사용 스토리에 대한 모든 인수 기준을 충족한다면 제품 주인은 사용자 스토리의 완료를 승인할 것이다. 따라서 고객은 자신들에게 중요한 인수 기준을 서면으로 작성해야 한다.

인수 테스트

인수 테스트는 인수 기준에서 가장 큰 부분을 구성한다. 인수 테스트를 만든 사람은 소프트웨어의 적합성 평가 방법을 결정할 때 가장 일반적으로 수행되고 가장 중요한 사용 시나리오를 고려해야 한다. 유스케이스의 정상 흐름과 이에 동반되는 예외를 테스트하는 데 초점을 맞추고, 비교적 적게 사용되는 대안 흐름에는 관심을 덜 기울이자. 켄 푸는 요구사항 기반의 인수 테스트 작성하기에 대한 풍부한 지침을 제공한다(Ken Pugh 2011).

애자일 개발 방식에서는 종종 정확한 기능적 요구사항 대신 인수 테스트를 만든다. 각 테스트는 사용자 스토리가 실행 중인 소프트웨어에서 작동하는 방법을 설명한다. 인수 테스트가 주로 상세한 요구사항을 대체하기 때문에 애자일 프로젝트에서는 모든 성공 및 실패 시나리오를 포함해야 한다(Leffingwell 2011). 인수 테스트 작성의 가치는 사용자로 하여금 구현에 따라 시스템이 동작하는 방법에 대해 고민할 수 있게 안내한다는 것이다. 인수 테스트만 작성할 때의 문제는 요구사항이 사람의 마음속에만 존재한다는 것이다. 사용자 요구사항 및 기능적 요구사항, 분석 모델, 테스트 등 요구사항의 대안이 될 수 있는 관점을 문서화하거나 비교하지 않음으로써 오류나 불일치, 차이를 식별할 수 있는 기회를 놓칠 수 있다.

가능한 한 인수 테스트 수행을 자동화하자. 이는 앞으로 있을 반복주기나 배포 버전에 변화가 발생하거나 기능이 추가됐을 때 테스트를 쉽게 반복할 수 있게 한다. 또한 인수 테스트는 비기능적 요구사항을 충족해야 한다. 아울러 성능 목표를 달성했는지, 시스템이 사용성 기준을 준수하는지, 보안 기대치가 충족됐는지 확인해야 한다.

일부 인수 테스트는 사용자에 의해 수동으로 수행될 수 있다. 사용자 인수 테스트(UAT; User Acceptance Testing)에 사용되는 테스트는 기능 집합을 배포할 준비가 됐다는 확신이 생긴 후 수행해야 한다. 이로 인해 사용자는 공식적으로 출시되기 전에 동작하는 소프트웨어를 입수할 수 있고, 새로운 소프트웨어에 익숙해질 수 있다. 고객이나 제품 챔피언은 UAT에 사용될 시스템에서 위험도가 가장 높은 부분을 대표하는 테스트를 선택해야 한다. 인수 테스트는 솔루션이 무엇을 했어야 하는지 검증할 것이다. 그럴듯한 테스트 데이터를 사용해 테스트를 설정해야 한다. 판매 보고서 생성에 사용된 테스트 데이터가 애플리케이션에는 현실성 없다고 가정해보자. UAT를 수행하는 사용자는 보고서가 옳지 않다고 보고 결함을 잘못 보고하거나, 데이터가 타당하지 않기 때문에 잘못된 계산을 놓칠 것이다.

> **함정** 사용자 인수 테스트가 모든 정상 및 예외 흐름과 다양한 변수에 대한 데이터 조합, 경계 값 및 기타 결함이 숨어있을 만한 다른 장소를 포함하는 포괄적인 요구사항 기반의 시스템 테스트를 대체할 것이라 기대하지 말자.

요구사항 작성만으로는 충분하지 않다. 또한 요구사항이 제대로 작성되고 있는지, 설계나 개발, 테스트 및 프로젝트 관리를 위한 기반을 잘 제공하고 있는지 확인해야 한다. 인수 테스트 계획, 비정형 동료평가, 검사, 요구사항 테스트 기법 등이 고품질의 시스템을 이전보다 빠르고 좀 더 저렴하게 개발하는 데 도움될 것이다.

> **다음 단계는**
> - 여러분이 참여한 프로젝트의 SRS에서 기능적 요구사항 중 한 페이지를 무작위로 선택하자. 그림 17-4의 결함 체크리스트를 이용해 서로 다른 이해관계자 관점을 대표하는 사람들에게 문제에 대한 요구사항 페이지를 신중히 검토해 달라고 요청하자.
> - 무작위 샘플을 검토하는 중에 전반적인 요구사항의 품질에 대해 팀이 긴장할 만큼 충분한 오류를 찾았다면 SRS 전체를 검토하도록 사용자와 개발자 대표를 설득하자. 검사 과정에 대해 팀을 훈련시키자.
> - 코드 작성을 시작하지 않은 유스케이스나 일부 기능에 대한 개념 테스트를 정의하자. 테스트가 의도한 시스템 동작을 반영하는지에 대해 사용자 대표가 동의하는지 확인하자. 테스트가 통과해야 할 모든 기능을 정의했는지, 불필요한 요구사항은 없는지 확인하자.
> - 제품 챔피언과 이들의 동료들이 시스템이 허용할 만한지 판단하는 데 사용하기 위한 인수 기준을 정의하기 위해 함께 협업하자. 그들로 하여금 완전성을 판단하는 데 사용될 인수 테스트를 정의하게 하자.

18
요구사항 재사용

테일스핀 토이즈의 제품 관리자인 실비아는 음악가를 위한 태블릿 애플리케이션의 개발팀장과 회의 중이었다. "프라사드 씨, 방금 패브리캄사가 서브스트레이트라는 대화면 태블릿을 출시할 예정이라고 들었어요. 현재 저희가 만든 기타 앰프 에뮬레이터는 더 작은 태블릿인 스크래치 패드에서 실행되고 있습니다. 저희는 서브스트레이트에서 동작하는 버전이 필요해요. 큰 화면에서는 더 많은 일들을 할 수 있을 거에요. 서브스트레이트는 스크래치 패드에서도 동작하는 새로운 운영체제를 포함할 거라고 하네요."

"와~ 좋은 소식인데요?"라고 프라사드는 말했다. "화면에 더 많은 앰프 컨트롤을 표시할 수 있으면 좋겠네요. 컨트롤을 더 크고 조작하기 쉽게 만들 수도 있어요. 스크래치 패드에서 동작하는 에뮬레이터의 수많은 핵심 기능을 재사용할 수 있겠네요. 패브릭캄사가 운영체제의 API를 변경했더라도 코드의 일부를 재사용할 수 있습니다. 스크래치 패드 버전에서 고객들이 사용하지 않는 일부 기능을 제거해야 할 수도 있어요. 웹 버전에 있는 솔리드 스테이트와 튜브의 하이브리드 앰프 사운드를 추가할 수도 있는데 태블릿의 주파수 응답에 맞게 일부 변경해야 합니다. 재밌겠는데요!"

재사용은 소프트웨어 생산성 향상을 추구하는 사람들의 영원한 목표다. 사람들은 코드 재사용에 대해 자주 고민하며, 수많은 소프트웨어 프로젝트의 구성요소들은 재사용될 수 있다. 요구사항을 재사용한다면 생산성을 높이고 품질을 향상시킬 수 있으며, 관련 시스템과의 일관성을 극대화할 수 있다.

재사용이란 동일 프로젝트나 선행 프로젝트에서 이미 완료된 작업을 이용하는 것을 의미한다. 언제든 처음부터 시작하는 것을 피할 수 있으며, 프로젝트에서 시작할 수 있다. 요구사항을 재사용하는 가장 간단한 방법은 기존 명세서에서 복사해서 붙여넣는 것이다. 가장 정교한 방법은 요구사항의 설계, 코드, 테스트 전반에서 전체 기능 구성요소를 재사용하는 것이다. 이러한 양 극단 사이에 수많은 재사용 선택지가 있다.

재사용은 공짜가 아니다. 기존 항목을 재사용하거나 잠재적으로 재사용 가능한 항목을 만드는 것 모두 위험을 갖고 있다. 현재 프로젝트에서만 사용하기 위한 요구사항을 작성하는 것보다 고품질의 재사용 가능한 요구사항을 만드는 데는 더 많은 시간과 노력이 필요하다. 명백한 장점이 있음에도 기존 요구사항의 낮은 품질로 인해 조사 대상 조직의 절반 가량만이 실제로 요구사항 재사용을 활용하고 있음을 발견했다(Chernak 2012). 재사용을 진지하게 고려하는 조직은 기존의 고품질 요구사항 지식을 추후에 BA들이 활용할 수 있게 하고 재사용의 가치를 문화로서 발전시키기 위해 몇 가지 인프라를 구축할 필요가 있다.

이번 장에서는 요구사항 재사용의 여러 종류를 설명하고, 여러 컨텍스트에서 재사용 가능성이 있는 요구사항 정보의 몇 가지 범주를 파악하며, 요구사항 재사용을 수행하는 방법을 제안한다. 아울러 요구사항을 재사용 가능하게 만드는 과정에서 발생할 수 있는 몇 가지 문제도 제시한다. 그리고 효과적인 재사용을 방해하는 장애물과 기존 요구사항 지식 자체를 사용함으로써 조직이 더 나아질 수 있도록 돕는 성공 요소로 이번 장을 마무리할 것이다.

왜 요구사항을 재사용하는가?

효과적인 요구사항 재사용의 장점은 빠른 전달과 낮은 개발 비용, 애플리케이션 내부 혹은 기타 다른 애플리케이션 간의 일관성, 높은 팀 생산성, 더 적은 결함, 재작업 감소 등이 있다. 신뢰할 수 있는 요구사항을 재사용함으로써 검토 시간을 절약할 수 있으며, 승인 주기를 가속화하고, 테스트와 같은 프로젝트 활동을 빨리 마칠 수 있다. 기존 프로젝트의 동일한 요구사항을 구현하는 것과 동일한 데이터를 이용할 수 있다면 재사용은 개발 노력 산정 능력을 향상시킬 수 있다.

사용자 관점에서 요구사항 재사용은 제품군의 관련 구성원 간, 혹은 비즈니스 애플리케이션 집합 간에 기능의 일관성을 향상시킨다. 관련된 모든 애플리케이션 제품군의 텍스트 서식에 동일한 스타일이나 여백, 속성을 적용하는 것을 고려해 보자. 이러한 작업을 동일한 방식으로 만들 때는 기능적 요구사항과 사용성 요구사항 모두 재사용된다. 이러한 일관성은 사용자의 학습 곡선과 좌절 수준을 최소화할 수 있다. 또한 유사한 요구사항을 반복적으로 명세화해야 하는 이해관계자의 시간을 절약할 수 있다.

각기 다른 환경에서 구현해야 하는 경우라도 요구사항은 동일할 것이다. 항공사의 웹사이트에는 승객이 항공편을 체크인하거나, 좌석을 업그레이드하거나, 항공권을 출력할 수 있는 기능이 있다. 또한 항공사는 공항에 셀프 체크인 키오스크를 배치하고 있을 수도 있을 것이다. 구현과 사용자 경험이 다른 경우라도 두 가지 체크인 작업에 대한 기능은 거의 동일할 것이므로 서로 재사용될 수 있다.

요구사항 재사용의 관점

우리는 요구사항 재사용의 여러 유형을 상상해 볼 수 있다. 가끔 비즈니스 분석가는 사용자가 제시하는 요구사항이 기존 프로젝트와 닮아 있다는 사실을 알게 될 것이다. 아마도 그는 기존 요구사항을 검색해서 이를 신규 프로젝트에 적용할 수 있을 것이다. 이러한 즉흥적인 재사용은 기억력이 좋고 기존 요구사항에 접근할 권한이 있는 숙련된 BA들에게 가장 일반적이다. 다른 사례의 경우, 사용자가 신규 시스템에서 고려하기 위한 주제를 식별할 수 있도록 돕는 요구사항 도출 과정에서 BA가 기존 요구사항 일부를 사용할 것이다. 기존에 존재하는 것을 새로 만들기보다 일부 수정하는 편이 더 쉽다.

표 18-1은 재사용할 자산의 범위, 새로운 설정에서 사용하기 위해 반드시 수정해야 하는 항목의 범위, 재사용에 수반되는 메커니즘 등 요구사항 재사용에 대한 세 가지 관점을 설명하고 있다. 요구사항 정보의 재사용을 고려할 때 세 가지 관점 중 어떤 옵션이 가장 적절한지, 현실적으로 어떤 것이 여러분의 목적에 가장 부합하는지 생각해 보자.

표 18-1 요구사항 재사용의 세 가지 관점

관점	옵션
재사용 범위	▪ 개별적인 요구사항 문장 ▪ 요구사항과 해당 속성 ▪ 요구사항과 속성, 컨텍스트, 데이터 정의나 용어사전 정의, 인수 테스트, 가정, 제약조건, 비즈니스 규칙 등의 관련 정보 ▪ 관련 요구사항 집합 ▪ 요구사항 집합 및 이와 관련된 설계 요소 ▪ 요구사항 집합 및 이와 관련된 설계, 코드, 테스트 요소

관점	옵션
수정 범위	▪ 없음
	▪ 관련 요구사항 속성(우선순위, 이론적 근거, 근원 등)
	▪ 요구사항 문장 자체
	▪ 관련 정보(테스트, 설계 제약조건, 데이터 정의 등)
재사용 메커니즘	▪ 다른 명세에서 복사/붙여넣기
	▪ 재사용 가능한 요구사항 라이브러리에서 복사
	▪ 원본 소스 참조

재사용 범위

첫 번째 관점은 재사용할 자료의 양과 관련이 있다. 여러분은 단 하나의 기능적 요구사항만 재사용할 수도 있다. 아니면 대상 프로젝트와 관련돼 있을 경우 이론적 근거나 근원, 우선순위 등 관련 속성과 함께 문장을 재사용해야 할지도 모른다. 어떤 경우에는 요구사항뿐 아니라 데이터 정의, 인수 테스트, 관련 비즈니스 규칙, 제약조건, 가정 등 관련 산출물들도 재사용할 수 있다. 종종 특정 기능과 관련된 모든 기능적 요구사항과 같은 연관된 요구사항 집합이 재사용되기도 한다. 서로 다른 스마트폰 운영체제와 같이 유사한 플랫폼에서 실행되는 애플리케이션 또한 요구사항과 설계 요소를 재사용할 수 있다. 그러나 코드의 경우 그다지 많이 재사용할 수 없을 것이다.

이상적인 시나리오에서는 요구사항, 모델, 설계 구성요소, 코드, 테스트 등 패키지 전체를 재사용할 수 있다. 즉, 구현된 기능 중 관련 제품에서 본질적으로 변하지 않는 부분 전체를 다시 사용할 수 있는 것이다. 공통적인 연산이 공통 플랫폼 아래의 다양한 프로젝트에서 사용되는 경우 이러한 수준의 재사용이 효과적일 수 있다. 오류 처리 전략, 내부 데이터 로깅 및 리포팅, 통신 프로토콜 추상화, 도움말 시스템 등이 이러한 동작의 예다. 이러한 기능은 명확한 애플리케이션 프로그래밍 인터페이스(API)와 보조 문서 및 테스트 산출물과 함께 재사용을 고려해서 개발해야 한다.

> **재사용 성공기**
>
> 나는 두 개의 온라인 카탈로그를 단일 시스템으로 통합하는 대형 유통업체에서 일한 적이 있는데, 단일 시스템은 신규 시스템이었으며 온라인 카탈로그 중 하나는 고객을 위한 것이고, 다른 하나는 회사를 위한 것이었다. 비즈니스 목표는 유지보수 비용을 절약하는 것과 양쪽 카탈로그에 신규 기능을 추가하기 쉽게 만드는 것이었다. 우리는 먼저 기존 카탈로그 기능을 기반으로 고객 카탈로그 요구사항을 개발했다. 회사 측을 위해 우리는 기존 고객용 카탈로그 요구사항을 이에 맞게 수정하는 방식으로 작업을 진행했다. 새로운 회사 측 카탈로그에는 신규 요구사항도 일부 추가됐다. 재사용 덕분에 시간을 절약할 수 있었고, 프로젝트도 늦지 않게 인도할 수 있었다.

수정 범위

다음으로 고려해야 할 관점은 기존 요구사항을 새로운 프로젝트에서 재사용 가능하도록 만들기 위해 얼마나 많은 수정이 필요한가다. 경우에 따라서는 요구사항을 수정하지 않고도 사용할 수 있을 것이다. 앞에서 본 항공사 체크인 키오스크 예제의 경우, 키오스크와 웹사이트에서 고객이 체크인할 수 있도록 만들기 위한 대부분의 기능적 요구사항이 동일할 것이다. 또 다른 경우에는 수정하지 않고 요구사항 문장을 재사용할 수 있을지라도 신규 시스템에 적합한 우선순위나 이론적 근거 등 일부 속성은 변경해야 할 것이다. 종종 기존 요구사항으로 시작한 후 새로운 목적에 맞게 완전히 수정하기도 한다. 마지막으로 요구사항 수정 여부와는 별개로 설계나 테스트의 일부를 수정해야 할 수도 있다. 마우스와 키보드 인터페이스를 제공하는 PC에서 터치스크린이 탑재된 태블릿으로 포팅하는 기능이 이것의 예가 될 수 있다.

재사용 메커니즘

재사용의 가장 기본적인 형태는 다른 명세서나 재사용 가능한 요구사항 라이브러리에서 요구사항 정보의 일부를 복사해서 붙여넣는 것이다. 원본 정보를 어디서 가져왔는지 이력을 보유하지 않고 복사본을 수정할 수도 있다. 프로젝트 안에서 복사해서 붙여넣기는 중복된 정보로 인해 명세서 크기를 증가시킨다. 너무 많은 복사 및 붙여넣기를 통해 명세서를 채우고 있는 나를 발견했다면 스스로 경종을 울려야 할 것이다. 또한 코드를 복사하는 것과 같이 요구사항을 복사해서 붙여넣다 보면 붙여넣기를 하면서 컨텍스트도 함께 옮겨오지 않을 경우 컨텍스트 이슈로 인해 더 많은 문제가 발생할 수 있다.

대부분의 경우 기존 콘텐츠를 복제해서 재사용하는 것보다 참조해서 재사용하는 편이 더 낫다. 즉, 요구사항을 보고자 하는 누구나 정보의 원본 소스에 접근할 수 있어야 하며, 정보가 지속적으로 유지돼야 한다는 말이다. 만약 요구사항을 문서에 저장하고 있다면 동일한 요구사항이 여러 번 나타날 경우 마스터 인스턴스에 복사본을 연결하는 워드프로세서의 상호 참조 기능을 사용할 수 있다(Wiegers 2006). 마스터 인스턴스가 변경될 경우 상호 참조 링크를 추가한 모든 곳에 반영될 것이다. 이를 통해 하나의 인스턴스만 직접 수정할 경우 발생할 수 있는 불일치를 피할 수 있다. 하지만 역시 누군가가 마스터 인스턴스를 변경할 경우 모든 참조 요구사항이 변경될 수 있다는 위험을 갖고 있다.

참조 방식의 복사(copy-by-reference)는 실제로 요구사항 정보를 저장하기 위한 것이 아니라 단순히 프로젝트 문서상의 위치를 알려주는 것이다. 여러분이 속한 조직의 다른 프로젝트에서 사용자 클래스 일부의 설명을 재사용하고 싶다고 가정해 보자. 첫째로, 재사용 가능한 정보를 수집해서 공유 저장소에 모아두자. 이러한 모음으로 가능한 형태로는 문서 파일, 스프레드시트, HTML/XML 파일, 전문 요구사항 도구 등이 있다. 모음의 각 개체에 고유한 식별자를 부여하자. 참조 정보를 포함하려면 문서의 적절한 절에 재사용하고자 하는 각 개체의 식별자를 입력하자. 기술이 허용하는 경우 재사용할 정보 모음의 개체와 연결된 하이퍼링크를 직접 포함하자. 사용자 클래스 기술서를 보고자 하는 독자는 단순히 링크를 통해 마스터 소스에 접근할 수 있다. 재사용 가능한 산출물 모음을 적절한 때에 유지보수할 경우에도 이러한 링크와 최종 정보는 항상 최신일 것이다.

30장 "요구공학을 위한 도구"에 설명돼 있는 바와 같이 참조에 의한 재사용을 좀 더 효과적으로 하는 방법은 요구사항을 요구사항 관리 도구에 저장하는 것이다. 도구의 기능에 따라 요구사항을 복사하지 않고도 이미 데이터베이스에 있는 요구사항을 재사용할 수 있을 것이다. 이러한 도구 중 일부는 개별 요구사항의 히스토리성 버전을 유지하며, 이를 이용하면 특정 버전의 요구사항이나 관련 집합을 재사용할 수 있다. 누군가가 데이터베이스의 요구사항을 변경하는 경우에도 여러분이 재사용한 과거 버전의 요구사항 역시 존재한다. 그럼 재사용한 다른 사람들을 방해하지 않고도 프로젝트의 니즈에 맞게 해당 요구사항 버전을 갱신할 수 있다.

그림 18-1은 이러한 프로세스를 보여준다. 프로젝트 A에서는 특정 요구사항의 초기 버전을 생성한다. 그런 다음 프로젝트 B에서 동일 요구사항을 재사용하기로 결정해서 두 프로젝트가 동일 버전을 공유한다. 프로젝트 A에서 요구사항을 수정해서 버전 2로 파생시켰다. 그러나 프로젝트 B에서 사용하기 위해 버전 1은 수정되지 않은 상태로 존재한다. 만약 프로젝트 B에서 추후 이 복사본을 수정하고자 한다면 버전 3이 되고, 동일 요구사항의 다른 버전을 사용하는 어떠한 프로젝트에도 영향을 미치지 않을 것이다.

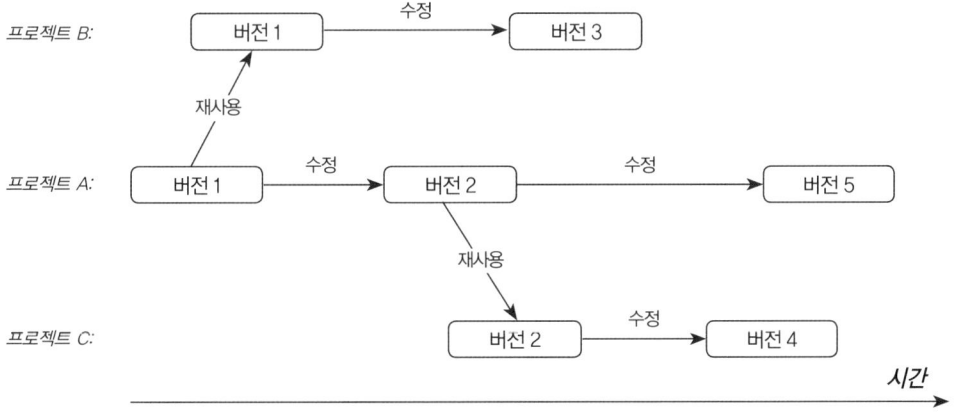

그림 18-1 요구사항이 진화를 통해 여러 프로젝트에서 재사용되는 방법

재사용을 위한 요구사항 정보의 종류

표 18-2는 다양한 범위에 적용할 수 있는 충분한 재사용 가능성을 지닌 요구사항 관련 자산 유형의 일부다. 이러한 자산들은 여러 범위 범주에 나타난다. 접근성 요구사항(사용성의 일부로서)과 같은 자산 유형 중 일부는 매우 광범위한 재사용성을 띠고 있다.

특정 기능 영역에 관련된 일련의 요구사항은 단일 요구사항보다 더 많은 재사용 가치를 제공한다. 보안 관련 요구사항이 이러한 예시 중 하나다(Firesmith 2004). 조직의 모든 프로젝트 팀이 사용자 로그온 및 인증, 비밀번호 변경/초기화 등에 대해 다시 고민해야 할 이유는 없다. 공통 기능에 대해 포괄적이고 잘 정의된 일련의 요구사항을 작성할 수 있다면 시간을 절약하고, 애플리케이션 간의 일관성을 제공하기 위해 여러 번 재사용될 수 있다. 특정 운영 환경이나 운용 플랫폼하에서는 일련의 제약조건도 재사용할 수 있을 것이다. 예를 들어, 스마트폰 앱 개발자의 경우 화면 크기나 해상도, 사용자 상호작용 제한을 알고 있을 필요가 있다. 다음은 일련의 재사용 가능한 요구사항 정보다.

- 기능 및 관련 예외와 인수 테스트
- 데이터 개체 및 이와 관련된 속성과 검증
- 사베인 옥슬리법(Sarbanes-Oxley) 같은 규제 준수 관련 비즈니스 규칙, 산업별 규제 및 조직 정책 관련 지침
- 작업 취소(undo)/다시 실행(redo)과 같은 대칭적인 사용자 기능(애플리케이션의 작업 취소(undo) 기능에 대한 요구사항을 재사용한다면 이에 상응하는 다시 실행(redo) 요구사항도 재사용하자.)
- 생성, 조회, 갱신, 삭제 등 데이터 개체에 수행하는 작업

표 18-2 재사용 가능한 요구사항 정보의 일부 유형

재사용 범위	잠재적으로 재사용 가능한 요구사항 자산
제품이나 애플리케이션 내	사용자 요구사항, 유스케이스의 특정 기능적 요구사항, 성능 요구사항, 사용성 요구사항, 비즈니스 규칙
제품군 간	비즈니스 목표, 비즈니스 규칙, 비즈니스 프로세스 모델, 컨텍스트 다이어그램, 생태계 맵, 사용자 요구사항, 핵심 제품 기능, 이해관계자 프로파일, 사용자 클래스 기술서, 사용자 페르소나, 사용성 요구사항, 보안 요구사항, 컴플라이언스 요구사항, 인증 요구사항, 데이터 모델 및 정의, 인수 테스트, 용어사전
기업 간	비즈니스 규칙, 이해관계자 프로파일, 사용자 클래스 기술서, 사용자 페르소나, 보안 요구사항
비즈니스 도메인 간	비즈니스 프로세스 모델, 제품 기능, 사용자 요구사항, 사용자 클래스 기술서, 사용자 페르소나, 인수 테스트, 용어사전, 데이터 모델 및 정의, 비즈니스 규칙, 보안 요구사항, 컴플라이언스 요구사항
운영 환경이나 플랫폼 내	특정 요구사항을 지원하는 데 필요한 기능의 제약조건, 인터페이스, 인프라(예: 보고서 생성)

일반적인 재사용 시나리오

일종의 제품군(패밀리 제품)을 만들거나 조직 전체에 애플리케이션을 구축하거나, 여러 상황에 필요한 기능을 갖는 제품을 개발하는 등 어떤 경우에도 재사용의 기회는 존재한다. 요구사항 재사용이 좋은 기회를 제공하는 몇 가지 시나리오를 살펴보자.

소프트웨어 제품군

제품군(소프트웨어 제품군)의 경우에는 항상 수많은 공통 기능이 존재한다. 때때로 각기 다른 고객이나 시장을 대상으로 기반 제품을 여러 가지 버전으로 만들기도 한다. 여러분이 특정 고객을 위한 어떤 변종에 포함시킨 요구사항은 기반 제품의 공통 명세서로 축적될 수 있다. 다른 제품군은 공통 아키텍처 플랫폼을 기반으로 한 관련 제품군을 포함한다. 예를 들어, 어떤 인기 있는 소득세 준비 패키지 판매업체는 온라인에서 사용할 수 있는 무료 버전뿐 아니라 베이직, 디럭스, 프리미엄, 가정용, 비즈니스, 회사 내 개인 소유용 비즈니스 버전도 제공한다. 소프트웨어 제품군이 다음 중 어디에 속하는지 분석해 보자.

- 일반: 모든 제품군에 나타남
- 선택: 특정 제품군에만 나타남
- 변형: 다른 제품군에 나타나는 기능의 다른 버전(Gomaa 2004; Dehlinger and Lutz 2008)

공통 기능은 특정 요구사항만 재사용하는 것이 아니라 구조적인 구성 요소, 설계 요소, 코드, 테스트 등 이에 동반되는 작업 산출물도 재사용할 수 있는 큰 기회를 제공한다. 이는 재사용의 가장 강력한 형태지만 이러한 장점을 자주 알아채지는 못한다. 각각을 재구현하다 보면 조금씩 달라지므로 특별한 이유가 없다면 공통 기능을 재사용하는 편이 아무래도 더 낫다. 재사용을 제한할 수 있는 특정 제품의 운영 환경이나 하드웨어 플랫폼에 따른 제약조건에 유의하자. 만약 구현이 서로 다른 제품군 간에 다르게 구현돼야 한다면 재사용 범위가 설계나 코드를 제외한 요구사항 재사용으로만 제한될 것이다.

시스템 리엔지니어링 및 교체

시스템 리엔지니어링 및 교체 시에는 "요구사항"이라는 것이 작성된 적이 없더라도 항상 기존의 것으로부터 요구사항을 재사용한다. 과거 시스템으로부터 요구사항을 재사용하기 위해 요구사항 지식을 역공학할 경우 구체적인 구현 특성을 높은 수준의 추상화로 옮겨와야 할 것이다. 대개 기존 시스템에 내재된 비즈니스 규칙을 발견해서 다음 프로젝트에 재사용할 수 있을 것이며, 규제나 컴플라이언스 규칙의 경우 필요하면 갱신할 수도 있다.

> **함정** 새로운 플랫폼이나 아키텍처, 워크플로우에서 제공하는 또 다른 기회를 놓칠 수 있으므로 시간 절약을 위해 오래된 시스템을 너무 많이 재사용하고자 하는 유혹을 조심하자.

기타 재사용 기회

표 18-3은 요구사항 정보의 재사용이 일반적으로 사용되는 몇 가지 다른 상황을 보여준다. 조직에서 이러한 기회 중 한 가지 상황에 맞닥뜨리면 재사용 가능한 산출물을 공유 저장소에 모으고 정보를 전사적인 수준의 자원으로 관리하는 것이 가치 있는 일인지 고려하자. 이전에 현재 프로젝트와 유사한 작업을 한 경험이 있다면 이전에 사용한 산출물을 재사용할 수 있을지 고려해 보자.

표 18-3 요구사항 재사용이 도움될 수 있는 일반적인 기회

재사용 기회	예
비즈니스 프로세스	비즈니스 프로세스는 조직에 걸쳐져 있을 때가 많으며, 통상적으로 소프트웨어에 의해 지원될 필요가 있다. 많은 기관은 일련의 비즈니스 프로세스 기술서를 관리해서 IT 프로젝트에 재사용한다.
분산 배포	동일한 시스템이 약간의 수정을 통해 여러 번 배포될 때가 많다. 소매점과 창고의 경우 이는 상당히 일반적이다. 각 배포에서 일반적인 요구사항 집합은 재사용된다.
인터페이스 및 통합	인터페이스와 통합이라는 목적으로 요구사항을 재사용해야 할 때도 있다. 예를 들어, 병원의 경우 대부분의 보조 시스템은 입/퇴원, 이송 시스템과의 인터페이스가 필요하다. 이는 또한 전사적인 자원 관리 시스템에 연결되는 금융 인터페이스에도 적용된다.
보안	사용자 인증 및 보안 요구사항은 시스템 간에 동일하다. 예를 들어, 시스템은 모든 제품이 사용자 인증을 위해 액티브 디렉터리(Active Directory)를 사용하는 SSO(single sing-on)를 포함해야 한다는 공통의 요구사항을 갖는다.
일반적인 애플리케이션 기능	비즈니스 애플리케이션은 요구사항(심지어 전체 구현까지도)이 재사용될 수 있는 공통 기능을 포함하고 있을 때가 많다. 검색 연산, 출력, 파일 연산, 사용자 프로파일, 작업 취소(undo)/다시 실행(redo), 텍스트 서식 등이 여기에 포함된다.
여러 플랫폼에서 동작하는 유사 제품	동일한 일련의 핵심 요구사항은 플랫폼에 따라 구체적인 요구사항이나 사용자 설계가 다르더라도 재사용된다. 맥과 윈도우 혹은 iOS나 안드로이드 모두에서 동작하는 애플리케이션이 여기에 해당한다.
표준 및 규정, 법률 준수	많은 조직은 규정을 기반으로 일련의 표준을 개발했으며, 이는 요구사항 집합을 정의한다. 이들은 프로젝트 간에 재사용된다. 접근성 디자인(Accessible Design)을 위한 ADA 표준이나 헬스케어 회사를 위한 HIPAA 개인정보 보호 규칙이 여기에 해당한다.

요구사항 패턴

더 쉽게 요구사항을 작성하기 위해 지식을 활용하는 것도 재사용으로 볼 수 있다. 이것이 요구사항 패턴을 뒷받침하는 이유다. 그러한 요구사항을 정의하고자 하는 BA에게 유리하도록 특정 유형의 요구사항에 대한 수많은 지식을 패키지화한다.

이 부문의 개척자인 스티브 윗올은 요구사항 패턴은 특정 유형의 요구사항을 명세화하기 위한 체계적인 접근법을 제공한다고 말했다(Stephen Withall 2007). 패턴은 프로젝트가 맞닥뜨릴 수 있는 각 공통 요구사항 유형에 대한 템플릿을 정보의 범주와 함께 정의한다. 각기 다른 형태의 요구사항 패턴은 각각 일련의 콘텐츠 카테고리를 갖고 있을 것이다. 템플릿을 채우는 것은 BA가 자연어로 작성한 것보다 더 자세한 요구사항의 명세를 제공할 것이다. 패턴에 따라 작성된 요구사항의 구조와 콘텐츠는 재사용하기 쉽다.

요구사항 패턴에는 다음과 같은 여러 절을 포함하고 있다(Withall 2007).

1. **지침**
   관련 패턴, 접근 가능하거나 가능하지 않은 상황, 해당 유형의 요구사항을 작성하기 위한 방법에 대한 논의 등을 포함하는 패턴에 대한 기초적인 세부사항

2. **콘텐츠**
   각 항목별 전달해야 하는 요구사항 콘텐츠의 구체적인 설명

3. **템플릿**
   변경할 수 있는 정보 조각이 있을 만한 곳을 자리 표시자로 표시한 요구사항 정의. 빈 공간을 채우면서 해당 유형의 구체적인 요구사항을 작성하기 위한 출발점으로 사용할 수 있다.

4. **예시**
   해당 유형의 실례가 되는 하나 이상의 요구사항

5. **추가 요구사항**
   주제에 대한 특정 측면을 정의할 수 있는 부가적인 요구사항이나 원래의 고수준 요구사항을 충족시키기 위해 반드시 완료해야 하는 것과 같이 일련의 구체적인 요구사항을 작성하는 법에 대한 설명

6. **개발 및 테스트를 위한 고려사항**
   패턴에 명시된 유형의 요구사항을 개발할 때 개발자가 염두에 둬야 하는 요소 및 테스터가 이러한 요구사항을 테스트할 때 염두에 둬야 하는 요소

예를 하나 들면, 많은 소프트웨어 애플리케이션은 수많은 보고서를 생성한다. 윗올은 보고서를 정의하는 요구사항을 명세화하기 위한 패턴을 제공한다(Withall 2007). 윗올의 패턴은 완전한 보고서 명세를 구성하기 위해 다양한 보고서 요소를 좀 더 구체적인 일련의 요구사항으로 구조화하는 방법

을 보여주는 템플릿을 포함한다. 그러나 템플릿은 패턴의 일부일 뿐이다. 또한 패턴은 요구사항 출력의 예, 포함해야 하는 가능한 추가 요구사항, 이러한 요구사항을 명세화, 구현, 테스트하기 위해 고려해야 할 지침을 포함한다.

또한 여러분이 속한 조직의 스타일과 프로젝트에 적합한 요구사항 패턴을 직접 만들 수도 있다. 패턴을 따르게 되면 일관성을 유지하는 데 도움이 되며, 더욱 풍부하고 명확한 요구사항을 만들 수 있을 것이다. 이 같은 단순한 템플릿은 자칫 간과할 수도 있는 중요한 정보를 일깨워 주기도 한다. 익숙하지 않은 주제에 대한 요구사항을 작성해야 할 경우 패턴을 사용하면 직접 해당 주제를 알아보는 것보다 빠르게 작업할 수 있다.

재사용에 유용한 도구

이상적인 세상에서는 조직이 모든 소프트웨어 요구사항을 그것을 추적할 수 있는 링크와 함께 요구사항 관리 도구에 저장한다. 이러한 링크는 각 요구사항을 부모 요구사항이나 다른 출처, 의존관계에 있는 다른 요구사항, 링크와 연결되는 하부 개발 산출물로 묶는다. 저장된 각 요구사항의 모든 히스토리 버전은 요구사항 관리 도구에서 확인할 수 있을 것이다. 이것은 전체 애플리케이션과 제품 포트폴리오, 조직 전반에 걸쳐 효과적인 재사용을 가능하게 하는 최선의 방법이다.

이 정도 수준의 정교함에 도달 한 조직은 거의 없지만 요구사항을 도구에 저장하면 여러 가지 방법으로 재사용성을 향상시킬 수 있다.(Akers 2008) 상용 요구사항 관리 도구는 재사용을 용이하게 하는 다양한 기능을 제공한다. 이들 일부는 재활용을 위해 특정 도메인에서 사용할 수 있도록 준비된 대규모의 요구사항 라이브러리를 제공한다. 도구를 선택할 때 평가 과정의 일환으로 요구사항을 재사용하는 데 도움이 되는 방법에 대한 기대치를 포함한다. 30장에서는 요구사항 관리 도구 중 상용 제품의 일반적인 기능을 설명한다.

도구는 특정 요구사항을 다양한 프로젝트나 기준을 넘나들며 요구사항을 공유함으로써 이를 재사용할 수 있게 한다. 이렇게 하면 원본 요구사항이나 복사본을 변경하는 경우 어떤 일이 발생할지 생각할 필요가 있다. 일부 도구는 콘텐츠를 수정하지 못하도록 잠글 수 있게 하는데, 이를 통해 요구사항의 원본 개체만 수정할 수 있다. 이렇게 하면 재사용되는 요구사항의 어떤 부분이든 편집 시 갱신될 수 있다. 물론 재사용된 요구사항에서 시작한 다음 새로운 환경에서 사용하기 위해 수정하고자 한다면 계속 잠가두고 싶지 않을 것이다. 이런 경우에 요구사항 사본을 변경할 수 있는 권한 모드를 이용해 사본을 만들고자 할 것이다.

이와 유사하게 추적성과 관련된 요구사항을 복사할 때 이와 연결된 모든 것을 포함하거나 포함하지 않고 싶을 것이다. 때로는 신규 프로젝트에 요구사항과 하위 요소들, 그리고 의존관계의 요구사항만 꺼내 쓰고 싶을지도 모른다. 웹 브라우저와 태블릿, 스마트폰, 키오스크에서 동작하는 애플리케이션과 같이 동일한 기능을 제공하지만 이를 제공하는 플랫폼이 다를 때가 여기에 해당한다.

> **함정** 만약 BA가 재사용 저장소에서 원하는 것을 찾을 수 없다면 얼마나 훌륭한 요구사항이 저장돼 있는지, 혹은 얼마나 많은 시간을 절약할 수 있는지는 중요하지 않다. BA가 본인 스스로 다시 작성해야 할 것이다. 표준 패턴에 따라 재사용 가능한 요구사항을 작성하면 검색을 위한 필드를 제공하게 된다. 어떤 사람들은 좀 더 쉽게 찾을 수 있도록 의미 있는 키워드나 요구사항 속성을 추가하는 것을 지지하기도 한다.

요구사항을 재사용할 수 있게 만들기

단지 요구사항이 존재한다고 해서 현재 형태의 요구사항이 재사용 가능하다는 것을 의미하지는 않는다. 그저 특정 프로젝트에 한정된 것일 수도 있다. BA는 개발팀이 특정 지식을 잘 안다고 가정하거나, 일부 내용이 구두로만 전달됐기 때문에 너무 추상적으로 요구사항이 작성될 수 있다. 요구사항에서 예외가 다뤄지는 방법에 대한 정보가 부족할 수 있다. 미래의 BA가 가치를 향상시킬 수 있도록 원본 요구사항을 조정해야 할 수도 있다.

잘 작성된 요구사항은 그 자체만으로 재사용될 수 있다. 요구사항을 좀 더 재사용 가능하게 만듦으로써 요구사항이 재사용되는 기존 프로젝트의 가치를 향상시킨다. 간단하게 이것만으로도 더 나은 요구사항이 되는 것이다. 요구사항을 재사용하는 사람은 각 요구사항의 의존 관계에 대해 알고 있어야 하며, 재사용될 수 있는 요구사항 또한 알고 있어야 한다. 이를 통해 적절히 연관된 일련의 요구사항들을 패키지로 만들 수 있을 것이다. 재사용이 팀의 시간과 비용을 절약해 주기는 하지만 뭔가를 손쉽게 재활용할 수 있게 만드는 데는 시간과 비용이 필요할 수 있다.

재사용 가능한 요구사항은 적절한 추상화 수준과 범위에서 작성해야 한다. 도메인에 특화된 요구사항은 낮은 수준의 추상화로 작성된다. 이러한 요구사항은 원래의 도메인에서만 사용될 가능성이 높다(Shehata, Eberlein, and Hoover 2002). 일반화된 요구사항은 다양한 시스템에서 재사용될 수 있는 폭넓은 적용 가능성을 갖추고 있다. 그러나 요구사항을 너무 일반적인 수준에서 재사용하려 한다면 BA가 여전히 세부사항을 자세히 설명해야 하기 때문에 많은 노력을 절약하지 못할 것이다. 재사용하기 쉽게 만드는 것(요구사항을 좀 더 추상화하거나 일반적으로 만드는 것)과 재사용에 더 투자하는 것(요구사항을 좀 더 구체화하거나 특정하는 것) 사이의 적절한 균형을 찾는 것은 쉽지 않은 일이다.

그림 18-2는 이와 관련된 예를 제공한다. 신용카드 지불 승인에 대한 사용자 요구사항을 포함하는 애플리케이션을 개발 중이라고 해보자. 이 사용자 요구사항은 신용카드 지불을 다루는 것과 관련된 기능적/비기능적 요구사항들로 확장될 수 있다. 또한 다른 애플리케이션이 신용카드 지불을 필요로 할 수도 있으므로 이는 잠재적으로 재사용 가능한 요구사항 집합이다.

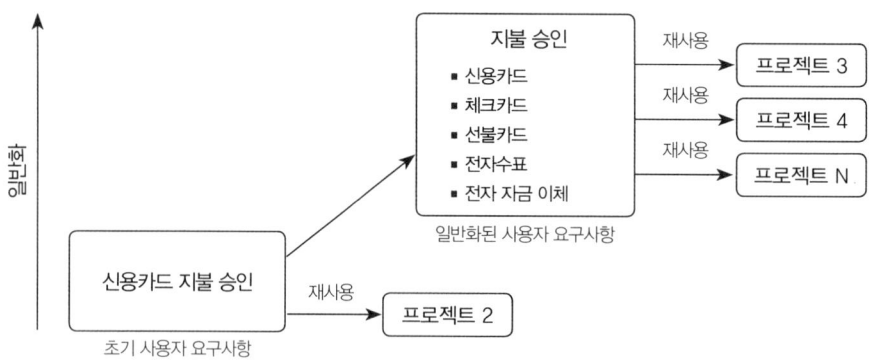

그림 18-2 더 큰 재사용 가능성을 제공할 수 있는 일반화된 요구사항

신용카드, 체크카드, 선불카드, 전자수표, 전자 자금 이체 등 여러 결제 수단을 포함하는 사용자 요구사항을 일반화해야 한다고 가정하자. 완성된 요구사항은 광범위한 미래의 프로젝트에 더 큰 재사용 가능성을 제공한다. 다른 프로젝트에서는 다양한 지불 처리 방법을 필요로 하지만 신용카드 처리만 필요한 프로젝트가 있을 수도 있다. 초기 사용자 요구사항을 "신용카드 지불 승인"을 "지불 승인"으로 표현하는 등 일반화하는 것은 현재 프로젝트에도 도움될 수 있다. 고객이 초기에 신용카드 지불만 처리하기를 요청하더라도 사용자는 꼭 지금이 아니라 나중에라도 다양한 지불 방법을 필요로 할지도 모른다.

요구사항에 적합한 추상화 수준을 선택하면 개발 중에도 성과를 낼 수 있다. 다양한 지불 방법을 제공하기 위한 이러한 요구사항을 갖고 있는 한 프로젝트에서는 각 사례에 대한 명확한 요구사항과 규칙을 만들면서 공통점과 차이점이 드러났다. 앞으로의 재사용 가능성과 무관하게 더 높은 수준의 추상화를 구축하면 설계 및 개발이 쉬워진다.

이것은 좋은 소식이다. 나쁜 소식은 초기에 제시된 요구사항을 일반화하기 위해 어떠한 노력이 필요하다는 것이다. 이는 재사용 가능성에 대한 투자로서 향후 여러 재사용 사례를 통해 더 많은 이익을 회수할 것으로 기대한다. 재사용 가능성을 위해 오늘의 요구사항을 공유 저장소에 둘지 결정하거나 향후 프로젝트에서의 재사용성을 향상시키기 위해 노력을 투자할지 여부는 여러분에게 달렸다.

> **"재사용 가능한 요구사항"의 팽창**
>
> 한 동료는 지나치게 구체적으로 요구사항을 작성함으로써 재사용의 잠재적 가치를 떨어뜨리는 방법에 대한 경고성 이야기를 해주었다. 신규 프로젝트의 요구사항을 작성하는 임무를 맡은 팀은 재사용에 집착했다. BA는 만약 각 요구사항의 모든 세부사항을 별도로 문서화한다면 재사용할 수 있을 것이라 생각했다. 그들은 14,000개가 넘는 요구사항을 정리했다. 저장소에는 하나의 요구사항이지만 하나의 부모가 여러 자식 요구사항을 갖는 구조로, 각각이 부모에 대한 구체적인 세부사항들을 포함한 항목들이 담겨 있었다. 이러한 구체적인 요구사항들은 단 하나의 애플리케이션과 관련돼 있었다.
>
> 또한 이러한 규모의 요구사항은 테스트 주기의 결정을 훨씬 어렵게 했으며, 테스터는 매일 불만을 토로했다. 거대한 양의 요구사항을 헤쳐나가야 하기 때문에 테스트 케이스를 작성하는 데 예상보다 훨씬 긴 시간이 필요했다. 테스터는 요구사항의 테스트 커버리지가 달성됐는지 확인하는 추적성을 위해 테스트 케이스에 요구사항 ID를 부여했지만 여러 요구사항에 대한 추적을 관리하기 어려워졌다. 게다가 요구사항은 광범위한 변화를 겪었고 완전히 안정화되지 않았다. 이 모든 요인으로 그들은 원하던 재사용 가능한 요구사항 집합은 만들지도 못하고 프로젝트도 1년 늦게 배포될 수밖에 없었다.

요구사항 재사용 장벽과 성공 요소

요구사항 재사용이란 말은 멋진 아이디어 같지만 항상 실용적이거나 적합한 것은 아니다. 이번 절에서는 여러분의 조직이 요구사항을 성공적으로 재사용하기 위해 고려해야 하는 사항에 대해 설명한다.

재사용 장벽

장애물을 극복하는 첫 번째 단계는 이를 인식하고 이해하는 것이다. 다음은 요구사항을 재사용할 때 발생할 수 있는 여러 장벽이다.

누락되거나 이상한 요구사항

일반적인 장벽은 이전 프로젝트에 문서화되지 않아 재사용이 불가능한 요구사항이다. 또한 관련된 요구사항을 찾더라도 조악하게 작성됐거나 불완전하고, 아니면 현 상황에 적합하지 않을지도 모른다. 문서화돼 있다 하더라도 오래된 애플리케이션의 원본 요구사항이 시간이 지남에 따라 개선된 애플리케이션의 현재 상황을 반영하고 있지 않아 쓸모 없을 것이다.

NIH와 NAH

재사용에 대한 두 가지 장벽은 NIH 증후군과 NAH 증후군이다. NIH는 "여기서 발명되지 않음(Not Invented Here)"이란 의미다. 어떤 사람은 다른 조직의 요구사항이나 공공 자료에서 찾은 일반적인 요구사항을 재사용하길 꺼린다. 다른 곳에서 작성된 요구사항은 의미가 다른 용어사전을 사용하거나, 이용할 수 없는 문서를 참조하기도 하고, 원본 요구사항의 컨텍스트를 파악할 수 없거나, 중요한 배경 정보가 설명돼 있지 않는 등 이해하기 어려울 수 있다. BA는 기존 요구사항을 이해하고 수정하기보다 새로운 요구사항을 작성하는 편이 더 작업량이 적다고 판단할지도 모른다.

NAH, 즉 "여기에 적용할 수 없음(Not Applicable Here)" 증후군은 실무자가 새로운 프로세스나 접근법을 본인의 프로젝트나 조직에 적용할 수 없다고 이의를 제기하는 것을 말한다. 그들은 "우리는 다르다"고 주장한다. 구성원은 그들의 프로젝트가 차별화된다고 생각하기 때문에 기존 요구사항을 적용할 수 없다고 생각할지도 모른다. 때로는 맞는 말일 수도 있지만 종종 NIH나 NAH는 유연하지 않은 태도를 나타낸다.

스타일에 따라 작성하기

이전 프로젝트의 BA는 광범위한 요구사항 표현 기법과 규칙을 사용했을 수 있다. 재사용을 용이하게 할 수 있는 요구사항 문서화를 위해 패턴을 사용하는 등 표준 표기법을 채용하는 것이 가장 좋다. 만약 요구사항이 일반적인 수준의 입도로 작성됐다면 미래의 BA가 적절한 구체화 수준의 요구사항 후보를 쉽게 찾을 수 있을 것이다. 일관된 용어 사용 또한 중요하다. 사용된 용어의 일부가 이해관계자가 사용하는 용어와 다를 경우 단순히 잠재적으로 재사용 가능한 요구사항을 간과할 수도 있다. 자연어로 작성된 요구사항은 모호하거나, 정보가 누락돼 있거나 가정이 숨겨져 있는 등의 경향이 있기로 악명 높다. 이러한 문제는 재사용 가능성을 떨어뜨린다.

설계 제약을 내재한 요구사항은 서로 다른 환경에서 상대적으로 적은 재사용 기회를 제공할 것이다. 앞에서 이야기한 공항 체크인 키오스크에 대해 생각해 보자. 키오스크에 대한 사용자 인터페이스 세부사항이 요구사항에 포함돼 있다면 웹사이트에서 이와 본질적으로 동일한 기능을 제공해야 하는 소프트웨어에서는 이러한 요구사항을 재사용할 수 없을 것이다.

일관되지 않은 구성

저자마다 프로젝트, 프로세스 흐름, 비즈니스 단위, 제품 기능, 카테고리, 하위 시스템이나 구성요소 등에 따라 다양한 방법으로 요구사항을 구성하기 때문에 재사용할 요구사항을 찾기가 어려울 수 있다.

프로젝트 유형

특정 개발 환경이나 플랫폼에 밀접하게 결합된 요구사항은 재사용 가능한 요구사항을 만들거나 기존 요구사항 지식 풀에서 도움을 받을 수 있는 가능성이 적다. 빠르게 발전하는 도메인의 경우 재사용할 수 있는 요구사항 정보 풀이 존재하지 않는다. 오늘은 의미 있던 요구사항이 내일은 소용없을 수 있다.

소유권

또 다른 장벽은 소유권과 관련이 있다(Somerville and Sawyer 1997). 특정 고객을 위한 소프트웨어 제품을 개발하는 경우 해당 제품의 요구사항은 그 고객만의 지적 재산일 가능성이 있다. 여러분은 여러분의 회사나 다른 고객의 시스템에 이러한 요구사항을 재사용할 수 있는 법적인 권한이 없을 것이다.

재사용 성공 요소

재사용을 진지하게 여기는 조직은 기존 정보를 쉽게 이용하고 공유할 수 있게 하는 메커니즘을 만들 것이다. 이 말은 특정 프로젝트 외에도 재사용 가능한 정보를 모아 다른 사람들이 이에 접근하고 재사용할 수 있게 한다는 것이다. 다음과 같은 성공 팁을 기억해 두자.

저장소

찾을 수 없는 것은 재사용할 수도 없다. 효과적인 대규모 재사용을 가능하게 하는 도구는 결국 요구사항 정보를 담고 있어 검색 가능한 저장소다. 이 저장소는 여러 가지 형태를 취할 수 있다.

- 이전 요구사항 문서가 보관된 네트워크 폴더
- 요구사항 관리 도구에 저장되어 프로젝트 간에 검색할 수 있는 요구사항 모음
- 재사용을 위해 여러 프로젝트에서 발췌하고, 향후 BA가 요구사항의 기원을 파악하고, 적합성을 판단하며, 제약을 학습할 수 있도록 키워드를 보강한 요구사항이 저장된 데이터베이스

누군가에게 재사용 가능한 요구사항 저장소를 관리할 책임을 부여하자. 이 사람은 효율적인 발견과 조회, 재사용에 적합한 형태로 자산을 표현하고 저장하기 위해 필요에 따라 기존 요구사항 지식을 도입할 것이다. 비즈니스 규칙을 전사적인 자산으로서 저장하고 관리하는 데 사용된 것과 비슷한 체계를 재사용 가능한 요구사항을 다루기 위해 적용할 수 있다.

품질

어느 누구도 쓰레기를 재사용하고 싶어 하지 않는다. 잠재적인 재사용자는 정보의 품질에 대한 확신이 필요하다. 그리고 재사용하고 있는 요구사항이 완벽하지 않더라도 실제 사용할 때 이를 더 잘 만들려고 노력한다. 이런 식으로 시간이 지남에 따라 요구사항을 반복적으로 향상시켜 앞으로의 프로젝트에서 재사용 가능성을 높일 수 있다.

상호작용

요구사항은 서로 논리적인 링크나 의존성을 갖고 있을 때가 많다. 이러한 의존성을 파악하기 위해 도구의 추적 가능한 링크를 이용하면 누군가가 재사용을 위한 요구사항을 선택했을 때 그들이 무엇을 사용하는지 알 수 있다. 재사용된 요구사항은 기존 비즈니스 규칙과 제약조건, 표준, 인터페이스, 품질 기대치를 따라야 한다.

용어

프로젝트 간에 공통의 용어와 정의를 설정하면 재사용성에 도움될 것이다. 용어의 변화가 요구사항 재사용에 방해가 되지는 않겠지만 오해를 예방하기 위해서는 불일치하는 부분을 찾아 조치를 취해야 할 것이다. 용어사전과 데이터 사전은 재사용 가능한 정보의 좋은 출처다. 전체 용어사전을 모든 요구사항 명세에 통합하기보다는 주요 용어의 링크를 만들어 공유 용어사전 정의에 연결하자.

조직 문화

관리부서는 실제로 재사용 가능한 높은 품질의 구성요소에 기여하고 기존 산출물을 효과적으로 재사용하는 두 가지 관점에서 재사용을 장려해야 한다. 재사용을 가장 효과적으로 실천하는 개인과 프로젝트 팀, 조직은 높은 생산성을 누릴 수 있다. 재사용 문화에서 BA는 자신의 요구사항을 작성하기 전에 재사용 가능한 요구사항 저장소를 살펴본다. 사용자 스토리나 기타 다른 고수준 요구사항 명세를 출발점으로 삼고 기존 정보를 재사용함으로써 어느 정도의 수준으로 세부사항을 보강할 수 있을지 찾는다.

프로젝트 요구사항은 중요한 기업 정보를 구성한다. 요구공학에 대한 투자를 극대화하기 위해서는 전사적인 수준의 자산으로 처리할 수 있는 요구사항 지식을 찾자. 요구사항 재사용이 반드시 완벽히 가치 있어야 하는 것은 아니다. 요구사항을 새로 작성하는 데 보내는 시간에 비해 20% 정도의 노력을 아껴준다 해도 이것은 큰 이득이다. BA가 우선 차용한 후 만드는 것을 장려하는 문화에서는 요구사항을 재사용 가능하게 만드는 약간의 투자만으로 분석가와 개발팀 모두의 생산성을 높여 고품질 제품으로 이어질 수 있다.

다음 단계는

- 기존 프로젝트나 기타 출처에서 요구사항 지식을 재사용해서 요구사항 집합을 단순화할 수 있는지 현재 프로젝트를 검토하자.

- 잠재적으로 재사용할 수 있는 요구사항이 있는지 현재 프로젝트를 분석하자. 각 요구사항에 대해 표 18-2를 참고해서 재사용 범위를 산정하자. 재사용 가능한 자산을 도출하고, 포장하며, 저장하고, 다른 곳에서 접근할 수 있게 하는 데 드는 비용을 회수할 수 있는 현실적인 기회가 있어야 한다는 것을 기억하자. 그렇지 않다면 투자할 가치가 없다.

- 향후 BA가 찾거나 프로젝트에서 사용 가능한지 여부를 손쉽게 판단할 수 있도록 재사용 가능한 요구사항의 어떠한 정보를 저장해야 하는지 생각해보자. 재사용을 위한 요구사항을 저장할 실용적인 저장소를 결정하자.

19
요구사항 개발, 그 이상을 향해

화학약품 관리 시스템의 프로젝트 스폰서인 게르하르트는 요구사항을 정의하는 데 시간을 소비하는 것에 대해 회의적이었다. 그러나 그는 소프트웨어 요구사항에 대한 일일 교육을 통해 개발팀과 제품 챔피언을 경험했고, 이를 통해 요구사항 활동 지원에 대한 동기를 얻을 수 있었다.

프로젝트가 진행됨에 따라 게르하르트는 사용자 대표로부터 요구사항 개발이 얼마나 잘 진행됐는가에 대해 우수한 피드백을 받았다. 또한 그는 첫 시스템 배포를 위한 기준 요구사항의 중요한 마일스톤이 달성됐음을 축하하기 위해 분석가와 제품 챔피언의 오찬을 후원했다. 오찬에서 게르하르트는 참가자에게 훌륭한 팀워크에 대한 감사를 표했다. 그리고 "이제 요구사항이 완료됐으니 최종 제품을 만날 수 있기를 기대합니다."라고 말했다.

프로젝트 관리자는 "게르하르트 씨, 일년 여 동안 저희에게 최종 제품은 없을 것이라는 것을 명심하세요."라고 설명했다. "저희는 격월로 시스템을 릴리스할 예정입니다. 만약 우리가 지금 설계에 대해 생각하는 데 시간을 보낸다면 개발자가 나중에 더 많은 기능을 쉽게 추가할 수 있을 것입니다. 또한 계속 일을 진행하다 보면 요구사항에 대해 좀 더 알아갈 수 있을 거예요. 어쨌든 각 릴리스 때마다 당신에게 동작하는 소프트웨어의 일부를 보여드리겠습니다."

게르하르트는 실망했다. 그에게는 개발팀이 실제로 개발하는 데 진지하게 임하기보다는 핑계를 대고 있는 것처럼 보였다. 그러나 그가 섣불리 화를 냈을까?

숙련된 프로젝트 관리자와 개발자는 소프트웨어 요구사항을 합리적인 프로젝트 일정과 견고한 설계로 해석해서 얻을 수 있는 가치를 이해한다. 다음 릴리스가 최종 제품의 1%만 포함하든지, 아니면 100% 전부를 포함하든지와는 상관없이 이러한 단계는 필요하다. 이번 장에서는 요구사항 개발과 성공적인 제품 릴리스 사이의 격차를 해소하기 위한 몇 가지 방법을 찾아보겠다. 이러한 활동 중 일부는 비즈니스 분석가에게 책임이 있는 반면, 나머지는 프로젝트 관리자의 도메인 안에 포함된다. 여기서는 그림 19-1과 같이 요구사항이 프로젝트 계획, 설계, 코드, 테스트에 영향을 미치는 다양한 방법에 대해 살펴보겠다. 이러한 연결 관계 말고도 구축될 소프트웨어나 기타 다른 프로젝트와 전이 요구사항 간의 연결이 존재한다. 이는 데이터 마이그레이션과 설계 및 배송 교육, 비즈니스 프로세스와 구조적인 변경, 인프라 수정 등을 포함한다. 이러한 활동은 이 책에서 더는 논의하지 않는다.

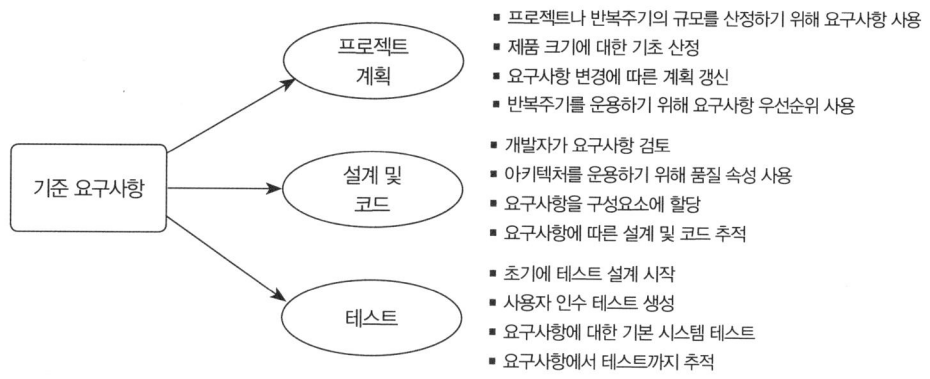

그림 19-1 요구사항은 프로젝트 계획, 설계, 코딩, 테스트 활동을 주도한다.

요구사항 노력 산정하기

초기의 프로젝트 계획 활동 중 하나는 요구사항 활동에 얼마만큼의 프로젝트 일정이나 노력을 할애해야 하는지 결정하는 것이다. 칼 위거스는 이를 판단하는 몇 가지 방법과 함께 예상과 달리 시간을 더 혹은 덜 소요하게 하는 몇 가지 요인을 제안했다(Karl Wiegers 2006). 소규모 프로젝트에서는 요구사항 작업에 일반적으로 총 노력 대비 15~18%의 노력을 소비하지만 적절한 비율은 프로젝트의 규모와 복잡성에 따라 달라진다(Wiegers 1996). 요구사항을 찾아가는 과정이 프로젝트 진행 속도를 늦출 것이라는 우려에도 불구하고, 다음의 예에서 말하는 바와 같이 많은 증거가 요구사항을 이해하는 데 시간을 할애함으로써 실제로는 개발을 가속화할 수 있음을 보여준다.

- 통신 및 금융 산업의 15개 프로젝트 사례 연구에 따르면 가장 성공적인 프로젝트들은 가용 자원 중 28%를 요구사항 도출 및 모델링, 검증, 확인에 소비한 것으로 나타났다(Hofmann and Lehner 2001). 평균적인 프로젝트는 요구공학에 15.7%의 노력을 소비했으며, 38.6%를 이에 대한 일정으로 소비했다.
- 요구사항 개발에 가용 자원 중 10% 이상을 소비한 NASA 프로젝트는 요구사항에 더 적은 노력을 투자한 프로젝트에 비해 대체로 더 적은 비용을 지출하고, 일정 초과도 적었다(Hooks and Farry 2001).
- 유럽의 사례에서는 표 19-1이 보여주는 바와 같이 제품을 더 빨리 개발한 팀이 늦게 개발한 팀에 비해 요구사항에 더 많은 시간과 노력을 할애했다(Blackburn, Scudder, and Van Wassenhove 1996).

표 19-1 개발을 가속화하기 위해 요구사항에 투자하기

	요구사항에 할애하는 노력	요구사항에 할애하는 시간
빠른 프로젝트	14%	17%
느린 프로젝트	7%	9%

3장 "요구공학의 우수 사례"의 그림 3-3에서 볼 수 있는 바와 같이 요구공학 활동은 프로젝트가 순차적(폭포수), 반복적, 점진적 개발 수명 주기 등 어떤 수명주기를 따르느냐에 따라 프로젝트 전반에 걸쳐 다양한 방법으로 퍼져 있다.

> **함정** 분석 마비에 주의하자. "한 번에 완벽히" 요구사항을 완성하기 위해 대규모의 선행 노력을 기울이는 프로젝트는 종종 적절한 시간 안에 아주 적은 유용한 기능만을 제공할 때가 많다. 한편 분석 마비의 망령으로 인해 요구사항 개발을 피하지는 못한다. 삶에 존재하는 수많은 문제와 마찬가지로 합리적인 균형은 양 극단 사이에 존재한다.

프로젝트가 요구사항 개발에 쏟아 부어야 하는 노력을 산정할 때 경험의 도움을 받을 수 있다. 이전 프로젝트의 요구사항 노력을 되돌아보고 요구사항 작업이 얼마나 효과적이었는지 판단해 보자. 만약 문제가 형편없는 요구사항 때문이라 할 수 있다면 요구사항 작업을 좀 더 강조하면 될 것이다. 물론 이러한 추정은 이전 프로젝트 기록을 유지하고 있을 때 가능하며, 이를 통해 앞으로의 프로젝트에서 좀 더 잘 산정할 수 있을 것이다. 지금 당장 이러한 정보를 갖고 있지 않더라도 팀 구성원이 오늘 프로젝트에 얼마나 많은 시간을 투자했는지를 보면 내일의 데이터를 알 수 있을 것이다. 이는 과거 데이터를 분석하는 것보다 복잡하지 않다. 산정한 노력과 실제 노력 모두 기록함으로써 다음번에 좀 더 잘 산정하기 위한 방법을 고민할 수 있을 것이다.

요구공학 컨설팅 회사인 셀리벨(Seilevel, 조이의 회사)은 수많은 프로젝트의 작업 추정치와 실제 결과를 개선해서 프로젝트의 요구사항 개발 노력을 산정하기 위한 효과적인 방법을 개발했다. 이 방법은 전체 작업 비율과 개발자와 BA의 비율, 상향식 산정을 위한 기초 자원 비용을 사용하는 활동

내역 등 세 가지 상호보완적인 추정치를 포함한다. 이러한 세 가지 추정치의 결과를 비교하고 유효한 차이를 조율하면 비즈니스 분석 팀이 가장 정확한 추정치를 만들어낼 수 있다.

첫 번째 추정치는 전체 프로젝트 작업 비율에 기초한다. 특히 우리는 전체 프로젝트 노력의 약 15% 정도가 요구사항 작업에 할당돼야 한다고 생각한다. 이 값은 이번 절 앞에서 인용한 비율과 일치한다. 전체 프로젝트에 필요한 시간을 1,000시간이라고 추정한다면 이 가운데 150시간을 요구사항 작업으로 산정해야 한다. 물론 전체 프로젝트 추정은 요구사항을 더 잘 이해한 후에 변경될 수 있다.

두 번째 산정 유형은 개발자와 비즈니스 분석가의 전형적인 비율을 가정한다. 우리의 기본값은 6:1인데, 이는 한 명의 BA가 여섯 명의 개발자가 일할 만큼 충분한 요구사항을 만들 수 있다는 것을 말한다. 또한 BA는 품질 보증 작업이나 프로젝트 관리뿐 아니라 비즈니스도 함께 할 것이기 때문에 BA 팀의 모든 프로젝트 작업을 포함해서 산정할 수 있다. 패키지 솔루션(COTS) 프로젝트의 경우 이 값을 3:1로 변경해야 한다(BA 한 명당 세 명의 개발자). COTS에는 도출 및 문서화가 필요한 다양한 선택이나 구성, 전이 요구사항이 존재하지만 많은 코드를 직접 개발하지 않고 구매해서 사용하므로 개발팀은 더 작다. 그래서 개발팀 규모를 알고 있다면 적절한 BA 인력 수준을 추정할 수 있다. 이는 이미 확정된 미래의 예측이 아니라 경험에 의거한 예측이므로 여러분의 조직이나 프로젝트 유형에 따라 적당히 조정하자.

세 번째 산정에서는 특정 프로젝트를 위해 만들어진 다양한 산출물 수에 근거해서 BA가 수행하는 다양한 활동을 고려하자. BA는 프로세스 흐름, 사용자 스토리, 화면, 보고서 등의 수를 산정할 수 있으며, 어떤 요구사항 산출물이 필요한지에 대한 합리적인 가정을 만든다. 다양한 프로젝트에서 축적한 활동별 시간 산정을 기반으로 우리는 전체 요구사항 노력을 산정할 수 있다.

우리는 세 가지 요구사항을 산정할 수 있는 스프레드시트 도구를 만들었고, 이것은 이 책의 보조 자료에서 얻을 수 있다. 그림 19-2는 스프레드시트의 결과 중 일부를 보여준다. 총 노력 비교 요약은 요구사항 작업과 전체 프로젝트에 필요한 BA 수와 예산 산정을 보여준다. 이러한 추정치는 차이점 조율과 자원 협상, 프로젝트의 BA 수요 계획을 위한 출발점 역할을 한다.

입력			
수량	항목	수량	항목
20	검토를 위해 문서화해야 하는 페이지	$ 750,000	프로젝트 전체 예산
0	갱신하거나 교체해야 하는 기존 시스템	$ 125	BA의 시간당 비용
5	이해관계자	Standard	프로젝트 유형
1	인터페이스 시스템 – 소규모 시스템	5	개발자 수
1	인터페이스 시스템 – 중규모시스템	No	팀의 원격 여부
1	인터페이스 시스템 – 대규모 시스템	52	프로젝트 기간(주)
8	프로세스 흐름	20	요구사항 작업 기간(주)
2	BDDs		
8	화면		
1	보고서		
총 노력 비교 요약			
		전체 프로젝트 비율(%)	개발자 대비 BA 비율	활동 기반	
BA 수		1	0.8	0.8	비근무시간 제외
요구사항 작업을 위한 BA 예산		$ 113,000	$ 83,000	$ 77,000	
프로젝트 기간 동안의 BA 예산		$ 293,000	$ 217,000	$ 200,000	

그림 19-2 요구사항 활동에 필요한 노력을 산정하기 위한 스프레드시트의 일부

요구사항 산정 도구는 세 개의 워크시트 탭으로 구성돼 있다. 첫 번째 탭은 프로젝트의 여러 특성을 입력한 요약이다. 도구는 세 가지 산정 유형의 다양한 요소를 계산한다. 두 번째 탭은 제공된 가정에서 항목을 조정할 수 있는 시트다. 세 번째 탭은 산정 도구를 사용하는 방법에 대한 지침을 제공한다.

이 산정 도구에 담긴 가정은 실제 프로젝트에 대한 셀리벨의 폭넓은 경험을 기반으로 한다. 여러분이 속한 조직에 맞게 가정 일부를 조정할 필요가 있을 것이다. BA가 초심자거나 고도로 숙련된 경우를 예로 들면, 활동별로 필요한 추정 시간의 일부가 기본값과 달라질 수 있을 것이다. 도구를 현실에 가장 적합하게 맞추기 위해 본인이 참여하는 프로젝트의 데이터를 수집해서 매개변수를 수정하자.

중요 모든 산정은 그 순간 평가자가 적용 가능한 지식과 직접 만든 가정을 기반으로 한다. 제한된 정보를 이용한 이른 산정은 큰 불확실성을 야기한다. 추가적인 지식을 습득하거나 프로젝트 기간 동안 작업이 완료되면 산정을 수정하자. 여러분이 어떤 생각으로 해당 숫자를 제시했는지 명확히 알 수 있게 가정을 기록하자.

궁지에 몰린 베티

백만 달러 프로젝트의 프로젝트 관리자인 스리다는 요구사항 개발 기간에 대한 초기 추정치에 대해 논의하기 위해 BA인 베티에게 연락했다. 이전에 주고받은 메일에서 그녀는 8주 정도로 예측했다. 스리다는 베티에게 다음과 같이 물었다. "쇼핑 포털의 요구사항 작업에 8주가 필요한 게 사실인가요? 시스템이 복잡하지 않기 때문에 당신 팀은 분명히 4주 안에 마칠 수 있을 거에요. 저는 정말 사람들이 물건을 검색하고 구매하기 위해 웹사이트를 방문했으면

> 좋겠어요. 이게 다에요! 개발 관리자인 헤크는 아무런 요구사항이 없어도 시스템을 개발할 수 있다고 생각하고 있는데, 당신들이 요구사항을 완성하는 데 4주가 필요하다면 어떻게 해야 할까요?"
>
> 베티는 궁지에 몰렸다. 그녀는 굴복하고 큰 규모의 프로젝트에 대해 4주라는 무리한 일정에 동의할 수 있다. 아니면 프로젝트가 단순할 것이라 가정하고 비효율적일 수 있음에 대한 부담을 안고 갈 수도 있을 것이다. 결국 베티는 시스템 규모를 아직 알지 못해 충분한 요구사항들을 개발하는 데 얼마나 소요될지에 대해 확신하지 못했다. 그녀가 분석을 시작할 때까지 그녀는 자신이 무엇을 모르는지 알 수 없었다.
>
> 이와 비슷한 이야기가 셀리벨이 이번 장에 소개한 산정 도구를 개발한 가장 큰 이유다. 이 도구는 베티가 스리다와 대화하면서 받게 되는 스트레스에 도움을 준다. 그녀는 "물론 제가 뭘 할 수 있는지 당신에게 보여줄 수 있다면 4주면 충분합니다."라고 말할 수 있다. 어떤 요구사항이 필요한지에 대한 보고서나 프로세스의 숫자를 조정할 수 있다. 베티는 효율적으로 요구사항 노력을 시간으로 바꿀 수 있다. 그러나 스리다에게는 단지 빙산의 일각에 불과한 요구사항을 이해하는 것은 추후 뜻밖의 불쾌함을 초래할 수 있다는 것을 인식하는 게 중요하다.

요구사항을 기반으로 프로젝트 계획하기

요구사항은 프로젝트 예정 작업을 위한 기초이기 때문에 이러한 요구사항에 대한 산정, 프로젝트 계획, 스케줄을 기반으로 해야 한다. 가장 중요한 프로젝트 결과는 원래의 프로젝트 계획에 따라 모든 초기 요구사항을 개발하는 게 아니라 비즈니스 목표에 부합하는 시스템이라는 것을 기억하자. 요구사항과 계획은 그 결과를 달성하는 데 소요되는 특정 시간에 대한 팀의 평가를 나타낸다. 그러나 프로젝트의 범위가 목표를 벗어났다거나 초기 계획이 비현실적이거나 목표에 잘 부합하지 않을 수 있다. 비즈니스 니즈나 규칙, 프로젝트 제약조건 모두 달라질 수 있다. 진화하는 목표와 현실에 따라 계획을 갱신하지 않는다면 프로젝트의 비즈니스적인 성공에 문제가 발생할 것이다.

요구사항을 기반으로 프로젝트 규모와 필요한 노력 산정하기

다양한 요소에 의존하는 프로젝트를 완료하기 위해서는 현실적인 노력과 시간 산정이 필요하며, 개발해야 하는 제품의 규모를 산정하는 게 출발점이 된다. 기능적 요구사항이나 사용자 스토리, 분석 모델, 프로토타입, 사용자 인터페이스 디자인의 규모 산정을 기반으로 할 수 있다. 소프트웨어 규모에 대한 완벽한 척도는 없지만 자주 사용하는 지표는 다음과 같다.

- 개별적으로 테스트 가능한 요구사항 개수(Wilson 1995)

- 기능 점수(Jones 1996b; IFPUG 2010)

- 스토리 포인트(Cohn 2005; McConnell 2006)나 유스케이스 점수(Wiegers 2006)
- 사용자 인터페이스 요소의 개수나 유형, 복잡도
- 특정 요구사항 구현에 필요하다고 산정된 코드 라인 수

기존 경험이나 여러분이 개발하는 소프트웨어의 종류에 따라 접근법을 선택하자. 개발팀이 과거에 비슷한 기술을 사용한 유사 프로젝트에서 어떤 성취를 이뤘는지 이해함으로써 팀의 생산성을 측정할 수 있다. 규모와 생산성을 산정한 후에는 프로젝트 구현에 필요한 전체 노력을 산정할 수 있다. 노력 산정은 팀 규모(한 번에 여러 일을 하는 사람은 덜 생산적이며, 커뮤니케이션 접점이 더 필요하고 이로 인해 속도가 느려짐)와 계획된 일정(빡빡한 일정은 실제로 필요한 전체 노력을 증가시킴)에 따라 달라진다.

개발 노력과 일정의 다양한 가용 조합을 제안하는 상용 소프트웨어 산정 도구를 사용하는 것도 한 가지 방법이다. 이러한 도구는 개발자의 능력, 프로젝트 복잡도, 애플리케이션에 대한 팀의 경험 등의 요소에 따라 산정 결과를 조정할 수 있게 한다. 제품 규모와 노력, 개발 시간, 생산성, 인력 구성 시간 사이에는 복잡하고 비선형적인 관계가 존재한다(Putnam and Myers 1997). 이러한 관계를 이해함으로써 제품 규모, 일정, 팀 규모가 성공 가능성이 급격히 낮아지는 조합으로 이뤄진 "불가능한 영역"에 빠지는 함정을 피할 수 있다.

최선의 산정 프로세스는 초기의 불확실성과 지속적인 범위의 변동성을 인정하는 것이다. 이러한 프로세스를 사용하는 사람들은 각 산정 결과를 단일값이 아니라 범위로 표현할 것이다. 그들은 산정에 반영한 데이터의 불확실성과 변동성을 기반으로 변동폭을 확대함으로써 산정 결과의 정확도를 관리한다.

애자일 프로젝트는 특정 사용자 스토리를 구현하는 데 필요한 상대적인 노력 측정값인 스토리 포인트 단위로 범위를 산정한다. 특정 스토리 규모의 산정은 스토리와 이들의 복잡성, 동반되는 기능에 대한 지식의 보유 여부에 의존한다(Leffingwell 2011). 애자일 팀은 기존 경험과 신규 프로젝트에서 이전 반복주기의 결과에 따라 팀의 속도, 팀이 표준 반복주기 안에 완료하길 기대하는 스토리 포인트를 측정한다. 팀 구성원은 프로젝트에 필요한 일정과 비용, 반복주기 횟수 등을 산정하기 위해 제품 백로그 규모와 속도를 결합한다. 딘 레핑웰은 이런 방식으로 애자일 프로젝트를 산정하고 계획하기 위한 여러 기술에 대해 설명한다(Dean Leffingwell 2011).

> **중요** 만약 여러분이 실제 프로젝트 결과와 산정 결과를 비교하지 않고 산정 능력을 개선하지 않는다면 여러분이 계산한 산정 결과는 영원히 추정값으로 남을 것이다. 소프트웨어 규모 산정과 요구사항 개발 노력이나 전체 프로젝트 노력과의 상관관계에 필요한 충분한 데이터를 축적하는 데는 시간이 필요하다. 애자일 프로젝트에서 초기 반복 주기는 팀에게 속도에 대한 평가를 제공한다.

산정 프로세스가 아무리 좋더라도 고객이나 관리자, 입법자가 자주 요구사항을 변경하는 프로젝트라면 도전에 직면하게 될 것이다. 만약 변화가 너무 커서 개발팀이 이를 유지할 수 없다면 이들은 마비되어 의미 있는 과정을 만들 수 없을 것이다. 애자일 개발 방법은 매우 빠르게 변화하는 요구사항을 다루는 다른 방법을 제공한다. 이 방법에서는 요구사항 중 상대적으로 견고한 부분을 구현하는 것으로 시작하며 이미 예견된 변경사항은 차후에 반영된다. 팀은 나머지 제품 요구사항을 명확히 하기 위해 초기 증분의 고객 피드백을 사용한다.

목표는 산정과 같지 않다. 언제든 부과된 기한과 신중히 산정된 일정에 동의하지 않는다면 협상이 먼저다. 면밀한 프로세스와 시간에 따른 데이터를 기반으로 한 산정을 정당화할 수 있는 프로젝트 관리자는 단순히 잘 알아맞히는 사람보다 협상에 더 유리한 위치에 있다. 프로젝트의 비즈니스 목표는 이해관계자들에게 타임라인 확대나 범위 조정, 자원 추가, 품질 타협 등을 통해 일정에 대한 갈등을 해결하기 위한 지침을 제공해야 한다. 이러한 의사결정은 쉽지 않지만 납품할 제품의 가치를 극대화할 수 있는 유일한 방법이다.

> **한 시간 정도?**
> 한번은 고객이 개인적으로 사용하기 위해 작성한 작은 프로그램을 추가해서 다른 동료가 내부망에서 접근할 수 있게 할 수 있을지 소프트웨어 그룹에 문의했다. 우리 관리자는 프로젝트 규모에 대해 당장 생각나는 대로 얘기하며 "한 시간 정도?"라고 나에게 말했다. 내가 고객과 그의 동료가 실제로 어떤 생각인지 이해하기 위해 얘기했을 때 문제가 더 큰 것으로 밝혀졌다. 나는 그들이 원하는 프로그램을 작성하는 데 100시간을 보냈다. 100배 증가한 요소는 내 관리자의 초기 산정인 한 시간이 성급했음을 의미한다. 팀은 누구라도 산정이나 합의를 하기 전에 요구사항에 대한 사전 확인을 거치고 범위를 평가하며 제품 규모를 판단해야 했다.

불확실한 요구사항은 불확실한 산정을 초래한다. 프로젝트 초기의 불확실한 요구사항은 피할 수 없고, 산정 결과 또한 일반적으로 최적화돼 있으므로 갑작스런 요구사항 증가를 수용하기 위해 일정과 예산에 만일의 사태에 대비한 버퍼를 둬야 한다(Wiegers 2007). 범위의 증가는 비즈니스 니즈의 변화나 사용자와 시장의 이동, 소프트웨어가 무엇을 할 수 있는지에 대한 이해관계자의 이해도 향상에 의해 발생한다. 애자일 프로젝트에서 범위 증가는 개발 사이클에 반복주기 추가를 야기한다. 광범위한 요구사항 증가는 종종 요구사항 도출 과정에 많은 요구사항이 누락됐음을 나타내기도 한다.

중요 여러분의 산정이 다른 이들이 무엇을 듣고자 하는지에 대한 생각에 좌우되지 않게 하자. 단지 누군가가 좋아하지 않는다고 미래에 대한 여러분의 예측을 바꾸지 말자. 너무 큰 예측 불일치는 협상의 필요성만 나타낼 뿐이다.

요구사항과 일정 산정

많은 프로젝트는 "우측에서 좌측으로의 일정"에 따라 일한다. 산출물 전달 날짜가 확정된 다음 제품의 요구사항이 정의된다. 이러한 경우 요구되는 모든 기능을 예상 품질 수준으로 포함하면서 지정된 출하일을 충족시키는 것이 결국 불가능하다고 결론 내려지기도 한다. 구체적인 일정이나 합의를 완료하기 전에 소프트웨어 요구사항을 정의하는 것이 좀 더 현실적이다. 일정에 대한 제약 내에서 어떠한 기능을 제공할 수 있을지 프로젝트 관리자가 협상할 수 있을 때 설계에서 일정을 산출하는 전략이 동작한다. 요구사항 우선순위는 핵심적인 성공 요인이다.

소프트웨어가 최종 제품의 일부인 복잡한 시스템에서 프로젝트 관리자는 일반적으로 제품 수준의 (시스템) 요구사항과 선행 아키텍처 개발 후에 고수준의 일정을 수립한다. 이때 마케팅, 판매, 고객 서비스, 개발을 포함하는 소스를 기초로 한 핵심 배송일이 수립될 수 있다.

프로젝트 계획 및 자금 조달을 단계적으로 진행하는 것을 고려하자. 초기 요구사항 탐색 단계는 하나 이상의 구축 단계에 대해 현실적인 계획과 산정을 위한 충분한 정보를 제공할 것이다. 요구사항이 불확실한 프로젝트는 점진적이고 반복적인 개발 방법론을 통해 혜택을 누릴 수 있다. 점진적인 개발은 요구사항이 완전히 명확해지기 전에 팀이 유용한 소프트웨어 개발을 시작할 수 있게 한다. 요구사항의 우선순위에 따라 각 개발 타임박스에 포함할 기능이 결정된다.

소프트웨어 프로젝트는 자주 목표 달성에 실패하는데, 보통은 소프트웨어 엔지니어가 형편없다기보다는 개발자 및 기타 프로젝트 참가자들의 낙관적인 평가와 허술한 기획 때문이다. 일반적인 작업의 간과, 노력이나 시간의 과소평가, 프로젝트 위험 산정 실패, 재작업 예측 실패 등을 일반적인 기획 실수의 사례로 볼 수 있다(McConnell 2006). 효과적인 프로젝트 일정 산정에는 다음과 같은 요소가 필요하다.

- 제품 규모 예측
- 과거 성과를 기반으로 한 개발팀의 생산성 파악

- 기능이나 유스케이스 구현 및 검증을 완료하는 데 필요한 작업 목록
- 최소한 다음 개발 반복주기를 위한 합리적이고 안정적인 요구사항
- 프로젝트 관리자가 무형의 요소와 각 프로젝트의 고유 측면을 조정하는 데 도움이 되는 경험

> **함정** 달성할 수 없다는 걸 알면서도 합의를 이행하고자 하는 압력에 굴복하지 말자. 이것은 승자 없는 결과로 가는 지름길이다.

요구사항을 기반으로 설계 및 구현하기

요구사항과 설계의 경계는 깔끔하지 않고 흐릿하고 희미하다(Wiegers 2006). 의도적으로 설계를 제한해야 할 강력한 이유가 있을 때를 제외하고는 요구사항을 개발 성향과는 독립적으로 유지하자. 이상적으로는 시스템이 무엇을 수행하는지에 대한 설명은 설계 고려사항에 의해 편파적이지 않아야 한다. 하지만 현실에서 프로젝트는 이전 제품과 제품 개발 표준, 사용자 인터페이스 규칙에 의한 설계 제약사항에 따른다. 이 때문에 요구사항 명세서는 대개 약간의 설계 정보를 포함하고 있다. 경솔한 설계, 불필요하거나 의도치 않은 설계 제한은 피하자. 요구사항이 설계를 위한 견고한 토대를 제공할 수 있도록 요구사항 검토에 설계자를 포함하자.

아키텍처와 할당

제품의 기능과 품질 속성, 제약조건은 아키텍처 설계를 주도한다(Bass, Clements, and Kazman 1998; Rozanski and Woods 2005). 분석가는 제안된 아키텍처를 분석함으로써 프로토타이핑처럼 요구사항을 검증하고, 정밀도를 조율할 수 있다. 두 가지 방법 모두 다음과 같은 사고 과정을 사용한다. "만약 내가 요구사항을 제대로 이해하고 있다면 내가 검토 중인 이 방법이 요구사항을 만족시키는 최선의 방법이야. 나한테 선행 아키텍처(혹은 프로토타입)가 있다면 요구사항을 더 잘 이해하고 잘못되거나 누락된, 혹은 상충하는 요구사항을 찾는 데 도움이 될까?"

아키텍처는 소프트웨어와 하드웨어 구성요소 모두 포함하는 시스템과 복잡한 단일 소프트웨어 시스템에서 특히 중요하다. 필수 단계는 고수준의 시스템 요구사항을 다양한 서브시스템과 구성요소에 할당하는 것이다. 분석가나 시스템 엔지니어, 아키텍트는 시스템 요구사항을 소프트웨어와 하드웨어 서브시스템에 대한 기능적 요구사항으로 분리한다. 개발팀은 요구사항 추적 정보를 통해 각 요구사항이 설계상 어디에서 다뤄지는지 추적할 수 있다.

부적절한 할당 결정은 소프트웨어가 하드웨어 구성요소에 할당된 것과 같은 기능을 수행한다거나(혹은 반대), 형편없는 성능 제공, 혹은 구성요소를 개선 버전으로 손쉽게 교체할 수 없는 등과 같은 결과를 초래할 수 있다. 어떤 프로젝트에서 하드웨어 엔지니어는 우리의 소프트웨어가 그의 하드웨어 설계가 갖고 있는 모든 제약을 극복할 것으로 예상했다고 내 그룹에 뻔뻔하게 얘기했다. 소프트웨어가 하드웨어보다는 유연하지만 엔지니어는 그러한 유연성을 하드웨어 설계를 절약하기 위한 목적으로 사용해서는 안 된다. 각 구성요소가 어떠한 기능을 제공해야 하는지 결정하기 위해서는 시스템 공학 접근법을 이용하자.

시스템 기능을 서브시스템이나 구성요소에 할당하는 것은 하향식(top-down)으로 수행해야 한다(Hooks and Farry 2001). 블루레이 플레이어를 생각해 보자. 블루레이 플레이어는 그림 19-3과 같이 디스크 트레이를 여닫거나 디스크를 회전시킬 수 있는 모터, 디스크에서 데이터를 읽기 위한 광학 서브시스템, 이미지 렌더링 서브시스템, 다기능 리모콘 등을 포함하고 있다. 서브시스템은 사용자가 디스크가 재생 중에 디스크 트레이를 열기 위해 리모콘의 버튼을 누를 때와 같은 행동을 제어하기 위해 상호작용한다. 시스템 요구사항은 복잡한 제품의 아키텍처 설계와 요구사항 할당에 영향을 미치는 아키텍처를 주도한다.

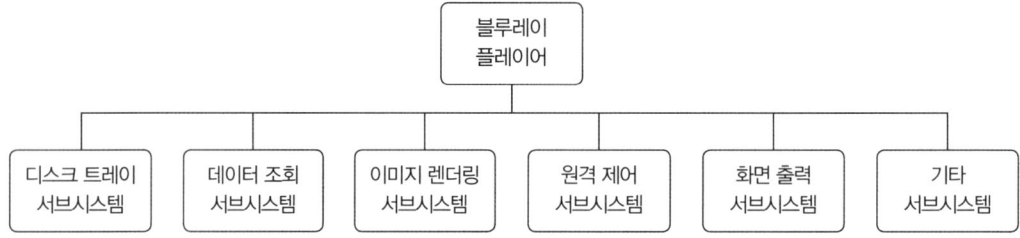

그림 19-3 블루레이 플레이어 같은 복합적인 제품은 여러 가지 소프트웨어 및 하드웨어 서브시스템을 포함한다.

놀라운 단축 설계

8개의 컴퓨터 프로세스를 사용해서 사진 촬영 시스템을 시뮬레이션하는 프로젝트에 참여한 적이 있다. 열심히 요구사항을 분석한 후 팀은 이제 구현하고 싶어했다. 대신 우리는 솔루션을 만드는 방법을 고민하기 위한 설계 모델을 만드는 데 시간을 보냈다. 우리는 사진 촬영 시뮬레이션의 세 단계에서 동일한 알고리즘을 사용했고, 다른 세 단계에서 앞의 알고리즘과는 다른 동일한 알고리즘을 사용했으며, 나머지 두 단계에서 또 다른 세 번째 알고리즘을 사용한다는 사실을 금방 깨달았다. 설계 관점에서 여덟 개의 복잡한 연산들을 단 세 개로 문제를 단순화했다. 우리는 여러 곳에서 반복될 것이라 예상하는 코드를 발견해서 설계를 생략했으며, 단순화 영역을 빨리 찾아냄으로써 많은 시간을 절약했다. 코드를 재작성하는 것보다 설계 모델을 수정하는 편이 더 효율적이다.

소프트웨어 설계

일부 프로젝트에서 소프트웨어 설계는 짧게 진행되지만 설계에 보낸 시간은 훌륭한 투자다. 다양한 소프트웨어 설계는 대부분의 제품 요구사항을 만족시킬 것이다. 이러한 설계는 성능이나 효율성, 견고성, 사용된 기술적인 방법 등 다양한 측면에서 이뤄질 것이다. 만약 요구사항에서 바로 코드를 작성한다면 필히 마음속으로 소프트웨어를 설계해서 작성하는 것일 것이다. 그러나 설계를 하더라도 훌륭한 설계는 아닐 것이다. 제대로 설계되지 않은 소프트웨어는 이에 상응하는 결과를 야기할 것이다.

요구사항과 마찬가지로 훌륭한 설계는 반복의 결과다. 정보를 얻고 추가적인 아이디어를 생산해서 초기 콘셉트를 구체화하기 위해 여러 단계를 거쳐 설계하자. 설계상 결점은 유지보수나 확장이 어려운 제품을 야기하고, 고객이 원하는 성능, 사용성, 신뢰성 목표를 만족하지 못할 것이다. 요구사항을 설계로 전환하며 보내는 시간은 고품질의 견고한 제품을 만들기 위한 훌륭한 투자다.

객체지향 개발 방법을 적용하는 제품은 요구사항 정보를 표현하고 분석하기 위해 클래스 다이어그램과 기타 다른 UML 모델을 사용하는 객체지향 분석으로 시작할 것이다. 설계자는 구현 세부사항과는 별개로 추상적인 클래스 다이어그램을 설계와 구현을 위한 좀 더 구체적인 객체 모델로 정교화할 수 있다.

구현을 시작하기 전까지 전체 제품에 대해 완벽하고 구체적인 설계는 필요치 않지만 구현 전에 각 구성요소를 설계해야 한다. 전형적인 설계는 수많은 내부 구성요소 간의 인터페이스와 상호작용을 동반하는 시스템을 포함한 프로젝트나 숙련되지 않은 개발자가 참여하는 프로젝트 등 특히 어려운 프로젝트에 큰 도움이 된다(McConnell 1998). 그러나 모든 프로젝트는 다음과 같은 전략으로부터 혜택을 얻을 것이다.

- 서브시스템과 구성요소의 단일 아키텍처 개발은 제품의 수명 향상을 가져온다.
- 개발해야 하는 핵심 기능 모듈이나 객체 클래스를 식별하고, 인터페이스와 책임, 다른 구성 단위와의 협업을 정의하자.
- 설계가 모든 기능적 요구사항을 담고 있으며, 불필요한 기능은 포함하지 않고 있음을 보장하자.
- 각 코드 단위의 의도한 기능을 정의하고 강한 응집도, 느슨한 결합, 정보 은닉과 같은 설계 원칙을 따르자(McConnell 2004).
- 설계가 발생할 수 있는 예외 상황을 해결함을 보장하자.
- 설계가 명시된 성능이나 보안, 기타 품질 목표를 달성할 것을 보장하자.
- 재사용할 수 있는 기존의 모든 구성 요소를 식별하자.
- 소프트웨어 구성요소 설계에 상당한 영향을 미치는 모든 제한 및 제약을 정의하고 존중하자.

개발자가 요구사항을 설계와 코드로 번역하며 모호함과 혼란을 접하게 될 것이다. 이상적으로 개발자는 이러한 문제를 해결하기 위해 프로젝트의 이슈 추적 프로세스를 통해 고객이나 BA에게 문제를 전달할 수도 있다. 만약 문제가 즉시 해결될 수 없는 경우 고객 대표와 함께 개발자가 만든 모든 가정이나 추측, 해석을 문서화하고 검토해야 한다.

사용자 인터페이스 설계

사용자 인터페이스 설계는 이 책의 범위를 넘어 광범위하게 연구되는 분야다. 요구사항 탐색은 UI 설계를 위한 최소한의 시험 단계일 것이다. UI 설계는 최종 사용자의 참여 없이 밀어붙일 수 없으며 요구사항과 밀접하게 연관돼 있다. 15장 "프로토타이핑을 활용한 위험 감소"에서 유스케이스를 통해 대화상자 맵이나 와이어프레임, 프로토타입을 거쳐 구체적인 UI 설계로 완성하는 방법을 설명했다. 화면-행동-응답(DAR; Display-Action-Response) 모델은 화면에 표시하는 UI 요소와 시스템이 사용자 행동에 응답 방법을 문서화하는 데 유용한 도구다(Beatty and Chen 2012). DAR 모델은 시각적인 화면 레이아웃 및 화면 요소와 각기 다른 조건에 대한 동작을 설명하는 표의 조합이다. 그림 19-4는 웹사이트의 샘플 페이지를 보여주며, 그림 19-5는 이에 상응하는 DAR 모델을 보여준다. DAR 모델은 개발자가 안심하고 구현할 수 있을 정도로 충분히 구체적인 스크린 레이아웃과 동작을 포함한다.

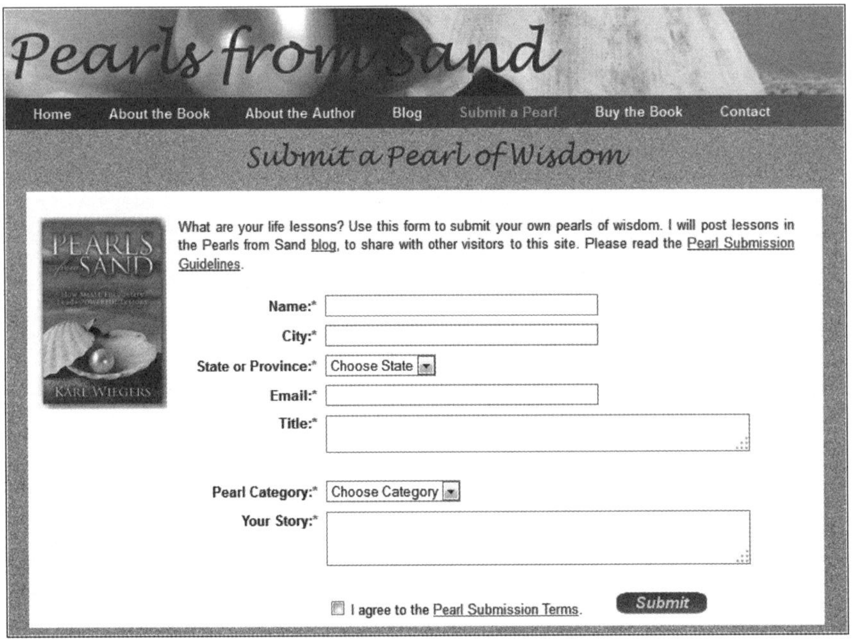

그림 19-4 충실도(high-fidelity)가 높은 웹페이지 설계

UI 요소: PearlsFromSand.com에서 진주 페이지 제출	
UI 요소 설명	
ID	submit.html
설명	사용자가 자신의 삶의 교훈을 Pearls from Sand 블로그에 게시할 수 있는 페이지
UI 요소 설명	
선행조건	화면
항상	"홈" 링크
	"도서 정보" 링크
	"저자 정보" 링크
	"블로그" 링크
	"진주 제출" 링크(비활성, 현재 페이지이므로 다른 색상)
	"도서 구매하기" 링크
	"연락처" 링크
	"이름" 텍스트 필드
	"도시" 텍스트 필드
	"국가 또는 지방" 드롭다운 목록
	"이메일" 텍스트 필드
	"제목" 텍스트 필드
	"진주 카테고리" 드롭다운 목록
	"당신의 이야기" 텍스트 필드
	"나는 동의합니다" 체크박스, 해제 상태
	"제출" 버튼
	"진주 제출 지침" 링크
	"진주 제출 약관" 링크
사용자가 진주를 제출	"이름", "도시", "국가 또는 지방", "이메일" 필드는 이전 진주의 값으로 채워진다. "제목"이나 "진주 카테고리", "당신의 이야기", "나는 동의합니다" 필드는 기본값으로 설정된다.
UI 요소 동작		
선행조건	사용자 행동	응답
항상	사용자가 내비게이션 링크를 클릭한다. "홈", "도서 정보", "저자 정보", "도서 구매", "연락처", "진주 제출 지침", "진주 제출 약관"	상응하는 페이지가 표시된다.
항상	사용자가 "블로그" 링크를 클릭한다.	Pearls from Sand 블로그가 브라우저의 새 탭에서 열린다.
항상	사용자가 텍스트 필드에 텍스트를 입력하거나 붙여넣기 한다.	사용자의 텍스트가 필드에 표시된다. "당신의 이야기" 필드에 표시되며 입력 가능한 문자 수가 계산된다.

UI 요소 설명		
항상	사용자가 "나는 동의합니다" 체크박스를 클릭한다.	체크박스가 체크되거나 체크 해제된다.
하나 이상의 항목이 유효하지 않음	사용자가 "제출" 링크를 클릭한다.	유효하지 않은 문자가 입력되거나, 유효 길이를 초과하거나, 필요한 필드가 채워지지 않았을 때 오류 메시지가 나타난다.
모든 필드가 유효할 경우; "나는 동의합니다" 체크박스가 선택됨	사용자가 "제출" 링크를 클릭한다.	진주가 제출된다. 진주 카운터가 증가한다. 제출자와 관리자에게 진주 정보와 함께 이메일이 발송된다. 제출이 성공했다는 응답 메시지가 보여진다.
"나는 동의합니다" 상자가 체크되지 않음	사용자가 "제출" 링크를 클릭한다.	시스템이 이 페이지에 오류 메시지를 표시한다.

그림 19-5 그림 19-4에 표시된 웹 페이지에 대한 화면-행동-응답(DAR) 모델

요구사항에서 테스트까지

요구사항 분석과 테스트는 함께할 때 아름답다. 컨설턴트인 도로시 그레이엄은 "좋은 요구공학은 더 나은 테스트를 만드는 것이며, 좋은 테스트 분석은 더 나은 요구사항을 만드는 것이다."라고 지적했다(Dorothy Graham 2002). 요구사항은 시스템 테스트를 위한 기반을 제공한다. 제품은 설계나 코드가 아니라 요구사항 문서에 기록된 대로 테스트돼야 한다. 코드를 기반으로 한 시스템 테스트는 자기충족적 예언(self-fulfilling prophecy)이 될 수 있다. 제품은 코드를 기반으로 한 테스트에서 설명한 모든 동작을 올바르게 보여주겠지만 그렇다고 고객의 니즈를 충족한다는 의미는 아니다. 요구사항을 검증하고 시스템 테스트의 기반을 제공할 수 있도록 요구사항 검토자에 테스터를 포함하자.

애자일 개발팀은 일반적으로 정밀한 요구사항 대신 인수 테스트를 작성한다(Cohn 2004). 인수 테스트는 시스템이 반드시 보여줘야 하는 기능이나 사용자가 취할 수 있는 행동을 구체화하기보다는 사용자 스토리의 예상 행동을 구체화한다. 이를 통해 개발자가 각 스토리를 올바르고 완벽하게 개발했다고 확신하는 데 필요한 정보를 제공한다. 17장 "요구사항 검증하기"에서 다룬 바와 같이 인수 테스트는 다음을 포함해야 한다.

- 일반 조건하에서의 예상 행동(좋은 입력 데이터와 유효한 사용자 행동)
- 예상되는 오류 조건과 장애 시나리오를 다루는 방법(잘못된 입력 데이터나 유효하지 않은 사용자 행동)
- 품질 기대치의 충족 여부(반응시간, 보안, 태스크 완료에 필요한 평균 시간이나 사용자 행동 횟수)

> **무엇을 테스트할 것인가?**
>
> 어느날 세미나 참석자 중 한 명은 내게 다음과 같이 말했다. "저는 시스템 테스트 그룹에 속해 있습니다. 저희는 요구사항 문서가 없었기 때문에 소프트웨어가 무엇을 해야 하는지 직접 고민해서 테스트해야 합니다. 때때로 저희는 틀렸고 개발자에게 소프트웨어가 무엇을 하는지 물어 다시 테스트해야 했죠."
>
> 개발자가 개발한 것을 테스트하는 것과 개발자가 무엇을 개발해야 했는지를 테스트하는 것은 다르다. 요구사항은 시스템과 사용자 인수 테스트를 위한 궁극적인 기준이다. 만약 시스템의 요구사항이 제대로 구체화돼 있지 않다면 테스터는 개발자가 (제대로 혹은 잘못) 의도하고 개발한 수많은 요구사항을 발견해야 할 것이다. 나중에 회귀 테스트를 효과적으로 수행하기 위해 분석가는 적당히 함축적인 요구사항과 이에 대한 근거를 문서화해야 한다.

테스터나 품질 보증 담당자는 각 요구사항의 구현 결과물을 검증하는 방법을 결정해야 한다. 가능한 방법은 다음과 같다.

- 테스트(결함을 찾기 위해 소프트웨어 실행)
- 검사(요구사항 만족 여부 확인을 위한 코드 검사)
- 데모(제품이 예상대로 동작하는지 시연)
- 분석(특정 상황에서 시스템이 어떻게 동작하는지 추론)

테스트를 요구사항과 연관 지으면 우선순위에 따라 테스트 순서를 결정하고 효율을 극대화하는 데 도움이 된다. 노련한 프로젝트 관리자이며 비즈니스 분석가인 동료 중 한 명은 자신의 경험을 다음과 같이 연관 지었다. "명확히 연결된 비즈니스 니즈는 일반적으로 제품이 최종 출하되기 전 마지막 관문인 사용자 인수 테스트(UAT)를 이끌어낼 수 있다. "최근에 참여한 웹 포털 개발 프로젝트에서는 웹 포털이 제공할 거라 예상하는 실제 이득을 이해하기 위해 비즈니스 스폰서와 함께 일했다. 주요 요구사항을 이해함으로써 프로젝트 관리자가 최상, 중간, 하위 결함을 명확히 정의하고 기술할 수 있었다. 결함 기준을 요구사항에 명확히 구분함으로써 고객을 모호한 품질 및 인수 기준 없이 UAT로 안내하고 주요 개발 작업을 성공적으로 완료할 수 있었다.

각 요구사항을 검증하는 방법에 대해 고민하는 단순한 행위만으로도 유용한 품질 사례가 된다. 요구사항에 기술된 로직을 기반으로 테스트 도출을 위한 원인-결과 그래프(cause-and-effect graphs) 등의 분석 기법을 사용하자. 이를 통해 모호한 요구사항, 누락되거나 암묵적인 조건, 기타 다른 문제를 발견할 수 있다. 예상치 못한 시스템 행위가 검증되지 않는 일이 없도록 각 기능적 요구사항은 최소한 한 개 이상의 테스트로 연계돼야 한다. 요구사항 기반 테스트는 행동 기반, 데이터 기반(경곗값 분석, 등가 클래스 분할(equivalence class partitioning) 포함), 논리 기반, 이벤트 기반, 상태 기반 등 여러 테스트 설계 전략을 포함한다(Poston 1996). 숙련된 테스터는 제품의 이력, 의도된 사용 시나리오, 전반적인 품질 특성, 서비스 수준 협약, 경계 조건, 단점에 기인한 추가적인 테스트 등을 통해 요구사항 기반의 테스트를 강화할 것이다.

출시 전에 별도의 시스템 테스트를 계획하고 있더라도 초기에 투자한 테스트 고민 노력은 낭비가 아니다. 이는 이후의 프로젝트 단계를 위한 경중을 고려해서 테스트 노력을 재할당하는 것에 대한 문제다. 개념 테스트는 구체적인 테스트 시나리오로 손쉽게 변환할 수 있으며, 실현 가능하고 적절한 곳에서 자동화된다. 테스트에 대한 고민을 이른 개발 주기에 고민하도록 전환함으로써 더 나은 요구사항과 명확한 커뮤니케이션, 이해관계자 간의 공통의 기대, 빠른 결함 제거를 이룩할 수 있을 것이다.

개발이 진행됨에 따라 팀은 사용자 요구사항에서 발견한 고수준의 요구사항을 기능적 요구사항을 통해 정교하게 만들고 궁극적으로는 개발 코드 모듈을 위한 명세로 만들 수 있을 것이다. 테스트의 권위자인 보리스 바이저는 요구사항 테스트는 최종 사용자 수준에서만이 아니라 모든 소프트웨어 개발 단계에서 수행돼야 한다고 지적했다(Boris Beizer 1999). 일부 애플리케이션 코드에는 사용자가 직접 접근할 수 없으나 인프라 수준의 작업에는 필요하다. 각 모듈은 모듈의 기능이 사용자에게 노출되지 않더라도 본연의 명세를 반드시 만족해야 한다. 따라서 사용자 요구사항에 대해 시스템을 테스트하는 것은 시스템 테스트에 필요한(그러나 충분하지 않은) 정책이다.

요구사항에서 성공까지

나는 언젠가 계약 개발팀이 개발에 참여하는 매우 큰 규모의 애플리케이션 개발 프로젝트를 진행한 적이 있다. 이 프로젝트의 요구사항은 다른 팀이 개발했다. 새로운 팀은 10여 개의 8센티미터짜리 요구사항 바인더를 한번 살펴보고는 공포에 떨며 구현을 시작했다. 이들은 개발 중에 SRS를 참조하지 않았다. 대신 프로젝트 목표에 대한 불완전하고 부정확한 이해를 바탕으로 본인들 생각에 개발해야 할 것 같은 것을 만들었다. 당연히 이 프로젝트는 수많은 문제에 직면했다. 방대한 양의 훌륭한 요구사항을 이해하려고 노력하는 것은 분명 어렵지만 이를 무시하는 것은 명백히 프로젝트 실패를 향한 길이다.

요구사항이 아무리 많더라도 잘못된 시스템을 만든 후 정확하게 다시 만드는 것보다 개발 전에 요구사항을 읽는 게 더 빠르다. 또한 프로젝트 초반에 개발팀을 참여시켜 함께 요구사항을 작업하고 이른 프로토타이핑이나 반복적인 개발 접근법을 수행하는 것이 더 빠르다. 어찌됐든 개발팀은 여전히 전체 명세서를 읽어야 할 것이다. 그러나 이들은 기본적으로 지루한 활동 일부를 완화할 수 있도록 명세서를 읽는 시간을 프로젝트 전체에 분산시키고 있다.

성공적인 팀은 특정 배포에 계획된 모든 요구사항을 나열하는 연습을 했다. 프로젝트의 품질 보증 조직은 이들 요구사항에 대한 테스트를 수행하며, 각 배포를 평가했다. 테스트 기준을 충족시키지 못한 요구사항은 결함으로 간주했다. QA 조직은 사전에 정한 요구사항 수치를 넘거나 특히 중요한 요구사항을 만족하지 못한다면 배포를 거절했다. 이 프로젝트는 배포판 출하 여부를 판단할 때 문서화된 요구사항을 사용해 큰 성공을 거뒀다.

소프트웨어 개발 프로젝트의 궁극적인 산출물은 고객의 니즈와 기대를 충족하는 솔루션이다. 요구사항은 고객을 만족시키기 위한 비즈니스 니즈가 거쳐야 할 필수적인 단계다. 만약 프로젝트의 계획, 설계, 인수 및 시스템 테스트가 고품질의 요구사항 토대를 기반으로 하지 않는다면 단일 제품을 제공하기 위한 많은 노력을 낭비할 가능성이 높다. 그렇다고 해서 요구사항 프로세스의 노예가 되지는 말자. 불필요한 문서화와 의례적인 회의에 보내는 시간은 아무런 의미가 없다. 잘못된 제품을 개발하는 것에 대한 위험을 허용 가능한 수준으로 줄이기 위해 엄격한 명세와 즉각적인 코딩 사이에서 합리적인 균형을 이루기 위해 최대한 노력하자.

다음 단계는

- 그림 19-2의 요구사항 산정 도구를 이용해 다음 프로젝트의 요구사항 작업을 산정하자. 프로젝트 시간을 추적하고 초기 산정 결과와 비교해보자. 다음 프로젝트에 산정 도구를 적용해 보자.

- 최근 몇 개의 프로젝트에서 계획되지 않은 요구사항의 증가 비율을 산정하자. 앞으로의 프로젝트에서 유사한 범위의 증가를 수용할 수 있게 프로젝트 일정에 만일의 사태를 위한 버퍼를 만들 수 있는가? 일정과 관련된 만일의 사태에 대비하기 위해 이전 프로젝트의 증가 데이터를 사용하면 독단적이고 불필요해 보이지 않을 것이다.

- 이미 작성된 SRS에서 모든 요구사항을 개별 설계 요소로서 추적해 보자. 설계 요소는 설계 데이터 흐름 다이어그램의 프로세스나 데이터 모델 및 객체 클래스, 메서드 표, 기타 다른 설계 구성요소일 수도 있다. 누락된 설계 요소가 있는가? 간과한 요구사항이 있는가?

- 각 기능이나 사용자 요구사항을 구현하는 데 필요한 코드 라인 수나 기능 점수, 스토리 포인트, UI 요소를 기록하자. 또한 각 기능이나 유스케이스를 완벽히 구현하고 검증하는 데 들인 실제 노력도 기록하자. 앞으로 좀 더 정밀한 산정에 도움될 수 있도록 규모와 노력 간의 상관관계를 찾아보자.

- 요구사항 개발 활동과 산출물에 대한 규모와 노력을 산정해 기록하고 실제 결과와 비교해 보자. 계획된 5번의 인터뷰를 수행했는가? 아니면 15번 수행했는가? 예상보다 두 배 많은 유스케이스를 만들었는가? 앞으로 좀 더 정밀한 산정을 위해 산정 프로세스를 어떻게 변경할 것인가?

03

다양한 프로젝트 유형을 위한 요구사항

20장 애자일 프로젝트
21장 개선 프로젝트와 교체 프로젝트
22장 패키지 솔루션 프로젝트
23장 외주 프로젝트
24장 비즈니스 프로세스 자동화 프로젝트
25장 비즈니스 분석 프로젝트
26장 임베디드 및 기타 실시간 시스템 프로젝트

20
애자일 프로젝트

애자일 개발은 이해관계자 사이의 지속적인 협업을 돕고 작은 단위의 유용한 기능을 신속하고 빈번하게 전달하기 위한 소프트웨어 개발 방법의 모음을 의미한다. 애자일에는 여러 유형이 있다. 그중 유명한 방법론으로 스크럼, 익스트림 개발, 린 소프트웨어 개발, 기능 주도 개발(Feature-Driven Development), 칸반(Kanban) 등이 있다. "애자일 개발"이라는 용어는 『Manifesto for Agile Software Development』(Beck et al. 2001)라는 발표 이후 인기를 얻기 시작했다. 애자일 방법론은 수년 동안 소프트웨어 개발에서 경험한 반복적이고 점진적인 접근 방식을 기반으로 한다 (Boehm 1988, Gilb 1988, Larman and Basili 2003).

애자일 개발 방식들은 저마다 다른 특성을 갖고 있지만, 이들 모두 기본적으로 예측 기반("계획 주도"라고도 불림) 접근 방식보다 적응 기반("변경 주도"라고도 불림) 접근 방식을 지지한다(Boehm and Tuner 2004; IIBA 2009). 폭포수 개발 방법과 같은 예측 기반 접근 방식에서는 프로젝트의 위험을 최소화하기 위해 소프트웨어를 개발하기 전에 광범위하게 계획하고 문서를 만든다. 프로젝트 관리자와 비즈니스 분석가는 모든 이해관계자가 소프트웨어가 개발되기 전에 결과물을 정확히 이해하고 있는지 확인해야 한다. 이는 요구사항이 처음부터 잘 이해되고 프로젝트 기간 동안 상대적으로 안정적으로 유지될 때 효과적이다. 애자일 방법과 같은 적응 기반 접근 방식은 프로젝트에서 일어날 수 있는 변화를 수용할 수 있게 설계돼 있다. 이는 요구사항이 불확실하거나 변덕스러운 프로젝트에 효과적이다.

이번 장에서는 소프트웨어 프로젝트에서 요구사항 활동과 관련된 애자일 접근 방식의 특징과 애자일 프로젝트를 위한 전통적인 요구사항 관행의 주요 변화, 이 책에서 찾을 수 있는 구체적인 지침을 보여주기 위한 로드맵을 설명한다.

> **애자일 요구사항?**
>
> 우리는 "애자일 요구사항"이란 용어는 사용하지 않는다. 왜냐하면 애자일 프로젝트를 위한 요구사항이라는 말이 다른 수명 주기를 따르는 프로젝트의 그것과는 본질적으로 다르다는 것을 암시하기 때문이다. 개발자는 모든 프로젝트에 올바른 방법으로 적절한 기능을 정확하게 구현할 수 있도록 동일한 정보를 알아야 한다. 하지만 애자일과 전통적인 프로젝트에서는 다양한 영역, 특히 시간과 요구사항 활동의 깊이, 그리고 요구사항 문서 작성 범위에서 서로 다르게 요구사항을 처리한다. 이것이 "애자일 프로젝트를 위한 요구사항"이란 용어를 쓰는 이유다.

폭포수 개발 방법의 한계

흔히 조직에서는 폭포수 개발 방법이 프로젝트 팀이 요구사항을 완벽하게(때로는 필요 이상으로) 명세화한 후 설계를 진행하고, 솔루션의 코딩, 테스트를 진행하는 일련의 연속된 활동으로 이뤄진다고 생각한다. 이 접근법에는 이론적으로 여러 가지 장점이 있다. 팀은 애플리케이션의 요구사항과 설계 결함을 에러 수정이 비용이 더 많이 들어가는 개발, 테스트, 유지보수 기간에 앞서 고칠 수 있다. 앞에서 도출한 요구사항이 정확하다면 예산과 자원의 할당, 진행상황 측정, 정확한 완료일 예측이 용이하다.

순차적인 폭포수 개발 방법을 순수하게 따르는 프로젝트는 거의 없다. 심지어 예측된 프로젝트도 일정량의 변화를 처리하기 위해 메커니즘을 도입한다. 각 단계 사이에는 항상 겹치는 구간이 존재하며(overlap) 서로 영향도 주고받는다(feedback). 일반적으로 폭포수 개발 프로젝트에서 팀은 초기에 "올바른" 전체 요구사항 집합을 얻으려고 상당한 노력을 한다. 폭포수와 애자일 접근 방법 외에 수많은 소프트웨어 개발 수명 주기가 있다. 이들은 프로젝트 초기에 완전한 요구사항 집합을 만드는 것에 대해 다양한 수준으로 강조했다.(McConnel 1996; Boehm and Turner 2004). 완전히 고정되고 예측 가능한 프로젝트와 완전히 불확실하고 적응 기반 프로젝트 간의 주요한 차이점은 요구사항이 만들어질 때와 요구사항 기반 소프트웨어가 고객에게 전달될 때 소모되는 시간의 차이다.

종종 폭포수 접근 방식을 사용하는 대규모 프로젝트는 납기일이 늦고, 필요 기능이 부족하고, 사용자 기대에 미치지 못할 때가 많다. 폭포수 프로젝트는 요구사항 위에 여러 의존관계를 맺고 있기 때문에 이런 종류의 실패에 민감하다. 이해관계자가 긴 프로젝트 과정 중 요구사항을 자주 변경하고 소프트웨어 개발팀이 이러한 변화에 효과적으로 대응하지 못할 때 프로젝트는 허우적거린다. 실제 상황에서 이해관계자는 프로젝트 초기에 원하는 것이 무엇인지 정확히 알지 못하고, 비전과 일치하지 않는 무언가를 직접 확인한 후에야 비로소 비전을 정확하게 설명할 수 있는 경우도 있으며, 그리고 비즈니스 니즈가 프로젝트 도중에 변경될 수 있기 때문에 요구사항을 변경할 것이다.

공식적으로 폭포수 모델을(이 이름을 쓰지는 않았다) 첫 번째로 발표한 것으로 유명한 윈스턴 로이스도 실제로 이 접근법을 "위험하고 실패를 야기한다"라고 발표했다(Winston Royce 1970). 그는 지금도 프로젝트가 여전히 겪고 있는 문제를(프로젝트 후반부 테스트 전까지 발견되지 않을 것으로 예상되는 요구사항 오류) 정확히 파악했다. 이상적으로는 요구사항, 설계, 코드, 테스트 순으로 수행돼야 하지만 프로젝트는 이 가운데 서로 간 오버랩이나 반복이 정말로 필요하다고 설명했다. 심지어 로이스도 완전히 개발에 노력을 들이기 전에 요구사항과 설계에 대한 실험으로 프로토타입 시뮬레이션을 제안했다. 이게 바로 오늘날 많은 프로젝트가 따르는 수정된 폭포수 모델인데 서로 다른 성과를 보여준다.

> **비즈니스 목표에 지장을 주는 변경**
>
> 올해 대규모 폭포수 프로젝트의 경영진 스폰서를 새로운 마케팅 이사가 맡았다. 이 팀은 이미 많은 소프트웨어를 개발했으나 아직 고객에게 유용한 어떤 것도 배포하지 못했다. 당연히 새로운 스폰서는 전임자와는 비즈니스 목표가 달랐다. 비즈니스 분석가는 새로운 비즈니스 목표, 사용자 요구사항, 기능적 요구사항, 이전 요구사항의 우선순위 재조정에 대한 내용을 개발팀에 공유했다.
>
> 개발팀은 모든 신규 요구사항을 초기 배포 이후에 계획되는 개선 단계에 할당하는 데 익숙해져 있었다. 이들은 프로젝트 중간에 방향을 변경하는 것은 용납되지 않았다고 항의하며 비난했다. 하지만 계속해서 원래의 요구사항만 충족시킨 제품을 개발하고 전달하는 것은 새로운 스폰서에게 불만만 남길 것이다. 팀이 요구사항 변경을 예상하고 수용하는 개발 방식을 사용했다면 전략적 방향의 변화는 그렇게 충격적이지 않았을 것이다.

애자일 개발 방법론

애자일 개발 방법은 폭포수 모델의 한계를 해결하려 한다. 애자일 개발 방법은 소프트웨어 개발을 반복주기(또는 애자일 방법 중 스크럼에서는 "스프린트")라고 하는 짧은 주기로 잘라서 반복적이고 점진적인 개발에 초점을 맞춘다. 반복주기는 짧게는 1주일, 길게는 한 달이 될 수 있다. 각 반복주기 동안 개발팀은 고객이 설정한 우선순위를 기반으로 소규모 기능을 추가하고, 이 기능이 제대로 동작하는지 테스트하며, 고객이 만든 인수 기준을 만족하는지 확인한다. 다음 증분(increments)에서는 기존 기능을 수정하고, 초기 기능을 개선하며, 신규 기능을 추가하고, 발견된 결함을 수정한다. 지속적인 고객 참여는 팀이 문제와 변화를 초기에 알 수 있게 해줘서 잘못된 길로 너무 빠지기 전에 올바른 방향으로 개발자들을 안내한다. 목표는 각 반복주기 끝에서 최종 제품의 아주 일부라도 포함하는 전달할 만한 소프트웨어를 확보하는 것이다.

요구사항에 대한 애자일 접근 방식의 필수 요소

다음 절에서는 애자일 프로젝트와 기존 프로젝트에서의 요구사항 접근 방식의 차이를 설명한다. 애자일 프로젝트가 적용된 많은 요구사항 사례는 기타 다른 개발 주기를 따르는 프로젝트에도 문제 없이 동작하며 좋은 생각이기도 하다.

고객 참여

소프트웨어 개발 프로젝트에서 고객과의 협력은 항상 프로젝트의 성공 가능성을 높인다. 폭포수 프로젝트뿐 아니라 애자일 프로젝트도 마찬가지다. 두 방식 사이의 주요한 차이점은 고객 참여 시점이다. 일반적으로 폭포수 프로젝트에서 고객은 프로젝트 초기에 BA가 요구사항을 이해하고 문서화하며, 확인할 수 있도록 돕는 데 많은 시간을 할애한다. 고객은 제품이 자신들의 니즈를 만족하는지에 대한 피드백을 주기 위해 프로젝트 종반부의 사용자 인수 테스트에도 참여해야 한다. 하지만 일반적으로 개발 단계에서 고객 참여가 거의 없어 프로젝트가 변화하는 고객 니즈를 반영하기 어렵다.

애자일 프로젝트에서 고객(또는 그들을 대표하는 제품 주인)은 프로젝트 전반에 걸쳐 지속적으로 참여한다. 어떤 애자일 프로젝트에서 고객은 초기 계획 반복주기 동안 제품 개발을 위해 사전 로드맵 역할을 할 사용자 스토리를 찾고 우선순위 할당을 위해 프로젝트 팀과 함께 일하기도 한다. 사용자 스토리는 전통적인 기능적 요구사항보다 자세하지 않기 때문에 활동을 설계하고 만들어내는 동안 기초 자료와 설명을 제공하기 위해 고객은 반복주기 동안 협력해야 한다. 개발 반복주기가 끝나면 새롭게 개발된 기능에 대해 테스트하고 피드백을 제공해야 한다.

제품 주인, 고객 및 최종 사용자가 사용자 스토리 또는 다른 요구사항 작성에 참여하는 것은 일반적이지만 이런 개인들이 모두 효과적인 요구사항 방법에 훈련된 것은 아니다. 서투르게 작성된 사용자 스토리는 요구사항을 명확하게 전달하기에 부족하다. 사용자 스토리를 작성하는 사람이 누구든지 간에 팀은 이를 구현하기 전에 제대로 된 비즈니스 분석 기술을 가진 사람과 검토하고 수정해야 한다. 6장 "고객의 목소리 찾기"에서 애자일 프로젝트에서의 고객 참여에 대해 좀 더 자세히 설명한다.

문서의 상세 수준

폭포수 프로젝트에서는 개발을 시작한 후 개발자와 고객과의 상호작용이 거의 없기 때문에 요구사항은 시스템 동작, 데이터 관계, 그리고 사용자 경험의 기대치를 상당히 세밀하게 구체화해야 한다. 애자일 프로젝트에서 개발자와 고객과의 긴밀한 협력은 요구사항이 전통적인 프로젝트보다 덜 상세하게 문서화될 수 있다는 것을 의미한다. 대신 필요한 경우 BA나 요구사항을 책임지는 누군가가 대화와 문서화 작업을 통해 필요한 정확성을 만들어 갈 것이다(IIBA 2013).

사람들은 때때로 애자일 프로젝트 팀은 요구사항을 작성하면 안 된다고 생각한다. 그것은 맞지 않다. 그 대신 애자일 방법은 개발자와 테스터를 정확하게 안내하기 위한 최소한의 문서를 만들도록 권장한다. 개발팀과 테스트 팀이 필요로 하는 것 혹은 규정이나 표준을 만족시키는 데 필요한 것 이상의 모든 문서화는 무의미한 노력이다. 특정 사용자 스토리는 세부사항이 거의 제공되지 않으며 위험하거나 영향력이 가장 큰 기능의 경우만 좀 더 구체화되는데 보통은 인수 테스트의 형태다.

백로그와 우선순위 할당

애자일 프로젝트의 제품 백로그에는 팀이 수행해야 하는 작업 요청 목록이 포함돼 있다(IIBA 2013). 제품 백로그는 사용자 스토리로 구성하는 게 일반적이지만 일부 팀에서는 기타 다른 요구사항이나 비즈니스 프로세스, 수정해야 할 결함 등을 포함하기도 한다. 각 프로젝트는 하나의 백로그만을 유지해야 한다(Cohn 2010). 따라서 결함 역시 신규 사용자 스토리에 대한 우선순위 할당을 위해 백로그에 표시해야 한다. 어떤 팀은 결함을 위해 신규 사용자 스토리로 다시 작성하거나 기존 스토리를 수정하기도 한다. 백로그는 스토리 카드나 도구를 통해 유지될 수 있다. 순수한 애자일주의자는 카드를 사용해야 한다고 하지만 이는 큰 규모의 프로젝트나 분산 팀에서는 실용적이지 못하다. 27장 "요구사항 관리 사례"에서 제품 백로그에 대해 자세히 설명한다. 백로그 관리 등 애자일 프로젝트 관리를 위한 다양한 상용 도구들도 이용 가능하다.

백로그의 우선순위 할당은 백로그에서 버릴 항목과 돌아오는 반복주기에 해야 할 작업을 선택하기 위한 지속적인 활동이다. 백로그 항목에 할당된 우선순위는 다음 반복주기까지만 유효하며, 계속 유지할 필요가 없다(Leffingwell 2011). 비즈니스 요구사항으로 돌아가 백로그의 항목을 추적하는 것은 우선순위 할당을 용이하게 한다. 애자일 프로젝트뿐 아니라 모든 프로젝트에서 백로그에 남아있는 작업의 우선순위를 관리해야 한다.

시기

애자일 프로젝트는 기본적으로 기존 개발 프로젝트처럼 동일한 형태의 요구사항 활동을 요구한다. 여전히 누군가는 사용자 대표로부터 요구사항을 도출하고, 이를 분석해서 다양한 종류의 요구사항을 적절한 수준으로 문서화하고, 요구사항이 프로젝트의 비즈니스 목표를 만족하는지 검증해야 한다. 하지만 애자일 프로젝트를 시작하며 구체적인 요구사항이 한 번에 문서화되지는 않는다. 그 대신 계획과 우선순위 할당을 위해 프로젝트 초반에 제품 백로그를 채울 수 있도록 일반적으로 사용자 스토리 형태인 높은 수준의 요구사항이 도출된다.

그림 20-1과 같이 사용자 스토리는 구현을 위한 특정 반복주기에 할당되고, 각 스토리의 상세한 부분은 반복주기 동안 명확해진다. 3장 "요구공학의 우수 사례"의 그림 3-3에 묘사된 바와 같이 요구사항은 프로젝트 전반에 걸쳐, 심지어 제품 출시 전까지도 조금씩 개발돼야 한다. 임계 성능이나 사용성, 가용성, 기타 다른 품질 목표를 달성할 수 있는 시스템 아키텍처를 설계할 수 있도록 비기능적 요구사항을 빨리 학습하는 것이 중요하다.

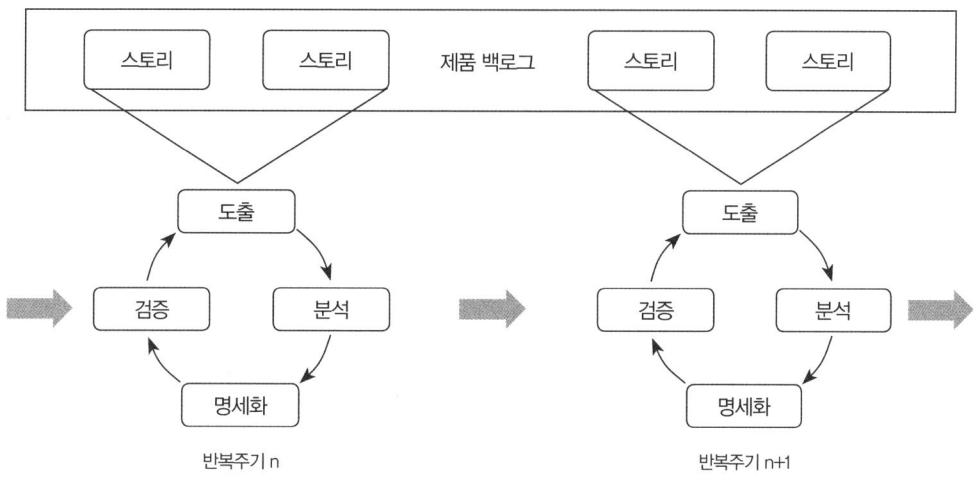

그림 20-1 각 애자일 반복주기에서 이뤄지는 표준 요구사항 활동

에픽, 사용자 스토리, 기능, 맙소사!

8장 "사용자 요구사항 이해하기"에서 설명한 바와 같이 사용자 스토리는 사용자가 필요로 하는 무언가를 명확히 설명하고 상세한 내용을 구체화하기 위한 의사소통의 출발점 역할을 하는 간결한 표현이다. 사용자 스토리는 특별히 애자일 개발자의 니즈를 해결하기 위해 만들어졌다. 사용자 요구사항을 찾을 때 유스케이스 이름이나 기능, 프로세스 흐름 등을 사용하는 것을 선호할 수 있다. 이런 종류의 요구사항을 설명하기 위해 선택한 양식은 중요하지 않다. 그런 것들은 애자일 프로젝트에서 매우 흔히 사용되기 때문에 이번 장에서는 이를 주로 사용자 스토리라고 표현하겠다.

사용자 스토리는 단 한 번의 반복주기에 완전히 구현할 만큼의 크기여야 한다. 마이크 콘은 에픽(epic)은 단일 반복주기에서 구현하기에 너무 큰 사용자 스토리라고 정의했다(Mike Cohn 2010). 에픽은 몇 개의 반복주기에 걸쳐 있기 때문에 여러 작은 스토리로 분리해야 한다. 에픽이 너무 커서 더 작은 여러 개의 에픽으로 분리하고, 각각은 명확히 추정 가능하고 단일 반복주기에 개발 및 테스트 가능한 수준의 여러 개의 스토리로 분리하는 경우도 있다(그림 20-2 참조). 에픽을 분해해서 작은 에픽으로 나누고 이를 사용자 스토리로 분리하는 것을 스토리 분해라고 한다(IIBA 2013).

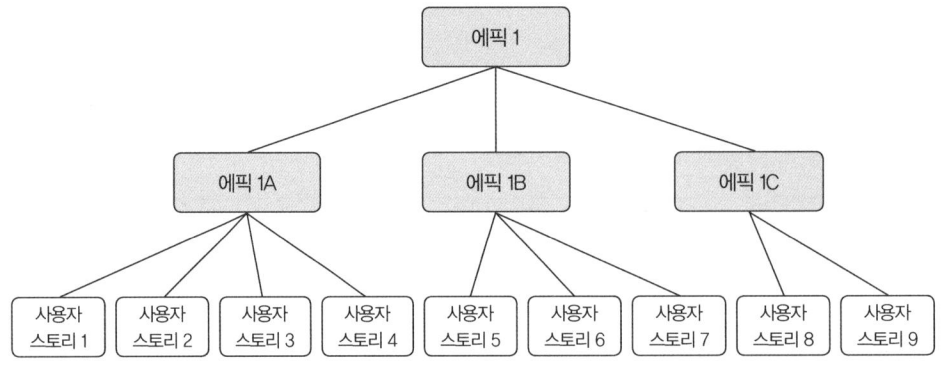

그림 20-2 에픽을 작은 에픽으로 나눈 후 이를 사용자 스토리로 다시 나눈다.

기능(feature)은 사용자에게 가치를 제공하는 시스템 기능(capability)의 모음이다. 애자일 프로젝트에서 기능(feature)은 단일 사용자 스토리, 다수의 사용자 스토리, 단일 에픽 또는 다수의 에픽을 포함할 수 있다. 예를 들면, 휴대전화 카메라의 줌 기능은 다음의 관계없는 두 가지 사용자 스토리를 실행하기 위해 개발될 수 있다.

- 어머니로서, 나는 조부모와 공유할 수 있도록 딸의 또렷한 학교 공연 사진을 찍고 싶다.
- 조류 관찰자로서, 나는 새들을 식별할 수 있도록 멀리서도 명확하게 새의 사진을 찍고 싶다.

팀은 비즈니스 요구사항과 동일 선상에 있는 스토리의 가장 낮은 수준을 확인함으로써 고객에게 가치를 제공할 최소 기능 집합을 결정할 수 있다. 이 개념은 마크 덴과 제인 클리랜드-후앙이 설명한 바대로 최소 시장 기능(MMF; Minimum(or Minimal, or Minimally) Marketable Feature)이라 한다(Mark Denne and Jane Cleland-Huang 2003).

> **중요** 애자일 프로젝트에서 요구사항을 만들 때 뭔가를 스토리, 에픽, 기능 중 무엇이라고 불러야 할지에 대해 걱정하지 말고 높은 품질의 요구사항을 만드는 데 집중하면 그것이 고객의 니즈를 만족하기 위한 개발자의 능력을 이끌 것이다.

변경 예측

조직은 프로젝트에 변경 사항이 발생할 것을 알고 있다. 심지어는 비즈니스 목표도 바뀔 수 있다. 애자일 프로젝트에서 요구사항 변경이 발생했을 때 BA가 적응해야 할 가장 큰 부분은 "좋습니다. 변경에 대해 얘기해 보죠."라고 말하기보다 "잠깐만요, 그건 범위를 벗어났어요."라거나 "이 변경 사항을 포함시키려면 공식적인 프로세스를 밟아야 합니다."라고 말하는 것이다. 이는 사용자 스토리를 생성 또는 수정하고 이미 백로그에 존재하는 모든 것에 대한 각 변경 요청의 우선순위를 할당하기 위해 고객 협력을 장려한다. 모든 프로젝트가 그렇듯이 애자일 프로젝트 팀은 부정적인 영향을 줄이기 위해 변경 사항을 주의 깊게 관리해야 하지만 변화하는 현실을 예측하고 심지어는 받아들여야 한다. 애자일 프로젝트에서 요구사항 변경 관리에 대한 상세한 내용은 28장 "변경의 발생"을 참조한다.

변경 사항을 처리할 수 있을지를 안다는 것은 미래를 무시하고 지금 알고 있는 것에만 집중해야 한다는 것은 아니다. 앞을 내다보고 앞으로 어떤 일이 발생할지 살펴보는 것은 여전히 중요하다. 개발자는 미래의 모든 요구사항을 위해 설계하지 말아야 한다. 미래를 조금이라도 본다면 신규 기능을 손쉽게 추가할 수 있는 좀 더 확장 가능하고 견고한 아키텍처나 설계 접점을 만들 수 있다.

변경 사항에는 범위에서 항목을 제거하는 것도 포함돼 있다. 항목은 다음과 같은 여러 가지 이유로 반복주기의 범위에서 빠질 수 있다.

- 개발 이슈로 주어진 시간 안에 개발을 완료할 수 없다.
- 제품 주인에게 발견되거나 테스트 진행 중에 발견된 이슈로 인해 스토리 개발이 용인되지 않는다.
- 우선순위가 높은 항목을 반복주기에서 계획된 덜 중요한 것과 교체해야 한다.

애자일 프로젝트에 요구사항 사례 실천하기

이 책에서 소개한 대부분의 사례는 사용 시점이나 적용 수준, 담당자를 변경하는 수준에서 애자일 프로젝트에 쉽게 적용할 수 있을 것이다. 국제 비즈니스 분석 연구소(IIBA; International Institute of Business Analysis)에서는 애자일 프로젝트를 위한 비즈니스 분석 기술에 대해 상세한 의견을 제시한다(IIBA 2013). 이 책의 여러 장에서 각 장에서 설명한 방법을 애자일 프로젝트에 맞게 적용하는 법에 대해 설명한다. 표 20-1은 애자일 프로젝트를 직접 다루는 구체적인 장에 대한 로드맵을 제공한다.

표 20-1 애자일 개발 주제를 설명한 로드맵

장	주제
2장 고객 관점의 요구사항	요구사항 합의에 도달하기
4장 비즈니스 분석가	애자일 프로젝트에서 비즈니스 분석가(BA)의 역할과 생성된 요구사항 산출물에 대해 책임져야 하는 사람
5장 비즈니스 요구사항 정립하기	비전과 범위를 설정하고 관리하기
6장 고객의 목소리 찾기	사용자 표현
8장 사용자 요구사항 이해하기	사용자 스토리
10장 요구사항 문서화하기	애자일 개발 요구사항 구체화
12장 백문이 불여일견	애자일 프로젝트 모델링
14장 기능, 그 이상을 향해	아키텍처 및 설계 전에 필요한 품질 속성 식별하기
15장 프로토타이핑을 활용한 위험 감소	애자일 프로젝트와 진화형 프로토타이핑
16장 중요한 것 먼저: 요구사항 우선순위 할당하기	애자일 프로젝트에 우선순위 설정하기
17장 요구사항 검증하기	인수 기준 및 인수 테스트
27장 요구사항 관리 사례	백로그 및 번다운 차트를 통해 애자일 프로젝트의 요구사항 관리
28장 변경의 발생	애자일 프로젝트의 변경 사항 관리

애자일로 갈아타기: 이제 뭘 하지?

애자일 개발 방법에 익숙하지 않은 비즈니스 분석가라도 걱정할 필요는 없다. 이미 사용한 사례 대부분이 여전히 적용되기 때문이다. 결국 애자일과 전통적인 프로젝트 팀 모두 만들어 낼 솔루션을 위한 요구사항을 이해해야 한다. 애자일 접근 방식으로 전환할 수 있도록 도와줄 제안은 다음과 같다.

- 팀에서 여러분이 역할이 무엇인지 확인하자. 4장에서 설명한 바와 같이 전담 BA가 있는 애자일 프로젝트가 있는 반면, 비즈니스 분석 활동을 수행하는 다른 직함을 가진 사람이 있는 프로젝트도 있다. 개인의 역할이나 직책이 아닌 프로젝트의 목적에 집중하기 위해 모든 팀 구성원을 격려해야 한다(Gorman and Gottesdiener 2011).

- 애자일 제품 주인의 역할에 관한 책을 보면 사용자 스토리, 인수 테스트, 백로그 우선순위 할당을 이해하고, 프로젝트가 종료되거나 출시되기 전까지 BA가 절대 "완료"라고 하지 않는 이유를 알 수 있을 것이다. 『스크럼을 통한 애자일 제품 관리(Agile Product Management with Scrum)』를 추천한다(Pichler 2010).

- 제안된 애자일 사례 중 현 조직에서 효과적일 만한 것을 찾자. 조직의 다른 개발 접근법에서 잘 동작하던 사례에 대해 생각하고 고민해 보고 계속 사용하자. 현재 다른 팀에서 역할을 수행하고 있는 사람들과 함께 이들의 사례를 애자일 환경에서 어떻게 동작할지 결정하자.

- 애자일 방법의 시범 프로젝트로서 소규모 프로젝트를 먼저 수행해보거나 다음 프로젝트에서 애자일 사례 몇 가지만 시행해본다.

- 애자일 사례 중 전체가 아닌 일부만 차용하는 하이브리드 모델을 시행하고자 하는 경우 처음부터 어떠한 방법론에서도 잘 동작하는 위험이 적은 사례를 선택하자. 애자일이 처음인 경우, 세 번째나 네 번째 반복주기에서 이미 익숙한 예전 사례로 돌아가고 싶은 유혹을 피할 수 있도록 숙련된 코치를 초빙하자.

- 단지 순수주의자가 되기 위해 애자일 순수주의자가 되진 말자.

애자일 사례를 채택할 때는 애자일하게 하자

전통적인 접근 방식에서 애자일 개발 방법으로 변경하기로 한 조직에서 일한 적이 있다. 조직 전체는 한걸음에 뛰어들어 조직 전체에 걸쳐 즉시 애자일 사례를 적용하기 위해 독단적으로 노력했다. 많은 개발자들은 스토리 카드를 작성하는 것 외에 다른 문서는 허용되지 않는다는 잘못된 주장을 하며 애자일 순수주의자가 되려 노력했다.

이런 식의 애자일 접근은 비참하게 실패했다. 모든 이해관계자가 이러한 노력을 믿는 것도 아니었다. 개발자가 주장한 사례 중 일부는 대규모 프로젝트로 확장되지도 않았다. 고객은 애자일 프로젝트에서 자신의 역할이 어떻게 다른지 몰랐다. 새로운 프로젝트는 안타깝게도 실패했고 IT 임원은 애자일 개발 방법을 즉시 중단할 것을 지시했다. 그 시점부터 모든 프로젝트는 폭포수 모델을 따르게 된다. "애자일"은 부정적인 용어가 됐다. 이는 하나의 잘못된 결정을 다른 결정으로 해결하려 하는 것과 같았다!

이따금 IT 조직에서는 흥미로운 일이 일어난다. 개발팀은 이 명령이 재앙으로 이어질 줄 알고, 하이브리드 개발 방식을 채택했다. 요구사항 우선순위 할당을 위해 백로그를 사용하고, 3주 반복주기로 개발, 그리고 각 반복주기별로 즉시 상세 요구사항을 구체화했다. 팀이 관리자에게 그들의 방식에 대해 설명할 때는 개발에 "표준 폭포수 접근 방식"을 사용한다고 이야기해서 문제가 없었다. 대부분의 애자일 사례는 조직에서 제대로 실행하는 방법을 습득한 후에는 잘 동작했다. 이 조직은 처음부터 자신의 조직에 잘 맞지 않는 방식으로 애자일 방법을 도입하려 했으며, 결국 애자일에 불명예스러운 이름만 남기고 끝났다.

21
개선 프로젝트와 교체 프로젝트

이 책의 대부분은 새로운 소프트웨어 또는 시스템 개발 프로젝트(때때로 그린필드(Greenfield) 프로젝트라고도 하는)를 시작하는 것처럼 요구사항 개발을 설명한다. 그러나 많은 조직에서는 기존 정보 시스템의 개선이나 교체 혹은 기존 상용 제품의 신규 버전 개발에 많은 노력을 할애한다. 이 책에서 설명하는 대부분의 사례는 프로젝트 개선이나 교체에 적합하다. 이번 장에서는 어떤 사례가 가장 적절하며, 어떻게 활용하는 것이 좋을지 구체적으로 제안한다.

개선 프로젝트는 기존 시스템에 신규 기능을 추가하는 것을 말한다. 또한 개선 프로젝트는 결함을 수정하고 보고서를 추가하며, 비즈니스 규칙이나 요구사항이 수정됨에 따라 이에 부합하도록 기능을 수정하는 것을 포함한다.

교체(혹은 리엔지니어링) 프로젝트는 기존 애플리케이션을 새로운 맞춤형 시스템이나 상용(COTS; Commercial Off-the-Shelf) 시스템, 혹은 하이브리드 시스템으로 대체한다. 교체 프로젝트는 일반적으로 성능 향상, 비용 절감(유지보수 비용이나 라이선스 비용 등), 최신 기술 활용, 규제 요구사항 충족 등을 위해 개발된다. 교체 프로젝트가 상용 솔루션을 포함할 경우 22장 "패키지 솔루션 프로젝트"의 지침이 도움될 것이다.

교체 및 개선 프로젝트는 몇 가지 특정 요구사항 문제에 직면한다. 머릿속에 모든 주요 정보를 담고 있는 원 개발자가 떠난 지 오래 됐을 수 있다. 이 경우 사소한 개선에는 어떠한 요구사항 작성도 필요하지 않다고 주장할 수 있다. 개발자들은 기존 시스템의 기능을 교체하는 경우 구체적인 요구사항을 필요로 하지 않는다고 믿고 있다. 이번 장에서 설명하는 방법은 조직의 현 비즈니스 요구사항을 만족하도록 그 능력을 향상시키기 위해 기존 시스템을 개선하거나 교체하는 데 도움될 수 있다.

> **명세가 누락된 경우**
>
> 성숙한 시스템의 다음 버전을 위한 요구사항 명세서에는 일반적으로 다음과 같이 적혀 있다. "신규 시스템은 새로운 기능이나 버그 수정을 제외하고는 기존 시스템의 모든 기능을 수행해야 한다." 한 비즈니스 분석가가 주요 제품의 버전 5 명세서를 받은 적이 있다. 현재 배포 버전이 어떤 일을 수행하는지 정확히 알기 위해 버전 4의 SRS를 확인했다. 안타깝게도 "버전 4는 신규 기능과 버그 수정 외에 버전 3과 동일한 작업을 수행해야 한다."라고 적혀 있었다. 그는 다시 흔적을 따라갔지만 모든 SRS는 새로운 버전과 기존 버전의 차이점만을 설명하고 있었다. 어디에도 원래 시스템에 대한 설명이 없었다. 결국 모든 사람이 현재 시스템의 기능을 각기 다르게 이해하고 있었다. 만약 여러분이 이런 상황에 처한다면 현재와 미래를 포함한 모든 이해관계자가 시스템에 대해 이해할 수 있도록 프로젝트의 요구사항을 좀 더 철저히 문서화하자.

예측 가능한 문제

기존 시스템의 존재는 다음과 같이 개선과 교체 프로젝트 모두 직면하는 공통의 도전 과제를 야기한다.

- 변경사항이 사용자에게 익숙한 성능 저하를 야기할 수 있다.
- 기존 시스템의 요구사항 문서를 거의 사용할 수 없을 것이다.
- 오늘날의 시스템 동작 방식에 익숙한 사용자들이 직면한 변화를 좋아하지 않을 것이다.
- 무의식적으로 일부 이해관계자 그룹에게 필수적인 기능을 중단 혹은 생략할 수 있을 것이다.
- 이해관계자가 좋은 아이디어처럼 보이지만 실제 비즈니스 목표 달성에는 필요하지 않는 신규 기능을 요청하기 위한 기회로 삼을 수 있다.

문서가 이미 존재하더라도 유용하지 않을 수도 있다. 개선 프로젝트의 경우 문서가 최신이 아닐 수 있다. 문서가 기존 애플리케이션 현황과 일치하지 않는 경우 사용이 제한된다. 교체 시스템의 경우 오래된 기능 일부를 마이그레이션할 수 없을 수도 있기 때문에 모든 요구사항을 수용하는 것에 주의할 필요가 있다.

교체 프로젝트의 주요 이슈 중 하나는 교체 판단에 대한 이유를 검증하는 것이다. 이를 위해 변화를 위한 정당한 비즈니스 목표가 필요하다. 기존 시스템이 완전히 교체되는 경우 사람들이 새로운 시스템을 수용하기 어렵게 하는 조직의 프로세스 또한 바뀌어야 한다. 비즈니스 프로세스의 변화와 소프트웨어 시스템 내부의 변화, 신규 시스템의 학습 곡선은 현재의 운영을 방해할 수 있다.

기존 시스템에 적용할 수 있는 요구사항 기법

표 21-1은 개선 및 교체 프로젝트 작업을 수행할 때 고려해야 할 가장 중요한 요구사항 개발 기법에 대해 설명한다.

표 21-1 프로젝트 개선 및 교체를 위해 중요한 요구사항 기법

기법	적절한 이유
변화를 보여주기 위한 기능 트리 만들기	■ 추가할 기능 보여주기 ■ 기존 시스템에서 신규 시스템에 존재하지 않는 기능 파악하기
사용자 클래스 식별하기	■ 변경에 영향을 받는 사람 산정하기 ■ 신규 사용자 클래스가 누구의 요구사항을 충족해야 하는지 파악하기
비즈니스 프로세스 이해하기	■ 현재 시스템이 이해관계자의 일상 작업과 어떻게 관련돼 있는지, 변화가 영향을 끼치는지 이해하기 ■ 신규 기능이나 교체 시스템에 부합하기 위해 만들어야 하는 새로운 비즈니스 프로세스 정의하기
비즈니스 규칙 문서화하기	■ 현재의 코드에 포함된 비즈니스 규칙 기록하기 ■ 존중할 필요가 있는 새로운 비즈니스 규칙 찾기 ■ 유지보수 비용이 높은 변화무쌍한 비즈니스 규칙을 더욱 잘 처리하기 위해 시스템 재설계하기
유스케이스나 사용자 스토리 만들기	■ 사용자가 시스템으로 무엇을 할 수 있어야 하는지 이해하기 ■ 사용자가 새로운 기능을 예상하는 방법 이해하기 ■ 신규 시스템의 기능에 우선순위 할당하기
컨텍스트 다이어그램 만들기	■ 외부 개체 식별하고 문서화하기 ■ 신규 기능 지원을 위해 기존 인터페이스 확장하기 ■ 현재의 인터페이스 중 변경이 필요한 인터페이스 식별하기
생태계 맵 만들기	■ 영향을 받는 다른 시스템 찾기 ■ 시스템 간의 신규, 수정, 불필요한 인터페이스 찾기

대화상자 맵 만들기	▪ 새로운 화면이 기존 사용자 인터페이스에 잘 맞는지 확인하기 ▪ 워크플로우 화면 탐색이 어떻게 변경되는지 보여주기
데이터 모델 만들기	▪ 기존 데이터 모델이 충분한지 확인하거나 신규 기능을 위해 확장하기 ▪ 모든 데이터 개체와 속성이 여전히 필요한지 확인하기 ▪ 어떤 데이터를 마이그레이션이나 변환, 수정, 보관, 폐기해야 하는지 고려하기
품질 속성 구체화하기	▪ 신규 시스템이 품질 기대치를 충족하도록 설계돼 있는지 확인하기 ▪ 품질 속성 만족도를 기존 시스템보다 향상시키기
보고서 표 작성	▪ 기존 보고서 중 계속 필요한 보고서 변환하기 ▪ 기존 시스템에 없는 새 보고서 정의하기
프로토타입 구축하기	▪ 재개발 프로세스에 사용자를 적극 참여시키기 ▪ 불확실성이 존재할 경우 주요 개선사항을 프로토타입으로 만들기
요구사항 명세서 검사하기	▪ 추적 체인에서 단절된 링크 식별하기 ▪ 기존 요구사항 중 교체 시스템에서 사용되지 않거나 불필요한 요구사항 판단하기

개선 프로젝트는 작은 규모에서 낮은 위험으로 새로운 요구사항 방법을 시도할 수 있는 기회를 제공한다. 다음번 배포의 압박으로 인해 요구사항 기법을 실험할 만한 시간이 없다고 생각할 수도 있지만 개선 프로젝트의 경우 아주 작은 단위로 학습 곡선을 해결할 수 있게 한다. 다음번에 수행할 큰 규모의 프로젝트에서는 더 나은 요구사항 사례에 대한 더 많은 경험과 자신감을 가질 수 있을 것이다.

고객이 성숙한 제품에 새로운 기능 추가를 요청한다고 가정해 보자. 이전에 사용자 스토리 작업을 해본 적이 없다면 사용자 스토리 관점에서 새로운 기능을 찾아보고 사용자가 이 기능으로 어떤 작업을 수행할지에 대해 요청자와 논의하자. 여러분의 역량이 성공과 주요한 실패의 중간에 있다면 이 프로젝트로 연습하는 것은 그린필드 프로젝트에 사용자 스토리를 처음 적용해 보는 것에 비해 위험을 줄일 수 있을 것이다.

비즈니스 목표에 따라 우선순위 할당하기

개선 프로젝트는 기존 애플리케이션에 새로운 기능을 추가하기 위해 수행한다. 이때는 신이 나서 불필요한 기능을 추가하기 쉽다. 이러한 금도금 위험에 대처하기 위해 새로운 기능의 필요 여부를 확실히 하고 가장 먼저 개발해야 하는 영향력이 높은 기능을 선택할 수 있도록 비즈니스 목표에 대한 요구사항을 추적하자. 또한 기존 시스템에서 보고된 결함 수정에 대한 개선 요구사항에 우선순위를 할당해야 할 수도 있다.

불필요한 신규 기능이 교체 프로젝트에 적용되지 않도록 주의하자. 교체 프로젝트의 핵심 목표는 기존 기능을 마이그레이션하는 것이다. 그러나 고객은 새로운 시스템을 개발하는 경우 다양한 신규 기능을 쉽게 추가할 수 있을 것이라 상상할 수도 있다. 수많은 교체 프로젝트가 제어되지 않는 범위의 증가로 인해 실패했다. 우선 안정적인 첫 번째 릴리스를 개발하고, 사용자는 필요한 작업을 수행할 수 있으며, 이후 개선 프로젝트를 통해 더 많은 기능을 추가하는 것이 일반적으로 더 낫다.

교체 프로젝트는 이해관계자가 기존 시스템에 새로운 기능이 추가되기를 원하지만 이를 지원하기에 제한적이거나 기술적인 제약이 존재할 경우 시작될 때가 많다. 그러나 여기에는 값비싼 새로운 시스템 개발을 정당화할 수 있는 명확한 비즈니스 목표가 필요하다(Devine 2008). 시스템 교체 프로젝트를 정당화하기 위해 신규 시스템에서 기대되는 비용 절감(오래된 투박한 시스템의 유지보수 비용 감소 등)과 원하는 신규 기능의 가치의 합을 사용하자.

또한 교체 시스템에서 유지할 필요가 없는 기존 기능을 찾자. 기존 시스템의 단점을 그대로 복제하거나 새로운 비즈니스 니즈와 프로세스에 맞게 시스템을 업데이트할 수 있는 기회를 놓치지 말자. 예를 들어, BA는 사용자에게 "〈특정 메뉴 옵션〉을 사용하나요?"라고 물어볼 수 있을 것이다. 만약 지속적으로 "한 번도 사용한 적이 없습니다."라는 답변을 듣는다면 교체 시스템에서는 필요하지 않을 것이다. 현행 시스템에서 어떤 화면이나 기능, 데이터 개체가 드물게 사용됐는지 활용 기록을 찾아보자. 심지어 기존 기능을 신규 시스템에 재구현하는 것을 보장할 수 있도록 현재의 비즈니스 목표와 예상 비즈니스 목표에 연결할 수도 있다.

> **함정** 이해관계자가 "오늘 이 기능을 사용했기 때문에 신규 시스템에서도 이 기능이 필요합니다."와 같은 말을 요구사항을 판단하기 위한 기본 방법으로 사용하게 하지 말자.

갭 주의하기

갭 분석(gap analysis)은 기존 시스템의 기능과 신규 시스템에서 원하는 기능을 비교하는 것이다. 갭 분석은 유스케이스, 사용자 스토리, 기능 등 다양한 방식으로 표현될 수 있다. 기존 시스템을 개선하는 경우 현재의 비즈니스 목표를 충족하지 않는 이유를 이해하기 위해 갭 분석을 수행하자.

교체 프로젝트를 위한 갭 분석은 기존 기능의 이해와 필요한 신규 기능의 발견을 수반한다(그림 12-1 참조). 이해관계자가 신규 시스템에서 다시 구현됐으면 하는 기존 시스템의 사용자 요구사항을 식별하자. 또한 기존 시스템이 해결하지 않는 새로운 사용자 요구사항을 도출하자. 기존 시스템에서 구현되지 않은 모든 변경 요청도 고려하자.

기존 사용자 요구사항과 새로운 요구사항에 우선순위를 할당하자. 이전 절에서 설명한 바와 같이 비즈니스 목표에 따라 격차를 줄일 수 있도록 우선순위를 할당하거나 16장 "중요한 것 먼저: 요구사항 우선순위 할당하기"에서 얘기한 기타 다른 우선순위 할당 기법을 참조하자.

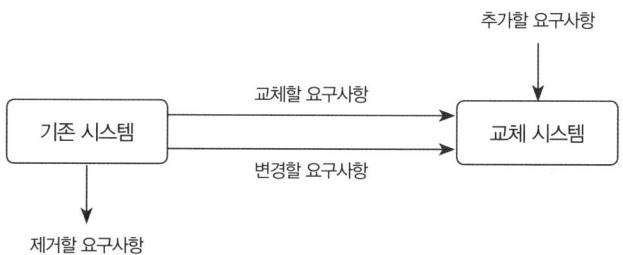

그림 21-1 기존 시스템을 교체할 경우 일부 요구사항은 그대로 구현해야 하고, 일부 요구사항은 수정해야 하며, 일부 요구사항은 제거해야 하고, 새로운 요구사항을 추가할 수 있다.

성능 수준 유지하기

기존 시스템은 성능과 처리량에 대한 사용자 기대치를 설정한다. 이해관계자는 거의 항상 새로운 시스템에서도 유지하고자 하는 기존 프로세스에 대한 핵심 성과 지표(KPI; Key Performance Indicators)를 가지고 있다. 핵심 성과 지표 모델(KPIM; Key Performance Indicator Model)은 비즈니스 프로세스에 대한 지표를 파악하고 명시하는 데 도움될 수 있다(Beatty and Chen 2012). KPIM은 이해관계자로 하여금 신규 시스템이 달라지더라도 최소한 비즈니스 성과는 이전보다 좋을 것이라는 점을 확인할 수 있게 한다.

명시적으로 유지보수 계획을 갖고 있지 않는 한 시스템이 향상된 것만큼 성능 수준이 제대로 발휘되지 못할 수 있다. 기존 시스템에 신규 기능을 추가함으로써 시스템이 더 느려질 수도 있다. 한 데이터 동기화 도구는 일일 트랜잭션으로부터 마스터 데이터 갱신에 대한 요구사항을 갖고 있었다. 이 도구는 매 24시간마다 실행돼야 했다. 이 도구의 초기 릴리스에서 동기화는 새벽에 시작됐고, 한 시간 정도 걸렸다. 몇 가지 추가 설정과 통합, 동시성 검사를 추가하는 개선 이후에 동기화 작업에 20시간이 걸렸다. 사용자는 업무가 시작되는 오전 8시 이전인 밤 사이에 모든 데이터 동기화가 끝났으리라 예상했기 때문에 이것은 분명 문제였다. 동기화가 완료되는 데 걸리는 최장 시간이 구체적으로 명시되지는 않았을지라도 이해관계자는 밤 사이 8시간을 초과하지 않을 것이라 가정했다.

가장 중요하게 유지해야 하는 KPI에 우선순위를 할당하자. 가장 중요한 KPI를 추적하기 위한 비즈니스 프로세스와 이를 가능하게 하는 요구사항을 찾자. 이것들이 가장 먼저 구현돼야 하는 요구사항이다. 예를 들어, 대출 애플리케이션 시스템을 교체하는 경우 하루에 10개의 대출을 등록할 수 있다면 신규 시스템도 최소한 동일한 처리량을 유지하는 것이 중요할 것이다. 대출 처리기에 대출을 입력하는 기능은 신규 시스템에서 가장 먼저 구현해야 하는 것 중 일부이며, 이로 인해 대출 처리기가 생산성을 유지할 수 있다.

기존 요구사항이 존재하지 않을 때

대부분의 오래된 시스템은 요구사항을 문서화하지 않고 있거나 정확하지 않다. 신뢰할 만한 문서가 없는 경우 팀은 시스템의 동작 방식을 이해하기 위해 사용자 인터페이스나 코드, 데이터베이스로부터 역공학을 수행해야 한다. 우리는 이를 "소프트웨어 고고학"이라고 생각한다. 역공학의 효과를 극대화하기 위해 고고학 원정대는 요구사항과 설계 기술서의 형태로 학습 내용을 기록해야 한다. 현재 시스템의 특정 부분에 대한 정확한 정보 축적을 통해 팀이 적은 위험으로 시스템을 개선하고, 핵심 기능을 빠트리지 않고 시스템을 교체하며, 차후에 있을 개선을 효율적으로 수행할 수 있다. 이를 통해 지식 유출을 저지하고 미래의 관리자로 하여금 지나온 변화를 더욱 잘 이해할 수 있게 한다.

요구사항을 갱신하는 것이 지나치게 부담이 된다면 여유 없는 사람들이 다음 변경 요청을 위해 서두르다가 실패하고 말 것이다. 더 이상 쓸모 없는 요구사항은 향후 개선에 도움되지 않는다. 소프트웨어 산업에는 문서 작성에 너무 많은 시간이 소비될 것이라는 것에 대한 두려움이 널리 퍼져 있다. 이 같은 자동 반사적인 반응은 요구사항 문서 갱신에 대한 모든 기회를 도외시하는 것이다. 그러나 요구사항을 갱신하지 않아 미래의 관리자(바로 여러분이 될 수도 있다!)가 정보를 다시 만들어야 한다면 얼마나 많은 비용이 들 것인가? 이 질문에 대한 대답이 소프트웨어를 변경하거나 다시 개발할 때 요구사항 문서를 수정할지에 대해 여러분으로 하여금 사려 깊은 비즈니스 의사결정을 내리게 할 것이다.

팀이 지속적으로 추가적인 개선이나 유지보수를 수행할 때 이러한 단편적인 지식 표현을 끊임없는 시스템 문서 향상으로 확장할 수 있다. 이렇게 새로 발견된 지식을 기록하는 데 발생하는 비용의 증가는 이를 누군가가 나중에 다시 발견하는 비용에 비해 작다. 거의 모든 향상된 기능의 개발은 추가적인 요구사항 개발을 필요로 하므로 기존의 요구사항 저장소가 존재한다면 새로운 요구사항을 추가하자. 오래된 시스템을 교체하는 경우라면 새로운 시스템을 위한 요구사항을 문서화하고 프로젝트를 통해 배운 내용을 최신으로 유지할 기회가 있을 것이다. 여러분이 발견한 것보다 더 나은 상태로 요구사항을 남기려고 노력하자.

어떤 요구사항을 명세화해야 할까?

개발한 모든 시스템에 대한 모든 요구사항 집합을 생성하기 위해 시간을 할애하는 것이 항상 가치 있는 것은 아니다. 아무런 요구사항을 작성하지 않거나 요구사항 집합을 완벽히 재구성하는 영원히 지속되는 양극 사이에 수많은 선택지가 있다. 문서화된 요구사항을 사용하는 이유를 사전에 알아두면 모든 명세서를 재작성하는 데 드는 비용이 과연 건전한 투자인지 판단할 수 있다.

아마도 현재 시스템은 그림 21-2의 시스템과 같이 특정한 형태가 없는 이야기의 모음이거나 수수께끼 같을 것이다. 그림의 A 영역에 어떤 새로운 기능을 구현하도록 요청받았다고 상상해보자. 구조화된 SRS나 요구사항 관리 도구에 새로운 요구사항을 기록하기 시작한다. 신규 기능을 추가할 때 이 기능이 기존 시스템과 연결되는 방법이나 잘 어울리는 방법을 찾아야 할 것이다. 그림 21-2에서 A와 여러분의 현재 시스템 사이에 놓여진 다리는 이러한 인터페이스를 나타낸다. 이 분석은 현재 시스템의 흰 부분인 B 영역에 대한 통찰을 제공한다. A 영역에 대한 요구사항뿐 아니라 이 통찰은 습득해야 하는 새로운 지식임을 말한다.

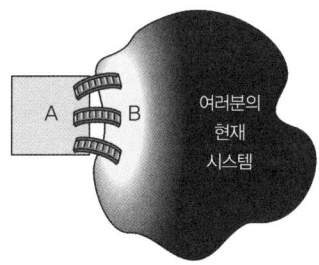

그림 21-2 잘 문서화되지 않은 기존 시스템에 개선사항 A를 추가함으로써 B 영역에 대한 약간의 가시성을 제공한다.

기존 시스템 전체를 문서화하는 경우는 드물다. 비즈니스 목표를 달성하는 데 필요한 변경사항의 세부적인 요구사항 노력에 초점을 맞추자. 만약 시스템을 교체하는 경우 비즈니스 목표 달성에 가장 중요하거나 구현 위험이 가장 높다고 제기되어 우선순위가 할당된 영역의 문서화를 시작하자. 갭 분석을 통해 식별된 신규 요구사항은 동일 수준의 정밀도로 구체화되고, 새로운 시스템에서 사용하는 동일한 기술을 이용해야 할 것이다.

세부 수준

기존 시스템에서 수집된 요구사항을 문서화하면서 접하는 가장 큰 도전과제 중 하나는 적절한 세부 수준을 결정하는 것이다. 개선을 하며 신규 기능을 위한 요구사항을 정의하는 것은 충분히 있을 수 있는 일이다. 그러나 변경사항이 균일하게 맞는지 확인하기 위해 개선과 밀접하게 관련된 모든 기능을 문서화하면서 혜택을 얻을 수도 있을 것이다(그림 21-2의 B 영역). 여러분은 이러한 관련 영역에 대해 비즈니스 프로세스나 사용자 요구사항, 기능적 요구사항을 만들고자 할 것이다. 예를 들어, 기존의 장바구니 기능에 할인과 관련된 코드를 추가해야 하는데 장바구니에 대한 요구사항 문서를 갖고 있지 않다고 해보자. "고객으로서, 나는 제품의 가장 저렴한 가격을 얻기 위해 할인 코드를 입력할 수 있어야 한다."와 같은 단일 사용자 스토리 작성을 유도해 볼 것이다. 그러나 이 사용자 스토리는 컨텍스트가 부족하기 때문에 장바구니 동작에 대한 다른 사용자 스토리를 참조하는 것이 좋다. 이 정보는 다음번에 다시 장바구니 기능을 수정해야 할 경우 유용할 것이다.

나는 임베디드 소프트웨어가 탑재된 주요 제품의 버전 2 요구사항 개발을 시작하는 팀과 함께 일한 적이 있다. 그들은 버전 1에 대한 요구사항을 제대로 작성하지 않았다. BA 책임자는 "이제 와서 버전 1의 SRS를 개선하는 것이 가치 있는 일일까?"라며 궁금해 했다. 이 회사는 이 제품군이 최소 10년 동안 주요 수익을 발생시킬 것으로 예상했다. 또한 그들은 여러 파생 제품에 핵심 요구사항 일부를 재활용하는 것을 계획했다. 이 경우 동일 제품군의 모든 후속 개발 작업의 기반이 되기 때문에 버전 1의 요구사항 문서를 개선할 필요가 있다고 판단했다. 1년 안에 은퇴할 것으로 예상되는 낡은 시스템의 버전 5.3에 대한 작업을 수행하며 요구사항의 포괄적인 집합을 재구성하는 것은 현명한 투자가 아니었을 것이다.

추적 데이터

기존 시스템에 대한 요구사항 추적 데이터는 특정 요구사항이 변경됨에 따라 어떤 구성 요소를 수정해야 하는지에 대한 개발자의 의사결정을 향상시키는 데 도움될 것이다. 이상적인 세상에서는 시스템을 교체할 때 기존 시스템이 기능적 요구사항의 전체 집합을 갖고 있으며 어떠한 요구사항도 간과하지 않기 위해 구 시스템과 신규 시스템 간의 추적성을 갖출 수 있을 것이다. 그러나 구 시스템이 제대로 문서화돼 있지 않은 경우 추적 정보를 사용할 수 없을 것이며, 기존 시스템과 신규 시스템 간에 철저한 추적성을 수립하는 것은 시간 낭비일 것이다.

새로 개발하는 것과 마찬가지로, 새로운 요구사항이나 변경된 요구사항을 이에 상응하는 설계 요소나 코드, 테스트 케이스에 연결하는 추적 매트릭스를 만드는 것은 좋은 실천 방법이다. 개발 업무를 수행하면서 추적 링크를 수집하는 것은 적은 노력을 필요로 하지만 완성된 시스템으로부터 링크를 재생하는 것은 제법 큰 일이다. 교체 시스템의 경우 고수준의 요구사항 추적을 수행하자. 이를 통해 기존 시스템에 대한 기능과 사용자 스토리 목록을 만들고 신규 시스템에 어떠한 것들이 구현돼야 할지 우선순위를 할당하자. 요구사항 추적에 대한 좀 더 자세한 내용은 29장 "요구사항의 연결 고리"를 참고하자.

기존 시스템의 요구사항을 찾는 방법

개선 및 교체 프로젝트에서 기존 문서를 갖고 있지 않는 경우라도 동작하는 시스템이 있기 때문에 여기에서 관련 요구사항을 찾을 수 있다. 개선 프로젝트를 진행하는 중에 추가할 새로운 화면을 위한 대화상자 맵을 그리고, 기존의 화면 요소 간 내비게이션 연결 관계를 보여주자. 신규 기능과 기존 기능에 걸쳐 유스케이스나 사용자 스토리를 작성할 수 있을 것이다.

교체 시스템 프로젝트에서는 새로운 개발 프로젝트와 마찬가지로 필요한 모든 기능을 이해할 필요가 있다. 새로운 시스템의 후보 기능을 식별하기 위해 기존 시스템으로부터 사용자 인터페이스를 연구하자. 시스템 간에 어떠한 데이터를 교환하는지 판별하기 위해 기존 시스템 인터페이스를 검사하자. 사용자가 현재 시스템을 사용하는 방법을 이해하자. 아무도 사용자 인터페이스에 숨겨진 기능이나 비즈니스 규칙을 이해하지 못한다면 무슨 일이 일어나고 있는지 찾기 위해 누군가가 코드나 데이터베이스를 뒤져봐야 할 것이다. 요구사항을 식별하기 위해 설계 문서, 도움말 화면, 사용 설명서, 교육용 자료를 비롯해 존재하는 모든 문서를 분석하자.

기존 시스템을 위해 모든 기능적 요구사항을 명세화할 필요는 없다. 그 대신 조각난 정보를 끼워 맞추기 위해 모델을 만들자. 스윔레인 다이어그램은 사용자가 시스템을 통해 어떤 일을 수행하는지 설명할 수 있다. 컨텍스트 다이어그램과 데이터 흐름 다이어그램, 개체 관계 다이어그램 또한 유용하다. 모든 세부사항을 기록하지 않고 단지 고수준의 사용자 요구사항만 만들 수도 있다. 정보 격차를 줄이는 방법 중 하나는 시스템에 새로운 데이터 요소를 추가할 때 데이터 사전을 만들고 기존 정의를 수정하는 것이다. 테스트는 요구사항의 대안 뷰를 표현하므로 소프트웨어 요구사항을 복원하기 위한 정보의 기초 자료로서 테스트 모음이 유용할 수 있다.

> **가끔은 "충분한 것"만으로도 좋다**
>
> 어떤 조직에서 현재의 비즈니스 분석 사례에 대한 제3자의 평가를 통해 신규 프로젝트에 대한 요구사항 작성은 상당히 잘 했으나 제품을 지속적으로 개선하고 배포하는 동안 요구사항을 갱신하는 데는 실패했음이 드러났다. BA는 각 개선 프로젝트마다 요구사항을 만들었다. 그러나 개정안을 요구사항 기준에 모두 통합하지 않았다. 조직의 관리자는 구현된 시스템을 반영하기 위해 기존 문서를 100% 갱신해서 유지했을 때 얻을 수 있는 이득에 대해 생각하지 못했다. 그는 항상 자신의 요구사항이 동작하는 소프트웨어의 80~90%을 반영하고 있다고 추정했으며, 개선 사항에 대한 요구사항을 완벽히 유지하는 것은 큰 가치가 없다고 생각했다. 이는 향후 프로젝트를 개선하는 팀이 일정 부분의 불확실성을 갖고 일해야 하고 필요 시 격차를 줄여야 하나 비용은 허용 가능한 수준으로 간주했음을 의미했다.

신규 시스템 도입 장려하기

기존 시스템을 변경하거나 교체할 때 저항에 부딪힐 수도 있다. 사람들은 자연스럽게 변경을 꺼려한다. 사용자의 작업을 용이하게 하는 새로운 기능을 도입하는 것은 좋은 일이다. 그러나 사용자가 현재의 시스템을 다루는 데 익숙해져 있고 이를 변경하려 한다면 사용자의 관점에서 꼭 좋은 것만은 아니다. 시스템을 교체하는 것은 단순히 기능을 변경하는 것과는 차원이 다르기 때문에 더 큰 문제다. 여러분은 잠재적으로 전체 애플리케이션의 외양, 메뉴, 운영 환경뿐 아니라 사용자의 전체 작업까지 변경하고 있을 것이다. 만약 여러분이 비즈니스 분석가나 프로젝트 관리자, 프로젝트 스폰서라면 저항을 예상하고 이를 극복하기 위한 방법을 계획해야 한다. 그래야 사용자가 새로운 기능이나 시스템을 받아들일 것이다.

기존에 구축된 시스템은 안정적이고 외부 시스템과 완벽히 통합돼 있으며 사용자들이 잘 이해하고 있을 것이다. 동일한 기능을 제공하는 신규 시스템의 초기 배포 버전은 이 가운데 어디에도 속하지 않을 수도 있다. 사용자는 새로운 시스템을 익히는 동안 일반적인 작업에 방해가 될 것을 우려할지도 모른다. 심지어 신규 시스템이 현재의 동작 방식을 지원하지 않을 수도 있다. 새 시스템이 기존에 수동으로 처리하던 일을 자동으로 처리한다면 사용자는 일자리를 잃게 될까 봐 걱정할 수도 있다. 사용자가 모든 기능을 사용하지 않는데도 기존 시스템의 모든 것을 지원해야 새로운 시스템을 허락하겠다고 말하는 것을 듣는 것은 드문 일이 아니다.

사용자 저항이라는 위험을 완화하기 위해서는 비즈니스 목표와 사용자 요구사항을 이해하는 것이 먼저다. 둘 중 하나라도 놓친다면 빠르게 사용자의 신뢰를 잃게 될 것이다. 요구사항을 도출하는 중에 새로운 시스템이나 각 기능이 사용자에게 제공하는 이득이 무엇인지에 집중하자. 조직 전체가 제안된 변화의 가치를 이해할 수 있도록 돕자. 비록 뭔가 새로운 것, 심지어 개선한 것일지라도 이것이 사용자의 일을 더 쉽게 만드는 것을 의미하지는 않는다는 점을 기억하자. 잘못 설계된 사용자 인터페이스는 예전 기능을 찾기 어렵게 하거나, 신규 옵션의 홍수 속에 어디서 시작할지 모르게 하거나, 접근하기 어렵게 하는 등 시스템을 사용하기 어렵게 만들기도 한다.

우리 조직은 최근에 문서 저장소 도구를 추가 기능과 좀 더 안정적인 운영 환경을 제공하는 새로운 버전으로 업데이트했다. 베타 테스트 기간 동안 나는 파일을 확인하고 내려받는 등의 간단하고 일반적인 작업이 더 어려워졌음을 발견했다. 이전 버전에서는 단 두 번의 클릭으로 파일을 확인할 수 있었지만 지금은 선택한 내비게이션 경로에 따라 서너 번의 클릭이 필요하다. 만약 경영진 이해관계자가 이러한 사용자 인터페이스 변화가 사용자 수용에 큰 위험이 될 거라 생각한다면 기존 시스템을 흉내 내는 사용자 정의 기능의 개발에 투자할 수도 있을 것이다. 사용자에게 프로토타입을 보여주는 것은 신규 시스템이나 기능에 익숙해지는 것을 돕고 프로젝트 초기에 도입으로 인한 문제를 드러낼 수도 있다.

시스템 교체 시 주의해야 할 것 중 하나는 시스템 교체가 조직 전체에 이득을 준다고 하더라도 특정 그룹을 위한 핵심 성과 지표에 부정적인 영향을 미친다는 것이다. 사용자가 잃게 될 기능이나 낮아지는 품질 속성을 가능한 한 빨리 알 수 있게 해서 미리 준비할 수 있게 하자. 시스템 도입에는 논리만큼이나 감정이 동반될 수 있기 때문에 성공적인 출시를 위한 기반을 마련하기 위해 기대치의 관리가 중요하다.

기존 시스템에서 마이그레이션하는 경우 전이 요구사항 또한 중요하다. 전이 요구사항은 기존 시스템으로부터 새로운 시스템으로 이동이 가능하게 하는 전체 솔루션의 기능을 기술한다(IIBA 2009). 이들은 데이터 변환, 사용자 교육, 조직이나 비즈니스 프로세스의 변경, 특정 기간 동안 신/구 시스템의 병렬 운영 등을 아우른다. 새로운 작업 방식으로 편안하고 효율적으로 전이하는 데 이해관계자에게 필요한 모든 것에 대해 생각해 보자. 전이 요구사항을 이해하는 것은 준비 상태를 평가하고 조직의 변화를 관리하는 것의 일부다(IIBA 2009).

반복할 수 있을까?

개선 프로젝트는 정의에 따라 점진적이다. 프로젝트 팀은 20장 "애자일 프로젝트"에서 이야기한 제품 백로그를 이용해 개선 사항에 우선순위를 부여함으로써 애자일 방법론을 손쉽게 도입할 수 있다. 그러나 교체 프로젝트의 경우 사용자가 새로운 애플리케이션을 업무에 이용하기 전에 최소한의 기능이 필요하기 때문에 항상 점진적으로 개발되는 것은 아니다. 업무 중 일부는 신규 시스템을 사용하고 다른 기능은 이전 시스템을 사용하는 것은 비실용적이다. 그러나 빅뱅 마이그레이션은 도전적이고 비현실적이다. 수년 동안 성숙되고 배포돼 온 시스템을 한 번에 교체하는 것은 어려운 일이다.

교체 시스템을 점진적으로 개발하는 방법 중 하나는 딱 그것만 독립적으로 구현을 시작할 수 있는 기능을 식별하는 것이다. 언젠가 현재의 주문 처리 시스템을 새로운 사용자 정의 개발 시스템으로 교체하는 고객의 팀을 도와준 적이 있다. 재고 관리가 주문 처리 시스템 전체 기능의 10% 정도를 차지했다. 대부분의 경우 재고를 관리하는 사람은 주문 처리 전반에 걸쳐 있는 다른 사람들과는 따로 분리돼 있었다. 그래서 재고 관리 기능만 신규 시스템으로 옮기는 것을 초기 전략으로 세웠다. 새로운 시스템을 주로 사용하는 일부 사용자만 영향을 받기 때문에 첫 번째 출시에 독립적으로 배포하기에 이상적인 기능이었다. 이 방법의 한 가지 단점은 새로운 재고 시스템과 기존의 주문 처리 시스템 간에 데이터를 주고받을 수 있는 새로운 소프트웨어 인터페이스를 개발해야 한다는 것이다.

우리는 기존 시스템의 요구사항 문서를 갖고 있지 않았다. 그러나 기존 시스템을 그대로 유지한 채 재고 관리 일부만 제거하니 요구사항 노력에 대한 명확한 경계를 알 수 있었다. 우리는 기존 시스템의 가장 중요한 기능을 기반으로 새로운 재고 시스템을 위한 유스케이스와 기능적 요구사항을 주로 작성했다. 또한 개체 관계 다이어그램과 데이터 사전을 만들었다. 재고만 분리할 때 관련이 있을 만한 통합 지점을 이해하기 위해 기존의 주문 처리 시스템 전체의 컨텍스트 다이어그램을 그렸다. 그런 다음 재고 관리가 연결이 끊어진 주문 처리 시스템과 상호작용하는 외부 시스템으로서 어떻게 존재하는지 보여주는 새로운 컨텍스트 다이어그램을 작성했다.

모든 개선 및 교체 프로젝트가 이처럼 깔끔한 것은 아니다. 대부분은 기존 시스템의 문서 부족, 새로운 시스템이나 기능 도입에 대한 사용자와의 잠재적인 충돌과 같은 두 가지 큰 도전과제를 해결하기 위해 고군분투할 것이다. 그러나 이번 장에서 설명한 기법을 활용함으로써 이러한 위험을 능동적으로 완화할 수 있다.

22
패키지 솔루션 프로젝트

어떤 조직은 소프트웨어 니즈를 충족시키기 위해 새로운 시스템을 처음부터 개발하기보다 패키지 솔루션(상용 제품이라고도 함. COTS; Commercial Off-the-Shelf products)을 찾아 적용하기도 한다. SaaS(Software as a Service)나 클라우드 같은 솔루션 또한 소프트웨어 니즈를 충족시키는 데 사용되고 있다. 패키지의 일부 혹은 솔루션 전체를 구매하거나 솔루션을 클라우드에 구현하더라도 여전히 요구사항은 필요하다. 요구사항을 통해 솔루션 후보군을 평가할 수 있는데, 이를 통해 가장 적합한 패키지를 선택해서 니즈를 만족시킬 수 있는 패키지를 도입할 수 있다.

그림 22-1을 보면 COTS 패키지는 대상 환경에서 동작하기 위해 일반적으로 구성, 통합, 확장이 필요하다는 사실을 알 수 있다. 일부 COTS 제품은 추가 작업 없이 즉시 배포 및 사용될 수 있다. 그러나 대부분은 어느 정도의 맞춤 절차가 필요하다. 이는 제품의 구성, 다른 시스템에 통합, COTS 패키지에 포함돼 있지 않은 추가 기능 제공을 위한 확장 개발과 같은 형태일 것이다. 이러한 활동 모두 요구사항을 필요로 한다.

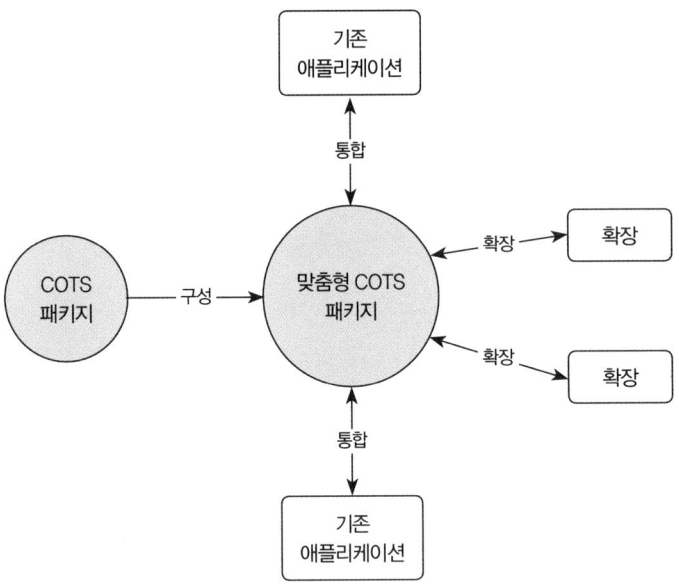

그림 22-1 COTS 패키지는 구성될 수 있고, 기존 애플리케이션 환경에 통합될 수 있으며, 새로운 기능으로 확장될 수도 있다.

이번 장에서는 패키지 솔루션을 선택하고 구현하는 데 필요한 요구사항에 대해 살펴본다. 요구사항 활동의 유사성 때문에 COTS와 SaaS 프로젝트를 구분하지는 않는다. 맞춤형 시스템 대신 패키지 솔루션을 개발하기로 하는 결정은 이러한 두 가지 옵션에 대한 비용 효율 평가에 대한 문제이며, 이 책의 범위를 벗어난다. 판매 목적으로 패키지 솔루션을 개발한다면 결국 맞춤형 소프트웨어 개발을 포함하게 되기 때문에 이 책의 다른 장이 더 관련 있을 것이다.

이번 장에서는 니즈를 충족하는 상용 패키지 구매를 계획할 때 요구사항을 정의하는 다양한 방법에 대해 설명한다. 또한 여러분의 운영 환경에 패키지 솔루션을 구축하기 위한 요구사항을 개발하는 방법을 제안할 것이다.

패키지 솔루션 선택을 위한 요구사항

COTS 패키지는 이를 도입하는 조직에게 맞춤형 개발보다 더 적은 유연성을 제공한다. 요청받은 기능 중 조정이 불가능한 기능이 어떤 것인지, 패키지 제약 조건에 맞게 적절히 조정할 수 있는 기능은 무엇인지 알아야 한다. 올바른 패키지 솔루션을 선택하는 유일한 방법은 패키지를 통해 사용자가 수행할 비즈니스 활동을 이해하는 것이다. 패키지 솔루션을 선택할 때는 최소한 상위 소프트웨어의 요구사항을 파악할 필요가 있다. COTS 선택을 위한 요구사항 명세서의 구체적인 수준과 필요한 노력은 예상 패키지 비용, 평가 기간, 솔루션 후보군에 따라 달라진다. 개인용 재무 관리 소프트웨어를 구매하는 것과 5,000여명의 직원이 사용할 수 있는 수십억 원의 재무 애플리케이션을 구매하는 것을 비교해 보자. 첫 번째 시나리오에서 가장 중요한 유스케이스의 이름을 정한 다음, 더 광범위한 평가를 위해 전체적인 유스케이스를 작성하고 데이터 및 품질 요구사항을 개발할 것이다.

어떤 팀은 법률 사무소에서 사용하기 위한 패키지 소프트웨어를 선택해야 했다. 이들은 사용자가 소프트웨어에서 사용해야 하는 20개의 작업을 파악했으며, 이는 네 개의 후보군을 평가하는 동안 확인해야 하는 10개의 기능으로 이어진다. 법률 파트너는 패키지를 선택한 후 소프트웨어 구성을 위해 좀 더 자세한 요구사항을 만들어야 한다는 것을 알았다. 하지만 패키지 선택에는 간략한 평가가 적합했다. 반면 50여 명이 함께 일하는 어느 팀은 새로운 반도체 플랜트에서 운영하기 위한 소프트웨어의 세부 요구사항을 개발하기 위해 협력했다. 여기에는 단지 세 개의 후보 솔루션만 평가 대상이었을뿐 아니라 COTS 소프트웨어와 구현을 위한 예상 비용이 확보됐으나 회사는 선택 프로세스에 많은 투자를 했었다. 이들은 패키지를 선택하는 데만 반년을 보냈다.

사용자 요구사항 개발하기

각기 다른 패키지 솔루션이 서로 다른 방법으로 동작하더라도 사용자는 패키지와 상관 없이 작업 목표를 달성할 수 있어야 한다. COTS 도입을 위한 대다수의 요구사항 관련 노력은 사용자 요구사항 수준에 집중해야 한다. 유스케이스와 사용자 스토리는 이 같은 목적에 적합하다. 또한 프로세스 모델이 사용될 수 있으며, 조직에 이미 존재할 수도 있다. 공급업체가 이미 다 준비해 놓았을 수도 있기 때문에 구체적인 기능적 요구사항을 명세화하거나 사용자 인터페이스를 설계하는 것은 무의미하다.

패키지 솔루션에 필요한 기능 목록을 작성해 두는 것이 도움될 수도 있다. 솔루션을 통해 달성해야 하는 사용자의 니즈가 무엇인지 이해함으로써 필요한 제품 기능을 식별하고 패키지가 제공해야 하는 비즈니스 프로세스를 파악하자. 다음과 같은 사용자 스토리가 있다고 가정하자. "연구 담당자는 잘못 설계된 실험에 시간과 비용을 허비하지 않기 위해 새로운 실험을 수행하기 전에 이를 검토하고 승인할 수 있어야 한다." 이러한 사용자 스토리는 승인 워크플로우 기능의 니즈를 식별하는 데 도움이 된다.

식별한 모든 유스케이스가 포함된 패키지 솔루션이 존재할 가능성은 없으므로 사용자 요구사항이나 기능에 우선순위를 할당하자. 불필요한 평가 기준에 시간을 허비하지 않도록 비즈니스 요구사항을 다시 되짚어 보자. 처음부터 사용 가능해야 하는 기능, 추후 확장 기능으로서 추가돼도 괜찮은 기능, 영원히 필요 없는 기능을 구분하자.

비즈니스 규칙 고려하기

요구사항 탐색을 통해 COTS 제품이 준수해야 하는 적절한 비즈니스 규칙을 식별해야 한다. 기업 정책, 산업 표준, 관련 규정을 준수할 수 있는 패키지를 구성할 수 있는가? 규칙이 변경됐을 때 구성된 패키지를 쉽게 변경하는 방법은 무엇인가? 개발한 모든 관련 규칙을 평가하는 데는 많은 시간이 필요하므로 가장 중요한 비즈니스 규칙에 집중하자.

일부 패키지는 소득세 원천 징수 계산이나 세금 양식 등 널리 적용할 수 있는 비즈니스 규칙을 포함하기도 한다. 이러한 것들이 제대로 구현됐는지 확신할 수 있는가? 규칙이나 계산이 변경될 경우 패키지 공급업체가 적시에 소프트웨어 업데이트를 제공할 것인가? 업데이트 비용을 청구할 것인가? 공급업체가 패키지에 구현돼 있는 비즈니스 규칙 목록을 제공할 것인가? 제품이 필요하지 않은 비즈니스 규칙을 구현하고 있다면 이를 비활성화하거나 수정 또는 회피할 수 있는가? 공급업체가 개선 요청을 허용하는가? 허용한다면 우선순위는 어떻게 되는가?

필요한 데이터 식별하기

사용자 요구사항과 비즈니스 규칙을 충족시키는 데 필요한 데이터 구조를 정의해야 하는 경우가 있는데, 특히 새로운 솔루션이 기존 애플리케이션 생태계에 통합돼야 하는 경우에는 더 중요하다. 정의한 데이터 모델과 패키지 공급업체의 데이터 모델 간의 주요 차이점을 찾자. COTS 솔루션에서 이름만 다르게 명명돼 있는 데이터 개체와 속성 때문에 혼란스러워 하지는 말자. 대신 개체나 개체 속성이 패키지 솔루션의 어디에 존재하는지, 기존의 필요와 너무 다른 정의를 갖고 있지는 않은지 알아보고, 솔루션이 동작하면서 이러한 개체가 각기 다른 방법으로 처리돼야 하는지 결정하자.

COTS 제품이 꼭 생성해야 하는 보고서를 명세화하자. 올바른 형식의 위임 보고서를 생성하는가? 제품에서 표준 보고서를 어느 수준으로 맞춤화할 수 있는가? 본인만의 보고서를 공급업체가 제공하는 보고서와 통합해서 만들 수 있는가?

품질 요구사항 정의하기

14장 "기능, 그 이상을 향해"에서 논의한 바와 같이 품질 속성은 패키지 솔루션 영역에서도 사용자 요구사항의 또 다른 중요한 측면 중 하나다. 적어도 다음과 같은 속성을 찾아보자.

- **성능**
  특정 동작에 대해 허용 가능한 최대 반응 시간은 얼마인가? 패키지가 예상하는 동시 사용자 및 처리량을 처리할 수 있는가?

- **사용성**

  패키지가 수립한 사용자 인터페이스 규칙을 준수하는가? 사용자가 다른 애플리케이션에서 경험한 인터페이스와 유사한가? 사용자가 새로운 패키지를 쉽게 학습할 수 있는 방법은 무엇인가? 공급 업체에서 제공하는 교육이 패키지 비용에 포함돼 있는가?

- **수정 용이성**

  특정 요구사항을 충족할 수 있도록 개발자가 패키지를 수정하거나 확장하기에 어려운가? 패키지가 적절한 "연결고리(연결이나 확장 지점)"와 확장을 위한 API(Application Programming Interfaces)를 제공하는가? 새로운 버전의 패키지를 설치할 때 모든 확장이 문제 없이 유지되는가?

- **상호운용성**

  패키지를 전사 애플리케이션에 통합하기 쉬운가? 표준 데이터 교환 형식을 사용하는가? 하위호환성을 제공하지 않아 서드 파티 도구나 인프라 구성요소를 강제로 업그레이드하게 하는가?

- **무결성**

  패키지가 데이터 손실이나 손상, 무단 접근으로부터 안전하게 보호하는가?

- **보안**

  패키지 허가 제어를 통해 사용자가 시스템에 접근하거나 특정 기능을 사용할 수 있는가? 필요한 사용자 권한 수준을 정의할 수 있는가? SaaS 솔루션인 경우 요구사항에 대한 서비스 수준 협약(Service level agreements)을 매우 신중하게 평가하는가?

솔루션 평가하기

많은 상용 패키지는 전사 정보 처리에 대한 요구사항 일부를 위해 가공된 솔루션(Canned Solution)을 제공한다고 강조한다. 어떤 패키지가 더 고려해 볼 만큼 유력한 후보인지 결정하기 위해 몇 가지 초기 시장 조사를 수행하자. 그런 다음 잘 알려진 COTS 소프트웨어 선택 프로세스 내에서 평가 기준으로 삼은 요구사항을 사용할 수 있을 것이다.

평가 방법 중 하나는 다음과 같은 절차를 포함한다(Lawlis et al. 2001).

1. 요구사항의 중요성을 구분할 수 있도록 1에서 10까지의 가중치를 할당하자.
2. 각 요구사항을 얼마나 만족시키고 있는지 각 후보 패키지의 요율을 설정하자. 가장 잘 만족시키고 있는 경우 1을 할당하고, 일부만 만족할 경우에는 0.5, 전혀 만족시키지 않는다면 0을 할당하자. 제품 설명서, 제안 요청서(RFP; Request for Proposal)에 대한 공급업체의 응답, 직접적인 제품 시험 등에서 평가할 수 있는 정보를 찾을 수 있을 것이다. RFP는 프로젝트에 입찰할 수 있는 초대장이며, 제품을 사용하는 방법에 대한 정보를 제공하지는 않는다는 것에 유의하자. 우선순위가 높은 요구사항의 경우 직접적인 시험이 필요하다.
3. 어떤 제품이 요구사항에 가장 적합한지 확인하기 위해 각 요소에 할당한 가중치를 기반으로 후보의 점수를 계산하자.

4. 제품 가격, 공급 업체의 경험과 생존 능력, 제품에 대한 공급업체의 지원, 확장과 통합을 용이하게 하는 외부 인터페이스, 환경에 대한 모든 기술 요구사항이나 제약사항에 대한 규정 준수를 평가하자. 비용이 선택 요소가 될 수도 있지만 초기에는 비용을 고려하지 않고 후보를 평가할 것이다.

어떠한 후보 패키지도 만족시키지 못하는 요구사항을 파악하고, 이를 위해 확장 개발이 필요할지 고려할 수 있다. 이는 COTS 구현에 상당한 추가 비용을 발생시킬 수 있고, 평가 프로세스에서 고려돼야 할 것이다.

최근에 내가 속한 조직에서는 다른 여러 기능과 함께 사용자가 오프라인 상태에서 작업하고, 온라인에 접속했을 때 요구사항의 마스터 버전에 동기화할 수 있는 요구사항 관리 도구를 선택하고자 했다(Beatty and Ferrari 2011). 이를 위한 좋은 솔루션은 시장에 존재하지 않을 것이라고 생각했다. 어떠한 솔루션도 이 기능을 제공하지 않는다는 것을 확인하기 위해 평가에 이 기능을 포함시켰다. 만약 우리가 발견하지 못했다면 선택한 패키지에 이 기능에 대한 확장 기능을 구현해야 했을 것이다. 아니면 우리는 요구사항을 수정하기 위해 프로세스를 변경해야 할 것이다.

또 다른 평가 방법은 우선순위가 높은 유스케이스에서 테스트를 도출해서 사용자가 패키지를 이용해 작업을 수행할 수 있는지, 수행할 수 있다면 얼마나 잘 수행할 수 있는지 결정하는 것이다. 발생할 수 있는 중요한 예외 상황을 처리하는 방법을 찾는 테스트를 포함하자. 후보 패키지가 테스트를 어떻게 처리하는지 검토하자. 이와 유사한 접근법은 운영 프로파일(Operational Profile)이라고 하는 예상 사용 패턴에 대한 일련의 시나리오를 통해 COTS 제품을 실행하는 것이다(Musa 1999).

> **함정** 만약 모든 평가에 관련된 사람이 단 한 명도 없다면 비교 가능한 기능이나 점수 해석이 사용됐다고 확신할 수 없다.

평가 프로세스의 결과는 평가표이며, 행에는 선택 요구사항이 있고, 열에는 각 요구사항에 대한 여러 솔루션의 점수가 있다. 그림 22-2는 요구사항 관리 도구에 대한 평가표 일부를 보여준다.

ID	유스케이스	기능	우선순위	도구 1	도구 1 의견
1	BA가 개별적으로 새로운 요구사항을 추가한다.	새로운 요구사항 추가	10	1	
2	BA가 개별적으로 새로운 요구사항을 추가한다.	각 요구사항에 고유한 ID를 자동으로 생성한다.	10	1	
3	BA가 개별적으로 새로운 요구사항을 추가한다.	서식 있는 형태로 요구사항을 문서화한다.	3	0	서식이 없는 경우에는 문자만 지원한다.

ID	유스케이스	기능	우선순위	도구 1	도구 1 의견
5	BA가 요구사항을 모델링한다.	데이터베이스에 있는 요구사항을 그림과 함께 직접 설명한다.	6	0.5	외부 리소스에 연결돼 있는 링크를 데이터베이스에 저장하는 경우 이를 해결해야 한다.
6	BA가 요구사항을 모델링한다.	데이터베이스에 저장된 문서로 요구사항을 설명한다.	8	1	
7	BA가 기존 문서를 요구사항에 연결한다.	요구사항을 셰어포인트(SharePoint)에 위치한 실제 문서와 연결한다.	4	1	
9	BA가 한 번에 많은 요구사항을 추가한다.	엑셀의 구조화된 데이터를 새로운 요구사항으로 가져오도록 일괄처리한다.	5	1	일괄 가져오기를 지원하며, 맞춤형 엑셀 파일 가져오기 지원 기능을 제공한다.

그림 22-2 요구사항 관리 도구를 위한 패키지 솔루션 평가표 샘플

> **다단계 평가**
>
> 우리 회사의 컨설팅 팀이 사용할 요구사항 관리 도구를 선택하기 위한 요구사항을 작성할 때 도구의 사용자 클래스 및 유스케이스를 식별하기 위해 컨설팅 팀과 일한 적이 있다. 비록 비즈니스 분석가가 주요 사용자이긴 했지만 관리자나 개발자, 고객을 위한 유스케이스도 일부 있었다. 나는 유스케이스 이름을 정의하고, 필요한 기능을 식별하기 위해 내가 잘 알고 있는 유스케이스를 사용했다. 또한 유스케이스나 기능 누락의 가능성을 최소화하기 위해 추적 매트릭스를 만들었다.
>
> 먼저 200개의 기능과 60개의 공급업체를 선택하기 시작했는데, 평가 일정에 비해 너무 많았다. 대부분의 후보 도구를 제거하기 위해 1단계 평가를 진행했다. 첫 번째 평가에서는 가장 중요하다고 판단되거나 다른 도구와 차별화될 가능성이 가장 높은 기능 30개만 통과시켰다. 이 초기 평가에서 16개의 도구로 선택의 폭을 좁혔다. 그런 다음 전체 200개의 기능을 비교해서 이들 16개 도구를 평가했다. 이러한 상세한 2단계 평가에서 비슷한 순위의 다섯 가지 도구를 도출했으며 모두 우리의 니즈를 확실히 만족했다.
>
> 객관적인 분석뿐 아니라, 제품에 딸려오는 튜토리얼 프로젝트만 사용하지 않고 실제 프로젝트를 사용해서 후보 패키지를 평가하는 것도 좋은 생각이다. 실제 프로젝트에서 이러한 다섯 가지 도구 각각을 실행하기 위해 3단계 평가를 추가했으며, 실전에서 어떤 것이 평가 점수를 가장 잘 반영하고 있는지 볼 수 있었다. 세 번째 평가를 통해 우리는 가장 점수가 높고 제일 선호하는 도구를 선택할 수 있었다.

패키지 솔루션을 구현하기 위한 요구사항

선택한 패키지 솔루션을 구현하기로 결정한 뒤에도 여전히 요구사항은 존재한다. 그림 22-3은 패키지를 그대로 사용하는 것에서부터 확장을 위한 상당히 많은 요구사항 명세와 소프트웨어 개발을 수행하는 것까지, 패키지 솔루션을 유용하게 만드는 데 필요한 다양한 노력들을 보여준다. 표 22-1은 상호 배타적이지 않은 이러한 네 가지 유형의 COTS 패키지 구현에 대해 설명한다. 어떤 방식으로 구현하더라도 운영체제를 업그레이드한다거나, 다른 소프트웨어 구성요소와 상호작용하는 등 운영 환경에 대한 인프라 변경이 필요할 수도 있다.

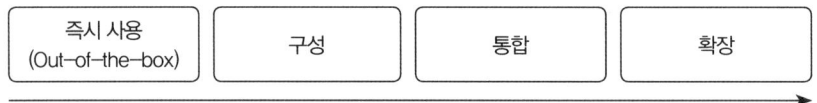

그림 22-3 패키지 솔루션 구현에 필요한 다양한 개발 노력

표 22-1 COTS 패키지를 구현하는 방법

COTS 구현 종류	설명
즉시 사용	소프트웨어 설치 후 즉시 사용
구성	새로운 코드를 작성하지 않고 필요에 따라 소프트웨어 설정 조정
통합	패키지를 기존 애플리케이션 생태계의 시스템에 연계(일반적으로 약간의 코드 수정 필요)
확장	요구사항 격차를 줄이고 패키지의 기능을 향상시키기 위해 직접 코드를 작성해서 추가 기능을 개발

COTS 솔루션 구매의 장점 중 하나는 원래 기대하지 않던 유용한 기능을 제공할 수 있다는 것이다. 우리는 일반적으로 필요하다고 인지하고 있는 기능을 기반으로 패키지를 선택한다. 하지만 구현하는 동안 미처 생각하지 못한 꼭 필요한 기능을 발견할 수 있다. 결국 추가 기능을 이용하기 위해 패키지 설치에 필요한 작업량이 변할 수 있다.

구성 요구사항

종종 패키지를 공급업체에서 제공하는 그대로 사용할 수도 있다. 하지만 요구사항을 더 잘 충족하기 위해 패키지의 다양한 구성 매개변수를 조정해야 하는 경우가 더 많을 것이다. 가장 성공적인 COTS 구현에 있어 구성 요구사항은 필수다. 한 가지 방법은 한 번에 한 개의 프로세스 흐름이나 유스케이스, 사용자 히스토리를 위한 구성 요구사항을 정의하는 것이다. 구매한 시스템의 사용 설명서를 확인해서 특정 작업을 실행하거나 사용 환경에 맞게 구성하는 데 필요한 설정을 찾자. 패키지 선택 프로세스를 진행할 때뿐만 아니라 시스템을 구성할 때도 비즈니스 규칙 전체를 고려하자. 이러한 요구사항을 모델링할 때 의사결정 일람표와 의사결정 트리를 만드는 것이 도움될 것이다. 여러 COTS 솔루션에서는 역할과 권한을 설정하기 위한 사전에 정의된 메커니즘을 제공한다. 어떤 역할을 만들고 어떤 권한을 부여해야 하는지 정의하기 위해 9장 "규칙에 따르기"의 그림 9-2와 같은 역할 및 권한 매트릭스를 사용하자.

통합 요구사항

패키지 솔루션은 독립 모드에서 사용하지 않는 한 애플리케이션 환경에 통합해야 한다. 이러한 통합은 패키지가 상호작용해야 하는 기타 다른 애플리케이션의 외부 인터페이스에 대한 이해를 필요로 한다. 여러분의 환경에서 패키지와 기타 다른 구성요소 간에 데이터 교환 및 서비스 요구사항을 정확하게 명세화하자. 모든 부분이 잘 들어맞도록 코드 일부를 수정해야 할 수도 있을 것이다. 코드는 다음과 같은 형태가 될 수 있다.

- 인터페이스를 수정하거나 누락된 기능을 추가하는 어댑터
- 전사 시스템에서 COTS 소프트웨어와 나머지를 분리하는 방화벽
- 패키지의 입출력을 가로채어 인터페이스 반대편에서 사용될 수 있는 형태로 데이터를 수정하는 래퍼(NASA 2009)

확장 요구사항

COTS 구현의 공통 목표 중 하나는 솔루션 수정을 최소화하는 것이다. 그렇지 않으면 애플리케이션을 직접 개발해야 할 것이다. 그러나 대부분의 COTS 프로젝트에는 조직의 요구사항과 패키지가 제공하는 기능 간에 간극이 있다. 이러한 간극을 해소하기 위해 이를 무시하거나(요구사항을 제거하고 도구가 제공하는 기능만 사용), 이를 솔루션 바깥에서 해결할 수 있도록 변경하거나(비즈니스 프로세스 변경), 아니면 간극을 해소하기 위한 다리가 될 수 있는 무엇인가를 개발(솔루션 확장)할 수 있도록 결정해야 한다. 만약 COTS 솔루션을 확장할 경우 새로운 제품을 개발하는 것과 마찬가지로 새로운 기능의 요구사항을 충분히 명세화해야 할 것이다. 오래된 시스템을 교체하기 위해 COTS 솔루션을 개발하는 경우 21장 "개선 프로젝트와 교체 프로젝트"에서 논의한 시스템 교체 사례를 참고하자. 추가해야 하는 구성 요소의 요구사항을 분석하면서 기존 요소나 워크플로우에 영향을 주지는 않는지 평가하자.

데이터 요구사항

선택 프로세스에서 사용되는 데이터 요구사항으로 시작해 보자. 기존 데이터 사전의 데이터 개체와 속성을 COTS의 개체와 속성으로 매핑하자. 기존 데이터 개체와 속성 중 솔루션이 처리하지 않는 영역이 존재할 수도 있을 것이다. 기능의 간극과 마찬가지로 COTS 솔루션에 속성을 추가하거나 기존 데이터 구조를 용도에 맞게 고치는 등 데이터 간극을 처리하는 방법을 결정해야 할 것이다. 그렇지 않으면 기존 시스템에서 COTS 솔루션으로 데이터를 전환할 때 제대로 매핑되지 않은 데이터의 손실이 발생할 수 있을 것이다. 기존 혹은 신규 보고서 배포를 위한 요구사항을 명세화하기 위해 13장 "데이터 요구사항 명세화하기"의 보고서 표를 사용하자. 많은 COTS 패키지는 데이터 관련 작업을 시작할 만한 일부 표준 보고서 템플릿을 제공할 것이다.

비즈니스 프로세스 변경

COTS 패키지는 일반적으로 맞춤형 소프트웨어 개발보다 더 적은 비용으로 개발하고 관리할 수 있을 거라 예상될 때 선택한다. 조직은 기존 비즈니스 프로세스를 패키지의 워크플로우 기능이나 제한에 맞게 적용할 준비를 해야 한다. 이는 기존 프로세스나 계획된 프로세스에 적합하게 구체적으로 설계되는 소프트웨어 등 대부분의 개발 프로젝트와는 다르다. 사실 기존 프로세스에 완벽히 부합하도록 구성될 수 있는 COTS 솔루션은 비용이 많이 들고 복잡하다. 조정을 위한 더 많은 버튼과 손잡이는 구성을 더 어렵게 한다. 필요한 모든 사용자 기능을 구현하는 것과 COTS 제품이 제공하는 기능을 그대로 사용하는 것 사이에서 절충할 필요가 있다(Chung, Hooper, and Huynh 2001).

선택 프로세스에서 식별된 사용자 요구사항에서 시작하자. 사용자가 COTS 솔루션에서 작업을 수행할 때 바뀌는 부분을 이해하기 위해 유스케이스나 스윔레인 다이어그램을 만들자. 기존 시스템과 모습도 다르고 동작도 다르기 때문에 사용자가 새로운 패키지 솔루션을 거부할 수도 있으며, 이를 위해 프로세스 초기에 사용자가 경험할 수 있게 하자. 비즈니스 프로세스에서 변경이 필요한 부분을 구체화하는 데 사용자가 직접 기여할 수 있다면 좀 더 긍정적으로 새로운 솔루션을 받아들일 것이다.

우리 팀은 새로운 규정 준수 요구사항에 부합하는 보험 회사의 패키지 솔루션을 개발한 적이 있다. 먼저 기존 비즈니스 프로세스를 모델링하는 것부터 시작했다. 그다음 기본적인 제품 사용 관련 정보를 습득하기 위해 패키지의 설명서를 공부했다. 사용자가 COTS 솔루션을 이용해서 작업을 수행할 수 있도록 기존 모델을 기반으로 변경될 비즈니스 프로세스를 만들었다. 또한 기존 시스템에 대한 데이터 사전을 만들고 COTS 솔루션의 필드와 매핑하기 위해 칼럼을 추가했다. 사용자가 직접 제품이 동작할 수 있도록 모든 개발 과정을 도왔기 때문에 새로운 시스템이 출시됐을 때 그다지 놀라지 않았다.

패키지 솔루션의 일반적인 문제

다음은 패키지 솔루션을 선택하고 개발할 때 발생할 수 있는 일반적인 문제다.

- **너무 많은 후보**
  시장에는 언뜻 보기에 괜찮아 보이는 솔루션이 많이 있을 수 있다. 좀 더 세분화된 평가를 위해 적은 수의 평가 기준을 선택해서 후보군을 축소하자.

- **너무 많은 평가 기준**
  구체적인 요구사항 명세가 없다면 가장 중요한 단 하나의 평가 기준에 집중하기가 어려울 수 있다. 가장 중요한 요구사항을 평가 기준으로 선택할 수 있도록 비즈니스 목표를 사용하자. 패키지 후보군을 몇 개로 좁힌 후에는 좀 더 많은 평가 기준으로 패키지를 평가할 수 있을 것이다.

- **공급 업체에 의한 패키지 기능의 왜곡**
  일반적인 패키지 소프트웨어 구매 과정의 경우, 공급 업체의 판매 직원은 솔루션을 고객사의 의사결정자에게 판매한 후 기술 개발 팀으로 하여금 제품에 대한 깊이 있는 지식을 제공하게 한다. 이러한 깊이 있는 지식을 통해 고객이 판매 상담을 통해 이해하고 있는 제품 기능과 상충하는 부분을 풀어내야 한다. 판매 과정부터 공급 업체의 기술 전문가가 참여하도록 요청하는 것이 좋다. 성공적인 협력 관계를 위해 공급 업체와 건전한 관계를 맺을 수 있을지 판단하자. 공급 업체는 비즈니스 파트너이며, 이들이 건설적인 역할을 할 수 있는지 확인하자.

- **솔루션에 대한 잘못된 기대**
  때로는 공급 업체의 시연에서는 솔루션이 엄청 대단해 보이지만 설치 후에 예상과 다르게 동작하는 것을 경험하기도 한다. 선택 프로세스에서 이러한 문제를 방지하려면 솔루션이 기대에 얼마나 부합하는지 확인하기 위해 공급 업체가 실제 유스케이스를 시연해 보게 하자.

- **사용자가 솔루션을 거부**
  조직이 소프트웨어를 구매했다는 이유만으로 사용자가 이를 수용한다고 보장할 수는 없다. 여느 소프트웨어 개발 프로젝트와 마찬가지로 사용자의 요구사항을 최대한 명확히 이해하고 해결했는지 확인하기 위해 선택 프로세스나 개발 초기부터 사용자를 참여시키자. 기대 관리는 성공적인 패키지 솔루션 개발에서 중요한 부분이다.

상용 소프트웨어 패키지를 구매, 구성, 확장하는 것은 맞춤형 솔루션을 구축하는 것의 합리적인 대안이다. 패키지는 광범위한 확장성을 제공할 수 있지만 동시에 한계와 제약을 안고 있다. 여러분은 조직에서 필요로 하지 않는 기능에 많은 비용을 지불하고 싶지 않을 것이다. 공급 업체에서 패키지의 다음 버전을 출시하면서 확장 및 통합 구조가 깨질 수 있는 구조로 만들고 싶지도 않을 것이다. 신중한 패키지 선택 및 개발 프로세스는 상용 패키지 소프트웨어 솔루션의 기능, 사용성, 확장성, 유지보수성 사이에서 최고의 균형을 찾는 데 도움될 것이다.

23
외주 프로젝트

많은 조직들은 시스템 개발에 자사의 직원들을 통해 개발하기보다 외부 개발 회사에 위탁한다. 내부에 부족한 개발 역량을 가져오거나, 내부 직원 자원을 늘리기 위해, 돈을 절약하기 위해, 개발을 가속화하기 위해 외주를 선택할 수 있다. 외주 개발 업체는 물리적으로 아주 가깝거나, 지구 반대편이거나, 이 둘 사이 어디든 위치할 수 있다. 다른 나라의 외주 팀은 일반적으로 해외 업무 위탁이라고 알려져 있다. 해외 업무 위탁은 납품업체 국가가 가깝거나 인수업체 국가의 언어나 문화를 공유하는 경우 "인접 국가 외주(neatshoring)"라 하기도 한다.

모든 외주 프로젝트에는 사람들이 둘 이상의 지역에서 일하는, 분산된 팀이 참여한다. 동일 위치에 있는 프로젝트에 비해 이런 프로젝트에서 비즈니스 분석가의 역할은 더욱 중요하다. 대부분의 경우 비즈니스 분석가(BA)가 힘들어진다. 팀 구성원 모두가 같은 위치에 있는 경우 개발자는 비즈니스 분석가에게 질문하거나 새로 개발된 기능을 시연하기 위해 직접 찾아갈 수 있다. 비록 오늘날 사용되고 있는 의사소통 도구들이 확실히 도움은 되지만 이러한 긴밀한 협력이 외주 개발에서는 같은 방식으로는 이뤄질 수는 없다. 외주, 특히 해외 외주 개발은 내부 개발에 비해 다음과 같은 요구사항 관련 문제에 직면하게 된다.

- 개발자가 요구사항의 기초 자료를 얻기 힘들어지고 전달된 소프트웨어의 사용자 피드백을 개발자에게 전달하기가 어려워진다.
- 프로젝트에서 뒤늦게 발견되는 해석의 차이가 논쟁을 불러일으킬 수 있으므로 공식적으로 규정된 요구사항의 정의가 필요하다.
- 프로젝트의 방향성을 조정할 수 있는 기회가 적기 때문에 고객이 궁극적으로 필요로 하는 것과 초기 요구사항을 기반으로 얻을 수 있는 제품과의 차이가 커질 수 있다.
- 시차 때문에 요구사항 이슈를 해결하는 데 시간이 걸릴 수 있다.
- 언어와 문화적 장벽 때문에 요구사항을 이야기하는 것이 좀 더 어렵다.
- 사용자와 비즈니스 분석가가 개발자의 질문에 답하거나, 애매한 것을 명확하게 하거나, 그 차이를 줄이기가 쉽지 않기에 제한적으로 작성된 요구사항은 내부 프로젝트에는 충분하나 외주 프로젝트에는 부적합하다.
- 원격 개발자는 사내 개발자가 경험으로 얻은 조직 및 비즈니스 지식이 부족하다.

해외 업무 위탁에 대한 원래 주장은 시간당 인건비를 기반으로 예상되는 비용 절감 효과를 포함하지만 실제로 많은 해외 업무 위탁 프로젝트는 비용이 증가한다. 좀 더 정확한 요구사항을 위해 필요한 부가적인 노력, 무언의 함축되고 가정된 요구사항으로 인한 격차를 줄이기 위한 추가적인 개발 반복 주기, 계약 협의를 위한 추가적인 부담, 그룹 간에 팀 행동의 효과적인 법칙을 만드는 초기 비용, 그리고 프로젝트 의사소통과 관리 비용의 증가가 주요 원인이다.

소프트웨어 개발 작업은 외주의 가장 일반적인 유형이지만 테스트 또한 외주가 가능하다. 외주 테스트는 외주 개발과 같은 문제를 가진다. 두 유형 모두 성공을 위해서는 확실한 요구사항이라는 견고한 기반을 필요로 한다.

이번 장에서는 외주 프로젝트에서 성공적으로 요구사항을 개발 및 관리하게 해주는 몇 가지 중요한 기술을 제안한다. 외주 개발을 이끌어내는 결정 프로세스나 외주 업체를 선택하는 프로세스에 대해서는 설명하지 않는다.

요구사항의 적절한 명세화 수준

따로 떨어진 회사에 제품 개발을 외주를 주는 경우 개발팀과 직접적인 상호작용이 아주 적을 수 있기 때문에 높은 수준의 요구사항 작성이 필요하다. 그림 23-1과 같이 납품업체에 제안 요청서(RFP), 요구사항 명세, 제품 인수 기준을 보낼 것이다. 초기에 양 당사자는 납품업체가 개발을 시작하기 전에 협상과 조정을 통해 검토에 참여하고 합의를 도출할 것이다. 납품업체는 완성된 소프트웨어 제품과 지원 문서를 전달할 것이다.

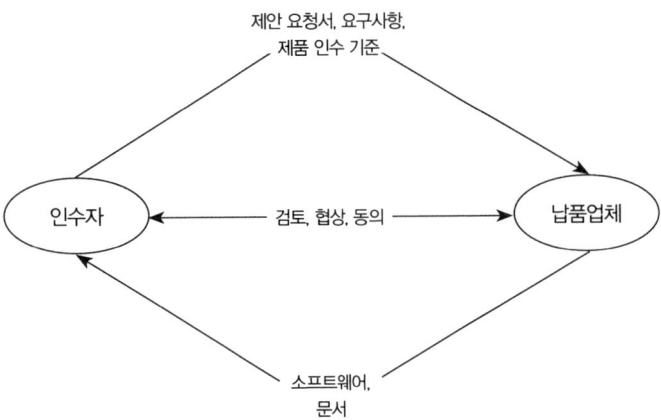

그림 23-1 요구사항은 외주 프로젝트의 기반이다.

개발자와 고객이 아주 가깝게 일할 때 누리던 매일 설명할 기회, 의사결정, 변경 사항의 기회를 외주에서는 가질 수 없다. 특히 해외 외주 개발의 경우 납품업체는 요청한 수준으로만 정확히 개발할 것을 예상해야 한다. 가끔이라도 질문하지 않으면 더도 덜도 말고 딱 그만큼만 얻을 것이다. 여러분이 생각하기에 적기에는 너무 당연하다고 생각하는 암시나 가정된 요구사항을 납품업체는 구현하지 않는다. 결과적으로, 어설프게 정의되고 관리된 요구사항은 외주 프로젝트 실패의 일반적인 원인이 된다.

제안 요청서(RFP)를 배포한다면 납품업체는 실질적인 대답과 견적을 주기 전에 요청한 것이 무엇인지 정확히 알아야 한다(Porter-Roth 2002). RFP로 들어가야 하는 정보들 때문에 자체 개발 프로젝트보다 이른 시점에 좀 더 상세한 요구사항을 만들어야 할 수도 있다(Morgan 2009). 최소한 RFP를 위해서라도 사용자 요구사항과 비기능적 요구사항의 다양한 집합을 구체화하라. 특히 외주 팀이 해외에 있을 경우 프로젝트가 시작된 후에 자체 팀이 동일한 시스템을 개발하는 것보다 좀 더 정확하게 모든 종류의 요구사항을 구체화해야 할 것이다. 요구사항을 너무 구체화하는 것이 좋지 않다고 생각할지라도 외주 프로젝트는 그렇게 해야 한다. 그것은 인수자의 요구를 분명하게 표현하기 위한 요구사항 작성자의 책임이다. 인수자가 프로세스를 유지하기 위해서 또는 법률적인 이유로 특정 산출물이 무조건 나와야 한다면 RFP의 일부에 그 내용을 포함해야 한다.

자체 개발과 마찬가지로 시각적 요구사항 모델은 외주 팀에게 기능 및 비기능적 요구사항을 보완한다. 요구사항에 대한 다양한 설명을 만들어내는 것은 소통의 범위를 증가시켜 사내 팀이 소프트웨어를 개발했을 때보다 좀 더 많은 모델이 만들어지는 데 도움이 된다는 사실을 알 수도 있다. 문화와 모국어를 넘어서서 일을 한다면 글로 쓴 명세서를 보완하기 위해 시각적 모델과 같은 표현은 해석에 앞서 확인할 무언가를 개발자에게 줄 수 있기 때문에 훨씬 더 가치가 있다. 하지만 여러분이 보낸 모

델을 개발자가 이해해야 한다. 모델에 익숙하지 않으면 혼란만 늘어난다. 한 개발 관리자는 문서화된 요구사항 명세서뿐 아니라 목업이 외주팀이 복잡한 사용자 인터페이스를 올바르게 구현하는 데 충분한 정보를 제공하지 않을 것이라고 우려했다(Beatty and Chen 2012). 19장 "요구사항 개발, 그 이상을 향해"의 화면-행동-응답 모델은 특히 이러한 외주 프로젝트의 요구를 만족하기 위해 개발됐다.

프로토타입은 납품업체에 대한 예상을 명확히 하는 데 도움이 된다. 마찬가지로 납품업체는 인수자에게 요구사항에 대한 자신들의 해석과 이에 대한 계획을 증명하기 위해 프로토타입을 만들 수 있다. 이는 고객과 개발 사이의 접점을 프로젝트 후반이 아닌 초기에 만들기 위한 방법이다. 15장 "프로토타이핑을 활용한 위험 감소"에 프로토타입 생성과 사용에 대한 자세한 정보가 있다.

11장 "좋은 요구사항 작성하기"의 표 11-2와 같이 혼란을 야기하는 모호한 용어를 조심해야 한다. 여러 곳에 "지원"이란 단어가 적힌, 외주를 목적으로 한 SRS를 본 적이 있다. SRS를 작성한 비즈니스 분석가는 소프트웨어를 구현하게 될 계약자가 상황별로 "지원"의 의미를 모른다는 것을 알고 있다. 용어사전은 인수 회사의 환경에 익숙해서 암묵적인 지식을 공유하지 않는 사람들을 상대할 때 유용하다. Planguage(14장 "기능, 그 이상을 향해" 참조)라고 하는 구조화된 키워드 표기법은 외주 개발을 위해 요구사항을 명쾌하게 설명하는 데 활용될 수 있다(Gilb 2007).

인수자와 납품업체 간 상호작용

서로 얼굴을 마주보는 실시간 커뮤니케이션이 없다면 납품업체가 무엇을 하고 있는지 훤히 알기 위한 다른 메커니즘이 필요하므로 인수자와 납품업체 사이에 주기적인 접점을 마련해야 한다. 어떤 외주 프로젝트에서는 기능적 요구사항을 작성하는 데 납품업체가 도움을 주기도 한다(Morgan 2009). 이 경우 외주와 관련된 초기 비용은 증가하지만 오해의 위험은 줄어든다.

여러 번에 걸쳐 요구사항 검토를 위한 시간을 잡자. 여러 장소에서 참가자와의 동료평가를 용이하게 만들어주는 협업 도구를 사용하자(Wiegers 2002). 특정 문화권에 속한 사람들은 다른 사람의 작업물에 대한 건설적인 비판도 하기 어려울 수 있으니 주의하자. 그러한 문화에서 저자의 일은 개인적인 평가를 검토하는 것이다(Van Veenendaal 1999). 그 결과, 저자의 기분을 상하게 하고 싶지 않기 때문에 평가자는 동료평가 중에 아무 말도 하지 않고 정중하게 앉아 있을 수 있다. 예의 바르고 사려 깊지만 가능한 한 저렴하고 빠르게 개발하기 위해서 될 수 있는 한 초기에 요구사항 결함을 찾아내려 하는 공동의 목표에는 도움이 되지 않는다. 동료평가를 위한 기대와 전략의 실체를 확인할 수 있도록 외주 파트너에 이러한 문화적 특징이 적용되는지 확인하자.

 실패한 한 해외 외주 프로젝트의 프로젝트 일정에는 "요구사항 수립 워크숍"이라는 이름의 한 주짜리 작업이 포함돼 있었는데, 이 워크숍 이후 바로 몇 개의 하위 시스템을 구현하기 위한 업무가 이어졌다(Wiegers 2003). 납품업체는 요구사항 명세를 문서화, 검토, 수정하는 중요한 중간 업무를 포함시키는 것을 잊었다. 반복적이고 소통 집약적인 요구사항 개발의 특성은 이러한 평가에 충분한 시간을 할애해야 한다는 것을 이야기한다. 이 프로젝트의 인수자와 납품업체는 같은 대륙 양단의 다른 나라에 있었다. 그들은 SRS 앞뒤로 발생한 무수한 질문으로 지연이 발생하는 것을 경험했다. 그들은 시기적절한 방법으로 요구사항 이슈를 해결하지 못함으로써 일정이 틀어지고 결국 두 당사자는 소송에 내몰리게 됐다.

동료평가와 프로토타입은 납품업체가 요구사항을 어떻게 해석하고 있는지에 대한 통찰력을 준다. 점진적인 개발은 납품업체의 개발자에게 잘못된 방향으로 잘못 전달했을 때 방향을 바로잡을 수 있게 해주는 또 한 가지 관리 기법이다. 납품업체가 궁금증이 있는 경우, 이를 문서화하고 요구사항에 그 답을 포함하자(Gilb 2007). 27장 "요구사항 관리 사례"와 같이 납품업체와 인수자라는 두 팀이 접근할 수 있는 이슈 추적 도구에서 질문에 대한 해법을 관찰하자.

많은 종류의 프로젝트를 진행하는 개발 회사는 올바른 결정에 필요한 특정 도메인 지식이나 회사 정보가 부족할 수 있다. 이 지식 격차를 해소하려면 요구사항을 검토하기 전에 프로젝트와 애플리케이션 도메인에 대해 계약 직원들을 대상으로 일정한 교육을 하는 것이 좋다.

외주 프로젝트에는 기업 문화와 태도가 서로 다른 팀이 포함되기도 한다. 일부 납품업체는 만들어낼 수 없는 결과물을 기꺼이 수용하려 한다. 오류가 발견되면 그 문제에 대해 전적인 책임은 없다는 것으로 체면을 세우기 위해 노력한다. 추가적인 문화적 차이는 해외 납품업체에게서 발생한다. 일부 개발자는 도움이나 설명을 요청하는 것을 주저할 수 있다. 이들은 "아니오"나 "이해가 안 됩니다"라는 말을 주저한다. 이는 잘못된 해석, 해결되지 않은 이슈, 그리고 달성할 수 없는 합의로 이어질 수 있다. 이 문제를 피하기 위해 무엇을 말하지 않았는지에 대한 행간 읽기와 문제 및 상태에 대한 정확한 가시성을 얻기 위한 개방형 질문 등의 요구사항 도출 기법이나 촉진 기술을 사용하자. 함께 일할 때 팀 구성원들이 어떻게 소통할지 명확하게 정의하기 위해 주변과 원격지 팀 구성원과 함께 기본 규칙을 만드는 것이 좋다.

요구사항이 작성된 언어와 다른 언어를 모국어로 쓰는 개발자는 미묘한 차이나 완전한 의미를 알아보려 하지 않고 요구사항을 문자 그대로 해석하려 한다. 그들은 기대와는 다른 사용자 인터페이스 설계안을 만들어 낼 것이다. 날짜 형식, 단위 체계(미국 통상 단위, 국제 단위, 야드파운드법 같은), 색의 상징, 사람의 성과 이름 순서 등은 국가 간에 매우 다양할 수 있다. 여러분과 모국어가 다른 사람과 소통할 때는 의도와 원하는 바를 가능한 한 쉬운 언어로 분명하게 표현해야 한다. 오해를 부를 수 있는 구어적 표현, 전문 용어, 관용구, 대중 문화와 참고 자료는 자제하자.

한 해외 팀은 고객의 요구사항을 문자 그대로 해석했다. 개발자가 각 요구사항을 영어에서 자신의 언어로 번역하고, 그걸 개발하고, 다음 요구사항으로 이동하는 방식으로 목록의 끝에 도달할 때까지 계속했다. 고객에게 전달된 제품은 기술적으로는 요구사항은 만족했지만, 기대에는 한참 못 미쳤다. 개발자가 일을 어렵게 만들었던 건 아니었다. 단지 요구사항의 언어를 제대로 이해하지 못했다. 결과적으로, 그들은 구축하고 있는 것에서 가장 중요한 것이 무엇인지를 알려 하지 않았다. 고객은 개발 작업 중 대부분을 내부로 가져왔고 제대로 개발된 소프트웨어를 확보하기 위해 두 배의 비용을 지불해야 했다.

> **함정** 납품업체가 모호하고 불완전한 요구사항을 여러분과 같이 이해할 것이라고 생각하면 안 된다. 납품업체에게 필요한 모든 정보를 제공하기 위해 요구사항 관련 질문을 해결하기 위해 자주 대화를 나누는 것은 인수자의 몫이다. 하지만 잘못될 수 있는 가정 대신 사전에 명확한 질문을 하는 것은 납품업체의 몫이다.

변경 관리

프로젝트 초반에 위치와 상관 없이 모든 참가자가 사용할 수 있는 상호 수용 가능한 변경 관리 프로세스를 설정하자. 변경 요청과 미해결 문제를 추적하기 위해 웹 기반 도구들을 사용하는 것은 필수다. 변경은 항상 비용을 수반하므로 범위 추가를 제어하기 위한 변경 관리 사례를 사용하는 것은 외주 개발에서 필수다. 제안된 변경사항에 대한 의사결정자와 적절한 사람들에게 지속적으로 정보를 전달할 수 있는 소통 방법을 찾자. 대부분의 외주 작업은 정확히 개발팀이 만들어야 하는 것이 무엇인지 설명하기 위한 계약 약정을 맺고 있다. 계약에는 새로 요청된 기능이나 원래 요구사항에 대한 수정, 그리고 제품에 변경 사항을 통합하는 프로세스와 같은 다양한 종류의 변경에 대해서 누가 비용을 지불할지 명시돼 있어야 한다. 요구사항과 결과물이 서로 어긋날 경우 결과적으로 계약에 대한 언쟁이 따라온다. 안타깝게도 대부분의 경우 양쪽 모두 손해를 보게 된다(McConnell 1997).

인수 기준

스티븐 코비의 조언인 "목표를 마음에 두고 시작하라"에 따르면 계약된 제품이 여러분과 여러분의 고객을 만족시키는지 여부를 어떻게 판단할지 사전에 정의하자(Covey 2004). 납품업체에게 잔금을 지불해야 한다는 것을 어떻게 판단할 것인가? 인수 기준이 완벽하게 만족되지 않으면 수정은 누가 할 것이며, 누가 그 비용을 지불할 것인가? 납품업체가 무엇을 기대해야 하는지 미리 알 수 있도록 인수 기준을 RFP에 포함하라. 목표에 부합하는 제품을 납품받기 위해 외주 팀에게 요구사항을 전달하기 전에 확인해야 한다. 17장 "요구사항 검증하기"에서 요구사항을 검토하고 테스트하기 위한 방법과 더불어 인수 기준을 정의하기 위한 몇 가지 접근법을 제안했다.

제대로만 된다면 개발 작업 외주는 소프트웨어 시스템을 구축하는 데 효과적인 전략이 될 수 있다. 거리, 언어, 문화적 차이, 그리고 잠재적인 경쟁 이익 때문에 외주 개발 업체와 협력 관계를 만드는 것은 쉽지 않은 일이다. 납품업체는 출시 후보(Release Candidate) 전달에 따른 문제를 해결하기 위해 더 많은 비용을 지불해야 하는 상황에서 발견된 요구사항 오류 또는 모호성을 해결하려 하지 않을 수도 있다. 성공적인 외주 개발에 필요한 출발점은 고품질의 완전하고 명확한 요구사항의 집합이다. 납품업체에게 제공하는 요구사항이 불완전하거나 오해를 불러일으킬 수 있는 경우 프로젝트의 실패는 그들 못지않게 여러분의 잘못도 크다.

24
비즈니스 프로세스 자동화 프로젝트

조직은 종종 더 낮은 운영 비용을 위해 수동 비즈니스 프로세스의 전체 혹은 일부를 소프트웨어로 대체할 때가 많다. 사실 화학약품 관리 시스템이나 이 책에서 언급한 기타 다른 프로젝트를 비롯해서 대부분 기업의 IT 프로젝트는 어느 정도의 비즈니스 프로세스 자동화를 동반한다. 프로세스는 새로운 소프트웨어 시스템 개발이나 기존 시스템 확장, COTS 패키지 구매 등을 통해 자동화될 수 있다. 만약 여러분이 비즈니스 프로세스 자동화 프로젝트를 진행한다면 새로운 시스템과 갱신된 비즈니스 프로세스를 혼합하는 데 사용해 볼만한 몇 가지 요구사항 기법이 있을 것이다.

비즈니스 프로세스 자동화는 소프트웨어 프로젝트에서 매우 일반적이기 때문에 이 책의 다른 곳에서 설명한 기술 중 많은 부분과 관련이 있다. 이번 장에서는 이러한 종류의 프로젝트와 씨름하는 데 도움이 되는 구조를 보여주고, 이 책의 다른 부분에서 설명하는 기법 중 가장 적합한 기법을 소개한다. 또한 책에서 다루지 않는 몇 가지 추가적인 기법들도 제공한다.

여기서는 비즈니스 프로세스 자동화 프로젝트가 일반적으로 어떻게 진행되는지에 대해 얘기해 보겠다. 우리의 한 고객은 대출에 대한 위험 프로파일을 계산하기 위해 각기 다른 소스로부터 300여 개의 자료가 입력된 스프레드시트를 갖고 있었다. 비즈니스 이해관계자는 위험 관리자가 이러한 프로세스를 자주 반복적으로 실행하기에는 너무 많은 시간이 걸리기 때문에 입력자료를 모으고 위험 프로파일을 계산해 주는 소프트웨어를 원했다. 우리는 이 프로세스에서 사용자가 대부분의 시간을 보내는 곳을 분석했고, 스프레드시트에 공급되는 데이터를 조합하는 데 대부분의 시간이 소요된다는 것을 빠르게 판단할 수 있었다. 스프레드시트가 계산을 수행하는 것은 거의 순식간이었다. 개발팀은 스프레드시트를 만들기 위해 이미 대부분의 데이터 소스에 접근했으며, 프로젝트가 처리할 수 있는 첫 단계는 데이터를 자동으로 스프레드시트로 가져오는 것이었다. 비즈니스 사용자는 한동안 수동으로 나머지 입력 데이터를 조합해야 할 것이다. 두 번째 단계의 개발은 나머지 입력 데이터를 자동화하는 것이었다. 계산 속도가 충분히 빨랐기 때문에 팀은 스프레드시트 계산을 대체하는 소프트웨어를 개발하지 않는 것으로 결정했다.

이 사례 연구는 일반적인 비즈니스 프로세스 자동화 프로젝트를 보여준다. 이 작업을 통해 적절한 소프트웨어의 도움으로 가속화될 수 있는 시간 소모가 크고 반복적인 활동을 식별했다. 일부 분석을 통해 병목지점을 찾고 가능한 효율화 방안을 파악했다. 이를 통해 비즈니스의 상당한 시간을 절약하고, 비용을 줄이며, 데이터 입력 오류를 감소시킬 수 있는 부분적인 솔루션을 위한 요구사항과 프로젝트 계획을 이끌어냈다.

비즈니스 프로세스 모델 만들기

비즈니스 프로세스 자동화를 위한 요구사항 도출은 프로세스 모델링에서 시작한다. 사용자가 시스템에서 수행해야 하는 작업을 식별함으로써 비즈니스 분석가는 사용자 작업을 수행하는 데 필요한 기능적 요구사항을 도출할 수 있다. 현재의 비즈니스 동작 방법을 설명하는 프로세스는 as-is(현행) 프로세스라고 한다. 아직 구체화되지 않은 비즈니스가 작동하는 방법에 대한 미래의 상태를 설명하는 것을 to-be(목표) 프로세스라고 한다.

> **비즈니스 프로세스와 관련된 다양한 두문자어**
>
> 비즈니스 프로세스 분석(BPA; Business Process Analysis)이나 비즈니스 프로세스 재설계(BPR; Business Process Reengineering), 비즈니스 프로세스 개선(BPI; Business Process Improvement), 비즈니스 프로세스 관리(BPM; Business Process Management), 비즈니스 프로세스 모델 및 표기법(BPMN; Business Process

Model and Notation)에서 광범위한 자원을 사용할 수 있다. 이번 장에서는 포괄적인 자원은 다루지 않는다. 다음 목록에서 이러한 개념에 대한 기본적인 정의와 목표를 제공하긴 하지만 이러한 정의에 대한 상당한 공통점을 찾을 수 있을 것이다.

- 비즈니스 프로세스 분석(BPA)에서는 프로세스를 개선해야 할 기반으로서 이해하고 포함한다. BABOK (Business Analysis Body of Knowledge)에 기술돼 있는 프로세스 모델링과 유사하다(IIBA 2009).
- 비즈니스 프로세스 재설계(BPR)는 효율과 효과를 극대화하기 위한 비즈니스 프로세스의 분석과 재설계로 구성된다. BPR은 특정 프로세스 영역을 대상으로 하거나, 아예 조직의 프로세스를 처음부터 완전히 점검하는 것을 포함한다(Hammer and Champy 2006).
- 비즈니스 프로세스 개선(BPI)은 점진적인 프로세스 개선을 위한 기회를 측정하고 찾는 것을 포함한다 (Harrington 1991). 식스 시그마와 린 경영 사례의 도구들이 종종 BPI 노력으로 사용된다(Schonberger 2008).
- 비즈니스 프로세스 관리(BPM)는 기업의 모든 비즈니스 프로세스를 이해하고, 보다 효율적이고 효과적인 프로세스로 만들기 위해 이를 분석하며, 조직과 협력하여 프로세스를 변경하는 것을 망라한다. BPM 이니셔티브는 BPA, BPR, BPI의 조합 일부를 포함할 수 있다.
- 비즈니스 프로세스 모델 및 표기법(BPMN)은 비즈니스 프로세스 모델링을 위한 그래픽 표기법이다(OMG 2011). BPMN은 비즈니스 프로세스 모델링의 어떠한 방법에도 적용될 수 있다. 이는 스윔레인 다이어그램의 기본 문법이 충분하지 않을 때 유용하게 사용될 수 있는 강력한 심볼 언어.

다양한 방법과 도구들이 BPA, BPR, BPI, BPM을 구현하며, 이것들은 모두 프로젝트에서 주요 비즈니스 프로세스의 재설계를 진행하는 경우 사용하기에 적합한 것들이다. 네 가지 기술 모두 비즈니스의 문제나 기회를 이해하기에 안정적인 접근 방법이다. 조직이 소프트웨어 구성요소를 비즈니스 프로세스 개선을 위한 솔루션의 일부로 결정한 후에야 이번 책에서 설명한 요구공학 기법들이 가치를 갖게 될 것이다.

요구사항 도출을 위해 현재 프로세스 활용하기

다음의 단계는 비즈니스 프로세스 일부 혹은 전부를 자동화하는 애플리케이션을 위해 이를 모델링하고 요구사항을 도출하는 데 도움될 것이다. 이러한 일련의 단계는 항상 동일하지 않으며, 모든 프로젝트에서 이 모든 단계가 필요하지 않을 수도 있다. 경우에 따라 갭 분석을 유도하거나 신규 시스템이 기존 시스템에 그저 새 옷을 입혀 놓은 것 이상이라는 것을 확실히 하기 위해 목표(to-be) 프로세스 흐름이 먼저 올 수도 있다. 일반적으로 다음과 같은 단계를 고려하자.

1. 일반적인 소프트웨어 개발과 마찬가지로, 비즈니스 목표의 이해로부터 시작하면 각 목표와 하나 이상의 프로세스를 연결할 수 있다.

2. 영향을 받는 조직과 미래의 소프트웨어 솔루션의 잠재적인 사용자 클래스를 찾기 위해 조직도를 사용하자.

3. 앞에서 찾은 사용자 클래스가 참여하는 모든 관련 비즈니스 프로세스를 식별하자.

4. 현행 비즈니스 프로세스를 순서도나 활동 다이어그램, 스윔레인 다이어그램을 사용해서 문서화하자. 이 셋 중 어떤 모델이라도 사용자 작업을 표현하는 데 유용할 것이다. 사용자는 빠르게 읽고 누락되거나 부정확한 단계, 역할, 의사결정 로직을 찾을 수 있다(Beatty and Chen 2012). 이 목록의 나머지 단계를 수행하는 데 필요한 정보를 얻기 위해 현행 모델링을 얼마나 깊게 분석해야 하는지 판단할 필요가 있을 것이다.

5. 자동화를 통해 개선할 수 있는 가장 큰 기회를 결정하기 위해 현행 프로세스를 분석하자. 만약 명확하지 않다면 각 단계 혹은 전체 프로세스를 실행하는 데 걸리는 시간에 대해 좀 더 많은 데이터를 수집해야 한다. 이번 장의 후반부에서 설명하는 핵심 성과 지표 모델(KPIM)을 사용해 이러한 측정을 모델링할 수 있을 것이다. 이 단계는 기회를 식별하는 데 도움이 되며, 소프트웨어 솔루션이 적합하다고 간주되는 경우 프로젝트의 소프트웨어 개발 부분의 범위를 설정하자. 프로세스의 병목 현상을 해결했는지 확인함으로써 프로세스 전반에 대한 속도 향상이 있을 것인지 알 수 있을 것이다.

6. 자동화 범위에 해당하는 프로세스를 위해 적절한 이해관계자와 각각의 현행 프로세스 흐름을 검토하자. 이를 통해 흐름의 각 단계를 지원할 수 있는 소프트웨어 요구사항을 도출할 수 있을 것이다. 이러한 활동에 7장 "요구사항 도출"에서 설명한 기법들이 도움될 것이다. 이 경우 모델링하는 프로세스를 위한 산업 표준을 찾을 수 있을 것이며, 개선 목표를 설정하는 데 도움될 것이다.

7. 프로세스 흐름 단계의 요구사항을 추적하면 어떤 특정 단계에서 요구사항을 누락한 경우를 명확히 알 수 있을 것이다. 요구사항이 추적되지 않는 프로세스 단계가 있다면 해당 단계가 프로젝트의 일부로 자동화되지 않았는지 확인하자.

8. 새로운 시스템을 위한 비즈니스 준비에 도움이 되고, 프로세스에서 새로운 시스템이 지닌 격차를 식별할 수 있도록 목표 프로세스 흐름을 문서화하자. 사용자가 새로운 시스템과 상호작용하는 좀 더 자세한 방법을 제공하기 위해 유스케이스를 만들 수도 있다. 이 정보는 개발자가 비즈니스 기대에 부응하고 사용자가 더욱 잘 이해하는 데 도움되도록 개발하는 데 유용하다. 목표 프로세스 흐름과 유스케이스는 새로운 시스템의 교육 자료를 개발하는 데 사용되거나 기타 다른 전이 요구사항을 식별하는 데 사용될 수 있다. 이 단계는 이해관계자가 무엇을 개발하는지 뿐만 아니라 어떤 수동 활동이나 자동화 시스템이 분리돼야 하는지 이해하는 데 도움이 된다.

소프트웨어가 솔루션이 아닌 경우

어떤 경우에는 비즈니스 프로세스 개선을 위해 아무것도 자동화할 필요가 없다. 한 회사에 영업 담당자, 개발 컨설턴트 등 특정 클라이언트 프로젝트에서 일하는 직원의 이름을 저장하는 내부 웹 사이트가 있었다. 영업 담당자 데이터는 대부분 정확했지만 개발 컨설턴트 데이터는 절반 이상이 문제가 있었다. 결국 누구에게 연락해야 하는지 추적해야 했다. 사업 단위의 200명 각각이 일년 동안 일주일에 한번 이 활동에 소비하는 시간에 2~3분을 곱하면 이는 엄청난 비용이 된다. 문제는 프로젝트가 시작된 이후 영업팀과 개발팀 사이에 개발 프로젝트 데이터를 갱신하기 위한 준비된 프로세스가 없었다는 것이다. 솔루션은 영업팀에서 누가 각 클라이언트를 위해 개발팀의 연락처 정보를 수집하고 수동으로 갱신하는 연락책이어야 하는지 파악하는 것이었다. 새로운 소프트웨어는 이러한 프로세스 결점에 도움이 되지 않았을 것이다.

미래의 프로세스 먼저 설계하기

정보 시스템과 비즈니스 프로세스에는 닭이 먼저냐 달걀이 먼저냐 문제가 존재한다. 어떤 경우에는 사람들은 새로운 시스템을 구축함으로써 프로세스를 개선하거나 변경할 수 있으리라 기대한다. 그러나 애플리케이션이 실제로 사용되는 방법은 비즈니스 프로세스 변경을 불가능하게 할 수도 있다. 프로세스 변경은 문화의 변화와 소프트웨어 시스템이 제공할 수 없는 사용자 교육을 동반한다. 일부 고객은 개발팀에게 성공적으로 애플리케이션을 출시하고 관련 비즈니스 프로세스를 구현해 줄 책임이 있다고 믿는다. 개발자가 얘기한다고 해서 사용자가 새로운 시스템을 수용하지는 않을 것이다.

많은 경우 새로운 비즈니스 프로세스를 먼저 고민하고 현재의 정보 시스템 구조에 필요한 변화를 산정하는 편이 더 낫다. 사실 새로운 비즈니스 프로세스를 지원함으로써 여러 시스템이 변경돼야 할 것이다. 누가 시스템을 사용하고 각자의 작업을 위해 어떻게 시스템을 사용하는지 생각해 보면 올바른 사용자 요구사항을 정의할 수 있고, 새로운 시스템을 선택하는 사용자를 극대화할 수 있을 것이다. 새로운 프로세스와 애플리케이션을 동시에 개발함으로써 각각을 잘 병합하는 데 도움이 된다.

비즈니스 성과 지표 모델 만들기

개발 작업의 우선순위 할당을 위해서는 비즈니스 프로세스 자동화를 해결하는 데 어떤 비즈니스 성과 지표가 가장 중요한지 이해하는 것이 중요하다. 아마도 여러분은 비전 범위 문서의 출발점으로 사용하기 위한 성공 지표를 갖고 있을 것이다(5장 "비즈니스 요구사항 정립하기"의 1.4 "성공지표" 참조). 그렇지 않다면 여기서 개발한 비즈니스 성과 지표가 비전과 범위를 완성하는 데 도움될 것이다. 이번 장의 앞부분에서 이야기한 스프레드시트의 경우, 스프레드시트를 수동으로 생성하는 데 걸리는 시간과 이를 자동화 솔루션을 이용했을 때 얼마나 빨라지는지에 대해 관심을 가져야 할 것이다.

중요한 성과 지표와 마찬가지로 KPIM 또한 비즈니스 프로세스와 관련이 있다. KPIM은 순서도나 스윔레인 다이어그램, 활동 다이어그램으로 그려지며, 관련 단계에 대한 핵심 성과 지표(KPI)가 중첩되어 표기된다. 그림 24-1은 순서도로 그려진 위험 프로파일 계산 스프레드시트를 자동화하는 스프레드시트 프로젝트를 위한 KPIM의 예를 보여준다.

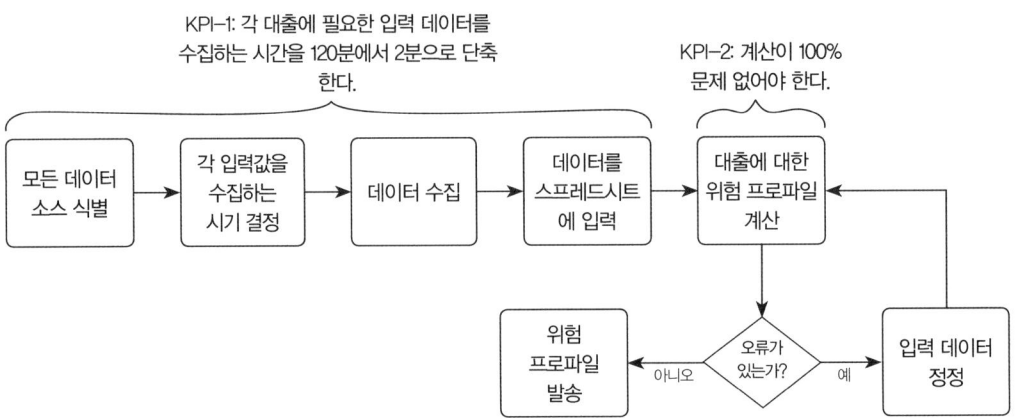

그림 24-1 대출 위험 프로파일 계산 프로세스를 위한 KPIM 예시

자동화해야 하는 대부분의 중요한 프로세스는 유지하거나 개선해야 할 가장 중요한 지표를 갖고 있다. 각 지표에 대한 현재 기준값을 결정하면 프로세스를 자동화할 때 원하는 대로 개선되고 있는지 파악할 수 있다. 다른 지표의 향상을 위해 특정 비즈니스 성과 지표가 저하될 수 있음을 염두에 두자. 14장 "기능, 그 이상을 향해"에서는 품질 속성 간의 트레이드오프에 대해 이야기한다. 동일한 개념이 여기에 적용되지만, 이 경우 트레이드오프는 아마도 다른 비즈니스 영역에서 어떤 지표보다 성능 지표를 더 선호한다는 것이다. 요구사항을 KPI에 연결된 프로세스 흐름 단계로 추적함으로써 개발해야 하는 요구사항에 우선순위를 할당할 수 있을 것이다.

새로이 자동화된 솔루션의 효과를 평가하기 위해 시스템에 관련된 KPI를 주기적으로 측정해서 KPI가 허용 오차를 벗어날 경우 경고 깃발을 올리는 기능을 개발해야 할지도 모른다. 스프레드시트의 예에서 시스템이 2분이라는 목표를 달성하는지 확인하기 위해 시스템은 입력 데이터 수집에 얼마나 많은 시간이 걸리는지 측정할 수 있다. 달성하지 못한다면 추가 변경이 필요할 수 있다.

비즈니스 사용자들은 가능하면 수동 프로세스를 자동화하는 것이 항상 좋다고 생각하기도 한다. 그러나 모든 개발 프로젝트에는 비용과 관련된 문제가 따른다. 비즈니스 분석은 어떤 프로세스를 자동화하는 게 더 가치가 있고, 어떤 것을 자동화하지 말아야 할지 판단할 수 있도록 돕는다. 이러한 예로, 셀리벨(조이의 회사)에서는 판매 파이프라인 관리를 위해 COTS 솔루션을 사용하고, 인적 자원 할당을 관리하기 위해 기타 다른 것들을 사용한다. 자원의 필요성을 예측하기 위해 우리는 판매 파이프라인 도구 보고서를 실행하고 자원 할당 도구에 수동으로 차후의 프로젝트를 입력한다. 컨설팅 매니저는 적어도 일주일에 한번 이 작업을 수행한다. 판매 파이프라인 보고서를 실행하고, 판매에서 어떤 프로젝트를 전환할지, 혹은 이들 프로젝트가 언제 시작될지, 각각 얼마나 많은 자원이 필요한

지 결정하는 데 매주 30분의 시간이 소요된다. 우리는 한 도구에서 다른 도구로 데이터를 이동하는 기능을 자동화하기 위해 통합 기능을 제공해야 하는지 검토했다. 도구를 통합하는 게 기능을 제공하는 것만큼 간단할지라도 컨설팅 매니저가 사용하는 의사결정 프로세스를 자동화하는 데는 어느 정도의 개발을 필요로 한다. 의사결정 로직을 명세화하고 자동화하는 데는 우리가 충분한 근거를 제시하는 것 이상의 노력이 필요할 것이다.

비즈니스 프로세스 자동화 프로젝트의 우수사례

이 책의 다른 부분에서 설명하는 사례 대부분은 비즈니스 프로세스 자동화 프로젝트에 중요하다. 표 24-1은 가장 중요한 사례 목록을 보여주고, 이것들을 프로젝트에 적용하는 방법을 설명하며, 좀 더 많은 정보를 어느 장에서 찾을 수 있는지 알려준다.

표 24-1 유용한 비즈니스 프로세스 자동화 기법과 관련 장에 대한 로드맵

기법	장
자동화해야 할지도 모르는 프로세스를 갖고 있는 사용자 클래스를 식별한다.	6장 "고객의 목소리 찾기"
수동으로 처리되는 정보를 위해 데이터 모델을 만들거나 확장한다.	13장 "데이터 요구사항 명세화하기"
기존에는 수동으로 시행된 보안 요구사항을 찾기 위해 역할 및 권한 매트릭스를 만든다.	9장 "규칙에 따르기"
프로세스를 자동화할 때 함께 자동화해야 할 비즈니스 규칙을 식별한다.	9장 "규칙에 따르기"
현재 사용자가 어떻게 작업하는지, 자동화 후에 어떻게 사용할지를 보여주는 순서도나 스윔레인 다이어그램, 활동 다이어그램, 유스케이스를 만든다.	8장 "사용자 요구사항 이해하기"와 12장 "백문이 불여일견"
자동화돼야 하는 프로세스를 식별하기 위해 데이터 흐름 다이어그램(DFD)을 사용하고, 새로이 자동화된 프로세스가 시스템의 기존 부분과 상호작용하는 방법을 보여주는 새로운 DFD를 만든다.	12장 "백문이 불여일견"
COTS 솔루션 사용을 허용하는 비즈니스 프로세스를 도입한다.	22장 "패키지 솔루션 프로젝트"
프로세스 단계를 요구사항에 매핑하는 추적 매트릭스를 만든다.	29장 "요구사항의 연결 고리"

여러분은 참여하는 거의 모든 정보 시스템 프로젝트에 이번 장에서 다룬 개념들을 적용할 것이다. 만약 일부 혹은 전체 비즈니스 프로세스를 자동화하는 경우, 프로세스를 자동화하는 목표와 이를 위한 요구사항을 완벽히 이해할 수 있도록 이번 장에서 설명한 프레임워크를 사용하자. 이렇게 하면 모든 사람이 사용자가 기대하는 바를 이해할 수 있으며, 필요한 비즈니스 이점을 제공하는 성공적인 솔루션을 개발할 수 있을 것이다.

25
비즈니스 분석 프로젝트

대부분의 보통 사람들은 단지 재미를 위해 데이터 집합을 들여다보지는 않는다. 이들은 무엇을 할지에 대한 의사결정을 내리기 위해, 혹은 특정 행동을 취하기 위한 결정이나 아무것도 할 수 없다는 결정을 내리기 위해 다양한 관점의 데이터를 연구한다. 어떤 경우에는 소프트웨어 시스템이 사전에 정의된 알고리즘이나 규칙을 기반으로 데이터를 해석하고 행동을 취하는 과정을 통해 의사결정 프로세스를 자동화하기도 한다. 비즈니스 분석(비즈니스 인텔리전스 또는 비즈니스 리포팅이라고도 함) 프로젝트의 주요 목적은 어떠한 의사결정으로 인해 대규모 혹은 매우 복잡한 데이터 집합을 의미 있는 정보로 변환하는 시스템을 개발하는 것이다. 다른 여러 종류의 프로젝트에도 비즈니스 분석 구성요소가 있을 것이다. 이번 장에서 제시한 개념을 이러한 프로젝트에도 적용해 보자.

사람들이 비즈니스 분석 시스템을 이용해서 내리는 의사결정은 전략적이거나 운용 또는 전술적일 수 있다. 경영진은 누구를 승진시킬 것인지(전략), 어떤 제품에 다른 마케팅 전략이 필요한지(운영), 시장에 어떤 제품을 대상으로 삼아야 하는지(전술)를 결정하기 위해 영업팀의 글로벌 성과 대시보드를 볼 것이다. 일반적으로 분석 구성요소를 갖고 있는 모든 소프트웨어 시스템은 사용자로 하여금 어떤 차원의 조직 성과를 향상시킬 수 있는 의사결정을 할 수 있게 한다.

비즈니스 분석 솔루션을 개발할 수 있는 다양한 상업용 소프트웨어 애플리케이션이 존재한다. 이러한 애플리케이션을 이용하고자 하는 비즈니스 분석가는 22장 "패키지 솔루션 프로젝트"에서 설명한 프로세스를 이용해 도구 선택과 구현을 위한 요구사항 활동을 수행할 필요가 있다.

이번 장에서는 비즈니스 분석 프로젝트의 소프트웨어 요구사항을 개발할 때 고려해야 할 문제에 대해서만 소개한다. 버트 브리즈는 이러한 종류의 프로젝트에서 비즈니스 분석을 수행하기 위한 광범위한 자료에 대한 글을 썼다(Bert Brijs 2013). 그는 핵심 개념과 특정 도메인의 예, 질의응답, 직면할 수 있는 문제 등을 정의했다.

비즈니스 분석 프로젝트의 개요

대부분의 정보 시스템에서 보고서 출력은 구현되는 기능 중 작은 부분이다. 그러나 비즈니스 분석 프로젝트에서 복잡한 보고서와 콘텐츠를 다루는 기능이 핵심 기능을 구성한다. 종종 분석 결과가 의사결정을 자동화하는 애플리케이션에 포함되기도 한다. 비즈니스 분석 프로젝트는 다양한 계층을 포함하며, 이를 위해 정의된 소프트웨어 요구사항이 필요할 수도 있다. 이러한 프로젝트는 필요한 데이터에 대한 이해와 데이터에 대해 수행할 작업, 사용할 데이터 형식과 분포를 다뤄야 한다(그림 25-1). 이들 활동에 엄격한 순서는 없다. 사용자가 데이터를 가지고 작업할 수 있고, 이를 통해 데이터에 대해 각기 다른 분석이 수행돼야 하고, 심지어 데이터 소스조차 다를 수 있다는 것을 알게 될 것이다.

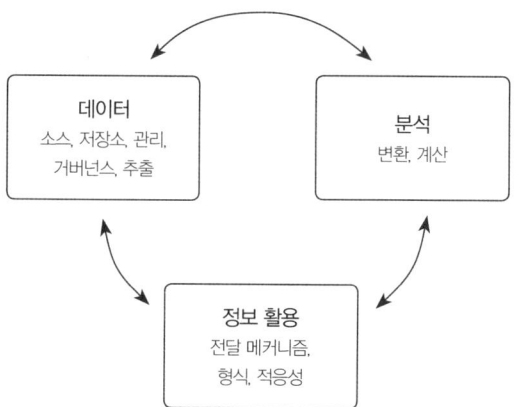

그림 25-1 간단한 비즈니스 분석 프레임워크의 구성 요소

과거에는 분석 프로젝트를 사용한 조직은 주로 국제 분석 협회의 "서술적 분석"에 초점을 맞췄다(International Institute for Analytics 2013). 여기에는 조직에 어떤 일이 일어나고 있는지, 혹은 일어났는지에 대해 이해관계자에게 이야기하는 보고서를 보는 것이 포함돼 있다. 최근에는 조직이 나아가야 할 방향을 제시하는 "예측적 분석"을 사용하는 추세다. 과거를 해석하는 것과는 반대로, 사용자는 미래에 일어날 일을 예측하기 위해 정보를 구성하고 조작하며 분석한다. 그림 25-2는 좀 더 서술적인 것에서부터 좀 더 예측적인 것에 이르는 스펙트럼에 적합한 다양한 응용 분석을 보여준다.

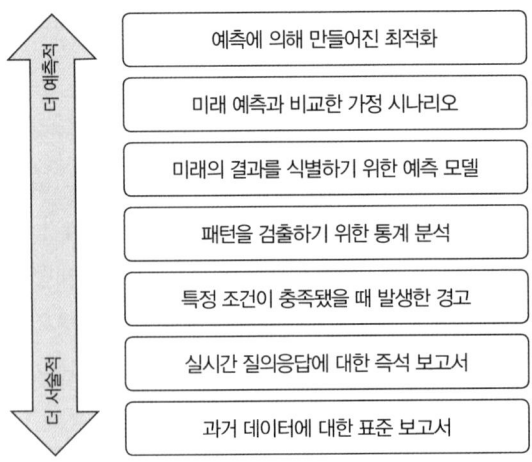

그림 25-2 분석 유형의 스펙트럼(Patel and Taylor 2010; Davenport 2013)

조직이 분석 프로젝트에 착수함으로써 비즈니스 분석가는 스스로 프로젝트에 필요한 요구사항 도출 및 명세 작업을 찾을 수 있을 것이다. 그러나 어디서 시작해야 할지는 모를 것이다. 전략적 가능성이나 새로운 분석 기법, 급격히 증가하는 데이터 규모는 위협이 될 수 있다. 비즈니스 분석 프로젝트를 위한 요구사항 개발의 최종 산출물은 비즈니스, 사용자, 기능적/비기능적 요구사항 집합으로서 다른 프로젝트와 유사할 것이다. 그러나 이 책에 설명돼 있는 수많은 요구사항 사례는 이런 유형의 프로젝트에서 요구사항을 도출하고 명세화하기에 충분하지 않다. 프로세스 흐름과 유스케이스, 사용자 스토리는 누군가가 분석 결과를 만들고자 한다는 것을 밝힐 수 있으며, 성능 요구사항은 얼마나 빠른 결과를 필요로 하는지 기술한다. 하지만 이 가운데 어느 것도 시스템을 개발하는 데 필요한 복잡한 지식을 포함하지는 않는다.

만약 분석이 처음이라면 분석의 가치를 증명하고 경험해 볼 수 있는 작은 파일럿 프로젝트를 시도해 볼 수도 있다(Grochow 2012). 팀이 다음 개발 증분에 구현돼야 하는 가장 중요하거나 시간이 중요한 의사결정을 식별할 수 있는 경우 분석 프로젝트는 점진적인 개발을 하기에 좋은 후보다.

점진적인 개발을 고려해야 할 또 다른 이유는 비즈니스 이해관계자가 분석 프로젝트에서 해결하고자 하는 비즈니스 문제를 잘 표현하고 우선순위를 할당하는 데 어려움을 겪기 때문이며, 첫 번째 프로젝트의 경우에는 특히 더 그러하다. 어떤 이해관계자는 전략적으로 생각하는 경험이 거의 없었을 수도 있다. 어떤 이들은 이미 익숙한 스프레드시트보다 분석 기법이 제공하는 가능성을 상상하기 어려워할 수도 있다. 사용자는 개발팀이 새로운 기능으로 무장해서 잠재적인 가치를 제공할 것만 같은 새로운 분석 기능에 너무 흥분할 수 있다. 요구사항 도출에 앞서 비즈니스 분석 솔루션이 전통적인 데이터 보고서 도구에 비해 어떠한 새로운 기능을 제공하는지에 대한 교육이 필요할 수도 있다 (Imhoff 2005). 소규모의 분석 솔루션을 개발해 보면 사용자로 하여금 초기 기능을 찾아보고 진정으로 필요한 아이디어를 명확하게 할 수 있는 기회가 될 것이다.

비즈니스 분석 프로젝트를 위한 요구사항 개발

다른 소프트웨어 프로젝트와 마찬가지로 비즈니스 분석 프로젝트는 작업 범위를 설정하고 우선순위를 할당하기 위해 먼저 사전에 정의된 비즈니스 목표를 갖고 있어야 한다. 이해관계자가 분석 프로젝트를 요청한다면 이들이 분석 프로젝트를 솔루션으로 결론짓고 목표에 대해서는 신중하게 생각하지 않았을 수 있다. 근본적인 비즈니스 목표를 탐색함으로써 비즈니스 분석이 적합한 솔루션이 아니라는 것을 밝힐 수도 있을 것이다. 이해관계자가 실제 비즈니스 목표를 얘기할 수 있도록 다음과 같이 질문할 수 있을 것이다.

- 분석 솔루션이 당신이 원하는 비즈니스 성과를 달성하는 데 도움이 된다고 생각하는 이유는 무엇인가요?
- 분석 보고서를 구현함으로써 성취하고자 하는 바는 무엇인가요?
- 비즈니스 성과 개선을 위해 분석을 사용함으로써 어떤 결과를 예상하나요?
- 개선된 보고서 기능이나 예측 결과를 통해 기대하는 바는 무엇인가요?

효과적인 후속 도출 전략은 이해관계자가 비즈니스 목표로부터 성취하고자 하는 것에 대한 의사결정을 기반으로 요구사항 명세를 진행하는 것이다. 다음과 같은 프로세스를 따르도록 하자(Taylor 2013).

1. 시스템 결과를 사용해서 만들어낼 비즈니스 의사결정을 설명하자.
2. 위에서 만들어진 의사결정을 프로젝트의 비즈니스 목표와 연결하자.

3. 대답해야 하는 질문, 주요 질문을 위해 답을 찾아야 하는 선행 질문 체계, 이들 질문에 대한 결과를 만들어내는 분석 정보가 하는 역할을 발견하기 위해 의사결정을 세분화하자.

4. 의사결정을 지원하기 위해 분석이 적용되는 방법을 결정하자.

그림 25-3은 분석 프로젝트에서 요구사항 도출 및 명세를 위한 접근법의 개요를 설명한다. 분석 정보가 사용되는 방법과 이로 인해 도출되는 의사결정이 무엇인지를 설명하기 위한 사용자 요구사항을 정의해야 한다. 예상 사용 방식을 이해함으로써 생성된 정보를 최종 사용자에게 배포하는 방법과 이들이 보고자 하는 정보가 무엇인지를 구체화할 수 있다. 이러한 지식을 통해 데이터 자체와 수행해야 하는 분석을 위한 요구사항을 차근차근 정의할 수 있다. 이번 장의 나머지 부분에서는 각 단계를 좀 더 구체적으로 설명한다.

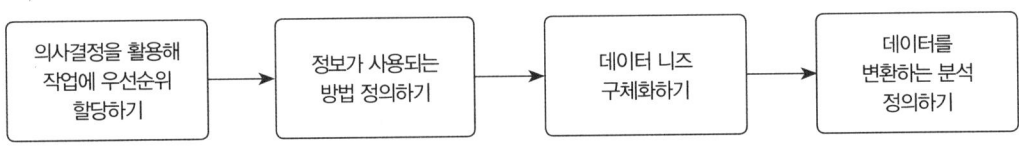

그림 25-3 비즈니스 분석 프로젝트의 요구사항을 정의하기 위한 프로세스

의사결정을 활용해 작업에 우선순위 할당하기

대부분의 프로젝트에서 비즈니스 목표 만족에 기여하는 영향력을 고려해서 기능에 우선순위를 할당할 수 있다. 분석 프로젝트에서도 동일한 고려가 가능하지만 우선순위를 할당할 별도 "기능"이 없다는 것이 다르다. 대신에 목표 달성을 위해 기여하는 정도에 따라 솔루션이 가능하게 하는 비즈니스 의사결정에 우선순위를 부여하기 위해 비즈니스 목표를 사용한다. 예를 들어, 영업팀의 휴가기간에 대한 의사결정보다 어떤 제품을 판매할 지에 대한 결정이 매출 증대에 더욱 큰 효과를 가져올 것이다. 따라서 판매할 제품을 결정하기 위한 분석 및 보고서를 구현하는 것이 먼저일 것이다.

의사결정은 요구사항처럼 명확하게 명시해야 할 것이다. "마케팅 부사장은 각 지역의 현재 및 목표 매출액을 기준으로 각 분기별 마케팅 예산으로 지역마다 얼마가 할당되는지 결정해야 한다."라는 문장은 좋은 의사결정 문장의 예로 들 수 있다. 기타 다른 소프트웨어 프로젝트의 요구사항 도출과 마찬가지로 제공되는 솔루션에만 집중하기보다 근본적인 이해관계자의 요구사항을 이해하는 것이 중요하다. 만약 이해관계자가 특정 데이터나 보고서를 요청하는 경우, "왜 그 정보가 필요합니까?"라거나 "보고서를 받는 사람이 이를 어떻게 사용할 건가요?"라고 물어보자. 그런 다음 의사결정 및 목표를 식별하기 위한 작업을 다시 수행하자.

이해관계자가 해야 할지도 모르거나 해야 하는 의사결정을 식별하는 것을 돕기 위해 의사결정 관리 기법을 이용할 수 있다(Taylor 2012). 정보(데이터)와 지식(의사결정을 야기하는 정책이나 법규)을 관련 의사결정과 연결하는 의사결정 모델은 우선순위를 허용하는 의사결정을 구성하는 데 도움이 된다(Taylor 2013).

정보가 사용되는 방법 정의하기

복잡한 분석의 결과는 이해관계자가 사용할 수 있는 형태나 시스템에서 사용 가능한 형태로 제공돼야 한다. 또한 BA는 인간 사용자에 의해 만들어지는 의사결정이 얼마나 되는지와 시스템이 이 가운데 얼마만큼 자동화하는지, 다시 말해 시스템이 얼마나 똑똑한지 결정해야 한다. 이러한 구분은 비즈니스 분석가가 어떠한 유형의 질문을 해야 하는지 유도할 것이다.

어떤 조직에서 영업팀 임원은 매일 아침 데이터를 다양한 관점으로 보여주는 대시보드 보고서를 보고자 했다. 이 보고서는 제품군별 전날 판매량과 제품군별 분기별 판매량, 경쟁사 매출 대비 총 매출, 가격대별 판매 규모를 포함해야 했다. 그들은 보고서를 실시간으로 변경해서 수정할 수 있는 10개의 필터(시간 선택, 증가폭, 지역 등)를 원했다. 예를 들어, 사용자가 특정 가격대에서 판매 문제를 발견한 경우 좀 더 정밀한 지역별 가격대 데이터 뷰를 보기 위해 필터를 변경할 수 있을 것이다. 지역별, 제품군별 가격대를 보여줌으로써 좀 더 구체적인 다른 계층을 찾을 수도 있다. 이러한 종류의 유연성은 비즈니스 분석 시스템에 필요한 공통 기능이다.

사람에 의한 정보 활용

사용자가 분석 시스템에서 어떠한 결과를 만들고자 하는지 이해하고 나서야 이들에게 정보를 제공하는 최선의 방법을 결정할 수 있다. 비즈니스 분석가는 다음과 같은 정보 전달의 세 가지 측면을 고려해야 한다.

- **전달 메커니즘**
  어떻게 최종 사용자가 정보를 물리적으로 사용할 수 있게 만드는가? 사용자가 이 정보를 볼 수 있는 도구는 무엇인가? 이메일 애플리케이션, 포털, 모바일 장치, 기타 등등

- **형식**
  정보 전달 형식은 무엇인가? 보고서, 대시보드, 원시 데이터, 기타 등등

- **유연성**
  전달 후 사용자가 조작할 수 있는 정보의 정도는?

정보 전달 스펙트럼의 범위는 각 사용자가 개인 관점의 데이터를 만드는 것(스프레드시트의 로컬 사본)에서부터, 중앙에서 집계된 데이터를 사용자에게 분배하고(일반적인 대시보드 화면이 있는 스프레드시트 이메일 발송), 사용자가 스스로 조작할 수 있도록 데이터를 노출하는 것까지(데이터 집합의 실시간 질의가 가능한 포털) 다양하다.

기타 다른 유형의 소프트웨어 시스템 요구사항과 같이 분석 프로젝트의 정보 활용은 보통 사용자 요구사항이나 보고서 명세의 형태로 나타난다. 프로세스 흐름, 유스케이스, 사용자 스토리 등 이 책의 다른 곳에서 설명하는 기법은 사용자가 일일 작업에서 정보를 사용하는 방법을 식별하는 데 적용된다. 보고서의 데이터 필드를 구체화하는 데 집중하기보다 사용자가 분석 결과를 받는 방법, 분석 결과가 보이는 방법, 사용자가 이를 조작하는 방법을 결정하기 위해 의사결정을 활용하자.

13장 "데이터 요구사항 명세화하기"에서 설명한 보고서 표는 대부분의 분석 프로젝트에서 유용하다. 좀 더 복잡한 옵션을 제공하기 위해 보고서 명세서의 계층을 사용해 이 모델을 확장할 수도 있다(Beatty and Chen 2012). 분석 데이터의 사용자는 종종 대시보드 화면에 나타난 하나의 화면에 펼쳐진 다양한 차트와 보고서 정보를 보고자 한다. 13장의 "대시보드 보고서" 절이 이러한 대시보드 요구사항을 명세화하는 데 도움될 것이다. 어떤 보고서는 필터 등 사전에 정의된 방식으로 사용자가 조작할 수 있는 보고서 화면을 제공한다(Franks 2012). 단순 보고서 표의 구조로 충분하지 않을 경우 19장 "요구사항 개발, 그 이상을 향해"의 화면-행동-응답 모델은 보고서의 데이터 조작을 위한 좀 더 포괄적인 요구사항을 명세화하는 데 큰 도움이 된다. 이 모델은 필터나 드릴다운을 통한 화면의 변화 등과 같이 보고서에 존재하는 복잡한 대화형 사용자 인터페이스 요소를 포착한다.

정보가 사용되는 방법을 이해하면서 사용자 요구사항과 보고서 요구사항뿐 아니라 정의돼야 하는 새로운 프로세스와 보안 요구사항을 발견할 수도 있다. 예를 들어, 작은 회사의 사장은 매주 주간 손익 보고서를 받을 수 있을 것이다. 만약 보고서가 올바르다면 그는 경영진에게 이를 공유할 것이다. 이때 경영진에게만 공유해야 한다면 이는 접근 제어가 필요하다는 것을 암시한다. 데이터 속성이나 보고서 화면, 포털 접근에 14장 "기능, 그 이상을 향해"에서 설명한 보안 요구사항이 필요할 수도 있다. 지역 영업 부사장은 본인 지역의 판매 데이터만 볼 수 있겠지만 글로벌 부사장은 전체 조직의 판매 데이터를 볼 수 있을 것이다. 이러한 품질 속성 요구사항은 다른 소프트웨어 프로젝트와 마찬가지로 비즈니스 분석 프로젝트에도 적용된다.

시스템에 의한 정보 활용

분석 프로젝트의 정보는 인간 사용자에게 전달되지 않고 소프트웨어 시스템 내에서 직접 사용된다는 점에 유의하는 것이 중요하다. 분석은 일일 작업의 일환으로 애플리케이션에 포함될 수 있다. 예를 들어, 일부 소매 기업은 고객이 좀 더 많이 구입할 수 있도록 어떤 제품에 개별 할인을 적용할 것인지 결정하기 위해 고객의 구매 내역을 사용한다. 어떤 소매 체인은 내가 임신했다는 것을 알게 된 지 한 달도 채 지나지 않아 나에게 유아용 제품에 대한 이메일 광고를 보내기 시작했다. 현재 혹은 이전 구매내역을 기반으로 식료품 가게의 쿠폰을 출력하는 시스템이나 웹 사이트 방문자에게 보여주는 맞춤형 광고, 전화한 특정 고객에게 무엇을 제안할지 결정하는 콜센터 애플리케이션 등을 또 다른 예로 들 수 있다.

이러한 상황에서 외부 인터페이스 요구사항을 통해 정보 전달 메커니즘과 형식이 구체화돼야 한다. 그러나 정보가 어떻게 사용될 것인지, 필요한 데이터가 제대로 전달되는지, 연결된 시스템에서 사용 가능한 형태로 전달되는지 이해하는 것은 여전히 중요하다.

데이터 니즈 구체화하기

데이터는 모든 비즈니스 솔루션의 핵심을 구성한다. 많은 조직은 이러한 프로젝트의 데이터 솔루션을 개발하고 관리하기 위해 데이터 전문가를 고용한다. 요구사항 노력을 기울이는 초기에 데이터 스페셜리스트에게 도움을 구할 수도 있지만 BA가 데이터 소스나 저장소, 관리, 추출 메커니즘 요구사항을 정의할 수도 있다. BA는 수집하고 분석해야 하는 데이터의 유형, 조직이 다뤄야 하는 데이터의 총 규모, 시간이 지남에 따라 축적되는 데이터의 양 등을 파악하는 데 도움을 줄 수 있다. 그러나 데이터 전문가는 어떤 데이터를 이용할 수 있는지, 어디에 있는지, 어떤 어려움이 있는지, 이를 최대한 잘 사용하는 방법은 무엇인지에 대해 좀 더 잘 알고 있을 것이다.

종종 분석 프로젝트는 새로운 회사 전략 발견을 목표로 하기 때문에 이 프로젝트는 분석이 필요한 새로운 데이터 소스 식별을 포함해야 할 수 있다. 기술팀이 분석에 필요한 복잡한 인프라를 설계할 수 있도록 데이터 요구사항을 제대로 이해하는 것이 중요하다. 예를 들어, 아키텍트는 기존 데이터 저장소 솔루션을 프로젝트의 니즈에 맞게 완전히 재설계해야 할 수도 있다.

빅 데이터

빅 데이터(big data)라는 용어는 일반적으로 대량(존재하는 수많은 데이터), 빠른 속도(조직으로 빠르게 전달되는 데이터 흐름), 높은 복잡성(다양한 데이터)으로 특징지을 수 있는 데이터 모음을 말한다(Franks 2012). 빅 데이터를 관리한다는 것은 대량의 데이터를 빠르고 효율적으로 발견하고, 수집하며, 저장하고, 처리하는 것을 수반한다. 질 다이쉬는 관리와 거버넌스 관점에서 빅 데이터가 수반하는 것이 무엇인지에 대해 요약한 바 있다(Jill Dyché 2012).

빅 데이터를 실제로 개념화하기 위해 소셜 미디어나 이메일, 동영상, 디지털 이미지, 전자 거래 등 하루 동안의 개인 데이터를 기반으로 한 상호작용에 대해 생각해 보자. 민간 항공기가 30분간의 비행 동안 10테라바이트의 데이터를 생성한다고 해보자(Scalable Systems 2008). 오늘날 비즈니스의 특징은 사용할 수 있는 데이터가 폭발적으로 증가하고 있다는 것이다. 사용자가 어마어마한 데이터에서 가치 있는 지식을 수집하는 것을 돕는 애플리케이션은 점차 중요해질 것이다.

13장에서 설명한 데이터 모델은 관계 데이터 저장소를 표현하기에 가장 적합하다. 만약 데이터 객체가 어떤 논리적인 방법으로 서로 연관되는 경우, BA는 개체 관계 다이어그램(ERD; Entity-relationship Diagrams)를 이용해 이러한 객체를 모델링할 수 있다. 만약 데이터 속성이 알려져 있고 일관성을 띤다면 데이터 사전이 유용할 것이다. 안타깝게도 빅 데이터는 보통 반구조화돼 있거나 구조화돼 있지 않다.

예를 들어, 음성 메일과 문자 메시지 같은 비구조적 데이터는 전통적인 행과 열로 표현하기에 적합하지 않다. 비구조적 데이터의 문제는 찾고자 하는 정보를 어디서 어떻게 찾아야 할지 알 방법이 없다는 것이다(Davenport, Harris, and Morrison 2010). 예를 들어, 보안 관련 정부 기관에 의해 운영되는 소프트웨어는 인터넷 트래픽을 검사해서 "폭탄"과 같은 단어를 찾지만 단어의 의미를 파악하기 위해 맥락을 볼 필요가 있다. "폭탄"은 테러 위협을 나타낼 수도 있지만 제2차 세계대전의 공중 전투를 말하기도 하고, 나쁜 일이 시작됨을 설명하기도 한다.

좋은 소식은 대부분의 데이터가 메타데이터나 데이터에 대한 데이터를 포함하는 구조로 돼 있다는 것이다(Franks 2012). 이메일 메시지, 이미지 파일, 동영상 파일 등이 반구조화 데이터에 포함된다. 반구조화 데이터는 데이터의 구조와 내용에 대한 정보 일부를 제공하는 메타데이터와 연관이 있기 때문에 데이터에 대해 아는 바를 표현하기 위해 개체 관계 다이어그램과 데이터 사전을 만들 수 있을 것이다.

데이터 기반("데이터베이스"가 아님) 요구사항

분석 프로젝트에서 구체화돼야 하는 수많은 데이터 요구사항은 다른 정보 시스템 프로젝트의 데이터 요구사항과 유사하다. 이러한 요구사항의 본질이 동일하지는 않을지라도 요구사항 도출 중에 물어봐야 할 질문은 유사할 것이다. 대부분의 빅 데이터는 시스템에 의해 자동으로 생성되며, 보통은 조직의 대표적인 새로운 데이터 소스이기 때문에 데이터 요구사항 결정을 위해 더 많은 일이 필요하리라는 것을 잊지 말자(Franks 2012). 적절한 이해관계자로부터 도출한 의사결정 관리 기준을 통해 다양한 데이터 요구사항을 도출할 수 있다. 예를 들어, 매시간 의사결정을 내려야 하는 경우 분기별로 한 번만 필요한 경우와 근본적으로 다른 데이터 니즈를 갖고 있을 것이다. 얼마나 자주 소스 데이터가 갱신돼야 하는지, 언제 데이터가 소스로부터 추출돼야 하는지, 데이터가 얼마나 오래 유지돼야 하는지와 같은 것들이 다른 점일 것이다.

브리스는 이해관계자가 비즈니스 분석에 대해 갖고 있을 법한 일반적인 기대와 이러한 기대를 도출하는 데 필요한 질문 유형의 체크리스트를 제공한다(Brijs 2013). 다음은 BA가 데이터 기반 요구사항을 도출하는 데 필요한 몇 가지 질문의 예다.

데이터 소스

- 어떠한 데이터 개체와 속성이 필요한가? 어떤 소스로부터 데이터를 얻을 수 있는가?
- 여러분은 이미 이들 각각의 사용 가능한 데이터 소스를 가지고 있는가? 그렇지 않다면 데이터는 어디에 있는가? 필요한 데이터로 채워진 이들 소스를 만들어내기 위한 요구사항을 개발해야 하는가?
- 어떤 외부 또는 내부 시스템이 데이터를 제공하고 있는가?
- 시간이 지남에 따라 소스가 변경될 가능성은 얼마나 되는가?
- 기존 저장소에서 신규 저장소로 과거 데이터의 초기 마이그레이션이 필요한가?

데이터 저장소

- 오늘 얼마나 많은 데이터가 있는가?
- 데이터가 특정 기간 동안 어느 수준까지 성장할 것으로 예상하는가?
- 저장해야 하는 데이터의 유형은 무엇인가?
- 데이터를 얼마간 저장해야 하는가? 얼마나 안전하게 저장돼야 하는가?

데이터 관리 및 거버넌스

- 데이터의 구조적인 특성은 무엇인가?
- 시간이 지남에 따라 데이터 구조나 값이 어떻게 변화할 것으로 예상하는가?
- 원시 데이터가 저장되거나 분석되기 전에 어떤 데이터 변환이 필요한가?
- 서로 다른 시스템으로부터 데이터를 표준화하는 데 필요한 변환은 무엇인가?
- 오래된 데이터의 삭제 조건은 무엇인가? 오래된 데이터를 보관해야 하는가? 아니면 파기해야 하는가?
- 인가되지 않은 접근이나 손실, 손상으로부터 데이터를 보호하기 위해 적용해야 하는 무결성 요구사항은 무엇인가?

데이터 추출

- 사용자는 질의가 결과를 반환할 때 얼마나 빠르기를 기대하는가?
- 실시간 데이터가 필요한가? 아니면 일괄 처리 데이터가 필요한가? 실시간이 아니라면 일괄 처리는 어떤 주기로 수행돼야 하는가?

다른 모든 요구사항과 마찬가지로, 불필요한 설계로 인해 데이터 관련 요구사항이 개발을 제한하지 않게 하자.

데이터를 변환하기 위한 분석 정의

분석은 이번 장에서 설명하는 프로젝트의 계산 엔진이다. 즉, 데이터를 제기된 질문에 대한 답으로 탈바꿈시킨다(Franks 2012). 사용자는 문자를 정의하고 답에 포함될 것으로 기대하는 데이터를 받으며, 해답을 찾기 위해 데이터를 분석하고, 문제에 대한 솔루션을 결정한다. 아니면 시스템이 답을 찾기 위해 데이터를 분석해서 이에 따른 행동을 수행할 것이다.

여러분이 무엇을 찾고 있는지 안다면 뭐든 괜찮다. 그러나 수많은 비즈니스 분석 프로젝트의 어려운 측면 중 하나는 의사결정자가 데이터에서 찾고자 하는 바가 무엇인지 알지 못한다는 것이다. 그는 스스로 찾을 수 있는 도구에 노출된 특정 데이터 개체와 속성을 찾고자 할 것이며, 데이터에 대한 what-if('만약 ~ 하다면'과 같은 가정) 질문을 위해 각기 다른 질의를 수행할 것이다. 그는 문자 그대로 무엇을 모르는지 알지 못하지만 데이터를 연구함으로써 뭔가 유용한 행동을 얻을 것이라 기대하고 있다. 이는 이해관계자가 결정하려는 것이 무엇인지 이해하는 것부터 시작하는 것이 중요한 이유다. 비록 아직 그가 무엇을 찾고 있는지 정확히 알고 있지 않다 하더라도 이해관계자는 해결하고자 하는 문제의 유형을 정의할 수 있어야 한다. 데이터 분석에 필요한 데이터를 정의하는 것은 거시적인 생각을 동반한다(Davenport, Harris, and Morrison 2010). 분석 결과에서 어떠한 새로운 아이디어가 발견됐는지 판단하기 위해 훌륭한 창의적인 사고를 보유한 BA가 이해관계자와 일할 수 있다.

그림 25-2는 서술적인 것에서부터 예측적인 것에 이르는 의사결정 능력을 분석한 결과를 보여준다. 데이터 분석 요구사항을 도출하기 위해 다음과 같은 질문을 할 수 있다(Davenport, Harris, and Morrison 2010).

- 분석하고자 하는 시간 범위는 어떻게 되는가? 과거, 현재, 혹은 미래?
- 과거의 경우, 어떤 종류의 통찰을 찾고자 하는가?

- 현재의 경우, 즉각 조치를 취하기 위해 현재의 상황에 대해 무엇을 이해해야 하는가?
- 미래의 경우, 어떤 종류의 예측이나 의사결정을 하고자 하는가?

이러한 질문은 시스템이 수행해야 하는 분석을 명세화하는 기능적 요구사항을 정의하는 데 도움될 것이다. 많은 조직에서 분석은 완전히 새로운 능력이기 때문에 의사결정을 향상시키기 위해 다른 조직이 이와 유사한 데이터를 어떻게 사용하고 있는지 연구해야 할 것이다. 비즈니스 분석가에게는 이해관계자가 이전에 생각해보지 못한 방법으로 분석을 활용하는 법을 학습할 수 있도록 도울 기회가 (아마도 책임까지도) 있다.

일부 분석은 데이터 처리, 필터링, 구성을 위한 정교한 알고리즘을 필요로 하기도 한다(Patel and Taylor 2010). 고객이 상점에 들어올 때 타깃 광고를 재생하고자 하는 소매점이 있다고 가정해 보자. 얼굴 인식 소프트웨어를 사용해 카메라가 고객을 스캔하고, 시스템은 고객으로부터 얻을 수 있는 정보(성별, 연령, 복장 등)와 시스템에 내장된 로직을 조합해서 어떤 광고를 재생할지 결정할 것이다. 이러한 유형의 의사결정 로직은 12장 "백문이 불여일견"에서 설명한 의사결정 일람표나 의사결정 트리를 사용해 표현될 수도 있다.

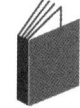

필요한 의사결정 로직 시스템의 행동을 정의할 경우 자동화된 의사결정 결과를 이해하고 명시적으로 정확히 하는 것이 중요하다. 교훈으로 삼을 만한 예로 소셜 미디어를 스캔해서 주식 거래 움직임을 만들 수 있는 시스템이 있다. 2013년, 문제가 있던 소셜 미디어 뉴스에서는 미국 대통령이 폭발로 부상 당했다고 보도했다. 뉴스가 보도된 찰나에 특정 자동화 시스템에 내장된 알고리즘은 주식 판매를 시작했고, 시장의 감소를 감지한 기타 다른 시스템 또한 주식을 판매하는 계기가 됐다. 다행히 거짓말은 금방 들통났고, 인간의 결정은 자동 거래 시스템에 의한 갑작스럽고 날카로운 주식 시장 하락을 반전시켰다. 시스템이 의도한 대로 정확하게 행동했지만 그것의 영향력을 제한하는 의사결정 로직이 누락됐을 것이다.

비즈니스 분석 시스템의 가장 중요한 측면 중 하나는 what-if 시나리오를 탐색하는 등 미래 전략 분석을 가능하게 할 수 있다는 것이다. "우리 제품을 신규 플랫폼에 제공하는 경우 향후 판매량을 어떻게 예측할 것인가?" 혹은 "만약 대상 성별에 우리 고객의 제품을 제공한다면 그들이 얼마나 더 살 것인가?"와 같은 질문을 고려하자. 시스템은 데이터 추정이나 예측이 가능하도록 모델과 알고리즘을 실행할 수 있다. 이러한 모델과 알고리즘은 소프트웨어 요구사항에 명세화될 필요가 있다. 만약 이것들이 매우 복잡하다면 BA는 데이터 전문가, 통계학자, 수학적 모델러의 도움을 받아 이를 정의할 수 있다.

분석은 데이터가 사용자에게 제공되거나 시스템이 어떤 행위에 사용하기 전에 이를 변환하기 위한 통계나 기타 다른 계산을 필요로 할 것이다. 조직의 비즈니스 규칙이나 기타 다른 산업 표준이 이러한 계산을 정의할 수 있다. 예를 들어, 만약 분석 결과에 지역별 총 수익률 보고서가 포함된다면 조직에서 수익률을 계산하는 방법을 정확히 명시해야 한다. 스티브 윗올이 설명한 계산 공식 요구사항 패턴은 데이터 변환에 필요한 어떠한 계산이든 완전히 명세화하는 데 활용될 수 있다(Stephen Withall 2007). 명세화된 공식은 계산될 값에 대한 설명과 공식 자체, 사용되는 변수, 이들 값의 출처를 포함해야 한다. 또한 이러한 계산에 대한 모든 응답 시간 요구사항을 명세화하자.

분석의 진화적 특성

그림 25-1은 데이터 간의 전후 상호작용, 이들의 분석과 사용법을 표현한다(Franks 2012). 때때로 사용자는 보고서를 받아 의사결정을 하고, 그럼 끝이 난다. 비즈니스 분석 애플리케이션에서는 일반적으로 사용자가 질문을 시작하며, 꼭 필요한 의사결정과 관련된 정보가 포함된 보고서를 요청한다. 누군가가 저장소에서 요청받은 데이터를 추출해서 적절한 분석 절차를 적용한 다음 사용자에게 보고서를 제공하는 경우도 있다. 그러나 정보를 보고한 후에 사용자는 추가 분석을 요구하는 새로운 질문을 생각하게 될 것이며 이는 새로운 보고서 요청과 더 많은 분석을 요구하게 된다.

결국 분석 프로젝트를 위한 요구사항 정의의 핵심은 어딘가에서 시작하는 것이다. 요구사항은 시간이 지남에 따라 변할 수 있으므로 이해관계자가 이용 가능한 정보로부터 알고자 하는 바가 무엇인지 이미 알고 있다는 것에서부터 시작해서 질문이 계속 발전하도록 계획하자. 또한 사용자가 자신들의 니즈가 얼마나 진화할 것으로 예상하는지 이해하자. 예를 들어, 시간이 지남에 따라 비즈니스 분석 솔루션의 니즈가 상당히 변할 것이라 믿는다면 쉽게 적용할 수 있는 솔루션과 최소한의 추가 개발이 필요할 것이다.

분석 솔루션은 데이터가 소스에서 추출되고 분석되며, 사용자에 의해 조회될 때의 형태 및 조건을 고려해야 한다. 예를 들어, 사용자가 특정 원시 데이터를 입수해서 수동으로 검토할 보고서를 생성할 수 있기를 원할까? 아니면 필요한 데이터를 준비하고 사전에 정의된 구조화된 형식으로 제공하기 위한 소프트웨어 애플리케이션을 원할까? 사용자가 내년에 매주 답변을 받고자 하는 일련의 질문을 갖고 있을까? 아니면 급변하는 비즈니스 니즈에 발맞춰 새로운 형태의 데이터 분석 및 표현을 빠르게 개발하기 위해 매일 새로운 질문을 할 수 있기를 원할까? 이러한 유형의 질의응답을 통해 개발팀은 사용자가 스스로 조작할 수 있는 데이터 집합을 만들어야 하는지, 혹은 분석팀이 사용자가 볼 수 있는 새로운 정보를 생성하고 구성해야 하는지 알 수 있을 것이다.(Franks 2012)

비즈니스 분석 프로젝트에서 BA의 업무는 프로젝트 이해관계자들의 의사결정 과정을 이해하기 위해 함께 작업하는 것이다. 필요한 데이터에 접근하기 위한 요구사항을 도출하고, 수행할 분석을 구체화하며, 데이터 표현을 정의하기 위해 이러한 의사결정을 활용하자. 이해관계자가 분석 솔루션에서 기대하는 결과가 무엇인지, 데이터의 도움으로 그들이 기대하는 의사결정이 무엇인지, 이러한 분석이나 표현을 어떻게 더욱 동적으로 수정하고 싶은지 이해해야 할 것이다. 가능할 거라 상상하지도 못한 솔루션을 상상함으로써 사용자가 더욱 성공할 수 있도록 도울 기회를 모색하자.

26
임베디드 및 기타 실시간 시스템 프로젝트

이 책의 요구사항 예제와 논의의 대부분은 비즈니스 정보 시스템을 처리하기 위한 것이었다. 이 세상에는 임베디드 시스템이라고 하는 하드웨어 장비를 제어하는 소프트웨어를 사용하는 제품이 가득하다. 수많은 사례 중에는 휴대전화, 텔레비전 리모컨, 모든 종류의 키오스크, 인터넷 라우터, 로봇 자동차가 있다. 이 책에서는 제품, 애플리케이션 또는 솔루션에서 여러분이 개발하는 소프트웨어가 포함된 일을 표현하기 위한 동의어로 시스템이라는 용어를 사용했다. 하지만 이번 장의 시스템은 다수의 통합된 소프트웨어 및 하드웨어 서브시스템을 포함하는 제품을 말한다. 실시간 시스템 제어 소프트웨어는 전용 컴퓨터 형태의 장치에 내장돼 있거나 제어 하드웨어와 분리된 호스트 컴퓨터에 있을 수도 있다. 임베디드 및 기타 실시간 시스템은 센서, 제어기, 모터, 전력 공급 장치, 집적 회로, 기타 기계 전기 전자 부품을 탑재하고 있다.

실시간 시스템은 하드와 소프트로 분류될 수 있다. 하드 실시간 시스템은 엄격한 시간 제약을 갖는다. 시스템 작업은 지정된 제한시간 내에 수행해야 하며, 그렇지 않으면 문제가 발생한다. 항공 교통 제어 시스템과 같이 생명과 안전에 치명적인 제어 시스템은 하드 실시간 시스템이다. 제 시간에 완료되지 않은 작업 때문에 발견되지 않은 장애로 인한 충돌이 발생할 수 있다. 소프트 실시간 시스템도 시간 제약이 적용돼 있지만 일부 작업 중 타이밍을 놓치더라도 결과는 덜 심각하다. ATM은 소프트 실시간 시스템이다. ATM과 은행 사이의 통신이 지정된 시간에 완료되지 않아 ATM이 재시도해야 하거나, 심지어 작업이 종료되더라도 아무 문제가 없다.

대부분의 소프트웨어 개발 프로젝트보다 임베디드 시스템 프로젝트에서 개발을 진행하기에 앞서 요구사항에 대한 제대로 된 이해가 중요하다. 하드웨어 변경을 요하는 과도한 요구사항 변경은 소프트웨어 전용 프로젝트의 변경과 비교했을 때 훨씬 비싸다. 하드웨어와 소프트웨어 엔지니어 모두 물리적 객체 크기, 전기 부품, 연결, 전압, 표준 통신 프로토콜, 특정 작업의 꼭 해야 하는 순서 등과 같은 제한을 아는 것이 중요하다. 설계를 위해 이미 선택한 하드웨어 부품은 아직 선택하지 않은 것들의 제약이 된다.

이 책의 다른 곳에 설명된 요구사항 도출 기법은 실시간 프로젝트에 적용할 수 있다. 일부를 개량해서 같은 모델링 기술을 사용할 수 있다. 이번 장에서는 임베디드 및 기타 실시간 시스템에서 고려해야 하는 특별 요구사항에 대해 다룬다.

시스템 요구사항, 아키텍처 및 할당

복잡한 시스템을 구체화할 경우 많은 팀은 우선 SyRS(System Requirements Specification, ISO / IEC / IEEE 2011)라는 시스템 요구사항 명세를 작성한다. SyRS는 하드웨어 구성 요소, 소프트웨어 구성 요소 및 인간에 의해 제공될 수 있는 기능을 포함한 시스템 전체의 기능을 설명한다. 또한 시스템과 관련된 입출력을 모두 설명한다. SyRS에는 기능 외에도 제품의 임계 성능, 안정성, 기타 품질 요구사항이 명시돼 있다. 이 모든 정보는 아키텍처 구성 요소를 선택하고, 각각 기능을 할당할 때 팀을 안내하는 사전 설계 분석에 반영된다. SyRS는 소프트웨어 요구사항 명세와 별도의 산출물이거나, 특별히 시스템 복잡도의 대부분이 소프트웨어인 경우 SRS에 내장될 수 있다.

복잡한 시스템의 요구사항 분석은 시스템 아키텍처와 단단히 얽혀있다. 요구사항에 대한 사고와 설계에 대한 사고는 다른 유형의 소프트웨어 프로젝트보다 실시간 시스템에서 더 많이 섞일 수 있다. 여러 다른 아키텍처 모델링 표기법이 있지만 종종 상자와 화살표로 이뤄진 단순 다이어그램으로 묘사된 아키텍처는 최상위 수준의 설계를 나타낸다. 시스템 아키텍처는 세 가지 요소로 구성된다.

- 시스템 구성 요소: 구성 요소는 소프트웨어 객체나 모듈, 물리 장치 또는 사람이 될 수 있다.
- 구성 요소의 외부에서 보여지는 속성
- 시스템 구성 요소 사이의 연결(인터페이스)

아키텍처는 하향식의 반복적인 방식으로 개발된다(Nelsen 1990; Hooks and Farry 2001). 분석 역할을 담당하는 사람은 대개 강력한 기술 배경을 가진 시스템 분석가, 요구사항 엔지니어, 시스템 엔지니어나 시스템 아키텍트다. 분석가는 시스템을 모든 입력을 수용하고 모든 출력을 담당하는 소프트웨어와 하드웨어 서브시스템과 구성 요소로 적절히 나눈다. 소프트웨어가 특정 기능을 제공하기 위한 올바른 매체로 간주되면, 특정 시스템 요구사항을 소프트웨어 요구사항으로 직접 전환할 수 있다. 다른 경우에 분석가는 개별 시스템 요구사항을 몇 개의 도출된 소프트웨어, 하드웨어, 인간이 수행해야 하는 수동 요구사항으로 분해한다(그림 26-1). 시스템 요구사항으로부터 소프트웨어 요구사항을 도출하는 것은 구성 요소 간에 인터페이스 요구사항이 새로 유도되기 때문에 요구사항의 양을 몇 배로 늘릴 수 있다. 분석가는 아키텍처 분할과 요구사항 할당을 반복적으로 정제해서 가장 적절한 구성 요소에 개별 요구사항을 할당한다. 최종 결과는 필요한 시스템 서비스를 제공하기 위해 협력해야 하는 소프트웨어, 하드웨어, 인적 자원 각각의 요구사항 집합이다.

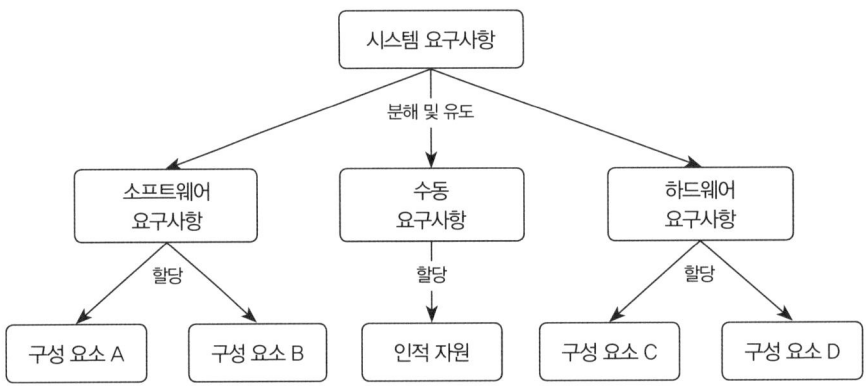

그림 26-1 시스템 요구사항은 소프트웨어, 하드웨어, 수동 요구사항으로 나눠진 후 적절한 구성요소에 할당된다.

시스템 요구사항, 도출된 소프트웨어, 하드웨어 요구사항과 이것들이 할당된 아키텍처 구성 요소 간에 요구사항 추적 링크를 설정하는 것이 좋다. 29장 "요구사항의 연결 고리"에서는 요구사항 추적에 대해 설명한다.

형편없는 할당 결정으로 발생할 수 있는 일은 다음과 같다.

- 소프트웨어가 하드웨어에 비해 쉽거나 저렴한 기능을 수행할 것이다(또는 반대).
- 사람은 하드웨어 또는 소프트웨어가 수행하는 것보다 쉽거나 저렴하게 기능을 수행할 것이다(또는 반대).
- 성능 부족
- 쉬운 업그레이드나 구성 요소 교체가 불가능

예를 들어, 소프트웨어에서 특정 기능을 수행하는 것은 그 기능을 수행하는 데 전문화된 하드웨어 부품보다 빠른 프로세서를 필요로 할 수 있다. 트레이드오프는 항상 있다. 소프트웨어가 하드웨어보다는 변경하기 쉽지만 엔지니어는 하드웨어 설계를 아끼기 위한 이유로 유연성을 사용해선 안 된다. 요구사항 할당을 수행하는 사람은 소프트웨어와 하드웨어 구성 요소의 기능과 제약뿐 아니라 각 기능 구현의 비용 및 위험을 이해해야 한다.

실시간 시스템 모델 만들기

비즈니스 정보 시스템과 마찬가지로 시각적 모델링은 실시간 시스템을 구체화하기 위한 강력한 분석 기술이다. 상태 전이 다이어그램이나 차트 다이어그램(Lavi and Kudish 2005)과 UML 상태 기계 다이어그램처럼 이를 정교하게 변형한 것이 특히 적합하다(Ambler 2005). 브루스 파웰 더글라스는 실시간 시스템에 대한 요구사항을 표현하기 위해 유스케이스와 다른 UML 모델을 사용하는 방법의 예를 제공한다(Bruce Powel Douglass, 2001).

대부분의 실시간 시스템은 한 가지 상태에서 다른 상태로 전이를 허용하는 조건이나 이벤트에 따라 여러 상태에 존재할 수 있다. 상태표와 의사결정 일람표는 종종 다이어그램의 오류를 보여주는 상태 전이 다이어그램을 보완하거나 대체할 수 있다. 컨텍스트 다이어그램(5장 "비즈니스 요구사항 정립하기") 역시 시스템이 운영되는 환경과 인터페이스로 연결된 시스템과 외부 개체 사이의 경계를 보여주기에 유용하다. 아키텍처 다이어그램은 시스템을 인터페이스로 연결된 서브시스템으로 분리해서 보여준다. 이번 절에서는 개인적으로 경험해 봤을 만한 임베디드 시스템의 샘플 모델을 보여준다(일상적인 예제로서 런닝머신을 늘 그렇듯이 다소 단순화해서 보여 줄 것이다).

컨텍스트 다이어그램

그림 26-2는 런닝머신의 컨텍스트 다이어그램이다. 이 표기법은 앞서 5장 그림 5-6에서 사용된 것과 약간 다르지만 의도와 표시되는 정보의 유형은 동일하다(Lavi and Kudish 2005). 시스템을 나타내는 작은 원 대신 큰 사각형을 사용해서 시스템과 운동하는 사람(런닝머신을 사용하는 사람)과 같은 단일 외부 개체 간 다중 입력 및 출력 흐름을 쉽게 보여줄 수 있다. 다른 두 개의 외부 개체는 운동하는 사람이 다양한 운동 프로그램을 내려받을 수 있는 런닝머신 제조사의 웹 사이트와 운동하는 사람의 맥박수를 측정하는 센서다. 일반적인 컨텍스트 다이어그램과 같이 이 모델은 런닝머신의 내부는 아무것도 보여주지 않는다.

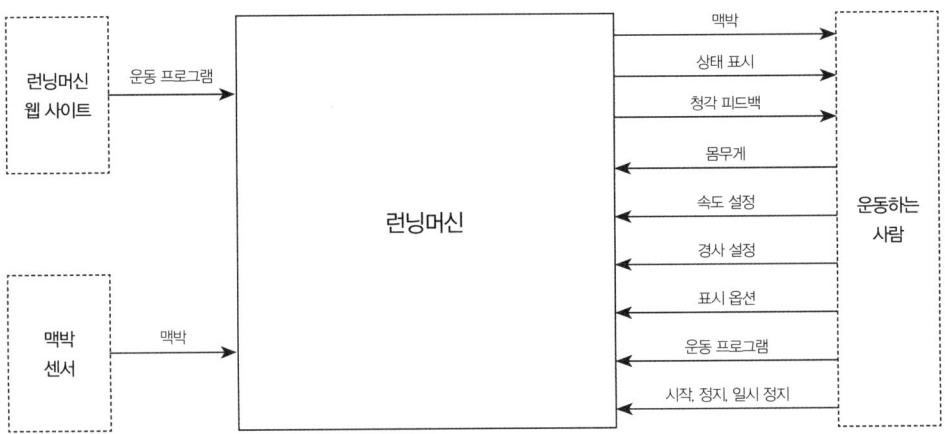

그림 26-2 런닝머신 컨텍스트 다이어그램

상태 전이 다이어그램

그림 26-3은 런닝머신의 상태 전이 다이어그램(STD)을 보여준다. 12장 "백문이 불여일견"에 나온 STD의 상자는 런닝머신이 될 수 있는 다양한 상태를 나타내고, 화살표는 허용되는 상태 전환을 보여준다. 전환 화살표의 이름표는 각 상태 변화를 이끄는 조건이나 이벤트를 나타낸다. 이 다이어그램은 런닝머신 기능들이 어떻게 동작하는지 보여준다. 속도, 경사, 시작, 일시 정지, 정지 같은 사용자 인터페이스에서 제어가 필요한 것에 대한 정보를 제공한다. 그림 26-3은 제어 "버튼"을 의미하지만 이런 제어는 다양한 방식으로 구현될 수 있다. 요나 라비와 요셉 쿠디시는 이런 종류의 정보를 풍부하게 표현하기 위한 좀 더 정교한 상태 차트 다이어그램을 설명한다(Jonah Lavi and Joseph Kudish 2005).

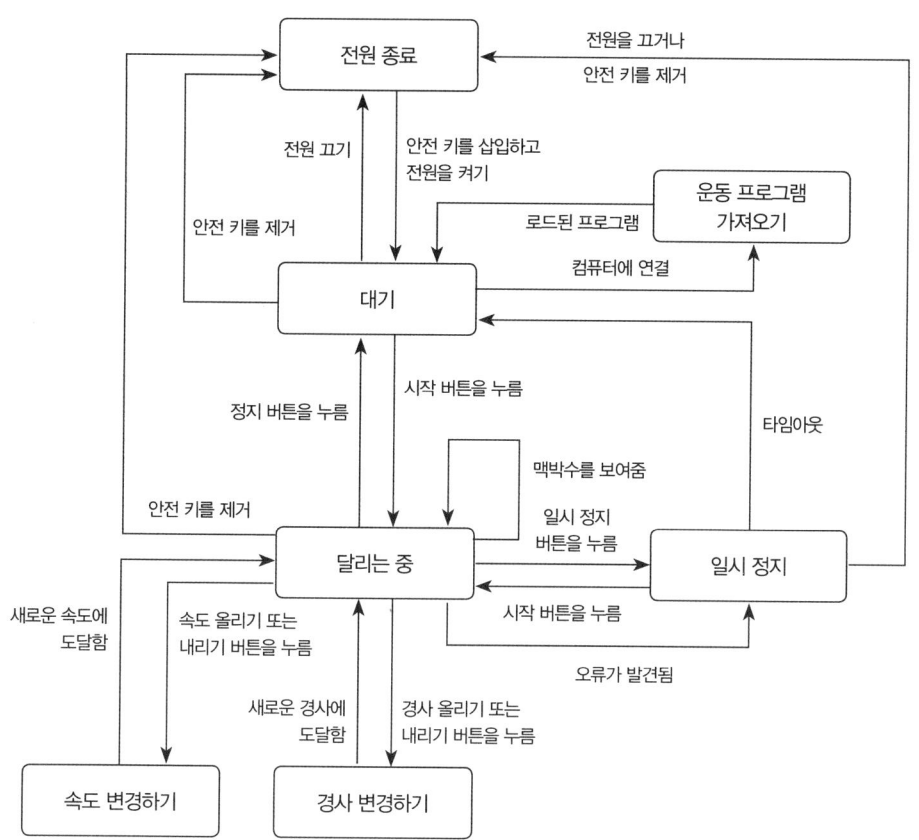

그림 26-3 런닝머신의 상태 전이 다이어그램 중 일부

이벤트 반응표

이벤트 반응 분석은 실시간 시스템의 동작과 기능적 요구사항에 대해 생각하는 또 다른 방법을 제공한다(Wiley 2000). 12장에서 설명한 바와 같이 시스템은 유스케이스의 실행을 촉발하는 비즈니스 이벤트, 센서로부터의 입력과 같은 신호 처리, 특정 시간 간격이나 특정 시간에 발생하는 일시적인 이벤트에 반응할 수 있다. 표 26-1은 여러 이벤트와 그에 대응하는 런닝머신의 반응을 보여준다.

표 26-1 런닝머신의 이벤트 반응표

이벤트	런닝머신 상태	반응
운동하는 사람이 경사 올리기 버튼을 누름	최대 경사보다 낮음	경사를 0.5도 증가
운동하는 사람이 경사 올리기 버튼을 누름	최대 경사에서	"한계" 오디오 신호를 발생
운동하는 사람이 속도 내리기 버튼을 누름	최소 속도 위	0.1 mph만큼 속도를 감소

이벤트	런닝머신 상태	반응
운동하는 사람이 속도 내리기 버튼을 누름	최소 속도에서	런닝머신 벨트 중지
운동하는 사람이 안전 키를 제거	달리는 중	런닝머신 벨트를 중지하고 전원을 끔
운동하는 사람이 안전 키를 제거	대기	전원을 끔
연습하는 사람이 일시 정지 버튼을 누름	달리는 중	런닝머신 벨트를 중지; 타이머를 시작
연습하는 사람이 일시 정지 버튼을 누름	일시 정지 또는 대기	"에러" 오디오 신호를 발생
일시 정지에서 타이머가 타임아웃 제한에 도달함	일시 정지	대기 상태로 전환
운동하는 사람이 시작 버튼을 누름	달리는 중	"에러" 오디오 신호를 발생
운동하는 사람이 시작 버튼을 누름	일시 정지	현재 설정된 속도에 맞게 런닝머신 벨트를 시작
운동하는 사람이 시작 버튼을 누름	대기	가장 낮은 속도로 런닝머신 벨트를 시작

이 이벤트 목록은 그림 26-3의 STD에서 보여준 고수준 시점을 구체화해서 런닝머신 기능의 상세한 요구사항을 제공한다. 이는 테스트 도출에 큰 도움이 된다. 심지어 전체 이벤트 반응표라도 경사 모터가 경사 벨트를 분당 몇 도를 움직여야 할지, 정지 상태에서 설정된 속도까지 변경하기 위해 런닝머신 벨트가 얼마나 빨리 바뀌어야 할지에 대한 내용은 채워져 있지 않다. 안전에 대한 고려사항도 이러한 결정에 영향을 미칠 것이다. 벨트가 너무 갑자기 시작, 가속, 또는 정지하는 경우 운동하는 사람이 위험해질 것이다.

임베디드 시스템은 (표 26-1에 나타낸 바와 같이) 이벤트 기반 기능과 주기적인 제어 기능의 조합을 관리해야 한다. 주기적인 기능은 시스템이 특정 상태에 있는 동안 반복적으로 실행된다. 한 예로 이러한 운동 프로그램이 사용된다면 운동하는 사람의 맥박수를 매 초마다 모니터링하고 미리 설정된 맥박수를 유지하도록 속도를 조정한다.

이러한 모델을 그려보는 것은 누락된 요구사항을 찾기에 좋은 방법이다. 다양한 기계 상태, 각 상태와 관련된 기능, 각 상태로부터 가능한 내비게이션 목적지를 설명하는 긴 테이블을 포함한 임베디드 시스템 요구사항 명세서를 검토했다. 좀 더 높은 추상화 수준의 정보를 나타내기 위해 상태 전이 다이어그램을 그렸다. 이 과정에서 누락된 두 가지 요구사항을 발견했다. 기계가 꺼질 수 있는 여지에 대한 요구사항과 기계가 동작하는 동안 에러 상태에 들어갈 가능성에 대한 대비가 없었다. 이전에 봤듯이 이 예시는 요구사항 지식을 여러 형태로 만드는 것과 각각에 대해 서로 검증하는 것의 가치를 보여준다.

아키텍처 다이어그램

이러한 시스템 유형에 대한 유용한 모델의 또 다른 형태는 고수준 설계의 일부인 아키텍처 다이어그램이다. 그림 26-4는 런닝머신에 대한 간단한 아키텍처 다이어그램의 일부를 보여준다. 여기서는 높은 수준의 추상화 수준에서 런닝머신의 모든 기능과 이들 간 데이터 및 제어 인터페이스를 제공하는 주요 서브시스템을 식별한다. 풍부한 아키텍처 설명 언어를 사용할 수 있으며, 통합 모델링 언어(UML)도 아키텍처 모델링에 적합하다(Rozanski and Woods 2005). 그림 26-4의 서브시스템은 아키텍처 분석을 진행하면서 특정 하드웨어 구성 요소(모터와 센서)와 소프트웨어 구성 요소로 좀 더 상세히 설명될 수 있다. 사전 아키텍처 분석은 다른 도출 활동으로부터 확인되지 않았던 기능, 인터페이스 그리고 품질 요구사항을 찾아내고 개선할 수 있다.

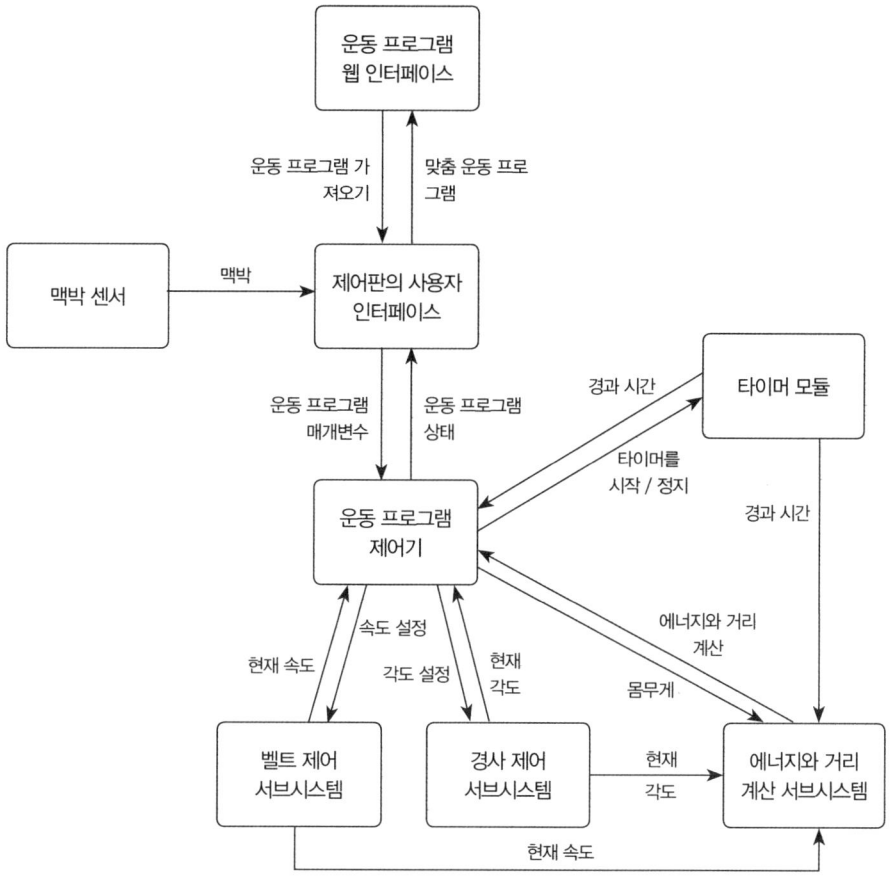

그림 26-4 런닝머신의 아키텍처 다이어그램 일부

요구사항 분석에서 아키텍처 모델을 그리는 것은 설계를 명확하게 해준다. 이는 꼭 필요한 단계다. 아키텍처의 분할과 시스템 기능을 서브시스템과 구성 요소로 할당을 반복하는 것은 아키텍처가 적절하고 효과적인 솔루션을 고안하는 방법이다. 그래도 추가적인 요구사항 도출은 필요하다. 아래의 기능적 요구사항은 적합한 하드웨어 구성 요소와 사용자 인터페이스 제어 설계를 선택하도록 개발자를 안내할 것이다.

Incline.Angle.Range(경사.각도.범위) 운동하는 사람은 0.5도 단위로 런닝머신의 경사 각도를 0도에서 10도까지 올리거나 내릴 수 있어야 한다.

Incline.Angle.Limits(경사.각도.제한) 런닝머신은 각도가 경사 범위의 최소 또는 최대에 도달하면 음성 피드백을 제공하고 각도 변경을 중지해야 한다.

아키텍처에 기능을 나타내는 것과 더불어 런닝머신 설계자는 필수 알고리즘을 제공하는 비즈니스 규칙에 대해 알아야 한다. 한 예로 몸무게와 명시된 시간, 경사 각도, 벨트 속도로 이뤄진 운동 프로그램의 조합으로 소비된 칼로리 수치를 계산한다. 임베디드 시스템에서 "비즈니스 규칙"이라는 말은 특이해 보일 수 있다. 하지만 사실 이 책에서 다뤄지는 요구사항 사례는 비즈니스 정보 시스템과 같이 임베디드와 기타 실시간 시스템에도 적용된다.

프로토타이핑

프로토타이핑과 시뮬레이션은 임베디드 시스템의 요구사항을 도출하고 검증하기 위한 강력한 방안이다. 하드웨어를 만들어내기 위한 비용과 시간 때문에(요구사항이나 설계 오류를 발견하면 다시 만들어야 한다) 운영에 대한 개념을 테스트하고 장비에 대한 요구사항과 설계 옵션을 분석하기 위해 프로토타입을 사용할 수 있다. 시뮬레이션은 사용자 인터페이스 화면과 제어, 네트워크 상호작용, 하드웨어와 소프트웨어 간 인터페이스를 좀 더 이해하는 데 도움될 수 있다(Engblom 2007). 하지만 시뮬레이션이 여러 면에서 실제 제품과는 다를 수 있다는 점은 명심해야 한다.

인터페이스

인터페이스는 임베디드와 다른 실시간 시스템의 중요한 부분이다. 10장 "요구사항 문서화하기"와 같이 SRS는 사용자, 소프트웨어, 하드웨어, 그리고 통신 인터페이스의 4가지 범주의 외부 인터페이스 요구사항을 이야기해야 한다. 또한 복잡한 시스템을 여러 서브시스템으로 분리하는 것은 구성 요소 간에 내부 인터페이스를 만든다. 임베디드 시스템은 큰 제품의 일부로 다른 임베디드 시스템과 통합될 수 있기 때문에(예: 차량의 통신 시스템에 통합된 휴대전화) 인터페이스 이슈는 좀 더 복잡해진다. 요구사항 분석은 아키텍처 설계를 위한 내부 인터페이스 명세보다 외부 인터페이스 이슈에 집중해야 한다.

외부 인터페이스가 비교적 간단한 경우 10장 5절의 SRS 템플릿을 그린 그림 10-2와 같이 구체화할 수 있다. 복잡한 시스템을 구축하는 프로젝트는 이러한 중요한 요소를 문서화하기 위해 별도의 인터페이스 명세서를 만들 때가 많다. 그림 26-5는 외부와 내부 인터페이스 모두를 아우를 수 있는 인터페이스 명세서 템플릿을 제안한다.

1. 소개
　1.1 문서의 목적
　1.2 제품 개요
　1.3 운영 환경
　1.4 참고문헌
　1.5 가정
2. 인터페이스 다이어그램
3. 데이터 인터페이스
　3.x 〈인터페이스 ID x〉
　　3.x.1 개요
　　3.x.2 데이터 유형
　　3.x.3 인터페이스 파일 형식
　　3.x.4 통신 프로토콜
4. 소프트웨어 인터페이스
　4.x 〈인터페이스 ID x〉
　　4.x.1 개요
　　4.x.2 인터페이스 명세
　　4.x.3 타이밍 이슈
　　4.x.4 통신 프로토콜
5. 하드웨어 인터페이스
　5.x 〈인터페이스 ID x〉
　　5.x.1 개요
　　5.x.2 연결
　　5.x.3 데이터 및 제어 흐름
6. 사용자 인터페이스

그림 26-5 인터페이스 명세에 대한 템플릿 제안

타이밍 요구사항

타이밍 요구사항은 실시간 제어 시스템의 핵심이다(Koopman 2010). 센서에서 계획된 대로 신호가 수신되지 않거나, 예측된 시점에 소프트웨어가 하드웨어에 제어 신호를 보낼 수 없거나, 물리 장비가 제시간에 실행되지 못하면 원치 않는 결과를 가져올 수 있다. 타이밍 요구 사항은 여러 요소를 포함한다.

- **실행 시간**: 특정 작업의 실행 시간은 그 작업이 초기화부터 완료될 때까지 걸린 시간이다. 이는 작업 실행에 묶인 특정한 두 이벤트 사이의 시간으로 측정할 수 있다.
- **지연**: 지연은 트리거 이벤트가 발생한 시간과 시스템이 응답하기 시작한 시간 사이의 시간 지연이다. 예를 들면, 음악 기록 및 프로덕션 소프트웨어에서 미리 녹음된 다수의 음원과 실시간 오디오 트랙을 정확하게 동기화해야 하는 음악 녹음 및 제작 시에 과도한 지연은 문제를 야기한다.
- **예측 가능성**: 예측 가능성은 이벤트가 다시 실행되는 타이밍이 일관되고 반복적인 것을 의미한다. 특히 타이밍이 "빠름"이 아닌 경우, 수신되는 신호를 샘플링할 때와 같이 이벤트는 정확한 간격으로 수행돼야 한다. 오디오 파형을 디지털로 변환하는 것은 초당 44,100 사이클을 수행한다. 샘플링 주파수는 아날로그 파형을 디지털로 왜곡되지 않도록 예측 가능해야 한다.

시스템의 실시간 작업을 위해 타이밍 및 스케줄링 요구사항에서 대해 분석해야 할 몇 가지 이슈는 다음과 같다.

- 작업 실행의 주기성(빈도)과 허용 오차
- 각 작업 실행의 데드라인 및 오차
- 각 작업에 대한 일반적인 경우와 최악의 경우에 대한 실행 시간
- 데드라인을 넘겼을 때의 결과
- 연관된 각 구성 요소의 상태에 대한 데이터의 최소, 평균, 최대 도달 속도
- 작업이 시작된 후 예상되는 최초 입력 또는 출력 전 최대 시간
- 예상되는 최초 입력 전 최대 시간 동안 수신되는 데이터가 없을 경우의 처리 내용(타임아웃)
- 작업이 수행돼야 하는 순서
- 다른 작업을 시작하기 전이나 후에 수행해야 하는 작업
- 작업 우선순위: 어떤 기준으로, 어떤 작업이 다른 작업에 인터럽트나 자원을 선점할 수 있는지 알아야 한다.
- 시스템의 모드에 따른 기능(예를 들면: 엘리베이터의 일반 모드와 소방수 지원 모드)

타이밍 요구사항을 구체화할 때 제약조건과 타이밍의 허용 오차를 보여줘라. 지나치게 엄격한 타이밍 요구사항을 작성하지 않도록 시스템에 대한 소프트 실시간 요구사항과 하드 실시간 요구사항의 차이를 이해하라. 이는 과도한 비용과 노력의 오버엔지니어링 제품으로 이어질 수 있다. 타이밍 허용 오차가 넓으면 덜 비싼 하드웨어를 사용하더라도 그럭저럭 해나갈 수 있다. 필립 쿠프만이 지적했듯이 "실시간 성능이란 가능한 한 빠른 것을 말하는 것이 아니다. 오히려 필요한 만큼만 빠르고 전반적인 비용은 최소화하는 문제에 대한 것이다(Philip Koopman, 2010)."

시스템의 타이밍 요구사항을 구체화하려면 시간이 중요한 기능의 데드라인을 이해해야 한다. 프로세서 자원, 입력/출력 속도, 네트워크 통신 속도 제약 내에서 필요한 성능을 얻기 위해 순차적 기능과 동시성 기능을 스케줄링할 필요가 있다. 한 팀은 임베디드 제품의 타이밍 요구사항을 모델링하기 위해 전통적인 일/주 단위보다 밀리초 규모로 동작하는 프로젝트 스케줄 도구를 사용했다. 모델링 도구의 창조적이고 자유로운 사용은 매우 효과적이었다. 어떤 경우에는 타이밍과 스케줄링 알고리즘이 요구사항에 설계상 제약의 형태로 부과될 수 있지만 설계안이 될 때가 더 많다. 크리시나 카비, 로버트 아클, 알리 허슨은 실시간 시스템을 위한 이슈 스케줄링에 대해 귀중한 개요를 제공한다(Krishna Kavi, Robert Akl, and Ali Hurson, 2009).

임베디드 시스템을 위한 품질 속성

품질 속성 요구사항은 임베디드와 실시간 시스템에 특히 중요하다. 기타 다른 소프트웨어 애플리케이션에서보다 훨씬 더 복잡하고 서로 얽혀 있을 수 있다. 일반적으로 비즈니스 소프트웨어는 환경의 변화가 많지 않은 사무실에서 사용된다. 이와 반대로 임베디드 시스템이 운영되는 환경은 극단적인 온도, 진동, 충격과 특정 품질 고려 사항을 나타내는 다른 요인을 포함할 수 있다. 특히 중요할 것 같은 품질 범주에는 성능, 효율성, 신뢰성, 견고성, 안전, 보안, 가용성이 포함된다. 이번 절에서는 이러한 시스템의 요구사항을 추출하는 동안 주의 깊게 살펴야 하는 품질 속성의 일부 특별한 측면을 이야기한다.

임베디드 시스템은 14장 "기능, 그 이상을 향해"에서 논의한 소프트웨어 품질 속성뿐 아니라 물리 시스템에만 적용 가능한 품실 속성과 제약조건을 갖는다. 여기에는 크기, 모양, 무게, 재료, 가연성, 커넥터, 내구성, 비용, 소음, 강도가 포함된다. 이 모든 것들로 인해 요구사항을 충분히 검증하는 데 필요한 비용이나 노력이 급격히 증가할 수 있다. 이는 가격 폭등의 원인이 되지만 이해 상충이나 사용 거부 운동(보이콧)의 위협을 받을 수 있어 재료 사용을 피해야 하는 비즈니스적인 이유나 정치적인 이유가 있을 수도 있다. 다른 재료들은 환경 영향으로 인해 대부분 피해야 한다. 최적의 재료를 사용하지 못할 경우 성능, 무게, 비용 또는 다른 속성에 대한 트레이드오프가 발생할 수 있다.

하드웨어 설계가 완료된 후 기대하는 품질 특성을 달성하는 것은 어렵고 비용이 많이 들 수 있으므로 요구사항 도출 초기에 이러한 요구사항을 찾아야 한다. 품질 특성은 복잡한 제품의 아키텍처에 큰 영향을 미칠 수 있기에 설계에 들어가기 전에 속성 우선순위와 트레이드오프 분석을 수행하는 것이 중요하다. 쿠프만은 임베디드 시스템 개발에 특히 중요한 비기능적 요구사항에 대해 좋은 이야기를 했다(Koopman 2010). 14장에서는 이것과 기타 품질 속성 요구사항에 대한 많은 예를 제시했다.

성능(performance)

실시간 시스템의 본질은 성능이 운영 환경의 타이밍 요구 및 제약을 만족시켜야 한다는 것이다. 따라서 특정 작업의 모든 처리에 대한 데드라인을 요구사항에 포함해야 한다. 하지만 성능은 운영 응답 시간을 능가한다. 여기에는 시작과 초기화 시간, 전력 소모, 배터리 수명, 배터리 충전 시간(전기 자동차와 같은), 열 방출이 포함된다. 에너지 관리만 해도 여러 측면이 있다. 전압이 순간적으로 떨어지거나, 시작하는 동안 높은 로드가 걸리거나, 외부 전원이 사라졌을 때 시스템은 어떻게 해야 하고, 어떻게 장치가 백업 배터리 전원으로 전환해야 하는가? 소프트웨어와 달리, 이러한 구성 요소 중 다수는 시간이 지남에 따라 저하될 수 있다. 교체가 필요해지기 전에 특정 전기 프로파일을 얼마나 유지해야 하는지에 대한 요구사항은 무엇인가?

효율성(efficiency)

효율성은 외부에서 측정 가능한 성능 속성에 대응하는 내부 품질이다. 임베디드 시스템의 효율성 측면은 프로세서 자원, 메모리, 디스크 공간, 통신 채널, 전력, 네트워크 대역폭을 포함한 자원의 소비에 (그래서 어떤 순간에도 가능한 잔여 가용성) 초점을 맞춘다. 이러한 문제를 처리하는 경우, 요구사항, 아키텍처, 설계는 밀접하게 결합된다. 예를 들면, 장치의 전체 전력 수요가 가능한 전력을 초과할 경우 항상 전력이 필요하지 않은 구성 요소의 전력을 중지해서 다른 구성 요소나 서비스에 전력 가용성을 높이도록 설계될 수 있는가?

설계자가 미래 성장과 예상치 못한 운영 환경에 충분한 여유 자원을 제공할 수 있도록 요구사항은 다양한 시스템 자원의 예상 최대 소비량을 지정해야 한다. 이는 동시성(Concurrent) 하드웨어 및 소프트웨어 설계에서 매우 중요한 상황 중 하나다. 소프트웨어가 사용 가능한 자원을 너무 많이 소비한다면 개발자는 이러한 한계를 해결할 잔재주에 의지해야 한다. 좀 더 가용성 높은 하드웨어를 선택하는 것은 소프트웨어 구성 요소를 최적화하는 것보다 훨씬 적은 비용의 솔루션을 제공한다(Koopman 2010).

신뢰성(reliability)

임베디드와 기타 실시간 시스템은 엄격한 신뢰성과 가용성에 대한 요구사항을 가질 때가 많다. 의료 기기 및 항공기 전자 장치 같은 생명에 직결되는 시스템은 실패할 여지를 거의 두지 않는다. 환자의 몸에 이식된 인공 심장 박동기는 수년 동안 안정적으로 작동해야 한다. 제품이 고장 나거나 배터리가 조기에 소모되면 환자가 죽을 수도 있다. 신뢰성 요구사항을 구체화할 때 여러분이 생각하는 요구와 다른 신뢰성 요구사항으로 제품을 오버엔지니어링하지 않도록 실패의 가능성과 영향을 사실적으로 평가하라. 신뢰성과 가용성을 늘리면 비용도 증가한다. 비용을 지불해야 할 때도 있지만 그렇지 않을 때도 있다.

> **문 개방 정책**
>
> 최근 미국 주요 도시에서 경전철 문이 기차가 역을 떠날 때 닫히지 않았다. 센서가 기관사에게 고장을 알리지 못했다. 기차는 문을 연 상태로 시속 55마일로 달렸고, 무서운 일이었고 확실한 안전 위험이었다. 기차 소프트웨어의 개발자는 1억 시간 동안 운영되는 중에 이러한 사건이 한 번 이하로 일어날 수 있다는 신뢰성이나 안전 요구사항을 받았을 것이다. 배포 전 이러한 요구사항을 만족하는지 테스트하기 위해 철도 시스템을 몇 억 시간을 운영할 수는 없다. 그 대신 안전에 치명적인 오류가 발생할 확률이 요구사항을 만족하기에 충분히 낮아지도록 시스템을 설계할 필요가 있다. 하지만 여전히 실패할 수 있다. 이 같은 복잡한 시스템에서는 보통 이러한 사고는 생각지 못한 희귀한 문제가(이 경우는 두 개의 스위치가 부식됨) 조합되어 발생하곤 한다.

견고성(robustness)

견고성은 시스템이 예기치 않은 운영 조건에서 얼마나 잘 응답하느냐와 관계가 있다. 견고성에는 여러 가지 측면이 있다. 하나는 생존 가능성인데, 보통 군용 장치에 적용되기도 하지만 일상적인 애플리케이션에 적용되기도 한다. 항공기의 "블랙 박스"가 높은 생존 가능성을 위해 설계된 임베디드 시스템의 좋은 예인데, 블랙 박스는 비행 사고로 인한 지독한 외상에서도 살아남도록 설계된 전자 기록 장치다. 실제로 밝은 오렌지 색깔이고 엄밀히 말해서 비행 자료 기록 장치 및 조종실 음성 기록 장치라고 불리는 이것은 중력의 3,400배에 달하는 충격, 화재, 침수, 기타 위험을 견딜 수 있도록 만들어져 있다. 극한 조건에서 물리적 컨테이너는 무결성을 유지해야 할뿐 아니라 데이터 기록 장치 내부는 온전하고 읽을 수 있어야 한다.

견고성의 다른 측면은 실행되는 동안 발생하는 결함 또는 예외, 그리고 시스템 장애로 이어질 수 있는 것들을 시스템에서 어떻게 처리하느냐와 관계가 있다. 하드웨어 및 소프트웨어 결함은 장애를 불

러올 수 있다. 한번은 ATM에서 140달러를 인출하려고 한 적이 있다. ATM은 140달러짜리 영수증을 출력했지만 현금은 80달러만 주었다. 은행 직원이 ATM 뒤에서 뭔가를 찾는 동안 15분을 기다린 후에야 나는 60달러를 받을 수 있었다. 분명 기계적 장애가 있었다. 몇 장의 청구서가 함께 뭉쳐져 있었고 출구 슬롯이 막혀 있었다. 내가 약간의 시간을 낭비한 사실을 차치하더라도 ATM은 거래가 잘 됐다고 생각하리라는 점이 염려스러웠다. ATM은 문제를 절대 감지하지 못했을 것이다.

다음은 시스템 결함을 처리하는 방법에 대한 네 가지 측면이다(Koopman 2010).

- **결함 방지**
  이상적으로는 시스템이 장애로 이어지기 전에 많은 잠재적인 결함 상황을 막아줄 것이다. 이것은 유스케이스 실행을 시작하기 전에 소프트웨어 시스템 선행조건을 테스트한다는 개념이다.

- **결함 검출**
  다음의 최선은 발생 즉시 결함을 검출하는 것이다. 이것이 요구사항 도출에서 예외 조건을 꼭 살펴야 하는 이유이고, 이로써 개발자는 가능한 에러를 예측하고 이를 찾아낼 방법을 생각할 수 있다.

- **결함 복구**
  시스템이 예상된 결함을 감지하면 이에 응답하기 위한 메커니즘을 정의해야 한다. 요구사항 개발은 잠재적인 결함 식별과 처리 방법도 지정해야 한다. 간헐적인 통신 단절이나 타임아웃과 같이 다시 시도하면 정상적으로 동작할 법한 것은 시스템이 재시도할 수도 있다. 시스템은 장애 복구 메커니즘을 탑재해서 설계되기도 한다. 시스템 장애로 인한 결함인 경우 백업 시스템이 운영을 가져간다. 다른 경우에는 시스템이 사용자에게 부정적 영향을 최소화할 수 있는 방향으로 끄거나 다시 시작해서 작업을 종료해야 한다. 한 예로, 자동차의 잠김 방지 브레이크 시스템(ABS)은 결함 센서가 감지하면 ABS를 끄고, 대시보드에 경고등을 보여주고, 향후 진단 및 수리를 위해 자동차 컴퓨터에 정보를 기록한다. 이를 통해 우리가 향후 대응할 수 있을 것이다.

- **결함 로깅**
  시스템은 감지된 결함과 그 결과로 일어난 일의 이력을 유지해야 한다. 이 정보는 무엇이 잘못됐는지 분석하는 데 매우 유용하고 유지보수 담당자가 이런 문제를 야기하는 패턴을 감지하는 데 도움을 준다. 예를 들어, 결함 이력은 교체해야 하는 불량 하드웨어 구성 요소를 보여줄 수 있다. 요즘 자동차는 온보드 진단 시스템을 탑재하고 있다. 기술자가 이 시스템에 케이블을 연결하고 어떤 고장이 발생했는지에 대한 리포트를 표준화된 코드 형태로 이벤트 이력을 뽑을 수 있다.

런닝머신의 설계자는 경사 각도가 0 이하로 내려갈 수 없는 위치와 같은 특정 조건에서 런닝머신이 멈춰 버릴 수 있음을 알았다. 사용 설명서에서는 가능한 경사 각 전체를 사용할 수 있도록 런닝머신을 수동으로 재설정하는 방법(좀 더 까다로운)이 설명돼 있다. 가능하다면 제조업체에서 멈춰버리지 않도록 런닝머신을 설계했다면 훨씬 좋았을 것이다. 때로는 완벽하게 장애를 방지하기 위한 시스템을 설계하는 것보다 낮은 확률과 충격이 적은 장애에 대한 해결 방법을 제공하는 편이 저렴할 때가 있다.

안전(safety)

움직이는 부품이나 전기를 사용하는 모든 시스템은 사람이 다치거나 죽음에 이르게 할 가능성이 있다. 안전 요구사항은 정보 시스템보다 실시간 시스템에서 더 중요하다. 소프트웨어와 시스템 안전 공학에 대해 무수한 책들이 쓰여졌기에 여기서 모든 중요한 정보를 정리하진 않겠다. 낸시 립슨(Nancy Leveson 1995), 데브라 헤르만(Debra Herrmann 1999), 필립 쿠프만(Philip Koopman 2010), 테리 하디(Terry Hardy 2011)가 좋은 참고가 된다.

위험 분석을 수행하는 것으로 안전 요구사항 분석을 시작하라(Ericson 2005; Ericson 2012). 이는 여러분의 제품이 줄 수 있는 잠재적인 위험을 발견하는 데 도움이 된다. 여러분이 가장 심각한 위협에 초점을 맞출 수 있도록 발생 가능성과 심각성을 평가할 수 있다(32장 "소프트웨어 요구사항과 위험 관리"에서 위험 관리에 대해 좀 더 다룬다). 결함 트리 분석은 안전에 대한 위협과 이를 이끄는 요소가 무엇인지 생각해보기 위한 근본 원인 분석 기법이다(Ericson 2011). 이는 제품이 사용 중일 때 위험 요소의 특정 조합이 실현되는 것을 방지하는 데 집중하게 해준다. 안전 요구사항은 위험을 해결하고 이를 방지하기 위해 시스템이 무엇을 수행해야 하는지 또는 하지 말아야 하는지 명시해야 한다.

하드웨어 장치는 신속하게 장치를 꺼버리는 비상 정지 버튼이나 데드맨 장치[1]와 같은 것을 포함한다. 런닝머신의 안전 요구사항은 다음과 같다.

Stop.Emergency(비상.정지) 런닝머신은 활성화되면 1초 내로 벨트를 정지하는 비상 정지 메커니즘을 가져야 한다.

이 요구사항으로 런닝머신을 시동하기 전에 런닝머신 전면에 넣어야 하는 납작한 플라스틱 키가 설계됐다. 이 키가 제거되면 런닝머신의 전원을 끊어 벨트의 움직임을 빠르게 중지한다. 키에 부착된 끈은 운동하는 사람이 런닝머신에서 미끄러지거나 떨어지면 키를 잡아 당기기 위해 운동하는 사람의 옷에 고정할 수 있다. 이 요구사항에 제대로 부합하는 기능이다!

보안(security)

임베디드 시스템의 보안은 발전소, 철도 제어 시스템, 전력망, 그리고 기타 주요 인프라를 탈취, 교란 또는 장애를 일으킬 수 있는 사이버 공격에 대한 우려로 최근 많은 논의가 이뤄지고 있다. 임베디드 시스템에 장착된 메모리의 지적 재산권 탈취도 위험이다. 어쩌면 공격자는 이를 복사하거나 공격

---

[1] (옮긴이) 인간 조종자가 의식 상실, 사망 등 조종 능력을 상실한 경우 자동적으로 안전을 위한 조치를 취하도록 만들어진 장치(출처: 위키백과)

하기 위한 목적으로 시스템이 어떻게 동작하는지 알기 위해 코드를 리버싱할 수도 있다. 임베디드 시스템 보호는 호스트 기반의 정보 시스템이 요구하는 것과 같은 수준의 보안 조치를 일부 포함한다. 여기에는 다음과 내용이 포함된다(Koopman 2010).

- 비밀 유지(주로 암호화를 통한)
- 인증: 보통 암호를 통해 제공되는 권한을 가진 사용자만 시스템에 접근할 수 있도록 보장하기 위함
- 데이터 무결성 검사: 시스템이 조작됐는지 여부를 발견하기 위함
- 개인 정보 보호: 이를테면, 휴대용 GPS장치를 통해 사용자의 무단 추적을 보호하는 것과 같음

게다가 임베디드 시스템은 다른 특별한 유형의 공격에 노출돼 있다. 시스템의 제어권을 가져가기 위한 전자 통신 특히 무선 통신 가로채기, 속기 쉬운 사용자의 사회 공학을 통한 악의적인 소프트웨어 업데이트 입력(우리 주변의 많은 사람들이 속는다)과 같은 것들을 포함한다. 임베디드 시스템에 대한 보안 고려 사항의 전체 범위는 크고, 매우 심각한 고민거리다(Anderson 2008). 쿠프만(Koopman 2010), 데이비드와 마이크 클라이더마흐(David and Mike Kleidermacher 2012)는 임베디드 제품을 좀 더 안전하게 만드는 여러 가지 방법을 제안한다.

사용성(usability)

수많은 임베디드 시스템은 인간과 컴퓨터 사이의 인터페이스 일부를 포함한다. 소프트웨어 사용성의 일반 원칙이 적용될 수도 있지만 사용자가 사무실 키보드와 반대로 실제 물리 장치를 사용하는 경우 다른 측면의 사용성이 중요할 수도 있다. 최근에 나는 오른손잡이를 위해 설계된 마우스에서  왼손잡이를 위한 마우스로 바꿨다. 나는 무심코 내 오른손의 네 번째 손가락으로 마우스 오른쪽 버튼을 누르고 있었다. 이는 내 시간을 낭비할 뿐 아니라 원치 않는 시스템 응답을 초래할 수 있다.

 외부에서 사용되는 제품 표시 화면은 여러 조명 상황을 수용해야 한다. 내가 계좌를 갖고 있는 은행 중 하나는 자동차로 접근할 수 있도록 실외에서 ATM을 운영 중이었는데, 볕이 특정 각도로 비추면 LCD 화면을 전혀 읽을 수 없었다. 또 다른 예로, 편광 선글라스를 착용하고 전자 손목시계를 보면 LCD 화면도 편광되어 손목을 직각으로 꺾지 않는 한 화면을 읽을 수 없었다.

일부 사용성 제약은 물리적 한계를 가진 사람을 위해 접근성 지원을 제공하기 위한 특정 시스템을 요구하는 미국 장애인 법과 같이 법률에 의해 부과되기도 한다. 임베디드 시스템은 다양한 계층의 사용자를 수용해야 한다.

- 청력 및 주파수 반응(오디오 피드백과 프롬프트 설계 시 고려)
- 시력과 색각(시각적인 표시에 색상 및 글자 크기를 고려)
- 섬세한 손과 손재주(정확하게 작은 버튼을 누르거나 터치스크린을 사용해서 탐색하는 사용자의 능력에 영향을 받음)
- 신체 크기와 사정 범위(제어, 디스플레이, 장치의 물리적인 위치를 결정할 때 사용자 프로파일을 염두에 둬야 함)
- 모국어(음성 인식에 의한 장치 제어에 중요)

임베디드 시스템의 도전과제

임베디드 및 기타 실시간 제어 시스템은 소프트웨어만으로 된 애플리케이션에는 없는 독특한 도전 과제를 제공한다. 요구사항 도출, 분석, 명세, 검증의 기본 원칙과 사례는 양쪽 모두에 적용된다. 임베디드 시스템은 개발자가 다른 것들을 희생해서 소프트웨어나 하드웨어 구성요소를 최적화하지 않고 잘못된 통합으로 인한 문제를 회피할 수 있도록 시스템 공학 접근법을 필요로 한다. 아키텍처와 설계안은 설계나 제조 후에 하드웨어를 변경하는 데는 비용이 매우 많이 들기 때문에 소프트웨어로만 이뤄진 시스템보다 좀 더 요구사항 분석과 긴밀히 연결돼 있다. 임베디드 시스템은 소프트웨어 전용 시스템과 다른 제약조건 및 품질 특성을 강조하며, 운영체제 역시 좀 더 고려해야 한다. 시스템 요구사항, 소프트웨어 요구사항, 하드웨어 요구사항 및 인터페이스 요구사항의 상세한 명세서는 임베디드 및 기타 실시간 개발 프로젝트를 성공시키는 데 큰 도움될 것이다.

04

요구사항 관리

27장 요구사항 관리 사례
28장 변경의 발생
29장 요구사항의 연결 고리
30장 요구공학을 위한 도구

27
요구사항 관리 사례

"드디어 멀티벤더의 카탈로그 쿼리 기능 구현을 완료했습니다." 샤리는 화학약품 관리 시스템의 주간 프로젝트 진행 회의에서 보고했다. "그건 엄청난 일이었어요!"

"헉! 고객이 2주 전에 그 기능을 취소했습니다." 프로젝트 매니저인 데이브가 대답했다. "변경된 SRS를 받지 않았나요?"

샤리는 당황했다. "취소됐다니, 그게 무슨 소리죠? 제가 갖고 있는 최신 SRS의 6쪽에 이 요구사항이 적혀 있어요."

데이브가 말하길 "흠, 그건 제 사본이 아니에요. 전 SRS 버전 1.5를 가지고 있어요. 당신이 보고 있는 버전은 뭔가요?"

"저 역시 버전 1.5를 이야기하는 거에요" 샤리는 짜증난 말투로 말했다. "이 문서는 동일해야 하지만 확실히 이 둘은 그렇지 않네요. 그래서 이 기능이 여전히 필요한 건가요? 아니면 그냥 내 삶의 30시간을 낭비한 건가요?"

이 같은 대화를 들어본 적이 있다면 사람들이 더 이상 쓸모가 없거나 내용이 다른 요구사항 명세서로 시간을 낭비할 때 얼마나 당황스러운지 알 것이다. 훌륭한 요구사항을 가지는 것만이 솔루션으로 나아가게 한다. 요구사항은 잘 관리되고 프로젝트 참여자 사이에 효과적으로 전달돼야 한다. 개별 요구사항과 요구사항 집합의 버전 관리는 요구사항 관리의 핵심 활동 중 하나다.

1장 "필수 소프트웨어 요구사항"에서 소프트웨어 요구공학 분야를 요구사항 개발과 요구사항 관리로 나눴다(어떤 이들은 전체 분야를 "요구사항 관리"로 여기지만 우리는 좀 더 좁은 의미를 선호한다). 이번 장에서는 요구사항 관리의 몇 가지 원칙과 사례를 다룬다. 4부의 다른 장에서는 변경 사항 제어(28장 "변경의 발생"), 변경 영향 분석(28장), 요구사항 추적(29장 "요구사항의 연결 고리")를 비롯해 좀 더 상세한 특정 요구사항 관리 사례를 설명한다. 4부는 프로젝트 팀이 요구사항을 개발하고 관리하는 데 도움을 주는 상용 도구를 소개하면서 마무리 짓는다(30장 "요구공학을 위한 도구"). 프로젝트에서는 제품 요구사항의 서로 다른 부분의 요구사항 개발 활동을 동시에 수행하면서 협의된 요구사항의 특정 집합을 관리해야 할 수도 있다.

요구사항 관리 프로세스

요구사항 관리는 프로젝트 내 요구사항 협의의 무결성, 정확성, 현재성을 유지하는 모든 활동을 말한다. 그림 27-1은 버전 관리, 변경 관리, 요구사항 상태 추적, 요구사항 추적 등 요구사항 관리의 네 가지 주요 카테고리에서 핵심 활동을 보여준다.

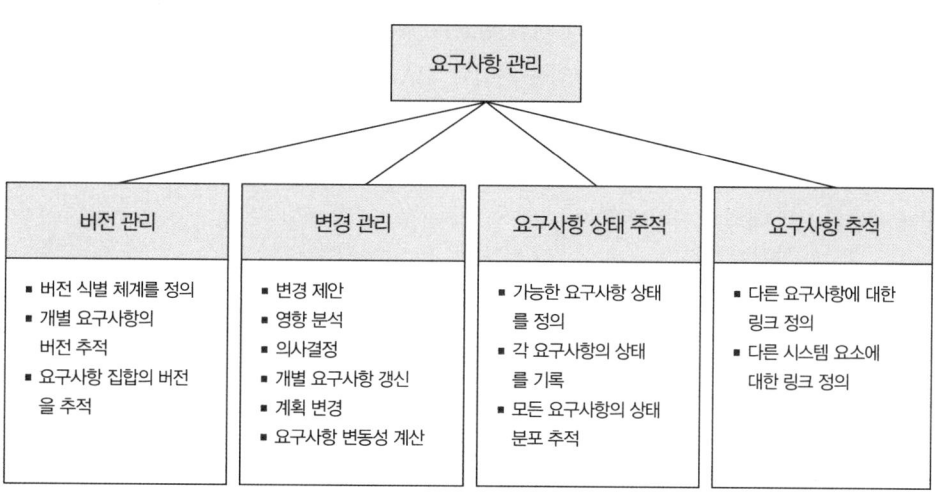

그림 27-1 주요 요구사항 관리 활동

여러분이 속한 조직에서는 프로젝트 팀이 요구사항을 관리하기 위해 수행할 것으로 예상되는 활동을 정의해야 한다. 이들 활동을 문서화하고 실무자에게 각 업무를 교육함으로써 조직 구성원들이 일관성 있고 효율적으로 관리할 수 있게 한다. 다음과 같은 주제를 다루는 것을 생각해보자.

- 개별 요구사항과 요구사항 집합의 버전을 구별하기 위한 도구, 기법, 규약
- 요구사항 집합이 승인되고 기준이 되는 방법(2장 "고객 관점의 요구사항" 참조)
- 신규 요구사항과 기존 요구사항 변경의 제안, 평가, 협상 및 전달 방법
- 제안된 변경의 영향을 평가하는 방법
- 여러분이 사용하고 누군가가 변경할 수 있는 요구사항 속성과 요구사항 상태 추적 절차
- 요구사항 추적 정보 갱신에 대한 책임자와 시기
- 요구사항 이슈 추적과 해결 방법
- 프로젝트 계획과 합의를 요구사항 변경에 반영하는 방법
- 요구사항 관리(RM; Requirements Management) 도구를 효과적으로 사용하는 방법

여러분은 단 하나의 요구사항 관리 프로세스 기술서에 이 모든 정보를 넣을 수 있다. 아니면 버전 관리, 변경 관리, 영향 분석과 상태 추적 절차를 분리해서 작성하는 것을 선호할 수도 있다. 이런 절차는 모든 프로젝트 팀이 수행해야 하는 공통적인 기능을 보여주기 때문에 조직 전체에 적용해야 한다. 31장 "요구사항 프로세스 개선하기"에서는 요구사항 관리를 위한 몇 가지 유용한 프로세스 자산을 설명한다.

프로세스 기술서는 각 요구사항 관리 활동이 지닌 팀 역할을 구분해야 한다. 일반적으로 프로젝트 비즈니스 분석가는 요구사항 관리를 위한 책임을 가진다. BA는 요구사항 저장 메커니즘을 설정, 요구사항 속성을 정의, 요구사항 상태 조율, 데이터 갱신 추적과 필요에 따라 변경 활동을 모니터링한다. 프로세스 기술서는 요구사항 관리 프로세스를 누가 수정할 수 있는지, 예외는 어떻게 다룰지, 장애를 어떻게 해결할지에 대해 보여줘야 한다.

> **함정** 프로젝트에 요구사항 관리 활동 수행에 대한 책임자가 없는 경우 누군가 그 행동을 수행하리라 기대하지 말아라. 이와 비슷하게, "모두"가 책임을 가진다면 각자는 다른 누군가가 필요한 활동을 할 것이라고 기대하기에 이 활동이 쉽게 간과될 수 있다.

요구사항 기준

요구사항 개발은 소프트웨어 프로젝트 요구사항의 도출, 분석, 명세화, 검증 활동을 포함한다. 요구사항 개발 산출물은 비즈니스 요구사항, 사용자 요구사항, 기능 및 비기능적 요구사항, 데이터 사전 및 다양한 분석 모델을 포함한다. 검토와 승인 후, 이러한 항목들의 정의된 부분집합이 요구사항의 기준이 된다. 2장에서 설명한 바와 같이 요구사항 기준은 종종 구체적인 배포 계획이나 개발 반복주기의 콘텐츠로 만들어진 이해관계자들이 동의한 요구사항 집합이다. 프로젝트는 산출물, 제약, 일정, 예산, 요구사항 변화, 계약에 대한 추가적인 합의가 있을 수 있다(이것들은 이 책의 범위를 벗어난다).

일련의 요구사항 기준이 수립되면(일반적으로 검토와 승인 후에) 요구사항은 형상(또는 변경) 관리에 들어간다. 후속 변경은 프로젝트에서 정의된 변경 관리 절차를 통해서만 가능하다. 기준 수립 이전에도 요구사항은 계속 진화하기 때문에 이러한 수정에 불필요한 프로세스 오버헤드를 부과할 필요는 없다. 기준은 특정한 SRS(전체 제품 또는 단일 배포)의 일부 또는 전체 요구사항이나 RM 도구에 있는 지정된 요구사항 집합 또는 애자일 프로젝트에서 단일 반복주기를 위해 합의된 사용자 스토리 집합으로 이뤄질 수 있다.

배포 범위가 변경되면 그에 따라 요구사항 기준을 갱신한다. 제안했지만 승인되지 않은 것들과 다른 기준에 할당된 것 또는 제품 백로그에 아직 할당되지 않은 것은 특정 기준의 요구사항과 구분하라. 요구사항이 SRS와 같은 문서의 형태로 명시되면 사전 초안과 구별하기 위한 기준 버전으로 분명하게 확인된다. RM 도구에 요구사항을 저장해두면 특정 기준과 그 기준의 변경 관리를 손쉽게 구별할 수 있다.

제안된 요구사항 변경이나 추가를 받아들인 개발팀이 기존 일정과 품질 약속을 만족시키지 못할 수도 있다. 프로젝트 관리자는 이러한 약속에 영향을 받는 관리자, 고객 그리고 다른 이해관계자들과 변경 협상을 해야 한다. 프로젝트는 다양한 방법으로 신규 또는 변경된 요구사항을 받아들일 수 있다.

- 우선순위가 낮은 요구사항을 다음 반복주기로 연기하거나 완전히 없앰
- 직원을 추가하거나 작업의 일부를 외주
- 납기 일정을 늦추거나 애자일 프로젝트에 반복주기를 추가
- 품질을 희생해서 원래 날짜에 맞춤

각 프로젝트마다 기능, 직원, 예산, 일정, 품질에 대한 유연성의 차이가 있기 때문에 보편적인 단 하나의 접근 방식은 없다(Wiegers 1996). 선택은 프로젝트의 비즈니스 목표와 프로젝트에서 주요 이해관계자가 설정한 우선순위에 따라야 한다. 변화하는 요구사항에 어떻게 대응하더라도 필요한 경우 실제 기대치 수정과 합의를 수용하라. 이것이 모든 새로운 기능이 예산 초과, 팀 구성원의 과로 또는 품질에 대한 타협 없이 원래의 납기로 어떻게든 될 것이라고 상상하는 것보다 낫다.

요구사항 버전 관리

버전 관리(서로 다른 버전의 항목을 고유하게 식별)는 대부분 흔히 보여지는 문서의 형태로 개별 요구사항과 요구사항 집합 수준에 적용된다. 변경 기록을 관리할 수 있도록 요구사항이나 문서 초안에 대해 즉시 버전 관리를 시작하라.

요구사항의 모든 버전은 고유하게 식별돼야 한다. 모든 팀원은 현재 버전의 요구사항에 접근할 수 있어야 한다. 변경 사항은 명확하게 문서화하고 영향을 받는 모든 이에게 전달돼야 한다. 혼란과 오해를 최소화하기 위해 지정된 개인만 요구사항 갱신을 허용하고, 갱신될 때마다 버전 식별자가 변경됐는지 확인하라. 요구사항 문서나 도구에서 각 요구사항의 유포된 버전에는 변경사항, 변경 일자, 변경한 사람, 변경의 이유를 확인할 수 있는 변경 이력이 포함돼야 한다.

> **그건 버그가 아니라 기능입니다!**
>
> 계약 개발팀은 최근 고객에게 제공한 배포 버전의 테스터로부터 엄청난 양의 버그 리포트를 받았다. 시스템이 모든 테스트를 통과했었기에 계약팀은 당혹스러웠다. 많은 조사 끝에, 고객이 예전 버전의 SRS를 기준으로 새로운 소프트웨어를 테스트했다는 사실을 밝혀냈다. 테스터가 리포팅한 버그는 사실 기능이었던 것이다. 이는 소프트웨어 종사자들이 일반적으로 하는 가벼운 농담이기도 하다. 테스터는 버전 관리 문제로 정확한 버전의 SRS를 가지고 테스트를 재작성하고 애플리케이션을 다시 테스트하는 데 상당한 시간을 사용했다. 전달되지 않은 변경 사항 때문에 동일한 종류의 테스트 혼란을 겪은 적 있는 또 다른 동료는 "우리 부서는 4~6시간의 노력을 낭비했고, 정작 사용한 시간만큼 청구할 수 없었어. 소프트웨어 전문가가 얼마나 손해를 봤는지 확인해 보려고 낭비한 시간과 인건비를 계산해 보면 충격을 받을지도 몰라."라고 이야기했다.
>
> 여러 BA가 프로젝트에서 일할 때 유사한 혼란이 발생할 수 있다. 한 BA는 요구사항 명세서의 버전 1.2를 수정하기 시작한다. 며칠 후, 또 다른 BA는 요구사항 작업을 시작하고 그 역시 버전 1.2라고 표시하지만 충돌에 대해서는 알지 못한다. 곧 변경 사항은 삭제되고, 요구사항은 더 이상 최신이 아니게 되고, 작업은 덮어쓰여졌으며, 혼란이 뒤따랐다.

버전 관리를 위한 가장 강력한 방식은 30장에서 설명한 바와 같이 요구사항 관리 도구에 요구사항을 저장하는 것이다. RM 도구는 모든 요구사항의 변경 사항의 이력을 추적해서 이전 버전으로 되돌려야 할 때 매우 유용하다. 이러한 도구에서는 요구사항의 추가, 수정 또는 삭제하기로 한 결정의 근거를 설명하는 주석을 남길 수 있다. 이러한 주석은 훗날 요구사항이 다시 토의 주제가 되면 도움이 된다.

문서에 요구사항을 저장하면 워드프로세서에서 수정 표시 기능을 이용해 변경 사항을 추적할 수 있다. 이 기능은 삭제는 취소선, 추가는 밑줄과 같은 강조 표기로 문서에서 변경된 것을 시각적으로 강조한다. 문서의 기준을 잡을 때, 먼저 버전을 설정하고, 모든 수정에 동의한 후, 새로운 기준의 깔끔한 버전으로 저장하면 다음 변경을 위해 준비가 된 것이다. 여러분의 조직에서 체크아웃과 체크인 절차를 통해 소스코드를 제어하기 위해 사용하는 것과 같이 버전 관리 도구에서 요구사항을 문서로 저장하라. 이렇게 하면 이전 버전으로 각 문서를 누가, 언제, 왜 변경했는지 알고 필요 시 이전 버전으로 되돌아갈 수 있다. (덧붙여 말하자면 이것은 바로 우리가 이 책을 어떻게 썼는지 정확하게 설명한다. 우리는 마이크로소프트 워드에서 반복적으로 얘기했던 수정 표시 기능을 사용해 각 장을 작성했고, 여러 번 이전 버전으로 돌아가야 했다.)

내가 아는 한 프로젝트에서는 버전 관리 도구에 마이크로소프트 워드로 된 수백 개의 유스케이스 문서를 저장했다. 팀 구성원은 이 도구를 통해 모든 유스케이스의 이전 버전에 접근할 수 있고, 각각에 대한 변경 이력이 기록됐다. 이 프로젝트의 BA와 그녀의 보조 인력은 도구에 저장된 문서에 대한 읽기-쓰기 권한이 있었다. 다른 팀원에게는 읽기 전용 권한만 있었다. 이 방식은 이 팀에 잘 맞았다.

가장 간단한 버전 관리 메커니즘은 표준 규약에 따라 문서의 각 변경 사항마다 수동으로 이름표를 붙이는 것이다. 날짜를 기준으로 문서 버전을 구별하는 계획은 혼동에 빠지기 쉽다. 나는 새로운 문서의 첫 번째 버전에는 제목과 "버전 1.0 초안 1"이라고 이름표를 붙이는 관례를 사용한다. 다음 초안은 제목은 같지만 "버전 1.0 초안 2"라고 구별된다. 문서가 승인되고 기준이 될 때까지 작성자는 각 반복주기에서 초안 번호를 올린다. 버전 식별자는 "승인된 버전 1.0"으로 변경되고 문서 제목은 그대로 유지된다. 다음 버전은 사소한 변경인 경우 "버전 1.1 초안 1", 주요한 변경인 경우 "버전 2.0 초안 1"이다. (물론 "주요한"과 "사소한"은 주관적이며 상황에 따라 달라진다.) 이 방식은 초안과 기준 문서 버전을 명백히 구분해주지만 문서를 수정하는 사람에게는 규칙의 매뉴얼이 필요하다.

요구사항 속성

각 요구사항을 다른 요구사항과 구별할 수 있는 속성을 가진 객체로 생각하라. 문자 형태의 정보 외에도 각 요구사항은 지원 정보나 그것과 연관된 속성을 가질 것이다. 이러한 속성은 각 요구사항에 대한 컨텍스트와 배경을 설정한다. 스프레드시트, 데이터베이스 또는 가장 효율적인 요구사항 관리 도구로 문서에서 속성 값을 저장할 수 있다. 문서에서 두 개 이상의 요구사항 속성을 사용하는 것은 성가신 일이다.

일반적으로 RM 도구는 여러분이 정의하는 것 외에 시스템에서 생성된 몇 가지 속성을 제공하는데, 그중 몇 가지는 자동으로 생성될 수 있다. 이 도구를 이용하면 속성 값을 기반으로 요구사항의 하위 집합을 보기 위해 데이터베이스에 쿼리할 수 있다. 예를 들면, 배포 2.3 개발에서 샤리에게 할당되고 승인된 상태의 높은 우선순위의 요구사항을 나열할 수 있다. 다음은 신경 써야 하는 잠재적 요구사항 속성의 목록이다.

- 요구사항이 생성된 날짜
- 요구사항의 현재 버전 번호
- 요구사항 작성자
- 우선순위
- 상태
- 요구사항의 출처 또는 소스
- 요구사항의 근거
- 요구사항이 할당되는 배포 번호나 반복주기
- 제안된 변경 사항에 대해서 질문하거나 결정을 내리기 위한 이해관계자
- 사용할 검증 방법이나 인수 기준

> **왜 이 요구사항인가?**
>
> 어떤 전자 측정 장치를 만드는 회사의 제품 관리자는 경쟁 업체의 제품이 동일한 기능을 갖고 있기 때문에 팀이 대략적으로 어떤 요구사항을 포함시켰는지 추적하고자 했다. 기능을 언급하기에 좋은 방법은 제품에 특정 기능이 포함된 이유를 나타내는 이론적 근거 속성을 이용하는 것이다. 어떤 요구사항이 특정 사용자 그룹의 요구를 충족하기 위해 포함됐다고 생각하자. 나중에 마케팅 부서에서는 해당 사용자 그룹에 대해 더 이상 신경 쓰지 않기로 결정한다. 요구사항 속성으로 정당성을 보여주는 것은 사람들이 그 요구사항이 생략될 수 있는지 여부를 결정하는 데 도움이 된다.

> 또 다른 BA는 정당성이 없는 요구사항으로 곤경에 빠졌던 경험을 이야기했다. "제 경험으로는 실제 필요하지 않은 요구사항이 많아요. 이런 것들은 고객이 기술에 대한 이해가 부족하거나 주요 이해관계자가 기술을 좋아하고 자랑하고 싶어하거나 영업팀이 고의든 아니든 고객을 잘못 이끌어 만들어지죠." 요구사항에 대한 설득력 있는 근거를 제시하지 못하고 연계된 비즈니스 요구를 추적할 수 없다면 BA는 해당 요구사항에 노력을 들여야 하는 진짜 이유가 있는지 의문을 제기해야 한다.

> **함정** 너무 많은 요구사항 속성을 선택하면 팀은 당황하게 된다. 이들은 모든 요구사항에 대한 속성값을 전부 제공하지 않고, 속성 정보를 효과적으로 사용하지 않을 것이다. 3~4개 정도의 주요 속성으로 시작하자. 팀원들이 어떻게 가치가 더해지는지 아는 경우에만 다른 속성을 추가하자.

배포에 계획된 요구사항은 새로운 요구사항이 추가되거나 기존 요구사항이 삭제 혹은 지연되면서 변경된다. 팀은 다수의 배포 및 반복주기를 위해 요구사항 문서를 분배하느라 저글링[1]할 수 있다. SRS에 사용되지 않는 요구사항을 그대로 두면 그런 요구사항이 기준인지 아닌지 여부에 대해 독자를 혼란시킬 수 있다. 해결책은 RM 도구에서 요구사항을 저장하고 배포 번호 속성을 정의하는 것이다. 요구사항을 미루는 것은 배포 계획이 변경된 것을 의미하기에 단순히 배포 번호를 변경하면 요구사항은 다른 기준으로 이동된다. 다음 절에서 설명하는 상태 속성을 사용해 요구사항 삭제와 거부를 처리하자.

이런 속성 값을 정의하고 갱신하는 것은 요구사항 관리 비용의 일부지만 이 투자는 엄청난 이득을 가져온다. 한 회사에서는 정기적으로 각 설계자에게 할당돼 있는 세 가지 관련 명세의 750가지 요구사항을 보여주는 요구사항 보고서를 생성했다. 한 설계자는 그녀의 책임인지 몰랐던 몇 가지 요구사항을 발견했다. 만약 찾아내지 못했다면 한두 달 정도 엔지니어링 설계 재작업으로 보냈을 한두 달 정도의 시간을 벌었다고 예상했다. 프로젝트가 커질수록, 오해로 인한 시간 낭비를 쉽게 경험하게 된다.

요구사항 상태 추적

"이벳, 서브시스템 구현은 어떤가요?" 프로젝트 관리자인 데이브가 물었다.

"좋아요 데이브. 90% 정도 완료했어요."

데이브는 의아해했다. *"몇 주 전에도 90% 완료했다고 하지 않았나요?"* 그는 물었다.

"그랬었죠. 실제로는 지금 90% 정도 완료됐어요." 라고 이벳이 대답했다.

---

1 (옮긴이) 균형 있게 분배하려 한다는 의미

거의 대부분의 소프트웨어 개발자들은 작업이 얼마나 완료됐는지 보고할 때 지나치게 낙관적이다. 일반적으로 "90% 완료" 증후군은 이벳이 서브시스템 개발 마무리에 얼마나 가까워졌는지를 데이브에게 말하지 않는다. "좋아요, 데이브. 서브시스템의 84개 요구사항 중 61개가 구현 및 검증됐고 14개는 구현됐지만 검증되지 않았고, 아직 9개는 구현하지 않았어요."라고 이벳이 답했다고 가정해보자. 개발에서 각 기능적 요구사항의 상태를 추적하는 것은 프로젝트 진행상태의 정확한 수치를 제공한다.

'상태'는 앞 절에서 제안된 요구사항 속성 중 하나였다. 상태를 추적하는 것은 특정 시점에서의 실제 진척률과 이 개발 주기에서 "완료"가 의미하는 것에 대한 기대를 비교하는 것을 의미한다. 향후 배포에서 전체 구현을 남겨두고, 현재 배포에서 특정 유스케이스에 대한 흐름만 구현하기로 계획했을 수도 있다. 성공을 선언하고 배포 버전에 전달하기 전에 완전히 끝낼 수 있으리라 확신할 수 있는, 현재 배포에 수용하기로 결정된 기능적 요구사항의 상태만 모니터링하자.

> **함정** 소프트웨어 프로젝트의 전반부에서 자원의 90%를 소비하고 후반부에서 또 다른 90%를 소비한다는 오래된 농담이 있다. 상태를 추적할 때 지나치게 낙관적인 추정과 관대함은 프로젝트 자원의 초과로 이어진다.

표 27-1은 몇 가지 가능한 요구사항의 상태를 보여준다. 어떤 실무자는 설계(기능적 요구사항을 해결하는 설계 요소가 만들어지고 검토됨)나 전달(인수 테스트나 베타 테스트를 위해 요구사항을 포함한 소프트웨어가 사용자 수중에 전달됨) 등 다른 것들을 추가하기도 한다. 거절된 요구사항과 거절된 이유를 기록해서 유지하는 것은 중요하다. 거부된 요구사항은 개발 중에 혹은 미래의 프로젝트에서 재조명될 수 있다. 거부 상태를 통해 커밋된 요구사항의 특정 배포 버전을 망가트리지 않고 제안된 요구사항이 향후 참조를 위해 사용될 수 있도록 유지하게 해준다. 표 27-1의 모든 상태를 모니터링할 필요는 없다. 여러분의 요구사항 활동에 가치를 더할 만한 것만 선택하라.

표 27-1 몇 가지 요구사항 상태

상태	정의
제안	인증된 출처에 의해 요구사항이 요청됨.
진행	비즈니스 분석가가 요구사항을 적극적으로 만들고 있음.
초안	요구사항 초기 버전이 작성됨.
승인	요구사항이 분석됐고, 프로젝트에 미치는 영향이 산출됐으며, 특정 배포의 기준에 할당됨. 주요 이해관계자가 요구사항을 포함시키는 데 동의했으며, 소프트웨어 개발 그룹이 구현에 합의함.
구현	요구사항 개발을 위한 코드가 설계, 작성됐으며, 단위 테스트를 거침. 요구사항이 관련 설계 및 코드 요소로 추적됨. 요구사항을 구현한 소프트웨어가 테스트나 검토, 기타 다른 검증을 받을 준비가 끝남.

상태	정의
검증	요구사항이 개발한 요구사항의 정확한 기능이 확인됨을 의미하는 인수 기준을 충족함. 요구사항이 관련 테스트로 추적됨. 이제 완료된 것으로 간주됨.
연기	승인된 요구사항이 다음 배포에서 구현될 예정임.
삭제	승인된 요구사항이 기준으로부터 제거됨. 왜 그리고 누가 삭제를 결정했는지에 대한 설명을 포함함.
거부	요구사항이 제안됐지만 승인되지 않고 향후 배포에서 구현될 계획도 없음. 왜 그리고 누가 거부를 결정했는지에 대한 설명을 포함함.

여러 상태 범주로 요구사항을 분류하는 것은 각 요구사항의 완료 비율이나 배포 기준 완료를 모니터링하는 것보다 의미가 있다. 지정된 변화 조건을 만족한 경우에만 요구사항 상태를 갱신하라. 29장의 표 29-1과 같이 어떤 상태 변경의 경우 어떤 설계, 코드, 테스트 요소가 요구사항을 해결했는지 알려줄 요구사항 추적 데이터 갱신이 필요하다.

그림 27-2는 가상의 10개월짜리 프로젝트에서 요구사항 집합의 상태를 시각적으로 모니터링할 수 있는 방법을 보여준다. 월말에 모든 시스템 요구사항이 가진 각 상태 값의 비율을 나타낸다. 비율로 분포를 추적하는 것은 기준이 시간에 지남에 따라 변화하는 요구사항의 수를 보여주지는 않는다. 요구사항의 수는 범위가 늘어나면 증가하고 기능이 기준에서 제거되면 감소한다. 그림 27-2를 통해 프로젝트가 승인된 모든 요구사항이 완벽하게 검증되는 목표에 어떻게 도달하는지 볼 수 있다. 모든 요구사항이 검증, 삭제, 또는 연기 상태가 될 때 작업이 종료된다.

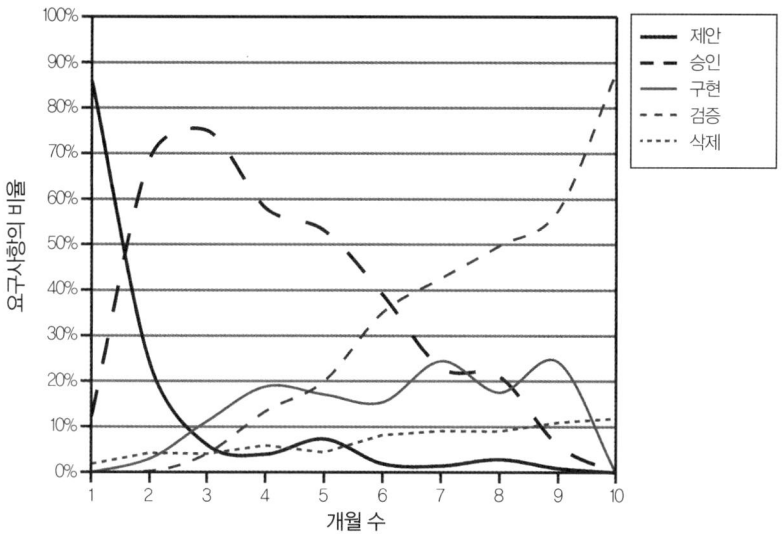

그림 27-2 프로젝트 개발 주기 전반에 걸친 요구사항 상태 분포 추적

요구사항 이슈 해결

요구사항과 관련된 수많은 질문, 의사결정과 이슈가 프로젝트 진행 과정에서 발생한다. 잠재적인 이슈로는 TBD, 결정 보류, 정보가 더 필요함, 해결을 기다리는 충돌로 표시되는 항목들이 있다. 이러한 미해결 이슈는 잊혀지기 쉽다. 이슈와 관련된 이해관계자가 여기에 접근할 수 있도록 이슈 추적 도구에서 이슈를 기록하라. 어떤 것도 놓치지 않도록 이슈 추적 및 해결 프로세스를 단순하게 유지하라. 이슈 추적 도구를 사용해서 얻는 장점은 다음과 같다.

- 다수의 요구사항 검토로 이슈가 수집되어 어떤 이슈도 잃어버리지 않는다.
- 프로젝트 관리자는 모든 이슈의 현재 상태를 쉽게 볼 수 있다.
- 각 이슈에는 단 한 명의 소유자만 할당될 수 있다.
- 이슈와 관련된 토의 이력이 유지될 수 있다.
- SRS가 완료될 때까지 기다리기보다는 미해결 이슈 집합부터 개발을 시작할 수 있다.

시기적절하게 다음 배포나 반복주기를 위한 일련의 고품질 요구사항 기준을 수립할 수 있도록 요구사항 이슈를 해결하자. 이슈가 종료되는 속도를 보여주는 번다운 차트는 언제 모든 이슈가 종료될지 예측하는 데 유용하며, 필요한 경우 이슈 해결을 가속화할 수 있다(이번 장 후반부의 번다운 차트 예시는 "애자일 프로젝트에서 요구사항 관리"를 참고). 이슈를 분류함으로써 요구사항에서 어떤 부분을 보강해야 하는지 쉽게 결정할 수 있다. 미해결 이슈가 거의 없는 부분은 요구사항이 아직 검토되지 않았거나 미해결 이슈가 대부분 해결됐음을 의미한다.

프로젝트 초기에 기록된 거의 모든 결함은 요구사항 설명 요청, 범위 결정, 개발 가능성에 대한 질문, 요구사항에서 해야 할 업무 항목과 같은 요구사항 이슈와 관련이 있다. 모든 이해관계자는 요구사항 검토처럼 질문을 기록할 수 있다. 표 27-2는 발생할 수 있는 요구사항 이슈의 몇 가지 일반적인 유형을 보여준다.

표 27-2 요구사항 이슈의 일반 유형

이슈 유형	설명
요구사항 질문	요구사항이 잘 이해되지 않거나 결정되지 않은 상태임.
누락된 요구사항	설계나 구현 과정에서 개발자가 누락된 요구사항을 발견함.
잘못된 요구사항	요구사항이 잘못됐음. 수정하거나 삭제해야 함.
구현 질문	개발자가 요구사항을 구현하면서 뭔가가 작동하는 방법이나 설계 대안에 대해 질문이 있음.
요구사항 중복	두 개 이상의 동일한 요구사항이 발견됐음. 그중 하나만 제외하고 모두 삭제해야 함.
불필요한 요구사항	요구사항이 더 이상 필요하지 않음.

요구사항 이슈를 처리하기 위한 체계적인 프로세스가 없는 경우 나쁜 일이 일어날 수 있다. 한 프로젝트에서 이해관계자가 초기에 "포털"에서 우리가 무엇인가를 처리할 것이라고 이야기했다. 이때 솔루션의 일부로서 포털에 대해 처음으로 들었기에 나는 그것에 대해 물었다. 이해관계자는 간단히 설정할 수 있는 포털 구성 요소가 포함된 COTS 패키지를 전달받을 것이라고 내게 장담했다. 우리는 계획에 포털 요구사항에 대한 시간을 포함하지 않아서 여기에 차이가 있을 수 있다고 생각했다. 그러한 요구를 간과하지 않기 위해 동료에게 부탁해 포털에 대한 이슈를 기록해 달라고 했다. 나는 몇 주 후 그 프로젝트를 떠났다.

나중에 알고 보니 내 동료는 나중에 삭제된 화이트보드에 포털 이슈를 적어두고, 이슈 추적 도구에는 기록하지 않았다. 그 프로젝트가 진행된 지 6개월 후, 이해관계자 임원은 아무도 포털에 대한 요구사항 도출을 하지 않았다며 몹시 화가 나서 나에게 왔다. 우리가 포털 요구사항을 왜 개발하지 않았는지 알 수 있었다. 단순히 잊어버린 것이다. 추적 도구에 이슈를 기록해두면 마지막 순간의 무질서와 고객을 화나게 하는 것을 방지할 수 있다.

요구사항 노력 측정

요구사항 개발과 마찬가지로 프로젝트 계획은 이번 장에서 설명한 요구사항 관리 활동을 위한 작업과 자원을 포함해야 한다. 요구사항 개발과 관리 활동에 들인 노력의 양을 추적하면 너무 작거나 적당하거나 너무 많은지 평가할 수 있고, 그에 따라 미래의 계획을 조정할 수 있다. 칼 위거스는 프로젝트에서 요구사항 작업의 다양한 다른 측면의 측정에 대해 설명한다(Karl Wiegers 2006).

노력을 측정하는 데는 문화의 변화와 일일 작업 활동을 기록하기 위한 개별 훈련이 필요하다(Wiegers 1996). 노력 추적은 사람들이 두려워하는 것처럼 시간 소모적인 것이 아니다. 팀 구성원들은 사용했다고 생각하는 시간과 사용할 것이라고 가정한 시간을 비교해서 실제로 얼마나 시간을 쓰는지 아는 것만으로 귀중한 통찰력을 얻을 수 있었다. 노력을 추적하는 과정에서 팀이 요구사항 관련 활동을 수행하는지 여부도 확인할 수 있다.

작업 노력은 소요된 시간과 동일하지 않다. 작업은 중단될 수 있는데, 작업은 지연을 불러오는 다른 사람과의 상호작용을 필요로 할 수도 있기 때문이다. 노동시간 단위로 계산한 작업에 대한 총 노력은 이러한 요소로 인해 변하지 않을 수 있지만 (비록 잦은 방해는 개인 생산성을 감소시키지만), 일정은 늘어난다.

요구사항 개발 노력을 추적할 경우 BA 역할을 가진 사람과 다른 프로젝트 참여자들이 소비한 시간을 분리하는 것이 중요하다는 것을 알게 될 것이다. BA의 시간을 추적하는 것은 향후 프로젝트에 얼마나 많은 BA의 노력이 필요한지 계획하는 데 도움이 된다(BA 시간 산출에 대해서는 19장 "요구사항 개발, 그 이상을 향해"를 참고). 모든 이해관계자가 요구사항 활동에 들어가는 총 노력을 측정해 보면 프로젝트에서 요구사항 활동의 총 비용을 알 수 있다. 다음과 같은 요구사항 개발 활동에 소요되는 시간을 기록하자.

- 프로젝트를 위한 요구사항 관련 활동 계획
- 워크숍과 인터뷰 잡기, 문서 분석, 다른 요구사항 도출 수행 활동
- 요구사항 명세서 작성, 분석 모델 구현, 요구사항 우선순위 할당
- 요구사항 개발을 지원하기 위한 프로토타입 작성 및 평가
- 요구사항 검토와 다른 검증 활동 수행

요구사항 관리 노력으로 다음과 같은 활동에 헌신한 노력을 계산하자.

- 프로젝트에 대한 요구사항 관리 도구 구성
- 요구사항 변경 제출과 신규 요구사항 제안
- 영향 분석 수행과 의사결정을 포함해서 제안된 변경 사항을 평가
- 요구사항 저장소를 갱신
- 영향받는 이해관계자에게 요구사항 변경 사항을 전달
- 요구사항 상태 추적 및 보고
- 요구사항 추적 정보 생성

이러한 요구사항 관련 활동에 보내는 시간은 프로젝트 성공에 대한 투자뿐 아니라 비용이라는 것을 기억하자. 이러한 활동을 정당화하기 위해 여기에 투자한 시간과 이러한 일들이 완료되지 않았을 때 팀이 이슈를 해결하는 데 소비한 시간(낮은 품질로 인한 비용)을 비교하자.

애자일 프로젝트에서 요구사항 관리

애자일 프로젝트는 일련의 개발 반복주기를 통해 제품을 만들고 남은 작업의 제품 백로그를 관리함으로써 변화를 수용한다. 2장에서 이야기한 바와 같이 이해관계자가 각 반복주기에서 구현될 스토리에 대해 합의한다. 반복주기가 진행되는 동안 고객이 추가하는 새로운 스토리는 남아있는 백로그 콘텐츠와 비교해서 우선순위를 할당하고 향후 반복주기에 할당한다. 새로운 스토리는 팀이 원래 배

포 일정을 지키기 위해 낮은 우선순위 스토리를 대체할 수도 있다. 다른 모든 프로젝트와 마찬가지로 목표는 고객에게 가능한 한 빨리 최대한의 가치를 전달하기 위해 항상 최우선 스토리를 먼저 작업하는 것이다. 애자일 프로젝트에서 요구사항 변경 관리에 대한 상세한 내용은 28장을 참고한다.

일부 애자일 팀, 특히 규모가 크거나 분산된 팀은 애자일 프로젝트 관리 도구를 반복주기 상태와 반복주기에 할당된 스토리를 추적하는 데 사용한다. 스토리 및 그와 연관된 인수 기준과 인수 테스트는 제품 백로그나 사용자 스토리 관리 도구에 있을지도 모른다. 스토리 상태는 앞서 표 27-1에서 설명한 것과 유사한 상태를 이용해 모니터링될 수 있다(Leffngwell 2011).

- 백로그(스토리가 아직 반복주기에 할당되지 않았다)
- 정의됨(스토리의 세부 사항이 논의되고 이해됐으며, 인수 테스트가 작성됐다)
- 진행 중(스토리가 구현 중이다)
- 완료(스토리가 완전하게 구현됐다)
- 승인됨(인수 테스트를 통과했다)
- 막힘(개발자가 다른 뭔가가 해결될 때까지 진행할 수 없다)

일반적으로 애자일 프로젝트는 반복주기 번다운 차트로 진행 상황을 모니터링한다(Cohn 2004; Cohn 2005). 팀은 제품 백로그에서 사용자 스토리의 이해로부터 도출된 스토리 포인트 단위로 프로젝트에서 해야 할 일의 전체 양을 계산한다(Cohn 2005; Leffingwell 2011). 따라서 스토리 포인트 전체는 팀이 요구사항을 구현하는 데 들이는 노력의 양과 비례한다. 팀은 우선순위와 산출된 스토리 포인트를 기준으로 각 반복주기에 특정 사용자 스토리를 할당한다. 팀의 과거 속도나 평균 속도는 특정한 기간 동안 반복주기에서 전달되기 위한 팀 일정의 스토리 포인트 수를 알려준다.

팀은 각 반복주기 마지막에 제품 백로그에 남은 스토리 포인트를 도표로 그린다. 작업이 종료되고, 현재 스토리가 좀 더 이해되고 다시 추산되며, 새로운 스토리가 추가되고, 고객이 백로그에서 보류된 작업을 제거하면서 총량은 변화한다. 이러한 번다운 차트는 개별 기능적 요구사항이나 기능의 수와 상태를 모니터링하기보다 특정 시간 안에 완료해야 하는 작업 중 남은 총 작업을 보여준다.

그림 27-3은 가상 프로젝트의 번다운 차트를 보여준다. 스토리 포인트로 계산되는 잔여 범위를 보면 반복주기 2, 3, 5에서 실제로 증가한다는 데 주목하라. 이것은 반복주기 동안 완료되거나 제거된 것보다 더 많은 새로운 기능이 백로그에 추가된 것을 나타낸다. 번다운 차트는 완료한 작업량 대신 남은 작업량을 시각화함으로써 팀으로 하여금 불가피한 범위 증가를 반영하지 않는 "90% 완료" 증후군을 방지하는 데 도움이 된다. 번다운 차트의 기울기 역시 백로그에 작업이 남아있지 않은 지점인 프로젝트의 예상 종료일을 보여준다.

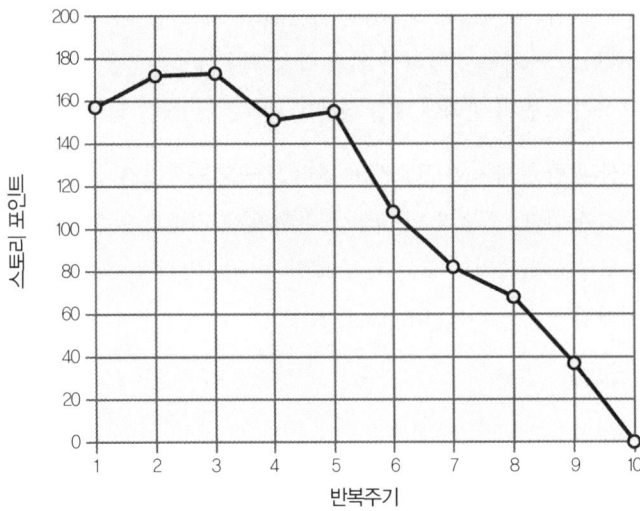

그림 27-3 애자일 프로젝트에서 제품 백로그 모니터링을 위한 반복주기 번다운 차트 예제

왜 요구사항을 관리하는가?

프로젝트가 순차적인 개발 주기나 다양한 애자일 수명 주기 중 하나, 아니면 다른 접근법 중 어느 것을 따르든지 간에 요구사항 관리는 필수 활동이다. 요구사항 관리는 요구사항 개발의 투자가 낭비되지 않게 도움을 준다. 효과적인 요구사항 관리는 개발 프로세스 동안 요구사항의 현재 상태에 대한 정보를 모든 프로젝트 이해관계자가 알게 함으로써 기대치 차이를 줄인다. 그것은 어느 방향으로 가고, 어떻게 진행되며, 언제 도착하는지 알려준다.

> **다음 단계는**
>
> - 여러분의 조직이 각 프로젝트의 요구 사항을 관리하기 위해 따라야 할 프로세스를 문서화하자. 초안 작성, 검토, 파일럿, 프로세스 활동 및 산출물 승인에 비즈니스 분석가를 참여시키자. 여러분이 정의한 프로세스 단계는 실용적이고 현실적이어야 하고, 영향을 받는 각 프로젝트에 가치를 더해야 한다.
> - 요구사항 관리 도구를 사용하지 않는다면 요구사항 문서를 식별할 수 있는 버전 표시 방식을 정의하자. 이 체계를 BA에게 교육하자.
> - 기능적 요구사항 또는 사용자 스토리의 수명 주기를 설명하는 데 사용하고 싶은 상태를 선택하자. 한 상태에서 다음 상태로 변화를 촉발하는 상태나 이벤트를 표시하는 상태 전이 다이어그램을 그리자.
> - 여러분의 기준에서 각 요구사항에 대한 현재 상태를 정의하자. 개발 진행에 따라 최신 상태로 유지하자.

28
변경의 발생

화학약품 관리 시스템의 프로젝트 관리자인 데이브는 중간 점검 회의에서 "글렌 씨, 개발 작업은 어떻게 진행되고 있나요?"라고 물었다.

"지금까지는 예정대로 진행되지 않았어요."라고 글렌은 인정했다. "하루미 씨를 위해 신규 카탈로그 쿼리 기능을 추가했는데 예상보다 오래 걸렸어요."

데이브는 의아해했다. "저는 신규 카탈로그 쿼리 기능에 대해 들은 기억이 없는데요. 하루미 씨가 변경 프로세스를 통해 요청을 제출한 건가요?"

"아니요. 하루미 씨가 저한테 직접 제안했습니다."라고 글렌이 답했다. "아주 간단한 것 같아서 제가 직접 진행하겠다고 얘기했어요. 하지만 전혀 간단하지 않았죠! 이제 다 됐다고 생각할 때마다 다른 파일을 변경해야 한다는 것을 알았습니다. 그래서 수정 후 구성요소를 다시 빌드하고 테스트해야 했어요. 대략 6시간이 걸릴 거라 생각했지만 지금까지 거의 3일을 소비했습니다. 제가 다음 빌드까지 지연시키고 있다는 것을 알고 있어요. 이 쿼리 기능을 완료해야 할까요? 아니면 이전에 하던 작업을 계속 진행할까요?"

대부분의 개발자에게는 간단한 변경이 예상보다 훨씬 더 복잡했던 경험이 있다. 개발자는 현실적인 견적이나 제시된 소프트웨어 변경의 파급 효과를 생략하거나 예측하지 못할 때가 많다. 게다가 개발자가 사용자가 원하는 개선사항 추가에 동의하는 순간, 요구사항 변경이 올바른 이해관계자에게 승인받는 대신 뒷문으로 슬며시 들어온다. 이러한 통제되지 않은 변경은 프로젝트 혼란이나 일정 지연, 품질 문제, 팀 내 불화의 공통적인 원흉이기도 하다. 이번 장에서는 공식적인 변경 관리 실천 지침뿐 아니라 애자일 프로젝트에서 변경을 수용하는 방법에 대해서도 설명한다.

왜 변경을 관리하는가?

소프트웨어 변경은 나쁜 일이 아니다. 솔직히 꼭 필요하다. 모든 요구사항을 사전에 정의하는 것은 사실상 거의 불가능하다. 개발 상황에 따라 새로운 시장 기회의 등장, 규제 및 정책 변화, 비즈니스 요구사항의 발전 등 세상은 변화한다. 효율적인 소프트웨어 팀은 필요한 변경에 민첩하게 대응할 수 있으며, 이들이 개발하는 제품은 고객에게 시기적절하게 가치를 제공한다. 소프트웨어 프로젝트 관리에 진지하게 임하려는 조직은 다음을 꼭 확인하자.

- 제안된 요구사항 변경은 수용되기 전에 신중하게 평가된다.
- 요청받은 변경에 대해 적절한 개인이 정확히 비즈니스 의사결정을 한다.
- 변경 활동이 그것에 영향을 받는 이해관계자들에게 공개적으로 이뤄진다.
- 승인된 변경사항은 영향을 받는 모든 참가자에게 전달된다.
- 프로젝트는 일관성 있고 효과적인 방식으로 요구사항 변경을 수용한다.

그러나 변경은 항상 비용을 동반한다. 간단한 웹 페이지 수정은 빠르고 쉬울 수도 있지만 집적 회로 설계를 변경하는 데는 어마어마한 비용이 든다. 심지어 변경 요청을 거절한다 하더라도 이를 제출하고 평가하며 거절을 결정하는 데도 시간이 필요하다. 프로젝트 이해관계자가 개발 중에 변경을 관리하지 않는다면, 실제로 제공될 내용을 정확히 알기 어려우며 결국 기대치 차이를 야기한다.

다른 팀 구성원과의 대화 없이 개발자가 직접 요구사항 변경을 구현하는 경우 문제가 발생할 수도 있다. 결국 요구사항 문서가 제품의 동작을 부정확하게 표현하게 된다. 아키텍처나 설계 구조를 준수하지 않고 변경을 가하면 코드가 불안정해질 수도 있다. 어떤 프로젝트에서는 개발자가 시스템 테스트 전까지 다른 팀에서 발견하지 못한 신규 및 수정된 기능을 도입했다. 그들은 이 기능을 기대하지도 않았으며, 이를 테스트하는 방법조차 몰랐다. 이 기능은 테스트 절차 및 사용자 문서에 대해 계획되지 않은 재작업을 초래했다. 일관된 변경 관리 사례는 이러한 문제와 함께 관련된 좌절, 재작업, 시간 낭비를 미연에 방지하는 데 도움을 준다.

> **파괴적인 변경에 주의하라**
>
> 판매업체와 고객이 계약한 프로젝트의 변경 프로세스를 무시하는 바람에 큰 혼란을 겪은 적이 있었다. IT 부서에서 심사하기는 했지만 비즈니스 부문에서 고용한 이 판매업체는 신규 모바일 워크스테이션 애플리케이션을 개발했다. 10명의 주제 전문가와 협업하는 과정을 거쳐 요구사항이 도출됐다. 비즈니스 부문의 고객 책임자는 요구사항을 좀 더 변경하기로 결정했다. 개정판이 진행될 것이라 믿지 않은 고객 책임자는 요구사항에 대한 합의를 뒤집기 위해 판매업체의 개발자와 공모했다. 그들은 비밀리에 호텔 방을 임대해서 즉석에서 코드를 변경했다. 테스터가 요구사항과 일치하지 않는 산출물을 찾았을 때 드디어 전모가 드러났다. 변경사항과 예상 결과 비용을 역추적하는 데 조직 차원에서 상당한 시간과 노력이 들었다.
>
> 기이한 운명의 장난에 의해 고객 책임자는 나중에 비즈니스 분석가가 됐다. 그의 행동이 팀의 나머지 구성원들의 사기를 얼마나 저하시켰는지 비로소 이해하고 사과의 시간을 가졌다.

범위 추가 관리하기

이상적인 세계에서는 개발을 시작하기 전에 신규 시스템의 모든 요구사항을 문서화하고 개발 노력을 통해 이를 안정적으로 유지할 것이다. 이것은 순수한 폭포수 개발 모델이 기본적으로 전제하는 바이지만 실제로 잘 동작하지는 않는다. 어떤 시점에서는 특정 출시나 개발 반복주기에 대한 요구사항을 동결해야 하고, 그렇지 않으면 그것들을 끝내지 못할 것이다. 하지만 너무 이른 변경 억제는 고객이 항상 스스로 무엇을 필요로 하는지 확신하지 못하고, 비즈니스 니즈는 변화하며, 개발자는 이러한 변화에 대응하기 위해 노력하고자 하는 현실을 간과한다.

요구사항의 성장은 일련의 요구사항 기준이 만들어진 후 나타난 새로운 기능과 상당한 수정을 포함한다(2장 "고객 관점의 요구사항" 참조). 프로젝트가 오래될수록 경험도 커진다. 소프트웨어 시스템의 요구사항은 일반적으로 한달에 1~3% 정도 증가한다(Jones 2006). 일부 요구사항의 진화는 적법하고 피할 수 없으며 심지어 이롭기까지 하다. 그러나 프로젝트의 자원이나 일정, 품질 목표를 조정하는 일 없이 프로젝트에 더 많은 기능이 지속적으로 포함되는 범위 추가(scope creep)가 서서히 퍼져나간다. 이 경우 요구사항 변경이 문제가 아니라 변경이 뒤늦게 발생함으로써 이미 수행된 작업에 큰 영향을 미칠 수 있다는 것이다. 제안된 모든 변경이 승인된다면 이해관계자에게는 소프트웨어를 절대 손에 넣지 못할 것처럼 보일 수도 있다. 하지만 꼭 그렇지는 않다.

범위 추가를 관리하기 위한 첫 번째 단계는 5장 "비즈니스 요구사항 정립하기"에서 설명한 바와 같이 비즈니스 목표와 제품 비전, 프로젝트 범위, 신규 시스템의 한계를 문서화하는 것이다. 비즈니스 요구사항에 대한 제안된 모든 요구사항이나 기능을 평가하자. 요구사항 도출에 고객이 참여함으로써 간과하는 요구사항의 수를 줄일 수도 있다. 프로토타이핑은 개발자와 사용자 간에 사용자 니즈와 미래의 솔루션에 대한 명확한 이해를 공유할 수 있게 함으로써 범위 추가를 제어하는 데 이바지한다. 시스템을 점진적으로 출시하기 위해 짧은 개발 주기를 사용함으로써 자주 범위 추가를 조율할 수 있는 기회를 부여하기도 한다.

범위 추가를 제어하는 데 가장 효율적인 방법은 "아니오"라고 대답할 수 있는 능력이다(Weinberg 1995). 사람들은 "아니오"라는 말을 좋아하지 않으며, 개발팀은 항상 "예"라고 답해야 한다는 강한 압박을 받기도 한다. "고객은 항상 옳다"라든가 "우리는 완벽한 고객 만족을 달성할 것이다" 같은 철학은 대체적으로 괜찮지만 이를 위한 대가를 지불해야 한다. 가격을 무시한다고 해서 변경이 자유롭지 못하다는 사실이 변하는 것은 아니다. 어떤 소프트웨어 도구 판매업체 대표는 새로운 기능을 제안했을 때 "지금은 안 돼요"라는 개발 관리자의 대답에 익숙해져 있었다. "지금은 안 돼요"는 단순한 거절보다는 낫다. 이는 후속 출시에 이 기능을 포함하겠다는 약속을 내포한다.

함정 초기 요구사항 도출 활동 직후에 신규 시스템의 요구사항을 동결하는 것은 현명하지 못하고 비현실적이다. 대신, 개발을 시작하기에 요구사항이 충분히 정의됐다고 생각할 때 기준을 수립하고, 프로젝트에 부정적인 영향을 최소화하기 위해 변경을 관리하자.

변경 관리 정책

관리 부서에서는 프로젝트 팀이 요구사항과 기타 모든 중요한 프로젝트 산출물에서 제안된 변경을 다루는 예상 방법을 명시하는 정책을 전달해야 한다. 정책은 현실적이고 가치를 더하며, 강제적일 때 의미가 있다. 다음과 같은 변경 관리 정책문이 도움될 수 있다.

- 모든 변경은 프로세스를 따라야 한다. 변경 요청이 프로세스에 따라 제출되지 않는 경우 고려되지 않을 것이다.
- 타당성 조사 이외의 설계나 구현 작업은 승인되지 않은 변경에 대해 수행되지 않는다.
- 단순히 변경을 요청하는 것이 실제로 변경이 이뤄질 것임을 보장하지는 않는다. 프로젝트의 변경 관리 위원회(CCB; Change Control Board)가 변경의 구현 여부를 결정할 것이다.
- 변경 데이터베이스의 내용은 모든 프로젝트 이해관계자가 볼 수 있어야 한다.
- 모든 변경에 대해 영향 분석이 수행돼야 한다.
- 통합된 모든 변경은 승인된 변경 요청을 통해 추적 가능해야 한다.
- 변경 요청에 대한 모든 승인 및 거절의 이론적 근거를 기록해야 한다.

물론 아주 작은 변화는 프로젝트에 거의 영향을 미치지 않지만 큰 변화는 상당한 영향을 미칠 것이다. 실제로 개발자의 재량으로 특정 요구사항의 의사결정을 내리게 할 수도 있지만 프로세스를 무시하고 하나 이상의 개별 작업에 영향을 미치는 변화는 없을 것이다. 간결한 의사결정 주기에서 변경 요청을 낮은 위험과 적은 투자로 신속히 처리할 수 있는 "빠른 경로"를 포함하자.

변경 관리 프로세스의 기본 개념

소프트웨어 프로세스 평가를 수행할 때 프로젝트 팀에게 요구사항 변경을 처리하는 방법에 대해 물어본 적이 있다. 어색한 침묵이 흐른 후, 한 사람이 말했다. "마케팅 담당자들이 뭐든 변경하고 싶으면 브루스나 로빈에게 얘기합니다. 그들은 항상 "예"라고 대답하거든요. 나머지 사람들은 변경을 거절합니다." 이것은 내게 훌륭한 변경 프로세스라는 인상을 주지 못했다.

합리적인 변경 관리 프로세스는 프로젝트 리더가 수명 주기 비용과 프로젝트 일정을 관리하면서 제품이 훌륭한 고객 가치와 비즈니스 가치를 제공하는 현명한 비즈니스 의사결정을 내릴 수 있게 한다. 프로세스는 모든 제안된 변경사항의 상태를 추적할 수 있게 함으로써 제안된 변경사항을 잊거나 간과하지 않게 한다. 일련의 요구사항 기준을 수립한 후, 모든 제안된 변경사항은 이러한 기준에 부합할 수 있도록 프로세스를 따라야 할 것이다.

이해관계자에게 새로운 프로세스를 따르도록 요청하는 게 망설여질 때도 있지만 변경 관리 프로세스가 필요한 내용을 수정하는 데 걸림돌이 되진 않는다. 단지 프로젝트가 대부분의 적절한 변화를 신속하게 수용할 수 있도록 보장하는 깔때기(퍼널링, Funneling)와 필터링 메커니즘일 뿐이다.

이해관계자가 표준, 혹은 기본 채널을 통해 변경사항을 제출하는 데 단지 몇 분도 아쉬울 만큼 중요하지 않다면 제안된 변경사항을 포함할지 고려할 만할 가치가 없는 것이다. 변경 프로세스는 가능한 한 단순하고 무엇보다 효율적으로 문서화돼 있어야 한다.

> **함정** 이해관계자로 하여금 비효율적이거나 다루기 어렵거나, 혹은 너무 복잡한 새로운 변경 관리 프로세스를 따르도록 요청한다면 프로세스를 우회하는 방법을 찾으려 할 것이고, 결국 성공하고 말 것이다.

요구사항 변경을 관리하는 것은 결함 보고서에 대한 의견을 수집하고 결정하는 프로세스와 비슷하다. 같은 도구를 이용하면 이러한 활동을 모두 지원할 수 있다. 도구는 문서화된 프로세스의 대안이 아니며, 누구도 이해관계자 간의 적절한 논의를 대신하지 않는다는 점을 기억하자. 이러한 중요한 대화를 지원하기 위해 도구와 프로세스 문서 모두 고려하자.

변경사항을 통합할 때는 변경사항이 발생하고 영향을 받는 시스템 구성 요소로 확산될 수 있도록 가장 높은 수준의 추상화에서 시작하자. 예를 들어, 제안된 변경사항이 사용자 요구사항뿐 아니라 모든 비즈니스 요구사항에 영향을 미칠 수도 있다. 높은 수준의 시스템 요구사항을 수정함으로써 서브시스템에 존재하는 다수의 다양한 소프트웨어 및 하드웨어 요구사항까지 영향을 미칠 수 있다. 일부 변경사항은 통신 서비스를 구현하는 것 같이 시스템 내부에만 존재하기도 한다. 설계나 코드 변경이 아닌 이상 사용자가 알아볼 수 없는 요구사항 변경은 없다.

변경 관리 프로세스 기술서

그림 28-1은 요구사항 수정을 처리하기 위한 변경 관리 프로세스 기술서의 템플릿을 보여준다. 변경 관리 프로세스 기술서 샘플은 이 책의 공식 웹사이트에서 내려받을 수 있다. 이 템플릿이 여러분의 환경에 비해 너무 복잡하다면 좀 더 비정형적인 형태로 축소하자. 우리는 모든 프로세스 기술서에 다음과 같은 4개의 구성 요소를 포함하는 것이 도움되리라는 것을 발견했다.

- 시작 조건, 프로세스 수행이 시작되기 전에 충족돼야 하는 조건
- 프로세스에 필요한 다양한 작업, 각 작업을 책임지는 프로젝트 역할과 기타 다른 작업 참가자
- 작업이 제대로 완료됐는지 확인하는 검증 단계
- 종료 조건, 프로세스가 성공적으로 완료됐음을 나타내는 조건

이번 절의 나머지 부분에서 변경 관리 프로세스 기술서의 여러 절에 대해 설명한다.

```
1. 목적 및 범위
2. 역할과 책임
3. 변경 요청 상태
4. 시작 기준
5. 작업
    5.1 변경 요청 평가
    5.2 변경 결정
    5.3 변경 구현
    5.4 변경 검증
6. 종료 기준
7. 변경 관리 상태 보고서
부록: 각 요청이 포함하는 속성
```

그림 28-1 변경 관리 프로세스 기술서의 샘플 템플릿

1. 목적 및 범위

프로세스의 목적과 프로세스가 적용되는 조직의 범위를 설명한다. 중간 작업물의 변경과 같은 특정 종류의 변경 제외 여부를 나타낸다. 또한 문서를 이해하는 데 필요한 용어를 정의한다.

2. 역할과 책임

변경 관리 활동에 참여하는 프로젝트 팀의 역할을 나열하고 이들의 책임을 기술하자. 표 28-1은 몇 가지 적절한 역할을 제안한다. 각 프로젝트의 상황에 맞게 적용해 보자. 모두 각기 다른 역할을 담당해야 하는 것은 아니다. 예를 들어, CCB 의장이 제출된 변경 요청을 받을 수도 있다. 소규모 프로젝트에서는 한 사람이 여러 역할을 맡을 수도 있으며, 심지어 모든 역할도 가능하다. 어떤 숙련된 프로젝트 관리자는 다음과 같이 말했다. "CCB 대표가 최종 사용자나 비즈니스, 개발 커뮤니티를 비롯한 다양한 이해관계자의 니즈에 대해 그것이 필요한 것인지, 팔 수 있는 것인지, 만들 수 있는 것인지에 대해 함께 이야기할 수 있어야 한다는 점이 중요하다는 것을 알게 됐습니다."

표 28-1 변경 관리 활동에서 가능한 프로젝트 역할

역할	설명 및 책임
CCB 의장	변경 관리 위원회의 위원장으로서 일반적으로 CCB가 합의에 도달하지 못할 경우 최종 의사결정 권한을 가지며 각 변경 요청에 대해 평가자와 수정자를 할당한다.
CCB	특정 프로젝트에서 제안된 변경의 승인 및 거절을 결정하는 그룹
평가자	제안된 변경으로 발생한 영향을 분석하기 위해 CCB 의장이 조언을 구하는 사람
수정자	승인된 변경 요청에 대해 작업 중인 제품의 변경을 담당하는 사람
발기인	신규 변경 요청을 제출한 사람
요청 수신자	새로 제출된 변경 요청을 처음으로 받는 사람
검증자	변경이 제대로 이뤄졌는지 여부를 결정하는 사람

3. 변경 요청 상태

변경 요청은 사전 정의된 상태의 생애 주기를 따른다. 그림 28-2에 나타난 바와 같이 상태 전이 다이어그램을 이용해 상태를 표현할 수 있다(12장 "백문이 불여일견" 참조). 정의된 전이 기준을 충족하는 경우에만 요청의 상태를 갱신하자. 예를 들어, 단일 요구사항 명세인지, 일련의 관련된 개발 작업물인지와 상관 없이, 요구사항 변경에 영향을 받는 모든 작업물이 수정됐을 때 "변경됨" 상태로 설정할 수 있다.

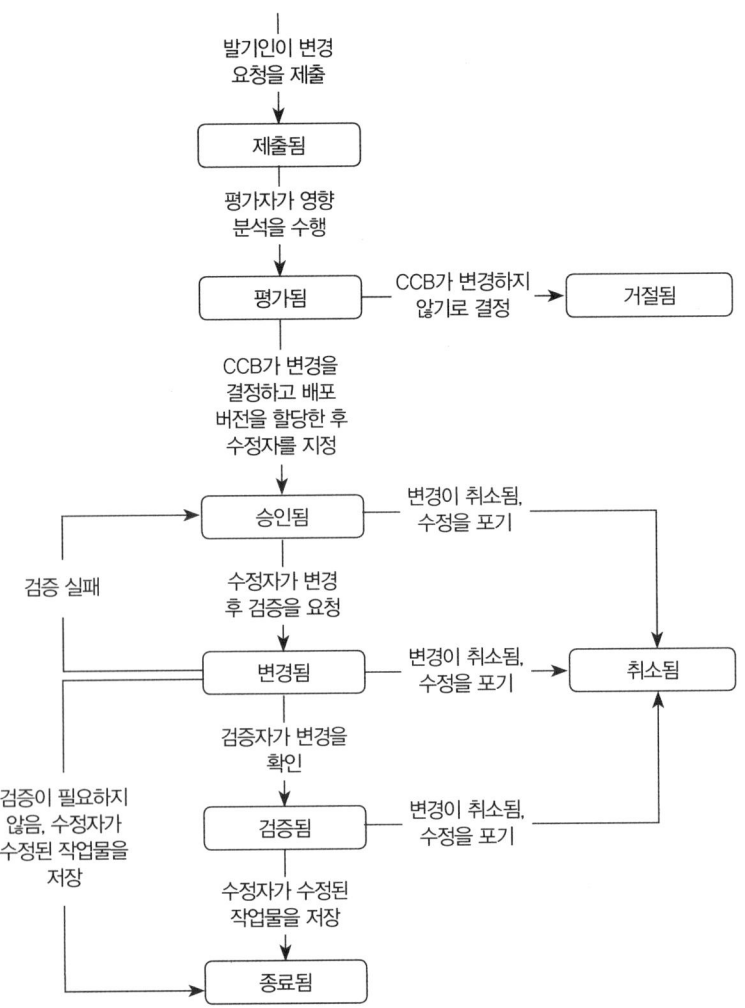

그림 28-2 변경 요청에 대한 상태 전이 다이어그램

4. 시작 기준

변경 관리 프로세스의 기본적인 시작 기준은 변경 요청에 필요한 모든 정보를 승인된 채널로 받는 것이다. 모든 잠재적인 발기인은 변경 요청을 어떻게 제출해야 하는지 알고 있어야 한다. 변경 도구는 각 요청마다 고유 식별자를 할당하고 모든 변경사항을 요청 수신자에게 발송해야 한다.

5. 작업

프로세스 기술서에서 본 절은 하나의 변경 요청을 처리하기 위해 수행되는 작업을 설명한다.

5.1 변경 요청 평가

먼저 요청의 기술적 실현 가능성, 비용, 프로젝트의 비즈니스 요구사항과 자원 제약조건의 부합 여부를 평가한다. CCB 의장은 평가자에게 영향 분석, 위험 및 위험 요소 분석, 기타 다른 평가 수행을 할당할 수 있다(이번 장 후반부의 "변경 영향 분석" 절 참조). 이를 통해 변경 수용의 결과를 이해할 수 있게 한다. 평가자와 CCB는 만약에 있을 요청 거절에 대한 비즈니스 및 기술적인 영향도 고려해야 한다.

5.2 변경 결정

적절한 의사결정자가 CCB로 추대된 다음 변경 승인 및 거절 여부를 결정한다. CCB는 승인된 각 변경에 우선순위나 목표 일정을 지정하거나, 특정 반복주기나 출시에 변경을 할당한다. 단순히 새로운 요구사항을 계류 중인 제품 백로그에 추가할 수도 있다. CCB는 요청의 상태를 갱신하고 모든 관련 팀 구성원에게 이를 알린다.

5.3 변경 구현

할당된 수정자(혹은 수정자들)는 변경을 완벽히 구현하기 위해 필요에 따라 영향을 받는 모든 작업물을 갱신한다. 요구사항 추적 정보를 사용해 변경이 필요한 시스템의 모든 부분을 찾고, 필요에 따라 변경 내용을 반영하도록 추적 정보를 수정한다.

5.4 변경 검증

일반적으로 요구사항 변경은 수정된 결과물이 변경의 모든 측면을 올바르게 해결하는지 확인하기 위해 동료평가를 통해 검증된다. 여러 팀 구성원이 테스트나 검토를 통해 다양한 후속 작업물의 변경 사항을 검증할 수도 있다. 검증이 완료된 후 수정자는 각 프로젝트 문서와 코드 관리 규칙에 따라 갱신된 작업물을 저장한다.

6. 종료 기준

다음의 종료 기준을 만족시킨다면 변경 관리 프로세스 수행이 정상적으로 완료됐음을 나타낸다.

- 요청 상태가 거절됨, 종료됨, 취소됨 중 하나다.
- 모든 수정 작업물이 갱신 후 올바른 장소에 저장돼 있다.
- 관련 이해관계자가 구체적인 변경 요청 사항과 상태를 통지받았다.

7. 변경 관리 상태 보고서

변경 데이터베이스의 내용을 요약하는 데 사용할 표와 보고서를 확인하자. 표는 각 상태별 변경 요청 횟수를 시간 함수로 보여주거나 변경 요청이 해결되지 않는 평균 시간의 추세를 보여줄 수 있다. 표와 보고서를 생성하는 절차를 설명하자. 프로젝트 관리자는 프로젝트의 상태를 추적할 때 이 보고서를 사용한다.

부록: 각 요청이 포함하는 속성

표 28-2는 각 변경 요청을 저장할 때 고려하는 일부 데이터 속성을 나열한 것이다. 이러한 항목 중 일부는 발기인이 사용하며, 어떤 것은 CCB가 사용한다. 변경 관리 프로세스에서 필요한 속성과 선택적인 속성을 찾아보자. 정말로 필요한 것 외에 불필요한 속성을 정의하지 않도록 하자. 변경 도구가 일부 속성(ID, 제출일, 갱신일)을 자동으로 처리할 수도 있을 것이다.

표 28-2 변경 요청 속성 제안

항목	설명
변경 근원	변경을 요청한 기능 영역, 마케팅이나 관리, 고객, 개발, 테스트 등의 대상 그룹
변경 요청 ID	요청에 할당된 고유 식별자
변경 유형	요구사항 변경, 개선 제안, 결함 보고 등 변경 요청의 유형
제출일	발기인이 변경 요청을 제출한 날짜
갱신일	변경 요청이 수정된 최근 날짜
설명	요청된 변경에 대한 자유 형식의 설명
개발 우선순위	CCB에 의해 결정된 변경에 대한 상대적인 중요도: 낮음, 중간, 높음
수정자	변경 사항 개발에 대한 일차적 책임이 있는 사람
발기인	변경 요청을 제출한 사람
발기인 우선순위	발기인의 관점에서 변경에 대한 상대적인 중요도: 낮음, 중간, 높음
출시 계획	승인된 변경이 예정돼 있는 제품 출시 시기나 반복주기
프로젝트	변경이 요청된 프로젝트 이름
응답	변경 요청에 대한 자유 형식의 응답. 시간이 지남에 따라 여러 응답이 있을 수도 있음. 새로운 응답을 입력할 때 기존 응답을 변경하지 말 것.
상태	그림 28-2의 옵션 중 선택된 변경 요청의 현재 상태
제목	제안된 변경의 한 줄 요약
검증자	변경이 제대로 이뤄졌는지 여부를 결정할 책임이 있는 사람

변경 관리 위원회

변경 관리 위원회(CCB; Change Control Board)는 개인이 될 수도 있고 다양한 그룹이 될 수 있으며, 제안된 변경과 신규 요구사항의 승인이나 개정 여부의 승인, 거절 등을 결정하는 주체다. 또한 CCB는 보고된 결함의 수정 진행 여부와 시기를 결정한다. CCB 중에서는 의사결정을 내릴 수 있는 권한을 부여받는 경우도 있고, 경영 의사결정에 대한 권고만 할 수 있는 경우도 있다. 프로젝트에는 항상 변경에 대한 의사결정을 내릴 수 있는 사실상의 그룹이 존재한다. CCB를 수립함으로써 이러한 그룹의 구성과 권한을 공식화하고 운영 절차를 정의한다.

어떤 사람들에게는 "변경 관리 위원회"라는 용어가 낭비적인 요식 행위에 따른 비용을 연상시키기도 한다. 하지만 CCB가 소규모 프로젝트까지 관리할 수 있는 가치 있는 구조를 제공한다고 생각하자. 소규모 프로젝트에서는 한두 명이 변경 여부를 결정하기도 한다. 매우 큰 규모의 프로젝트나 프로그램에서는 요구사항 변경과 같은 비즈니스 의사결정에 대한 일부 책임에서부터 기술적인 변경에 이르기까지 여러 수준의 CCB를 갖추고 있을 수도 있다. 여러 프로젝트를 포함하는 대규모 프로그램에서는 프로그램 수준의 CCB와 각 프로젝트를 위한 개별 CCB를 구성할 것이다. 각 프로젝트의 CCB는 해당 프로젝트에 영향을 주는 문제와 변경 사항을 해결한다. 여러 프로젝트에 영향을 미치는 문제와 명시된 비용이나 일정을 초과하는 변경은 프로그램 수준의 CCB로 이관된다.

CCB 구성

CCB 회원은 CCB의 권한 범위 안에서 의사결정에 참여해야 하는 모든 그룹을 대표한다. 다음과 같은 분야의 대표를 포함하는 것을 고려하자.

- 프로젝트 및 프로그램 관리
- 비즈니스 분석 및 제품 관리
- 개발
- 테스트 또는 품질 보증
- 마케팅, 애플리케이션이 적용되는 비즈니스 영역, 고객 대표
- 기술 지원 또는 고객 지원 센터

모든 이해관계자가 업무에 영향을 주는 의사결정에 대해 알고 있어야 하지만 의사결정을 내려야 하는 사람들만이 CCB에 합류할 수 있다. 소프트웨어 및 하드웨어 구성 요소를 포함하는 프로젝트를 위한 CCB는 하드웨어 엔지니어와 시스템 엔지니어, 제조 대표를 포함해야 한다. CCB를 작게 유지

해서 변경 요청을 빠르고 효율적으로 대응할 수 있게 하자. CCB 구성원이 각자의 책임을 이해하고 수용할 수 있게 하자. 그룹이 충분한 기술과 비즈니스 정보를 가지고 있는지 확인하기 위해 필요에 따라 다른 사람을 CCB 회의에 초대하자.

CCB 헌장

조직의 모든 프로젝트 팀은 동일한 변경 관리 프로세스를 따를 수 있다. 하지만 CCB는 다른 방법으로 기능할 수 있다. 각 프로젝트는 (프로젝트 관리 계획의 일부로서) CCB의 목표와 권한 범위, 회원, 운영 절차, 의사결정 과정을 설명하는 간단한 헌장을 만들어야 한다(Sorensen 1999). CCB 헌장 템플릿은 이 책의 공식 웹사이트에서 내려받을 수 있다. 헌장은 정기적인 CCB 회의 주기와 특별 회의나 의사결정이 필요한 조건을 명시해야 한다. CCB의 권한 범위는 진행할 수 있는 의사결정 범위와 이를 확대할 수 있는 사람을 나타낸다.

의사결정

각 CCB는 다음을 나타내는 의사결정 프로세스를 정의해야 한다.

- CCB 구성원 수 혹은 의사결정 정족수를 구성하는 핵심 역할의 수
- 사용할 의사결정 규칙(더 자세한 의사결정 규칙은 2장 참조)
- CCB 의장이 CCB 공동의 결정을 기각할 수 있는지 여부
- CCB보다 높은 조직이나 관리자가 그룹의 의사결정을 비준해야 하는지 여부

CCB는 제안된 변경 수락에 대해 기대하는 이익과 예상 효과 사이에서 균형을 맞춘다. 제품을 개선함으로써 비용 절감, 수익 증가, 더 높은 고객 만족, 경쟁우위 등을 얻을 수 있을 것이다. 부정적 영향으로는 개발 및 지원 비용 증가, 일정 지연, 제품 품질 저하 등이 될 수 있다.

> **함정** 사람들은 "아니오"라는 말을 좋아하지 않기 때문에 백로그에 절대 완료되지 않을 엄청난 양의 승인된 변경 요청이 쌓이기 쉽다. 제안된 변경을 수락하기 전에 이에 대한 이론적 근거와 변경이 제공할 비즈니스 가치를 이해하고 있는지 확인하자.

상태 전달하기

CCB에서 의사결정을 내리고 나면 지정된 특정 개인이 변경 데이터베이스의 요청 상태를 갱신한다. 어떤 도구는 변경을 제안한 발기인과 변경에 영향을 받는 기타 사람들에게 새로운 상태를 전하는 이

메일 메시지를 자동으로 발송하기도 한다. 이메일 메시지가 자동으로 발송되지 않는 경우 변경에 영향을 받는 사람들에게 이를 알려 변경에 대비할 수 있게 하자.

합의 재협상하기

이해관계자는 일정과 인력, 예산, 품질 제약을 갖고 있는 프로젝트에 계속해서 기능을 채워넣을 수는 없지만 여전히 프로젝트가 성공하길 기대한다. 중요한 요구사항 변경을 승인하기 전에 관리자 및 고객과 함께 변경 수용에 대한 재협상을 합의하자. 더 많은 시간을 요청하거나, 우선순위가 낮은 요구사항을 연기할 수도 있다. 더 이상 재조정에 대한 합의에 이를 수 없다면 결과가 부정적이더라도 사람들이 놀라지 않도록 프로젝트의 위험 요소 목록에서 성공을 위협하는 요소들을 문서화하자.

변경 관리 도구

많은 팀이 요구사항 변경을 수집, 저장, 관리하기 위해 상용 이슈 추적 도구를 사용한다. 도구에서 발췌한 최근 제출된 변경 요청 보고서는 CCB 회의의 안건 역할을 할 수도 있다. 이슈 추적 도구는 특정 시간 동안 각 상태에 대한 요청 수에 대한 보고서를 생성할 수도 있다. 이용 가능한 도구나 판매업체, 기능이 자주 바뀌기 때문에 여기서는 특정 도구를 추천하지 않겠다. 변경 프로세스를 지원하기 위해서는 다음과 같은 기능을 지원하는 도구를 찾아보자.

- 변경 요청을 구성하는 속성을 정의할 수 있다.
- 다양한 변경 요청 상태가 있는 변경 요청 생애주기를 구현할 수 있다.
- 상태 전이 모델을 적용해 인가된 사용자만 특정 상태를 변경할 수 있다.
- 각 상태의 변경 시기와 변경한 사람을 기록한다.
- 발기인이 신규 요청을 제출하거나 요청의 상태가 갱신됐을 때, 입맛에 맞게 고칠 수 있고 자동 발송 가능한 이메일 알림을 제공한다.
- 표준 및 사용자 정의 보고서 및 표를 생성한다.

일부 상용 요구사항 관리 도구에는 변경 요청 시스템이 내장된 경우가 있다. 이 시스템은 제안된 변경을 특정 요구사항에 연결할 수 있으며, 누군가가 적절한 변경 요청을 제출할 때 각 요구사항에 대한 책임이 있는 개인에게 이메일로 알려준다.

> **프로세스 도구 준비하기**
>
> 언젠가 웹 개발팀에서 일한 적이 있는데, 첫 번째 프로세스 개선은 수많은 변경 요청 백로그를 관리하기 위한 변경 관리 프로세스를 개발하는 것이었다(Wiegers 1999). 우선 이번 장에서 설명한 것과 유사한 과정으로 시작했다. 우리는 몇 주 동안 종이 서식을 이용해 시험했으며, 그동안 나는 몇 가지 이슈 추적 도구를 평가했다. 시험하는 동안 우리는 프로세스를 개선할 수 있는 방법과 변경 요청을 위한 추가 데이터 속성을 발견했다. 우리는 자유도가 높은 도구를 선택해서 프로세스에 맞게 수정했다. 팀은 이 프로세스와 도구를 사용해서 개발 중인 시스템의 요구사항 변경과 프로덕션 시스템에 대한 결함 보고서와 개선사항, 신규 프로젝트에 대한 요청을 처리했다. 변경 관리는 우리의 가장 성공적인 프로세스 개선 계획 중 하나였다.

변경 활동 측정하기

변경 활동을 측정하는 것은 요구사항 안정성을 평가하는 방법 중 하나다. 또한 앞으로 변경을 줄일 수 있도록 프로세스를 개선하는 기회이기도 하다. 요구사항 변경 활동에 대해 다음의 측면을 추적하는 것을 고려하자.

- 대기, 진행 중, 완료된 총 변경 요청 수
- 추가, 삭제, 수정된 요구사항의 누적 수
- 각 변경 사항 출처에서 비롯된 요청 수
- 기준 수립 후 발생한 각 요구사항의 변경 요청 수
- 변경 요청을 처리하고 구현하는 데 들인 총 노력

이 정도까지 요구사항 변경 활동을 꼭 모니터링할 필요는 없다. 여느 소프트웨어 지표와 같이 무엇을 측정할지 결정하기 전에 목표와 데이터 사용법을 먼저 이해하자(Wiegers 2007). 조직에 측정 문화를 구축하려 한다거나 프로젝트에서 관리할 데이터를 효과적으로 수집하고자 한다면 간단한 지표로 시작하자.

그림 28-3은 개발 중에 프로젝트에서 경험하는 요구사항 변경의 양을 추적하는 방법을 보여준다(Wiegers 2006). 이 요구사항 변동성 차트는 기준이 수립된 이후 도착한 새로 제안된 요구사항 변경 비율을 추적한다. 이 차트는 출시가 임박할수록 0에 수렴한다. 지속적으로 높은 변경 주기는 합의된 일정을 지키지 못할 위험이 높음을 의미한다. 이는 원래의 요구사항 집합이 불완전해서 더 나은 요구사항 도출 사례가 필요함을 의미할 것이다.

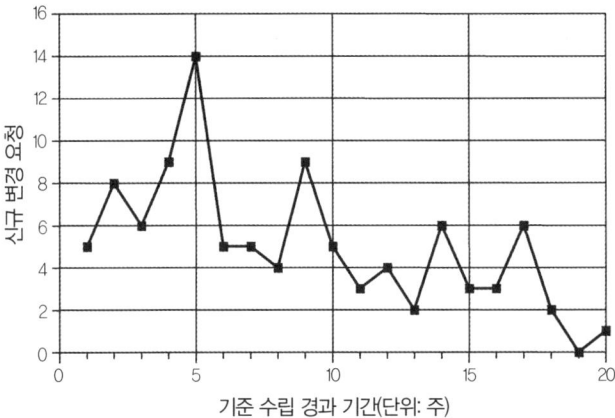

그림 28-3 요구사항 변경 활동표의 예

요구사항의 변경 사항 출처를 추적하는 것 또한 도움이 된다. 그림 28-4는 서로 다른 출처에서 발생한 변경 요청의 수를 나타내는 방법을 보여준다. 프로젝트 관리자는 마케팅 관리자와 이 차트에 대해 논의하며 마케팅 부서에서 대부분의 요구사항 변경을 요청했음을 지적할 수 있다. 이를 통해 추후 마케팅 부서로부터 요청받는 변경을 줄이거나 좀 더 잘 처리하기 위해 팀이 취해야 하는 행동에 대해 생산적인 논의를 이끌어낼 수 있을 것이다. 이러한 논의에서 데이터를 출발점으로 사용하면 감정에 휩싸인 대립적인 논쟁보다 건설적으로 논의를 이끌어 나갈 수 있을 것이다. 가능한 요구사항 변경 사항 출처 목록을 한번 찾아보자.

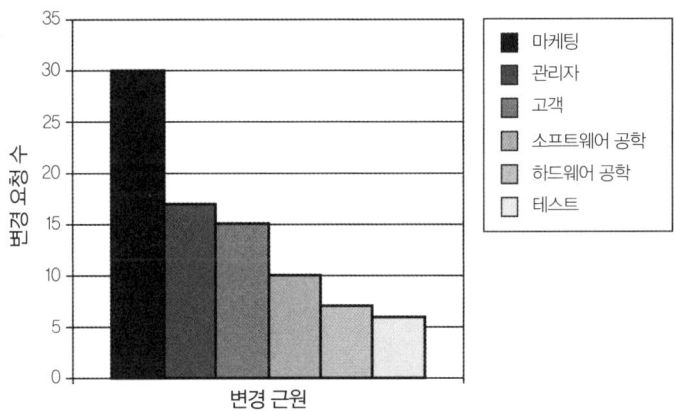

그림 28-4 요구사항 변경 사항 출처 차트의 예

변경 영향 분석

주요 개선 사항에 대한 영향 분석은 꼭 필요하다. 그러나 사소한 변경 요청의 뒤에 예기치 못한 부작용이 숨어 있을 수 있다. 어떤 회사에서 자사 제품의 오류 메시지 문구 중 하나를 변경해야 했다. 이보다 더 간단한 방법이 있을까? 이 제품은 영어와 독일어 버전으로 사용할 수 있었다. 그런데 영어 버전에서는 문제가 없었지만 독일어 버전에서는 새로운 에러 문구가 메시지 상자와 데이터베이스에 할당된 최대 문자 길이를 초과해버렸다. 이처럼 겉보기에는 단순해 보이는 변경 요청을 처리하는 데 빠른 처리를 약속한 개발자의 예상보다 훨씬 많은 작업이 필요한 것으로 밝혀졌다.

영향 분석은 요구사항 관리 책임의 핵심적인 측면이다(Arnold and Bohner 1996). 이는 제안을 승인할 때 팀이 현명한 비즈니스 의사결정을 내리는 데 도움이 되도록 제안된 변경의 영향을 정확하게 이해할 수 있게 해준다. 분석 과정에서는 생성이나 수정, 삭제해야 하는 구성요소를 식별하고 변경사항을 구현하는 데 필요한 노력을 산정하기 위해 요청을 검토한다. 개발자는 변경 요청에 대해 "물론이죠. 문제 없습니다."라고 말하기 전에 영향을 분석하는 데 약간의 시간을 할애해야 할 것이다.

영향 분석 절차

CCB 의장은 특정 변경 제안에 대한 영향 분석을 수행하기 위해 한 명 이상의 기술자(비즈니스 분석가, 개발자, 테스터 등)에게 이를 요청할 것이다. 영향 분석은 세 단계로 구성된다.

1. 변경 발생이 야기할 수 있는 결과를 이해한다. 요구사항 변경은 다른 요구사항이나 아키텍처, 설계, 코드, 테스트의 수정을 유발할 수도 있는 큰 파급 효과를 발생시키기도 한다. 변경은 다른 요구사항과의 충돌을 야기할 수 있으며, 성능이나 보안과 같은 품질 속성을 손상시킬 수도 있다.
2. 팀이 요청된 변경을 통합했을 때 수정해야 할 모든 요구사항이나 파일, 모델, 문서를 식별한다.
3. 변경사항을 구현하는 데 필요한 작업을 식별하고, 해당 작업을 완료하는 데 필요한 노력을 산정한다.

> **중요** 영향 분석을 생략한다고 해서 작업량이 변하지는 않는다. 그저 작업의 규모가 놀라움으로 바뀔 뿐이다. 소프트웨어 분야에서 놀라운 일이 좋은 소식인 경우는 거의 없다.

그림 28-5는 평가자가 변경 제안을 수락함으로써 발생 가능한 결과를 이해하는 데 도움이 되는 질문 체크리스트다. 그림 28-6의 체크리스트는 변경이 영향을 주는 모든 소프트웨어 요소와 기타 다른 작업물을 식별하는 데 도움이 되는 질문을 포함한다. 영향을 받는 요구사항에서 기타 다른 하위 산출물로 연결되는 요구사항 추적 정보는 영향 분석에 큰 도움이 된다. 이러한 체크리스트를 통해 경험을 쌓으면서 프로젝트에 더욱 적합하게 수정할 수도 있다(참고: 28-5에서 28-8까지의 그림은 이 책의 공식 홈페이지에서 내려받을 수 있다).

- 변경이 비즈니스 요구사항을 충족할 수 있는 능력을 향상시키거나 악화시킬 것인가?
- 기준에 부합하는 기존 요구사항이 제안된 변경과 상충하는가?
- 기타 다른 대기 중인 요구사항이 제안된 변경과 상충하는가?
- 변경하지 않음으로써 얻을 수 있는 비즈니스적 결과 또는 기술적 결과는 무엇인가?
- 제안된 변경을 적용하면서 발생할 수 있는 부작용이나 기타 다른 위험은 무엇인가?
- 제안된 변경이 성능이나 기타 품질 속성에 부정적인 영향을 미칠 것인가?
- 제안된 변경이 알려진 기술 제약과 현재 직원의 능력 내에서 실현 가능한가?
- 제안된 변경이 개발이나 테스트, 운영 환경에 필요한 모든 자원에 대한 허용 불가능한 요구를 야기할 것인가?
- 변경을 구현하고 테스트하는 데 꼭 필요한 도구가 있는가?
- 제안된 변경이 현 프로젝트 계획에 포함된 작업 순서나 종속성, 노력, 기간에 어떤 영향을 미칠 것인가?
- 변경을 검증하기 위해 프로토타이핑이나 기타 다른 사용자 작업이 필요한가?
- 변경이 승인될 경우 얼마나 많은 노력이 허사가 되는가?
- 제안된 변경이 서드파티 제품의 라이선스 비용 증가 등으로 인한 제품 단가 상승을 유발할 것인가?
- 변경이 마케팅이나 제조, 교육, 고객 지원 계획에 영향을 미칠 것인가?

그림 28-5 제안된 변경으로 발생 가능한 결과를 이해하기 위한 질문

- 사용자 인터페이스의 변경이나 추가, 삭제가 필요한지 확인한다.
- 보고서나 데이터베이스, 파일에 변경이나 추가, 삭제가 필요한지 확인한다.
- 반드시 생성하거나 수정, 삭제해야 하는 설계 구성요소를 확인한다.
- 반드시 생성하거나 수정, 삭제해야 하는 소스코드 파일을 확인한다.
- 빌드 파일이나 프로시저에 필요한 변경을 확인한다.
- 수정 또는 삭제해야 하는 기존의 단위 테스트, 통합 테스트, 시스템 테스트를 확인한다.
- 필요한 새로운 단위 테스트, 통합 테스트, 시스템 테스트의 수를 산정한다.
- 반드시 생성 혹은 수정해야 하는 도움말 화면, 교육 또는 지원 자료, 기타 사용자 문서를 확인한다.
- 변경에 영향을 받는 기타 다른 애플리케이션, 라이브러리, 하드웨어 구성요소를 확인한다.
- 취득 또는 수정이 필요한 서드파티 소프트웨어를 확인한다.
- 제안된 변경이 프로젝트 관리 일정, 품질 보증 계획, 구성 관리 계획, 기타 다른 일정에 미칠 영향을 확인한다.

그림 28-6 제안된 변경에 영향을 받는 작업물을 확인하기 위한 체크리스트

산정인(estimator)이 활동을 완료하는 데 필요한 모든 작업을 고려할 수는 없기 때문에 각종 추정 문제가 발생한다. 결국 이러한 영향 분석 방법은 철저한 작업 식별을 강조한다. 중요한 변경의 경우 중요 작업을 놓치지 않고 분석과 노력을 추정하기 위해 한 명의 개발자보다는 작은 팀을 활용하자. 다음은 제안된 요구사항 변경의 영향을 평가하는 간단한 절차다.

1. 그림 28-5의 체크리스트를 활용해 작업한다.
2. 그림 28-6의 체크리스트를 활용해 작업한다. 일부 요구사항 관리 도구는 추적 가능한 링크를 따라가면 변경 요청에 영향을 받는 요구사항에 의존하는 시스템 요소를 찾을 수 있는 영향 분석 보고서를 포함하기도 한다.
3. 예상 작업에 필요한 작업량을 추정하기 위해 그림 28-7의 작업표를 활용한다. 대부분의 변경 요청은 작업표 중 일부 작업만을 필요로 할 것이다.

4. 노력 추정치를 합산한다.

5. 반드시 수행해야 하는 작업의 순서와 현재 계획된 작업 중간에 이 작업들을 끼워넣을 수 있는 방법을 확인한다.

6. 제안된 변경이 프로젝트 일정과 비용에 미치는 영향을 산정한다..

7. 다른 보류 중인 요구사항과 비교해서 변경에 대한 우선순위를 평가한다.

8. CCB에 영향 분석 결과를 보고한다.

시간	작업
____	SRS 혹은 요구사항 저장소 갱신
____	프로토타입 개발 및 평가
____	신규 설계 구성요소 생성
____	기존의 설계 구성요소 수정
____	신규 사용자 인터페이스 구성요소 개발
____	기존 사용자 인터페이스 구성요소 수정
____	신규 사용자 설명서 및 도움말 화면 개발
____	기존 사용자 설명서 및 도움말 화면 수정
____	신규 소스코드 개발
____	기존 소스코드 수정
____	서드파티 소프트웨어 라이선스 취득 및 통합
____	빌드 파일 및 프로시저 수정
____	신규 단위 테스트 및 통합 테스트 작성
____	기존 단위 테스트 및 통합 테스트 수정
____	구현 후 단위 테스트 및 통합 테스트 수행
____	신규 시스템 테스트 및 인수 테스트 작성
____	기존 시스템 테스트 및 인수 테스트 수정
____	자동화 테스트 모음 수정
____	회귀 테스트 수행
____	신규 보고서 개발
____	기존 보고서 수정
____	신규 데이터베이스 요소 개발
____	기존 데이터베이스 요소 수정
____	신규 데이터 파일 개발
____	기존 데이터 파일 수정
____	다양한 프로젝트 계획 수정
____	기타 다른 문서 갱신
____	요구사항 추적 매트릭스 갱신
____	수정된 작업물 검토
____	검토 및 테스트 후 재작업 수행
____	기타 다른 작업
____	총 추정 노력

그림 28-7 요구사항 변경 노력을 추정하기 위한 작업표

대부분의 경우 하나의 변경 요청에 대해 이 절차를 완료하는 데 한두 시간 이상 걸리지 않는다. 바쁜 개발자에게는 많은 시간일 수도 있지만 프로젝트가 한정된 자원에 현명하게 투자하게 할 수 있는 작은 투자에 해당한다. 미래의 영향 분석을 개선하기 위해 각 변경을 구현하는 데 필요한 실제 노력을 추정 노력과 비교하자. 미래의 영향 분석이 좀 더 정확할 수 있도록 차이의 원인을 이해하고 영향 추정 체크리스트와 작업표를 수정하자.

> **돈 낭비**
>
> A. Datum Corporation에 근무하는 두 명의 개발자는 자사의 정보 시스템 중 하나에 한 가지 개선사항을 추가하는 데 4주가 걸릴 것이라고 추정했다. 고객은 추정을 승인했고, 개발자는 작업을 진행했다. 두 달이 지난 후 개선 사항은 단지 절반 정도만 진행됐고 고객은 인내심을 잃고 말았다. "만약 실제로 얼마나 걸릴지, 얼마나 많은 비용이 들지 알았더라면 이를 승인하지 않았을 겁니다. 전부 없던 일로 합시다." 본격적으로 개발이 시작되면서 개발자들은 고객이 탁월한 비즈니스 의사결정을 내릴 수 있도록 신뢰할 만한 추정치를 찾기 위해 충분한 영향 분석을 수행하지 않았다. 결국 회사는 영향 분석을 통해 몇 시간이면 충분했던 작업 시간을 수백 시간이나 낭비한 셈이다.

영향 분석 템플릿

그림 28-2는 요구사항 변경 영향을 분석한 결과를 보고하는 템플릿을 제안한다. 변경을 구현할 사람에게는 구체적인 분석 정보와 노력 계획 작업표가 필요하지만 CCB에는 요약된 분석 결과만 필요할 것이다. 여느 템플릿과 마찬가지로 먼저 사용해 보고 프로젝트에 맞게 조정하자.

```
변경 요청 ID: _____
제목: _____
설명: _____
    _____

평가자: _____
준비일: _____
총 추정 노력: _____ 노동 시간
추정 일정에 미치는 영향: _____ 일
추가 비용에 미치는 영향: _____ 달러
품질에 미치는 영향: _____
    _____

기타 다른 구성요소에 미치는 영향: _____
    _____

기타 다른 작업에 미치는 영향: _____
수명 주기 비용 문제: _____
```

그림 28-8 영향 분석 템플릿.

애자일 프로젝트의 변경 관리

애자일 프로젝트는 범위 변경에 대응할 수 있도록(심지어 환영하도록) 특별하게 구성돼 있다. 애자일 소프트웨어 개발의 12가지 원칙 중 하나는 다음과 같다. "비록 개발의 후반부일지라도 요구사항 변경을 환영하라. 애자일 프로세스는 변화를 활용해 고객의 경쟁력에 도움이 되게 한다."(www.agilemanifesto.org/iso/ko/principles.html). 이 원칙은 요구사항 변경이 불가피하며 필요하고, 종종 가치 있다는 현실을 인정한다. 변경을 받아들이는 것은 발전하는 비즈니스의 목표와 우선순위를 충족시키고 인간의 계획과 통찰력의 한계를 수용하는 데 도움이 된다.

애자일 프로젝트는 완료해야 하는 작업에 대한 동적인 백로그를 관리함으로써 변경을 관리한다(그림 28-9 참조). "작업"에는 아직 구현되지 않은 사용자 스토리와 해결해야 하는 결함, 해결해야 하는 비즈니스 프로세스 변경, 개발 및 제공해야 하는 교육 훈련, 각종 소프트웨어 프로젝트에 동반되는 무수히 많은 기타 활동들이 포함된다. 각 반복주기에서는 해당 시점에서 가장 높은 우선순위를 가진 일련의 백로그 작업 항목을 구현한다. 이해관계자가 새로운 작업을 요청하면 백로그에 넣어두고 다른 백로그 콘텐츠 대비 상대적인 우선순위를 할당한다. 아직 할당되지 않은 작업은 우선순위를 다시 할당하거나 언제든지 백로그에서 제거될 수 있다. 새로운 스토리 중 우선순위가 높은 스토리는 다음 반복주기에 할당할 수 있으며, 이와 동일한 규모의, 우선순위가 낮은 스토리는 이후 반복주기로 연기된다. 각 반복주기의 범위를 신중하게 관리함으로써 제시간에 고품질의 결과를 보장한다.

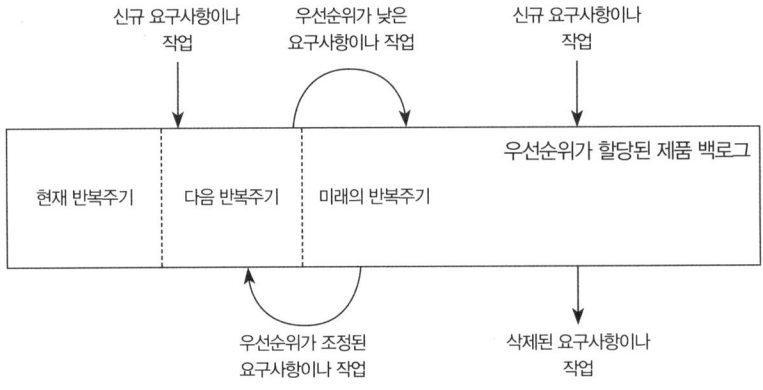

그림 28-9 애자일 프로젝트는 동적인 제품 백로그로 변경을 관리한다.

애자일 프로젝트에서는 반복주기의 특성 때문에 몇 주마다 백로그에서 다음 개발 반복주기를 위한 일련의 작업 항목을 선택할 수 있는 기회가 있을 것이다. 애자일 팀은 반복주기를 진행하는 중에 도착한 새로운 작업을 항상 미래의 반복주기로 연기해야 할지 여부나 현재 반복주기의 콘텐츠를 수정할 수 있는지 여부에 따라 달라진다. 진행 중인 반복주기의 콘텐츠를 동결된 상태로 유지함으로써 개발자에게 안정성을 제공하고, 반복주기 바깥에서 이해관계자가 예상할 수 있는 것에 대한 예측 가능성을 제공한다. 한편 반복주기의 콘텐츠를 조정함으로써 팀은 고객의 니즈에 더욱 유연하게 대응할 수 있다.

이 점에 대한 각자의 철학에 따라 애자일 방법론은 달라진다. 단 하나의 "올바른" 접근법이란 없다. 팀과 프로젝트의 비즈니스 목표에 가장 적합하리라 생각하는 대로, 이미 시작된 반복주기를 동결하거나, 우선순위가 높은 변경을 즉시 접수하자. 기본 원칙은 반복주기 안에서 과도한 변화(요동치는 요구사항)와 과도한 경직성(경직된 요구사항)을 피하는 것이다. 대부분의 변경이 현 반복주기에 영향을 미치지 않게 하는 해결책 중 하나는 반복주기의 길이를 적절하게 설정하는 것이다. 즉, 변경을 자주 수용해야 하는 경우, 표준 반복주기의 길이를 짧게 해야 할 수도 있다.

모든 애자일 방법론에서는 최종 사용자와 고객 기반을 대표할 수 있는 역할을 정의한다. 스크럼(Scrum)에서는 제품 주인이 이러한 역할을 하고, 익스트림 개발에서는 고객이 이 역할을 한다. 고객 또는 제품 주인은 제품 백로그의 콘텐츠에 우선순위를 할당하는 것에 대한 일차적인 책임이 있다. 또한 이들은 중요한 제품 비전과 앞으로 얻을 비즈니스 가치에 따라 제안된 요구사항 변경을 승인하기 위한 의사결정을 내리기도 한다(Cohn 2010).

애자일 팀은 개발자와 테스터, 비즈니스 분석가, 프로젝트 매니저가 함께 협력하는 교차 기능 그룹이기 때문에 팀은 이미 이번 장의 앞부분에서 논의한 변경 관리 위원회처럼 구성돼 있다. 애자일의 짧은 반복주기와 각 반복주기의 산출물인 작은 증분은 애자일 팀이 변경 관리를 자주, 그러나 제한된 규모로 수행할 수 있게 한다. 하지만 애자일 프로젝트는 요구사항 변경으로 인한 잠재적인 비용과 제품 구성요소에 미치는 영향을 반드시 평가해야 한다. 전체 비용이나 프로젝트 기간에 영향을 미칠 수 있는 범위 변경은 제품 스폰서와 같은 좀 더 높은 수준의 변경 권한으로 확대돼야 한다(Thomas 2008).

어떤 종류의 프로젝트를 수행하든, 팀이 어떤 종류의 개발 생명 주기를 따르더라도 변경은 일어나게 돼 있다. 언제나 이를 예상하고 처리할 수 있게 준비해야 한다. 잘 정돈된 변경 관리 실천 지침은 변경이 유발할 수 있는 혼란을 줄일 수 있다. 변경 관리의 목표는 변경을 억제하거나 이해관계자가 변경을 제안하지 못하게 하려는 것이 아니다. 올바른 사람이 제안된 변경을 고려할 수 있고 적절한 시기에 적절한 사람을 프로젝트에 포함시킴으로써 변경 활동과 메커니즘에 가시성을 제공할 수 있다. 이를 통해 비즈니스 가치를 극대화하고, 변경으로 인한 팀의 부정적인 영향을 최소화할 수 있다.

다음 단계는

- 프로젝트의 의사결정자를 식별해서 변경 관리 위원회로 위촉하자. CCB는 설립 헌장을 채택하고 위원회의 목적, 구성 및 의사결정 과정을 문서화해야 한다.

- 프로젝트에 제안된 요구사항 변경의 생애 주기에 대한 상태 전이 다이어그램을 정의하자. 그림 28-2의 다이어그램으로 시작하자. 팀이 제안된 요구사항 변경을 처리하는 방법을 설명하는 프로세스를 작성하자. 현실적이고 효과적이라는 확신이 들 때까지 수동 프로세스를 사용하자.

- 개발 환경과 호환되는 이슈 추적 도구를 선택하자. 해당 도구를 이전 단계에서 만든 프로세스에 맞추자.

- 요구사항 변경 요청을 평가하고 나서 우선 기존 방법을 사용해서 노력을 추정하자. 그런 다음, 이번 장에서 설명한 영향 분석 방법을 사용해 다시 추정하자. 만약 변경사항을 구현한다면 어떤 것이 실제로 필요한 노력에 좀 더 가까운지 확인하기 위해 두 가지 추정 결과를 비교하자. 미래 가치를 향상시키기 위해 여러분의 경험을 기반으로 영향 분석 체크리스트와 작업표를 수정하자.

29
요구사항의 연결 고리

"새로운 노동 조합 계약에서 초과근무 수당과 교대근무 보너스를 계산하는 방법이 바뀌었다는 것을 알았습니다."라고 주간 팀 미팅에서 저스틴이 보고했다. "연공서열이 휴가 일정과 교대근무 선호도에 대한 우선순위에 어떻게 영향을 줄지 역시 변경해야 합니다. 이 모든 변경 사항을 처리하기 위해 급여 및 직원 스케줄링 시스템을 갱신해야 합니다. 크리스, 이걸 다 하려면 얼마나 걸릴까요?"

"음, 작업량이 많을 겁니다."라고 크리스는 말했다. "연공서열 규칙에 대한 로직은 스케줄 시스템 전체에 뒤덮여 있습니다. 아직은 적절한 일정을 예상할 수 없습니다. 코드를 보고, 그런 규칙이 보여지는 모든 곳을 찾는 데만 몇 시간이 걸릴 거에요."

소프트웨어 변경 사항은 단순해 보이지만 광범위한 영향을 미치고, 시스템의 많은 부분에서 수정이 필요해진다. 수정된 요구사항에 영향을 받은 모든 시스템 요소를 찾기는 어렵다. 28장 "변경의 발생"에서는 제안된 변경 사항을 구현하기로 하기 전에 팀이 그것이 무엇인지 확실하게 하기 위한 영향 분석 수행의 중요성을 이야기했다. 각 요구사항이나 비즈니스 규칙이 소프트웨어의 어디에서 구현됐는지 보여주는 로드맵을 가진 경우 변경 사항의 영향을 분석하기가 쉬워진다.

이번 장에서는 요구사항 추적(또는 추적성)에 대해 이야기한다. 요구사항 추적 정보는 개별 요구사항과 기타 다른 시스템 요소 간의 종속성 및 논리적 링크를 문서화한다. 이러한 요소로는 다양한 유형의 다른 요구사항, 비즈니스 규칙, 아키텍처를 비롯해 기타 설계 구성 요소, 소스 코드 모듈, 테트, 도움말 파일이 있다. 추적 정보는 제안된 요구사항 변경사항을 구현하기 위해 수정해야 하는 모든 작업물을 파악하는 것을 도와 영향 분석을 용이하게 한다.

요구사항 추적하기

추적 링크를 사용하면 출처에서 구현에 이르기까지 요구사항의 생명주기를 전/후방으로 추적할 수 있다. 11장 "좋은 요구사항 작성하기"에서 훌륭한 요구사항의 특징 중 하나로 추적성을 확인했다. (참고로 추적 가능하다(추적을 용이하게 하는 속성을 가짐)는 것은 추적된다(요구사항과 기타 기록된 다른 요소 간에 실제로 논리적인 링크를 가짐)는 것과 동일한 의미가 아니다.) 요구사항 추적이 가능하려면 프로젝트 전반에 걸쳐 모호하지 않도록 각각 지속적이고 고유한 이름으로 명명돼야 한다. 독자가 구분해야 하는 다수의 개별 기능적 요구사항을 포함하는 큰 단락을 만들기보다는 세분화된 방식으로 요구사항을 작성하자.

그림 29-1은 요구사항 추적 링크의 네 가지 유형을 보여준다(Jarke 1998). 고객의 니즈는 요구사항으로 추적되어 개발 도중이나 후에 그러한 니즈가 변경되면 어떤 요구사항이 영향을 받게 되는지 알 수 있다. 고객의 니즈는 비즈니스 목표, 시장의 요구, 그리고/또는 사용자 요구사항의 형태로 설명될 수 있다. 전방 추적(forward trace)의 완전한 집합은 요구사항 집합이 명시된 모든 고객의 요구를 해결한다는 확신을 준다. 반대로 각 소프트웨어 요구사항의 출처를 식별하기 위해 요구사항으로부터 고객의 니즈를 역추적할 수 있다. 고객의 니즈를 유스케이스 형태로 표현하기로 한다면 그림 29-1의 상단은 유스케이스와 기능적 요구사항 사이의 추적을 보여준다.

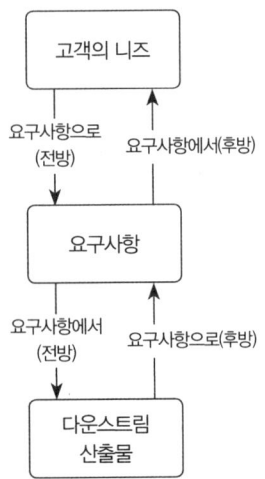

그림 29-1 요구사항 추적의 네 가지 유형

그림 29-1의 하단은 개발하는 동안 요구사항이 다운스트림 산출물로 흐르는 것처럼 개별적인 기능 및 비기능적 요구사항과 특정 시스템 요소 간의 링크를 정의해서 요구사항으로부터 추적할 수 있음을 나타낸다. 이러한 유형의 링크는 여러분이 이미 어떠한 설계 구성요소와 코드 요소가 각 요구사항을 해결하는지 알기 때문에 모든 요구사항을 충족시켰는지 판단할 수 있게 한다. 링크의 네 번째 유형은 특정 제품 요소에서 역으로 요구사항을 추적해서 각 요소가 만들어진 이유를 알 수 있게 한다. 대부분의 애플리케이션은 사용자 중심의 요구사항과 직접적으로 관련이 없는 테스트 같은 것을 위한 스캐폴딩이나 활성화 코드를 포함하지만 각 코드 라인이 왜 작성됐는지는 알아야 한다.

테스터가 요구사항에 없는 예기치 않은 기능을 발견했다고 가정하자. 이 코드는 적당히 암묵적이거나 구두로 전달된 요구사항을 개발자가 구현했고, 이제 비즈니스 분석가가 요구사항 집합에 추가할 수 있음을 나타낼 수 있다. 아니면 "고아 코드"로서 제품에 속하지 않는 금도금[1]의 사례일 수 있다. 추적 링크는 이 같은 상황을 정리하고 시스템 조각들이 서로 짜임새 있게 구성된, 더욱 완벽한 그림을 그리는 데 이바지할 수 있다. 이와 반대로 시스템 테스트에서는 기대되는 기능이 빠질 수 있기 때문에 개별 요구사항으로부터 도출되거나 추적된 테스트는 구현되지 않은 요구사항을 검출하는 메커니즘을 제공한다. 추적 링크는 부모 자식 관계, 상호 연결, 개별 요구사항 간 의존관계를 추적하는 데 도움이 되기도 한다. 이 정보는 특정 요구사항이 삭제되거나 수정의 결과로 일어날 수 있는 변화의 전파를 보여준다.

그림 29-2는 프로젝트에서 정의될 수 있는 여러 종류의 추적 관계를 나타낸다. 물론 이 모든 추적 링크 유형을 정의하고 관리할 필요는 없다. 많은 프로젝트에서 약간의 잠재적인 노력으로 추적의 혜택을 얻을 수 있다. 기능적 요구사항이나 사용자 요구사항일 때만 시스템 테스트 추적이 필요할 수도 있다. 개발 및 장기적인 유지보수 관점에서 어떤 링크가 프로젝트의 성공에 효과적인지 결정하기 위해 비용 효율 분석을 수행하자. 팀 구성원이 이를 사용하는 방법을 알지 못한다면 정보를 기록하는 데 시간을 할애하도록 요청하지 말자.

---

[1] (옮긴이) 자동차 금도금을 비유한 것으로 요구사항 이상의 일을 하는 것을 이야기함

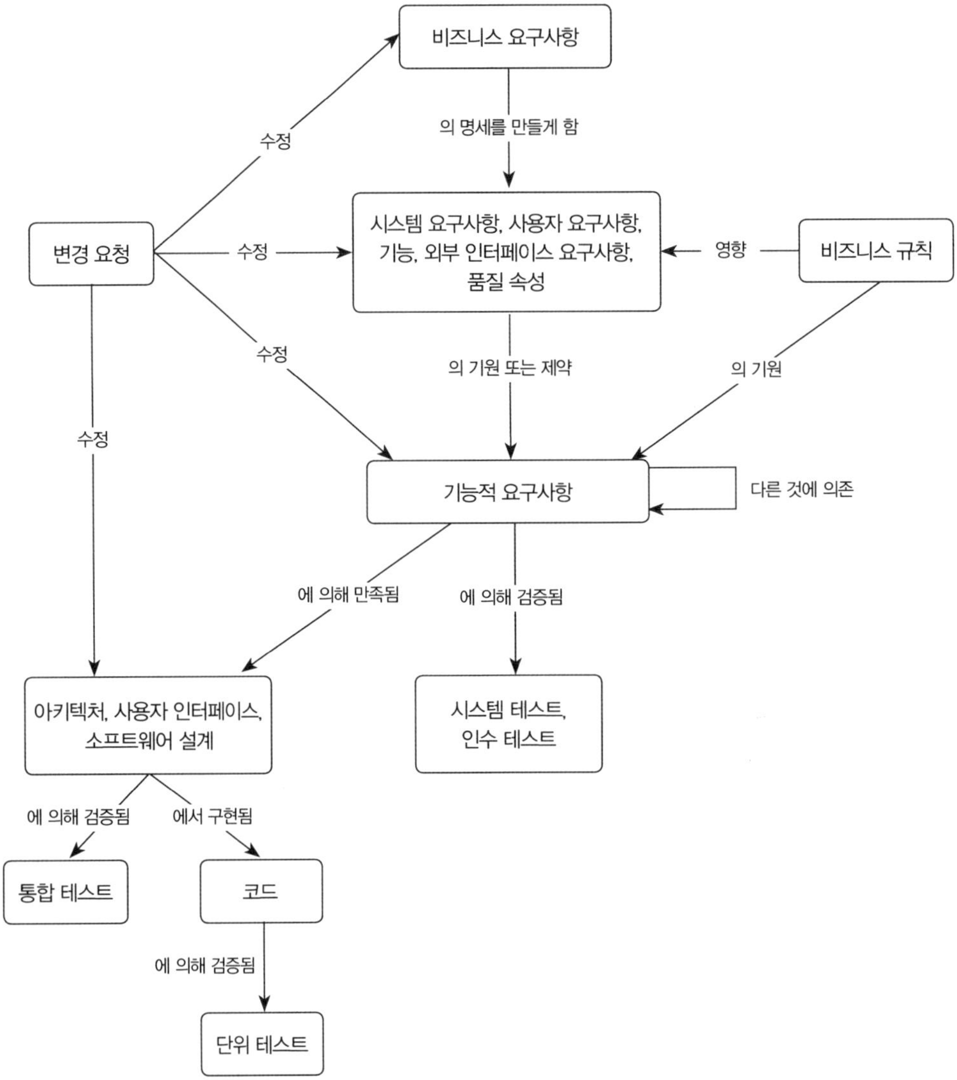

그림 29-2 가능한 요구사항 추적 링크

요구사항 추적을 위한 동기부여

프로그램을 작성한 후에 실수로 요구사항을 못보고 넘어갔다는 사실에 당황한 적이 있다. SRS에 있었으나 단순히 놓친 것이다. 개발을 끝냈다고 생각한 다음에 돌아가 추가 코드를 작성했다. 요구사항을 간과하는 것은 고객이 만족하지 못했거나 제품에 중요한 기능이 누락된 것보다 더 당황스러운 일이다. 요구사항 추적은 명세서, 계약서 또는 규정 준수를 입증할 수 있는 방법을 제공한다. 조직

차원에서 요구사항 추적을 구현할 경우 제품의 품질이 향상되고, 유지 비용이 줄어들며, 재사용이 용이해진다.

시스템이 개발 및 유지보수를 수행함에 따라 링크 정보를 최신 상태로 유지하는 데는 규율과 시간이 필요하다. 추적 정보가 쓸모없어지면 재구성하지 않으려 할 것이다. 쓸모없거나 부정확한 추적 데이터는 개발자와 유지보수 담당자를 잘못된 길로 안내하고, 개발자가 정보에 대해 어떤 신뢰도 갖지 못하게 되어 시간을 낭비한다. 이런 현실 때문에 적절한 이유가 있을 때만 요구사항 추적을 도입해야 한다(Ramesh el al. 1995). 요구사항 추적을 구현하는 것에 대한 몇 가지 잠재적 이점은 아래와 같다.

- **누락된 요구사항 찾기**
  어떤 사용자 요구사항도 연결되지 않는 비즈니스 요구사항과 어떤 기능적 요구사항도 연결되지 않는 사용자 요구사항을 찾자.

- **불필요한 요구사항 찾기**
  사용자 또는 비즈니스 요구사항의 출처가 없어 필요하지 않은 기능적 요구사항을 찾자.

- **인증 및 컴플라이언스**
  안전이 중요한 제품을 인증 받을 때(그것들이 정확히 구현됐다고 확인되지는 않았어도 모든 요구사항이 구현됐음을 보여주기 위해) 추적 정보를 사용할 수 있다. 추적 정보는 헬스케어와 금융 서비스 회사의 애플리케이션이 종종 필요로 하는 것과 같은, 규정 준수를 위해 요구된 요구사항들이 포함되고 해결됐음을 보여준다.

- **변경으로 인한 영향 분석하기**
  추적 정보가 없으면 특정 요구사항의 추가, 삭제, 수정에 영향을 받는 시스템 요소를 간과하기 쉽다.

- **유지보수**
  신뢰성 있는 추적 정보는 유지보수를 진행하는 동안 변경 작업을 정확하고 완전하게 할 수 있는 능력을 제공한다. 기업 정책이나 정부 규정이 바뀔 경우 대개 소프트웨어 시스템도 이를 반영해야 할 때가 많다. 각각에 해당하는 비즈니스 규칙이 기능적 요구사항, 설계, 코드의 어디에서 해결됐는지 보여주는 표는 필요한 변경사항을 적절하게 수정하는 데 유용하다.

- **프로젝트 추적**
  개발하는 동안 추적 데이터를 기록하는 경우, 계획된 기능의 구현 상태에 대한 정확한 기록을 갖게 될 것이다. 빠진 링크는 아직 생성되지 않은 작업물을 나타낸다.

- **리엔지니어링**
  교체할 기존 시스템의 기능을 나열하고 새 시스템에서 이 기능이 해결된 요구사항 및 소프트웨어 구성요소로 추적할 수 있다.

- **재사용**
  추적 정보는 관련 요구사항, 설계, 코드, 테스트를 식별해서 제품 구성 요소의 재사용을 촉진한다.

- **테스트**
  테스트가 실패할 경우 테스트, 요구사항, 코드 사이의 링크는 개발자로 하여금 결함을 조사하기 위한 지점으로 안내한다.

이 가운데 많은 것들은 장기적인 이익을 주고, 전체적인 제품 수명 주기 비용을 줄이지만 추적 정보를 누적하고 관리하는 노력으로 개발 비용은 증가한다. 요구사항 추적을 명시된 모든 요구사항을 만족시켜 지속 가능한 제품 전달을 위한 기회를 향상시키는 투자로 보자. 제품을 수정하거나 확장, 교체해야 할 때마다 이러한 투자에 대한 이익을 얻게 될 것이다. 추적을 확립하는 데 있어 개발 과정에서 정보를 수집하는 것은 작업량이 많은 것은 아니지만, 완성된 시스템에서 수행하기에는 번거롭고 비용이 많이 든다.

요구사항 추적 매트릭스

요구사항과 다른 시스템 구성요소 사이에 링크를 표시하는 가장 일반적인 방법은 요구사항 추적성 매트릭스 또는 추적성 표라고 하는 요구사항 추적 매트릭스다. 조이 비티와 앤소니 첸은 여러 유형의 개체 사이의 관계를 보여주는 요구사항 매핑 매트릭스라고 하는 유사한 도구를 설명했다(Joy Beatty and Anthony Chen 2012). 표 29-1은 화학약품 관리 시스템에서 도출한 요구사항 추적 매트릭스의 일부를 보여준다. 과거에 이런 매트릭스를 설정할 때는 기준이 되는 SRS를 복사하고 기능적 요구사항에 대한 이름표를 제외한 모든 것을 삭제하는 것으로 시작했다. 그런 다음 "기능적 요구사항" 행만 설정된 표 29-1과 같은 표를 만들었다. 동료 팀원과 나는 프로젝트를 진행하면서 매트릭스에서 빈 셀들을 채워나갔다.

표 29-1 요구사항 추적 매트릭스의 한 종류

사용자 요구사항	기능적 요구사항	설계 요소	코드 요소	테스트
UC-28	catalog.query.sort	Class catalog	CatalogSort()	search.7
				search.8
UC-29	catalog.query.import	Class catalog	CatalogImport()	search.12
			CatalogValidate()	search.13
				search.14

표 29-1은 어떻게 각 기능적 요구사항이 특정 유스케이스와 하나 이상의 설계, 코드, 테스트 요소에 연결돼 있는지 보여준다. 설계 요소는 아키텍처 구성 요소와 관계형 데이터 모델에서의 테이블 또는 객체 클래스 같은 것일 수 있다. 코드 요소는 클래스 메서드, 스토어드 프로시저, 소스코드 파일명 또는 소스파일 내의 모듈일 수 있다. 더 많은 추적 세부사항을 포함하면 더 많은 작업이 필요하지만 소프트웨어 요소와 관련된 정확한 지점을 파악할 수 있다.

계획한 대로가 아니라 작업이 완료되는 대로 정보를 입력하자. 즉, 해당 함수의 코드가 작성된 경우에만 표 29-1의 첫 번째 열의 "코드 요소" 항목에 CatalogSort()를 입력하자. 그런 방법으로 독자는 요구사항 추적 매트릭스에서 설정된 부분이 완료된 작업을 나타내는 것임을 안다.

> **중요** 각 요구사항에 대한 테스트 케이스를 나열하는 것이 소프트웨어가 테스트에 통과했음을 가리키는 것은 아니다. 그것은 단순히 특정 테스트가 적절한 시간에 요구사항 검증을 위해 기록된 것임을 나타낸다. 테스트 상태를 추적하는 것은 별개의 문제다.

추적 정보를 표현하는 또 다른 방법은 다음과 같은 시스템 요소 쌍 사이의 링크를 정의하는 매트릭스를 이용하는 것이다.

- 한 유형의 요구사항과 동일한 유형의 다른 요구사항
- 한 유형의 요구사항과 다른 유형의 요구사항
- 한 유형의 요구사항과 테스트

"명시하다/~에 의해 명시되다", "~에 의존하다", "~의 부모다", "제한하다/~에 의해 제한되다"와 같은 요구사항 쌍 사이에 올 수 있는 다양한 관계를 정의하는 데 이런 매트릭스를 사용할 수 있다 (Sommerville and Sawyer 1997).

표 29-2는 양방향 추적 매트릭스를 보여준다. 매트릭스 내 셀은 대부분 비어있다. 링크된 구성 요소가 교차하는 지점의 각 셀에는 연결을 표시하는 기호가 포함돼 있다. 표 29-2에서는 특정 기능적 요구사항이 특정 유스케이스에서 추적되는 것을 나타내기 위해 화살표를 사용한다. 예를 들어, FR-2는 UC-1에서 추적되고, FR-5는 UC-2와 UC-4에서 추적된다. 기능적 요구사항 FR-5는 두 가지 유스케이스인 UC-2 및 UC-4에서 재사용됨을 나타낸다.

표 29-2 유스케이스와 기능적 요구사항 간의 링크를 보여주는 요구사항 추적 매트릭스

기능적 요구사항	유스케이스			
	UC-1	UC-2	UC-3	UC-4
FR-1	↵			
FR-2	↵			
FR-3			↵	
FR-4			↵	
FR-5		↵		↵
FR-6			↵	

추적 링크는 시스템 요소 사이에 일대일, 일대다 또는 다대다 관계를 정의할 수 있다. 표 29-1의 구성 방식은 표의 각 셀에 여러 항목을 입력할 수 있게 함으로써 이러한 카디널리티를 수용한다. 다음은 가능한 링크 카디널리티의 몇 가지 예다.

- **일대일**: 하나의 설계 요소는 하나의 코드 모듈 내에 구현된다.
- **일대다**: 하나의 기능적 요구사항은 여러 테스트로 검증된다.
- **다대다**: 각 유스케이스는 여러 기능적 요구사항으로 이어지고, 특정 기능적 요구사항은 몇 개의 유스케이스에 공통적이다. 이와 비슷하게 공유 또는 반복되는 설계 요소는 몇 가지 기능적 요구사항을 충족할 수 있다. 이상적으로는 상호 연결을 모두 수집하겠지만 실제 다대다 관계 추적은 관리가 복잡하고 어렵다.

품질 속성과 같은 비기능적 요구사항은 코드에서 직접 추적하지 않을 때가 많다. 응답시간 요구사항은 특정 하드웨어, 알고리즘, 데이터베이스 구조, 아키텍처 접근법을 좌우할 수 있다. 이식성 요구사항은 개발자가 사용하는 언어 기능에 제한적일 수 있지만 이식성을 가능하게 하는 특정 코드 부분의 결과인 것은 아니다. 기타 품질 속성은 실제 코드에서 구현된다. 사용자 인증을 위한 보안 요구사항은 암호 또는 생체 인식 기능을 통해 구현될 수 있는 기능적 요구사항으로 도출된다. 이러한 경우 후방으로는 부모 비기능적 요구사항, 전방으로는 평소와 같은 다운스트림 산출물에 해당하는 기능적 요구사항을 추적할 수 있다. 그림 29-3은 비기능적 요구사항을 포함하는 추적 가능한 체인을 나타낸다.

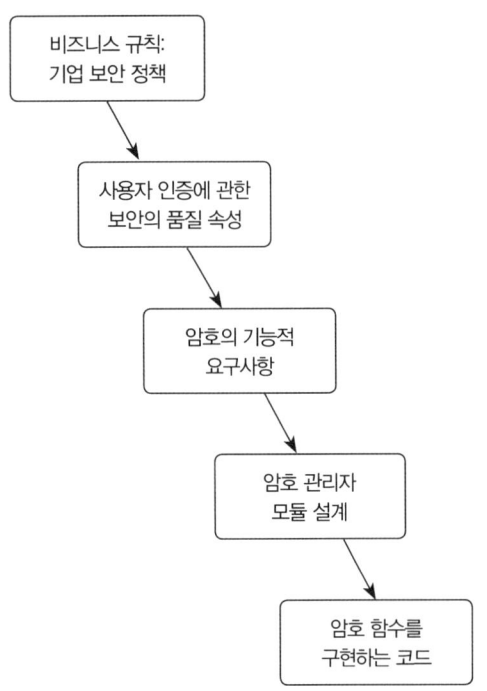

그림 29-3 애플리케이션 보안 처리 요구사항에 대한 샘플 추적 체인

추적 링크는 이용 가능한 적절한 정보를 가진 누구나 정의할 수 있어야 한다. 표 29-3은 다양한 유형의 소스와 대상 오브젝트 간의 링크에 대한 몇 가지 일반적인 지식 출처를 나타낸다. 프로젝트에 대한 각 유형의 추적 정보를 누가 공급할지 역할과 담당자를 결정하라. 분석가나 프로젝트 관리자 같은 바쁜 사람들에게 이러한 데이터 제공을 요청하는 것에 대한 약간의 거부감을 예상하라. 이러한 실무자에게는 요구사항 추적과 요구사항 추적이 어떻게 가치를 제공하는지, 왜 프로세스에 기여하도록 부탁을 받았는지에 대해 설명을 들을 자격이 있다. 작업 완료 시점에 추적 정보 수집에 드는 비용의 증가는 작다는 사실을 알려주자. 그것은 주로 습관, 훈련, 저장 메커니즘을 설정하는 데 따른 문제다.

> **함정** 요구사항 추적 데이터를 모으고 관리하는 일은 특정 개인의 책임을 명시하지 않으면 잘 되지 않는다. 일반적으로 비즈니스 분석가나 품질 보증 엔지니어가 추적 정보를 수집, 저장, 보고한다.

표 29-3 추적 링크 정보가 나올 만한 출처

링크 소스 객체 유형	링크 대상 객체 유형	정보 출처
시스템 요구사항	기능적 요구사항	시스템 엔지니어
사용자 요구사항	기능적 요구사항	비즈니스 분석가
비즈니스 요구사항	사용자 요구사항	비즈니스 분석가
기능적 요구사항	기능적 요구사항	비즈니스 분석가
기능적 요구사항	테스트	테스터
기능적 요구사항	아키텍처 요소	아키텍트 또는 개발자
기능적 요구사항	기타 설계 요소	설계자 또는 개발자
설계 요소	코드	개발자
비즈니스 규칙	기능적 요구사항	비즈니스 분석가

요구사항 추적을 위한 도구

30장 "요구공학을 위한 도구"에서 설명하고 있듯이 상용 요구사항 관리 도구는 강력한 요구사항 추적 기능을 제공한다. 요구사항과 기타 정보를 도구의 데이터베이스에 저장하고, 같은 종류의 두 가지 요구사항 사이의 피어 링크를 비롯해 데이터베이스에 저장된 다양한 종류의 객체 사이에 링크를 정의할 수 있다. 어떤 도구는 자동으로 상호보완적인 링크를 정의해서 '~로 추적'과 '~로부터 추적' 관계를 구별할 수 있게 해준다. 즉, 요구사항 R이 테스트 T에 의해 추적된다'고 하면 도구에서는 T는 'R로부터 추적된다'는 대칭 관계 역시 보여줄 것이다.

어떤 도구는 링크의 양쪽 끝의 객체가 수정됐다고 추측되면 자동으로 추적 링크를 표시하기도 한다. 추측 링크는 해당하는 요구사항 추적 매트릭스의 셀에 시각적인 지표(빨간 물음표 또는 빨간색으로 된 사선)를 표시한다. 예를 들면, 유스케이스 3을 수정했다고 하면 표 29-2의 요구사항 추적 매트릭스는 다음 표 29-4와 같은 모습일 것이다. 추측 링크 지표(이 경우 물음표)는 수정된 UC-3과 일관성을 유지하도록 기능적 요구사항 3, 4, 6을 변경해야 하는지에 대해 확인이 필요하다고 알려준다. 필요한 변경사항을 반영하고 나면 직접 추측 링크 표시를 제거한다. 이 프로세스는 변경 사항의 파급 효과를 확인하는 데 유용하다.

표 29-4 요구사항 추적 매트릭스의 추측 링크

기능적 요구사항	유스케이스			
	UC-1	UC-2	UC-3	UC-4
FR-1	↵			
FR-2	↵			
FR-3			?↵	
FR-4			?↵	
FR-5		↵		↵
FR-6			?↵	

요구사항 관리 도구에서는 프로젝트 간 또는 서브시스템 간 링크를 정의할 수도 있다. 나는 어떤 고수준 시스템 요구사항이 다수의 서브시스템에 배분된, 20개의 서브시스템으로 이뤄진 대규모 소프트웨어 제품 하나를 알고 있다. 어떤 경우에는 한 서브시스템에 할당된 요구사항이 실제로 다른 서브시스템이 제공하는 서비스를 통해 구현되기도 했다. 이 프로젝트는 복잡한 추적 관계를 잘 따라가기 위해 요구사항 관리 도구를 사용했다.

규모가 아주 작은 애플리케이션이라 할지라도 요구사항 추적을 수동으로 수행하기란 불가능하다. 수백 개의 요구사항까지는 추적 데이터를 관리하는 데 스프레드시트를 사용할 수 있지만 더 큰 시스템은 더욱 유연한 방법이 필요하다. 개발 팀원의 머릿속에서 링크에 대한 지식이 나오기 때문에 요구사항 추적을 완전히 자동화할 수는 없다. 하지만 링크를 파악한 후에 도구를 이용하면 방대한 양의 추적 정보를 관리하는 데 유용하다.

요구사항 추적 절차

특정 프로젝트에 대한 요구사항 추적을 수행할 때는 다음과 같은 순서를 고려하자.

1. 요구사항 추적의 개념과 중요성, 활동 목표, 추적 데이터가 저장되는 곳, 링크를 정의하는 기법을 팀과 관리부서에 교육하자. 모든 참가자에게 책임을 다할 것을 요청하자.
2. 그림 29-2에 표시된 가능한 링크에서 정의할 링크 관계를 선택하자. 한번에 이 모든 작업을 수행하려고 해서는 안 된다! 작업량에 압도될 것이다.
3. 표 29-1의 단일 매트릭스 형태나 표 29-2의 다중 매트릭스 중 사용하고자 하는 추적 매트릭스 유형을 선택하자. 텍스트 문서의 표, 스프레드시트 또는 요구사항 관리 도구(이게 제일 좋다) 중에서 데이터 저장 메커니즘을 선택하자.
4. 추적 정보를 유지하고자 하는 제품의 부분을 확인하자. 중요한 핵심 기능, 위험도가 높은 부분 또는 제품의 수명에 걸쳐 대부분의 유지보수와 변화가 있을 것으로 기대되는 곳으로 시작하자.
5. 링크 정보의 각 유형을 제공할 사람과 추적 활동과 데이터 관리를 관장할 사람(대부분 BA)을 지정하자.
6. 요구사항을 만들거나 변경사항이 승인된 후 링크를 갱신해야 한다는 것을 개발자에게 상기시키기 위해 개발 절차를 수정하자. 추적 데이터는 요구사항 체인에서 링크를 생성하거나 수정하는 작업을 누군가가 완료한 후 바로 갱신해야 한다.
7. 각 시스템 요소에 고유한 식별자를 지정해 요소들이 함께 연결될 수 있도록 명명 규칙을 정의하자. 10장 "요구사항 문서화하기"에서 요구사항을 명명하는 여러 가지 방법을 설명했다.
8. 개발이 진행됨에 따라 각 참여자들은 작업의 각 부분을 완료하면서 요청한 추적 정보를 제공할 수 있다. 주요 마일스톤이나 프로젝트 마지막에 수집된 추적 데이터의 지속적인 축적이 가져다주는 이점을 강조하자.
9. 추적 정보를 정기적으로 감사해서 최신 정보로 유지되는지 확인하라. 요구사항이 만들어지고 검증됐다고 보고됐는데 추적 데이터가 불완전하거나 부정확하다면 요구사항 추적 프로세스가 목표한 대로 작동하지 않는 것이다.

나는 신규 프로젝트 초기에 추적 정보 수집을 시작한 것처럼 절차를 설명했다. 기존 시스템을 유지보수하는 경우 아마 추적 데이터를 구할 수 없을 것이다. 이 정보 축적을 시작하는 데는 지금 당장 외에 다른 때는 없다. 다음번에 개선사항을 추가하거나 수정할 때 코드, 테스트, 설계, 요구사항 사이의 연결에서 무엇을 발견했는지 적어라. 완전한 요구사항 추적 매트릭스를 재구성하지는 못할 테지만 약간의 노력이 다음번 누군가가 시스템의 같은 부분에서 작업해야 할 때 이를 쉽게 만들어 줄 수 있을 것이다.

카페인과 음악이 함께하는 최고의 접근

신용카드 트랜잭션 처리 시스템을 담당하는 시니어 개발자인 내 친구 소노코가 최근에 내게 이메일을 보냈다. "지금 진행 중인 프로젝트 중 하나의 요구사항 추적 매트릭스를 작성하느라 오후를 보냈다는 걸 네가 안다면 재미있어 했겠지만 난 지루해 죽을 것 같았어."라고 소노코가 말했다. "요구사항 명세서는 30쪽, 내 기술 설계는 100쪽이라서 매트릭스가 엄청 컸어. 이걸 해야 한다는 걸 알았지만 2시간 전에 잠들고 말았지."

소노코가 무슨 일을 하고 있는지 이해하기 위해 소노코에게 몇 가지 질문을 했다. 그녀는 "비즈니스 분석가와 영향을 받는 비즈니스 영역, 프로젝트 관리자가 내 기술 설계를 이용할 수 있게 해뒀기 때문에 그들이 건네준 모든 요구사항을 해결했다는 것을 추적 매트릭스가 증명해줘."라고 답했다. "설계 검토에서는 요구사항에 의해 논리적으로 배열된 추적 매트릭스를 통해 설계를 제시해." 나는 소노코에게 이 추적 매트릭스를 만드는 데 시간을 쏟는 이유를 물었다. 그녀는 "내가 아무것도 빠뜨리지 않게 해주고, 어떤 요구사항이 영향을 미치는 시스템 요소를 모두 빠르게 볼 수 있게 해주기 때문에 만들었어."라고 답했다.

소프트웨어 업계에서 수십년 동안 근무하고 난 후 소노코는 요구사항과 영향을 받은 설계 요소의 연결이 줄 수 있는 가치를 명확하게 이해하고 있다. 하지만 소노코가 지적한 대로 많은 양의 정보를 처리하는 것과 이를 연결하는 것은 재미있는 일은 아니다. 만약 종료 시점 전에 소노코가 기술 설계에 접근할 수 있다면 설계가 안정화되기 시작하면서 추적 정보 수집을 시작하는 시간을 절약할 수 있을 것이다.

요구사항 추적은 타당한가? 정말 필요한 것인가?

요구사항 추적 정보를 축적하는 데 그것의 가치보다 비싼 비용이 들거나 프로젝트에서 타당하지 않은 것으로 결론이 날 수도 있다. 이 같은 결론은 전적으로 가능하다. 필요한 기능이 포함된 도구를 가져와서 이를 설정하고, 데이터를 입력하고, 최신 상태를 유지하는 데는 비용과 시간이 든다. 팀 구성원이 필요한 지식을 보유하고 있고 필요할 때 다른 사람과 공유한다면 이런 식의 집단 기억장소를 구성할 필요는 없다. 요구사항 추적이 단순히 테스트를 위한 것인지 아니면 프로젝트에 비용 이상의 가치를 제공하는 등 뭔가 더 그럴싸한 목적이 있는 것인지는 여러분의 팀만이 결정할 수 있다.

하지만 다음과 같은 사례를 생각해 보자. 항공기 제조업체에서 근무하는 한 컨퍼런스 참석자는 회사에서 제작하는 최신 제트 여객기에 대해 그가 속한 팀이 맡은 부분의 SRS가 1.8미터 두께의 종이 뭉치였다고 이야기했다. 그들은 완벽하게 요구사항 추적 매트릭스를 가지고 있었다. 나는 바로 그 모델을 탄 적이 있었고, 개발자가 소프트웨어 요구사항을 주의 깊게 관리했다는 말을 듣고 행복했다. 상호 연결된 여러 서브시스템을 포함한 거대한 제품을 추적 관리하는 데는 해야 할 일이 많다. 이 항공기 제조업체는 그것이 필수라는 사실을 알고 있다. 미국 연방 항공국은 요구사항에서 설계까지의 추적성이 항공 소프트웨어 인증을 위해 필요하다는 데 동의한다. 이와 마찬가지로 미국 식품의약국(FDA)에서는 의료기기 제조업체가 장치에 대한 검증 프로세스의 일부로 다운스트림 산출물에 제품의 추적성을 입증하는 것을 지지한다.

제품이 실패했을 때 생명의 위협이나 손실을 야기하지 않더라도 요구사항 추적을 고려해야 한다. 최소한 비즈니스 요구사항과 사용자 요구사항을 추적해서 요구사항의 정렬, 누락 및 불필요한 점을 찾자. 어떤 세미나에서 추적 요구사항을 설명할 때 해당 세미나에 참석한 한 대기업의 CEO는 이렇게 물었다. "왜 당신의 전략적 비즈니스 시스템에서 이 작업을 하지 않습니까?" 이것은 좋은 질문이다. 기법을 적용하는 데 드는 비용과 그것을 사용하지 않았을 때의 위험을 토대로 향상된 요구공학 사례를 사용할지 결정해야 한다. 모든 소프트웨어 프로세스와 마찬가지로 큰 투자 이익이 기대되는 곳에 여러분의 귀중한 시간을 투자할지에 대해서는 경제적 의사결정을 내려야 한다.

> **다음 단계는**
>
> - 현재 개발 중인 시스템의 주요 부분에서 15~20개의 요구사항에 대한 추적 매트릭스를 설정하자. 표 29-1과 29-2에 표시된 방법을 사용해보자. 몇 주 동안 프로젝트를 진행하면서 매트릭스를 채우자. 어떤 방법이 가장 효율적이었는지, 추적 정보를 수집하고 저장하는 데 어떤 절차가 팀에 가장 잘 맞았는지 평가하자.
> - 문서화 수준이 형편없는 시스템을 유지보수한 뒤, 여러분이 수정한 제품의 부분을 역공학함으로써 배운 바를 기록하자. 만지고 있는 퍼즐 조각에 대한 요구사항 추적 매트릭스 일부를 만들자. 누군가가 다음번에 여기서부터 시작할 수 있을 것이다. 팀이 제품에 대한 유지보수를 지속하는 동안 매트릭스를 발전시키자.
> - 기능적 요구사항에서 사용자 요구사항을 추적하고, 사용자 요구사항에서 비즈니스 요구사항을 추적하자. 비즈니스 요구사항과 연결되지 않기 때문에 제거할 수 있는 요구사항을 세보자. 추적 매트릭스가 다 비어버릴 때까지 누락된 요구사항을 세보자. 이러한 요구사항 오류를 프로젝트 후반부까지 발견하지 못했을 때의 비용을 계산하자. 이 분석은 여러분의 환경에서 요구사항 추적이 충분한 가치가 있을지 판단하는 데 도움될 것이다.

30
요구공학을 위한 도구

드디어 에스텔은 SRS 문서를 완료하고 승인을 받았다. 이제 제임스는 요구사항을 추가하고 싶어하지만 이 경우 문서에서 요구사항이 해당하는 절에서 이어지는 라벨을 증가시켜 번호 체계를 엉망으로 만든다. 에스텔은 요구사항의 식별자 변경이 해당 요구사항을 작업 중인 누구에게도 문제가 되지 않길 바랬다. 션은 요구사항 삭제를 요청한다. 에스텔은 요구사항이 추후 다시 범위에 포함될 수 있겠다는 생각이 들어 이를 어디에 보관하고, 개발자가 현재 작업 중인 것을 어떻게 유지할 수 있을지 고민했다. 어제 안토니오는 특정 요구사항이 포함된 이유를 에스텔에게 물었지만 에스텔은 그 질문에 대답할 수 없었다.

개발자 중 한명인 람은 다음 배포에서 자신이 담당해야 할 모든 요구사항 목록을 요청했지만 에스텔은 그러한 목록을 쉽게 만들어 낼 수 없었다. 사실 그것은 모두 동일한 문서에 저장돼 있어서 어떤 요구사항이 어떤 배포에서 예약됐는지 추적하기가 쉽지 않다. 에스텔은 이미 개발 중인 요구사항의 상태를 알고 싶어했지만 이 정보를 쉽게 찾을 수 있는 방법조차 없었다.

에스텔의 문서 기반 요구사항 접근법은 그녀의 요구사항 관리 니즈에 부합하지 못했다. 에스텔에게는 도구가 필요하다.

이전 장에서는 문서가 비즈니스 요구사항과 사용자 요구사항을 포함한 것과 같이 기능 및 비기능적 요구사항을 담기 위해 자연어로 된 소프트웨어 요구사항 명세서를 만드는 것에 대해 살펴봤다. 우리는 이러한 산출물이 일련의 요구사항 정보를 보관하기 위한 컨테이너일 뿐이라는 점을 지적했다. 이것들은 전통적인 워드프로세서로 작성한 문서일 필요가 없다. 개발과 요구사항 관리를 위한 문서 기반 접근법은 여전히 널리 사용되고 있지만 다음과 같은 여러 제약을 지닌다.

- 문서를 최신 내용으로 유지하고 동기화하기 어렵다.
- 영향을 받는 모든 팀 구성원에게 변경사항을 이야기하기에는 수동적인 프로세스다.
- 속성과 같은 각 요구사항의 추가적인 정보를 저장하기가 쉽지 않다.
- 요구사항과 기타 시스템 요소 간 링크를 정의하기 어렵다.
- 개별 요구사항과 요구사항의 전체 집합의 상태를 추적하기가 힘들다.
- 다른 배포나 관련 제품을 위해 계획된 요구사항 집합을 동시에 관리하기가 어렵다. 요구사항이 한 배포에서 다음 배포로 연기되면 BA는 한 요구사항 명세서에서 다른 요구사항 명세서로 그것들을 손수 옮겨야 한다.
- 일반적으로 요구사항의 재사용은 비즈니스 분석가가 원본 문서의 텍스트를 요구사항이 사용될 다른 시스템이나 제품의 문서로 복사해야 한다는 것을 의미한다.
- 여러 프로젝트 참여자의 요구사항을 수정하기가 어렵고, 특히 참여자들이 지리적으로 분리된 경우 더욱 어렵다.
- 검토됐지만 거부된 제안 요구사항을 저장할 마땅한 곳이 없어 요구사항이 기준에서 삭제됐다.
- 요구사항과 같은 위치에서 분석 모델에 대한 생성, 추적, 편집 이력 추적이 어렵다.
- 누락되거나 중복되거나 불필요한 요구사항을 식별하기 어렵다.

요구사항 개발(RD; Requirements Development) 도구와 요구사항 관리(RM; Requirements Management) 도구는 이런 제약에 대한 해결책을 모두 제공한다. RD 도구는 프로젝트를 위해 올바른 요구사항을 도출하고, 그 요구사항이 잘 쓰여졌는지 여부를 판단하는 데 도움을 준다. RM 도구는 요구사항의 변경 사항 관리, 상태 추적, 다른 프로젝트 산출물에 대한 요구사항을 추적하는 데 도움을 준다.

규모가 작은 프로젝트를 진행하는 팀에서는 어떤 요구사항 관리 도구도 사용하지 않는 대신 문서, 스프레드시트 또는 간단한 데이터베이스를 사용해서 요구사항을 관리할 수도 있다. 대형 프로젝트를 진행하는 팀에서는 상용 요구공학 도구가 도움될 것이다. 이러한 도구 중 어느 것도 팀 구성원이 요구사항을 개발하고 관리하기 위해 수행하는 정의된 프로세스를 대체하진 않는다. 이미 사용하는 방식이 있지만 좀 더 효율성이 필요할 때 도구를 사용하라. 도구가 비즈니스 분석, 요구공학 프로세스, 교육, 훈련 또는 경험의 부족을 채울 것으로 기대하지 마라.

> **함정** 요구사항 도구를 직접 개발하거나 범용 자동화 제품으로 상용 요구사항 제품을 모방하려 하지 마라. 처음에는 손쉬운 해결책처럼 보이지만 정말 필요한 도구를 구축할 자원이 없는 팀에게 곧바로 부담으로 작용할 수 있다.

이번 장에서는 요구사항 도구를 이용했을 때 얻는 여러 혜택을 보여주고 이러한 제품에서 기대할 수 있는 몇 가지 일반적인 기능을 확인한다. 시중에 출시된 상용 요구사항 도구는 수십 개에 달한다. 각 제품은 지속적으로 발전하고 제품이 배포될 때마다 기능도 함께 변화하고 있기 때문에 이번 장에서 기능별 도구 비교는 다루지 않는다. RD 및 RM 도구는 대부분 저렴하진 않지만 요구사항 관련 문제의 높은 비용이 이러한 도구에 대한 투자를 정당화할 수 있다. 도구에 드는 비용이 초기 라이선스 비용만이 아니라는 사실을 알아야 한다. 이 비용에는 연간 유지보수 비용과 주기적인 업그레이드, 소프트웨어 설치 및 구성, 관리, 공급업체 지원, 컨설팅, 사용자 교육이 포함된다. 클라우드 기반 솔루션은 이러한 추가 지원 활동과 비용의 일부를 줄인다. 구매 결정을 내리기 전에 비용 편익 분석에서 이 모든 비용을 고려해야 한다.

요구사항 개발 도구

요구사항 개발 도구(RD)는 비즈니스 분석가가 수동적인 방법에 비해 효과적이고 효율적으로 이해관계자와 요구사항 문서를 도출하는 데 사용된다. 이해관계자가 정보를 소비하고 공유하는 최적의 방법은 다양하다(텍스트, 시각적, 청각적). RD 도구는 다양한 커뮤니케이션 방법을 수용해서 이해관계자와 협업을 향상시킬 수 있다(Frye 2009). 이번 절에서는 요구사항 도출, 프로토타이핑, 모델링 도구로 개발 도구를 세분화한다. RD 도구 중 일부는 이 모든 서비스를 제공한다. 그중에 요구사항 관리 기능을 제공하는 도구도 있다. 일반적으로 RD 도구는 RM 도구처럼 성숙하지 않고, 프로젝트에 주는 전체적인 영향은 RM 도구보다 작다.

요구사항 도출 도구

요구사항 도출 도구에는 도출 세션 동안 메모를 기록하는 데 사용되는 기능이 포함돼 있다. 이를 통해 BA는 신속하게 아이디어 정리와 후속 질문, 행동 항목, 핵심 항목 등에 대한 주석을 달 수 있다. 마인드 맵 도구는 생성된 정보의 조직화뿐 아니라 브레인스토밍을 돕는다. 오디오 펜 및 기타 기록 도구는 대화를 다시 듣거나 요구사항 도출 세션 동안 무슨 일이 있었는지 시각적 암시를 제공한다. 일부 기록 장치를 이용하면 오디오를 텍스트로 변환함과 동시에 필요 시 오디오 대화의 특정 부분을 들을 수 있다. 요구사항 문서에서 애매모호한 단어를 스캔하는 등의 품질 검사를 지원하는 도구는 BA가 명확한 요구사항을 작성하도록 돕는다. 어떤 요구사항 도출 도구는 텍스트에서 자동으로 생성된 다이어그램으로 요구사항을 변환하기도 한다. 팀의 요구사항 우선순위 결정을 돕기 위해 투표 기능을 지원하는 도구도 있다.

프로토타이핑 도구

프로토타이핑 도구는 전자 목업에서부터 완전한 애플리케이션 시뮬레이션까지 아우르는 작업물 생성을 용이하게 한다. 간단한 프로토타이핑 도구는 충실도가 낮은(low-fidelity) 와이어프레임을 생성하기 위한 기본 도형과 디자인을 제공한다(Garmahis 2009). 마이크로소프트 파워포인트 같은 일반 애플리케이션은 화면과 각 화면 간의 내비게이션을 빠르게 만들어내거나 기존 스크린샷에 주석을 다는 데 사용할 수 있다. 정교한 도구는 애플리케이션이 어떻게 동작하는지 보기 위해 사용자가 클릭할 수 있는 목업 기능을 제공한다. 어떤 프로토타이핑 도구는 버전 관리, 피드백 관리, 요구사항 링크, 코드 생성을 지원하기도 한다. 목적을 달성하는 데 필요한 것 이상으로 프로토타이핑을 만들기 위한 노력을 들이지 않도록 15장 "프로토타이핑을 활용한 위험 감소"의 주의사항을 참고하자. 충실도가 높은(high-fidelity) 프로토타입을 생성하는 도구를 사용하는 경우 프로토타입은 단지 가능한 모델이며 최종 제품은 다를 수 있다는 사실을 고객에게 분명히 전달해야 한다. 일부 프로토타이핑 도구는 고객의 기대치를 관리하기 위해 "손그림" 스타일로 화면 목업을 보여줄 수 있다.

모델링 도구

요구사항 모델링 도구는 BA가 5장 "비즈니스 요구사항 정립하기", 12장 "백문이 불여일견", 13장 "데이터 요구사항 명세화하기"에서 설명한 것과 같은 다이어그램을 만드는 데 도움을 준다. 이러한 도구는 규약에 따라 다이어그램을 그리기 위한 표준 도형, 표기법, 구문 사용을 지원한다. 이것들은 시작점으로서 템플릿을 제공하고 BA가 각 모델에 대해 더 많은 것을 알 수 있도록 예제를 제공할 수 있다. 이러한 도구는 드로잉 프로세스를 가속화하고 다이어그램이 제대로 그려졌는지 확인하기 위해 자동으로 다이어그램에서 도형을 연결할 때가 많다. 또한 사용자가 손으로 그리는 것보다 깔끔하고 일관성 있게 다이어그램을 만들 수 있게 해준다. 전문 소프트웨어 모델링 도구는 다이어그램에서 심볼을 옮길 때마다 연결된 화살표와 라벨을 따라 드래그해서 반복을 용이하게 한다. 반면 범용 그리기 도구에는 이런 기능이 없을 수도 있다.

많은 요구사항 관리 도구에서도 일부 모델링 기능을 제공한다. 가장 정교한 도구를 이용하면 모델 또는 모델의 특정 요소에 대한 개별 요구사항을 추적할 수 있다. 예를 들면, 분석가는 도구에서 스윔 레인 다이어그램을 만들고, 요구사항을 작성한 후에 다이어그램의 특정 단계로 돌아가 이러한 요구사항을 추적할 수 있다.

요구사항이나 모델 요소가 누락되거나, 논리적으로 잘못되거나, 불필요하다고 말해주는 도구는 없다는 점을 명심하라. 이러한 도구는 BA가 다양한 방법으로 정보를 표현하고 특정 유형의 오류나 누락을 탐지하게 하지만 고민과 동료 평가의 필요성을 없애지는 못한다.

요구사항 관리 도구

다중 사용자 데이터베이스에 정보를 저장하는 RM 도구는 문서에 요구사항을 저장하는 제한을 해결하는 유연한 솔루션을 제공한다. 규모가 작은 프로젝트 팀이라면 요구사항 텍스트와 각 요구사항의 몇 가지 속성만 입력하면 된다. 거대한 프로젝트를 진행하는 팀에서는 사용자가 소스 문서에서 요구사항을 가져오고, 속성 값을 정의하며, 데이터베이스 내용을 필터링해서 보여주고, 다양한 형식으로 요구사항을 내보내며, 추적 링크를 정의하고, 다른 소프트웨어 개발 도구에 저장된 항목에 요구사항을 연결할 수 있게 함으로써 이득을 얻는다.

요구사항 관리 도구는 지난 수년간 사용할 수 있었다. 이러한 도구는 요구사항 개발 도구보다 종류가 다양하고 성숙하다. 공정하게 말하면, 이것들이 해결하는 문제는 좀 더 다루기 쉽다. 요구사항을 저장하고, 이를 조작하는 일부 기능을 제공하는 데이터베이스를 만드는 것이 BA가 새로운 지식을 발견하고, 지식을 손수 정확한 요구사항 문장과 다이어그램으로 만들고 정보의 표현이 올바른지 결과를 확인하는 것보다 쉽다. 일부 도구는 RD 및 RM 기능을 모두 결합해 강력한 솔루션으로서 지원한다.

RM 도구 사용의 이점

프로젝트 요구사항을 도출하고 구체화하는 숭고한 작업을 수행할지라도 개발이 진행됨에 따라 프로젝트 요구사항에 대한 제어권을 잃어버릴 수 있다. RM 도구는 시간이 지남에 따라 요구사항 세부사항에 대한 팀 구성원의 기억이 흐릿해질 때 가장 빛을 발한다. 다음 절에서는 이러한 도구가 도움될 만한 일부 작업을 설명한다.

버전 및 변경 사항 관리

프로젝트에서는 특정 배포나 반복주기에 할당된 요구사항의 특정 집합을 식별하는 하나 이상의 요구사항 기준을 정의해야 한다. 일부 RM 도구는 기준 설정 기능을 제공한다. 이러한 도구는 각 요구사항에 대한 변경 이력도 유지한다. 각 변경 사항 결정의 근거를 기록하고 필요한 경우 이전 버전의 요구사항으로 되돌릴 수 있다. 어떤 도구는 영향을 받는 요구사항에 변경 요청을 바로 연결하는 변경 제안 시스템을 포함하기도 한다.

요구사항 속성 저장

27장 "요구사항 관리 사례"에서 이야기한 것처럼 여러분은 각 요구사항에 대한 각종 설명 속성을 기록해야 한다. 프로젝트에 참여하는 모든 이는 속성을 볼 수 있어야 하고, 일부 구성원은 속성 값을 수정하는 것이 허용될 것이다. RM 도구는 요구사항이 생성된 날짜, 현재 버전 번호와 같은 몇 가지 시스템 정의 속성을 만들어내고 다양한 유형의 추가 속성을 정의할 수 있게 해준다. 속성을 신중하게 정의함으로써 이해관계자는 속성 값의 특정 조합에 따라 하위 집합을 선택할 수 있다. 배포 번호(Release Number) 속성은 다양한 배포에 할당된 요구사항을 추적하는 한 가지 방법이다.

영향 분석을 용이하게 함

RM 도구는 다양한 유형의 요구사항 간의 링크나 여러 서브시스템의 요구사항 간의 링크, 개별 요구사항과 연관 시스템 구성요소(예: 설계, 코드 모듈, 테스트, 사용자 문서) 간의 링크를 정의할 수 있게 해서 요구사항 추적을 가능하게 한다. 이러한 링크는 특정 요구사항에 대한 변경 사항의 제안이 다른 시스템 요소에 미칠 영향을 분석하는 데 유용하다. 각 기능적 요구사항의 근원이나 부모를 추적해서 어디서 왔는지 알 수 있게 하는 것도 좋은 생각이다. 예를 들어, 특정 비즈니스 규칙에서 비롯된 모든 요구사항 목록을 확인해 해당 규칙을 변경했을 때의 결과를 추정할 수 있다. 28장 "변경의 발생"에서 영향 분석을 설명하고, 29장 "요구사항의 연결 고리"에서 요구사항 추적을 다뤘다.

누락되고 관계 없는 요구사항을 식별

RM 도구의 추적 기능은 아무런 기능적 요구사항이 매핑되지 않은 사용자 요구사항 같은 이해관계자가 누락된 요구사항을 식별하는 데 도움이 된다. 이와 유사하게, RM 도구는 적당한 근원을 추적할 수 없는 요구사항을 찾을 수 있으며, 이러한 요구사항의 필요성에 대한 질문을 제기하기도 한다. 비즈니스 요구사항이 범위에서 제외되면 이것으로부터 추적되는 모든 요구사항도 빠르게 삭제할 수 있다.

요구사항 상태 추적

데이터베이스에 요구사항을 수집해 두면 제품에 대해 명세화한 요구사항이 얼마나 많은지 알 수 있다. 27장과 같이 개발하는 동안 각 요구사항의 상태를 추적하면 프로젝트의 전체 상태를 추적할 수 있다.

접근 제어

RM 도구를 이용하면 개인 또는 사용자 그룹에 대한 접근 권한을 정의하고 데이터베이스에 연결된 웹 인터페이스를 통해 지리적으로 분산된 팀과 정보를 공유할 수 있다. 일부 도구는 다수의 사용자가 동시에 데이터베이스 내용을 수정할 수 있게 한다.

이해관계자와의 의사소통

RM 도구는 마스터 저장소 역할을 함으로써 모든 이해관계자가 동일한 요구사항 집합으로 작업할 수 있다. 어떤 도구는 컴퓨터를 이용해 이뤄져 계속 쌓이는 대화를 통해 팀 구성원이 요구사항 이슈에 대해 논의할 수 있게 해준다. 새 토론 항목이 만들어지거나 특정 요구사항이 수정될 때 관련 팀 구성원에게 이메일 메시지가 자동으로 전달된다. 이는 요구사항에 대해 내린 결정을 시각적으로 추적하는 편리한 방법이다. 요구사항을 온라인에서 접근할 수 있게 만들어 두면 문서가 급증하거나 버전 혼란이 발생하는 것을 최소화할 수 있다.

요구사항 재사용

데이터베이스에 요구사항을 저장해두면 여러 프로젝트 또는 하위 프로젝트에서 이러한 요구사항을 재사용하기가 쉽다. 제품 기술서의 여러 부분에 논리적으로 적합한 요구사항은 요구사항 복제를 피하기 위해 저장해두고 필요할 때마다 참조할 수 있다. 18장 "요구사항 재사용"에서는 효과적인 요구사항 재사용의 중요 개념을 설명한다.

이슈 상태 추적

일부 RM 도구는 미해결 이슈를 추적하고 각 이슈를 관련된 요구사항에 연결하는 기능을 제공하기도 한다. 이러한 연결을 통해 이슈가 해결되면 어느 요구사항을 수정해야 하는지 쉽게 판단할 수 있다. 또한 이슈의 이력과 해결책을 빠르게 찾을 수 있다. 도구 내에서 이슈를 추적하면 이슈의 상태를 자동으로 보고하는 것도 가능하다.

맞춤형 하위 집합 생성

RM 도구를 사용하면 특정 목적에 맞는 일련의 요구사항을 추출하고 확인할 수 있다. 예를 들면, 특정 개발 반복주기의 모든 요구사항이나 특정 기능과 관련된 모든 요구사항, 또는 검사가 필요한 요구사항 집합을 포함한 보고서가 필요할 수도 있다.

RM 도구의 기능

그림 30-1의 기능 트리는 일반적으로 RM 도구에서 볼 수 있는 기능 유형을 요약해서 보여준다. 온라인에서 수많은 RM 도구의 상세한 기능 비교 내용을 찾아볼 수 있다(Seilevel 2011; INCOSE 2010; Volere 2013 참조).

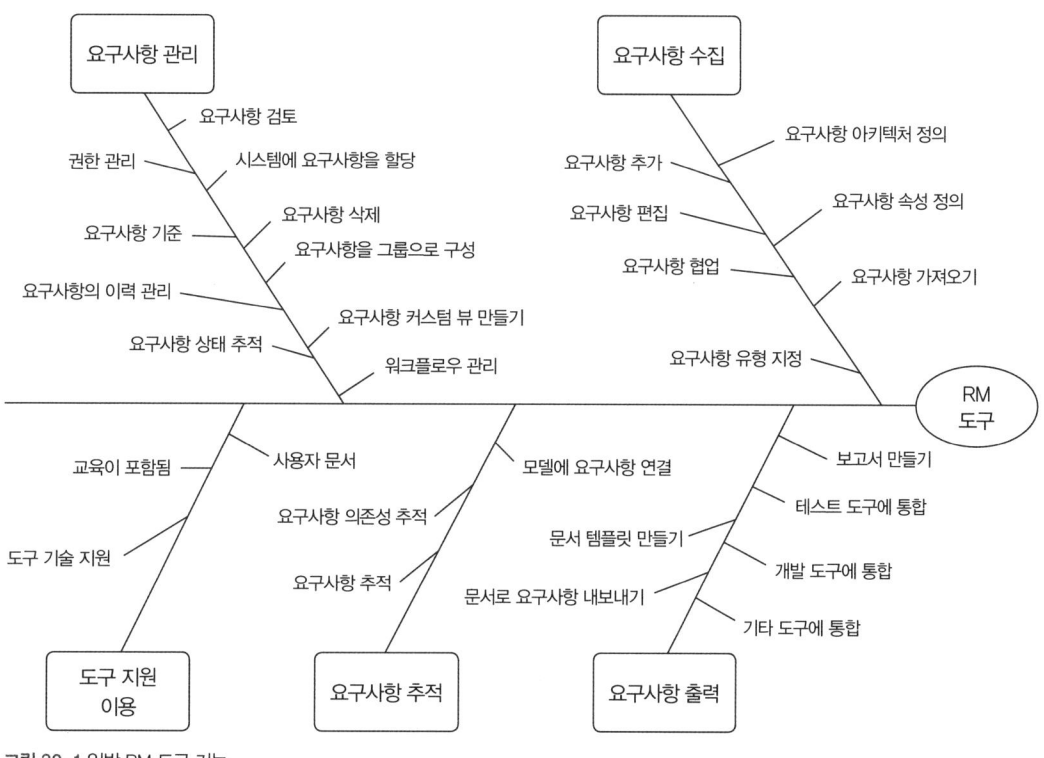

그림 30-1 일반 RM 도구 기능

RM 도구를 이용하면 비즈니스 요구사항, 유스케이스, 기능적 요구사항, 하드웨어 요구사항 및 제약과 같은 다양한 유형의 요구사항을 정의할 수 있다. 이 경우 일반적으로 SRS에 포함된 모든 유형의 정보를 구별할 수 있다. 많은 도구는 여러분의 사례에 맞는 정보 아키텍처(요구사항 유형과 다른 객체가 어떻게 관련되는지 정의)를 구성할 수 있게 해준다. 29장에서는 정보 아키텍처에서 정의할 수 있는 일반적인 추적 링크를 보여준다. 대부분의 도구는 각 요구사항 유형별로 속성을 정의할 수 있는 강력한 기능을 제공하므로 일반적인 문서 기반 접근법보다 큰 이점이 있다.

일반적으로 RM 도구는 각 요구사항의 고유한 내부 식별자를 유지하기 위해 요구사항에 대해 계층적 숫자 라벨을 제공한다. 이 식별자는 요구사항 유형을 가리키는 짧은 접두사로 구성돼 있다(예: 사용자 요구사항은 UR(user requirement)). 어떤 도구는 계층적 요구사항 트리를 조작할 수 있는 화면을 제공하기도 한다.

다양한 포맷의 소스 문서에서 RM 도구로 요구사항을 가져올 수 있다. 요구사항의 텍스트 설명은 필수 속성으로 처리된다. 그래픽이나 스프레드시트 같은 비텍스트 개체를 요구사항 저장소에 포함할 수 있는 제품도 많다. 또 다른 제품에서는 개별 요구사항에서 외부 파일(워드, 그림 파일 등)을 링크해서 요구사항 저장소 내용을 보강하는 추가 정보를 제공할 수도 있다.

일반적으로 도구의 내보내기 기능은 사전 정의되거나 사용자가 정의한 문서, 스프레드시트, 웹 페이지 같은 다양한 형태의 요구사항 문서를 생성하는 기능을 제공한다. 어떤 도구에서는 템플릿 생성을 위한 사용자 정의가 가능해서 페이지 레이아웃, 상용구, 데이터베이스로부터 추출된 속성, 텍스트 스타일을 지정할 수 있다. 명세서는 특정 쿼리 기준에 따라 일반적인 SRS처럼 보이는 형식으로, 도구에서 생성된 보고서에 해당한다. 예를 들어, 특정 배포와 특정 개발자에게 할당된 모든 기능적 요구사항을 포함하는 SRS를 만들 수 있다. 일부 도구는 사용자가 오프라인에서 문서를 수정한 내용을 사용자가 온라인 상태가 됐을 때 도구의 데이터베이스에 동기화하는 기능을 제공하기도 한다.

대부분의 도구는 도구 내에서 만들어지거나 도구의 내보내기 기능을 통해 만들어진 요구사항의 다양한 뷰를 제공한다. 일반적인 기능으로는 사용자 그룹을 설정하는 것을 비롯해 선택된 사용자 또는 그룹이 프로젝트, 요구사항, 속성, 속성 값을 생성, 조회, 갱신, 삭제하는 권한을 갖도록 지정하는 것이 있다. 적절한 뷰와 권한을 설정하면 요구사항 검토와 이러한 요구사항을 개선하기 위한 협력이 수월해진다. 어떤 도구는 사용자가 속도를 낼 수 있게 도와주는 튜토리얼이나 예제 프로젝트 같은 보조 학습 기능을 제공하기도 한다.

일반적으로 요구사항 관리 도구는 견고한 추적 기능을 제공한다. 추적은 서로 다른 두 가지 유형의 객체나 같은 유형의 객체 사이에 링크를 정의하는 식으로 처리된다. 일부 요구사항 관리 도구는 모델이 요소 레벨에서 개별 요구사항이나 다른 모델 요소에 링크되게 하는 모델링 기능을 제공하기도 한다.

애자일 프로젝트 관리 도구에서 RM 기능을 제공하는 경우도 있다. 이런 도구는 백로그 관리와 우선 순위 설정, 반복주기에 요구사항 할당, 요구사항에서 직접 테스트 케이스를 생성하는 데 사용된다.

그림 30-2와 같이 RM 도구는 종종 애플리케이션 개발에 사용되는 다른 도구와 통합되기도 한다. 29장에서는 개별 요구사항이 어떻게 다른 도구에 있는 객체와 연결될 수 있는지 설명했다. 예를 들면, 설계 모델링 도구에 저장된 개별 설계 요소나 테스트 관리 도구에 저장된 테스트에 대한 특정 요구사항을 추적할 수 있을지도 모른다.

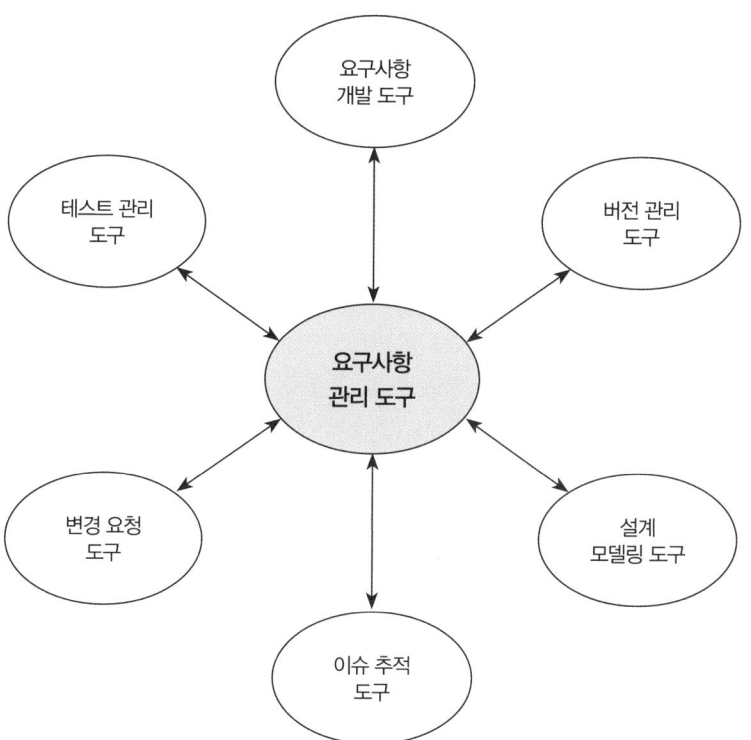

그림 30-2 다른 종류의 소프트웨어 도구와 통합된 RM 도구

RM 제품을 선택할 때는 도구가 현재 사용 중인 다른 도구와 데이터를 교환할 수 있는지 여부를 확인하자. 요구사항 엔지니어링, 테스트, 프로젝트 추적 및 기타 프로세스를 수행할 때 이러한 제품 통합의 이점을 어떻게 활용할 수 있을지 생각하자. 예를 들면, 기능적 요구사항과 특정 설계나 코드 요소 사이에서 추적 링크를 어떻게 정의할지와 특정 기능적 요구사항에 연결된 모든 테스트가 제대로 실행됐는지 검증하는 방법을 고려하자.

요구사항 도구의 선택과 구현

이러한 요구사항 도구는 요구사항 관련 실무를 좀 더 세련되고 풍부한 역량으로 한 단계 업그레이드 해준다. 하지만 성공은 조직에 가장 적합한 도구를 선택하고 이를 일상적인 실무의 일부로 받아들이는 데 달렸다.

도구 선택하기

원하는 기능, 플랫폼, 가격의 조합을 토대로 개발 환경과 문화에 가장 적합한 도구를 선택하자. 비즈니스 분석가는 평가 기준을 정의하고 실제 평가를 수행해서 선택할 수 있도록 노력해야 한다. 일부 기업에서는 기업의 요구를 완전히 이해하고 사용 가능한 후보 중에서 하나를 추천할 수 있는 컨설턴트에게 도구 평가를 맡기기도 한다. 직접 평가를 수행하는 경우 22장 "패키지 솔루션 프로젝트"에서 설명한 제안처럼 상용 제품 패키지를 선택하는 내용을 요구사항 도구를 선택하는 데 적용할 수 있다. 22장에서도 요구사항 도구를 평가하는 것에 관한 실제 이야기를 다룬다. 선택 과정을 요약하면 다음과 같다.

1. 조직에서 평가 기준으로 사용할 수 있는 도구의 요구사항을 확인하자.
2. 조직에 중요한 어떤 기능이나 다른 요인에 따라 우선순위와 가중치를 설정하자.
3. 데모 시연을 준비하거나 고려 중인 도구의 평가판을 구하자.
4. 기준에 따라 일관된 방식으로 각 도구를 점수화하자.
5. 기준 점수와 할당된 가중치를 토대로 각 도구의 총점을 계산하자.
6. 높은 점수를 득점한 각 도구가 실제 프로젝트에서 득점한 만큼 예상대로 작동하는지 확인하자.
7. 최종 선택을 위해 점수, 라이선스 비용, 판매업체의 지속적 지원에 따른 비용, 현 사용자 의견, 제품에 대한 팀의 주관적 인상 등을 조합하자. "가장 사용하고 싶은 도구는 무엇인가?"와 "강제로 쓰게 했을 때 가장 맘에 들지 않는 도구는 무엇인가?"라는 마지막 두 가지 질문을 도구 평가자에게 물어보자.

도구와 프로세스 준비하기

도구를 설치하고, 프로젝트의 요구사항을 불러오고, 속성과 추적 링크를 정의하고, 내용을 최신 상태로 유지하고, 접근 그룹 및 권한을 정의하고, 도구를 사용할 수 있도록 프로세스를 조정하는 데 많은 노력을 기울여야 한다는 사실을 알고 있어야 한다. 도구를 구성하는 것이 복잡할 수 있는데, 복잡한 요구사항 도구는 단순히 설정하는 것만으로도 가파른 학습 곡선을 보여준다. 관리자는 이러한 작업에 필요한 자원을 할당해야 한다. 여러분이 택한 제품이 비싼 애물단지가 되는 대신 실제로 사용되도록 조직 전체가 노력을 기울이자.

요구사항 도구의 이점을 활용하지 않으면 이를 사용하는 의미가 없다. RM 도구에 모든 요구사항을 부지런히 저장했지만 아무런 요구사항 속성이나 추적 링크를 정의하지 않았던 프로젝트 팀을 만난 적이 있다. 그들은 모든 이해관계자에게 온라인으로 접근하는 것도 허용하지 않았다. 요구사항을 도구로 옮기는 데 노력을 들였지만 요구사항이 다른 형식으로 저장됐다는 사실은 큰 이점을 주지 못했다. 또 다른 팀에서는 고급 도구에 수백 개의 요구사항을 저장하고 여러 추적 링크를 정의했다. 유일하게 정보를 사용한 것은 문제를 수동으로 검토하기 위해 다량의 추적 리포트를 만들어내는 것이었다. 아무도 실제로 보고서를 검토하지 않고, 아무도 데이터베이스를 권위 있는 프로젝트 요구사항 저장소로 여기지 않았다. 두 조직 모두 도구에 상당한 시간과 돈을 투자했지만 그로부터 충분한 이득을 얻지 못했다.

가장 적합한 도구를 선택하더라도 조직이 원하거나 필요로 하는 모든 기능을 제공하지는 않는다. 기존 요구사항 템플릿이나 프로세스를 지원하지 않을 수 있다. 도구에 이를 통합하기 위해 기존 프로세스 중 일부를 조정해야 할지도 모른다. 템플릿, 속성명, 요구사항 개발 활동의 순서 등을 변경해야 할 것이다. 요구사항 도구의 투자 수익을 극대화하기 위해 노력하는 만큼 프로세스 이슈를 극복하기 위한 다음과 같은 제안을 고려하자.

- 도구 설정과 프로세스를 적용할 숙련된 BA를 할당하자. BA는 설정 선택 및 프로세스 변경이 끼치는 영향을 이해할 것이다.
- 여러분이 정의한 다양한 요구사항 유형에 대해 주의 깊게 생각하자. 현재 SRS 템플릿의 모든 절을 개별 요구사항 유형으로 취급해서는 안 되고, 모든 SRS 콘텐츠를 하나의 요구사항 유형으로 취급해서도 안 된다.
- 다양한 위치에서 프로젝트 이해관계자와의 의사소통이 용이하도록 도구를 사용하자. 데이터베이스 안의 모든 것을 변경할 자유를 모든 이에게 부여하지는 말고 다양한 사람들이 요구사항에 충분히 입력할 수 있도록 접근 및 변경 권한을 설정하자.
- 요구사항 도출 초기 워크샵에서 RM 도구를 통해 직접 요구사항을 도출하려 하지 말자. 요구사항이 안정화되면서 이를 도구에 저장하면 워크숍 참가자들이 개선을 위해 요구사항을 확인할 수 있다.
- RD 도구가 발견 프로세스를 느리게 하지 않고 이해관계자의 시간을 낭비하지 않으리라는 확신이 있는 경우에만 도출 활동에 RD 도구를 사용하자.
- 요구사항이 안정화될 때까지 추적 링크를 정의하지 말자. 그렇지 않으면 요구사항이 발전함에 따라 링크를 수정하기 위해 많은 일을 해야 할 것이다.
- 문서 기반 패러다임에서 도구 사용으로의 이동을 가속화하기 위해 도구의 데이터베이스가 프로젝트 요구사항의 최종 저장소로 확정된 날짜를 정하자. 이 날짜 이후로 워드프로세서 문서에만 있는 요구사항은 더 이상 유효한 요구사항이 아니다.

도구로 프로세스 결함을 극복할 수 없다는 점을 기억한다면 소프트웨어 요구사항의 관리를 크게 향상시키는 요구사항 도구를 발견할 가능성이 높아진다.

중요 종이에 합리적인 소프트웨어 요구사항 명세서를 작성할 수 있을 때까지 시험적으로라도 RM 도구를 사용하지 말자. 명확하고 고품질의 요구사항 도출 및 작성이 가장 큰 문제라면 RM 도구가 도움이 되지는 않을 것이다(RD 도구도 마찬가지다.)

사용자의 도구 도입 촉진하기

요구사항 도구에 대한 사용자의 성실함은 중요한 성공 요소다. 최고의 도구라도 동기가 없거나 훈련되지 못한 사용자의 손에서는 비용이 절약되지 않지만 헌신적이고, 잘 훈련돼 있고, 지식이 많은 사람은 별로 좋지 않은 도구로도 진도를 나갈 수 있을 것이다. 학습 곡선을 존중하고 시간을 투자할 의사가 없다면 도구에 비용을 들이지 마라.

도구를 구입하는 것은 간단하다. 도구를 수용하고 도구를 최대한 활용하기 위해 문화와 프로세스를 바꾸는 것이 훨씬 어렵다. 대부분의 조직에서는 워드프로세서 문서나 수기로 요구사항을 도출하고, 요구사항을 문서에 저장하는 데 익숙하다. 소프트웨어 기반의 도구로 변경하는 데는 사고의 전환이 필요하다. RD 도구를 이용하는 데는 요구사항 도출 세션을 수행하는 오래된 습관을 깨는 것이 필요하다. RM 도구는 데이터베이스에 접근할 수 있는 모든 이해관계자가 요구사항을 볼 수 있게 해준다. 어떤 이해관계자는 이러한 가시성을 요구사항이나 요구공학 프로세스, 또는 둘 모두를 통제할 수 없다는 결과로 해석하기도 한다. 어떤 이는 불완전하거나 완벽하지 않은 요구사항 집합을 타인과 공유하고 싶어하지 않지만 데이터베이스 콘텐츠는 모두가 볼 수 있게 돼 있다. 요구사항을 "완료" 전까지 비공개로 유지한다는 것은 다른 사람이 요구사항에서 일어날 수 있는 문제를 살필 기회를 놓친다는 것을 의미한다.

사람들은 종종 익숙한 것을 바꾸는 데 저항해서 문서에다 요구사항을 작업하는 방식을 편안해 하기도 한다. 심지어 사실이 아닌데도 요구사항 도구를 사용하는 것을 어렵다고 인식하고 있을 수도 있다. 또한 도구를 사용하는 대부분의 사용자가 이미 바쁘다는 사실을 잊지 말자. 일상에서 도구를 사용하는 데 익숙해질 수 있는 시간을 할당해야 한다. 결국, 이 도구는 실제로 사용자로부터 더 많은 시간을 필요로 하진 않겠지만 먼저 학습 곡선을 극복하고 도구를 이용해 새로운 작업 습관을 들여야 한다. 다음은 사용자의 도구 도입과 문화 변화에 관련된 이슈를 다루는 데 도움될 만한 몇 가지 제안 사항이다.

- 도구를 제대로 배우고, 다른 사용자에게 멘토링을 하며, 도구가 의도한 대로 사용된다는 것을 확인하는 도구 옹호자이며 열렬한 지지자를 식별하자. 이 사람은 도구 도입을 보장하는 단일 소유자가 될 수 있는 숙련된 비즈니스 분석가여야 한다. 이러한 초기 도구 옹호자들은 해당 도구가 일상에 뿌리내리도록 다른 이와 함께 자신의 프로젝트에 활용한다. 그런 다음 다른 프로젝트에서 이 도구를 채택하면 이를 지원하기 위해 다른 사람들을 교육시키고 멘토링할 것이다.

- 도입을 위해 극복해야 할 가장 큰 도전과제 중 하나는 사용자가 실제로 아무런 가치도 얻지 못하리라 생각한다는 것이다. 아마도 사용자는 기존 방식의 한계에서 오는 고통을 인지하지 못했을 것이다. 도구의 부족이 부정적인 영향을 야기하는 것에 대한 이야기를 공유하고 자신만의 예를 생각해보도록 요청하자.

- 팀 구성원은 똑똑하지만 그들이 최적의 사용법을 스스로 알아내기를 기대하기보다 훈련시키는 것이 좋다. 기본 동작은 바로 추론할 수 있지만 도구의 전체 기능과 이를 효율적으로 활용하는 방법에 대해서는 알지 못한다.

- 즉각적인 결과를 기대할 수 없기에 처음 사용하는 도구를 프로젝트 성공의 기반으로 삼지 말자. 중요하지 않은 프로젝트에 도구를 시험적으로 적용해 보자. 이는 조직이 도구를 운영하고 지원하는 데 드는 노력의 양을 파악하는 데 도움될 것이다. 31장 "요구사항 프로세스 개선"에서는 새로운 도구와 기술 도입에 관련된 학습 곡선에 대해 설명한다.

요구사항 개발과 관리를 돕기 위한 도구의 확산과 사용의 증가는 소프트웨어 공학에서 의심할 여지 없이 계속될 중요한 추세임을 보여준다. 하지만 너무나 많은 조직이 이러한 도구에 대한 투자의 혜택을 받지 못한다. 이들은 문서 기반 요구사항 패러다임에서 도구 기반 접근 방식으로 이동하는 데 필요한 조직 문화와 프로세스, 노력을 충분히 고려하지 않았다. 이번 장의 지침은 적절한 도구를 선택하고 이를 효율적으로 사용하는 데 도움이 된다. 도구가 탄탄한 요구사항 프로세스나 적절한 역량과 지식을 가진 팀 구성원을 대체할 수 없다는 사실을 기억하자. 도구를 쓰는 바보는 바보를 늘릴 뿐이다.

> **다음 단계는**
>
> - 요구사항 개발이나 요구사항 관리 도구가 투자를 정당화하기에 충분한 가치를 가졌는지 확인하기 위해 현재 요구사항 프로세스의 단점을 분석하자. 현재 단점의 원인을 이해하고 있는지 확인하자. 단순히 도구가 이를 마법처럼 해결해 줄 것이라고 생각하지 말자.
>
> - 비교 평가를 시작하기 전에 조직이 도구를 받아들일 준비가 돼 있는지 평가하자. 이전에 개발 프로세스에 새로운 도구를 통합했던 경험을 되돌아보자. 이번에는 성공할 수 있도록 이전에 성공했거나 실패했던 이유를 이해하자.

05

요구공학 구축하기

31장 요구사항 프로세스 개선하기
32장 소프트웨어 요구사항과 위험 관리

31
요구사항 프로세스 개선하기

최근 몇몇 프로젝트가 원활하게 진행되지 않은 것에 대해 모두 동의했다. 비즈니스 분석 책임자인 조앤은 요구사항 이슈가 최소 몇 가지 문제의 원인으로 작용했다는 점을 알고 있었다. 다양한 프로젝트의 BA들은 저마다 교육 및 경험 수준이 크게 달랐다. 그들은 요구사항을 개발하고 관리하는 데 각자가 알고 있는 바를 기반으로 가장 잘 할 수 있는 방법을 사용했다. 그들은 각기 다른 방식으로 요구사항을 정리했다. 어떤 팀은 프로젝트의 혼란을 줄일 수 있는 효과적인 요구사항 변경 프로세스를 따른 반면 어떤 팀은 모든 변경 요청에 대해 자동 반사적으로 반응했다. 불만 수준이 최고조로 높아졌다.

조앤은 경험이 적은 BA들에 대해 멘토링을 시도했는데 일부는 다른 사람보다 그녀의 도움을 더 수용했다. 조앤의 조직 중 일부 팀은 요구사항을 잘 처리했으며, 이러한 프로젝트는 다른 팀보다 골치 아픈 일이 적었다. 조앤은 모든 팀의 요구사항 관련 능력을 최고로 이끌어 내는 게 좋겠다는 것을 깨달았다. 아마 그때가 진지하게 요구사항 실무를 개선하기에 적절한 때였을 것이다. 그런데 다른 BA와 그들의 팀 구성원들이 이에 동의할까? 관리자는 페인 포인트[1] 감소를 위해 최선을 다했는가? 이번에 뭔가가 실제로 바뀔까? 아니면 예전처럼 개선 계획이 무관심이라는 암초에 걸려 좌초하지는 않을까?

---

1 (옮긴이) 약점이나 문제점 등 고통을 주는 지점

이전 장에서는 조직에 적용할 만한 수십 개의 요구공학의 "우수 사례"에 대해 설명했다. 더 나은 방법을 행동으로 실천하는 것은 소프트웨어 프로세스 개선의 본질이다. 간단히 말해서, 프로세스 개선은 더 효과적인 방법을 사용하는 것과 과거에 골칫거리였던 방법을 피하는 것으로 이뤄진다. 그러나 성능 개선으로 가는 길은 그릇된 시작, 이에 영향을 받는 사람들의 저항, 그리고 현재의 작업 외에 개선 활동을 하기에는 시간이 너무 없다는 문제로 포장돼 있다.

프로세스 개선의 궁극적인 목표는 소프트웨어 개발 및 유지보수 비용을 줄이고 이를 통해 프로젝트가 제공하는 가치를 향상시키는 것이다. 이를 가능하게 하는 방법은 다음과 같다.

- 이전 프로젝트에서 프로세스의 단점에 기인해서 발생한 문제를 수정한다.
- 앞으로의 프로젝트에서 맞닥뜨릴 문제를 예측하고 예방한다.
- 현재 사용되는 것보다 효과적이고 효율적인 실천 지침을 도입한다.

여러분의 팀이 사용 중인 방법이 제대로 작동하는 것처럼 보이거나, 그렇지 않다는 뚜렷한 증거가 있음에도 잘 동작한다고 주장하는 경우 사람들은 방법을 변경해야 할 필요성을 느끼지 못할 수도 있다. 그러나 성공적인 소프트웨어 조직이라 할지라도 그들에게 익숙한 것보다 더 크거나 복잡한 프로젝트나 다양한 고객, 장거리 협업, 빡빡한 일정, 생소한 비즈니스 도메인에 직면했을 때 어려움을 겪을 수 있다. 단 하나의 고객을 위해 다섯 명으로 구성된 팀이 사용하는 방법은 50여 개의 기업 고객들에게 서비스를 제공하는 각기 다른 3개의 시간대에 흩어진 100여 명 규모로 확장되지 않는다. 최소한 여러분은 언제든 필요에 따라 사용할 수 있는 요구공학 측면의 다른 방법을 알고 있어야 한다.

이번 장에서는 요구사항과 다양한 프로젝트의 프로세스나 이해관계자 사이의 관계를 설명한다. 여기서는 소프트웨어 프로세스 개선에 대한 기본 개념을 일부 제시하고 프로세스 개선 주기를 제안한다. 또한 여러분의 조직에서 사용할 법한 몇 가지 유용한 요구사항 "프로세스 자산"을 나열한다. 개선된 요구공학 프로세스를 구현하기 위한 프로세스 개선 로드맵으로 이번 장을 마무리하겠다.

요구사항이 다른 프로젝트 프로세스와 연관되는 방법

요구사항은 제대로 돌아가는 모든 소프트웨어 프로젝트의 중심에 있고, 기타 기술 및 관리 활동을 지원하고 가능하게 한다. 요구사항 개발 및 관리 방법에서 바뀐 부분은 다른 프로젝트에 영향을 주거나 다른 프로젝트로부터 영향을 받을 것이다. 그림 31-1은 요구사항과 기타 다른 프로젝트 프로세스 사이의 관계를 보여준다. 이어지는 절에서는 이러한 프로세스 인터페이스를 간략히 설명한다.

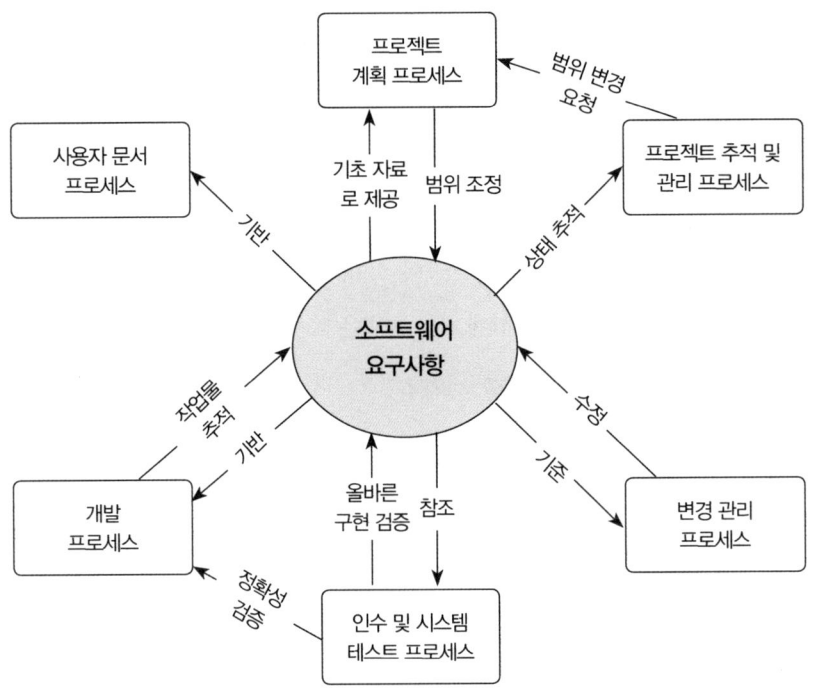

그림 31-1 요구사항과 다른 프로젝트 프로세스 사이의 관계

프로젝트 계획

요구사항은 프로젝트 계획 프로세스의 기초 역할을 한다. 기획자는 요구사항에 따라 적절한 소프트웨어 개발 수명 주기를 선택하고 자원과 일정을 산출한다. 프로젝트 계획은 가용한 자원과 시간 안에서는 필요한 기능의 전체 집합이 전달될 수 없음을 나타낼 수도 있다. 계획 프로세스는 프로젝트 범위 감소나 기능을 제공하는 단계로서 증분 또는 단계적 배포 방법을 선택하는 것으로 이어질 수 있다. 애자일 프로젝트에서 범위는 제품이나 배포 백로그에 있는 사용자 스토리 집합을 통해 정의되며, 각 반복주기에서 점진적으로 구현된다. 앞으로의 반복주기를 계획한 범위는 이전 반복주기의 속도 측정을 기반으로 한다.

프로젝트 추적 및 관리

프로젝트 추적은 프로젝트의 상태 모니터링을 포함하며 프로젝트 관리자가 개발 및 검증이 의도한 대로 진행되고 있는지 여부를 확인할 수 있다. 만약 그렇지 않다면 관리자나 고객, 기타 다른 이해관계자들이 계획 프로세스를 통해 범위 수정을 요청해야 할지도 모른다. 이 경우 작업 중인 요구사항 집합이 변경될 것이다. 애자일 프로젝트에서 각 반복주기가 일정 안에 완료돼야 할 경우 우선순위가 낮은 항목을 이후 반복주기로 옮김으로써 범위가 조정된다.

변경 관리

일련의 요구사항이 설정된 후 이후의 모든 변경 및 추가는 정의된 변경 관리 프로세스를 통해 이뤄져야 한다. 요구사항 변경은 완료돼야 하는 남은 작업에 대한 백로그를 수정하고 백로그의 작업 항목에 대한 우선순위를 다시 할당한다. 요구사항 추적은 범위 변경의 영향 평가를 돕는다. 28장 "변경의 발생"에서 설명한 바와 같이 변경 관리 프로세스는 적절한 요구사항 변경을 승인하기 위해 올바른 사람이 정확하고 잘 조율된 의사결정을 내릴 수 있게 돕는다.

인수 테스트 및 시스템 테스트

사용자 요구사항과 기능적 요구사항은 인수 테스트 및 시스템 테스트를 위한 필수 자료다. 다양한 조건하에서 소프트웨어의 예상 행동이 명확하게 구체화돼 있지 않다면 테스터는 모든 계획된 기능이 의도한 대로 개발됐는지 검증하느라 시간에 쫓길 것이다. 테스터의 최근 경험과 관련된 한 동료는 이렇게 이야기한다. "다른 분석가의 SRS에 대한 테스트 계획서를 작성하게 됐습니다. 어떤 기능인지 이해하느라 예상보다 많은 시간이 걸렸어요. SRS에서 관련 기능이 종종 예상치 못한 위치에 기재돼 있었던 거죠. 어떤 때는 SRS를 작성한 분석가가 최종적으로 선택되지 않은 옵션까지 자세히 설명한 적도 있어요. 그건 참 고통스러웠죠."

개발

요구사항은 설계 및 구현 작업의 기반이며, 다양한 개발 프로젝트에서 함께 엮여있다. 설계가 모든 요구사항을 제대로 다루고 있는지 설계를 검토하자. 단위 테스트는 코드가 설계 명세 및 적절한 요구사항을 충족하고 있는지 판단할 수 있다. 요구사항 추적은 각 요구사항에서 파생되는 소프트웨어 설계 및 코드 요소를 식별할 수 있게 한다.

사용자 문서

복잡한 소프트웨어 제품에 대한 사용자 문서를 준비하는 테크니컬 라이터(technical writer)를 고용한 사무실에서 일한 적이 있다. 테크니컬 라이터 중 한 명에게 왜 그리 오랫동안 일하냐고 묻자 "우리는 먹이사슬의 끝에 있어요."라는 대답이 돌아왔다. "우리는 마지막까지 제외되거나 추가되는 사용자 인터페이스 화면과 기능의 최종 변경에 대응해야 하니까요." 제품의 요구사항은 사용자 설명서의 기반을 제공하기 때문에 엉망으로 작성되거나 뒤늦게 추가된 요구사항은 문서화 문제의 원인이 된다. 종종 테크니컬 라이터나 테스터 등 요구사항 사슬의 끝에 있는 사람이 개선된 요구공학 방법의 열렬한 지지자이거나 프로세스 초기부터 관여하던 사람이라는 사실은 놀라운 일이 아니다.

요구사항 및 다양한 이해관계자 그룹

그림 31-2는 소프트웨어 개발자 그룹과 상호작용하고 프로젝트의 요구사항 활동에 일정 부분 기여할 수 있는 프로젝트 이해관계자의 일부를 보여준다. 만약 여러분이 비즈니스 분석가나 프로젝트 관리자라면, 제품 개발 노력이 성공하기 위해 이해관계자에게 필요한 정보와 참여에 대해 설명하자. 개발 그룹과 시스템 요구사항 명세나 시장 요구사항 문서, 사용자 스토리 등 기타 다른 기능 영역 간의 커뮤니케이션 인터페이스에 대한 합의를 보자.

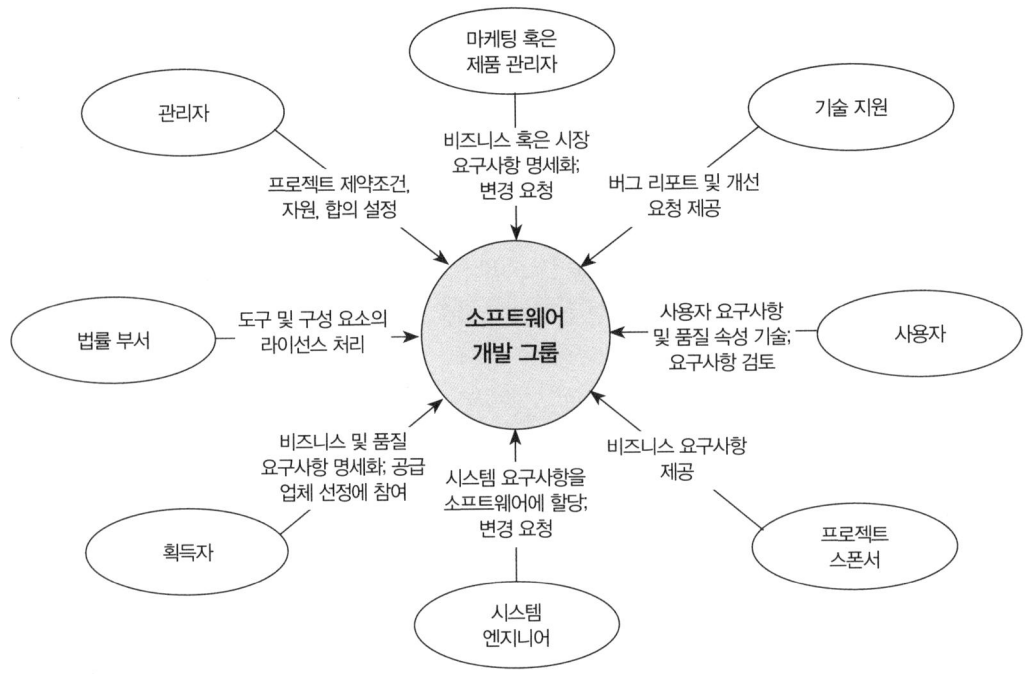

그림 31-2 다양한 이해관계자가 소프트웨어 개발 팀에 제공하는 요구사항 관련 기여

반면 BA와 프로젝트 관리자는 작업을 좀 더 편리하게 하기 위해 다른 이해관계자에게 개발팀에게 원하는 바가 무엇인지 물어봐야 한다. 요구사항의 실행 가능성에 대한 어떠한 기초 자료가 마케팅 계획이나 더 나은 제품 콘셉트에 도움이 될까? 어떠한 요구사항 상태에 대한 피드백이 스폰서에게 프로젝트 진행에 관한 충분한 가시성을 제공할까? 시스템 요구사항을 소프트웨어와 하드웨어 서브시스템으로 적절히 분리하려면 시스템 엔지니어와 어떻게 협업해야 할까? 비즈니스 분석가와 프로젝트 관리자는 개발팀과 요구사항 프로세스의 다른 이해관계자 사이에 협력 관계를 구축하기 위해 노력해야 할 것이다.

변경에 대한 합의 구하기

소프트웨어 조직이 요구사항 프로세스를 변경할 경우 다른 이해관계자 커뮤니티와 관련된 상호작용도 변한다. 사람들은 안락한 공간에서 강제로 내몰리는 것을 좋아하지 않기 때문에 여러분이 제안한 프로세스 변경에 대한 일부의 저항 또한 예상해야 한다. 저항의 원인을 이해하면 이를 이해하고 진정시킬 수 있다.

대부분의 저항은 미지에 대한 공포에 비롯된다. 이 두려움을 줄이려면 프로세스 개선의 이론적 근거를 전달해야 한다. 다른 그룹이 새로운 프로세스로 인해 얻은 혜택에 대해 설명하자. 다음과 같은 관점에서 시작하자. "여기에 우리 모두가 경험한 문제가 있습니다. 당신의 관점에서 문제가 무엇인가요? 우리 모두 머리를 맞대고 더 좋은 방법을 찾을 수 있을까요?" 개선 계획에 대한 다른 이해관계자의 주의를 끌어 솔루션에 대한 소유권을 공유하게 하자.

발생할 만한 저항의 유형 일부는 다음과 같다.

- 프로젝트에 착수하기에 이미 너무 바쁜 사람들은 더 나은 방법을 도입하는 데 시간을 할애할 생각을 하지 않는다. 그러나 만약 시간을 투자하지 않는다면 다음 프로젝트가 최근에 진행했던 프로젝트보다 더 원활하리라 기대할 수 없다.
- 변경 관리 프로세스는 변경을 어렵게 만들기 위해 개발자가 펼친 장벽처럼 보일 수 있다. 현실에서 변경 관리 프로세스는 장벽이 아니라 구조다. 사정에 정통한 사람들로 하여금 훌륭한 비즈니스 의사결정을 내리고 소통할 수 있게 한다. 소프트웨어 팀은 요구사항 변경 프로세스가 정말로 동작하는지 확인해야 한다. 만약 새로운 프로세스가 더 나은 결과를 만들어 내지 못하는 경우 사람들은 여기서 자연스럽게 방법을 찾을 수 있을 것이다.
- 어떤 개발자와 관리자는 요구사항 작성 및 검토를 코딩과 같은 "진짜 일"을 지연시키는 관료주의적인 시간 낭비로 보기도 한다. 팀이 시스템이 해야 하는 일이 무엇인지 이해하려 노력하는 동안 반복적인 코드 재작성의 높은 비용에 대해 설명할 수 있다면 개발자와 관리자는 좋은 요구사항의 필요성을 제대로 인식할 것이다. 간과한 요구사항은 소프트웨어 제품이 운영되는 동안 지속적인 업그레이드를 통해 노력이 투자되므로 수익성을 감소시킬 수 있다.

사람들에게 작업 방식을 바꿔달라고 요청할 때 볼 수 있는 자연스러운 반응은 "그게 저와 무슨 상관이죠?"라고 되묻는 것이다. 그러나 프로세스 변경이 관련자 각각에게 항상 멋지고 즉각적인 이득을 주지는 않는다. 좋은 질문, 그리고 좋은 대답을 얻을 수 있는 질문은 "그게 우리와 무슨 상관이죠?"라고 물어보는 것이다. 모든 프로세스 변경은 프로젝트 팀이나 개발 조직, 회사, 고객에게 명확한 이점을 제공해야 한다. 더 나은 요구사항을 만들기 위해 더 많은 시간을 할애하도록 요청받은 이해관계자는 이를 오늘 해야 할 일이 더 많아진 것으로 인식할 것이다. 그러나 이러한 투자가 프로젝트 후반의 재작업과 지원 비용을 줄이고 고객 가치를 향상시키는 등 상당한 성공을 만들어낼 수 있음을 그들이 이해한다고 가정하자. 이러한 이해는 그들이 기꺼이 더 많은 시간을 할애할 수 있게 만들지도 모른다.

일부 프로젝트 이해관계자는 조직의 현재 작업 방식으로 인한 요구사항 관련 영향을 인식하지 못하는 것이 일반적이다. 따라서 프로세스 변경을 위한 합의를 구하는 데 중요한 방법은 개인적 판단을 유보하고 건설적인 방식으로 문제를 가시화하는 것이다. 개발팀이 사용자 인터페이스 문제로 인해 고객 지원 부서의 지원이 필요한 애플리케이션을 개발한다고 가정하자. 만약 이러한 이슈를 다루는 지원팀이 개발팀과 분리된다면 개발팀이 이러한 문제를 인지하지 못할 수 있다. 아니면 비용이나 시간을 절약하기 위해 관리자가 개발을 외주를 줬지만 의사소통 장벽이나 문화의 차이로 인한 문제를 고려하지 않았다고 가정해보자. 만약 관리자가 이러한 결과를 알지 못한다면 단점을 개선하기 위해 접근법을 변경해야 할 이유가 없을 것이다.

종종 비즈니스 분석가와 다른 실무자가 "관리자의 지원" 없이는 프로세스를 변경할 수 없다고 말하는 경우가 있다. 관리자의 지원은 너무 자주 단순히 다른 무언가를 할 수 있는 허가로 번역된다. 그러나 여러분은 지적인 전문가로서 자신이 알고 있는 최선의 방법으로 일하는 데 관리자의 허가가 필요하지 않다. 그것은 여러분이 해야 할 일이다. 그러나 지속적이고 성공적인 프로젝트 전체 혹은 조직 전체의 개선 노력을 위해서는 확실히 관리자의 합의가 필요할 것이다. 관리자와의 합의가 없다면 더 나은 요구사항이 중요하다고 생각하는 실무자만으로 시작해야 할 것이다. 여러분의 윗사람이 개선을 "지원"한다고 말하지만 문제가 발생하자마자 예전 프로세스로 돌려버리는 것은 도움이 되지 않는다. 말뿐이 아닌 행동은 품질에 대한 합의의 증거다. 그림 31-3은 조직의 관리자가 훌륭한 요구사항 프로세스에 진심으로 합의했다는 10가지 신호를 보여준다.

1. 프로젝트의 요구사항을 적절한 형태로 문서화할 것을 요구한다.
2. 각 프로젝트를 위한 비즈니스 요구사항을 제공하기 위해 비즈니스 분석가와 협업한다.
3. 적절한 이해관계자 및 본인 스스로(적합하다면) 요구사항을 검토하기를 기대한다.
4. 솔루션의 각 부분을 구현하기 전에 이해관계자가 요구사항에 동의하는지 물어본다.
5. 프로젝트 일정에 요구사항 작업을 위한 시간과 자원을 포함하는지 확인한다.
6. 요구사항 활동에 참여를 유도하기 위해 다른 핵심 이해관계자와 협업한다.
7. 요구사항 변경 처리를 위한 효과적인 메커니즘과 정책을 수립한다.
8. 요구사항 활동에 필요한 훈련과 도구, 책, 기타 다른 자원에 투자한다.
9. 조직의 요구사항 프로세스 개선을 위해 자금을 모으고 인력을 채용한다.
10. 팀 구성원이 요구사항 프로세스 개선 활동에 할애할 수 있는 가용 시간을 확보한다.

그림 31-3 훌륭한 요구사항 프로세스에 관리자가 합의했음을 가리키는 행동

소프트웨어 프로세스 개선의 기본 원칙

지금 여러분은 이번 장을 읽고 있기 때문에 아마도 조직이 현재 요구공학을 위해 사용 중인 방식 중 일부를 변경하고자 할 것이다. 여행을 시작하는 것처럼 소프트웨어 프로세스 개선을 위한 다음의 원칙들을 가슴 깊이 간직하자(Wiegers 1996).

1. 프로세스 개선은 점진적이고 연속적이어야 한다.

완벽을 목표로 하기보다 개선된 템플릿과 절차를 개발하고 구현을 시작하자. 팀이 새로운 기술을 통해 경험을 얻을 수 있도록 방식을 조정하자. 때로는 단순하고 쉬운 변경이 상당한 이득으로 이어질 때도 있기 때문에 쉽게 달성할 수 있는 것을 찾아보자. 모두가 동의한 문제 영역은 개선할 때가 무르익은 것이다. 3장 "요구공학의 우수 사례"의 표 3-2에서 효과적인 개발을 위해 제안하는 몇 가지 방법을 볼 수 있다.

2. 사람과 조직은 자신에게 인센티브가 있을 때만 변화한다.

변경을 위한 강력한 인센티브는 고통이다. 팀이 더 열심히 일하게 만드는 것은 관리 위주의 일정 압박과 같은 인위적으로 유발된 고통이 아니라 사람들이 이전 프로젝트에서 경험했던 매우 현실적인 고통이다. 다음은 요구사항 프로세스 변경을 위해 설득력 있는 추진력을 제공할 수 있는 문제의 일부 예다.

- 요구사항이 예상보다 광범위했기 때문에 프로젝트 마감기한을 놓쳤다.
- 개발자가 잘못 이해했거나 모호한 요구사항 때문에 엄청난 초과근무를 했다.
- 테스터가 제품이 무엇을 해야 하는지 이해하지 못해 시스템 테스트 노력이 낭비됐다.
- 좋은 기능이 존재했지만 낮은 성능과 조악한 사용성, 기타 다른 품질 문제로 인해 사용자가 만족하지 못했다.
- 조직은 고객이 요구사항 도출 과정에 식별된 수많은 개선사항을 요청해서 높은 유지보수 비용을 경험했다.
- 프로젝트 진행 중에 요구사항 변경이 제대로 구현되지 않아 전달된 솔루션이 고객의 요구를 충족하지 못했다.
- 버전 관리 프로세스 없이 동시에 여러 BA가 작업하는 바람에 수정한 요구사항을 잃거나 덮어 써버렸다.
- 고객이 요구사항을 분명히 말하거나 구체화하지 못했다.
- 재작업의 원인이 되는 요구사항 관련 이슈가 시기적절하게 해결되지 않았다.

3. 프로세스 변경은 목표 지향적이어야 한다.

더 나은 프로세스를 위한 여행을 떠나기 전에 스스로의 목표를 알고 있는지 확인하자(Potter and Sakry 2002). 요구사항 문제 때문에 발생하는 재작업의 양을 줄이고 싶은가? 구현 과정에서 몇 개의 요구사항은 그냥 못 본 척 넘어갔으면 하는가? 무의미할 것 같은 기능을 제거하고 싶은가? 여러분의 목표에 대한 경로를 정의하는 로드맵은 성공적인 개선의 기회를 크게 향상시킨다.

4. 개선 활동을 작은 프로젝트로 다루자.

수많은 개선 계획은 제대로 계획하지 못했거나 자원을 예상대로 사용하지 못해 실패한다. 전반적인 프로젝트 계획에 프로세스 개선 자원과 작업을 포함하자. 개선 프로젝트의 규모에 맞춰 모든 프로젝트에서 계획 및 추적, 측정, 보고를 수행하자. 본격적으로 다룰 각 개선 영역에 대한 간단한 행동 계획을 작성하자.

> **함정** 소프트웨어 프로세스 개선 프로그램에서 가장 큰 위험을 꼽자면 관리 책임의 부족이며, 이어서 프로그램 참가자와 우선순위를 뒤죽박죽으로 만드는 재구성이 뒤를 바짝 쫓고 있다.

모든 팀 구성원에게는 스스로 일하는 방법을 개선하기 위한 기회와 책임이 있다. 만약 명백한 문제를 여러분 스스로 해결한다면 동료가 이에 대한 장점을 보고 조용히 새로운 작업 방식을 도입할 것이다. 그러나 광범위한 프로세스 개선 노력은 관리자가 변경 계획에 공헌하기 위한 자원 투입과 기대치 할당, 책임감 있는 팀원 구성에 대한 동기부여가 돼 있을 때 성공할 수 있다.

프로세스 개선에 대한 짧막한 격언

경험이 풍부한 소프트웨어 프로세스 개선 책임자는 이처럼 어려운 도메인에 대한 짧지만 함축적인 격언 목록을 수집한다. 우리가 수년에 걸쳐 찾은 목록 일부는 다음과 같다.

- 먹을 수 있을 만큼만 먹어라. (너무 큰 프로세스를 변경하려는 경우 팀이 질식할 수 있다.)
- 작은 승리에서 큰 만족감을 얻자. (큰 승리를 여러 번 하기는 어려울 것이다.)
- 부드럽게 압박하고 끊임없이 적용하자. (변경 계획을 가시화하고 끊임없이 다듬어 팀을 더 나은 미래로 이끌자.)
- 집중, 집중, 집중. (바쁜 소프트웨어 팀은 한 번에 두세 개, 혹은 단 하나의 개선 계획을 실행할 수 있을 것이다. 그래도 적어도 하나는 항상 진행하자.)
- 동맹을 찾자. (모든 팀은 이미 새로운 접근법을 시도해 보고 선구자로서 개선 피드백을 줄 얼리어답터를 보유하고 있다. 그들을 육성하자. 그들에게 감사하자. 그들에게 보상을 주자.)

> - 행동하지 않는 행동 계획은 유용하지 않다. (프로세스를 평가하거나 행동을 계획하기는 쉽다. 사람들이 더 나은 결과를 약속하는 새로운 방법으로 일하는 것은 어렵지만 이것만이 프로세스 개선의 의미있는 결과다.)
> - 모두 함께해야 한다. (변경사항을 개발해야 하는 팀 구성원을 개선 활동의 평가 및 솔루션 탐색에 참여시킴으로써 내 편으로 만들자.)

근본 원인 분석

프로세스 개선 노력에서 한정된 시간과 예산을 가장 잘 할 수 있는 부분에 집중하는 것이 중요하다. 만약 여러분이 경험한 프로세스 결점의 원인을 찾을 수 있다면 높은 확률의 개선 기회를 가진 셈이다.

근본 원인 분석은 발견된 문제에 관여하는 기본 요소를 식별하기 위해 노력하며 증상과 원인을 구분한다. 근본 원인 분석은 "왜" 문제가 여러 번 지속적으로 발생되는지에 대한 질문과 매번 기존의 "왜"라는 질문의 기저에 놓인 이유를 면밀히 살피는 것을 포함한다. 현재의 방법으로 필요한 결과를 달성할 수 없는 이유를 판단하기 위해 프로세스 변경을 도입하기 전에 근본 원인 분석을 수행하자. 그렇지 않으면 실제 문제를 해결할 거라는 확신 없이 새로운 방법을 시도하느라 무턱대고 달리기 쉽다.

때로는 무엇이 문제이고, 무엇이 근본 원인인지 분명하지 않을 때가 있다. 어떤 증상과 근본 원인은 하나의 증상이 다른 증상의 근본 원인이 되는 식으로 함께 연결돼 있기도 하다. 요구사항을 도출하는 동안 너무 많은 요구사항이 누락되어 버린 증상을 경험하고 있다고 가정해 보자. 가능한 근본 원인 중 하나는 비즈니스 분석가가 올바른 질문을 하지 않은 것일 것이다. 이 근본 원인 자체가 BA 역할을 수행하는 사람이 잘 수행하는 방법을 모른다는 다른 문제의 증상에 해당한다.

어골도(Fishbone diagram) 혹은 이를 발명한 카오루 이시가와(Kaoru Ishikawa)의 이름을 따서 이시가와 다이어그램(Ishikawa diagram)이라고도 부르는 특성 요인도(Cause-and-effect diagram)는 근본 원인 분석 결과를 묘사하는 데 유용한 방법이다. 그림 31-4는 조직의 프로젝트 팀이 반복적으로 프로젝트를 제때 완수하지 못하는 문제를 부분적으로 분석하는 특성 요인도를 보여준다. "가운데 뼈"로부터 갈라지는 다이어그램의 "뼈"는 "팀이 프로젝트를 제때 완료하지 못하는 이유"의 해답을 보여준다. 추가적인 뼈는 "왜"라는 질문의 답을 보여준다. 결국 이러한 분석은 가장 많이 삐쳐나온 뼈가 가장 근본적인 원인임을 보여준다.

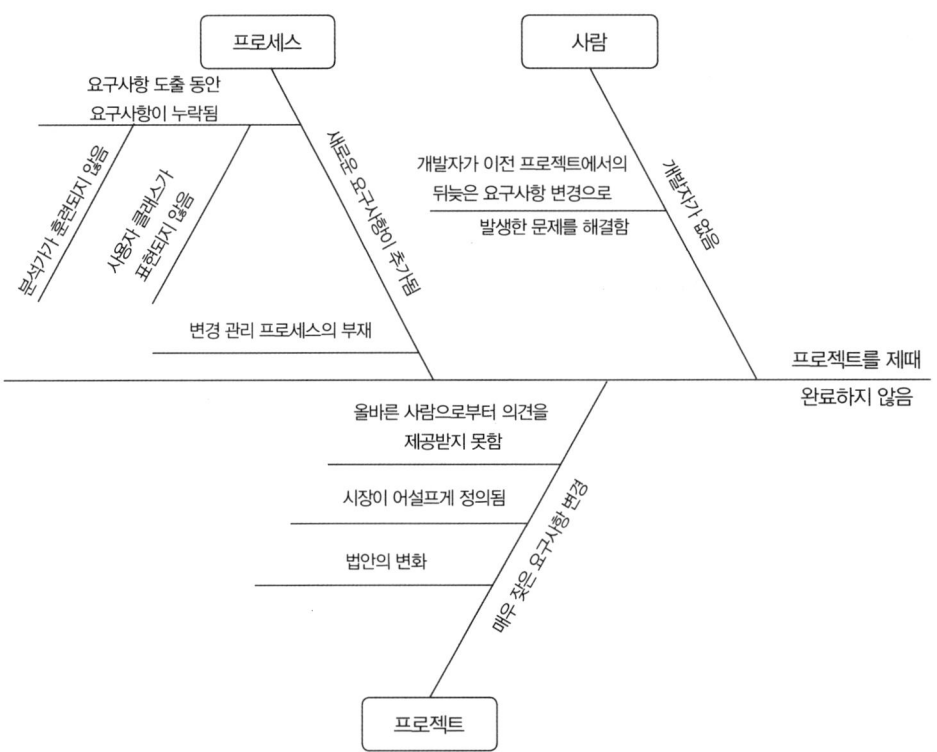

그림 31-4 확인된 문제 증상의 근본 원인을 식별하기 위한 특성 요인도

이러한 분석을 통해 식별한 모든 근본 원인에 대해 씨름할 필요는 없다. 80/20 법칙으로 잘 알려진 파레토 법칙은 필수적인 근본 원인의 20%가 알려진 문제의 약 80%에 대한 원인이 된다고 말한다. 심지어 간단한 근본 원인 분석으로도 요구사항 개선 행동이 목표로 삼아야 할 고차원 원인을 밝힐 수 있다.

프로세스 개선 주기

그림 31-5는 효과적인 프로세스 개선 주기를 보여준다. 이 주기는 다른 곳으로 이동하기 전에 자신이 어디에 있는지 아는 것에 대한 중요성, 진로 계획의 필요성, 지속적인 개선의 일환으로서 스스로의 경험을 통해 얻은 가치 등을 생각하게 한다.

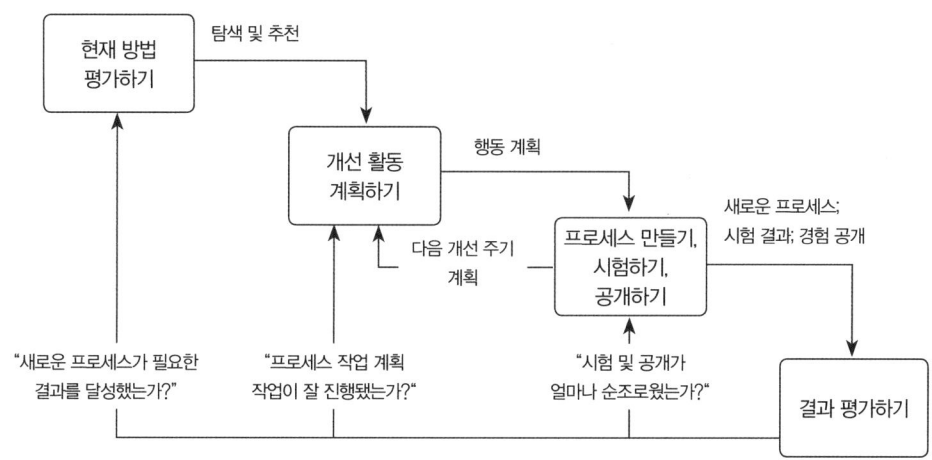

그림 31-5 소프트웨어 프로세스 개선 주기

현재 방법 평가하기

모든 개선 활동의 첫 단계는 현재 상태의 장단점을 식별하기 위해 이를 평가하는 것이다. 평가는 변경해야 할 사항을 선택하기 위한 토대가 된다. 또한 조직에서 실제로 사용되는 프로세스 중에서 종종 명세화돼 있거나 문서화된 프로세스와 다른 프로세스에 대한 가시성을 제공한다. 그리고 여러분은 팀이 사용 중인 프로세스에 대한 구성원의 관점이 종종 다소 다르다는 사실을 발견할 수 있을 것이다.

현재의 요구사항 프로세스는 여러 가지 방법으로 평가할 수 있다. 이전 장의 끝에 있는 "다음 단계는" 중 무엇이라도 시도해본 적이 있다면 이미 비공식적으로 요구사항 실천 지침과 그 결과의 평가를 시작한 것이다. 부록 B "요구사항 문제 해결 가이드"에서는 공통적인 요구사항 문제에 대해 가능한 근본 원인 및 해결책과 함께 수십 가지 증상을 제공한다. 구조화된 설문지는 낮은 비용으로 현 프로세스에 대한 통찰을 나타낼 수 있다. 팀 구성원과 함께하는 인터뷰와 토론은 설문지보다 정확하고 포괄적인 이해를 돕는다. 외부 컨설팅을 통한 정형적인 평가는 (현재 프로세스의 강점과 약점을 포함하는) 연구 결과 목록과 개선 기회를 다루기 위한 권고사항을 제공한다.

간단히 혼자 하는 방법의 경우 조직의 현행 요구공학 실천 지침을 교정하기 위해 부록 A "현재 요구사항 실천 지침에 대한 자기 평가"에서 제공하는 설문지를 사용하자. 이러한 자기 평가는 가장 개선이 필요한 요구사항 프로세스가 무엇인지 파악하는 데 도움을 준다. 특정 문항에 낮은 점수를 주었다고 해서 즉시 혹은 가능하면 해결해야 할 충분한 이유가 될 수는 없다. 프로젝트가 가장 어려움을 겪고 있는 실천 지침 영역과 앞으로의 프로젝트 성공을 위협하는 실천 지침 영역을 개선하는 데 집중하자.

개선 활동 계획하기

프로세스 개선 활동을 프로젝트로 취급한다는 철학의 연장선으로서 현행 사례 평가에 따라 행동 계획을 작성하자(Potter and Sakry 2002). 전략적인 행동 계획은 요구사항 도출 및 우선순위를 할당하는 방법 등의 특정 개선 영역을 목표로 한다. 각 행동 계획에서는 측정 가능한 개선 목표, 참가자, 계획을 수행하며 완성해야 하는 개별 활동 항목을 설정해야 한다. 계획 없이는 중요한 작업을 간과하기 쉽다. 또한 계획은 각 개별 활동 항목의 완료 여부를 추적해서 진행상황을 모니터링할 수 있게 한다.

그림 31-6은 우리가 여러 번 사용했던 프로세스 개선 행동 계획 템플릿을 보여준다. 각 행동 계획에 10개 이상의 항목을 포함하지 않게 하고, 두세 달 만에 완료될 수 있는 범위 안에서 계획하자. 예를 들어, 나는 다음과 같은 활동 항목을 포함하는 요구사항 관리 개선 계획을 본 적이 있다.

1. 요구사항 변경 관리 프로세스 초안을 작성
2. 변경 관리 프로세스를 검토 및 수정
3. 프로젝트 A에서 변경 관리 프로세스를 시험
4. 시험 결과를 기반으로 변경 관리 프로세스를 수정
5. 변경 관리 프로세스를 지원하기 위한 문제 추적 도구의 평가 및 선택
6. 문제 추적 도구의 도입 및 변경 관리 프로세스에 적합하도록 최적화
7. 조직에 신규 변경 관리 프로세스 및 도구를 공개

각 활동 항목을 각 항목이 완료되는 것을 지켜봐야 할 책임이 있는 특정 개인에게 할당하자. "팀"을 활동 항목의 소유자로 할당하지 말자. 일은 팀이 아니라 개인이 한다.

10개 이상의 활동 항목이 필요하다면 가장 중요한 이슈에 대한 초기 활동 주기에 집중하고, 나머지는 분리된 행동 계획에서 추후 해결하자. 프로세스 변경이 지속적으로 증가한다는 것을 잊지 말자. 이번 장의 후반부에서 설명하는 프로세스 개선 로드맵은 다수의 개선 활동을 전반적인 소프트웨어 프로세스 개선 계획으로 묶는 방법을 보여준다.

```
                요구사항 프로세스 개선을 위한 행동 계획

프로젝트: _____        일시: _____
〈프로젝트명〉                                      〈계획 작성 일시〉

목표:
〈본 계획을 성공적으로 수행함으로써 성취하고자 하는 몇 가지 목표를 기록한다. 프로세스 변경이 아닌 비즈니스 가치 측면에서의 목표를 기록
한다.〉

성공 척도:
〈프로세스 변경을 통해 원하는 결과를 얻고 있는지 여부를 판단하는 방법을 기술한다.〉

조직적인 영향 범위:
〈본 계획에서 설명하는 프로세스 변경으로 인한 영향에 대해 기술한다.〉

인력 및 참가자:
〈본 계획을 구현할 사람과 이들의 역할, 그리고 이들이 할애할 주당 시간 혹은 퍼센트 기반의 시간 약속을 확인한다.〉

추적 및 보고 프로세스:
〈본 계획의 활동 항목에 대한 진행상황을 추적하는 방법과 누구에게 상태나 결과, 이슈를 보고해야 하는지 기술한다.〉

의존성이나 위험, 장벽:
〈본 계획의 성공에 필요하거나 성공적인 개발을 저해하는 모든 외부 요소를 식별한다.〉

모든 활동에 대한 예상 완료 날짜:
〈본 계획이 완전히 구현될 것이라 예상하는 시기를 작성한다.〉

활동 항목:
〈각 행동 계획에 대해 3~20개의 항목을 작성한다.〉
```

활동 항목	소유자	마감일	활동	산출물	필요한 자원
〈일련번호〉	〈책임자〉	〈대상 일자〉	〈본 활동 항목을 구현하기 위해 수행될 활동〉	〈절차나 템플릿, 생성될 기타 다른 프로세스 자산〉	〈자료나 도구, 문서, 다른 사람을 포함하는 필요한 모든 외부 자원〉

그림 31-6 소프트웨어 프로세스 개선을 위한 행동 계획 템플릿

프로세스 만들기, 시험하기, 공개하기

지금까지 현재의 요구사항 실천 지침을 평가했고, 아마 이익을 얻을 가능성이 크다고 생각하는 영역을 다루기 위한 계획을 세웠다. 지금부터가 가장 어려운 부분이다. 바로 계획을 실행하는 것이다.

행동 계획을 실행한다는 것은 현재 작업 중인 방법보다 더 나은 결과를 얻을 거라 믿는 프로세스를 개발하는 것을 의미한다. 단 한 번의 시도에서 완벽한 새로운 프로세스를 얻을 거라 기대하지 말자. 좋은 생각처럼 보이는 수많은 방법이 예상보다 덜 실용적이거나 덜 효과적인 것으로 판명됐다. 따라

서 대부분의 새로운 절차나 템플릿을 실제로 실행하기 전에 작은 규모로 만들어 시험하자. 신규 프로세스를 조정하기 위해 시험을 통해 얻은 지식을 활용하자. 이는 영향을 받는 커뮤니티에 출시할 때 효과적이고, 잘 수용될 가능성을 높인다. 프로세스를 시험할 때 다음의 제안을 염두에 두자.

- 새로운 방법을 올바르게 시도하고 유용한 피드백을 제공하는 시험 참가자를 선택하자. 이들 참가자는 협력자이거나 의심이 많은 사람일 수 있지만 개선 노력을 강력하게 반대해서는 안 된다.
- 팀이 시험 결과를 평가하는 데 사용할 기준을 정량화하자.
- 시험에 대해 이해하고, 왜 시험을 하는지 알아야 할 이해관계자를 식별하자.
- 다른 프로젝트에서 새로운 프로세스의 일부를 시험하는 것을 고려하자. 새로운 방법을 체험해 보면서 더 많은 사람들이 관심을 가질 수 있으며, 인식이나 피드백, 지원이 증가한다.
- 평가의 일환으로 시험 참가자에게 이전의 작업 방식으로 돌아가야 한다면 어떤 느낌일지 물어보자.

시험이 성공하면 프로세스를 최종적으로 조정한 후 이를 실행하기 위해 영향을 받는 커뮤니티에 출시할 준비가 된 것이다. 의욕이 있고 수용적인 팀이라도 변화를 받아들이는 데는 한계가 있으므로 프로젝트 팀에 한번에 너무 많은 새로운 기대치를 두지 말자. 프로젝트 팀에게 새로운 방법과 자료를 배포하는 방법을 정의하고 충분한 훈련 및 코칭, 지원을 제공하는 공개 계획을 세우자. 또한 관리자가 새로운 프로세스에 대한 기대를 설정하고 소통하는 방법을 고려하자.

결과 평가하기

프로세스 개선 주기의 마지막 단계는 수행한 활동과 성취 결과를 평가하는 것이다. 이 평가는 팀이 앞으로의 개선 활동을 더 잘할 수 있도록 돕는다. 시험이 얼마나 순조롭게 진행되는지 평가하자. 새로운 프로세스의 불확실성이 얼마나 효과적으로 해결됐는가? 수행한 프로세스 시험에서 다음번에 변경하고 싶은 것이 있는가?

새로운 프로세스 공개가 얼마나 잘 진행됐는지 자세히 확인하자. 신규 프로세스나 템플릿을 이용할 수 있다는 것이 영향을 받는 모든 이들에게 전달됐는가? 참가자들이 새로운 프로세스를 이해하고 성공적으로 적용했는가? 다음 공개에서 다룰 만한 변경사항이 있는가?

중요한 단계는 새로운 프로세스가 원하는 결과를 도출했는지 여부를 평가하는 것이다. 새로운 실천 지침 중 일부는 주목할 만한 향상을 제공하겠지만 어떤 것들은 완벽한 가치를 입증하기 위해 시간이 필요하다. 예를 들어, 새로운 요구사항 변경 제어 프로세스가 효과적인지 여부는 빨리 말할 수 있을 것이다. 그러나 새로운 문서 템플릿의 경우 비즈니스 분석가나 다른 이해관계자가 사용하는 데 익숙해져서 그 가치를 입증하는 데 시간이 좀 더 필요할 것이다. 새로운 방식으로 작업하는 데 충분한 시간을 주고 각 변경의 성공을 증명하기 위한 방안을 초기에 선택하자.

그림 31-7에서 볼 수 있듯이 실무자가 새로운 작업 방법을 완벽히 익히는 데 필요한 시간 등으로 인해 생산성 저하가 발생하는 현실적인 학습곡선을 인정하자. 종종 "절망의 골짜기"라고도 하는 이러한 단기적인 생산성 저하는 조직이 프로세스를 개선하기 위한 투자의 일부다. 이를 이해하지 못하는 사람은 본격적으로 시작하기도 전에 개선 노력을 포기하고 싶은 유혹에 빠질 수 있으며, 결국 투자 수익을 전혀 얻을 수 없거나 손실을 볼 것이다. 관리자나 개인에게 이러한 학습 곡선을 교육하고 변경 계획에 집중하자.

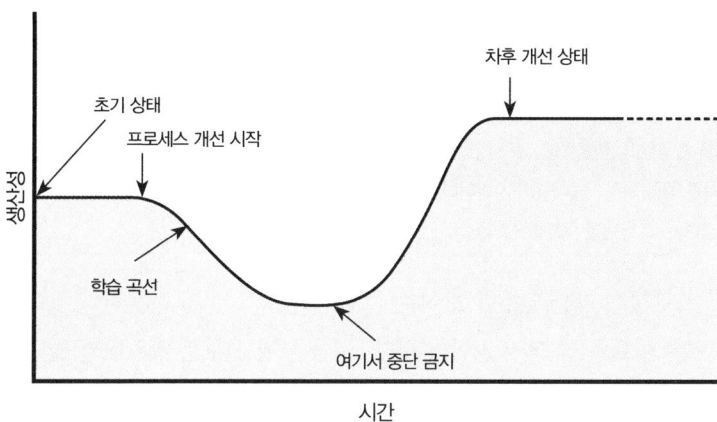

그림 31-7 학습 곡선. 프로세스 개선의 피할 수 없는 양상

요구공학 프로세스 자산

고효율 프로젝트는 요구사항 도출과 분석, 명세, 검증, 관리 등 모든 요구공학 구성요소를 위한 효과적인 프로세스를 갖추고 있다. 이러한 프로세스의 효율을 향상시키기 위해 모든 조직은 요구사항 프로세스 자산 모음을 필요로 한다(Wiegers 1998b). 프로세스는 여러분이 취할 행동과 생산할 산출물을 아우르며, 프로세스 자산은 팀 구성원으로 하여금 프로세스를 일관되고 효과적으로 수행하도록 돕는다. 이러한 프로세스 자산은 프로젝트에 참여하는 사람들이 반드시 따라야 하는 단계와 예상하는 작업물을 이해하는 데 도움될 것이다. 프로세스 자산은 표 31-1에 기재된 유형의 문서를 포함한다.

표 31-1 프로세스 자산 유형

유형	설명
체크리스트	활동이나 산출물, 기타 명시하거나 검증해야 할 항목을 열거한 목록. 체크리스트는 기억을 되살려 준다. 바쁜 사람들이 중요한 사항을 간과하지 않도록 돕는다.
예제	특정 유형의 대표적인 작업물. 프로젝트 팀이 만든 좋은 예제를 모으고 공유한다.
계획	목표 달성 방법과 이에 필요한 구체적인 사항의 개요.
정책	동작이나 행동, 산출물에 대한 관리 기대를 설정하는 지도 방침. 프로세스는 정책을 충족할 수 있어야 한다.
절차	활동을 완수하는 데 필요한 일련의 작업 순서. 수행해야 하는 작업을 설명하고 이를 수행하는 프로젝트 역할을 구분한다. 가이드 문서가 튜토리얼 정보 및 유용한 팁과 함께 프로세스나 절차를 제공할 수 있다.
프로세스 기술서	어떤 목적을 위해 수행되는 일련의 활동을 정리한 문서. 프로세스 기술서는 프로세스 목표나 주요 마일스톤, 참가자, 의사소통 절차, 입/출력, 산출물, 프로세스 등을 서로 다른 프로젝트에 적합하도록 조정하는 방법 등을 포함해야 한다.
템플릿	작업물을 만들기 위한 기준으로 사용되는 패턴. 주요 프로젝트 문서의 템플릿은 정보를 취합하고 구성하기 위한 여러 "공간"을 제공한다. 템플릿에 담긴 가이드 문구는 문서 작성자가 템플릿을 효율적으로 이용하는 데 도움을 준다. 다른 템플릿은 기능적 요구사항이나 품질 속성, 비즈니스 규칙, 사용자 스토리와 같은 특정 유형의 정보를 작성하는 데 유용한 구조를 정의한다.

그림 31-8은 요구공학의 주요 프로세스 자산 일부를 보여준다. 이러한 항목은 팀 구성원이 지속적이고 효과적으로 사용할 수 있도록 필요 이상 크지 않아야 한다. 이들은 별도의 문서로 나뉠 필요가 없으며, 전체적인 요구사항 관리 프로세스는 상태 추적 절차, 변경 관리 프로세스, 영향 분석 체크리스트를 포함할 수 있다. 쉽게 접근하고 언제든지 사용할 수 있도록 이러한 항목을 공유 프로세스 자산에 보관하고, 경험을 통해 개선하기 위한 메커니즘을 수립하자(Wiegers 1998b). 이 책의 보조자료와 함께 그림 31-8에 있는 다양한 프로세스 자산을 이용할 수 있다.

요구사항 개발 프로세스 자산
- 요구사항 개발 프로세스
- 요구사항 할당 절차
- 요구사항 우선순위 할당 절차
- 비전 범위 템플릿
- 유스케이스 템플릿
- 소프트웨어 요구사항 명세서 템플릿
- 요구사항 검토 체크리스트

요구사항 관리 프로세스 자산
- 요구사항 관리 프로세스
- 요구사항 상태 추적 절차
- 변경 관리 프로세스
- 변경 관리 위원회 헌장 템플릿
- 요구사항 변경 영향 분석 체크리스트
- 요구사항 추적 절차

그림 31-8 요구사항 개발 및 관리를 위한 주요 프로세스 자산

다음은 그림 31-8에 나열된 각 프로세스 자산에 대한 간략한 설명이며, 추후 논의할 수 있도록 관련 장을 함께 적어뒀다. 각 프로젝트에서는 요구사항 활동을 수행하는 방법에 대한 계획을 세워야 한다. 조직의 프로세스 자산 콘텐츠를 찾아 필요에 맞게 조정하자. 예를 들어, 수많은 사용자군과 여러 장소에 흩어져 있는 이해관계자가 포함된 대규모 프로젝트는 요구사항 도출에 사용되는 기법과 수행하는 사람, 시기, 장소를 파악할 때 요구사항 도출 계획 문서가 도움이 될 것이다. 같은 장소에 있거나 매우 적극적인 이해관계자를 포함하는 프로젝트의 경우 좀 더 단순한 애자일 프로세스를 사용할 수 있다.

요구사항 개발 프로세스 자산

여기에 나열된 목록은 팀이 프로젝트 요구사항 도출, 분석, 명세, 검증을 더 잘 할 수 있게 도와줄 것이다.

요구사항 개발 프로세스

이 프로세스는 해당 도메인의 이해관계자를 식별하고 분류하는 방법과 요구사항 도출 활동 계획 방법을 설명한다. 프로세스는 각 프로젝트에서 만들 것으로 예상되는 요구사항 산출물과 수행해야 하는 요구사항 분석 및 검증 활동을 설명한다. 7장 "요구사항 도출"에서 요구사항 도출 계획의 구체적인 내용을 설명한다.

요구사항 할당 절차

이 절차는 하드웨어 및 소프트웨어 구성요소를 모두 포함하거나 다양한 소프트웨어 하위 시스템을 포함하는 시스템을 개발할 때 고수준의 제품 요구사항을 구체적인 하위 시스템에 할당하는 방법을 설명한다. 요구사항 할당에 대한 자세한 내용은 26장 "임베디드 및 기타 실시간 시스템 프로젝트"를 참고한다.

요구사항 우선순위 할당 절차

이 절차는 요구사항의 우선순위를 할당하고 프로젝트 전반에 백로그 내용을 동적으로 조정하는 데 사용되는 기법과 도구를 설명한다. 16장 "중요한 것 먼저: 요구사항 우선순위 할당하기"에서 다양한 우선순위 할당 기법에 대해 설명한다.

비전 범위 템플릿

이 템플릿은 프로젝트 스폰서와 비즈니스 분석가로 하여금 비즈니스 목표, 성공 지표, 제품 비전, 비즈니스 요구사항의 기타 다른 요소를 충분히 고려하면서 생각할 수 있도록 안내한다. 5장 "비즈니스 요구사항 정립하기"에서 템플릿을 제안한다.

유스케이스 템플릿

8장 "사용자 요구사항 이해하기"에서 설명하는 바와 같이 유스케이스 템플릿은 사용자가 시스템에서 수행해야 하는 작업을 기술하기 위한 구조화된 형식을 제공한다.

소프트웨어 요구사항 명세서 템플릿

SRS 템플릿은 제품의 기능적 요구사항과 비기능적 요구사항을 구성하기 위한 구조화되고 일관된 방법을 제공한다. 조직에서 수행하는 다양한 유형 및 규모의 프로젝트에 대응하기 위해 하나의 템플릿을 선택하기보다 다양한 템플릿을 마련해두는 것이 좋다. 10장 "요구사항 문서화하기"에서 SRS 템플릿의 예를 설명한다.

요구사항 검토 체크리스트

요구사항 문서의 동료평가는 강력한 소프트웨어 품질 기법이다. 검토 체크리스트는 요구사항 문서에서 일반적으로 발견할 수 있는 오류 유형을 식별함으로써 검토자가 공통적인 문제 영역에 집중할 수 있게 돕는다. 17장 "요구사항 검증하기"에서 요구사항 검토 체크리스트의 예를 볼 수 있다.

요구사항 관리 프로세스 자산

다음 항목은 요구사항 문서 집합을 관리하는 팀에 유용하다.

요구사항 관리 프로세스

이 프로세스는 요구사항 버전을 구분하고 기준을 정의하며, 요구사항 변경 및 상태 추적, 추적 정보의 축적을 위해 팀이 수행해야 하는 행동을 설명한다(27장 "요구사항 관리 사례" 참조). 요구사항 관리 프로세스 기술서의 샘플은 『CMM 구현 가이드(CMM Implementation Guide)』의 부록 J를 참조하자(Caputo 1998).

요구사항 상태 추적 절차

요구사항 관리는 각 기능적 요구사항의 상태를 모니터링하고 보고하는 것을 포함한다. 요구사항 상태 추적에 대한 자세한 내용은 27장을 참조하자.

변경 관리 프로세스

변경 관리 프로세스는 새로운 요구사항이나 기존 요구사항을 제안하고, 전달하고, 평가하고, 해결하는 방법을 정의한다. 28장에서 변경 관리 프로세스를 설명한다.

변경 관리 위원회 헌장 템플릿

28장에서 설명한 바와 같이 변경 관리 위원회(CCB) 헌장은 CCB의 구성 및 기능, 운영 절차를 기술한다.

요구사항 변경 영향 분석 체크리스트

28장에서 설명한 바와 같이 영향 분석 체크리스트를 사용하면 특정 요구사항의 변경을 구현하고 해당 작업에 드는 노력을 산정하는 것과 관련된 적절한 작업, 파생 효과, 위험에 대해 고민해 볼 수 있다.

요구사항 추적 절차

이 절차는 각 요구사항과 관련된 추적 데이터를 누가 다른 프로젝트 작업물에 제공하는지, 누가 데이터를 수집하고 관리하는지, 이를 어디에, 어떻게 저장하는지 설명한다. 29장 "요구사항의 연결 고리"에서는 요구사항 추적을 설명한다.

아직 멀었나?

여느 여정과 마찬가지로 프로세스 개선 계획에는 목표가 있어야 한다. 구체적인 개선 목표를 설정하지 않으면 사람들은 작업 방향을 잡지 못하고, 진행 여부를 알 수 없으며, 개선 노력에 우선순위를 할당할 수도 없고, 한계에 다다르고도 이를 이야기할 수 없을 것이다. 지표는 소프트웨어 프로젝트나 제품, 프로세스의 정량적인 측면이다. 핵심 성과 지표(KPI; Key Performance Indicators)는 목표와 연계되고 특정 목표나 결과 달성을 향한 진행 상태를 나타내는 지표다. KPI는 얼마나 목표에 근접했는지 보여주기 위해 측정 대시보드에 출력할 수도 있다.

프로세스 개선 목표를 설정할 때 두 가지를 고려하자. 첫째, 스스로의 이익을 위한 프로세스 개선은 무의미하다는 점을 기억하자. 그러므로 실제 목표를 달성하면 바라던 대로 비즈니스 가치를 향상시킬 수 있는지 자문해 보자. 둘째, 팀 구성원이 현실적으로 달성할 수 없는 목표를 향해 달리다가 좌절하기를 바라지는 않을 것이다. 현재 환경에서 목표를 달성할 수 있을지 자문해보자. 개선 목표가 적절하다면 이 두 가지 질문의 대답은 모두 "예"이어야 한다.

제품 규모와 요구사항 품질, 요구사항 상태, 변경 활동, 요구공학 및 관리를 위한 헌신적인 노력 등 프로젝트에서 요구사항 작업의 상당 부분은 측정할 수 있다(Wiegers 2006). 또한 프로젝트가 비즈니스 목표를 달성했는지 여부를 측정함으로써 요구사항 활동이 적절했는지 확인할 수 있을 것이다. 프로세스 개선 활동의 경우 개선 투자가 원하는 만큼의 실효를 얻고 있는지 여부를 말해줄 수 있는 측정 대상을 선택해야 한다. 이번 장의 앞부분에서 언급했듯이 프로세스 개선은 목표 지향적이어야 하며, 프로세스 변경을 위한 위대한 동기부여자는 조직이 이전 프로젝트에서 경험한 고통이다. 정량적인 개선 목표를 정의함으로써 KPI를 선택하고, 여러분이 목표를 선택하도록 이끌었던 고통이 줄어들었는지 여부를 판단하는 방법을 결정하자.

오늘 할 일에 대한 시작점을 참조 기준으로 설정하지 않으면 정량적인 진행 상황을 측정할 수 없다는 점에 주의하자. 이상적으로는 현재 지푯값을 측정한 다음, 특정 기간 후에 달성하고자 하는 바라는 목표 가치를 설정하고, 그 결과를 달성하는 방향으로 프로세스 개선 활동을 이끌자. 실제로 많은 소프트웨어 조직이 측정 문화의 부재로 정량적인 기준을 설정하는 데 어려움을 겪는다. 그럼에도 시작점이나 기준점이 없다면 얼마나 목표에 근접했는지 판단하기가 어렵다.

표 31-2는 여러분이 설정할 만한 요구사항 프로세스 개선 목표를 나열한 것이다. 간결함을 위해, 각각에 적용해야 하는 "Y〈특정 기간〉 동안 X〈수량〉에 의해"와 같은 접미사는 생략했다. 각 목표에 대해 표 31-2에서는 변경이 의도한 성과를 달성했는지 판단하기 위한 지표를 제안한다. 대부분의 소프트웨어 측정은 후행 지표다. 새로운 방법의 지속적인 이득을 증명하는 데는 시간이 필요하며, 새로운 작업 방식을 적용하고 이득을 얻을 만한 기회를 제공하자.

표 31-2 특정 요구사항 프로세스 개선 목표를 위한 핵심 성과 지표

개선 목표	제안된 지표
요구사항 오류로 인한 재작업 수행 감소	▪ 잘못되거나 모호한, 불필요한, 혹은 누락된 요구사항으로 인한 모든 수명 주기 단계의 재작업 시간 ▪ 기준에 따라 발견된 에러를 포함하는 요구사항 비율

개선 목표	제안된 지표
요구사항 변경으로 인한 부정적인 영향 감소	▪ 사전에 알려진 기준이 설정된 후 나타난 새로운 요구사항의 수 ▪ 기준 설정 후 수정된 요구사항 비율 ▪ 요구사항 변경으로 인해 산출물 수정에 소요되는 배포별 혹은 반복주기별 시간 ▪ 근본적인 변경 요청 분포
개발 중 요구사항을 구체화하는 데 필요한 시간 감소	▪ 기준 설정 후 발생한 요구사항 질문 및 이슈 수 ▪ 각 질문 및 이슈를 해결하는 데 소비되는 평균 시간
전체 요구사항 개발 노력의 추정 정확도 개선	▪ 각 릴리스별, 그리고 전체 프로젝트의 요구사항 개발 활동에 소요된 예상 및 실제 근로 시간
불필요해진 기능 구현의 수 감소	▪ 개발을 시작하기 전에 제거하기로 결정된 기능의 비율 ▪ 배포 또는 반복주기가 종료된 직후 제거하기로 결정된 기능의 비율

어떤 지표를 선택해야 할지 확실하지 않은 경우에는 목적 질문 매트릭스(GQM; Goal-question-metric)라고 하는 단순한 사고 과정을 따르자(Basili and Rombach 1988; Wiegers 2007). GQM은 어떤 지표가 가치 있는지 알아내기 위해 뒤에서부터 생각하는 방법이다. 첫째, 개선 목표를 명시하자. 각 목표에 대해 팀이 목표에 도달했는지 판단하기 위해 스스로 답해야 하는 질문을 고민하자. 마지막으로, 각 질문의 답을 제공할 수 있는 지표를 파악하자. 이러한 지표 혹은 지표의 조합은 핵심 성과 지표의 역할을 할 것이다.

목표를 위한 현실적인 KPI를 선택했지만 적당한 기간 이후에 어떤 징후가 보이지 않는다면 다음을 조사해야 한다.

- 문제가 제대로 분석되고, 근본 원인이 확인됐는가?
- 근본 원인을 직접 해결할 수 있는 개선 활동을 선택했는가?
- 개선 활동을 실행하기 위한 계획이 현실적이었는가? 의도한 대로 실행됐는가?
- 원래의 분석 이후에 팀의 개선 활동을 되돌릴 만큼 변경된 것이 있는가?
- 팀 구성원이 새로운 작업 방법을 도입하고, 학습 곡선을 이겨내어 실제로 적용했는가?
- 팀이 달성할 수 있을 만큼 현실적인 목표를 설정했는가?

요구사항을 개선하는 길목에는 수많은 실패 지점이 있다. 개선 계획이 이러한 함정에 걸리지 않도록 주의하자.

요구사항 프로세스 개선 로드맵 만들기

프로세스 개선을 위한 되는 대로의 접근법이 지속적으로 성공할 확률은 드물다. 바로 시작하기보다 조직에서 요구사항 개선 실천 지침을 만들기 위한 로드맵을 만드는 것을 고려하자. 이번 장에서 설명한 요구사항 프로세스 평가 방법을 시도하는 경우 조직에 가장 도움이 되는 실천 지침이나 프로세스 자산에 대한 아이디어가 있을 것이다. 프로세스 개선 로드맵은 최소한의 투자로 가장 크고 빠른 이득을 얻기 위해 개선 활동을 순서대로 나열한다.

모든 상황이 다르기 때문에 보편적인 로드맵이란 존재하지 않는다. 프로세스 개선을 위한 정형화된 접근법은 주의 깊은 사고와 좋은 판단, 상식을 대체할 수 없다. 그림 31-9는 어떤 조직의 요구사항 프로세스 개선을 위한 로드맵을 묘사한다. 필요한 비즈니스 목표는 그림에서 오른쪽 사각형 안에 있으며, 주요 개선 활동은 다른 사각형 안에 있다. 동그란 원은 비즈니스 목표를 향하는 경로를 따르는 중간 마일스톤을 나타낸다. M1은 마일스톤 1을 의미한다. 일련의 개선 활동은 왼쪽에서 오른쪽으로 구현한다. 로드맵을 만든 후 각 마일스톤의 소유권을 이를 달성하기 위한 행동 계획을 세우는 각자에게 주자. 그런 다음 각각의 행동 계획을 실제로 수행하자!

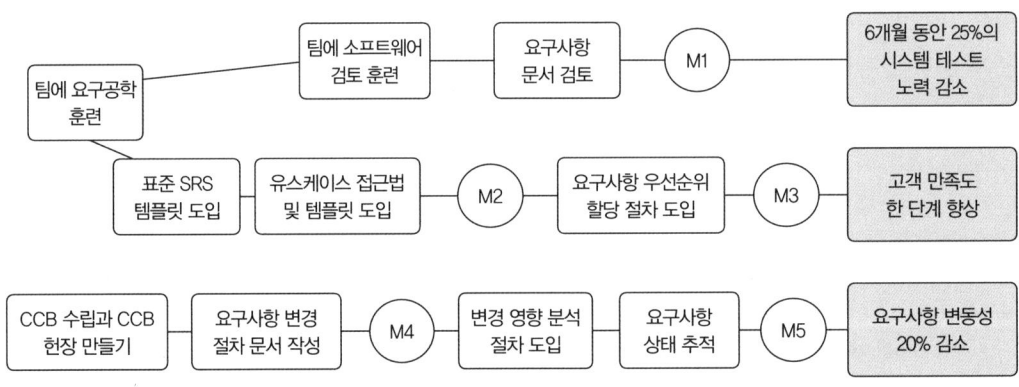

그림 31-9 요구사항 프로세스 개선 로드맵 예제

> **다음 단계는**
>
> - 부록 A "현재 요구사항 실천 지침에 대한 자기 평가"를 완료하자. 현 사례의 결점을 기반으로 요구사항 실천 지침에 가장 중요한 세 가지 개선 기회를 파악하자.
>
> - 그림 31-8에 나열된 프로세스 자산 중 현재 조직에서는 사용하지 않지만 사용하면 유용할 만한 프로세스 자산을 찾아보자.
>
> - 앞의 두 단계를 기반으로 그림 31-9에 나온 패턴의 요구사항 프로세스 개선 로드맵을 개발하자. 각 마일스톤을 책임지는 조직원을 설득하자. 각 마일스톤의 소유자가 그림 31-6의 템플릿을 사용해 마일스톤을 달성하기 위한 권장 사항을 구현할 수 있는 행동 계획을 작성하게 하자. 구현 계획 안에서 해당 항목의 진행상황을 추적하자.
>
> - 이 책에서 배운 신규 요구공학 실천 지침 중 하나를 선택해 숙련을 위해 다음 주부터 그대로 시작하자. 한달 안에 적용할 만한 한두 개의 추가 실천 지침을 선택하자. 5~6개월 간의 장기 개선을 위한 다른 실천 지침을 선택하자. 각 신규 실천 지침을 적용하고 싶은 상황이나 제공했으면 하는 혜택, 필요한 도움이나 추가 정보를 파악하자. 새로운 기법을 사용하기 위해서는 누구의 협조가 필요할지 생각해 보자. 실천 지침을 사용하는 데 방해가 되는 모든 장벽을 파악하고, 장벽을 무너뜨리는 데 도움될 만한 사람이 누구인지 고려하자.

32
소프트웨어 요구사항과 위험 관리

콘토소 제약에서 화학약품 관리 시스템의 프로젝트 관리자인 데이브는 수석 개발자 헬렌과 수석 테스터 라메쉬와 회의하는 중이다. 모두 새 프로젝트로 들떠있었지만 제약 시뮬레이터라고 불리는 이전 프로젝트에서 겪었던 문제를 떠올렸다.

"베타 테스트가 끝날 때까지도 사용자가 시뮬레이터의 사용자 인터페이스를 싫어했다는 것을 알지 못했다는 것을 기억하세요?" 헬렌이 물었다. "다시 만들고 테스트하는 데 4주나 걸렸습니다. 다시는 죽음의 일정을 겪고 싶지 않습니다."

"그건 정말 끔찍했어요", 데이브도 동의했다. "지금까지 아무도 쓰지 않은 수많은 기능이 필요할 것이라고 이야기했던 것도 짜증나는 일이었죠. 약물 상호작용 모델링 기능을 개발하는 데 예상했던 것보다 3배의 시간이 걸렸고, 결국 그 기능은 폐기됐죠. 엄청난 낭비였어요!"

라메쉬는 제안을 했다. "화학약품 관리 시스템에서는 이러한 문제를 피하기 위해 시뮬레이터 사례를 나열해 봐야 합니다. 소프트웨어 위험 관리에 대한 글에서 위험을 미리 식별해서 프로젝트를 망치지 못하게 하는 방법을 알아내야 한다고 읽었습니다."

"그런 건 전 모릅니다." 데이브는 항의했다. "같은 문제가 다시 일어나진 않을 겁니다. 화학약품 관리 시스템이 잘못될 수 있는 것들을 작성한다면 소프트웨어 프로젝트를 어떻게 이끌어 갈지 모르겠다는 것과 같습니다. 이 프로젝트에서 어떤 부정적인 사상가도 원하지 않습니다. 우리는 성공을 위한 계획을 세워야 합니다!"

데이브의 마지막 의견에서 알 수 있듯이 소프트웨어 엔지니어와 프로젝트 관리자는 영원한 낙천주의자다. 이전 프로젝트에서 문제가 있었음에도 다음 프로젝트는 잘 풀릴 거라고 기대한다. 현실에서는 수십 개의 잠재적인 위험이 소프트웨어 프로젝트를 지연시키거나 좌초시킬 수 있다. 데이브의 생각과는 반대로, 소프트웨어 팀은 요구사항과 관련된 것부터 시작해서 프로젝트 위험을 식별하고 통제해야 한다.

위험은 일부 손실의 원인이 되거나 프로젝트의 성공을 위협할 수 있는 조건이다. 이 조건이 실제로 아직 문제를 일으키지 않아서 기존대로 계속 하고 싶을 것이다. 이러한 잠재적인 문제는 프로젝트 비용, 일정 또는 기술적 성공, 제품의 품질 또는 팀의 효율에 부정적인 영향을 미칠 수 있다. 위험 관리는 위험이 프로젝트에 위해를 가하기 전에 이를 식별, 평가, 제어하는 프로세스다. 뜻밖의 것이 프로젝트에서 이미 일어난 경우는 이슈이지 위험은 아니다. 프로젝트 진행 상황 추적과 수정 활동 프로세스를 통해 현재 문제와 이슈를 처리하자.

그 누구도 확신을 가지고 미래를 예측할 수 없기에 잠재적인 문제의 가능성이나 영향을 최소화하는 데 위험 관리가 사용된다. 위험 관리는 위기가 되기 전에 문제를 다루는 것을 의미한다. 이는 프로젝트 성공의 기회를 늘리고 회피할 수 없는 위험의 결과나 비용을 줄일 수 있다. 팀의 통제 영역 밖에 놓여 있는 위험은 주의를 기울여 적절한 수준으로 관리해야 한다.

요구사항은 소프트웨어 프로젝트에서 핵심적인 역할을 하기 때문에 신중한 프로젝트 관리자는 요구사항과 관련된 위험을 식별하고 이를 적극적으로 제어한다. 일반적인 요구사항 위험은 요구사항에 대한 오해, 사용자 참여 부족, 불분명하거나 변화하는 프로젝트 범위와 목표, 지속적으로 변화하는 요구사항을 포함한다. 프로젝트 관리자는 고객과 다른 이해관계자와의 협력을 통해서만 요구사항 위험을 제어할 수 있다. 요구사항 위험을 함께 문서화하고 대응 조치를 계획하면 2장 "고객 관점의 요구사항"에서 설명한 고객 개발 파트너십이 강화된다.

단순히 위험에 대해 아는 것만으로는 위험을 피할 수 없으므로 이번 장에서는 소프트웨어 위험 관리에 대한 간단한 튜토리얼을 제공한다(Wiegers 2007). 이번 장의 후반부에서는 요구공학 활동 중에 나타날 수 있는 몇 가지 위험 요소에 대해 설명한다. 요구사항 위험이 프로젝트를 망치기 전에 이를 없애기 위해 이 정보를 활용하자.

소프트웨어 위험 관리의 기본 원칙

프로젝트는 요구사항과 관련된 많은 종류의 위험을 마주한다. 재사용을 위해 하도급 업자나 다른 프로젝트에서 제공되는 구성요소와 같은 외부 객체의 의존하는 것은 위험의 일반적인 원인이다. 프로젝트 관리는 잘못된 판단, 관리자에 의한 정확한 견적의 배제, 프로젝트 상태에 대한 불충분한 가시성과 직원 이직과 같은 위험이 따른다. 기술 위험은 매우 복잡한 첨단 기술 개발 프로젝트를 위태롭게 한다. 현재 사용 중인 기술이나 애플리케이션 도메인에 대한 경험이 충분하지 않은 실무자와 같은 지식의 부족은 위험의 또 다른 원인이다. 새로운 개발 방식으로 전환하는 것은 다수의 새로운 위험을 가져온다. 그리고 끊임없이 변화하는 정부 규제는 최적의 프로젝트 일정을 방해할 수 있다.

두려움! 이것이 모든 프로젝트가 진지하게 위험 관리를 수행해야 하는 이유다. 위험 관리는 배가 절대 가라앉지 않을 거라는 자신감에 최대 속도로 나아가는 것이라기보다 빙산이 보이는지 살피게 한다. 다른 프로세스와 마찬가지로 프로젝트 규모에 따라 위험 관리 활동을 확장할 수 있다. 소규모 프로젝트는 단순한 위험 목록으로 처리할 수 있지만 공식적인 위험 관리 계획은 대규모 프로젝트의 성공을 결정하는 핵심 요소다.

위험 관리 요소

위험 관리는 허용 범위 내에서 프로젝트 위험을 담기 위한 도구와 절차의 적용을 수반한다. 이는 위험 요소의 식별 및 문서화, 이러한 요소의 잠재적인 심각도 평가, 이를 완화하기 위한 전략을 제안하는 표준 접근법을 제공한다(Williams, Walker, and Dorofee 1997). 위험 관리는 그림 32-1에 표시된 활동을 포함한다(McConnell[1996]에서 발췌).

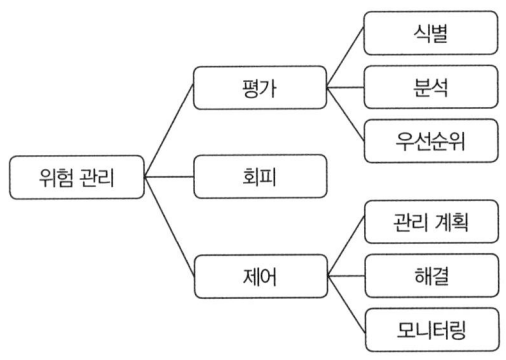

그림 32-1 위험 관리의 요소

위험 평가는 잠재적인 위협을 식별하기 위해 프로젝트를 검사하는 과정이다. 이번 장 후반부의 "요구사항 관련 위험"이나 다른 일반적인 위험에 대한 책(Carr et al. 1993; McConnell 1996)에서 설명한 것과 같은 일반적인 위험 요소 목록은 위험 식별을 용이하게 한다. 위험을 분석하는 동안 여러분은 특정 위험이 프로젝트에 끼칠 잠재적 결과를 검토할 것이다. 위험에 우선순위를 지정하면 각 위험 노출도를 평가해서 가장 심각한 위험에 집중하는 데 도움이 된다. 위험 노출도는 위험으로 인해 손실이 발생할 수 있는 확률과 잠재적인 손실 규모에 대한 수학식이다.

위험 회피는 위험에 대처하는 한 가지 방법이다. 즉, 위험한 것을 하지 않는 것이다. 여러분은 특정 프로젝트를 수행하지 않고, 최신 기술과 개발 방법보다는 검증된 것에 의지하고, 구현하기 까다로운 기능을 제외함으로써 몇 가지 위험을 회피할 수 있다. 소프트웨어 개발은 본질적으로 위험을 갖고 있기 때문에 위험을 회피하는 것은 기회를 잃어버릴 수 있음을 의미한다.

대부분의 시간은 여러분이 식별한 우선순위가 높은 위험을 관리하기 위한 위험 관리 활동에 할애해야 할 것이다. 위험 관리 계획은 완화 방법, 비상 계획, 소유자 및 일정을 비롯해 각각의 심각한 위험을 처리하기 위한 계획이다. 완화 행동은 위험이 절대로 문제가 되지 않도록 방지하거나 만약 발생하더라도 부정적인 영향을 줄이기 위해 시도한다. 위험은 스스로 통제하지 않으므로 위험 해결책은 각 위험을 완화하기 위한 계획을 실행하는 것을 포함한다. 마지막으로, 위험 모니터링을 통해 각 위험 항목을 해결하는 방향으로 진행 상황을 추적하고, 이것이 일상적인 프로젝트 상태 추적의 일부가 돼야 한다. 위험 완화 활동이 얼마나 잘 작동하는지 모니터링하고, 새로운 위험이 나오는지 찾아보며, 위협에서 벗어난 위험을 제거하고, 위험 목록의 우선순위를 정기적으로 갱신하라.

프로젝트 위험 문서화하기

단순히 프로젝트에 직면한 위험을 아는 것만으로는 충분하지 않다. 프로젝트 기간 동안 이해관계자에게 위험 이슈와 상태를 전달하는 방식으로 이를 관리해야 한다. 그림 32-2는 개별 위험 문장을 문서화하기 위한 템플릿을 보여준다. 위험 목록을 다양한 방법으로 쉽게 정렬해주는 스프레드시트나 데이터베이스와 같이 이 같은 정보를 표 형태로 저장하는 것이 더 편리할 수 있다. 프로젝트 기간에 걸쳐 갱신하기 쉽게 프로젝트 계획과 위험 목록을 분리해서 유지하자.

```
ID:
〈일련번호〉

등록자:
〈이 위험을 팀의 관심사로 가져올 개인〉

확인된 날짜:
〈위험이 식별된 날짜〉

종료일:
〈위험이 해소된 날짜〉

위험 문장:
〈"조건-결과"의 형태로 된 위험 문장〉

영향 범위:
〈위험에 영향을 받을 수 있는 프로젝트 팀, 비즈니스 영역, 기능 영역〉

발생 확률:
〈위험이 문제가 될 가능성〉

영향력:
〈위험이 문제가 될 때 잠재적인 손상의 수치 합계〉

노출도:
〈영향을 곱한 확률〉

위험 관리 계획:
〈제어, 회피, 최소화 또는 위험을 완화하는 하나 이상의 방법〉

비상 계획:
〈위험 관리 계획이 유효하지 않은 경우 해야 할 행동의 과정〉

소유자:
〈위험을 해결하기 위한 책임자〉

마감일:
〈완화 조치가 수행된 날짜〉
```

그림 32-2 위험 항목 추적 템플릿

위험 문장을 문서화할 때는 조건-결과 형식을 사용하자. 즉, 여러분이 우려하는 위험 조건과 이로 인해 야기되는 잠재적이고 부정적인 결과를 서술한다. 위험을 제시하는 사람들은 조건("고객이 제품의 요구사항에 동의하지 않음")이나 결과("주요 고객 중 한 사람만 만족시킬 수 있음")만 말한다. 이러한 문장을 조건-결과 구조로 만든다. 즉, "고객이 제품 요구사항에 동의하지 않을 경우, 우리는 주요 고객 중 한 명만 충족할 수 있습니다." 하나의 조건이 여러 결과를 가져올 수도 있고, 여러 조건이 동일한 결과를 야기할 수 있다.

템플릿은 위험이 문제로 구체화될 확률, 그 문제의 결과로 프로젝트가 받는 부정적인 영향, 전체적인 위험 노출도를 기록하기 위한 공간을 제공한다. 나는 발생할 확률 산정을 위해 0.1(희박함)에서 1.0(거의 일어남)까지의 수치를 사용하고, 상대적인 영향력 산정을 위해 1(문제 없음)에서 10(큰 문제)까지의 수치를 사용하는 것을 좋아한다. 더 나은 방법은 잃어버린 시간이나 돈의 단위로 잠재적인 영향을 평가해보는 것이다. 각 위험으로부터 노출을 추정하기 위해 발생할 확률에 영향력을 곱하자.

너무 정확하게 위험을 수치화하려 하지 말자. 여러분의 목표는 가장 위협적인 위험과 당장 씨름할 필요가 없는 것들을 구별하는 것이다. 발생 확률과 영향력을 높음, 보통, 낮음으로 간단하게 산정하는 것이 더 쉽다. '높음' 등급이 적어도 하나 이상인 항목은 초기부터 주의할 필요가 있다.

위험을 제어하는 작업을 식별하기 위해 위험 관리 계획 필드를 사용하라. 어떤 완화 전략은 위험 가능성을 줄이기 위해 작동하며, 어떤 것은 영향을 줄이기 위해 작동한다. 계획을 수립할 때는 완화 비용을 고려하라. 문제로 구체화된 경우 최대 10,000달러 정도의 영향으로 계산된 위험을 관리하기 위해 20,000달러를 쓴다는 건 말이 안 된다. 노력에도 불구하고 프로젝트에 영향을 미치는 위험의 경우 취해야 할 조치를 예상하기 위해 가장 심각한 위험에 대비한 비상 계획을 세울 수도 있다. 여러분이 제어하려는 모든 위험에 개별 담당자를 지정하고 완화 조치를 완료하기 위한 목표일을 설정하자. 장기 또는 복잡한 위험은 여러 단계에 걸친 완화 전략이 필요할 수도 있다.

그림 32-3은 화학약품 관리 시스템 팀장이 이번 장의 초반부에서 논의했던 위험을 보여준다. 팀은 이전 경험에 따라 발생 확률과 영향력을 산정했다. 위험 노출도는 상대적이었기에 다른 위험을 평가하기 전까지 위험 노출 4.2가 얼마나 심각한지 알지 못했다. 처음의 두 완화 접근법은 요구사항 프로세스에서 사용자 참여를 늘려 이 위험이 문제로 변할 가능성을 줄였다. 프로토타이핑은 사용자 인터페이스에 대한 피드백을 조기에 받음으로써 잠재적인 영향을 낮춘다.

> ID: 1 　　　　　　　　　　　　등록자: 유홍 리
> 확인된 날짜: 2013. 08. 22 　　　　종료일: (확정되지 않음)
> 위험 문장:
> 요구사항 추출에 사용자 참여가 부족하면 베타 테스트 후에 광범위한 사용자 인터페이스 재작업을 해야 할지도 모른다.
> 영향 범위:
> 통합된 상용 제품 구성 요소에서 주문 제작된 것을 모든 것을 포함해서 전체 시스템에 영향을 미칠 수 있다.
> 발생 확률: 0.6 　　　　영향력: 7 　　　　노출도: 4.2
> 위험 관리 계획:
> 　1. 초기 요구사항 도출 활동에서 사용성 요구사항을 구체화하자.
> 　2. 요구사항 개발을 위해 제품 챔피언과 촉진 워크샵을 열자.
> 　3. 제품 챔피언의 의견을 바탕으로 핵심 기능을 가진 일회성 목업 프로토타입을 개발하자.
> 　4. 여러 사용자 클래스의 구성원이 프로토타입을 평가하게 하자.
> 비상 계획:
> UI가 인간-컴퓨터 간 인터페이스 디자인을 위한 모범 사례를 준수하는지 확인하기 위해 사용성 전문 컨설턴트를 참여시키자.
> 소유자: 레이나 카바타나 　　　　　　마감일: 2014. 02. 13

그림 32-3 화학약품 관리 시스템의 위험 항목 샘플

위험 관리 계획

위험 목록은 위험 관리 계획과 다르다. 규모가 작은 프로젝트의 경우, 소프트웨어 프로젝트 관리 계획에 위험을 제어하기 위한 계획을 포함할 수 있다. 규모가 큰 프로젝트는 식별, 평가, 문서화, 위험 추적을 위해 취해야 할 접근법을 설명하는 위험 관리 계획을 별도로 작성해야 한다. 이 계획에는 위험 관리 활동에 대한 역할과 책임을 포함해야 한다. 위험 관리 계획 템플릿은 이 책의 보충 자료에서 확인할 수 있다. 많은 프로젝트에서는 프로젝트 위험 관리자를 임명해서 매사에 잘못될 수 있는 일들을 책임지고 있다. 한 회사에서는 위험 관리자를 가리켜 곰돌이 푸에서 얼마나 나쁜 일이 일어날지 끊임없이 한탄하는 "이요르"라고 부르기도 한다.

> **함정** 위험을 식별하고 완화 조치를 선택했다고 해서 위험이 통제하에 있다고 가정하지 말자. 위험 관리 조치를 수행하자. 위험 계획에 투자한 것이 낭비되지 않도록 프로젝트 일정에서 위험 관리에 충분한 시간을 포함하자. 위험 계획에 위험 완화 활동, 위험 상태 보고, 프로젝트 작업 목록 내 위험 목록을 갱신하는 것을 포함하자.

주기적인 위험 모니터링에 규칙적인 변화를 설정하자. 가장 높은 위험 노출도로 보이는 것을 10으로 유지하고, 정기적으로 완화 방법의 유효성을 추적하자. 완화 조치가 완료되면 해당 위험 항목의 발생 확률과 영향력을 재평가하고 이에 따라 위험 목록과 보류 중인 다른 완화 계획을 갱신하자. 위험은 완화 조치가 완료됐기 때문에 통제하에 둘 필요는 없다. 완화 방법이 허용 가능한 수준으로 줄었거나 특정 위험이 문제로 변할 수 있는 시기가 지나갔는지 여부는 판단할 필요가 있다.

> **통제 불능**
>
> 한 프로젝트 관리자가 만약 여러 주 동안 같은 항목이 위험 목록 상위 5위 안에 남아있다면 어떻게 해야 할지 물어온 적이 있다. 이는 해당 위험의 완화 조치가 시행되지 않았거나, 효과적이지 않거나 팀이 그 위험을 통제할 방법이 없음을 의미한다. 완화 조치가 유효하다면 통제하려는 위험의 노출이 줄어들 것이다. 이는 초기 상위 5개보다 덜 위협적인 다른 위험들이 위험 목록의 상위로 올라가게 해서 여러분의 관심을 끌게 한다. 위험 완화 조치가 끝났는지 여부를 확인하기 위해 각 위험이 구체화될 확률, 그것이 이뤄졌을 때 발생할 잠재적 손해를 주기적으로 재평가하자.

요구사항 관련 위험

이어지는 페이지에서 설명할 위험 요소는 요구사항 도출, 분석, 명세, 검증, 관리의 다섯 가지 요구공학 분야로 구성된다. 제안된 기술은 각 위험의 발생 가능성이나 영향력을 줄일 수 있다. 이 목록은 단지 출발점에 불과하다. 각 프로젝트에서 배운 교훈에 따라 여러분만의 위험 요소 목록과 완화 전략을 모으자. 테론 레이쉬맨과 데이비드 쿡은 소프트웨어 요구사항과 관련된 추가적인 위험을 설명한다(Theron Leishman and David Cook 2002). 조건-결과 형식으로 위험 문장을 작성해야 한다는 점을 잊지 말자.

요구사항 도출

수많은 요소가 요구사항 도출 노력을 방해할 수 있다. 다음은 몇 가지 잠재적인 요구사항 도출 위험 영역과 이를 방지하는 방법을 제안한 것이다.

제품 비전과 프로젝트 범위

범위 추가는 이해관계자가 제품이 돼야 하는 것(그리고 되지 말아야 할 것)과 할 것이 무엇인지에 대한 이해 공유가 부족할 때 자주 발생한다. 프로젝트 초기에 비즈니스 요구사항이 담긴 비전 범위 문서를 작성하고, 이를 신규 또는 수정된 요구사항에 대한 의사결정을 가이드하는 데 사용하자.

요구사항 개발에 소요된 시간

빡빡한 프로젝트 일정에서는 개발자가 바로 개발을 시작하지 못하면 제시간에 끝내지 못할 것이라고 생각하기 때문에 관리자와 고객이 요구사항 프로세스를 대충 넘어가도록 압박한다. 노력이 충분한지 여부를 판단하고 향후 프로젝트 계획을 개선할 수 있도록 각 프로젝트에서 요구사항 개발에 실제로 얼마만큼의 노력을 들이는지 기록하자. 애자일 개발 방법은 폭포수 개발 생명 주기를 따르는 프로젝트보다 빠르게 개발할 수 있게 해준다.

고객 참여

프로젝트 동안 고객 참여의 부족은 기대치 차이를 증가시킨다. 프로젝트 초기에 이해관계자, 고객, 사용자 클래스를 식별하자. 각 사용자 클래스에 대해 사용자 목소리를 누가 담당할지 결정하자. 주요 이해관계자를 제품 챔피언으로 참여시키자. 올바른 요구가 도출되도록 반드시 제품 챔피언이 자신의 책무를 이행하게 하자.

요구사항 명세서의 완전성과 정확성

솔루션이 고객이 정말로 필요로 하는 것을 제공할 수 있도록 비즈니스 요구사항에 매핑된 사용자 요구사항을 도출하자. 사용 시나리오를 고안하고, 요구사항으로부터 테스트를 작성하고, 고객이 허용 기준을 정의하게 하자. 사용자로 하여금 좀 더 의미 있는 요구사항을 만들고 사용자로부터 구체적인 피드백을 유도하기 위해 프로토타입을 만들자. 요구사항 검토와 모델 분석을 위해 고객 대표의 협조를 얻어라.

혁신적인 제품에 대한 요구사항

최초의 제품에 대한 시장의 반응은 잘못 측정되기 쉽다. 혁신적인 제품의 비전에 대한 고객 피드백을 조기에 자주 얻기 위해 시장 조사를 강화하고, 프로토타입을 구축하며, 포커스 그룹을 활용하자.

비기능적 요구사항을 정의

일반적으로 제품의 기능을 강조하기 때문에 비기능적 요구사항에 소홀하기 쉽다. 고객에게 성능, 사용성, 보안, 신뢰성과 같은 품질 특성에 대한 만족도에 대해 묻자. 이러한 비기능적 요구사항과 이에 대한 가능한 허용 기준을 문서화하자.

요구사항에 대한 고객 동의

시스템의 다양한 고객이 여러분이 구축해야 하는 것에 동의하지 못하면 누군가는 결과에 만족하지 못할 것이다. 주 고객이 누구인지 결정하고, 적절한 고객의 의견과 참여를 얻기 위한 제품 챔피언 접근법을 사용하자. 요구사항에 대한 의사결정을 내리기 위해 적절한 사람들에게 의존하고 있는지 확인하라. 적절한 이해관계자 대표가 요구사항을 검토하게 하자.

언급되지 않은 요구사항

고객은 논의되지 않거나 문서화되지 않은 것에 대해 암묵적인 기대를 할 때가 많다. 고객이 만들어낸 가정을 식별하기 위해 노력하자. 고객이 자신의 생각, 희망사항, 아이디어, 정보, 관심사를 좀 더 공유할 수 있도록 공개 질문을 사용하자. 고객에게 제품을 거부하게 하는 요소를 묻는 것은 아직 탐구되지 않은 특정 주제를 나타낼 수도 있다.

참조용 요구사항으로 사용되는 기존 제품

차세대 또는 대체 프로젝트에서는 요구사항 개발이 중요하지 않게 여겨지기도 한다. 하지만 개발자가 변경 및 추가 사항 목록과 함께 기존 제품을 요구사항의 소스로 사용하는 경우도 있다. 21장 "개선 프로젝트와 교체 프로젝트"에서 기존 애플리케이션의 요구사항을 역공학하는 몇 가지 방법을 제안했다.

요구사항으로 제시된 솔루션

사용자가 제안한 솔루션은 사용자의 실제 요구사항을 가리고, 비효율적인 비즈니스 프로세스의 자동화로 이어지며, 개발자의 설계 옵션을 크게 제약할 수 있다. 분석가는 고객이 제시한 솔루션 이면에 놓인 의도를(실제 요구사항) 이해하기 위해 더 깊이 파고들어야 한다.

비즈니스 조직과 개발팀 간의 불신

이 책에서 볼 수 있듯이 효과적인 요구공학은 다양한 이해관계자, 특히 고객 커뮤니티(IT 프로젝트에 대한 비즈니스 측면)와 개발자 간의 긴밀한 협력을 요구한다. 각 당사자가 상대방이 상호 이익을 위해 성실히 노력하고 있다고 생각하지 않으면 충돌이 발생할 수 있으며, 요구사항 도출이 위협받을 수 있다.

요구사항 분석

고객이 이야기하는 것이라면 무엇이든 기록하고 개발하는 것은 신중하지 못한 것이다. 요구사항 분석은 아래에서 설명한 것처럼 위험 범위를 제시해야 한다.

요구사항 우선순위

모든 기능적 요구사항이나 기능, 사용자 요구사항에는 우선순위가 할당되고 특정 시스템 배포나 반복주기에 반드시 할당돼야 한다. 백로그에 남아 있는 작업과 비교해서 새로운 요구사항의 우선순위를 평가해야 적절한 트레이드오프에 대한 결정과 반복주기 계획이 가능하다.

기술적으로 어려운 기능

예상보다 구현 시간이 오래 걸릴 것들을 식별하기 위해 각 요구사항의 실행 가능성을 평가하자. 구현 일정에서 뒤처진 요구사항을 확인하기 위해 상태 추적을 사용하자. 가능한 한 빨리 수정 조치를 취하자. 효과적인 접근법을 선택하기 위해 생소한 요구사항이나 위험한 요구사항의 프로토타입을 만들자.

낯선 기술이나 방법, 언어, 도구, 하드웨어

특정 요구사항을 충족시키는 데 필요한 새로운 기술에 익숙해질 때까지의 학습 곡선을 과소평가하지 말자. 초기에 이러한 높은 위험의 요구사항을 식별하고, 개발팀과 협력해서 시작 단계에서부터 실패하는 것을 극복하고 학습 및 실험을 위한 충분한 시간을 주자.

요구사항 명세서

요구사항은 의사소통에 대한 것이다. 요구사항이 종이 또는 서면으로 전달된다고 해서 요구사항을 실제로 이해한 것을 의미하지는 않기 때문이다.

요구사항의 이해

개발자와 고객이 요구사항을 서로 다르게 해석할 경우 납품할 제품이 고객의 요구를 충족하지 못하게 하는 기대치 차이로 이어진다. 요구사항에 대한 개발자, 테스터, 고객의 동료 검토는 위험을 완화할 수 있다. 잘 훈련되고 경험이 있는 비즈니스 분석가는 올바른 정보를 획득하고 높은 품질의 명세서를 작성할 것이다. 여러 관점에서 요구사항을 대표하는 모델과 프로토타입을 만들면 애매모호한 요구사항을 구체화할 수 있다.

미해결 이슈 진행에 대한 시간 압력

추가 작업이 필요한 영역을 TBD로 표기하는 것도 좋은 생각이지만 해결되지 않은 채로 개발을 진행하면 위험하다. 미해결 이슈의 책임자와 해결을 위한 목표일을 기록하자.

모호한 용어

각양각색의 독자에 의해 다르게 해석될 수 있는 비즈니스와 기술 용어를 정의하는 용어사전을 만들자. 요구사항 검토는 참가자가 용어와 개념에 대한 공통의 이해에 도달할 수 있게 해준다.

요구사항에 포함된 설계

요구사항에 포함된 설계 요소는 개발자의 선택안을 제약한다. 불필요한 제약조건은 최적화된 설계를 방해한다. 요구사항을 검토해서 솔루션을 지정하기보다는 비즈니스 문제를 해결하기 위해 수행해야 할 작업을 강조해야 한다.

요구사항 검증

요구사항 도출을 잘 했더라도 요구사항이 구체화한 솔루션의 품질과 타당성을 확인하는 것이 중요하다. 검증은 다음과 같은 위험을 보여준다.

확인되지 않은 요구사항

개발 프로세스 초기에 테스트를 작성하는 것과 마찬가지로 긴 요구사항 명세서를 검토하는 것은 어렵다. 하지만 개발 전에 각 요구사항의 정확성과 품질을 확인하면 나중에 상당히 큰 비용이 드는 재작업을 예방할 수 있다. 프로젝트 계획에 이러한 품질 활동을 위한 시간과 자원을 포함하자. 고객 대표에게 요구사항 검토에 참여한다는 약속을 받자. 가능한 한 조기에, 그리고 낮은 비용으로 문제를 찾을 수 있도록 점진적이고 일상적인 검토를 수행하자.

검사 능력

검사 참가자가 효과적인 요구사항 검사 방법을 모르면 심각한 결함을 놓칠 수 있다. 요구사항 문서 검사에 참여하는 모든 팀 구성원을 교육하자. 참가자들을 지도하기 위해 초기 검사를 관찰할 수 있는 조직의 숙련된 검사자나 외부 컨설턴트를 초대하자.

요구사항 관리

소프트웨어 프로젝트의 요구사항과 관련된 위험은 대부분 변경이 처리되는 방식에서 온다. 이러한 요구사항 관리 위험은 다음과 같다.

요구사항 변경

문서화된 비즈니스 요구사항과 변경 승인을 위한 벤치마크로서 범위 정의를 사용해 만성적인 범위 추가를 제어할 수 있다. 광범위한 사용자 참여와 요구사항 도출 프로세스에서의 협력은 요구사항 범위 증가를 절반 가까이 줄일 수 있다(Jones 1996a). 요구사항 오류를 일찍 감지하면 나중에 요청된 수정 횟수가 줄어든다. 특히 반복적인 수명 주기를 따른다면 쉽게 수정할 수 있도록 시스템을 설계하자.

요구사항 변경 프로세스

요구사항 변경을 처리하는 방법과 관련된 위험 요소에는 정의된 변경 프로세스가 없고, 비효율적인 변경 메커니즘을 사용하며, 중요한 변경 사항을 효율적으로 통합하지 못하고, 프로세스를 우회해서 변경 사항을 통합하는 것이 있다. 영향 분석, 변경 관리 위원회, 요구사항 변경 프로세스를 지원하는 도구를 포함하는 요구사항 변경 프로세스는 중요한 출발점이다. 변경사항에 영향을 받는 이해관계자와의 명확한 의사소통은 필수다.

구현되지 않은 요구사항

요구사항 추적은 설계, 구축 또는 테스트 중에 요구사항을 간과하지 않도록 도움을 준다.

프로젝트 범위 확장

요구사항이 처음에 제대로 정의되지 않으면 나중에 더 명확해지면서 프로젝트의 범위가 늘어날 수 있다. 제품에서 모호하게 지정된 영역은 예상보다 많은 노력을 초래한다. 초기에 불완전한 요구사항에 따라 할당된 프로젝트 자원은 전체 사용자 요구사항을 구현하기에 부족할 수도 있다. 이러한 위험을 완화하기 위해 단계적 또는 점진적인 배포 수명 주기를 계획하자. 초기 배포에서 최우선 기능을 구현하고 향후 반복주기에서 시스템의 기능을 정교하게 만들자.

위험 관리는 여러분의 친구다

프로젝트 관리자는 위험 관리를 사용해 프로젝트에 피해를 줄 수 있는 조건에 대한 인식을 고양할 수 있다. 요구사항 도출에 적절한 사용자를 참여시키는 것에 대해 고민하는 새 프로젝트의 관리자를 생각해보자. 영리한 관리자는 이 상태가 위험이라는 것을 알고 위험 목록에 이를 문서화하고 이전 경험을 바탕으로 발생 확률과 영향력을 추정할 것이다. 시간이 지나고 사용자가 여전히 참여하지 못했다면 이 항목의 위험 노출도는 증가해서 프로젝트 성공을 위협할 수 있다. 나는 한 불운한 프로젝트에 회사의 돈을 낭비해서는 안 된다고 주장함으로써 충분한 사용자 대표를 참여시킬 수 없는 프로젝트를 연기하도록 관리자를 설득할 수 있었다.

정기적인 위험 추적은 프로젝트 관리자가 확인된 위험의 위협을 알게 해준다. 위험을 감수하면서 시정 조치를 취하거나 의식적인 비즈니스 의사결정이 가능한 상위 관리자에게 제대로 통제되지 않은 위험을 넘기자. 위험 관리를 통해 프로젝트가 직면할 수 있는 통제 불가능하거나 피할 수 없는 모든 역경하에서도 지속적으로 신경 쓰고 정보에 입각한 결정을 내릴 수 있다.

> **다음 단계는**
> - 현재 프로젝트가 직면한 요구사항 관련 위험을 식별하자. 아직 일어나지 않은 것만 식별하고, 알려진 문제를 위험으로 식별하지 말자. 그림 32-2의 템플릿을 활용해 위험을 문서화하자. 제어하기로 한 각 위험을 완화하는 하나 이상의 방법을 제안하자. 여러분에게 영향은 미치지 않았으면 하는 마음은 있지만 가볍게 인정할 만한 위험이 있는가?
> - 주요 프로젝트 이해관계자와 위험에 대한 브레인스토밍 회의를 열자. 가능한 한 많은 요구사항 관련 위험을 식별하자. 각 발생 확률과 상대적인 영향력을 평가하고, 이들을 곱해서 위험 노출도를 계산하자. 위험 노출도를 기준으로 내림차순으로 위험 목록을 정렬해서 상위 5개의 요구사항 관련 위험을 식별하자. 각 위험을 완화하기 위해 취할 수 있는 조치를 확인하자. 각 조치를 직접 수행할 개인에게 할당하라.
> - 조직에서 직면하게 될 잠재적인 요구사항 위험 목록을 작성하자. 이번 장에서 다룬 것으로 시작해서 실제 프로젝트 경험을 바탕으로 목록을 확대하자. 이처럼 풍부한 위험 목록은 미래의 각 프로젝트 관리자가 자신의 위험을 조기에 파악하는 데 도움될 것이다.

에필로그

소프트웨어 프로젝트의 성공을 위해 어떤 문제를 해결해야 하는지 이해하는 것보다 중요한 것은 없다. 요구사항은 성공을 위한 기반을 제공한다. 개발팀과 고객이 제품의 기능과 특성에 동의하지 않는다면 그 결과는 놀랍게도 우리 모두가 기피하는 불친절한 소프트웨어 중 하나일 확률이 높다. 현재의 요구사항 사례가 필요한 결과를 주지 않는다면 이 책에서 설명한 기법 중 도움될 만한 것을 선별해서 신중하게 적용하자. 효과적인 요구공학은 다음을 포함한다.

- 고객 대표를 초기에 광범위하게 참여시키자.
- 요구사항을 반복적이고 점진적으로 개발하자.
- 모두 다 요구사항을 이해할 수 있도록 이를 다양한 방법으로 표현하자.
- 모든 이해관계자 그룹이 요구사항의 완전성과 정확성을 보장하게 하자.
- 관점을 공유하고 요구사항의 무결성을 보장하기 위해 적절한 보조 기법과 사례를 찾자.
- 요구사항이 변경되는 방식을 제어하자.

조직의 업무 방식을 변경하는 것은 어렵다. 현재의 방법이 원하는 대로 잘 작동하지 않는다는 것을 인정하고 이를 해결하기 위해 무엇을 해야 하는지 알아내는 것 또한 어렵다. 언제 새로운 기법을 배워야 하는지, 언제 프로세스를 개선해야 하는지, 언제 이를 시험하고 조정해야 하는지, 언제 전체 조직에 이를 공개해야 하는지 찾는 것 역시 어렵다. 또한 다양한 이해관계자에게 변경의 필요성을 이해시키기 어려울 수도 있다. 그럼에도 팀의 업무 방식을 바꾸지 않는다면 다음 프로젝트는 직전의 프로젝트보다 더 나아질 수 없을 것이다.

소프트웨어 프로세스 개선의 성공은 다음에 달렸다.

- 한 번에 소수의 확실한 약점(pain point)에 집중하자.
- 명확한 목표를 설정하고 개선 활동을 위한 행동 계획을 정의하자.
- 조직 변화와 관련된 인적, 문화적 요인을 해결하자.
- 프로세스 개선을 비즈니스 성공에 대한 전략적 투자로 볼 수 있도록 모두를 설득하자.

로드맵에 정의한 대로 개선된 요구공학 성능 향상을 위한 프로세스 개선 원칙을 마음에 새겨두자. 조직이나 팀에 적합한 실용적인 접근법을 다지자. 알려진 우수 사례를 적극적으로 적용하고 상식에 의존한다면 사례를 통한 모든 장점과 이득을 통해 프로젝트의 요구사항을 다루는 방법을 상당히 개선할 수 있다. 훌륭한 요구사항이 없는 소프트웨어는 초콜릿 상자(box of chocolates)[1]와 같아서 무엇을 얻을 수 있는지 절대 알 수 없으리라는 점을 기억하라.

---

1 (옮긴이) 영화 포레스트 검프(Forrest Gump)에서 톰 행크스가 말한 대사. "Life is like a box of chocolates; you never know what you're gonna get(인생은 초콜릿 상자와 같아서 무엇을 집을지 아무도 모른다)."를 소프트웨어에 빗대어 말했다. 초콜릿 상자 안에는 다양한 맛의 초콜릿이 있지만 먹어보기 전에는 알 수 없다는 것을 의미한다.

부록 A
현재 요구사항 실천 지침에 대한 자기 평가

이 부록은 팀의 현재 요구공학 관행을 교정하고 강화해야 할 부분을 파악하기 위한 20개의 질문을 담고 있다. 이 책의 보조 자료 웹사이트에서 응답을 분석하는 데 도움이 되는 평가와 스프레드시트 사본을 내려받을 수 있다. 개선을 통해 현재 관행과 문서가 어떤 측면의 도움을 받을 수 있을지 더욱 정확히 이해하고자 노력한다면 더 포괄적으로 평가할 수 있다. 셀리벨은 조직의 요구사항 실천 지침과 산출물을 평가하는 데 적용할 수 있는 빈틈없는 프로젝트 평가를 제안한다(Seilevel 2012).

이번 부록의 평가를 빠르게 완료하려면 각 질문에 대해 여러분의 팀이 현재 다루고 있는 요구사항 이슈를 가장 근접하게 설명하는 응답을 선택하자. 자기 평가를 정량화하고 싶다면 (a)에는 0점, (b)에는 1점, (c)에는 3점, (d)에는 5점을 할당하자[단, 문제 16은 [c]와 [d]에 5점 할당]. 최대 점수는 100점이다. 일반적으로 점수가 높을수록 여러분의 요구사항 실천 지침이 더 성숙했고 효과적이라는 것을 의미한다. 각 질문에는 관련 장이나 해당 질문에 대한 해법이 있는 장을 인용한다.

그저 높은 점수를 얻기 위해 노력하기보다는 조직에 도움이 되는 새로운 방법을 적용하기 위한 기회를 찾기 위해 자기 평가를 사용하자. 몇 가지 질문은 조직이 개발하는 소프트웨어와는 무관할 수 있다. 상황이 다를 수도 있다. 모든 프로젝트에 엄격한 접근법이 필요한 것은 아니다. 요구사항에 대한 비공식적인 접근법이 과도한 재작업을 유발할 가능성이 크다는 점을 잊지 말자. 대부분의 조직은 "c"나 "d"로 응답한 실천 지침을 따름으로써 도움을 얻을 수 있을 것이다.

평가를 완료하기 위해 선택한 사람이 결과에 영향을 미칠 수 있다. 조직에서 실제로 일어나는 일을 설명하기보다 정치적이거나, 스스로가 원하는 것이나 스스로 "맞다"고 생각하는 등 편향된 응답을 하는 사람을 조심하자. 자기 평가를 완료하기 위해 한 명에게만 물어보지 말고 여러 사람에게 개별적으로 물어보면 편견을 제거하고 현재 관행을 좀 더 현실적으로 표현하는 데 도움될 것이다. 다수의 응답자가 특정 관행이 현재 어떻게 수행되는지에 대해 이견을 보일 수도 있다. 여러 가지 응답을 모아 분포를 확인하기 위해 보조 자료 웹사이트에서 제공하는 스프레드시트를 활용할 수 있다.

1. **프로젝트의 비즈니스 요구사항이 어떻게 정의되고 전달되며 사용되는가? [5장]**
   a. 초기에 고수준의 제품 설명서를 작성하기도 하지만 나중에 다시 확인하지는 않는다.
   b. 제품을 구상하는 사람이 비즈니스 요구사항을 알고 있으며 이를 개발팀과 구두로 상의한다.
   c. 표준 템플릿에 맞춰 비전 범위 문서나 프로젝트 헌장, 기타 다른 문서에 비즈니스 요구사항을 기록한다. 모든 프로젝트 이해관계자는 이 문서에 접근할 수 있다.
   d. 프로젝트에서 적극적으로 비즈니스 요구사항 문서를 활용하며, 문서에 있는 범위를 고려하고 있는지 확인하기 위해 제안된 제품 기능이나 요구사항 변경을 평가한다. 필요한 경우 비즈니스 목표에 따라 범위를 조절한다.

2. **제품의 사용자 커뮤니티를 어떻게 식별하고 특징 지을 수 있는가? [6장]**
   a. 개발자는 사용자가 누가 될지 알고 있다고 생각한다.
   b. 마케팅 담당자나 프로젝트 스폰서는 누가 사용자인지 알고 있다고 생각한다.
   c. 대상 사용자 그룹이나 시장 세그먼트는 시장 조사나 기존 사용자 기반, 기타 다른 이해관계자의 의견을 조합해서 관리 담당자나 마케팅 담당자에 의해 식별된다.
   d. 프로젝트 이해관계자는 소프트웨어 요구사항 명세서에 요약돼 있는 성향을 가진 사용자 클래스를 명확히 식별한다.

3. **요구사항에 대한 고객의 의견을 어떻게 이끌어내는가? [7장]**
   a. 개발자는 무엇을 개발해야 하는지 이미 다 알고 있다고 확신한다.
   b. 일반 사용자의 경우 설문지나 포커스 그룹 인터뷰를 통해 조사한다.
   c. 일대일이나 그룹으로 사람들을 만나며, 그들이 원하는 것을 직접 듣는다.
   d. 사용자 클래스 대표와 함께 인터뷰나 워크숍을 열거나, 문서 분석, 시스템 인터페이스 분석 등 다양한 도출 기법을 사용한다.

4. **비즈니스 분석가가 얼마나 잘 교육받았고, 얼마만큼의 경험을 갖고 있는가? [4장]**
   a. 소프트웨어 요구공학에 대해 약간의 경험을 갖고 있고 별다른 교육은 받은 적 없는 개발자나 이전 사용자가 비즈니스 분석가를 맡고 있다.
   b. 예전에 약간 요구공학을 접했던 개발자나 숙련된 사용자, 프로젝트 관리자가 BA 역할을 수행한다.
   c. BA는 며칠에 걸쳐 교육을 받고 사용자와의 협업 경험이 상당히 많다.
   d. 잘 교육받고 인터뷰 기법이나 그룹 세션의 퍼실리테이션, 기술 문서 작성, 모델링에 능한 전문적인 비즈니스 분석가나 요구공학자가 있다. 이들은 애플리케이션 도메인과 소프트웨어 개발 프로세스를 모두 이해한다.

5. 고수준의 시스템 요구사항이 제품의 소프트웨어 일부에 어떻게 할당되는가? [19, 26장]

  a. 소프트웨어가 하드웨어의 모든 단점을 극복할 것으로 예상한다.

  b. 소프트웨어와 하드웨어 엔지니어가 어떤 서브시스템이 어떤 기능을 수행해야 하느냐에 대해 논의한다.

  c. 시스템 엔지니어나 아키텍트가 시스템 요구사항을 분석하고 각 소프트웨어 서브시스템으로 구현해야 할 것들을 결정한다.

  d. 지식이 풍부한 팀 구성원이 시스템 요구사항을 소프트웨어 서브시스템과 구성 요소에 할당하고 특정 소프트웨어 요구사항을 조사하는 데 협조한다. 구성 요소 인터페이스는 명시적으로 정의되고 설명돼 있다.

6. 프로젝트에서 재사용되는 요구사항이 얼마나 되는가? [18장]

  a. 요구사항을 재사용하지 않는다.

  b. 이전 프로젝트에 대해 잘 알고 있는 비즈니스 분석가가 신규 프로젝트에서 재사용할 만한 요구사항을 알고 있는 경우가 있는데, 이때 기존 요구사항을 신규 명세서에 복사해서 붙여넣는다.

  c. 비즈니스 분석가는 요구사항 관리 도구에 저장된 이전 프로젝트에서 신규 프로젝트와 연관된 요구사항을 검색할 수 있다. 그는 도구에 내장된 기능을 사용해 이러한 요구사항의 특정 버전을 재사용할 수 있다.

  d. 지난 프로젝트에 도입되고 발전되어 잠재적으로 재사용 가능한 요구사항을 위한 저장소를 만들었다. BA는 현재 프로젝트에 유용할 만한 요구사항을 찾기 위해 정기적으로 이 저장소를 확인한다. 요구사항을 재사용할 때 가능하면 자식 요구사항, 종속 요구사항, 설계 요소, 테스트를 가져오기 위해 추적 링크를 사용한다.

7. 특정 소프트웨어 요구사항을 식별하기 위해 이해관계자들과 작업할 때 어떤 방법을 사용하는가? [7, 8, 12, 13장]

  a. 일반적인 이해에서 시작하며, 코드를 작성하고, 일부 사용자에게 소프트웨어를 보여주며, 그들이 만족할 때까지 코드를 수정한다.

  b. 관리 담당자나 마케팅 담당자가 제품 콘셉트를 제공하고, 개발자가 요구사항을 작성한다. 개발팀이 놓친 게 있다면 고객 이해관계자가 알려준다.

  c. 마케팅 담당자나 고객 대표가 어떠한 기능과 특징이 제품에 포함돼야 하는지 개발팀에게 말해준다. 제품 방향이 변경되는 경우 마케팅 담당자가 개발 팀에게 알려주기도 한다.

  d. 각기 다른 제품의 사용자 클래스 대표와 함께 잘 짜여진 요구사항 도출 인터뷰나 워크숍을 개최한다. 사용자의 목표를 이해하기 위해 유스케이스나 사용자 스토리를 이용하고, 모든 기능적 요구사항을 식별할 수 있도록 분석 모델을 만든다. 요구사항을 점진적이고 반복적으로 구체화하면서 고객에게 이를 개선하기 위한 다양한 기회를 제공한다.

8. 소프트웨어 요구사항을 어떻게 문서화하는가? [10, 11, 12, 30장]

  a. 구두 전달 사항, 이메일, 음성 메시지, 인터뷰 노트, 회의록 등 모든 것을 종합한다.

  b. 구조화되지 않은 서술 형태의 텍스트 문서를 작성하거나, 간단한 요구사항 목록을 만들거나, 다이어그램을 그린다.

  c. 표준 템플릿에 따라 구조화된 자연어로 요구사항을 작성한다. 표준 표기법을 이용하는 시각적인 분석 모델을 통해 요구사항을 보강하기도 한다.

  d. 요구사항과 시각적 분석 모델을 만들어 요구사항 관리 도구에 저장한다. 각 요구사항과 관련된 여러 속성이 함께 저장된다.

9. 소프트웨어 품질 속성과 같은 비기능적 요구사항을 어떻게 도출하고 문서화하는가? [14장]

a. "소프트웨어 품질 속성"이 무엇입니까?

b. 어떻게 하면 사용자가 제품을 좋아할지 피드백을 얻기 위해 베타 테스트를 한다.

c. 성능과 사용성, 보안 요구사항과 같은 특정 속성을 문서화한다.

d. 고객과 함께 각 제품의 주요 품질 속성을 식별하고, 정확하고 검증 가능한 방법으로 문서화한다.

10. 개별 기능적 요구사항을 어떻게 명명하는가? [10장]

a. 서술적인 문장이나 짧은 사용자 스토리 단락을 작성한다. 구체적인 요구사항이 명시적으로 식별되지는 않는다.

b. 글머리 기호나 번호를 사용해서 나열한다.

c. "3.1.2.4" 같은 계층형 번호 체계를 사용한다.

d. 각 개별 요구사항은 기타 다른 요구사항이 추가되거나 이동, 혹은 삭제되더라도 지장을 주지 않는 고유하고 의미 있는 이름을 갖는다.

11. 요구사항의 우선순위는 어떻게 결정되는가? [16장]

a. 모든 요구사항이 중요하기 때문에 우선순위를 정할 필요가 없다.

b. 고객이 스스로에게 가장 중요한 요구사항을 얘기해 준다. 고객이 얘기해 주지 않거나 이에 동의하지 않는 경우 개발자가 결정한다.

c. 각 요구사항은 고객과의 합의에 의해 높음, 중간, 낮음이라는 우선순위로 표시된다.

d. 우선순위 결정에 도움이 될 수 있도록 각 요구사항의 가치나 비용, 기술적인 위험성 평가를 위한 분석 프로세스를 사용하거나, 이와 유사한 구조적인 우선순위 할당 기법을 사용한다.

12. 부분적인 솔루션을 준비하고, 각 문제의 상호 이해를 확인하기 위해 어떤 기법을 사용하는가? [15장]

a. 우선 시스템을 구축한 후, 필요하면 고친다.

b. 몇 개의 간단한 프로토타입을 개발한 후 사용자의 의견을 구한다. 프로토타입 코드 제공의 압박을 받기도 한다.

c. 사용자 인터페이스 목업과 필요하다면 기술적인 개념 증명을 위해 프로토타입을 만든다.

d. 요구사항 개선에 도움이 되도록 전자적 또는 종이로 만든 일회성 프로토타입 제작이 프로젝트 계획에 포함된다. 진화형 프로토타입을 개발하는 경우도 있다. 프로토타입에 대한 고객의 피드백을 얻기 위해 평가 스크립트를 사용한다.

13. 요구사항을 어떻게 검증하는가? [17장]

a. 요구사항을 처음 작성했을 때 상당히 괜찮았다고 생각한다.

b. 피드백을 얻기 위해 사람들이 도출된 요구사항을 돌려볼 수 있게 한다.

c. 시간이 날 때 BA와 일부 이해관계자들이 비공식적으로 검토한다.

d. 고객, 개발자, 테스터 등의 참가자들과 함께 요구사항 문서와 모델을 검사한다. 요구사항에 대한 테스트를 작성하고 이를 이용해 요구사항과 모델을 검증한다.

14. 요구사항 문서의 버전은 어떻게 구분하는가? [27, 30장]

a. 문서 출력 시 자동으로 출력된 날짜가 표시된다.

b. 1.0, 1.1과 같은 일련의 숫자를 사용해 각 문서의 버전을 나눈다.

c. 기준 버전과 초안 버전, 사소한 변경과 주요 변경을 구분하는 수동 식별 체계를 갖고 있다.

d. 문서 관리 시스템의 버전 관리하에 요구사항 문서를 저장하거나, 각 요구사항의 변경 이력을 관리할 수 있는 요구사항 관리 도구에 요구사항을 저장한다.

15. 소프트웨어 요구사항의 출처를 어떻게 추적하는가? [29장]

a. 추적하지 않는다.

b. 대부분의 요구사항이 어디에서 비롯됐는지 알고 있지만 이를 문서화하지는 않는다.

c. 각 요구사항의 출처를 갖고 있다.

d. 비즈니스 요구사항과 시스템 요구사항, 사용자 요구사항, 기능적/비기능적 요구사항 간의 양방향 추적 경로를 갖고 있다.

16. 프로젝트 일정 개발의 기반으로서 요구사항이 어떻게 사용되는가? [19장]

a. 요구사항 개발이 시작되기 전에 인수일이 결정된다. 프로젝트 일정이나 범위를 변경할 수는 없다. 기능을 제외하기 위해 인수일 직전에 급히 범위를 조정하는 단계를 거치기도 한다.

b. 프로젝트 일정 중 첫 번째 반복주기에서 요구사항 수집에 필요한 일정을 다룬다. 요구사항에 대한 이해가 선행된 후 프로젝트의 나머지 일정이 정해진다. 하지만 일정을 너무 늦게 변경할 수는 없다.

c. 요구사항에 우선순위를 할당하기에 충분한 정보를 갖고 시작하며, 최우선의 요구사항 개발에 필요한 노력을 산정한다. 요구사항과 소프트웨어를 점진적으로 개발하고, 우선순위 및 규모에 따라 각 반복주기의 요구사항을 계획한다. 계획보다 많은 요구사항을 수용해야 하는 경우 반복주기를 더 추가한다.

d. 필요한 기능 개발에 필요한 노력을 산정한 후 이를 기반으로 일정을 계획하며, 가장 우선순위가 높은 요구사항부터 시작한다. 요구사항이 변경되면 일정이 갱신된다. 일정을 지키기 위해 기능을 제외하거나 자원을 조정해야 하는 경우 가능한 한 빨리 진행한다. 요구사항 변경과 성장을 수용하기 위해 여러 번의 출시를 계획한다. [참고: (c)와 (d) 모두 이 질문에 대한 좋은 답변이다.]

17. 요구사항이 어떻게 설계 기초로 사용되는가? [19장]

a. 요구사항을 작성했을 때 개발 시점에 이를 참조할 수 있게 알려준다.

b. 요구사항 문서가 구현하고자 하는 솔루션에 대해 설명한다.

c. 각 기능적 요구사항이 설계 요소와 연결돼 있다.

d. 개발자가 요구사항이 설계 기초로 사용될 수 있는지 검사한다. 개별 기능적 요구사항과 설계 요소 간의 양방향 추적성을 제공한다.

18. 요구사항이 어떻게 테스트 기초로 사용되는가? [19장]

a. 테스터는 기능에 대한 본인의 생각을 기반으로 소프트웨어를 테스트한다.

b. 테스터는 개발자가 구현했다고 말한대로 테스트한다.

c. 사용자 요구사항과 기능적 요구사항에 대해 시스템 테스트를 작성한다.

d. 테스터는 요구사항이 검증 가능한지 확인하고, 테스트 계획 수립을 위해 요구사항을 검사한다. 시스템 테스트에서 구체적인 기능적 요구사항을 추적한다. 시스템 테스트 진행상황은 요구사항 범위에 의해 부분적으로 측정된다.

19. 각 프로젝트에서 소프트웨어 요구사항 기준은 어떻게 정의되고 관리되는가? [2, 27장]

a. 애자일 프로젝트이기 때문에 기준에 대해 고민할 필요가 없다.

b. 고객과 관리자가 요구사항을 승인했지만 개발팀은 여전히 수많은 변경과 불평불만을 접하고 있다.

c. 초기 요구사항 기준을 정의하지만 시간이 지남에 따라 발생하는 변화를 계속 반영하지는 않는다.

d. 초기 기준을 정의하면서 요구사항을 요구사항 관리 도구에 저장한다. 요구사항 변경이 승인되면 요구사항 저장소를 갱신한다. 기준 수립 후 각 요구사항의 변경 이력을 관리한다. 애자일 프로젝트의 경우 팀은 각 반복주기의 요구사항 기준에 동의한다.

20. 요구사항의 변경은 어떻게 관리되는가? [28장]

a. 누군가 새로운 아이디어를 떠올리거나 뭔가를 잊어버린 것을 알게 될 때마다 요구사항을 변경한다.

b. 요구사항 단계가 종료된 후 요구사항 동결을 통해 변경을 억제하지만 비공식적인 변경은 여전히 발생한다.

c. 변경 요청을 위해 사전에 정의된 형식을 사용하며, 중앙 제출 지점에 제출한다. 프로젝트 관리자가 어떤 변경사항을 포함할지 결정한다.

d. 변경은 문서화된 변경 관리 프로세스에 따라 진행된다. 변경 요청을 수집하고, 저장하며, 전달하기 위해 도구를 사용한다. 각 변경으로 인한 영향은 변경 관리 위원회가 이에 대한 승인 여부를 판단하기 전에 평가된다.

부록 B
요구사항 문제 해결 가이드

인내심을 갖고 다양한 이해관계자와의 협력을 통해 조직에 좀 더 개선된 요구사항 개발 및 관리 사례를 성공적으로 구축할 수 있다. 여러분의 프로젝트가 겪고 있는 특정 요구사항 관련 문제를 해결하거나 예방해줄 실천 지침을 선택해야 한다. 해결하고자 하는 가장 시급한 문제를 식별한 후, 관찰된 각 문제의 근본 원인을 확인하는 것이 중요하다. 효과적인 솔루션은 표면적으로 관찰되는 증상뿐만 아니라 근본 원인에 정면으로 대면한다.

이번 부록에서는 요구사항 관련 문제의 다양한 증상을 나열하고 설명할 것이다. 각 증상마다 관련될 법한 근본 원인과 문제를 처리하기 위한 조언을 함께 제공한다. 물론 단지 이것들만이 문제가 되지는 않으며, 기존에 직접 겪거나 처리했던 증상으로 이번 부록의 내용을 확장해 보자. 어떤 때는 발견된 증상 자체가 다른 문제의 근본 원인이 되기도 한다. 예를 들어, "BA 역할을 수행하는 사람이 어떻게 해야 잘하는 것인지 모른다."라는 프로세스 증상은 관찰을 통해 도출하는 다양한 증상의 근본 원인이다. 이것들은 줄줄이 엮여 있으며, 한 번에 모든 관계를 볼 수는 없다.

안타깝게도 제안된 솔루션이 특정 증상을 치료할 거라 보장할 수는 없다. 근본적인 문제가 정치나 문화와 관련돼 있다거나, 개발팀이 제어할 수 없는 외부 영역인 경우가 여기에 속한다고 볼 수 있다. 앞에서 경고한대로 비상식적인 사람들과 함께 일하는 경우 이러한 솔루션 중 그 어느 것도 제대로 된 효과를 보지 못할 것이다.

요구사항 문제의 일반적인 징후

문제란 프로젝트에 부정적인 영향을 미치는 조건이다. 프로젝트가 요구사항 관련 문제로 인해 고통받을 수 있음을 나타내는 증상은 다음과 같다.

- 사용자의 니즈나 기대치를 충족시키지 못하는 제품.
- 출시 직후 수정 및 업데이트가 필요한 제품.
- 조직의 비즈니스 목표 달성에 도움이 되지 못하는 솔루션.
- 프로젝트 일정과 예산 초과.
- 팀 구성원의 좌절과 사기 저하, 의욕 상실, 높은 이직률.
- 솔루션 개발 중 발생하는 대규모의 재작업.
- 시장 기회를 놓치거나 비즈니스 성과 지연.
- 시장 점유율이나 수익 손실.
- 반품, 시장의 거부, 형편없는 평가.

솔루션 구현을 방해하는 일반적인 장애물

업무 방법이나 조직 운영 방식을 바꾸려는 그 어떤 시도도 저항에 부딪힐 수 있다. 요구사항 문제의 근본 원인을 해결하기 위한 조치를 찾는 것과 마찬가지로 이러한 조치를 행동에 옮기기 어렵게 만드는 장애물과 이를 극복할 수 있는 방법에 대해서도 고민하자. 요구사항 사례의 변화에 방해가 되는 것은 다음과 같다.

- 현행 요구사항 사례가 야기하는 문제에 대한 인식 부족.
- 시간 부족. 이미 모두 다 너무 바쁘다.
- 빠른 출시에 대한 시장이나 관리부서의 압박.
- 요구공학 프로세스 투자에 대한 관리 책임 부족.
- 요구공학의 가치에 대한 회의.
- 새롭거나 좀 더 구조화된 요구사항이나 소프트웨어 개발 프로세스에 대한 반감.
- 정치적이고 경직된 기업 문화.
- 이해관계자 간의 충돌.

- 부족한 교육과 숙련되지 않은 팀 구성원
- 모호한 프로젝트 역할과 책임.
- 요구사항 활동에 대한 주인의식 및 책임감 부족.

이러한 장애물이 기술적인 장애가 아니라 사람에 기인하거나 의사소통에 기인한 것이라는 점에 주목하자. 모든 장애물을 극복하는 쉬운 방법은 없지만 이를 인지하는 것이 출발점이 될 수 있을 것이다.

요구사항 문제 해결 가이드

이번 절의 내용을 활용하려면 프로젝트에서 요구사항 활동이 생각대로 진행되지 않는다는 것을 암시하는 증상을 식별하자. 그런 다음 여러분이 찾은 것과 유사한 것을 표의 "증상" 열에서 찾아보자. 아니면 여러분이 속한 프로젝트나 조직에 대해 설명하는 조건을 찾기 위해 "증상" 열을 훑어보자. 그런 다음, 여러분의 환경에서 문제의 원인이 되는 요소를 찾기 위해 각 증상에 대한 "가능한 근본 원인" 열을 살펴보자. 마지막으로, "가능한 솔루션" 열에서 근본 원인을 효과적으로 해결하리라 생각하는, 결과적으로 모든 문제를 해결할 것으로 예상하는 사례와 접근법을 선택하자.

프로세스 이슈

이번 절에서 설명하는 증상은 요구사항 개발 및 관리 프로세스에 조율이 필요하다는 것을 암시한다.

증상	가능한 근본 원인	가능한 솔루션
- 프로젝트의 요구사항 프로세스와 문서 템플릿에 일관성이 없다. - 요구사항 프로세스가 효율적이지 않다. - 문서 템플릿이 충분히 구체화되지 않았거나 의도대로 사용되지 않았다.	- 요구사항 프로세스의 일반적인 이해 부족. - 프로세스 경험 및 자료 공유 메커니즘의 부재. - 템플릿과 요구사항 문서의 우수 사례가 부족. - 요구사항 프로세스가 정의되지 않음. - BA가 템플릿에 포함된 모든 절의 적절한 사용법을 이해하지 못함.	- 현재의 문제와 이들이 프로젝트에 미치는 영향을 파악하기 위해 프로젝트 회고를 한다. - 현재의 요구사항 프로세스를 문서화하고 희망하는 프로세스의 설명문을 만든다. - 모든 팀 구성원에게 요구공학을 교육한다. - 한 가지 이상의 요구사항 산출물 표준 템플릿을 도입한다. 프로젝트 팀이 적절한 템플릿을 만들 수 있도록 지침을 제공한다. - 공유 저장소에 템플릿과 실제 요구사항 문서의 우수 사례를 수집하고 공유한다. - 모든 프로젝트에 도입하기에 템플릿이 너무 복잡하지 않은지 고민해 보고, 가능하다면 이를 단순화한다.

증상	가능한 근본 원인	가능한 솔루션
- BA 역할을 수행하는 사람이 어떻게 해야 잘하는 것인지 모른다.	- 요구공학과 BA 역할에 대한 교육이나 경험 부족. - 사용자나 개발자, 기타 다른 팀 구성원 등 어느 누구라도 훌륭한 BA가 될 수 있다고 예상하는 관리자로 인해 별다른 교육이나 지침 없이 역할을 맡게 됨.	- 예비 BA에게 요구공학 및 관련된 소프트 스킬(soft skill)을 교육한다. - BA를 위한 직무 기술서와 기술 목록을 작성한다. - 신규 BA를 위한 멘토링 프로그램을 제공한다. - 다양한 조직에서 볼 수 있는 BA의 역할에 대한 설명을 관리자에게 제공한다. - 조직에서 전문 BA 커리어 패스를 개발한다.
- 요구사항 관리 도구가 충분히 활용되지 못한다.	- 도구의 기능에 대한 교육 부족. - 도구를 최대한 활용할 수 있는 프로세스나 문화의 변화 부재. - 도구 사용을 유도하는 책임자 부재. - 도구 설정, 사용법 학습, 도입에 필요한 시간이 과소평가됨.	- 일부 BA에게 도구 판매업체의 교육 강의를 수강시킨다. - 도구 지지자를 도구 관리자로 지정하고, 다른 사용자의 멘토로 임명한다. - 도구 이용 확산을 방해하는 프로세스나 문화 이슈를 찾아 해결한다.

제품 이슈

개발 중인 제품의 특정 문제는 요구사항 사례 개선이 필요함을 나타낸다.

증상	가능한 근본 원인	가능한 솔루션
- 고객 불만족. - 고객이 제품을 거부. - 형편없는 제품 평가. - 낮은 판매율과 시장 점유율 하락. - 너무 많은 개선 요청.	- 요구사항 개발에 부적절한 사용자가 참여. - 비현실적인 고객의 기대. - 특정 요구사항에 대한 고객과 개발자 간의 인식 차이. - 불충분한 시장 조사. - 빈약한 문제 정의. - 필요한 변경사항이 개발 과정에 포함되지 않음. - 개발자가 요구사항에 명시된 대로 개발하지 않고 본인의 생각대로 구현.	- 사용자 클래스를 정의한다. - 제품 챔피언을 찾아본다. - 포커스 그룹을 소집한다. - 협업 기반의 요구사항 도출 기법을 사용한다. - 프로토타입을 만들고 사용자가 이를 평가하게 한다. - 고객 대표가 요구사항을 검토하게 한다. - 고객의 니즈를 적절히 반영하기 위해 점진적이고 반복적인 개발 방법을 사용한다.
- 제품이 비즈니스 목표를 달성하지 않는다.	- 비즈니스 목표, 성공지표 등 비즈니스 요구사항의 명확성 및 정확성 부족.	- 핵심 이해관계자들과 비즈니스 요구사항을 개발한다. - 프로젝트의 비즈니스 이해관계자들에게 어떤 성공 지표가 중요한지 이해한다. - 다른 이해관계자에게 비즈니스 목표를 전달함으로써 생각을 일치시킨다.

일정 이슈

이번 절에 나열한 증상은 요구사항 계획과 프로젝트 계획이 뒤얽혀 제대로 처리되지 않음을 시사한다.

증상	가능한 근본 원인	가능한 솔루션
■ 요구사항이 완전하지 않다. ■ 요구사항의 구체적인 설명이 부족하다. ■ 개발 반복주기나 개선 주기의 요구사항을 충분히 이해하기 전에 개발이 시작된다.	■ 요구사항 개발에 부적절한 사용자 참여. ■ 요구사항 개발에 할애한 시간이 부족함. ■ 요구사항을 이해하기 전에 출시일이 결정됨. ■ 요구사항 프로세스에 핵심 마케팅 담당자나 비즈니스 이해관계자가 포함되지 않음. ■ 관리 조직이나 고객이 요구사항의 필요성을 이해하지 못함. ■ BA와 개발자가 적절한 요구사항 구성에 동의하지 않음. ■ 차이를 찾는 데 요구사항 추적이 사용되지 않음. ■ 요구사항 이슈가 너무 많음.	■ 요구사항을 충분히 이해하기 전에 인수 일정에 합의하지 않게 한다. ■ 애자일 프로젝트의 경우, 점차 요구사항 개발이 진행되면서 범위를 줄인다거나 반복주기를 추가하게 될 수도 있음을 감안한다. ■ 개발자가 요구사항을 이해할 수 있게 프로젝트 초기부터 개발자를 포함한다. ■ 비즈니스 요구사항, 특히 범위를 신중히 정의한다. ■ 이해관계자에게 성급한 개발의 위험성에 대해 교육한다. ■ 현실적인 목표 설정을 위해 BA, 개발자, 고객 간의 협력 관계를 구축한다. ■ 신속하게 고객 가치를 제공하기 위해 점진적인 개발 방법을 사용한다. ■ 개발 시작 전에 개발자가 요구사항을 검토한다. ■ 누락된 요구사항을 찾기 위해 기능적 요구사항을 바탕으로 비즈니스 요구사항과 사용자 요구사항을 추적한다. ■ 요구사항 이슈 상태를 관리하고 추적한다.
■ 프로젝트 시작 후 일정이 줄어들었지만 범위가 줄어들지 않았다.	■ 이해관계자가 달성 가능한 프로젝트 범위에서 시간 단축이 주는 영향을 이해하지 못함.	■ 현실적인 목표 설정을 위해 프로젝트 관리자와 고객 간의 협력 관계를 구축한다. ■ 프로젝트 제약 조건이 변경될 때 트레이드오프를 조율한다. ■ 더 나은 산출 기법을 사용한다.
■ 일부 필요하고 예정된 요구사항 작업이 수행되지 않는다. ■ 여러 사람이 동일한 요구사항 활동을 수행함.	■ 요구사항 활동이 명확하지 않고 책임이 모호함. ■ 요구사항 작업이 프로젝트 계획에 포함되지 않음. ■ 요구사항을 관리하기 위한 책임자가 없음.	■ 각 프로젝트에 대해 요구사항 활동의 역할과 책임을 정의한다. ■ 효과적인 요구사항 개발 및 관리에 필요한 자원을 약속한다. ■ 요구사항 활동과 산출물을 프로젝트 계획과 일정에 포함시킨다.

증상	가능한 근본 원인	가능한 솔루션
▪ 가용 시간과 자원 안에 개발 가능한 것보다 더 많은 요구사항이 계획된다.	▪ 요구사항을 정의하기 전에 일정이 결정됨. ▪ 범위가 정확히 판단되기 전에 프로젝트가 진행됨. ▪ 범위 증가가 제어되지 않음. ▪ 익숙하지 않은 기술이나 도구의 학습이 고려되지 않음. ▪ 프로젝트에 적합하지 않는 인력이 할당돼 있음. ▪ 이해관계자가 단 한 번의 출시 기회만 있을까봐 두려워함.	▪ 합의를 하기 전에 비즈니스 목표에 맞게 비전과 범위를 문서화한다. ▪ 요구사항을 통해 개발 일정을 도출한다. ▪ 우선순위가 낮은 것도 수용하기 위해 여러 번에 걸친 전달 주기를 계획한다. ▪ 일정에 교육 시간과 학습 시간을 포함한다. ▪ 비즈니스 목표에 따라 요구사항의 우선순위를 정한다. ▪ 제품 기능의 개발 및 전달을 점진적으로 수행하기 위한 타임박스를 만든다. ▪ 프로젝트의 현실적인 상황에 따라 우선순위를 동적으로 조정한다.
▪ 범위가 문서화돼 있지 않거나 잘못 정의됐다. ▪ 출시 일정이나 반복주기가 잘못 계획됐다.	▪ 불분명한 비즈니스 목표. ▪ 개발 시작을 서두름. ▪ 범위 정의의 중요성에 대한 이해 부족. ▪ 범위에 대한 이해관계자 간의 합의 부족. ▪ 시장이 급격히 변화하거나 비즈니스 요구가 빠르게 변함.	▪ 비즈니스 목표가 명확해지기 전까지 프로젝트를 시작하지 않는다. ▪ 비전 범위 문서를 작성하고 주요 이해관계자로부터 확인을 받는다. ▪ 재정적 후원과 범위 정의가 이뤄지지 않으면 프로젝트를 연기하거나 취소한다. ▪ 빠르게 변화하는 요구사항에 대응하기 위해 짧은 개발 반복주기를 사용한다.

의사소통 이슈

다음 표에 포함된 많은 문제는 프로젝트 이해관계자 간의 비효율적인 의사소통 탓에 발생한다.

증상	가능한 근본 원인	가능한 솔루션
▪ 다수가 동일한 요구사항에 중복으로 노력을 소비한다.	▪ 요구사항 개발에 대한 책임이 명확하지 않음. ▪ 프로젝트에 참여하는 하위 그룹과의 의사소통이 불충분함.	▪ 소프트웨어 개발에 대한 역할과 책임을 명확하게 정의한다. ▪ 개별 요구사항을 추적할 수 있는 가시적인 상태를 제공한다. ▪ 팀 구성원들에게 더욱 효과적인 의사소통 기법과 사례를 소개한다.
▪ 이미 정해진 결정에 대해 다시 논의하게 된다.	▪ 적절한 의사결정자에게 명확한 인식이나 권한이 부족함. ▪ 의사결정 방법이나 근거 기록에 실패함.	▪ 프로젝트 요구사항의 의사결정자를 확인하고 의사결정 과정을 정의한다. ▪ 제품 챔피언을 식별하고 권한을 부여한다. ▪ 요구사항 추가나 거부, 연기, 취소 사유를 문서화한다.

증상	가능한 근본 원인	가능한 솔루션
• 요구사항 질문과 이슈가 해결되지 않는다.	• 요구사항에 제기되는 질문과 이슈 조정이 부족함. • 문제 해결에 대한 책임이 불명확함. • 이슈와 각 상태 추적에 대한 책임자가 없음. • 팀이 판매업체나 고객, 계약자, 기타 이해관계자로부터 필요한 정보를 얻을 수 없음.	• 해결을 위해 미해결 이슈를 개인에게 할당한다. • 요구사항 이슈를 추적하고 종결하기 위해 이슈 추적 도구를 사용한다. • 프로젝트 추적의 일환으로 미해결 이슈를 모니터링한다. • 공개적이고 시기적절한 정보 교환 및 질문에 답하고 이슈를 해결하기 위해 초기에 모든 이해관계자로부터 합의를 구한다.
• 프로젝트 참가자가 동일한 용어를 공유하지 않는다.	• 핵심 용어에 대해 모두가 이미 동일하고 정확히 해석한다고 가정함.	• 용어사전에 용어를 정의한다. • 데이터 사전에 데이터 구조와 요소를 정의한다. • 개발팀에게 비즈니스 도메인에 대해 교육한다. • 사용자 대표에게 요구공학에 대해 교육한다.

도출 이슈

많은 증상은 요구사항 도출에 참여하는 팀 구성원들이 해야 할 일을 제대로 하지 못하고 있음을 나타낸다.

증상	가능한 근본 원인	가능한 솔루션
• 팀은 고객 대표가 요구사항 도출에 참여하게 할 수 없다. • 개발자가 무엇을 개발해야 하는지에 대해 많은 추측을 한다. • 개발자가 발생하는 요구사항에 대한 질문을 해결해야 한다.	• 고객 대표에게 요구사항 개발에 참여할 수 있는 시간이 없음. • 고객이 참여의 필요성을 이해하지 못함. • 고객이 BA가 그들에게 원하는 것이 무엇인지 모름. • 고객이 프로젝트에 헌신적이지 않음. • 고객은 개발자가 고객에게 필요한 것이 무엇인지 알고 있어야 한다고 생각함. • BA가 고객이 누구인지 모름. • BA가 실사용자에게 접근할 수 없음. • 요구사항 개발 프로세스를 따르는 것을 거부함. • 프로젝트에 전념하는 BA가 없음.	• 고객과 관리자에게 요구사항 및 참여의 필요성에 대해 교육한다. • 고객과 관리자에게 사용자 참여 부족의 위험성을 설명한다. • 개발팀과 고객 간에 협력 관계를 구축한다. • 사용자 클래스 또는 시장 세그먼트를 정의한다. • 각 사용자 클래스에 대한 제품 챔피언을 식별한다. • 효과적인 요구사항 프로세스에 대해 개발 및 고객 관리 부서의 합의를 얻게 한다. • 역할과 책임을 명확히 정의한다. • 일반 고객과 사전에 정의된 안건에 대한 회의를 개최한다.

증상	가능한 근본 원인	가능한 솔루션
▪ 적합하지 않은 사용자 대표가 참여하고 있다.	▪ 관리자나 마케팅 팀, 기타 다른 대리인이 최종 사용자에 대해 정확하게 얘기하지 않음. ▪ 관리자가 BA로 하여금 적합한 사용자와 작업하지 못하게 함.	▪ 사용자 클래스를 정의한다. ▪ 적절하고 효과적인 제품 챔피언을 식별하고 권한을 부여한다. ▪ 실사용자를 대신할 수 있는 사용자 페르소나를 개발한다. ▪ 인가되지 않거나 적절하지 않은 소스로부터의 요구사항 요청은 거절한다.
▪ 사용자가 스스로의 니즈를 확신하지 못한다.	▪ 사용자가 비즈니스 프로세스를 잘 이해하지 못하거나 설명하지 못함. ▪ 새롭고 불완전하게 정의된 비즈니스 프로세스를 지원하기 위해 시스템이 구축되고 있음. ▪ 사용자가 프로젝트에 헌신적이지 않아 위협이 될 수 있음. ▪ 비즈니스 목표가 잘 정의되지 않거나 전달되지 않음.	▪ 프로젝트에 영향을 받는 이해관계자에게 성공적인 프로젝트의 성과를 명확히 한다. ▪ 제품 챔피언이나 제품 주인을 식별한다. ▪ 사용자의 비즈니스 프로세스를 모델링한다. ▪ 요구사항 소스를 정의하고 적절한 도출 기법을 선택하기 위해 요구사항 도출 계획을 세운다. ▪ 요구사항 도출 활동의 출발점으로서 일반적인 질문 목록을 모은다. ▪ 유스케이스나 사용자 스토리를 개발한다. ▪ 프로토타입을 개발하고 사용자에게 평가를 받는다. ▪ 한 번에 조금씩 요구사항을 명확히 하기 위해 점진적인 개발을 사용한다.
▪ 프로젝트 관리자나 비즈니스 분석가가 사용자가 누구인지 모른다.	▪ 제품 비전이 잘못 정의됨. ▪ 시장의 니즈를 제대로 이해하지 못함.	▪ 제품 비전 선언문을 작성한다. ▪ 충분한 시장 조사를 수행한다. ▪ 현재 또는 경쟁 제품의 사용자를 식별한다. ▪ 포커스 그룹을 만든다. ▪ 사용자 페르소나를 만든다. ▪ 사용자가 될 수 있는 이를 찾기 위해 조직도를 사용한다.
▪ 요구사항 도출에 너무 많은 사람이 참여하고 있다.	▪ 정치적인 이유로 모두가 나서길 원함. ▪ 사용자 클래스가 명확하게 정의되지 않았음. ▪ 특정 사용자 대표의 위임이 부족함. ▪ 실제로 서로 다른 사용자 클래스가 많음.	▪ 사용자 클래스를 정의한다. ▪ 제품 챔피언이나 제품 주인을 식별한다. ▪ 요구사항 의사결정자를 식별한다. ▪ 비즈니스 및 기술 우선순위와 정치적 우선순위를 분리한다. ▪ 선호하는 사용자 클래스의 니즈에 초점을 맞춘다.

증상	가능한 근본 원인	가능한 솔루션
▪ 개발된 "요구사항"이 사용자 니즈에 부합하지 않는다. ▪ 요구사항에 대한 제약이 심하다.	▪ 요구사항에 불필요하거나 시기상조의 설계 제약이 포함돼 있음. ▪ 필요에 의해 솔루션이 먼저 제시되어 요구사항을 현 솔루션으로부터 추론해야 함. ▪ 신규 소프트웨어가 기존 애플리케이션 표준과 사용자 인터페이스 제약조건을 준수해야 함. ▪ 고객이 "요구사항"이 어떠한 정보로 구성되는지 모름. ▪ 요구사항에 대한 논의가 사용자 인터페이스 디자인에 초점을 맞춤.	▪ 제시된 요구사항의 근간이 되는 사용자 니즈와 설계 제약조건의 바탕이 되는 이론적 근거를 이해하기 위해 여러 번 "왜"라고 물어본다. ▪ 사용자 인터페이스의 세부 사항에 대해 고심하기 전에 사용자 요구사항을 이해한다. ▪ 제대로 질문하고 진짜 니즈를 도출할 수 있는 숙련된 BA를 양성한다. ▪ 고객에게 요구사항 개발에 대해 교육한다. ▪ 비즈니스 규칙과 제약조건을 문서화한다.
▪ 필요한 요구사항이 누락돼 있다.	▪ 사용자 스스로 무엇을 원하는지 모름. ▪ BA가 제대로 질문하지 않음. ▪ 요구사항 도출 시간이 부족했음. ▪ 사용자 클래스 일부를 찾지 못했음. ▪ 적합하고 충분한 지식을 가진 사용자 대표가 요구사항 도출에 참여하지 않았음. ▪ 요구사항 도출 참가자들이 잘못 가정했음. ▪ 개발자와 고객 간에 의사소통이 부족했음. ▪ 사용자가 본인의 암시적, 추정 요구사항을 제대로 표현하지 못했음.	▪ 제대로 된 질문을 할 수 있는 숙련된 BA를 양성한다. ▪ 유스케이스나 사용자 스토리를 도출한다. ▪ 다양한 요구사항 도출 기법을 사용한다. ▪ 차이를 찾기 위해 시각적 모델에 중점을 둬서 다양한 방법으로 요구사항을 표현한다. ▪ 요구사항 검토를 실시한다. 다양하고, 점진적인 검토를 사용한다. ▪ CRUD 매트릭스를 사용해 요구사항을 분석한다. ▪ 프로토타입을 만들고 사용자로 하여금 이를 평가하게 한다. ▪ 점진적으로 제품을 만들고 새로운 요구사항은 다음 반복주기에 포함한다. ▪ 누락된 요구사항을 찾기 위해 요구사항 추적 매트릭스를 만들어 사용한다.
▪ 구체화된 요구사항이 부정확하거나 부적절하다.	▪ 적합하지 않은 사용자 대표 또는 부적절한 대리인이 참여하고 있음. ▪ 사용자 대표가 자신이 대변하는 사람들을 위해 말하지 않고 본인 스스로를 위해 말함. ▪ 관리자가 사용자 대표에게 접근 권한을 주지 않음. ▪ 비즈니스 요구사항이 명확하게 정리되지 않음. ▪ 사용자 요구사항 및 기능적 요구사항이 비즈니스 목표에 부합하지 않음.	▪ 결함이 있는 요구사항에서 무엇이 잘못됐고, 왜 구체화됐는지 밝혀낸다. ▪ 사용자 클래스를 정의한다. ▪ 적절한 제품 챔피언을 찾아 교육하고 힘을 실어준다. ▪ 다기능 팀이 요구사항을 검토할 수 있게 한다. ▪ 최고 권한을 가진 이해관계자에게 부정확한 요구사항의 위험성을 알린다. ▪ 고위 이해관계자에게 좋은 사용자 대표의 중요성을 설명한다.

분석 이슈

다음 표에 설명한 증상은 좀 더 효과적인 요구사항 분석이 권장된다는 것을 나타낸다.

증상	가능한 근본 원인	가능한 솔루션
▪ 불필요한 요구사항이 구체화돼 있다. ▪ 테스트하는 동안 예상치 못한 기능이 드러난다. ▪ 구체화되고 개발된 기능이 실제로 사용되지 않는다.	▪ 비효율적인 요구사항 승인 프로세스. ▪ 사용자 의견 없이 개발자가 기능을 포함시킴. ▪ 사용자가 비즈니스 니즈로서 표현한 것보다 복잡한 솔루션을 요청함. ▪ 요구사항 도출이 사용자 목표에 초점을 맞추기보다 시스템 기능에 집중함. ▪ 개발자와 고객이 요구사항을 서로 다르게 해석함. ▪ 요구사항으로부터 비즈니스 목표를 역추적하지 않음.	▪ 각 요구사항에 대한 근원과 이론적 근거를 기록한다. ▪ 사용자의 비즈니스 목표에 집중하기 위해 유스케이스를 사용한다. 유스케이스나 사용자 스토리로부터 기능적 요구사항을 도출한다. ▪ 높은 가치를 제공하는 기능을 먼저 전달하기 위해 요구사항에 우선순위를 할당한다. ▪ 다기능 팀이 요구사항을 검토할 수 있게 한다.
▪ 테스터가 요구사항을 기반으로 좋은 테스트를 작성하지 못한다.	▪ 요구사항이 모호하거나 불완전하거나 세부사항이 부족함.	▪ 검증 가능성이나 기타 다른 품질 이슈를 위해 테스터가 요구사항 검토를 일찍 한다.
▪ 모든 요구사항이 똑같이 중요하다. ▪ 모든 요구사항이 높은 우선순위를 갖고 있다. ▪ 신규 요구사항이 발생했을 때 BA가 잘 알고 있는 트레이드오프에 대한 의사결정을 하지 못한다.	▪ 우선순위가 낮은 요구사항은 절대 구현되지 않을 것이라는 점을 우려함. ▪ 비즈니스 및 이에 대한 니즈 관련 지식이 부족하거나 계속 변화함. ▪ 요구사항의 가치와 비용에 대한 정보가 알려지지 않았거나, 전달되지 않거나, 논의되지 않음. ▪ 대규모의 핵심 기능 집합이 구현되지 않으면 제품을 사용할 수 없음. ▪ 고객이나 개발자의 지나친 기대. ▪ 고객만 우선순위에 대한 의견을 제시함.	▪ 개발 비용 및 기술적인 위험에 대비 고객의 가치 균형을 유지할 수 있는 우선순위 할당을 위한 협업 프로세스를 개발한다. ▪ 요구사항의 우선순위를 일찍 할당한다. ▪ 우선순위가 높은 요구사항의 명세를 구체적으로 개발한다. ▪ 가능한 한 빨리 최대한의 가치를 제공하기 위해 점진적 개발이나 단계적인 출시를 사용한다. ▪ 백로그에 남아있는 요구사항의 우선순위를 동적으로 조정한다.
▪ 요구사항의 우선순위를 변경한다.	▪ 의사결정자가 확실하지 않거나 권한이 없음. ▪ 내부에 정치적인 압력이 존재. ▪ 비즈니스 목표가 불명확하거나 비즈니스 목표에 대한 합의 부족. ▪ 규제나 법적인 이슈와 같은 외부 압력. ▪ 적절한 사람들에게 요구사항과 이에 대한 우선순위에 대한 동의를 얻지 못함.	▪ 프로젝트의 비즈니스 목표 및 범위, 우선순위를 문서화한다. ▪ 비즈니스 목표에 맞춰 요구사항에 우선순위를 할당한다. ▪ 요구사항 의사결정자를 식별하고 권한을 부여한다. ▪ 비용, 수익, 일정 불이행의 관점에서 변경의 영향을 추적한다. ▪ 점진적인 개발을 사용하고 백로그에 남아있는 요구사항의 우선순위를 동적으로 조정한다.

증상	가능한 근본 원인	가능한 솔루션
▪ 요구사항의 우선순위에 대해 이해관계자 사이에서 의견 충돌이 발생한다.	▪ 서로 다른 사용자 클래스의 니즈가 상충함. ▪ 원래의 제품 비전이나 프로젝트 진행 중 변경된 비전에 대한 집중 부족. ▪ 불분명한 비즈니스 목표, 혹은 비즈니스 목표에 대한 합의 부족. ▪ 비즈니스 목표의 변화. ▪ 요구사항 의사결정자가 누구인지에 대한 모호함.	▪ 충분한 시장 조사를 수행한다. ▪ 비즈니스 목표를 수립하고 전달한다. ▪ 비전과 범위, 비즈니스 목표를 기반으로 우선순위를 할당한다. ▪ 선호하는 사용자 클래스, 혹은 시장 세그먼트를 찾는다. ▪ 서로 다른 사용자 클래스를 대표하는 제품 챔피언을 확인한다. ▪ 요구사항 의사결정자를 찾아 권한을 부여한다.
▪ 프로젝트 후반에 급격한 범위 조정이 발생한다.	▪ 개발자의 생산성에 대한 비현실적인 낙관론. ▪ 초기부터 지금까지 불충분한 우선순위. ▪ 개발 순서를 정의하고 범위 변경을 제어하는 데 우선순위에 의존하지 않음.	▪ 초기에 우선순위를 정의한다. ▪ 지금 무엇을 하고, 무엇을 미뤄야 하는지 결정하기 위해 우선순위를 사용한다. ▪ 신규 요구사항이 포함되면 우선순위를 다시 할당한다. ▪ 프로젝트 후반뿐만 아니라 주기적으로 범위를 조정한다. ▪ 고객 가치를 전달하는 데 집중하기 위해 점진적 개발이나 단계적인 출시를 사용한다.
▪ 개발자가 애매모호한 요구사항을 발견한다. ▪ 개발자가 누락된 정보를 추적해야 한다. ▪ 개발자가 요구사항을 잘못 이해해서 다시 개발해야 한다.	▪ BA와 고객이 개발에 필요한 요구사항의 구체화 수준을 이해하지 못함. ▪ 고객이 그들이 무엇을 필요로 하는지 모르거나, 명확히 표현하지 못함. ▪ 요구사항 도출 시간이 부족함. ▪ 비즈니스 규칙이 식별되지 않거나, 전달되지 않거나, 이해되지 않음. ▪ 요구사항이 애매모호한 단어를 포함하고 있음. ▪ 이해관계자가 용어나 개념, 데이터 정의를 다르게 해석함. ▪ 고객이 개발자가 이미 비즈니스 도메인과 본인의 니즈를 충분히 알고 있다고 가정함.	▪ BA에게 좋은 요구사항 작성법을 교육한다. ▪ 요구사항 명세서 작성 시 주관적이고 모호한 단어의 사용을 피한다. ▪ 명확하고 적절한 수준의 요구사항을 위해 초기에 개발자와 고객이 함께 검토한다. ▪ 누락된 정보를 찾고 좀 더 구체화하기 위해 요구사항을 모델링한다. ▪ 프로토타입을 만들어 사용자가 평가할 수 있게 한다. ▪ 요구사항의 세부 수준을 점진적으로 개선한다. ▪ 비즈니스 규칙을 문서화한다. ▪ 용어사전에 용어를 정의한다. ▪ 데이터 사전에 데이터 항목을 정의한다. ▪ 모든 프로젝트 참가자 간에 의사소통을 촉진한다.

증상	가능한 근본 원인	가능한 솔루션
• 요구사항 중 일부가 기술적으로 실현 불가능하다.	• 요구사항이 충분히 분석되지 않음. • 고객이 타당성 분석 결과에 동의하지 않음. • 도구나 기술, 운영 환경의 한계에 대한 이해 부족.	• 타당성 분석을 수행한다. • 개념 증명을 위한 프로토타입을 만든다. • 요구사항 도출에 개발자를 참여시킨다. • 실현 가능성 확인을 위해 개발자가 요구사항을 검토한다. • 타당성 평가를 위해 별도의 연구나 예비 미니 프로젝트, 혹은 시범 프로젝트를 실시한다.
• 각기 다른 소스나 사용자 클래스의 요구사항이 상충한다. • 이해관계자 간의 요구사항 합의에 어려움을 겪는다.	• 제품 비전에 대한 공감 부족. • 요구사항 의사결정자가 확실하지 않음. • 비즈니스 프로세스가 각 이해관계자에게 동일하게 이해되지 않음. • 정치적인 견해가 요구사항 기초 자료를 결정함. • 다양한 사용자나 시장 세그먼트가 서로 다른 니즈나 기대, 목표를 갖고 있음. • 제품이 특정 목표 시장에 충분히 집중하지 않음. • 사용자 그룹의 일부가 이미 도입 예정인 유용한 시스템을 갖고 있음.	• 비즈니스 요구사항을 통합해서 개발, 승인, 전달한다. • 목표로 삼은 시장 세그먼트와 사용자 클래스를 이해한다. • 갈등을 해결하기 위해 선호하는 사용자 클래스를 식별한다. • 각 사용자 클래스의 내부 갈등을 해결하기 위해 제품 챔피언을 식별한다. • 요구사항 의사결정자를 찾아 권한을 부여한다. • 감정이나 정치적인 입장보다 공통의 비즈니스 이해관계에 집중한다.
• 요구사항에 TBD, 정보 격차, 미해결 이슈가 포함돼 있다.	• 기준 요구사항을 만들기 전에 TBD나 미해결 이슈 해결에 아무도 할당되지 않음. • 개발 시작 전에 TBD나 미해결 이슈를 해결할 시간이 없음.	• 정보 격차를 찾기 위해 요구사항을 검토한다. • 개인에게 각 TBD나 미해결 이슈 해결에 대한 책임을 부여한다. • 시간이 촉박한 경우 해결돼야 하는 TBD에 우선순위를 할당한다. • 일련의 요구사항을 기준으로 삼기 전에 TBD나 미해결 이슈를 종결할 수 있도록 추적하자.
• BA가 요구사항 분석에 너무 많은 시간을 보낸다.	• 요구사항이 "완벽"해질 때까지 진행을 주저함(분석 마비). • 충분한 명세서보다 완벽한 명세서를 만드는 데 집중함. • 프로젝트 분석 기법에 대한 선택이 부적절함.	• 요구사항에서 복잡하거나, 독창적인, 불확실한 부분의 분석과 모델링에 집중한다. • 허용 가능한 위험 안에서 개발을 진행할 수 있을 만큼 요구사항이 충분한 상태가 언제인지 판단하기 위해 동료 평가를 활용한다.

명세 이슈

다음 표의 증상은 프로젝트의 요구사항을 명세화하는 방법에 결점이 있음을 나타낸다.

증상	가능한 근본 원인	가능한 솔루션
- 요구사항이 문서화돼 있지 않다. - 개발자가 요구사항을 만든다. - 고객이 개발자에게 구체적인 요구사항을 구두로 전달한다. - 개발자가 고객이 원하는 바를 파악하기 위해 수많은 예비 개발을 진행한다.	- 아무도 무엇을 개발할지 모름. - 요구사항 도출 및 문서화 시간이 부족함. - 요구사항 작성이 프로젝트를 지연시킨다는 인식을 갖고 있음. - 명세에 대한 개별 책임이 명확히 파악되고 협의되지 않음. - 정의된 요구사항 개발 프로세스나 준비된 템플릿이 없음. - 개발 관리부서가 요구사항 명세서를 가치 있게 생각하지 않으며 기대하지 않음. - 개발자는 고객이 필요로 하는 것이 무엇인지 알고 있다고 생각함.	- 잘못 구체화된 요구사항의 위험성을 지적한다. - 요구사항 개발 프로세스를 정의하고 이에 따른다. - 팀 역할을 정의하고 각자의 역할 수행에 대한 개인의 약속을 구한다. - 요구사항 프로세스에 대해 기타 다른 팀 구성원과 고객을 교육한다. - 프로젝트 일정 및 계획에 요구사항 노력과 자원, 작업, 산출물을 포함한다. - 공유할 수 있는 요구사항 명세서의 표준 템플릿과 모범 사례를 준비한다.
- 이해관계자들이 기존 시스템의 기능이 신규 시스템에 복제될 것이라 추정한다.	- 신규 시스템의 요구사항이 형편없이 문서화된 기존 시스템으로부터 구체화됨. - 비즈니스 목표가 명확하지 않음.	- 전체 기능을 이해하기 위해 기존 시스템을 역공학(Reverse engineering)한다. - 신규 시스템에 필요한 모든 기능을 포함하는 요구사항 명세서를 작성한다. - 이해관계자가 개발된 시스템이 무엇을 할 수 있고, 무엇을 할 수 없는지 명확히 알 수 있도록 AS-IS와 TO-BE 모델을 만든다. - 필요하지도 않은 오래된 기능을 복제하지 않는다.
- 요구사항 문서가 시스템을 정확하게 설명하지 않는다.	- 개발 중 발생한 변경사항이 요구사항 문서에 포함되지 않음.	- 변경이 승인된 경우 요구사항을 갱신할 수 있는 변경 관리 프로세스를 따른다. - 모든 변경 요청을 변경 관리 위원회에 전달한다. - 주요 이해관계자가 변경된 요구사항을 검토하게 한다.
- 서로 다르거나, 버전이 충돌하는 요구사항이 존재한다.	- 버전 관리 방법이 형편없음. - "마스터" 요구사항 문서가 여러 개 존재함. - 요구사항이 도구와 문서에 각기 따로 관리되며 사람들이 어떤 것이 명확한 소스인지 모름.	- 요구사항 문서를 관리하기 위한 훌륭한 버전 관리 방법을 정의하고 따른다. - 요구사항을 요구사항 관리 도구에 저장한다. - 요구사항 변경을 책임지는 요구사항 관리자를 지정한다.

검증 이슈

개발한 요구사항이 실제로 의도한 비즈니스 목표를 달성하는지 여부를 확실히 알기는 어렵다. 이번 절의 증상은 요구사항 검증의 문제를 보여준다.

증상	가능한 근본 원인	가능한 솔루션
• 제품이 비즈니스 목표를 달성하지 않거나 사용자의 기대치를 충족하지 않는다. • 명시되지 않거나 가정된, 암묵적이어서 고객이 만족하지 못하는 요구사항이 존재한다.	• 고객이 니즈를 정확하게 제시하지 않음. • 시장이나 비즈니스 니즈가 변경됐으나 이에 맞춘 요구사항 개정 메커니즘이 없음. • BA가 제대로 질문하지 않음. • 요구사항 개발에 부적절한 고객이 참여. • 실 사용자의 실제 니즈를 대변하지 않는 잘못된 고객 대표가 참여함. • 시장의 니즈, 특히 불확실한 요구사항의 혁신적인 제품에 대한 니즈가 정확하게 평가되지 않음. • 프로젝트 참가자들이 가정을 잘못함.	• 시장 세그먼트와 니즈를 이해하기 위해 시장 조사를 수행한다. • 프로젝트 수행 기간 동안 각 사용자 클래스를 대표하는 제품 챔피언을 참여시킨다. • BA에게 요구사항 도출 방법을 교육한다. • 비즈니스 업무를 이해하기 위해 유스케이스를 개발한다. • 요구사항 검토에 고객을 참여시킨다. • 프로토타입을 만들어 사용자가 평가할 수 있게 한다. • 사용자가 인수 테스트와 인수 기준을 작성하게 한다. • 요구사항이 비즈니스 현실에 적응할 수 있도록 효과적인 변경 메커니즘을 수립한다.
• 제품이 성능 목표를 달성하지 못하거나, 사용자가 갖고 있는 기타 다른 품질 기대치를 충족하지 못한다.	• 품질 속성 요구사항이 도출되지 않았으며 구체화되지도 않음. • 이해관계자가 비기능적 요구사항과 그 중요성을 이해하지 않음. • 사용되는 요구사항 템플릿이나 도구에 비기능적 요구사항에 대한 부분이 없음. • 사용자가 시스템의 품질 특성에 대한 본인의 가정을 명시하지 않음. • 품질 속성이 모든 이해관계자에게 동일한 이해를 제공할 만큼 충분히 구체화되지 않음.	• BA와 고객에게 비기능적 요구사항과 이를 구체화하는 방법을 교육한다. • 요구사항을 도출하는 동안 BA가 비기능적 요구사항을 찾아볼 수 있게 한다. • 비기능적 요구사항에 대한 부분을 포함하는 SRS 템플릿을 사용한다. • 품질 속성을 정확하게 명세화하기 위해 Planguage를 사용한다.

요구사항 관리 이슈

요구사항이 잘 관리되지 않고 있다는 징후 중 하나는 의도한 요구사항이 다 구현되지 않았다는 것이다.

증상	가능한 근본 원인	가능한 솔루션
▪ 계획된 요구사항 중 일부가 구현되지 않았다.	▪ SRS가 잘 정리되지 않았거나 잘 작성되지 않음. ▪ 개별 요구사항이 각각 식별되고 명명되지 않음. ▪ 개발자가 SRS를 따르지 않음. ▪ SRS가 모두에게 전달되지 않음. ▪ 변경사항이 영향을 받는 모든 사람들에게 전달되지 않음. ▪ 개발 중 요구사항이 실수로 누락됨. ▪ 요구사항 개발에 대한 책임이 할당되지 않음. ▪ 개별 요구사항의 상태를 정확하게 추적할 수 없음.	▪ 요구사항을 최신 상태로 유지하고 전체 팀이 사용할 수 있게 한다. ▪ 변경 관리 프로세스에 이해관계자와의 의사소통이 포함돼 있는지 확인한다. ▪ 요구사항 관리 도구에 요구사항을 저장한다. ▪ 개별 요구사항의 상태를 추적한다. ▪ 요구사항 추적 매트릭스를 작성하고 사용한다. ▪ 소프트웨어 구축에 대한 책임을 명확하게 정의한다. ▪ BA에게 명확하고 간결한 요구사항 작성법을 교육한다.

변경 관리 이슈

소프트웨어 프로젝트가 변경 요청을 잘 처리하지 못한다는 지표가 있는데, 다음 표에 일부가 정리돼 있다.

증상	가능한 근본 원인	가능한 솔루션
▪ 요구사항이 자주 변경된다. ▪ 많은 요구사항 변경이 개발 후반부에 이뤄진다. ▪ 변경 사항 때문에 출시 시기를 놓친다.	▪ 고객이 스스로에게 무엇이 필요한지 잘 모름. ▪ 비즈니스 프로세스나 시장의 요구가 변함. ▪ 요구사항 도출 및 승인에 참여한 사람 중 부적합한 사람이 있음. ▪ 요구사항이 처음부터 제대로 정의되지 않음. ▪ 요구사항 기준이 정의되지 않았거나 합의되지 않음. ▪ 정부나 정치 문제 등 외부 요인이 변경을 유발함.	▪ 요구사항 도출 방법을 개선한다. ▪ 변경 관리 프로세스를 구축하고 따른다. ▪ 변경 관리 위원회를 구성해 변경 요청에 대한 의사결정을 내린다. ▪ 변경사항을 승인하기 전에 영향 분석을 수행한다. ▪ 요구사항 기준을 결정하기 전에 이해관계자가 요구사항을 검토한다. ▪ 변경을 수용할 수 있는 높은 수정 용이성을 가진 소프트웨어로 설계한다.

증상	가능한 근본 원인	가능한 솔루션
	- 초기 요구사항에 실제 니즈를 만족하지 못하는 많은 요구사항이 포함돼 있었음. - 시장의 니즈를 잘 이해하지 못함.	- 변경을 일부 수용하기 위해 프로젝트 일정에 예비 버퍼를 포함한다. - 요구사항 변경에 신속히 대응하기 위해 점진적 개발 방법을 사용한다. - 일정을 보호하고 범위를 축소해서 전달할 수 있도록 협상하고, 후속 출시를 계획한다.
- 새로운 요구사항이 지속적으로 추가된다. - 범위가 늘어나 출시 시기를 놓친다.	- 요구사항 도출이 미비했음. - 요구사항 개발에 고객 참여가 부족했음. - 비즈니스 요구사항이나 환경이 빠르게 변화하고 있음. - 비즈니스 도메인을 잘 이해하지 못함. - 이해관계자가 프로젝트 범위를 이해하지 못하거나 중요시하지 않음. - 관리 부서나 마케팅 부서, 고객이 프로젝트에 미치는 영향에 대한 고려 없이 신규 기능을 요구함.	- 요구사항 도출 방법을 개선한다. - 범위를 정의하고 전달한다. - 범위 변경을 위해 적절한 사람이 비즈니스 의사결정을 내리게 한다. - 신규 요구사항이 발생하는 이유를 파악하기 위해 근본 원인 분석을 수행한다. - 신규 요구사항을 승인하기 전에 변경 영향 분석을 수행한다. - 모든 사용자 클래스가 기여했는지 확인한다. - 어느 정도의 성장을 수용하기 위해 프로젝트 일정에 예비 버퍼를 포함한다. - 신규 요구사항에 신속히 대응하기 위해 점진적 개발 방법을 사용한다.
- 요구사항이 범위 안팎을 넘나든다.	- 비전 및 범위가 명확하게 정의되지 않음. - 비즈니스 목표가 명확하게 이해되고 전달되지 않음. - 시장의 수요 변화에 따라 범위가 변덕스러움. - 요구사항 우선순위가 잘못 정의됐음. - 의사결정자가 프로젝트 범위에 동의하지 않음.	- 비즈니스 목표와 비전, 범위를 명확하게 정의한다. - 제안된 요구사항이 범위를 벗어나는지 여부를 결정하기 위해 범위 기술서를 사용한다. - 제안된 요구사항을 거절하기 위한 이론적 근거를 기록한다. - 변경 관리 위원회가 적합한 회원으로 구성되고 프로젝트 범위에 대해 모두가 동일하게 이해하고 있는지 확인한다. - 범위의 경계를 유연하게 변경할 수 있는 유연성을 도입하기 위해 점진적 개발을 사용한다. - 안정적인 요구사항 개발에 초점을 맞춘다.

증상	가능한 근본 원인	가능한 솔루션
▪ 개발 중에 범위에 대한 정의가 바뀐다.	▪ 비즈니스 목표가 잘못 정의됐거나, 잘못 이해 됐거나, 변경됨. ▪ 시장 세그먼트와 시장의 니즈를 잘 이해하지 못함. ▪ 경쟁 제품이 출시됨. ▪ 주요 이해관계자가 요구사항을 검토하고 승인하지 않았음. ▪ 프로젝트 중간에 주요 이해관계자가 변경됨.	▪ 비즈니스 목표를 정의하고 이에 맞춰 비전 및 범위를 조정한다. ▪ 비즈니스 요구사항 수준에서 의사결정을 내리는 이해관계자를 식별한다. ▪ 의사결정자가 비전 범위 문서를 검토한다. ▪ 변경을 수용하기 위해 변경 관리 프로세스를 따른다. ▪ 프로젝트 방향이 변경되면 일정이나 자원, 기존 합의를 재조정한다.
▪ 사람들이 범위를 모르거나 범위 변경을 이해하지 못한다.	▪ 요구사항 변경이 영향을 받는 모든 이해관계자들에게 전달되지 않음. ▪ 요구사항이 변경될 때 요구사항 명세서가 갱신되지 않음. ▪ 고객이 직접 개발자에게 변경을 요청함. ▪ 모두가 요구사항 문서에 접근 권한을 갖고 있지는 않음. ▪ 비공식 의사소통 통로가 일부 프로젝트 참여자를 제외함. ▪ 변경에 대해 통보받아야 하는 사람이 누구인지 분명하지 않음. ▪ 변경 관리 프로세스가 구축되지 않음. ▪ 요구사항 간의 연관성에 대한 상호 이해 부족.	▪ 각 요구사항의 소유자를 정한다. ▪ 요구사항과 기타 다른 산출물 간에 추적 가능한 링크를 정의한다. ▪ 요구사항 의사소통에 영향을 받는 모든 영역을 포함한다. ▪ 의사소통 메커니즘을 포함해서 변경 관리 프로세스를 수립한다. ▪ 변경 관리 프로세스를 통해 모든 요구사항 변경을 처리한다. ▪ 이해관계자가 현 요구사항을 확인할 수 있도록 요구사항 관리 도구를 사용한다. ▪ 프로젝트 참가자와 기타 다른 이해관계자 간에 협업이나 의사소통을 개선한다.
▪ 요구사항 변경 요청이 유실된다. ▪ 각 변경 요청의 상태를 알 수 없다.	▪ 변경 관리 프로세스가 비효율적이거나 정의되지 않음. ▪ 변경 관리 프로세스를 따르지 않음.	▪ 실용적이고 효과적인 변경 관리 프로세스를 도입하고 이에 대해 이해관계자를 교육한다. ▪ 변경 관리 프로세스 단계를 수행하는 데 책임을 부여한다. ▪ 변경 관리 프로세스를 따르는지 확인한다. ▪ 변경사항과 각 요구사항의 상태를 추적하기 위해 요구사항 변경 도구를 사용한다.

증상	가능한 근본 원인	가능한 솔루션
- 이해관계자가 변경 관리 프로세스를 생략한다. - 고객이 직접 개발자에게 변경을 요청한다.	- 변경 관리 프로세스가 실용적이지 않고 효과적이지 않음. - 변경 관리 위원회의 영향력이 부족함. - 이해관계자가 변경 관리 프로세스를 이해하지 못하거나 허용하지 않음. - 관리 부서가 변경 관리 프로세스를 따르고자 하지 않음.	- 변경 관리 프로세스가 모든 이해관계자에게 실용적이고, 효과적이며, 효율적이고, 무리 없는지 확인한다. - 변경 관리 프로세스가 큰 변경과 작은 변경 모두 유연하게 처리할 수 있게 한다. - 적절한 변경 관리 위원회를 수립하고 인가한다. - 관리 부서에 변경 관리 프로세스의 약속과 옹호를 요청한다. - 요구사항 변경이 변경 관리 프로세스를 통해서만 이뤄질 수 있도록 정책을 시행한다.
- 요구사항 변경에 계획보다 많은 노력이 발생한다. - 변경이 예상보다 많은 시스템 구성요소에 영향을 미친다. - 변경이 기타 다른 요구사항과 충돌한다. - 변경이 시스템 품질을 저하시킨다.	- 제안된 요구사항 변경의 영향 분석이 불충분함. - 개발자가 요구사항 변경의 영향을 과소평가함. - 적절하지 못한 사람이 변경 승인에 대한 의사 결정을 내림. - 팀 구성원이 제안된 변경으로 인한 영향에 대해 솔직하게 말하는 것을 두려워함. - 변경 요청이 영향 분석을 제대로 하기 위한 충분한 정보를 제공하지 않음.	- 변경 영향 분석 절차 및 체크리스트를 도입한다. - 영향 분석을 변경 관리 프로세스와 통합한다. - 제안된 변경의 영향을 평가하기 위해 요구사항 추적 정보를 사용한다. - 변경에 대해 영향을 받는 모든 이해관계자에게 전달한다. - 변경 제안 시 필요에 따라 프로젝트 합의에 대해 재협상하고 필요한 절충안을 만든다.

부록 C
요구사항 문서 샘플

이 부록은 카페테리아 주문 시스템(COS; Cafeteria Ordering System)이라는 가상의 프로젝트를 통해 이 책에서 설명한 요구사항 문서 및 다이어그램의 일부를 보여준다. 이 부록은 다음을 포함한다.

- 비전 범위 문서.
- 서로 다른 수준의 세부사항을 보여주는 유스케이스와 여러 유스케이스 명세 목록.
- 소프트웨어 요구사항 명세 일부.
- 기능 트리, 컨텍스트 다이어그램, 개체 관계 다이어그램, 상태 전이 다이어그램 등 다양한 분석 모델 일부.
- 데이터 사전 일부.
- 여러 비즈니스 규칙.

이번 부록은 단순한 예제이기 때문에 산출물을 완성하려 하지는 않았다. 그 대신 다양한 유형의 요구사항 정보 간 관계와 각 문서를 작성하는 방법을 설명하는 데 목적을 두고 있다. 본 예제의 정보는 이를 조합해서 소규모 프로젝트의 단일 문서로 만들거나 요구사항 관리 도구에 보관하는 등 갖가지 적당한 방법으로 구성하고 그룹화할 수 있다. 요구사항 정보에서 명확성, 완전성, 유용성은 필수 덕목이다. 예제는 지금까지 살펴본 여러 장에서 설명한 템플릿을 준수한다. 이 프로젝트는 소규모 프로젝트이기 때문에 일부 템플릿 절을 합치기도 했다. 모든 프로젝트에서는 프로젝트 규모와 특성에 최적화된 조직의 표준 템플릿 도입을 고려해야 할 것이다.

비전 범위 문서

1. 비즈니스 요구사항

1.1 배경

프로세스 임팩트(Process Impact) 주식회사의 임직원은 최근에 카페테리아에서 점심 메뉴를 선택하고 비용을 지불하고 식사하는 데 하루 평균 65분을 소비한다. 이 시간 중 20여 분에는 카페테리아를 오가는 시간과 메뉴 선택 시간, 현금이나 신용카드로 비용을 지불하는 시간이 포함된다. 직원이 점심식사를 위해 외출하면 평균 90분을 바깥에서 보낸다. 어떤 직원은 제 시간에 식사할 수 있도록 미리 카페테리아에 전화해서 주문하기도 한다. 카페테리아의 일부 메뉴가 품절될 때도 있어 직원들이 항상 원하는 메뉴를 선택할 수 있는 것은 아니다. 카페테리아는 판매되지 않은 음식들을 폐기해야 하기 때문에 상당한 양을 낭비한다. 점심시간보다 훨씬 적은 직원이 카페테리아를 사용하긴 하지만 아침이나 저녁에도 동일한 문제가 발생한다.

1.2 비즈니스 기회

많은 직원이 카페테리아에 온라인으로 식사(카페테리아 메뉴에서 선택된 하나 이상의 식품 항목 세트로 정의됨)를 주문하고, 특정 일자나 시간에 수령하거나, 회사의 특정 위치에 배달될 수 있는 시스템을 요청했다. 이러한 시스템은 직원의 시간을 절약할 수 있으며, 선호하는 메뉴 선택의 기회를 늘릴 것이다. 고객이 원하는 것을 미리 알고 있음으로써 카페테리아의 쓰레기도 줄고 종업원의 효율도 향상될 것이다. 더 나아가 직원들이 현지 식당에 배달 음식을 주문할 수 있게 함으로써 선택의 폭을 넓히고, 대량 주문 할인 계약을 통해 비용을 절감할 수도 있을 것이다.

1.3 비즈니스 목표

BO-1: 카페테리아 음식 낭비 비용을 초기 출시 이후 6개월 이내에 40% 감소시킨다. [이 예제는 Planguage를 사용해 비즈니스 목표를 정확하게 명시하는 방법을 보여준다.]

Scale(척도): 카페테리아 종업원이 매주 버리는 음식의 비용

Meter(계량): 카페테리아 재고 시스템의 로그 확인

Past(과거): 33%(2013, 초기 연구)

Goal(목표): 20% 미만

Stretch(최대): 15% 미만

BO-2: 카페테리아 운영 비용을 초기 출시 후 12개월 이내에 15% 감소시킨다.

BO-3: 일일 평균 집중 업무 시간을 초기 출시 이후 6개월 이내에 카페테리아 이용 직원당 15분씩 증가시킨다.

1.4 성공지표

SM-1: 2013년 3분기 동안 일주일에 최소 3회 이상 카페테리아를 이용하는 임직원 중 75%가 초기 출시 이후 6개월 이내에 일주일에 한번 이상 COS를 이용한다.

SM-2: 1~6점 사이의 값으로 투표하는 분기별 카페테리아 만족도 투표의 평균 점수가 2013년 3분기에 비해 초기 출시 이후 3개월 이내에 0.5점 증가하고, 12개월 이내에 1.0점 증가한다.

1.5 비전 선언문

카페테리아 주문 시스템은 사내 카페테리아 또는 현지 식당에서 온라인으로 식사 주문을 하고자 하는 임직원을 위해 개별 식사나 단체 식사를 지원하고, 결제를 제공하며, 준비된 식사를 프로세스 임팩트 캠퍼스 내 원하는 장소에 배달 요청할 수 있는 인터넷 기반의 스마트폰 애플리케이션이다. 현재의 전화 주문이나 수동 주문 프로세스와는 달리 카페테리아 주문 시스템을 이용하는 임직원은 식사를 위해 카페테리아에 갈 필요가 없으며 시간을 절약하고 더 많은 음식을 선택할 수도 있을 것이다.

1.6 비즈니스 위험

RI-1: 카페테리아 노동 조합은 새로운 직원 역할 및 카페테리아 운영 시간을 반영하기 위해 계약을 재협상하고자 할 것이다. (발생 확률 = 0.6, 영향력 = 3)

RI-2: 시스템을 이용하는 직원이 너무 적어 시스템 개발 및 카페테리아 운영 절차의 변경으로 인한 투자 대비 수익률이 감소한다. (발생 확률 = 0.3, 영향력 = 9)

RI-3: 현지 식당이 배달 서비스 제공에 동의하지 않을 수 있으며, 이로 인해 시스템에 대한 직원 만족도와 사용 빈도가 감소한다. (발생 확률 = 0.3, 영향력 = 3)

RI-4: 충분한 배달 능력을 갖추지 못해 직원들이 제시간에 식사를 받지 못하는 경우가 생기며 원하는 시간에 주문을 못하기도 한다. (발생 확률 = 0.5, 영향력 = 6)

1.7 비즈니스 가정 및 의존성

AS-1: 카페테리아 종업원이 예상되는 규모의 식사 주문을 처리하기 위해 적절한 사용자 인터페이스를 제공하는 시스템을 사용할 수 있을 것이다.

AS-2: 특정 시간대에 주문받은 모든 음식을 주문 시간 15분 이내에 배달하기 위해 카페테리아 직원이 대기하고 차량을 이용할 수 있을 것이다.

DE-1: 식당이 자체적인 온라인 주문 시스템을 갖추고 있는 경우 카페테리아 주문 시스템은 이 시스템과 양방향으로 통신할 수 있어야 한다.

2. 범위 및 한계

2.1 주요 기능

FE-1: 카페테리아 메뉴에서 직접 수령하거나 배달받을 식사를 주문하고 비용을 지불한다.

FE-2: 현지 식당에 식사 배달을 주문하고 비용을 지불한다.

FE-3: 일상적이거나 반복적인 식사, 아니면 특별 식사를 위해 식사 구독을 생성, 조회, 수정, 취소할 수 있다.

FE-4: 카페테리아 메뉴를 생성, 조회, 수정, 삭제, 보관할 수 있다.

FE-5: 카페테리아 메뉴의 재료 목록과 성분 정보를 제공한다.

FE-6: 허가받은 직원에 한해 사내 인트라넷과 스마트폰, 태블릿, 외부 인터넷을 통해 시스템에 접근할 수 있게 한다.

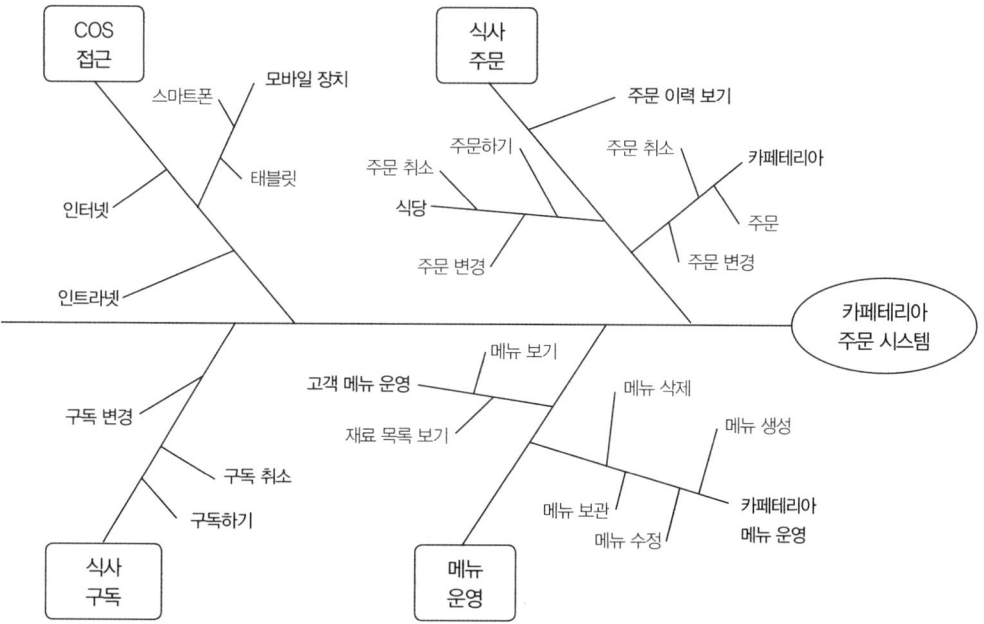

그림 C-1 카페테리아 주문 시스템의 기능 트리 일부

2.2 초기 및 후속 출시 범위

기능	출시 1	출시 2	출시 3
FE-1, 카페테리아에 주문	점심 메뉴 중 일반 식사만 가능, 배달 주문은 급여 공제 방식으로만 지불 가능	신용카드 및 체크카드 지불 허용	아침 식사와 저녁 식사 주문 허용
FE-2, 식당에 주문	구현되지 않음	캠퍼스 지역만 배달	완전히 구현
FE-3, 식사 구독	구현되지 않음	시간이 허락하면 구현	완전히 구현
FE-4, 메뉴	생성 및 보기 메뉴	메뉴 수정, 삭제, 보관	
FE-5, 재료 목록	구현되지 않음	완전히 구현	
FE-6, 시스템 접근	인트라넷 및 외부 인터넷 접근	iOS 및 안드로이드 폰과 태블릿 앱	윈도우 폰과 태블릿 앱

2.3 제한 및 제외

LI-1: 카페테리아에서 이용 가능한 음식 중 일부는 배달에 적합하지 않으며, COS 고객에게 배달이 가능한 메뉴는 전체 메뉴 중 일부여야 한다.

LI-2: COS는 클래커마스에 위치한 프로세스 임팩트 캠퍼스의 카페테리아를 위해서만 사용돼야 한다.

3. 비즈니스 컨텍스트

3.1 이해관계자 프로파일

이해관계자	주요 가치	태도	주요 관심	제약
기업 관리조직	직원 생산성 향상, 카페테리아 비용 절감	출시 2 통한 강력한 지원, 이전 결과에 따라 출시 3 지원	비용 및 직원의 시간 절감이 개발 및 사용 비용을 초과해야 함	확인되지 않음
카페테리아 직원	하루 동안 직원의 시간을 더욱 효율적으로 사용, 더 높은 고객 만족도	노조 관계와 인력 감축에 대한 우려, 그렇지 않으면 수용	직업 보전	인터넷 사용에 대한 직원 교육 필요, 배달 직원 및 차량 필요
고객	더 나은 음식 선택, 시간 절약, 편의	열광하지만 카페테리아나 식당에서 식사함으로써 얻을 수 있는 사회적 가치로 인해 생각보다 많이 사용하지 않을 수 있음	단순한 사용성, 배달의 신뢰성, 선택할 수 있는 음식	사내 인트라넷에서 접근, 인터넷에서 접근, 모바일 장치 필요

이해관계자	주요 가치	태도	주요 관심	제약
급여 부서	혜택 없음, 급여 공제 등록 방식 설정	소프트웨어 업무는 행복하지 않지만 회사나 직원에 대한 가치는 인지	현행 급여 애플리케이션 변경 최소화	아직 소프트웨어 변경을 위한 자원이 할당되지 않음
식당 관리자	판매, 신규 고객 유입을 위한 마케팅 노출	수용은 하지만 조심스러움	신규 기술 최소화, 식사 배달에 드는 자원 및 비용에 대한 우려	주문 수준을 처리할 수 있는 능력 미비, 모든 메뉴를 제공할 수 없을 수도 있음

3.2 프로젝트의 우선순위

관점	제약조건	추진 요인	자유도
기능	출시 1.0에 예정된 모든 기능은 완벽하게 작동해야 한다.		
품질	사용자 인수 테스트의 95%를 통과해야 한다; 모든 보안 테스트를 통과해야 한다.		
일정			계획된 출시 1은 내년 1분기 말까지 가능해야 하며, 출시 2는 2분기 말까지 가능해야 한다; 최대 2주 초과는 스폰서 검토 없이 수용 가능하다.
비용			예산 초과는 15%까지 스폰서 검토 없이 수용 가능하다.
직원		팀 규모는 반일급(half-time) 프로젝트 관리자, 반일급 BA, 개발자 3명, 테스터 1명이며, 추가 개발자 및 반일급 테스터가 필요할 수 있음.	

3.3 배포 고려사항

웹 서버 소프트웨어는 최신 버전으로 업그레이드해야 한다. 앱의 경우, 두 번째 출시의 일환으로 iOS와 안드로이드 스마트폰, 태블릿용이 개발될 것이며, 윈도우폰과 태블릿 앱이 세 번째 출시에 개발될 것이다. 이에 대한 모든 인프라 변경은 두 번째 출시에 준비돼 있어야 한다. 인터넷 기반, 앱 기반 버전의 COS 사용자 교육을 위해 5분이 넘지 않는 동영상이 개발돼야 한다.

유스케이스

다양한 사용자 클래스를 통해 다음과 같은 COS의 1차 행위자와 유스케이스가 식별됨.

1차 행위자	유스케이스
고객	1. 식사 주문
	2. 식사 주문 변경
	3. 식사 주문 취소
	4. 메뉴 보기
	5. 급여 공제 등록
	6. 급여 공제 등록 취소
	7. 식사 구독 관리
메뉴 관리자	8. 메뉴 생성
	9. 메뉴 수정
	10. 메뉴 삭제
	11. 메뉴 보관
	12. 특별 메뉴 정의
카페테리아 직원	13. 식사 준비
	14. 결제 요청 생성
	15. 식사 배달 요청
	16. 시스템 사용 보고서 생성
식사 배달기사	17. 식사 배달 기록
	18. 배달 정보 출력

ID와 이름:	UC-1 식사 주문		
작성자:	프리트비 라즈	작성일:	2013년 10월 4일
1차 행위자:	고객	2차 행위자:	카페테리아 재고 시스템
설명:	고객은 사내 인트라넷이나 외부 인터넷을 통해 카페테리아 주문 시스템에 접근하고, 특정 날짜의 메뉴를 확인하며, 음식을 선택하고, 카페테리아에서 수령하거나 15분 이내에 특정 장소로 배달받을 식사를 주문한다.		
촉발:	고객이 주문하고자 하는 식사를 가리킨다.		
선행조건:	PRE-1. 고객이 COS에 로그인한다. PRE-2. 고객이 식사 결제를 급여 공제로 등록한다.		
후행조건:	POST-1. 식사 주문이 COS에 "승인" 상태로 저장된다. POST-2. 주문에 따른 선택 가능한 음식 재고수량이 갱신된다. POST-3. 남은 배달 가능 시간이 갱신된다.		

ID와 이름:	UC-1 식사 주문
정상 흐름:	**1.0 단품 식사 주문** 1. 고객은 특정 날짜에 대한 메뉴 표시를 요청한다. (1.0.E1, 1.0.E2 참조) 2. COS는 주문 가능한 음식과 특별 식사 메뉴를 출력한다. 3. 고객은 메뉴에서 하나 이상의 음식을 선택한다. (1.1 참조) 4. 고객은 식사 주문을 완료했음을 알린다. (1.2 참조) 5. COS는 주문한 메뉴와 단가, 총 가격, 세금 및 배달비 포함 가격을 출력한다. 6. 고객은 식사를 주문을 완료하거나(정상 흐름 계속 진행) 주문 내역 수정을 요청할 수 있다(2단계로 돌아감). 7. COS는 배달 날짜에 가능한 배달 시간을 출력한다. 8. 고객은 배달 시간과 구체적인 배달 장소를 지정한다. 9. 고객은 결제 방법을 지정한다. 10. COS는 주문 수량을 확인한다. 11. COS는 주문 내역, 가격, 배달 정보 확인을 위해 고객에게 이메일을 발송한다. 12. COS는 주문을 저장하고 카페테리아 재고 시스템에 음식 정보를 전송하며, 배달 가능 시간을 갱신한다.
대안 흐름:	**1.1 한 가지 식사를 여러 개 주문** 1. 고객은 같은 식사의 특정 개수를 요청한다. (1.1.E1 참조) 2. 정상 흐름의 4단계로 돌아간다. **1.2 여러 가지 식사 주문** 1. 고객은 다른 식사 주문을 요청한다. 2. 정상 흐름의 1단계로 돌아간다.
예외:	**1.0.E1 요청 날짜가 당일이고 현재 시간이 당일 주문 마감시간 이후임** 1. COS가 고객에게 금일 주문은 늦었다는 것을 알려준다. 2a. 고객이 식사 주문 프로세스를 취소하는 경우 COS는 유스케이스를 종료한다. 2b. 고객이 다른 날짜로 요청하는 경우 COS는 유스케이스를 다시 시작한다. **1.0.E2 배달 가능한 시간이 없음** 1. COS가 고객에게 식사 날짜에 배달 가능한 시간이 없음을 알려준다. 2a. 고객이 식사 주문 프로세스를 취소하는 경우 COS는 유스케이스를 종료한다. 2b. 고객이 카페테리아 수령을 요청하는 경우 정상 흐름을 계속 진행한다. 단, 7단계, 8단계는 건너뛴다. **1.1.E1 여러 가지 식사 주문을 처리하기에 재고가 부족함** 1. COS가 재고창고의 현 수량을 참고해서 고객에게 각 식사의 주문 가능 수량을 알려준다. 2a. 만약 고객이 주문 수량을 수정하는 경우 정상 흐름의 4단계로 돌아간다. 2b. 고객이 식사 주문 프로세스를 취소하는 경우 COS는 유스케이스를 종료한다.

ID와 이름:	UC-1 식사 주문
우선순위:	높음
사용 주기:	하루 평균 300여 명 사용. 이 유스케이스에 대해 부하가 가장 큰 시간대는 현지시간 오전 9시부터 10시까지다.
비즈니스 규칙:	BR-1, BR-2, BR-3, BR-4, BR-11, BR-12, BR-33
기타 정보:	1. 고객은 주문 확인 전에 언제든지 식사 주문 프로세스를 취소할 수 있어야 한다. 2. 고객은 최근 6개월 이내 주문한 모든 식사를 보고 요청한 배달 날짜에 이용 가능한 모든 메뉴 중 하나의 주문을 재주문할 수 있어야 한다. (우선순위 = 중간) [참고 : 이 정보를 유스케이스의 대안 흐름으로 표시할 수도 있음.] 3. 고객이 당일의 주문 마감시간 이전에 시스템을 사용하는 경우 기본 날짜는 현재 날짜다. 주문 마감시간 이후에는 다음날 카페테리아 개장 시간이 된다.
가정:	고객의 15%가 특별 식사 메뉴를 주문한다고 가정한다. (근거: 최근 6개월 동안의 카페테리아 데이터)

[참고: 다음 유스케이스는 모든 유스케이스를 완벽히 명세화할 필요는 없다는 것을 보여주기 위해 UC-1보다 덜 상세하게 작성됐다. 개발자는 기타 다른 소스에서 필요한 정보를 얻을 수 있다.]

ID와 이름:	UC-5 급여 공제 등록		
작성자:	낸시 앤더슨	작성일:	2013년 9월 15일
1차 행위자:	고객	2차 행위자:	급여 시스템
설명:	COS를 사용하고 식사 배달을 이용하는 카페테리아 고객은 급여 공제 등록을 해야만 한다. COS를 통해 비현금 구매를 하는 경우, 카페테리아는 직원의 다음 급여일에 식사비를 공제할 수 있도록 급여 시스템에 지불 요청을 발급한다.		
촉발:	고객의 급여 공제 등록 요청이나 고객이 COS의 "등록하시겠습니까?"라는 물음에 "예"라고 응답.		
선행조건:	PRE-1. 고객이 COS에 로그인한다.		
후행조건:	POST-1. 고객이 급여 공제로 등록된다.		
정상 흐름:	5.0 급여 공제 등록 1. COS는 고객에게 급여 공제 등록 자격이 있는지 급여 시스템에 물어본다. 2. 급여 시스템은 고객이 급여 공제 등록 자격이 있는지 확인한다. 3. COS는 고객에게 급여 공제 등록을 원하는지 확인 요청한다. 4. 원한다면, COS는 급여 시스템에 고객의 급여 공제 설정을 요청한다. 5. 급여 시스템은 급여 공제가 설정됐는지 확인한다. 6. COS는 고객의 급여 공제 설정 여부를 알려준다.		
대안 흐름:	없음		
예외:	5.0.E1 고객에게 급여 공제 자격이 없음 5.0.E2 고객이 이미 급여 공제 등록이 돼 있음		
우선순위:	높음		

ID와 이름:	UC-5 급여 공제 등록
비즈니스 규칙:	BR-86, BR-88에 의해 임직원의 급여 공제 등록 자격이 결정된다.
기타 정보:	시스템 출시 후 최초 2주 동안은 본 유스케이스 실행률이 높을 것으로 기대.

[참고: 다음 유스케이스는 모든 유스케이스 템플릿을 다 채울 필요는 없다는 것을 보여주기 위해 매우 간략한 형태로 작성했다. 개발자는 기타 다른 소스에서 필요한 정보를 얻을 수 있다. 이 경우 구체적이어야 하는 유스케이스와 덜 구체적이어도 되는 유스케이스를 세세히 구분해 보는 것이 좋다.]

ID와 이름 :	UC-9 메뉴 수정		
작성자:	마크 하살	작성일:	2013년 10월 7일
설명:	카페테리아 메뉴 관리자는 미래의 특정 날짜 메뉴를 조회할 수 있으며, 신규 메뉴 추가를 위해 수정할 수도 있고, 메뉴 삭제 및 변경, 특별 메뉴 추가나 변경, 가격 수정, 메뉴 수정사항을 저장할 수 있다.		
예외:	특정 날짜에 메뉴가 없음; 에러 메시지를 보여주고 메뉴 관리자가 새로운 날짜를 입력할 수 있게 함.		
우선순위:	높음		
비즈니스 규칙:	BR-24		
기타 정보:	배달이 불가능한 메뉴가 있을 수 있으며, COS 메뉴에서 카페테리아에서 수령 가능한 메뉴와 배달 가능한 메뉴가 항상 일치하는 것은 아니다. 메뉴 관리자가 배달 불가능 항목을 설정할 수 있다.		

소프트웨어 요구사항 명세서

1. 소개

1.1 목적

이 SRS는 카페테리아 주문 시스템(COS)의 소프트웨어 출시 1.0 기능 및 비기능적 요구사항에 대해 설명한다. 이 문서는 본 시스템의 기능을 정확히 개발하고 검증하는 프로젝트 팀 구성원이 참고할 수 있도록 만들어졌다. 특별히 언급하지 않는 한, 여기에 언급한 모든 요구사항은 출시 1.0에 집중하고 있다.

1.2 문서 규칙

이 SRS는 특별한 표기 규칙을 사용하지 않는다.

1.3 프로젝트 범위

COS는 프로세스 임팩트의 임직원이 회사 카페테리아 온라인에서 식사를 주문해서 캠퍼스의 특정 장소에 배달 가능하게 한다. 자세한 설명은 카페테리아 주문 시스템 비전 범위 문서[1]에서 확인할 수 있으며, 이번 출시에서 전체 혹은 일부 구현이 예정된 기능도 함께 확인할 수 있다.

1.4 참고문헌

1. 칼 위거스, 카페테리아 주문 시스템 비전 범위 문서, www.processimpact.com/projects/COS/COS Vision and Scope.docx
2. 조이 비티, 프로세스 임팩트 인트라넷 개발 표준, 버전 1.3 www.processimpact.com/corporate/standards/PI Intranet Development Standard.pdf
3. 앤드류 라스, 프로세스 임팩트 인트라넷 애플리케이션 사용자 인터페이스 표준, 버전 2.0 www.processimpact.com/corporate/standards/PI Internet UI Standard.pdf

2. 전반적인 설명

2.1 제품 관점

카페테리아 주문 시스템은 프로세스 임팩트 카페테리아에 음식 주문 및 수령을 위한 현재의 수동 전화 프로세스를 대체하는 새로운 시스템이다. 그림 C-2의 컨텍스트 다이어그램은 출시 1.0의 외부 개체 및 시스템 인터페이스를 보여준다. 시스템은 수차례의 출시가 예상되며, 궁극적으로 다양한 현지 식당을 위한 인터넷 주문 서비스와 신용카드 및 체크카드 승인 서비스를 연동한다.

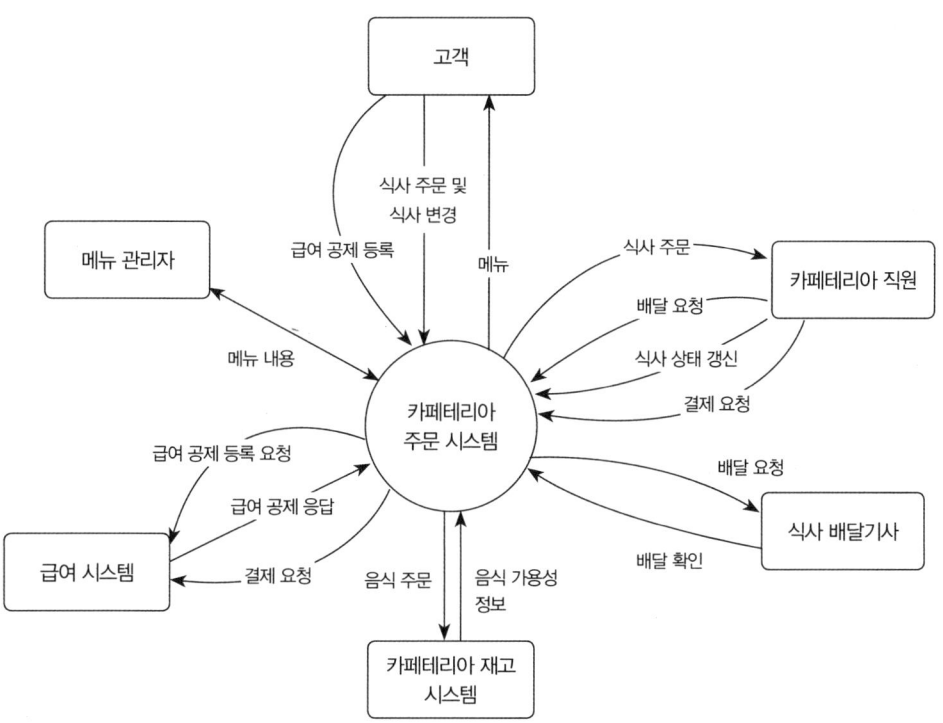

그림 C-2 카페테리아 주문 시스템의 출시 1.0을 위한 컨텍스트 다이어그램

2.2 사용자 클래스 및 특징

사용자 클래스	설명
고객(선호)	고객은 회사 카페테리아에서 식사 배달 주문을 하고자 하는 프로세스 임팩트의 임직원이다. 600여 명의 잠재 고객이 있으며, 300명 정도가 COS를 매주 평균 5회 정도 사용할 것이라 예상한다. 고객은 회의나 손님을 위해 여러 식사를 주문하기도 할 것이다. 60% 정도의 주문이 사내 인트라넷을 통해 발생하고, 40% 정도의 주문은 집이나 스마트폰, 태블릿 앱을 통해 발생할 것이다.
카페테리아 직원	프로세스 임팩트 카페테리아에서는 COS에서 주문을 받고, 식사를 준비하며, 배달을 준비하고 요청하는 20여 명의 카페테리아 직원을 고용한다. 대부분의 카페테리아 직원은 COS 하드웨어와 소프트웨어 사용에 대한 교육이 필요하다.
메뉴 관리자	메뉴 관리자는 카페테리아 직원으로서 카페테리아에서 이용 가능한 매일의 메뉴를 정하고 관리한다. 일부 메뉴는 배달이 불가능할 수 있다. 메뉴 관리자는 카페테리아의 특별 메뉴를 정할 수도 있다. 메뉴 관리자는 기존 메뉴를 정기적으로 수정할 것이다.
식사 배달기사	카페테리아 직원이 주문에 대한 배달을 준비하고 식사 배달기사의 스마트폰으로 배달을 요청한다. 식사 배달기사는 식사를 수령해서 고객에게 배달한다. 식사 배달기사에게 COS의 용도 중 하나는 배달 완료 여부를 입력하는 것이다.

2.3 운영 환경

OE-1: COS는 다음의 웹 브라우저에서 제대로 동작해야 한다: 윈도우 인터넷 익스플로러 7~9, 파이어폭스 12~26, 구글 크롬(모든 버전), 애플 사파리 4.0~8.0

OE-2: COS는 레드햇 리눅스의 기업 승인 버전과 아파치 HTTP 서버를 구동하는 서버에서 동작해야 한다.

OE-3: COS는 사내 인트라넷, VPN 인터넷 연결, 안드로이드나 iOS, 윈도우 스마트폰이나 태블릿 등에서 사용자 접근을 허용해야 한다.

2.4 설계 및 구현 제약조건

CO-1: 시스템의 설계, 코드, 유지보수 문서는 프로세스 임팩트 인트라넷 개발 표준 버전 1.3[2]에 부합해야 한다.

CO-2: 시스템은 자사 기업 표준인 오라클 데이터베이스 엔진을 사용해야 한다.

CO-3: 모든 HTML 코드는 HTML 5.0 표준을 준수해야 한다.

2.5 가정 및 의존성

AS-1: 카페테리아는 직원이 근무할 것이라 예상하는 회사의 모든 영업일의 아침, 점심, 저녁식사를 제공할 수 있도록 운영한다.

DE-1: COS에서 주문된 식사의 지불 요청 승인을 위한 COS의 동작은 급여 시스템의 변경에 따라 달라진다.

DE-2: COS에서 주문할 수 있는 식사의 가용성 갱신을 위한 COS의 동작은 카페테리아 재고 시스템의 변경에 따라 달라진다.

3. 시스템 기능

3.1 카페테리아에서 식사 주문

3.1.1 설명

식사 주문 가능 여부가 확인된 카페테리아 고객은 식사를 특정 장소로 배달받거나 카페테리아에서 직접 수령할 수 있다. 고객은 식사 주문이 아직 준비되지 않은 경우 취소하거나 변경할 수 있다. 우선순위 = 높음.

3.1.2 기능적 요구사항

Order.Place:	식사 주문	
.Register:	COS는 고객이 급여 공제에 등록돼 있는지 확인해야 한다.	
.No:	고객이 급여 공제에 등록돼 있지 않은 경우 COS는 고객에게 바로 급여 공제에 등록하고 주문을 계속하게 하거나, 카페테리아 수령 주문을 하게 하거나(배달 못함), 주문을 종료하는 옵션을 제공할 수 있다.	
.Date:	COS는 고객에게 식사 날짜를 알려준다. (BR-8 참조)	
.Cutoff:	식사 날짜가 당일이며 현재 시각이 주문 마감시간 이후이면 COS는 고객에게 당일 주문을 하기에 늦었다는 것을 통보해야 한다. 고객은 식사 날짜를 변경하거나 주문을 취소할 수 있다.	

Order.Deliver:	배달 또는 직접 수령	
.Select:	고객은 주문을 직접 수령할지 배달받을지 선택해야 한다.	
.Location:	주문이 배달돼야 하며, 식사 날짜에 이용 가능한 배달 시간이 존재한다면 고객은 유효한 배달 장소를 제공해야 한다.	
.Notimes:	식사 날짜에 배달 가능한 시간이 없다면 COS는 고객에게 통지해야 한다. 고객은 주문을 취소하거나 카페테리아에서 수령하겠다고 전달해야 한다.	
.Times:	COS는 식사 날짜에 남은 배송 가능 시간을 표시해야 한다. COS는 고객이 표시된 배송 가능 시간 중 하나를 요청하거나 주문을 카페테리아에서 직접 수령하거나 취소할 수 있게 허용해야 한다.	

Order.Menu:	메뉴 표시	
.Date:	COS는 고객이 선택한 날짜에 이용 가능한 메뉴를 표시해야 한다.	
.Availalbe:	특정 날짜의 메뉴는 카페테리아의 재고에서 최소 한 개 이상 이용 가능하고 배달 가능한 메뉴만 표시해야 한다.	

Order.Units:	여러 개의 식사와 음식 주문	
.Multiple:	COS는 사용자가 주문 시에 모든 메뉴에 대해 최소한의 단위로 한 가지 식사를 여러 개 주문할 수 있게 해야 한다.	
.TooMany:	고객이 카페테리아 재고 이상의 메뉴를 주문하고자 하는 경우 COS는 고객에게 최대 주문 가능 수량을 알려줘야 한다.	

Order.Confirm:	주문 확인	
.Display:	고객이 더 이상 음식 주문을 원하지 않을 경우 COS는 주문한 메뉴와 단가, BR-12에 따라 계산된 결제 금액을 표시해야 한다.	
.Prompt:	COS는 고객의 식사 주문 확인을 위해 알려준다.	
.Response:	고객은 주문을 확인하거나 수정할 수 있으며 취소할 수도 있다.	
.More:	COS는 고객이 다른 날짜에 동일한 메뉴로 추가 주문할 수 있게 한다. BR-3과 BR-4는 한 번의 주문에 여러 개 식사를 포함할 때 관계가 있다.	

Order.Pay:		식사 주문 결제
	.Method:	고객이 주문 완료를 나타낼 때 COS는 사용자에게 결제 수단 선택을 요청해야 한다.
	.Deliver:	BR-11 참조.
	.Pickup:	식사를 카페테리아에서 수령하는 경우 고객은 급여 공제로 결제하기를 선택하거나 수령 시 현금 결제를 선택할 수 있다.
	.Deduct:	고객이 급여 공제를 선택한 경우 COS는 급여 시스템에 결제 요청을 해야 한다.
	.OK:	결제 요청이 승인되면 COS는 결제 번호가 포함된 주문 승인 문구를 출력한다.
	.NG:	결제 요청이 거절되면 COS는 거절 사유를 출력한다. 고객은 주문을 취소하거나 현금 결제로 결제 수단을 바꾸고 카페테리아 수령으로 변경할 수 있다.
Order.Done:		**고객이 주문 확인을 완료하면 COS는 단일 트랜잭션으로 다음을 수행해야 한다.**
	.Store:	다음 식사에 사용 가능한 주문 번호를 할당하고, 식사 주문 상태는 "승인"으로 변경한다.
	.Inventory:	각 주문에 포함된 각 식사 수량을 카페테리아 재고 시스템에 보낸다.
	.Menu:	카페테리아 재고에 품절 여부를 반영하기 위해 현재 주문의 주문 날짜를 갱신한다.
	.Times:	현 주문 날짜에 대한 배달 주문 가능 시간을 갱신한다.
	.Patron:	고객에게 식사 주문 및 식사 결제 정보가 포함된 이메일이나 문자 메시지(고객의 프로필 설정에 따라)를 발송한다.
	.Cafeteria:	카페테리아 직원에게 식사 주문 정보에 대한 이메일을 발송한다.
	.Failure:	Order.Done의 어느 단계에서 실패하는 경우 COS는 트랜잭션을 롤백하고, 사용자에게 실패 사유와 함께 주문에 실패했다는 사실을 알려줘야 한다.

[참고: 식사 재주문이나 식사 주문 변경 및 취소에 대한 기능적 요구사항은 본 예제에서는 제공하지 않는다.]

3.2 식당에서 식사 주문

[세부 사항은 본 예제에서 제공하지 않는다. 3.1 카페테리아에서 주문에서 설명한 상당히 많은 기능들이 여기서 재사용될 수 있다. 본 절에서는 식당 인터페이스를 해결하는 추가적인 기능을 명시해야 한다.]

3.3 식사 구독 생성, 조회, 수정, 삭제

[세부 사항은 본 예제에서 제공하지 않는다.]

3.4 카페테리아 메뉴 생성, 조회, 수정, 삭제

[세부 사항은 본 예제에서 제공하지 않는다.]

4. 데이터 요구사항

4.1 논리 데이터 모델

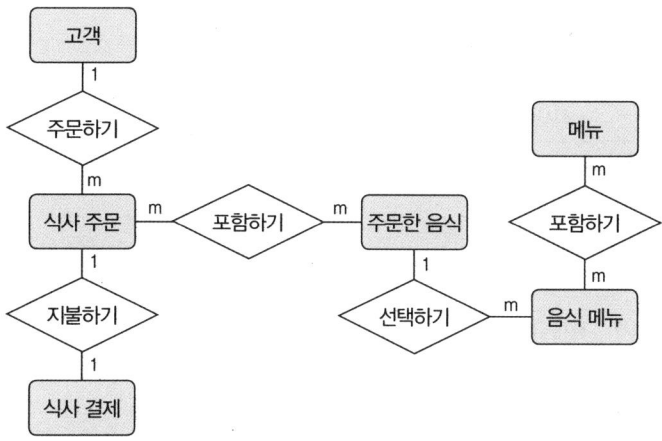

그림 C-3 카페테리아 주문 시스템의 출시 1.0에 대한 데이터 모델 일부

4.2 데이터 사전

데이터 요소	설명	구성 요소 또는 데이터 유형	길이	값
배달 정보	카페테리아 수령이 아닐 경우 식사를 배달할 장소 및 대상	고객 이름 + 고객 전화번호 + 식사 날짜 + 배달 장소 + 배달 시간		
배달 장소	식사 주문이 배달될 건물과 방	영숫자	50	하이픈과 쉼표 허용
배달 시간	식사 주문이 배달될 식사 날짜의 식사 시간(15분 단위)	시간	hh:mm	현지시간; hh = 0-23 포함; mm = 00, 15, 30, 45
직원 ID	식사를 주문한 직원의 회사 ID 번호	정수	6	
음식 설명	메뉴의 음식에 대한 설명	알파벳	100	
음식 가격	메뉴 음식 하나에 대한 세전 가격	숫자와 달러, 센트	dd.cc	
식사 날짜	식사가 배달되거나 직접 수령할 날짜	날짜, MM/DD/YYYY	10	기본 = 현재 시각이 주문 마감 시간 이전일 경우 현재 날짜, 이 밖에는 다음날. 현재 시간 이전이 될 수 없음

데이터 요소	설명	구성 요소 또는 데이터 유형	길이	값
식사 주문	고객이 주문한 식사에 대한 세부 정보	식사 주문 번호 + 주문 날짜 + 식사 날짜 + 1:m{주문한 음식} + 배달 정보 + 식사 주문 상태		
식사 주문 번호	각 승인된 식사 주문에 COS가 할당한 고유 ID	정수	7	초깃값은 1
식사 주문 상태	고객이 의뢰한 식사 주문의 상태	알파벳	16	불완전, 승인, 준비, 배달 대기, 배달, 취소
식사 결제	COS가 승인한 식사에 대한 결제 관련 정보	결제 금액 + 결제 방법 + 트랜잭션 번호		
메뉴	특정 날짜에 구매할 수 있는 음식 목록	메뉴 날짜 + 1:m{음식 메뉴}		
메뉴 날짜	특정 메뉴를 이용할 수 있는 날짜	날짜, MM/DD/YYYY	10	
음식 메뉴	메뉴에 대한 설명	음식 설명 + 음식 가격		
주문 마감시간	매일 모든 식사 주문이 이뤄져야 하는 마지막 시간	시간, HH:MM	5	
주문 날짜	고객이 식사를 주문한 날	날짜, MM/DD/YYYY	10	
주문한 음식	고객이 식사 주문을 통해 요청한 하나의 음식	음식 메뉴 + 주문 수량		
고객	식사 주문 권한을 갖는 프로세스 임팩트 임직원	고객 이름 + 직원 ID + 고객 전화번호 + 고객 위치 + 고객 이메일		
고객 이메일	식사를 주문한 직원의 이메일 주소	영숫자	50	
고객 위치	식사를 주문한 직원의 건물 및 방 번호	영숫자	50	하이픈과 쉼표 허용
고객 이름	식사를 주문한 직원의 이름	알파벳	30	

데이터 요소	설명	구성 요소 또는 데이터 유형	길이	값
고객 전화번호	식사를 주문한 직원의 전화번호	AAA-EEE-NNNN xXXXX, 지역 코드(A), 교환(E), 숫자(N), 확장(X)	18	
결제 금액	BR-12에 의해 계산되며, 달러와 센트로 구성된 주문에 대한 총 가격.	숫자와 달러, 센트	dddd. cc	
결제 방법	고객이 주문한 식사 비용을 지불하는 방법	알파벳	16	급여 공제, 현금, 신용카드, 체크카드
주문 수량	고객이 한 번의 식사 주문에 요청한 각 음식의 수량	정수	4	기본 = 1, 최대 = 재고 수량
트랜잭션 번호	COS가 각 결제 트랜잭션에 할당한 고유한 일련번호	정수	12	

4.3 보고서

4.3.1 식사 주문 이력 보고서

보고서 ID	COS-RPT-1
보고서 제목	주문한 식사 이력
보고서 목적	고객은 이전에 현재 날짜 기준 최대 6개월 중 특정 기간 동안 프로세스 임팩트 카페테리아나 현지 식당에서 주문한 모든 식사 목록을 보고자 한다. 이를 통해 본인이 좋아하는 식사를 재주문할 수 있다.
우선순위	중간
보고서 사용자	고객
데이터 소스	이전에 주문한 식사의 데이터베이스
주기 및 처리	보고서는 고객의 필요에 따라 생성된다. 보고서의 데이터는 정적이다. 보고서는 사용자 컴퓨터나 태블릿, 스마트폰의 웹 브라우저 화면에 출력된다. 출력이 가능한 장치의 경우 보고서를 인쇄할 수 있다.
지연 속도	전체 보고서는 요청 후 3초 이내에 표시돼야 한다.
시각적 레이아웃	가로 모드
머리글과 바닥글	보고서 머리글에는 보고서 제목, 고객 이름, 지정한 날짜 범위를 포함해야 한다. 인쇄할 경우, 보고서 바닥글에 페이지 번호를 표시해야 한다.

보고서 ID	COS-RPT-1
보고서 본문	보여줘야 하는 필드와 열 이름 • 주문 번호 • 식사 날짜 • 주문처("카페테리아" 혹은 식당 이름) • 주문 메뉴(주문한 모든 식사 목록, 수량, 가격) • 총 음식 가격 • 세금 • 배달 요금 • 총 금액(식품 가격, 세금, 배달 수수료의 합계) 선택 기준: 고객이 선택한 날짜 범위, 마지막 날짜 포함 정렬 기준: 시간 순서 반대
보고서 끝 지시자	없음
상호작용	고객은 각 메뉴에 대해 성분 및 영양 정보를 드릴다운해 볼 수 있다.
보안 접근 제한	고객은 본인의 식사 주문 이력만 검색할 수 있다.

[참고: 다른 COS 보고서는 본 예제에서 제공하지 않는다.]

4.4 데이터 무결성, 보존 및 폐기

DI-1: COS는 개별 고객에 대해 6개월 간의 식사 배송일에 대한 식사 주문을 보유해야 한다.

DI-2 : COS는 과거 1년간의 메뉴를 보관해야 한다.

5. 외부 인터페이스 요구사항

5.1 사용자 인터페이스

UI-1: 카페테리아 주문 시스템의 화면은 프로세스 임팩트 인트라넷 애플리케이션 사용자 인터페이스 표준, 버전 2.0 [3]을 준수해야 한다.

UI-2: 시스템은 각 웹 페이지 화면에 해당 페이지의 이용법을 설명하는 도움말 링크를 제공해야 한다.

UI-3: 웹 페이지는 마우스와 키보드 조합과 더불어 키보드만 이용하는 경우에도 완전한 내비게이션과 음식 선택을 허용해야 한다.

5.2 소프트웨어 인터페이스

SI-1: 카페테리아 재고 시스템

SI-1.1: COS는 카페테리아 재고 시스템에 프로그래밍 인터페이스를 통해 주문된 음식 수량을 전달한다.

SI-1.2: COS는 요청받은 음식이 이용 가능한지 판단하기 위해 카페테리아 재고 시스템을 확인해야 한다.

SI-1.3: 카페테리아 재고 시스템이 COS에게 특정 음식을 더 이상 이용할 수 없음을 통지하는 경우 COS는 당일 메뉴에서 음식을 제거해야 한다.

SI-2: 급여 시스템

COS는 다음의 작업을 위해 급여 시스템과 프로그래밍 인터페이스를 통해 통신해야 한다.

SI-2.1: 고객이 급여 공제를 등록 및 취소할 수 있게 한다.

SI-2.2: 고객이 급여 공제를 등록했는지 문의한다

SI-2.3: 고객이 급여 공제를 등록할 수 있는지 문의한다.

SI-2.4: 구매한 식사의 결제 요청을 제출한다

SI-2.5: 고객이 식사를 거절했거나, 만족하지 못했거나, 식사가 배달 정보에 따라 배달되지 않았을 때 이전 과금을 되돌린다.

5.3 하드웨어 인터페이스

하드웨어 인터페이스가 식별되지 않음.

5.4 통신 인터페이스

CI-1: COS는 주문이나 가격, 배송 정보 확인을 위해 고객에게 이메일이나 문제 메시지(사용자 계정 설정에 따라)를 발송해야 한다.

CI-2: COS는 식사 주문이나 배송에 대한 문제를 보고하기 위해 고객에게 이메일이나 문제 메시지(사용자 계정 설정에 따라)를 발송해야 한다.

6. 품질 속성

6.1 사용성 요구사항

USE-1: COS는 고객이 한 번의 상호작용으로 이전 주문 식사를 검색할 수 있게 해야 한다.

USE-2: 95%의 신규 사용자가 첫 번째 시도에서 오류 없이 식사를 주문할 수 있어야 한다.

6.2 성능 요구사항

PER-1: 시스템은 총 400명의 사용자를 수용해야 하며, 피크 시간대인 오전 9시에서 오전 10시 사이에 최대 100명의 사용자를 동시에 수용해야 한다. 평균 세션 시간은 약 8분 정도다.

PER-2: COS가 생성하는 웹 페이지의 95%는 20Mbps 이상의 인터넷 연결 속도에서 사용자 요청 시점부터 4초 이내에 다운로드가 완료돼야 한다.

PER-3: 시스템은 사용자가 시스템에 정보를 제출한 이후 평균 3초, 최대 6초 이내에 확인 메시지를 출력해야 한다.

6.3 보안 요구사항

SEC-1: 금융 정보나 개인 식별 정보를 포함하는 모든 네트워크 트랜잭션은 BR-33에 따라 암호화돼야 한다.

SEC-2: 사용자는 메뉴 조회를 제외한 모든 작업을 위해 COS에 로그인해야 한다.

SEC-3: BR-24에 따라 인증된 메뉴 관리자만 메뉴 작업을 허용할 수 있다.

SEC-4: 시스템은 고객이 본인의 주문 건만 볼 수 있도록 허용해야 한다.

6.4 안전 요구사항

SAF-1: 사용자는 모든 메뉴의 식재료 목록을 볼 수 있어야 하며, 북미 인구의 0.5% 이상에게 알레르기를 유발할 수 있다고 알려진 것은 강조해서 알려줘야 한다.

6.5 가용성 요구사항

AVL-1: COS는 정해진 관리 시간 외에 오전 5시부터 자정까지 최소 98%의 시간 동안 이용할 수 있어야 하며, 자정부터 오전 5시까지 최소 90%의 시간 동안 이용할 수 있어야 한다.

6.6 견고성 요구사항

ROB-1: 신규 주문 확인이나 종료 전에 사용자와 COS 간의 연결이 단절되는 경우 COS는 사용자의 주문을 복구하고 계속 진행할 수 있게 해야 한다.

부록 A: 분석 모델

그림 C-4는 가능한 식사 주문 상태 및 이러한 상태의 변화를 보여주는 상태 전이 다이어그램이다.

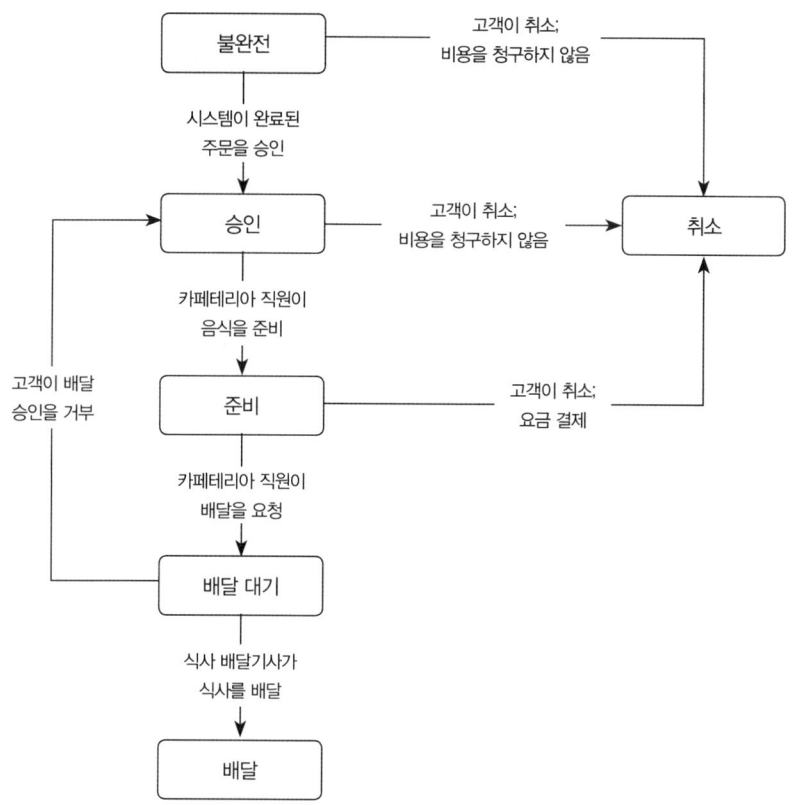

그림 C-4 식사 주문 상태의 상태 전이 다이어그램

비즈니스 규칙

[참고: 다음은 별도의 비즈니스 규칙 카탈로그의 일부를 나타낸다.]

ID	규칙 정의	규칙의 유형	정적 여부	출처
BR-1	배달 시간 기준은 15분이며, 매 15분마다 시작한다.	팩트	동적	카페테리아 관리자
BR-2	현지시간 오전 11시부터 오후 2시 사이에 배달을 완료해야 한다.	제약조건	동적	카페테리아 관리자
BR-3	한 번의 주문에 해당하는 모든 식사는 동일한 장소에 배달해야 한다.	제약조건	정적	카페테리아 관리자
BR-4	한 번의 주문에 해당하는 모든 식사는 동일한 결제 수단으로 지불해야 한다.	제약조건	정적	카페테리아 관리자
BR-8	식사는 식사 날짜로부터 14일 이내에 주문해야 한다.	제약조건	동적	카페테리아 관리자

ID	규칙 정의	규칙의 유형	정적 여부	출처
BR-11	주문이 배달될 경우 고객은 급여 공제로 지불해야 한다.	제약조건	동적	카페테리아 관리자
BR-12	주문 가격은 각 음식 가격 곱하기 음식 수량, 해당하는 판매세, 무료 배달구역 외의 배달비의 총합으로 계산해야 한다.	계산	동적	카페테리아 정책; 주세(state tax) 코드
BR-24	카페테리아 관리자에 의해 메뉴 관리자로 지정된 카페테리아 직원만 카페테리아 메뉴를 생성, 수정, 삭제할 수 있다.	제약조건	정적	카페테리아 정책
BR-33	금융 정보나 개인 식별 정보를 포함하는 모든 네트워크 전송은 256비트로 암호화돼야 한다.	제약조건	정적	기업 보안 정책
BR-86	정규 직원만 모든 사내 구매에 대해 급여 공제를 등록할 수 있다.	제약조건	정적	기업 회계 관리자
BR-88	임직원은 기타 다른 사유로 인한 공제 금액이 총 급여의 40%를 넘지 않는 한도 내에서 카페테리아 식사의 급여 공제 지불을 등록할 수 있다.	제약조건	동적	기업 회계 관리자

용어사전

BA
"비즈니스 분석가" 참조.

CRUD 매트릭스(CRUD matrix)
각 데이터가 어디에서 생성(create), 조회(read), 갱신(update), 삭제(delete)되는지 보여주는 시스템 행동과 데이터 개체의 관계표.

Planguage
정확하고 정략적인 요구사항(특히 비기능적 요구사항) 명세를 작성할 수 있도록 톰 길브가 개발한 키워드 지향(keyword-oriented) 언어.

SRS
"소프트웨어 요구사항 명세서" 참조.

TBD
추후 결정(to be determined)이라는 의미를 가진 영문 약어. 요구사항 정보의 일부가 누락됐을 때 해당 위치를 표시하기 위한 자리 표시자 역할을 함. "이슈, 요구사항" 참조.

UML
통합 모델링 언어(Unified Modeling Language)의 약어. 시스템의 다양한 시각적인 모델을 만들기 위한 일련의 표준 표기법으로서 특히 객체지향 소프트웨어 개발에서 사용.

가정(assumption)
증명이나 명확한 지식 없이 참(true)이라 여겨지는 구문이나 표현.

개념 증명(proof of concept)
여러 계층으로 구성된 아키텍처의 단면인 소프트웨어 내재 시스템(software-containing system)의 일부를 구현한 프로토타입. 기술적 가능성과 성능 평가에 사용됨. "수직적 프로토타입"이라고도 함.

개체(entity)
어떤 데이터가 수집 및 저장됐는지에 대한 비즈니스 도메인의 항목 중 하나.

개체 관계 다이어그램(ERD; Entity-relationship Diagram)
두 개체 간의 논리적인 관계를 파악하는 분석 모델. 데이터 모델링에 사용됨.

갭 분석(gap analysis)
시스템이나 프로세스, 비즈니스 환경의 다른 측면에 대해 현 상태와 대안 또는 잠재적 상태 간의 의미 있는 차이점을 파악하기 위해 서로 비교하는 것.

검사(inspection)
작업물의 결함을 신중하게 조사하기 위해 잘 정의된 프로세스를 따르는 훈련된 개인 팀이 참여하는 공식적인 동료 검토의 유형 중 하나.

검증(validation)
프로젝트 산출물이 고객의 니즈를 만족시키는지 평가하는 프로세스. "우리가 올바른 제품을 만들고 있는가?"로 표현되기도 함.

검토(review)
"동료 평가" 참조.

고객(customer)
제품으로부터 직간접적 혜택을 얻는 개인이나 조직. 소프트웨어 고객은 소프트웨어 제품이 생성한 결과를 요청하고, 비용을 지불하며, 선택하고, 지정하고, 사용하고, 얻을 수 있음.

그린필드 프로젝트(green-field project)
신규 소프트웨어나 시스템이 개발되는 프로젝트.

근본 원인 분석(root cause analysis)
알려진 문제를 야기하는 근본적인 요인을 이해하기 위해 노력하는 활동.

금도금(gold-plating)
때때로 고객의 동의 없이 구체화되거나 제품에 구현되는 불필요하거나 지나치게 복잡한 기능.

기능(feature)
사용자에게 가치를 제공하고 일련의 기능적 요구사항에 기술된 한 가지 이상의 논리적으로 연계된 시스템 역량.

기능적 요구사항(functional requirement)
특정 조건에서 발생하는 소프트웨어 시스템 행동에 대한 설명.

기능 점수(function point)
내부 로직 모음과 외부 인터페이스 모음, 외부 입/출력, 질의에 대한 수치 및 복잡도를 기반으로 소프트웨어의 규모를 측정하는 수단.

기능 트리(feature tree)
제품이 제공하기로 한 기능을 하나의 주요 기능 아래로 두 단계의 하위 기능을 보여주는 계층적인 트리 형태의 분석 모델.

기준(baseline), 요구사항
현재 동의를 얻고, 검토 및 승인된 요구사항을 나타내는 스냅숏. 종종 특정 제품 출시 및 개발 반복주기의 콘텐츠 정의를 포함하기도 함. 추후 개발을 위한 기반을 제공.

내비게이션 맵(navigation map)
"대화상자 맵" 참조.

대시보드 보고서(dashboard report)
조직이나 프로세스의 진행 상황을 다양한 관점의 통합된 뷰로 제공하기 위해 문자나 그래픽 효과를 활용해 데이터를 출력한 화면이나 보고서.

대안 흐름(alternative flow)
성공으로 향하지만 작업의 특성이나 행위자와 시스템의 상호작용으로 인해 발생하는 정상 흐름의 변화를 포함하는 유스 케이스 경로.

대화상자 맵(dialog map)
사용자와 상호작용할 수 있는 대화상자 요소와 탐색 가능한 경로를 보여주는 사용자 인터페이스 아키텍처를 묘사하는 분석 모델.

데이터 사전(data dictionary)
문제 도메인과 관련된 데이터 요소 및 구조에 대한 정의 모음.

데이터 흐름 다이어그램(data flow diagram)
비즈니스 프로세스 또는 소프트웨어 시스템을 통해 흐르는 데이터의 동작을 특징 짓는 프로세스, 데이터 저장소, 외부 개체와 이들 간의 흐름을 묘사하는 분석 모델.

도출(elicitation), 요구사항
인터뷰나 워크숍, 포커스 그룹, 관찰, 문서 분석, 기타 다른 방법을 통해 수집된 다양한 소스로부터 요구사항을 식별하는 프로세스.

동료 평가(peer review)
작업물의 작성자 외 한 명 이상이 결함과 개선 기회를 찾기 위해 해당 제품을 검사하는 활동.

명세서(specification), 요구사항
소프트웨어 애플리케이션의 요구사항을 구조적이고 공유 및 관리하기 유용한 형태로 문서화하는 프로세스. 이 과정의 결과물은 "소프트웨어 요구사항 명세서"를 참조.

목업(mock-up)
소프트웨어 시스템의 사용자 인터페이스를 일부 표현한 것으로서 사용성을 평가하고 요구사항의 완벽성과 정확성을 가늠하는 데 사용됨. 실행 가능한 형태 혹은 종이 프로토타입 형태로 제작할 수 있음. 수평적 프로토타입이라 하기도 함.

반복주기(iteration)
일반적으로 1~4주 간의 연속된 개발 기간을 이야기하며, 해당 기간 동안 개발팀은 사전에 정의된 기능 집합을 구현함. 해당 기능 집합은 제품 백로그나 제품의 기준 요구사항에서 일부 선택됨.

백로그(backlog), 제품(product)
애자일 프로젝트에서 프로젝트에 남아있는 우선순위가 할당된 작업 목록. 백로그는 사용자 스토리, 비즈니스 프로세스, 변경요청서, 인프라 개발, 결함 스토리를 포함. 백로그의 작업 항목은 우선순위에 따라 돌아오는 반복주기에 할당됨.

범위(scope)
현재 진행 중인 프로젝트가 다뤄야 하는 궁극적인 제품 비전의 일부. 범위는 특정 출시 버전을 만드는 프로젝트나 단일 개발 반복주기에서 안팎의 경계를 나타냄.

범위 추가(scope creep)
개발 프로세스 전반에 걸쳐 프로젝트 범위가 통제되지 않는 상태로 지속적으로 증가하는 상태.

변경 관리 위원회(CCB; Change Control Board)
요구사항 변경 등 소프트웨어 프로젝트에서 제기된 변경 사항의 승인 혹은 거절 여부를 결정하는 책임이 있는 사람들로 구성된 그룹.

분석(analysis), 요구사항(requirements)
다양한 범주로 요구사항 정보를 분류하고, 요구사항의 품질 적합도를 평가하고, 다양한 형태의 요구사항을 표현하고, 고수준 요구사항으로부터 구체적인 요구사항을 도출하고, 우선순위를 협상하고, 기타 관련 활동을 수행하는 프로세스.

분석가(analyst)
"비즈니스 분석가" 참조.

비기능적 요구사항(nonfunctional requirement)
시스템이 꼭 제공해야 하는 속성이나 특징, 혹은 시스템이 고려해야 하는 제약조건에 대한 설명.

비전(vision)
신규 시스템의 전략적 개념이나 최종 목표 및 형태를 설명하는 문장.

비전 범위 문서(vision and scope document)
비즈니스 목표, 성공지표, 비전 선언문, 프로젝트 범위 문서 등 신규 시스템의 비즈니스 요구사항 모음.

비즈니스 규칙(business rule)
비즈니스의 일부를 정의하거나 제한하는 정책이나 지침, 표준, 규정, 계산식.

비즈니스 목표(business objective)
조직이 프로젝트나 다른 이니셔티브의 결과로부터 얻으리라 기대하는 금융 또는 비금융 비즈니스 성과.

비즈니스 목표 모델(business objectives model)
비즈니스 문제 및 목표의 계층 구조 및 이에 대한 시각적인 표현.

비즈니스 분석가(BA; Business Analyst)
프로젝트 팀에서 프로젝트의 요구사항 도출 및 분석, 구체화, 검증, 관리를 위해 이해관계자 대표와 함께 일할 일차적인 책임이 있는 역할. 요구사항 분석가(requirements analyst), 시스템 분석가(system analyst), 요구공학자(requirements engineer), 요구사항 관리자(requirements manager), 비즈니스 시스템 분석가(business systems analyst)라고 불리기도 하며, 단순히 분석가라고 하기도 함.

비즈니스 분석 시스템(business analytics system)
의사결정을 위해 크고 복잡한 데이터 집합을 의미 있는 정보로 변환하는 소프트웨어 시스템.

비즈니스 요구사항(business requirements)
하나 이상의 프로젝트에서 솔루션과 최상의 비즈니스 결과 전달을 위한 비즈니스 니즈를 설명하는 정보의 집합. 비즈니스 기회, 비즈니스 목표, 성공 지표, 비전 선언문, 범위 및 한계가 여기에 포함됨.

빅 데이터(big data)
대규모(실존하는 대량의 데이터), 빠른 속도(빠른 속도로 조직에 전달되는 데이터) 및 높은 복잡도(다양한 데이터)를 특징으로 하는 데이터 모음. 빅 데이터 관리는 데이터를 신속하고 효과적으로 검색 및 수집, 저장, 처리하는 방법에 대한 이해를 수반함.

사용 시나리오(usage scenario)
"시나리오" 참조.

사용자(user)
직간접적으로 시스템과 상호작용하는 고객. 예를 들면, 시스템의 결과를 사용하기는 하지만 개인적으로 이러한 결과를 만들어내지는 않는 사람을 이야기함. 최종 사용자라고도 함.

사용자 스토리(user story)
애자일 프로젝트에서 사용자 요구사항을 포착하기 위한 형식으로서 사용자 니즈를 명확히 표현하거나 원하는 기능 단위를 설명하고, 사용자에게 기능이 제공하는 가치를 설명하는 한두 개의 문장으로 구성됨.

사용자 역할(user role)
"행위자" 참조.

사용자 요구사항(user requirement)
특정 사용자 클래스가 시스템에서 반드시 수행해야 하는 목표나 작업, 혹은 원하는 제품 속성. 유스케이스와 사용자 스토리, 시나리오가 사용자 요구사항을 표현하는 대표적인 수단임.

사용자 클래스(user class)
비슷한 특징이나 요구사항을 가진 시스템의 사용자 그룹. 사용자 클래스의 구성원은 유스케이스에서 시스템과 상호작용하는 행위자와 같은 역할을 함.

상용 제품(COTS product; Commercial Off-the-Shelf product)
어떤 문제에 대한 독자적인 솔루션으로 사용되거나 고객의 니즈를 만족시키기 위해 기존 시스템에 통합되거나 맞춤 및 확장되는, 판매업체로부터 구입한 소프트웨어 패키지.

상태 기계 다이어그램(state machine diagram)

특정 이벤트에 반응하는 시간 동안 시스템 객체의 상태 변이나 전체 시스템의 가능한 상태를 보여주는 분석 모델. "상태 전이 다이어그램"과 유사함.

상태 전이 다이어그램(state-transition diagram)

시스템이나 시스템의 객체에 존재할 수 있는 다양한 상태나 상태 간에 허용된 전이, 각 전이를 발생시키는 조건이나 이벤트를 시각적으로 묘사하는 분석 모델. "상태 기계 다이어그램"이나 "상태차트 다이어그램"과 유사함.

상태표(state table)

시스템이나 시스템의 객체가 가질 수 있는 상태와 이러한 상태 간에 가능한 전이를 행렬 형태로 보여주는 분석 모델.

생태계 맵(ecosystem map)

서로 상호작용하는 일련의 시스템 및 이들 간의 본질적인 관계를 보여주는 분석 모델. 컨텍스트 다이어그램과 달리 생태계 맵은 직접적인 인터페이스가 없는 시스템도 보여줌.

서비스 품질 요구사항(quality-of-service requirement)

"품질 속성" 참조.

선행조건(Precondition)

유스케이스를 시작하기 전에 반드시 만족해야 하는 조건이나 도달해야 하는 시스템 상태.

소프트웨어 개발 수명 주기(software development life cycle)

소프트웨어 제품을 정의, 설계, 구현, 검증하는 일련의 활동.

소프트웨어 요구사항 명세서(SRS; Software Requirements Specification)

소프트웨어 제품의 기능적, 비기능적 요구사항 모음.

속성(attribute), 요구사항(requirement)

"요구사항 속성" 참조.

속성(attribute), 품질(quality)

"품질 속성" 참조.

솔루션(solution)

소프트웨어, 하드웨어, 비즈니스 프로세스, 사용 설명서, 교육 등 조직이 설정한 일련의 비즈니스 목표를 달성하기 위해 프로젝트가 제공하는 모든 구성 요소.

수직적 프로토타입(vertical prototype)

"개념 증명" 참조.

수평적 프로토타입(horizontal prototype)

"목업" 참조.

순서도(flowchart)

프로세스 논리 처리 단계 및 의사결정 시점을 보여주는 분석 모델. 활동 다이어그램과 유사함.

스윔레인 다이어그램(swimlane diagram)

비즈니스 프로세스 흐름의 순차적 단계나 제시된 소프트웨어 시스템의 동작을 보여주는 분석 모델. 프로세스는 각 단계를 수행하는 시스템이나 행위자를 나타내는 "레인(lane)"이라는 시각적인 구성 요소로 나뉨.

스토리(story)

"사용자 스토리" 참조.

스프린트(sprint)

"반복주기" 참조.

시나리오(scenario)

어떤 목표를 달성하기 위해 사용자와 시스템 간에 발생하는 특정 상호작용에 대한 설명. 시스템 사용 사례나 유스케이스의 특정 경로가 될 수도 있음.

시범 프로젝트(pilot)

배포 가능 여부를 평가하기 위해 실제 조건 하에서 솔루션을 평가할 목적으로 새로운 솔루션을 통제된 방법으로 실행하는 것.

시스템(system)

다수의 소프트웨어나 서브시스템으로 구성되는 제품. 이 책에서는 팀에서 만드는 소프트웨어 내재 산출물과 관련된 애플리케이션이나 제품, 솔루션 등으로 두루 사용됨.

시스템 요구사항(system requirement)

소프트웨어로만 구성되거나 하드웨어와 함께 구성되는 등 다수의 서브시스템을 포함하는 제품의 고수준 요구사항.

실시간 시스템(real-time system)

이벤트가 시작된 후 지정된 시간 안에 응답해야 하는 하드웨어 및 소프트웨어 시스템.

아키텍처(architecture)

시스템을 구성하는 소프트웨어나 하드웨어, 인간 등의 구성 요소와 이러한 요소 간의 인터페이스 및 관계, 다른 구성 요소에 노출되는 이러한 요소의 행동 등을 포함하는 시스템의 구조.

애자일 개발(agile development)

개발자와 고객의 지속적인 협업, 사용자 스토리 형태의 요구사항과 인수 테스트에 필요한 최소한의 문서, 신속하고 빈번한 작은 단위의 유용한 기능 구현 등을 특징으로 하는 소프트웨어 개발 방법을 지칭하는 용어. 익스트림 개발(XP; eXtreme Programming), 스크럼(Scrum), 기능 주도 개발(Feature-Driven Development), 린 소프트웨어 개발(Lean Software Development), 칸반(Kanban) 등이 애자일 개발 방법에 포함됨.

애플리케이션(application)

"제품" 참조.

에픽(epic)

애자일 프로젝트에서 한 번의 반복주기에 개발하기에 너무 큰 사용자 스토리. 하나의 반복주기에서 충분히 구현할 수 있는 각각의 더 작은 스토리로 세분화돼야 함.

예외(exception)

유스케이스가 성공적으로 종료되지 못하게 만드는 조건. 별도의 복구 수단이 없으면 유스케이스의 후행조건에 도달하지 못하고 행위자의 목표 또한 달성되지 못함.

와이어프레임(wireframe)

일회성 목업 프로토타입의 한 종류로서 웹 페이지의 초기 디자인에 자주 사용됨.

외부 개체(external entity)

외부에 있지만 어느 정도의 인터페이스가 제공되는 객체로서 사용자 클래스나 행위자, 소프트웨어 시스템, 하드웨어 장치 등을 표현하고, 컨텍스트 다이어그램이나 데이터 흐름 다이어그램에 나타남. 종단(terminator)이라고도 함.

외부 인터페이스 요구사항(external interface requirement)

소프트웨어 시스템이 사용자나, 기타 다른 소프트웨어 시스템, 하드웨어 장치 간의 연결에 대한 설명.

요구공학(requirements engineering)

제품의 필수 기능이나 속성을 이해하는 것과 관련된 모든 프로젝트 활동을 아우르는 시스템 공학과 소프트웨어 공학의 하위 분야. 요구사항 개발과 요구사항 관리 모두 여기에 포함됨.

요구공학자(requirements engineer)

"비즈니스 분석가" 참조.

요구사항(requirement)

제품이 내재해야 하는 고객의 니즈나 목적 혹은 이를 충족하기 위한 조건이나 기능을 설명하는 문장. 이해관계자에게 가치를 제공하기 위해 제품이 갖춰야 하는 특성.

요구사항 개발(requirements development)

프로젝트의 범위 정의, 사용자 클래스와 사용자 대표 식별, 요구사항 도출, 분석, 명세화, 검증을 수행하는 프로세스. 요구사항 개발의 결과물은 구현해야 하는 제품을 정의한 일련의 요구사항 문서.

요구사항 관리(requirements management)

사전에 정의된 일련의 요구사항에 대해 제품의 개발 프로세스 및 운영 기간 전반에 걸친 작업 프로세스. 요구사항 상태 추적, 요구사항 변경 관리, 요구사항 명세서 버전 관리, 개별 요구사항으로부터 파생되는 다른 요구사항이나 시스템 요소 추적이 여기에 포함됨.

요구사항 명세서(requirements specification)

"소프트웨어 요구사항 명세서", "명세서, 요구사항" 참조.

요구사항 분석(requirements analysis)

"분석, 요구사항" 참조.

요구사항 분석가(requirements analyst)

"비즈니스 분석가" 참조.

요구사항 속성(requirement attribute)

의도한 기능 명세에 그치지 않고 요구사항 정의를 좀 더 풍성하게 하는 요구사항의 서술 정보. 속성의 종류로는 근원, 이론적 근거, 우선순위, 소유자, 배포 번호, 버전 정보 등이 있음.

요구사항 추적 매트릭스(requirements traceability matrix)

개별 기능적 요구사항과 시스템 산출물 간의 논리적 연결을 묘사하는 표. 시스템 산출물에는 기타 기능적 요구사항, 사용자 요구사항, 비즈니스 요구사항, 아키텍처 및 설계 요소, 코드 모듈, 테스트, 비즈니스 규칙 등이 포함됨.

요구사항 패턴(requirement pattern)

특정 유형의 요구사항을 명세화하기 위한 체계적인 접근법.

요구사항 할당(requirements allocation)

다양한 구조적 서브시스템과 구성 요소에 시스템 요구사항을 분배하는 프로세스.

우선순위 할당(prioritization)
비즈니스가 성공하는 데 가장 중요한 소프트웨어 제품 요구사항을 파악하고 먼저 개발해야 하는 요구사항의 순서를 결정하는 행위.

운영 프로파일(operational profile)
소프트웨어 제품의 예상 사용 패턴을 나타내는 시나리오 모음.

위험(risk)
어떤 손실을 초래하거나 프로젝트의 성공을 위협할 수 있는 조건.

유스케이스(use case)
행위자에게 가치를 제공하는 결과를 도출하는, 행위자와 시스템 간에 논리적으로 연관된 일련의 상호작용에 대한 설명. 다양한 시나리오를 포괄할 수 있음.

유스케이스 다이어그램(use case diagram)
가치 있는 목표를 달성하기 위해 상호작용하는 행위자 및 각 행위자와 관련된 다양한 유스케이스를 파악하는 분석 모델.

의사결정 규칙(decision rule)
여러 사람이 하나의 의사결정에 도달하기 위해 합의한 방법.

의사결정 일람표(decision table)
일련의 조건에 대한 값의 모든 조합을 보여주고, 각 조합에 대한 응답으로 예상되는 시스템 동작을 나타내는 행렬 형태의 분석 모델.

의사결정 트리(decision tree)
일련의 조건에 대한 특정 조합에 반응하는 시스템의 행동을 시각적으로 묘사하는 분석 모델.

의존성(dependency)
요구사항 명세서에서 사용되는 것과 같이 프로젝트에서 통제할 수 없는 요소나 이벤트, 그룹에 의존하는 것.

이벤트(event)
기능적 행동이나 상태 변화와 같이 시스템 반응을 이끌어내며 시스템의 환경에서 발생하는 어떤 계기나 자극.

이벤트 반응표(event-response table)
시스템에 영향을 미칠 수 있는 외부 이벤트나 시간 기반 이벤트 목록 및 시스템이 각 이벤트에 반응하는 방법에 대한 설명.

이슈(issue), 요구사항
요구사항과 관련된 결함이나 미해결 안건, 의사결정. 예를 들어, TBD로 진행 중인 항목이나 지연된 의사결정, 필요한 정보, 해결을 기다리는 갈등이나 분쟁을 의미함.

이해관계자(stakeholder)
프로젝트에 적극 관여하는 개인이나 그룹, 조직으로서 해당 프로세스나 결과에 영향을 받으며 반대로 영향을 줄 수도 있음.

인수 기준(acceptance criteria)
사용자, 고객, 이해관계자의 승인을 위해 소프트웨어 제품이 반드시 충족해야 하는 조건.

인수 테스트(acceptance test)
소프트웨어의 적합성을 확인하기 위해 예상 사용 시나리오를 평가하는 테스트. 애자일 개발의 경우 구체적인 사용자 스토리를 표현하고 사용자 스토리가 완전하고 올바르게 구현됐는지 확인하는 데 사용됨.

일회성 프로토타입(throwaway prototype)
요구사항이나 설계 대안을 명확히 하고 검증하기 위한 목적으로 사용한 후 버릴 의도로 만들어지는 프로토타입.

임베디드 시스템(embedded system)
대형 제품의 일부분으로 통합된 전용 컴퓨터에서 동작하는 소프트웨어로 제어되는 하드웨어 구성요소를 포함하는 시스템.

작업물(work product)
소프트웨어 프로젝트에서 만들어지는 중간 혹은 최종 산출물의 총칭.

재사용(reuse), 요구사항
일부 유사한 기능을 공유하는 여러 다른 시스템에서 기존의 요구사항 지식을 활용하는 행위.

절차(procedure)
특정 행동을 수행하는 데 필요한 행동 방침과 행동이 완료되는 방법의 단계별 설명.

정상 흐름(normal flow)
유스케이스의 후행조건을 만족하고 사용자의 목표를 달성하기 위한 유스케이스 단계의 기본 순서. 정상 진로(normal course)나 주요 경로(main course), 기본 흐름(basic flow), 기본 순서(normal sequence), 주요 성공 시나리오(main success scenario), 해피 패스(happy path)로 불리기도 함.

제약조건(constraint)
개발자가 제품을 설계하거나 구현하기 위한 선택이 필요할 때 이에 영향을 미치는 제약. 어떤 제약조건은 프로젝트 관리자의 선택권을 제한할 수도 있음. 비즈니스 규칙은 종종 비즈니스 운영 및 이에 따른 소프트웨어 시스템에 제약이 되기도 함.

제품(product)
프로젝트에서 개발하는 최종 산출물. 이 책에서는 제품과 애플리케이션, 시스템, 솔루션을 두루 가리키는 데 쓰임.

제품 백로그(product backlog)
"백로그, 제품" 참조.

제품 주인(product owner)
고객을 대변하고 제품 비전 설정, 프로젝트 범위와 제약조건 제공, 제품 백로그 항목의 우선순위 할당, 제품 개발에 대한 의사결정 등을 책임지는 역할. 일반적으로 애자일 프로젝트 팀에서 사용.

제품 챔피언(product champion)
특정 사용자 클래스에 지정된 대표자로서 자신이 대표하는 조직의 사용자 요구사항을 지원.

종이 프로토타입(paper prototype)
저차원(low-tech) 화면 스케치를 이용해서 만드는 소프트웨어 시스템의 사용자 인터페이스에 대한 실행 불가능한 목업.

주제 전문가(subject matter expert)
도메인에 대한 풍부한 경험과 지식을 갖추고 해당 도메인에 대해 신뢰할 만한 정보원으로 인정받는 개인.

진화형 프로토타입(evolutionary prototype)
최종 제품의 뼈대(skeleton)나 초기 증분(increment)으로 만들어진 완전한 기능을 갖춘 프로토타입으로서, 요구사항이 명확해지고 구현 준비가 완료되면 점진적으로 구체화되고 확장됨.

추적(tracing)
시스템 요소(사용자 요구사항, 기능적 요구사항, 비즈니스 규칙, 설계 구성 요소, 코드 모듈, 테스트 등) 간의 논리적인 관계를 정의하는 프로세스. "추적성(traceability)"이라고도 함.

카디널리티(cardinality)
다른 개체의 인스턴스와 논리적으로 연관된 특정 데이터 개체의 인스턴스 수. 일대일(one-to-one), 일대다(one-to-many), 다대다(many-to-many) 관계가 가능함.

컨텍스트 다이어그램(context diagram)
시스템을 고수준으로 추상화해서 묘사하는 분석 모델. 컨텍스트 다이어그램은 시스템과 데이터를 교환하는 외부 객체를 식별하지만 시스템 내부의 구조나 동작은 노출하지 않음.

클래스(class)
비즈니스나 문제 도메인에서 현실 세계의 항목(사람이나 장소, 어떤 물건)에 상응하는 공통 속성과 행동을 갖는 일련의 객체에 대한 설명.

클래스 다이어그램(class diagram)
일련의 시스템이나 문제 도메인 클래스, 그리고 이들 간의 인터페이스 및 관계를 보여주는 분석 모델.

템플릿(template)
문서나 어떤 항목을 만들고 완성하기 위한 가이드로 사용되는 패턴.

퍼실리테이터(facilitator)
요구사항 도출 워크숍 같은 그룹 활동을 계획하거나 이끌어야 하는 책임이 있는 사람.

포함 관계(include relationship)
다수의 유스케이스에서 반복되는 여러 단계를 분리된 하위 유스케이스로 뽑아내어 필요에 따라 다른 유스케이스에서 호출할 수 있는 구성.

폭포수 개발 수명 주기(waterfall development life cycle)
요구사항 수집(requirement), 설계(design), 구현(coding), 테스트(testing), 배포(deployment)의 다양한 활동이 일부 겹치거나 반복되며 순차적으로 진행되는 소프트웨어 개발 프로세스 모델.

품질 속성(quality attribute)
제품의 서비스나 성능 특성을 기술하는 비기능적 요구사항. 사용성(usability), 이식성(portability), 유지보수성(maintainability), 무결성(integrity), 효율성(efficiency), 신뢰성(reliability), 견고성(robustness) 등이 품질 속성에 해당됨. 품질 속성 요구사항은 소프트웨어 제품이 요구된 특성을 증명해야 하는 범위를 기술한다.

프로세스(process)
특정 목적을 위해 수행되는 행동 절차. 프로세스 기술서는 이러한 행동을 정의한 문서.

프로세스 자산(process assets)
조직의 효율적인 소프트웨어 개발 사례 적용을 보조하기 위해 모아놓은 것으로서 템플릿, 양식, 체크리스트, 정책, 절차, 프로세스 기술서, 샘플 작업물 등이 여기에 속함.

프로세스 흐름(process flow)
비즈니스 프로세스나 제시된 소프트웨어 시스템 동작의 순차적인 단계. 활동 다이어그램이나 순서도, 스윔레인 다이어그램, 기타 다른 모델링 표기법으로 표현되기도 함.

프로토타입(prototype)
소프트웨어 시스템의 일부 혹은 초기, 가능한 범위에서의 구현체. 요구사항과 설계 방법의 탐색 및 검증에 사용됨. 프로토타입 유형으로 진화형 혹은 일회성, 종이나 전자, 목업이나 개념 증명 등이 있음.

할당(allocation)
"요구사항 할당" 참조.

행위자(actor)
특정 역할을 수행하는 사람, 혹은 의미 있는 목표를 달성하기 위해 시스템과 상호작용하는 소프트웨어 시스템이나 하드웨어 장비. 사용자 역할(user role)이라고도 함.

확인(verification)
프로젝트 산출물이 기본 명세서를 만족하는지 평가하는 프로세스. "우리가 제품을 올바른 방식으로 만들고 있는가?"로 표현되기도 함.

확장 관계(extend relationship)
유스케이스의 대안 흐름이 정상 흐름에서 별도의 확장된 유스케이스로 갈라지는 구성.

활동 다이어그램(activity diagram)
어떤 활동에서 다른 활동으로 진행하는 프로세스 흐름을 묘사하는 분석 모델. 순서도와 유사함.

회고(retrospective)
다음 프로젝트를 좀 더 성공적으로 진행하기 위한 방법을 찾기 위해 프로젝트 참가자의 활동과 결과를 검토하는 것.

후행조건(postcondition)
유스케이스가 성공적으로 완료된 후의 시스템 상태를 설명하는 조건.

참고문헌

Abran, Alain, James W. Moore, Pierre Bourque, and Robert Dupuis, eds. 2004. *Guide to the Software Engineering Body of Knowledge, 2004 Version.* Los Alamitos, CA: IEEE Computer Society Press.

Akers, Doug. 2008. "Real Reuse for Requirements." *Methods & Tools* 16(1):33–40.

Alexander, Ian F., and Ljerka Beus-Dukic. 2009. *Discovering Requirements: How to Specify Products and Services.* Chichester, England: John Wiley & Sons Ltd.

Alexander, Ian F., and Neil Maiden. 2004. *Scenarios, Stories, Use Cases: Through the Systems Development Life-Cycle.* Chichester, England: John Wiley & Sons Ltd.

Alexander, Ian F., and Richard Stevens. 2002. *Writing Better Requirements.* London: Addison-Wesley.

Ambler, Scott. 2005. *The Elements of UML 2.0 Style.* New York: Cambridge University Press.

Anderson, Ross J. 2008. *Security Engineering: A Guide to Building Dependable Distributed Systems,* 2nd ed. Indianapolis, IN: Wiley Publishing, Inc.

Arlow, Jim. 1998. "Use Cases, UML Visual Modeling and the Trivialisation of Business Requirements." *Requirements Engineering* 3(2):150–152.

Armour, Frank, and Granville Miller. 2001. *Advanced Use Case Modeling: Software Systems.* Boston: Addison-Wesley.

Arnold, Robert S., and Shawn A. Bohner. 1996. *Software Change Impact Analysis.* Los Alamitos, CA: IEEE Computer Society Press.

Basili, Victor R., and H. Dieter Rombach. 1988. "The TAME Project: Towards Improvement-Oriented Software Environments." *IEEE Transactions on Software Engineering.* 14(6):758–773.

Bass, Len, Paul Clements, and Rick Kazman. 1998. *Software Architecture in Practice.* Reading, MA: Addison-Wesley.

Beatty, Joy, and Anthony Chen. 2012. *Visual Models for Software Requirements.* Redmond, WA: Microsoft Press.

Beatty, Joy, and Remo Ferrari. 2011. "How to Evaluate and Select a Requirements Management Tool." *http://www.seilevel.com/wp-content/uploads/RequirementsManagementToolWhitepaper_1.pdf.*

Beck, Kent, et al. 2001. "Manifesto for Agile Software Development." *http://www.agilemanifesto.org.*

Beizer, Boris. 1999. "Best and Worst Testing Practices: A Baker's Dozen." *Cutter IT Journal* 12(2):32–38.

Beyer, Hugh, and Karen Holtzblatt. 1998. *Contextual Design: Defining Customer-Centered Systems*. San Francisco, CA: Morgan Kaufmann Publishers, Inc.

Blackburn, Joseph D., Gary D. Scudder, and Luk N. Van Wassenhove. 1996. "Improving Speed and Productivity of Software Development: A Global Survey of Software Developers." *IEEE Transactions on Software Engineering* 22(12):875–885.

Boehm, Barry W. 1981. *Software Engineering Economics*. Upper Saddle River, NJ: Prentice Hall.

_____. 1988. "A Spiral Model of Software Development and Enhancement." *IEEE Computer* 21(5):61–72.

_____. 2000. "Requirements that Handle IKIWISI, COTS, and Rapid Change." *IEEE Computer* 33(7):99–102.

Boehm, Barry W., Chris Abts, A. Winsor Brown, Sunita Chulani, Bradford K. Clark, Ellis Horowitz, Ray Madachy, Donald J. Reifer, and Bert Steece. 2000. *Software Cost Estimation with Cocomo II*. Upper Saddle River, NJ: Prentice Hall PTR.

Boehm, Barry W., and Philip N. Papaccio. 1988. "Understanding and Controlling Software Costs." *IEEE Transactions on Software Engineering* 14(10):1462–1477.

Boehm, Barry, and Richard Turner. 2004. *Balancing Agility and Discipline: A Guide for the Perplexed*. Boston: Addison-Wesley.

Booch, Grady, James Rumbaugh, and Ivar Jacobson. 1999. *The Unified Modeling Language User Guide*. Reading, MA: Addison-Wesley.

Box, George E. P., and Norman R. Draper. 1987. *Empirical Model-Building and Response Surfaces*. New York: John Wiley & Sons, Inc.

Boyer, Jérôme, and Hafedh Mili. 2011. *Agile Business Rule Development: Process, Architecture, and JRules Examples*. Heidelberg, Germany: Springer.

Bradshaw, Jeffrey M. 1997. *Software Agents*. Menlo Park, CA: The AAAI Press.

Brijs, Bert. 2013. *Business Analysis for Business Intelligence*. Boca Raton, FL: CRC Press.

Brooks, Frederick P., Jr. 1987. "No Silver Bullet: Essence and Accidents of Software Engineering." *IEEE Computer* 20(4):10–19.

Brosseau, Jim. 2010. "Software Quality Attributes: Following All the Steps." *http://www.clarrus.com/resources/articles/software-quality-attributes*.

Brown, Norm. 1996. "Industrial-Strength Management Strategies." *IEEE Software* 13(4):94–103.

Business Rules Group. 2012. *http://www.businessrulesgroup.org*.

Callele, David, Eric Neufeld, and Kevin Schneider. 2008. "Emotional Requirements." *IEEE Software* 25(1):43–45.

Caputo, Kim. 1998. *CMM Implementation Guide: Choreographing Software Process Improvement*. Reading, MA: Addison-Wesley.

Carr, Marvin J., Suresh L. Konda, Ira Monarch, F. Carol Ulrich, and Clay F. Walker. 1993. *Taxonomy-Based Risk Identification* (CMU/ SEI-93-TR-6). Pittsburgh, PA: Software Engineering Institute, Carnegie Mellon University.

Cavano, J. P., and J. A. McCall. 1978. "A Framework for the Measurement of Software Quality." *ACM SIGSOFT Software Engineering Notes* 3(5):133–139.

Charette, Robert N. 1990. *Applications Strategies for Risk Analysis*. New York: McGraw-Hill.

Chernak, Yuri. 2012. "Requirements Reuse: The State of the Practice." In *Proceedings of the 2012 IEEE International Conference on Software Science, Technology and Engineering*, 46–53. Los Alamitos, CA: IEEE Computer Society Press.

Chung, Lawrence, Kendra Cooper, and D.T. Huynh. 2001. "COTS-Aware Requirements Engineering Techniques." In *Proceedings of the 2001 Workshop on Embedded Software Technology (WEST'01)*.

Cockburn, Alistair. 2001. *Writing Effective Use Cases*. Boston: Addison-Wesley.

Cohen, Lou. 1995. *Quality Function Deployment: How to Make QFD Work for You*. Reading, MA: Addison-Wesley.

Cohn, Mike. 2004. *User Stories Applied: For Agile Software Development*. Boston: Addison-Wesley.

———. 2005. *Agile Estimating and Planning*. Upper Saddle River, NJ: Prentice Hall.

———. 2010. *Succeeding with Agile: Software Development Using Scrum*. Upper Saddle River, NJ: Addison-Wesley.

Collard, Ross. 1999. "Test Design." *Software Testing & Quality Engineering* 1(4):30–37.

Colorado State University. 2013. "Writing@CSU." http://writing.colostate.edu/guides/guide.cfm?guideid=68.

Constantine, Larry. 1998. "Prototyping from the User's Viewpoint." *Software Development* 6(11):51–57.

Constantine, Larry L., and Lucy A. D. Lockwood. 1999. *Software for Use: A Practical Guide to the Models and Methods of Usage-Centered Design*. Reading, MA: Addison-Wesley.

Cooper, Alan. 2004. *The Inmates Are Running the Asylum: Why High-Tech Products Drive Us Crazy and How to Restore the Sanity*. Indianapolis, IN: Sams Publishing.

Covey, Stephen R. 2004. *The 7 Habits of Highly Effective People*. New York: Free Press.

Davenport, Thomas H., ed. 2013. *Enterprise Analytics: Optimize Performance, Process, and Decisions through Big Data*. Upper Saddle River, NJ: Pearson Education, Inc.

Davenport, Thomas H., Jeanne G. Harris, and Robert Morrison. 2010. *Analytics at Work: Smarter Decisions, Better Results*. Boston: Harvard Business Review Press.

Davis, Alan M. 1993. *Software Requirements: Objects, Functions, and States, Revised Edition*. Englewood Cliffs, NJ: Prentice Hall PTR.

_____. 1995. *201 Principles of Software Development*. New York: McGraw-Hill.

_____. 2005. *Just Enough Requirements Management: Where Software Development Meets Marketing*. New York: Dorset House Publishing.

DeGrace, Peter, and Leslie Hulet Stahl. 1993. *The Olduvai Imperative: CASE and the State of Software Engineering Practice*. Englewood Cliffs, NJ: Yourdon Press/Prentice Hall.

Dehlinger, Josh, and Robyn R. Lutz. 2008. "Supporting Requirements Reuse in Multi-Agent System Product Line Design and Evolution." In *Proceedings of the 24th IEEE International Conference on Software Maintenance*, 207–216. Los Alamitos, CA: IEEE Computer Society Press.

DeMarco, Tom. 1979. *Structured Analysis and System Specification*. Upper Saddle River, NJ: Prentice Hall PTR.

DeMarco, Tom, and Timothy Lister. 1999. *Peopleware: Productive Projects and Teams*, 2nd ed. New York: Dorset House Publishing.

Denne, Mark, and Jane Cleland-Huang. 2003. *Software by Numbers: Low-Risk, High-Return Development*. Santa Clara, CA: Sun Microsystems Press/Prentice Hall.

Derby, Esther, and Diana Larsen. 2006. *Agile Retrospectives: Making Good Teams Great*. Raleigh, NC: The Pragmatic Bookshelf.

Devine, Tom. 2008. "Replacing a Legacy System." http://www.richconsulting.com/our/pdfs/RichConsulting_ReplacingLegacy.pdf.

Douglass, Bruce Powel. 2001. "Capturing Real-Time Requirements." *Embedded Systems Programming* (November 2001). http://www.embedded.com/story/OEG20011016S0126.

Dyché, Jill. 2012. "The 7 Steps in Big Data Delivery." http://www.networkworld.com/news/tech/2012/071112-big-data-delivery-260813.html.

Engblom, Jakob. 2007. "Using Simulation Tools For Embedded Systems Software Development: Part 1." *Embedded Systems Programming* (May 2007). http://www.embedded.com/design/real-time-and-performance/4007090/Using-simulation-tools-for-embedded-systems-software-development-Part-1.

Ericson II, Clifton A. 2005. *Hazard Analysis Techniques for System Safety*. Hoboken, NJ: John Wiley & Sons, Inc.

_____. 2011. *Fault Tree Analysis Primer*. Charleston, NC: CreateSpace.

_____. 2012. *Hazard Analysis Primer*. Charleston, NC: CreateSpace.

Fagan, Michael E. 1976. "Design and Code Inspections to Reduce Errors in Program Development." *IBM Systems Journal* 15(3):182–211.

Ferdinandi, Patricia L. 2002. *A Requirements Pattern: Succeeding in the Internet Economy*. Boston: Addison-Wesley.

Firesmith, Donald. 2004. "Specifying Reusable Security Requirements." *Journal of Object Technology* 3(1):61–75.

Fisher, Roger, William Ury, and Bruce Patton. 2011. *Getting to Yes: Negotiating Agreement Without Giving In*. New York: Penguin Books.

Florence, Al. 2002. "Reducing Risks Through Proper Specification of Software Requirements." *CrossTalk* 15(4):13–15.

Fowler, Martin. 1999. *Refactoring: Improving the Design of Existing Code*. Reading, MA: Addison-Wesley.

———. 2003. *UML Distilled: A Brief Guide to the Standard Object Modeling Language,* 3rd ed. Boston: Addison-Wesley.

Franks, Bill. 2012. *Taming the Big Data Tidal Wave: Finding Opportunities in Huge Data Streams with Advanced Analytics*. Hoboken, NJ: John Wiley & Sons, Inc.

Frye, Colleen. 2009. "New Requirements Definition Tools Focus on Chronic Flaws." TechTarget. *http://searchsoftwarequality.techtarget.com/news/1354455/New-requirements-definition-tools-focus-on-chronic-flaws*.

GAO (Government Accounting Office). 2004. "Stronger Management Practices Are Needed to Improve DOD's Software-Intensive Weapon Acquisitions." GAO-04-393, *http://www.gao.gov/products/GAO-04-393*.

Garmahis, Michael. 2009. "Top 20 Wireframe Tools." *http://garmahis.com/reviews/wireframe-tools*.

Gause, Donald C., and Brian Lawrence. 1999. "User-Driven Design." *Software Testing & Quality Engineering* 1(1):22–28.

Gause, Donald C., and Gerald M. Weinberg. 1989. *Exploring Requirements: Quality Before Design*. New York: Dorset House Publishing.

Gilb, Tom. 1988. *Principles of Software Engineering Management*. Harlow, England: Addison-Wesley.

———. 1997. "Quantifying the Qualitative: How to Avoid Vague Requirements by Clear Specification Language." *Requirenautics Quarterly* 12:9–13.

———. 2005. *Competitive Engineering: A Handbook for Systems Engineering, Requirements Engineering, and Software Engineering Using Planguage*. Oxford, England: Elsevier Butterworth-Heinemann.

———. 2007. "Requirements for Outsourcing." *Methods and Tools* (Winter 2007).

Gilb, Tom, and Kai Gilb. 2011. "User Stories: A Skeptical View." *Agile Record* 6:52–54.

Gilb, Tom, and Dorothy Graham. 1993. *Software Inspection*. Wokingham, England: Addison-Wesley.

Glass, Robert L. 1992. *Building Quality Software*. Englewood Cliffs, NJ: Prentice Hall.

Gomaa, Hassan. 2004. *Designing Software Product Lines with UML: From Use Cases to Pattern-Based Software Architectures*. Boston: Addison-Wesley.

Gorman, Mary, and Ellen Gottesdiener. 2011. "It's the Goal, Not the Role: The Value of Business Analysis in Scrum." *http://www.stickyminds.com/s.asp?F=S16902_COL_2*.

Gottesdiener, Ellen. 2001. "Decide How to Decide." *Software Development* 9(1):65–70.

———. 2002. *Requirements by Collaboration: Workshops for Defining Needs.* Boston: Addison-Wesley.

———. 2005. *The Software Requirements Memory Jogger.* Salem, NH: Goal/QPC.

———. 2009. "Agile Business Analysis in Flow: The Work of the Agile Analyst (Part 2)." http://ebgconsulting.com/Pubs/Articles.

Grady, Robert B. 1999. "An Economic Release Decision Model: Insights into Software Project Management." In *Proceedings of the Applications of Software Measurement Conference*, 227–239. Orange Park, FL: Software Quality Engineering.

Grady, Robert B., and Tom Van Slack. 1994. "Key Lessons in Achieving Widespread Inspection Use." *IEEE Software* 11(4):46–57.

Graham, Dorothy. 2002. "Requirements and Testing: Seven Missing-Link Myths." *IEEE Software* 19(5):15–17.

Grochow, Jerrold M. 2012. "IT Planning for Business Analytics." International Institute for Analytics Brief.

Ham, Gary A. 1998. "Four Roads to Use Case Discovery: There Is a Use (and a Case) for Each One." *CrossTalk* 11(12):17–19.

Hammer, Michael, and Graham Champy. 2006. *Reengineering the Corporation: A Manifesto for Business Revolution.* New York: HarperCollins.

Hardy, Terry L. 2011. *Essential Questions in System Safety: A Guide for Safety Decision Makers.* Bloomington, IN: AuthorHouse.

Harmon, Paul. 2007. *Business Process Change: A Guide for Business Managers and BPM and Six Sigma Professionals*, 2nd ed. Burlington, MA: Morgan Kaufmann Publishers, Inc.

Harrington, H. James. 1991. *Business Process Improvement: The Breakthrough Strategy for Total Quality, Productivity, and Competitiveness.* New York: McGraw-Hill.

Haskins, B., J. Stecklein, D. Brandon, G. Moroney, R. Lovell, and J. Dabney. 2004. "Error Cost Escalation through the Project Life Cycle." In *Proceedings of the 14th Annual International Symposium of INCOSE.* Toulouse, France. International Council on Systems Engineering.

Hatley, Derek, Peter Hruschka, and Imtiaz Pirbhai. 2000. *Process for System Architecture and Requirements Engineering.* New York: Dorset House Publishing.

Herrmann, Debra S. 1999. *Software Safety and Reliability: Techniques, Approaches, and Standards of Key Industrial Sectors.* Los Alamitos, CA: IEEE Computer Society Press.

Hoffman, Cecilie, and Rebecca Burgess. 2009. "Use and Profit from Peer Reviews on Business Requirements Documents." *Business Analyst Times* (September–December 2009).

Hofmann, Hubert F., and Franz Lehner. 2001. "Requirements Engineering as a Success Factor in Software Projects." *IEEE Software* 18(4):58–66.

Hooks, Ivy F., and Kristin A. Farry. 2001. *Customer-Centered Products: Creating Successful Products Through Smart Requirements Management*. New York: AMACOM.

Hsia, Pei, David Kung, and Chris Sell. 1997. "Software Requirements and Acceptance Testing." In *Annals of Software Engineering*. 3:291–317.

Humphrey, Watts S. 1989. *Managing the Software Process*. Reading, MA: Addison-Wesley.

IEEE. 1998. "IEEE Std 1061-1998: IEEE Standard for a Software Quality Metrics Methodology." Los Alamitos, CA: IEEE Computer Society Press.

IFPUG. 2010. *Function Point Counting Practices Manual, Version 4.3.1*. Princeton Junction, NJ: International Function Point Users Group.

IIBA. 2009. *A Guide to the Business Analysis Body of Knowledge (BABOK Guide), Version 2.0*. Toronto: International Institute of Business Analysis.

_____. 2010. *IIBA Business Analysis Self-Assessment*. Toronto: International Institute of Business Analysis.

_____. 2011. *IIBA Business Analysis Competency Model, Version 3.0*. Toronto: International Institute of Business Analysis.

_____. 2013. *IIBA Agile Extension to the BABOK Guide, Version 1.0*. Toronto: International Institute of Business Analysis.

Imhoff, Claudia. 2005. "Charting a Smooth Course to BI Implementation." Intelligent Solutions, Inc. *http://www.sas.com/reg/wp/corp/3529*.

INCOSE. 2010. "INCOSE Requirements Management Tools Survey." *http://www.incose.org/productspubs/products/rmsurvey.aspx*.

International Institute for Analytics. 2013. "Analytics 3.0." International Institute for Analytics. *http://iianalytics.com/a3*.

ISO/IEC. 2007. "ISO/IEC 25030:2007, Software engineering—Software product Quality Requirements and Evaluation (SQuaRE)—Quality Requirements." Geneva, Switzerland: International Organization for Standardization.

_____. 2011. "ISO/IEC 25010:2011, Systems and software engineering—Systems and software Quality Requirements and Evaluation (SQuaRE)—System and software quality models." Geneva, Switzerland: International Organization for Standardization.

ISO/IEC/IEEE. 2011. "ISO/IEC/IEEE 29148:2011(E), Systems and software engineering—Life cycle processes—Requirements engineering." Geneva, Switzerland: International Organization for Standardization.

Jacobson, Ivar, Grady Booch, and James Rumbaugh. 1999. *The Unified Software Development Process*. Reading, MA: Addison-Wesley.

Jacobson, Ivar, Magnus Christerson, Patrik Jonsson, and Gunnar Övergaard. 1992. *Object-Oriented Software Engineering: A Use Case Driven Approach*. Harlow, England: Addison-Wesley.

Jarke, Matthias. 1998. "Requirements Tracing." *Communications of the ACM* 41(12):32–36.

Jeffries, Ron, Ann Anderson, and Chet Hendrickson. 2001. *Extreme Programming Installed.* Boston: Addison-Wesley.

Johnson, Jeff. 2010. *Designing with the Mind in Mind: Simple Guide to Understanding User Interface Design Rule*s. San Francisco, CA: Morgan Kaufmann Publishers, Inc.

Jones, Capers. 1994. *Assessment and Control of Software Risks.* Englewood Cliffs, NJ: Prentice Hall PTR.

———. 1996a. "Strategies for Managing Requirements Creep." *IEEE Computer* 29(6):92–94.

———. 1996b. *Applied Software Measurement,* 2nd ed. New York: McGraw-Hill.

———. 2006. "Social and Technical Reasons for Software Project Failures." *CrossTalk* 19(6):4–9.

Jung, Ho-Won. 1998. "Optimizing Value and Cost in Requirements Analysis." *IEEE Software* 15(4):74–78.

Karlsson, Joachim, and Kevin Ryan. 1997. "A Cost-Value Approach for Prioritizing Requirements." *IEEE Software* 14(5):67–74.

Kavi, Krishna M., Robert Akl, and Ali R. Hurson. 2009. "Real-Time Systems: An Introduction and the State-of-the-Art." *Wiley Encyclopedia of Computer Science and Engineering*, 2369–2377.

Keil, Mark, and Erran Carmel. 1995. "Customer-Developer Links in Software Development." *Communications of the ACM* 38(5):33–44.

Kelly, John C., Joseph S. Sherif, and Jonathon Hops. 1992. "An Analysis of Defect Densities Found During Software Inspections." *Journal of Systems and Software* 17(2):111–117.

Kerth, Norman L. 2001. *Project Retrospectives: A Handbook for Team Reviews.* New York: Dorset House Publishing.

Kleidermacher, David, and Mike Kleidermacher. 2012. *Embedded Systems Security: Practical Methods for Safe and Secure Software and Systems Development.* Waltham, MA: Elsevier Inc.

Koopman, Philip. 2010. *Better Embedded Systems Software.* Pittsburgh, PA: Drumnadrochit Press.

Kosman, Robert J. 1997. "A Two-Step Methodology to Reduce Requirement Defects." In *Annals of Software Engineering.* 3:477–494.

Kovitz, Benjamin L. 1999. *Practical Software Requirements: A Manual of Content and Style.* Greenwich, CT: Manning Publications Co.

Krug, Steve. 2006. *Don't Make Me Think: A Common Sense Approach to Web Usability,* 2nd ed. Berkeley, CA: New Riders Publishing.

Kukreja, Nupul, Sheetal Swaroop Payyavula, Barry Boehm, and Srinivas Padmanabhuni. 2012. "Selecting an Appropriate Framework for Value-Based Requirements Prioritization: A Case Study." In *Proceedings of the 20th IEEE International Requirements Engineering Conference*, 303–308. Los Alamitos, CA: IEEE Computer Society Press.

Kulak, Daryl, and Eamonn Guiney. 2004. *Use Cases: Requirements in Context,* 2nd ed. Boston: Addison-Wesley.

Larman, Craig. 1998. "The Use Case Model: What Are the Processes?" *Java Report* 3(8):62–72.

_____. 2004. *Agile and Iterative Development: A Manager's Guide.* Boston: Addison-Wesley.

Larman, Craig, and Victor R. Basili. 2003. "Iterative and Incremental Development: A Brief History." *IEEE Computer* 36(6):47–56.

Lauesen, Soren. 2002. *Software Requirements: Styles and Techniques.* London: Addison-Wesley.

Lavi, Jonah Z., and Joseph Kudish. 2005. *Systems Modeling & Requirements Specification Using ECSAM: An Analysis Method for Embedded and Computer-Based Systems.* New York: Dorset House Publishing.

Lawlis, Patricia K., Kathryn E. Mark, Deborah A. Thomas, and Terry Courtheyn. 2001. "A Formal Process for Evaluating COTS Software Products." *IEEE Computer* 34(5):58–63.

Lawrence, Brian. 1996. "Unresolved Ambiguity." *American Programmer* 9(5):17–22.

_____. 1997. "Requirements Happens. . ." *American Programmer* 10(4):3–9.

Lazar, Jonathan. 2001. *User-Centered Web Development.* Sudbury, MA: Jones and Bartlett Publishers.

Leffingwell, Dean. 1997. "Calculating the Return on Investment from More Effective Requirements Management." *American Programmer* 10(4):13–16.

_____. 2011. *Agile Software Requirements: Lean Requirements Practices for Teams, Programs, and the Enterprise.* Upper Saddle River, NJ: Addison-Wesley.

Leffingwell, Dean, and Don Widrig. 2000. *Managing Software Requirements: A Unified Approach.* Reading, MA: Addison-Wesley.

Leishman, Theron R., and David A. Cook. 2002. "Requirements Risks Can Drown Software Projects." *CrossTalk* 15(4):4–8.

Leveson, Nancy. 1995. *Safeware: System Safety and Computers.* Reading, MA: Addison-Wesley.

Lilly, Susan. 2000. "How to Avoid Use-Case Pitfalls." *Software Development* 8(1):40–44.

Martin, Johnny, and W. T. Tsai. 1990. "N-fold Inspection: A Requirements Analysis Technique." *Communications of the ACM* 33(2):225–232.

Mavin, Alistair, Philip Wilkinson, Adrian Harwood, and Mark Novak. 2009. "EARS (Easy Approach to Requirements Syntax)." In *Proceedings of the 17th International Conference on Requirements Engineering,* 317–322. Los Alamitos, CA: IEEE Computer Society Press.

McConnell, Steve. 1996. *Rapid Development: Taming Wild Software Schedules.* Redmond, WA: Microsoft Press.

_____. 1997. "Managing Outsourced Projects." *Software Development* 5(12):80, 78–79.

_____. 1998. *Software Project Survival Guide.* Redmond, WA: Microsoft Press.

_____. 2004. *Code Complete: A Practical Handbook of Software Construction,* 2nd ed. Redmond, WA: Microsoft Press.

_____. 2006. *Software Estimation: Demystifying the Black Art*. Redmond, WA: Microsoft Press.

McGraw, Karen L., and Karan Harbison. 1997. *User-Centered Requirements: The Scenario-Based Engineering Process*. Mahwah, NJ: Lawrence Erlbaum Associates.

Miller, Roxanne E. 2009. *The Quest for Software Requirements*. Milwaukee, WI: MavenMark Books.

Moore, Geoffrey A. 2002. *Crossing the Chasm: Marketing and Selling High-Tech Products to Mainstream Customers*. New York: HarperBusiness.

Morgan, Matthew. 2009. "Requirements Definition for Outsourced Teams." *Business Analyst Times*. http://www.batimes.com/articles/requirements-definition-for-outsourced-teams.html.

Morgan, Tony. 2002. *Business Rules and Information Systems: Aligning IT with Business Goals*. Boston: Addison-Wesley.

Musa, John D. 1996. "Software-Reliability-Engineered Testing." *IEEE Computer* 29(11):61–68.

_____. 1999. *Software Reliability Engineering*. New York: McGraw-Hill.

NASA. 2009. "NPR 7150.2A: NASA Software Engineering Requirements." http://nodis3.gsfc.nasa.gov/displayDir.cfm?Internal_ID=N_PR_7150_002A_&page_name=AppendixA.

Nejmeh, Brian A., and Ian Thomas. 2002. "Business-Driven Product Planning Using Feature Vectors and Increments." *IEEE Software* 19(6):34–42.

Nelsen, E. Dale. 1990. "System Engineering and Requirement Allocation." In *System and Software Requirements Engineering*, Richard H. Thayer and Merlin Dorfman, eds. Los Alamitos, CA: IEEE Computer Society Press.

Nielsen, Jakob. 2000. *Designing Web Usability*. Indianapolis, IN: New Riders Publishing.

OMG. 2011. *Business Process Model and Notation (BPMN) version 2.0*. Object Management Group. http://www.omg.org/spec/BPMN/2.0.

Pardee, William J. 1996. *To Satisfy & Delight Your Customer: How to Manage for Customer Value*. New York: Dorset House Publishing.

Patel, T., and James Taylor. 2010. "Business Analytics 101: Unlock the Business Intelligence Hidden in Company Databases." http://www.sas.com/resources/whitepaper/wp_28372.pdf.

Patterson, Kelly, Joseph Grenny, Ron McMillan, and Al Switzler. 2011. *Crucial Conversations: Tools for Talking When Stakes are High,* 2nd ed. New York: McGraw-Hill.

Peterson, Gary. 2002. "Risqué Requirements." *CrossTalk* 15(4):31.

Pichler, Roman. 2010. *Agile Product Management with Scrum: Creating Products that Customers Love*. Upper Saddle River, NJ: Addison-Wesley.

PMI. 2013. *A Guide to the Project Management Body of Knowledge: PMBOK Guide,* 5th ed. Newtown Square, PA: Project Management Institute.

Podeswa, Howard. 2009. *The Business Analyst's Handbook*. Boston: Course Technology.

_____. 2010. *UML for the IT Business Analyst: A Practical Guide to Requirements Gathering Using the Unified Modeling Language,* 2nd ed. Boston: Course Technology.

Porter, Adam A., Lawrence G. Votta, Jr., and Victor R. Basili. 1995. "Comparing Detection Methods for Software Requirements Inspections: A Replicated Experiment." *IEEE Transactions on Software Engineering* 21(6):563–575.

Porter-Roth, Bud. 2002. *Request for Proposal: A Guide to Effective RFP Development*. Boston: Addison-Wesley.

Poston, Robert M. 1996. *Automating Specification-Based Software Testing*. Los Alamitos, CA: IEEE Computer Society Press.

Potter, Neil S., and Mary E. Sakry. 2002. *Making Process Improvement Work: A Concise Action Guide for Software Managers and Practitioners*. Boston: Addison-Wesley.

Pugh, Ken. 2011. *Lean-Agile Acceptance Test-Driven Development: Better Software Through Collaboration*. Upper Saddle River, NJ: Addison-Wesley.

Putnam, Lawrence H., and Ware Myers. 1997. *Industrial Strength Software: Effective Management Using Measurement*. Los Alamitos, CA: IEEE Computer Society Press.

Radice, Ronald A. 2002. *High Quality Low Cost Software Inspections*. Andover, MA: Paradoxicon Publishing.

Ramesh, Bala, Curtis Stubbs, Timothy Powers, and Michael Edwards. 1995. "Lessons Learned from Implementing Requirements Traceability." *CrossTalk* 8(4):11–15, 20.

Rettig, Marc. 1994. "Prototyping for Tiny Fingers." *Communications of the ACM* 37(4):21–27.

Rierson, Leanna. 2013. *Developing Safety-Critical Software: A Practical Guide for Aviation Software and DO-178C Compliance*. Boca Raton, FL: CRC Press.

Robertson, James. 2002. "Eureka! Why Analysts Should Invent Requirements." *IEEE Software* 19(4):20–22.

Robertson, James, and Suzanne Robertson. 1994. *Complete Systems Analysis: The Workbook, the Textbook, the Answers*. New York: Dorset House Publishing.

Robertson, Suzanne, and James Robertson. 2013. *Mastering the Requirements Process: Getting Requirements Right,* 3rd ed. Upper Saddle River, NJ: Addison-Wesley.

Rose-Coutré, Robert. 2007. "Capturing Implied Requirements." *http://www.stickyminds.com/s .asp?F=S12998_ART_2.*

Ross, Ronald G. 1997. *The Business Rule Book: Classifying, Defining, and Modeling Rules, Version 4.0,* 2nd ed. Houston: Business Rule Solutions, LLC.

_____. 2001. "The Business Rules Classification Scheme." *DataToKnowledge Newsletter* 29(5).

Ross, Ronald G., and Gladys S. W. Lam. 2011. *Building Business Solutions: Business Analysis with Business Rules*. Houston: Business Rule Solutions, LLC.

Rothman, Johanna. 2000. *Reflections Newsletter* 3(1).

Royce, Winston. 1970. "Managing the Development of Large Software Systems." In *Proceedings of IEEE WESCON* 26, 1–9.

Rozanski, Nick, and Eoin Woods. 2005. *Software Systems Architecture: Working with Stakeholders Using Viewpoints and Perspectives*. Upper Saddle River, NJ: Pearson Education, Inc.

Rubin, Jeffrey, and Dana Chisnell. 2008. *Handbook of Usability Testing: How to Plan, Design, and Conduct Effective Tests*, 2nd ed. Indianapolis, IN: Wiley Publishing, Inc.

Scalable Systems. 2008. "How Big is Your Data?" *http://www.scalable-systems.com/whitepaper/Scalable_WhitePaper_Big_Data.pdf*.

Schneider, G. Michael, Johnny Martin, and W. T. Tsai. 1992. "An Experimental Study of Fault Detection in User Requirements Documents." *ACM Transactions on Software Engineering and Methodology* 1(2):188–204.

Schonberger, Richard. J. 2008. *Best Practices in Lean Six Sigma Process Improvement: A Deeper Look*. Hoboken, NJ: John Wiley & Sons, Inc.

Schwaber, Ken. 2004. *Agile Project Management with Scrum*. Redmond, WA: Microsoft Press.

Schwarz, Roger. 2002. *The Skilled Facilitator: A Comprehensive Resource for Consultants, Facilitators, Managers, Trainers, and Coaches*. San Francisco, CA: Jossey-Bass.

Seilevel. 2011. "Seilevel Requirements Management Tool Evaluation Results." *http://www.seilevel.com/wp-content/uploads/2011/09/Seilevel-RequirementsManagementToolEvalResults2.xls*.

_____. 2012. "Seilevel Project Assessment." *http://www.seilevel.com/wp-content/uploads/Project_Assessments_Template.xls*.

Sharp, Alec, and Patrick McDermott. 2008. *Workflow Modeling: Tools for Process Improvement and Application Development*. Norwood, Massachusetts: Artec, Inc.

Shehata, Mohammed S., Armin Eberlein, and H. James Hoover. 2002. "Requirements Reuse and Feature Interaction Management." In *Proceedings of the 15th International Conference on Software & Systems Engineering and their Applications*. Paris.

Shull, F., V. Basili, B. Boehm., A. W. Brown, A. Costa, M. Lindvall, D. Port, I. Rus, R. Tesoriero, and M. Zelkowitz. 2002. "What We Have Learned About Fighting Defects." In *Proceedings of the Eighth IEEE Symposium on Software Metrics*, 249–258. Ottawa, Canada. IEEE Computer Society Press.

Sibbet, David. 1994. *Effective Facilitation: Achieving Results with Groups*. San Francisco, CA: The Grove Consultants International.

Simmons, Erik. 2001. "From Requirements to Release Criteria: Specifying, Demonstrating, and Monitoring Product Quality." In *Proceedings of the 2001 Pacific Northwest Software Quality Conference*, 155–165. Portland, OR: Pacific Northwest Software Quality Conference.

Smith, Larry W. 2000. "Project Clarity Through Stakeholder Analysis." *CrossTalk* 13(12):4–9.

Sommerville, Ian, and Pete Sawyer. 1997. *Requirements Engineering: A Good Practice Guide*. Chichester, England: John Wiley & Sons Ltd.

Sorensen, Reed. 1999. "CCB—An Acronym for 'Chocolate Chip Brownies'? A Tutorial on Control Boards." *CrossTalk* 12(3):3–6.

The Standish Group. 2009. "Chaos Summary 2009." West Yarmouth, MA: The Standish Group International, Inc.

Stevens, Richard, Peter Brook, Ken Jackson, and Stuart Arnold. 1998. *Systems Engineering: Coping with Complexity*. London: Prentice Hall.

Taylor, James. 2012. "Decision Discovery for a Major Business Function." International Institute for Analytics Research Brief.

_____. 2013. "Using Decision Discovery to Manage Analytic Project Requirements." International Institute for Analytics Research Brief.

Thayer, Richard H. 2002. "Software System Engineering: A Tutorial." *IEEE Computer* 35(4):68–73.

Thomas, Steven. 2008. "Agile Change Management." *http://itsadeliverything.com/agile-change-management*.

Thompson, Bruce, and Karl Wiegers. 1995. "Creative Client/Server for Evolving Enterprises." *Software Development* 3(2):34–44.

Van Veenendaal, Erik P. W. M. 1999. "Practical Quality Assurance for Embedded Software." *Software Quality Professional* 1(3):7–18.

Voas, Jeffrey. 1999. "Protecting Against What? The Achilles Heel of Information Assurance." *IEEE Software* 16(1):28–29.

Volere. 2013. "Requirements Tools." *http://www.volere.co.uk/tools.htm*.

von Halle, Barbara. 2002. *Business Rules Applied: Building Better Systems Using the Business Rules Approach*. New York: John Wiley & Sons, Inc.

von Halle, Barbara, and Larry Goldberg. 2010. *The Decision Model: A Business Logic Framework Linking Business and Technology*. Boca Raton, FL: Auerbach Publications.

Wallace, Dolores R., and Laura M. Ippolito. 1997. "Verifying and Validating Software Requirements Specifications." In *Software Requirements Engineering*, 2nd ed., Richard H. Thayer and Merlin Dorfman, eds., 389–404. Los Alamitos, CA: IEEE Computer Society Press.

Wasserman, Anthony I. 1985. "Extending State Transition Diagrams for the Specification of Human-Computer Interaction." *IEEE Transactions on Software Engineering* SE-11(8):699–713.

Weinberg, Gerald M. 1995. "Just Say No! Improving the Requirements Process." *American Programmer* 8(10):19–23.

Wiegers, Karl E. 1996. *Creating a Software Engineering Culture*. New York: Dorset House Publishing.

_____. 1998a. "The Seven Deadly Sins of Software Reviews." *Software Development* 6(3):44–47.

_____. 1998b. "Improve Your Process With Online 'Good Practices'." *Software Development* 6(12):45–50.

_____. 1999. "Software Process Improvement in Web Time." *IEEE Software* 16(4):78–86.

_____. 2000. "The Habits of Effective Analysts." *Software Development* 8(10):62–65.

_____. 2002. *Peer Reviews in Software: A Practical Guide*. Boston: Addison-Wesley.

_____. 2003. "See You in Court." *Software Development* 11(1):36–40.

_____. 2006. *More About Software Requirements: Thorny Issues and Practical Advice*. Redmond, WA: Microsoft Press.

_____. 2007. *Practical Project Initiation: A Handbook with Tools*. Redmond, WA: Microsoft Press.

_____. 2011. *Pearls from Sand: How Small Encounters Lead to Powerful Lessons*. New York: Morgan James Publishing.

Wiley, Bill. 2000. *Essential System Requirements: A Practical Guide to Event-Driven Methods*. Reading, MA: Addison-Wesley.

Williams, Ray C., Julie A. Walker, and Audrey J. Dorofee. 1997. "Putting Risk Management into Practice." *IEEE Software* 14(3):75–82.

Wilson, Peter B. 1995. "Testable Requirements—An Alternative Sizing Measure." *The Journal of the Quality Assurance Institute* 9(4):3–11.

Withall, Stephen. 2007. *Software Requirement Patterns*. Redmond, WA: Microsoft Press.

Wood, Jane, and Denise Silver. 1995. *Joint Application Development*, 2nd ed. New York: John Wiley & Sons, Inc.

Young, Ralph R. 2001. *Effective Requirements Practices*. Boston: Addison-Wesley.

_____. 2004. *The Requirements Engineering Handbook*. Norwood, MA: Artech House.

[기호]

100달러 접근법, 우선순위 할당	371
1차 행위자	176
2차 행위자	176
3단계 규모 조정, 우선순위 할당	368

[ㄱ]

가용성 요구사항	312, 319, 672
가정 요구사항	166
가정, 비즈니스 요구사항	103, 654
가정, 정의	675
가정, SRS 문서	227, 664
갈등	
해결하기, 사용자 클래스 간의	121, 137
해결하기, 이해관계자 그룹 간의	136
갈등 관리	147
개념 증명 프로토타입	345, 349, 394, 675
개발 수명 주기, 우수 사례	52
개선 프로젝트	
개요	450
도입, 신규 시스템	460
반복주기	461
부족, 기존 문서	456 – 459
요구사항 기법	452
우선순위 할당, 비즈니스 목표 활용	453
개체	288, 295, 675
개체 관계 다이어그램	
개선 및 교체 프로젝트	459
모델링 데이터 관계	261, 288 – 291
비즈니스 분석 프로젝트	496
우수 사례	58
정의	675
객체 상태 모델	265
갭 분석	454, 457, 675
검사	61, 381 – 393, 675, "동료평가" 참조
검증 가능성 요구사항	332
검증 가능한 요구사항	239
검증, 요구사항	"테스트" 참조
개요	377 – 380
검사	381 – 388
검토, 요구사항	381 – 393
결함 체크리스트, 요구사항 검토	388
동료 평가	381 – 393
문제 해결	647
비즈니스 분석가 역할	74
외주 프로젝트	480
요구사항 개발	16, 18, 51 – 53
요구사항 검토 팁과 어려움	390 – 393
요구사항 테스트	394 – 398
우수 사례	49, 60
위험 요소	622
유스케이스	189
인수 기준	398 – 401
정의	380, 675
테스트, 요구사항	394 – 398
패키지 솔루션 프로젝트	467
프로토타이핑하기, 요구사항	394
검토하기, 요구사항	"동료평가" 참조
검토회	381
견고성 요구사항	320, 515 – 516, 672
결함	
검출	516
내고장성(fault tolerance)	320, 515 – 516
로깅	516
방지	516
복구	516
결함 체크리스트, 요구사항 검토	388
결함 트리 분석	517
결함, 수정 비용	21
경곗값, 모호성	251
계산, 비즈니스 규칙	203
계층적 문자 태그	209, 219, 334, 665 – 666
계획, 정의	603
고객	"커뮤니케이션", "이해관계자", "사용자" 참조
고객 의견, 분류하기	160 – 164
관계, 개요	26
기대치 차이	28
설명	29, 675
애자일 프로젝트	443
요구사항 권리장전	32 – 36
요구사항 의무장전	33, 36 – 40
의사결정자, 식별하기	42
이해관계자	29
합의에 도달하기, 요구사항	43 – 46
협업 문화, 만들기	40
고객 의견, 분류하기	160 – 164

고해상도 프로토타입	266
관계	290
관리 합의, 좋은 요구사항, 징후	593
관리, 요구사항	"요구사항 관리" 참조
관리, 프로젝트	"프로젝트 관리" 참조
관찰, 요구사항 도출	148
관찰력	79
교육 및 역량 개발	64, 81 - 85
교육하기, 이해관계자 및 개발자	50, 64, 68
교차 기능 다이어그램	"스윔레인 다이어그램" 참조
교체 프로젝트	
개요	450
도입, 신규 시스템	460
반복주기	461
부족, 기존 문서	456 - 459
요구사항 기법	452
우선순위 할당, 비즈니스 목표 활용	453
구성 요구사항, COTS	470
구성, 데이터 요소	292 - 293
구조, 데이터	293, "데이터 사전" 참조
구체화, 요구사항의 수준	246, 444
구현, 요구사항	591
구형 시스템	"개선 프로젝트", "교체 프로젝트" 참조
비즈니스 규칙	207
요구사항 재사용	409
국제 비즈니스 분석 협회(IIBA; International Institute for Business Analysis)	xxviii
국제화 요구사항	232
권리장전, 소프트웨어 고객을 위한 요구사항	32 - 36
규정, 정부	"비즈니스 규칙" 참조
그린필드 프로젝트	450, 675
근거, 요구사항 속성	528, 529
근본 원인 분석	597 - 598, 675
금도금	23, 675
기능	
개선 및 교체 프로젝트	452 - 455
갭 분석	454
비전 범위 문서	105
애자일 프로젝트	446
예제	111, 655
요구사항 재사용	409 - 410
우선순위 할당	57
위험 관리	622
정의	7, 12, 676
패키지 솔루션 프로젝트	464 - 469
SRS 문서	226
SRS 문서, 샘플	664 - 666
기능 명세	"소프트웨어 요구사항 명세서" 참조
기능 점수	425, 676
기능 주도 개발	"애자일 개발" 참조
기능 트리	12, 111, 452, 676
기능적 요구사항	
개선 및 교체 프로젝트	453
고객 의견	160
누락	167, 260, 263, 266, 276, 279, 398
도출하기, 모델로부터	261
도출하기, 비기능적 요구사항으로부터	337
도출하기, 비즈니스 규칙으로부터	209 - 211
도출하기, 시스템 요구사항으로부터	503 - 505
도출하기, 유스케이스로부터	189, 190
명세	243 - 258
비즈니스 규칙	210
비즈니스 분석 프로젝트	498
아키텍처 설계, 프로젝트 계획	429
요구사항 단계와 유형	6 - 14
우선순위 할당	57, 363, 367, 368, 373
유스케이스	189, 190 - 192
작성하기	243 - 258
재사용하기	409 - 410
정의	7, 9, 676
기대치 차이	28, 120, 344
기록관, 검사 팀 역할	384
기준, 요구사항	44 - 46, 62, 217, 523, 525, 527, 528, 530, 676, "변경 관리" 참조

[ㄴ]

나넷 브라운	45
내비게이션 맵	276, "대화상자 맵" 참조
낸시 립슨	517
노력 산정	425 - 428, 533, "프로젝트 계획" 참조
논리 데이터 모델	228
누락된 요구사항, 식별하기	167, 260, 263, 266, 276, 279, 398
능동태	243
능력 개발, 우수 사례	64

[ㄷ]

단계와 유형, 요구사항	6 – 14
대기 시간	512
대시보드 보고서	301, 493, 676
대안 흐름, 유스케이스	179, 183, 676
대화상자 맵	
개선 및 교체 프로젝트	452, 459
개요	275 – 279
와이어프레임	347
우수 사례	59
정의	676
테스트	396 – 398
데브라 헤르만	517
데이터 객체 관계, 모델	264
데이터 모델링	288 – 291
개선 및 교체 프로젝트	452
데이터 분석, 요구사항	295, *"데이터 요구사항"* 참조
개선 및 교체 프로젝트	458
비즈니스 분석 프로젝트	495 – 498
설명, 비즈니스 분석 프로젝트	498
패키지 솔루션 프로젝트	466
데이터 사전	291 – 295
비즈니스 분석 프로젝트	495
샘플	667
우수 사례	58
유스케이스	193
정의	680
SRS 문서	227
데이터 요구사항	*"비즈니스 분석 프로젝트"* 참조
개요	288
고객 의견	163
관리 및 활용, 요구사항	496
대시보드 보고서	301
데이터 무결성 요구사항	315
데이터 분석, 개요	295
데이터 사전, 개요	291 – 295
명세화하기, 보고서	296 – 301
모델링, 데이터 관계	288 – 291
보안 요구사항	323
샘플	667 – 670
패키지 솔루션 프로젝트	470
COTS 구현	470
SRS 문서	227
데이터 정의, 모델	263
데이터 필드 정의	265
데이터 흐름 다이어그램(DFD; Data Flow Diagrams)	266 – 270
개선 및 교체 프로젝트	459
정의	676
활용	264
도구, 요구공학	
개요	572 – 574
선택 및 사용	582 – 585
요구사항 개발 도구	574
요구사항 관리 도구	576
도널드 고즈	123
도로시 그레이엄	434
도출, 요구사항	17, 139 – 168, *"유스케이스", "사용자 스토리"* 참조
가용성 요구사항	312
가정 요구사항 및 암묵적 요구사항	166
개요	139 – 141
검증 가능성 요구사항	332
견고성 요구사항	320
계획	152
고객 의견, 분류하기	160 – 164
관찰	148
누락된 요구사항, 식별하기	167, 260, 263, 266, 276, 279, 398
도구	574
문서 분석	151
문제 해결	640 – 642
범위 추가, 관리하기	539
보고서 요구사항	297
보안 요구사항	323
비즈니스 규칙, 발견하기	207
비즈니스 분석 프로젝트	491
비즈니스 프로세스 자동화	482 – 485
사용성 요구사항	325
사용자 인터페이스 분석	151
상호운용성 요구사항	317
설문지	149
설치 용이성 요구사항	315
성능 요구사항	310
시스템 인터페이스 분석	150

신뢰성 요구사항	319
안전 요구사항	322
완료, 프로세스	164
우수 사례	49, 54
워크숍	144 – 148
위험 요소	619
이식성 요구사항	329
인터뷰	142
재사용성 요구사항	330
정의	676
주의사항	165
준비하기	154 – 156
팁, 수행하기	156 – 158
포커스 그룹	147
품질 속성	307 – 311
프레임워크	51 – 53
확장성 요구사항	330
효율성 요구사항	327
후속 조치	159
도출하기, 요구사항	
모델로부터	262
비기능적 요구사항으로부터	336
비즈니스 규칙으로부터	209 – 211
시스템 요구사항으로부터	503 – 505
유스케이스로부터	188, 190
독자, 검사 팀 역할	384, 387
동료평가	"검사" 참조
검토 프로세스	381 – 388
결함 체크리스트, 요구사항	388
도출 과정에서	189
어려움	391 – 393
외주 프로젝트	477
우수 사례	61
정의	676
팁, 수행하기	390
동작 활성자	201
딘 레핑웰	400

[ㄹ]

랄프 영	72
래리 콘스탄틴	276
레베카 버지스	388
로깅, 결함	516
로드맵, 프로세스 개선	610
록산느 밀러	310, 312
루시 록우드	276
리엔지니어링 프로젝트	"교체 프로젝트" 참조
린 소프트웨어 개발	"애자일 개발" 참조

[ㅁ]

마이그레이션, 위험	614, 616
마이크 콘	446
마이클 페이건	382
메타데이터	496
명명하기, 요구사항	217 – 220
명세, 요구사항	"소프트웨어 요구사항 명세서" 참조
문제 해결	646
애자일 프로젝트	233
요구사항 개발	17, 19
요구사항 개발 프레임워크	51 – 53
우수 사례	59
우수 사례 요약표	49
위험 요소	622
정의	676
모더레이터, 검사 팀 역할	384, 385, 387
모델	
개선 및 교체 프로젝트	452, 459
개요	260
개체 관계 다이어그램	288 – 291, 675
고객 의견, 사용	262
기능 트리	111, 676
누락된 요구사항, 식별하기	167, 260, 263, 266, 276, 279, 398
대화상자 맵	275 – 279, 676
데이터 관계 모델링	288 – 291
데이터 흐름 다이어그램	266 – 270, 676
도구, 그리기	575
범위 표현 기법	108 – 112
비즈니스 규칙, 발견하기	207
비즈니스 목표 모델	101, 677
비즈니스 분석 프로젝트	495
비즈니스 분석가 역할	79
비즈니스 프로세스 모델 및 표기법(BPMN; Business Process Model and Notation)	482

비즈니스 프로세스 자동화	482 – 485	요구사항 재사용	406
상태 전이 다이어그램	272, 678	요구사항 저장소	412, 415 – 419
상태표	272, 678	요구사항 패턴	411
생태계 맵	110, 678	요구사항 프로세스	589 – 591
선택, 방법	263	요구사항, 우수 사례	59
스윔레인 다이어그램	270, 678	인터페이스 명세	510
시뮬레이션, 우수 사례	61	템플릿, 요구사항 문서	59
실시간 프로젝트	505 – 510	프로젝트 위험	615
애자일 프로젝트	285	문서 분석	151, 207
외주 프로젝트	476	문서, 용어 사용	8
요구사항 도출	141, 156	문서, 제약	572
우수 사례	58	문서화하기, 요구사항	"모델" 참조
의사결정 일람표 및 의사결정 트리	280, 680	개선 전후의 예제	254 – 258
이벤트 반응표	281 – 284, 680	개요	212 – 214
임베디드 프로젝트	505 – 510	구체화 수준	246
컨텍스트 다이어그램	108, 681	명명하기, 요구사항	217 – 220
DAR (화면 – 행동 – 응답; Display – Action – Response) 모델	432 – 434	모호성, 회피하기	249 – 252
		비전 범위 문서 템플릿	95 – 108
SRS 문서	232	소프트웨어 요구사항 명세서(SRS)	215 – 222
UML 다이어그램	284	시스템 혹은 사용자 관점	242
모범 사례	"우수 사례" 참조	애자일 프로젝트	233 – 234
모호성, 회피하기	239, 249 – 252	유스케이스 템플릿	178
목소리, 사용자	118, 127, 128	작성하기, 스타일에 따라	243 – 246
목업	349, 393, 676, "프로토타입" 참조	특징, 좋은 요구사항	237 – 241
목표, 비즈니스		표현 기법	248
비전 범위 문서	98 – 102	SRS 템플릿	222 – 233
비즈니스 목표 모델	101, 677	문자 태그, 요구사항 명명하기	219
비즈니스 목표, 정의	677	문제 보고서, 요구사항 출처	56
성공 지표	100	문제 해결	
완료 의사결정	116, "비즈니스 목표" 참고	개요	634
목표, 요구사항 프로세스 개선	607 – 609	검증 이슈	647
무결성 요구사항	315, 467	도출 이슈	640 – 642
문서	"데이터 사전", "비전 범위 문서" 참조	명세 이슈	646
		변경 관리 이슈	648 – 651
개선 및 교체 프로젝트	453, 456 – 459	분석 이슈	643 – 645
도출 활동, 노트로부터	157	요구사항 관리 이슈	648
도출 활동, 후속 조치	159	의사소통 이슈	639
문서 분석, 우수 사례	56	일정 이슈	638 – 639
비즈니스 규칙, 문서화하기	205 – 207	장애물, 솔루션 구현	635
비즈니스 분석가 태스크	75	제품 이슈	637
사용자 설명서	591	징후, 요구사항 문제	635
애자일 프로젝트	444	프로세스 이슈	636
외주 프로젝트, 구체적인 요구사항	475	문화, 조직	
요구공학 프로세스 자산	603 – 607	만들기, 요구사항을 존중하는 문화	40

요구사항 도구	584
저항, 변경	593
프로세스 개선 기본 원칙	595 - 596
문화적 차이, 외주 프로젝트	477

[ㅂ]

바바라 폰 할레	207
반복 그룹, 데이터 요소	294, "데이터 사전" 참조
반복주기	
명세화하기, 요구사항	52, 53
설계	431
애자일 프로젝트	22, 62, 426, 427, 442 - 447, 534 - 536, 556
요구사항 개발	14, 18
정의	676
반응 시간	310, 333
배송일	428
배포 고려사항, 비전 범위 문서	108, 657
백로그	444, 525, 534 - 536, 556, 676
버전 관리	
개요	526 - 527
요구사항 관리 도구	576
요구사항 관리, 개요	522 - 524
우수 사례	62
번다운 차트	531, 532
범위 추가	22, 539
범위, 프로젝트	"변경 관리", "제품 비전", "프로젝트 계획", "비전 범위 문서" 참조
개선 및 교체 프로젝트	453
도출, 우수 사례	54
범위 관리	22 - 24, 113, 539
범위 추가, 정의	676
범위 표현 기법	108 - 112
변경 관리 정책	540
비전 범위 문서, 개요	95 - 97, 606
비전 범위 문서, 샘플	653 - 657
산정하기, 노력	425 - 428
설명, 프로젝트에서	14, 165
식별 및 정의, 요구사항	91 - 95
애자일 프로젝트, 변경 관리	447
완료 의사결정	116
외주 프로젝트	479

요구사항 기준	525
요구사항 도출	141
요구사항 프로세스 개선	590
우수 사례	62
위험 관리	619
정의	93, 676
패키지 솔루션 프로젝트	464 - 469
프로젝트 관리 우수 사례	65
범위를 벗어나는 요구사항	91, 105, 113
변경 관리	
개요	537 - 538
고객 권리와 의무	33, 36
도구	549, 576
문제 해결	648 - 651
범위 관리	113, 539
변경 관리 위원회, 개요	547 - 549
변경 관리 정책	540
변경 관리 프로세스	541 - 546, 607
변경 영향 분석	552 - 555, 563, 607
변경 주기	550
애자일 프로젝트	447, 556 - 557
영향 분석	62, 552 - 555, 563, 607
외주 프로젝트	479
요구사항	591
우수 사례	62
출처, 변경	550
측정하기, 변경 활동	550
변경 관리 위원회 (CCB)	
개요	547 - 549, 607
우수 사례	62
정의	676
헌장	548
변경 요청	541, 542 - 551
변경 제어	"변경 관리" 참조
보고서	"비즈니스 분석 프로젝트" 참조
개선 및 교체 프로젝트	453
대시보드 보고서	301
명세	296 - 301
보고서 레이아웃	264
비즈니스 분석 프로젝트	493
SRS 문서	228, 669
보리스 바이저	436
보안	
데이터 무결성 요구사항	315

실시간 및 임베디드 시스템	517	범위 및 한계	104 – 106
요구사항	323, 467, 517, 672	비전 선언문	102, 654
요구사항 재사용	408	비즈니스 요구사항	97 – 104
패키지 솔루션 프로젝트	467	비즈니스 컨텍스트	106 – 108
SRS 문서	231	산출물	14
보조 시나리오	179	샘플 문서	653 – 657
복구 가능성	320	애자일 프로젝트	115
부정적인 요구사항, 명확히하기	252	우수 사례	59
분류체계, 비즈니스 규칙	198	정의	8, 95, 677
분류하기, 고객 의견	160 – 164	템플릿	95 – 97, 606
분류하기, 비즈니스 규칙	198 – 205	비전 선언문	102, 654
분석 모델	233, "모델" 참조	비전, 제품	92, 677
분석, 요구사항	"모델", "우선순위, 할당하기" 참조	비즈니스 규칙	
개요	16	개선 및 교체 프로젝트	452
문제 해결	643 – 645	계산	203
우수 사례	57	고객 의견	161
위험 요소	622	동작 활성자	201
정의	677	문서화하기	205 – 207
분석가	"비즈니스 분석가" 참조	발견하기	207
브라이언 로렌스	5	분류체계	198
비기능적 요구사항	304 – 341, "제약조건",	샘플	673
	"외부 인터페이스 요구사항", "품질 속성" 참조	안전 요구사항	322
명세서, 우수 사례	60	요구사항	209 – 211
실시간 및 임베디드 시스템	513 – 519	우수 사례	60
애자일 프로젝트	339	원자 수준의 비즈니스 규칙	204
요구사항 단계와 유형	6 – 14	유스케이스	185
요구사항 추적성	566	정의	7, 10, 198, 677
위험 관리	619	제약조건	200 – 203
정의	7, 11, 677	중요성	196 – 198
패키지 솔루션 프로젝트	466	추론	203
COTS 프로젝트	466	패키지 솔루션 프로젝트	466
비용	"우선순위 할당하기" 참조	팩트	199
결함 수정	21	비즈니스 기회	97
변경 영향 분석	552 – 555	비즈니스 목표	90 – 92
외주 프로젝트	475, 477	정의	98, 677
요구사항 관리	529	비즈니스 목표 모델, 정의	677
요구사항 도구	573, 582	예제	101
요구사항 재사용, 이득	402	비즈니스 보고서	"비즈니스 분석 프로젝트" 참조
우선순위 할당	365, 367, 372 – 376	비즈니스 분석 시스템, 정의	677
추적 노력	533	비즈니스 분석 프로젝트	
타당성 분석	58	개요	488 – 491
품질 속성 요구사항	313, 334 – 336	데이터 니즈, 구체화하기	495 – 498
비전 범위 문서		데이터 변환 분석	498
개요	95 – 97	데이터, 관리	496

요구사항 도출, 개요	491
우선순위 할당, 작업	492
정보 사용 요구사항	493
진화적 특성	500
비즈니스 분석가(BA; Business Analyst)	*"도출, 요구사항 개발", "우수 사례", "프로젝트 계획" 참조*
갈아타기, 애자일 프로젝트	448
개요	72
배경	81 – 85
소프트웨어 요구사항 명세서(SRS)	9
애자일 프로젝트	85
역량, 필요한	76 – 80
역할과 책임	13, 72 – 76, 524
의사결정자, 식별하기	42
이해관계자 분석	28 – 31
전문기관	XXVIII
정의	677
지식 및 교육	64, 81 – 85
합의에 도달하기, 요구사항	43 – 46
협력적인 팀, 구성하기	86
비즈니스 사례 문서	95, *"비전 범위 문서" 참조*
비즈니스 시스템 분석가	*"비즈니스 분석가" 참조*
비즈니스 요구사항	*"비전 범위 문서" 참조*
가정, 의존성	103
갈등	94
개요	90
범위 관리	113
범위 및 한계	104 – 106
범위 표현 기법	108 – 112
비전 범위 문서, 개요	95 – 104
비전 범위 문서, 샘플	653 – 657
비전 선언문	102
비즈니스 기회	97
비즈니스 목표	98
비즈니스 요구사항 절, 비전 범위 문서	97 – 104
비즈니스 위험	103
비즈니스 컨텍스트	106 – 108
성공 지표	100
식별 및 정의, 요구사항	91 – 95
애자일 프로젝트, 범위 및 비전	115
완료 판정	116
정의	6, 91, 677
vs. 비즈니스 규칙	197
비즈니스 요구사항 문서 (BRD; Business Requirements Document)	*"소프트웨어 요구사항 명세서" 참조*
비즈니스 위험	103, 654
비즈니스 이벤트	
범위 도구	112
식별하기	54
이벤트 반응표	281 – 284
정의	282
비즈니스 이해관계	94
비즈니스 인텔리전스	*"비즈니스 분석 프로젝트" 참조*
비즈니스 컨텍스트	106 – 108
비즈니스 프로세스 자동화 프로젝트	481 – 487
비즈니스 프로세스 흐름	264, 483, 486
비즈니스 프로세스, 정의	197
개요	481
모델링	482 – 485
비즈니스 프로세스 개선(BPI; Business Process Improvement)	482
비즈니스 프로세스 관리(BPM; Business Process Management)	482
비즈니스 프로세스 리엔지니어링(BPR; Business Process Reengineering)	482
비즈니스 프로세스 모델 및 표기법(BPMN; Business Process Model and Notation)	482
비즈니스 프로세스 분석(BPA; Business Process Analysis)	482
성과 지표, 모델링	485 – 487
우수 요구사항 사례	487
빅 데이터	495, 677

[ㅅ]

사람이 아닌 사용자	122
사용 중심 전략	17
사용성	*"품질 속성" 참조*
요구사항	342
임베디드 시스템	518
패키지 솔루션 프로젝트	467
프로토타입 평가	355
SRS 문서	231
사용자	*"고객", "이해관계자" 참조*
개선 및 교체 프로젝트	452

고객 의견, 모델에 사용	262		목업	345
분류하기, 사용자	120 - 123		분석, 우수 사례	58
사용자 관찰	148		사용자 인터페이스 분석	151
사용자 대표	127		설계, 요구사항	432 - 434
사용자 클래스, 식별하기	123 - 125		실시간 프로젝트	510, 518
사용자 페르소나	126		아키텍처 다이어그램	509
상충하는 요구사항, 해결하기	136		와이어프레임 프로토타입	347
애자일 프로젝트	134		요구사항 분석	151
제품 챔피언	128 - 134		인터페이스 명세 문서	511
중요성	118		임베디드 프로젝트	510, 518
SRS 문서	225		제어 설명	265
사용자 목표	"사용자 요구사항" 참조		프로토타입	57
사용자 설명서, 요구사항	591		흐름	275
사용자 스토리	"유스케이스",		SRS	221, 229
	"사용자 요구사항" 참조		SRS 문서, 샘플	670 - 671
개선 및 교체 프로젝트	452, 459		사용자 작업 모델	265
개요	169 - 175, 446		사용자 참여, 요구사항	118 - 136
기능	446		사용자 클래스, 정의	677, "사용자 분석" 참조
사용자 요구사항	9		사용자, 정의	677
애자일 프로젝트	233 - 234, 443 - 447, 556		산정	"프로젝트 계획" 참조
에픽	446		요구사항 노력	421 - 425
유스케이스	171, 179		프로젝트 규모 및 노력	425 - 428
정의	171, 677		상용(COTS; Commercial Off - the - Shelf) 제품, 정의	
품질 속성, 애자일 프로젝트	339			677, "패키지 솔루션 프로젝트" 참조
할당 및 변경, 우선순위	58, 362, 556		상태 기계 다이어그램	272, 678
사용자 역할	"행위자" 참조		상태 다이어그램	284
사용자 요구사항	"유스케이스",		상태 전이 다이어그램	58, 265, 272,
	"사용자 스토리" 참조			506, 673, 678
고객 의견	161		상태 차트 다이어그램	506
기법, 식별, 개요	169		상태 추적, 요구사항	522 - 524, 529 - 531, 532, 606
도출, 우수 사례	54		상태표	265, 272, 678
비즈니스 분석 프로젝트	493		상호운용성 요구사항	316, 467
비즈니스 프로세스 자동화 프로젝트	483		샘플 문서	
사용자 요구사항 문서	14, 459		비전 범위 문서	653 - 657
요구사항 개발	16		비즈니스 규칙	673
요구사항 단계와 유형	6 - 14		소프트웨어 요구사항 명세서(SRS)	681 - 673
이해관계자 분석	29		유스케이스	658
정의	7, 9, 677		생존 가능성	320
패키지 솔루션 프로젝트	464		생태계 맵	57, 110, 264, 452, 678
사용자 인수 테스트	434		서명	44 - 46, "기준, 요구사항" 참조
사용자 인터페이스			서비스형 소프트웨어(SaaS; Software as a Service)	
고객 의견	163		프로젝트	"패키지 솔루션 프로젝트" 참조
대화상자 맵	275 - 279		선행조건, 유스케이스	177, 184, 187,
모델	265			678

선호하는 사용자 클래스	121, 137
선호하지 않는 사용자 클래스	121
설계, 요구사항	429-434
설문조사, 우수 사례	56
설문지, 우수 사례	56, 149
설치 용이성 요구사항	314
성공 지표	100, 654
성능	"품질 속성" 참조
개선 및 교체 프로젝트	455
실시간 및 임베디드 시스템	513-519
요구사항	311, 317, 467, 512, 672
타이밍 요구사항, 실시간 시스템	512
패키지 솔루션 프로젝트	466
효율성 요구사항	327
SRS 문서	231
세실 호프만	388
소렌 루센	312
소프트 실시간 시스템	502, "실시간 시스템 프로젝트" 참조
소프트웨어 개발 수명 주기, 정의	678
소프트웨어 설계, 요구사항	429-434
소프트웨어 요구사항	
단계와 유형	6-14
도출하기, 시스템 요구사항으로부터	503-505
정의	5
소프트웨어 요구사항 권리장전, 고객을 위한	32-36
소프트웨어 요구사항 명세서(SRS; Software Requirements Specification)	"문서화하기, 요구사항" 참조
개요	14, 215-217, 606
대상 고객	215
명명하기, 요구사항	217-220
부족, 개선 및 교체 프로젝트	456-459
사용자 인터페이스	221, 229
사용자 클래스	125
샘플 문서	681-673
외주 프로젝트	475
요구사항 기준	525
요구사항 추적 매트릭스	564-567
정의	9, 215, 678
제품 vs. 프로젝트 요구사항	15
템플릿	222-233
소프트웨어 요구사항 의무장전, 고객을 위한	33, 36-40
소프트웨어 인터페이스, SRS 문서	230, 670-671, "인터페이스" 참조
소프트웨어 프로세스 개선	"요구사항 프로세스 개선" 참조
속성, 요구사항	528, "품질 속성" 참조
요구사항 관리 도구	577
정의	678
솔루션 아이디어, 고객 의견	163
솔루션, 정의	678
수명 주기, 개발	51, 378, "애자일 개발", "폭포수 개발" 참조
수잔 로버트슨	311
수정 용이성 요구사항	328, 467
수정 용이한 요구사항	240
수직적 프로토타입	346, 678, "프로토타입" 참조
수평적 프로토타입	345, 678, "프로토타입" 참고
순서도	181, 264, 265, 270, 277, 486, 678
순위 나누기, 우선순위 할당	367
순환 복잡도	332
스웜레인 다이어그램	
개선 및 교체 프로젝트	459
개요	270
비즈니스 프로세스 자동화 프로젝트	483
비즈니스 프로세스 흐름	264
사용자 작업 설명	265
시스템 외부 인터페이스	264
정의	270, 678
스크럼	"애자일 개발" 참조
스토리 포인트	374, 426, 535
스토리보드	265, 350-351
스티브 윗올	311, 411
시각적인 표현	"모델" 참조
시간 기반 이벤트	"시간 이벤트" 참조
시간 이벤트	
식별하기	54
이벤트 반응표	282
정의	282
시나리오	177, 678
시뮬레이션	"프로토타입" 참조
목업 및 개념 증명	345
사용자 인터페이스	221

우수 사례	61
시범, 정의	678
시범, 프로세스 개선	598, 601
시스템 분석가	"비즈니스 분석가" 참조
시스템 상태 모델	265
시스템 요구사항	
분할	503-505
아키텍처 설계, 프로젝트 계획	429
임베디드 및 실시간 시스템 프로젝트	503-505
정의	7, 10, 678
할당	10, 503-505
시스템 요구사항 명세서	503
시스템 인터페이스 분석	150, 264
시스템 테스트, 요구사항	591
시스템, 정의	10, 502, 678
시작 조건	
검사	384
변경 관리	542, 544
시장 요구사항 문서(MRD; Market Requirements Document)	95, "비전 범위 문서" 참조
식별자, SRS 문서	217-220
신뢰성 요구사항	319, 515
신호 이벤트	
식별하기	54
이벤트 반응표	281-284
정의	282
실시간 시스템 프로젝트	
개요	502, 519
모델링	505-510
시스템 요구사항, 아키텍처, 할당	503-505
인터페이스	510
정의	678
타이밍 요구사항	512
품질 속성	513-519
실행 시간	512
실현 가능한 요구사항	238

[ㅇ]

아키텍처	429
아키텍처 다이어그램, 실시간 프로젝트	509
요구사항	429
임베디드 및 실시간 시스템 프로젝트	503-505
정의	678
안전 요구사항	322, 517, 672
암묵적 요구사항	166
애자일 개발	
개요	440, 442, 444
고객 참여	443
모델링	285
문서화	444
백로그	444, 556
변경 관리	447, 556-557
비전과 범위	115
비즈니스 분석가의 역할	85
사용자 대표	134
사용자 스토리	171-175
산정하기, 노력, 프로젝트 계획	425
실천하기, 요구사항 사례	448
에픽, 사용자 스토리, 기능	446
요구사항 관리	534-536
요구사항 명세서	233-234, 445
우선순위, 할당하기	362, 444
유스케이스	179
인수 기준	399
인수 테스트	434, 443
정의	679
제품 백로그	444, 556
제품 주인	74, 85, 134, 443, 449, 681
진화형 프로토타입	346, 359
품질 속성	339
합의에 도달하기, 요구사항	45
애플리케이션	4
애플리케이션 분석가	"비즈니스 분석가" 참조
앤서니 첸	264, 371, 564
앨런 데이비스	364
어골도	597
에픽	446, 679
엘렌 가티스디너	85, 123, 144
역할 및 권한 매트릭스	201
영향 분석, 요구사항 변경	62, 552-555, 563, 607
예외 처리	179, 320
예외, 유스케이스	175, 177, 179, 188
예외, 정의	679
예측 가능성, 타이밍 요구사항	512

오류 처리, 실시간 시스템	515-516	기준 설정하기	525
와이어프레임	347, 679, "프로토타입" 참조	도구	572-581
완전성		도구, 선택 및 사용	582-585
요구사항 문장	237	문제 해결	648
요구사항 집합	239	버전 관리	526-527
완전성, 요구사항 문서	220, 252	애자일 프로젝트	534-536
외부 개체	108, 268, 316, 679	요구사항 개발, 경계	19
외부 이벤트	54, 108	요구사항 속성	528
외부 인터페이스 요구사항		요구사항 저장소	412
고객 의견	163	우수 사례	62
정의	7, 679	위험 요소	624
SRS 문서	229	일반적인 문제	21-24
SRS 문서, 샘플	670-671	정의	19, 523, 679
외주 프로젝트		제품 백로그	444
개요	474	추적하기, 상태	529-531
구체화 수준, 요구사항	475	측정하기, 노력	533
변경 관리	479	프로세스 개요	522-524
인수 기준	480	프로세스 자산	605-607
인수자와 납품업체 간 상호작용	477	프로젝트 계획 산정	421-429
요구공학		해결하기, 이슈	532
도구	572-585	요구사항 관리자	"비즈니스 분석가" 참조
요구사항 개발	16	요구사항 권리장전, 고객을 위한	32-36
요구사항 관리	19-20	요구사항 단계와 유형	6-14
일반적인 문제	21-24	요구사항 도출	"도출, 요구사항" 참조
정의	16, 679	요구사항 매핑 매트릭스	564
프레임워크	51-53	요구사항 명세서	"명세, 요구사항",
프로세스 자산	603-607		"소프트웨어 요구사항 명세서" 참조
하위 분야	16	요구사항 문서	"소프트웨어 요구사항
요구공학자	"비즈니스 분석가" 참조		명세서" 참조
요구사항 개발	"분석, 요구사항", "도출, 요구사항",	요구사항 분석	"분석, 요구사항" 참조
	"명세 요구사항", "검증, 요구사항" 참조	요구사항 분석가	"비즈니스 분석가" 참조
개요	16-18	요구사항 상태 추적 절차	607
도구	572-576	요구사항 속성	528, 59, 63, 679
요구사항 관리, 경계	19		
일반적인 문제	21-24	요구사항 실천 지침에 대한 자기 평가	628-633
정의	16, 679	요구사항 우선순위 할당 절차	605
프로세스 자산	605	요구사항 의무장전, 고객을 위한	33, 36-40
프로세스 프레임워크	51-53	요구사항 추적 매트릭스	63 564-567, 679,
요구사항 검증	"검증, 요구사항" 참조		"추적하기, 요구사항" 참조
요구사항 검토 체크리스트	388, 606	요구사항 추적하기	"추적하기, 요구사항" 참조
요구사항 관리	"변경 관리", "추적하기,	요구사항 패턴, 정의	679
	요구사항" 참조	요구사항 프로세스 개선	
개요	16, 19-20, 51, 536	개요	588-591

관리 합의	594	우수 사례	65, 232
근본 원인 분석	597	재사용	404, 408, 418
기본 원칙	595 – 596	우선순위 할당	"우선순위 할당하기" 참조
로드맵	610	우선순위 할당하기	
저항, 변경	593	개선 및 교체 프로젝트	453
지표	607 – 609	비즈니스 분석 프로젝트	492
평가, 현재 실천 지침	599, 628 – 633	애자일 프로젝트	444
프로세스 개선 주기	598	요구사항 우선순위 할당 절차	372 – 376, 605
프로세스 자산	603 – 607	우선순위 할당, 정의	680
학습 곡선	602	위험 요소	622
행동 계획	600	전략 및 기법	363 – 371
요구사항 할당 절차	605, 679	중요성	361 – 363
요구사항, 문제 해결		품질 기능 전개(QFD; Quality Function Deployment)	372
개요	634	품질 속성	307 – 311
검증 이슈	647	프로젝트	107
도출 이슈	640 – 642	우선순위, 요구사항 속성	368, 528
명세 이슈	646	우수 사례	
변경 관리 이슈	648 – 651	개요	48 – 50
분석 이슈	643 – 645	검사	382, 390 – 393
신호, 문제	635	검증	60
요구사항 관리 이슈	648	도출	54
의사소통 이슈	639	명세	59
일정 이슈	638 – 639	모호한 용어, 회피하기	249 – 252
장애물, 솔루션 구현	635	보고서 명세	298
제품 이슈	637	분석	57
프로세스 이슈	636	애플리케이션	68
요구사항, 재사용		요구사항 개발 프로세스 프레임워크	51 – 53
관점	404 – 407	요구사항 관리	62
도구	412, 579	요구사항 문장, 문서화하기	237 – 241
요구사항 패턴	411	요구사항 재사용	412 – 418
우수 사례	412 – 418	작성하기, 스타일에 따라, 요구사항 문서	243 – 246
유형, 재사용 정보	408	지식	64
이득	402	프로젝트 계획	436
일반적인 시나리오	409 – 410	프로젝트 관리	65
정의	680	프로토타입	359
추적하기, 요구사항	564	운영 프로파일	333, 468, 680
품질 속성, 재사용성	330	운영 환경, SRS 문서	226
요구사항, 정의	5, 679	워크숍	
요구사항, 좋은 특징	236 – 241	요구사항 도출	144 – 148
요나 라비	506	우수 사례	55
요셉 쿠디시	506	원시 데이터 요소	293, "데이터 사전" 참조
요한나 로스먼	375	원자 수준의 비즈니스 규칙	204
용어, 우수 사례	65, 418	위험	612, 680
용어사전			

위험 관리	
개요	612 – 615, 625
계획	618
문서화하기, 프로젝트 위험	615
요구사항 검증	623
요구사항 관리	624
요구사항 도출	619
요구사항 명세서	622
요구사항 분석	622
위험 평가	614
위험 회피	614
위험 완화	614, 616
위험 요소 분석	517
위험, 기법, 요구사항 우선순위 할당	372 – 376
위험, 비즈니스	103, 654
윈스턴 로이스	442
유스케이스	"사용자 요구사항" 참조
개선 및 교체 프로젝트	459
개요	9, 169 – 175
검증하기	189
기능적 요구사항	190 – 192
다이어그램	175
도출하기, 유스케이스	187 – 189
명명규칙	178
비즈니스 규칙	185
사용 시나리오	177
사용자 및 행위자	175
사용자 스토리	171, 179
샘플 문서	658
선행조건 및 후행조건	177, 184
식별하기	185
요소	177
유스케이스 다이어그램	175, 284, 452, 680
이득	193
정상 흐름, 대안 흐름, 예외	179
정의	171, 680
테스트	171, 173, 394, 397
템플릿	172, 177, 606
할당하기, 우선순위	58
함께 묶다	184
함정, 피해야 할	192
행위자 및 역할	175
확장 및 포함 관계	183

유지보수성 요구사항	312, 328
"의무장전, 소프트웨어 고객을 위한 요구사항"	33, 36 – 40
의사결정 규칙	42, 680
의사결정 일람표	265, 80, 680
의사결정 트리	58, 265, 280, 680
의사결정자, 식별하기	42
의존성, 비즈니스 요구사항	103, 655
의존성, 정의	680
의존성, SRS 문서	226, 664
이력, 요구사항 변경	63
이벤트	
범위 도구	112
이벤트 목록	112
정의	680
이벤트 반응표	9, 265, 281 – 284, 507, 680, "사용자 요구사항" 참조
식별하기, 우수 사례	54
이슈 추적	63, 532
이슈, 요구사항, 정의	680
이시가와 다이어그램	597
이식성 요구사항	329
이안 소머빌	5
이해 용이성 요구사항	"수정 용이성 요구사항" 참조
이해관계자	"고객", "사용자" 참조
간과	24
도출 세션, 준비하기	156
비즈니스 컨텍스트, 비전 범위 문서	106 – 108
요구사항 의무장전, 고객을 위한	33, 36 – 40, 32 – 36
요구사항 프로세스 개선	592
의사결정자, 식별하기	42
이해관계자 분석	29
잠재적인 목록	30
저항, 변경	593
지식 및 교육, 우수 사례	64
합의에 도달하기, 요구사항	43 – 46
이해관계자, 정의	680
익스트림 개발	"애자일 개발" 참조
인수 기준, 설명	61, 398 – 401, 480
인수 기준, 정의	680
인수 테스트	378, 399, 400

애자일 프로젝트	173, 181, 190		
요구사항	591		
정의	680		
품질 속성	339		
프로젝트 계획	434		
인터뷰			
도출, 요구사항	55, 142		
역량, 필요한	77		
인터페이스			
개선 및 교체 프로젝트	459		
고객 의견	163		
기능적 요구사항, 정의	10		
대화상자 맵	275–279		
모델	263		
목업	345		
분석, 우수 사례	57		
사용자 인터페이스 분석	151		
시스템 인터페이스 분석	150		
실시간 프로젝트	510, 518		
아키텍처 다이어그램	509		
외부 인터페이스 요구사항	7, 10, 229, 670–671, 679		
인터페이스 명세 문서	510		
임베디드 프로젝트	510, 518		
프로토타입	57, 347		
SRS 문서	221, 229		
SRS 문서, 샘플	670–671		
일관된 요구사항	240		
일련번호 부여하기, 요구사항, SRS 문서	217–220		
일정, 스케줄	"프로젝트 계획" 참조		
일회성 프로토타입	346–349, 680, "프로토타입" 참조		
임베디드 시스템 프로젝트			
개요	502, 519		
모델링	505–510		
시스템 요구사항, 아키텍처, 할당	503–505		
인터페이스	510		
정의	680		
타이밍 요구사항	512		
품질 속성	513–519		

[ㅈ]

자기 평가, 현재 요구사항 실천 지침	628–633
자산, 요구공학 프로세스	603–607
자유도, 정의	107
작성하기, 스타일에 따라, 요구사항 문서	241–246
작성하기, 요구사항 문서	236–258
작업물, 정의	680
재사용	"요구사항, 재사용" 참조
재사용성 요구사항	330
재작업	21, 593, 608
저자, 작성자, 검사팀 역할	383, 385–388
적응성 요구사항	"수정 용이성 요구사항" 참조
적합성 기준	312, 379
전이 요구사항	15, 24, 461
전자 프로토타입	350–351
절차, 정의	604, 680
정부 규정	"비즈니스 규칙" 참조
정상 흐름, 유스케이스	179, 183, 680
정책, 정의	604
정책, 회사	"비즈니스 규칙" 참조
정형 검토	"검사" 참조
정확한 요구사항	238
제럴드 와인버그	123
제약조건	
고객 의견	163
비즈니스 규칙	200–203
설계 및 구현	226, 664
실시간 및 임베디드 프로젝트	519
정의	7, 10, 107, 680
품질 속성	337
제임스 로버트슨	311
제임스 마틴	290
제품 기능	"기능" 참조
제품 백로그	444, 465, 534–536, 676
제품 비전	92, 102, 654, 677
제품 요구사항 vs. 프로젝트 요구사항	15
제품 주인	74, 85, 134, 443, 449, 681
제품 중심 전략	17
제품 챔피언	128–134, 137, 681
제품, 정의	3, 681

제품군	403, 409
조이 비티	264, 371, 564
조지 박스	7
조직 문화	
만들기, 요구사항을 존중하는 문화	40
요구사항 도구	584
저항, 변경	593
프로세스 개선 기본 원칙	595 – 596
조직 정책	"비즈니스 규칙" 참조
조직도 분석	124
종단, 컨텍스트 다이어그램	108, "외부 개체" 참조
종료 기준	
검사	387
변경 관리	542, 546
종이 프로토타입	350 – 351, 681
좋은 요구사항, 특징	236 – 241
주제 전문가	73, 84, 130, 681
주차장	146
지식, 비즈니스 분석가 역할	81 – 85
지식, 우수 사례	64
지원성 요구사항	"수정 용이성 요구사항" 참조
지표	
비즈니스 성과	485 – 487
성공	91, 100
요구사항 변경 활동	550
요구사항 프로세스 개선	607 – 609
프로세스 개선	607 – 609
프로젝트 규모	425
핵심 성과 지표	486, 607 – 609
진화형 프로토타입	346 – 349, 393, 681, "프로토타입" 참조
질 다이쉬	495
짐 브로소	308
짝 비교와 우선순위 할당	308, 367

[ㅊ]

찾기, 누락된 요구사항	167, 260, 264, 265, 277, 279, 398
청취 능력	77
체크리스트	
결함, 요구사항 검토	388
변경 영향 분석	553

정의	604
초기 출시(배포), 범위	105
최소 시장 기능(MMF; Minimum Marketable Feature)	447
최종 사용자	"사용자" 참조
추론, 비즈니스 규칙	203
추적 가능한 요구사항	240
추적 노력, 요구사항 활동	533
추적, 요구사항 상태	523, 529 – 531, 535
추적하기, 변경	527, 541
추적하기, 요구사항	
개요	559 – 562
누락된 요구사항, 식별하기	167, 260, 264, 265, 277, 279, 398
단계와 유형	6 – 14
도구	567
동기	562, 570
요구사항 관리 개요	522 – 524
요구사항 추적 매트릭스	564 – 567
절차	569, 607
정의	681
추적 데이터	458
추적표	564
패키지 솔루션 프로젝트	466, 468
할당된 요구사항	504
추진 요인, 정의	107
추후 결정	"TBD" 참조
충실도가 낮은 프로토타입	350 – 351
측정하기	
변경 활동	550
요구사항 관리 노력	533

[ㅋ]

카디널리티	290, 681
칸반	"애자일 개발" 참조
칼 위거스	92, 264, 390, 421, 533
커뮤니케이션	"고객", "문서화하기, 요구사항" 참조
가정 요구사항 및 암묵적 요구사항	166
경로, 요구사항	127
도입, 신규 시스템, 촉진	460
도출 활동, 후속 조치	159
문제 해결	639

변경 관리 정책	540
비즈니스 분석 프로젝트	500
비즈니스 분석가 역할	72-80
비즈니스 프로세스 자동화 프로젝트	483
사용자 대표	127
상충하는 요구사항, 해결하기	136
소프트웨어 요구사항 명세서 (SRS), 우수 사례	217
외주 프로젝트	474
요구사항 개발 도구	574
요구사항 관리 도구	576
작성하기, 스타일에 따라, 요구사항 문서	243-246
제품 챔피언	128-134
추적, 요구사항 상태	529-531
프로젝트 계획 산정	421-425
합의에 도달하기, 요구사항	43-46
협업 문화, 만들기	40
커뮤니케이션 프로토콜, 요구사항	316
컨텍스트 다이어그램	
개선 및 교체 프로젝트	452, 459
데이터 흐름 다이어그램	266-269
범위 표현 기법	108
시스템 외부 인터페이스	264
실시간 프로젝트	505
정의	681
켄 푸	400
코딩, 프로젝트 계획	429-434
클라우드 솔루션	"패키지 솔루션 프로젝트" 참조
클래스 다이어그램	264, 285, 290, 681
클래스, 정의	681

[ㅌ]

타당성 분석	58
타이밍 요구사항, 임베디드 및 기타 실시간 시스템	512-513
타임박스 개발	115, "애자일 개발" 참조
타임박스 논의, 워크숍	146
테리 하디	517
테스트	
개선 및 교체 프로젝트	459
검증 가능성 요구사항	332
검증, 우수 사례	60

검증하기, 유스케이스	189
대화상자 맵	396-398
만들기, 검증 테스트	394-398
문제 해결 이슈	647
소프트웨어 요구사항 명세서(SRS)	9
외주 프로젝트	475, 480
요구사항 재사용	415
요구사항 프로세스 개선	589-591
유스케이스	189, 397-400
유스케이스와 기능적 요구사항	192
유스케이스와 사용자 스토리	173
인수 기준	398-401
적합성 기준	312
추적, 요구사항 테스트	564
패키지 솔루션 프로젝트	467
프로젝트 계획	420-421, 434
프로토타입 평가	355
테스트 용이성	"검증 가능성" 참조
템플릿	
기능적 요구사항	242
변경 관리 위원회 헌장	548, 607
변경 관리 프로세스	542-546
변경 영향 분석	555
보고서 명세	299
비전 범위 문서	95-97, 606
비전 선언문	102
사용자 스토리	172
소프트웨어 요구사항 명세서(SRS)	222-233, 606
요구사항 패턴	411
유스케이스	173, 606
인터페이스 명세 문서	510
정의	681
팁, 사용	96
프로젝트 위험 문서화하기	615
톰 길브	219, 333, 675
통신 인터페이스	230
통합 모델링 언어(UML)	175, 272, 284, 509, 675
통합 요구사항, COTS	471
특성 요인도	597
특징, 좋은 요구사항	236-241
팀 구축	86

[ㅍ]

패스어라운드 검토	381
패키지 솔루션 프로젝트	
개요	463
구성 요구사항	470
구현 요구사항	470 - 473
비용	464, 467
솔루션 선택	464, 467
식별하기, 요구사항	464 - 469
일반적인 문제	473
통합 요구사항	471
평가하기, 후보	467
확장 요구사항	471
팩트, 비즈니스 규칙	199
퍼실리테이션 (촉진)	
도출 활동, 수행하기	156 - 158
도출 활동, 주의사항	165
도출 활동, 후속 조치	159
비즈니스 분석가 역량	78
완료하기, 도출 세션	164
워크숍	144 - 148
준비하기, 도출	154 - 156
포커스 그룹	147
퍼실리테이터, 정의	681
페르소나, 사용자	126
평가 프로세스 개선 노력	602
평가, 현재 요구사항 실천 지침	628 - 633
평가하기, 패키지 솔루션	467 - 469
평균 무고장 시간(MTBF; Mean Time between Failures)	312, 319
평균 수리 시간(MTTR; Mean Time to Repair)	312
포커스 그룹	54, 127, 147
포함 관계, 유스케이스	183, 681
폭포수 개발, 정의	441, 681
폭포수 개발, 제약	441
표준, 산업	"비즈니스 규칙" 참조
표현 기법	248
품질 기능 전개(QFD; Quality Function Deployment)	372
품질 보증	"테스트" 참조
비기능적 요구사항, 정의	10
소프트웨어 요구사항 명세서(SRS)	9
요구사항 재사용	418
품질 속성	"성능" 참조
가용성	312, 672
개선 및 교체 프로젝트	453
개요	304 - 307
검증 가능성	332, 515, 672
견고성	320, 515, 672
고객 의견	162
구현	336
무결성	315, 467
보안	323, 467, 517, 672
사용성	342, 518, 671
상호운용성	316, 467
설명, 개요	312
설치 용이성	314
성능	311, 317, 466, 514, 672
수정 용이성	328, 467
식별 및 우선순위 할당	307 - 311
신뢰성	319, 515
실시간 시스템	513 - 519
안전	322, 517, 672
애자일 프로젝트	339
요구사항 추적성	566
우선순위 할당	308
임베디드 시스템	513 - 519
재사용성	330
정의	7, 11, 304 - 307, 681
제약조건	337
타이밍 요구사항, 실시간 시스템	512
트레이드오프	334 - 336
패키지 솔루션 프로젝트	466
확장성	330
효율성	327, 514
Planguage	333
SRS 문서	231
SRS 문서, 샘플	671 - 673
품질, 서비스 요구사항	"품질 속성" 참조
프레더릭 브룩스	20
프로세스 개선	"요구사항 프로세스 개선" 참조
프로세스 개선 행동 계획	600
프로세스 기술서, 정의	604
프로세스 자산	603 - 607, 681
프로세스 흐름	264, 483, 486, 681
프로세스, 정의	681

프로젝트 계획	"프로젝트 관리" 참조	우수 사례	62
개요	420 – 421	정의	92, 676
범위 추가, 관리하기	539	제품 비전	91 – 93
산정하기, 요구사항 노력	421 – 425	패키지 솔루션 프로젝트	464 – 469
산정하기, 프로젝트 규모 및 노력	425 – 428	프로젝트 관리 우수 사례	65
설계 및 코딩	429 – 434	프로젝트 요구사항 vs. 제품 요구사항	15
외주 프로젝트	477	프로젝트 우선순위	107,
요구사항	590		"우선순위 할당하기" 참조
요구사항 노력, 산정하기	421 – 425	프로젝트 추적하기, 요구사항	590
우수 사례	65, 436	프로젝트 헌장	95, "비전 범위 문서" 참조
위험 관리	619, 623	프로토타입	
일정, 요구사항	428	개념 증명	346, 675
추적 노력	533	개선 및 교체 프로젝트	453
추적, 요구사항 상태	529 – 531	개요	342 – 345
테스트	434	대시보드 보고서	302
프로젝트 관리	"우수 사례", "프로젝트 계획",	도구, 제작	575
	"위험 관리" 참조	동작	351 – 355
외주 프로젝트	477	목업	345, 676
요구사항 프로세스 개선	589 – 591	보고서 명세	299
우수 사례	65	사용자 인터페이스	221, 265
이해관계자 분석	29	수직적 프로토타입, 정의	346, 678
합의에 도달하기, 요구사항	43 – 46	수평적 프로토타입, 정의	345, 678
협력적인 팀, 구성하기	86	실시간 프로젝트	510
프로젝트 관리자, 비즈니스 분석가	83	외주 프로젝트	477
프로젝트 범위	"변경 관리", "프로젝트 계획",	요구사항 검증	393
	"비전 범위 문서" 참조	우수 사례	57, 359
가정 요구사항 및 암묵적 요구사항	166	위험	357 – 359
개선 및 교체 프로젝트	453	일회성 프로토타입	346, 680
도출, 우수 사례	54	전자 프로토타입	350
문제 해결, 변경 관리	648 – 651	정의	682
범위 관리	113	종이 프로토타입	350, 681
범위 추가	22, 539, 676	진화형 프로토타입	681, 346
범위 표현 기법	108 – 112	평가하기	355
변경 관리 정책	540	피터 첸	288
비전 범위 문서, 개요	95 – 97	피트 소이어	5
비전 범위 문서, 샘플	653 – 657	필요한 요구사항	238
산정하기, 노력	425 – 428	필립 쿠프만	513, 517
설명, 프로젝트에서	14, 165		
식별 및 정의, 요구사항	91 – 95	[ㅎ]	
애자일 프로젝트, 변경 관리	447		
완료 의사결정	116	하드 실시간 시스템	502,
외주 프로젝트	478		"실시간 시스템 프로젝트" 참조
요구사항 기준	525	하드웨어 요구사항	504
요구사항 도출	141		

하드웨어 인터페이스	230
학습 곡선, 프로세스 개선 노력	602
할까 말까 우선순위 할당	367
할당, 요구사항	59, 429, 503-505, 605
합동 애플리케이션 설계(JAD; Joint Application Design)	55
합의, 변경에 대한	593
합의에 도달하기, 요구사항	43-46
해야 한다, 요구사항의 키워드	9, 244
핵심 성과 지표 모델(KPIM; Key Performance Indicator Model)	455, 483-487
핵심 성과 지표(KPI; Key Performance Indicators)	485, 607-609
행동 계획, 프로세스 개선	600
행위자	171, 172, 175, 682
허수아비 모델	143, 159
헌장, 프로젝트	95, "비전 범위 문서" 참조
현장 고객	27, 134
현재 실천 지침, 평가	599, 628-633
현지화 요구사항	11, 230
협력적인 팀	"커뮤니케이션", "도출, 요구사항 개발" 참조
고객 및 개발자	32, 33, 38, 40
비즈니스 분석가 역할	86
애자일 프로젝트	443
외주 프로젝트	474
워크숍	144-148
화면-행동-응답(DAR) 모델	432-434
확인, 정의	380, 682, "검증" 참조
확장 가능성 요구사항	"수정 용이성 요구사항" 참조
확장 관계, 유스케이스	183, 682
확장 요구사항, COTS	471
확장성 요구사항	330, 336
확장성, 요구사항	"수정 용이성 요구사항" 참조
환경, 실시간 시스템	513-519
활동 다이어그램	181, 264, 285, 483, 682
회고	387, 682
효율성 요구사항	327, 514
후행조건, 유스케이스	177, 184, 187
정의	682
흐름 다이어그램, 비즈니스 프로세스	266, 483, 486
흐름, 데이터	108, 266-269

[A - Z]

BA	"비즈니스 분석가" 참조
BPMN	482
COTS(Commercial Off-the-Shelf) 제품	"패키지 솔루션 프로젝트" 참조
정의	677
CRUD 매트릭스	295, 675
DAR(화면-행동-응답; Display-Action-Response) 모델	432-434
DFD	"데이터 흐름 다이어그램" 참조
IT 비즈니스 분석가	"비즈니스 분석가" 참조
MoSCoW 우선순위 할당	370
NAH(not applicable here, 여기에 적용할 수 없음)	416
NIH(not invented here, 여기서 발명되지 않음)	416
Planguage	265, 311, 333
정의	675
QFD	"품질 기능 전개" 참조
Rational Unified Process	53
SaaS	"서비스형 소프트웨어" 참조
SMART	311, 399
SRS	"소프트웨어 요구사항 명세서" 참조
TBD(추후 결정, to be determined)	240, 249, 256, 532, 675
UML 다이어그램	284
V 모델, 소프트웨어 개발	378